Engelhardt/App/Schlatmann
Verwaltungs-Vollstreckungsgesetz
Verwaltungszustellungsgesetz

Verwaltungs-Vollstreckungsgesetz
Verwaltungszustellungsgesetz

Kommentar

unter Berücksichtigung der landesrechtlichen Bestimmungen,
der Abgabenordnung, des EG-Beitreibungsgesetzes und
des Europäischen Übereinkommens
über die Zustellung von Schriftstücken
in Verwaltungssachen im Ausland

begründet von

Dr. Hanns Engelhardt
Richter am Bundesgerichtshof a. D.

herausgegeben von

Arne Schlatmann
Ministerialdirektor beim Deutschen Bundestag

12. neubearbeitete Auflage 2021

Zitiervorschlag
Verfasser in Engelhardt/App/Schlatmann VwVG VwZG, 12. Auflage 2021

www.beck.de

ISBN 978 3 406 76328 1

© 2021 Verlag C. H. Beck oHG
Wilhelmstraße 9, 80801 München
Druck und Bindung: Beltz Bad Langensalza GmbH
Neustädter Straße 1–4, 99947 Bad Langensalza

Satz: Meta Systems Publishing & Printservices GmbH, Wustermark
Umschlaggestaltung: Druckerei C.H.Beck Nördlingen

chbeck.de/nachhaltig

Gedruckt auf säurefreiem, alterungsbeständigem Papier
(hergestellt aus chlorfrei gebleichtem Zellstoff)

Vorwort zur 12. Auflage

Die Neuauflage bringt den Kommentar durchgängig auf den Stand der Gesetzgebung vom 1. September 2020, teilweise auch darüber hinaus. So wurde das im Wesentlichen zum 1. Dezember 2021 in Kraft tretende Pfändungsschutzkonto-Fortentwicklungsgesetz vom 22. November 2020 (BGBl. I S. 2466) noch berücksichtigt. Neue Rechtsprechung und Literatur wurden wieder eingearbeitet.

Das Verwaltungsvollstreckungsrecht erläutern nun Dr. Wolfgang Mosbacher und Dr. Thomas Troidl gemeinsam, die Vollstreckungsvorschriften der Abgabenordnung und der Justizbeitreibungsordnung haben Dr. Thomas Troidl und Arne Schlatmann kommentiert, das Verwaltungszustellungsrecht und das EU-Beitreibungsgesetz hat Arne Schlatmann und das Europäische Übereinkommen über die Zustellung von Schriftstücken in Verwaltungssachen im Ausland hat der Begründer des Kommentars, Dr. Hanns Engelhardt, kommentiert.

Ziel des Kommentars ist es weiterhin, vor allem der Praxis der Verwaltungsbehörden und Gerichte sowie der im Bereich des öffentlichen Rechts und des Steuerrechts tätigen Rechtsanwaltschaft und Steuerberaterschaft im Sinne einer rechtsstaatlichen und wirksamen Anwendung der kommentierten Rechtsnormen zu dienen. In diesem Sinn sind die Verfasser für Hinweise und Anregungen aus der Praxis immer dankbar.

Karlsruhe/Berlin/Regensburg, im Dezember 2020   Die Verfasser

Im Einzelnen bearbeitet von:

Dr. Hanns Engelhardt   Einf., Art. 1–23 des Europ. Übereinkommens über die Zustellung von Schriftstücken in Verwaltungssachen im Ausland

Dr. Wolfgang Mosbacher   Vor §§ 6–18, §§ 6–8, 10, 12, 19a VwVG

Arne Schlatmann   Einf., §§ 1–10 VwZG; Einf., §§ 77, 260–267, 296–327 AO; Einf., §§ 1–22 EUBeitrG

Dr. Thomas Troidl   Einf., §§ 1–5b, 9, 11, 13–19, 20–22 VwVG; §§ 249–258, 281–295 AO

Inhaltsverzeichnis

Vorwort zur 12. Auflage V
Bearbeiterverzeichnis VII
Abkürzungsverzeichnis und Verzeichnis der abgekürzt zitierten Literatur XV

Verwaltungs-Vollstreckungsgesetz (VwVG)

Einführung 1

Kommentierung
Erster Abschnitt. Vollstreckung wegen Geldforderungen

§ 1	Vollstreckbare Geldforderungen	5
§ 2	Vollstreckungsschuldner	17
§ 3	Vollstreckungsanordnung	22
§ 4	Vollstreckungsbehörden	37
§ 5	Anzuwendende Vollstreckungsvorschriften	44
§ 5a	Ermittlung des Aufenthaltsorts des Vollstreckungsschuldners	51
§ 5b	Auskunftsrechte der Vollstreckungsbehörde	59

Zweiter Abschnitt. Erzwingung von Handlungen, Duldungen oder Unterlassungen

Vorbemerkung zu §§ 6–18		66
§ 6	Zulässigkeit des Verwaltungszwanges	76
§ 7	Vollzugsbehörden	95
§ 8	Örtliche Zuständigkeit	100
§ 9	Zwangsmittel	104
§ 10	Ersatzvornahme	109
§ 11	Zwangsgeld	119
§ 12	Unmittelbarer Zwang	128
§ 13	Androhung der Zwangsmittel	137
§ 14	Festsetzung der Zwangsmittel	153
§ 15	Anwendung der Zwangsmittel	158
§ 16	Ersatzzwangshaft	169
§ 17	Vollzug gegen Behörden	176
§ 18	Rechtsmittel	179

Dritter Abschnitt. Kosten

§ 19	Kosten	186
§ 19a	Vollstreckungspauschale, Verordnungsermächtigung	196

Vierter Abschnitt. Übergangs- und Schlußvorschriften

§ 20	Außerkrafttreten früherer Bestimmungen	207
§ 21	Berlin	207
§ 22	Inkrafttreten	207

Verwaltungszustellungsgesetz (VwZG)

Einführung 209

Inhaltsverzeichnis

Kommentierung

§ 1	Anwendungsbereich	216
§ 2	Allgemeines	220
§ 3	Zustellung durch die Post mit Zustellungsurkunde	229
§ 4	Zustellung durch die Post mittels Einschreiben	249
§ 5	Zustellung durch die Behörde gegen Empfangsbekenntnis; elektronische Zustellung	256
§ 5a	Elektronische Zustellung gegen Abholbestätigung über De-Mail-Dienste	272
§ 6	Zustellung an gesetzliche Vertreter	277
§ 7	Zustellung an Bevollmächtigte	280
§ 8	Heilung von Zustellungsmängeln	285
§ 9	Zustellung im Ausland	290
§ 10	Öffentliche Zustellung	299

Abgabenordnung (AO)

Einführung ... 309

Kommentierung
Erster Teil. Einleitende Vorschriften

§§ 1–32 (keine Kommentierung) ... 310

Zweiter Teil. Steuerschuldrecht

§§ 33–68 (keine Kommentierung) ... 310

Vierter Abschnitt. Haftung

§§ 69–76 (keine Kommentierung) ... 310
§ 77 Duldungspflicht ... 310

Dritter Teil. Allgemeine Verfahrensvorschriften

§§ 78–133 (keine Kommentierung) ... 313

Vierter Teil. Durchführung der Besteuerung

§§ 134–217 (keine Kommentierung) ... 313

Fünfter Teil. Erhebungsverfahren

§§ 218–248 (keine Kommentierung) ... 313

Sechster Teil. Vollstreckung
Erster Abschnitt. Allgemeine Vorschriften

§ 249 Vollstreckungsbehörden	313
§ 250 Vollstreckungsersuchen	316
§ 251 Vollstreckbare Verwaltungsakte	321
§ 252 Vollstreckungsgläubiger	328
§ 253 Vollstreckungsschuldner	330
§ 254 Voraussetzungen für den Beginn der Vollstreckung	331
§ 255 Vollstreckung gegen juristische Personen des öffentlichen Rechts	334
§ 256 Einwendungen gegen die Vollstreckung	337
§ 257 Einstellung und Beschränkung der Vollstreckung	339
§ 258 Einstweilige Einstellung oder Beschränkung der Vollstreckung	343

Inhaltsverzeichnis

Zweiter Abschnitt. Vollstreckung wegen Geldforderungen
1. Unterabschnitt. Allgemeine Vorschriften

§ 259 (keine Kommentierung)	348
§ 260 Angabe des Schuldgrundes	348
§ 261 (keine Kommentierung)	349
§ 262 Rechte Dritter	349
§ 263 Vollstreckung gegen Ehegatten oder Lebenspartner	353
§ 264 Vollstreckung gegen Nießbraucher	355
§ 265 Vollstreckung gegen Erben	357
§ 266 Sonstige Fälle beschränkter Haftung	360
§ 267 Vollstreckungsverfahren gegen nichtrechtsfähige Personenvereinigungen	363

2. Unterabschnitt. Aufteilung einer Gesamtschuld

§§ 268–280 (keine Kommentierung)	365

3. Unterabschnitt. Vollstreckung in das bewegliche Vermögen
I. Allgemeines

§ 281 Pfändung	365
§ 282 Wirkung der Pfändung	369
§ 283 Ausschluss von Gewährleistungsansprüchen	371
§ 284 Vermögensauskunft des Vollstreckungsschuldners	372

II. Vollstreckung in Sachen

§ 285 Vollziehungsbeamte	384
§ 286 Vollstreckung in Sachen	388
§ 287 Befugnisse des Vollziehungsbeamten	391
§ 288 Zuziehung von Zeugen	397
§ 289 Zeit der Vollstreckung	400
§ 290 Aufforderungen und Mitteilungen des Vollziehungsbeamten	404
§ 291 Niederschrift	406
§ 292 Abwendung der Pfändung	409
§ 293 Pfand- und Vorzugsrechte Dritter	412
§ 294 Ungetrennte Früchte	414
§ 295 Unpfändbarkeit von Sachen	415
§ 296 Verwertung	421
§ 297 Aussetzung der Verwertung	424
§ 298 Versteigerung	425
§ 299 Zuschlag	428
§ 300 Mindestgebot	430
§ 301 Einstellung der Versteigerung	431
§ 302 Wertpapiere	432
§ 303 Namenspapiere	434
§ 304 Versteigerung ungetrennter Früchte	435
§ 305 Besondere Verwertung	436
§ 306 Vollstreckung in Ersatzteile von Luftfahrzeugen	437
§ 307 Anschlusspfändung	440
§ 308 Verwertung bei mehrfacher Pfändung	442

III. Vollstreckung in Forderungen und andere Vermögensrechte

§ 309 Pfändung einer Geldforderung	445
§ 310 Pfändung einer durch Hypothek gesicherten Forderung	453

Inhaltsverzeichnis

§ 311 Pfändung einer durch Schiffshypothek oder Registerpfandrecht an einem Luftfahrzeug gesicherten Forderung	455
§ 312 Pfändung einer Forderung aus indossablen Papieren	457
§ 313 Pfändung fortlaufender Bezüge	458
§ 314 Einziehungsverfügung	461
§ 315 Wirkung der Einziehungsverfügung	465
§ 316 Erklärungspflicht des Drittschuldners	468
§ 317 Andere Art der Verwertung	472
§ 318 Ansprüche auf Herausgabe oder Leistung von Sachen	473
§ 319 Unpfändbarkeit von Forderungen	476
§ 320 Mehrfache Pfändung einer Forderung	498
§ 321 Vollstreckung in andere Vermögensrechte	501

4. Unterabschnitt. Vollstreckung in das unbewegliche Vermögen

§ 322 Verfahren	504
§ 323 Vollstreckung gegen den Rechtsnachfolger	510

5. Unterabschnitt. Arrest

§ 324 Dinglicher Arrest	512
§ 325 Aufhebung des dinglichen Arrestes	522
§ 326 Persönlicher Sicherheitsarrest	523

6. Unterabschnitt. Verwertung von Sicherheiten

§ 327 Verwertung von Sicherheiten	526
§§ 328–415 (keine Kommentierung)	528

Gesetz über die Durchführung der Amtshilfe bei der Beitreibung von Forderungen in Bezug auf bestimmte Steuern, Abgaben und sonstige Maßnahmen zwischen den Mitgliedstaaten der Europäischen Union (EU-Beitreibungsgesetz – EUBeitrG)

Einführung	529

Kommentierung
Abschnitt 1. Allgemeine Bestimmungen

§ 1	Anwendungsbereich und anzuwendendes Recht	532
§ 2	Begriffsbestimmungen	537
§ 3	Zuständigkeit und Prüfungsbefugnisse für Ersuchen	538
§ 4	Zuständigkeit für die Vollstreckung eingehender Ersuchen	540

Abschnitt 2. Erteilen von Auskünften

§ 5	Erteilen von Auskünften an andere Mitgliedstaaten auf Ersuchen	542
§ 6	Erteilen von Auskünften an andere Mitgliedstaaten ohne Ersuchen	544

Abschnitt 3. Zustellung von Dokumenten

§ 7	Zustellungsersuchen von anderen Mitgliedstaaten	546
§ 8	Zustellungsersuchen in andere Mitgliedstaaten	548

Abschnitt 4. Beitreibungs- und Sicherungsmaßnahmen

§ 9	Beitreibungsersuchen von anderen Mitgliedstaaten	549
§ 10	Beitreibungsersuchen in andere Mitgliedstaaten	553
§ 11	Änderung oder Rücknahme des Beitreibungsersuchens	556

Inhaltsverzeichnis

§ 12	Ersuchen um Sicherungsmaßnahmen	559
§ 13	Streitigkeiten	560
§ 14	Ablehnungsgründe	564
§ 15	Verjährung	566
§ 16	Kosten	570

Abschnitt 5. Allgemeine Vorschriften

§ 17	Anwesenheit von Bediensteten anderer Mitgliedstaaten im Inland	574
§ 18	Anwesenheit von deutschen Bediensteten in anderen Mitgliedstaaten	575
§ 19	Standardformblätter und Kommunikationsmittel	576
§ 20	Sprachen	578
§ 21	Weiterleitung von Auskünften und Dokumenten	579

Abschnitt 6. Schlussbestimmungen

§ 22	Anwendung anderer Abkommen zur Unterstützung bei der Beitreibung	582

Europäisches Übereinkommen über die Zustellung von Schriftstücken in Verwaltungssachen im Ausland [EuAuslVwZUbk]

Einführung ... 583

Kommentierung
Kapitel I. Allgemeine Bestimmungen

Art. 1	Anwendungsbereich des Übereinkommens	585
Art. 2	Zentrale Behörde	588
Art. 3	Zustellungsersuchen	592
Art. 4	Befreiung von der Legalisation	593
Art. 5	Ordnungsmäßigkeit des Ersuchens	594
Art. 6	Art der Zustellung	594
Art. 7	Sprachen	596
Art. 8	Zustellungszeugnis	598
Art. 9	Muster des Ersuchens und Zustellungszeugnisses	599
Art. 10	Zustellung durch Konsularbeamte	600
Art. 11	Zustellung durch die Post	602
Art. 12	Andere Übermittlungswege	604
Art. 13	Kosten	605
Art. 14	Ablehnung der Erledigung	605
Art. 15	Fristen	607
Art. 16	Andere internationale Übereinkünfte oder Absprachen	608

Kapitel II. Schlußbestimmungen

Art. 17	Inkrafttreten des Übereinkommens	609
Art. 18	Revision des Übereinkommens	610
Art. 19	Beitritt eines Nichtmitgliedstaats des Europarats	611
Art. 20	Räumlicher Geltungsbereich des Übereinkommens	611
Art. 21	Vorbehalte zu dem Übereinkommen	612
Art. 22	Kündigung des Übereinkommens	612
Art. 23	Aufgaben des Verwahrers des Übereinkommens	613

Sachverzeichnis ... 615

Abkürzungsverzeichnis und Verzeichnis der abgekürzt zitierten Literatur

aA	am Anfang
aA	anderer Ansicht
AbfG	Abfallgesetz
ABl.	Amtsblatt
AcP	Archiv für die civilistische Praxis
AEAO	Anwendungserlass zur Abgabenordnung vom 15.7.1998 (BStBl. I, 630) mit Änderungen
aF	alter Fassung
AFG	Arbeitsförderungsgesetz
AG	Amtsgericht
AGB BRIEF NATIONAL	Allgemeine Geschäftsbedingungen für den Briefdienst (Inland)
AgrarR	Agrarrecht
AGVwGO	Gesetz zur Ausführung der Verwaltungsgerichtsordnung
AktG	Aktiengesetz
aM	anderer Meinung
Amtl. Anz.	Amtlicher Anzeiger
A & N	Anwaltsbüro & Notariat
AnfG	Gesetz betreffend die Anfechtung von Rechtshandlungen eines Schuldners außerhalb des Insolvenzverfahrens (Anfechtungsgesetz)
Anm.	Anmerkung
AnwBl.	Anwaltsblatt
AO	Abgabenordnung
AO-AnpG	Gesetz zur Anpassung von Gesetzen an die Abgabenordnung
AO-StB	AO-Steuerberater
apf	Ausbildung, Prüfung, Fortbildung
App/Wettlaufer/Klomfaß	Michael App, Arno Wettlaufer, Ralf Klomfaß, Praxishandbuch Verwaltungsvollstreckungsrecht, 6. Aufl. 2019
ArbGG	Arbeitsgerichtsgesetz
ArchPF	Archiv für das Post- und Fernmeldewesen
Arndt	Gottfried Arndt, Der Verwaltungsakt als Grundlage der Verwaltungsvollstreckung 1967
Art.	Artikel
AS	Amtliche Sammlung
AsylG	Asylgesetz
AsylVfG	Asylverfahrensgesetz
AuAS	Schnelldienst Ausländer- und Asylrecht
AufenthG	Aufenthaltsgesetz
Aufl.	Auflage
AVG	Angestelltenversicherungsgesetz
AVV	Allgemeine Verwaltungsvorschrift
BF-KSvA	Johann Bader, Michael Funke-Kaiser, Thomas Stuhlfauth, Jörg von Albedyll, Verwaltungsgerichtsordnung, Kommentar, 7. Aufl. 2018

Abkürzungsverzeichnis

Bader/ Ronellenfitsch	Johann Bader, Michael Ronellenfitsch, Verwaltungsverfahrensgesetz: VwVfG mit Verwaltungs-Vollstreckungsgesetz und Verwaltungszustellungsgesetz, 2. Aufl. 2016
BAG	Bundesarbeitsgericht
BAnz	Bundesanzeiger
BauGB	Baugesetzbuch
BauR	Baurecht
Bautsch	Joachim Bautsch, Niedersächsisches Verwaltungsvollstreckungsrecht, 1983
Bay	Bayern
BayBS	Bereinigte Sammlung des Bayerischen Landesrechts
BayObLG	Bayerisches Oberstes Landesgericht
BayVBl	Bayerische Verwaltungsblätter
BayVerfGH	Bayerischer Verfassungsgerichtshof
BayVGH	Bayerischer Verwaltungsgerichtshof
BayVwZVG	Bayerisches Verwaltungszustellungs- und -vollstreckungsgesetz
BB	Betriebs-Berater
Bbg	Brandenburg
BBG	Bundesbeamtengesetz
BeamtStG	Beamtenstatusgesetz
Beckmann	Klaus Beckmann, Vorläufiger Rechtsschutz und aufschiebende Wirkung 2008
BeckOK	Beck'scher Online-Kommentar
BeckRS	Beck'sche Rechtsprechungssammlung (beck-online)
Begr.	Begründer
Beschl.	Beschluss
BeurkG	Beurkundungsgesetz
BFH	Bundesfinanzhof
BFHE	Sammlung der Entscheidungen und Gutachten des Bundesfinanzhofs
BFH/NV	Sammlung amtlich nicht veröffentlichter Entscheidungen des Bundesfinanzhofs
BFH/R	Sammlung amtlich veröffentlichter Entscheidungen des Bundesfinanzhofs in der Zeitschrift BFH/NV
BGB	Bürgerliches Gesetzbuch
BGBl	Bundesgesetzblatt
BGH	Bundesgerichtshof
BGHR	Systematische Sammlung der Entscheidungen des Bundesgerichtshofes
BGHSt	Entscheidungen des Bundesgerichtshofs in Strafsachen
BGHZ	Entscheidungen des Bundesgerichtshofs in Zivilsachen
BImSchG	Bundes-Immissionsschutzgesetz
BLHAG	Adolf Baumbach, Wolfgang Lauterbach, Peter Hartmann, Monika Anders, Burkhard Gehle, Zivilprozessordnung, Kommentar, 78. Aufl., München 2020
Bln	Berlin
BMF	Bundesministerium der Finanzen
BMI	Bundesministerium des Innern
BMJ	Bundesministerium der Justiz
BMJV	Bundesministerium der Justiz und für Verbraucherschutz
BNatSchG	Bundesnaturschutzgesetz
BNotO	Bundesnotarordnung

Abkürzungsverzeichnis

BPatG	Bundespatentgericht
BPolBG	Gesetz zur Regelung der Rechtsverhältnisse der Polizeivollzugsbeamten des Bundes (Bundespolizeibeamtengesetz)
BR	Bundesrat
Brandt/Domgörgen	Jürgen Brandt, Ulf Domgörgen, Handbuch Verwaltungsverfahren und Verwaltungsprozess, 4. Aufl. 2018
BRAO	Bundesrechtsanwaltsordnung
Breith.	Breithaupt
Brem	Bremen
BremGVG	Bremisches Gesetz über die Vollstreckung von Geldforderungen im Verwaltungswege
BremVwVG	Bremisches Verwaltungsvollstreckungsgesetz
BremVwZG	Bremisches Verwaltungszustellungsgesetz
Brox/Walker	Hans Brox, Wolf-D. Walker, Zwangsvollstreckungsrecht, 11. Aufl. 2018
BRS	Baurechtssammlung, Rechtsprechung des BVerwG, der OVGe der Länder und anderer Gerichte zum Bau- und Bodenrecht
BSG	Bundessozialgericht
BStBl	Bundessteuerblatt
BT	Bundestag
BT-Drs	Bundestags-Drucksache
BT-Prot	Bundestags-Protokoll
Buchholz	Sammel- und Nachschlagewerk der Rechtsprechung des Bundesverwaltungsgerichts
BuW	Betrieb und Wirtschaft
BVerfG	Bundesverfassungsgericht
BVerfGE	Entscheidungen des Bundesverfassungsgerichts
BVerfGG	Gesetz über das Bundesverfassungsgericht
BVerwG	Bundesverwaltungsgericht
BVerwGE	Entscheidungen des Bundesverwaltungsgerichts
BW	Baden-Württemberg
BWVPr	Baden-Württembergische Verwaltungspraxis
BZBl	Bundeszollblatt
bzgl	bezüglich
bzw	beziehungsweise
DAR	Deutsches Autorecht
DB	Der Betrieb
DBA	Doppelbesteuerungsabkommen
DGVZ	Deutsche Gerichtsvollzieher-Zeitung
Diss.	Dissertation
DNotZ	Deutsche Notar-Zeitschrift
DÖD	Der öffentliche Dienst
DÖV	Die öffentliche Verwaltung
DWVM	Bill Drews, Gerhard Wacke, Klaus Vogel, Wolfgang Martens, Gefahrenabwehr, 9. Aufl., Köln 1986
Drs.	Drucksache
DStR	Deutsches Steuerrecht
DStZ	Deutsche Steuer-Zeitung
DVBl	Deutsches Verwaltungsblatt
DVP	Deutsche Verwaltungspraxis
DWW	Deutsche Wohnungswirtschaft

Abkürzungsverzeichnis

DZWIR	Deutsche Zeitschrift für Wirtschafts- und Insolvenzrecht
EFG	Entscheidungen der Finanzgerichte
EG	Europäische Gemeinschaft
EGAO	Einführungsgesetz zur Abgabenordnung 1977
EG-BeitrG	EG-Beitreibungsgesetz
EGInsO	Einführungsgesetz zur Insolvenzordnung
EGStGB	Einführungsgesetz zum Strafgesetzbuch
EGV	Vertrag zur Gründung der Europäischen Gemeinschaft (EG-Vertrag)
EGVwR	Verwaltungsrechtseinführungsgesetz
Ehlers/Pünder	Dirk Ehlers, Hermann Pünder (Hrsg.), Allgemeines Verwaltungsrecht, 15. Aufl., Berlin, New York 2015
EinigungsV	Vertrag zwischen der Bundesrepublik Deutschland und der Deutschen Demokratischen Republik über die Herstellung der Einheit Deutschlands (Einigungsvertrag)
Einl.	Einleitung
Entsch.	Entscheidung
EnWG	Energiewirtschaftsgesetz
Erdmann	Joachim Erdmann, Die Kostentragung bei Maßnahmen des unmittelbaren Zwangs, Köln 1987
Erlenkämper/Rhein	Friedel Erlenkämper, Kai-Uwe Rhein, Verwaltungsvollstreckungsgesetz und Verwaltungszustellungsgesetz Nordrhein-Westfalen, 11. Aufl., 2011
ESVGH	Entscheidungssammlung des Hessischen Verwaltungsgerichtshofs und des Verwaltungsgerichtshofs Baden-Württemberg
EU	Europäische Union
EuBeitrG	EU-Beitreibungsgesetz
EuBeitrRL	EU-Beitreibungsrichtlinie
EuGH	Gerichtshof der Europäischen Gemeinschaften
EuGHE	Entscheidungen des Europäischen Gerichtshofs
EUKoPfVODG	Gesetz zur Durchführung der Verordnung (EU) Nr. 655/2014 sowie zur Änderung sonstiger zivilprozessualer, grundbuchrechtlicher und vermögensrechtlicher Vorschriften und zur Änderung der Justizbeitreibungsordnung (EuKoPfVODG) vom 21.11.2016 (BGBl. I 2591)
EuZustÜ/EuZustÜbk/EÜZV	Europäisches Übereinkommen über die Zustellung von Schriftstücken in Verwaltungssachen im Ausland
EVwPrO	Entwurf einer Verwaltungsprozessordnung
EWiR	Entscheidungen zum Wirtschaftsrecht
Eyermann	Erich Eyermann, Verwaltungsgerichtsordnung, Kommentar, 15. Aufl. 2019
f., ff.	folgende Seite bzw. Seiten
FamFG	Gesetz über das Verfahren in Familiensachen und in den Angelegenheiten der freiwilligen Gerichtsbarkeit
FamRZ	Zeitschrift für das gesamte Familienrecht
FDK	Klaus Finkelnburg, Matthias Dombert, Christoph Külpmann, Vorläufiger Rechtsschutz im Verwaltungsstreitverfahren, 7. Aufl. 2017
FeV	Fahrerlaubnis-Verordnung
FG	Finanzgericht, Festgabe

Abkürzungsverzeichnis

FGO	Finanzgerichtsordnung
FHOeffR	Fundheft für Öffentliches Recht
FinDAG	Finanzdienstleistungsaufsichtsgesetz
FK	Klaus Wimmer, Frankfurter Kommentar zur Insolvenzordnung, 9. Aufl. 2018
FKS	Michael Fehling, Berthold Kastner, Rainer Störmer (Hrsg.), Verwaltungsrecht, 4 Aufl. 2016
FlurbG	Flurbereinigungsgesetz
Fn.	Fußnote
Frotscher	Gerrit Frotscher, Besteuerung bei Insolvenz, 8. Aufl. 2014
FS	Festschrift
FS Uhlenbruck	Hanns Prütting, Heinz Vallender, Festschrift für Wilhelm Uhlenbruck zum 70. Geburtstag, Köln 2000
FStrG	Bundesfernstraßengesetz
FuR	Familie und Recht
FVG	Finanzverwaltungsgesetz
FW	Finanzwirtschaft
Gaedke	Jürgen Gaedke, Handbuch des Friedhofs- und Bestattungsrechts, 12. Aufl. 2019
GAK	Friedrich Giehl, Olgierd Adolph, Robert Käß, Antje Giehl, Verwaltungsverfahrensrecht in Bayern: BayVwVfG, BayVwZVG, Loseblatt
GBl	Gesetzblatt
GBO	Grundbuchordnung
GE	Gesetzentwurf
geänd.	geändert
GemH	Der Gemeindehaushalt
GemK	Die Gemeindekasse
GemK A	Die Gemeindekasse Ausgabe A
GemK BW	Die Gemeindekasse Baden-Württemberg
GemO	Gemeindeordnung
GeschOBReg	Geschäftsordnung der Bundesregierung
GewArch	Gewerbearchiv
GewO	Gewerbeordnung
GewStG	Gewerbesteuergesetz
GG	Grundgesetz
ggf.	gegebenenfalls
GGO	Gemeinsame Geschäftsordnung der Bundesregierung
GKG	Gerichtskostengesetz
Glotzbach	Hans-Jürgen Glotzbach, Hessisches Verwaltungsvollstreckungsgesetz, Kommentar, 5. Aufl. 2013
Glotzbach/ Goldbach	Hans-Jürgen Glotzbach, Rainer Goldbach, Immobiliarvollstreckung aus Sicht der kommunalen Vollstreckungsbehörden, 7. Aufl. 2018
GmbH	Gesellschaft mit beschränkter Haftung
GmbHG	Gesetz betreffend die Gesellschaften mit beschränkter Haftung
GmbHR	GmbH-Rundschau
GMBl	Gemeinsames Ministerialblatt
GmS-OBG	Gemeinsamer Senat der obersten Gerichtshöfe des Bundes
Göhler	Erich Göhler, Gesetz über Ordnungswidrigkeiten, Kommentar, 17. Aufl. 2017

Abkürzungsverzeichnis

Gosch	Dietmar Gosch (Hrsg.), Abgabenordnung, Finanzgerichtsordnung mit Nebengesetzen, EuGH-Verfahrensrecht, Kommentar, Loseblatt
Gottwald, Zwangsvollstreckung	Uwe Gottwald, Zwangsvollstreckung, 7. Aufl. 2015
Gottwald, Rechtsschutz	Uwe Gottwald, Einstweiliger Rechtsschutz in Verfahren nach der ZPO, 1998
Grimm/Papier ..	Dieter Grimm, Hans-Jürgen Papier, Nordrhein-Westfälisches Staats- und Verwaltungsrecht, 1986
Groß	Rolf Groß, Hessisches Gesetz über die öffentliche Sicherheit und Ordnung, 1979
GrStG	Grundsteuergesetz
GRUR	Gewerblicher Rechtsschutz und Urheberrecht
GS	Gesetzessammlung
GüKG	Güterkraftverkehrsgesetz
Gusy	Christoph Gusy, Polizei- und Ordnungsrecht, 10. Aufl. 2017
GVBl	Gesetz- und Verordnungsblatt
GVG	Gerichtsverfassungsgesetz
GVGA	Geschäftsanweisung für Gerichtsvollzieher
GVKostG	Gerichtsvollzieherkostengesetz
GVOBl	Gesetz- und Verordnungsblatt
Handbuch VZV	Fachverband der Kommunalkassenverwalter e. V., Handbuch für das Verwaltungszwangsverfahren, Loseblatt (seit 1983)
Harrer/Kugele ..	Friedrich Harrer, Dieter Kugele, Klaus Kugele, Cornelius Thum, Carsten Tegethoff, Verwaltungsrecht in Bayern, Loseblatt (Harrer/Kugele-Bearbeiter)
HdbStKirchR ...	Handbuch des Staatskirchenrechts der Bundesrepublik Deutschland, hrsg. v. Joseph Listl und Dietrich Pirson, 1994/96
Hess	Hessen
HessVGH	Hessischer VGH
HessVGRspr	Rechtsprechung der hessischen Verwaltungsgerichte. Beilage zum Staatsanzeiger für das Land Hessen
HessVwVG	Hessisches Verwaltungsvollstreckungsgesetz
Heuser	Torsten Heuser, Landesverwaltungsvollstreckungsgesetz Rheinland-Pfalz, Kommentar, 4. Auflage 2016
HFR	Höchstrichterliche Finanzrechtsprechung
HGB	Handelsgesetzbuch
HHPM	Dietrich Heesen, Jürgen Hönle, Andreas Peilert, Helgo Martens, Bundespolizeigesetz, Verwaltungs-Vollstreckungsgesetz, Gesetz über den unmittelbaren Zwang, 5. Aufl. 2012
HHSp	Hübschmann, Hepp, Spitaler, Kommentar zur Abgabenordnung und Finanzgerichtsordnung (Loseblatt)
hM.	herrschende Meinung
Hmb	Hamburg
HmbVwVG	Hamburgisches Verwaltungsvollstreckungsgesetz
HmbVwZG	Hamburgisches Verwaltungszustellungsgesetz
HBG	Werner Hoppe, Christian Bönker, Susan Grotefels, Öffentliches Baurecht, 4. Aufl., München 2010
H-RS-AV	Wolfgang Hoffmann-Riem, Eberhard Schmidt-Aßmann, Andreas Voßkuhle (Hrsg.) Grundlagen des Verwaltungsrechts 2012/13

Abkürzungsverzeichnis

Hrsg.	Herausgeber; herausgegeben
Hs.	Halbsatz
HSOG	Hessisches Gesetz über die öffentliche Sicherheit und Ordnung
Huber	Michael Huber, Anfechtungsgesetz, Kommentar, 11. Aufl. 2016
idF	in der Fassung
idR	in der Regel
idS	in diesem Sinne
IM	Innenminister(ium)
INF	Die Information über Steuer und Wirtschaft
InfAuslR	Informationsbrief Ausländerrecht
InsO	Insolvenzordnung
InVo	Insolvenz und Vollstreckung
iSv	im Sinne von
IUR	Informationsdienst Umweltrecht
iÜ	im Übrigen
iVm	in Verbindung mit
JA	Juristische Arbeitsblätter
Jarass/Pieroth	Hans D. Jarass, Bodo Pieroth, Grundgesetz für die Bundesrepublik Deutschland, Kommentar, 16. Aufl. 2020
Jauernig/Berger	Othmar Jauernig/Christian Berger, Zwangsvollstreckungs- und Insolvenzrecht, 23. Aufl. 2010
JBeitrG	Justizbeitreibungsgesetz
JbSächsOVG	Jahrbücher des Sächsischen Oberverwaltungsgerichts
JFG	Jahrbuch der Entscheidungen in Angelegenheiten der freiwilligen Gerichtsbarkeit
JR	Juristische Rundschau
Jura	Juristische Ausbildung
JurBüro	Das Juristische Büro
JuS	Juristische Schulung
JVEG	Gesetz über die Vergütung von Sachverständigen, Dolmetscherinnen, Dolmetschern, Übersetzerinnen und Übersetzern sowie die Entschädigung von ehrenamtlichen Richterinnen, ehrenamtlichen Richtern, Zeuginnen, Zeugen und Dritten (Justizvergütungs- und -entschädigungsgesetz)
JW	Juristische Wochenschrift
JZ	Juristenzeitung
KAG	Kommunalabgabengesetz
KG	Kommanditgesellschaft, Kammergericht
KGJ	Jahrbuch der Entscheidungen des Kammergerichts in Sachen der freiwilligen Gerichtsbarkeit
KKZ	Kommunal-Kassen-Zeitschrift
Klein	Franz Klein (Begr.), Abgabenordnung, Kommentar, 15. Aufl. 2020
Knemeyer	Franz-Ludwig Knemeyer, Polizei- und Ordnungsrecht, 11. Aufl., 2007
KO	Konkursordnung
Koch/Scholtz	Karl Koch, Rolf-Detlev Scholtz, Abgabenordnung, Kommentar, 5. Aufl., 1996
Koenig	Ulrich Koenig (Hrsg.), Abgabenordnung, Kommentar, 3. Aufl. 2014
KommJur	Kommunaljurist

Abkürzungsverzeichnis

Kopp/Ramsauer	Ferdinand O. Kopp, Ulrich Ramsauer, Verwaltungsverfahrensgesetz, Kommentar, 21. Aufl. 2020
Kopp/Schenke	Ferdinand O. Kopp, Wolf-Rüdiger Schenke, Verwaltungsgerichtsordnung, Kommentar, 26. Aufl. 2020
KÖSDI	Kölner Steuer-Dialog
KraftStG	Kraftfahrzeugsteuergesetz
KStZ	Kommunale Steuer-Zeitschrift
KTS	Zeitschrift für Insolvenzrecht (ehemals: Konkurs, Treuhand, Schiedsgerichtswesen)
KWG	Gesetz über das Kreditwesen
Kugele	Dieter Kugele, Verwaltungsverfahrensgesetz mit VwVG und VwZG, Köln, 2014
Kuhn/ Stollenwerk	Bernhard Kuhn, Detlef Stollenwerk, Polizei- und Ordnungsbehördengesetz Rheinland-Pfalz/Landesverwaltungsvollstreckungsgesetz (LVwVG) für Rheinland-Pfalz: Kommentar, Loseblatt
LAG	Landesarbeitsgericht
LAG	Lastenausgleichsgesetz
LBG	Landesbeamtengesetz
LBO	Landesbauordnung
Lemke	Hanno-Dirk Lemke, Verwaltungsvollstreckungsrecht des Bundes und der Länder, 1997
LG	Landgericht
Lisken/ Denninger	Hans Lisken/Erhard Denninger, Handbuch des Polizeirechts, 6. Aufl. 2018
LKV	Landes- und Kommunalverwaltung
LReg.	Landesregierung
LSA	Land Sachsen-Anhalt
LSG	Landessozialgericht
LuftFzG	Gesetz über Rechte an Luftfahrzeugen
LuftVG	Luftverkehrsgesetz
LVO	Landesverordnung
LVwG	Landesverwaltungsgesetz
LVwVG	Landesverwaltungsvollstreckungsgesetz
LVwZG	Landesverwaltungszustellungsgesetz
LZG	Landeszustellungsgesetz
MarkenG	Markengesetz
Maunz/Dürig	Theodor Maunz, Günter Dürig, Grundgesetz, Kommentar, Loseblatt (seit 1958)
Maurer/ Waldhoff	Hartmut Maurer, Christian Waldhoff, Allgemeines Verwaltungsrecht, 19. Aufl. 2017
MBl	Ministerialblatt
MdI	Minister des Innern
MDR	Monatsschrift für Deutsches Recht
Meyer/Borgs	Hans Meyer, Hermann Borgs-Maciejewski, Kommentar zum Verwaltungsverfahrensgesetz, 2. Aufl.1982
MinBl.	Ministerialblatt
MOG	Gesetz zur Durchführung der Gemeinsamen Marktorganisation und der Direktzahlungen

Abkürzungsverzeichnis

Möller/Warg	Manfred Möller, Gunter Warg, Allgemeines Polizei- und Ordnungsrecht. Mit Darstellung des Verwaltungszwangs, 6. Aufl. 2011
Mössner	Jörg Manfred Mössner, Steuerrecht international tätiger Unternehmen, 5. Aufl. 2018
Musielak/Voit	Hans-Joachim Musielak, Wolfgang Voit, Kommentar zur Zivilprozessordnung, 17. Aufl. 2020
M-V	Mecklenburg-Vorpommern
mwN	mit weiteren Nachweisen
Nds	Niedersachsen
NdsRpfl	Niedersächsische Rechtspflege
NdsVBl.	Niedersächsische Verwaltungsblätter
nF	neue Fassung, neue Folge
NJW	Neue Juristische Wochenschrift
NJW-RR	NJW-Rechtsprechungs-Report Zivilrecht
NordÖR	Zeitschrift für öffentliches Recht in Norddeutschland
Nr.	Nummer
NRW	Nordrhein-Westfalen
NSOG	Niedersächsisches Sicherheits- und Ordnungsgesetz
NuR	Natur und Recht
NSt	Neues Steuerrecht von A bis Z
nv.	nicht veröffentlicht
NVwVG	Niedersächsisches Verwaltungsvollstreckungsgesetz
NVwZ	Neue Zeitschrift für Verwaltungsrecht
NVwZ-RR	NVwZ-Rechtsprechungs-Report
NVwZG	Niedersächsisches Verwaltungszustellungsgesetz
NWB	Neue Wirtschafts-Briefe
NWVBl	Nordrhein-Westfälische Verwaltungsblätter
NZA	Neue Zeitschrift für Arbeitsrecht
NZI	Neue Zeitschrift für Insolvenzrecht
NZS	Neue Zeitschrift für Sozialrecht
NZV	Neue Zeitschrift für Verkehrsrecht
OHG	Offene Handelsgesellschaft
OLG	Oberlandesgericht
OLGR	OLG-Report
OVG	Oberverwaltungsgericht
OVGE	Entscheidungen des (der) Oberverwaltungsgerichts/e
OWiG	Gesetz über Ordnungswidrigkeiten
PAG	Polizeiaufgabengesetz
PatG	Patentgesetz
PolG	Polizeigesetz
PostG	Gesetz über das Postwesen
PostVerfG	Postverfassungsgesetz
PrGS	Preußische Gesetzessammlung
prOVG	preußisches Oberverwaltungsgericht
PrPVG	Preußisches Polizeiverwaltungsgesetz
PST	Adrian Pewestorf, Sebastian Söllner, Oliver Tölle, Handbuch Polizei- und Ordnungsrecht, 2012
PStG	Personenstandsgesetz
PZU	Postzustellungsurkunde
RAG	Reichsarbeitsgericht
RdL	Recht der Landwirtschaft
RDStO	Reichsdienststrafordnung

Abkürzungsverzeichnis

Redeker/ v. Oertzen	Konrad Redeker, Hans-Joachim von Oertzen, Verwaltungsgerichtsordnung, Kommentar, 16. Aufl. 2014
RegE	Regierungsentwurf
RFH	Reichsfinanzhof
RFHE	Sammlung der Entscheidungen und Gutachten des Reichsfinanzhofs
RG	Reichsgericht
RGBl	Reichsgesetzblatt
RGZ	Entscheidungen des Reichsgerichts in Zivilsachen
RHA	Rechtshilfeabkommen
RhPf	Rheinland-Pfalz
RIW	Recht der Internationalen Wirtschaft
Rn.	Randnummer
Röder	Hans Röder, Hans-Jürgen Glotzbach, Rainer Goldbach, Handbuch für den Vollstreckungsdienst, ABC der pfändbaren und unpfändbaren beweglichen Sachen, Forderungen und anderen Vermögensrechte, Loseblatt (seit 1992)
v. Rosen- v. Hoewel	Harry von Rosen-von Hoewel, Verwaltungsvollstreckungsgesetz und Verwaltungszustellungsgesetz 1953
Rosenberg/ Gaul/Schilken ...	Leo Rosenberg, Hans-Friedhelm Gaul, Eberhard Schilken, Ekkehard Becker-Eberhard, Zwangsvollstreckungsrecht, 12. Aufl. 2010
RP	Rheinland-Pfalz
Rpfleger	Der deutsche Rechtspfleger
RPflG	Rechtspflegergesetz
RpflJB	Rechtspfleger-Jahrbuch
Rudolph	Inge Rudolph, Das Zwangsgeld als Institut des Verwaltungszwangs 1992
RVO	Reichsversicherungsordnung
S.	Satz, Seite
Saarl	Saarland
SaBl	Sammelblatt
Sadler/ Tillmanns	Gerhard Sadler, Reiner Tillmans, Verwaltungs-Vollstreckungsgesetz, Verwaltungszustellungsgesetz, Kommentar, 10. Aufl. 2019
SächsVBl	Sächsische Verwaltungsblätter
SächsVwVG	Verwaltungsvollstreckungsgesetz für den Freistaat Sachsen
SächsVwZG	Verwaltungszustellungsgesetz für den Freistaat Sachsen
Sb.	Sammelband
SBS	Paul Stelkens, Heinz-Joachim Bonk, Michael Sachs (Hrsg.), Verwaltungsverfahrensgesetz, Kommentar, 9. Aufl. 2018
ScheckG	Scheckgesetz
SchlH	Schleswig-Holstein
Schwarz/Pahlke	Bernhard Schwarz, Armin Pahlke (Hrsg.), Abgabenordnung, Kommentar, Loseblatt
SV/Z	Rudolf Schweickhardt, Ute Vondung, Annette Zimmermann-Kreher, Allgemeines Verwaltungsrecht, 10. Aufl. 2017
Schweikert	Veronika Schweikert, Der Rechtswidrigkeitszusammenhang im Verwaltungsvollstreckungsrecht, Diss., 2013
Schwerdtfeger ...	Gunther Schwerdtfeger (Begr.), fortgeführt von Angela Schwerdtfeger, Öffentliches Recht in der Fallbearbeitung, 15. Aufl. 2018

Abkürzungsverzeichnis

SG	Sozialgericht
SGb	Die Sozialgerichtsbarkeit
SGB	Sozialgesetzbuch
SGG	Sozialgerichtsgesetz
SH	Schleswig-Holstein
SKZ	Saarländische Kommunalzeitschrift
Slg.	Sammlung
sog.	so genannt
SOG	Gesetz über die öffentliche Sicherheit und Ordnung
SoldG	Gesetz über die Rechtsstellung der Soldaten (Soldatengesetz)
st.	ständig
Staatsbürger und Staatsgewalt	Staatsbürger und Staatsgewalt. Jubiläumsschrift, hrsg. von Helmut R. Külz und Richard Naumann 1963
StÄndG	Steueränderungsgesetz
StAnz.	Staatsanzeiger
StB	Der Steuerberater
Stbg	Die Steuerberatung
StBp	Die steuerliche Betriebsprüfung
Stein/Jonas	Friedrich Stein, Martin Jonas (Begr.), Kommentar zur Zivilprozessordnung, 23. Aufl. ab 2016
SteuerStud	Steuer und Studium
StGB	Strafgesetzbuch
StLex	Steuer-Lexikon
Stöber	Kurt Stöber, ZVG, Kommentar, 22. Aufl. 2019
Stöber/Rellermeyer	Kurt Stöber, Klaus Rellermeyer, Forderungspfändung, 17. Aufl. 2020
StPO	Strafprozessordnung
str.	streitig
StRK	Steuerrechtsprechung in Karteiform
StVO	Straßenverkehrs-Ordnung
StVollzG	Strafvollzugsgesetz
StVZO	Straßenverkehrs-Zulassungs-Ordnung
StWa	Steuer-Warte
StWK	Steuer- und Wirtschafts-Kurzpost
SVR	Straßenverkehrsrecht
SVwVG	Saarländisches Verwaltungsvollstreckungsgesetz
SVwZG	Saarländisches Verwaltungszustellungsgesetz
Terwiesche/Prechtel	Michael Terwiesche, Ulf Prechtel (Hrsg.), Handbuch des Verwaltungsrechts, 3. Aufl. 2018
Thomas/Putzo	Heinz Thomas, Hans Putzo (Begr.), Zivilprozessordnung, Kommentar, 41. Aufl. 2020
Thür.	Thüringen
ThürVBl	Thüringer Verwaltungsblätter
ThürVwZVG	Thüringer Verwaltungszustellungs- und -vollstreckungsgesetz
TierSchG	Tierschutzgesetz
Tipke/Kruse	Klaus Tipke, Heinrich Wilhelm Kruse, Kommentar zur AO 1977 und FGO, Loseblatt
TKG	Telekommunikationsgesetz
TMG	Telemediengesetz

Abkürzungsverzeichnis

Troidl	Thomas Troidl, Akteneinsicht im Verwaltungsrecht: Informationszugang gemäß VwVfG, VwGO, UIG, VIG, IFG ua, 2. Aufl. 2020
Tz.	Textziffer
u.	und
ua.	und andere, unter anderem
Übk.	Übereinkommen
Uhlenbruck	Wilhelm Uhlenbruck, Heribert Hirte, Heinz Vallender (Hrsg.), Insolvenzordnung: Kommentar, 15. Aufl., 2019/2020
Ule/Laubinger	Carl Hermann Ule, Hans-Werner Laubinger, Verwaltungsverfahrensrecht, 4. Aufl. 1995
umstr.	umstritten
unstr.	unstreitig
unzutr.	unzutreffend
UPR	Umwelt- und Planungsrecht
UrhRG	Gesetz über Urheberrecht und verwandte Schutzrechte (Urheberrechtsgesetz)
UZwG	Gesetz über den unmittelbaren Zwang bei Ausübung öffentlicher Gewalt durch Vollziehungsbeamte des Bundes
VBlBW	Verwaltungsblätter für Baden-Württemberg
VersG	Versammlungsgesetz
VersR	Versicherungsrecht
VerwArch	Verwaltungsarchiv
VerwRspr	Verwaltungsrechtsprechung in Deutschland
VDG	Vertrauensdienstegesetz
VG	Verwaltungsgericht
VGH	Verwaltungsgerichtshof
VkBl	Verkehrsblatt
VO	Verordnung
VOL/A	Verdingungsordnung für Leistungen ausgenommen Bauleistungen Teil A
VollstrA	Allgemeine Verwaltungsvorschrift über die Durchführung der Vollstreckung nach der Abgabenordnung (Vollstreckungsanweisung)
VollzA	Allgemeine Verwaltungsvorschrift für Vollziehungsbeamte der Finanzverwaltung (Vollziehungsanweisung)
VR	Verwaltungsrundschau
VVDStRL	Veröffentlichungen der Vereinigung der Deutschen Staatsrechtslehrer
VV VwVG NRW	Verwaltungsvorschriften zum VwVG Nordrhein-Westfalen
VwGO	Verwaltungsgerichtsordnung
VwVfG	Verwaltungsverfahrensgesetz
VwVfG MV	Verwaltungsverfahrens- und -zustellungsgesetz des Landes Mecklenburg-Vorpommern
VwVG	Verwaltungsvollstreckungsgesetz
VwVG Bbg	Verwaltungsvollstreckungsgesetz für das Land Brandenburg
VwVG LSA	Verwaltungsvollstreckungsgesetz des Landes Sachsen-Anhalt
VwVG NRW	Verwaltungsvollstreckungsgesetz für das Land Nordrhein-Westfalen
VwZG	Verwaltungszustellungsgesetz
VwZG LSA	Verwaltungszustellungsgesetz des Landes Sachsen-Anhalt

Abkürzungsverzeichnis

WaffG	Waffengesetz
WaffRNeuRG	Gesetz zur Neuregelung des Waffenrechts
Waldner	Wolfram Waldner, Aktuelle Probleme des rechtlichen Gehörs im Zivilprozess, 1983
WaStrG	Bundeswasserstraßengesetz
Weber	Klaus Weber, Handbuch des sächsischen Verwaltungsvollstreckungsrechts, 2. Aufl. 2015
Weißauer/ Lenders	Jürgen Weißauer, Burkhard Lenders, Verwaltungsgesetze Nordrhein-Westfalen, Kommentar (Loseblatt)
Wettlaufer	Arno Wettlaufer, Die Vollstreckung aus verwaltungs-, sozial- und finanzgerichtlichen Titeln zugunsten der öffentlichen Hand 1989
WG	Wechselgesetz
WHG	Wasserhaushaltsgesetz
Wieser	Raimund Wieser, Praxis des Bußgeldverfahrens, 8. Aufl. 2019
WiGBl	Gesetzblatt der Verwaltung des Vereinigten Wirtschaftsgebietes
wistra	Zeitschrift für Wirtschaft – Steuer – Strafrecht
WM	Wertpapier-Mitteilungen
WBSK I	Hans J. Wolff, Otto Bachof, Rolf Stober, Winfried Kluth, Verwaltungsrecht I, 12. Aufl. 2007
WBSK II	Hans J. Wolff, Otto Bachof, Rolf Stober, Winfried Kluth, Verwaltungsrecht II, 7. Aufl. 2010
WPflG	Wehrpflichtgesetz
WRV	Weimarer Reichsverfassung
WStH	Die Wirtschafts- und Steuer-Hefte
Würtenberger/ Heckmann	Thomas Würtenberger, Dirk Heckmann, Verwaltungsprozessrecht 4. Aufl. 2018
WUR	Wirtschaftsverwaltungs- und Umweltrecht
Wysk	Peter Wysk (Hrsg.), Verwaltungsgerichtsordnung, 3. Aufl. 2020
ZabkNTrSt	Zusatzabkommen zum NATO-Truppenstatut
zB	zum Beispiel
ZBR	Zeitschrift für Beamtenrecht
ZDG	Gesetz über den Zivildienst der Kriegsdienstverweigerer
ZfS	Das Zentralblatt für Sozialversicherung, Sozialhilfe und Versorgung
ZfW	Zeitschrift für Wasserrecht
ZfZ	Zeitschrift für Zölle und Verbrauchsteuern
ZInsO	Zeitschrift für das gesamte Insolvenzrecht
ZIP	Zeitschrift für Wirtschaftsrecht (ehemals: Zeitschrift für Insolvenzpraxis)
ZKF	Zeitschrift für Kommunalfinanzen
ZMR	Zeitschrift für Miet- und Raumrecht
Zöller	Richard Zöller, Zivilprozessordnung, Kommentar, 33. Aufl. 2020
ZP	Zusatzprotokoll
ZPO	Zivilprozessordnung
ZRP	Zeitschrift für Rechtspolitik
ZSteu	Zeitschrift für Steuern und Recht
zT	zum Teil
ZUR	Zeitschrift für Umweltrecht
zust.	zustimmend
ZustRG	Gesetz zur Reform des Verfahrens bei Zustellungen im gerichtlichen Verfahren (Zustellungsreformgesetz)

Abkürzungsverzeichnis

ZustVV	Zustellungsvordruckverordnung
zutr.	zutreffend
ZVG	Gesetz über die Zwangsversteigerung und Zwangsverwaltung
ZVI	Zeitschrift für Verbraucher- und Privatinsolvenzrecht
zw.	zweifelhaft
ZZP	Zeitschrift für Zivilprozess

Verwaltungs-Vollstreckungsgesetz (VwVG)

Vom 27.4.1953 (BGBl. I S. 157),
zuletzt geändert durch Art. 42 Elfte ZuständigkeitsanpassungsVO vom 19.6.2020
(BGBl. I S. 1328)

Einführung

I. Allgemeines

Mit dem VwVG vom 27.4.1953 (BGBl. I 157) wurde in Deutschland **1** erstmals eine allgemeine gesamtstaatliche Regelung des Verwaltungsvollstreckungsrechts geschaffen (zur Vorgeschichte vgl. Tillmanns in Sadler/Tillmanns Einl. VwVG Rn. 1 und Peilert in WBSK I § 64 Rn. 3).

II. Anwendungsbereich des VwVG des Bundes

Die föderalistische Verfassung der Bundesrepublik Deutschland bringt es **2** mit sich, dass das Verwaltungsvollstreckungsgesetz des Bundes – wie das Verwaltungsverfahrensgesetz – **unmittelbar nur für die Bundesbehörden** gilt. Anders als beim Verwaltungsverfahrensgesetz war es aber hier nicht möglich, wenigstens gleich lautende oder auch nur gleich strukturierte (dazu App DÖV 1991, 415) Bundes- und Landesgesetze zustande zu bringen. Das macht diese Rechtsmaterie sehr unübersichtlich. Das Verwaltungsvollstreckungsrecht der Länder ist irrevisibles Landesrecht (so BVerwG NVwZ-RR 1995, 299; BeckRS 1997, 31232889 – obwohl zumindest bei wörtlicher Übereinstimmung landesrechtlicher Vollstreckungsregelungen mit dem VwVG des Bundes die analoge Anwendung von § 137 Abs. 1 Nr. 2 VwGO nahe läge, da das Verwaltungsvollstreckungsrecht in der Sache lediglich ein aus gesetzestechnischen Gründen ausgelagerter Teil des Verwaltungsverfahrensrechts ist), so dass insoweit auch das BVerwG nicht zu einer – bei manchen Fragen wünschenswerten – Rechtsvereinheitlichung beitragen kann. Im Bereich der Verwaltungsvollstreckung wegen Geldforderungen tragen eher die Rechtsprechung des BFH und ebenso die des BGH zu einem gewissen Maß an Rechtsvereinheitlichung bei als die des BVerwG.

Das VwVG des Bundes – und nicht etwa dasjenige des betreffenden Bundeslandes – ist schließlich anzuwenden, wenn der Vorsitzende des Gerichts des ersten Rechtszugs gemäß § 169 Abs. 1 VwGO eine gerichtliche Entscheidung oder einen Prozessvergleich zu Gunsten einer Gemeinde oder eines Bundeslandes vollstreckt (VGH Mannheim VBlBW 1996, 463; App/Wettlaufer/Klomfaß Kap 7 Rn. 12).

VwVG Einführung

III. Landesrecht

3   In den einzelnen Bundesländern ist das Verwaltungsvollstreckungsrecht teils in einem Gesetz zusammengefasst, teils in zwei Gesetzen geregelt (dazu App KKZ 1991, 81). Zum Teil wird auf das Verwaltungsvollstreckungsrecht des Bundes verwiesen; verweist Landesrecht auf Bundesrecht (wobei Verweisungsobjekte außer dem VwVG des Bundes häufig auch Bestimmungen der Abgabenordnung, der Zivilprozessordnung oder des Bürgerlichen Gesetzbuchs sind), so hat die Landesbehörde zwar bundesrechtliche Vorschriften anzuwenden – dies indessen so, als handelte es sich um Landesrecht (Pewestorf in PST Teil 2 Kap. 1 Rn. 10). Zu den Verwaltungsvollstreckungsgesetzen der Neuen Bundesländer Sadler LKV 1995, 409 und 417.

Baden-Württemberg: Verwaltungsvollstreckungsgesetz für Baden-Württemberg (Landesverwaltungsvollstreckungsgesetz – LVwVG) vom 12.3.1974 (GBl. 93), zuletzt geändert durch Art. 5 9. Anpassungsverordnung vom 23.2.2017 (GBl. 99). Gesamtdarstellung des Verwaltungsvollstreckungsverfahrens nach dem LVwVG bei von Pollern/Brunn in Schweickhardt/Vondung Rn. 937–998.

Bayern: Bayerisches Verwaltungszustellungs- und Vollstreckungsgesetz (VwZVG) idF vom 11.11.1970 (GVBl. 1971 S. 1), zuletzt geändert durch § 1 Abs. 26 der Verordnung vom 26. März 2019 (GVBl. 98).

Berlin: Gesetz über das Verfahren der Berliner Verwaltung vom 21.4.2016 (GVBl. 218), geändert durch Art. 1 G zur Änd. des G über das Verfahren der Berliner Verwaltung sowie des G über die Anwendung unmittelbaren Zwanges bei der Ausübung öffentlicher Gewalt durch Vollzugsbeamte des Landes Berlin vom 5.7.2018 (GVBl. 462). § 8 Abs. 1 S. 1 BlnVwVfG verweist (wie zuvor § 5a S. 1 BlnVwVfG) für das Vollstreckungsverfahren der Behörden Berlins grundsätzlich (dynamisch) auf das VwVG (des Bundes) in der jeweils geltenden Fassung; das ist zulässig (BVerwG JR 1976, 391; DÖV 2005, 745; Klomfaß in App/Wettlaufer/Klomfaß Kap. 2 Rn. 5).

Brandenburg: Verwaltungsvollstreckungsgesetz für das Land Brandenburg (VwVGBbg) vom 16.5.2013 (GVBl. I Nr. 18), zuletzt geändert durch Art. 15 G zur Weiterentwicklung der gemeindlichen Ebene vom 15.10.2018 (GVBl. I Nr. 22).

Bremen: Gesetz über das Verfahren zur Erzwingung von Handlungen, Duldungen oder Unterlassungen (Bremisches Verwaltungsvollstreckungsgesetz – BremVwVG) idF vom 1.4.1960 (GBl. 37), zuletzt geändert durch Art. 1 ÄndG vom 2.4.2019 (Brem.GBl. 159); Bremisches Gesetz über die Vollstreckung von Geldforderungen im Verwaltungswege vom 29.9.2015 (GBl. 448).

Hamburg: Hamburgisches Verwaltungsvollstreckungsgesetz (HmbVwVG) vom 4.12.2012 (GVBl. 510), geändert durch Gesetz vom 21.5.2013 (GVBl. 210).

Hessen: Hessisches Verwaltungsvollstreckungsgesetz (HessVwVG) idF vom 12.12.2008 (GVBl. 2009 I 2), zuletzt geändert durch Art. 3 G zur Förderung der elektronischen Verwaltung und zur Änd. verwaltungsverfahrens- und verwaltungsvollstreckungsrechtl. sowie datenschutzrechtl. Vorschriften und glücksspielrechtl. Zuständigkeiten vom 12.9.2018 (GVBl. 570) (S. Glotzbach).

Mecklenburg-Vorpommern: 3. Hauptteil (Vollstreckungsverfahren) des Verwaltungsverfahrens-, Zustellungs- und Vollstreckungsgesetzes des Landes Mecklenburg-Vorpommern (Landesverwaltungsverfahrensgesetz – VwVfG M-V) idF der Bekanntmachung vom 6.5.2020 (GVOBl. 410), zuletzt geändert durch Art. 1 G zur Änd. des LandesverwaltungsverfahrensG, des LandesverwaltungskostenG und der Vollstreckungszuständigkeits- und -kostenlandesVO vom 2.5.2019 (GVOBl. M-V 158); § 110 VwVfG M-V verweist für die Vollstreckung wegen Handlungen, Duldungen und Unterlassungen auf §§ 79–100 SOG M-V, § 111 VwVfG M-V für die Vollstreckung wegen Geldforderungen auf §§ 1–3 und 5–5b VwVG (des Bundes).

Niedersachsen: Niedersächsisches Verwaltungsvollstreckungsgesetz (NVwVG) idF vom 14.11.2019 (GVBl. 316). Für die Durchsetzung von Verwaltungsakten, die auf die Herausgabe einer Sache oder auf eine sonstige Handlung oder eine Duldung oder Unterlassung gerichtet sind und nicht zu einer Geldleistung oder zur Duldung der Vollstreckung wegen einer Geldforderung verpflichten (vgl. § 2 Abs. 1 NVwVG), verweist § 70 Abs. 1 NVwVG auf den Sechsten Teil (§§ 64–79) des Niedersächsischen Polizei- und Ordnungsbehördengesetzes (NPOG) vom 19.1.2005 (GVBl. 9), auch wenn der zu vollziehende Verwaltungsakt nicht der Gefahrenabwehr dient. Gemäß § 72 NVwVG gilt dies entsprechend für öffentlich-rechtliche Verträge, in denen sich ein(e) Schuldner(in) zu einer Handlung, Duldung oder Unterlassung verpflichtet und der sofortigen Vollstreckung unterworfen hat.

Nordrhein-Westfalen: Verwaltungsvollstreckungsgesetz für das Land Nordrhein-Westfalen (Verwaltungsvollstreckungsgesetz NRW – VwVG NRW) idF vom 19.2.2003 (GV. NRW 156, 2005 818), zuletzt geändert durch Art. 1 des Gesetzes vom 8.7.2016 (GV. NRW 557). Darstellung der Neufassung: Hagemann KKZ 2003, 173 und 193. Krit. zu dieser Pump VR 2003, 418; Erwiderung von Hagemann/App VR 2004, 258.

Rheinland-Pfalz: Landesverwaltungsvollstreckungsgesetz (LVwVG) vom 8.7.1957 (GVBl. 101), zuletzt geändert durch Gesetz vom 12.9.2012 (GVBl. 311) (S. Heuser).

Saarland: Saarländisches Verwaltungsvollstreckungsgesetz (SVwVG) vom 27.3.1974 (ABl. 430 = SaBl. 1121), zuletzt geändert durch Gesetz vom 1.12.2015 (ABl. I 913).

Sachsen: Verwaltungsvollstreckungsgesetz für den Freistaat Sachsen (SächsVwVG) idF vom 10.9.2003 (GVBl. 614; zu dieser Singer/Härig KKZ 2003, 187 und App Sachsenlandkurier 2005, 219), zuletzt geändert durch Art. 2 Abs. 1 Sächsisches Verwaltungskostenrechtsneuordnungsgesetz vom 5.4.2019 (SächsGVBl. 245).

Sachsen-Anhalt: Verwaltungsvollstreckungsgesetz des Landes Sachsen-Anhalt (VwVG LSA) idF der Bekanntmachung vom 20.2.2015 (GVBl. 50). Ähnlich wie in Niedersachsen werden Verwaltungsakte, die auf die Herausgabe einer Sache oder auf eine sonstige Handlung oder eine Duldung oder Unterlassung gerichtet sind und nicht unter § 2 Abs. 1 VwVG LSA (Geldleistung oder Duldung der Vollstreckung wegen einer Geldforderung) fallen,

VwVG Einführung

gemäß § 71 Abs. 1 VwVG LSA nach dem Vierten Teil (§§ 53–68a) des Gesetzes über die öffentliche Sicherheit und Ordnung des Landes Sachsen-Anhalt durchgesetzt (auch wenn sie nicht der Gefahrenabwehr dienen). Gemäß § 73 VwVG LSA gilt dies (wiederum) entsprechend für öffentlich-rechtliche Verträge, in denen Schuldner sich zu einer Handlung, Duldung oder Unterlassung verpflichten und der sofortigen Vollstreckung unterworfen haben.

Schleswig-Holstein: Allgemeines Verwaltungsgesetz für das Land Schleswig-Holstein (Landesverwaltungsgesetz – LVwG) idF vom 2.6.1992 (GVOBl. 243), zuletzt geändert durch Gesetz vom 1.9.2020 (GVOBl. 508).

Thüringen: Thüringer Verwaltungszustellungs- und Vollstreckungsgesetz (ThürVwZVG) in der Fassung der Bekanntmachung vom 5.2.2009 (GVBl. 24), zuletzt geändert durch Art. 5 des Gesetzes vom 23.9.2015 (GVBl. 131); hierzu Zimmermann KKZ 2009, 27.

Kommentierung

Erster Abschnitt. Vollstreckung wegen Geldforderungen

§ 1 Vollstreckbare Geldforderungen

(1) Die öffentlich-rechtlichen Geldforderungen des Bundes und der bundesunmittelbaren juristischen Personen des öffentlichen Rechts werden nach den Bestimmungen dieses Gesetzes im Verwaltungswege vollstreckt.

(2) Ausgenommen sind solche öffentlich-rechtlichen Geldforderungen, die im Wege des Parteistreites vor den Verwaltungsgerichten verfolgt werden oder für die ein anderer Rechtsweg als der Verwaltungsrechtsweg begründet ist.

(3) Die Vorschriften der Abgabenordnung, des Sozialversicherungsrechts einschließlich der Arbeitslosenversicherung und des Justizbeitreibungsgesetzes bleiben unberührt.

Übersicht

	Rn.
I. Sachlicher Geltungsbereich des 1. Abschnitts	1
1. Begriff der öffentlich-rechtlichen Geldforderungen	2
2. Arten der öffentlich-rechtlichen Geldforderungen	3
a) Abgaben	4
b) Ausgleichsforderungen	5
c) Zwangsgeld und Geldbuße	6
d) Öffentlich-rechtliche Verträge	7
3. Forderungen bestimmter Rechtsträger	8
a) Juristische Personen des öffentlichen Rechts	9
b) Besonderheiten bei der Kirche	10
c) Marktorganisationsgesetz	10a
II. Ausnahmen vom Anwendungsbereich	11
1. „Parteistreit" (Abs. 2 Hs. 1)	12
a) Grundsätze	13
b) Öffentlich-rechtliche Verträge	14
2. Begründung eines anderen Rechtsweges (Abs. 2 Hs. 2)	15
a) Abdrängende Sonderzuweisungen des § 40 Abs. 2 S. 1 VwGO	16
b) Amtshaftungsanspruch (und Rückgriff): Art. 34 S. 3 GG	17
c) Aufdrängende „Rückzuweisung"	18
III. Vorrang anderer Gesetze (Abs. 3)	19
1. Abgabenordnung	20
2. Sozialversicherungsrechtliche Vorschriften	21
3. Justizbeitreibungsgesetz	22
IV. Landesrecht	23
1. Allgemeines	23
2. Einzelne Länder	24

VwVG § 1 Verwaltungs-Vollstreckungsgesetz

I. Sachlicher Geltungsbereich des 1. Abschnitts

1   Das Verwaltungsvollstreckungsrecht ist von einem **dualen Vollstreckungssystem** geprägt, das zwischen zwei verschiedenen Vollstreckungsarten differenziert, der Vollstreckung der Pflicht zu einer Handlung, Duldung oder Unterlassung, und der Vollstreckung von Geldleistungspflichten, auch „executio ad solvendum" genannt (Waldhoff in H-RS-AV § 46 Rn. 104). Während die Abgabenordnung und die Verwaltungsvollstreckungsgesetze mancher Länder diese beiden Vollstreckungsarten durch gemeinsame Vorschriften miteinander verzahnt haben, nimmt das VwVG des Bundes eine strikte Trennung beider Verfahrensarten vor, was Analogieschlüssen eine Grenze setzt. § 1 grenzt den **sachlichen Geltungsbereich** des 1. Abschnitts ab. Abs. 1 umschreibt positiv die vollstreckbaren Geldforderungen. Zur geschichtlichen Entwicklung der Regelung der Verwaltungsvollstreckung wegen Geldforderungen eingehend Beermann in HHSp Rn. 1–17 vor §§ 249–346 AO.

1. Begriff der öffentlich-rechtlichen Geldforderungen

2   **Öffentlich-rechtlich** sind Forderungen, wenn sie von einer (derselben oder einer anderen) juristischen Person des öffentlichen Rechts hoheitlich auferlegt worden sind. Des Weiteren sind öffentlich-rechtliche Geldforderungen solche, die sich aus einem öffentlich-rechtlichen Vertrag ergeben; zur Vorfrage, unter welchen Voraussetzungen ein Vertrag als öffentlich-rechtlich einzustufen ist, vgl. §§ 54–56 VwVfG und Kopp/Ramsauer VwVfG § 54 Rn. 27–40e. Das Fehlen der öffentlich-rechtlichen Natur der Vollstreckungsforderung muss der Vollstreckungsschuldner mit Rechtsbehelfen gegen den Leistungsbescheid vorbringen, sofern dieser formell als Verwaltungsakt ergangen ist; im Vollstreckungsverfahren wird er mit diesem Einwand nicht mehr gehört (→ § 3 Rn. 4 mwN).

Nicht auf öffentlich-rechtliche Geldforderungen beschränkt ist die Verwaltungsvollstreckung in einigen Ländern (→ Rn. 23, 24).

Aus einem bestandskräftigen und vollstreckungsreifen Geldleistungsbescheid kann aber auch dann vollstreckt werden, wenn in der Mahnung die beizutreibende Forderung fälschlich als privatrechtlich gekennzeichnet wurde (OVG Weimar FHOeffR 49 Nr. 4580).

2. Arten der öffentlich-rechtlichen Geldforderungen

3   Die öffentlich-rechtlichen Geldforderungen können eingeteilt werden in Abgabenforderungen, Ausgleichsforderungen, Zwangsgelder und Geldbußen sowie Forderungen aus öffentlich-rechtlichen Verträgen.

4   **a) Abgaben. Abgabenforderungen** richten sich auf Steuern, Beiträge oder Gebühren.

Steuern werden ohne Bezug auf eine konkrete Gegenleistung von einer öffentlichen Körperschaft zur Deckung ihres allgemeinen Finanzbedarfs erhoben (§ 3 Abs. 1 AO).

Beiträge werden von öffentlichen Körperschaften zur (mindestens teilweisen) Deckung der Kosten öffentlicher Einrichtungen von demjenigen verlangt, der durch die Einrichtung einen besonderen Vorteil hat; gleichgültig ist, ob er diesen Vorteil auch tatsächlich in Anspruch nimmt (vgl. BVerwGE 25, 147). Ein solcher Beitrag ist auch die sog. Ausgleichsabgabe des Arbeitgebers nach § 77 SGB IX aF bzw. § 160 SGB IX nF (BVerwG NJW 2005, 1674; BVerfG NZA 2005, 216). Rückständige Rundfunkbeiträge dürfen von den Landesrundfunkanstalten ebenfalls durch Bescheid festgesetzt und im Verwaltungsvollstreckungsverfahren nach Landesrecht (→ Rn. 24) beigetrieben werden, § 10 Abs. 5 und 6 RBeitrStV (zu § 13 Abs. 1 LVwVG BGH ZUM-RD 2018, 275 ff. Rn. 8; zum VwZVG VG München BeckRS 2019, 14409, Rn. 15 f.).

Gebühren werden als Benutzungs- oder Verwaltungsgebühren aus Anlass individuell zurechenbarer öffentlicher Leistungen den Gebührenschuldnern zu dem Zweck auferlegt, in Anknüpfung an diese Leistungen deren Kosten ganz oder teilweise zu decken (Kopp/Schenke VwGO § 80 Rn. 58 mwN). Die Gebühren für Verwaltungshandeln werden oft mit den Auslagen unter dem Oberbegriff der Kosten zusammengefasst. Nur die nach festen Sätzen bemessenen Gebühren gehören aber zur Kategorie der Abgaben. Die Auslagenforderung gehört dagegen zu den Ausgleichsforderungen.

b) Ausgleichsforderungen. Die Ausgleichsforderungen lassen sich gliedern in Schadensersatz-, Rückzahlungs- und Erstattungsforderungen. **Schadensersatz** wird für schuldhafte Rechtsverletzungen geleistet (vgl. § 75 BBG, § 24 SoldG). Zivilrechtliche Schadensersatzforderungen darf die Behörde ohne ausdrückliche gesetzliche Ermächtigung nicht mehr durch Verwaltungsakt geltend machen; das „besondere Gewaltverhältnis" schafft keine Ermächtigung dazu (OVG Lüneburg NJW 1996, 2947). Ausnahmen von dem Erfordernis einer besonderen Handlungsermächtigung sind lediglich in Fällen anerkannt, in denen sich die Rückforderung als „actus contrarius" zu der Gewährung der Leistung darstellt (sog. Kehrseitentheorie; vgl. Kopp/Ramsauer VwVfG § 35 Rn. 23a). **Rückzahlungsforderungen** entstehen, wenn öffentliche Leistungen auf Zeit gewährt werden und die Zeit abgelaufen ist, zB bei öffentlichen Darlehen (vgl. BVerwGE 13, 307). Zu dieser Gruppe gehört aber auch der Anspruch auf **Erstattung** von behördlichen Auslagen im Verwaltungsvollstreckungsverfahren, insbesondere auch die Kosten der Ersatzvornahme (→ § 10 Rn. 12), des unmittelbaren Zwanges (→ § 12 Rn. 13) und der unmittelbaren Ausführung (soweit man diese der Verwaltungsvollstreckung zurechnet, dazu Maurer/Waldhoff § 20 Rn. 25 f.; in Baden-Württemberg, das dieses Mittel dem Polizeirecht zuordnet, ist die Möglichkeit der Beitreibung der Kosten im Verwaltungszwangsverfahren durch § 8 Abs. 2 S. 2 PolG ausdrücklich bestimmt). Zweifelhaft könnte sein, ob auch die Auslagen der Behörde als Partei im verwaltungsgerichtlichen Verfahren dazu gehören. Dies dürfte zu bejahen sein; denn der Charakter des Rechtsverhältnisses zwischen Behörde und Bürger ändert sich durch die Einschaltung des Verwaltungsgerichtes nicht. Für diese Forderungen gelten allerdings die besonderen Vorschriften der VwGO (vgl. OVG Lüneburg

DVBl 1971, 284). Zur Rückforderung von Lastenausgleichsleistungen siehe BVerwG NVwZ-RR 2005, 375. Einen Unterfall der Ausgleichsforderungen stellen **Sonderabgaben** dar, die dazu bestimmt sind, bereits entstandene oder bevorstehende Aufwendungen der Abgabengläubiger ganz oder teilweise zu decken (BVerwG NVwZ 1987, 64), wie Beiträge zum Abwrackfonds (OVG Münster NVwZ-RR 1998, 515) oder Stellplatzablösungen als Mittel zur Deckung des Aufwands für die Schaffung öffentlichen Stellraums für Kraftfahrzeuge (BVerfG NVwZ 2009, 837).

6   c) **Zwangsgeld und Geldbuße.** Selbstständig neben den beiden vorgenannten Gruppen stehen Zwangsgeld (§ 11) und Geldbuße (§ 90 Abs. 1 OWiG). Das **Zwangsgeld** ist weder eine Abgabe im herkömmlichen Sinne noch dient es dem Ausgleich eines Schadens oder einer Vermögensverschiebung. Das Zwangsgeld dient überhaupt nicht dem finanziellen Interesse des Staates. Sein Zweck ist lediglich die Willensbeeinflussung desjenigen, dem es angedroht wird. Festsetzung und Beitreibung verleihen der Androhung Nachdruck (→ § 11 Rn. 1, § 15 Rn. 14). Die **Geldbuße** ist eine Verwaltungssanktion, die an eine schuldhafte Zuwiderhandlung anknüpft und im Gegensatz zum Zwangsgeld bei späterer Befolgung des Gesetzesbefehls nicht gegenstandslos wird. Zur Vollstreckung von Geldbußen Wieser, 683 ff.; das Opportunitätsprinzip des § 47 OWiG soll für die Vollstreckung der Geldbuße nicht gelten (so Göhler Rn. 1 vor § 89 OWiG mwN). Umstritten ist, ob der Bußgeldbescheid ein Verwaltungsakt ist (ablehnend Kremer in Sadler/Tillmanns VwVG § 3 Rn. 17, der ihn aber ungeachtet dessen zumindest für einen Leistungsbescheid iSv § 3 Abs. 2 lit. a VwVG hält).

7   d) **Öffentlich-rechtliche Verträge.** Schließlich können sich Geldforderungen aus verwaltungsrechtlichen Verträgen ergeben (aber → Rn. 14).

3. Forderungen bestimmter Rechtsträger

8   Im Hinblick auf die Grenzen der Gesetzgebungszuständigkeit des Bundes für das Verwaltungsverfahren beschränkt sich die **Geltung des VwVG,** soweit es nicht von Ländern als Landesrecht übernommen worden ist (→ Einf VwVG Rn. 3), auf **Geldforderungen des Bundes** und der bundesunmittelbaren juristischen Personen des öffentlichen Rechts. Bundesunmittelbare juristische Personen des öffentlichen Rechts sind rechtsfähige Körperschaften und Anstalten (dazu Jarass/Pieroth GG Art. 87 Rn. 10) des öffentlichen Rechts, die gemäß Art. 130 Abs. 3 GG der Aufsicht einer obersten Bundesbehörde unterstehen oder auf Grund von Art. 87 Abs. 2 und 3 GG durch Bundesgesetz errichtet worden sind.

9   a) **Juristische Personen des öffentlichen Rechts. Körperschaften des öffentlichen Rechts** sind mitgliedschaftlich verfasste und unabhängig vom Wechsel der Mitglieder bestehende Organisationen, die ihre Individualität als Rechtssubjekt nicht der Privatautonomie, sondern einem Hoheitsakt verdanken, nämlich einem Gesetz oder einem Staatsakt auf Grund eines Gesetzes, und öffentlichen Zwecken dienen, wenngleich sie auch daneben

Vollstreckbare Geldforderungen § 1 VwVG

private Interessen befriedigen können; sie sind formell Glieder der – mittelbaren – Staatsverwaltung (siehe dazu, mit Anwendungsbeispielen, Maurer/Waldhoff § 23 Rn. 36 ff.).

Die **öffentlich-rechtliche Anstalt** ist eine von einer Hoheitsperson getragene, idR mit Hoheitsgewalt ausgestattete, rechtlich subjektivierte und institutionalisierte, dh mit eigenen Personal- und Sachmitteln versehene, Organisation, durch die der Träger (Anstaltsherr) eigene oder ihm gesetzlich auferlegte fremde, sachlich zusammenhängende öffentliche Angelegenheiten wahrnimmt und auf die er daher – soweit dies nicht gesetzlich ausgeschlossen ist – dauernd maßgebenden Einfluss ausübt (siehe dazu, mit Anwendungsbeispielen, Maurer/Waldhoff § 23 Rn. 53 ff.).

Anstalten und **Stiftungen** sind nahe verwandt; von der Anstalt unterscheidet sich die Stiftung dadurch, dass ihr fremdnütziger Zweck, ihre Verfassung, ihre Vermögensverwaltung und -verwendung durch den Träger im Stiftungsgeschäft mit dauernder Wirkung bestimmt wird.

b) Besonderheiten bei der Kirche. Die Ev. **Kirche** in Deutschland ist **10** zwar auch eine bundesunmittelbare Körperschaft des öffentlichen Rechts auf Grund von Art. 140 GG iVm Art. 137 Abs. 5 S. 3 WRV. Als Religionsgemeinschaft nimmt sie jedoch eine Sonderstellung ein, kraft derer das VwVG nicht auf ihre Forderungen angewendet werden kann. Deshalb können zB Ansprüche auf Rückzahlung überzahlter Pfarrer- und Kirchenbeamtengehälter nicht nach dem VwVG beigetrieben werden.

Für die **Kirchensteuern** der Landeskirchen (wie der röm.-kath. Diözesen) gilt kraft Landesrecht allerdings ebenfalls weitgehend die Abgabenordnung (vgl. Engelhardt, Die Kirchensteuer in der Bundesrepublik Deutschland, 1968, 189, 223 ff.; Gersch in Klein AO § 1 Rn. 10).

Soweit die Religionsgemeinschaften übertragene staatliche Hoheitsgewalt ausüben, steht ihnen die Verwaltungsvollstreckung zur Verfügung. So sind kirchliche **Friedhofsgebühren** (dazu Engelhardt in HdbStKirchR. II S. 121) wie kommunale Gebühren im Verwaltungswege vollstreckbar (Überblick zur staatsgesetzlichen Ermächtigung, die teils in den Staatskirchenverträgen, teils in besonderen landesgesetzlichen Regelungen enthalten ist, bei Gaedke Kap. 3 Rn. 164).

c) Marktorganisationsgesetz. Kraft besonderer gesetzlicher Zuweisung **10a** (§ 34 Abs. 5 des Gesetzes zur Durchführung der Gemeinsamen Marktorganisation und der Direktzahlungen – MOG) sind bei der Vollstreckung öffentlich-rechtlicher Geldforderungen aus diesem Gesetz die §§ 2–5 und 19 VwVG anzuwenden (obwohl der Bestand der entsprechenden Forderungen auf dem Finanzrechtsweg zu überprüfen ist; Kremer in Sadler/Tillmanns VwVG § 5 Rn. 5).

II. Ausnahmen vom Anwendungsbereich

§ 1 Abs. 2 und 3 begründen Ausnahmen von der Grundregel des § 1 **11** Abs. 1.

1. „Parteistreit" (Abs. 2 Hs. 1)

12 Die Formulierung „Geldforderungen, die im Wege des Parteistreites vor den Verwaltungsgerichten verfolgt werden" entspricht nicht mehr der Begrifflichkeit des geltenden Verwaltungsprozessrechts. Maßgebendes Unterscheidungsmerkmal ist, ob die Behörde den Fall einseitig durch **Verwaltungsakt** regeln darf **oder** ob sie mangels einer solchen Befugnis auf den Weg der **Leistungsklage** verwiesen ist (vgl. BVerwGE 25, 71, 78, und Rupp DVBl 1963, 577). Die Regelung stellt klar, dass – soweit nicht in Spezialvorschriften Abweichendes bestimmt ist – die Verwaltungsvollstreckung nur zur zwangsweisen Durchsetzung von Ansprüchen **im Subordinationsverhältnis** zulässig ist (Pewestorf in PST Teil 2 Kap. 1 Rn. 1 und 4). Wo die öffentliche Hand rein fiskalisch handelt, kann sie sich auf keinerlei Sonderrechte berufen (Pewestorf in PST Teil 2 Kap. 1 Rn. 3), es sei denn, der Gesetzgeber hätte ausdrücklich Sonderrechte normiert.

13 **a) Grundsätze.** Nach der Rechtsprechung des BVerwG bedürfen alle Verwaltungsakte, die in Rechte des Einzelnen eingreifen, einer Ermächtigungsgrundlage, und zwar einer zweifachen Ermächtigung: Zum einen muss für die getroffene rechtliche Regelung in **materieller** Hinsicht eine gesetzliche Grundlage bestehen, zum anderen muss die Behörde ermächtigt sein, gerade in der **Form** eines Verwaltungsaktes zu handeln (BVerwG NJW 1991, 242). Eine solche Ermächtigung kann sich indessen auch aus der Auslegung des Gesetzes ergeben (dazu Kopp/Ramsauer VwVfG § 35 Rn. 23 mwN). Auch die Erzwingung der in einem Verwaltungsakt getroffenen Regelung unterliegt als solche dem Vorbehalt des Gesetzes und verlangt – neben der Ermächtigung für den Erlass des zu vollstreckenden Verwaltungsakts – eine besondere gesetzliche Grundlage (vgl. Schoch JuS 1995, 308); solche gesetzlichen Grundlagen sind derzeit umfassend gegeben. Beruht die Verpflichtung des Bürgers auf privatrechtlichen Vorschriften, bedarf es einer ausdrücklichen Ermächtigung zur Geltendmachung durch Verwaltungsakt, wie es zB in § 191 AO hinsichtlich von Haftungsansprüchen auf Grund privatrechtlicher Haftungsnormen geschehen ist (dazu Tipke/Kruse AO § 191 Rn. 2; zu diesen Haftungsnormen → § 2 Rn. 3), oder einer Transformationsnorm, die privatrechtliche Verpflichtungen in öffentlich-rechtliche Verpflichtungen umqualifiziert.

Gegenüber Personen, die als **Rechtsnachfolger** des ursprünglich Pflichtigen in Anspruch genommen werden, gilt dies nur mit erheblichen Einschränkungen. Soweit gegen den ursprünglichen Pflichtigen bereits ein Verwaltungsakt (Leistungsbescheid) ergangen ist, kann er in den Grenzen von § 5 iVm §§ 265, 266 AO auch gegen den Rechtsnachfolger vollstreckt werden. Ist ein solcher Verwaltungsakt noch nicht erlassen und enthält das einschlägige Leistungsgesetz, wie es etwa § 155 Abs. 1 S. 1 iVm §§ 33 Abs. 1 und 45 Abs. 1 AO tut, keine Ermächtigungsgrundlage für eine Inanspruchnahme des Rechtsnachfolgers durch Verwaltungsakt, so müssen die Ansprüche gegen den Rechtsnachfolger im Wege der Leistungsklage vor dem Verwaltungsgericht geltend gemacht werden (vgl. auch BSGE 25, 268).

Die Verwaltungsbehörde, die zur Rücknahme eines Bewilligungsbescheides befugt ist und das Rechtsverhältnis zum Begünstigten einseitig in dieser Weise gestalten darf, ist auch als berechtigt anzusehen, den Rückforderungsanspruch im Wege des Leistungsbescheides geltend zu machen und nach dem VwVG durchzusetzen, wenn gesetzlich nichts anderes bestimmt ist (BVerwGE 25, 72, 76). Insbesondere kann die Erstattung einer durch begünstigenden Verwaltungsakt gewährten Subvention ebenfalls durch Verwaltungsakt gefordert und nach dem VwVG vollstreckt werden (BVerwG JZ 1969, 69, 70).

b) Öffentlich-rechtliche Verträge. Bei Geldforderungen aus öffentlich-rechtlichen Verträgen ist zu unterscheiden, ob „bereits vorgegebene gesetzliche Pflichten" zum Gegenstand eines Vertrages gemacht worden sind oder ob „es an einschlägigen Pflichten fehlt" und sich infolgedessen die Behörde für die von ihr geltend gemachten Ansprüche ausschließlich auf den Vertrag berufen kann. Für den letzteren Fall hat das BVerwG (allerdings bezogen auf eine Handlungspflicht) entschieden, dass die durch den Vertrag begründeten Pflichten nicht durch Erlass von Verwaltungsakten durchgesetzt werden dürfen (BVerwGE 50, 171; zu dieser Problematik auch VG Braunschweig, NVwZ-RR 2001, 626). Aus § 61 Abs. 2 VwVfG ergibt sich, dass aus öffentlich-rechtlichen Verträgen nur nach dem VwVG vollstreckt werden kann, wenn ausnahmsweise die Verwaltungsvollstreckung explizit spezialgesetzlich vorgesehen ist (Waldhoff in H-RS-AV § 46 Rn. 147 unter Hinweis auf BVerwG, BVerwGE 89, 345) oder wenn der Vertragspartner einer Behörde sich nach § 61 Abs. 1 VwVfG der sofortigen Vollstreckung unterworfen hat (s.a. Prechtel in Terwiesche, Kap. 11 Rn. 4, 14). Das ist nach § 61 Abs. 1 S. 1 VwVfG nur zulässig bei Verträgen, die eine Behörde, anstatt einen Verwaltungsakt zu erlassen, mit demjenigen schließt, an den sie sonst den Verwaltungsakt richten würde (§ 54 S. 2 VwVfG). Zu den Voraussetzungen der Wirksamkeit der Unterwerfung vgl. § 61 Abs. 1 S. 2 VwVfG. **14**

2. Begründung eines anderen Rechtsweges (Abs. 2 Hs. 2)

Von der Durchsetzung im Verwaltungszwangsverfahren sind weiter diejenigen öffentlich-rechtlichen **Geldforderungen ausgeschlossen,** für die ein anderer Rechtsweg als der Verwaltungsrechtsweg begründet ist (Hs. 2.). Im Hinblick auf die weiteren Vorbehalte in § 1 Abs. 3 kommt hier nur die Zivilgerichtsbarkeit in Betracht (dazu Mußgnug VBlBW 1984, 423). **15**

a) Abdrängende Sonderzuweisungen des § 40 Abs. 2 S. 1 VwGO. Gemäß § 40 Abs. 2 S. 1 VwGO ist für vermögensrechtliche Ansprüche aus Aufopferung für das gemeine Wohl, aus öffentlich-rechtlicher Verwahrung und für Schadensersatzansprüche aus der Verletzung öffentlich-rechtlicher Pflichten der **ordentliche Rechtsweg** gegeben. Von diesen ist der Aufopferungsanspruch im vorliegenden Zusammenhang ohne Bedeutung, da er seiner Natur nach nicht dem Träger der öffentlichen Gewalt, sondern nur dem Bürger zustehen kann. Aus öffentlich-rechtlicher Verwahrung wäre ein Anspruch der verwahrenden Behörde gegen den Bürger nicht völlig ausgeschlossen, zB wenn von dem verwahrten Gegenstand eine schadenstiftende **16**

Wirkung auf Beamte oder öffentliche Sachen ausgeht. Schadenersatzansprüche wegen Verletzung öffentlich-rechtlicher Pflichten können theoretisch auch der Verwaltung gegenüber einem Bürger zustehen; der praktisch wohl bedeutendste Fall, die Dienstpflichtverletzungen der Beamten, ist jedoch durch § 40 Abs. 2 S. 2 VwGO von der Verweisung wieder ausgenommen.

17 **b) Amtshaftungsanspruch (und Rückgriff): Art. 34 S. 3 GG.** Von erheblicher Bedeutung ist demgegenüber, dass Art. 34 S. 3 GG nicht nur für den Schadenersatz wegen Amtspflichtverletzung, sondern auch für den Rückgriff des Staates gegen den Beamten den ordentlichen Rechtsweg garantiert. Dadurch wird die Geltendmachung im Wege des Leistungsbescheides ausgeschlossen.

18 **c) Aufdrängende „Rückzuweisung".** § 1 Abs. 2 schließt die Anwendung des VwVG auf öffentlich-rechtliche Geldforderungen, für die ein anderer Rechtsweg als der Verwaltungsrechtsweg begründet ist, nicht völlig aus. Er begründet nur eine Ausnahme von der Generalklausel des § 1 Abs. 1 und lässt die Möglichkeit offen, dass andere Geldforderungen auf Grund ausdrücklicher gesetzlicher Anordnung nach den Vorschriften des VwVG vollstreckt werden können (BVerwGE 54, 314, 318; kritisch dazu Schmidt DÖV 1978, 329).

III. Vorrang anderer Gesetze (Abs. 3)

19 Abs. 3 führt Regelungskomplexe auf, deren Bestimmungen den Vorschriften des VwVG vorgehen.

1. Abgabenordnung

20 Die Abgabenordnung gilt nach § 1 Abs. 3 VwVG für alle Steuern, die durch Bundesrecht oder Recht der Europäischen Gemeinschaften geregelt sind, soweit sie durch Bundes- oder Landesfinanzbehörden verwaltet werden (§ 1 Abs. 1 AO).

2. Sozialversicherungsrechtliche Vorschriften

21 Rückständige Beiträge zur Sozialversicherung werden wie Gemeindeabgaben beigetrieben (§ 66 SGB X; vgl. dazu LG Darmstadt NVwZ-RR 2001, 314 und App DGVZ 2009, 106). Für die Vollstreckung aus sozialgerichtlichen Titeln gilt jedoch das VwVG (§§ 200, 201 SGG); zu den in Frage kommenden Titeln Wettlaufer, 223.

3. Justizbeitreibungsgesetz

22 Nach dem Justizbeitreibungsgesetz (BGBl 2017 I, 1926) werden folgende Ansprüche beigetrieben, soweit sie von Justizbehörden des Bundes als eigene einzuziehen sind (§ 1 Abs. 1 JBeitrG) oder auf bundesrechtlicher Regelung beruhen (§ 1 Abs. 2 JBeitrG): Geldstrafen und andere Ansprüche, deren Beitreibung sich nach den Vorschriften über die Vollstreckung von Geldstrafen richet (Nr. 1); gerichtlich erkannte Geldbußen und Nebenfolgen einer Ordnungswidrigkeit, die zu einer Geldzahlung verpflichten (Nr. 2); Ansprüche aus gerichtlichen Anordnungen über die Einziehung oder die Unbrauchbarmachung einer Sache (Nr. 2a); Ansprüche aus gerichtlichen Anordnungen über die Herausgabe von Akten und sonstigen Unterlagen nach § 407a Abs. 4 S. 2 ZPO (Nr. 2b); Ordnungs- und Zwangsgelder (Nr. 3); Gerichtskosten (Nr. 4); Ansprüche auf Zahlung der vom Gericht im Verfahren der Prozesskostenhilfe oder im Verfahren nach § 4b InsO bestimmten Beträge (Nr. 4a); nach §§ 168 und 292 Abs. 1 FGG festgesetzte Ansprüche (Nr. 4b); Zulassungs- und Prüfungsgebühren (Nr. 5); alle sonstigen Justizverwaltungsabgaben (Nr. 6); Kosten der Gerichtsvollzieher und Vollziehungsbeamten, soweit sie selbstständig oder gleichzeitig mit einem Anspruch, der nach dem JBeitrG vollstreckt wird, bei dem Auftraggeber oder Ersatzpflichtigen beigetrieben werden (Nr. 7); Ansprüche gegen Beamte, nichtbeamtete Beisitzer und Vertrauenspersonen, gegen Rechtsanwälte, gegen Zeugen und Sachverständige sowie gegen mittellose Personen auf Erstattung von Beträgen, die ihnen in einem gerichtlichen Verfahren zu viel gezahlt sind (Nr. 8); Ansprüche gegen Beschuldigte und Nebenbeteiligte auf Erstattung von Beträgen, die ihnen in den Fällen von §§ 465, 467, 467a, 470, 472b und 473 StPO zu viel gezahlt sind (Nr. 9); alle sonstigen Ansprüche, die nach Bundes- oder Landesrecht im Verwaltungszwangsverfahren beigetrieben werden können, soweit nicht ein Bundesgesetz vorschreibt, dass die Vollstreckung sich nach dem VwVG oder der AO richtet (Nr. 10). Die Aufzählung in § 1 JBeitrG ist abschließend (wie hier Deusch/Burr in BeckOK VwVfG § 1 VwVG Rn. 12). Justizbehörden des Bundes, deren Ansprüche nach dem JBeitrG beigetrieben werden, sind das BVerfG, der BGH, der Generalbundesanwalt beim BGH, das BVerwG, der BFH, das BAG, das BSG, das Bundespatentgericht, das Deutsche Patent- und Markenamt und das Bundesdisziplinargericht. Das JBeitrG verweist mit einigen Modifikationen auf die ZPO; zur Abgrenzung von der Vollstreckung aus gerichtlichen Titeln Wettlaufer, 58. § 1 Abs. 6 JBeitrG enthält eine Verordnungsermächtigung für die Beitreibung von Gerichtskosten in den Fällen von § 109 Abs. 2 OWiG und § 27 GKG nach landesrechtlichen Vorschriften.

Die Rechtslage nach dem JBeitrG ist jeweils im Anschluss an die Kommentierung der einzelnen Paragraphen des VwVG sowie der AO kurz erwähnt.

IV. Landesrecht

1. Allgemeines

Einzelne Länder lassen die Verwaltungsvollstreckung auch für bestimmte **23** **privatrechtliche** Forderungen der öffentlichen Hand zu; dazu ausführlich Sauthoff DÖV 1987, 800 und 1989, 1 und Lemke, 95. Kremer in Sadler/Tillmanns § 1 VwVG Rn. 13 macht unter Hinweis auf BVerwG NVwZ 2005, 958 und BVerwG NVwZ 2005, 1072 zu Recht darauf aufmerksam, dass die Zulässigkeit der Verwaltungsvollstreckung wegen privatrechtlicher Forderungen infolge Art. 3 Abs. 1 GG auch davon abhängig ist, dass die öffentliche Hand damit nicht Wettbewerber benachteiligt, die gleichartige Leistungen erbringen. Die privatrechtlichen Forderungen, deretwegen die Verwaltungsvollstreckung zugelassen werde, dürften demgemäß nur solche sein, die der **Daseinsvorsorge** dienten, dagegen keine, bei denen die öffentliche Hand erwerbswirtschaftlich tätig werde. In den Verwaltungsvollstreckungsgesetzen einiger Länder ist dies ausdrücklich präzisiert, zB in § 1 Abs. 2 S. 3 VwVG NRW (dazu Weißauer/Lenders § 1 VwVG NRW Anm. 4.3). Kritisch zu dieser Befugnis der öffentlichen Hand Erichsen/Ehlers § 26 Rn. 3, wo zutreffend auf die Inkonsequenz hingewiesen wird, dass die öffentliche Hand die Vorteile des Privatrechts nutze, im Krisenfall jedoch auf öffentlich-rechtliche Befugnisse zurückgreife.

Zur **zusammengefassten** Anforderung öffentlicher Abgaben (Sielbenutzungsgebühren) und privatrechtlicher Entgelte (Wassergeld) vgl. OVG Hamburg BeckRS 1976, 01449.

2. Einzelne Länder

24 **Baden-Württemberg:** § 13 Abs. 1 LVwVG knüpft lediglich daran an, dass die Geldleistungsverpflichtung auf einem Verwaltungsakt beruht.

Bayern: Art. 18 Abs. 1 VwZVG bestimmt, dass Verwaltungsakte, die zur Leistung von Geld verpflichten oder zu einer unmittelbar kraft einer Rechtsnorm bestehenden solchen Pflicht anhalten, nach diesem Gesetz vollstreckt werden, soweit die Vollstreckung nicht durch Bundesrecht geregelt ist oder bundesrechtliche Vollstreckungsvorschriften durch Landesrecht für anwendbar erklärt sind. Damit ist die Verwaltungsvollstreckung für Ansprüche aus öffentlich-rechtlichen Verträgen ausgeschlossen. Nach Art. 61 Abs. 1 BayVwVfG können sich die Vertragsschließenden bei öffentlich-rechtlichen Verträgen iSd Art. 54 S. 2 BayVwVfG aber auch der sofortigen Vollstreckung unterwerfen (näher Käß in GAK Art. 18 VwZVG Rn. 8).

Brandenburg: Nach § 17 VwVGBbg vollstreckt werden öffentlich-rechtliche Geldforderungen. § 1 Abs. 2 VwVGBbg lässt außerdem die Möglichkeit zu, dass sich der Schuldner in einem öffentlich-rechtlichen Vertrag oder einer gesetzlich zugelassenen schriftlichen Erklärung der Vollstreckung einer Geldleistung im Verwaltungswege unterwirft.

Bremen: Nach § 1 Abs. 1 des Gesetzes über die Vollstreckung von Geldforderungen im Verwaltungswege werden vollstreckt öffentlich-rechtliche Geldforderungen des Landes, der Gemeinden und der sonstigen der Aufsicht des Landes unterstehenden juristischen Personen des öffentlichen Rechts sowie Geldforderungen, deren Beitreibung im Verwaltungsvollstreckungsverfahren durch andere Gesetze zugelassen ist. Privatrechtliche Geldforderungen des Landes und bestimmter anderer öffentlich-rechtlicher Körperschaften sind gemäß § 1 Abs. 2 des Bremischen Gesetzes über die Vollstreckung von Geldforderungen im Verwaltungswege vollstreckbar, wenn sie aus der Inanspruchnahme öffentlicher Einrichtungen (Nr. 1), der Nutzung öffentlichen Vermögens (Nr. 2) oder der Aufwendung öffentlicher Mittel für öffentlich geförderte Zwecke (Nr. 3) entstanden sind. Die Vollstreckung dieser Geldforderungen ist allerdings einzustellen, wenn der Schuldner Einwendungen erhebt (§ 1 Abs. 3 des Bremischen Gesetzes über die Vollstreckung von Geldforderungen im Verwaltungswege).

Hamburg: Gemäß § 1 HmbVwVG regelt dieses die Beitreibung von Geldforderungen auf Grund eines im Verwaltungswege vollstreckbaren Titels. Hierzu rechnen nicht nur Verwaltungsakte, sondern auch öffentlich-rechtliche Verträge (soweit eine Partei sich der sofortigen Vollstreckung aus dem Vertrag unterworfen hat) sowie die weiteren in § 3 Abs. 1 HmbVwVG aufgezählten Titel. Wegen privatrechtlicher Geldforderungen findet die Verwaltungsvollstreckung § 3 Abs. 2 Nr. 2 HmbVwVG zufolge statt, soweit deren Beitreibung im Verwaltungswege durch Rechtsvorschrift besonders zugelassen ist (Beitreibungshilfe). Zu deren grundsätzlicher Zulässigkeit OVG Hamburg NJW 1995, 610 ff. (Ls. 1: Beitreibungshilfe für Geldforderungen der Hamburger Wasserwerke GmbH aus Lieferung von Wasser und Miete für Wassermesser). Eine Verordnungsermächtigung für die Beitreibungshilfe enthält § 37 HmbVwVG; gemäß Art. 15 Abs. 2 des Gesetzes zur Neuregelung des Verwaltungsvollstreckungsrechts vom 4.12.2012 (→ Einf Rn. 3) gilt die Verordnung über die Gewährung von Beitreibungshilfe vom 24.5.1961 (GVBl. 172) als auf Grund von § 37 HmbVwVG erlassen.

Hessen: Vgl. §§ 15–17 HessVwVG. Bürgerlich-rechtliche Forderungen des Landes und anderer öffentlich-rechtlicher Körperschaften im Verwaltungswege vollstreckbar, wenn sie auf der Inanspruchnahme öffentlicher Einrichtungen (§ 66 Abs. 1 Nr. 1 HessVwVG), der Nutzung öffentlichen Vermögens (§ 66 Abs. 1 Nr. 2 HessVwVG) oder der Aufwendung öffentlicher Mittel für bestimmte Zwecke (§ 66 Abs. 1 Nr. 3 HessVwVG) entstanden sind. Wegen dieser Forderungen darf allerdings nach § 66 Abs. 1 HessVwVG nur in das bewegliche Vermögen vollstreckt werden.

Mecklenburg-Vorpommern: Nach § 111 Abs. 1 VwVfG M-V gelten die §§ 1–3 und 5–5b des VwVG des Bundes einschließlich der in § 5 Abs. 1 VwVG aufgeführten Vorschriften der AO (auf die Vollstreckung anderer Pflichten als Geldleistungspflichten sind die §§ 79–100 SOG M-V anzuwenden, § 110 VwVfG M-V).

Niedersachsen: Zur Vollstreckung von Geldforderungen siehe § 2 Abs. 1 S. 1 NVwVG. Nach dem NVwVG zu vollstrecken sind auch die Gebühren der öffentlich bestellten Vermessungsingenieure (VG Göttingen Beschl. v. 28.10.2001 – 2 B 2280/01 [Ls.], bestätigt von OVG Lüneburg BeckRS 2013, 58385).

Nordrhein-Westfalen: § 1 Abs. 2 VwVG NRW enthält eine Verordnungsermächtigung, auf Grund deren das Innenministerium die Verwaltungsvollstreckung wegen bestimmter privatrechtlicher Forderungen im Wege der Rechtsverordnung zulassen kann; dazu § 1 der VO zur Ausführung des Verwaltungsvollstreckungsgesetzes (VO VwVG NRW) vom 8.12.2009 (GV 787) – die Beitreibung ist in diesem Falle einzustellen, sobald der Vollstreckungsschuldner bei der Vollstreckungsbehörde schriftlich oder zu Protokoll Einwendungen gegen die Forderung geltend macht (§ 1 Abs. 4 S. 1 VwVG NRW), in der Verwaltungsvollstreckung bis dahin erlangte Sicherheiten behält der Vollstreckungsgläubiger jedoch, falls er innerhalb eines Monats nach Geltendmachung der Einwendungen wegen seiner Ansprüche vor dem ordentlichen Gericht Klage erhoben oder den Erlass eines Mahnbescheides beantragt hat (§ 1 Abs. 4 S. 4 VwVG NRW); zum Verfahren im Einzelnen Weißauer/Lenders § 1 VwVG NRW Anm. 10–14. Ausdrücklich für anwendbar erklärt wird das VwVG NRW auf die Vollstreckung aus „solchen schriftlichen öffentlich-rechtlichen Verträgen und gesetzlich zugelassenen schriftlichen Erklärungen, in denen der Schuldner sich zu einer Geldleistung verpflichtet und der Vollstreckung im Verwaltungswege unterworfen hat" (§ 1 Abs. 6 VwVG NRW).

Rheinland-Pfalz: Für dieselben Forderungen wie in Hessen (vgl. oben) kann die LReg die Verwaltungsvollstreckung durch RechtsVO für zulässig erklären (§ 71 LVwVG; vgl. auch OVG Koblenz DÖV 1985, 588). Von dieser Ermächtigung hat die Reg mit der Landesverordnung über die Vollstreckung privatrechtlicher Geldforderungen nach dem Landesverwaltungsvollstreckungsgesetz vom 8.6.2004 (LVwVGpFVO GVBl. 349) Gebrauch gemacht. Die Vollstreckung wegen Forderungen dieser Art ist einzustellen, wenn der Vollstreckungsschuldner gegen den Anspruch als solchen bei der Vollstreckungsbehörde schriftlich oder zu Protokoll Widerspruch erhebt (§ 74 Abs. 1 S. 1 LVwG). Der Gläubiger muss innerhalb eines Monats nachweisen, dass er wegen seiner Ansprüche „Zivilklage" eingereicht oder den Erlass eines Mahnbescheides beantragt hat; andernfalls sind die getroffenen Vollstreckungsmaßnahmen aufzuheben (§ 74 Abs. 2 S. 1 LVwVG). Die „Zivilklage" ist grundsätzlich auf Leistung zu richten; führt die eingeleitete Verwaltungsvollstreckung jedoch ungeachtet des rechtzeitigen Widerspruchs des Schuldners zur Befriedigung des Gläubigers, so kommt als „Zivilklage" nur eine Feststellungsklage in Betracht, um die Berechtigung der mit dem Widerspruch geltend gemachten Einwendungen gegen die Vollstreckungsforderung zu klären (BGH NVwZ 1988, 760).

Saarland: Das SVwVG gilt für die Vollstreckung von Leistungsbescheiden (§§ 1 Abs. 1, 29 Abs. 1 SVwVG), entsprechend für die Vollstreckung von privatrechtlichen Geldforderungen des Landes und anderer juristischer Personen des öffentlichen Rechts gemäß § 1 Abs. 2 Nr. 1, § 74 SVwVG. Welche privatrechtlichen Geldforderungen in entsprechender Anwendung des SVwVG vollstreckt werden können, ist in der VO über die Vollstreckung privatrechtlicher Geldforderungen nach dem SVwVG (BS-Nr. 2010-3-1) im Einzelnen bestimmt.

Sachsen: Das SächsVwVG gilt gem. § 1 Abs. 1 Nr. 1 für die Vollstreckung von Verwaltungsakten der Behörden des Freistaats Sachsen und der seiner Aufsicht unterstehenden Körperschaften, Anstalten und Stiftungen des öffentlichen Rechts, gem. § 1 Abs. 1 Nr. 2 für die Vollstreckung der Verwaltungsakte sonstiger Behörden, wenn diese die Vollstreckungshilfe der in § 1 Abs. 1 Nr. 1 genannten Behörden in Anspruch nehmen. § 1 Abs. 2 SächsVwVG erweitert die Anwendbarkeit des Gesetzes auf öffentlich-rechtliche Verträge, in denen sich der Schuldner der sofortigen Vollstreckung unterworfen hat. § 12 Abs. 1 SächsVwVG ordnet an, dass Leistungsbescheide durch Beitreibung vollstreckt werden.

Sachsen-Anhalt: § 1 Abs. 1 VwVG LSA stellt auf den Leistungsbescheid ab und definiert ihn in § 2 Abs. 1.

Schleswig-Holstein: Mit § 1 Abs. 1 inhaltsgleich hinsichtlich der landesrechtlichen „Träger der öffentlichen Verwaltung" § 262 Abs. 1 LVwG. Die Beitreibung privatrechtlicher Geldforderungen im Verwaltungswege kann gemäß § 319 LVwG zugelassen werden; auf Einwendungen gegen die Forderung hin ist sie einzustellen und geht auf Betreiben des Vollstreckungsgläubigers in das zivilprozessuale Zwangsvollstreckungsverfahren über (§ 319 Abs. 2–4 LVwG).

Thüringen: Rechtslage ähnlich wie in Baden-Württemberg (§ 18 ThürVwZVG). § 42 ThürVwZVG lässt die Vollstreckung privatrechtlicher Forderungen im Verwaltungswege zu (zum Vorgehen der Vollstreckungsbehörde bei privatrechtlichen Forderungen Zimmermann KKZ 2003, 158).

§ 2 Vollstreckungsschuldner

(1) **Als Vollstreckungsschuldner kann in Anspruch genommen werden,**
a) **wer eine Leistung als Selbstschuldner schuldet;**
b) **wer für die Leistung, die ein anderer schuldet, persönlich haftet.**

(2) **Wer zur Duldung der Zwangsvollstreckung verpflichtet ist, wird dem Vollstreckungsschuldner gleichgestellt, soweit die Duldungspflicht reicht.**

Übersicht

	Rn.
I. Arten von Schuldnern	1
1. Selbstschuldner (Abs. 1 lit. a)	2
2. Haftungsschuldner (Abs. 1 lit. b)	3
3. Duldungsschuldner (Abs. 2)	4
a) Begriff	4a
b) Gläubigeranfechtung	4b
c) Anfechtung des Duldungsbescheids	4c
II. Reihenfolge der Inanspruchnahme	5
III. Landesrecht	6
IV. Justizbeitreibungsgesetz	7

I. Arten von Schuldnern

§ 2 umschreibt den Personenkreis, gegen den eine öffentlich-rechtliche **1** Geldforderung im Verwaltungszwangsverfahren beigetrieben werden kann. Er wird ergänzt durch §§ 77, 255, 263–267 AO. Den in § 2 gebrauchten Begriff „**Vollstreckungsschuldner**" verwendet das VwVG des Bundes nur im Verfahren der Vollstreckung von Geldleistungspflichten, in der Sache ist indes auch der „**Pflichtige**" im Verfahren der Vollstreckung von Handlungs-, Duldungs- und Unterlassungspflichten ein Vollstreckungsschuldner (Peilert in WBSK I, § 64 Rn. 27) und wird in manchen Verwaltungsvollstreckungsgesetzen (zB in Bayern und im LVwG RP → Rn. 6) auch so genannt; umgekehrt verwenden verschiedene Verwaltungsvollstreckungsgesetze der Länder an Stelle des Begriffs „Vollstreckungsschuldner" durchgehend den Begriff „Pflichtiger", zB das LVwVG BW und das HessVwVG (§ 4). Ein sachlicher Unterschied ist damit nicht verbunden.

1. Selbstschuldner (Abs. 1 lit. a)

2   Selbstschuldner ist derjenige Adressat des Leistungsbescheides, den eine Leistungspflicht als persönliche Schuld trifft. Ist ein Leistungsbescheid (§ 3 Abs. 2 lit. a) an die Firma einer OHG gerichtet, so ist nur die Gesamtheit der Gesellschafter Selbstschuldner, nur in das gesamthänderisch gebundene Gesellschaftsvermögen kann vollstreckt werden (OVG Münster OVGE 30, 54). Selbstschuldner ist auch der **Gesamtrechtsnachfolger,** zB bei Erbfolge (vgl. Kremer in Sadler/Tillmanns VwVG § 2 Rn. 4). Mehrere Personen können als **Gesamtschuldner** – jeder für sich allein – Selbstschuldner sein, zB mehrere Grundstückseigentümer für Schornsteinfegergebühren (BVerwG NVwZ-RR 1995, 306), Mitglieder einer Wohnungseigentümergemeinschaft für Grundbesitzabgaben (VGH Mannheim NJW 2009, 1017) oder Ehegatten für Straßenreinigungsgebühren (BVerwG NVwZ-RR 1997, 248). Die Vollstreckung kann gegen jeden der Gesamtschuldner wegen des vollen Forderungsbetrags betrieben werden (BFHE 173, 274; Rechtsgedanke von § 421 BGB; siehe auch § 44 Abs. 1 S. 2 AO). Erschließungsbeitragspflichtig bei Wohnungs- und Teileigentum sind die einzelnen Wohnungs- und Teileigentümer allerdings nur entsprechend ihrem **Miteigentumsanteil,** § 134 Abs. 1 S. 4 Hs. 2 BauGB. Seit der Anerkennung der Rechtsfähigkeit einer **GbR** durch die neuere BGH-Rechtsprechung (BGH NJW 2001, 1056; jetzt auch BVerwG ZfBR 2010, 583) setzt sich auch im öffentlichen Recht die Meinung durch, dass eine GbR als solche Schuldnerin von Grundbesitzabgaben sein kann (VGH München BayVBl. 2011, 273: Erschließungsbeitrag; OVG Münster NVwZ-RR 2003, 149 f.: Kanalanschlussbeitrag); ihre Gesellschafter können in diesem Falle nur als Haftende in Anspruch genommen werden.

2. Haftungsschuldner (Abs. 1 lit. b)

3   Der Haftungsschuldner muss auf Grund **öffentlich-rechtlicher** (wie sich aus § 1 Abs. 1 VwVG und daraus ergibt, dass § 2 Abs. 1 lit. a VwVG den Leistungsbescheid nach § 3 Abs. 2 lit. a VwVG nicht entbehrlich macht) gesetzlicher Vorschrift für die Leistung eines anderen persönlich einstehen. **Privatrechtliche** Haftungstatbestände berechtigen zur Verwaltungsvollstreckung gegen den Haftenden nur, wenn auf ihrer Grundlage ein Leistungsbescheid gegen ihn ergehen könnte. Zu dieser Gruppe gehören der Gesellschafter der OHG (§ 128 HGB), der Komplementär der KG (§ 161 Abs. 2 HGB iVm § 128 HGB), der Kommanditist, beschränkt auf seine Einlage (§ 171 Abs. 1 HGB), nach der Rechtsprechung auch der Gesellschafter einer GbR, auf den seit Anerkennung der zivilrechtlichen Rechtsfähigkeit der GbR § 128 HGB analog anwendbar ist (BFH/NV 2005, 1141; zur Ermessensausübung bei der Haftungsinanspruchnahme von Gesellschaftern BFH/NV 2005, 827), der Erwerber eines Handelsgeschäfts im Rahmen von § 25 HGB (Voraussetzung dafür u.a., dass das bisherige Unternehmen in seinem wesentlichen

Bestand fortgeführt wird; OLG Schleswig InVo 2002, 208; App KStZ 2004, 10), wer in das Geschäft eines Einzelkaufmanns eintritt (§ 28 HGB), der Erbschaftskäufer (§ 2382 BGB). Der Bürge, der für die Erfüllung der Verbindlichkeit des Selbstschuldners „einzustehen" hat (vgl. § 765 BGB), kann schon deswegen nicht im Wege der Verwaltungsvollstreckung in Anspruch genommen werden (verneinend auch Kremer in Sadler/Tillmanns VwVG § 2 Rn. 14), weil die Bürgschaftsschuld auf einem Vertrag beruht und bereits deshalb, selbst wenn man diesen als öffentlich-rechtlich ansieht, nicht der Vollstreckung nach dem VwVG zugänglich ist (vgl. auch § 192 AO für die Geltendmachung von Steuern).

§ 2 Abs. 1 lit. b macht einen Leistungsbescheid gegen den Haftenden nicht entbehrlich (ThürOVG DÖV 2012, 740; vgl. weiter Glotzbach Erl. zu § 20 HessVwVG). Anderenfalls wäre der von Art. 19 Abs. 4 GG garantierte Rechtsschutz beschnitten, da § 5 Abs. 1 VwVG iVm § 256 AO dem Haftenden im Vollstreckungsverfahren Einwendungen gegen den zu vollstreckenden Verwaltungsakt nicht gestattet. Der Haftende muss vor Einleitung der Vollstreckung geltend machen können, dass die von der Vollstreckungsbehörde behauptete Forderung nicht besteht, da Art. 19 Abs. 4 GG grundsätzlich einen Anspruch auf vollständige Nachprüfung gewährt (vgl. Jarass/Pieroth GG Art. 19 Rn. 35).

3. Duldungsschuldner (Abs. 2)

Durch § 2 Abs. 2 wird dem Vollstreckungsschuldner gleichgestellt, wer **4** und soweit er zur Duldung der Zwangsvollstreckung verpflichtet ist.

a) Begriff. Der Duldungsschuldner ist dem Vollstreckungsschuldner **4a** gleichgestellt, soweit die Duldungspflicht reicht, was insbesondere bei Nebenleistungen nicht immer gegeben ist (so erstreckt sich die Duldungspflicht auf Grund öffentlicher Grundstückslast gem. § 8 Abs. 9 KAG NRW nicht auf Zinsen, OVG Münster BeckRS 2005, 25266; aA bezüglich Nebenleistungen FG RP DStRE 2013, 1205; zu den öffentlichen Grundstückslasten → AO § 77 Rn. 3). Er haftet für die fremde Schuld nicht mit eigenem Vermögen, sondern muss nur die Vollstreckung in Gegenstände dulden, die einem anderen gehören, aber von ihm verwaltet werden. Zu dieser Gruppe gehören Nießbraucher (§ 737 ZPO), der andere Ehegatte nach Beendigung der Gütergemeinschaft und vor der Auseinandersetzung (§ 743 ZPO), der Testamentsvollstrecker (§ 748 ZPO; vgl. Prechtel in Terwiesche, Kap. 11 Rn. 5), Eltern nur, wenn sie Sachen eines minderjährigen Kindes nicht für dieses, sondern in eindeutig persönlichem Gewahrsam haben (§ 809 ZPO; vgl. BLHAG ZPO, § 808 Rn. 13). Duldungsschuldner ist ferner, wen eine Duldungspflicht nach § 77 AO (→ AO § 77 Rn. 2) trifft.

b) Gläubigeranfechtung. Falls auf die geschuldete öffentlich-rechtliche **4b** Forderung § 191 AO oder eine entsprechende Vorschrift anwendbar ist, kann unter den Voraussetzungen des AnfG auch ein Duldungsbescheid gegen den Anfechtungsgegner erlassen werden, auf Grund dessen der Anfechtungsgegner zur Duldung der Vollstreckung in die im Duldungsbescheid bezeichneten Gegenstände verpflichtet ist. Dies ist inzwischen in § 191 Abs. 1 S. 2 AO, auf

den auch die Kommunalabgabengesetze verweisen, unzweideutig geregelt (dazu App NJW 2000, 2329). Das BVerfG hat die Geltendmachung der Gläubigeranfechtung durch Hoheitsträger im Wege eines Duldungsbescheides nicht beanstandet (BVerfG BB 1991, 1322). Voraussetzungen für den Erlass eines entsprechenden Duldungsbescheids sind, dass
– eine Rechtshandlung des Selbstschuldners oder Haftungsschuldners vorliegt, wozu nicht nur Rechtsgeschäfte im engeren Sinne gehören, sondern auch reine Tathandlungen und unter Umständen sogar bloße Unterlassungen wie das Verjährenlassen einer Forderung,
– die Rechtshandlung des Selbstschuldners oder Haftungsschuldners den Gläubiger objektiv benachteiligt, was voraussetzt, dass sich die Rechtslage des Gläubigers durch die Vollstreckung in den anfechtbar weggegebenen Gegenstand wirtschaftlich verbessern muss,
– einer der Tatbestände in §§ 3–6 AnfG vorliegt,
– die Anfechtungsfristen in §§ 3, 4 und 6 AnfG im Zeitpunkt des Erlasses des Duldungsbescheids noch nicht abgelaufen sind und
– das Vermögen des Selbstschuldners unzulänglich ist (§ 2 AnfG).
Die Anfechtungstatbestände der §§ 3–6 AnfG lassen sich in drei Gruppen einteilen: die Anfechtung der vorsätzlichen Benachteiligung, die der unentgeltlichen Leistung und die der Rückgewähr kapitalersetzender Gesellschafterdarlehen. Zu den Tatbeständen im Einzelnen ausführlich die Kommentierung bei App KKZ 2005, 242. Zum Inhalt des Duldungsbescheids App DStZ 2002, 286. Vor allem sind darin die zurückzugewährenden Gegenstände zu bezeichnen; nach FG Nürnberg EFG 1980, 56 soll ein Duldungsbescheid, der dem nicht gerecht wird, nichtig sein. Muster eines Duldungsbescheids nach dem AnfG in Raatz/Boochs, 211.

4c c) **Anfechtung des Duldungsbescheids.** Gegen den Duldungsbescheid steht dem Anfechtungsgegner der **Widerspruch** und bei nach Landesrecht nicht vorgesehenem Widerspruch unmittelbar die **Anfechtungsklage** zu. Umstritten ist, ob der Anfechtungsgegner darin auch Einwendungen gegen das Bestehen der Forderung gegen den Selbstschuldner vorbringen kann. BFH BStBl. 1988 II, 408 verneint dies, dagegen App KTS 1988, 664. Zur Akzessorietät des Duldungsbescheids nach dem AnfG Strunk BB 1991, 1305. Mit der Eröffnung des Insolvenzverfahrens über das Vermögen des Vollstreckungsschuldners wird das Verfahren über den Anfechtungsanspruch unterbrochen (§ 17 Abs. 1 S. 1 AnfG).

II. Reihenfolge der Inanspruchnahme

5 Eine ausdrückliche Vorschrift über die Reihenfolge, in der die Behörde **Selbst-** und **Haftungsschuldner** in Anspruch nehmen darf, enthält das VwVG nicht (anders § 219 AO). Selbst- und Haftungsschuldner sind Gesamtschuldner; deshalb steht es grundsätzlich im **Ermessen** der Behörde, welchen von beiden sie in Anspruch nimmt. Aus dem Verhältnis von Selbstschuld und Haftungsschuld ergibt sich aber, dass die Inanspruchnahme des Haftungsschuldners einer besonderen Begründung bedarf (vgl. BFH BStBl 1973 II

573; Marwinski in Brandt/Domgörgen, Rn. E9). Hierfür reicht aus, dass die Vollstreckung gegen den Selbstschuldner Schwierigkeiten bereitet oder dass der Haftungsschuldner in größerem Umfang zum Bedürfnis, den Anspruch zu vollstrecken, beigetragen hat als der Selbstschuldner – der letztgenannte Gesichtspunkt spielt außerhalb des Anwendungsbereichs des VwVG besonders bei hinterzogenen Steuern und Zöllen eine Rolle, so dass die dazu entwickelten Grundsätze (BFHE 143, 187; BFH/NV 86, 73; vorsichtiger abwägend Tipke/Kruse AO § 219 Rn. 13) auch bei nach dem VwVG zu vollstreckenden Ansprüchen herangezogen werden können. Auch die Entscheidung der Behörde über die Auswahl unter mehreren gesamtschuldnerisch haftenden Personen darf nicht ermessensfehlerhaft, insbesondere nicht unbillig sein (BFH BStBl 2004 II 579; BayVGH ZUR 2004, 51; OVG Greifswald LKV 2004, 230; VG Schleswig NVwZ-RR 2005, 86).

Die Behörde handelt nicht ermessensfehlerhaft, wenn sie einen **Duldungsbescheid** gegen einen Grundstückseigentümer wegen Erschließungsbeiträgen erst einige Monate nach dem Erlass des Beitragsbescheides erlässt (VG Oldenburg Urt. v. 1.7.1986 – 1 VG A 321/85; dort auch weitere Einzelheiten zur Ermessensausübung).

III. Landesrecht

Baden-Württemberg: § 3 LVwVG (gilt für die gesamte Verwaltungsvollstreckung) regelt die Vollstreckung gegen den Rechtsnachfolger. 6
Bayern: Gemäß Art. 19 Abs. 2 VwZVG ist Vollstreckungsschuldner nicht nur der zur Zahlung von Geld Verpflichtete (→ Rn. 1), sondern auch wer zu einer sonstigen Handlung, Duldung oder Unterlassung verpflichtet ist.
Brandenburg: § 6 VwVGBbg stimmt mit § 2 VwVG des Bundes sachlich überein.
Bremen: Fast wortgleich § 3 BremGVG.
Hamburg: § 32 HmbVwVG.
Hessen: § 4 HessVwVG, gilt für die gesamte Verwaltungsvollstreckung.
Mecklenburg-Vorpommern: § 111 Abs. 1 VwVfG M-V verweist u.a. auch auf § 2.
Niedersachsen: Als Vollstreckungsschuldner kann derjenige in Anspruch genommen werden, an den der Leistungsbescheid gerichtet ist. Vgl. §§ 15–21 NVwVG zur Vollstreckung gegen Ehegatten, gegen Nießbraucher, nach dem Tode des Vollstreckungsschuldners, gegen Erben, zu sonstigen Fällen beschränkter Haftung, gegen Personenvereinigungen und gegen juristische Personen des öffentlichen Rechts.
Nordrhein-Westfalen: Mit § 2 Abs. 1 im Wesentlichen gleich lautend § 4 Abs. 1 VwVG NRW; für Duldungsschuldner § 4 Abs. 2 VwVG NRW. Das Verfahren der Inanspruchnahme von nach bürgerlichem Recht Haftenden oder Duldungspflichtigen ist in § 10 Abs 1 und 2 VwVG NRW geregelt. Einwendungen gegen die Haftung oder die Duldungspflicht können die Inanspruchgenommenen innerhalb eines Monats durch Klage vor dem ordentlichen Gericht geltend machen (§ 10 Abs. 2 S. 1 und 2 VwVG NRW); dies ist anders geregelt als die Haftung oder Duldungspflicht auf Grund bür-

gerlich-rechtlicher Vorschriften für Steuern und andere Kommunalabgaben, wo ein Haftungs- bzw. Duldungsbescheid zu ergehen hat und gegen diesen Bescheid Widerspruch sowie – nach Ergehen eines Widerspruchsbescheides – Anfechtungsklage zum Verwaltungsgericht statthaft sind.

Rheinland-Pfalz: Im Wesentlichen inhaltsgleich § 6 LVwVG. Dem Haftungsschuldner hat die Vollstreckungsbehörde vor dem Beginn der Vollstreckung eine Ausfertigung des Verwaltungsaktes zuzustellen und zu eröffnen, dass er als Vollstreckungsschuldner in Anspruch genommen werde (§ 6 Abs. 2 S. 2 LVwVG); soweit man diese Regelung überhaupt für verfassungsmäßig hält, wird man daraus folgern müssen, dass dem Haftungsschuldner gegen den ihm zugestellten Verwaltungsakt alle Einwendungen offen stehen, die auch der Selbstschuldner hatte, und dass Widerspruch und Anfechtungsklage (außer in den Fällen von § 80 Abs. 2 VwGO) nach § 80 Abs. 1 S. 1 VwGO aufschiebende Wirkung haben.

Saarland: Ausführlich § 32 SVwVG.

Sachsen: § 3 Abs. 1 und 2 SächsVwVG stimmen mit § 2 VwVG des Bundes sachlich überein.

Sachsen-Anhalt: Als Vollstreckungsschuldner kann derjenige in Anspruch genommen werden, an den der Leistungsbescheid gerichtet ist. Vgl. §§ 15–21 VwVG LSA zur Vollstreckung gegen Ehegatten, gegen Nießbraucher, in den Nachlass, gegen Erben, zu sonstigen Fällen beschränkter Haftung, gegen Personenvereinigungen und gegen juristische Personen des öffentlichen Rechts.

Schleswig-Holstein: Mit § 2 Abs. 1 inhaltlich nahezu übereinstimmend § 264 Abs. 1 LVwG, § 2 Abs. 2 entspricht § 264 Abs. 2 LVwG.

Thüringen: § 20 Abs. 1 ThürVwZVG entspricht § 253 AO, § 20 Abs. 2, 3 ThürVwZVG entspricht § 2.

IV. Justizbeitreibungsgesetz

7   § 4 S. 1 JBeitrG stimmt mit § 2 sachlich überein.

§ 3 Vollstreckungsanordnung

(1) **Die Vollstreckung wird gegen den Vollstreckungsschuldner durch Vollstreckungsanordnung eingeleitet; eines vollstreckbaren Titels bedarf es nicht.**

(2) **Voraussetzungen für die Einleitung der Vollstreckung sind:**
a) **der Leistungsbescheid, durch den der Schuldner zur Leistung aufgefordert worden ist;**
b) **die Fälligkeit der Leistung;**
c) **der Ablauf einer Frist von einer Woche seit Bekanntgabe des Leistungsbescheides oder, wenn die Leistung erst danach fällig wird, der Ablauf einer Frist von einer Woche nach Eintritt der Fälligkeit.**

(3) **Vor Anordnung der Vollstreckung soll der Schuldner ferner mit einer Zahlungsfrist von einer weiteren Woche besonders gemahnt werden.**

(4) **Die Vollstreckungsanordnung wird von der Behörde erlassen, die den Anspruch geltend machen darf.**

Übersicht

	Rn.
I. Voraussetzungen der Vollstreckungsanordnung	1
1. Leistungsbescheid (Abs. 2 lit. a)	1a
a) Voraussetzungen	1a
b) Schriftform	2
c) Bestandskraft	3
d) Bestimmtheit	4
e) Zahlungsaufforderung	5
2. Fälligkeit (Abs. 2 lit. b)	6
3. Ablauf der Wochenfrist (Abs. 2 lit. c)	7
4. Mahnung (Abs. 3)	8
a) Zuständigkeit	8a
b) Nachweis	8b
c) Form	8c
d) Rechtsnatur und Rechtswirkung	8d
e) Stundung vor / nach der Mahnung	8e
f) Entbehrlichkeit der Mahnung	8f
g) Sollvorschrift	8g
h) Schadensersatz wegen Amtspflichtverletzung	8h
i) Kosten (§ 19 Abs. 2)	8i
II. Erlass der Vollstreckungsanordnung (Abs. 1)	9
1. Rechtsnatur	9
a) Kein Verwaltungsakt	9a
b) Unterschied zur Festsetzung der Zwangsmittel (§ 14 VwVG)	9b
c) Vollstreckung verwaltungsgerichtlicher Kostenfestsetzungsbeschlüsse (§ 169 VwGO)	9c
2. Zuständigkeit (Abs. 4)	10
3. Verhältnis zwischen Anordnungs- und Vollstreckungsbehörde	11
III. Landesrecht	12
IV. Justizbeitreibungsgesetz	13

I. Voraussetzungen der Vollstreckungsanordnung

Die Verwaltungsvollstreckung beginnt mit dem Erlass der Vollstreckungsanordnung (→ Rn. 9), deren Voraussetzungen in Abs. 2 bestimmt werden. **1**

1. Leistungsbescheid (Abs. 2 lit. a)

a) Voraussetzungen. Der Leistungsbescheid fungiert in der Verwaltungsvollstreckung wegen Geldforderungen als Vollstreckungstitel. § 3 Abs. 1 VwVG ist missverständlich formuliert und meint lediglich, dass ein gerichtlicher Vollstreckungstitel iSv §§ 704, 794 ZPO nicht erforderlich ist. Im Leistungsbescheid muss der zu **vollstreckende Anspruch eindeutig festgestellt** sein. Die Feststellung der Zahlungspflicht allein genügt indes noch nicht; **1a**

hinzutreten muss die ausdrückliche Aufforderung des Schuldners zur Leistung – fehlt diese, handelt es sich lediglich um einen feststellenden Verwaltungsakt iSv § 80 Abs. 1 S. 2 VwGO (VG Gera NVwZ-RR 2005, 2). Der Leistungsbescheid ist noch keine Maßnahme der Verwaltungsvollstreckung (VGH Kassel BeckRS 2014, 53696 [amtl. Ls.]; Kremer in Sadler/Tillmanns VwVG § 3 Rn. 21). Zu den Leistungsbescheiden gehören auch Haftungsbescheide (zu deren Erforderlichkeit für die Inanspruchnahme von Gesellschaftern bei Grundbesitzabgabenschulden einer Gesellschaft OVG Münster NVwZ-RR 2003, 149 [Ls. 2]). Der Leistungsbescheid muss von einem dazu Befugten, regelmäßig also einem **Hoheitsträger**, erlassen worden sein. Eine privatrechtlich organisierte Gesellschaft ist nicht befugt, Abgabenbescheide zu erlassen und auf dieser Grundlage Abgaben öffentlich-rechtlicher Natur zu erheben, wenn dafür keine gesetzliche Ermächtigungsgrundlage besteht (VG Leipzig LKV 1999, 241). Der Leistungsbescheid ist ein **Verwaltungsakt;** ein solcher hat neben seiner materiell-rechtlichen und seiner prozessrechtlichen Funktion auch eine vollstreckungsrechtliche Bedeutung (Waldhoff in H-RS-AV § 46 Rn. 109), seine **Titel-** und **Vollstreckungsfunktion** (Stelkens in SBS VwVfG § 35 Rn. 39 ff.), in der die „unmittelbare Rechtswirkung nach außen" sozusagen kulminiert. Diese Funktion bezeichnet die Eigenschaft des Verwaltungsakts, rechtliche Zulässigkeitsbedingung und Grundlage der Verwaltungsvollstreckung zu sein (Waldhoff in H-RS-AV § 46 Rn. 109). Er wird mit der Bekanntgabe an den Vollstreckungsschuldner wirksam. Die objektive (materielle) Beweislast für die vorherige (ordnungsgemäße) Bekanntgabe des Leistungsbescheides trifft den Vollstreckungsgläubiger (VG Hannover BeckRS 2004, 21719 [Ls. 2]), vgl. § 41 Abs. 2 S. 3 Hs. 2 VwVfG; lässt das Verhalten des Vollstreckungsschuldners indessen (konkrete) Anhaltspunkte dafür erkennen, dass er den Leistungsbescheid erhalten habe, so kann daraus im Wege der freien Beweiswürdigung zu schließen sein, dass die Bekanntgabe wirksam erfolgt ist (OVG Münster NVwZ 1995, 1228 [Ls. 3]). Eine förmliche Zustellung ist nur erforderlich, soweit dies durch besondere Rechtsvorschrift oder behördliche Anordnung bestimmt ist (§ 1 Abs. 2 VwZG). Die Berechtigung zum Erlass eines Leistungsbescheides ergibt sich nicht aus dem VwVG, sondern für den Einzelfall aus dem materiellen Verwaltungsrecht und aus dem für die zu vollstreckende Geldforderung maßgeblichen Verfahrensgesetz (vgl. BVerwG JZ 1969, 69 (70)). Im Fall nachträglicher zinsähnlicher Nebenforderungen hält die Rechtsprechung unter Bezugnahme auf den Rechtsgedanken in § 254 Abs. 2 AO einen gesonderten Leistungsbescheid für entbehrlich; so konnten nach OVG Bremen NJW 1986, 2131 Verzugszinsen für Gebührenrückstände (nach § 13 Abs. 5 FernmO) mit der Hauptforderung beigetrieben werden, ohne dass es hinsichtlich der Zinsen eines weiteren Leistungsbescheides bedürfe, und VGH München BayVBl. 1999, 249 hält die Beitreibung von Säumniszuschlägen zusammen mit der Hauptforderung ohne Festsetzung der Säumniszuschläge durch Verwaltungsakt für zulässig. Der VGH München verwechselt in seiner Begründung indessen Leistungsbescheid und Leistungsgebot. Es trifft zwar rechtspolitisch zu, dass die Vollstreckung von Säumniszuschlägen zusammen mit der Hauptforderung aus Praktikabilitätsgründen vorzugswürdig ist, doch obliegt es dem

Gesetzgeber, eine Rechtsgrundlage dafür zu schaffen, dass in diesem Fall ausnahmsweise eine nicht durch Verwaltungsakt festgesetzte Geldforderung vollstreckt werden kann (dazu im Einzelnen App BuW 1999, 899).

Auch ein **Widerspruchsbescheid** kann als Leistungsbescheid iSv § 3 Abs. 2 lit. a anzusehen sein, wenn er die Aufforderung an den Schuldner der Geldforderung enthält, die Leistung zu einem bestimmten Zeitpunkt an einer bestimmten Zahlstelle zu erbringen (OVG Lüneburg BeckRS 2005, 21836 [dort 1.c)]).

Vollstreckungsmaßnahmen, die vor Bekanntgabe des Leistungsbescheides ergriffen werden, sind **rechtswidrig, nicht aber nichtig,** also nur auf form- und fristgerechten Rechtsbehelf hin aufzuheben (BFH NJW 2003, 1070 [Ls. 1]; App KKZ 2004, 101; zust. Kremer in Sadler/Tillmanns § 3 VwVG Rn. 19). Hat der Vollstreckungsschuldner die Vollstreckungsmaßnahme wirksam wegen Fehlens des Vollstreckungstitels angefochten, kann auch die nachträgliche Bekanntgabe eines Leistungsbescheids entgegen OVG Münster OVGE 20, 150 den Mangel nicht heilen (ebenso Kremer in Sadler/Tillmanns VwVG § 3 Rn. 19), denn anderenfalls würden die Vorschriften über den dinglichen Arrest (§ 5 Abs. 1 VwVG iVm §§ 324, 325 AO) umgangen.

b) Schriftform. Der Leistungsbescheid bedarf entweder dieser oder, 2 soweit keine einschlägige Rechtsnorm entgegensteht, der **elektronischen** Form. Dies ist in § 3 VwVG zwar nicht ausdrücklich bestimmt, ergibt sich aber aus dem Begriff des Bescheides und seinem Zweck (zu den Anforderungen bei der Wahl der elektronischen Form siehe § 37 Abs. 3 S. 2 VwVfG und Kopp/Ramsauer VwVfG § 37 Rn. 35a). Er muss bei Schriftform die Unterschrift oder Namenswiedergabe des Behördenleiters, seines Vertreters oder seines Beauftragten enthalten (§ 37 Abs. 3 VwVfG).

Die **Unterschrift** muss nicht in vollem Umfang lesbar sein; es muss aber ein die Identität des Unterschreibenden ausreichend kennzeichnender individueller Schriftzug vorliegen, der einmalig ist, entsprechende charakteristische Merkmale aufweist und sich als (volle) Unterschrift eines Namens darstellt, von dem mindestens einzelne Buchstaben zu erkennen sind (BGH VersR 1982, 492).

Namenswiedergabe ist die mechanische Beifügung des Namens durch Maschinenschrift oder Stempelaufdruck (auch Faksimile); eine Beglaubigung ist gesetzlich nicht vorgeschrieben (Kremer in Sadler/Tillmanns VwVG § 3 Rn. 38; erforderlich: Kopp/Ramsauer VwVfG § 37 Rn. 35).

Wer im Einzelfall die **Zeichnungsbefugnis** besitzt, ergibt sich aus der inneren Behördenorganisation.

c) Bestandskraft. Diese ist **nicht** Voraussetzung für den Erlass der Voll- 3 streckungsanordnung. Das ergibt sich aus § 3 Abs. 2 lit. c: wenn die Unanfechtbarkeit des Leistungsbescheides abgewartet werden müsste, wäre die dort bestimmte Wochenfrist überflüssig. Das Gesetz kennt vielmehr drei zeitliche Anknüpfungspunkte für die Vollziehbarkeit (Prechtel in Terwiesche Kap. 11 Rn. 16 ff.; umfassend dazu Beckmann):
– die Vollziehbarkeit mit Unanfechtbarkeit (§ 80 Abs. 1 VwGO),
– die Vollziehbarkeit kraft Gesetzes (§ 80 Abs. 2 S. 1 Nr. 1–3 VwGO) und
– die Anordnung der sofortigen Vollziehung (§ 80 Abs. 2 S. 1 Nr. 4 VwGO).

So haben, wenn der Leistungsbescheid öffentliche Abgaben oder Kosten betrifft, Widerspruch und Anfechtungsklage keine aufschiebende Wirkung (§ 80 Abs. 2 S. 1 Nr. 1 VwGO). **Öffentlich-rechtliche Kosten** in diesem Sinne sind nur solche, die in einem Verwaltungsverfahren nach tariflichen Vorgaben oder doch leicht erkennbaren Merkmalen erhoben werden, dagegen nicht Kostenerstattungsansprüche, die durch die besonderen Umstände des jeweiligen Einzelfalls geprägt sind (VGH Mannheim VBlBW 2007, 228 mwN). Nach OVG Koblenz NVwZ-RR 1990, 668 sollen mit Kostenbescheid festgesetzte und angeforderte Kosten des Widerspruchsverfahrens Kosten gemäß § 80 Abs. 2 S. 1 Nr. 1 VwGO darstellen und der Bescheid darum sofort vollziehbar sein. Richtigerweise wird man sagen müssen, dass die Kostenentscheidung wegen der Abhängigkeit der Kostentragungspflicht vom Ausgang der Sachentscheidung das rechtliche Schicksal der Sachentscheidung teilt, und zwar auch hinsichtlich der aufschiebenden Wirkung einer Klage (so auch VGH Mannheim VBlBW 1988, 19). Für andere öffentlich-rechtliche Geldforderungen als Kosten fehlt eine entsprechende Bestimmung. Insoweit verbleibt es bei der aufschiebenden Wirkung des Rechtsbehelfs; legt der Schuldner Widerspruch ein, so wird die Einleitung bzw. – wenn eine Vollstreckungsanordnung bereits erlassen ist – die Fortsetzung der Vollstreckung unzulässig. Die Behörde hat allerdings unter den Voraussetzungen von § 80 Abs. 2 S. 1 Nr. 4 VwGO die Möglichkeit, die **sofortige Vollziehung** des Leistungsbescheides **anzuordnen.** Hierzu muss sie ein öffentliches Interesse oder das überwiegende Interesse eines Beteiligten an der sofortigen Vollziehung geltend machen; bei der Rückforderung von Subventionen kann dieses öffentliche Interesse in den Grundsätzen der Wirtschaftlichkeit und Sparsamkeit liegen, die bei der Ausführung des Haushaltsplans zu beachten sind (BVerwG NVwZ-RR 2004, 413). Die Anordnung der sofortigen Vollziehbarkeit braucht nicht zugleich mit dem Erlass des Verwaltungsaktes ausgesprochen zu werden, sondern kann auch noch später nachgeholt werden, wirkt dann jedoch erst von diesem Zeitpunkt an (ex nunc) und heilt vorher ergriffene Vollstreckungsmaßnahmen nicht (so zutr. Prechtel in Terwiesche Kap. 11 Rn. 18 mwN).

Die Vollstreckung vor Unanfechtbarkeit des Leistungsbescheides birgt das Risiko, dass nach Aufhebung im Rechtsbehelfsverfahren nicht nur Folgenbeseitigungs-, sondern auch Amtshaftungsansprüche geltend gemacht werden können, wenn eine schuldhafte Amtspflichtverletzung (§ 839 BGB) nachgewiesen werden kann.

4 **d) Bestimmtheit.** Der Leistungsbescheid muss inhaltlich genügend bestimmt sein (vgl. dazu BFH HFR 1962, 237; 1963, 196). Er muss Grund und Betrag der Forderungen genau erkennen lassen und unzweideutig zum Ausdruck bringen, dass der Schuldner zur Zahlung aufgefordert wird. Lässt der Leistungsbescheid nicht eindeutig erkennen, dass und was der Schuldner zu leisten hat, so ist er **unwirksam.** Fehlt dagegen die Angabe des Grundes, so dürfte das den Bescheid nur **anfechtbar** machen. Lediglich anfechtbar ist der Leistungsbescheid auch dann, wenn mit ihm fälschlicherweise Ansprüche angefordert werden, die tatsächlich keine öffentlich-rechtlichen

Geldforderungen iSv § 1 VwVG Rn. 2–7 darstellen, sondern privatrechtlicher Natur sind (so zutr. Weißauer/Lenders VwVG NRW § 1 Erl. 2.1 mwN gegen Stelkens in SBS VwVfG § 35 Rn. 17). Um Vollstreckungsmaßnahmen zu Fall zu bringen, muss darum ein solcher Leistungsbescheid mit **Widerspruch** und erforderlichenfalls **Anfechtungsklage** angegriffen werden; er ist daraufhin aufzuheben und die Vollstreckung danach gemäß § 5 Abs. 1 VwVG iVm § 257 Abs. 1 Nr. 2 AO einzustellen. Anderenfalls erwächst er in Bestandskraft mit der Folge, dass der Einwand, die Vollstreckungsforderung sei nicht öffentlich-rechtlicher Art, gegen Vollstreckungsmaßnahmen der Behörde nicht mehr vorgebracht werden kann (§ 5 Abs. 1 VwVG iVm § 256 AO).

e) Zahlungsaufforderung. Von dieser ist der Leistungsbescheid iSv § 3 Abs. 2 lit. a VwVG **abzugrenzen.** Die bloße Aufforderung einer Behörde an einen Bürger, zur Abdeckung eines öffentlich-rechtlichen Anspruches einen bestimmten Betrag zu zahlen, kann einen doppelten Sinn haben: Es kann sich zum einen **Leistungsbescheid** handeln, durch den eine verbindliche Regelung in der Weise getroffen werden soll, dass nach Eintritt der Unanfechtbarkeit die Leistungspflicht grundsätzlich nicht mehr in Frage gestellt und nötigenfalls sogar im Wege des Verwaltungszwanges durchgesetzt werden darf; es kann sich aber auch um eine **bloße Zahlungsaufforderung** handeln, wie sie regelmäßig einer Klage vorausgeht. Will die Behörde ihre Aufforderung als Regelungsbescheid verstanden wissen, dann muss sie dies für den Betroffenen unmissverständlich klarstellen (BVerwG DÖV 1968, 729; vgl. auch BVerwGE 57, 26 und VGH Mannheim NVwZ-RR 1989, 450 [Ls. 1], wonach eine Zahlungsaufforderung nur dann zugleich Leistungsbescheid ist, wenn dies deutlich erkennbar ist). Maßgebend ist nicht der innere, sondern der erklärte Wille. Bei der Auslegung der Erklärung kann zB das Vorhandensein oder Fehlen einer Rechtsbehelfsbelehrung von Bedeutung sein (vgl. dazu BVerwGE 13, 99).

2. Fälligkeit (Abs. 2 lit. b)

Die Leistung muss nach den für sie geltenden Rechtsvorschriften sofort verlangt werden können. Eine Stundung schiebt die Fälligkeit bis zum Ablauf der Stundungsfrist hinaus. Der Leistungsbescheid kann allerdings schon vor Eintritt der Fälligkeit erlassen werden; das ergibt sich aus dem zweiten Hs. von § 3 Abs. 2 lit. c (zust. Kremer in Sadler/Tillmanns VwVG § 3 Rn. 45). In diesem Fall muss er den Zeitpunkt der Fälligkeit angeben, damit der Schuldner erkennen kann, wann er zahlen oder mit der Vollstreckung rechnen muss.

3. Ablauf der Wochenfrist (Abs. 2 lit. c)

Zwischen **Bekanntgabe** des Leistungsbescheides und Erlass der Vollstreckungsanordnung muss eine Frist von einer Woche liegen. Wurde der Leistungsbescheid schon vor Fälligkeit erlassen, so ist die Wochenfrist vom Eintritt der **Fälligkeit** an zu berechnen (ebenso Kremer in Sadler/Tillmanns VwVG § 3 Rn. 47; Prechtel in Terwiesche Kap. 14 Rn. 33). Die Frist soll dem

Schuldner Gelegenheit geben, die Leistung freiwillig zu erbringen und damit die Vollstreckung zu vermeiden. Die Nichtbeachtung der zwingend vorgeschriebenen Wochenfrist macht die Vollstreckung unzulässig. Streitig ist die Wirkung des nachträglichen Ablaufs der Schonfrist. Während BFHE 58, 54 zu dem gleich lautenden § 326 Abs. 3 Nr. 1 AO aF davon ausging, dass der nachträgliche Fristablauf keine heilende Wirkung habe, sieht das OVG Münster zu § 6 VwVG NRW die vorzeitig getroffenen Vollstreckungsmaßnahmen nach Ablauf der Schonfrist für die Zukunft als wirksam an (OVGE 20, 150). Das ist wie bei Rn. 1a aE abzulehnen, zumal die **Schonfrist** dem Interesse des Schuldners und nicht nur der innerdienstlichen Vorbereitung der Vollstreckungsanordnung dient (dieser allerdings auch; vgl. Kremer in Sadler/Tillmanns VwVG § 3 Rn. 47); ficht der Vollstreckungsschuldner allerdings wegen Verstoßes gegen die Schonfrist rechtswidrige Vollstreckungsakte nicht innerhalb der Rechtsbehelfsfrist mit Widerspruch an, werden sie nach den allgemeinen Grundsätzen ihm gegenüber als rechtmäßig angesehen, unbeschadet der Möglichkeit des Insolvenzverwalters, in einem späteren Insolvenzverfahren über das Vermögen des Vollstreckungsschuldners das Unterlassen der Einlegung eines Erfolg versprechenden Rechtsbehelfs im Wege der Insolvenzanfechtung nach §§ 129 ff. InsO anzufechten (dazu Dauernheim in FK § 129 InsO Rn. 26 mwN). Ein schuldhafter Verstoß gegen § 3 Abs. 2 lit. c kann einen Amtshaftungsanspruch des Vollstreckungsschuldners begründen (vgl. BGH VersR 1982, 898, 899).

4. Mahnung (Abs. 3)

8   Nach Ablauf der Schonfrist (→ Rn. 7) soll der Schuldner vor Anordnung der Vollstreckung (→ Rn. 9) mit einer **Zahlungsfrist** von einer weiteren Woche besonders gemahnt werden (zu dieser Rechtspflicht VG Gera NVwZ-RR 2001, 627), § 3 Abs. 3.

8a **a) Zuständigkeit.** Die Mahnung ist nicht Vollstreckungsmaßnahme, sondern Vollstreckungsvoraussetzung (BVerwG NVwZ-RR 1993, 662 (663)). Zuständig für die Mahnung ist darum die Behörde, die den Anspruch geltend machen darf (**Anordnungsbehörde**), nicht die Vollstreckungsbehörde; denn erst **nach** der Mahnung darf die Vollstreckung angeordnet werden. Ist die Mahnung vor der Anordnung jedoch versehentlich unterblieben, so wird man es für zulässig halten können, dass die Vollstreckungsbehörde sie nachholt.

8b **b) Nachweis.** Dass gemahnt wurde, muss sich aus den Akten der Behörde eindeutig ergeben, auch dann, wenn die Mahnung EDV-mäßig erstellt wurde (VG Leipzig NVwZ 2000, 1321).

8c **c) Form.** Eine Form ist für die Mahnung nicht vorgeschrieben (Fritsch in Koenig § 259 AO Rn. 5); schon aus Beweisgründen (→ Rn. 8b) und wegen der uU verjährungsunterbrechenden Wirkung (→ Rn. 8d) ist aber Schriftform anzuraten und infolge der fortgeschrittenen Automatisierung des Kassenwesens ohnehin die Regel. Mündliche Mahnungen, die zB anlässlich einer Vorsprache des Schuldners bei der Behörde wegen einer anderen Zahlungspflicht in Betracht kommen, sollten zumindest durch Aktenvermerk

Vollstreckungsanordnung **§ 3 VwVG**

dokumentiert werden. Eine schriftliche Mahnung gilt am dritten Tag nach der Aufgabe zur Post als bekannt gegeben (VG Gera NVwZ-RR 2001, 627); ab dessen Ablauf beginnt die Wochenfrist zu laufen.

d) Rechtsnatur und Rechtswirkung. Anders als die – uU mit ihr verbundene – Mahngebührenfestsetzung (→ Rn. 8i) stellt die Mahnung mangels Regelung **keinen Verwaltungsakt** iSv § 35 VwVfG dar (VG Düsseldorf BeckRS 2007, 26425; Erichsen/Rauschenberg Jura 1998, 33; Lemke, 455), sondern einen bloßen Realakt (OVG Bautzen BeckRS 2016, 43208 [amtl. Ls. 1]); sie entfaltet keine unmittelbaren Rechtswirkungen, sondern weist lediglich auf den bereits erlassenen Leistungsbescheid hin. Mit Rechtsbehelfen angefochten werden kann sie darum nicht (besonderer Ausnahmefall in BFH BStBl. 1953 III, 272). Eine Rechtswirkung kommt ihr aber bei Forderungen zu, auf die § 231 Abs. 1 AO unmittelbar (wie zB Gewerbesteuer und Grundsteuer, § 1 Abs. 2 Nr. 5 AO) oder kraft Verweisung anwendbar ist: sie **unterbricht** die **Zahlungsverjährung.** **8d**

e) Stundung vor / nach der Mahnung. Ist eine Forderung (noch vor Ergehen der Mahnung) gestundet worden, so müsste **nach** Ablauf der Stundungsfrist, wenn sodann kein Geldeingang zu verzeichnen ist, gemahnt werden. Dies kann vermieden werden, indem die Behörde in die Stundungsverfügung die Erklärung aufnimmt, dass vollstreckt werde, wenn der geschuldete Betrag nach Ablauf der Stundungsfrist nicht eingegangen sei. Zweckmäßigerweise sollte dort das genaue Datum genannt sein; es sollte auch nicht vergessen werden, diesen Passus mit neuem Datum in eine neue Stundungsverfügung zu übernehmen, falls die Behörde den Stundungszeitraum verlängert. Dann kann sich der Schuldner nicht auf das Fehlen einer Mahnung berufen und auf diese Weise die Stundungsfrist im Ergebnis eigenmächtig verlängern. **8e**

Ist bereits **vor** Gewährung der Stundung gemahnt worden, so bedarf es rechtlich nach Ablauf der Stundungsfrist keiner weiteren Mahnung mehr. In beiden Fällen kann aber eine Mahnung aus Zweckmäßigkeitsgründen in Frage kommen, wenn die Behörde mit der Möglichkeit rechnet, dass die Nichtzahlung auf bloßer Vergesslichkeit beruht und bereits die Mahnung zum Geldeingang führen wird.

f) Entbehrlichkeit der Mahnung. Ausnahmsweise entbehrlich ist die Mahnung, wenn der Schuldner schon vor Einleitung der Vollstreckung ernsthaft erklärt hat, er werde keinesfalls leisten (OVG Münster OVGE 20, 150; Weißauer/Lenders § 19 VwVG NRW Erl. 4). Bei der Anwendung dieses Grundsatzes ist aber **Zurückhaltung geboten.** Ohne Mahnung kann auch vollstreckt werden, wenn Tatsachen darauf schließen lassen, dass die Mahnung den Vollstreckungserfolg gefährden würde; das schleswig-holsteinische Landesrecht spricht diesen Grundsatz in § 269 Abs. 4 LVwG ausdrücklich aus (ebenso Bayern → Rn. 12). Hierbei können ähnliche Grundsätze angewendet werden wie für den Erlass einer Arrestanordnung (§ 5 Abs. 1 VwVG iVm § 324 Abs. 1 S. 1 AO); die Gefährdungsmomente brauchen allerdings mE nicht den Grad zu erreichen, der für die Annahme eines Arrestgrunds erforderlich ist, denn der Schuldner ist ja durch den Leistungsbescheid auf die **8f**

VwVG § 3 Verwaltungs-Vollstreckungsgesetz

Zahlungspflicht und die Möglichkeit der Vollstreckung bereits aufmerksam gemacht worden.

8g **g) Sollvorschrift.** Da es sich bei § 3 Abs. 3 um eine Sollvorschrift handelt, wird die Wirksamkeit von Vollstreckungsmaßnahmen durch ihre Nichtbeachtung nicht berührt. Trotzdem besteht eine echte Rechtspflicht der Behörde, deren Verletzung sie gegenüber dem Schuldner schadenersatzpflichtig machen kann (→ Rn. 8h). Lediglich in Fällen besonderer Eilbedürftigkeit kann auf die Mahnung verzichtet werden (Marwinski in Brandt/Domgörgen Rn. E17; zu deren Entbehrlichkeit → Rn. 8f). Ob ein solcher Fall vorgelegen hat, unterliegt im Streitfall der vollen Nachprüfung durch das Gericht; andernfalls wäre die Beachtung der Vorschrift in das freie Belieben der Behörde gestellt.

8h **h) Schadensersatz wegen Amtspflichtverletzung.** Bei **ungerechtfertigter** Mahnung kann zumindest einer rechtsunkundigen Person unter dem Gesichtspunkt der Amtshaftung ein Anspruch auf Ersatz der Rechtsverfolgungskosten zustehen, die sie aufgewandt hat, um sich gegen die Mahnung zur Wehr zu setzen (LG Hamburg NVwZ-RR 1992, 608). Ebenso kann bei einer unter Missachtung der Wochenfrist (im Fall: des § 326 Abs. 3 Nr. 1 RVO) und **ohne** Mahnung vorgenommenen Vollstreckung von Steuerforderungen eine Amtspflichtverletzung vorliegen (auch darin, dass die Behörde weder Vollstreckungsschutz noch Zahlungserleichterungen gewährt hat, obwohl dem Betrieb des Steuerpflichtigen durch die Vollstreckung unverhältnismäßig hoher Schaden drohte); BGH VersR 1982, 898 (amtl. Ls. 1 und 899).

8i **i) Kosten (§ 19 Abs. 2).** Für die Mahnung nach § 3 Abs. 3 wird gemäß § 19 Abs. 2 S. 1 eine **Mahngebühr** erhoben (→ § 19 Rn. 7). Anders als der Mahnung selbst (→ Rn. 8d) kommt der Festsetzung der Mahngebühr der Charakter eines **Verwaltungsakts** zu (VG Köln BeckRS 2007, 25784).

II. Erlass der Vollstreckungsanordnung (Abs. 1)

1. Rechtsnatur

9 Gemäß § 3 Abs. 1 Hs. 1 VwVG wird die Vollstreckung gegen den Vollstreckungsschuldner durch Vollstreckungsanordnung eingeleitet; deren Rechtsnatur (→ Rn. 9a) unterscheidet sich von der Festsetzung der Zwangsmittel (→ Rn. 9b). Es bedarf ihrer auch bei der Vollstreckung nach § 169 VwGO (→ Rn. 9c).

9a **a) Kein Verwaltungsakt.** Die Vollstreckungsanordnung ist der Auftrag der Behörde, die den Anspruch geltend machen darf (**Anordnungsbehörde**), an die **Vollstreckungsbehörde,** die Vollstreckung durchzuführen. Mit der Vollstreckungsanordnung übernimmt die Anordnungsbehörde die Verantwortung dafür, dass die Vollstreckungsvoraussetzungen gemäß § 3 Abs. 2 und 3 VwVG gegeben sind (BayVerfGH NVwZ-RR 2000, 194). Gegenüber dem Schuldner ist sie kein Verwaltungsakt (BVerwG DVBl 1961,

134; Danker in FKS VwVG § 3 Rn. 2; Kremer in Sadler/Tillmanns VwVG § 3 Rn. 1; Würtenberger Rn. 775). Denn ihm gegenüber enthält sie keine verbindliche Regelung. Seine Leistungspflicht ist bereits durch den Leistungsbescheid umschrieben. In seine Vermögensrechte wird unmittelbar erst durch die auf der Grundlage der Vollstreckungsanordnung ergriffenen Zwangsmaßnahmen (der Vollstreckungsbehörde) eingegriffen. Diese sind nicht Realakte des Vollzuges, sondern Verwaltungsakte, weil sie eine Entscheidung über die Art und Weise der Vollstreckung enthalten (BVerwG DVBl 1961, 134). Die Vollstreckungsanordnung braucht daher dem Schuldner nicht bekannt gegeben zu werden; eine bestimmte Form und ein bestimmter Inhalt sind für sie nicht vorgeschrieben.

b) Unterschied zur Festsetzung der Zwangsmittel (§ 14 VwVG). 9b
Die Vollstreckungsanordnung gemäß § 3 Abs. 1 VwVG unterscheidet sich daher hinsichtlich ihrer Rechtsnatur von der Festsetzung eines Zwangsmittels gemäß § 14 VwVG. Denn letztere ist nach der hier vertretenen Auffassung mindestens beim Zwangsgeld (→ § 18 Rn. 10) ein anfechtbarer **Verwaltungsakt.** Dieser Unterschied ist nicht nur unter dem formellen Gesichtspunkt gerechtfertigt, dass es für die Zwangsmittel zur Erzwingung von Handlungen und Unterlassungen die Bestimmung des § 15 Abs. 1 VwVG gibt, welche die Anwendung an die Festsetzung bindet, während eine entsprechende Vorschrift für die Vollstreckungsanordnung iSv § 3 Abs. 1 VwVG fehlt. Zwangsmittelfestsetzung und Vollstreckungsanordnung unterscheiden sich darüber hinaus materiell vor allem in Folgendem: Die Zwangsmittelfestsetzung regelt die Art und Weise der Erzwingung des geforderten Verhaltens; die Zwangsmittelanwendung erschöpft sich danach in tatsächlichen Handlungen ohne Regelungscharakter. Die Vollstreckungsanordnung enthält demgegenüber lediglich einen formellen Auftrag zu vollstrecken. In der Wahl der Vollstreckungsmaßnahmen ist die Vollstreckungsbehörde im Rahmen des Gesetzes frei, soweit die Anordnungsbehörde nicht bestimmte Beschränkungen verfügt hat. Demnach ist stets das Gesetz, nicht aber die Vollstreckungsanordnung Grundlage einer konkreten Vollstreckungsmaßnahme, die mit der Behauptung der Unzulässigkeit selbst zum Gegenstand gerichtlicher Nachprüfung gemacht werden kann.

c) Vollstreckung verwaltungsgerichtlicher Kostenfestsetzungsbeschlüsse (§ 169 VwGO). Einer besonderen Vollstreckungsanordnung 9c (durch die Gläubigerbehörde) bedarf es auch bei der Vollstreckung verwaltungsgerichtlicher Kostenfestsetzungsbeschlüsse durch den Vorsitzenden des Gerichts (VGH München Beschl. v. 1.4.1992 – 15 S 91.3189 – BeckRS 1992, 10937; aA Kopp/Schenke VwGO § 169 Rn. 5 mwN).

2. Zuständigkeit (Abs. 4)

Zuständig für den Erlass der Vollstreckungsanordnung ist die Behörde, 10 welche die Forderung geltend machen darf (**Anordnungsbehörde**). Ihre Zuständigkeit wird durch die einschlägigen Organisationsnormen bestimmt. Sie hat zunächst zu prüfen, ob die Voraussetzungen der Vollstreckung vorliegen (Peilert in WBSK I § 64 Rn. 33) und ob die Vollstreckung geboten ist, oder ob die Forderung gestundet werden kann und soll, sofern nicht nach dem Beispiel von § 222 S. 2 AO die Stundung im Regelfall einen Antrag voraussetzt (dann ist aber uU ein Hinweis an den Schuldner nach § 25 S. 1 VwVfG geboten); ohne Antrag stunden kann die Anordnungsbehörde, auch wenn eine § 222 S. 2 AO entsprechende Bestimmung gilt, falls sie bereits in der Stundungsverfügung auf die Erhebung von Stundungszinsen verzichtet (zum Zinsproblem bei vorzeitiger Zahlung App DStR 1983, 504). Wenn feststeht, dass die Vollstreckung wegen Zahlungsunfähigkeit des Schuldners nicht zum Erfolg führen wird, kann sie die Forderung niederschlagen. Schließlich kann sie aus Billigkeits- oder Zweckmäßigkeitsgründen von einer Vollstreckung ganz oder auf Zeit absehen. Alle diese Entscheidungen stehen im gerichtlich nicht nachprüfbaren Ermessen der Anordnungsbehörde; auch die Vollstreckungsbehörde hat hierauf keinen Einfluss.

3. Verhältnis zwischen Anordnungs- und Vollstreckungsbehörde

11 Streitigkeiten zwischen diesen über die Ausführung der Vollstreckungsanordnung sind öffentlich-rechtliche Streitigkeiten auf dem Gebiet des Verwaltungsvollstreckungsrechts. Für sie ist der **Verwaltungsrechtsweg** dann gegeben, wenn Anordnungs- und Vollstreckungsbehörde zu verschiedenen Körperschaften des öffentlichen Rechts gehören (OVG Koblenz OVGE 8, 185). Handelt es sich um Behörden derselben Körperschaft, sind zB beide Bundesbehörden, dann ist eine verwaltungsgerichtliche Klage nicht möglich, weil es sich um einen **In-sich-Prozess** handeln würde. In diesem Fall muss der Streit durch die gemeinsame Aufsichtsbehörde, bei Behörden verschiedener Ressorts äußerstenfalls durch die Bundesregierung entschieden werden (§ 15 Abs. 1 lit. f GOBReg).

III. Landesrecht

12 **Baden-Württemberg:** Verwaltungsakte können nach § 2 LVwVG (erst) vollstreckt werden, wenn sie unanfechtbar geworden sind oder die aufschiebende Wirkung eines Rechtsbehelfs entfällt. Die Mahnung regelt § 14 LVwVG. Eine Frist wie in § 3 Abs. 2 lit. c VwVG (des Bundes) ist hier nicht vorgesehen; es liegt aber im Begriff der Mahnung, dass sie erst ausgesprochen werden kann, wenn der Schuldner den Fälligkeitstermin nicht eingehalten hat und dadurch in Verzug geraten ist. Eine vorsorgliche Mahnung bereits vor Fälligkeit ist insoweit unbeachtlich und müsste wiederholt werden, wenn der Schuldner säumig bleibt (so zutr. Mußgnug in Maurer/Hendler, 148). Gemäß § 14 Abs. 1 S. 1 LVwVG „ist" der Pflichtige vor der Beitreibung zu mahnen; einer Mahnung bedarf es § 14 Abs. 4 LVwVG zufolge jedoch ausnahmsweise nicht, wenn dadurch der Zweck der Vollstreckung gefährdet würde oder Zwangsgeld, Kosten der Vollstreckung sowie Nebenforderungen beigetrieben werden sollen.
Bayern: Verwaltungsakte können Art. 19 Abs. 1 VwZVG zufolge (erst) vollstreckt werden, wenn sie nicht mehr mit einem förmlichen Rechtsbehelf angefochten werden können, dieser keine aufschiebende Wirkung hat oder

die sofortige Vollziehung angeordnet ist. Mit § 3 Abs. 2 VwVG im Wesentlichen inhaltsgleich Art. 23 Abs. 1 VwZVG. Nach Art. 23 Abs. 3 VwZVG kann ausnahmsweise ohne die in Art. 23 Abs. 1 Nr. 3 VwZVG grundsätzlich vorgeschriebene Mahnung vollstreckt werden, wenn die sofortige Vollstreckung im überwiegenden öffentlichen Interesse liegt oder wenn Tatsachen darauf schließen lassen, dass die Mahnung den Vollstreckungserfolg gefährden würde. Form und Wirkung der Vollstreckungsanordnung sind in Art. 24 VwZVG geregelt. Gemäß Art. 31 Abs. 3 S. 2 VwZVG ist in Bayern die Androhung eines Zwangsgeldes ein (aufschiebend bedingter) Leistungsbescheid (BayObLG NVwZ-RR 1999, 785). Mit Ablauf der in der Androhung bestimmten Frist tritt automatisch die nach Art. 23 Abs. 1 Nr. 2 VwZVG notwendige Fälligkeit ein, falls die Verpflichtung innerhalb der Frist nicht erfüllt wurde (Art. 31 Abs. 3 S. 3 VwZVG). Im Einzelfall kann Unklarheit bestehen, ob die Bedingung tatsächlich eingetreten ist. Die Behörde kann darum eine – deklaratorische – Fälligkeitsmitteilung (Muster bei Klein, Verwaltungsvollstreckung in Bayern, 50) erlassen, die aber kein Verwaltungsakt ist (VGH München BayVBl. 1980, 52). Möglich ist bei Vorliegen der Voraussetzungen von § 43 VwGO die Klage auf Feststellung, dass die Fälligkeit nicht eingetreten ist (VGH München BayVBl. 1985, 154; 1986, 177; Appel BayVBl. 1981, 363).

Brandenburg: § 19 VwVGBbg regelt die Besonderen Voraussetzungen der Beitreibung und entspricht in Abs. 2 im Wesentlichen § 3 Abs. 2 und 3 VwVG (des Bundes). § 20 VwVGBbg sieht Ausnahmen von der Schonfrist (§ 19 Abs. 2 Nr. 3 VwVGBbg) und der Mahnung (§ 19 Abs. 2 Nr. 4 VwVGBbg) vor, namentlich für Zwangsgeld oder Kosten der Ersatzvornahme (Abs. 1 Nr. 1).

Bremen: Gemäß § 6 Abs. 1 BremGVG „soll" der Vollstreckungsschuldner „in der Regel" vor Beginn der Vollstreckung gemahnt werden. Dabei ist auf die Möglichkeit der Vollstreckung hinzuweisen. Einer Mahnung bedarf es nach § 6 Abs. 2 BremGVG (vor allem) nicht, wenn dadurch der Zweck der Vollstreckung gefährdet würde oder Zwangsgeld, Kosten einer Ersatzvornahme, Kosten der Vollstreckung oder Nebenforderungen beigetrieben werden sollen. An die Zahlung kann auch durch öffentliche Bekanntmachung allgemein erinnert werden (vgl. dazu die Ausführungen zu Hessen). § 6 Abs. 3 BremGVG sieht die Erhebung von Kosten der Mahnung vor.

Hamburg: Mit § 3 Abs. 2 VwVG inhaltsgleich § 30 Abs. 1 HmbVwVG. Nebenforderungen (Zinsen, Säumniszuschläge und Kosten) können gemäß § 30 Abs. 2 HmbVwVG – ohne dass es eines eigenständigen Titels bedürfte – zusammen mit der Hauptforderung vollstreckt werden, wenn die Vollstreckung wegen der Hauptforderung eingeleitet und bei Geltendmachung der Hauptforderung auf die Nebenforderungen dem Grunde nach hingewiesen worden ist. Mit § 3 Abs. 3 VwVG im Wesentlichen gleich lautend § 31 Abs. 1 HmbVwVG. § 31 Abs. 3 HmbVwVG sieht Ausnahmen von der Mahnung vor, namentlich für Zwangsgelder und Kosten einer Ersatzvornahme (Nr. 1). Außerdem kann nach § 31 Abs. 2 HmbVwVG von der Mahnung abgesehen werden, wenn Tatsachen die Annahme rechtfertigen, dass (Nr. 1) der Erfolg der Vollstreckung durch die Mahnung gefährdet würde oder (Nr. 2) die Mahnung infolge eines der pflichtigen Person zuzurechnenden Hindernisses dieser nicht zur Kenntnis kommen wird.

Hessen: Verwaltungsakte sind § 2 HessVwVG zufolge (erst) vollstreckbar, wenn sie unanfechtbar geworden sind oder ein Rechtsbehelf keine aufschiebende Wirkung haben würde. § 18 Abs. 1 HessVwVG verweist hierauf (deklaratorisch) für die Voraussetzungen der Vollstreckung von Verwaltungsakten, mit denen eine Geldleistung gefordert wird. Gemäß § 18 Abs. 2 HessVwVG stehen dem Leistungsbescheid (Nr. 1) die Selbstberechnungserklärung des Schuldners bei Angaben, die ihrer Höhe nach vom Schuldner selbst einzuschätzen sind, und (Nr. 2) die Beitragsnachweisung gleich, die der Arbeitgeber nach den Satzungen zahlreicher Krankenversicherungsträger gegenüber der Krankenkasse hinsichtlich der Beiträge zur Sozial- und Arbeitslosenversicherung abzugeben hat. Von dem Erlass eines Verwaltungsaktes kann nach § 18 Abs. 3 HessVwVG bei Nebenleistungen wie Säumniszuschlägen, Zinsen und Kosten abgesehen werden, wenn die Vollstreckung wegen der Hauptleistung eingeleitet worden ist und bei Anforderung der Hauptleistung auf Säumniszuschläge und Zinsen dem Grunde nach hingewiesen worden ist. Grundsätzlich kann man davon ausgehen, dass die Vollstreckung spätestens dann eingeleitet ist, sobald der Vollstreckungsauftrag dem Vollziehungsbeamten zur Ausführung vorliegt. Diese Vorschrift ist indes nur unzureichend mit § 1 Abs. 1 HessVwVG abgestimmt, der zum Gegenstand der Vollstreckung nicht die öffentlich-rechtliche Forderung, sondern den Verwaltungsakt erklärt (der im Falle der bezeichneten Nebenleistungen gerade nicht vorliegt). Zum Erfordernis der Unanfechtbarkeit des Leistungsbescheides → Rn. 3. Zur Mahnung näher § 19 HessVwVG. Nach dessen Abs. 1 S. 1 „ist" der Pflichtige unter Einräumung einer Zahlungsfrist von mindestens einer Woche schriftlich zu mahnen; Ausnahmen sehen Abs. 3 (Nr. 1: Gefährdung des Vollstreckungserfolgs) und Abs. 4 (Nr. 1: Zwangsgelder und Kosten einer Ersatzvornahme) vor. Geldleistungen, die zu bestimmten Zeitpunkten periodisch zu erbringen sind (zB Grundbesitzabgaben, Vorauszahlung Gewerbesteuer), können laut § 19 Abs. 5 HessVwVG durch ortsübliche öffentliche Bekanntmachung angemahnt werden (ähnlich in Bremen). Diese Verfahrensweise bietet sich insbesondere dann an, wenn Pflichtige regelmäßig erklären, die für die Vollstreckung erforderliche Mahnung nicht erhalten zu haben (Glotzbach Erl. zu § 19 HessVwVG).

Mecklenburg-Vorpommern: § 111 Abs. 1 VwVfG M-V verweist für die Vollstreckung öffentlich-rechtlicher Geldforderungen auf § 3 VwVG (des Bundes).

Niedersachsen: Mit § 3 Abs. 2 VwVG (des Bundes) weitgehend inhaltsgleich § 3 Abs. 1 NVwVG (dazu VG Braunschweig BeckRS 1991, 31159756). Voraussetzung der Vollstreckung ist nach dessen Nr. 1 ausdrücklich, dass Rechtsbehelfe gegen den Leistungsbescheid keine aufschiebende Wirkung haben. § 4 Abs. 1 NVwVG gestaltet die Mahnung als zwingende Vollstreckungsvoraussetzung aus. § 4 Abs. 3 NVwVG lässt jedoch unter bestimmten Voraussetzungen den Verzicht auf die Mahnung zu (praktisch bedeutsam: Gefährdung des Vollstreckungserfolgs). Im niedersächsischen Recht wird man darum davon ausgehen müssen, dass eine ohne Vorliegen der Verzichtsvoraussetzungen unterbliebene Mahnung die Vollstreckung rechtswidrig macht. Zumindest liegt dann aber unrichtige Sachbehandlung vor, so dass die Vollstreckungskosten dem Vollstreckungsschuldner nicht zur Last fallen. Ohne Mahnung können gemäß § 4 Abs. 4 NVwVG (Nr. 1) Zwangsgelder und Kosten einer Ersatzvornahme vollstreckt werden sowie (Nr. 2) Nebenleistungen wie Säumniszuschläge, Zinsen und Kosten, wenn die Vollstreckung wegen der Hauptleistung eingeleitet worden ist.

Nordrhein-Westfalen: Mit § 3 Abs. 2 VwVG (des Bundes) im Wesentlichen gleich lautend § 6 Abs. 1 VwVG NRW; mit § 3 Abs. 3 VwVG (des Bundes) inhaltsgleich § 6 Abs. 3 VwVG NRW. Dem Leistungsbescheid gleichgestellt sind die Selbstberechnungserklärung des Schuldners (§ 6 Abs. 2 lit. a VwVG NRW) und die Beitragsnachweisung des Arbeitgebers, § 6 Abs. 2 lit. b VwVG NRW (vgl. Hessen). Bei privatrechtlichen Forderungen, die im Wege der Verwaltungsvollstreckung beigetrieben werden können, tritt die Zahlungsaufforderung an die Stelle des Leistungsbescheides (§ 1 Abs. 3 S. 2 VwVG NRW). Einhaltung der Schonfrist (§ 6 Abs. 1 Nr. 3 VwVG NRW) und Mahnung (§ 6 Abs. 3 VwVG NRW) sind nicht erforderlich bei Zwangsgeldern und den Kosten der Ersatzvornahme (§ 6 Abs. 4 lit. a VwVG NRW) sowie bei Säumniszuschlägen, Zinsen, Kosten und anderen Nebenforderungen, wenn im Leistungsbescheid über die Hauptforderung oder bei deren Anmahnung auf sie dem Grunde nach hingewiesen worden ist (§ 6 Abs. 4 lit. b VwVG NRW). Bei entsprechender Zulassung durch die Aufsichtsbehörde können Mahnungen durch öffentliche Zahlungserinnerungen ersetzt werden (§ 19 S. 3 VwVG NRW). Entbehrlich ist die Mahnung, wenn der Vollstreckungsschuldner in einem Zeitraum von zwei Wochen vor Eintritt der Fälligkeit an die Zahlung erinnert wird (§ 19 S. 4 VwVG NRW); die Zahlungserinnerung löst im Gegensatz zur Mahnung keine Mahngebühr aus (vgl. Weißauer/Lenders § 19 VwVG NRW Erl. 1).

Rheinland-Pfalz: Verwaltungsakte sind § 2 LVwVG zufolge nur vollstreckbar, wenn sie unanfechtbar sind, ein Rechtsbehelf keine aufschiebende Wirkung hat oder ihre sofortige Vollziehung besonders angeordnet ist (§ 80 Abs. 2 S. 1 Nr. 4 VwGO). Mit § 3 Abs. 2 lit. b und c VwVG (des Bundes) im Wesentlichen gleich lautend § 22 Abs. 1 LVwVG. Gemahnt werden kann durch öffentliche Bekanntmachung oder verschlossenen Brief; dabei ist eine (gesetzlich nicht näher bestimmte) Zahlungsfrist zu setzen (§ 22 Abs. 2 S. 1 LVwVG). Als Mahnung gilt auch ein Postnachnahmeauftrag (dazu allgemein Müller-Eiselt in HHSp § 259 AO Rn. 17), § 22 Abs. 2 S. 2 LVwVG. Auch wenn der Vollstreckungsschuldner lediglich gemahnt werden „soll", ist § 22 Abs. 2 LVwVG zunächst grundsätzlich als zwingende Verpflichtung zu werten und auch gegen Haftungs- und Duldungsschuldner anzuwenden. Aus schlüssigen Gründen (die aktenmäßig festgehalten werden sollten, Kuhn/Stollenwerk § 22 Abs. 2 Erl. 1) kann die Mahnung jedoch ausnahmsweise unterbleiben. Dies wäre zB dann gegeben, wenn durch ein vorheriges Mahnverfahren der Erfolg der Vollstreckung beeinträchtigt werden würde (Heuser § 22 Erl. 6). An die Stelle des Leistungsbescheides können Verzeichnisse, Tabellen und ähnliche Urkunden treten, sofern die Vollstreckung durch Gesetz oder auf Grund eines Gesetzes besonders zugelassen ist (§ 68 Abs. 1

Nr. 1 LVwVG). Dies ist zB geschehen für das Rückstandsverzeichnis der Aufbaugemeinschaft nach § 16 Weinbergsaufbaugesetz vom 12.5.1953 (GVBl. 54).

Saarland: Ähnliche Vollstreckungsvoraussetzungen wie § 3 Abs. 2 VwVG (des Bundes) bestimmt § 30 Abs. 1 SVwVG. Die Vollstreckung darf nach dessen Nr. 1 allerdings erst beginnen, wenn der Leistungsbescheid unanfechtbar geworden ist oder Rechtsbehelfe gegen ihn keine aufschiebende Wirkung haben. Unter den Voraussetzungen von § 30 Abs. 2 SVwVG stehen dem Leistungsbescheid die Selbstberechnungserklärung des Pflichtigen (Nr. 1) und die Beitragsnachweisung des Arbeitgebers (Nr. 2) gleich. Mahnung: § 31 SVwVG. Dessen Abs. 1 gestaltet sie als zwingende Vollstreckungsvoraussetzung aus. § 31 Abs. 2 SVwVG lässt jedoch unter bestimmten Voraussetzungen (Nr. 1: Gefährdung des Vollstreckungserfolgs) den Verzicht auf die Mahnung zu. Wegen der Konsequenzen vgl. die Ausführungen zu Niedersachsen. Ohne Mahnung können (namentlich) Zwangsgelder und Kosten einer Ersatzvornahme vollstreckt werden, § 31 Abs. 3 SVwVG.

Sachsen: Ein Verwaltungsakt, der (ua) zu einer Zahlung verpflichtet, kann gemäß § 2 SächsVwVG (erst) vollstreckt werden, wenn er unanfechtbar geworden ist oder ein gegen ihn gerichteter Rechtsbehelf keine aufschiebende Wirkung hat. Die beizutreibende Forderung muss fällig sein (§ 13 Abs. 1 SächsVwVG); § 13 Abs. 2 bis 4 SächsVwVG enthält Regelungen bezüglich der grundsätzlich vorgeschriebenen Mahnung; einer solchen bedarf es § 13 Abs. 5 SächsVwVG zufolge ausnahmsweise nicht, wenn dadurch der Zweck der Vollstreckung gefährdet würde oder wenn Zwangsgeld, Kosten der Vollstreckung sowie Nebenforderungen beigetrieben werden sollen. § 13 Abs. 2 SächsVwVG überträgt die Pflicht zur Mahnung ausdrücklich der Behörde, die den Verwaltungsakt erlassen hat (dazu App Sachsenlandkurier 2005, 220). Die Kosten der Mahnung können zusammen mit der Hauptforderung beigetrieben werden (§ 12 Abs. 2 Nr. 1 SächsVwVG).

Sachsen-Anhalt: Mit § 3 Abs. 2 und 3 VwVG (des Bundes) weitgehend (und mit § 3 Abs. 1 NVwVG bis auf redaktionelle Abweichungen völlig) inhaltsgleich § 3 Abs. 1 VwVG LSA; dessen Nr. 1 sieht als Voraussetzung der Vollstreckung ausdrücklich vor, dass Rechtsbehelfe gegen den Leistungsbescheid keine aufschiebende Wirkung haben. § 4 VwVG LSA entspricht weitgehend § 4 NVwVG (siehe Niedersachsen). Als Mahnung gilt wie in Rheinland-Pfalz (siehe dort) auch ein Postnachnahmeauftrag, § 4 Abs. 1 S. 4 VwVG LSA.

Schleswig-Holstein: Mit § 3 Abs. 2 und 3 VwVG (des Bundes) weitgehend inhaltsgleich § 269 Abs. 1 LVwG. In Abs. 3 (S. 1: Zwangsgelder und Kosten einer Ersatzvornahme) und Abs. 4 (Gefährdung des Vollstreckungserfolgs) sieht § 269 LVwG Ausnahmen von der Notwendigkeit von Zahlungsfrist und (der in § 269 Abs. 1 Nr. 3 S. 1 LVwG grundsätzlich vorgeschriebenen) Mahnung vor. § 269 Abs. 2 LVwG stellt für bestimmte Fälle die Selbstberechnungserklärung des Schuldners (Nr. 1) sowie die Beitragsnachweisung des Arbeitgebers (Nr. 2) dem Leistungsbescheid gleich. § 270 LVwG regelt Inhalt und Form der Mahnung.

Thüringen: Verwaltungsakte können § 19 ThürVwZVG zufolge (erst) vollstreckt werden, wenn sie nicht mehr mit einem förmlichen Rechtsbehelf angefochten werden können, ihre sofortige Vollziehung angeordnet ist oder jener keine aufschiebende Wirkung hat. Die Besonderen Voraussetzungen der Vollstreckung von Verwaltungsakten, mit denen eine öffentlich-rechtliche Geldleistung gefordert wird, regelt § 33 ThürVwZVG sachlich weitgehend übereinstimmend mit § 3 VwVG (des Bundes). Der in § 33 Abs. 2 Nr. 3 S. 1 ThürVwZVG grundsätzlich vorgeschriebenen Mahnung bedarf es gemäß § 34 Abs. 1 ThürVwZVG (ausnahmsweise) nicht, wenn (Nr. 1) die sofortige Vollstreckung im überwiegenden öffentlichen Interesse liegt, (Nr. 2) die Mahnung den Vollstreckungserfolg gefährden würde oder (Nr. 3) Zwangsgeld oder Kosten der Ersatzvornahme beigetrieben werden sollen. (Weitere) Ausnahmeregelungen für Mahnung und Leistungsbescheid trifft § 34 Abs. 2 und 3 ThürVwZVG (zur Beitreibung von Nebenforderungen).

IV. Justizbeitreibungsgesetz

§ 5 Abs. 1 S. 1 JBeitrG lässt die Vollstreckung (ebenfalls) erst nach Fälligkeit **13** des beizutreibenden Anspruchs zu. § 5 Abs. 2 enthält eine Sollbestimmung für die Mahnung.

§ 4 Vollstreckungsbehörden

Vollstreckungsbehörden sind:
a) **die von einer obersten Bundesbehörde im Einvernehmen mit dem Bundesminister des Innern, für Bau und Heimat bestimmten Behörden des betreffenden Verwaltungszweiges;**
b) **die Vollstreckungsbehörden der Bundesfinanzverwaltung, wenn eine Bestimmung nach Buchstabe a nicht getroffen worden ist.**

Übersicht

	Rn.
I. Vollstreckungsbehörden nach dem VwVG des Bundes	1
1. Besondere Vollstreckungsbehörden (lit. a ua)	2
2. Allgemeine Vollstreckungsbehörden (lit. b)	3
II. Vollstreckungsbehörden zur Vollstreckung verwaltungsgerichtlicher Titel (§ 169 VwGO)	4
1. „Der Vorsitzende des Gerichts des ersten Rechtszugs" (§ 169 Abs. 1 S. 1 Hs. 1 VwGO)	4
2. Eigenverantwortliche Leitung und Kontrolle des Verfahrens	4a
3. Vollstreckungshelfer (§ 169 Abs. 1 S. 2 Hs. 2 VwGO)	4b
4. Sozialhilfesachen und andere Rechtswegwechsel	4c
III. Bindung an Weisungen der Anordnungsbehörde	5
IV. Vollstreckungsbehörden bei Inanspruchnahme von Amtshilfe der Länder	6
V. Justizbeitreibungsgesetz	7

I. Vollstreckungsbehörden nach dem VwVG des Bundes

1 Vollstreckungsbehörde ist im Gegensatz zur Anordnungsbehörde die Behörde, die nach Erlass der Vollstreckungsanordnung die Vollstreckung durchzuführen hat. § 4 VwVG unterscheidet die besonderen und die – subsidiär zuständigen – allgemeinen Vollstreckungsbehörden.

1. Besondere Vollstreckungsbehörden (lit. a ua)

2 Das sind die von einer obersten Bundesbehörde im Einvernehmen mit dem Bundesminister des Innern, für Bau und Heimat dazu bestimmten Behörden des betreffenden Verwaltungszweiges (lit. a). Nur oberste Bundesbehörden sind zu dieser Bestimmung befugt. **Oberste Bundesbehörden** sind alle Bundesbehörden, die keiner anderen Behörde nachgeordnet sind. Die Frage, ob auch die obersten Bundesgerichte sowie die Präsidenten des Bundestages und des Bundesrates dazu gehören, kann hier dahingestellt bleiben, weil nur oberste Bundesbehörden der **Exekutive** („Verwaltungszweiges") in Betracht kommen. Das sind neben dem Bundesrechnungshof (§ 1 S. 1 BRHG), dem Bundespräsidialamt, dem Bundeskanzleramt sowie dem Presse- und Informationsamt der Bundesregierung alle und nur die Bundesministerien. **Einvernehmen** bedeutet, dass die Zustimmung des Bundesministers des Innern, für Bau und Heimat erforderlich ist. Fehlt sie, so ist die Anordnung unwirksam.

Besondere Vollstreckungsbehörden gemäß lit. a gibt es derzeit nicht. Allerdings existieren gesetzliche Bestimmungen, die die Vollstreckungsbehörde abweichend von § 4 lit. b bestimmen und dieser Vorschrift als Spezialregelung vorgehen, zB § 38 Abs. 1 S. 2 Hs. 2 ParteiG, wonach der **Bundeswahlleiter** in den in § 38 Abs. 1 ParteiG genannten Fällen Vollstreckungsbehörde ist, desgleichen der **Präsident des Deutschen Bundestages** nach Maßgabe von § 38 Abs. 2 ParteiG. Die **Flurbereinigungsbehörde** ist § 136 Abs. 2 FlurbG zufolge Vollstreckungsbehörde für Vollstreckungsmaßnahmen nach Abs. 1 dieser Vorschrift.

2. Allgemeine Vollstreckungsbehörden (lit. b)

3 Soweit besondere Vollstreckungsbehörden gemäß lit. a nicht bestimmt sind, sind die **Vollstreckungsbehörden der Bundesfinanzverwaltung** zuständig (lit. b). Das sind die **Hauptzollämter**. Die **Finanzämter** sind Landes(finanz)behörden (§§ 1, 2 Abs. 1 Nr. 4 FVG). Im Hinblick auf die ausdrückliche Regelung in § 4 lit. b kann auch nicht aus § 5 Abs. 1 iVm § 249 AO hergeleitet werden, sie seien Vollstreckungsbehörden iSd VwVG. Sie können die Vollstreckung vielmehr nur im Wege der Amtshilfe (§ 5 Abs. 2 VwVG) nach landesrechtlichen Bestimmungen vornehmen. Auch bei der Tätigkeit der Hauptzollämter handelt es sich in der Sache um Amtshilfe, die gemäß BVerwGE 21, 329 dann gegeben ist, wenn eine Behörde keine Zwangsbefugnis besitzt und sich zwecks Vollstreckung ihrer Anordnungen an Behörden mit entsprechenden Befugnissen wendet (Kremer in Sadler/Tillmanns VwVG § 4 Rn. 2).

II. Vollstreckungsbehörden zur Vollstreckung verwaltungsgerichtlicher Titel (§ 169 VwGO)

1. „Der Vorsitzende des Gerichts des ersten Rechtszugs" (§ 169 Abs. 1 S. 2 Hs. 1 VwGO)

Vollstreckungsbehörde iSv § 4 ist auch – obwohl dort nicht erwähnt – **4** der Vorsitzende des Verwaltungsgerichts (gemeint ist der Vorsitzende der betreffenden **Kammer;** vgl. Wettlaufer, 71), wenn gemäß § 169 Abs. 1 VwGO aus einem verwaltungsgerichtlichen Titel zugunsten des Bundes, eines Landes, einer Gemeinde, eines Gemeindeverbandes oder einer sonstigen Körperschaft, Anstalt oder Stiftung des öffentlichen Rechts vollstreckt werden soll (ebenso Kremer in Sadler/Tillmanns VwVG § 4 Rn. 9; zur Vollstreckung aus verwaltungsgerichtlichen Titeln s.a. Renck-Laufke BayVBl. 1991, 44). Er ist in jeder Hinsicht den in § 4 genannten Vollstreckungsbehörden gleichgestellt.

Diese Zuständigkeit ist personenbezogen und kann **nicht** gemäß § 6 VwGO auf den **Einzelrichter** übertragen werden (OVG Weimar ThürVBl. 1995, 132; Kremer in Sadler/Tillmanns VwVG § 4 Rn. 16).

2. Eigenverantwortliche Leitung und Kontrolle des Verfahrens

Der als Vollstreckungsbehörde zuständige Vorsitzende (→ Rn. 4) hat die **4a** Vollstreckung eigenverantwortlich zu leiten und das Verfahren so weit wie möglich unter Kontrolle zu halten. Mit der Ausführung der Vollstreckung kann er zwar eine andere Vollstreckungsbehörde oder auch einen Gerichtsvollzieher beauftragen (→ Rn. 4b); die Auswahl der Vollstreckungsmaßnahmen darf er aber nicht einem dieser Exekutivorgane überlassen (VGH München BeckRS 2013, 58932 [Rn. 2 mwN]; vgl. OVG Koblenz AS 10, 323; OVG Lüneburg OVGE 31, 341; BayVGH BayVBl. 1987, 149).

Einen Versuch der Abgrenzung unternimmt Wettlaufer, 76: Grundsätzlich habe der Gerichtsvorsitzende alle Aufgaben wahrzunehmen, für die nach dem Vollstreckungsrecht der AO die Vollstreckungsbehörde zuständig ist. So obliege ihm die Erteilung der Erlaubnis zur Vollstreckung an Sonn- und Feiertagen und zur Nachtzeit, er entscheide über die Zulässigkeit der Austauschpfändung und darüber, ob die Schätzung einer gepfändeten Sache, die keine Kostbarkeit ist, durch einen Sachverständigen erfolgen solle, bei der Pfändung von Geldforderungen obliege ihm der Erlass der Pfändungs- und der Einziehungsverfügung, die Anforderung der Drittschuldnererklärung und die Entscheidung über die Art der Verwertung, er stelle die Anträge zur Vollstreckung in das unbewegliche Vermögen.

3. Vollstreckungshelfer (§ 169 Abs. 1 S. 2 Hs. 2 VwGO)

Die Inanspruchnahme eines Vollstreckungshelfers ist VGH München **4b** BeckRS 2013, 58932 (Rn. 2 mwN) zufolge nur zulässig, wenn der Gerichtsvorsitzende (→ Rn. 4) die betreffende Vollstreckungshandlung nicht selbst ausführen kann. Beim Antrag eines Vollstreckungsgläubigers auf Mobiliarvollstreckung muss daher der Vorsitzende auch festlegen, von welcher der dafür in Betracht kommenden Vollstreckungsmaßnahmen (Sach- oder Forderungspfändung) Gebrauch gemacht werden soll. Wird nach § 169 Abs. 1 Satz 2 Hs. 2 VwGO der örtlich zuständige **Gerichtsvollzieher** mit dem weiteren Vollzug beauftragt, so genügt es allerdings, wenn in der gerichtlichen Verfügung allgemein die Vollstreckung „in das bewegliche Vermögen" angeordnet wird, da Gerichtsvollzieher in jedem Fall nur in körperliche Sachen vollstrecken und keine Forderungspfändungen vornehmen können (§§ 808 ff. ZPO). Richtet sich das Durchführungsersuchen dagegen an ein **Finanzamt**, das nach allgemeinen Vorschriften nicht nur in bewegliche Sachen (§ 285 ff. AO), sondern ebenso in Geldforderungen und andere Vermögensrechte (§§ 309 ff. AO) vollstrecken kann, so muss der Vorsitzende in seiner Verfügung hinreichend zum Ausdruck bringen, dass der Vollziehungsbeamte des Finanzamts allein zur Pfändung beweglicher Sachen des Vollstreckungsschuldners ermächtigt wird.

4. Sozialhilfesachen und andere Rechtswegwechsel

4c   Nach BVerwG NVwZ 2007, 845 sind die Verwaltungsgerichte auch nach dem Übergang der Zuständigkeit für Sozialhilfesachen auf die Sozialgerichte für die Vollstreckung aus verwaltungsgerichtlichen Titeln in Sozialhilfesachen zuständig geblieben. Verallgemeinernd wird man sagen dürfen, dass ein gesetzlicher Rechtswegwechsel für künftige Rechtsstreitigkeiten die Vollstreckungsbefugnis der Gerichte des ursprünglichen Gerichtszweigs, in dem die zu vollstreckende Entscheidung gefallen ist, unberührt lässt, es sei denn, es würde gesetzlich ausdrücklich etwas anderes bestimmt.

III. Bindung an Weisungen der Anordnungsbehörde

5   Die Vollstreckungsbehörde ist – auch hinsichtlich der Art der Vollstreckung – an die Weisungen der Anordnungsbehörde gebunden (Kremer in Sadler/Tillmanns § 4 VwVG Rn. 3).

IV. Vollstreckungsbehörden bei Inanspruchnahme von Amtshilfe der Länder

6   Die Anordnungsbehörde kann die Vollstreckung auch im Wege der Amtshilfe durch die Vollstreckungsbehörden der Länder durchführen lassen (§ 5 Abs. 2 VwVG). Für die Zuständigkeit gelten dann wie für das Verfahren die **landesrecht**lichen Vorschriften. Auch für die Vollstreckungstätigkeit der Landesbehörden kann die Amtshilfe von Behörden anderer Länder erforderlich werden (und damit auch die Anwendbarkeit des VwVG eines anderen Bundeslandes eintreten). So würde nach VG Gelsenkirchen NVwZ 1986, 861 (Ls.) eine Vollstreckungsbehörde ihre Verbandskompetenz überschreiten, wenn sie trotz fehlender gesetzlicher Ermächtigung eine Pfändungsverfügung gegenüber einem in einem anderen Bundesland wohnenden Drittschuldner

und Schuldner erließe (dagegen mit beachtlichen Gründen Wetzel KKZ 2001, 97 und 121). Überblick über die einzelnen Vorschriften:

Baden-Württemberg: Nach § 4 Abs. 1 LVwVG ist Vollstreckungsbehörde die Behörde, die den Verwaltungsakt erlassen hat (gilt für die gesamte Verwaltungsvollstreckung). Auf Grund von § 4 Abs. 2 LVwVG hat das Innenministerium die Zuständigkeit zur Vollstreckung bestimmter Geldforderungen durch VO vom 23.6.1990 (GBl. 230), zuletzt geändert durch Art. 75 der VO vom 23.2.2017 (GBl. 99, 108), bestimmt.

Bayern: Vollstreckungsbehörde iSd VwZVG ist laut dessen Art. 20 Nr. 2 die Behörde, die zur Vollstreckung eines Verwaltungsakts zuständig ist. Geldforderungen des Staates werden durch die Finanzämter vollstreckt (Art. 25 Abs. 1 VwZVG). Für die Vollstreckung von Geldforderungen der Gemeinden, Gemeinde- und Zweckverbände (Art. 26 Abs. 2 VwZVG) sowie sonstiger juristischer Personen des öffentlichen Rechts (Art. 27 Abs. 1 S. 1 VwZVG) sind die ordentlichen Gerichte zuständig. Gemeinden, Landkreise, Bezirke und Zweckverbände können Geldforderungen und andere Vermögensrechte, die nicht Gegenstand der Zwangsvollstreckung in das unbewegliche Vermögen sind, selbst pfänden und einziehen, wenn Schuldner und Drittschuldner ihren gewöhnlichen Aufenthalt oder Sitz in Bayern haben (Art. 26 Abs. 5 S. 1 VwZVG); außerdem können sie der Vorpfändung nach § 845 ZPO ähnliche Maßnahmen treffen (Art. 26 Abs. 4 VwZVG). Bewegliche Sachen können sie durch Gerichtsvollzieher und in ihrem Gebiet durch eigene Vollstreckungsbedienstete pfänden und verwerten lassen (Art. 26 Abs. 3 VwZVG).

Brandenburg: Die Aufgaben der Vollstreckungsbehörden werden bei Forderungen des Landes von den Finanzämtern und bei Forderungen des Justizressorts von den Behörden der Justizverwaltung wahrgenommen, bei Forderungen der amtsfreien Gemeinden, Ämter, Landkreise und kreisfreien Städte von diesen selbst mittels ihrer Kassen (§ 17 Abs. 2 S. 2 VwVGBbg; § 17 Abs. 5 VwVGBbg lässt eine Zuständigkeitsübertragung zu).

Bremen: Vollstreckungsbehörden sind gemäß § 5 Abs. 1 BremGVG die Landesfinanzbehörden (für das Land und die Stadtgemeinde Bremen und für die sonstigen der Aufsicht des Landes unterstehenden juristischen Personen des öffentlichen Rechts) sowie der Magistrat (für die Stadtgemeinde Bremerhaven).

Hamburg: Nach § 4 S. 1 HmbVwVG (gilt für die gesamte Verwaltungsvollstreckung) bestimmt der Senat die Vollstreckungsbehörden. Dazu ist die Anordnung über Vollstreckungsbehörden vom 1.6.1999 (Amtl. Anz. S. 1457), zuletzt geändert durch Anordnung vom 17.3.2020 (Amtl. Anz. S. 401), erlassen worden.

Hessen: Geldforderungen des Landes werden im Regelfall durch die Finanzämter vollstreckt (§ 15 Abs. 1 HessVwVG), Verwaltungsakte des Landrates als Landesbehörde jedoch durch die Kasse des Landkreises, wenn die Geldleistung von ihr anzunehmen ist (§ 15 Abs. 2 HessVwVG), Bußgeldbescheide der Regierungspräsidien wegen Ordnungswidrigkeiten gemäß §§ 24, 24a und 24c StVG von den Amtsgerichten, die dabei das JBeitrG anzuwenden haben (zu diesem § 1 VwVG Rn. 22). Geldforderungen der Gemeinden,

Landkreise und Zweckverbände werden durch deren Kassen vollstreckt (§ 16 Abs. 1 HessVwVG); hat die Gemeinde keine eigene Vollstreckungsstelle, vollstreckt die Kasse des Landkreises (§ 16 Abs. 2 HessVwVG). Die Gemeinden haben dafür einen Unkostenbeitrag zu zahlen, für dessen Entstehung und Bemessung der Zeitpunkt der sachlichen Bearbeitung des Vollstreckungsauftrags maßgeblich ist (VG Frankfurt a.M. KKZ 1999, 60 mit Anm. Glotzbach; auch zu Praxisproblemen). Für Zweckverbände ohne eigene Vollziehungsbeamte oder Vollstreckungsstellen vollstreckt nach § 16 Abs. 3 HessVwVG die Kasse des Verbandsmitglieds; verfügt das Verbandsmitglied nicht über eigene Vollziehungsbeamte und nicht über eine Vollstreckungsstelle, so obliegt die Vollstreckung der Kasse der Gemeinde, in welcher der Pflichtige seinen Wohnsitz, Sitz oder gewöhnlichen Aufenthalt hat. Verfügt auch diese Gemeinde nicht über eigene Vollziehungsbeamte und nicht über eine Vollstreckungsstelle, so vollstreckt die Kasse des Landkreises, dem die Gemeinde angehört. Gemeinden, Landkreise und Zweckverbände können nach § 16 Abs. 4 HessVwVG iVm dem Gesetz über kommunale Gemeinschaftsarbeit für die Vollstreckung von Verwaltungsakten, mit denen eine Geldleistung an sie gefordert wird, auch vereinbaren, dass eine der beteiligten Gebietskörperschaften die Vollstreckung der Verwaltungsakte der anderen Beteiligten in die Zuständigkeit ihrer Kasse übernimmt, oder sich zu einem Zweckverband mit eigener Kasse zusammenschließen, um Aufgaben der Vollstreckung gemeinsam wahrzunehmen. Geldforderungen anderer unter der Aufsicht des Landes stehender juristischer Personen des öffentlichen Rechts werden durch die Behörden vollstreckt, die durch Gesetz oder Rechtsverordnung des Ministers des Innern dazu bestimmt sind (§ 17 Abs. 1 HessVwVG). Von den Kassen der Gemeinden und Landkreise werden vollstreckt: Geldforderungen des Landeswohlfahrtsverbandes Hessen (§ 62 HessVwVG), Beiträge und Gebühren iSv § 79 StBerG (§ 64 HessVwVG); von den Kassen der kreisfreien Städte und Landkreise: öffentlich-rechtliche Geldforderungen des Ausgleichsfonds iSv § 350b LAG (§ 63 HessVwVG). Die Religionsgemeinschaften, die Körperschaften des öffentlichen Rechts sind, sind nach § 64a HessVwVG berechtigt, sich zur Vollstreckung ihrer öffentlich-rechtlichen Friedhofs- und Bestattungsgebühren der Kasse der Gemeinde zu bedienen, in deren Gebiet der Pflichtige seinen Wohnsitz oder ständigen Aufenthalt hat.

Mecklenburg-Vorpommern: Die zuständigen Vollstreckungsbehörden bestimmt die Landesregierung durch Verordnung, soweit sie nicht gesetzlich bestimmt sind (§ 111 Abs. 2 VwVfG M-V). Gemäß § 111 Abs. 4a VwVfG M-V kann die Vollstreckungsbehörde Pfändungs- und Einziehungsverfügungen auch dann erlassen und durch die Post zustellen lassen, wenn der Vollstreckungs- oder Drittschuldner Wohnsitz, Sitz oder gewöhnlichen Aufenthalt in einem anderen Bundesland hat, sofern das dort geltende Landesrecht dies (wie explizit § 111 Abs. 4b VwVfG M-V) zulässt.

Niedersachsen: Zur Vollstreckung sind die Kommunen, mit Ausnahme der Mitgliedsgemeinden von Samtgemeinden, und das Niedersächsische Landesamt für Bezüge und Verordnung befugt (§ 6 Abs. 1 NVwVG). Das Landesministerium ist ermächtigt, durch Verordnung weitere Vollstreckungsbehör-

Vollstreckungsbehörden § 4 VwVG

den zu bestimmen (§ 6 Abs. 2 NVwVG). Diese sind im gesamten Landesgebiet zur Vollstreckung befugt (§ 6 Abs. 3 NVwVG).

Nordrhein-Westfalen: Vollstreckungsbehörden sind die staatlichen Kassen (vor allem die Landeshauptkasse und die Regierungshauptkassen), die Vollstreckungsbehörden der Landesfinanzverwaltung (Finanzämter) sowie die von Finanz- und Innenminister im Einvernehmen mit dem zuständigen Fachminister bestimmten Landesbehörden (§ 2 Abs. 1 S. 2 Nr. 1 VwVG NRW); ferner die Kassen der Gemeinden, Landkreise und Landschaftsverbände (§ 2 Abs. 1 S. 2 Nr. 2 VwVG NRW). Die Gemeindekassen erhalten damit nicht die Stellung von Behörden im organisationsrechtlichen Sinn, sondern bleiben unselbstständige Abteilungen der Gemeinde bzw. Stadt (OVG Münster NVwZ 1986, 761), der Kassenverwalter ist dementsprechend auch hier gegenüber dem Hauptgemeindebeamten weisungsgebunden. Allerdings hat der Gesetzgeber insoweit in die Organisationsgewalt der Gemeindeorgane eingegriffen, als diese Aufgaben der Kasse nicht entzogen werden können (Wind VR 1988, 140). Körperschaften, Anstalten und Stiftungen des öffentlichen Rechts nehmen die Aufgaben der Vollstreckungsbehörden nur insoweit wahr, als gesetzliche Vorschriften dies ausdrücklich vorsehen (§ 2 Abs. 2 S. 1 VwVG NRW); sie scheiden daher für Amtshilfe gemäß § 5 Abs. 2 VwVfG NRW aus. Zu den Auswirkungen des Neuen Kommunalen Finanzmanagements (NKF) auf die Vollstreckungstätigkeit der nordrhein-westfälischen Kommunen Weißauer/Lenders § 2 VwVG NRW Erl. 2.

Rheinland-Pfalz: Die Befugnisse der Vollstreckungsbehörden werden durch ihre Kasse ausgeübt (§ 19 Abs. 1 S. 1 LVwVG). Werden die Kassengeschäfte von einer anderen Behörde hauptamtlich verwaltet, ist diese Vollstreckungsbehörde (§ 19 Abs. 2 Hs. 1 LVwVG). Im Rahmen der Staatsverwaltung sind dies die Regierungskassen. Nach § 19 Abs. 4 LVwVG können kommunale Gebietskörperschaften eine gemeinsame Vollstreckungsbehörde bestimmen, deren Kassengeschäfte hauptamtlich verwaltet werden müssen und für die das Landesgesetz über die kommunale Zusammenarbeit gilt.

Saarland: Vollstreckungsbehörde ist grundsätzlich die Anordnungsbehörde (→ § 3 Rn. 10), bei obersten Landesbehörden, Landesmittelbehörden und Landesämtern in der Regel das Finanzamt, bei unteren Landesbehörden, Gemeinden und Gemeindeverbänden und sonstigen juristischen Personen des öffentlichen Rechts die Gemeindekasse (§ 29 Abs. 1 bis 3 SVwVG). Das Ministerium für Inneres und Sport kann im Einvernehmen mit dem Ministerium für Finanzen und Europa und dem zuständigen Fachministerium durch Rechtsverordnung Abweichendes bestimmen (§ 29 Abs. 4 SVwVG); eine hiernach zuständige Landesbehörde ist landesweit zur Vollstreckung befugt.

Sachsen: Leistungsbescheide der Behörden des Freistaats Sachsen werden von den Finanzämtern vollstreckt, andere Verwaltungsakte durch die Behörden, welche die Verwaltungsakte erlassen haben (§ 4 Abs. 1 SächsVwVG).

Sachsen-Anhalt: Zur Vollstreckung sind die Gemeinden, Landkreise und sonst in § 6 Abs. 1 VwVG LSA genannten Behörden befugt; die Landesregierung kann durch Verordnung weitere Vollstreckungsbehörden bestimmen (§ 6 Abs. 2 VwVG LSA). Diese sind im gesamten Landesgebiet zur Vollstreckung befugt, § 6 Abs. 3 VwVG LSA.

Troidl 43

Schleswig-Holstein: Vollstreckungsbehörden sind gemäß § 263 Abs. 1 S. 1 LVwG für Forderungen der Landesbehörden und landesunmittelbare Gläubiger die durch Gesetz oder Verordnung bestimmte Behörde; für Forderungen der Kreise der Landrat, für Forderungen der amtsfreien Gemeinden die Bürgermeister, für solche der Ämter und amtsangehörigen Gemeinden der Amtsdirektor oder (in ehrenamtlich verwalteten Ämtern) Amtsvorsteher. § 263 Abs. 1 S. 2 LVwG lässt die Übertragung an Beliehene zu (durch Verordnung), sofern diese die notwendige Gewähr für die ordnungsgemäße Erfüllung der Aufgabe bieten, insbesondere durch fachlich geeignetes und zuverlässiges Personal.

Thüringen: Geldforderungen des Landes werden von den Finanzämtern vollstreckt (§ 35 Abs. 1 ThürVwZVG), solche der Landratsämter in ihrer Funktion als unterer staatlicher Verwaltungsbehörde von der Kasse des Landkreises (§ 35 Abs. 2 ThürVwZVG), solche der Gebietskörperschaften von deren Kassen (§ 36 Abs. 1 ThürVwZVG), bei Gemeinden, Verwaltungsgemeinschaften und Zweckverbänden ohne eigene Vollziehungsbeamte oder Vollstreckungsstellen von der Kasse des Landkreises (§ 36 Abs. 3 ThürVwZVG); die Gemeinden können jedoch auch den Gerichtsvollzieher mit der Vollstreckung beauftragen (§ 39 ThürVwZVG). Dem Landkreis stehen bei Vollstreckung für andere Körperschaften Gebühren für jedes Vollstreckungsverlangen zu (§ 36 Abs. 4 ThürVwZVG). Zu den Zuständigkeiten und Kostenbeiträgen der Gläubigerbehörden an die Vollstreckungsbehörden in Thüringen ausführlich Zimmermann KKZ 2007, 32.

V. Justizbeitreibungsgesetz

7 Vollstreckungsbehörden sind die Gerichtskassen oder die von der Landesjustizverwaltung bestimmten Behörden (§ 2 Abs. 1 JBeitrG). Für Ansprüche, die bei den obersten Bundesgerichten, beim Bundesministerium der Justiz und für Verbraucherschutz, dem Generalbundesanwalt beim Bundesgerichtshof, beim Deutschen Patent- und Markenamt, bei der Bundesanzeiger Verlagsgesellschaft mbH oder beim Bundesamt für Justiz in Bonn entstanden sind, ist gemäß § 2 Abs. 2 JBeitrG letztgenanntes zuständig.

§ 5 Anzuwendende Vollstreckungsvorschriften

(1) **Das Verwaltungszwangsverfahren und der Vollstreckungsschutz richten sich im Falle des § 4 nach den Vorschriften der Abgabenordnung (§§ 77, 249 bis 258, 260, 262 bis 267, 281 bis 317, 318 Abs. 1 bis 4, §§ 319 bis 327).**

(2) **Wird die Vollstreckung im Wege der Amtshilfe von Organen der Länder vorgenommen, so ist sie nach landesrechtlichen Bestimmungen durchzuführen.**

Übersicht

	Rn.
I. Regelungsinhalt der Vorschrift	1
II. Die Verweisungstechnik	2

Anzuwendende Vollstreckungsvorschriften **§ 5 VwVG**

Rn.
III. Anwendbarkeit der Verweisungsobjekte bei der Vollstreckung
verwaltungsgerichtlicher Titel (§ 169 VwGO) 3
IV. Anwendbare Vorschriften bei der Einschaltung des Gerichtsvollziehers (§ 169 Abs. 1 S. 2 Hs. 2 Fall 2 VwGO) 4
V. Für den Rechtsschutz geltende Regelungen 5
VI. Anwendbare Vorschriften bei Inanspruchnahme von Amtshilfe der Länder 6
VII. Rechtsweg 7
 1. Finanzrechtsweg 8
 2. Anwendbarkeit der VwGO 9
 3. Vollstreckung zugunsten der öffentlichen Hand (§ 169
    VwGO) 10
 4. Bremen: Sonderzuweisung (§ 12 BremGVG) 11

I. Regelungsinhalt der Vorschrift

Die Verweisung in § 5 VwVG betrifft überwiegend die **Durchführung** 1
der Vollstreckung; wer Vollstreckungsschuldner ist und welche tatbestandlichen Voraussetzungen vor der Einleitung der Vollstreckung erfüllt sein müssen, richtet sich nach §§ 2, 3 VwVG (BFHE 118, 553), die allerdings durch die Vorschriften der AO, zB §§ 251 und 254, ergänzt werden. Anlass der Verweisung war der **Modellcharakter** der **Abgabenordnung,** deren Sechster Teil schuldrechtlich ausgerichtet ist (Waldhoff in H-RS-AV § 46 Rn. 104). Zwar knüpft die Verwaltungsvollstreckung an das „Ergebnis" des Verwaltungsverfahrens iSv § 9 VwVfG an, doch ist das Verwaltungsvollstreckungsverfahren seinerseits ebenfalls ein Verwaltungsverfahren; aus diesem Grunde sind im Verwaltungsvollstreckungsverfahren über die in § 5 Abs. 1 genannten Vorschriften hinaus §§ 4–8, 20–21, 28, 31–32, 35–42a und 43–52 VwVfG bzw. die weitgehend inhaltsgleichen §§ 82–84, 91, 108–133 AO anwendbar (vgl. Peilert in WBSK I, § 64 Rn. 8 mwN).

II. Die Verweisungstechnik

Auf das Mittel der Verweisungstechnik zurückzugreifen, können den 2
Gesetzgeber mehrere **Gründe** veranlassen, namentlich die Gesetzesökonomie, die Systembildung und Rechtsvereinheitlichung, die Entlastung des Gesetzgebers bzw. Gesetzes, die Anpassung an andere Vorschriften (dazu ausführlich Karpen, Die Verweisung als Mittel der Gesetzgebungstechnik, 1970, 11 ff.). Bei § 5, bei dem die Verweisungstechnik sehr weit geht, zumal viele der in Bezug genommenen Vorschriften ihrerseits weiterverweisen (zB §§ 263, 284, 295, 319, 322, 324 AO), mögen alle der genannten Motive eine Rolle gespielt haben; auch in den Verwaltungsvollstreckungsgesetzen der Länder finden sich vielfach Verweisungen auf Bundesgesetze. Die Entlastung, die sich der Gesetzgeber verschafft, geht allerdings nicht selten auf Kosten der Rechtsanwender (Beispiel bei App DÖV 1991, 417).

§ 5 Abs. 1 VwVG sagt wie auch die meisten Ländergesetze (anders nur Baden-Württemberg mit § 15 Abs. 1 LVwVG, § 2 Abs. 1 BremGVG und

Troidl

§ 32 Abs. 1 ThürVwZVG, die den Zusatz „in der jeweils geltenden Fassung" enthalten → Rn. 6) nichts darüber aus, ob er die in Bezug genommenen Vorschriften mit ihrem Wortlaut zum Zeitpunkt der Neufassung von § 5 Abs. 1 VwVG oder mit ihrem jeweiligen Wortlaut meint. Ersteres ist die **statische Verweisung,** letzteres die **dynamische** (dazu etwa Braun, Kommentar zur Verfassung des Landes Baden-Württemberg, 1984, Art. 63 LV Rn. 21; Ramelsberger KKZ 1988, 127). Möglich ist auch eine **konkludente** dynamische Verweisung (Wettlaufer, 109). Sie dürfte vom Gesetzgeber gewollt sein, zumal die dynamische Verweisung bei Gesetzen, die längere Zeit in Kraft bleiben sollen, die allein praktikable ist (so auch Tillmanns in Sadler/Tillmanns VwVG Einl. Rn. 3; Kasper KKZ 2006, 207; wie hier Deusch/Burr in BeckOK VwVfG § 5 VwVG Rn. 1; Kugele § 5 VwVG Rn. 1), gerade dann, wenn es sich bei den in Bezug genommenen Vorschriften um solche handelt, die derart häufigen Änderungen unterliegen wie zB die Pfändungsschutzvorschriften der ZPO, auf die alle Verwaltungsvollstreckungsgesetze direkt oder auf dem Umweg über § 295 AO und § 319 AO verweisen. Für den Rechtsanwender, gleich auf welcher Seite, ist es regelmäßig erheblich einfacher, sich Gewissheit über die gegenwärtige Fassung einer Vorschrift zu verschaffen, auf die verwiesen wird (im Allgemeinen genügt dazu ein Blick in eine der gängigen Textsammlungen), als in mühseliger Kleinarbeit gerade die Fassung herauszufinden, die im Zeitpunkt des Inkrafttretens der verweisenden Vorschrift galt. Allerdings wird die dynamische Verweisung von manchen Stimmen unter **verfassungsrechtlichen Gesichtspunkten** für bedenklich gehalten, wenn der Landesgesetzgeber mit einer derartigen Verweisung die Bestimmung des Gesetzesinhalts nicht mehr selbst vornehme, sondern sie praktisch einem anderen Gesetzgeber überlasse (dazu Gamber VBlBW 1983, 197; zahlreiche Nachweise bei Kopp/Ramsauer Einf. I Rn. 9). Indessen wird eine solche Selbstentäußerung des Landesgesetzgebers nur in dem (sicher zu vernachlässigenden) Ausnahmefall praktisch eintreten, dass sich im Gesetzgebungsorgan des Landes einmal eine Remis-Situation ergibt, in der keine parlamentarische Gruppe mehr in der Lage ist, ihren Vorstellungen gesetzliche Geltung zu verleihen. In allen anderen Fällen hat es der Landesgesetzgeber in der Hand, bei einer von ihm selbst nicht gewünschten Änderung des Bundesgesetzes, auf das er Bezug genommen hat, seine Verweisung durch eine eigenständige Regelung zu ersetzen. Außerdem ist die hM bei Materien, die eher „unpolitisches Recht" sind, mit der Zulassung dynamischer Verweisungen auch eher großzügig (Nachweise bei Kopp/Ramsauer Einf. I Rn. 9); BVerwG DÖV 2005, 745 hat ausdrücklich dynamische Verweisungen in Verwaltungsverfahrensgesetzen der Länder auf das Verwaltungsverfahrensgesetz des Bundes für verfassungsrechtlich unbedenklich gehalten, eine Einschätzung, die man auf die Verwaltungsvollstreckungsgesetze unschwer übertragen kann (siehe auch BVerwG DVBl. 2013, 1393). Zum unpolitischen Recht in diesem Sinne wird offensichtlich auch das Vollstreckungsrecht gezählt, eine Zuordnung, die man übrigens bezweifeln könnte; so sind etwa die Pfändungsschutzvorschriften die Konkretisierung von sozialpolitischen Vorstellungen, zu denen man sehr kontroverse Standpunkte beziehen kann, und in §§ 739 ZPO, 1362 BGB, Verweisungsobjekten des gem. § 5 Abs. 1 anwendbaren § 263 AO, kommen sehr kontrovers diskutierte und sogar die Grundrechte berührende (vgl. Brox FamRZ 1981, 1125; Wolf FuR 1990, 216) familienpolitische Vorstellungen zum Ausdruck. – Gerade bei den Pfändungsschutzvorschriften ist jedoch eine weitgehende Rechtseinheitlichkeit unter den verschiedenen Verfahrensordnungen, die nur durch die Bejahung der dynamischen Verweisung erhalten werden kann, unverzichtbar, schon deswegen, weil Vollstreckungsschuldner häufig mit Vollstreckungsmaßnahmen mehrerer Gläubiger zugleich konfrontiert sind. Es wäre etwa äußerst unzuträglich, wenn ein Arbeitgeber, der ohnehin als Drittschuldner ohne sein Zutun in das Vollstreckungsverfahren hineingezogen wird, wegen Pfändungen ein und derselben Arbeitslohnforderung durch das Finanzamt, eine Landesbehörde, eine Gemeinde, den Justizfiskus und einen Privatgläubiger ganz unterschiedliche Pfändungsfreibeträge beachten müsste.

III. Anwendbarkeit der Verweisungsobjekte bei der Vollstreckung verwaltungsgerichtlicher Titel (§ 169 VwGO)

Die **Vorschriften der Abgabenordnung** gelten „im Falle des § 4". Das 3
heißt: Die in § 4 VwVG bestimmten Vollstreckungsbehörden haben sich in ihrem Verfahren nach der AO zu richten. Problematisch ist, dass die in § 4 genannten Behörden nicht die einzigen Vollstreckungsbehörden sind, die nach dem VwVG zu verfahren haben. Gemäß § 169 Abs. 1 S. 2 VwGO ist Vollstreckungsbehörde im Sinne des VwVG der **Vorsitzende des Verwaltungsgerichts,** wenn aus einem verwaltungsgerichtlichen Titel zugunsten des Bundes, eines Landes, eines Gemeindeverbandes, einer Gemeinde oder einer Körperschaft, Anstalt oder Stiftung des öffentlichen Rechts vollstreckt werden soll. Obwohl er in § 4 nicht genannt ist, ist auf ihn § 5 Abs. 1 anzuwenden (OVG Lüneburg DVBl 1971, 284; VGH Kassel, ESVGH 23, 130, 131 und 28, 106, 109; Wettlaufer, 71; wie hier Deusch/Burr in BeckOK VwVfG § 5 VwVG Rn. 2; Kugele § 5 VwVG Rn. 3). Anderenfalls bestünde eine Gesetzeslücke. Denn § 5 Abs. 2 ist nicht in jedem Falle zur Anwendung geeignet. Der Gerichtsvorsitzende wird zwar in vielen Fällen mangels eigener Vollstreckungsbeamter Landesbehörden in Anspruch nehmen. Indes sind gerade bei der Vollstreckung von Geldforderungen Fälle denkbar, in denen er selbst tätig werden muss. Vor allem kann er eine Pfändungs- und Einziehungsverfügung erlassen (§§ 309, 314 AO).

IV. Anwendbare Vorschriften bei der Einschaltung des Gerichtsvollziehers (§ 169 Abs. 1 S. 2 Hs. 2 Fall 2 VwGO)

Wenn der Gerichtsvollzieher gemäß § 169 VwGO vom Vorsitzenden eines 4
Verwaltungsgerichts zur Ausführung der Vollstreckung einer Geldforderung in Anspruch genommen wird, ist auf sein Verfahren auch im Falle von § 169 Abs. 1 S. 2 VwGO die **ZPO** anzuwenden; denn anders als der regelmäßig mit der Anwendung des Landesverwaltungsvollstreckungsrechts befasste Vollziehungsbeamte verfährt der Gerichtsvollzieher normalerweise nicht nach

diesen Vorschriften, sondern nach der ZPO. Dem entspricht es, dass § 169 Abs. 2 VwGO auf die landesrechtlichen Bestimmungen nur für den Fall verweist, dass Landesorgane im Wege der Amtshilfe Handlungen, Duldungen oder Unterlassungen erzwingen. Soweit das VwVG keine Verfahrensbestimmungen zur Vollstreckung von Geldforderungen enthält, steht somit nichts im Wege, § 167 Abs. 1 S. 1 VwGO anzuwenden, der für die Vollstreckung subsidiär auf das 8. Buch der ZPO verweist. Über § 169 Abs. 2 VwGO hinaus sieht § 5 Abs. 2 VwGO vor, dass die Vollstreckung nach landesrechtlichen Bestimmungen durchzuführen ist, wenn sie im Wege der Amtshilfe von Organen der Länder vorgenommen wird; im Umkehrschluss folgt daraus, dass Bundesbehörden im Falle der Gewährung von Amtshilfe das VwVG des Bundes anzuwenden haben (Pewestorf in PST Teil 2 Kap. 1 Rn. 10).

V. Für den Rechtsschutz geltende Regelungen

5   Der Rechtsschutz im Verfahren der Verwaltungsvollstreckung ist in § 5 **nicht ausdrücklich geregelt.** Es gelten die allgemeinen Regeln des Verwaltungsrechtsschutzes. Vollstreckungsmaßnahmen sind, soweit sie nicht im rein innerdienstlichen Bereich bleiben wie die Vollstreckungsanordnung (→ § 3 Rn. 9), entweder Verwaltungsakte oder Realakte. Dementsprechend können sie mit der **Anfechtungs-,** der **allgemeinen Leistungs-** oder **Unterlassungsklage** bekämpft werden. Mit diesen Klagen kann auch geltend gemacht werden, dass der materielle Anspruch **nicht mehr** bestehe; dieser Gesichtspunkt kann auch zum Gegenstand einer **Feststellungsklage** gemacht werden (vgl. Kremer in Sadler/Tillmanns VwVG § 5 Rn. 16), sofern ein Feststellungsinteresse iSv § 43 Abs. 1 VwGO besteht. Meist wird ein solches fehlen, weil der Vollstreckungsschuldner gem. § 5 Abs. 1 VwVG iVm § 257 Abs. 1 AO Einstellung oder Beschränkung der Vollstreckung beantragen und den Rechtsanspruch auf diese Entscheidung erforderlichenfalls mit **Verpflichtungsklage** gerichtlich geltend machen kann (vgl. § 43 Abs. 2 S. 1 VwGO). Für eine Vollstreckungsabwehrklage nach § 767 ZPO iVm § 173 VwGO ist daneben praktisch kein Raum mehr (vgl. Peilert in WBSK I § 64 Rn. 52 mwN).

Auch im Rahmen der Vollstreckung von Bußgeldbescheiden nach § 66 Abs. 1 SGB X gilt die Verweisung des § 5 Abs. 1 auf die Zuständigkeitsvorschrift des § 287 Abs. 4 AO (BGH MDR 1986, 123).

VI. Anwendbare Vorschriften bei Inanspruchnahme von Amtshilfe der Länder

6   § 5 Abs. 2 verweist auf folgende **Landesgesetze** (Übersicht → § 1 Rn. 24):
Baden-Württemberg: §§ 1–17 LVwVG. § 15 Abs. 1 LVwVG verweist auf §§ 249 Abs. 2, 251 Abs. 2 S. 2, 258, 260, 262–264, 266, 267, 281–283, 285 Abs. 1, 286, 292–314, 315 Abs. 1 und Abs. 2 S. 1, 316–327 AO in ihrer

Anzuwendende Vollstreckungsvorschriften **§ 5 VwVG**

jeweils geltenden Fassung (→ Rn. 2) mit der Maßgabe, dass an die Stelle des Vollziehungsbeamten der Vollstreckungsbeamte tritt.

Bayern: Art. 25 Abs. 2 VwZVG verweist für die Vollstreckung staatlicher Geldforderungen durch die Finanzämter auf die Vorschriften der AO und die zu ihrer Durchführung erlassenen Rechtsvorschriften. Art. 26 Abs. 7 S. 1 VwZVG verweist für die Vollstreckung sonstiger öffentlich-rechtlicher Geldforderungen im Grundsatz auf das 8. Buch der ZPO. Für die Entscheidung über Rechtsbehelfe sind die Verwaltungsgerichte zuständig (Art. 26 Abs. 7 S. 3 VwZVG).

Trotz Verweisung auf die ZPO ist es nicht erforderlich, dass behördliche Bescheide wegen § 750 ZPO vor ihrer Vollstreckung nach den Bestimmungen der ZPO zugestellt werden; es genügt die Zustellung nach den Bestimmungen des VwZVG (dazu App KKZ 2007, 79), die im Abgabenverwaltungsverfahren durch Zusendung eines einfachen Briefes bewirkt werden kann (Art. 17 Abs. 1 VwZVG). Dessen Zugang muss die Behörde im Bestreitensfall aber nachweisen, was sie regelmäßig nicht können wird.

Berlin: § 8 Abs. 1 S. 1 VwVfG verweist für das Vollstreckungsverfahren der Behörden Berlins auf das VwVG des Bundes (einschließlich dessen § 5).

Brandenburg: § 22 VwVGBbg verweist umfangreich und detailliert auf die Bestimmungen der AO, die aber teilweise durch anderslautende Bestimmungen im VwVGBbg abbedungen werden.

Bremen: § 2 Abs. 1 BremGVG verweist für das Vollstreckungsverfahren, deren Kosten und das außergerichtliche Rechtsbehelfsverfahren auf §§ 77, 93, 97, 249–251, 254–258, 260, 262–267, 281–327, 337 Abs. 1, 338–351 und 354–367 AO („in der jeweils geltenden Fassung" → Rn. 2), soweit nicht etwas anderes bestimmt ist.

Hamburg: § 35 HmbVwVG.

Hessen: §§ 15–65 HessVwVG. Auf das Vollstreckungsverfahren der Finanzämter finden die Vorschriften der AO Anwendung (§ 15 Abs. 1 S. 2 HessVwVG). Bußgeldbescheide der Regierungspräsidenten wegen Ordnungswidrigkeiten nach §§ 24, 24a und 24c StVG werden von den Gerichtskassen nach den Vorschriften des JBeitrG vollstreckt (§ 15 Abs. 3 HessVwVG).

Mecklenburg-Vorpommern: Nach § 111 Abs. 1 VwVfG M-V sind die §§ 1–3 und 5–5b VwVG des Bundes einschließlich (nunmehr) aller in § 5 Abs. 1 VwVG aufgeführten Vorschriften der AO anzuwenden; außerdem findet neuerdings § 93 Abs. 8–10 AO Anwendung. Bei den Paragraphen der AO wird darum das Bundesland M-V in der Kommentierung im Anhang nicht mehr eigens aufgeführt.

Niedersachsen: §§ 1–67b NVwVG.

Nordrhein-Westfalen: §§ 1–54 VwVG NRW. Für die Finanzämter gilt die AO (§ 3 Abs. 1 VwVG NRW), für die Vollstreckungsbeamten der Justizverwaltung, die im Wege der Amtshilfe tätig werden (vor allem Gerichtsvollzieher), die ZPO (§ 3 Abs. 3 VwVG NRW).

Rheinland-Pfalz: §§ 19–60 LVwVG. § 5 Abs. 5 LVwVG verweist u.a. für die Vollstreckung durch Finanzämter und Bundesbehörden auf die „für diese geltenden Bestimmungen", also praktisch auf die AO.

Troidl

VwVG § 5 Verwaltungs-Vollstreckungsgesetz

Saarland: §§ 1–12, 29–76 SVwVG.
Sachsen: § 14 Abs. 1 SächsVwVG verweist auf §§ 281–283 (ebenso § 15 Abs. 1 Nr. 1 SächsVwVG für den Fall der Forderungspfändung), 285 Abs. 1, 286, 292–308 AO mit der Maßgabe, dass an die Stelle des Vollziehungsbeamten der Vollstreckungsbedienstete tritt. § 15 Abs. 1 Nr. 2 SächsVwVG verweist auf §§ 309–314, 315 Abs. 1 und Abs. 2 S. 1, 316–321 AO, § 15 Abs. 1 Nr. 3 SächsVwVG auf §§ 322 und 323 AO. § 16 SächsVwVG verweist auf §§ 251 Abs. 2 S. 2, 258, 260, 262–264, 266, 267, 324–327 AO.
Sachsen-Anhalt: §§ 1–59 VwVG LSA.
Schleswig-Holstein: §§ 262–322 LVwG.
Thüringen: §§ 18–41 ThürVwZVG; § 38 Abs. 1 ThürVwZVG verweist mit geringfügigen Modifikationen auf verschiedene Vorschriften der AO („in ihrer jeweils geltenden Fassung", § 32 Abs. 1 ThürVwZVG → Rn. 2).

VII. Rechtsweg

7 Die Bestimmungen der AO, auf die § 5 Abs. 1 verweist, enthalten keine Regelung der **Rechtsbehelfe gegen die Vollstreckungsakte.**

1. Finanzrechtsweg

8 Soweit die Vollstreckung durch **Bundes- und Landesfinanzbehörden** durchgeführt wird, eröffnet § 33 Abs. 1 Nr. 2 FGO den Finanzrechtsweg; denn es handelt sich dabei um öffentlich-rechtliche Streitigkeiten über die Vollziehung von Verwaltungsakten, die durch Bundes- oder Landesfinanzbehörden nach den Vorschriften der AO zu vollziehen sind. Insoweit wird es sich empfehlen, auch das außergerichtliche Rechtsbehelfsverfahren der AO zuzulassen. Dies sollte nicht nur gelten, soweit Bundesfinanzbehörden gemäß § 4 lit. b Vollstreckungsbehörden sind und für das Verfahren der ersuchten Landesfinanzbehörden auf die AO verwiesen wird, sondern überall, wo Landesfinanzbehörden im Wege der Amtshilfe zur Vollstreckung von Geldforderungen ersucht werden, die unter § 1 fallen; denn dann sind bei verständiger Auslegung von § 5 Abs. 2 stets die Voraussetzungen von § 33 Abs. 1 Nr. 2 FGO gegeben. Die Klage auf Feststellung der Verletzung des Steuergeheimnisses im Zuge der Forderungspfändung (gegenüber einem Schuldner des Vollstreckungsschuldners = Drittschuldner) kann als **Fortsetzungsfeststellungsklage** erhoben werden (FG Saarland BeckRS 1998, 14992 [Ls. 1]).

2. Anwendbarkeit der VwGO

9 Soweit **andere Behörden** als die Hauptzollämter (→ § 4 Rn. 2 aE) als Vollstreckungsbehörden tätig werden, ist für eine Anwendung der FGO kein Raum. Für die Anfechtung ihrer Vollstreckungsmaßnahmen gelten daher die allgemeinen Vorschriften der Verwaltungsgerichtsordnung. Da die Verwaltungsgerichtsordnung den gerichtlichen Rechtsschutz gegen alle Verwaltungsakte abschließend regelt, gilt sie auch für die Anfechtung von Verwaltungsakten, die von Landesbehörden im Verwaltungsvollstreckungsverfahren erlassen werden (vgl. dazu Schlukat DVBl 1971, 285). Die **Anfechtungs-**

klage ist der Regelrechtsbehelf gegen Vollstreckungsakte, auch gegen den Antrag auf Anordnung der Zwangsverwaltung eines Grundstücks (FG Saarland Urt. v. 14.10.1998 – 1 K 193/98) und gegen die Vorladung zur Abgabe der eidesstattlichen Versicherung (FG Saarland Urt. v. 31.5.2001 – 1 K 322/00 [Ls. 1]). Daneben bestehende Verwaltungsrechtsbehelfe bleiben unberührt.

3. Vollstreckung zugunsten der öffentlichen Hand (§ 169 VwGO)

Vollstreckungsmaßnahmen, die der **Vorsitzende des Verwaltungsgerichts** als Vollstreckungsbehörde gemäß § 169 Abs. 1 S. 2 VwGO erlässt, sind keine Verwaltungsakte und können deshalb nicht mit den für Verwaltungsakte geltenden Rechtsmitteln angefochten werden (so auch Wettlaufer, 184). Hier muss mangels geeigneter Regelung im VwVG auf die VwGO zurückgegriffen werden. Nach § 146 Abs. 1 VwGO ist gegen solche Entscheidungen die **Beschwerde** an das Oberverwaltungsgericht statthaft (OVG M-V NJW 2012, 3801; ThürOVG DVBl. 2010, 1110). Sie ist innerhalb einer Frist von zwei Wochen nach Bekanntgabe der Entscheidung einzulegen, § 147 Abs. 1 S. 1 VwGO.

10

4. Bremen: Sonderzuweisung (§ 12 BremGVG)

In Bremen ist für Streitigkeiten über Vollstreckungsmaßnahmen wegen Geldforderungen gemäß § 1 Abs. 1 BremGVG stets der **Finanzrechtsweg,** wegen (privatrechtlichen) Geldforderungen gemäß § 1 Abs. 2 BremGVG der **Rechtsweg zu den ordentlichen Gerichten** gegeben, § 12 BremGVG.

11

§ 5a Ermittlung des Aufenthaltsorts des Vollstreckungsschuldners

(1) **Ist der Wohnsitz oder der gewöhnliche Aufenthaltsort des Vollstreckungsschuldners nicht durch Anfrage bei der Meldebehörde zu ermitteln, so darf die Vollstreckungsbehörde folgende Angaben erheben:**
1. **beim Ausländerzentralregister die Angaben zur aktenführenden Ausländerbehörde und die Angaben zum Zuzug oder Fortzug des Vollstreckungsschuldners und bei der Ausländerbehörde, die nach der Auskunft aus dem Ausländerzentralregister aktenführend ist, den Aufenthaltsort des Vollstreckungsschuldners,**
2. **bei den Trägern der gesetzlichen Rentenversicherung die dort bekannte derzeitige Anschrift und den derzeitigen oder zukünftigen Aufenthaltsort des Vollstreckungsschuldners sowie**
3. **beim Kraftfahrt-Bundesamt die Halterdaten nach § 35 Absatz 4c Nummer 2 des Straßenverkehrsgesetzes.**

(2) **Die Vollstreckungsbehörde darf die gegenwärtigen Anschriften, den Ort der Hauptniederlassung oder den Sitz des Vollstreckungsschuldners erheben**

1. durch Einsicht in das Handels-, Genossenschafts-, Partnerschafts-, Unternehmens- oder Vereinsregister oder
2. durch Einholung der Anschrift bei den nach Landesrecht für die Durchführung der Aufgaben nach § 14 Absatz 1 der Gewerbeordnung zuständigen Behörden.

(3) Nach Absatz 1 Nummer 2 und Absatz 2 erhobene Daten, die innerhalb der letzten drei Monate bei der Vollstreckungsbehörde eingegangen sind, dürfen von der Vollstreckungsbehörde auch einer weiteren Vollstreckungsbehörde übermittelt werden, wenn die Voraussetzungen für die Datenerhebung auch bei der weiteren Vollstreckungsbehörde vorliegen.

(4) Ist der Vollstreckungsschuldner Unionsbürger, so darf die Vollstreckungsbehörde die Daten nach Absatz 1 Nummer 1 nur erheben, wenn ihr tatsächliche Anhaltspunkte für die Vermutung vorliegen, dass bei der betroffenen Person das Nichtbestehen oder der Verlust des Freizügigkeitsrechts festgestellt worden ist. Eine Übermittlung der Daten nach Absatz 1 Nummer 1 an die Vollstreckungsbehörde ist ausgeschlossen, wenn der Vollstreckungsschuldner ein Unionsbürger ist, für den eine Feststellung des Nichtbestehens oder des Verlusts des Freizügigkeitsrechts nicht vorliegt.

Übersicht

	Rn.
I. Allgemeines	1
1. Entstehungsgeschichte	1
2. Sinn und Zweck	3
3. Verfassungsrechtliche Zulässigkeit	5
II. Erhebung von Angaben (Abs. 1)	6
1. Vollstreckungsanordnung (§ 3 VwVG)	6
2. Erfolglose Anfrage bei der Meldebehörde	8
a) Subsidiarität der Auskunftsansprüche aus § 5a	8
b) Ermittlungs- der Vollstreckungs- und Übermittlungsbefugnis der Meldebehörde	9
3. Informationsquellen	10
a) Ausländerzentralregister und Ausländerbehörde (Abs. 1 Nr. 1)	11
b) Träger der gesetzlichen Rentenversicherung (Abs. 1 Nr. 2)	13
c) Halterdaten vom Kraftfahrt-Bundesamt (Abs. 1 Nr. 3)	15
III. Registereinsicht und Auskunft (Abs. 2)	16
1. Registereinsicht (Abs. 2 Nr. 1)	16
2. Auskunft durch die Gewerbeaufsichtsbehörden (Abs. 2 Nr. 2)	18
IV. Übermittlung von Daten an weitere Vollstreckungsbehörden (Abs. 3)	19
1. Vorbild: § 755 Abs. 3 ZPO	20
2. (Keine) Beschränkung der Datenübermittlung	22
3. Dreimonatsfrist	23

Ermittlung des Aufenthaltsorts des Vollstreckungsschuldners **§ 5a VwVG**

	Rn.
V. Erhebung und Übermittlung der Daten von Unionsbürgern (Abs. 4)	25
1. Datenerhebung von Unionsbürgern (Abs. 4 S. 1)	26
2. Datenübermittlung von Unionsbürgern (Abs. 4 S. 2)	27
3. Datenübermittlung aus dem Ausländerzentralregister	28
VI. Landesrecht	29

I. Allgemeines

1. Entstehungsgeschichte

Die Vorschrift wurde eingefügt mWv 6.7.2017 durch G v. 30.6.2017 **1** (BGBl. I 2094), das Gesetz zur Verbesserung der Sachaufklärung in der Verwaltungsvollstreckung.

Mit diesem Gesetz wurden für die Vollstreckungsbehörden des **Bundes** im **2** Wesentlichen die gleichen Sachaufklärungsbefugnisse begründet, welche die **Gerichtsvollzieher** durch das Gesetz zur Reform der Sachaufklärung in der Zwangsvollstreckung seit dem 1.1.2013 haben (zur Ermittlung des Aufenthaltsorts des Schuldners vgl. § 755 ZPO). Darüber hinaus wurden (auch für die Vollstreckungsbehörden der **Länder**) im Bundesrecht die Voraussetzungen dafür geschaffen, dass Befugnisnormen im (Landes-) Verwaltungsvollstreckungsrecht, die der Herstellung eines Gleichlaufs von zivilprozessualer und öffentlich-rechtlicher Vollstreckung dienen, nicht wegen fehlender Übermittlungsbefugnis der ersuchten Behörde ins Leere laufen (vgl. die Begründung des GE der Bundesregierung vom 22.3.2017, BT-Drs. 18/11613, 2).

2. Sinn und Zweck

Bei der Vollstreckung öffentlich-rechtlicher Geldforderungen durch die **3** Vollstreckungsbehörden ist (ebenso wie bei der Vollstreckung privat-rechtlicher Geldforderungen durch den Gerichtsvollzieher) die Vollstreckung insbesondere in das bewegliche Vermögen nur möglich, wenn die Anschrift beziehungsweise der regelmäßige **Aufenthaltsort** des Vollstreckungsschuldners bekannt ist. Die Anschrift ist auch erforderlich, um die Vermögensverhältnisse des Vollstreckungsschuldners vor Ort aufklären zu können, um Informationsschreiben und andere Schriftstücke übersenden zu können sowie um in Einzelfällen jegliche Verwechslung für nachfolgende Maßnahmen und Auskunftsersuchen auszuschließen. Um die Anschrift des Vollstreckungsschuldners herauszufinden, stützen sich die Sachaufklärungsbefugnisse vorrangig auf die **Melderegister** (zu diesen Troidl Rn. 177 ff.) sowie bei Ausländern auf das **Ausländerzentralregister** (zu diesem Troidl Rn. 197).

Regelmäßig muss der Vollstreckungsschuldner davon ausgehen, dass seine **4** Anschrift auf diese Weise ermittelt werden kann. Sofern dies nicht der Fall ist, müssen zum Zwecke der Durchführung der Vollstreckung und im Interesse der Gleichbehandlung der Vollstreckungsschuldner alle weiteren Möglichkeiten ausgeschöpft werden, um die Anschrift zu ermitteln. Durch Abs. 1 wird verhindert, dass Vollstreckungsschuldner sich durch das Unterlassen von

Troidl 53

Meldungen an das Melde- oder Ausländerzentralregister der Vollstreckung entziehen können und damit faktisch besser gestellt würden (so die Begründung des GE der Bundesregierung vom 22.3.2017, BT-Drs. 18/11613, 15).

3. Verfassungsrechtliche Zulässigkeit

5   Soweit die Vollstreckungsbehörde mit den neu geschaffenen Ermittlungsbefugnissen in das **Recht des Vollstreckungsschuldners auf informationelle Selbstbestimmung** eingreift, wird dieser Eingriff durch das öffentliche Interesse an einer wirksamen Realisierung aller gesetzlichen Einnahmen und an einer – auch angesichts knapper Ressourcen der Verwaltung – effizienten Verwaltungsvollstreckung gerechtfertigt (vgl. dazu mit Blick auf § 755 ZPO BGH NJW-RR 2017, 960 Rn. 9). **Datenschutzrechtliche Absicherungen** gewährleisten, dass die Interessen der öffentlichen Verwaltung und des Vollstreckungsschuldners ausgewogen berücksichtigt werden. Durch die Orientierung an den Vorschriften der zivilprozessualen Zwangsvollstreckung fügen sich die §§ 5a und 5b zudem in ein bereits bestehendes System ein, das den grundrechtlichen Anforderungen Rechnung trägt (so die Begründung des GE der Bundesregierung vom 22.3.2017, BT-Drs. 18/11613, 14).

II. Erhebung von Angaben (Abs. 1)

1. Vollstreckungsanordnung (§ 3 VwVG)

6   Mit § 5a Abs. 1 werden im Wesentlichen in Anlehnung an § 755 Abs. 2 S. 1 ZPO entsprechende Befugnisse zur Ermittlung des Aufenthaltsorts des Vollstreckungsschuldners für die Vollstreckungsbehörde begründet. Die Befugnisse stehen der Vollstreckungsbehörde nach Erlass der Vollstreckungsanordnung zu. Diese tritt an die Stelle des in § 755 Abs. 1 ZPO geregelten Vollstreckungsauftrags des Gläubigers; dafür ist eine ausdrückliche Regelung in § 5a im Hinblick auf § 3 VwVG nicht erforderlich (so auch die Begründung des GE der Bundesregierung vom 22.3.2017, BT-Drs. 18/11613, 15).

7   **Isolierte** Aufenthaltsermittlungsaufträge sind **unzulässig;** in diesem Sinne hat der BGH (NJW-RR 2017, 960) zu § 755 ZPO bereits entschieden, dass Voraussetzung für die Aufenthaltsermittlung des Schuldners ein zugrunde liegender Vollstreckungsauftrag ist, der den Anforderungen des § 802a Abs. 2 ZPO genügen muss (Ls.).

2. Erfolglose Anfrage bei der Meldebehörde

8   **a) Subsidiarität der Auskunftsansprüche aus § 5a.** Nach Abs. 1 hat die Vollstreckungsbehörde – ebenso wie der Gerichtsvollzieher nach § 755 Abs. 1 S. 1 ZPO – **vorrangig** Daten bei den Meldebehörden zu erheben. Die Subsidiarität der in § 5a geregelten Auskunftsansprüche gegenüber der Abfrage bei den Meldebehörden dient dazu, die verpflichteten Behörden nicht übermäßig in Anspruch zu nehmen und Fehler bei der Übertragung der geschützten personenbezogenen Daten zu vermeiden (vgl. Begründung des GE der Bundesregierung vom 22.3.2017, BT-Drs. 18/11613, 15).

Ermittlung des Aufenthaltsorts des Vollstreckungsschuldners § 5a VwVG

b) Ermittlungs- der Vollstreckungs- und Übermittlungsbefugnis 9
der Meldebehörde. Die Befugnis der Vollstreckungsbehörde zur Datenerhebung bei den Meldebehörden ergibt sich aus ihrer Befugnis zur Ermittlung der **Vermögens- und Einkommensverhältnisse** des Vollstreckungsschuldners nach § 5 iVm § 249 Abs. 2 S. 1 AO (→ dort Rn. 3) und der korrespondierenden Übermittlungsbefugnis der Meldebehörde nach § 34 Abs. 1 S. 1 Nr. 6 und 7 BMG. Die Befugnis der Vollstreckungsbehörde zur Ermittlung des **Aufenthaltsorts** des Vollstreckungsschuldners umfasst danach (ebenso wie die Befugnis des Gerichtsvollziehers nach § 755 Abs. 1 S. 1 ZPO) die Erhebung der gegenwärtigen Anschriften des Vollstreckungsschuldners sowie von Angaben zu dessen Haupt- und Nebenwohnung.

3. Informationsquellen

Führt die Anfrage bei der **Meldebehörde** nicht zum Erfolg (→ Rn. 8), 10
kann die Vollstreckungsbehörde bei den in Abs. 1 Nr. 1 bis 3 genannten Behörden Daten zur Bestimmung des **Aufenthaltsorts** des Vollstreckungsschuldners erheben.

a) Ausländerzentralregister und Ausländerbehörde (Abs. 1 Nr. 1). 11
Bei **ausländischen** Vollstreckungsschuldnern erfolgt die Aufenthaltsermittlung in einem ersten Schritt durch eine Abfrage beim **Ausländerzentralregister.** Hieraus ergeben sich Daten zu Zu- und Fortzug sowie Angaben zur **aktenführenden Ausländerbehörde,** an die sich die Vollstreckungsbehörde im zweiten Schritt zur Ermittlung des Aufenthaltsorts des Vollstreckungsschuldners wenden muss.

Die korrespondierenden **Übermittlungsbefugnisse** ergeben sich für das 12
Ausländerzentralregister aus § 14 Abs. 1 Nr. 3 und 4 AZRG, für die Ausländerbehörde (nunmehr) aus § 90 Abs. 6 AufenthG. § 90 Abs. 6 S. 2 AufenthG begründet der in § 5a Abs. 1 VwVG geregelten Begrenzung der Erhebungsbefugnis der Vollstreckungsbehörden des Bundes entsprechende Einschränkungen der Übermittlungspflicht der Ausländerbehörde. Damit ist auch für Übermittlungen an die Vollstreckungsbehörden der **Länder** (→ Rn. 29) das Erfordernis einer vorherigen erfolglosen Anfrage der Vollstreckungsbehörde bei der **Meldebehörde** (→ Rn. 8) im Gesetz verankert.

b) Träger der gesetzlichen Rentenversicherung (Abs. 1 Nr. 2). Bei 13
sozialversicherungspflichtiger Beschäftigung des Vollstreckungsschuldners kann seine bei den Trägern der gesetzlichen Rentenversicherung (zu diesem Begriff vgl. § 125 SGB VI) bekannte derzeitige Anschrift und sein derzeitiger oder zukünftiger Aufenthaltsort erhoben werden.

Die korrespondierenden **Übermittlungsbefugnisse** der Träger der 14
gesetzlichen Rentenversicherung an die Vollstreckungsbehörden ergeben sich aus § 74a Abs. 1 SGB X. Diese gelten auch zugunsten der Vollstreckungsbehörden der **Länder** (→ Rn. 29).

c) Halterdaten vom Kraftfahrt-Bundesamt (Abs. 1 Nr. 3). Gemäß 15
§ 35 Abs. 4c Nr. 2 StVG übermittelt das Kraftfahrt-Bundesamt auf Ersuchen der für die Vollstreckung nach dem Verwaltungs-Vollstreckungsgesetz (des

Bundes) oder nach den Verwaltungsvollstreckungsgesetzen der **Länder** (→ Rn. 29) zuständigen Behörde, soweit diese die Angaben nicht durch Anfrage bei der **Meldebehörde** ermitteln kann (→ Rn. 8), zur Durchführung eines Vollstreckungsverfahrens die nach § 33 Abs. 1 S. 1 Nr. 2 StVG im örtlichen sowie Zentralen **Fahrzeugregister** (zu beiden Troidl Rn. 164 ff.) gespeicherten Halterdaten, soweit kein Grund zu der Annahme besteht, dass dadurch **schutzwürdige Interessen** des Betroffenen beeinträchtigt werden.

III. Registereinsicht und Auskunft (Abs. 2)

1. Registereinsicht (Abs. 2 Nr. 1)

16   Die Vorschrift entspricht § 755 Abs. 1 S. 2 ZPO und dient der Ermittlung der Anschrift, der Hauptniederlassung oder des Sitzes juristischer Personen, von Personenvereinigungen, Kaufleuten sowie sonstigen Gewerbetreibenden.

17   Die Einsichtnahme in das **Registerportal** der Länder (§ 9 Abs. 1 S. 4 HGB: www.handelsregister.de) und das **Unternehmensregister** (zu diesem Troidl Rn. 189 ff. und § 8b HGB: www.unternehmensregister.de) – die jeweils einen Online-Zugang zu den Informationen aus dem **Handelsregister** (zu diesem Troidl Rn. 175 f.), **Partnerschaftsregister** (zu diesem Troidl Rn. 181 ff.) sowie **Genossenschaftsregister** (zu diesem Troidl Rn. 170 ff.) ermöglichen – ist zwar ohnehin jedem zu Informationszwecken gestattet (§ 9 Abs. 1 S. 1 HGB iVm § 5 Abs. 2 PartGG, § 156 Abs. 1 S. 1 GenG und § 9 Abs. 6 S. 1 HGB). Gemäß § 79 Abs. 1 S. 1 BGB ist zudem eine Einsicht in das **Vereinsregister** (zu diesem Troidl Rn. 194 ff.) gestattet. Durch § 5a Abs. 2 Nr. 1 VwVG sollte für die Vollstreckungsbehörde aber eine eindeutige Rechtsgrundlage dafür geschaffen werden, dass diese zur Ermittlung der Hauptniederlassung oder des Sitzes und – soweit im jeweiligen Register erfasst – der Anschrift des Vollstreckungsschuldners ins Handels-, Genossenschafts-, Partnerschafts-, Unternehmens- oder Vereinsregister Einsicht nehmen kann (so die Begründung des GE der Bundesregierung vom 22.3.2017, BT-Drs. 18/11613, 16).

2. Auskunft durch die Gewerbeaufsichtsbehörden (Abs. 2 Nr. 2)

18   Dies gilt in gleicher Weise für Anschriften, die im Rahmen der Anzeige nach § 14 Abs. 1 GewO erfasst werden und gemäß § 14 Abs. 5 S. 2 GewO allgemein zugänglich gemacht werden dürfen.

IV. Übermittlung von Daten an weitere Vollstreckungsbehörden (Abs. 3)

19   Gemäß § 5a Abs. 3 dürfen nach Abs. 1 Nr. 2 (→ Rn. 13–14) und Abs. 2 (→ Rn. 16–18) erhobene Daten, die innerhalb der letzten drei Monate bei der Vollstreckungsbehörde eingegangen sind, von der Vollstreckungsbehörde

Ermittlung des Aufenthaltsorts des Vollstreckungsschuldners **§ 5a VwVG**

auch einer weiteren Vollstreckungsbehörde übermittelt werden, wenn die Voraussetzungen für die Datenerhebung auch bei dieser vorliegen.

1. Vorbild: § 755 Abs. 3 ZPO

Der durch das EUKoPfVODG eingeführte § 755 Abs. 3 ZPO beantwortet 20 die früher streitige Frage, ob und unter welchen Voraussetzungen der **Gerichtsvollzieher** Ermittlungsergebnisse zum Aufenthaltsort, die auf Grund des Vollstreckungsauftrages eines Gläubigers eingeholt wurden, auch für den Auftrag eines weiteren Gläubigers nutzen darf, wenn ihm diese Daten zum Zeitpunkt des Auftrags des zweiten Gläubigers noch zulässigerweise vorliegen und diesem der Wohnsitz oder gewöhnliche Aufenthaltsort des Schuldners unbekannt ist. § 5a Abs. 3 begründet in Anlehnung hieran entsprechende Befugnisse zur Übermittlung an eine weitere **Vollstreckungsbehörde,** wenn die Voraussetzungen für die Datenerhebung auch bei dieser vorliegen.

An die Stelle der „**Gläubiger**" iSv § 755 Abs. 3 ZPO treten bei der 21 Verwaltungsvollstreckung nach § 252 AO, der über § 5 Abs. 1 VwVG Anwendung findet, (ebenfalls) die **Vollstreckungsbehörden** (ähnlich die Begründung des GE der Bundesregierung vom 22.3.2017, BT-Drs. 18/11613, 16).

2. (Keine) Beschränkung der Datenübermittlung

Nach dem Gesetzeswortlaut darf eine solche Datenweitergabe nur in 22 Bezug auf bei den **Trägern der gesetzlichen Rentenversicherung** (→ Rn. 13) erhobene Daten erfolgen. Gründe für diese Einschränkung finden sich in der Gesetzesbegründung allerdings nicht. Der Gesetzgeber wollte vielmehr die Regelung des § 755 Abs. 3 ZPO übernehmen (→ Rn. 20–21), die aber gerade keine Beschränkung nach § 755 Abs. 1 und Abs. 2 ZPO erhobenen Daten beinhaltet. Es ist auch kein sachlicher Grund für die eingeschränkte Datenweitergabe ersichtlich, sodass es sich um ein Versehen des Gesetzgebers handeln dürfte (so auch Deusch/Burr in BeckOK VwVfG § 5a VwVG Rn. 15; aA Kremer in Sadler/Tillmanns § 5a Rn. 11).

3. Dreimonatsfrist

Die Übermittlung der Daten darf nur erfolgen, wenn die Ermittlungser- 23 gebnisse nicht älter als drei Monate sind, da nur in diesem Zeitraum ihr Inhalt noch als hinreichend **aktuell** anzusehen ist. Hierbei ist auf den Zeitraum zwischen dem **Eingang der Ermittlungsergebnisse bei der Vollstreckungsbehörde** in dem der Erhebung zugrundeliegenden Verwaltungsvollstreckungsverfahren und dem **Eingang des Auskunftsersuchens** aus dem Verfahren der weiteren Vollstreckungsbehörde abzustellen.

§ 5a Abs. 3 bestimmt nicht, dass die Vollstreckungsbehörde den Inhalt 24 jeder einzelnen Erhebung drei Monate speichern muss; auch werden die Befugnisse der Vollstreckungsbehörde, bei Vorliegen von Auskunftsdaten aus einem vorherigen Vollstreckungsverfahren neue Erhebungen nach § 5a Abs. 1 und 2 vorzunehmen, nicht eingeschränkt. Vielmehr wird allein die Übermittlung **vorhandener,** der Vollstreckungsbehörde bekannter und verfügbarer Ermittlungsergebnisse an andere Vollstreckungsbehörden klarstellend geregelt und im Interesse des Datenschutzes und der Effektivität der Vollstreckung beschränkt. Im Übrigen verbleibt es deshalb bei den allgemeinen Vorschriften zur Löschung personenbezogener Daten durch die Vollstreckungsbehörde (vgl. die Begründung des GE der Bundesregierung vom 22.3.2017, BT-Drs. 18/11613, 16 f.).

V. Erhebung und Übermittlung der Daten von Unionsbürgern (Abs. 4)

25 § 5a Abs. 4 enthält für Datenerhebungen nach Abs. 1 Nr. 1 (→ Rn. 11–12) in Anlehnung an die parallelen Vorschriften in § 755 Abs. 2 S. 2 und 3 ZPO Beschränkungen zugunsten von Unionsbürgern.

1. Datenerhebung von Unionsbürgern (Abs. 4 S. 1)

26 Ist der Vollstreckungsschuldner Unionsbürger (zum Begriff Art. 20 Abs. 1 AEUV), ist die Erhebung von Daten nach Abs. 1 Nr. 1 (→ Rn. 11–12) nur zulässig, wenn er keine Freizügigkeit genießt. Nach dem ausdrücklichen Gesetzeswortlaut genügen bereits **tatsächliche Anhaltspunkte** für die **Vermutung** der Vollstreckungsbehörde, dass bei dem betroffenen Unionsbürger das **Nichtbestehen** des Freizügigkeitsrechts festgestellt wurde (§ 7 Abs. 1 S. 1 FreizügG/EU) oder dieser das Recht nach § 6 FreizügG/EU **verloren** hat (vgl. Deusch/Burr in BeckOK VwVfG § 5a VwVG Rn. 19).

2. Datenübermittlung von Unionsbürgern (Abs. 4 S. 2)

27 Für eine Übermittlung solcher Daten an die Vollstreckungsbehörde reichen bloße Anhaltspunkte für eine entsprechende Vermutung § 5a Abs. 4 S. 2 zufolge demgegenüber nicht aus: liegt eine **Feststellung** des Nichtbestehens oder des Verlusts des Freizügigkeitsrechts nicht (positiv) vor, ist eine Übermittlung der Daten nach Abs. 1 Nr. 1 (→ Rn. 11–12) vielmehr ausgeschlossen.

3. Datenübermittlung aus dem Ausländerzentralregister

28 § 10 Abs. 1a AZRG enthält korrespondierende Beschränkungen für die Übermittlung von Daten aus dem Ausländerzentralregister.

VI. Landesrecht

29 **Baden-Württemberg:** § 15a Abs. 3 LVwVG lässt für den Fall der Beitreibung durch Gerichtsvollzieher die Vorschriften des Achten Buches der ZPO Anwendung finden, also auch § 755 ZPO.
Hessen: Nach Maßgabe von § 17b Abs. 1 HessVwVG können die Vollstreckungsbehörden die Gerichtsvollzieher um Vollstreckung ersuchen; wird die Vollstreckung durch Gerichtsvollzieher durchgeführt, finden gemäß § 17b

Auskunftsrechte der Vollstreckungsbehörde § 5b VwVG

Abs. 2 S. 1 HessVwVG die Vorschriften des Achten Buches der ZPO Anwendung, also auch § 755 ZPO.
Mecklenburg-Vorpommern: § 111 Abs. 1 S. 1 VwVfG M-V verweist nunmehr auch auf § 5a VwVG (des Bundes).
Niedersachsen: § 21b NVwVG entspricht in Aufbau und Inhalt § 5a VwVG (des Bundes).

§ 5b Auskunftsrechte der Vollstreckungsbehörde

(1) Kommt der Vollstreckungsschuldner seiner Pflicht, eine Vermögensauskunft nach § 5 Absatz 1 dieses Gesetzes in Verbindung mit § 284 Absatz 1 der Abgabenordnung zu erteilen, nicht nach oder ist bei einer Vollstreckung in die in der Vermögensauskunft angeführten Vermögensgegenstände eine vollständige Befriedigung der Forderung, wegen der die Vermögensauskunft verlangt wird, voraussichtlich nicht zu erwarten, so darf die Vollstreckungsbehörde
1. bei den Trägern der gesetzlichen Rentenversicherung den Namen und die Vornamen oder die Firma sowie die Anschriften der derzeitigen Arbeitgeber eines versicherungspflichtigen Beschäftigungsverhältnisses des Vollstreckungsschuldners erheben und
2. beim Kraftfahrt-Bundesamt die Fahrzeug- und Halterdaten nach § 35 Absatz 1 Nummer 17 des Straßenverkehrsgesetzes.

(2) Nach Absatz 1 erhobene Daten, die innerhalb der letzten drei Monate bei der Vollstreckungsbehörde eingegangen sind, dürfen von der Vollstreckungsbehörde auch einer weiteren Vollstreckungsbehörde übermittelt werden, wenn die Voraussetzungen für die Datenerhebung auch bei der weiteren Vollstreckungsbehörde vorliegen.

Übersicht

	Rn.
I. Allgemeines	1
1. Entstehungsgeschichte	1
2. Sinn und Zweck	3
3. Verfassungsrechtliche Zulässigkeit	5
II. Erhebung von Daten (Abs. 1)	7
1. Voraussetzungen	7
a) Vollstreckungsanordnung	7
b) Fall 1: Nicht erteilte Vermögensauskunft (§ 5 Abs. 1 iVm § 284 Abs. 1 AO)	8
c) Fall 2: Voraussichtlich unvollständige Forderungsbefriedigung	10
2. Rechtsfolge: Auskunftsrechte	11
a) Arbeitgeberdaten vom Träger der gesetzlichen Rentenversicherung (Abs. 1 Nr. 1)	12
b) Fahrzeug- und Halterdaten vom Kraftfahrt-Bundesamt (Abs. 1 Nr. 2)	15
c) Abruf bestehender Kontoverbindungen durch das Bundeszentralamt für Steuern (§ 93 Abs. 8 S. 2 AO)	18

Troidl 59

	Rn.
III. Übermittlung von Daten an weitere Vollstreckungsbehörden (Abs. 2)	22
1. Voraussetzungen zur Datenerhebung	23
2. Dreimonatsfrist	24
IV. Landesrecht	26
V. Justizbeitreibungsgesetz	27
1. Arbeitgeberdaten, Fahrzeug- und Halterdaten	27
2. Abruf bestehender Kontoverbindungen	28

I. Allgemeines

1. Entstehungsgeschichte

1 Wie § 5a (→ § 5a Rn. 1) wurde die Vorschrift eingefügt mWv 6.7.2017 durch G v. 30.6.2017 (BGBl. I 2094), das Gesetz zur Verbesserung der Sachaufklärung in der Verwaltungsvollstreckung.

2 Den Vollstreckungsbehörden des **Bundes** wurden hierdurch weitestgehend die Auskunftsrechte eingeräumt, die dem **Gerichtsvollzieher** nach § 802l ZPO zustehen. Darüber hinaus wurden zugunsten der Vollstreckungsbehörden des Bundes und der **Länder** zu den erweiterten Sachaufklärungsbefugnissen korrespondierende Übermittlungsbefugnisse geschaffen (vgl. die Begründung des GE der Bundesregierung vom 22.3.2017, BT-Drs. 18/11613, 2).

2. Sinn und Zweck

3 Zweck der Vorschrift ist es, die Möglichkeiten der Informationsbeschaffung für den Gläubiger durch die ergänzende Einholung von **Fremdauskünften** wirkungsvoll zu stärken. Dadurch kann der Gläubiger Unrichtigkeiten der vom Schuldner in der Vermögensauskunft abgegebenen **Selbstauskunft** aufdecken. Dabei sollen die Belange des Schuldners, insbesondere sein Recht auf informationelle Selbstbestimmung (→ Rn. 5–6) und die Notwendigkeit, dem Gläubiger eine effektive Rechtsdurchsetzung zu ermöglichen, zu einem angemessenen Ausgleich gebracht werden. Gleichwohl sollte die **Effektivität der Zwangsvollstreckung** dadurch erhöht werden, dass der Gläubiger die Vermögenssituation des Schuldners überprüfen kann, wenn eine Vollstreckung in die im Vermögensverzeichnis aufgeführten Vermögensgegenstände voraussichtlich nicht zu einer vollständigen Befriedigung des Gläubigers führt (so zu § 802l ZPO BGH NJW 2015, 2509 ff. Rn. 12 unter Bezugnahme auf den GE des BR, BT-Drs. 16/10069, 31 f.).

4 Der Gesetzgeber hat damit eine über die Selbstauskunft des Schuldners hinausgehende Möglichkeit geschaffen, Informationen von Dritten einzuholen, bei denen typischerweise Informationen zu Vermögenswerten vorliegen: Angaben zu **Lohnansprüchen, Kraftfahrzeugen** und **Kon-**

toguthaben (vgl. zu § 802l Abs. 1 ZPO BGH ZUM-RD 2018, 275 ff. Rn. 24).

3. Verfassungsrechtliche Zulässigkeit

Wie der BGH in seinem Beschl. v. 22.1.2015 – I ZB 77/14 zu § 802l ZPO 5
ausführlich herausgearbeitet hat, haben die verfassungsrechtlich geschützten Interessen der Gläubiger und das öffentliche Interesse an einer wirksamen Zwangsvollstreckung gegenüber dem Eingriff in das **Recht des Schuldners auf informationelle Selbstbestimmung** Vorrang (NJW 2015, 2509 ff. Rn. 31).

Die Einholung der Drittauskünfte bezieht sich nämlich ausschließlich 6
auf Daten, zu deren Angabe der Schuldner bereits zuvor in der **Vermögensauskunft** nach § 5 Abs. 1 iVm § 284 Abs. 1 AO verpflichtet war und deren Richtigkeit er durch eidesstattliche Versicherung bestätigt hat. Neue Informationen für den Gläubiger können sich durch die Fremdabfrage nur ergeben, wenn der Schuldner die entsprechenden Daten trotz der Strafandrohung des § 156 StGB **verschwiegen** hat. Geht die **Drittauskunft** aber nicht über den notwendigen Inhalt der **Selbstauskunft** hinaus, wiegt der damit verbundene, eigenständige Eingriff in das Recht des Schuldners auf informationelle Selbstbestimmung nicht besonders schwer. In diesem Sinne ist auch die Aussage des Rechtsausschusses zu verstehen, der Schuldner habe es durch wahrheitsgemäße und vollständige Angaben selbst in der Hand, den Grundrechtseingriff abzuwehren (Beschlussempfehlung und Bericht des Rechtsausschusses, BT-Drs. 16/13432, 41). Auch wenn die Auskunft **wahr** und **vollständig** ist, ist es nicht als unverhältnismäßiger Grundrechtseingriff anzusehen, wenn ihre Richtigkeit durch zur Verschwiegenheit verpflichtete Behörden und Rentenversicherungsträger bestätigt wird (so zur Vermögensauskunft nach § 802c ZPO BGH NJW 2015, 2509 ff. Rn. 30).

II. Erhebung von Daten (Abs. 1)

1. Voraussetzungen

a) Vollstreckungsanordnung. Hierfür darf auf die Ausführungen zu § 5a 7
Abs. 1 (→ Rn. 6–7) verwiesen werden.

b) Fall 1: Nicht erteilte Vermögensauskunft (§ 5 Abs. 1 iVm § 284 8
Abs. 1 AO). Die Auskunftsrechte der Vollstreckungsbehörde werden (wie nach § 802l Abs. 1 S. 1 ZPO) nur **subsidiär** zur Selbstauskunft des Vollstreckungsschuldners begründet. Dies wahrt den **Verhältnismäßigkeitsgrundsatz,** da durch die abgestufte Vorgehensweise im Rahmen der Abwägung von informationellem Selbstbestimmungsrecht des Vollstreckungsschuldners einerseits (→ Rn. 5–6) und dem Interesse der Vollstreckungsbehörde an einer zügigen und erfolgreichen Vollstreckung andererseits ein angemessener Ausgleich erreicht wird.

9 Die Auskunftsrechte der Vollstreckungsbehörde greifen daher nur für den Fall, dass der Vollstreckungsschuldner seiner Pflicht zur Vermögensauskunft nach § 5 Abs. 1 iVm § 284 Abs. 1 AO nicht nachkommt. Dies ist nicht nur der Fall, wenn er sich (ausdrücklich) weigert, die Auskunft überhaupt zu erteilen, sondern etwa auch dann, wenn der Vollstreckungsschuldner trotz ordnungsgemäßer Ladung dem Termin zur Abgabe der Vermögensauskunft unentschuldigt ferngeblieben ist (vgl. Deusch/Burr in BeckOK VwVfG § 5b VwVG Rn. 4).

10 **c) Fall 2: Voraussichtlich unvollständige Forderungsbefriedigung.** Hat der Vollstreckungsschuldner zwar eine **Vermögensauskunft** abgegeben, ist aber bei der Vollstreckung in die dort aufgeführten Vermögensgegenstände voraussichtlich keine vollständige Beitreibung der Forderung zu erwarten, kann ebenfalls eine **Fremdauskunft** eingeholt werden.

2. Rechtsfolge: Auskunftsrechte

11 Die Auskunft ist ebenso wie in § 802l Abs. 1 ZPO begrenzt auf solche Bereiche, die typischerweise für die Vollstreckung von Bedeutung sind: der Bezug von **Arbeitseinkommen** (→ Rn. 12–14) und das Vorhandensein eines **Kraftfahrzeugs** (→ Rn. 15–17). Außerdem besteht nunmehr die Möglichkeit zur Übermittlung von **Kontoinformationen** durch das Bundeszentralamt für Steuern (→ Rn. 18–21).

12 **a) Arbeitgeberdaten vom Träger der gesetzlichen Rentenversicherung (Abs. 1 Nr. 1).** Geht der Vollstreckungsschuldner einer sozialversicherungspflichtigen Tätigkeit nach, darf die Vollstreckungsbehörde zur Ermittlung seines Arbeitgebers Auskünfte bei den Trägern der gesetzlichen Rentenversicherung einholen. Ziel dieses Auskunftsersuchens ist die Anbringung einer **Lohnpfändung**. Der Auskunftsanspruch umfasst die Erhebung von Name, Vorname oder der Firma sowie der Anschrift des derzeitigen Arbeitgebers des Vollstreckungsschuldners.

13 Das Ersuchen kann an **jeden** Träger der gesetzlichen Rentenversicherung gerichtet werden (zum Begriff § 125 SGB VI), ohne dass erst der zuständige Träger ermittelt werden müsste. Kennt der ersuchte Träger die Daten des Vollstreckungsschuldners nicht, hat er das Gesuch an den zuständigen Rentenversicherungsträger weiterzuleiten.

14 Die korrespondierenden Übermittlungsbefugnisse der gesetzlichen Rentenversicherungsträger ergeben sich aus dem neuen § 74a Abs. 1 S. 1 SGB X. Diese gelten auch zugunsten der Vollstreckungsbehörden der **Länder** (→ Rn. 26).

15 **b) Fahrzeug- und Halterdaten vom Kraftfahrt-Bundesamt (Abs. 1 Nr. 2).** Häufig kommen als Vollstreckungsobjekte auf den Vollstreckungsschuldner zugelassene **Kraftfahrzeuge** in Frage. Die Vollstreckungsbehörde kann hierzu beim Kraftfahrt-Bundesamt eine Abfrage wichtiger Informationen veranlassen.

16 Gemäß § 35 Abs. 1 Nr. 17 StVG dürfen die nach § 33 Abs. 1 StVG im örtlichen und Zentralen **Fahrzeugregister** (zu beiden Troidl Rn. 164 ff.) gespeicherten **Fahrzeugdaten** und **Halterdaten** zur Durchführung eines

Vollstreckungsverfahrens an die für die Vollstreckung nach dem Verwaltungs-Vollstreckungsgesetz (des **Bundes**) oder nach den Verwaltungsvollstreckungsgesetzen der **Länder** (→ Rn. 26) zuständige Behörde zur Erfüllung der Aufgaben des Empfängers nur übermittelt werden, wenn dies für die Zwecke nach § 32 Abs. 2 StVG erforderlich ist und

a) der Vollstreckungsschuldner seiner Pflicht, eine **Vermögensauskunft zu erteilen, nicht** nachkommt (zu diesem Fall → Rn. 8–9) oder bei einer Vollstreckung in die in der Vermögensauskunft angeführten Vermögensgegenstände eine **vollständige Befriedigung** der **Forderung,** wegen der die Vermögensauskunft verlangt wird, **voraussichtlich nicht** zu erwarten ist (zu diesem Fall → Rn. 10),
b) der Vollstreckungsschuldner als Halter des Fahrzeugs eingetragen ist und
c) kein Grund zu der Annahme besteht, dass dadurch **schutzwürdige Interessen** des Betroffenen beeinträchtigt werden.

Diese Prüfung wie auch die Prüfung des Vorliegens der übrigen Voraussetzungen des Auskunftsanspruchs obliegt nach § 43 Abs. 1 S. 3 StVG der anfragenden und datenempfangenden Stelle (so auch der Innenausschuss, Beschlussempfehlung und Bericht vom 26.4.2017, BT-Drs. 18/12125, 8): hiernach trägt der **Empfänger** die Verantwortung. 17

c) Abruf bestehender Kontoverbindungen durch das Bundeszentralamt für Steuern (§ 93 Abs. 8 S. 2 AO). Am relevantesten dürfte für den Gläubiger regelmäßig die **Kontenstammdatenabfrage** nach § 93 Abs. 8 AO sein (Dierck Anm. zu BGH NJW 2015, 2509 ff., 2512). Mit dem G v. 30.6.2017 (BGBl. I 2094), dem Gesetz zur Verbesserung der Sachaufklärung in der Verwaltungsvollstreckung (→ Rn. 1–2), wurde hierzu § 93 Abs. 8 S. 2 AO eingefügt. 18

Hiernach dürfen nunmehr auch die für die Vollstreckung nach dem Verwaltungs-Vollstreckungsgesetz (des **Bundes**) und nach den Verwaltungsvollstreckungsgesetzen der **Länder** (→ Rn. 26) zuständigen Behörden zur Durchführung der Vollstreckung das Bundeszentralamt für Steuern ersuchen, bei den **Kreditinstituten** die in § 93b Abs. 1 und 1a AO bezeichneten Daten – ausgenommen die Identifikationsnummer nach § 139b AO – abzurufen, wenn 19

1. der Vollstreckungsschuldner seiner Pflicht, eine **Vermögensauskunft zu erteilen, nicht** nachkommt (ausführlich zu diesem Fall → Rn. 8–9) oder
2. bei einer Vollstreckung in die Vermögensgegenstände, die in der Vermögensauskunft angegeben sind, eine **vollständige Befriedigung** der **Forderung,** deretwegen die Vermögensauskunft verlangt wird, **voraussichtlich nicht** zu erwarten ist (zu diesem Fall → Rn. 10).

Gemäß § 93 Abs. 9 AO ist die betroffene Person grundsätzlich vor einem Abrufersuchen auf die Möglichkeit eines Kontenabrufs **hinzuweisen** und nach Durchführung eines Kontenabrufs vom Ersuchenden über die Durchführung zu **benachrichtigen.** Ein Abrufersuchen und dessen Ergebnis sind vom Ersuchenden zu **dokumentieren,** § 93 Abs. 10 AO. 20

Die Verantwortung für die Zulässigkeit des Datenabrufs und der Datenübermittlung trägt nach § 93b Abs. 3 AO die **ersuchende Vollstreckungsbehörde.** 21

III. Übermittlung von Daten an weitere Vollstreckungsbehörden (Abs. 2)

22 Die nach Abs. 1 erhobenen Daten dürfen nur unter den Voraussetzungen des Abs. 2 an weitere Vollstreckungsbehörden weitergegeben werden.

1. Voraussetzungen zur Datenerhebung

23 Das Gesetz schreibt hierfür zunächst einmal vor, dass die Voraussetzungen für die Datenerhebung auch bei der weiteren Vollstreckungsbehörde vorliegen müssen.

2. Dreimonatsfrist

24 Eine Datenübermittlung darf außerdem wie bei § 5a Abs. 3 (→ dort Rn. 23) nur erfolgen, wenn die Ermittlungsergebnisse nicht älter als drei Monate sind. Hintergrund für die Regelung ist auch hier, dass nur in diesem Zeitraum die Daten noch als hinreichend **aktuell** gelten. **Fristbeginn** ist wiederum der Eingang der Ermittlungsergebnisse bei der Vollstreckungsbehörde, welche die Daten im Rahmen der Vollstreckung erhoben hat.

25 Aus der Regelung ergibt sich eben so wenig wie bei § 5a Abs. 3 (→ dort Rn. 24) eine Pflicht der Vollstreckungsbehörde, den Inhalt jeder einzelnen Erhebung für die Dauer von drei Monaten zu speichern. Wann die erhobenen Daten zu löschen sind, folgt aus den allgemeinen datenschutzrechtlichen Vorschriften.

IV. Landesrecht

26 **Baden-Württemberg:** § 15a Abs. 3 LVwVG lässt für den Fall der Beitreibung durch Gerichtsvollzieher das Achte Buch der ZPO Anwendung finden. Mit dieser Verweisung soll der Gleichlauf von ziviler Zwangsvollstreckung und Verwaltungsvollstreckung hergestellt werden (vgl. GE der Landesregierung, LT-Dr. 15/2404, 7). Beantragt der Südwestrundfunk als Gläubiger von Rundfunkbeiträgen im schriftlichen Vollstreckungsersuchen die Einholung von Drittauskünften gemäß § 802l Abs. 1 ZPO, ist der Gerichtsvollzieher daher im Rahmen der Beitreibung von Rundfunkgebühren im Wege des Verwaltungsvollstreckungsverfahrens gemäß § 15a Abs. 3 Satz 1 LVwVG verpflichtet, gemäß § 802l Abs. 1 ZPO die in dieser Bestimmung aufgeführten Informationen im Wege der Drittauskunft einzuholen (BGH ZUM-RD 2018, 275 ff., Ls.).
Bayern: Gemäß Art. 25 Abs. 2 VwZVG gelten zur Vollstreckung von Geldforderungen des Staates für das Verfahren der Finanzämter (Art. 25 Abs. 1 VwZVG) die Vorschriften der Abgabenordnung entsprechend, also nunmehr auch § 93 Abs. 8 S. 2 AO (→ Rn. 18–21).
Bremen: Nach § 2 Abs. 1 BremGVG gilt für das Vollstreckungsverfahren (ua) § 93 AO in der jeweils geltenden Fassung sinngemäß (→ § 5 Rn. 6), also nunmehr auch § 93 Abs. 8 S. 2 AO (→ Rn. 18–21).
Hamburg: § 33 HmbVwVG.

Auskunftsrechte der Vollstreckungsbehörde   **§ 5b VwVG**

Hessen: § 27 Abs. 11 S. 2 HessVwVG verweist zur Vermögensauskunft des Pflichtigen für deren Abnahme durch den Gerichtsvollzieher (ua) auf § 802l ZPO.
Mecklenburg-Vorpommern: § 111 Abs. 1 S. 1 VwVfG M-V verweist nunmehr auch (ausdrücklich) auf § 5b VwVG (des Bundes); der neue § 111 Abs. 1 S. 2 VwVfG M-V erklärt überdies § 93 Abs. 8–10 AO (→ Rn. 18–20) für anwendbar.
Niedersachsen: § 22b NVwVG entspricht in Aufbau und Inhalt weitgehend § 5b VwVG (des Bundes).
Nordrhein-Westfalen: § 5 Abs. 1 S. 3 VwVG NRW lässt zur Vermögensermittlung § 93 AO Anwendung finden, § 5a Abs. 1 S. 5 VwVG NRW verweist zur Vermögensauskunft des Vollstreckungsschuldners für das Verfahren zu deren Abnahme durch den Vollstreckungsbeamten der Justizverwaltung (ua) auf § 802l ZPO.
Sachsen: § 17 Abs. 3 SächsVwVG verweist zur Vermögensauskunft (auch) auf § 802l ZPO.
Thüringen: § 41 Abs. 3 ThürVwZVG verweist zur Vermögensauskunft (ua) auf § 802l ZPO.

V. Justizbeitreibungsgesetz

1. Arbeitgeberdaten, Fahrzeug- und Halterdaten

§ 6 Abs. 1 Nr. 1 JBeitrG verweist (auch) auf § 802l ZPO.   **27**

2. Abruf bestehender Kontoverbindungen

Nach dem eigens neu geschaffenen § 6 Abs. 5 JBeitrG dürfen die Vollstreckungsbehörden nunmehr außerdem das **Bundeszentralamt für Steuern** ersuchen, bei den **Kreditinstituten** die in § 93b Abs. 1 AO bezeichneten Daten abzurufen, wenn   **28**
1. der Schuldner seiner Pflicht, eine **Vermögensauskunft** zu **erteilen, nicht** nachkommt (ausführlich zu diesem Fall → Rn. 8–9) oder
2. bei einer Vollstreckung in die Vermögensgegenstände, die in der Vermögensauskunft angegeben sind, eine **vollständige Befriedigung** der **Forderung,** deretwegen die Vermögensauskunft verlangt wird, **voraussichtlich nicht** zu erwarten ist (ausführlich zu diesem Fall → Rn. 10).

Die Vorschrift wurde ebenfalls mit dem Gesetz zur Verbesserung der Sachaufklärung in der Verwaltungsvollstreckung (G v. 30.6.2017 [BGBl. I 2094] → Rn. 1–2) eingefügt. Der Gesetzgeber griff damit ein Anliegen des Bundesrates (BR-Drs. 65/17, 8) auf. Für das Ersuchen an das Bundeszentralamt für Steuern sollte mit der neuen Regelung ausdrücklich ein **eigenes Auskunftsrecht** der nach dem JBeitrG vollstreckenden Behörden geschaffen werden (vgl. Beschlussempfehlung und Bericht des Innenausschusses vom 26.4.2017, BT-Drs. 18/12125, 8).   **29**

Zweiter Abschnitt. Erzwingung von Handlungen, Duldungen oder Unterlassungen

Vorbemerkung zu §§ 6–18

Übersicht

	Rn.
I. Zwangsbegriff	1
II. Grundlage des Verwaltungszwanges	2
1. Verwaltungsakt als Regelfall	3
2. Öffentlich-rechtlicher Vertrag	4
III. Weitere verwaltungsrechtliche Titel	5
IV. Besondere Erzwingungsformen	6
V. Pflichtiger	7
1. Durch Verwaltungsakt Verpflichteter	8
2. Rechtsnachfolger	9
3. Zurechnung des Verhaltens Anderer	10
4. Verwaltungsakt gegen mehrere Personen	11
VI. Einleitung des Verwaltungszwangs	12
VII. Landesrecht	13

I. Zwangsbegriff

1 Den Regelungen in §§ 6–18 VwVG liegt eine eigene, sich von den Regelungen der Vollstreckung wegen Geldforderung unterscheidende Systematik zugrunde. Das Ziel der Vollstreckung ist hier ein bestimmtes Verhalten des Pflichtigen (= Handlung, Duldung oder Unterlassung). Da unserer Rechtsordnung der Grundgedanke innewohnt, dass der Mensch sich selbst und frei für oder gegen ein Verhalten entscheiden kann, kommt der Zwang ins Spiel, wenn der Verpflichtete sich nicht entsprechend seiner Rechtspflicht verhält. Wie schon der Name des Gesetzes zeigt, geht es hier um eine spezielle Form des Zwangs: den Verwaltungszwang. Im Kern behandeln die §§ 6–18 VwVG die Frage, wie der Verwaltungszwang zum gewünschten Verhalten des Pflichtigen führen kann; sie beinhalten insbesondere Regelungen zu Voraussetzungen, vor- und nachrangigen Zwangsmitteln, Zuständigkeiten, Verfahren, Kostentragung und Rechtsmitteln.

Das VwVG enthält keine Definition des zentralen Begriffs des Verwaltungszwangs. Es lassen sich ein **enger Zwangsbegriff** und ein **weiter Zwangsbegriff** unterscheiden (Lemke, 51 f.), wobei der Wille des Pflichtigen das Unterscheidungsmerkmal liefert. Nach dem engen Zwangsbegriff liegt Verwaltungszwang vor, wenn durch die Behörde der der Verwirklichung der Verpflichtung entgegenstehende Wille des Pflichtigen gebrochen wird (Lemke in FKS VwVG vor §§ 6–18 Rn. 5), nach dem weiten Zwangsbegriff wird bei der Ausübung von Verwaltungszwang der Wille des Betroffenen ignoriert (Lemke in FKS VwVG vor §§ 6–18 Rn. 4), so dass es ohne Bedeutung ist, ob der Pflichtige aus Nachlässigkeit, aus Gleichgültigkeit oder aus sonstigen Gründen der ihm gegenüber ausgesprochenen Verpflichtung nicht nachgekommen ist; nur der Nichteintritt des mit dem Erlass des Gebots oder Verbots angestrebten Erfolges ist maßgeblich (Rachor in Lisken/Denninger Rn. F 856 mwN). Welchen der Zwangsbegriffe man verwendet, hat Bedeutung vor allem für die Frage, ob Maßnahmen der Behörde in Bezug auf Gegenstände, die Abwesenden oder Unbekannten gehören, als Ersatzvornahme zu qualifizieren sind. Den Verwaltungsvollstreckungsgesetzen und Polizeigesetzen (Sicherheits- und Ordnungsgesetzen) einzelner Bundesländer liegen unterschiedliche Zwangsbegriffe zu Grunde, beispielsweise dem bayerischen Recht der enge Zwangsbegriff (Lemke, 211), dem nordrhein-westfälischen Recht ebenso wie dem Bundesrecht (Lemke in FKS VwVG vor §§ 6–18 Rn. 4) der weite Zwangsbegriff (Lemke, 205). Der Verwaltungszwang ist Teil des Verwaltungsrechts; §§ 6 ff. VwVG sind demgemäß ausschließlich auf Zwangsmaßnahmen auf diesem Gebiet anwendbar. Soweit die Polizei auch im Bereich der Ermittlung von Straftaten gem. § 163 StPO tätig wird, sind weder §§ 6 ff. VwVG noch die teils inhaltsgleichen, teils ähnlichen Verwaltungsvollstreckungsvorschriften der Sicherheits- und Ordnungsgesetze bzw. Polizeigesetze anwendbar (Sadler/Tillmanns VwVG § 12 Rn. 2). So gilt zB § 12 VwVG nicht für die Anwendung unmittelbaren Zwangs zur Entnahme einer Blutprobe nach § 81a StPO (OLG Dresden NJW 2001, 3643).

Die **Abgrenzung** zwischen Maßnahmen der Verwaltungsvollstreckung **1a** **von Standardmaßnahmen des Sicherheits- und Ordnungsrechts** bzw. Polizeirechts gestaltet sich in Einzelfällen schwierig. Dazu gilt grundsätzlich:

Rechtlich gesehen stellen mehrere der im Sicherheits- und Ordnungsrecht gesetzlich normierten Standardmaßnahmen bloße Verhaltensgebote dar, so namentlich (dazu Lemke in FKS VwVG § 6 Rn. 11):
– Vorladungen,
– Platzverweise (vgl. OVG Koblenz Urt. 27.3.2014, – 7 A 10993/13 –, Rn. 43),
– das Verlangen, mitgeführte Ausweispapiere zur Feststellung der Identität vorzuzeigen und auszuhändigen,
– das Anhalten zwecks Feststellung der Identität und
– das Verlangen des Vorzeigens von Berechtigungsscheinen.
Diese Maßnahmen stellen **rechtlich Verwaltungsakte** dar, die im Falle ihrer Nichtbefolgung nach Maßgabe des im Einzelfall **anzuwendenden Verwaltungsvollstreckungsgesetzes zu erzwingen** sind.

Auf der anderen Seite gibt es jedoch auch **Standardmaßnahmen, die ihre eigene Durchführung in sich tragen,** so namentlich (dazu Lemke in FKS VwVG Rn. 12 § 6):
– das Festhalten zur Prüfung der Identität des Festgehaltenen,
– die Vorführung,
– die erkennungsdienstliche Behandlung und
– die Durchsuchung von Personen, Sachen, Wohnungen und einzelnen Räumen.
Die tatsächlichen Handlungen, die mit diesen Maßnahmen notwendig verbunden sind, haben ihre Rechtsgrundlage bereits in der Vorschrift des Sicherheits- und Ordnungsgesetzes bzw. Polizeigesetzes, welche die betreffende

Standardmaßnahme erlaubt; eines Rückgriffs auf verwaltungsvollstreckungsrechtliche Normen bedarf es in diesen Fällen nicht, und so braucht die Behörde auch nicht zu prüfen, ob die Tatbestandsvoraussetzungen der Vorschriften des einschlägigen Verwaltungsvollstreckungsgesetzes vorliegen (etwa die der Ersatzvornahme oder des unmittelbaren Zwangs). Der Rückgriff auf das Verwaltungsvollstreckungsrecht wird bei diesen Maßnahmen erst dann notwendig, wenn die Behörde genötigt ist, gegen den Betroffenen Zwangsmaßnahmen einzusetzen, die den Befugnisrahmen übersteigen, den die sicherheits- und ordnungsrechtliche Vorschrift der Behörde gewährt – beispielsweise wenn Widerstand des Wohnungsinhabers oder eines Dritten gegen eine **Wohnungsdurchsuchung** mit Gewalt gebrochen werden soll (dazu Finger JuS 2005, 119).

II. Grundlage des Verwaltungszwanges

2   Grundlage des Verwaltungszwangs zur Erzwingung einer Handlung, Duldung oder Unterlassung kann entweder ein Verwaltungsakt oder ein öffentlich-rechtlicher Vertrag sein. **Dulden** bedeutet dabei die Verpflichtung des Vollstreckungsschuldners, die Vornahme einer Handlung nicht zu behindern (vgl. auch Thomas/Putzo ZPO § 890 Rn. 3); ein Bsp. ist die Verpflichtung, die Durchleitung durch ein Grundstück zu dulden (dazu BVerwG NVwZ 2007, 707). Das **Unterlassen** kommt in zwei Formen vor: einmal als Verhalten (Untätigbleiben), das einen bestimmten Geschehensablauf nicht beeinflusst, zum anderen kann eine Unterlassungspflicht die Pflicht zu einem aktiven Tun einschließen, dann nämlich, wenn der Pflichtige bestehende Beeinträchtigungen aufrechterhält und nach wie vor ausnützt (vgl. Brox/Walker Rn. 1093 mwN), zB bei schadstoffemittierenden Betrieben. Eine Unterlassungspflicht kann in einem Verwaltungsakt auch konkludent ausgesprochen sein; so enthält etwa eine Abbruchanordnung, die sich auf eine leicht aufbaubare und auch leicht abbaubare bauliche Anlage bezieht, zugleich das Verbot ihrer Wiedererrichtung an im Wesentlichen selbem Standort (VGH Mannheim DÖV 2007, 571 = VBlBW 2007, 356). Speziell zur zwangsweisen Durchsetzung von Auskunftspflichten Stohrer BayVBl 2005, 489.

1. Verwaltungsakt als Regelfall

3   Das VwVG geht als Regelfall davon aus, dass Grundlage des Verwaltungszwanges ein **Verwaltungsakt** (Begriff: → § 6 Rn. 1) ist (§ 6 Abs. 1), dessen Vollstreckung vorher schriftlich mit einer Fristsetzung angedroht (§ 13 VwVG) und festgesetzt (§ 14 VwVG) wurde; nur für bestimmte Ausnahmefälle lässt § 6 Abs. 2 VwVG den sofortigen Zwang ohne vorausgegangenen Verwaltungsakt zu (→ § 6 Rn. 22 ff.). Dem Verwaltungsakt kommt damit die Funktion eines Titels zu, weil der öffentlich-rechtliche Anspruch durch ihn erst vollstreckbar wird (Renck NJW 1968, 849; vgl. auch BGHZ 66, 91; nach Maurer § 20 Rn. 2 ist der Verwaltungsakt „Zentralbegriff des Verwaltungsvollstreckungsrechts"). Das Erfordernis des vorausgehenden Verwal-

tungsakts gewährleistet dem Bürger „Vorhersehbarkeit und Berechenbarkeit" des Verwaltungszwangs (Pietzner ArchPF 1978, 307). Die Behörde darf nicht mit dem Zwangsmittel etwas wesentlich anderes oder wesentlich mehr durchsetzen, als es dem zu erzwingenden Verwaltungsakt entspricht. Im „Zwangsmittel" läge sonst eine neue selbstständige Verfügung (so zutr. DWVM, 526). Wenn zB ein Molkereibetrieb keine Milchhandelserlaubnis besitzt und aus diesem Grunde die Einstellung des Milchhandels angeordnet wird, dürfte nicht etwa zur Erzwingung die ganze Molkerei geschlossen und dadurch auch die nicht genehmigungspflichtige Weiterverarbeitung der Milch zwangsweise verhindert werden (so schon PrOVG 95, 111).

Der Verwaltungsakt, der mit Zwangsmitteln durchgesetzt wird, kann auch eine **Allgemeinverfügung** sein, nach der Legaldefinition in § 35 S. 2 VwVfG ein Unterfall des Verwaltungsakts („ein Verwaltungsakt, der sich an einen nach allgemeinen Merkmalen bestimmten oder bestimmbaren Personenkreis richtet"); dazu gehören neben **Verkehrszeichen im Straßenverkehr** etwa auch Sichtzeichen, die der Begrenzung des Fahrwassers einer Seeschifffahrtsstraße dienen (BVerwG NVwZ 2007, 340), **Versammlungsverbote** (OVG Lüneburg DVBl. 2008, 987) und Verfügungen der **Bundeswehrverwaltung** (VGH Mannheim DÖV 2009, 548). Zur Erzwingung eines Nutzungsverbots und einer Beseitigungsanordnung für eine Wagenburg, beide in Form einer Allgemeinverfügung ergangen, OVG Lüneburg, NVwZ-RR 2005, 93. Beispiele für in der Verwaltungspraxis vorkommende vollstreckungsfähige Allgemeinverfügungen in Sadler/Tillmanns VwVG § 6 Rn. 44 ff.

2. Öffentlich-rechtlicher Vertrag

Bei der Durchsetzung von Pflichten, die ihre Grundlage in einem **öffent-** 4
lich-rechtlichen Vertrag finden, ist zu unterscheiden: Schließt die Behörde, anstatt einen Verwaltungsakt zu erlassen, einen öffentlich-rechtlichen Vertrag mit demjenigen, an den sie sonst den Verwaltungsakt richten würde (§ 54 S. 2 VwVfG), so kann jeder Vertragschließende sich der sofortigen Vollstreckung aus dem Vertrag unterwerfen (§ 61 Abs. 1 S. 1 VwVfG). Ist die sofortige Vollstreckbarkeit nicht vereinbart oder (wie für alle koordinationsrechtlichen Verträge; vgl. Kopp/Ramsauer VwVfG § 61 Rn. 4; aA Knack/Henneke VwVfG § 61 Rn. 3) nicht vorgesehen, so muss auch die Behörde zunächst **vor dem Verwaltungsgericht** klagen und kann die Vollstreckung erst aus dem verwaltungsgerichtlichen Urteil (oder Vergleich) betreiben.

Falls die **sofortige Vollstreckbarkeit** nach § 61 Abs. 1 S. 1 VwVfG zulässigerweise vereinbart ist, kann eine Behörde iSv § 1 Nr. 1 VwVfG nach Maßgabe des VwVG vorgehen (§ 61 Abs. 2 1 VwVfG); dh der Vertrag tritt im Rahmen von § 6 VwVG an die Stelle des dort genannten Verwaltungsakts. Richtet sich die Vollstreckung wegen Erzwingung einer Handlung, Duldung oder Unterlassung gegen eine Behörde iSv § 1 Abs. 1 Nr. 1 VwVfG, so ist § 172 VwGO entsprechend anzuwenden (§ 61 Abs. 2 S. 3 VwVfG; OVG Münster NVwZ-RR 2007, 140); dh das zuständige Verwaltungsgericht kann auf Antrag unter Fristsetzung gegen die Behörde (auch wiederholt) ein

VwVG Vor §§ 6–18 Verwaltungs-Vollstreckungsgesetz

Zwangsgeld bis zu 10.000 Euro durch Beschluss androhen, nach fruchtlosem Fristablauf festsetzen und von Amts wegen vollstrecken. Die Wirksamkeit der Unterwerfung unter die sofortige Vollstreckung setzt voraus, dass die Behörde von ihrem Leiter, seinem allgemeinen Vertreter oder einem Volljuristen vertreten wird (dazu BVerwG NJW 1996, 608; im Einzelnen Kopp/Ramsauer VwVfG § 61 Rn. 8).

III. Weitere verwaltungsrechtliche Titel

5   Eine ausdrückliche Vorschrift, dass nach dem II. Abschnitt des VwVG nur öffentlich-rechtlich geschuldete Handlungen und Unterlassungen erzwungen werden können, gibt es nicht. Verwaltungsakte konkretisieren begriffsnotwendig nur öffentlich-rechtliche Pflichten. Durchgesetzt nach den Vorschriften des VwVG werden aber **nicht nur Verwaltungsakte, sondern auch verwaltungsgerichtliche Titel,** wenn zugunsten des Bundes, eines Landes, eines Gemeindeverbandes, einer Gemeinde oder einer Körperschaft, einer Anstalt oder einer Stiftung des öffentlichen Rechts vollstreckt wird (§ 169 VwGO). Die verwaltungsgerichtlichen Titel ergeben sich aus § 168 Abs. 1 VwGO und sind also insbesondere rechtskräftige oder vorläufig vollstreckbare verwaltungsgerichtliche Entscheidungen, einstweilige Anordnungen oder verwaltungsgerichtliche Vergleiche (Bsp. für Vollstreckung eines Vergleichs zur Ersetzung eines massiven Tores durch ein Holztor nach dem VwVG VGH München Beschl. v. 10.7.2020 – 9 C 19.1343). In einem **verwaltungsgerichtlichen Vergleich** kann ein Beteiligter **auch privatrechtliche Pflichten** gegenüber einer Behörde übernehmen (vgl. OVG Lüneburg NJW 1969, 205). Es ist kein Grund ersichtlich, warum in einem solchen Falle nicht auch über § 169 Abs. 1 S. 1 VwGO der II. Abschnitt des VwVG Anwendung finden sollte.

IV. Besondere Erzwingungsformen

6   Das Verwaltungsvollstreckungsrecht des Bundes kennt – abgesehen von der Beschränkung der Ersatzvornahme auf vertretbare Handlungen (§ 10 VwVG) – nur **generell anwendbare Zwangsmittel, nicht aber besondere Erzwingungsformen** für bestimmte Handlungen. Anders haben die **Länder** Baden-Württemberg, Brandenburg, Hamburg, Hessen, Niedersachsen, Nordrhein-Westfalen, das Saarland, Sachsen, Sachsen-Anhalt, Schleswig-Holstein und Thüringen **Spezialregelungen** getroffen für die Herausgabe beweglicher Sachen (**Wegnahme:** § 28 BW LVwVG, § 36 VwVG Bbg, § 17 HmbVwVG, § 77 HessVwVG, § 71 Abs. 2 NdsVwVG, § 23 SaarlVwVG, § 27 SächsVwVG, § 72 Abs. 2 VwVG LSA, § 214 LVwG SH, § 52 ThürVwZVG), Herausgabe und Räumung einer unbeweglichen Sache, eines Raumes oder eines Schiffes (**Zwangsräumung:** § 27 BW LVwVG, § 35 Abs. 1 VwVG Bbg § 18 HmbVwVG, § 78 HessVwVG, § 71 Abs. 1 NdsVwVG, § 62a VwVG NRW, § 24 SaarlVwVG, § 26 SächsVwVG, § 215 LVwG SH, § 53 ThürVwZVG), Erscheinen einer Person (**Vorführung:** § 19

Vorbemerkung zu §§ 6–18 **Vor §§ 6–18 VwVG**

HmbVwVG, § 79 HessVwVG, § 25 SVwVG, § 213 LVwG SH), Abgabe einer Erklärung (**Fiktion:** § 33 VwVG Bbg, § 20 HmbVwVG, §§ 26, 27 SaarlVwVG, § 24a SächsVwVG, § 216, § 242 LVwG SH, § 50a ThürVwZVG).

Wegnahme, Zwangsräumung und Vorführung sind nur besondere Formen des unmittelbaren Zwanges (→ § 12 Rn. 3–5). Einen **Sonderfall** bildet die **Fiktion** in den aufgeführten Landesgesetzen, dass eine **Erklärung**, zu deren Abgabe jemand durch einen Verwaltungsakt verpflichtet worden ist, mit Eintritt der Unanfechtbarkeit des Verwaltungsaktes abgegeben worden sei (hierzu Linke NVwZ 2005, 535); diese Fiktion findet **kein Äquivalent im Bundesrecht.** Sie wird zB praktisch relevant, wenn jemand zum Abschluss eines Vertrages verpflichtet wird etwa gemäß den Bestimmungen des Bundesleistungsgesetzes; dort ist in § 14 BLG eine Spezialregelung dahin getroffen worden, wonach der auf § 2 Abs. 1 Nr. 10 BLG gestützte, auf Abschluss eines Vertrages über wiederkehrende oder Dauerleistungen nach § 2 Abs. 1 Nr. 9 BLG gerichtete Leistungsbescheid als Angebot des Leistungspflichtigen gilt, dessen Annahme der Leistungsempfänger unverzüglich zu erklären hat – diese Regelung kommt § 894 ZPO immerhin nahe. Die Regelung in den genannten Ländergesetzen entspricht der Vorschrift von § 894 ZPO mit dem Unterschied, dass eine § 895 ZPO entsprechende Fiktion, die Eintragung einer Vormerkung oder eines Widerspruchs im Grundbuch sei bewilligt, fehlt. Im Bereich des Bundesrechts und der übrigen Landesrechte lässt sich ein solcher Verwaltungsakt **nur durch Zwangsgeld** vollziehen; die Meldebehörde kann etwa ein Zwangsgeld androhen, um ihr Auskunftsverlangen über den **rechtswidrigen Wiedererwerb der früheren Staatsangehörigkeit** nach erfolgter Einbürgerung durchzusetzen, um somit zu klären, ob der Eingebürgerte kraft § 25 Abs. 1 S. 1 StAG die deutsche Staatsangehörigkeit wieder verliert (dies ist verfassungsgemäß BVerfG NVwZ 2006, 681); Anregung, den genannten landesrechtlichen Regelungen zur Fiktion entsprechende Bestimmungen in das Bundesrecht zu übernehmen, bei App DÖV 1991, 421; zustimmend Sadler/Tillmanns VwVG § 11 Rn. 3. Spezialgesetze kennen dies bereits; so wird nach § 117 Abs. 5 S. 2 BauGB im **Enteignungsverfahren** die zur Begründung eines persönlichen Rechts zum Erwerb, zum Besitz und zur Nutzung von Grundstücken erforderliche Vereinbarung fingiert.

V. Pflichtiger

Gegen wen ein Verwaltungsakt vollzogen werden kann, ist im VwVG nicht ausdrücklich geregelt. 7

1. Durch Verwaltungsakt Verpflichteter

Pflichtiger ist nur, wer durch die Grundverfügung, die durch die Verhängung des Zwangsmittels durchgesetzt werden soll, verpflichtet worden ist (s.a. SG Frankfurt/Main KKZ 1988, 77). Auszugehen ist von dem allgemeinen Grundsatz, dass **jeder, der durch den Verwaltungsakt verpflichtet** wird, auch die Erzwingung hinnehmen muss; denn die Erzwingung bei Nichtbe- 8

VwVG Vor §§ 6–18

folgung ist ja gerade das Wesensmerkmal der Verpflichtung. Verpflichtet wird durch den Verwaltungsakt zunächst der Adressat, an den er gerichtet ist. Wer im Einzelfall verpflichtet werden kann, richtet sich nach dem materiellen Verwaltungsrecht.

Eine **Gewerbeuntersagungsverfügung** gegen den „Hintermann" kann nicht gegen den „Strohmann" (zu Strohmann-Verhältnissen Pump DStZ 1986, 537) vollstreckt werden; dies ist nur auf Grund einer Untersagungsverfügung gegen den „Strohmann" zulässig (die möglich ist, BVerwG NVwZ 2006, 107). OVG Münster GewArch 1984, 378 versagt dem „Strohmann" zu Recht die Klagebefugnis, wenn eine Betriebsschließung allein auf Grund einer gegen den „Hintermann" gerichteten Festsetzungsverfügung durchgesetzt wird (dazu App WUR 1991, 252).

Der Pflichtige **muss nicht geschäftsfähig** sein, sofern es nicht gerade darum geht, dass rechtsgeschäftliche Handlungen erzwungen werden sollen (so auch Lemke, 70 und 139). Maßgeblich ist allein, ob Zwang gegen ihn erforderlich ist (Sadler/Tillmanns VwVG § 9 Rn. 32). Allerdings wird es sich oft empfehlen, statt eines geschäftsunfähigen Pflichtigen die für ihre Beaufsichtigung verantwortliche Person (→ Rn. 10) in Anspruch zu nehmen. Insbesondere unmittelbarer Zwang wird aber oft gerade gegen den Geschäftsunfähigen selbst angewendet werden müssen (zB gegen einen minderjährigen **Schulschwänzer**, ein Zwangsgeld kommt aber gegenüber den uneinsichtigen Eltern in Betracht, vgl. Sadler/Tillmanns VwVG § 9 Rn. 32; oder gegen einen **gewalttätigen Schüler** bei sofortigem Ausschluss von der Schule, VGH Mannheim DÖV 2004, 349). Die Behörde kann aber gegen den Geschäftsunfähigen und die Aufsichtsperson(en) zugleich vorgehen (→ Rn. 11).

Auch gegen den **Inhaber einer Anwohnerparkberechtigung** kann Zwang angewandt und sein Fahrzeug abgeschleppt werden, wenn dies zur Gefahrenabwehr notwendig ist; denn diese Berechtigung befreit lediglich von der Entrichtung von Parkgebühren und begründet keine weiteren Vorrechte (VGH Mannheim Die Polizei 2005, 149; VG Hamburg NVwZ-RR 2005, 37). **Abschleppen** ist auch dann rechtmäßig, wenn der Berechtigte sein Fahrzeug auf einem Schwerbehindertenparkplatz abstellt, es jedoch versäumt hat, den Parkausweis sichtbar auszulegen (OVG Koblenz NVwZ-RR 2005, 577).

2. Rechtsnachfolger

9   Gegen den Rechtsnachfolger wirkt der Verwaltungsakt, wenn er **objektbezogen** ist, wie zB Maßnahmen gegen den polizeilichen Zustandsstörer; so kann etwa eine naturschutzrechtliche Beseitigungsanordnung gegenüber dem Rechtsnachfolger vollstreckt werden (VGH Mannheim Urt. v. 5.8.1993 – 5 S 567/93). Eine dingliche Rechtsnachfolge gibt es vor allem bei Pflichten, die an das **Eigentum an einem Grundstück** anknüpfen (BVerwG, DÖV 2012, 650), aber zB auch bei festen Anlagen in einem Gewässer wie bei einer Steganlage am Ufer eines Sees (VGH München NVwZ 2000, 1312). **Nicht objektbezogene Verwaltungsakte** erlangen

gegenüber dem Rechtsnachfolger Geltung, nachdem sie diesem gegenüber durch einen neuen Verwaltungsakt vollzugsfähig gemacht worden sind, der nicht mit Erfolg angefochten werden kann, soweit die Feststellungswirkung des ursprünglichen Verwaltungsaktes reicht. Der neue Adressat kann lediglich geltend machen, dass eine Rechtsnachfolge in die Pflicht des Vorgängers nicht stattgefunden habe.

Eine **Rechtsnachfolge in öffentlich-rechtliche Pflichten** ist grundsätzlich möglich und seit langem anerkannt (vgl. v. Mutius VerwArch 62 [1971], 83 ff.). Bei den Voraussetzungen für die Rechtsnachfolge sind Gesamt- und Einzelrechtsnachfolge zu unterscheiden. Im Falle der **Gesamtrechtsnachfolge** tritt der Nachfolger in entsprechender Anwendung von § 1967 BGB auch in die öffentlich-rechtlichen Pflichten des Rechtsvorgängers ein, soweit sie nicht durch den Übergang inhaltlich verändert würden. Maßgeblich ist der Inhalt der Pflicht, nicht ihr Entstehungsgrund. Auch eine durch persönliches Verhalten des Vorgängers begründete Pflicht geht auf den Nachfolger über, wenn die Erfüllung durch ihn im Hinblick auf die Rechtsfolge dieselben Wirkungen hat wie eine Erfüllung durch den Vorgänger (zum Übergang der Handlungshaftung VGH Mannheim BWVPr 1977, 228). Bei der **Einzelrechtsnachfolge** ist dagegen zu unterscheiden, ob der pflichtbegründende Tatbestand im Zusammenhang mit dem Nachfolgevorgang steht. So geht bei **Veräußerung eines Grundstücks** die Zustandshaftung auf den Erwerber über, während die Handlungshaftung beim Veräußerer bleibt (VGH Mannheim NVwZ 1992, 392). Zum Übergang von Handlungshaftung und Zustandshaftung im **Insolvenzverfahren** Schmidt BB 1991, 1275, der – mit vertretbarer Begründung – einen Unterschied zwischen dem Insolvenzverfahren über das Vermögen einer natürlichen Person und dem Insolvenzverfahren über das Vermögen einer Handelsgesellschaft macht. Zur Inanspruchnahme des Insolvenzschuldners als Pflichtigen nach Freigabe eines mit Altlasten belasteten Grundstücks aus der Insolvenzmasse Häsemeyer FS Uhlenbruck, 97 ff., 112 ff., der darauf hinweist, dass sich ohne die Eröffnung des Insolvenzverfahrens die Ordnungsbehörden ohnehin ausschließlich an den Insolvenzschuldner hätten halten können. Bei der umstrittenen Frage, ob der Insolvenzverwalter die Insolvenzmasse durch Freigabe eines Grundstücks an den Insolvenzschuldner aus der Zustandshaftung lösen kann (krit. zB Gusy Rn. 366 mwN), handelt es sich nicht um eine Frage des Verwaltungsvollstreckungsrechts, sondern um eine Frage des Sicherheits- und Ordnungsrechts, die lediglich Vorfrage der Anwendbarkeit verwaltungsvollstreckungsrechtlicher Normen ist.

Zu den Grenzen der Rückwirkung gesetzlich angeordneter Gesamtrechtsnachfolge in abstrakte Polizeipflichten VGH Mannheim, VBlBW 2005, 388; die Quintessenz dieser Entscheidung ist, dass die Ausnahme vom grundsätzlichen verfassungsrechtlichen Rückwirkungsverbot nur für Zeiträume gilt, in denen die Rechtslage unklar oder verworren war.

3. Zurechnung des Verhaltens Anderer

Verantwortlich ist der Pflichtige grundsätzlich nur für sein **eigenes Verhalten.** Doch hat er Vorsorge zu treffen, dass auch **seine Familienangehö-**

rigen und andere bei ihm beschäftigte Personen einem gegen ihn erlassenen Unterlassungsgebot nachkommen (BVerwGE 49, 169 (172)). Insbesondere wenn er die Behandlung eines bestimmten Komplexes vollständig einem Dritten überlässt, muss er sich das Verschulden eines Dritten entsprechend dem in § 278 BGB zum Ausdruck gekommenen allgemeinen Rechtsgedanken als eigenes Verhalten anrechnen lassen (BVerwGE 49, 169 (172)). Wenn allerdings der Dritte selbst unmittelbar der Behörde gegenüber zur Vornahme oder Unterlassung der Handlung verpflichtet ist, muss die Behörde sich an ihn halten, BVerwGE 49, 169 (172); vgl. auch → Rn. 11.

4. Verwaltungsakt gegen mehrere Personen

11 Richtet sich der zu vollziehende Verwaltungsakt (sowie evtl. auch die Androhung und die Festsetzung des Zwangsmittels, VGH München NJW 2000, 3297) gegen **mehrere Personen,** von denen nur eine die gebotene Handlung vornehmen muss, dann muss die Behörde nach pflichtgemäßem Ermessen entscheiden, gegen welchen der Adressaten sie Zwangsmittel anwenden will. Richtlinie ihres Ermessens muss sein, den auszuwählen, der durch den Zwang am wenigsten belastet wird. Das wird in der Regel derjenige sein, der das Gebot mit dem geringsten Aufwand erfüllen kann (→ Rn. 10). Zu Maßnahmen gegen gemeinsam verantwortliche Miteigentümer vgl. BVerwGE 40, 101 und Gusy Rn. 279.

Ist der Pflichtige zur Erfüllung nicht in der Lage, weil er dazu in Rechte Dritter eingreifen müsste, so macht das den Verwaltungsakt selbst nicht rechtswidrig, BVerwGE 40, 101 (103); es hindert aber seine Vollziehbarkeit, bis eine vollziehbare Duldungsanordnung gegen den Dritten erlassen ist (VGH München BayVBl 1977, 52), die nicht durch die Beiladung des Dritten im Anfechtungsprozess des Pflichtigen ersetzt wird (BVerwGE 40, 101). So muss die **Bauaufsichtsbehörde** beispielsweise eine Duldungsanordnung gegen den Verpächter erlassen, wenn sie gegen den Pächter eine Beseitigungsverfügung ausgebracht hat und diese erzwingen will (OVG Koblenz NVwZ-RR 2004, 239). Eine Duldungsanordnung muss vor der Einleitung von Vollstreckungsmaßnahmen auch ergehen, wenn der ursprünglich Verpflichtete den Gegenstand, auf den sich die zu vollstreckende Anordnung bezog, an einen Dritten weiterveräußert hat (so VGH Mannheim NVwZ-RR 1995, 120 für den Fall der **Erzwingung von Brandschutzauflagen** in einem Bürogebäude). Nach OVG Saarlouis AS 24, 253 reicht es aus, wenn die Duldungsanordnung bis zum Beginn der Ausführungsfrist noch ergeht oder die Behörde im Zeitraum zwischen Androhung und Beginn der Ausführungsfrist das Einverständnis des Drittbetroffenen mit der Maßnahme einholt.

Die Anordnung eines Zwangsmittels ist dann hinsichtlich des auf einen **Miteigentümer** einer Bruchteilsgemeinschaft fallenden **Grundstücksteiles** und/oder der auf diesem befindlichen Baulichkeiten als dessen wesentliche Bestandteile nach dem HessVwVG auch möglich, wenn dieser Grundstückteil nicht unter die gemeinsame Verwaltung aller Miteigentümer fällt, sondern dem Pflichtigen zur alleinigen Nutzung überlassen ist (VGH Kassel DÖV 1985, 588).

Vorbemerkung zu §§ 6–18   Vor §§ 6–18 VwVG

VI. Einleitung des Verwaltungszwangs

Eingeleitet werden kann die Verwaltungsvollstreckung **im Fall von** 12
Unterlassungen, wenn konkrete Anhaltspunkte für einen gegenwärtigen
oder künftigen Verstoß gegen die zu erzwingende Unterlassungspflicht vorliegen; es ist nicht erforderlich, dass gegen die Unterlassungspflicht nach Erlass der Grundverfügung bereits verstoßen wurde (VGH Mannheim VBlBW 1996, 214); dies gilt entsprechend auch für Duldungspflichten (Lemke, 122).

VII. Landesrecht

Landesrechtliche Bestimmungen über den Pflichtigen und die Rechts- 13
nachfolge finden sich in folgenden Ländern:
Baden-Württemberg: Nach § 3 S. 1 LVwVG (gilt für die gesamte Verwaltungsvollstreckung) kann die Vollstreckung gegen den Rechtsnachfolger eingeleitet oder fortgesetzt werden, „soweit der Rechtsnachfolger durch den Verwaltungsakt verpflichtet wird und wenn die Vollstreckungsvoraussetzungen in seiner Person vorliegen". Nach § 3 S. 2 LVwVG kann die begonnene Vollstreckung beim Tod des Pflichtigen in den Nachlass fortgesetzt werden.
Brandenburg: Für die gesamte Verwaltungsvollstreckung enthält § 6 VwVG Bbg Regelungen zum „Vollstreckungsschuldner" und zur Rechtsnachfolge.
Hamburg: Nach § 9 HmbVwVG ist Pflichtiger: die Person, gegen die sich der Titel richtet; sein Rechtsnachfolger, soweit der Verwaltungsakt auch gegen ihn wirkt; wer zur Duldung der Vollstreckung verpflichtet ist, soweit die Duldungspflicht reicht. Gegen den Rechtsnachfolger darf erst vollstreckt werden, wenn er von dem Verwaltungsakt Kenntnis erlangt hat und auf die Möglichkeit des Verwaltungszwangs hingewiesen worden ist, es sei denn, dass die Vollstreckung bei Eintritt der Rechtsnachfolger bereits begonnen hatte (§ 8 Abs. 3 HmbVwVG).
Hessen: § 4 HessVwVG (gilt nicht nur für die Erzwingung von Handlungen, Duldungen und Unterlassungen, sondern auch für die Vollstreckung von Geldforderungen).
Niedersachsen: Nach § 72 NdsVwVG gelten § 70 NdsVwVG und § 71 NdsVwVG (→ § 6 Rn. 31) entsprechend für öffentlich-rechtliche Verträge, in denen sich der Verpflichtete der sofortigen Vollstreckung unterworfen hat (→ Rn. 4). § 74 NdsVwVG ermächtigt die Kirchen, in kirchenrechtlichen Vorschriften für den Fall der Nichtbefolgung von Geboten oder Verboten kirchlicher Satzungen oder von kirchlichen Verwaltungsakten im öffentlich-rechtlichen Bereich vorzusehen, dass kirchliche Stellen die Vorschriften des 6. Teils des NdsSOG anwenden. Mit dem „öffentlich-rechtlichen Bereich" sind die Angelegenheiten gemeint, in denen die Kirchen vom Staat verliehene Hoheitsgewalt ausüben (dazu Weber, Grundprobleme des Staatskirchenrechts 1970, 54 ff.).
Saarland: § 16 SaarlVwVG.
Sachsen: § 3 Abs. 1 SächsVwVG stimmt mit § 2 Abs. 1 VwVG des Bundes überein, gilt aber für die gesamte Verwaltungsvollstreckung. § 3 Abs. 3

SächsVwVG (gilt ebenfalls für die gesamte Verwaltungsvollstreckung) stimmt mit § 3 LVwVG BW überein (siehe dort).

Sachsen-Anhalt: Nach § 73 VwVG LSA gelten §§ 71 und 72 VwVG LSA entsprechend für öffentlich-rechtliche Verträge, in denen sich der Verpflichtete der sofortigen Vollstreckung unterworfen hat.

Schleswig-Holstein: §§ 232 Abs. 2 Nr. 2, 233 LVwG.

Thüringen: § 20 ThürVwZVG (gilt nicht nur für die Erzwingung von Handlungen, Duldungen und Unterlassungen, sondern auch für die Vollstreckung von Geldforderungen). Die Vollstreckung gegen den Rechtsnachfolger ist in § 20 Abs. 4 ThürVwZVG zwar nicht im Wortlaut, jedoch im Inhalt übereinstimmend mit § 3 LVwVG BW geregelt.

14 Mit den Verwaltungsvollstreckungsgesetzen der Länder konkurrieren zumeist Vollstreckungsbestimmungen in deren **Polizei-** oder **Sicherheits- und Ordnungsgesetzen.** Probleme wirft die Frage, welches Gesetz im konkreten Fall anzuwenden ist, nur dann und insoweit auf, wenn und als die vollstreckungsrechtlichen Regelungen voneinander abweichen. Meist sind sie miteinander abgestimmt (Gusy Rn. 349). Anderenfalls gilt: Regelt das polizeirechtliche Gesetz den Verwaltungszwang nur für den Polizeivollzugsdienst, so kommt für die Ordnungsbehörden das VwVG des Landes unmittelbar zur Anwendung. Differenziert das polizeirechtliche Gesetz nach den verschiedenen Zwangsmitteln, so ist auf die darin nicht geregelten Zwangsmittel das VwVG des Landes anzuwenden (vgl. Schoch JuS 1995, 308).

§ 6 Zulässigkeit des Verwaltungszwanges

(1) **Der Verwaltungsakt, der auf die Herausgabe einer Sache oder auf die Vornahme einer Handlung oder auf Duldung oder Unterlassung gerichtet ist, kann mit den Zwangsmitteln nach § 9 durchgesetzt werden, wenn er unanfechtbar ist oder wenn sein sofortiger Vollzug angeordnet oder wenn dem Rechtsmittel keine aufschiebende Wirkung beigelegt ist.**

(2) **Der Verwaltungszwang kann ohne vorausgehenden Verwaltungsakt angewendet werden, wenn der sofortige Vollzug zur Verhinderung einer rechtswidrigen Tat, die einen Straf- oder Bußgeldtatbestand verwirklicht, oder zur Abwendung einer drohenden Gefahr notwendig ist und die Behörde hierbei innerhalb ihrer gesetzlichen Befugnisse handelt.**

Übersicht

	Rn.
I. Vollziehbarer Verwaltungsakt als Grundlage des Verwaltungszwangs	1
II. Voraussetzungen der Vollziehbarkeit	2
1. Unanfechtbarkeit	3
2. Anordnung des sofortigen Vollzugs	4
a) Voraussetzungen für die Anordnung	5
b) Anordnungsbefugte Behörde	6

	Rn.
c) Form der Anordnung	7
d) Zeitpunkt der Anordnung	8
3. Ausschluss der aufschiebenden Wirkung von Rechtsbehelfen durch Gesetz	9
a) Anordnungen durch Polizeivollzugsbeamte	10
b) Ausschluss durch förmliche Bundesgesetze	11
c) Ausschluss durch Länder	12
d) Reichweite des Ausschlusses	13
4. Vollzugshindernisse	14
a) Weigerungsrecht von Beginn an	15
b) Nachträgliche Vollzugshindernisse	16
c) Bestandsschutz als Vollzugshindernis	
d) Ermessen zum Verwaltungszwang	17
e) Besonderheit im Insolvenzverfahren	17a
III. Rechtschutz bei Meinungsverschiedenheiten über die Voraussetzungen des Verwaltungszwangs	18
1. Situation bei noch nicht vollziehbaren Verwaltungsakten	19
2. Rechtsschutz bei sofort vollziehbaren Verwaltungsakten	20
3. Rechtsschutz bei fehlender Erzwingbarkeit	21
IV. Verwaltungszwang ohne vorausgehenden Verwaltungsakt	22
1. Voraussetzungen	23
a) Notwendigkeit des sofortigen Eingreifens	24
b) Drohende Gefahr unabhängig vom Verschulden	25
c) Drohende Gefahr für Sicherheit und Ordnung	26
d) Beispiele für drohende Gefahr	27
2. Anwendbare Zwangsmittel	28
3. Handeln innerhalb der gesetzlichen Befugnisse	29
4. Notwendigkeit eines bestätigenden Vollzugsbescheides?	30
V. Landesrecht	31

I. Vollziehbarer Verwaltungsakt als Grundlage des Verwaltungszwangs

Grundlage des Verwaltungszwanges nach § 6 Abs. 1 VwVG ist ein **1** Verwaltungsakt, auch Grundverwaltungsakt oder Grundverfügung genannt (Rachor in Lisken/Denninger Rn. F 860). **Verwaltungsakt** ist jede Verfügung, Entscheidung oder andere hoheitliche Maßnahme, die eine Behörde zur Regelung eines Einzelfalles auf dem Gebiet des öffentlichen Rechts trifft und die auf unmittelbare Rechtswirkung nach außen gerichtet ist (§ 35 S. 1 VwVfG). Ein Verwaltungsakt hat entweder einen rechtsgestaltenden, feststellenden oder gebietenden bzw. verbietenden Inhalt. Nur ein **ge-** oder **verbietender** Verwaltungsakt ist der Vollstreckung zugänglich (Rachor in Lisken/Denninger Rn. F 860). Soweit er die Rechtslage gestaltet oder feststellt, kommt eine Vollstreckung nicht in Betracht; ein rechtsgestaltender Verwaltungsakt liegt auch im **Widerruf der Gaststättenerlaubnis** (VGH Mannheim Beschl. v. 4.11.1993 – 14 S 2322/93: Grundlage für Verwaltungszwang ist erst die Verfügung nach § 31 GastG iVm § 15 Abs. 2 GewO, für die der Konzessionsentzug den Weg freimacht). Erlaubnisse sind der Verwaltungsvollstreckung nicht zugänglich, da sie den Erlaubnisinhaber lediglich berechtigen, etwas Bestimmtes zu tun, ihn jedoch nicht verpflichten, von der Erlaubnis Gebrauch zu machen. Im Einzelfall kann es allerdings vorkommen, dass der Erlaubnisinhaber **auf Grund einer anderen Verfügung** zu dem ihm erlaubten Verhalten zugleich verpflichtet worden ist. Ein solcher Fall kann etwa eintreten, wenn die Gemeinde im Geltungsbereich eines Bebauungsplans den Eigentümer eines Grundstücks gem. § 176 Abs. 1 BauGB durch Bescheid verpflichtet hat, innerhalb einer bestimmten Frist sein Grundstück entsprechend den Festsetzungen des Bebauungsplans zu bebauen **(Bebauungsgebot)** oder ein bereits vorhandenes Gebäude den Festsetzungen des gemeindlichen Bebauungsplans anzupassen **(Anpassungsgebot).** Die Gemeinde kann dem **Grundstückseigentümer** gem. § 176 Abs. 7 BauGB aufgeben, innerhalb einer bestimmten Frist eine Baugenehmigung zu beantragen. Ist der Eigentümer sodann im Besitz der entsprechenden **Baugenehmigung,** ist Vollstreckungstitel indessen **nicht** die Genehmigung, sondern das Bebauungs- bzw. Anpassungsgebot; dies gilt es auseinanderzuhalten. Soweit ein Verwaltungsakt ein Tun oder Unterlassen gebietet (→ Rn. 2 vor § 6 VwVG), kann er nach §§ 6 ff. VwVG vollzogen werden. Duldungsanordnungen sind zB notwendig, um das baurechtliche **Wohnungsbetretungsrecht** (VGH München BayVBl 1987, 21) oder das Recht des Betretens einer Wohnung zur Entnahme einer Wasserprobe nach dem FSG (vgl. VGH München DÖV 1991, 431) durchzusetzen. Im Gegensatz zu modifizierten Auflagen, können „normale" Auflagen unmittelbar vollstreckt werden, da es sich dabei um eine Grundverfügung handelt (SächsOVG, Urt. v. 16.3.2006 – 1 B 735.05; Weber DVBl 2012, 1130 (1132)).

1a Der Grundverwaltungsakt muss an **exakt diejenige natürliche Person,** Personenvereinigung oder Körperschaft gerichtet sein, gegen die vollstreckt werden soll (Gusy Rn. 438).

1b Der Tenor des Grundverwaltungsakts muss **hinreichend bestimmt** sein, so dass sowohl der Pflichtige als auch das mit der Durchsetzung des Grundverwaltungsakts befasste Behördenpersonal unmissverständlich erkennen können, welches Verhalten genau geschuldet ist. Dazu reicht etwa die Formulierung „dafür Sorge tragen, dass" nicht aus (Gusy Rn. 438).

Nur ein **auf gesetzlicher Grundlage** beruhender, **materiell-rechtlich regelnder Verwaltungsakt** kann Grundlage des Verwaltungszwanges sein. Es ist der Verwaltung verwehrt, die Anwendbarkeit des Verwaltungszwanges dadurch herbeizuführen, dass sie mit einem Bürger einen pflichtbegründenden Vertrag schließt und dann von ihm durch Verwaltungsakt verlangt, seine Vertragspflichten zu erfüllen. Wenn die Behörde sich einmal durch den Abschluss eines Vertrages auf die Ebene der Gleichordnung mit dem Bürger begeben hat, ist es ihr verwehrt, dieses Rechtsverhältnis noch einseitig durch Verwaltungsakt zu regeln. Anders scheint die Rechtslage in Bremen zu sein. Nach § 11 Abs. 1 BremVwVG kann die Behörde durch schriftlichen Verwaltungsakt Personen zwingen, etwas zu tun oder zu unterlassen, wozu sie zB durch einen schriftlichen Vergleich also einen öffentlich-rechtlichen Vertrag gegenüber der Behörde verpflichtet sind. Diese Vorschrift bringt aber keinen allgemeinen Grundsatz zum Ausdruck, sondern ist als Ausnahmebestimmung zu werten.

Zulässigkeit des Verwaltungszwanges § 6 VwVG

Das **Hausverbot des Behördenleiters** gegen den Besucher eines Verwaltungsgebäudes ist ein mit Zwangsmitteln nach dem VwVG durchsetzbarer Verwaltungsakt, wenn es auf der öffentlich-rechtlichen Sachherrschaft beruht, eine privatrechtliche Erklärung, wenn es sich auf das zivilrechtliche Eigentum stützt. Die für die Verwaltungspraxis maßgebliche Rechtsprechung differenziert danach, welche Rechtsnormen die Rechtsbeziehungen der Betroffenen und damit das Hausverbot im Einzelfall prägen (vgl. BVerwGE 35, 103 (106); BVerwG NVwZ 1987, 677; VGH Mannheim NJW 1994, 2500; OVG Münster NJW 1995, 1573). In der Wissenschaft herrscht die Auffassung vor, dass das Hausverbot, wenn und weil es der Sicherung der Erfüllung der öffentlichen Aufgaben im Verwaltungsgebäude dient, öffentlich-rechtlich und ein Verwaltungsakt ist (vgl. Maurer § 3 Rn. 34; ferner Sadler/Tillmanns VwVG § 6 Rn. 25 mwN). Es dürfte regelmäßig eine öffentlich-rechtliche Beziehung zwischen dem Hausfriedensstörer und der Behörde bestehen und nur ausnahmsweise eine privatrechtliche, wenn nämlich der Zweck des Besuchs privat ist. Sinnvoll ist es für die Behörde daher im Regelfall, gleichzeitig mit dem Verwaltungsakt den unmittelbaren Zwang (§ 12 VwVG) anzudrohen und die sofortige Vollziehung anzuordnen nach § 80 Abs. 2 Nr. 4 VwGO. Mitunter existieren für bestimmte Bereiche ausdrückliche Normen, die das Hausrecht regeln, zB für Universitäten Art. 24 Abs. 5 BayHochschG oder § 37 Abs. 3 S. 1 NdsHochschG.

Nicht Voraussetzung seiner Erzwingbarkeit ist, dass der **Verwaltungsakt (= Grundverfügung) rechtmäßig ist** (Rachor in Lisken/Denninger Rn. F 865; vgl. OVG Berlin BeckRS 2011, 45088, das nicht den Grundbescheid zur Untersagung der Vermittlung von Sportwetten überprüfte, sondern allein den Zwangsgeldbescheid). Manche Verwaltungsvollstreckungsgesetze ordnen dies ausdrücklich an; doch auch dann, wenn das Gesetz keine ausdrückliche Regelung dieses Inhalts enthält, gilt dasselbe. Aus der rechtsgestaltenden Wirkung des Verwaltungsakts folgt, dass allein er die Vollstreckung trägt, ohne dass es auf die materiell-rechtliche Berechtigung des öffentlich-rechtlichen Vollstreckungsgläubigers ankäme (Lemke in FKS VwVG § 6 Rn. 27 mwN). Denn durch den Erlass eines Verwaltungsakts wird die abstrakt-generelle Regelung des Gesetzes auf die individuell-konkrete Ebene transformiert (Ossenbühl JuS 1979, 683). Der Verwaltungsakt begründet somit eine konkrete Verpflichtung seines Adressaten (Löwer JuS 1980, 806), und zwar auch dann, wenn es sich bei ihm nicht um einen rechtsgestaltenden Verwaltungsakt handelt, sondern um einen gebietenden oder verbietenden (Lemke in FKS VwVG § 6 Rn. 27). Der Verwaltungsakt bildet den Rechtsgrund für die auf seiner Grundlage vorgenommenen Handlungen sowohl auf Seite der Behörde als auch auf Seite seines Adressaten.

Es besteht zwar zu Recht weitgehend Übereinstimmung darüber, dass im **Grundsatz die Rechtswidrigkeit der Grundverfügung nicht auf die Rechtmäßigkeit der Vollstreckungsmaßnahme** durchschlägt (Trennungsgrundsatz). Anders formuliert ist die Wirksamkeit und nicht die Rechtmäßigkeit vorausgegangener Akte Voraussetzung für die Rechtmäßigkeit folgender Vollstreckungsakte, BVerwG NJW 1984, 2591 (2592); BVerwGE 122, 293 (296); BVerfG BayVBl 1999, 303 (304); Muckel JA 2012, 272 (276f).

1c

Allerdings gibt es **in einzelnen Fällen** durchaus unterschiedliche Auffassungen darüber, ob sich nicht doch ausnahmsweise die Rechtswidrigkeit der Grundverfügung auf die Vollstreckungsmaßnahme auswirkt und somit ein **Rechtswidrigkeitszusammenhang** besteht: Dies gilt insbesondere bei der **sofortigen Vollziehung** (gegen Rechtswidrigkeitszusammenhang BVerfGE 87, 399 (409f), BVerfG (K) NVwZ 1999, 290 (292) und speziell für Wasserwerfer BVerwG NVwZ 2009, 122), bei **unverschuldet nicht geltend gemachten Einwendungen** (dagegen Schweikert Verwaltungsvollstreckungsrecht, 195), bei **rechtsmissbräuchlicher Vollstreckung**, wenn die Behörde von der Rechtswidrigkeit Kenntnis besitzt (für einen Rechtswidrigkeitszusammenhang VGH Mannheim NVwZ 1993, 72 (73) und OVG Koblenz Urt. v. 18.2.2010 – 1 A 10973/09), bei **Verstoß gegen EU-Recht** (dafür EuGH Urt. v. 29.4.1999 – Rs. C-224/97, Slg. 1999, S. I-2530; kritisch Schweikert Verwaltungsvollstreckungsrecht, 220 ff. mwN) und bei **nachträglicher Änderung der Sach- und Rechtslage** (zu allen Fallgruppen ausführlich Schweikert Verwaltungsvollstreckungsrecht, 51 ff. und 123 ff., zu letzterer 238 ff.).

II. Voraussetzungen der Vollziehbarkeit

2   § 6 Abs. 1 VwVG betrifft das sog. gestreckte Zwangsverfahren im Gegensatz zum sofortigen Vollzug nach Abs. 2: Die Behörde erlässt zunächst einen Verwaltungsakt, durch den dem Adressaten ein Handeln, Dulden oder Unterlassen aufgegeben wird; wenn er dem nicht Folge leistet, wird der Vollzug eingeleitet (vgl. Muckel JA 2012, 272 (273)). § 6 Abs. 1 VwVG benennt alternativ drei Voraussetzungen der Vollziehbarkeit.

1. Unanfechtbarkeit

3   **Unanfechtbar** ist ein Verwaltungsakt, wenn er nicht mehr mit einem förmlichen Rechtsmittel angefochten werden kann (so wörtlich Art. 19 Abs. 1 Nr. 1 BayVwZVG). Da gegen einen Verwaltungsakt im Regelfall binnen eines Monats Widerspruch erhoben werden kann (§ 70 Abs. 1 S. 1 VwGO), wird er regelmäßig unanfechtbar, wenn die **Widerspruchsfrist von einem Monat** abgelaufen ist, ohne dass der Betroffene Widerspruch eingelegt hat; dasselbe gilt für das Verstreichen der Klagefrist in den Bundesländern, die das Widerspruchsverfahren abgeschafft haben. Wenn jedoch der Beteiligte über den Rechtsbehelf nicht oder nicht vollständig und zutreffend belehrt worden ist, kann der **Widerspruch innerhalb eines Jahres** nach der Bekanntgabe des Verwaltungsaktes noch erhoben werden (§ 70 Abs. 2 iVm § 58 Abs. 2 VwGO). Er wird daher in diesem Fall erst mit Ablauf der Jahresfrist unanfechtbar. Ist fälschlich eine schriftliche Belehrung dahin erfolgt, dass ein Rechtsbehelf nicht gegeben sei, dann ist der Widerspruch auch nicht an die Jahresfrist gebunden (§ 58 Abs. 2 VwGO). In diesem Falle wird der Verwaltungsakt streng genommen niemals unanfechtbar, wenn nicht entweder die richtige Belehrung nachgeholt wird oder der Betroffene erfolglos Widerspruch erhebt. Allerdings wird man der Behörde die Möglichkeit

einräumen müssen, nach Ablauf einer gewissen Zeit die Berufung auf den Mangel der Unanfechtbarkeit mit dem Einwand der Verwirkung abzuwehren. Nicht in Lauf gesetzt wird die Rechtsbehelfsfrist auch im Falle einer **unzutreffenden Fristangabe** in der Rechtsbehelfsbelehrung. Die Berechnung der im Einzelfall konkreten Frist für die Einlegung des Rechtsbehelfs obliegt zwar dem Betroffenen (Kopp/Schenke VwGO § 58 Rn. 11), der erforderlichenfalls gehalten ist, sich die für die Berechnung der Frist notwendigen Kenntnisse selbst zu verschaffen, sei es durch Einholung von Rechtsrat oder durch Rückfrage bei der Behörde, so dass sich in der Rechtsbehelfsbelehrung sowohl die einzelnen Modalitäten der Fristberechnung und der Hinweis auf die Fristverlängerung bei Sonn- oder Feiertagen erübrigen (BVerfGE 31, 390). Jedoch muss der Betroffene abstrakt und verständlich darüber belehrt worden sein, wann die Frist beginnt und wie lange sie läuft.

Dazu zählt namentlich der Hinweis, dass die einmonatige Rechtsbehelfsfrist **mit der Bekanntgabe des Verwaltungsakts** beginnt, dessen Anfechtung in Frage steht. Die Rechtsbehelfsbelehrung braucht nicht anzugeben, an welchem Tag der Verwaltungsakt zur Post gegeben wurde; allerdings hat die Behörde dem Betroffenen auf Anfrage Auskunft darüber zu erteilen, soweit Zweifel bestehen, etwa im Falle eines längeren Zeitraums zwischen der Datierung des Verwaltungsakts und seinem tatsächlichen (nicht dem gesetzlich fingierten) Zugang beim Empfänger.

Die **Rechtsbehelfsbelehrung ist unzutreffend,** wenn eine **zu kurze Frist** angegeben wird (Kopp/Schenke VwGO § 58 Rn. 14), was auch dann der Fall ist, wenn sie anstatt mit „einem Monat" mit „vier Wochen" bezeichnet wird, außer bei zufälliger Identität beider Fristen (wenn sie im Monat Februar eines Nicht-Schaltjahres zu laufen beginnt). Bei Angabe einer **zu langen Frist** wird sowohl die Meinung vertreten, es laufe die falsch angegebene Frist, als auch die, dies stelle lediglich einen Wiedereinsetzungsgrund dar (einerseits etwa BVerwG NJW 1999, 653, andererseits etwa BVerwGE 52, 232). Der Gesetzeswortlaut indes zwingt dazu, auch eine zu lange Frist als „unrichtig erteilt" anzusehen mit der Folge des Laufes der Jahresfrist; der Behörde bleibt es indes unbenommen, eine zutreffende Rechtsbehelfsbelehrung nachzureichen, durch die jedoch die Monatsfrist erst mit ihrem Zugang beim Adressaten in Lauf setzt.

Erhebt der Betroffene innerhalb der Frist **Widerspruch** und es ergeht ein **Widerspruchsbescheid,** so wird der Verwaltungsakt erst dann unanfechtbar, wenn entweder die Klagefrist abgelaufen oder das Verfahren über die erhobene Anfechtungsklage durch rechtskräftige Entscheidung, Klagerücknahme oder Vergleich beendet ist. Dasselbe gilt für die Klage in den Ländern, die das Widerspruchsverfahren abgeschafft haben; hier wird der Verwaltungsakt erst mit Verstreichenlassen der Klagefrist unanfechtbar. Eine außergerichtliche Vereinbarung, mit der ein Widerspruchsführer sich zur Zurücknahme seines Rechtsbehelfs verpflichtet (vgl. BGHZ 79, 131), führt nicht unmittelbar zur Unanfechtbarkeit. Vielmehr muss der Rechtsbehelf im Hinblick auf die Vereinbarung tatsächlich zurückgenommen oder als unzulässig verworfen worden sein. Dies ist insbesondere dann wichtig, wenn die Rücknahme des Rechtsbehelfs von einer Gegenleistung abhängig gemacht worden ist (vgl.

BGHZ 79, 131). Mit der **aufschiebenden Wirkung hat** das alles **nichts zu tun;** denn unanfechtbar wird der Verwaltungsakt nicht dadurch, dass die aufschiebende Wirkung des Rechtsbehelfs ausgeschlossen ist.

Ein Verwaltungsakt darf – außer in Fällen sofortiger Vollziehbarkeit kraft Gesetzes oder behördlicher Anordnung (→ Rn. 6) – **erst vollzogen werden, wenn er unanfechtbar** ist (ebenso Sadler/Tillmanns VwVG § 6 Rn. 72; Detterbeck Rn. 1029; Schwerdtfeger Rn. 130). Etwas anderes dürfte nur gelten, wenn eine ausdrückliche andere Regelung besteht (ebenso Rasch/Patzig VwVG § 6 Anm. I 3a). In der Praxis tut die Behörde gut daran, durch Bestimmung einer ausreichend bemessenen Abwicklungsfrist (§ 36 Abs. 2 Nr. 1 VwVfG) Unklarheiten über die Frage der verfrühten Vollstreckung von vornherein zu vermeiden.

2. Anordnung des sofortigen Vollzugs

4   Ein Verwaltungsakt, der noch nicht unanfechtbar ist, **kann trotzdem schon vollzogen** werden, wenn sein **sofortiger Vollzug** angeordnet ist. Der Unterscheidung von dem Fall in § 6 Abs. 2 VwVG (→ Rn. 22 ff.) dienlicher wäre es, hier von sofortiger „Vollziehung" (wie in § 80 Abs. 2 S. 1 Nr. 4 VwGO) zu sprechen (vgl. Sadler/Tillmanns VwVG § 6 Rn. 131). Zulässig ist die Anordnung der sofortigen Vollziehung auch bei einer Allgemeinverfügung iSv § 35 S. 2 VwVfG (OVG Lüneburg NVwZ-RR 2005, 93).

5   **a) Voraussetzungen für die Anordnung.** Die Voraussetzungen, unter denen die Behörde zur Anordnung des sofortigen Vollzuges berechtigt ist, nennt § 6 Abs. 1 VwVG nicht; sie sind § 80 Abs. 2 S. 1 Nr. 4 VwGO zu entnehmen. Danach ist die Anordnung zulässig, wenn die sofortige Vollziehung im öffentlichen Interesse oder im überwiegenden Interesse eines Beteiligten erforderlich ist. Das überwiegende Interesse eines Beteiligten kann die Anordnung insbesondere bei **Verwaltungsakten mit Doppelwirkung** rechtfertigen, die einen Beteiligten begünstigen und einen anderen belasten (zB eine **Baugenehmigung,** die von einem Nachbarn angefochten wird). In einem solchen Fall wäre es sachlich angemessen, die Ausnutzung der Begünstigung (die ja kein Verwaltungsvollzug ist) im Rahmen von § 123 VwGO zu regeln. Indes hat sich der Gesetzgeber, die bisherige hM aufgreifend, in § 80a VwGO dafür entschieden, auch bei Verwaltungsakten mit Doppelwirkung § 80 Abs. 2 S. 1 Nr. 4 VwGO anzuwenden.

6   **b) Anordnungsbefugte Behörde.** Sowohl die Behörde, die den Verwaltungsakt erlassen hat, als auch die Behörde, die über den Widerspruch zu entscheiden hat (vgl. § 73 Abs. 1 S. 2 VwGO), kann die **sofortige Vollziehung anordnen** (§ 80 Abs. 2 1 Nr. 4 VwGO). Der erlassenden Behörde steht diese **Befugnis auch noch während des Widerspruchsverfahrens und des verwaltungsgerichtlichen Verfahrens** zu, der Widerspruchsbehörde nur bis zur Entscheidung über den Widerspruch (vgl. Sadler/Tillmanns VwVG § 6 Rn. 138). Die Widerspruchsbehörde kann nach Einlegung die Vollziehung des Verwaltungsakts aussetzen. Die Erstbehörde darf die sofortige Vollziehung erneut nur dann anordnen, wenn neue Tatsachen oder Erkenntnisse dies rechtfertigen (vgl. OVG Saarlouis GewArch 1975, 301).

Bei der Entscheidung ist das öffentliche Interesse an der sofortigen Vollziehung gegen das private Interesse des Betroffenen abzuwägen, dass vor der Vollziehung abschließend geklärt wird, ob der Verwaltungsakt rechtmäßig ist. Außer auf die Offensichtlichkeit der Rechtmäßigkeit des zu vollstreckenden Verwaltungsakts kommt es auf die Eilbedürftigkeit der Maßnahme an (vgl. VGH Kassel KKZ 1994, 225 für den Fall einer **Gewerbeuntersagung**).

c) Form der Anordnung. Die Anordnung muss im Regelfall **schriftlich** 7 erfolgen; denn das besondere Interesse an der sofortigen Vollziehung muss schriftlich begründet werden (§ 80 Abs. 3 S. 1 VwGO), wenn nicht die Behörde bei Gefahr im Verzug, insbesondere bei drohenden Nachteilen für Leben, Gesundheit und Eigentum vorsorglich eine als solche bezeichnete Notstandsmaßnahme trifft (§ 80 Abs. 3 S. 2 VwGO). Die **Begründung** darf sich nicht in allgemeinen formelhaften Wendungen erschöpfen (BVerfG, NVwZ 1996, 58; Sadler/Tillmanns VwVG § 6 Rn. 162 ff. mwN), sondern muss auf den konkreten Einzelfall eingehen (Kopp/Schenke VwGO § 80 Rn. 85). Die Anordnung kann, muss aber nicht mit dem Verwaltungsakt selbst verbunden werden (vgl. Kopp/Schenke VwGO § 80 Rn. 83).

d) Zeitpunkt der Anordnung. Die Behörde kann auch **nach Erlass** 8 des Grundverwaltungsaktes **noch seine sofortige Vollziehung anordnen,** nach allg. Meinung selbst dann, wenn sie einen rechtswidrigen Zustand einige Zeit lang hingenommen oder sogar geduldet hat (Sadler/Tillmanns VwVG § 6 Rn. 150 mwN). Allerdings hat die Behörde bei dieser Handhabung das Gleichbehandlungsgebot von Art. 3 Abs. 1 GG zu beachten (VGH Kassel DÖV 2009, 593), sie muss zudem darauf achten, dass die Anordnung und der tatsächliche Vollzug nah beieinander liegen (BVerwG NVwZ 2011, 820).

3. Ausschluss der aufschiebenden Wirkung von Rechtsbehelfen durch Gesetz

Die sofortige Vollziehung braucht nicht besonders angeordnet zu werden, 9 wenn Widerspruch und Anfechtungsklage kraft Gesetzes keine aufschiebende Wirkung haben. Die aufschiebende Wirkung entfällt: bei unaufschiebbaren Anordnungen und Maßnahmen von **Polizeivollzugsbeamten** (§ 80 Abs. 2 S. 1 Nr. 2 VwGO); in anderen durch Bundesgesetz oder für Landesrecht durch Landesgesetz vorgeschriebenen Fällen, insbesondere für Widersprüche und Klagen Dritter gegen Verwaltungsakte, die **Investitionen, die Schaffung von Arbeitsplätzen, Bundesverkehrswege und Mobilfunknetze** betreffen (§ 80 Abs. 2 S. 1 Nr. 3, 3a VwGO); bei Maßnahmen in der Verwaltungsvollstreckung, soweit dies landesrechtlich bestimmt ist (§ 80 Abs. 2 S. 2 VwGO).

a) Anordnungen durch Polizeivollzugsbeamte. Polizeivollzugsbe- 10 amte des Bundes sind die mit polizeilichen Aufgaben betrauten und zur Anwendung unmittelbaren Zwanges befugten Beamten in der Bundespolizei und im Bundeskriminalamt sowie der Inspekteur für die Bereitschaftspolizeien der Länder im Bundesministerium des Innern (§ 1 Abs. 1 Bundespolizeibeamtengesetz), ferner die Beamten des Ordnungsdienstes der Verwaltung des Deutschen Bundestages (§ 1 Abs. 2 BPolBG). Welche Beamtengruppen im Einzelnen zu den Polizeivollzugsbeamten gehören, bestimmt der Bundesminister des Innern auf Grund der ihm erteilten Ermächtigung (§ 1 Abs. 1 S. 2 Hs. 2 BPolBG) durch Verordnung. Nicht zu den Polizeivollzugsbeamten des Bundes gehören die in § 6 Nr. 2 ff. UZwG genannten Vollzugsbeamten; nicht zu den Polizeivollzugsbeamten gehören Bedienstete der Polizei-, Sicherheits- und Ordnungsbehörden, die vom Schreibtisch aus Polizei-, Sicherheits- und Ordnungsverfügungen erlassen (Würtenberger Rn. 515).

Unaufschiebbar ist eine Anordnung oder Maßnahme, wenn ihr Erfolg durch die aufschiebende Wirkung des Widerspruchs bzw. der Anfechtungsklage vereitelt würde (Redeker/von Oertzen VwGO § 80 Rn. 17).

Die durch **amtliche Verkehrszeichen** (nach absolut herrschender Meinung Allgemeinverfügungen: BVerfG NJW 1965, 2395; BVerwGE 27, 181; BGHSt 23, 86, 88) und Verkehrseinrichtungen getroffenen Anordnungen der Straßenverkehrsbehörden stehen entsprechenden Anordnungen und Maßnahmen von Polizeivollzugsbeamten gleich, die unaufschiebbar sind; auch bei ihnen entfällt daher die aufschiebende Wirkung von Widerspruch und Anfechtungsklage (OVG Münster NJW 1982, 2277; Würtenberger Rn. 516; Sadler DVBl. 2009, 297).

11   **b) Ausschluss durch förmliche Bundesgesetze.** Gemäß § 80 Abs. 2 S. 1 Nr. 3 VwGO kann die aufschiebende Wirkung des Rechtsmittels nur durch förmliches Bundesgesetz (umfangreiche Aufzählung bei Sadler/Tillmanns VwVG § 6 Rn. 202; Kopp/Schenke VwGO § 80 Rn. 65) ausgeschlossen werden. Weder eine Rechtsverordnung (vgl. OVG Münster NVwZ-RR 2000, 121; Tettinger/Wahrendorf Verwaltungsprozessrecht § 23 Rn. 12) noch ein Landesgesetz reicht dazu aus, außer wenn es lediglich um den Vollzug landesrechtlicher Vorschriften geht (zu § 90 Schulgesetz Baden-Württemberg VGH Mannheim DÖV 2004, 349). Für ältere Bundesgesetze gilt Folgendes: Das Bundesgesetz braucht nicht jünger zu sein als die VwGO, die am 1.4.1960 in Kraft getreten ist; denn sonst wäre die Regelung des § 80 Abs. 2 S. 1 Nr. 3 VwGO überflüssig. Einen gesetzlichen Ausschluss der aufschiebenden Wirkung enthält auch § 80b Abs. 1 S. 1 VwGO für den Fall der Abweisung einer Anfechtungsklage in erster Instanz; diese Vorschrift ist im Sozialgerichtsverfahren nicht – entsprechend – anzuwenden (LSG Baden-Württemberg DÖV 2008, 650). Für die Praxis ist v.a. die Regelung in § 212a BauGB relevant, nach dem der **Bauherr geschützt** wird vor dem Rechtsmittel des Dritten (vgl. OVG Lüneburg NVwZ-RR 1999, 716).

12   **c) Ausschluss durch Länder.** Auf Grund der **Ermächtigung in § 80 Abs. 2 S. 2 VwGO** haben folgende **Länder** die aufschiebende Wirkung von Rechtsbehelfen gegen Maßnahmen der Verwaltungsvollstreckung ausgeschlossen: Baden-Württemberg (§ 12 LVwVG), Bayern (Art. 21a BayVwZVG; § 5 Abs. 2 BayKatastrophenschutzG), Berlin (§ 4 AGVwGO), Brandenburg (§ 16 VwVG Bbg), Bremen (Art. 11 AGVwGO), Hamburg (§ 29 Abs. 1 HmbVwVG und § 8 AGVwGO), Hessen (§ 16 AGVwGO), Mecklenburg-Vorpommern (§ 99 SOG MV), Niedersachsen (§ 70 NdsVwVG iVm § 64 Abs. 4 NdsSOG), Nordrhein-Westfalen (§ 8 AGVwGO), Rheinland-Pfalz

(§ 20 AGVwGO), Saarland (§ 20 AGVwGO), Sachsen (§ 11 SächsVwVG), Sachsen-Anhalt (§ 9 AGVwGO und § 71 VwGO iVm § 53 Abs. 4 SOG), Schleswig-Holstein (§§ 248 Abs. 1 S. 2, 322 Abs. 1 LVwG), Thüringen (§ 30 ThürVwZVG; § 8, § 8a AGVwGO).

d) Reichweite des Ausschlusses. Der gesetzliche Ausschluss der aufschiebenden Wirkung von Rechtsbehelfen gegen den zu vollziehenden Verwaltungsakt ergreift auch die Rechtsbehelfe gegen Androhung (→ § 18 Rn. 2), Festsetzung (→ § 18 Rn. 9 ff.) und Anwendung von Zwangsmitteln (Sadler/Tillmanns VwVG § 6 Rn. 203). Der gesetzliche Ausschluss der aufschiebenden Wirkung von Rechtsbehelfen gegen Maßnahmen der Verwaltungsvollstreckung (→ Rn. 12) lässt dagegen die aufschiebende Wirkung der Rechtsbehelfe gegen den zu vollziehenden Verwaltungsakt unberührt. Ergreift allerdings die Behörde vor der Erledigung eines Rechtsbehelfs mit aufschiebender Wirkung Maßnahmen der Verwaltungsvollstreckung, so sind diese zwar rechtswidrig, aber trotzdem im Rahmen von § 80 Abs. 2 S. 2 VwGO und der auf seiner Grundlage erlassenen Vorschriften sofort vollziehbar. Diese Regelung ist für den Betroffenen gefährlich. Nutzt die Behörde sie aus, um dem Betroffenen den Rechtsschutz zu verkürzen, so begeht sie eine grobe Amtspflichtverletzung, die einen Schadensersatzanspruch nach § 839 BGB iVm Art. 34 S. 1 GG begründet. 13

4. Vollzugshindernisse

Trotz Vorliegens der Vollziehungsvoraussetzungen von § 6 Abs. 1 VwVG kann die **Durchsetzung** durch Verwaltungszwang von vornherein ausnahmsweise **unzulässig** sein oder nachträglich unzulässig werden. 14

a) Weigerungsrecht von Beginn an. Von vornherein unzulässig ist der Verwaltungszwang, wenn dem Betroffenen ein **Weigerungsrecht** zusteht. Ein solches Recht ist dem Betroffenen unter bestimmten Voraussetzungen eingeräumt bei Auskunftsersuchen zB nach § 52 Abs. 2 und 5 BImSchG (dazu vgl. auch Jarass BImSchG § 52 Rn. 25; Engelhardt/Schlicht BImSchG § 52 Rn. 10), § 47 Abs. 5 KrWG (dazu Sadler/Tillmanns VwVG § 6 Rn. 23). Praktisch bedeutsamer Ausschluss des Verwaltungszwangs im Steuer- und Abgabenermittlungsverfahren, soweit nach dem einschlägigen Gesetz anwendbar: § 393 Abs. 1 AO (dazu BFH/NV 2005, 503; BFH/NV 2006, 15 und BFH/NV 2006, 496). 15

b) Nachträgliche Vollzugshindernisse. Nachträglich entfällt die Vollziehbarkeit eines Verwaltungsaktes, wenn der in ihm ausgesprochenen Verpflichtung Genüge getan ist, aber auch in bestimmten Fällen, wenn der Verwaltungsakt später erlassenen Rechtsvorschriften widerspricht, die auch den von ihm geregelten Fall erfassen (im Allgemeinen wird aber erst das Verfahren nach § 51 Abs. 1 Nr. 1 VwVfG zu durchlaufen sein). Sowohl wenn der Pflichtige dem Verwaltungsakt in vollem Umfang nachgekommen ist als auch wenn die Behörde den Verwaltungsakt mit Erfolg vollzogen hat, kann sie ihn auch dann nicht mehr zur Grundlage einer Verwaltungsvollstreckung machen, wenn zu einem späteren Zeitpunkt erneut ein dem Verwaltungsakt wider- 16 sprechender Zustand eintritt (vgl. OVG Münster DVBl 1979, 732 zu der ersten Alternative); die Behörde muss in einem solchen Fall einen neuen Verwaltungsakt erlassen und diesen vollziehen. Erstreckt die Geltung neuen Rechts sich auch auf bereits vor seinem Inkrafttreten verwirklichte Sachverhalte (zB **neues Baurecht auf bereits bestehende Bauten**), so hindert es die Vollstreckung von Verwaltungsakten (zB einer Abrissverfügung), die nicht mit ihm in Einklang stehen (BVerwGE 5, 351).

c) Bestandsschutz als Vollzugshindernis. Auch der – verfassungsrechtlich gesicherte – **Bestandsschutz** (dazu HBG Öffentliches Baurecht § 2 Rn. 59 ff.) kann der Zwangsanwendung entgegenstehen (dazu Sadler/Tillmanns VwVG § 9 Rn. 46 mwN). Er besteht aber zB nur bei einem **rechtmäßigen Baubestand** (OVG Saarlouis BeckRS 2011, 48384). Der Bestandsschutz wirkt allerdings nicht mehr fort, wenn sich die Lage so wesentlich geändert hat, dass ein Festhalten am bisherigen Zustand nicht zu verantworten ist; so hat etwa VG Gießen NVwZ-RR 2004, 98 den Bestandsschutz hinter den Schutz vor sonst drohenden unerträglichen Schäden durch Luftverunreinigungen zurückgestellt.

17 **d) Ermessen zum Verwaltungszwang.** Wie aus dem Wort „kann" in § 6 Abs. 1 erkennbar liegt die Anwendung des Verwaltungszwangs im **Ermessen der Behörde** (vgl. App JuS 1987, 459). Dabei geht es um das Entschließungsermessen, also um die Frage, ob überhaupt Zwang angewandt werden soll – das Auswahlermessen ist in § 9 Abs. 2 S. 2 VwVG geregelt (zu den Ermessensformen Knack/Henneke VwVfG § 40 Rn. 31). Das Entschließungsermessen, für das die Grundsätze der allgemeinen Ermessenslehre gelten, ist beschränkt durch die enge Verknüpfung zwischen dem auf die Herstellung rechtmäßiger Zustände gerichteten Inhalt des Verwaltungsakts (zB einer **Abbruchanordnung**) einerseits und der häufig fehlenden Bereitschaft der Betroffenen andererseits, den ihn belastenden Verwaltungsakt zu erfüllen. Daraus ergibt sich, dass die Behörde, wenn sie sich schon zum Einschreiten entschieden hat, regelmäßig Zwangsmittel einsetzen soll, um ihre Anordnung nicht leer laufen zu lassen. Das **Ermessen schrumpft auf Null,** wenn zB ein Nachbar einen Anspruch auf Erlass einer **baurechtlichen Beseitigungsanordnung** hat und diesen sogar mit einem rechtskräftigen Verpflichtungsurteil durchsetzt (zur Reduzierung des Ermessens auf Null im Verwaltungsvollstreckungsrecht OVG Münster NVwZ-RR 1996, 182; vgl. auch Lemke, 123). Die zuständige Behörde kann, um ein **Tier** vor Schmerzen, Leiden oder Schäden zu schützen, es gem. § 16a Abs. 1 S. 2 Nr. 2 TierSchG auch veräußern, worin keine entschädigungspflichtige Enteignung nach Art. 14 Abs. 3 GG liegt, sondern eine gesetzlich zulässige entschädigungslose Bestimmung des Inhalts und der Schranken des Eigentums nach Art. 14 Abs. 1 S. 2 GG (dazu Sadler/Tillmanns VwVG § 9 Rn. 50f, Fallbeispiel bei Sadler/Tillmanns VwVG § 15 Rn. 102). OVG Berlin-Brandenburg, Beschl. v. 25.10.2016 – OVG 5 M 20.16, sieht Maßnahmen nach § 16a Abs. 1 S. 2 Nr. 2 TierSchG zu Recht als tierschutzrechtliche Maßnahmen der Verwaltungsvollstreckung an, nicht als eigenständige Verwaltungsakte (Sicherstellung eines Hundes). Die zuständige Behörde kann – wie bei der Vollstreckung wegen Geldforderungen – **Vollstreckungsmaßnahmen** auch (vorläufig oder endgültig) **aussetzen**. Damit wird das **Vollstreckungsverfahren gegenüber dem Pflichtigen unterbrochen** und kann nur nach einer die Beendigung der Aussetzung aussprechenden Verfügung oder nach einer erneuten Androhung des Zwangsmittels fortgesetzt werden (VGH Mannheim NuR 1992, 233).

e) Besonderheit im Insolvenzverfahren. Nicht ausgeschlossen wird die Vollstreckung von Handlungen, Duldungen oder Unterlassungen durch eine dem Wortlaut von § 21 Abs. 2 Nr. 3 InsO entsprechende **Anordnung des Insolvenzgerichts** im Eröffnungsverfahren, durch die Maßnahmen der Zwangsvollstreckung gegen den Schuldner untersagt oder einstweilen eingestellt werden, soweit nicht unbewegliche Gegenstände betroffen sind (LG Mainz ZVI 2002, 203; dazu App EWiR 2003, 377). Unter den Voraussetzungen von § 21 Abs. 1 InsO ist das Insolvenzgericht allerdings berechtigt, auch bestimmte Maßnahmen der Vollstreckung wegen Handlungen, Duldungen oder Unterlassungen zu untersagen oder einstweilen einzustellen. 17a

III. Rechtschutz bei Meinungsverschiedenheiten über die Voraussetzungen des Verwaltungszwangs

Welche **rechtlichen Möglichkeiten** gegeben sind, wenn über die **Voraussetzungen des Verwaltungszwangs nach § 6 Abs. 1 VwVG Streit** entsteht, ergibt sich nicht direkt aus dem Gesetz, da das VwVG keine eindeutige Regelung enthält. Die erforderlichen Entscheidungen müssen daher unter Heranziehung allgemeiner Grundsätze gewonnen werden. 18

1. Situation bei noch nicht vollziehbaren Verwaltungsakten

Wenn eine **Behörde** einen Verwaltungsakt vollzieht, ohne dass er unanfechtbar oder sofort vollziehbar ist, kommt die Anordnung oder Wiederherstellung der aufschiebenden Wirkung von Widerspruch und Anfechtungsklage nicht in Betracht; denn sie setzt voraus, dass der Verwaltungsakt – kraft Gesetzes oder auf Grund besonderer Anordnung der Behörde – sofort vollziehbar ist. Für sie ist kein Raum, wenn Widerspruch und Anfechtungsklage kraft Gesetzes aufschiebende Wirkung haben und die Behörde keine gegenteilige Anordnung erlassen hat (§ 80 Abs. 2 S. 1 Nr. 4 VwGO). Eine einstweilige Anordnung auf der Grundlage von § 123 VwGO kann auch nicht erlassen werden. Denn § 123 Abs. 5 VwGO schließt nach seinem klaren Wortlaut die Anwendung dieser Vorschrift auf die Vollziehung eines angefochtenen Verwaltungsaktes oder die Beseitigung der aufschiebenden Wirkung eines Rechtsbehelfs aus. 19

Das Verwaltungsgericht kann jedoch auf Antrag des Betroffenen auf der Grundlage von § 80 Abs. 5 S. 3 VwGO alle Maßnahmen treffen, die erforderlich sind, um die aufschiebende Wirkung des Rechtsbehelfs durchzusetzen. Nach seiner Stellung im Gesetz bezieht § 80 Abs. 5 S. 3 VwGO sich allerdings unmittelbar nur auf die Fälle, in denen das Gericht selbst gemäß § 80 Abs. 5 S. 1 VwGO die aufschiebende Wirkung ganz oder teilweise anordnet oder wiederherstellt. Der Fall, dass eine Behörde die kraft Gesetzes (§ 80 Abs. 1 VwGO) bestehende aufschiebende Wirkung nicht beachtet und ohne vorherige Anordnung gemäß § 80 Abs. 2 S. 1 Nr. 4 VwGO den angefochtenen Verwaltungsakt vollzieht, ist im Gesetz nicht ausdrücklich geregelt. Auch in diesem Fall muss dem Betroffenen aber Rechtsschutz gewährt werden. Denn ohne solchen Rechtsschutz wäre § 80 Abs. 1 VwGO ohne rechtliche Wirkung.

Für die Gewährung des demnach **erforderlichen Rechtsschutzes** bietet eine entsprechende Anwendung von § 80 Abs. 5 S. 3 VwGO die nächstliegende Rechtsgrundlage. Wenn das Gericht auf Grund dieser Vorschrift in den Fällen, in denen es selbst gemäß § 80 Abs. 5 S. 1 VwGO die aufschiebende Wirkung anordnet oder wiederherstellt, diese aufschiebende Wirkung gegenüber bereits erlassenen Vollziehungsmaßnahmen durchsetzen kann, ist kein durchgreifender Grund ersichtlich, warum es nicht auch zum Erlass der Maßnahmen befugt sein soll, die erforderlich sind, um die kraft Gesetzes bestehende aufschiebende Wirkung eines Rechtsbehelfs durchzusetzen. Der zweite Fall unterscheidet sich von dem ersten nur in der rechtlichen Grundlage der aufschiebenden Wirkung. Im ersten Fall beruht sie auf einem Beschluss des Gerichts, im zweiten unmittelbar auf dem Gesetz. Der Inhalt der aufschiebenden Wirkung ist in beiden Fällen derselbe. Denn gemäß § 80 Abs. 5 S. 1 VwGO ordnet das Gericht nur an bzw. stellt es wieder her, was kraft § 80 Abs. 1 VwGO allgemein gilt und nur im Einzelfall durch § 80 Abs. 2 VwGO ausgeschlossen ist (OVG Münster NJW 1970, 1812).

2. Rechtsschutz bei sofort vollziehbaren Verwaltungsakten

20   Ist der Verwaltungsakt **kraft Gesetzes oder besonderer Anordnung** sofort vollziehbar, so ist der **Rechtsschutz** in § 80 VwGO abschließend geregelt. Der Betroffene kann – schon vor Erhebung der Anfechtungsklage (§ 80 Abs. 5 S. 2 VwGO) – bei dem Gericht, das mit der Hauptsache befasst ist oder für eine Anfechtungsklage zuständig wäre, beantragen, die aufschiebende Wirkung von Widerspruch und Anfechtungsklage wiederherzustellen bzw. – in den Fällen von § 80 Abs. 2 S. 1 Nr. 1–3 VwGO – anzuordnen. Der VGH München verlangt für solche Anträge allerdings ein Rechtsschutzbedürfnis, das dann fehle, wenn der Antragsteller das anhängige Hauptsacheverfahren ungebührlich lange Zeit nicht betrieben habe (VGH München NVwZ 2009, 310). Obwohl einem Rechtsbehelf kraft Gesetzes keine aufschiebende Wirkung zukam (vgl. VGH Kassel NuR 1979, 36), so ist der Antrag des Betroffenen auf **Wiederherstellung** der aufschiebenden Wirkung als ein solcher auf entsprechende **Anordnung** anzusehen. Gibt die Behörde zu erkennen, dass sie einen Verwaltungsakt (fälschlich) für vollziehbar hält, dann kann der Betroffene beim Verwaltungsgericht im Verfahren auf einstweiligen Rechtsschutz die Feststellung beantragen, dass ein eingelegter Rechtsbehelf aufschiebende Wirkung hat (VGH Mannheim VBlBW 1988, 19), wenn dafür ein Rechtsschutzinteresse besteht, weil Vollziehungsmaßnahmen drohen. Aus dem Grundsatz des Anspruchs auf effektiven Rechtsschutz (Art. 19 Abs. 4 GG) folgt, dass die Vollstreckung des angefochtenen Verwal-

tungsakts bereits mit Stellung des Antrags auf Anordnung oder Wiederherstellung der aufschiebenden Wirkung einzustellen ist (Erichsen/Ehlers § 26 Rn. 17 mwN); Ausnahmen sind möglich bei Anträgen, die offenkundig allein zur Verfahrensverschleppung eingelegt worden sind.

3. Rechtsschutz bei fehlender Erzwingbarkeit

Wird geltend gemacht, dass der Verwaltungsakt zwar nicht rechtswidrig, **21** aber trotzdem **nicht erzwingbar** (→ Rn. 15) oder **keine zulässige Vollziehungsgrundlage** mehr (→ Rn. 16) sei, dann stehen dem Betroffenen die Rechtsschutzmöglichkeiten von § 80 VwGO nicht zur Verfügung, da sie voraussetzen, dass die Rechtswidrigkeit des Verwaltungsaktes geltend gemacht wird und noch geltend gemacht werden kann. In diesem Fall kann der Betroffene sich nur gegen die Maßnahmen des Verwaltungszwangs wenden und geltend machen, dass sie mangels erzwingbaren Grundverwaltungsakts rechtswidrig sind.

IV. Verwaltungszwang ohne vorausgehenden Verwaltungsakt

Unter den besonderen Voraussetzungen von § 6 Abs. 2 VwVG **kann Ver- 22 waltungszwang ohne vorausgehenden Verwaltungsakt** angewendet werden (Haurand/Vahle DVP 2000, 315 mit Checklisten; Sadler Die Polizei 2006, 1); auf das rechtsichernde Verfahren wird hier zu Gunsten der Effektivität der Gefahrenabwehr verzichtet (Rachor in Lisken/Denninger Rn. F 871). Die Bezeichnung „sofortiger Vollzug" kann sich hier nur auf das Gesetz selbst beziehen, denn es ist kein Verwaltungsakt vorhanden, der vollzogen werden könnte (zur Begriffsbildung auch Schmitt-Kammler NWVBl 1989, 389; da die Diktion von Verwaltungsvollstreckungsgesetzen, polizeirechtlichen Vorschriften und der VwGO nicht miteinander abgestimmt ist, herrscht gerade **in diesem Bereich ein besonders undurchsichtiger Begriffswirrwarr;** zustimmend Marwinski in Brandt/Sachs Rn. E 68). Vielmehr handelt es sich um selbständige Zwangsmaßnahmen, die ihre Grundlage allein im Gesetz finden; Maurer § 20 Rn. 26 betrachtet den sofortigen Vollzug als Realakt. Der sofortige Vollzug iSv § 6 Abs. 2 VwVG ist auch dann zulässig, wenn die Behörde bereits einen Verwaltungsakt erlassen hat, neue Tatsachen aber die Durchführung des Verwaltungsverfahrens nach den allgemeinen Vorschriften unmöglich machen, sondern ein sofortiges Vorgehen erfordern (vgl. Sadler/Tillmanns VwVG § 6 Rn. 287 ff.; Marwinski in Brandt/Sachs Rn. E 74; Erichsen/Rauschenberg Jura 1998, 41; aber auch § 229 Abs. 2 LVwG SH).

1. Voraussetzungen

Die Anwendung von Verwaltungszwang ohne vorausgegangenen Verwal- **23** tungsakt setzt voraus, dass Zwangsmaßnahmen notwendig sind zur **Verhinderung** einer **rechtswidrigen Tat,** die einen Straf- oder Bußgeldtatbestand verwirklicht, oder zur **Abwendung einer drohenden Gefahr** (zB Abschleppen von KfZ oder Bestattung eines Verstorbenen bei zunächst nicht bekannten Angehörigen, weitere Beispiele aus der Rspr. bei Sadler/Tillmanns

VwVG § 6 Rn. 337). Des Weiteren wird man einen vorangegangenen Verwaltungsakt dann nicht verlangen können, wenn der Pflichtige selbst den Geschehensablauf nicht mehr beeinflussen kann, wie im Falle eines **Hundes,** der auf Zurufe seines Halters nicht mehr reagiert und zu einer unmittelbaren Bedrohung für Leben und Gesundheit anderer wird (Rachor in Lisken/Denninger Rn. F 881).

24 a) **Notwendigkeit des sofortigen Eingreifens.** Sofortiges Eingreifen muss notwendig sein, d. h. es muss die überwiegende Wahrscheinlichkeit (mindestens Anscheinsgefahr; vgl. Sadler/Tillmanns VwVG § 6 Rn. 315) bestehen (vgl. BVerwGE 39, 190; 45, 51; BGHZ 5, 144, 149), dass der Zweck der Maßnahme auf normalem Wege, d h durch Erlass eines Verwaltungsaktes mit sofortiger Vollziehbarkeit (§ 80 Abs. 2 S. 1 Nr. 2 oder 3 VwGO), nicht erreicht werden könnte (vgl. OVG Berlin NVwZ-RR 2000, 649; OVG Münster NVwZ-RR 2008, 437). Die Notwendigkeit wird vom Verwaltungsgericht in vollem Umfang nachgeprüft; die Behörde hat keinen Beurteilungsspielraum (OVG Münster OVGE 7, 27, 34). Die Rechtmäßigkeit des behördlichen Vorgehens einschließlich etwaiger Vollstreckungsmaßnahmen ist in den Fällen von „Anscheinsgefahr" oder „Gefahrenverdacht" ausschließlich aus der ex-post-Perspektive zu beurteilen (Finger DVBl 2007, 800).

25 b) **Drohende Gefahr unabhängig vom Verschulden.** Während ursprünglich der sofortige Vollzug nach der ersten Alternative von § 6 Abs. 2 VwVG „zur Verhinderung strafbarer Handlungen" notwendig sein musste, wird seit 1974 (Art. 36 EGStGB) durch die geltende Formulierung klargestellt, dass es lediglich auf die (drohende) **objektive Tatbestandsverwirklichung** ankommt; schuldhaftes Handeln ist nicht erforderlich. Sollen etwa durch zügige Errichtung mehrerer Lauben vollendete Tatsachen geschaffen werden, so ist das sofortige Betreten des Grundstücks zur Verhinderung einer rechtswidrigen Tat, die einen Bußgeldtatbestand – objektiv – verwirklicht, ohne vorausgehenden Verwaltungsakt zulässig (OVG Berlin DÖV 1988, 385).

26 c) **Drohende Gefahr für Sicherheit und Ordnung.** In der zweiten Alternative muss die drohende Gefahr sich **gegen die öffentliche Sicherheit und Ordnung** (als Schutzgut im Bereich der Gefahrenabwehr anerkannt; vgl. BVerfG NJW 2001, 1406) richten (so ausdrücklich: § 27 HmbVwVG). Dass sie unmittelbar bevorstehen muss, ergibt sich schon daraus, dass andernfalls der sofortige Zwang nicht notwendig ist. Wenn eine Zeitspanne gegeben ist, um ordnungsbehördliche Maßnahmen auf dem für den Regelfall vorgesehenen Weg anzuordnen und durchzusetzen, darf der sofortige Zwang nicht angewandt werden. Dagegen ist die Behörde nicht gehalten, vorweg Nichtstörer in Anspruch zu nehmen; der **Nachrang der Inanspruchnahme des Nichtstörers gegenüber dem Störer** hat stärkeres Gewicht als der Nachrang des Sofortvollzugs gegenüber der regulären Vollstreckung des Grundverwaltungsakts (so zutreffend Rachor in Lisken/Denninger Rn. F 882).

27 d) **Beispiele für drohende Gefahr.** Anzunehmen ist eine drohende Gefahr etwa im Bereich des **Aufenthaltsrechts,** wenn bei einem **ausreise-**

pflichtigen und inhaftierten Ausländer die Prognose besteht, dass er bei Haftentlassung untertaucht und sich der angedrohten **Abschiebung** entzieht; die Prognose kann sich darauf stützen, dass er sich zuvor illegal im Bundesgebiet aufhielt und überhaupt keine Kooperationsbereitschaft mit den Behörden zeigte. Eine Anordnung iSd § 82 Abs. 4 S. 1 AufenthG ist demnach entbehrlich, und das im Wege des unmittelbaren Zwangs durchgesetzte persönliche Erscheinen des Betroffenen bei der Vertretung des Staates, dessen Staatsangehörigkeit er vermutlich besitzt, kann auf die landesrechtliche Vorschrift iVm § 6 Abs. 2 VwVG gestützt werden (OVG Berlin BeckRS 2012, 58008). Ein klassischer Fall der drohenden Gefahr ist gegeben, wenn der Verpflichtete trotz Fristsetzung durch die Behörde **Schnee oder Eis nicht beseitigt;** dann ist die Beauftragung einer Firma im Wege der Ersatzvornahme nach § 10 VwVG möglich (VG Berlin BeckRS 2011, 51927).

Eine drohende Gefahr liegt allerdings nicht bereits regelmäßig vor, wenn eine für **unbewohnbar gehaltene Wohnung** geräumt ist und vermutet wird, dass sie von dem Eigentümer oder einem neuen Mieter bezogen werden soll. Vielmehr müssen besondere Umstände hinzukommen, welche die Anwendung des sofortigen Zwangs rechtfertigen, zB die Gewissheit, dass Verfügungsberechtigte behördliche Verbote missachten oder dass Unbefugte unter Missachtung der Rechte des Verfügungsberechtigten beabsichtigen, die Wohnung sofort zu beziehen (OVG Münster NJW 1965, 2219). Die Angabe (in einer Gefahrenmeldung), dass „**lose Mauerteile**" bzw. „einige lose Steine" aus einem **Ruinengrundstück** den Straßenverkehr gefährdeten, ist zu unbestimmt; diese Unbestimmtheit geht im Streitfall zu Lasten der Behörde, die durch den sofortigen Zwang die Beweismittel für die Gefahr vernichtet hat, OVG Münster OVGE 7, 27 (33f).

Bei einer durch die Polizei durchgeführten **Identitätsfeststellung** und – wegen der Weigerung des Betroffenen zur Mitwirkung und zur Angabe seiner Daten – dabei angewendetem unmittelbaren Zwang hat das BVerwG das Vorliegen einer drohenden Gefahr für polizeilich geschützte Rechtsgüter verneint. Ebenso verneinte es das Vorliegen einer Ordnungswidrigkeit nach § 111 Abs. 1 OwiG, da die bloße Weigerung, die zur Identitätsfeststellung notwendigen Angaben zu machen, als solche den Tatbestand dieser Ordnungswidrigkeit nicht erfülle; daher liegen die Voraussetzungend des § 6 Abs. 2 in einem solchen Fall nicht vor (BVerwG Beschluss v. 21.1.2019, BeckRS 2019, 1798, Rn. 33).

2. Anwendbare Zwangsmittel

Hinsichtlich der **anwendbaren Zwangsmittel** enthält § 6 Abs. 2 keine 28 ausdrückliche Beschränkung (anders: Art. 35 BayVwZVG; § 27 HmbVwVG; § 61 Abs. 2 VwVG RP; § 230 Abs. 1 LVwG SH). Trotzdem kommen hier praktisch nur Ersatzvornahme (§ 10 VwVG) und unmittelbarer Zwang (§ 12 VwVG) in Betracht. Die Verhängung eines Zwangsgeldes könnte im Rahmen von § 6 Abs. 2 VwVG ihren Zweck nicht erfüllen (ebenso Erichsen/Rauschenberg Jura 1998, 41). Der psychologische Zwang, durch den das Zwangsgeld wirkt, macht die Androhung unverzichtbar (ebenso OVG Münster OVGE 7, 27 (29)).

Wenn aber noch eine Androhung möglich ist, kann mit ihr auch der nach § 6 Abs. 1 VwVG erforderliche Verwaltungsakt verbunden werden; „sofortiger Vollzug" ist daher nicht „notwendig".

Wenn auch der **unmittelbare Zwang** grundsätzlich ohne vorausgehenden Verwaltungsakt und damit auch ohne vorherige Androhung (§ 13 Abs. 1 UZwG) angewendet werden darf, so sind doch die Anwendung von **Schusswaffen** (§ 13 Abs. 1 S. 1 UZwG) und **Explosivmitteln** (§ 14 in Verbindung mit § 13 Abs. 1 S. 1 UZwG) sowie der Einsatz von **Wasserwerfern** und **Dienstfahrzeugen** gegen eine Menschenmenge (§ 13 Abs. 2 UZwG) stets anzudrohen. Damit begründet das UZwG als Spezialgesetz Ausnahmen von den allgemeineren Vorschriften des VwVG (so schon Wacke JZ 1962, 138).

3. Handeln innerhalb der gesetzlichen Befugnisse

29 Innerhalb ihrer gesetzlichen Befugnisse handelt die Behörde, wenn sie – abgesehen von § 6 Abs. 2 VwVG – dafür zuständig und auf Grund des materiellen Verwaltungsrechts berechtigt ist, von dem in Anspruch Genommenen das Tun oder Unterlassen zu verlangen, das sie erzwingt (VGH Mannheim Urteil v. 13.2.2018, BeckRS 2018, 1909 – Rn. 69). Damit normiert § 6 Abs. 2 VwVG für den Fall des sofortigen Vollzugs eine Abweichung vom sonst geltenden allgemeinen vollstreckungsrechtlichen Grundsatz, nach dem die Rechtmäßigkeit der Grundverfügung für die Rechtmäßigkeit der Vollstreckungsmaßnahme unerheblich ist (BVerwG NVwZ 2009, 122 Rn. 12). Dahinter steht der Gedanke, dass der Verzicht auf einen Grundverwaltungsakt oder auf die Einhaltung der regulären Vollstreckungsvoraussetzungen wie z.B. die schriftliche Androhung, nur dann akzeptabel ist, wenn der (ggf. fiktive) Grundverwaltungsakt rechtmäßig ist (VGH Mannheim Urteil v. 13.2.2018, BeckRS 2018, 1909 – Rn. 69).

4. Notwendigkeit eines bestätigenden Vollzugsbescheides?

30 Zuweilen wird die Auffassung vertreten, eine Behörde, die sofortigen Zwang nach § 6 Abs. 2 VwVG angewandt hat, sei verpflichtet, dem Betroffenen nachträglich einen bestätigenden Vollzugsbescheid zu erteilen (Sadler/Tillmanns VwVG § 18 Rn. 15; OVG Münster DVBl 1973, 924; Oldiges in Grimm/Papier, 286); nur so könne die umfassende Kontrolle der Gerichte über die Verwaltung gesichert werden. Eine Parallelregelung findet sich für das zivilprozessuale Arrestverfahren in § 926 ZPO (im Verwaltungsarrest ist die Wirkung – ohne die Frist in § 926 ZPO – ähnlich, da bei Ausbleiben des Festsetzungsverwaltungsaktes die Arrestforderung durch Festsetzungsverjährung erlöschen würde). Es trifft zwar zu, dass gegen den sofortigen Zwang dieselben Rechtsbehelfe wie gegen Verwaltungsakte allgemein zulässig sind (§ 18 Abs. 2; → § 18 Rn. 7). Gerade deshalb bedarf es aber **keines besonderen Vollzugsbescheides** (so auch Pietzner VerwArch 1991, 291; Dietlein NWVBl 1991, 81). Nach OVG Münster NWVBl 1994, 154 sind im Sofortvollzug durchgeführte Maßnahmen in entsprechender Anwendung von § 37 Abs. 2 VwVfG einer schriftlichen Bestätigung zugänglich; diese soll jedoch keinen eigenständigen Verwaltungsakt darstellen (so auch Marwinski in Brandt/Sachs Rn. E 75).

V. Landesrecht

Baden-Württemberg: Mit § 6 Abs. 1 VwVG im Wesentlichen inhaltsgleich § 2 LVwVG (gilt für die gesamte Verwaltungsvollstreckung; allerdings fehlt der Verwaltungsakt, dessen sofortiger Vollzug angeordnet ist). § 21 LVwVG lässt die Vollstreckung vor Unanfechtbarkeit des Verwaltungsakts zu, wenn die Abwehr einer Gefahr für die öffentliche Sicherheit oder Ordnung es erfordert. Fremd ist dem LVwVG der Verwaltungszwang ohne vorausgehenden Verwaltungsakt (da der Gesetzgeber augenscheinlich vom engen Zwangsbegriff ausgegangen ist; → Rn. 1 vor § 6). An dessen Stelle tritt die unmittelbare Ausführung der zur Aufrechterhaltung der öffentlichen Sicherheit und Ordnung erforderlichen Maßnahmen durch die Polizeibehörden, die in § 8 PolG geregelt und von der Verwaltungsvollstreckung zu unterscheiden ist (vgl. Mußgnug in Maurer/Hendler, 146). Sachlich sind diese Vorschriften gleichwohl vollstreckungsrechtlicher Natur, so zutr. Gusy, 351 Fn. 7. Zum Sofortvollzug **rechtswidriger** polizeilicher Verfügungen in Baden-Württemberg Heckmann VBlBW 1993, 41. 31

Bayern: Mit § 6 Abs. 1 VwVG inhaltsgleich Art. 19 Abs. 1 BayVwZVG (gilt für die gesamte Verwaltungsvollstreckung). Mit § 6 Abs. 2 VwVG im Wesentlichen inhaltsgleich Art. 35 BayVwZVG. Im Bereich des Polizeirechts gibt es eine Ermächtigungsgrundlage zum sofortigen Vollzug in Art. 53 Abs. 2 PAG. Zu den allgemeinen Vollstreckungsvoraussetzungen iSv Art. 19 Abs. 1 BayVwZVG zählt das Vorliegen einer – gleichfalls vollstreckbaren – behördlichen Anordnung auf Handeln, Unterlassen oder Dulden gegenüber dem geschäftsführungsbefugten Mitgesellschafter (VGH München BayVBl 2001, 752).

Berlin: Nach § 5a S. 1 BlnVwVfG gilt das VwVG des Bundes in der jeweils gültigen Fassung.

Brandenburg: § 3 VwVG Bbg stimmt mit § 6 Abs. 1 VwVG überein, enthält aber nicht ausdrücklich die Vollstreckungsmöglichkeit für den Fall der Anordnung des sofortigen Vollzugs. Im Vergleich zu § 6 Abs. 2 VwVG hat der Landesgesetzgeber in § 27 Abs. 1 S. 2 VwVG Bbg die Verhinderung einer straf- oder bußgeldbewehrten rechtswidrigen Tat nicht als Grund für Verwaltungszwang ohne Grundverwaltungsakt anerkannt.

Bremen: Mit § 6 Abs. 1 VwVG sachlich gleich § 11 Abs. 1 BremVwVG. Mit § 6 Abs. 2 VwVG im Wesentlichen gleichlautend § 11 Abs. 2 BremVwVG.

Hamburg: Mit § 6 Abs. 1 VwVG inhaltsgleich § 3 Abs. 3 HmbVwVG. Eine dem § 6 Abs. 2 VwVG ähnliche Ausnahmevorschrift enthält § 27 HmbVwVG. Nach § 8 Abs. 1 S. 1 HmbVwVG darf die Vollstreckung erst beginnen, wenn eine für die Befolgung des Verwaltungsakts gesetzte Frist verstrichen und der Pflichtige darauf hingewiesen worden ist, dass die zulässigen Zwangsmittel gegen ihn angewendet werden können. Diese Frist kann dann, wenn der zu vollstreckende Verwaltungsakt sofort vollziehbar ist, rechtsfehlerfrei kürzer bemessen werden als die Widerspruchsfrist (OVG Hamburg DÖV 1987, 653).

Hessen: Mit § 6 Abs. 1 VwVG im Wesentlichen inhaltsgleich § 2 HessVwVG (gilt für die gesamte Verwaltungsvollstreckung), er enthält aber nicht ausdrücklich die Vollstreckungsmöglichkeit für den Fall der Anordnung des sofortigen Vollzugs. Die Möglichkeit der unmittelbaren Ausführung ist in § 72 Abs. 2 HessVwVG vorgesehen, wenn dies zur Abwehr einer gegenwärtigen Gefahr für die öffentliche Sicherheit oder Ordnung erforderlich ist.

Mecklenburg-Vorpommern: Mit § 6 Abs. 1 VwVG im Wesentlichen inhaltsgleich § 80 Abs. 1 SOG MV, allerdings ohne die ausdrückliche Vollstreckungsmöglichkeit für den Fall der Anordnung des sofortigen Vollzugs. § 80 Abs. 2 SOG MV regelt abweichend von § 6 Abs. 2 VwVG den Fall, in dem zwar ein Verwaltungsakt vorliegt, aus besonderen Gründen aber auf die allgemeinen Voraussetzungen der Vollziehbarkeit verzichtet wird. Mit § 6 Abs. 2 VwVG im Wesentlichen gleichlautend § 81 Abs. 1 SOG MV. § 81 Abs. 2 SOG MV schreibt die unverzügliche Benachrichtigung des Verantwortlichen von der Durchführung der Ersatzvornahme vor.

Niedersachsen: Mit § 6 Abs. 1 VwVG (bis auf die Erwähnung der Herausgabe einer Sache) gleichlautend § 64 Abs. 1 NdsSOG. § 71 NdsVwVG enthält besondere Vorschriften über die Durchsetzung der Herausgabe oder Räumung eines Grundstücks, eines Raumes durch eines Schiffes sowie einer beweglichen Sache. Sofortiger Zwang ist nach § 64 Abs. 2 NdsSOG zulässig, 1. zur Abwehr einer gegenwärtigen Gefahr, 2. zur Durchsetzung gerichtlich angeordneter Maßnahmen, die einer Verwaltungsbehörde oder der Polizei obliegen. § 64 Abs. 2 S. 2 NdsSOG ordnet an, dass der Betroffene zu benachrichtigen ist.

Nordrhein-Westfalen: § 55 Abs. 1 und Abs. 2 VwVG NRW ist fast inhaltsgleich mit § 6 Abs. 1 und 2 VwVG; nur für die Herausgabe einer Sache verweist § 55 Abs. 3 auf § 44 Abs. 3 und 4 VwVG NRW (→ § 315 AO Rn. 6).

Rheinland-Pfalz: Mit § 6 Abs. 1 VwVG hinsichtlich der Vollstreckungsvoraussetzungen inhaltsgleich § 61 Abs. 1 LVwVG RP (gilt für die gesamte Verwaltungsvollstreckung), womit die Anwendbarkeit von Zwangsmitteln begründet wird. Mit § 6 Abs. 2 VwVG im Wesentlichen gleichlautend § 61 Abs. 2 LVwVG RP.

Saarland: Im Wesentlichen gleichlautend § 18 SaarlVwVG (sofortiger Zwang zur Abwendung einer unmittelbar drohenden Gefahr). Zur Erzwingung von Verhaltenspflichten speziell nach dem SaarlVwVG mit praktischen Hinweisen Schröder SKZ 2005, 148.

Sachsen: Die Regelung von § 6 Abs. 1 VwVG des Bundes findet sich in § 2 S. 1 Nr. 2 iVm § 19 Abs. 1 SächsVwVG, zur Regelung in § 6 Abs. 2 VwVG des Bundes findet sich eine mit § 21 LVwVG BW (siehe dort) sachlich übereinstimmende Parallelregelung in § 21 SächsVwVG.

Sachsen-Anhalt: § 71 Abs. 1 VwVG LSA verweist hinsichtlich der Erzwingung von Handlungen, Duldungen und Unterlassungen auf den Vierten Teil des Gesetzes über die öffentliche Sicherheit und Ordnung des Landes Sachsen-Anhalt.

Vollzugsbehörden **§ 7 VwVG**

Schleswig-Holstein: Mit § 6 Abs. 1 VwVG im Wesentlichen inhaltsgleich § 229 Abs. 1 LVwG SH. § 229 Abs. 2 LVwG SH regelt abweichend von § 6 Abs. 2 VwVG den Fall, in dem zwar ein Verwaltungsakt vorliegt, aus besonderen Gründen aber auf die allgemeinen Voraussetzungen der Vollziehbarkeit verzichtet wird. Mit § 6 Abs. 2 im Wesentlichen gleichlautend § 230 Abs. 1 S. 1 LVwG SH.
Thüringen: Die Regelung in § 6 Abs. 1 VwVG des Bundes findet sich in § 19 iVm § 44 Abs. 1 ThürVwZVG; mit § 6 Abs. 2 VwVG des Bundes stimmt § 54 ThürVwZVG sachlich überein (bis auf die Erwähnung des Bußgeldtatbestandes).

§ 7 Vollzugsbehörden

(1) **Ein Verwaltungsakt wird von der Behörde vollzogen, die ihn erlassen hat; sie vollzieht auch Beschwerdeentscheidungen.**

(2) **Die Behörde der unteren Verwaltungsstufe kann für den Einzelfall oder allgemein mit dem Vollzug beauftragt werden.**

I. Grundsatz

Im Gegensatz zur Vollstreckung von Geldforderungen, für die die Vollstreckungsbehörden in § 4 VwVG besonders bestimmt sind, hat zur **Erzwingung von Handlungen und Unterlassungen** grundsätzlich jede Behörde die von ihr erlassenen Verwaltungsakte selbst durchzusetzen (Abs. 1). Sie ist auch während eines bei einer anderen Behörde anhängigen Rechtsbehelfsverfahrens für die Vollziehung zuständig (vorausgesetzt, dass der Verwaltungsakt sofort vollziehbar ist). Wie bei vollziehbaren Beschwerdeentscheidungen ist für den Vollzug von Widerspruchsbescheiden die Ausgangsbehörde zuständig (Hs. 2). § 7 VwVG normiert somit den **Grundsatz der Selbstvollstreckung:** Eine Behörde vollzieht selbst den von ihr erlassenen Grundverwaltungsakt (vgl. BVerwG NJW 2006, 2280; OVG Schleswig ZfGW 2011, 213). Soweit in landesgesetzlichen Bestimmungen eine Zuständigkeit der **Widerspruchsbehörde** für die Vollziehung bestimmt ist oder soweit man im Bundesrecht entgegen der hier vertretenen Meinung eine ersatzweise Zuständigkeit der Widerspruchsbehörde für gegeben hält, ist zu beachten, dass die Zuständigkeit der Widerspruchsbehörde mit der Zustellung des Widerspruchsbescheides endet (OVG Münster Beschl. v. 3.6.2004 − 15 B 576/04). Berechtigt ist die Widerspruchsbehörde dazu, in ihrem Widerspruchsbescheid selbst eine Frist für die Erfüllung einer Pflicht zu setzen, wenn diese in der Zwangsmittelandrohung der Ausgangsbehörde entgegen der gesetzlichen Vorschrift in § 13 Abs. 1 S. 2 VwVG und vergleichbaren Bestimmungen fehlte (VG Gießen NVwZ 2005, 245); damit wird lediglich ein Fehler geheilt.
Umstritten ist, ob die Vollzugspolizei für die zwangsweise Durchsetzung der in einem **Verkehrszeichen** vorgeschriebenen Verhaltensweisen zuständig ist. VGH Mannheim VBlBW 2004, 213 verneint dies, außer evtl. für Eilfälle.

Remmert VBlBW 2005, 41 verneint die Zuständigkeit der Vollzugspolizei gänzlich, hält sie aber zum Einschreiten für berechtigt, wenn durch die Missachtung eines Verkehrszeichens eine über den bloßen Regelverstoß hinaus gehende konkrete Gefahr für ein polizeirechtliches Schutzgut entsteht; berechtigt sei die Vollzugspolizei dann aber nur zu den ihr im einschlägigen Polizeigesetz bzw. Sicherheits- und Ordnungsgesetz übertragenen Aufgaben.

Allgemein besteht eine **subsidiäre Zuständigkeit der Vollzugspolizei** zusätzlich zu der originär sachlich zuständigen Behörde. Letzteres ist idR eine Ordnungsbehörde, die oft durch ein Spezialgesetz wie zB das Straßenverkehrsgesetz oder das Bundes-Immissionsschutzgesetz bestimmt ist. Die hilfsweise Zuständigkeit der Polizei ergibt sich nicht etwa aus § 7 VwVG, sondern aus den Polizei- oder Ordnungsgesetzen der Länder: Alle Länder sehen bei Gefahr im Verzug eine Zuständigkeit für eilige Notmaßnahmen vor (zB § 4 Abs. 1 S. 1 Bln ASOG). Die Befugnisnorm ist dann die polizeiliche Generalklausel. Die Polizei wird nicht etwa im Wege der Amts- oder Vollzugshilfe tätig, sondern aus eigenem Recht (vgl. zum Ganzen Sadler/Tillmanns VwVG § 7 Rn. 8 ff.).

Zur **Schulleitung** als Vollstreckungsbehörde zur Durchsetzung des Schulzwangs rechtspolitisch kritisch Dünchheim NWVBl. 2007, 137.

II. Beitreibung von infolge des Verwaltungszwangs entstehenden Geldforderungen

2   Für die Beitreibung von **Zwangsgeld** und **Kosten der Ersatzvornahme** als Vollzug des Verwaltungsaktes ist hinsichtlich der Zuständigkeit § 4 VwVG Vorrang vor § 7 VwVG einzuräumen, soweit es sich um Beitreibungsmaßnahmen handelt, die nach den Vorschriften über die Geldvollstreckung durchzuführen sind (aA Sadler/Tillmanns VwVG § 7 Rn. 1). Es handelt sich dabei nicht mehr um die Vollstreckung der Handlungs-, Duldungs- oder Unterlassungsverfügung, sondern um die Vollstreckung der auf Grund dieser Verfügung entstandenen Geldleistungspflicht. Auch Zweckmäßigkeitsgesichtspunkte sprechen dafür; denn die Vollstreckungsbehörden nach § 4 VwVG sind mit diesen Vorschriften besonders gut vertraut. Demgegenüber besteht nach erfolglosem Versuch, ein Zwangsgeld beizutreiben, kein Anlass, den Antrag auf Anordnung der Ersatzzwangshaft gemäß § 16 VwVG nicht in der Zuständigkeit der nach § 7 VwVG berufenen Behörde zu belassen.

III. Zuständigkeit bei Beauftragung nach Absatz 2

3   **Beauftragt** eine **höhere Verwaltungsbehörde** für den Einzelfall oder allgemein die örtlich zuständige Behörde der unteren Verwaltungsstufe mit dem Vollzug, so wird die untere Behörde zur Vollstreckungsbehörde und in vollem Umfang für Androhung, Erlass und Durchsetzung der Zwangsmaßnahmen zuständig. Von der Möglichkeit nach § 7 Abs. 2 VwVG haben zahlreiche höhergestufte Behörden zugunsten der unteren Verwaltungsbehörden Gebrauch gemacht. Zumeist wird die höhere Straßenverkehrsbehörde man-

gels Ortsnähe entlastet. Praktische Relevanz entfaltet die Beauftragung der unteren Verwaltungsbehörde bei der Frage, ob ein Vorfahren nach § 68 VwGO notwendig ist. Wird diese beauftragt, ist nämlich ein Vorverfahren vorgesehen; der Ausschluss nach § 68 Abs. 1 S. 2 VwGO greift nicht, da die Aufsichtsbehörde auf ihr Recht, den Verwaltungsakt selbst zu vollstrecken, verzichtet hat (vgl. Sadler/Tillmanns VwVG § 7 Rn. 33).

IV. Zuständigkeit bei Beauftragung bei der Vollstreckung verwaltungsgerichtlicher Titel

Nach **§ 169 Abs. 1 S. 2 VwGO** kann der Vorsitzende des Verwaltungsgerichts (dessen örtliche Zuständigkeit auch nach einem Wohnungswechsel des Vollstreckungsschuldners bestehen bleibt, VG Dessau NVwZ-RR 2002, 238) eine andere Vollstreckungsbehörde oder einen Gerichtsvollzieher für einzelne Vollstreckungsmaßnahmen in Anspruch nehmen, soweit deren Durchführung ihm nicht oder nur in einer weniger sachdienlichen Weise möglich ist als den mit der Durchführung von Vollstreckungsmaßnahmen eigens betrauten Behörden oder einem Gerichtsvollzieher. In Frage kommen wird dies vor allem beim unmittelbaren Zwang, aber uU auch bei der Ersatzvornahme, da die Verwaltungsbehörde üblicherweise eher einen geeigneten Unternehmer ausfindig machen kann als der Gerichtsvorsitzende. § 169 Abs. 1 S. 2 Hs. 2 VwGO ermächtigt den Gerichtsvorsitzenden aber nicht, die Vollstreckung ganz aus der Hand zu geben; er muss insbesondere das Zwangsmittel nach § 9 Abs. 1 VwVG selbst auswählen und seine Durchführung überwachen (OVG Lüneburg, OVGE 27, 410; OVG Münster VerwRspr 28, 1015 und NVwZ-RR 2001, 188; OVG Koblenz NJW 1986, 1191). Deshalb wird in diesem Fall die in Anspruch genommene Behörde nicht zur Vollzugsbehörde (so auch Wettlaufer, 73 und 135). 4

Beauftragt der Vorsitzende des Gerichts eine **Landesbehörde** mit der Anwendung des festgesetzten Zwangsmittels, gilt für sie das Verwaltungsvollstreckungsrecht des Landes (§ 169 Abs. 2 VwGO). Praktisch bedeutet dies – wo Bundes- und Landesrecht nicht völlig inhaltsgleich sind –, dass alle Vollstreckungsmaßnahmen sowohl vom Bundesrecht als auch vom jeweiligen Landesrecht gedeckt sein müssen. Dies wird der Vorsitzende tunlichst bereits bei der Anordnung von Zwangsmitteln beachten.

V. Vollzugsbeamte

Mit den **Vollzugsbeamten** beschäftigt sich das VwVG nicht. Das bedeutet nicht, dass alle Beamten der Vollzugsbehörden mit jeder Art des Verwaltungszwanges befasst werden könnten. 5

1. Einzelnen Kategorien von Vollzugsbeamten

Die Anwendung des **unmittelbaren Zwanges** ist den Vollzugsbeamten vorbehalten (vgl. § 1 Abs. 1 UZwG). Vollzugsbeamte des Bundes sind (§ 6 UZwG) 6

VwVG § 7

1. die Polizeivollzugsbeamten des Bundes (§ 1 BPolBG);
2. die Beamten des Zollgrenzdienstes (Grenzaufsichtsdienst und Grenzabfertigungsdienst), des Zollfahndungsdienstes, des Bewachungs- und Begleitungsdienstes und die übrigen Beamten der Bundesfinanzbehörden, die mit Vollzugsaufgaben betraut sind;
3. die Beamten der Wasser- und Schifffahrtsverwaltung des Bundes mit strom- und schifffahrtspolizeilichen Befugnissen;
4. die Beauftragten des Bundesamtes für Güterverkehr, soweit sie mit Überwachungsaufgaben nach §§ 11 bis 13 GüKG betraut sind;
5. die mit Vollzugs- und Sicherungsaufgaben betrauten Beamten der Bundesgerichte und der Behörden der Bundesjustizverwaltung;
6. andere Personen, die durch die zuständigen Bundesbehörden mit Aufgaben betraut sind, die den unter den vorstehenden Nummern genannten Beamten obliegen.

Der Gebrauch von **Schusswaffen** bei der Anwendung unmittelbaren Zwanges ist nur gestattet (§ 9 UZwG)
1. den Polizeivollzugsbeamten des Bundes (§ 1 BPolBG);
2. den Beamten des Grenzaufsichtsdienstes und denen des Grenzabfertigungsdienstes, wenn sie Grenzaufsichtsdienst verrichten, des Zollfahndungsdienstes und des Bewachungs- und Begleitungsdienstes;
3. den Beamten der Wasser- und Schifffahrtsverwaltung des Bundes mit strom- und schifffahrtspolizeilichen Befugnissen nach näherer Anweisung des Bundesverkehrsministeriums;
4. den mit Vollzugs- und Sicherungsaufgaben betrauten Beamten der Bundesgerichte und der Behörden der Bundesjustizverwaltung;
5. anderen Personen, die durch die zuständigen Bundesbehörden mit Aufgaben betraut sind, die den unter den vorstehenden Nummern genannten Beamten obliegen.

2. Besonderheit bei Beitreibung des Zwangsgeldes

7 Die Beitreibung des Zwangsgeldes im Weg der Sachpfändung, die nach den Vorschriften über die Vollstreckung von Geldforderungen erfolgt (→ § 14 Rn. 2), wird durch besondere Vollziehungsbeamte durchgeführt (§ 5 Abs. 1 VwVG iVm § 285 AO).

3. Ersatzvornahme

8 Die Ersatzvornahme kann, soweit dabei kein Widerstand des Pflichtigen oder anderer Personen gebrochen zu werden braucht, ohne Vollziehungsbeamte durchgeführt werden.

VI. Bundesrecht

Der Gesetzgeber hat im **Bundesrecht** in mehreren Fachgesetzen die Vollzugsbehörden selbst festgelegt. Praktisch bedeutsam ist etwa im § 5 Abs. 1 S. 2 Asylgesetz das **Bundesamt für Migration und Flüchtlinge**, in § 71 AufenthaltsG **Ausländerbehörden**, in §§ 2–5 BPolG die **Bundespolizei**,

Vollzugsbehörden **§ 7 VwVG**

nach § 64 Abs. 1 BPolG auch **Polizeien der Länder** oder in § 2 Luftsicherheitsgesetz die **Luftsicherheitsbehörde** (weitere Beispiele bei Sadler/Tillmanns VwVG § 7 Rn. 4). Auch ein Beliehener kann Vollstreckungsbehörde sein, wie man am Deutschen Apothekerverband e.V. sieht, der nach § 18 Abs. 1 Apothekengesetz Vollzugsbehörde iSd § 7 VwVG ist.

VII. Landesrecht

Baden-Württemberg: Mit § 7 Abs. 1 Hs. 1 VwVG inhaltsgleich § 4 **9** Abs. 1 LVwVG (gilt für die gesamte Verwaltungsvollstreckung). § 4 Abs. 2 LVwVG ermächtigt zu abweichenden Regelungen (→ § 4 Rn. 6). → Vgl. auch § 285 AO Rn. 5.
Bayern: Inhaltsgleich Art. 30 Abs. 1 S. 1 BayVwZVG; deutlich detaillierter im Übrigen: die Abschiebung von Ausländern obliegt der Polizei (Art. 30 Abs. 1 S. 2 BayVwZVG), die Vollstreckung von Abmeldungsbescheiden wegen nicht entrichteter Kraftfahrzeugsteuer den Finanzämtern (Art. 30 Abs. 1 S. 3 BayVwZVG).
Berlin: Nach § 5a S. 4 BlnVwVfG gilt § 7 VwVG des Bundes mit der Maßgabe, dass für Maßnahmen im Straßenverkehr auch der Polizeipräsident in Berlin und die Bezirksämter von Berlin Vollzugsbehörden sind.
Brandenburg: Mit § 7 Abs. 1 VwVG Bbg gleichlautend bis auf „Widerspruchs-" statt „Beschwerde-"entscheidungen § 26 Abs. 1 VwVG Bbg. § 5 Abs. 1 VwVG Bbg sieht eine Delegation der Vollstreckungsbefugnisse vor.
Bremen: Im Wesentlichen gleichlautend § 12 BremVwVG.
Hamburg: Nach § 4 S. 1 HmbVwVG (gilt für die gesamte Verwaltungsvollstreckung) bestimmt der Senat die Vollstreckungsbehörden.
Hessen: Mit § 7 Abs. 1 VwVG inhaltsgleich § 68 Abs. 1 HessVwVG. § 68 Abs. 2 weist die Zuständigkeit zu abweichender Regelung dem für das Verwaltungsvollstreckungsrecht zuständigen Minister, ergo dem Innenminister, im Einvernehmen mit dem zuständigen Fachminister zu. § 6 HessVwVG trifft Bestimmungen über die Vollziehungsbeamten.
Mecklenburg-Vorpommern: Mit § 7 Abs. 1 VwVG gleichlautend § 82 SOG MV mit dem Unterschied, dass dort von Widerspruchs- anstatt von Beschwerdeentscheidungen gesprochen wird; ein sachlicher Unterschied ergibt sich daraus nicht.
Niedersachsen: Mit § 7 Abs. 1 VwVG inhaltsgleich § 70 Abs. 2 S. 1 NdsVwVG und § 64 Abs. 3 NdsSOG. Nach § 70 Abs. 3 NdsVwVG sind Verwaltungsvollzugsbeamte, die von der Verwaltungsbehörde nach § 50 NdsSOG bestellt worden sind, im Rahmen ihrer Befugnisse auch zur Durchsetzung von Verwaltungsakten berechtigt, die nicht der Gefahrenabwehr dienen.
Nordrhein-Westfalen: Mit § 7 Abs. 1 VwVG gleichlautend bis auf „Widerspruchs"- statt „Beschwerde"entscheidungen § 56 Abs. 1 VwVG NRW. In § 56 Abs. 2 S. 1 VwVG NRW werden die obersten Landesbehörden ermächtigt, im Benehmen mit dem Innenministerium im Einzelfall zu bestimmen, durch welche Behörde ihre Verwaltungsakte zu vollziehen sind. § 56 Abs 2 S. 2 VwVG NRW sieht vor, dass das Innenministerium im Beneh-

men mit dem Fachministerium bestimmen kann, dass Verwaltungsakte bestimmter Behörden durch eine andere Behörde zu vollziehen sind.

Rheinland-Pfalz: Mit § 7 Abs. 1 VwVG im Wesentlichen gleichlautend § 4 Abs. 2 S. 1 LVwVG RP. Die Kompetenz, nachgeordnete Behörden mit der Vollstreckung zu beauftragen, ist in § 4 Abs. 2 S. 2 LVwVG RP den obersten, oberen und mittleren Landesbehörden zugesprochen. Unmittelbarer Zwang darf nur von Personen ausgeführt werden, die durch Rechtsvorschrift oder vom Leiter der Vollstreckungsbehörde allgemein oder im Einzelfall hierzu ermächtigt sind (§ 65 Abs. 4 LVwVG RP).

Saarland: Im Wesentlichen inhaltsgleich § 14 SaarlVwVG mit Verordnungsermächtigung in § 14 Abs. 2 SaarlVwVG.

Sachsen: Mit § 7 Abs. 1 1. Halbs. VwVG inhaltsgleich § 4 Abs. 1 Nr. 3 SächsVwVG.

Sachsen-Anhalt: Für die Durchsetzung eines Verwaltungsakts ist die Verwaltungsbehörde zuständig, die für seinen Erlass zuständig ist (§ 71 Abs. 2 S. 1 VwVG LSA). Abweichende Regelungen sind möglich (§ 71 Abs. 2 S. 2 VwVG LSA).

Schleswig-Holstein: Mit § 7 Abs. 1 VwVG im Wesentlichen gleichlautend § 231 LVwG.

Thüringen: § 43 Abs. 1 ThürVwZVG stimmt mit § 7 Abs. 1 VwVG des Bundes sachlich überein. Abweichende Regelungen sind möglich (§ 43 Abs. 2 ThürVwZVG).

§ 8 Örtliche Zuständigkeit

Muß eine Zwangsmaßnahme außerhalb des Bezirks der Vollzugsbehörde ausgeführt werden, so hat die entsprechende Bundesbehörde des Bezirks, in dem sie ausgeführt werden soll, auf Ersuchen der Vollzugsbehörde den Verwaltungszwang durchzuführen.

Übersicht

	Rn.
I. Verpflichtung zur Vollzugshilfe	1
II. Verpflichtete Behörden	2
III. Rechtsstellung und Aufgabe der ersuchten Behörde	3
1. Prüfung des Anspruches	4
2. Prüfung der Zulässigkeit der Zwangsmaßnahmen	5
3. Prüfung der Zuständigkeit der Behörde	6
IV. Verfahren bei Meinungsverschiedenheiten	7
V. Kosten der Vollzugshilfe	8
VI. Landesrecht	9

I. Verpflichtung zur Vollzugshilfe

1 Entgegen dem ersten Anschein der Überschrift des Paragraphen regelt § 8 VwVG nicht die örtliche Zuständigkeit der Vollzugsbehörden, sondern die Verpflichtung zur **Vollzugshilfe** (dazu Lemke, 134), und auch diese nur

summarisch. Die Vollzugshilfe stellt sich als besondere Form der Amtshilfe dar.

Die örtliche Zuständigkeit der Behörde wird durch den Errichtungsakt bestimmt, insoweit er den örtlichen Bereich einer neuen Behörde umgrenzt, bzw. durch ergänzende Organisationsakte, die ihn abändern.

§ 8 VwVG betrifft nur die **„Ausführung"** von Zwangsmaßnahmen. Androhung (§ 13) und Festsetzung (§ 14) der Zwangsmittel gehören stets zur Zuständigkeit der Vollzugsbehörde gemäß § 7 (so auch HHSp/Hohrmann § 328 AO Rn. 34). Auch Postzustellungen können, da sie keine Zwangsmaßnahmen sind, von der Vollzugsbehörde auch außerhalb ihres Amtsbezirks veranlasst werden (Sadler/Tillmanns VwVG § 8 Rn. 2). Soweit § 8 VwVG keine Regelung enthält, gelten die allgemeinen Regelungen der §§ 4–8 VwVfG für die Amtshilfe, nicht aber die durch Gesetz vom 17.7.2009 (BGBl. I 2091) eingefügten §§ 8a–e VwVfG, die nur die Amtshilfe innerhalb der EU betreffen.

II. Verpflichtete Behörden

Da die Kompetenz der Behörden durch ihre örtliche Zuständigkeit 2 begrenzt ist, sind sie für die Durchführung des Verwaltungszwangs außerhalb ihres Zuständigkeitsgebietes auf die Amtshilfe jeweils zuständiger Behörden angewiesen. § 8 regelt, welche **Behörden zur Amtshilfe** beim Verwaltungszwang verpflichtet sind: die örtlich zuständigen Bundesbehörden, welche die gleichen Zuständigkeiten auf derselben Verwaltungsebene wahrnehmen wie die ersuchende Behörde.

III. Rechtsstellung und Aufgabe der ersuchten Behörde

Die Amtshilfe wird im **Gleichordnungsverhältnis** geleistet (VGH Mün- 3 chen DÖV 2007, 345), wie sich schon aus dem Wortlaut des § 4 Abs. 2 Nr. 1 VwVfG ableiten lässt. Es besteht im Fall der Vollzugshilfe iSd § 8 VwVG damit kein Über- und Unterordnungsverhältnis, auch nicht zwischen Bundesbehörden und Landesbehörden, und damit auch kein Weisungsrecht einer Behörde gegenüber der anderen. Die **ersuchte Behörde** ist nicht verpflichtet, weil nicht berechtigt, jedem Ersuchen um Vollzugshilfe unbesehen nachzukommen. Sie muss vielmehr **folgende Fragen selbstständig prüfen,** soweit es um die Zulässigkeit der Amtshilfehandlung selbst geht, während sie das „Hauptverfahren" nichts angeht (dazu Ule/Laubinger § 11 Rn. 29 und 46):

1. Prüfung des Anspruches

Unterliegt der geltend gemachte Anspruch überhaupt der Vollstre- 4 **ckung** im Verwaltungszwangsverfahren? Dazu gehört, dass ein wirksamer und vollziehbarer Verwaltungsakt vorliegt. Die materielle Rechtmäßigkeit hat die ersuchte Behörde dagegen nicht zu prüfen. Sie ist nicht Voraussetzung des Vollzuges, und die ersuchte Behörde hat die ersuchende nicht zu kontrollieren; mehr als ein Remonstrationsrecht steht ihr nicht zu (vgl. Ule/Laubinger § 11 Rn. 29).

2. Prüfung der Zulässigkeit der Zwangsmaßnahmen

5 **Ist die Zwangsmaßnahme,** um deren Ausführung ersucht wird, **zulässig?** Da kaum anzunehmen ist, dass eine Bundesbehörde um die Ausführung von Zwangsmaßnahmen ersucht, die das Verwaltungsvollstreckungsrecht nicht kennt, erstreckt sich diese Prüfung sinnvoller Weise auf die Frage, ob das Zwangsmittel im konkreten Einzelfall zulässig ist. Andererseits muss die Entscheidung z B darüber, ob die Ersatzvornahme untunlich und deshalb die Verhängung eines Zwangsgeldes geboten ist (§ 11 Abs. 1 S. 2 VwVG), der Vollzugsbehörde (= ersuchende Behörde) verbleiben. Auf die Unzulässigkeit der Zwangsmaßnahme kann die ersuchte Behörde eine Ablehnung der Vollzugshilfe daher nur stützen, wenn die Vollzugsbehörde zwingende Vorschriften verletzt hat, also zB bei Überschreitung des für Zwangsgeld vorgesehenen gesetzlichen Höchstbetrages von 25.000 Euro (§ 11 Abs. 3 VwVG) oder bei offensichtlichem Fehlen der erforderlichen Androhung (§ 13 VwVG). Dies folgt schon aus der allgemeinen Regelung des § 7 Abs. 2 VwVfG für die Amtshilfe, wonach die ersuchende Behörde die Verantwortung für die Rechtmäßigkeit der zu treffenden Maßnahme trifft. Allerdings kann die ersuchte Behörde wohl nicht verlangen, dass die Vollzugsbehörde die schriftliche Androhung in jedem Falle nachweist.

3. Prüfung der Zuständigkeit der Behörde

6 **Ist die ersuchte Behörde örtlich, sachlich oder funktionell zuständig?** Ist offensichtlich eine andere Behörde zuständig, so wird die ersuchte Behörde das Ersuchen im vermuteten Einverständnis mit der ersuchenden Behörde entsprechend § 677 BGB unmittelbar an zuständige Behörde weitergeben und der ersuchenden Behörde nur eine Abgabenachricht erteilen. Bei diesem Verfahren ist aber Vorsicht geboten. Wenn irgendwelche Zweifel möglich sind, ist das Ersuchen abzulehnen und die weitere Entscheidung der ersuchenden Behörde zu überlassen.

IV. Verfahren bei Meinungsverschiedenheiten

7 **Weigert** sich die ersuchte Behörde, die Vollzugshilfe zu leisten, so steht der ersuchenden Behörde der Antrag an die gemeinsame Aufsichtsbehörde auf Entscheidung gem. § 5 Abs. 5 S. 2 VwVfG zu. Bei Behörden desselben Hoheitsträgers wird dadurch letztlich immer eine Entscheidung einer gemeinsamen Oberinstanz über den Anspruch auf Vollzugshilfe herbeigeführt werden können. Handelt es sich um Behörden verschiedener Hoheitsträger, so ist dies nicht möglich. In diesem Falle könnte man daran denken, eine verwaltungsgerichtliche Klage als allgemeine Leistungsklage oder – falls man die begehrte Amtshilfehandlung als Verwaltungsakt ansieht – als Verpflichtungsklage zuzulassen (dazu Kähler Amtshilfe nach dem Verwaltungsverfah-

rensgesetz, 119; Schnapp/Friehe NJW 1982, 1429; Ule/Laubinger § 11 Rn. 37).

V. Kosten der Vollzugshilfe

Für die Kostentragung gilt die allgemeine Regelung des § 8 Abs. 1 VwVfG, wonach die ersuchende Behörde der ersuchten Behörde keine Verwaltungsgebühr zu entrichten hat; Auslagen muss die ersuchende Behörde erstatten, wenn sie im Einzelfall 35 Euro übersteigen. Zudem gilt nach § 8 Abs. 1 S. 3 VwVfG, dass Behörden desselben Rechtsträgers keine Auslagen erstatten. Daher werden die Kosten der Vollzugshilfe nicht erstattet, wenn eine **Bundesbehörde für eine andere** tätig wird (zum Sonderfall, in dem bundesunmittelbare Körperschaften und Anstalten des öffentlichen Rechts den Hauptzollämtern Vollstreckungsanordnungen übermitteln, s. § 19a VwVG). Zudem würde damit gegen den allgemeinen Verwaltungsgrundsatz verstoßen, dass Zahlungen aus einer Kasse in eine andere desselben Rechtsträgers zu vermeiden sind (vgl. § 5 Abs. 3 S. 2 HessVwVG; vgl. auch § 8 Abs. 1 und 2 BundesgebührenG, das am 15.8.2013 in Kraft getreten ist (BGBl. I 3154): Danach ist der Bund von der Zahlung von Gebühren für individuelle zurechenbare öffentliche Leistungen befreit, im Verhältnis zwischen Bund und Ländern gilt eine Gebührenbefreiung nur, wenn sie auf Gegenseitigkeit beruht).

Anders ist die Lage, wenn eine **Bundesbehörde eine Landesbehörde** in Anspruch nimmt (und auch im Verhältnis von Behörden verschiedener Länder). Bund und Länder führen selbstständige Haushalte; sie haben grundsätzlich die Pflicht, ihre Aufgaben mit den Mitteln ihres eigenen Haushaltes zu erfüllen. Die Vollzugshandlungen der ersuchten Behörde dienen aber der Wahrnehmung von Aufgaben der ersuchenden Behörde. Die ersuchende Behörde hat daher der ersuchten – allerdings nur auf Anforderung – in dieser Konstellation **die Auslagen zu erstatten** gem. § 8 Abs. 1 S. 2 VwVfG, aber nur, falls die Auslagen im Einzelfall die Bagatellgrenze iHv 35 Euro übersteigen. Mit Auslagen sind die im Einzelnen nachweisbaren Baraufwendungen bei der Vornahme einer Verwaltungsleistung gemeint, die über den allgemeinen Verwaltungsaufwand hinausgehen wie zB Reisekosten einschließlich Tagegelder und Kosten für Zeugen und Sachverständige (Schliesky in: Knack/Henneke VwVfG § 8 Rn. 10). Die Einschränkung, dass die Zahlungspflicht „nur auf Anforderung" der ersuchten Behörde ausgelöst wird, lässt in der Praxis Raum für die Anwendung des Gegenseitigkeitsprinzips. Schließlich braucht die ersuchende Behörde Gebühren nicht zu zahlen, weil die Amtshilfe in der Verwaltungsvollstreckung in Ausübung einer öffentlichen Gewalt veranlasst und vorgenommen wird.

VI. Landesrecht

Baden-Württemberg: Nach § 4 Abs. 3 LVwVG leistet jede Behörde der anderen Vollstreckungshilfe; die §§ 4–8 LVwVG finden Anwendung.

Bayern: Die Kreisverwaltungsbehörde, in deren Gebiet die Zwangsmittel angewendet werden müssen, ist auf Ersuchen einer anderen Anordnungsbehörde verpflichtet, den Verwaltungszwang durchzuführen (Art. 30 Abs. 2 BayVwZVG).
Berlin: Nach § 5a S. 1 BlnVwVfG gilt das VwVG des Bundes in der jeweils gültigen Fassung.
Brandenburg: § 4 Abs. 1 S. 1 VwVG Bbg verpflichtet zur Vollstreckungshilfe unter den Voraussetzungen der Amtshilfe. Ausführliche Regelung in § 4 Abs. 2–4 VwVG Bbg.
Hessen: Ausführlicher § 5 HessVwVG (gilt nicht nur für die Erzwingung von Handlungen und Unterlassungen, sondern auch für die Vollstreckung von Geldforderungen).
Mecklenburg-Vorpommern: Auch die örtliche Zuständigkeit richtet sich nach § 82 SOG MV (→ § 7 Rn. 9). Müssen Zwangsmaßnahmen außerhalb des Bezirks der Vollzugsbehörde ausgeführt werden, so hat die örtlich zuständige Behörde, die in § 5 Abs. 1 SOG MV bestimmt ist, gem. § 4 VwVfG MV Amtshilfe zu leisten; die Voraussetzungen und Grenzen der Amtshilfe bestimmen sich nach § 5 VwVfG MV.
Rheinland-Pfalz: § 5 LVwVG RP regelt ausführlich die Vollstreckungshilfe, falls die Vollstreckungsbehörde über keinen Vollstreckungsbeamten verfügt oder die Vollstreckung außerhalb ihres Bezirkes durchgeführt werden soll. Nach der 1. LVO zum LVwVG RP leisten sich in erster Linie gleichartige Behörden gegenseitig Vollstreckungshilfe.
Saarland: § 3 SaarlVwVG regelt ausführlich die Vollstreckungshilfe.
Sachsen: § 4 Abs. 2 S. 1 SächsVwVG (gilt für die gesamte Verwaltungsvollstreckung) verpflichtet zur Vollstreckungshilfe gegenüber allen inländischen Behörden. § 4 Abs. 3 SächsVwVG regelt eingehend die Formerfordernisse eines Vollstreckungsersuchens.
Sachsen-Anhalt: § 7 VwVG LSA regelt detailliert die Vollstreckungshilfe, § 7b die Kosten der Vollstreckungshilfe.
Thüringen: § 22 ThürVwZVG (gilt für die gesamte Verwaltungsvollstreckung) verpflichtet zur Vollstreckungshilfe gegenüber allen inländischen Behörden, § 22 Abs. 2 regelt die Formerfordernisse eines Vollstreckungsersuchens.

In den Ländern ohne besondere Regelungen gelten die Bestimmungen des jeweiligen VwVfG über die Amtshilfe.

§ 9 Zwangsmittel

(1) **Zwangsmittel sind:**
a) **Ersatzvornahme (§ 10),**
b) **Zwangsgeld (§ 11),**
c) **unmittelbarer Zwang (§ 12).**

(2) **Das Zwangsmittel muß in einem angemessenen Verhältnis zu seinem Zweck stehen. Dabei ist das Zwangsmittel möglichst so zu bestimmen, daß der Betroffene und die Allgemeinheit am wenigsten beeinträchtigt werden.**

Zwangsmittel **§ 9 VwVG**

I. Rangordnung der Zwangsmittel

Eine generelle Reihenfolge schreibt § 9 VwVG für die Anwendung der 1 Zwangsmittel nicht vor. Daher ist der Übergang von der Ersatzvornahme zum Zwangsgeld keine Verböserung und war deshalb bereits vor Klärung der Frage, ob im Widerspruchsverfahren eine reformatio in peius zulässig ist, durch den neugefassten § 71 VwGO auch im Widerspruchsverfahren zulässig (vgl. Schwarz DÖV 1975, 91). Jedoch ergibt sich eine gewisse Rangordnung aus der Natur der Sache und den Einzelvorschriften in §§ 10–12 VwVG. Danach ist die **Ersatzvornahme** das in erster Linie gegebene Zwangsmittel bei vertretbaren Handlungen (→ § 10 Rn. 6). Mit **Zwangsgeld** werden unvertretbare Handlungen sowie Duldungen und Unterlassungen (die stets unvertretbar sind → § 10 Rn. 6) durchgesetzt (→ § 11 Rn. 6); vertretbare nur, wenn die Ersatzvornahme untunlich ist (→ § 11 Rn. 7). Der **unmittelbare Zwang** schließlich kommt nur in Betracht, wenn Ersatzvornahme und Zwangsgeld nicht zum Ziel geführt haben (→ § 12 Rn. 8) oder untunlich sind (→ § 12 Rn. 9 f.).

In einzelnen Gesetzen wird ein bestimmtes Zwangsmittel allein vorgeschrieben oder vorrangig vorgesehen, so zB der unmittelbare Zwang in §§ 57, 58 und 58a AufenthG (zur Subsidiarität der Abschiebehaftanordnung gegen Minderjährige OLG Rostock LKV 2007, 240; zur Verhältnismäßigkeit OLG Rostock LKV 2007, 336), §§ 28 und 30 IfSG, § 8 JuSchG, § 36 Abs. 5 StVO, §§ 5 und 6 TierGesG samt auf dieser Grundlage ergangenen Verordnungen, §§ 7 Abs. 1, 9 Abs. 1 TollwutV, § 10 Abs. 2 S. 3 VereinsG oder § 44 Abs. 2 WPflG; zur Versiegelung von Baustellen nach bauordnungsrechtlichen Vorschriften OVG Münster BauR 2000, 1859; OVG Frankfurt (Oder) LKV 2002, 431. Auch das TierSchG schreibt in bestimmten Fällen (§ 16a Abs. 1) den unmittelbaren Zwang als Regelvollstreckungsmaßnahme vor (BVerwG NVwZ 2009, 120). In diesen Fällen treten die allgemeinen Regeln gegenüber der Spezialvorschrift zurück.

Während der Gesetzgeber in § 46 Abs. 2 S. 2 WaffG zur Durchsetzung der Herausgabepflicht von **Waffen** und **Munition** (§ 46 Abs. 2 S. 1 WaffG) die Vollstreckungsmöglichkeiten auf die behördliche Sicherstellung im Wege des unmittelbaren Zwangs verengt, kommt für die Durchsetzung einer entsprechenden Verpflichtung hinsichtlich der **Erlaubnisurkunden** aus § 46 Abs. 1 WaffG insbesondere auch ein Zwangsgeld in Betracht, das aus Gründen der **Verhältnismäßigkeit** in der Regel vorrangig anzuwenden ist (VG Mainz BeckRS 2019, 24421 [amtl. Ls.]).

II. Numerus clausus der Zwangsmittel

In § 9 Abs. 1 VwVG werden die Zwangsmittel zur Erzwingung einer 2 Handlung, Duldung oder Unterlassung **abschließend** aufgezählt (Lemke in FKS § 9 Rn. 2; Pewestorf in PST Vollstreckungsrecht Rn. 36). Weitere Zwangsmittel lässt das VwVG nicht zu (wohl aber uU Spezialgesetze; so handelt es sich zB, soweit Bauordnungen zur Durchsetzung einer Nutzungsuntersagung besondere Sicherungsmaßnahmen wie etwa die **Versiegelung** zulassen, um eigenständige Zwangsmittel, für die Vorschriften der Verwaltungsvollstreckungsgesetze nicht heranzuziehen sind, so auch Weber, 177: keine vorherige Androhung erforderlich; vgl. ferner HBG § 16 Rn. 104); dazu auch Lemke, 266, der nachweist, dass es sich dabei nicht um unmittelbaren Zwang handelt, sondern um mittelbaren Zwang (diskutabel allerdings die Gegenansicht von Tillmanns in Sadler/Tillmanns § 12 VwVG Rn. 48–55, der die Versiegelung als Einwirkung auf Sachen durch ein Hilfsmittel der körperlichen Gewalt einstuft, und zwar durch eine technische Sperre iSv § 2 Abs. 3 UZwG, und damit als unmittelbaren Zwang, für den der Gesetzgeber von vornherein bekundet habe, dass Ersatzvornahme und Zwangsgeld untunlich seien). Man spricht vom „**Numerus clausus**" der Zwangsmittel (Waldhoff in H-RS-AV § 46 Rn. 130; App/Wettlaufer/Klomfaß Kap. 4 Rn. 32); die Behörde ist nicht befugt, eigenständig Zwangsmittel, und wären sie praxistauglicher als die gesetzlich vorgesehenen, zu „erfinden" (so auch für das Steuerrecht BFH BFH/NV 2006, 15). Deshalb ist es unzulässig, die Räumung eines Zimmers im Studentenwohnheim einer Hochschule durch Zurückhaltung von Abschlusszeugnis und Graduierungsurkunde zu erzwingen (VG Frankfurt a.M. HessVGRspr 1972, 88) oder die Befolgung einer Ordnungsverfügung mit der Einstellung von Sozialhilfeleistungen durchsetzen zu wollen (Wind VR 1988, 138). Unzulässig ist es ebenfalls, das an die Benutzer eines Schuttplatzes gerichtete Gebot, den abgeladenen Abfall zu planieren, dadurch zu erzwingen, dass die Abfahrt der Transportfahrzeuge so lange verhindert wird, bis der Pflichtige dem Gebot nachgekommen ist; denn hier handelt es sich nicht um unmittelbaren Zwang, sondern um mittelbaren, der allein in den Formen des Zwangsgeldes und der Zwangshaft ausgeübt werden darf (vgl. Lemke, 266 mwN). Speziell und engagiert zum **Folterverbot** bei der Erzwingung von Auskünften zu Recht Stohrer BayVBl. 2005, 494, dessen Aufweichung in Extremsituationen vor einiger Zeit unter Schlagworten wie „Rettungsfolter" oder „Gefahrenabwendungsfolter" (dazu Rachor in Lisken/Denninger Rn. F 922 mwN) verschiedentlich das Wort geredet wurde. Verboten sind nicht nur Misshandlungen des Pflichtigen selbst, sondern auch Drohungen damit, bei weiterem Schweigen andere Personen zu misshandeln (Rachor in Lisken/Denninger Rn. F 920 mwN).

Wenn dagegen die Wasserversorgungsanstalt einem Benutzer die **Wasserlieferung** sperrt, weil er seine Pflichten aus dem Benutzungsverhältnis nicht erfüllt (vgl. OVG Münster OVGE 16, 1), so mag diese Maßnahme den Betroffenen dazu veranlassen, seinen Pflichten nunmehr nachzukommen. Der Zweck der Sperre ist das aber nicht. Sie soll die Versorgungsanstalt von einem Benutzer befreien, der seine Pflichten nicht erfüllt (so auch Huken KKZ 1989, 219). Ob die Anstalt sperren darf, bestimmt sich daher nicht nach Verwaltungsvollstreckungsrecht; maßgebend ist die Regelung des Benutzungsverhältnisses, die vorsehen kann, dass bei bestimmten Pflichtverletzungen des Benutzers (auch hier gilt der Grundsatz der Verhältnismäßigkeit) die Anstalt eine Weiterbelieferung ablehnen darf.

Kein Zwangsmittel iSv § 10 VwVG ist auch die **Vertragsstrafe,** die eine Behörde in einem öffentlich-rechtlichen Vertrag mit ihrem Partner vereinbaren kann für den Fall, dass dieser einer vertraglich übernommenen Verpflichtung nicht nachkommt (VGH Mannheim NVwZ 1982, 252).

III. Auswahl

Die Auswahl eines Zwangsmittels ist stets eine Regelung. Um einen **3** Verwaltungsakt handelt es sich dann, wenn etwa die Behörde die Abschiebung eines Ausländers festsetzt und mit einer „Vollstreckungsverfügung" bekannt gibt, auch dann, wenn sie bereits vor Bekanntgabe der Vollstreckungsverfügung eine die Abschiebung androhende Verfügung erlassen hat (VGH Kassel HessVGRspr 1990, 66). Für die Anwendung von Zwangsmitteln gilt – wie für alle Eingriffe des Staates in die Rechtssphäre des Bürgers – der verfassungsrechtliche **Grundsatz der Verhältnismäßigkeit** (vgl. dazu auch Tillmanns in Sadler/Tillmanns VwVG § 9 Rn. 40 ff.); § 9 Abs. 2 VwVG enthält eine einfachrechtliche Ausprägung dieses Grundsatzes (BVerwG NVwZ 2003, 1271 (1272)). Dieser besteht aus drei Elementen: Geeignetheit, Erforderlichkeit und Angemessenheit (so speziell für Zwangsmittel BVerwG Die Polizei 2005, 149). Nach VG Stuttgart VBlBW 1999, 191 soll mittelbarer Zwang (durch Zwangsgeld oder Zwangshaft) mangels Eignung unzulässig sein, wenn beim Betroffenen keine Verhaltensänderung zu erwarten sei. Von mehreren möglichen und geeigneten (vgl. BVerwGE 26, 131) Mitteln muss dasjenige angewandt werden, das den Betroffenen am wenigsten belastet (vgl. BVerfG NJW 2001, 1409). In den Vergleich sind nicht allein die Mittel des Verwaltungszwangs einzubeziehen, sondern auch andere Mittel, die der Zweckerreichung dienen. So hat etwa die Behörde vor wiederholter Androhung eines Zwangsgeldes zur Durchsetzung eines Baugebots zu prüfen, ob zur Verwirklichung der mit dem Baugebot angestrebten Bebauung das Grundstück zu enteignen ist (BVerwGE 84, 354; dazu Battis JZ 1991, 242). Unabhängig davon muss die Schwere des Eingriffes, insbesondere die Höhe des Zwangsgeldes, in einem vertretbaren Verhältnis zur Bedeutung des Erfolges stehen (vgl. BVerwGE 39, 190; OVG Bautzen LKV 1997, 375). Das Abschleppen eines Fahrzeugs ist nach VGH Kassel NVwZ-RR 1999, 23 dann verhältnismäßig, wenn eine Beeinträchtigung des durch die Verkehrsvorschrift geschützten Rechtsguts durch das rechtswidrige Abstellen des Kraftfahrzeugs mehr als eine Stunde andauert; der Nachweis einer konkreten Behinderung des Straßenverkehrs durch das rechtswidrig abgestellte Kraftfahrzeug sei dazu nicht erforderlich. Konkretisiert die Behörde bei der Androhung unmittelbaren Zwangs bereits die Art und Weise der Zwangsmittelanwendung, so hat sie auch insoweit den Grundsatz der Verhältnismäßigkeit zu beachten (OVG Münster NWVBl. 1990, 426). Unklar gefasst ist § 9 Abs. 2 S. 1 VwVG insoweit, als er offen lässt, womit das anzuwendende Zwangsmittel in das rechte Verhältnis gebracht werden muss: mit dem Gewicht des zu vollstreckenden Verwaltungsakts oder mit der Widersetzlichkeit seines Adressaten (dazu Mußgnug in Maurer/Hendler, 151; Hohrmann in HHSp § 328 AO Rn. 47); auch die Interessen Dritter sollen dabei zu berücksichtigen sein (Lemke in FKS VwVG § 9 Rn. 5). Nach OVG Münster NVwZ-RR 1993, 671 (Ls. 1) soll das Zwangsmittel ein **fühlbares Maß** erreichen, bezogen auf den mit der Zuwiderhandlung erstrebten Erfolg, wobei der Nichteintritt des Erfolgs in den Risikobereich des Pflichtigen falle.

IV. Landesrecht

4   **Baden-Württemberg:** Im Wesentlichen inhaltsgleich § 19 Abs. 1 bis 3 LVwVG. Zum Auswahlermessen nach baden-württembergischem Landesrecht, falls sowohl Zwangsgeld als auch Ersatzvornahme in Betracht kommen, Guldi VBlBW 1995, 462 (dazu App/Wettlaufer/Klomfaß Kap. 32 Rn. 45).
Bayern: Im Wesentlichen gleich lautend Art. 29 Abs. 2 und 3 VwZVG.
Brandenburg: § 27 Abs. 2 VwVGBbg zählt neben dem Zwangsgeld (§ 30 VwVGBbg), der Ersatzvornahme (§ 32 VwVGBbg) und dem unmittelbaren Zwang (§ 34 VwVGBbg) auch noch die Fiktion der Abgabe einer Erklärung (§ 33 VwVGBbg), die Zwangsräumung (§ 35 VwVGBbg) und die Wegnahme (§ 36 VwVGBbg) als Zwangsmittel auf. Der Grundsatz der Verhältnismäßigkeit (vgl. § 9 Abs. 2 S. 1 VwVG) findet sich in § 29 Abs. 3 VwVGBbg wieder, jener der Erforderlichkeit (vgl. § 9 Abs. 2 S. 2 VwVG) in § 29 Abs. 2 VwVGBbg.
Bremen: § 13 BremVwVG entspricht, von redaktionellen Umstellungen abgesehen, § 9 VwVG wörtlich.
Hamburg: § 11 Abs. 1 HmbVwVG führt außer den in § 9 Abs. 1 VwVG genannten Zwangsmitteln die Erzwingungshaft auf; trotzdem ist diese kein primäres Zwangsmittel (vgl. § 16 Abs. 1 HmbVwVG und § 16 Rn. 8). Mit § 9 Abs. 2 VwVG im Wesentlichen inhaltsgleich § 12 Abs. 1 HmbVwVG.
Hessen: Inhaltsgleich mit § 9 Abs. 2 VwVG (des Bundes): § 70 HessVwVG.
Mecklenburg-Vorpommern: Mit § 9 Abs. 1 VwVG (des Bundes) gleich lautend § 86 Abs. 1 SOG M-V; eine ähnliche Regelung wie in § 9 Abs. 2 findet sich für den Vollzug von Verwaltungsakten, die der Gefahrenabwehr dienen, in § 15 Abs. 1 und 2 SOG M-V.
Niedersachsen: § 65 Abs. 1 NPOG (iVm § 70 Abs. 1 NVwVG) entspricht § 9 Abs. 1 VwVG, abgesehen von den Paragrafenverweisen, wörtlich. Der Grundsatz der Verhältnismäßigkeit (vgl. § 9 Abs. 2 VwVG) ist in § 4 NPOG verankert.
Nordrhein-Westfalen: Mit § 9 Abs. 1 VwVG (des Bundes) inhaltsgleich § 57 Abs. 1 VwVG NRW; zum unmittelbaren Zwang (§ 62 VwVG NRW) gehört die Zwangsräumung (§ 62a VwVG NRW). Mit § 9 Abs. 2 VwVG gleich lautend (bis auf „der Einzelne" statt „der Betroffene") § 58 Abs. 1 VwVG NRW.
Rheinland-Pfalz: Von redaktionellen Kleinigkeiten (zB „der Vollstreckungsschuldner" statt „der Betroffene") abgesehen, entspricht § 62 Abs. 1 und 2 LVwVG wörtlich § 9 VwVG.
Saarland: § 13 Abs. 1 S. 2 SVwVG nennt das Zwangsgeld zuerst (dazu Schwarz DÖV 1975, 91) und zusätzlich (wie Hamburg) die Erzwingungshaft (§ 28 SVwVG). § 13 Abs. 2 SVwVG hat fast denselben Wortlaut wie § 9 Abs. 2 VwVG.

Ersatzvornahme § 10 VwVG

Sachsen: Mit § 9 Abs. 1 VwVG inhaltsgleich mit besonderer Erwähnung von Zwangsräumung und Wegnahme als Unterfällen des unmittelbaren Zwangs § 19 Abs. 2 SächsVwVG, mit § 9 Abs. 2 VwVG sachlich übereinstimmend § 19 Abs. 3 und 4 SächsVwVG.
Sachsen-Anhalt: § 54 Abs. 1 SOG LSA (iVm § 71 Abs. 1 VwVG LSA) zählt die Zwangsmittel in derselben Reihenfolge auf wie § 9 Abs. 1 VwVG (des Bundes). Der Grundsatz der Verhältnismäßigkeit (vgl. § 9 Abs. 2 VwVG) ist in § 5 SOG LSA verankert.
Schleswig-Holstein: § 235 Abs. 1 LVwG nennt das Zwangsgeld (§ 237 LVwG) vor der Ersatzvornahme (§ 238 LVwG). Die Grundsätze der Verhältnismäßigkeit und Erforderlichkeit (vgl. § 9 Abs. 2 VwVG) finden sich in § 73 Abs. 2 und 3 LVwG.
Thüringen: § 44 Abs. 2 ThürVwZVG führt über die in § 9 Abs. 1 VwVG (des Bundes) aufgezählten Zwangsmittel hinaus die Fiktion der Abgabe einer Erklärung (§ 50a ThürVwZVG) auf. Mit § 9 Abs. 2 VwVG sachlich übereinstimmend § 45 ThürVwZVG.

§ 10 Ersatzvornahme

Wird die Verpflichtung, eine Handlung vorzunehmen, deren Vornahme durch einen anderen möglich ist (vertretbare Handlung), nicht erfüllt, so kann die Vollzugsbehörde einen anderen mit der Vornahme der Handlung auf Kosten des Pflichtigen beauftragen.

Übersicht

	Rn.
I. Wesen und Zweck der Ersatzvornahme	1
1. Definition im Sinne des Bundesrechts	1
2. Definition in den Ländern	2
3. Abgrenzung beim Einsatz Dritter	3
4. Abwendung der Ersatzvornahme	4
II. Vertretbarkeit der zu erzwingenden Handlung	5
1. Voraussetzungen der Vertretbarkeit	6
2. Unzulässigkeit der Ersatzvornahme	7
3. Keine Vertretbarkeit bei Höchstpersönlichkeit	8
III. Rechtsnatur der Beauftragung eines Dritten	9
1. Rechtliche Einordnung des Auftrags	9
2. Rechtsbeziehung zwischen dem Pflichtigen und dem Dritten	10
3. Auswahl des Ersatzunternehmers	11
IV. Kosten der Ersatzvornahme	12
1. Pflichtiger als Schuldner der Kosten	12
2. Grundgedanke der Kostenpflicht	13
3. Umfang der zu tragenden Kosten	13a
4. Zeitpunkt der Kostenforderung	14
5. Form der Kostenfestsetzung	15
6. Herausgabe gegen Zahlung nach Landesrecht	16
V. Landesrecht	17

I. Wesen und Zweck der Ersatzvornahme

1. Definition im Sinne des Bundesrechts

1   **Ersatzvornahme** liegt dann vor, wenn eine Handlung an Stelle des Pflichtigen von einem Dritten im Auftrag der Vollzugsbehörde vorgenommen wird. Bundesrechtlich ist es keine Ersatzvornahme, wenn die Behörde die Handlung selbst vornimmt (Selbstvornahme), was sich aus dem preußischen Recht herleitet (Waldhoff in H-RS-AV § 46 Rn. 131). Die Selbstvornahme ist in § 12 VwVG (Unmittelbarer Zwang) geregelt, muss indes nicht notwendig mit Zwang verbunden sein, wenn man nicht jede Einwirkung auf Sachen, zB Abtransport, als solche schon unter den Begriff der körperlichen Gewalt bringen will. Deshalb sind auch die Vorschriften über die Kostenerstattung wie § 10 Hs. 2 VwVG auf die Selbstvornahme nicht anwendbar. Eine Ersatzvornahme ist nur bei Vorliegen der gesetzlichen Voraussetzungen in § 10 VwVG zulässig; auf die Regelungen des BGB über die Geschäftsführung ohne Auftrag kann sich die Behörde nicht stützen (OVG Münster NVwZ-RR 2008, 437).

2. Definition in den Ländern

2   Anders ist die Rechtslage in den meisten **Bundesländern** (→ Übersicht in Rn. 17). In diesen Ländern gehört zur Ersatzvornahme auch die Selbstvornahme mit der Folge, dass auch ihre Kosten dem Pflichtigen zur Last fallen.

3. Abgrenzung beim Einsatz Dritter

3   Nicht jede Verwendung behördenfremder Personen macht die Zwangsmaßnahme zur Ersatzvornahme. Entscheidend ist, ob die Behörde einem **selbstständigen Unternehmer** im Wege eines Werkvertrages oder eines werkvertragähnlichen Vertrags (dazu Maurer § 20 Rn. 13) die Ausführung der angeordneten Maßnahme dergestalt übertragen hat, dass der Unternehmer selbst der verantwortliche Geschäftsführer der vorgenommenen Handlungen war. Dann liegt Ersatzvornahme vor. Wenn dagegen die Behörde bei der Ausführung Herr der ganzen Maßnahme geblieben ist, handelt es sich nach Bundesrecht um unmittelbaren Zwang, auch wenn sie unselbstständige fremde Arbeitskräfte zu Hilfe zieht, denen kein eigenes Bestimmungsrecht über die Arbeit zukommt (OVG Münster OVGE 7, 27). Dasselbe gilt, wenn auf Ersuchen andere Behörden derselben Dienstkörperschaft tätig werden (Lemke, 262 mwN).

4. Abwendung der Ersatzvornahme

4   Sinn auch der Anordnung der Ersatzvornahme ist es, von dem Pflichtigen die Vornahme der geschuldeten Handlung zu erzwingen. Deshalb hat er bis zur Durchführung der Ersatzvornahme jederzeit die Möglichkeit, die Handlung selbst vorzunehmen.

II. Vertretbarkeit der zu erzwingenden Handlung

Ersatzvornahme kommt nur in Betracht, wenn eine **vertretbare Handlung** erzwungen werden soll.

1. Voraussetzungen der Vertretbarkeit

Vertretbar ist eine Handlung, wenn die Vornahme durch einen Dritten tatsächlich und rechtlich zulässig ist (Waldhoff in H-RS-AV § 46 Rn. 131) und es für den Berechtigten tatsächlich und wirtschaftlich gleich bleibt, ob der Pflichtige oder ein anderer die Handlung vornimmt (für die Durchsetzung eines im Bebauungsplan festgesetzten Pflanzgebots durch Ersatzvornahme OVG Berlin UPR 1991, 357). Dabei kommt von vornherein nur ein positives Tun in Betracht, denn Dulden und Unterlassen sind stets unvertretbar. Typisches Beispiel für eine vertretbare Handlung ist die **Beseitigung baulicher Anlagen** (vgl. OVG Greifswald NJW 2007, 3801).

2. Unzulässigkeit der Ersatzvornahme

Rechtlich **unzulässig** ist die Vornahme durch einen Dritten nicht etwa schon dann, wenn sie in private Rechte des Pflichtigen eingreift, zB durch Einwirkung auf dem Pflichtigen gehörende Sachen. Denn die Ermächtigung zur Ersatzvornahme ersetzt gerade die an sich privatrechtlich erforderliche Einwilligung des Pflichtigen. Rechtlich unzulässig wäre die Ersatzvornahme aber, wenn auf Grund zwingender öffentlich-rechtlicher Vorschriften nur der Pflichtige selbst die zu erzwingende Handlung vornehmen darf (Lemke, 260).

3. Keine Vertretbarkeit bei Höchstpersönlichkeit

Die erforderliche gleiche rechtliche Bedeutung kann eine Handlung, insbesondere eine Willenserklärung, von einem Dritten vorgenommen bzw. abgegeben, dann **nicht haben,** wenn sie **höchstpersönlicher Natur** ist. Die Höchstpersönlichkeit kann sich aus ausdrücklichen gesetzlichen Vorschriften oder aus der Natur der Sache ergeben, wie zB das Erscheinen auf der Dienststelle auf Grund einer Vorladung oder das Tragen einer Maske (Mund-Nasen-Schutz) während der Corona-Pandemie.

Dieselbe wirtschaftliche Bedeutung hat die Vornahme durch einen Dritten im Regelfall bei allen tatsächlichen Handlungen, wenn nicht besondere technische oder künstlerische Fähigkeiten erforderlich sind, die nur der Pflichtige besitzt. Beispiele für vertretbare Handlungen: Einzäunung eines gefährlichen Grundstückes, Abbruch eines baufälligen Hauses, Beseitigung eines Verkehrshindernisses, Vorführung eines Kraftfahrzeuges.

III. Rechtsnatur der Beauftragung eines Dritten

1. Rechtliche Einordnung des Auftrags

Der dem Dritten erteilte **Auftrag,** für den es außer § 10 VwVG keiner weiteren Rechtsgrundlage bedarf (BGH DVBl 2004, 516), die Handlung an

Stelle des Pflichtigen vorzunehmen, stellt in der Regel (Ausnahme denkbar in Fällen des polizeilichen Notstands, vgl. Maurer § 20 Rn. 13) kein öffentliches Rechtsgeschäft dar. Vielmehr tritt der Dritte zu der Vollzugsbehörde **in privatrechtliche Beziehungen** (BGH NJW 1976, 628; so auch HHSp/Hohrmann § 330 AO Rn. 8). Denn der Auftrag könnte ihm mit demselben Inhalt von dem Pflichtigen erteilt werden. Im Regelfall dürften die Bestimmungen in §§ 631 ff. BGB über den Werkvertrag anzuwenden sein (s. a. Erichsen/ Rauschenberg Jura 1998, 34), in Einzelfällen die über den Dienstvertrag (Maurer § 20 Rn. 13). Für Streitigkeiten aus diesem Verhältnis, zB über die Vergütung, sind die **ordentlichen Gerichte** zuständig. Burmeister JuS 1989, 256 geht dagegen von einer durch zustimmungsbedürftigen Verwaltungsakt erfolgenden öffentlich-rechtlichen Indienstnahme aus. Gegen diese Auffassung spricht, dass im Fall der zivilprozessualen Zwangsvollstreckung, die das Institut der Ersatzvornahme ebenfalls kennt, das Rechtsverhältnis des Gläubigers zum Ersatzunternehmer immer privatrechtlich ist. Der Dritte ist auch nicht Beliehener (Marwinski in Brandt/Sachs, Rn. E 40 mwN), sondern im Verhältnis zum Pflichtigen und zu Dritten bloßer Erfüllungsgehilfe der Behörde (Sadler/Tillmanns VwVG § 10 Rn. 19). Die Eigenschaft als Erfüllungshilfe wird v.a. dann relevant, wenn der beauftragte Unternehmer während der Ersatzvornahme völlig außenstehende Dritte verletzt, zB beim **Abschleppvorgang** ein Dritter zu Schaden kommt; gegenüber dem Geschädigten haftet in erster Linie die öffentliche Hand nach Art. 34 S. 1 GG, jedenfalls nicht der Abschleppfahrer selbst (BGH NJW 1998, 1258). Der Abschleppunternehmer ist im Übrigen gegenüber der Behörde verpflichtet, eine Kraftfahrzeugbergungs- und Kraftfahrzeugtransportversicherung (sog. Hakenlastversicherung) abzuschließen (OLG Hamm NVwZ-RR 2003, 31); anderenfalls verhält er sich vertragswidrig.

In einem obiter dictum hat BGH, KKZ 2006, 247 ausgesprochen, dass bei der Durchführung einer **Abschleppmaßnahme** im Wege der Ersatzvornahme der Ersatzunternehmer in Ausübung eines ihm anvertrauten öffentlichen Amtes tätig werde. Dies beeinträchtigt indes die privatrechtliche Natur des Vertrags zwischen Vollstreckungsgläubiger und Ersatzunternehmer nicht, sondern bedeutet allein, dass seine Handlungen, jedenfalls soweit sie sich im Rahmen seines Auftrags halten, aus Sicht des Pflichtigen wie solche der Vollstreckungsbehörde anzusehen und zu dulden sind.

2. Rechtsbeziehung zwischen dem Pflichtigen und dem Dritten

10 Zu dem Pflichtigen tritt der Dritte **weder in vertragliche noch in sonstige öffentlich-rechtliche Beziehungen;** der Pflichtige hat lediglich die mit der Durchführung der Ersatzvornahme verbundenen Einwirkungen in seine Rechtssphäre zu dulden (OVG Münster NVwZ-RR 1996, 183; allerdings können Einzelgesetze den Ersatzunternehmer zum Inkasso der Kosten ermächtigen, wie zB in § 8 Abs. 2 S. 3, § 43 Abs. 3 S. 5 HSOG geschehen, vgl. LG Marburg KKZ 2002, 174); die Zahlung an den Ersatzunternehmer wirkt in diesem Fall auch gegenüber dem Vollstreckungsgläubiger schuldbefreiend (BGH NVwZ 2006, 964). Auch als Geschäftsführung ohne Auftrag

Ersatzvornahme § 10 VwVG

(§§ 677 ff. BGB) für den Betroffenen ist die Tätigkeit des Ersatzunternehmers nicht anzusehen (Gusy Rn. 354; vgl. BVerwGE 10, 282). In jedem Fall entsteht eine Rechtsbindung, wenn der Dritte bei Gelegenheit der Ersatzvornahme eine unerlaubte Handlung im Sinne von §§ 823 ff. BGB gegenüber dem Pflichtigen begeht. Es ist fraglich, ob hierfür in jedem Fall ausschließlich die Behörde haften soll – mit der Möglichkeit des Rückgriffes. Vielmehr könnte man daran denken, auch hier die Grundsätze anzuwenden, die für die Abgrenzung von Amtspflichtverletzungen in Ausübung und bei Gelegenheit der Ausübung eines öffentlichen Amtes entwickelt worden sind (vgl. hierzu Kayser-Leiß Amtshaftung, 29 f.). Wenn etwa der Dritte, der damit beauftragt worden ist, das Kraftfahrzeug des Pflichtigen zur technischen Kontrolle zu bringen, im Anschluss daran eine Vergnügungsfahrt unternimmt und den Wagen dabei beschädigt, könnte man daran denken, ihn unmittelbar und allein haften zu lassen.

3. Auswahl des Ersatzunternehmers

In der Auswahl des Ersatzunternehmers ist die Behörde frei; einer **Ausschreibung bedarf es nicht,** da die Ersatzvornahme der Gefahrenabwehr dient und somit Verzögerungen durch Ausschreibungsverfahren vermieden werden müssen (so zutr. Sadler/Tillmanns VwVG § 10 Rn. 22 ff.). § 3 Abs. 4 lit. d VOL/A Abschn. 2 lässt aus „dringenden zwingenden Gründen" ein Verhandlungsverfahren ohne Teilnahmewettbewerb ausdrücklich zu, wenn die Leistung besonders dringlich ist, also die Schwellenwerte überschritten sind. Unterhalb der Schwellenwerte ist die freihändige Vergabe insbesondere zulässig bei einem voraussichtlichen Auftragswert von 500 Euro, besonderer Dringlichkeit oder im Fall spezieller Ausführungsbestimmungen von Bundes- oder Landesministern, § 3 Abs. 5 lit. g und i, Abs. 6 VOL/A Abschn. 1. § 55 Abs. 1 BHO sowie die entsprechenden Normen der Landeshaushaltsordnungen lassen Ausnahmen von der Pflicht zur öffentlichen Ausschreibung zu, die bei der Ersatzvornahme als Form der Gefahrenabwehr gegeben ist (Sadler/Tillmanns VwVG § 10 Rn. 22f). AA offenbar Lemke, 360, der die Behörde für verpflichtet hält, zuvor Angebote mehrerer in Betracht kommender Unternehmer einzuholen, wenn für bestimmte Leistungen keine bestimmten Sätze bestehen. Wichtig ist, dass die Behörde nach hier vertretenen Auffassung eine **Ausschreibung durchführen kann, aber nicht muss.** Anders ist der Fall nur zu beurteilen, wenn etwa ein **Abschleppunternehmen** in einer Stadt in einem Rahmenvertrag zB über mehrere Jahre beauftragt werden soll, das Abschleppen von Kfz für die Behörde durchzuführen; dann gelten die vergaberechtlichen Vorschriften der VOL/A.

11

IV. Kosten der Ersatzvornahme

1. Pflichtiger als Schuldner der Kosten

Die **Kosten der Ersatzvornahme** fallen dem Pflichtigen zur Last, falls die Ersatzvornahme rechtmäßig durchgeführt worden ist (OVG Koblenz NVwZ

12

1994, 715; OVG Saarlouis NJW 1994, 878; s. a. Finger DVBl 2007, 800). Zur Rechtmäßigkeit des **Abschleppens** eines ursprünglich korrekt abgestellten Fahrzeugs im Wege der Ersatzvornahme nach Aufstellen eines mobilen Halteverbotsschildes VGH Mannheim VBlBW 2007, 350 (dessen Auffassung: Abschleppen auf Kosten des Halters nicht vor dem vierten Tag nach Aufstellen des Halteverbotsschilds zulässig, außer wenn sich die bevorstehende Änderung für den Verkehrsteilnehmer deutlich erkennbar als unmittelbar bevorstehend abzeichne wie etwa im Falle einer heranrückenden „Wanderbaustelle"), wobei eine ex-post-Betrachtung maßgeblich ist (VGH München BayVBl 1999, 180). Die Person des Pflichtigen bestimmt sich auch hinsichtlich der Kostentragungspflicht nach öffentlichem Recht, nicht nach Privatrecht; demgemäß können die notwendigen Kosten einer im Wege der Ersatzvornahme behördlich veranlassten **Bestattung** von den nach öffentlichem Recht bestattungspflichtigen Angehörigen auch dann erhoben werden, wenn sie nicht Erben und als solche zivilrechtlich zur Tragung der Bestattungskosten verpflichtet sind (VG Gießen HessVGRspr 2001, 13; VG Koblenz KKZ 2006, 35 mit Anm. Hagemann); unbeschadet bleibt es den in Anspruch Genommenen, bei den zivilrechtlich Verpflichteten Rückgriff zu nehmen. **Bei Rechtswidrigkeit der Ersatzvornahme** kann die Behörde nicht auf einen Anspruch aus einer öffentlich-rechtlichen Geschäftsführung ohne Auftrag oder einen Anspruch aus den Grundsätzen der ungerechtfertigten Bereicherung ausweichen, da anderenfalls die zwingende Regelung von § 10 umgangen würde (OVG Münster NWVBl 1996, 28). Die Kosten einer trotz Aussetzung von Vollstreckungsmaßnahmen durchgeführten Ersatzvornahme können nicht vom Pflichtigen erhoben werden (VGH Mannheim NuR 1992, 233). Kosten können als selbstständige öffentlich-rechtliche Schuld nach §§ 1–5 VwVG beigetrieben werden; sie sind keine Kosten iSv § 80 Abs. 2 S. 1 Nr. 1 VwGO (OVG Frankfurt/Oder LKV 2000, 313; OVG Schleswig NVwZ-RR 2001, 586; OVG Weimar DÖV 2008, 881). Die Verfassungsmäßigkeit der Kostentragungspflicht bejaht BVerwG NJW 1992, 1908.

Verzichtet der als Zustandsstörer in Anspruch genommene **Grundstückseigentümer** während der Ersatzvornahme auf sein Eigentum, lässt dies seine Pflicht unberührt, für die Kosten der Ersatzvornahme aufzukommen (VGH Mannheim VBlBW 1998, 19).

2. Grundgedanke der Kostenpflicht

13 **Rechtfertigender Grund** der Kostenforderung ist nicht der Gedanke, dass der Pflichtige Aufwendungen erspart, die er für die Vornahme der von ihm verlangten Handlung hätte machen müssen. Deshalb kann er sich nicht darauf berufen, er hätte die gebotene Handlung billiger vornehmen können; umgekehrt kann bei der Kostenberechnung nicht berücksichtigt werden, dass der Pflichtige möglicherweise höhere Kosten gehabt hätte (OVG Hamburg MDR 1952, 189). Die Behörde ist nicht verpflichtet, den Pflichtigen über die voraussichtlichen Kosten für den beauftragten Unternehmer zu informieren, OVG Saarlouis NVwZ 2009, 602. Nicht belastet werden darf der Pflichtige gem. § 19 Abs. 1 VwVG iVm § 346 Abs. 1 AO allerdings mit groben Fehl-

griffen in die Preiskalkulation des Ersatzunternehmers oder mit den Kosten überflüssiger Maßnahmen (OVG Berlin BauR 1990, 208; s.a. Schoch JuS 1995, 506). OVG Hamburg NZV 2001, 52 hält die Erhebung von **Abschleppkosten** für einen abgebrochenen Abschleppvorgang für unverhältnismäßig, wenn in direktem Anschluss an den Abbruch ein unmittelbar benachbartes Fahrzeug abgeschleppt wird.

3. Umfang der zu tragenden Kosten

Dem Pflichtigen können nur die Kosten auferlegt werden, welche die Behörde an den Dritten zahlen muss. Wenn die Behörde etwa vor Beauftragung des Abschleppunternehmers und somit vor Beginn der Ersatzvornahme den Halter ermittelt und dieser das verkehrswidrige abgestellte KfZ entfernt, kann die Behörde eine Gebühr dafür erheben, sofern eine (landes-)rechtliche Rechtsgrundlage besteht. Auf diese Weise können Eigenkosten geltend gemacht werden; ob der unterschiedliche Letztempfänger des Geldes (im Abschleppfall der Unternehmer, bei erfolgreicher Halterabfrage die öffentlichen Haushalte) zu einer Änderung der behördlichen Praxis führt und die Halter regelmäßig zunächst ermittelt werden, bleibt abzuwarten (für eine rechtlich gebotene telefonische Halterbenachrichtigung vor der Abschleppanordnung Ostermeier NJW 2006, 3173). 13a

Indessen können zu den Kosten der Ersatzvornahme auch die Kosten der Beaufsichtigung der Ersatzvornahme und die Kosten einer Fotodokumentation der Durchführung der Ersatzvornahme gehören (VGH München NVwZ-RR 2000, 343).

Das Bundesinnenministerium hat in einer gesonderten Gebührenverordnung für individuell zurechenbare öffentliche Leistungen in seinem Zuständigkeitsbereich für Ersatzvornahmen nach § 10 VwVG aufgrund der Vielfalt der möglichen Arten der Ersatzvornahmen festgelegt, dass die Gebühren sich nach dem Zeitaufwand richten, BGBl. I 2019, 1360. Eine genau bezifferte Gebühr wie etwa bei der Identitätsfeststellung nach dem Bundespolizeigesetz ist hier naturgemäß nicht möglich.

4. Zeitpunkt der Kostenforderung

Wann die Vollzugsbehörde die Kosten der Ersatzvornahme von dem Pflichtigen fordern und gegebenenfalls beitreiben kann, lässt sich dem Wortlaut von § 10 VwVG nicht eindeutig entnehmen (ebenso BVerwG NJW 1976, 1703). Während **einige Länder** (→ Rn. 17) ausdrücklich vorsehen, dass die Vollzugsbehörde von dem Pflichtigen verlangen kann, die Kosten der Ersatzvornahme in der vorläufig veranschlagten Höhe vorauszuzahlen, **fehlt im VwVG** eine solche Regelung. 14

Die überwiegende Meinung nimmt eine Kostenpflicht **bereits vor Durchführung** der Ersatzvornahme an (ablehnend VGH Kassel DÖV 1961, 515; OVG Berlin Städtetag 1974, 329); ihr hat sich auch das **BVerwG** angeschlossen (BVerwG NJW 1976, 1703 und NVwZ 1997, 381). Diese Meinung begegnet jedoch Bedenken. Nicht nur die Anordnung der Ersatzvornahme, sondern noch mehr ihr Vollzug und damit auch die Geltendmachung der

Kosten greift in die Rechtssphäre des Betroffenen ein und bedarf daher im Rechtsstaat einer gesetzlichen Grundlage; dies gilt insbesondere auch für die Fälligkeit der Kostenforderung (ebenso Menger VerwArch 68, 86). Allerdings fordert der Gesetzesvorbehalt im Regelfall keine ausdrückliche – im Sinne einer wörtlichen – Regelung; vielmehr genügt es den verfassungsrechtlichen Anforderungen, wenn ein entsprechender Wille des Gesetzgebers durch die anerkannten Kriterien der Auslegung erschlossen werden kann (Menger VerwArch 68, 86). Aus dem Wortlaut von § 10 VwVG ergibt sich jedoch eindeutig nur, dass der Pflichtige überhaupt die Kosten der Ersatzvornahme zu tragen hat; **wann** in dem durch die Festsetzung der Ersatzvornahme und die Vornahme der ihren Gegenstand bildenden Handlung begrenzten Zeitraum die Kostenforderung fällig wird, lässt sich dem Wortlaut dieser Vorschrift nicht entnehmen (ebenso BVerwG NJW 1976, 1703). Der Gebrauch des Wortes „Nachforderung" in § 13 Abs. 4 S. 2 VwVG bietet für sich allein auch keine hinreichend sichere Grundlage (so offenbar auch BVerwG NJW 1976, 1703 (1704)). Geht man davon aus, dass auch die Ersatzvornahme als Zwangsmittel in erster Linie den Sinn hat, von dem Pflichtigen die Vornahme der geschuldeten Handlung zu erzwingen, und dass dieser bis zur Durchführung der Ersatzvornahme jederzeit die Möglichkeit hat, die Handlung selbst vorzunehmen (→ Rn. 4), so ergibt sich daraus, dass die Kostenpflicht nicht bereits zu einem Zeitpunkt entstehen kann, zu dem der Pflichtige die Durchführung der Ersatzvornahme noch durch eigenes Handeln abwenden kann, dass die Kostenpflicht mithin nur als Folge der durchgeführten Ersatzvornahme entstehen kann (ebenso Menger VerwArch 68, 90).

Ob auch der **Insolvenzverwalter** zur Vorauszahlung der Ersatzvornahmekosten verpflichtet ist, hängt davon ab, ob diese Kosten im Insolvenzverfahren Masseverbindlichkeiten iSv § 55 InsO sind. Das wird man in den Fällen bejahen können, in denen der Insolvenzverwalter für den Zustand der Sache voll verantwortlich ist (BVerfG NVwZ 2004, 1505).

5. Form der Kostenfestsetzung

15 Die **Festsetzung** (Leistungsbescheid; Erichsen/Rauschenberg Jura 1998, 34) des zu erstattenden Kostenbetrages ist ein Verwaltungsakt, der selbstständig im Verwaltungsstreitverfahren angefochten werden kann. Denn sie enthält über den Inhalt des zu vollstreckenden Verwaltungsaktes und auch über die Anordnung der Ersatzvornahme hinaus eine weitere selbstständige Entscheidung (ebenso Rasch/Patzig § 10 Anm. III 1).

Die Kostenlast des Pflichtigen beruht auch dann unmittelbar auf dem Gesetz und kann durch Leistungsbescheid geltend gemacht werden, wenn die Anordnung der Ersatzvornahme durch eine Vereinbarung ersetzt worden ist, durch die der Pflichtige sich mit der Anwendung der Ersatzvornahme einverstanden erklärt hat (OVG Münster OVGE 26, 180, 183).

Die Anforderung der Kosten der Ersatzvornahme ist weder eine Vollstreckungsmaßnahme iSv § 80 Abs. 2 S. 1 Nr. 3 VwGO noch betrifft sie Kosten iSv § 80 Abs. 2 1 Nr. 1 VwGO, so dass ein Widerspruch aufschiebende Wirkung auch dann hat, wenn die Kostenanforderung der Ersatzvornahme

Ersatzvornahme § 10 VwVG

vorausgeht (OVG Koblenz NVwZ-RR 1999, 27; OVG Bautzen NVwZ-RR 2003, 475; a A OVG Berlin KKZ 1999, 185, das in der Anforderung der Kosten eine Maßnahme in der Verwaltungsvollstreckung sieht).

6. Herausgabe gegen Zahlung nach Landesrecht

In einigen **Landespolizeigesetzen** ist die – besonders **beim Abschleppen** verbotswidrig geparkter Kraftfahrzeuge in Betracht kommende – Möglichkeit vorgesehen, die Herausgabe einer im Wege der Ersatzvornahme entfernten Sache von der Zahlung der Kosten abhängig zu machen. Wettbewerbsrechtliche Bedenken dagegen sieht BGH KKZ 2006, 265 nicht. Nach OVG Hamburg DÖV 2008, 122 soll die Ausübung des Zurückbehaltungsrechts allerdings dann gegen das Übermaßverbot verstoßen, wenn der Pflichtige das Fahrzeug aus zwingenden Gründen dringend und unverzüglich benötigt. Die Behörde ist überdies zur Herausgabe des abgeschleppten Fahrzeugs erst verpflichtet, sobald geklärt ist, in wessen Eigentum es steht (VGH München BeckRS 2009, 31489). Auch der Ersatzunternehmer selbst kann das Zurückbehaltungsrecht geltend machen, wenn ihn das Gesetz zum Inkasso der Kosten ermächtigt (LG Marburg KKZ 2002, 174). 16

V. Landesrecht

Baden-Württemberg: Im Wesentlichen inhaltsgleich § 25 LVwVG, der aber auch die Vornahme durch die Behörde selbst einschließt. Nach § 31 Abs. 5 LVwVG kann die Vollstreckungsbehörde Vorauszahlung vom Pflichtigen verlangen. 17

Bayern: Ähnlich Art. 32 BayVwZVG; die Ersatzvornahme ist im bayerischen Recht subsidiär und nur zulässig, wenn ein Zwangsgeld keinen Erfolg erwarten lässt. Die Formulierung „vornehmen lassen" soll Ersatzvornahme durch Bedienstete der Vollstreckungsbehörde nicht ausschließen (Lemke, 264 mwN). Zu den Kosten der Ersatzvornahme gehören insbesondere die Kosten herangezogener Unternehmer, Beseitigungskosten und auch Gutachterkosten, nicht jedoch die Kosten des eigenen Personals der Vollstreckungsbehörde, soweit dieses nicht selbst die geforderte Handlung vornimmt (VGH München NVwZ-RR 2000, 343). Vorauszahlung der Kosten sieht § 36 Abs. 4 S. 2 BayVwZVG vor. Nach Art. 41a BayVwZVG ist der Kostenbetrag der Ersatzvornahme ab Fälligkeit mit sechs Prozent zu verzinsen.

Berlin: Nach § 5a S. 1 BlnVwVfG gilt das VwVG des Bundes in der jeweils gültigen Fassung.

Brandenburg: Gleichlautend (bis auf den Einschub zur Selbstvornahme „oder die Handlung selbst ausführen") § 32 Abs. 1 S. 1 VwVG Bbg. § 32 Abs. 2 VwVG Bbg sieht ausdrücklich vor, dass die Behörde die voraussichtlichen Kosten der Ersatzvornahme im Voraus verlangen kann. Die Kosten der Ersatzvornahme und die Vorauszahlung werden durch Leistungsbescheid festgesetzt (§ 32 Abs. 3 VwVG Bbg).

Bremen: Hinsichtlich der Voraussetzungen der Ersatzvornahme gleichlautend § 15 BremVwVG, der aber auch die Ausführung durch die Vollzugs-

VwVG § 10   Verwaltungs-Vollstreckungsgesetz

behörde auf Kosten des Pflichtigen selbst in den Begriff der Ersatzvornahme einbezieht.

Hamburg: Der Begriff der Ersatzvornahme ist in § 13 Abs. 1 HmbVwVG definiert. Ersatzvornahme ist auch die Selbstvornahme durch die Behörde. § 13 Abs. 2 HmbVwVG regelt die Kosten der Ersatzvornahme. Sie sind von dem Pflichtigen zu erstatten (Abs. 1 S. 1); die Vollstreckungsbehörde kann Vorauszahlung der vorläufig veranschlagten Kosten verlangen (Abs. 2 S. 3).

Hessen: § 74 Abs. 1 HessVwVG bezieht auch die Vornahme der Handlung durch die Vollstreckungsbehörde in den Begriff der Ersatzvornahme ein. Nach § 74 Abs. 3 S. 2 HessVwVG kann die Vollstreckungsbehörde von dem Pflichtigen die Zahlung vorläufig veranschlagter Kosten schon vor der Durchführung der Ersatzvornahme fordern. Nach VG Frankfurt DÖV 1989, 175 ist die Anforderung von vorläufig veranschlagten Ersatzvornahmekosten nur dann von Gesetzes wegen sofort vollziehbar, wenn sie (auch) dazu dient, den Willen des Pflichtigen zu beugen; dies sei nicht der Fall, wenn die Ersatzvornahme abgeschlossen sei. Die Kostenforderung ist verzinslich (§ 74 Abs. 4 HessVwVG).

Mecklenburg-Vorpommern: Im Wesentlichen inhaltsgleich § 89 Abs. 1 SOG MV, der aber auch die Vornahme durch die Behörde selbst einschließt. Nach § 89 Abs. 2 SOG MV kann die Vollzugsbehörde Vorauszahlung der vorläufig veranschlagten Kosten verlangen.

Niedersachsen: Gleichlautend (bis auf die Einbeziehung der Selbstvornahme) § 66 Abs. 1 NdsSOG. Es kann bestimmt werden, dass der Betroffene die voraussichtlichen Kosten der Ersatzvornahme im Voraus zu zahlen hat (§ 66 Abs. 2 S. 1 NdsSOG); diese Kosten können beigetrieben werden, nicht jedoch mehr, wenn die gebotene Handlung von dem Pflichtigen vorgenommen worden ist (§ 66 Abs. 2 S. 2 und S. 3 NdsSOG).

Nordrhein-Westfalen: Gleichlautend (bis auf den Einschub „die Handlung selbst ausführen oder") § 59 Abs. 1 VwVG NRW. § 59 Abs. 2 S. 1 VwVG NRW sieht ausdrücklich vor, dass bestimmt werden kann, dass der Betroffene die voraussichtlichen Kosten der Ersatzvornahme im Voraus zu zahlen hat. Kommt er dieser Bestimmung nicht nach, so können die Kosten (auch vor der Durchführung der Ersatzvornahme) im Verwaltungszwangsverfahren beigetrieben werden (§ 59 Abs. 2 S. 2 VwVG NRW). Ein Rechtsbehelf gegen die Anforderung von Kosten für eine bereits durchgeführte Ersatzvornahme hat aufschiebende Wirkung (OVG Münster DVBl 1984, 352). § 59 Abs. 3 VwVG NRW bestimmt die Verzinslichkeit der Kostenforderung. Die Behörde ist nicht gezwungen, tatsächliche Finanzierungskosten in der betreffenden Höhe nachzuweisen; sie darf auch kalkulatorische Zinsen in Rechnung stellen (Marwinski in Brandt/Sachs Rn. E 43).

Rheinland-Pfalz: Im Wesentlichen gleichlautend § 63 Abs. 1 LVwVG RP, der aber auch die Vornahme durch die Behörde selbst einschließt. § 63 Abs. 2 LVwVG RP entspricht § 66 Abs. 2 NGefAG.

Saarland: Nach § 21 SaarlVwVG umfasst die Ersatzvornahme jede Ausführung der zu erzwingenden Handlung auf Kosten des Pflichtigen durch die Behörde oder durch einen Dritten.

Sachsen: Im Wesentlichen inhaltsgleich § 24 Abs. 1 SächsVwVG, der aber auch die Vornahme durch die Behörde selbst einschließt. § 24 Abs. 2 S. 2

SächsVwVG begründet eine Pflicht für Vollstreckungsschuldner und Mitbewohner zur Duldung der Ersatzvornahme. Gem. § 24 Abs. 2 SächsVwVG kann die Vorauszahlung der voraussichtlichen Kosten verlangt werden; sie werden durch sofort vollziehbaren Leistungsbescheid festgesetzt (§ 24 Abs. 3 SächsVwVG). § 24 Abs. 4 SächsVwVG enthält Bestimmungen über Fälligkeit und Verzinsung der Kosten.

Sachsen-Anhalt: Wie Niedersachsen (§ 71 Abs. 1 VwVG LSA iVm § 55 SOG).

Schleswig-Holstein: Nach § 238 Abs. 1 LVwG umfasst die Ersatzvornahme auch den Fall, dass die Vollzugsbehörde selbst die Handlung auf Kosten des Pflichtigen ausführt; nach § 238 Abs. 2 LVwG kann die Vollzugsbehörde von dem Pflichtigen Vorauszahlung der Kosten verlangen.

Thüringen: Im Wesentlichen inhaltsgleich § 50 Abs. 1 ThürVwZVG, der aber auch die Vornahme durch die Behörde selbst einschließt. Gem. § 50 Abs. 2 ThürVwZVG kann die Vorauszahlung der voraussichtlichen Kosten verlangt werden; sie werden durch Leistungsbescheid festgesetzt (§ 50 Abs. 3 ThürVwZVG). Fälligkeit wie in Sachsen, Bestimmung über Verzinsung in § 50 Abs. 4 S. 1 ThürVwZVG.

§ 11 Zwangsgeld

(1) Kann eine Handlung durch einen anderen nicht vorgenommen werden und hängt sie nur vom Willen des Pflichtigen ab, so kann der Pflichtige zur Vornahme der Handlung durch ein Zwangsgeld angehalten werden. Bei vertretbaren Handlungen kann es verhängt werden, wenn die Ersatzvornahme untunlich ist, besonders, wenn der Pflichtige außerstande ist, die Kosten zu tragen, die aus der Ausführung durch einen anderen entstehen.

(2) Das Zwangsgeld ist auch zulässig, wenn der Pflichtige der Verpflichtung zuwiderhandelt, eine Handlung zu dulden oder zu unterlassen.

(3) Die Höhe des Zwangsgeldes beträgt bis zu 25000 Euro.

Übersicht

	Rn.
I. Wesen und Zweck	1
1. Kein Strafcharakter	1a
2. Keine öffentliche Abgabe	1b
II. Voraussetzungen der Anwendung von Zwangsgeld	2
1. Tatsächliche Abhängigkeit	3
2. Rechtliche Abhängigkeit	4
III. Zulässigkeit des Zwangsgeldes	5
1. Unvertretbare Handlungen	6
2. Vertretbare Handlungen	7
IV. Höhe des Zwangsgeldes (Abs. 3)	8
1. Anhebung des Rahmens auf 25.000 Euro	8
2. Bemessung	8a
3. Spezialregelungen	8b

	Rn.
4. Grundsatz der Verhältnismäßigkeit	8c
V. Gerichtlicher Überprüfungsmaßstab	9
VI. Behandlung des Zwangsgeldes im Insolvenzverfahren	10
VII. Landesrecht	11

I. Wesen und Zweck

1 Das Zwangsgeld hat sich aus der älteren Zwangsstrafe entwickelt (dazu Rudolph S. 1; Dünchheim NVwZ 1996, 118).

1. Kein Strafcharakter

1a Es hat heute keinen Strafcharakter (Waldhoff in H-RS-AV § 46 Rn. 132 mwN) und setzt auch kein Verschulden voraus (BFH/NV 1993, 46). OVG Bremen GewArch 1987, 279 lässt offen, ob das Zwangsgeld stets ein Verschulden voraussetzt; jedenfalls müsse ein pflichtiger Unternehmer durch organisatorische Maßnahmen in seinem Betrieb Vorsorge dafür treffen, dass das Gebot erfüllt werde; zu Zwangsgeldern gegen Fluggesellschaften wegen unberechtigter Beförderung von Ausländern Dörig NVwZ 2006, 1337. Infolge des fehlenden Strafcharakters kann Zwangsgeld wegen desselben Sachverhaltes neben einer Kriminalstrafe (vgl. PrOVG 84, 276) und mehrfach (§ 13 Abs. 6 VwVG) verhängt werden; es darf aber **nicht nachträglich** als Sanktion für in der **Vergangenheit** begangene Rechtsverstöße eingesetzt werden (OVG Bautzen SächsVBl. 1996, 67; dazu Belz SächsVBl. 1996, 95).

2. Keine öffentliche Abgabe

1b Das Zwangsgeld ist zwar eine öffentlich-rechtliche Geldforderung, aber keine öffentliche Abgabe. Unter den Begriff der öffentlichen Abgaben fallen nach herkömmlicher Auffassung nur Steuern, Gebühren und Beiträge. Keiner dieser Begriffe ist dazu geeignet, das Zwangsgeld darunter zu fassen. Es besteht auch kein Anlass, den Begriff der öffentlichen Abgabe auf das Zwangsgeld auszudehnen. Die Abgaben haben eine andere Funktion. Sie sollen den Finanzbedarf der öffentlichen Hand decken. Da die öffentlichen Ausgaben in hohem Maße rechtlich oder politisch termingebunden sind, gilt für die Anforderung öffentlicher Abgaben generell das Privileg des § 80 Abs. 2 S. 1 Nr. 1 VwGO. Beim Zwangsgeld steht aber nicht die öffentliche Einnahme im Vordergrund; sie ist nur ein (erwünschter) Nebeneffekt des ausgeübten Zwanges. Deshalb kann § 80 Abs. 2 S. 1 Nr. 1 VwGO auf das Zwangsgeld nicht angewandt werden (so auch Kopp/Schenke VwGO § 80 Rn. 63 mwN).

II. Voraussetzungen der Anwendung von Zwangsgeld

2 Durch Zwangsgeld können nur Handlungen (bzw. deren Duldung oder Unterlassung, § 11 Abs. 2 VwVG) erzwungen werden, die **allein von dem Willen des Pflichtigen abhängen;** denn anderenfalls wäre ein Versuch, auf seinen Willen einzuwirken, sinnlos (so auch App JuS 1987, 456). Die Ausführung muss ihm möglich sein und darf nicht von der Mitwirkung eines Dritten abhängen. Diese Voraussetzung liegt nicht vor, wenn erst die Mitwirkung eines Dritten die Handlung tatsächlich oder rechtlich möglich macht.

1. Tatsächliche Abhängigkeit

In tatsächlicher Hinsicht auf die Mitwirkung Dritter angewiesen ist der 3
Pflichtige, wenn die Handlung eine besondere Sachkunde erfordert, die er nicht besitzt, oder wenn sie die Kraft eines Einzelnen übersteigt. Allerdings wird man häufig annehmen können, dass die Heranziehung geeigneter Hilfspersonen, welche die Handlung gewerbsmäßig ausführen, nur vom Willen des Pflichtigen abhängig ist. Sofern solche Hilfspersonen am Ort erreichbar sind, wird man hierfür eine tatsächliche Vermutung aufstellen können. Dem Pflichtigen muss aber der Nachweis offenbleiben, dass es ihm trotz zumutbarer Bemühungen nicht gelungen ist, solche Hilfspersonen heranzuziehen.

2. Rechtliche Abhängigkeit

Rechtlich auf die Mitwirkung Dritter angewiesen ist der Pflichtige, wenn 4
er in der erforderlichen Verfügungsgewalt durch Rechte eines Dritten beschränkt ist. In diesem Sinne hängt es zB nicht allein vom Willen des Pflichtigen ab, eine Wohnung zu räumen, die er wirksam vermietet hat (vgl. VGH Kassel DVBl 1964, 690; zur Räumung von Kellergaragen), einen vermieteten Gebäudeteil abzubrechen (OVG Münster DVBl 1997, 674) oder bewegliche Sachen herauszugeben, an denen ein Nießbrauch oder ein Pfandrecht bestellt ist. Die beschränkte Verfügungsmöglichkeit des Pflichtigen muss allerdings schon beim Erlass des zu vollziehenden Verwaltungsaktes in Betracht gezogen werden (vgl. VGH Kassel DVBl 1964, 690). Indes muss sie nicht stets dazu führen, dass ein Gebot unterbleibt. Die Behörde kann ihr oft dadurch Rechnung tragen, dass sie den Verwaltungsakt oder ein entsprechendes Duldungsgebot an alle Personen richtet, von deren Willen die gebotene Handlung abhängt.

III. Zulässigkeit des Zwangsgeldes

Die Handlung, die der Pflichtige vornehmen soll, kann unvertretbar oder 5
vertretbar sein.

1. Unvertretbare Handlungen

Unvertretbare Handlungen sind solche, die durch einen anderen nicht 6
vorgenommen werden können. Dazu gehören vor allem alle **Unterlassungen** (denn das Unterlassen eines anderen macht die Zuwiderhandlung des Pflichtigen nicht ungeschehen) und auch die Erfüllung von **Duldungspflichten** wie der des Durchleitens von Trinkwasser durch ein Grundstück (BVerwG DÖV 2008, 384) oder des Anbringens einer Straßenbeleuchtung

am Grundstück des Pflichtigen (VGH Mannheim DVP 2009, 214). Eine unvertretbare **Handlung** ist zB die Erteilung von Auskünften über Tatsachen, die nur der Pflichtige kennt (zur Erzwingung von Auskünften auch Henneke Jura 1989, 9); ebenso die Pflicht, persönlich zu erscheinen (zB zum Verkehrsunterricht, VG München DAR 1965, 166) oder sich untersuchen zu lassen. Die Herstellung eines Werkes oder Leistung eines Dienstes ist dann unvertretbar, wenn ihr Wert gerade auf den individuellen Fähigkeiten des Pflichtigen beruht. Eher mechanische Tätigkeiten rechnet man gemeinhin zu den vertretbaren Handlungen (→ Rn. 7), künstlerische und wissenschaftliche Leistungen zu den unvertretbaren (so auch für die zivilprozessuale Zwangsvollstreckung Brox/Walker Rn. 1066).

6a Den zuständigen datenschutzrechtlichen Aufsichtsbehörden (hier: Landesbeauftragter für den **Datenschutz** und die Informationsfreiheit Rheinland-Pfalz) steht gegenüber nichtöffentlichen Stellen gemäß Art. 58 Abs. 1 lit. a DS-GVO ein **Auskunftsanspruch** zu, dem der datenschutzrechtlich Verantwortliche grundsätzlich nachkommen muss. Ein solches Auskunftsverlangen kann in Form eines Verwaltungsakts geltend gemacht werden, wobei die darin enthaltene Handlungsaufforderung mit Zwangsmitteln durchgesetzt werden kann (hier: Festsetzung eines Zwangsgeldes iHv 5.000,00 Euro wegen Nichtbeantwortung eines Fragenkatalogs zu der in einem erotischen Tanzlokal eingesetzten Videoüberwachungstechnik); VG Mainz BeckRS 2019, 13643 (amtl. Ls. 1 und 2).

2. Vertretbare Handlungen

7 Bei diesen (→ § 10 Rn. 6) kann die Behörde ein Zwangsgeld anwenden, wenn die **Ersatzvornahme untunlich** ist (§ 11 Abs. 1 S. 2 VwVG). Sie muss es nicht, sondern kann auch in einem solchen Falle auf der Ersatzvornahme bestehen, es sei denn, dass diese auf Grund der besonderen Verhältnisse des Einzelfalles unverhältnismäßig stark in die Rechte des Einzelnen eingreift. Verpflichtet sich der Betreiber eines illegal genutzten Autowrackplatzes in einem gerichtlichen Vergleich zur Räumung des Geländes von Autowracks und Wrackteilen und erfüllt er diese Pflicht nicht, ist die Ersatzvornahme jedenfalls in einer abfallrechtlichen Standardsituation nicht untunlich (VGH Kassel NuR 1989, 442).

Der Begriff „untunlich" ist ein **unbestimmter,** aber bestimmbarer **Rechtsbegriff,** dessen Auslegung durch die Vollzugsbehörde vom Verwaltungsgericht in vollem Umfang nachgeprüft werden kann (OVG Berlin DÖV 1959, 758; OVG Saarlouis BauR 1970, 227 [228]; VGH Kassel BauR 1971, 249; OVG Koblenz NVwZ-RR 1992, 519 [Ls. 1]). Ein Handlungsermessen ist der Behörde nicht eingeräumt (unklar Tillmanns in Sadler/Tillmanns VwVG § 11 Rn. 5 einer- und § 9 Rn. 37 anderseits; zum Auswahlermessen bei einer der Auswahl zulassenden landesrechtlichen Regelung VGH Mannheim NVwZ-RR 1996, 541); die Frage, ob eine Ersatzvornahme bei einer vertretbaren Handlung untunlich ist, lässt nicht mehrere vom Gesetz gleicherweise gebilligte Entscheidungen zu. Der Gesetzgeber hat bei vertretbaren Handlungen vielmehr das Zwangsgeld eindeutig als das nur ausnahmsweise zu verhängende Zwangsmittel bezeichnet (OVG Berlin DÖV 1959, 758). Es spricht auch nichts dafür, dass er der Vollzugsbehörde hier einen gerichtsfreien Beurteilungsspielraum einräumen wollte. Nach OVG Bautzen LKV 1994, 412 kommen zur Durchsetzung einer Beseitigungsverfügung hinsichtlich großflächiger Werbetafeln als Zwangsmittel grundsätzlich Zwangsgeld und Ersatzvornahme gleichberechtigt in Betracht; die Androhung von Ersatzvornahme sei in Fällen dieser Art nicht von vornherein unverhältnismäßig.

Untunlich ist die Ersatzvornahme insbesondere, wenn der Pflichtige **außerstande** ist, ihre **Kosten** zu **tragen** (§ 11 Abs. 1 S. 2 Hs. 2 VwVG; dazu OVG Koblenz NVwZ-RR 1992, 519 [Ls. 2]). Das Zwangsgeld muss in einem solchen Falle nicht uneinbringlich sein; denn sein Betrag braucht die Höhe dieser Kosten nicht zu erreichen. Selbst wenn aber das Zwangsgeld nicht beigetrieben werden kann, ist seine Festsetzung nicht sinnlos; denn der Pflichtige kann nunmehr gemäß § 16 VwVG in **Ersatzzwangshaft** genommen werden (Rudolph, 74). Tillmanns in Sadler/Tillmanns VwVG § 11 Rn. 20 wendet dagegen ein, der Verwaltungszwang durch Zwangshaft würde bei effektiver Zahlungsunfähigkeit des Pflichtigen unzulässiger Weise zur Strafe. Das ist jedoch nur dann der Fall, wenn der Pflichtige nicht nur zur Zahlung des Zwangsgeldes außerstande ist, sondern aus finanziellen oder anderen Gründen auch zur Erfüllung der zu erzwingenden Verpflichtung. Kann der Pflichtige die Verpflichtung freiwillig erfüllen, so kann er auch bei Zahlungsunfähigkeit die Zwangshaft von sich abwenden; eben dies ist ja der Sinn der Zwangsmittel.

Ist der Pflichtige nicht außerstande, die Kosten der Ersatzvornahme zu tragen, so ist die Ersatzvornahme nicht deshalb untunlich, weil durch die Anwendung des Zwangsgeldes die Aufwendungen des Pflichtigen verringert würden. Bei anderer Auslegung des Gesetzes könnte die Verhängung von Zwangsgeld in den Fällen von § 10 VwVG gegen den erklärten Willen des Gesetzgebers zur Regel erhoben werden. Denn die Durchführung der Ersatzvornahme wird erfahrungsgemäß fast immer höhere Kosten verursachen als die eigenhändige Erfüllung durch den Pflichtigen. Trotzdem ist die Festsetzung und Beitreibung des Zwangsgeldes, da mit keiner „Gegenleistung" verbunden, nicht notwendig gegenüber der Ersatzvornahme das schonendere Mittel. Schließlich kann es – zumal bei wiederholter Anwendung – den Betrag erheblich überschreiten, den der Pflichtige durch die freiwillige Erfüllung der Pflicht erspart (VG Saarlouis NJW 1969, 1133).

Im Übrigen bedeutet „**untunlich**" so viel wie „schlechterdings unangemessen" (VGH Kassel BauR 1971, 249). In diesem Sinne ist die Ersatzvornahme zB untunlich, wenn ein Grundstückseigentümer, der sein Grundstück an eine öffentliche Entwässerungsanlage anschließen muss, Pläne für die Anschlussleitung auf seinem Grundstück vorlegen soll, von dem er die erforderliche Zeichnung mit dem anzuschließenden Haus ohnehin besitzt, in welche die Stichleitungen von ihm leicht eingetragen werden können (VG Braunschweig/Lüneburg Verfügung v. 23.4.1968 – I B 2/68 A; Rudolph, 76; Lemke, 282).

Nicht Voraussetzung für Androhung und Festsetzung eines Zwangsgeldes ist, dass der Pflichtige in der Lage sein wird, es zu zahlen (BFH ZKF 2002,

161; VG Chemnitz LSK 2004, 210140 [Ls. 3]), zumal im Falle mangelnder Zahlungsfähigkeit die Umwandlung in **Ersatzzwangshaft** (§ 16 VwVG) in Betracht kommt.

IV. Höhe des Zwangsgeldes (Abs. 3)

1. Anhebung des Rahmens auf 25.000 Euro

8   Durch das 6. ÄndG (v. 25.11.2014, BGBl I 1770), in Kraft getreten am 29.11.2014, wurde die seit 1953 unverändert gebliebene Zwangsgeldhöhe (3 DM bis 2.000 DM) endlich angehoben (zur Kritik an der früheren Rechtslage vgl. die 10. Auflage) und beträgt § 11 Abs. 3 zufolge nunmehr (immerhin) bis zu 25.000 Euro.

2. Bemessung

8a   Im Einzelfall muss sich die Höhe des Zwangsgeldes in erster Linie nach der Wichtigkeit des von der Verwaltung verfolgten Zweckes, zum anderen nach der Intensität des geleisteten Widerstandes richten, der gebrochen werden soll (VGH Kassel NVwZ-RR 1996, 362); ferner sind die wirtschaftliche Lage des Pflichtigen (OVG Hamburg MDR 1957, 508; OVG Lüneburg DÖV 1967, 279) und sein wirtschaftliches Interesse an einem rechtswidrigen Zustand zu berücksichtigen (OVG Greifswald NordÖR 2000, 126 für den erzielbaren Gewinn aus einer illegalen Werbeanlage; VG München NVwZ 2004, 1517 für Gewinne aus verbotenen Sportwetten); OVG Bautzen BeckRS 2003, 14463 (Rn. 6) misst auch dem Umstand Bedeutung für die Höhe des Zwangsgeldes bei, ob das Zwangsgeld im konkreten Fall (wie regelmäßig für die Durchsetzung von Unterlassungspflichten) das einzige der Behörde zur Verfügung stehende Zwangsmittel ist, oder ob sie auf Ersatzvornahme oder unmittelbaren Zwang ausweichen kann. Ermessensfehlerhaft handelt die Behörde, wenn sie die Höhe des Zwangsgeldes mit der Erwägung begründet, schon das zum Erlass der Grundverfügung führende Verhalten des Pflichtigen sei rechtswidrig gewesen (VGH Mannheim VBlBW 1995, 316). Schließlich ist wie auch sonst das **Gleichbehandlungsgebot** zu beachten (dazu Henneke Jura 1989, 70). Ein Zwangsgeld, das den gesetzlich zulässigen Höchstbetrag (→ Rn. 8) überschreitet, ist selbst bei unanfechtbarer Androhung nicht vollstreckungsfähig (VGH Mannheim NVwZ-RR 1997, 765).

3. Spezialregelungen

8b   Von den Verwaltungsvollstreckungsgesetzen abweichende Spezialbestimmungen über die Höhe des Zwangsgeldes finden sich in Einzelgesetzen, zB
- § 5a Abs. 9 **AEG:** bis zu 500.000 Euro,
- § 63 Abs. 3 S. 1 **AufenthG:** mindestens 1.000 und höchstens 5.000 Euro,
- § 208 S. 2 **BauGB:** bis zu 500 Euro,
- §§ 98 Abs. 5 S. 3, 101, 104 **BetrVG:** jeweils höchstens 250 Euro für jeden Tag der Zuwiderhandlung,

Zwangsgeld § 11 VwVG

- § 94 S. 2 **EnWG:** mindestens 1.000 und höchstens 10.000.000 Euro,
- § 17 Abs. 1 S. 4 **FinDAG** (nF): nunmehr bis zu 2.500.000 Euro (zur Bestimmung der Höhe nach pflichtgemäßem Ermessen und ggf. unter Berücksichtigung der wirtschaftlichen Leistungsfähigkeit des Betroffenen VGH Kassel BeckRS 2015, 47465, amtl. Ls. 2),
- § 86a (ggf. iVm § 168 Abs. 3 S. 2) **GWB:** mindestens 1.000 und höchstens 10.000.000 Euro (zur Zwangsgeldfestsetzung bei Zuwiderhandlung gegen die Untersagung der Zuschlagserteilung vgl. OLG Düsseldorf NZBau 2001, 582 f.),
- § 38 Abs. 1 S. 3 **ParteiG:** mindestens 250 und höchstens 1.500 Euro,
- § 38 Abs. 2 S. 3 ParteiG: mindestens 500 und höchstens 10.000 Euro,
- § 69 S. 2 Hs. 1 **PStG:** nicht über 1.000 Euro,
- § 115 Abs. 2 S. 1 **TKG:** bis zu 500.000 Euro, bis zu 100.000 Euro und bis zu 20.000 Euro,
- §§ 49 Abs. 4 S. 2, 64 Abs. 2 S. 2, 66 Abs. 3 S. 2, 127 Abs. 10 TKG: jeweils bis zu 500.000 Euro,
- §§ 25 Abs. 8 S. 2, 29 Abs. 4 TKG: jeweils bis zu 1.000.000 Euro,
- § 126 Abs. 5 TKG: mindestens 1.000 Euro bis höchstens 10.000.000 Euro, sowie
- § 46 S. 4 **WpÜG:** bis zu 500.000 Euro.

4. Grundsatz der Verhältnismäßigkeit

Die Androhung eines unverhältnismäßig hohen Zwangsgeldes ohne zureichenden Grund verstößt gegen das verfassungsrechtlich gesicherte (BVerfG JZ 1968, 523) **Übermaßverbot** (OVG Bremen NordÖR 2004, 170). Ermessensfehlerhaft kann auch die Androhung des Zwangsgeldes in solcher Höhe sein, dass seine Beitreibung von vornherein als aussichtslos erscheint (OVG Bremen NordÖR 2004, 170). 8c

Bei beharrlicher Uneinsichtigkeit des Pflichtigen sollen Zwangsgelder im Falle wiederholter Androhung verhältnismäßig **erhöht** werden (VGH Kassel NVwZ-RR 2008, 782). Der zulässige Höchstbetrag des Zwangsgeldes darf nur unter besonderen Voraussetzungen (zB bei besonders hartnäckige Widerspenstigkeit des Pflichtigen) und in der Regel erst nach Wiederholung des Zwangsmittels ausgeschöpft werden (OVG Lüneburg DÖV 1967, 279; VG Koblenz NVwZ-RR 2005, 762), auch bei Androhung gegen eine Behörde (OVG Lüneburg NVwZ-RR 2007, 139). Bedeutsam sind dabei auch die Dringlichkeit und die Bedeutung der Angelegenheit (VG Koblenz NVwZ-RR 2005, 762). Anders zu verfahren, wäre oft auch taktisch ungünstig, da die Behörde sich damit der Möglichkeit begäbe, ihren Druck stufenweise zu steigern (so auch Hohrmann in HHSp § 329 AO Rn. 5; Pencereci, LKV 1996, 237). Der Höchstbetrag bezieht sich auf das **einzelne** Zwangsgeld (OVG Münster NVwZ-RR 1993, 671 [Ls. 2]); will die Behörde zB mehrere Auskünfte oder die Abgabe mehrerer Steuererklärungen erzwingen, kann die Gesamtsumme der einzelnen Zwangsgelder den gesetzlichen Höchstbetrag durchaus übersteigen. Dasselbe gilt, wenn wegen mehrerer Verstöße gegen dasselbe Unterlassungsgebot mehrere 8d

Zwangsgelder festgesetzt werden, für den Gesamtbetrag (VGH Kassel BeckRS 2014, 48791 [Ls.], zur Finanzdienstleistungsaufsicht; OVG Münster NVwZ-RR 1993, 671 [Ls. 2]).

8e Schröder SKZ 2005, 148 vertritt sogar die Auffassung, auch ein **zu niedrig** bemessenes Zwangsgeld könne rechtswidrig sein; eine Meinung, die auch das VG Saarlouis in zwei – dort zitierten – unveröffentlichten Beschlüssen (5 F 79/01 und 5 F 87/01) angedeutet, dann aber doch verworfen hat.

V. Gerichtlicher Überprüfungsmaßstab

9 Das Verwaltungsgericht kann (in den Grenzen von § 114 VwGO) **Bestimmtheit** und **Angemessenheit** eines angedrohten Zwangsgeldes überprüfen. VGH Kassel NVwZ-RR 1995, 118 (Ls. 1) hat diese Frage in einem Verfahren des vorläufigen Rechtsschutzes, das sich ausschließlich gegen die Zwangsgeldfestsetzung richtet, offengelassen. Nach VGH Mannheim VBlBW 1995, 316 kommt eine gerichtliche Herabsetzung eines überhöhten Zwangsgeldes wegen des Charakters der Zwangsgeldfestsetzung als Ermessensentscheidung nicht in Betracht. Dem Gericht bleibt danach nur die Aufhebung der Zwangsgeldfestsetzung; die Behörde muss daraufhin ein neues Zwangsverfahren einleiten. Die Androhung eines einzigen, einheitlichen Zwangsgeldes zur Erzwingung eines vollständigen Handelns oder mehrerer Einzelmaßnahmen verstößt gegen den Grundsatz der Klarheit und Bestimmtheit von Verwaltungsakten (→ § 13 Rn. 4), weil sie nicht erkennen lässt, ob und in welcher Höhe das Zwangsgeld bei nicht fristgerechter Erfüllung einer Anordnung fällig wird (VG Regensburg BeckRS 2010, 32714 Rn. 86 mwN).

VI. Behandlung des Zwangsgeldes im Insolvenzverfahren

10 Im Insolvenzverfahren sind vor Verfahrenseröffnung festgesetzte Zwangsgelder gegen den Insolvenzschuldner nachrangige Insolvenzforderungen im Range von § 39 Abs. 1 Nr. 3 InsO, die nur in dem – sehr seltenen – Ausnahmefall zur Insolvenztabelle angemeldet werden können, dass das Insolvenzgericht zur Anmeldung dieser Forderungen auffordert (§ 174 Abs. 3 S. 1 InsO); regelmäßig nehmen sie am Insolvenzverfahren nicht teil. UU kann das Zwangsverfahren gegen den Insolvenzschuldner nach Eröffnung des Insolvenzverfahrens oder auch schon nach Ernennung eines vorläufigen Insolvenzverwalters (§ 21 InsO) gar nicht mehr weiterbetrieben werden, weil der Pflichtige infolge des Verlustes der Verwaltungs- und Verfügungsbefugnis über das zur Insolvenzmasse gehörende Vermögen (§ 80 InsO) zur Erfüllung der zu erzwingenden Handlung außerstande geworden ist, namentlich bei gewerbebetriebs- und gebäudebezogenen Verwaltungsakten. Hier kommt nur in Betracht, den nunmehr verwaltungs- und verfügungsbefugten (vorläufigen) Insolvenzverwalter in die Pflicht zu nehmen.

VII. Landesrecht

Die Obergrenze des Zwangsgeldes reicht von 25.000 Euro (Sachsen) bis 1.000.000 Euro (Hamburg). In Bayern liegt sie bei 50.000 Euro, kann aber überschritten werden.

Baden-Württemberg: § 23 LVwVG regelt nur die Höhe des Zwangsgeldes (10 bis 50.000 Euro) und das Erfordernis schriftlicher Festsetzung.

Bayern: Das Zwangsgeld beträgt gemäß Art. 31 Abs. 2 S. 1 VwZVG 15 bis 50.000 Euro. Es soll das (nach pflichtgemäßem Ermessen zu schätzende, Art. 31 Abs. 2 S. 4 VwZVG) wirtschaftliche Interesse, das der Pflichtige an der Vornahme oder am Unterbleiben der Handlung hat, erreichen (Art. 31 Abs. 2 S. 2 VwZVG). Reicht das gesetzliche Höchstmaß hierzu nicht aus, kann es – nur in diesem Bundesland – überschritten werden, Art. 31 Abs. 2 S. 3 VwZVG.

Berlin: § 8 Abs. 1 S. 2 BlnVwVfG erweitert den Rahmen des Zwangsgeldes (→ Rn. 8) auf bis zu 50.000 Euro.

Brandenburg: Das Zwangsgeld beträgt gemäß § 30 Abs. 2 VwVGBbg mindestens 10 und höchstens 50.000 Euro. Bei seiner Bemessung soll das wirtschaftliche Interesse des Betroffenen an der Nichtbefolgung des Verwaltungsaktes berücksichtigt werden.

Bremen: Nach § 14 Abs. 1 BremVwVG kann das Zwangsgeld ohne Einschränkung in allen Fällen der Erzwingung von Handlungen oder Unterlassungen angewendet werden. Die Verwaltungsbehörden sind demnach nicht gehalten, stets zunächst die Tunlichkeit der Ersatzvornahme zu prüfen. Doch könnte die Notwendigkeit hierzu sich aus § 13 Abs. 2 BremVwVG (Grundsatz der Verhältnismäßigkeit) ergeben. Die Höhe des Zwangsgeldes darf gemäß § 14 Abs. 2 BremVwVG 5 bis 50.000 Euro betragen; ausdrücklich vorgeschrieben ist die Berücksichtigung des wirtschaftlichen Interesses, das die pflichtige Person an der Nichtbefolgung des Verwaltungsaktes hat.

Hamburg: Eine Unterscheidung zwischen vertretbaren und unvertretbaren Handlungen wird nicht gemacht. In beiden Fällen ist das Zwangsgeld als primäres Zwangsmittel zulässig (so ausdrücklich § 14 Abs. 1 HmbVwVG). Es kann zugleich mit dem Verwaltungsakt (aufschiebend bedingt) festgesetzt werden (§ 14 Abs. 2 S. 1 HmbVwVG; dazu OVG Hamburg MDR 1974, 607). Die Festsetzung wird wirksam, wenn die gesetzte Frist verstrichen ist oder gegen eine Unterlassungspflicht verstoßen wird (§ 14 Abs. 2 S. 2 HmbVwVG). Die Voraussetzungen des § 8 HmbVwVG müssen bei der Festsetzung des Zwangsgeldes noch nicht vorliegen; vor deren Eintritt wird sie aber nicht wirksam (§ 14 Abs. 2 S. 2 HmbVwVG). Der Höchstbetrag des einzelnen Zwangsgeldes liegt bei 1.000.000 Euro, § 14 Abs. 4 S. 1 HmbVwVG. Bei seiner Bemessung sind gemäß § 14 Abs. 4 S. 2 HmbVwVG das Interesse der pflichtigen Person an der Nichtbefolgung des Titels und ihre wirtschaftliche Leistungsfähigkeit zu berücksichtigen.

Hessen: Zwangsgeld auch bei vertretbaren Handlungen (§ 76 Abs. 1 S. 2 HessVwVG). Höhe: 10 bis 50.000 Euro (§ 76 Abs. 2 HessVwVG). Ohne erneute Androhung kann das Zwangsgeld in gleicher Höhe wiederholt festgesetzt werden, wenn der Pflichtige bei Androhung des ersten Zwangsgeldes darauf hingewiesen wurde und die Vollstreckung eines Zwangsgeldes wirkungslos geblieben ist (§ 76 Abs. 3 HessVwVG).

Mecklenburg-Vorpommern: § 88 Abs. 1 SOG M-V (iVm § 110 VwVfG M-V) macht keinen Unterschied zwischen vertretbaren und unvertretbaren Handlungen; der Zwangsgeldrahmen reicht gemäß § 88 Abs. 3 SOG M-V von 10 bis 50.000 Euro.

Niedersachsen: Die Höhe des Zwangsgeldes darf 10 bis 100.000 Euro betragen (§ 67 Abs. 1 S. 1 NPOG iVm § 70 Abs. 1 NVwVG). Bei seiner Bemessung ist auch die wirtschaftliche Interesse der betroffenen Person an der Nichtbefolgung des Verwaltungsaktes zu berücksichtigen (§ 67 Abs. 1 S. 2 NPOG). Mit der Festsetzung ist eine angemessene Frist zur Zahlung einzuräumen (§ 67 Abs. 2 S. 1 NPOG). Die Beitreibung (vgl. § 4 Abs. 4 Nr. 1 NVwVG: ggf. ohne Mahnung) muss unterbleiben, wenn die gebotene Handlung ausgeführt ist (§ 67 Abs. 2 S. 2 NPOG).

Nordrhein-Westfalen: Das Zwangsgeld beträgt mindestens 10 und höchstens 100.000 Euro (§ 60 Abs. 1 S. 1 VwVG NRW) und kann „beliebig oft wiederholt werden" (§ 60 Abs. 1 S. 3 VwVG NRW). Bei seiner Bemessung ist auch das wirtschaftliche Interesse des Betroffenen an der Nichtbefolgung des Verwaltungsaktes zu berücksichtigen, § 60 Abs. 1 S. 2 VwVG NRW.

Rheinland-Pfalz: Nach § 64 Abs. 1 LVwVG macht es keinen Unterschied, ob eine vertretbare oder eine unvertretbare Handlung erzwungen werden soll. Höhe: 5 bis 50.000 Euro (§ 64 Abs. 2 S. 2 LVwVG). § 64 Abs. 3 LVwVG verweist für die Beitreibung auf die Vorschriften über die Vollstreckung öffentlich-rechtlicher Geldforderungen (§§ 19–60 LVwVG); einer Mahnung (vgl. § 22 Abs. 2 LVwVG) bedarf es indes nicht.

Saarland: Auch hier ist das Zwangsgeld (5 bis 50.000 Euro, § 20 Abs. 3 SVwVG) für vertretbare Handlungen nicht nur subsidiär hinter der Ersatzvornahme vorgesehen, § 20 Abs. 1 SVwVG. Zum Zwangsgeldverfahren speziell aus saarländischer Sicht Schröder SKZ 2005, 148.

Sachsen: § 22 SächsVwVG regelt nur die Höhe des Zwangsgeldes (Abs. 1: 5 bis 25.000 Euro) und das Erfordernis schriftlicher Festsetzung (Abs. 2).

Sachsen-Anhalt: Die Rechtslage ähnelt der in Niedersachsen; der Zwangsgeldrahmen liegt zwischen 5 und 500.000 Euro (§ 71 Abs. 1 VwVG LSA iVm § 56 Abs. 1 SOG LSA).

Schleswig-Holstein: Nach § 237 LVwG macht es keinen Unterschied, ob eine vertretbare oder eine unvertretbare Handlung erzwungen werden soll. Höhe: 15 bis 50.000 Euro, § 237 Abs. 3 LVwG.

Thüringen: Das Zwangsgeld beträgt gemäß § 48 Abs. 2 ThürVwZVG 10 bis 250.000 Euro, wobei das wirtschaftliche Interesse des Vollstreckungsschuldners an der Nichtbefolgung des Verwaltungsaktes zu berücksichtigen ist. Das Zwangsgeld wird nach den §§ 33 bis 41 ThürVwZVG beigetrieben, § 48 Abs. 3 ThürVwZVG.

§ 12 Unmittelbarer Zwang

Führt die Ersatzvornahme oder das Zwangsgeld nicht zum Ziel oder sind sie untunlich, so kann die Vollzugsbehörde den Pflichtigen

Unmittelbarer Zwang § 12 VwVG

zur Handlung, Duldung oder Unterlassung zwingen oder die Handlung selbst vornehmen.

Übersicht

Rn.

I. Begriff des unmittelbaren Zwangs 1
   1. Körperliche Gewalt sowie Selbstvornahme 2
   2. Wegnahme in Abgrenzung zur Sicherstellung 3
   3. Betreten und Durchsuchung von Räumen 4
   4. Vorführung 5
   5. Stilllegung von KfZ bei Unterlassungspflicht 6
II. Subsidiarität 7
   1. Erfolglosigkeit von Ersatzvornahme und Zwangsgeld 8
   2. Untunlichkeit von Ersatzvornahme und Zwangsgeld 9
III. Vollzug und Mittel 11
   1. Vornahme nur durch Vollzugsbeamte 11
   2. Mittel des unmittelbaren Zwangs 12
IV. Kosten des unmittelbaren Zwangs 13
V. Gerichtliche Überprüfung nach Vollzug 14
VI. Landesrecht 15

I. Begriff des unmittelbaren Zwangs

Unmittelbarer Zwang ist nach der Legaldefinition des § 2 Abs. 1 UZwG 1 die Einwirkung auf Personen oder Sachen durch körperliche Gewalt, ihre Hilfsmittel und durch Waffen. In den Verwaltungsvollstreckungsgesetzen mehrerer Bundesländer fehlt ebenfalls eine Begriffsbestimmung des unmittelbaren Zwangs; dort ist dann auf die Legaldefinition in den entsprechenden Polizeigesetzen (bzw. den SOG) zurückzugreifen (so auch Lemke, 265). Unmittelbarer Zwang kann sowohl zur Erzwingung vertretbarer als auch zur Erzwingung nicht vertretbarer Handlungen eingesetzt werden; unzutreffend darum Wettling KommJur 2005, 91, wonach unmittelbarer Zwang zur Erzwingung der Pflicht zur Beseitigung von Schwarzbauten im Außenbereich deswegen ausscheide, weil der Abbruch einer baulichen Anlage eine vertretbare Handlung sei.

1. Körperliche Gewalt sowie Selbstvornahme

Körperliche Gewalt ist jede unmittelbare körperliche Einwirkung auf 2 Personen oder Sachen (§ 2 Abs. 2 UZwG), zB also auch der Abtransport beweglicher Sachen, wenn kein Widerstand gebrochen werden muss. Zu unterscheiden sind demnach:
a) die Vornahme einer Handlung an Stelle des Pflichtigen durch die Behörde,
b) die Ausübung von Zwang gegen die Person des Pflichtigen selbst.
Nur der zweite Fall ist Zwangsausübung im eigentlichen Sinne. Der erste steht der Ersatzvornahme näher als ihm und bleibt in der Intensität des Eingriffs zumeist sogar hinter der Ersatzvornahme zurück, da er nicht mit der Weitergabe von Informationen über den Pflichtigen an Privatpersonen verbunden ist (vgl. App/Wettlaufer § 32 Rn. 6; zust. Lemke, 292). Von der

Ersatzvornahme unterscheidet sich der unmittelbare Zwang im weiteren Sinne dadurch, dass die Behörde den Verwaltungsakt **mit eigenen Kräften** durchsetzt; die Zuziehung unselbstständiger Hilfspersonen widerspricht dem Begriff des unmittelbaren Zwanges jedoch nicht (OVG Münster OVGE 7, 27; → § 10 Rn. 3). Entscheidendes Abgrenzungsmerkmal ist, ob der beteiligte Dritte als verantwortlicher Geschäftsherr tätig wird; bleibt die Vollzugsbehörde Herrin des Verfahrens, handelt es sich um Selbstvornahme (so Wind VR 1988, 138), nach Bundesrecht also um unmittelbaren Zwang.

2. Wegnahme in Abgrenzung zur Sicherstellung

3 Eine besondere Form des unmittelbaren Zwanges ist die Wegnahme. Die Herausgabe der Sache ist eine unvertretbare Handlung, die durch unmittelbaren Zwang durchgesetzt werden kann. Die Voraussetzung, dass Androhung und Festsetzung eines Zwangsgeldes nicht zum Ziel geführt haben oder untunlich sind (→ Rn. 8, 9), lässt sich hier durch eine weite Auslegung des Begriffes „untunlich" entschärfen. Wenn aber die wegzunehmende Sache bei dem Pflichtigen nicht vorgefunden wird, so ist die Vollzugsbehörde nach Bundesrecht wiederum darauf angewiesen, den Pflichtigen durch Zwangsgeld dazu anzuhalten, sie herauszugeben oder mitzuteilen, wo sie sich befindet. Von der Wegnahme zu unterscheiden ist die **Sicherstellung von Sachen,** deren Besitz oder Betrieb gesetzlich verboten ist, wie zB Werkzeugen und Gerätschaften, die genutzt werden, um Kilometerzähler in Kraftfahrzeugen zurückzustellen, und die darum von der Polizei sichergestellt und vernichtet werden dürfen (OVG Hamburg DÖV 2004, 928), oder **Radarwarngeräten** oder Laserstörgeräten, deren Betrieb oder deren betriebsbereites Mitführen gem. § 23 Abs. 1b StVO verboten ist. Bei der Sicherstellung handelt es sich um unmittelbaren Zwang in Form der Selbstvornahme durch die Polizei (Sadler/Tillmanns VwVG § 12 Rn. 14 ff. mwN). Radarwarngeräte dürfen nach Sicherstellung vernichtet werden (VGH München NJW 2008, 1549). EU-Recht steht der Beschlagnahme, Sicherstellung, Einziehung und Vernichtung eines Radarwarngerätes nicht entgegen (VGH Mannheim NVwZ-RR 2003, 117; zur Nichtigkeit eines Kaufvertrags über ein Radarwarngerät BGH NJW 2005, 1490).

3. Betreten und Durchsuchung von Räumen

4 Der Wegnahme beweglicher Sachen entspricht bei unbeweglichen Sachen die Zwangsräumung. Besondere Vorschriften einiger Landesgesetze (→ Vor §§ 6–18 Rn. 6) erleichtern die Durchsetzung von Verwaltungsakten auf Herausgabe oder Räumung unbeweglicher Sachen; denn es kann zweifelhaft sein, ob in einem solchen Fall ein Zwangsgeld immer untunlich ist und deshalb sofort nach § 12 unmittelbarer Zwang angewendet werden kann. Zu Praxisproblemen der Räumung Riecke DGVZ 2005, 81.

4a Wie bei der Sachpfändung (→ AO § 287 Rn. 1 ff.) kann auch beim unmittelbaren Zwang, insbesondere einem solchen im Wege der Wegnahme oder Zwangsräumung, die Notwendigkeit auftreten, **Wohn- oder Geschäftsräume** des Vollstreckungsschuldners ohne oder gegen dessen Willen zu **betre-**

ten und uU auch zu **durchsuchen.** Dazu ist gem. Art. 13 Abs. 2 GG grundsätzlich eine richterliche Durchsuchungsanordnung erforderlich, das gilt auch für die Durchsuchung einer Wohnung im Wege der Verwaltungsvollstreckung (VG Berlin NVwZ-RR 2012, 167; bestätigt von OVG Berlin-Brandenburg, BeckRS 2018, 1554). Die Gesetze der Bundesländer haben dem teilweise Rechnung getragen z.B. § 6 LVwVG BaWü. Voraussetzung für den Erlass einer Durchsuchungsanordnung ist, dass alle rechtlichen Voraussetzungen für die im Rahmen der Durchsuchung beabsichtigte Verwaltungsvollstreckung vorliegen, insbesondere muss das Zwangsmittel zuvor grundsätzlich angedroht worden sein; ein Absehen von der vorherigen Androhung kommt nur bei Gefahr im Verzug in Betracht, also wenn die Durchsetzung der zu erzwingenden Maßnahme unaufschiebbar ist (VGH Mannheim VBlBW 2005, 386). Für das **bloße Betreten** von Wohn- oder Geschäftsräumen im Rahmen der Ausübung unmittelbaren Zwangs hält OVG Münster DÖV 2009, 174 eine richterliche Durchsuchungsanordnung nicht für erforderlich, falls das Betreten nicht mit Durchsuchungsmaßnahmen verbunden sei. Das OVG Berlin-Brandenburg hat dagegen für den Fall, dass zur **Durchführung einer Abschiebung** eine Wohnung durchsucht werden soll, die Auffassung vertreten, dass für die beabsichtigte Wohnungsdurchsuchung das Vollstreckungsrecht des Bundes keine gesetzliche Ermächtigungsgrundlage für eine richterliche Durchsuchungsanordnung enthält, OVG Berlin-Brandenburg, BeckRS 2018, 1554. Zu beachten ist, dass nach EU-Recht insbesondere bei der **Kontrolle von Lebensmitteln,** das Überraschungsmoment genutzt werden soll und Kontrollen ohne Vorankündigung durchgeführt werden sollen können (vgl. Sadler/Tillmanns VwVG § 12 Rn. 55). Auch **Apotheken** sollen unangemeldet besichtigt werden (VGH Mannheim NVwZ-RR 2004, 416). Dagegen enthält das **Tierschutzgesetz** keine Rechtsgrundlage, welche die Durchsuchung einer Wohnung oder ihre richterliche Anordnung gestattet (VG Berlin vom 22.11.2013, 24 L 392.13).

4. Vorführung

Die Vorführung ist ebenfalls ein Sonderfall des unmittelbaren Zwanges. **5** Sie wird durch die landesrechtlichen Spezialvorschriften ebenfalls erleichtert. Im Bundesrecht ist diese Möglichkeit auf Grund von Spezialgesetzen gegeben; zB § 48 Abs. 2 Seesicherheits-Untersuchungs-Gesetz. Zur **zwangsweisen Schulzuführung** Dünchheim NWVBl 2007, 138 sowie für die Rechtslage in RP Stollenwerk VR 2012, 16. Zur **Vorführung eines Ausländers** bei einer Botschaft zur Feststellung seiner Staatsangehörigkeit und zur Anwendung der allgemeinen verwaltungsvollstreckungsrechtlichen Regelungen im Rahmen des § 82 Abs. 4 AufenthG OVG Berlin-Brandenburg Beschl. v. 28.9.2012 – 3 M 154.11, Rn. 3 sowie zur Beschaffung von Heimreisepapieren OVG Berlin-Brandenburg Beschl. v. 5.6.2014 – 3 S 71.13 – Rn. 4, wonach § 82 Abs. 4 S. 2 AufenthG den Rückgriff auf allgemein vollstreckungsrechtliche Vorschriften nicht ausschließt. Der unmittelbare Zwang in Form der ausländerpolizeilichen Vorführung bei einer Botschaft ist auch in Bezug auf die Abgabe der geforderten Erklärungen zur Beschaffung von

Heimreisedokumenten ein taugliches Zwangsmittel, OVG Berlin-Brandenburg Beschl. v. 27.5.2014 – OVG 11 S 32.14. Im **Asylverfahren** ist zu unterscheiden: Wenn die zwangsweise Vorführung des Vollstreckungsschuldners dem Vollzug des **ablehnenden rechtskräftigen Asylbescheids** und damit der Ausreisepflicht dient, kann je nach Landesrecht die richterliche Erlaubnis auf Durchsuchung einer Wohnung auf eine entsprechende Regelung im Verwaltungsvollstreckungsrecht gegründet werden (zB § 9 Abs. 2 S. 1 und 2 RP VwVG). Wenn es aber nur um die **Vorführung bei der vermuteten Heimatbotschaft** des Betroffenen geht, dient eine solche Vorführung der Pflicht, bei der Auslandsvertretung des vermuteten Heimatstaates persönlich zu erscheinen und an der Beschaffung eines Identitätspapieres mitzuwirken (§ 15 Abs. 2 Nr. 6 AsylG) Dann ist ein gesonderter Grundverwaltungsakt erforderlich, um dem Asylbewerber aufzugeben, bei der entsprechenden Botschaft zur Beantragung eines Reisepapiers persönlich zu erscheinen (vgl. OVG Koblenz, Beschluss v. 24.8.2009 – 7 E 10166/09).

5. Stillegung von KfZ bei Unterlassungspflicht

6 Als zulässige Form, das Verbot des Ablagerns von Bauschutt auf einer „wilden Deponie" zu vollstrecken, hat VGH Kassel NuR 1989, 354 die **Stillegung** der zum Transport des Bauschutts geeigneten Kraftfahrzeuge des Pflichtigen angesehen (durch Entfernung der Nummernschilder); allerdings könne der Unterlassungspflichtige die Aufhebung dieser Zwangsmaßnahme verlangen, wenn auf andere Weise sichergestellt sei, dass er die Deponie nicht mehr benutzen könne.

II. Subsidiarität

7 Unmittelbarer Zwang ist „**das an letzter Stelle stehende Zwangsmittel**" (so schon Wacke JZ 1962, 138). Dies folgt aus Verhältnismäßigkeitsprinzip als Ausfluss des Rechtsstaatsprinzip.

1. Erfolglosigkeit von Ersatzvornahme und Zwangsgeld

8 Ersatzvornahme und Zwangsgeld führen nicht nur dann nicht zum Ziel, wenn sie bereits erfolglos angewendet worden sind, sondern auch dann, wenn bereits vor ihrer Anwendung feststeht, dass sie nicht zum Ziele führen können. Mit dieser Annahme wird man indes zurückhaltend sein müssen, um nicht die Entscheidung des Gesetzgebers, dass der unmittelbare Zwang erst an letzter Stelle der Zwangsmittel stehen soll, durch eine weite Auslegung dieser Klausel praktisch zu unterlaufen. Weniger Zurückhaltung bedarf es im Fall der Selbstvornahme, da diese kein echter Fall des unmittelbaren Zwangs ist. So kann etwa der mit der **Auflösung einer Versammlung** nach § 15 Abs. 2 und 3 VersG ausgesprochene **Platzverweis** durch unmittelbaren Zwang durchgesetzt werden (BVerfG NVwZ-RR 2005, 80).

2. Untunlichkeit von Ersatzvornahme und Zwangsgeld

„Untunlich" sind Ersatzvornahme und Zwangsgeld auch dann, wenn ihr 9
Einsatz zwar Erfolg versprechend ist, der **unmittelbare Zwang** aber im
konkreten Einzelfall **wirksamer** ist, die Verpflichtung durchzusetzen, die
anderen Zwangsmittel also weniger geeignete Mittel darstellen (Lemke, 290
mwN).

Beide Voraussetzungen liegen kumulativ vor, wenn **bedeutenden** 10
Rechtsgütern unmittelbar drohende Gefahren abzuwenden sind. In
einem solchen Fall können die Verzögerungen durch den Versuch, den Willen des Pflichtigen durch ein milderes Zwangsmittel zu beugen, nicht in Kauf
genommen werden (OVG Berlin NVwZ-RR 1998, 412). Beispiele für die
Untunlichkeit von Zwangsgeld und Ersatzvornahme aus Zeitgründen in
VGH Mannheim NJW 2000, 3658, VG Schleswig NVwZ 2000, 464, OVG
Lüneburg NJW 2004, 1750 und Sadler/Tillmanns VwVG § 12 Rn. 29 ff. Zur
Untunlichkeit der Festsetzung eines Zwangsgeldes, wenn ein **vollziehbar**
Ausreisepflichtiger aufgefordert wird, bei der Heimatbotschaft zu erscheinen, und ihm bei Nichtbefolgung direkt unmittelbarer Zwang angedroht
wird OVG Berlin-Brandenburg Beschl. V. 5.6.2014 – OVG 3 S 71.13,
Rn. 13.

III. Vollzug und Mittel

1. Vornahme nur durch Vollzugsbeamte

Im Gegensatz zu den anderen Zwangsmitteln kann der unmittelbare 11
Zwang nur **durch besondere Vollzugsbeamte** ausgeübt werden. Die Vollzugsbeamten des Bundes, die zur Anwendung unmittelbaren Zwanges
berechtigt sind, nennt § 6 UZwG (→ § 7 Rn. 6). Eine weitere subjektive
Einschränkung der Zwangsbefugnis hinsichtlich Schusswaffen enthält § 9
UZwG, der gemäß § 14 UZwG auch für Explosivmittel gilt. Die Beschränkung des § 6 UZwG bezieht sich nach dem Wortlaut des Gesetzes nicht nur
auf den Fall, dass der Widerstand von Personen gebrochen oder besondere
Hilfsmittel der körperlichen Gewalt und Waffen benutzt werden müssen.
Strenggenommen gilt sie auch, wenn körperliche Gewalt gegen Sachen angewendet werden soll. Muss also eine Behörde, deren Eingang durch einen
Kraftwagen, eine Kiste oder einen großen Sandhaufen versperrt wird, Vollzugsbeamte heranziehen, um das Hindernis wegzuschaffen? Es ist kein Grund
ersichtlich, warum ihr eine mögliche Selbsthilfe verwehrt sein sollte.

2. Mittel des unmittelbaren Zwangs

Welche Mittel des unmittelbaren Zwanges den Vollzugsbeamten zur Verfü- 12
gung stehen, ist im UZwG geregelt. **Hilfsmittel der körperlichen Gewalt**
sind insbesondere Fesseln, Wasserwerfer, technische Sperren, Diensthunde,
-pferde und -fahrzeuge (§ 2 Abs. 3 UZwG). Dienstfahrzeuge sind dabei nicht
lediglich als Fortbewegungsmittel einsetzbar, sondern können auch dazu
benutzt werden, Straßen zu sperren oder künstliche Staus zu erzeugen

(Rachor in Lisken/Denninger Rn. F 899 mwN). Zutreffend weist Rachor Rn. F 898 darauf hin, dass beim Einsatz von Diensthunden besonders auf die Einhaltung des Verhältnismäßigkeitsgrundsatzes zu achten sei und dass nicht jede Renitenz des Pflichtigen dazu berechtige, das Tier auf ihn loszulassen. Das Wort „insbesondere" macht deutlich, dass die Aufzählung nicht abschließend, sondern ergänzbar ist zB um Siegel zur Versiegelung von Maschinen und Geräten zwecks Durchsetzung einer Nutzungsuntersagungsverfügung (VG Meiningen NVwZ-RR 2001, 549). **Waffen** sind Hieb- und Schusswaffen, Reizstoffe und Explosivmittel (§ 2 Abs. 4 UZwG); § 2 Abs. 4 UZwG ist sprachlich missglückt; denn man wird den **Begriff** der Waffe nicht von einer dienstlichen Zulassung abhängig machen können.

Sadler/Tillmanns § 12 VwVG Rn. 40 rechnet auch die nach den Landesbauordnungen vorgesehene **Versiegelung von Baustellen** zu einem Mittel des unmittelbaren Zwangs (zur Gegenansicht → § 9 Rn. 2). Die Versiegelung von Baustellen ist auch im sofortigen Vollzug nach § 6 Abs. 2 VwVG und gleichartigen Regelungen möglich (OVG Frankfurt/Oder LKV 2002, 431).

Die Überantwortung der Waffenbestimmung an eine „dienstliche Zulassung" (§ 2 Abs. 4 UZwG) ist eine Ermächtigung zum Erlass einer untergesetzlichen Norm. Mit der Zulassung von Waffen wird bestimmt, welche Arten körperlicher Eingriffe vorgenommen werden dürfen. Diese Regelung von Eingriffen in die körperliche Unversehrtheit bedarf einer Rechtsnorm (Lemke, 377 mwN). Wissenschaftlich wurde die Frage diskutiert, ob die Waffen unmittelbar im Gesetz bezeichnet werden müssen (so Ule DVBl 1962, 353) oder ob dies untergesetzlichen Normen überlassen werden kann (so schon Maunz/Dürig 1964 GG Art. 2 Abs. 2 Rn. 7). Die erste Ansicht, nach der die Ermächtigung in § 2 Abs. 4 UZwG schon deshalb verfassungswidrig sei, weil die Waffen nur unmittelbar im Gesetz zugelassen werden dürften, ist abzulehnen. Im Ergebnis spricht mehr dafür, dass die **Waffenarten untergesetzlich normiert** werden können. Aus Sicht des Grundrechtsträgers hat der Gesetzgeber die wesentliche Entscheidung getroffen, dass unter bestimmten, hohen Voraussetzungen die in § 2 Abs. 4 UZwG aufgezählten „Hieb- und Schusswaffen, Reizstoffe und Explosivmittel" verwendet werden dürfen. Schon die besonderen Regelungen für den Einsatz von Schusswaffen und Explosivmitteln in den §§ 8–14 UZwG zeigen, dass es sich bei Schusswaffen um solche Waffen handeln muss, deren Verwendung aufgrund der mechanischen Überwindung der Strecke zwischen dem Schießenden und dem Anvisierten erhebliche Körperverletzungen verursachen kann. Der Begriff der Schusswaffe wird im Übrigen auch in § 244 Abs. 1 Nr. 1 StGB verwendet und begegnet hier (= im UZwG) wie dort keinen Bedenken hinsichtlich des Bestimmtheitsgebotes.

In der Praxis hat das Bundesministerium des Innern von der Ermächtigung in § 18 UZwG Gebrauch gemacht und die Allgemeine Verwaltungsvorschrift zum Gesetz über den unmittelbaren Zwang bei Ausübung öffentlicher Gewalt durch Vollzugbeamte des Bundes 1974 erlassen (GMBl. 1974, 55); im Abschnitt VI hat es für die Bundespolizei und das Bundeskriminalamt **bestimmte Waffen zugelassen** (Einzelheiten und Abdruck bei Peilert in HHPM § 2 UZwG Rn. 13).

Unmittelbarer Zwang § 12 VwVG

Der Einsatz von **CN- und CS-Gas** gegen Gewalttäter ist insbesondere in bürgerkriegsähnlichen Situationen verhältnismäßig und rechtmäßig (vgl. für den Fall Wackersdorf VGH München, NVwZ 1988, 1055; zu Einzelheiten Lemke, 378 mwN). Zur Ersetzung der vorgenannten Stoffe durch mildere Pfeffer-Sprays vgl. Rachor in Lisken/Denninger, Rn. F 903. Eine landesrechtliche Sonderregelung zu **Pfefferspray** und zu **Tränengas** als noch eingriffsintensivere Mittel enthält § 21b UzwG Berlin. Vgl. zum Gesamtkomplex Reiz- und Pfeffersprays auch Sadler/Tillmanns VwVG § 12 Rn. 7. Zur Zulässigkeit des Einsatzes automatischer Handfeuerwaffen Lemke, 379 mwN. Zu einzelnen in Frage kommenden Waffen Rachor Rn. F 912–915.

IV. Kosten des unmittelbaren Zwangs

Zur **Kostenpflicht** beim unmittelbaren Zwang können die Landesgesetze 13 und dort insbesondere die Verwaltungskostengesetze Regelungen enthalten, auf deren Grundlage der Verpflichtete die Kosten der Anwendung unmittelbaren Zwangs zu tragen hat. Dies gilt etwa für Hausbesetzer, vgl. OVG Lüneburg NJW 1978, 721. Für die Anwendung unmittelbaren Zwangs können dann Gebühren erhoben werden, wenn die polizeilichen Maßnahmen rechtmäßig gewesen sind. Nach VGH München Urt. v. 17.4.2008 – 10 B 07.219, beruht diese Einschränkung der Kostenerhebung im Rechtsstaatsprinzip und hat etwa in Bayern seine konkrete Ausgestaltung in Art. 16 Abs. 5 BayKostG erfahren. Zur Kostenpflicht bei Anwendung des VwVG → § 19 Rn. 1 ff.

V. Gerichtliche Überprüfung nach Vollzug

Ist unmittelbarer Zwang angewandt und beendet worden, kann der Betrof- 14 fene im Wege der **Feststellungsklage** die Feststellung begehren, dass die Zwangsanwendung rechtswidrig war (BVerwGE 26, 161).

VI. Landesrecht

Baden-Württemberg: § 26 Abs. 1 S. 1 LVwVG definiert den unmittel- 15 baren Zwang; § 26 Abs. 2 und 3 enthält nähere Regelungen. § 26 Abs. 1 S. 2 LVwVG fordert für den Schusswaffengebrauch ausdrücklich Gestattung „durch Gesetz". § 27 (Zwangsräumung) und § 28 (Wegnahme) LVwVG regeln besondere Fälle des unmittelbaren Zwangs in Anlehnung an §§ 883, 885 ZPO. Nach Brunn in Schweickhardt/Vondung Rn. 1039 soll auch die Wegnahme gegenüber dem Zwangsgeld subsidiär sein; aA App/Wettlaufer § 32 Rn. 9.
Bayern: Detaillierter Art. 34 BayVwZVG, wobei das Merkmal der Untunlichkeit präziser gefasst ist als im Bundesrecht; außerdem ist unmittelbarer Zwang dann möglich, wenn gegen die Ersatzvornahme Widerstand geleistet wird. Soweit erforderlich, hat die örtlich zuständige Polizeidienst-

VwVG § 12 Verwaltungs-Vollstreckungsgesetz

stelle der Vollstreckungsbehörde gemäß Art. 37 Abs. 2 BayVwZVG Hilfe zu leisten.

Berlin: Nach § 5a S. 1 BlnVwVfG gilt das VwVG des Bundes in der jeweils gültigen Fassung.

Brandenburg: Voraussetzungen: Zwangsgeld und Ersatzvornahme haben nicht zum Erfolg geführt oder sie sind untunlich (§ 34 Abs. 2 VwVG Bbg). Selbstvornahme ist Unterfall der Ersatzvornahme (§ 32 Abs. 1 VwVG Bbg).

Bremen: Nach § 16 BremVwVG setzt der unmittelbare Zwang nur die Erfolglosigkeit oder Untunlichkeit des Zwangsgeldes voraus. Die gewaltlose Selbstausführung fällt nicht unter den Begriff des unmittelbaren Zwanges; sie ist Ersatzvornahme (→ § 10 Rn. 17).

Hamburg: § 15 HmbVwVG verweist für den unmittelbaren Zwang auf den Dritten Teil des HmbSOG und stellt klar, dass unmittelbarer Zwang bei den Sonderformen der Wegnahme (§ 17 HmbVwVG), der Zwangsräumung (§ 18 HmbVwVG) und der Vorführung (§ 19 HmbVwVG) erlaubt ist.

Hessen: Der unmittelbare Zwang ist nur in den besonderen Formen der Wegnahme (§ 77 HessVwVG) der Zwangsräumung (§ 78 HessVwVG) und der Vorführung (§ 79 HessVwVG) geregelt, aber auch in dem erweiterten Begriff der Ersatzvornahme nach § 74 Abs. 2 HessVwVG enthalten. Zur historischen Entstehung dieser (vielleicht sogar bewusst) unklaren Regelung Lemke, 265.

Mecklenburg-Vorpommern: Inhaltsgleich § 90 SOG MV; die Ausübung des unmittelbaren Zwangs ist in sachlicher Anlehnung an das UZwG in §§ 102–111 SOG MV geregelt. In § 97 SOG MV ist bestimmt, dass bei Maßnahmen des unmittelbaren Zwangs, von denen Tiere betroffen sind, die Verantwortung des Menschen für das Tier zu berücksichtigen ist.

Niedersachsen: Mit § 12 Abs. 1 VwVG inhaltsgleich § 69 Abs. 6 NdsSOG. Mit § 2 Abs. 1 und Abs. 2 UZwG gleichlautend § 69 Abs. 1 und Abs. 2 NdsSOG. § 69 Abs. 3 NdsSOG entspricht § 2 Abs. 3 UZwG.

Nordrhein-Westfalen: Voraussetzungen (alternativ): Andere Zwangsmittel kommen nicht in Betracht oder versprechen keinen Erfolg oder sind unzweckmäßig (§ 62 Abs. 1 S. 1 VwVG NRW). Selbstvornahme ist ein Unterfall der Ersatzvornahme (§ 59 Abs. 1 VwVG NRW). § 62 Abs. 1 S. 2 VwVG NRW verweist auf die Regelung der Anwendung unmittelbaren Zwanges in §§ 66–75 VwVG NRW. § 62 Abs. 2 VwVG NRW schließt unmittelbaren Zwang zur Abgabe einer Erklärung aus (zu dieser Problematik auch Rachor in Lisken/Denninger Rn. F 916–928). § 62a VwVG NRW regelt als Unterfall des unmittelbaren Zwangs die Zwangsräumung im Einzelnen ähnlich wie § 885 ZPO; die Vernichtung unverwertbarer beweglicher Sachen ist anders als bei Anwendbarkeit von § 885 ZPO jedoch nur zulässig, wenn die Vollstreckungsbehörde den Vollstreckungsschuldner auf diese Möglichkeit hingewiesen hat.

Rheinland-Pfalz: Hinsichtlich der Voraussetzungen gleichlautend § 65 Abs. 1 LVwVG RP; die Selbstvornahme ist nach Streichung des zweiten Halbsatzes durch G. v. 9.9.1999 jetzt Ersatzvornahme. § 65 Abs. 2 S. 1 LVwVG RP ist jetzt gleichlautend mit § 2 Abs. 1 UZwG. Der Waffeneinsatz setzt eine ausdrückliche Gestattung durch Rechtsvorschrift voraus (§ 65 Abs. 2 S. 2 LVwVG RP).

Saarland: Im Wesentlichen inhaltsgleich § 22 SaarlVwVG.
Sachsen: §§ 25–27 SächsVwVG stimmen mit §§ 26–28 LVwVG BW fast wörtlich überein (siehe dort). § 26 Abs. 3 S. 5 SächsVwVG lässt anders als § 885 ZPO die Vernichtung unverwertbarer Sachen im Anschluss an eine Zwangsräumung nur zu, wenn die Vollstreckungsbehörde den Vollstreckungsschuldner auf diese Möglichkeit hingewiesen hat.
Sachsen-Anhalt: § 72 VwVG LSA enthält Bestimmungen über die Herausgabe von beweglichen Sachen; andere Fälle des unmittelbaren Zwangs sind in § 71 Abs. 1 VwVG LSA iVm §§ 58, 61–68 SOG geregelt.
Schleswig-Holstein: Inhaltsgleich § 239 LVwG; allerdings kann die Selbstvornahme nach § 239 Abs. 1 LVwG auch Ersatzvornahme sein.
Thüringen: § 51 Abs. 1 ThürVwZVG ist im Wesentlichen inhaltsgleich mit § 12 VwVG des Bundes. Die Anwendung des unmittelbaren Zwangs richtet sich nach §§ 58–67 PAG unter Ausschluss des Waffengebrauchs (§ 51 Abs. 2 ThürVwZVG). Unmittelbarer Zwang ist auch bei Widerstand gegen die Ersatzvornahme zulässig, nicht aber zwecks Erzwingung der Abgabe einer Willenserklärung (§ 51 Abs. 3 ThürVwZVG). §§ 52 und 53 ThürVwZVG regeln Wegnahme und Zwangsräumung.

§ 13 Androhung der Zwangsmittel

(1) **Die Zwangsmittel müssen, wenn sie nicht sofort angewendet werden können (§ 6 Abs. 2), schriftlich angedroht werden. Hierbei ist für die Erfüllung der Verpflichtung eine Frist zu bestimmen, innerhalb der der Vollzug dem Pflichtigen billigerweise zugemutet werden kann.**

(2) **Die Androhung kann mit dem Verwaltungsakt verbunden werden, durch den die Handlung, Duldung oder Unterlassung aufgegeben wird. Sie soll mit ihm verbunden werden, wenn der sofortige Vollzug angeordnet oder den Rechtsmitteln keine aufschiebende Wirkung beigelegt ist.**

(3) **Die Androhung muß sich auf ein bestimmtes Zwangsmittel beziehen. Unzulässig ist die gleichzeitige Androhung mehrerer Zwangsmittel und die Androhung, mit der sich die Vollzugsbehörde die Wahl zwischen mehreren Zwangsmitteln vorbehält.**

(4) **Soll die Handlung auf Kosten des Pflichtigen (Ersatzvornahme) ausgeführt werden, so ist in der Androhung der Kostenbetrag vorläufig zu veranschlagen. Das Recht auf Nachforderung bleibt unberührt, wenn die Ersatzvornahme einen höheren Kostenaufwand verursacht.**

(5) **Der Betrag des Zwangsgeldes ist in bestimmter Höhe anzudrohen.**

(6) **Die Zwangsmittel können auch neben einer Strafe oder Geldbuße angedroht und so oft wiederholt und hierbei jeweils erhöht**

oder gewechselt werden, bis die Verpflichtung erfüllt ist. Eine neue Androhung ist erst dann zulässig, wenn das zunächst angedrohte Zwangsmittel erfolglos ist.

(7) Die Androhung ist zuzustellen. Dies gilt auch dann, wenn sie mit dem zugrunde liegenden Verwaltungsakt verbunden ist und für ihn keine Zustellung vorgeschrieben ist.

Übersicht

	Rn.
I. Notwendigkeit und Rechtsnatur der Androhung	1
1. Notwendigkeit der Androhung (Abs. 1 S. 1)	1
2. Pflichtiger und Rechtsnachfolger	1a
3. Rechtsnatur der Androhung: Verwaltungsakt	1b
II. Voraussetzungen der Androhung	2
III. Anforderungen an die Androhung	3
1. Fristsetzung (Abs. 1 S. 2)	3
a) Erzwingungsfunktion und Rechtsschutzfunktion	3a
b) Fehlen und Folgen	3b
c) Bestimmtheit der gesetzten Frist	3c
d) Bescheid und Tenorierung	3d
e) Entbehrlichkeit	3e
f) Möglichkeit der isolierten Anfechtung	3f
2. Bestimmtheit der Androhung (Abs. 3)	4
a) Bestimmtes Zwangsmittel (Abs. 3 S. 1)	4a
b) Kumulationsverbot (Abs. 3 S. 2)	4b
c) Androhung „für jeden Fall der Zuwiderhandlung"	4c
3. Besonderheiten bei den einzelnen Zwangsmitteln	5
a) Zwangsgeld (Abs. 5)	5
b) Ersatzvornahme (Abs. 4)	6
c) Unmittelbarer Zwang	7
IV. Form der Androhung	8
1. Schriftform der Androhung (Abs. 1 S. 1)	8
2. Zustellung der Androhung (Abs. 7 S. 1)	9
3. Verbindung mit dem zu vollziehenden Verwaltungsakt (Abs. 2)	10
a) Sinn und Zweck der Verbindung	10
b) Schriftform und Zustellung des zu vollziehenden Verwaltungsakts (Abs. 7 S. 2)	10a
V. Wiederholung des Verwaltungszwanges (Abs. 6)	11
1. Allgemeines (Abs. 6 S. 1)	11
2. Zulässigkeit der erneuten Androhung (Abs. 6 S. 2)	12
3. Zulässigkeit der Androhung für jeden Fall der Zuwiderhandlung (Nichtbefolgung)?	13
4. Androhung bei parallel laufendem Strafverfahren (Abs. 6 S. 1)	14
VI. Zuständigkeit für die Androhung	15
VII. Schadensersatzansprüche bei Anwendung von Zwangsmitteln ohne vorherige Androhung	16
VIII. Landesrecht	17

I. Notwendigkeit und Rechtsnatur der Androhung

1. Notwendigkeit der Androhung (Abs. 1 S. 1)

Festsetzung und Anwendung von Zwangsmitteln sind nur rechtmäßig, **1** wenn sie zuvor gemäß § 13 VwVG angedroht worden sind, **ausgenommen** im **hamburgischen** Landesrecht (§ 14 Abs. 2 HmbVwVG → Rn. 17 und § 14 Rn. 7). Fehlt die Androhung oder erfüllt sie nicht die Voraussetzungen von § 13, so ist die Festsetzung schon deshalb aufzuheben und die Anwendung rückgängig zu machen; dagegen ist die **Rechtmäßigkeit** der Androhung **nicht** Voraussetzung der Rechtmäßigkeit der Maßnahmen im späteren Stadium des Verwaltungsvollstreckungsverfahrens, sondern lediglich ihre **Wirksamkeit** (VGH München BayVBl. 2005, 536). Ausnahmsweise bedarf es einer Androhung nicht, wenn die Voraussetzungen des **sofortigen Zwanges** gemäß § 6 Abs. 2 VwVG vorliegen (→ § 6 Rn. 22 ff.). In diesem Fall wäre es sinnwidrig, eine Androhung zu verlangen.

2. Pflichtiger und Rechtsnachfolger

Die Androhung eines Zwangsmittels gegenüber dem vermeintlichen **1a** Rechtsnachfolger wirkt grundsätzlich **nicht** gegenüber dem eigentlich Pflichtigen (VGH Mannheim NVwZ 1991, 686). Umgekehrt wirkt die Androhung gegenüber dem Pflichtigen **nicht** gegenüber seinem Rechtsnachfolger (VG Regensburg Beschl. v. 20.6.2013 – RO 2 K 13.642 und RO 2 K 13.640; Marwinski in Brandt/Domgörgen Rn. E 55 mwN).

3. Rechtsnatur der Androhung: Verwaltungsakt

Die Androhung ist ein Verwaltungsakt (App/Wettlaufer/Klomfaß Kap. 36 **1b** Rn. 6 mwN; Marwinski in Brandt/Domgörgen Rn. E 55 mwN; Pewestorf in PST Vollstreckungsrecht Rn. 64). Zur Androhung des Einsatzes von Wasserwerfern und von Schusswaffen s. Rachor in Lisken/Denninger Rn. F 931 und 933.

II. Voraussetzungen der Androhung

Als Maßnahme der Verwaltungsvollstreckung setzt schon die Zwangsmit- **2** telandrohung grundsätzlich voraus, dass der zu vollziehende Verwaltungsakt **vollziehbar** ist,
– dh dass er unanfechtbar ist (→ § 6 Rn. 3)
– oder seine sofortige Vollziehung angeordnet ist (→ § 6 Rn. 4 ff.),
– oder dass ein Rechtsbehelf keine aufschiebende Wirkung hat (→ § 6 Rn. 9 ff.).
Eine Ausnahme von diesem Grundsatz bildet nur der Fall, dass die Zwangsmittelandrohung mit dem Verwaltungsakt selbst verbunden ist (§ 13 Abs. 2 → Rn. 10). Für die Androhung der Zwangsvollstreckung nach § 167 VwGO iVm § 890 Abs. 2 ZPO bedarf es **nicht** des Eintritts oder der konkreten Gefahr der Zuwiderhandlung gegen die titulierte Unterlassungsverpflichtung.

Die Zwangsvollstreckung aus einem Prozessvergleich darf aber nach § 167 VwGO iVm § 890 Abs. 2 ZPO nur angedroht werden, wenn die allgemeinen Voraussetzungen der Zwangsvollstreckung vorliegen. Hierzu gehört auch die **Zustellung** des Prozessvergleichs durch den Vollstreckungsgläubiger (VGH Mannheim NVwZ-RR 1990, 447).

Nicht Voraussetzung der Zwangsmittelandrohung ist, dass der Pflichtige gegen eine Unterlassungspflicht bereits verstoßen hat (VGH Mannheim GewArch 1997, 64).

III. Anforderungen an die Androhung

1. Fristsetzung (Abs. 1 S. 2)

3 In der Androhung muss dem Pflichtigen eine Frist für die Erfüllung seiner Verpflichtung gesetzt werden.

3a **a) Erzwingungsfunktion und Rechtsschutzfunktion.** Die Frist ist so zu bemessen, dass es dem Pflichtigen möglich und zumutbar ist, seine Verpflichtung bis zu ihrem Ablauf zu erfüllen (App JuS 2004, 790; Horn Jura 2004, 597; zum Eintritt nachträglicher Umstände, die eine ursprünglich angemessene Frist unangemessen machen: VGH München BayVBl. 1988, 656; problematisch). Ob dieser Bestimmung und den entsprechenden landesrechtlichen Bestimmungen ein allgemeines Prinzip des Bundesrechts zu Grunde liegt, insbesondere ob sie einen allgemeinen rechtsstaatlichen Grundsatz darstellen, hat das BVerwG ausdrücklich offen gelassen und das Erfordernis einer Frist unter dem Gesichtspunkt begründet, dass dem Betroffenen eine **wirksame Anfechtungsmöglichkeit** erhalten werden müsse (BVerwGE 16, 289; für Doppelfunktion der Fristsetzung – Erzwingungsfunktion und Rechtsschutzfunktion – Wind VR 1988, 125; Erichsen/Rauschenberg Jura 1998, 38; Marwinski in Brandt/Domgörgen Rn. E 58; ebenso zu § 69 Abs. 1 Nr. 2 HessVwVG VG Frankfurt a. M. NVwZ-RR 1989, 57 unter Bezugnahme auf § 69 Abs. 2 HessVwVG aF, der allerdings die Fristbemessung ausdrücklich in Beziehung zur Rechtsschutzmöglichkeit gesetzt hatte). Mit § 13 Abs. 1 S. 2 VwVG hat dieser Grundsatz nichts zu tun. Eine „Sofort"-Frist soll die Behörde beispielsweise dann setzen können, wenn einem Kraftfahrzeughalter eine sofort vollziehbare Fahrtenbuchauflage gemäß § 31a Abs. 1 StVZO auferlegt wurde (VGH Mannheim NJW 2009, 1692).

3b **b) Fehlen und Folgen.** Fehlt eine – notwendige – Fristsetzung gänzlich, so ist die Androhung **rechtswidrig** (Lemke in FKS VwVG § 4 Rn. 8 mwN; für Unwirksamkeit Hohrmann in HHSp § 332 AO Rn. 13 mwN). Eine **zu kurz** bemessene Androhungsfrist setzt nicht zugleich eine angemessene Frist in Lauf; eine unzulängliche Fristsetzung kann deshalb nicht durch Zeitablauf geheilt werden (Lemke in FKS VwVG § 4 Rn. 10).

Insbesondere ist die Behörde nicht schon dann auf Grund der ursprünglichen Androhung zur Festsetzung des Zwangsmittels berechtigt, wenn dem Verpflichteten nach Eintritt der Unanfechtbarkeit der Verfügung zur Erfüllung der ihm auferlegten Verpflichtung mindestens der gleiche Zeitraum zur

Verfügung stand, wie er ihn ohne Anfechtung zur Verfügung gehabt hätte (so noch OVG Koblenz AS 13, 443, 448; wie hier inzwischen NVwZ 1986, 763). Die gegenteilige Auffassung wird dem rechtsstaatlichen Erfordernis genauer Bestimmtheit der dem Verpflichteten drohenden Maßnahmen nicht gerecht. Andererseits kann aber auch nicht dem Teil der Rechtsprechung gefolgt werden, der die Auffassung vertritt, eine Zwangsgeldandrohung, die mit einem nicht sofort vollziehbaren Verwaltungsakt verbunden ist, erledige sich, wenn wegen der Einlegung von Rechtsbehelfen und Rechtsmitteln der Betroffene der Verfügung bis zum Ablauf der mit der Androhung verbundenen Frist nicht nachzukommen brauchte (vgl. BVerwG NJW 1980, 2033; OVG Koblenz NVwZ 1986, 763; differenzierend Tillmanns in Sadler/Tillmanns VwVG § 13 Rn. 50 ff.; aA VGH Kassel BRS 22 Nr. 211; OVG Saarlouis BRS 20 Nr. 184). Von einer Erledigung kann nämlich nur gesprochen werden, wenn die Behörde selbst an der Androhung nicht mehr festhält (zutr. OVG Münster NVwZ 1986, 763).

Die Frist ist zum Schutz des Betroffenen bestimmt; ist sie einmal gesetzt, so darf von ihr zu Lasten des Pflichtigen nur **abgewichen** werden, wenn nachträglich Tatsachen eintreten oder bekannt werden, die zur Unterlassung der Fristsetzung berechtigen würden (so zutr. Gusy Rn. 452).

Ist bei Ablauf der Frist die Grundverfügung mangels Anordnung des sofortigen Vollzugs noch nicht vollziehbar, so ist die Vornahme der Handlung dem Pflichtigen noch nicht zumutbar, die Fristsetzung rechtswidrig, die Androhung des Zwangsmittels fehlerhaft (VGH München RdL 1976, 287).

Greift der Vollzug in das Recht eines Miteigentümers ein, so muss bei Ablauf der Frist auch gegen ihn ein vollziehbarer Verwaltungsakt vorliegen (VGH München BayVBl. 1977, 403).

c) Bestimmtheit der gesetzten Frist. Die Frist muss in der rechten Weise gesetzt werden. Zur Durchsetzung einer Handlungsverpflichtung sind Zwangsmittelandrohungen – anders als bei Unterlassungspflichten – nur mit Bestimmung einer kalendermäßig **eindeutigen** Frist wirksam (OVG Greifswald NVwZ-RR 1997, 762 [Ls. 1]). Insoweit eindeutig ist die Frist auch dann, wenn die Behörde das Fristende vom Eintritt einer Bedingung abhängig macht, zB der Bestandskraft der Grundverfügung (Lemke, 305 mwN; Rudolph, 47). Eine Verpflichtung zu **„unverzüglichem"** Handeln kann darum zumindest **nicht** mit einer Zwangsgeldandrohung bewehrt werden (VGH München DÖV 1986, 619; VGH Mannheim BWVPr 1995, 159; ZfW 1996, 383; OVG Weimar DÖV 2008, 881). „Unverzüglich" ist nicht dasselbe wie **„sofort"** (das dem Bestimmtheitsgebot genügt; Tillmanns in Sadler/Tillmanns VwVG § 13 Rn. 35). Die Unbestimmtheit wird auch nicht dadurch geheilt, dass die Vollstreckungsbehörde bis zur Festsetzung des Zwangsmittels eine längere Zeit verstreichen lässt; denn für den Pflichtigen ergibt sich die Zeitdauer dabei erst nachträglich, so dass er sein Verhalten nicht daran orientieren kann (VGH Mannheim BWVPr 1995, 159). Im Fall der Betriebsuntersagung einer Autowaschanlage an Sonn- und Feiertagen kann die Frist in der Weise gesetzt werden, dass jeweils für den kalendermäßig nächstfolgenden Sonn- oder Feiertag die Erfüllung der auferlegten Verpflichtung erwartet wird (VGH Kassel NVwZ-RR 1989, 452 [Ls. 3]).

3c

3d **d) Bescheid und Tenorierung.** In einem Bescheid, der eine Verfügung mit Zwangsmittelandrohung enthält, ist es gleichgültig, ob die Frist als Teil der Grundverfügung **materiell-rechtlich** oder als **Vollstreckungsfrist** formuliert ist (VGH Kassel NVwZ-RR 1998, 76 [Ls.]). Anders soll es sein, wenn in der isolierten Zwangsmittelandrohung auf die eine Fristsetzung enthaltende Grundverfügung lediglich **Bezug genommen** worden ist (VGH Kassel GewArch 1996, 291).

3e **e) Entbehrlichkeit.** In **Ausnahmefällen** bedarf es einer Fristsetzung nicht. Sie ist überflüssig, wenn der **sofortige Zwang** (§ 6 Abs. 2 VwVG) zulässigerweise ausgeübt wird, weil dann eine besondere Androhung überhaupt nicht erforderlich ist (→ Rn. 1). Ist in einer Ordnungsverfügung gefordert, eine Tätigkeit zu unterlassen, die gegen die Strafgesetze verstößt oder eine Ordnungswidrigkeit darstellt, so bedarf es nach OVG Münster DÖV 1967, 496 ebenfalls keiner Fristsetzung für die Erfüllung dieser Verpflichtung. Darüber hinaus wird man bei **Unterlassungsverpflichtungen** allgemein davon ausgehen können, dass es einer besonderen Fristsetzung der Natur der Sache nach nicht bedarf (OVG Koblenz GewArch 1998, 337; VGH München NJW 2000, 3297), es sei denn, zu deren Erfüllung wären im konkreten Fall bestimmte **Vorbereitungshandlungen** nötig (so zutr. Lemke in FKS VwVG § 13 Rn. 11 mwN; OVG Berlin-Brandenburg NVwZ-RR 2015, 90). Unberührt bleibt freilich der Grundsatz, dass auch die Unterlassung regelmäßig erst erzwungen werden kann, wenn die Verbotsverfügung unanfechtbar geworden oder kraft Gesetzes oder besonderer Anordnung sofort vollziehbar ist (→ § 6 Rn. 3 ff.). Die Entbehrlichkeit einer Fristsetzung bei Unterlassungspflichten schließt nicht aus, dass die Behörde dem Betroffenen eine Frist dafür setzt, sich auf das Verbot einzurichten (VGH Mannheim VBlBW 1996, 213). Wird vor Ablauf der gesetzten Frist gegen die Grundverfügung verstoßen, kann kein Zwangsgeld festgesetzt werden (OVG Bautzen SächsVBl. 1996, 68). Bei **Duldungspflichten** ist nach einigen Gesetzen (zB § 17 Abs. 2 AEG, § 44 Abs. 2 EnWG, § 16a Abs. 2 FStrG, § 16 Abs. 2 WaStrG) die Setzung einer Frist vorgeschrieben, weil der Pflichtige in manchen Fällen Zeit braucht, um sich auf das zu duldende Verhalten **vorzubereiten;** dazu BVerwG NVwZ 2004, 1126.

3f **f) Möglichkeit der isolierten Anfechtung.** Nach Meinung von OVG Münster DÖV 2009, 507 soll – zumindest – im Ausländerrecht die Fristsetzung isoliert, dh unabhängig von der Androhung, anfechtbar sein.

2. Bestimmtheit der Androhung (Abs. 3)

4 Zwangsmittel müssen bestimmt und unzweideutig angedroht werden (VGH München GewArch 1987, 379; OVG Magdeburg, DÖV 1995, 385).

4a **a) Bestimmtes Zwangsmittel (Abs. 3 S. 1).** In der Androhung muss das in Aussicht genommene Zwangsmittel konkret bezeichnet (§ 13 Abs. 3 S. 1 VwVG) und einer bestimmten Handlungs-, Duldungs- oder Unterlassungspflicht konkret zugeordnet sein (Gusy Rn. 452). Ein allgemeiner Hinweis genügt nicht. Es dürfen auch nicht mehrere Zwangsmittel gleichzeitig

Androhung der Zwangsmittel § 13 VwVG

angedroht werden (anders ist die Rechtslage teilweise bei der Zwangsanwendung nach Polizeirecht; dazu Lisken/Denninger Rn. F 517), noch darf die Vollzugsbehörde sich die Wahl zwischen mehreren Zwangsmitteln vorbehalten (§ 13 Abs. 3 S. 2 VwVG).

b) Kumulationsverbot (Abs. 3 S. 2). Das Kumulationsverbot von § 13 **4b** Abs. 3 S. 2 VwVG betrifft nicht den Fall, dass die Behörde in einem Verwaltungsakt mehrere Handlungen oder Unterlassungen anordnet (VGH Mannheim Beschl. v. 16.9.1994 – 8 S 1764/94). In diesem Fall kann sie jede einzelne Anordnung mit der Androhung eines anderen Zwangsmittels bewehren (instruktives Beispiel bei Tillmanns in Sadler/Tillmanns § 13 VwVG Rn. 75 ff.). Ebenso kann die Behörde bei einer Mehrheit von Pflichtigen dem einem das eine und einem anderen ein anderes Zwangsmittel androhen. Nach VGH Kassel HessVGRspr 1991, 43 verstößt eine einheitliche Zwangsgeldandrohung zur Durchsetzung von Nutzungsverboten für mehrere bauliche Anlagen dann nicht gegen den Bestimmtheitsgrundsatz, wenn die Baulichkeiten eine Nutzungseinheit darstellen. OVG Lüneburg DÖV 1999, 882 hält aber zu Recht ein einheitliches Zwangsgeld zur Erzwingung mehrerer unterschiedlicher Androhungen für unzulässig; eine solche Androhung ist nach VGH Mannheim VBlBW 1996, 65 selbst im Fall ihrer Bestandskraft keine taugliche Grundlage für eine spätere Zwangsgeldfestsetzung. Nach VGH Kassel NVwZ-RR 1995, 118 ist ein einheitliches Zwangsgeld zur Durchsetzung einer wohnungsrechtlichen Anordnung sowohl für den Fall der Nichtbeachtung des Herstellungsgebots als auch für den Fall der Nichtbeachtung des Gebots, die wiederhergestellten Wohneinheiten zu nutzen oder nutzen zu lassen, hinreichend bestimmt. Nach OVG Münster DÖV 2004, 86 darf die Behörde ein einheitliches Zwangsgeld zur Durchsetzung mehrerer Anordnungen ausdrücklich und mit entsprechender Begründung in der Weise androhen, dass seine volle Höhe bis zur Erfüllung sämtlicher Anordnungen gilt, unter der Voraussetzung, dass nur dann der Zweck des Vollzuges erreicht wird; in diesem Fall kann sie das gesamte Zwangsgeld auch dann festsetzen, wenn der Pflichtige ihren Anordnungen teilweise nachgekommen ist (Tillmanns in Sadler/Tillmanns § 11 VwVG Rn. 36 unter Hinweis auf VGH Kassel NVwZ-RR 1991, 592 und OVG Greifswald NVwZ 1997, 1027).

c) Androhung „für jeden Fall der Zuwiderhandlung". Ebenso wenig **4c** steht § 13 Abs. 3 S. 2 VwVG der Androhung eines Zwangsgeldes „für jeden Fall der Zuwiderhandlung" gegen ein Verbot entgegen (so auch Henneke Jura 1989, 68; VGH München NVwZ 1987, 512; aA OVG Magdeburg GewArch 1995, 165; Tillmanns in Sadler/Tillmanns § 13 VwVG Rn. 80 ff.). Auch hier greift der Schutzzweck des Kumulationsverbots (→ Rn. 4b) nicht ein, weil für jede Zuwiderhandlung nur ein Zwangsmittel angedroht wird, der Betroffene also klar erkennen kann, was ihm droht. Eine andere Frage ist, inwieweit es ausreicht, dass bereits aus dem Sinn der Androhung entnommen werden kann, es solle für jeden Fall der Zuwiderhandlung angedroht sein (vgl. OVG Münster OVGE 22, 144); dies erscheint zumindest bedenklich. Im Ergebnis wäre eine Zwangsgeldandrohung „für jeden Fall der Zuwiderhandlung" nach Ansicht von OVG Magdeburg NVwZ 1995, 615 und Lemke, 316 mit dem Charakter des Zwangsgeldes als Beugemittel nicht vereinbar; auch BVerwG NVwZ 1998, 393 (394) hält sie für unzulässig. Sie soll nur dann zulässig sein, wenn das Landesgesetz eine solche Form der Androhung ausdrücklich gestattet (Lemke, 315 mwN). Das ist inkonsequent: Nimmt man an, eine Androhung „für jeden Fall der Zuwiderhandlung" sei verfassungsrechtlich bedenklich, weil sie das Zwangsgeld im Ergebnis von einem Beugemittel zur Strafe mache, so würde das auch für die landesrechtlichen Regelungen gelten, die sich ebenfalls nicht über die Verfassung hinwegsetzen dürfen; nimmt man es nicht an, so bedarf es auch keiner ausdrücklichen Gestattung der Androhung „für jeden Fall der Zuwiderhandlung".

3. Besonderheiten bei den einzelnen Zwangsmitteln

5 **a) Zwangsgeld (Abs. 5).** Wird ein solches angedroht, muss ein **bestimmter Betrag** angegeben werden (§ 13 Abs. 5 VwVG); das gilt auch für die gerichtliche Androhung eines Zwangsgeldes nach § 172 VwGO (VGH Kassel NVwZ-RR 2000, 730). Die Angabe eines Höchstbetrages genügt nicht (Lemke in FKS § 13 VwVG Rn. 19, der indes die Zweckmäßigkeit dieser gesetzlichen Regelung in Frage stellt).

Nicht Voraussetzung der Androhung von Zwangsgeld ist, dass der Pflichtige zu dessen Zahlung in der Lage sein wird (BFH ZKF 2002, 161).

6 **b) Ersatzvornahme (Abs. 4).** Wird diese angedroht, so ist in der Androhung der **Kostenbetrag vorläufig zu veranschlagen** (§ 13 Abs. 4 S. 1 VwVG). Dadurch soll dem Pflichtigen das Kostenrisiko vor Augen geführt werden, das auf ihn zukommt, wenn er seine Pflicht nicht erfüllt und es auf die Ersatzvornahme ankommen lässt.

Zur Frage, wann der veranschlagte Kostenbetrag gefordert werden kann, → § 10 Rn. 14.

Nach Durchführung der Ersatzvornahme kann sich ergeben, dass der vorläufig veranschlagte Kostenbetrag zu hoch oder zu niedrig war. Werden die tatsächlichen Kosten der Ersatzvornahme durch den veranschlagten Betrag nicht gedeckt, ist der Pflichtige zur Erstattung der tatsächlich erforderlichen Kosten verpflichtet (§ 13 Abs. 4 S. 2 VwVG: Recht auf **Nachforderung**).

Unterbleibt die Mitteilung der voraussichtlichen Kosten, ist die Androhung **fehlerhaft** und bildet keine Grundlage für eine Festsetzung des Zwangsmittels (anders in Baden-Württemberg § 20 Abs. 5 LVwVG, in Brandenburg § 28 Abs. 5 VwVGBbg, in Niedersachsen § 70 Abs. 1 NVwVG iVm § 70 Abs. 4 NPOG, in Nordrhein-Westfalen § 63 Abs. 4 VwVG NRW, in Rheinland-Pfalz § 66 Abs. 4 LVwVG und in Sachsen-Anhalt § 71 Abs. 1 VwVG LSA iVm § 59 Abs. 4 SOG LSA: jeweils nur Sollvorschrift); der Mangel kann auch nicht bis zur Festsetzung der Ersatzvornahme geheilt werden, indem die Mitteilung nachgeholt wird, da es sich um eine zwingende Vorschrift handelt (so zutr. Tillmanns in Sadler/Tillmanns VwVG § 13 Rn. 87 ff.; aA OVG Berlin JR 1969, 476; VGH Kassel NVwZ-RR 2004, 524).

Eine die Kosten **erheblich unterschätzende** vorläufige Veranschlagung kann nicht mit dem vollständigen Fehlen einer solchen gleichgesetzt werden (BVerwG DÖV 1984, 887; aA VG Freiburg NJW 1976, 1366). Sie macht

Androhung der Zwangsmittel **§ 13 VwVG**

die Androhung der Ersatzvornahme nicht nichtig. Stellt sich zwischen Androhung und Ausführung der Ersatzvornahme heraus, dass die Kosten erheblich höher sein werden als veranschlagt, so muss dem Pflichtigen keine neue Überlegungsfrist eingeräumt werden, denn er hat kein „Wahlrecht" zwischen Befolgung und Durchsetzung des Verwaltungsakts (vgl. aber → Rn. 16). Die Behörde hat Anspruch auf Erstattung der – im Rahmen der Festsetzung – tatsächlich entstandenen Kosten der Ersatzvornahme auch bei wesentlicher Überschreitung des im Androhungsbescheid vorläufig veranschlagten Kostenbetrags. Der Pflichtige kann allerdings einwenden, die Behörde habe mit der Ersatzvornahme ein besonders teuer arbeitendes Unternehmen beauftragt, oder es sei zu groben Missgriffen bei der Abrechnung gekommen (OVG Berlin MDR 1996, 430). Aus dem Vollstreckungsrechtsverhältnis ergibt sich außerdem die (Neben-) Pflicht der Behörde, dem Pflichtigen eine voraussehbare wesentliche Kostenüberschreitung vor Durchführung der Ersatzvornahme mitzuteilen. Eine Verletzung dieser Pflicht kann **Amtshaftungsfolgen** haben (BVerwG BauR 1985, 183; OVG Schleswig NVwZ 2009, 602), dazu auch noch Rn. 16. Bewusst wird allerdings eine Behörde ohnehin kaum die Kosten zu niedrig angeben, da sie den psychologischen Druck auf den Pflichtigen durch einen höheren Betrag verstärken kann; in erster Linie will sie ja, dass der Pflichtige selbst tätig wird.

Nach VGH München NVwZ-RR 2018, 951 ist die Androhung der Voll- **6a** streckung durch Ersatzvornahme der in einem Vergleich übernommenen Pflicht, ein **Fahrzeug** von einem bestimmten Ort (im Fall: dem gemeindlichen Bauhof) zu **entfernen** bzw. entfernen zu lassen, nur dann hinreichend **bestimmt** (→ Rn. 4), wenn zugleich angeordnet oder zumindest in dem Vergleich geregelt ist, **wohin** das Fahrzeug im Falle der Ersatzvornahme verbracht werden oder was sonst mit ihm geschehen soll (red. Ls.).

c) Unmittelbarer Zwang. Bei dessen Androhung kann sich die **7** Behörde auf eine allgemein gehaltene Wendung oder sogar auf die bloße Bezeichnung des Zwangsmittels („unmittelbarer Zwang") beschränken (BGH MDR 1975, 1006; OVG Münster NWVBl. 1990, 426; Lemke, 321 mwN; Marwinski in Brandt/Domgörgen Rn. E 59). Hat die Behörde aber bereits bei der Androhung unmittelbaren Zwangs die Art und Weise der Zwangsmittelanwendung konkretisiert, hat sie insoweit auch den Grundsatz der Verhältnismäßigkeit zu beachten (OVG Münster NWVBl. 1990, 426). Strenger ist die Rechtsprechung des **VGH Kassel:** Danach genügt eine Zwangsmittelandrohung dem Bestimmtheitserfordernis nicht, wenn bei der Androhung unmittelbaren Zwangs nicht konkret bezeichnet ist, welches **Mittel** zur Anwendung kommen soll (VGH Kassel GewArch 1983, 263). Soweit eine Gewerbeuntersagungsverfügung durch Versiegelung und/oder Verplombung der Betriebsräume oder „durch andere geeignete Maßnahmen" durchgesetzt werden soll, werde dem Bestimmtheitsgebot nicht genügt. Ebenso wenig mache die Nennung von Beispielen wie „die Sicherstellung von Arbeitsmaterial und/oder Geschäftsunterlagen durch Mitnahme oder Belassung an Ort und Stelle nach Versiegelung/Verplombung" eine Androhung unmittelbaren Zwangs bestimmt (VGH Kassel GewArch 1983, 267).

IV. Form der Androhung

1. Schriftform der Androhung (Abs. 1 S. 1)

8 Die Zwangsmittel müssen gemäß § 13 Abs. 1 S. 1 VwVG schriftlich angedroht werden. Die Androhung ist ein **Verwaltungsakt** (→ Rn. 1b) iSv § 35 VwVfG (BVerwG DÖV 1996, 1046; NVwZ 1998, 393). Die Anforderungen an die Schriftform regelt darum § 37 Abs. 3 VwVfG; aus dem Schriftformerfordernis ergibt sich die Anwendbarkeit von § 44 Abs. 2 Nr. 1 VwVfG. Zur Schriftform gehört, dass die Androhung dem Pflichtigen in einem unterschriebenen Schriftstück mitgeteilt wird, das die handelnde Behörde sowie Ort und Zeit des Erlasses erkennen lässt. Allgemein üblich und rechtlich zulässig ist es, dass die bei den Akten der Behörde verbleibende Urschrift der Verfügung paraphiert wird und auf dem für den Betroffenen bestimmten Schriftstück an die Stelle der eigenhändigen Unterschrift des verantwortlichen Beamten eine maschinelle Wiedergabe mit Beglaubigungsvermerk tritt (vgl. BVerwGE 10, 1; OVG Münster DÖV 1957, 245).

2. Zustellung der Androhung (Abs. 7 S. 1)

9 Die Androhung ist dem Betroffenen zuzustellen, § 13 Abs. 7 S. 1 VwVG. Für die Form der Zustellung gilt das VwZG. Abs. 7 enthält eine zwingende Regelung über die Form der Bekanntgabe als Voraussetzung für die Wirksamkeit der Androhung; die Nichtbeachtung führt zur Unwirksamkeit der Androhung (OVG Münster NWVBl. 1994, 32). Das Zustellungsgebot soll nach OVG Münster NVwZ-RR 2008, 50 für die Androhung von Ersatzvornahme durch die Kommunalaufsicht nicht gelten.

Anschlag oder sonstige öffentliche Bekanntmachung können die Zustellung nicht ersetzen (Rasch/Patzig VwVG § 13 Anm. II 1).

3. Verbindung mit dem zu vollziehenden Verwaltungsakt (Abs. 2)

10 **a) Sinn und Zweck der Verbindung.** Die Androhung des Zwangsmittels kann mit dem zu vollziehenden Verwaltungsakt verbunden sein (§ 13 Abs. 2 S. 1 VwVG) oder als besondere Verfügung ergehen. Wenn der sofortige Vollzug angeordnet wird oder ein Rechtsmittel keine aufschiebende Wirkung hat, **soll** die Androhung mit dem Verwaltungsakt verbunden werden (§ 13 Abs. 2 S. 2), damit die Durchführung und Anwendung des Verwaltungszwanges vereinfacht und beschleunigt wird (von Rosen-von Hoewel § 13 VwVG Anm. II 2). Bei einem Bürger, von dem die Behörde erwarten kann, dass er den zu vollziehenden Verwaltungsakt befolgt, erscheint es angebracht, von der gleichzeitigen Androhung von Zwangsmitteln abzusehen (so auch Henneke Jura 1989, 68).

10a **b) Schriftform und Zustellung des zu vollziehenden Verwaltungsakts (Abs. 7 S. 2).** Ist die Androhung mit dem zu vollziehenden Verwaltungsakt verbunden, dann gelten die Vorschriften über Schriftform (→ Rn. 8) und Zustellung (→ Rn. 9) praktisch auch für diesen selbst, auch wenn er an sich weder schriftlich ergehen noch zugestellt werden müsste (vgl. § 13 Abs. 7 S. 2 VwVG).

V. Wiederholung des Verwaltungszwanges (Abs. 6)

1. Allgemeines (Abs. 6 S. 1)

Die Zwangsmittel können **wiederholt** und hierbei **erhöht** oder **gewechselt** werden, bis die Verpflichtung erfüllt ist (§ 13 Abs. 6 S. 1 VwVG). Es steht im Ermessen der Behörde, in welcher Reihenfolge sie Zwangsmittel einsetzt, ob sie sie wiederholt und ob sie sie konsequent durchsetzt. Deshalb braucht vor der Festsetzung eines höheren Zwangsgeldes nicht das niedrigere beigetrieben zu werden (OVG Lüneburg NVwZ 1988, 654). Die Höchstgrenze nach § 11 Abs. 3 VwVG bezieht sich auf das **einzelne** Zwangsgeld, der Gesamtbetrag bei der Festsetzung mehrerer Zwangsgelder wegen Verstößen gegen dasselbe Unterlassungsgebot kann darum die Höchstgrenze durchaus übersteigen (OVG Münster NVwZ-RR 1993, 671 [Ls. 2]). VGH München BayVBl. 1998, 185 hält es für zulässig, bei nur teilweiser Erfüllung der Verpflichtung neben der Fälligerklärung des verwirkten Zwangsgeldes (einem Institut der bayerischen Verwaltungsvollstreckungspraxis; vgl. Appel BayVBl. 1981, 363) erneut ein Zwangsgeld anzudrohen (Bedenken dagegen → Rn. 12).

11

2. Zulässigkeit der erneuten Androhung (Abs. 6 S. 2)

Eine neue Androhung ist erst dann zulässig, wenn das zunächst angedrohte Zwangsmittel **erfolglos** ist (§ 13 Abs. 6 S. 2 VwVG; dazu VG Weimar LKV 1996, 143). Diese Bestimmung zwingt die Behörde jedoch nur, den Erfolg der früheren Androhung abzuwarten, nicht aber zunächst das früher angedrohte Zwangsmittel festzusetzen und ein festgesetztes Zwangsmittel auch beizutreiben (OVG Berlin NJW 1968, 1108; VGH München BeckRS 2012, 52689 [Ls. 1], zur Sportwettenvermittlung im Internet; aA OVG Koblenz, NVwZ 1988, 652, wonach eine weitere Zwangsgeldandrohung rechtswidrig sei, wenn nicht auf Grund der vorherigen Androhung das Zwangsgeld beigetrieben bzw. beizutreiben versucht wurde). Diese Auffassung, die für das Zwangsgeld Geltung beanspruchen kann, ist folgerichtig, wenn man davon ausgeht, dass die Festsetzung des Zwangsgeldes weniger dazu bestimmt ist, den Pflichtigen von weiteren Zuwiderhandlungen abzuhalten, sondern hauptsächlich der Androhung Nachdruck verleihen soll, die andernfalls wertlos wäre (→ § 15 Rn. 14). Unter dieser Voraussetzung ist auch der Wortlaut von § 13 Abs. 6 S. 2 VwVG erfüllt. „Das angedrohte Zwangsmittel" besteht dann beim Zwangsgeld – im Gegensatz zu Ersatzvornahme und unmittelbarem Zwang – schwerpunktmäßig in der Androhung, während Festsetzung und Beitreibung mindere Bedeutung zukommt. Dieses Ergebnis entspricht auch der Interessenlage insbesondere des Pflichtigen. Er hat kein erkennbares Interesse daran, dass ein angedrohtes Zwangsgeld erst festgesetzt und beigetrieben wird, ehe ein neues angedroht wird. Selbst wenn er irrig davon ausgeht, das müsse geschehen, trifft ihn die neue Androhung nicht unvorbe-

12

reitet härter als eine Festsetzung des zunächst angedrohten Zwangsgeldes. Im Gegenteil greift sie in sein Vermögen weniger ein, da der Pflichtige die Notwendigkeit, überhaupt etwas zu zahlen, dadurch vermeiden kann, dass er nunmehr den Verwaltungsakt befolgt.

Allerdings wird man davon ausgehen müssen, dass eine neue Zwangsgeldandrohung die **Festsetzung** des zunächst angedrohten Zwangsgeldes **hindert**. Die Behörde hat damit zu erkennen gegeben, dass sie die erste Androhung als erfolglos betrachtet. Sie kann nun nicht mehr auf sie zurückgreifen (vgl. Rudolph, 60; Hohrmann in HHSp § 332 AO Rn. 20). Es würde dem in § 13 Abs. 6 S. 2 VwVG zum Ausdruck gekommenen **Kumulationsverbot** widersprechen, wenn die Behörde mehrmals nacheinander ein Zwangsgeld androhen und dann nicht nur das letzte, sondern nachträglich auch noch ein früheres festsetzen würde. AA offensichtlich HessFG EFG 1990, 154, das zu dem mit § 13 Abs. 6 S. 2 VwVG übereinstimmenden § 332 Abs. 3 S. 1 AO entschieden hat, die Behörde könne grundsätzlich bereits gleichzeitig mit der Zwangsgeldfestsetzung ein weiteres Zwangsgeld androhen; ebenso VGH Mannheim Urt. v. 16.4.1994 – 8 S 52/94; VGH Kassel NVwZ-RR 1996, 363; OVG Schleswig NuR 2001, 350; anscheinend auch Schröder SKZ 2005, 149. Diese Ansicht ist zumindest für das VwVG des Bundes abzulehnen, da es durch sie statt des vom Gesetzgeber gewollten Nacheinanders von Zwangsmitteln (§ 13 Abs. 3 S. 2 VwVG) zu einem Nebeneinander von Zwangsmitteln käme. Lemke, 319 sieht darin keinen Fall der Kumulation von Zwangsmitteln, weil die Zwangseinwirkung auf den Willen des Pflichtigen nunmehr **allein** von der neuen Androhung ausgehe. Dies ist indes mit § 14 Abs. 1 S. 1 VwVG und § 15 Abs. 3 VwVG nicht vereinbar, da der Pflichtige die Festsetzung und die Beitreibung eines bereits festgesetzten Zwangsgeldes immer noch dadurch vermeiden kann, dass er die zu erzwingende Verpflichtung freiwillig erfüllt. Das erste Zwangsgeld ist für die Willensentscheidung des Pflichtigen mithin weiter relevant. Tillmanns in Sadler/Tillmanns VwVG § 14 Rn. 25 hält folgende Vorgehensweise für geboten (im Falle von Zwangsgeld): Gleichzeitig mit der Festsetzung des ersten Zwangsgeldes dürfe bereits ein zweites Zwangsgeld angedroht werden; mit der Festsetzung des zweiten Zwangsgeldes müsse die Behörde jedoch warten, bis sie das erste Zwangsgeld beigetrieben habe. Aus Praktikersicht spricht einiges für ein solches Vorgehen, das sich aber nicht ohne weiteres auf den (gegenwärtigen) Wortlaut von § 13 Abs. 6 S. 2 VwVG stützen lässt.

3. Zulässigkeit der Androhung für jeden Fall der Zuwiderhandlung (Nichtbefolgung)?

13 Eine besondere Bestimmung, dass bei **Verboten** das Zwangsmittel im Voraus für jeden Fall der Zuwiderhandlung (Nichtbefolgung) angedroht werden kann (so § 55 Abs. 6 S. 2 PrPVG), enthält § 13 VwVG nicht (anders § 17 Abs. 6 S. 2 BremVwVG für Verwaltungsakte, die ein wiederholtes Handeln oder ein Dulden oder Unterlassen verlangen, sowie § 57 Abs. 3 S. 2 VwVG NRW und § 62 Abs. 3 S. 2 LVwVG RhPf zur Erzwingung einer Duldung oder Unterlassung). Deshalb drängt sich zunächst der Schluss auf, dass nunmehr ein Unterschied zwischen Geboten und Verboten nicht mehr besteht (so im Ergebnis folgerichtig OVG Münster DÖV 1952, 698). Daher wäre es ebenso zweckmäßig, aber gleichermaßen mit dem Gesetz unvereinbar (so auch Wind VR 1988, 136), das Zwangsgeld „für jeden Tag" anzudrohen, der vergeht, bevor der Betroffene eine ihm aufgegebene Handlung vorgenommen hat (vgl. prOVG 98, 93). Im Geltungsbereich des Bundes-VwVG wird darum eine Androhung von Zwangsgeld „für jeden Fall der Zuwiderhandlung" nicht für zulässig gehalten (BVerwG NVwZ 1998, 393 [Ls.] mit Anm. App KKZ 2001, 92; OVG Berlin-Brandenburg BeckRS 2011, 51745 [amtl. Ls. 1]: unzulässige Vorratsandrohung; Brühl JuS 1997, 931); anders etwa im Geltungsbereich des FinDAG, dessen § 17 Abs. 1 S. 2 eine solche Androhung ausdrücklich vorsieht. Siehe dazu → Rn. 4c. Rechtspolitisch krit. zur Zulassung der Androhung von Zwangsgeld „für jeden Fall der Zuwiderhandlung" Dünchheim NVwZ 1996, 122.

4. Androhung bei parallel laufendem Strafverfahren (Abs. 6 S. 1)

Dass die Zwangsmittel auch neben einer Strafe (oder Geldbuße) angedroht werden können (§ 13 Abs. 6 S. 1 VwVG), ergibt sich aus der Wesensverschiedenheit von Zwangsmitteln und Sanktionen (zum Zwangsgeld → § 11 Rn. 1a), die der Anwendung von Art. 103 Abs. 3 GG entgegensteht. **14**

VI. Zuständigkeit für die Androhung

Diese liegt im Fall von § 13 Abs. 2 VwVG bei der **Anordnungsbehörde**, sonst bei der **Vollzugsbehörde** (vgl. BayVGH VGHE 34, 75). Zweifelhaft ist, ob die Anordnungsbehörde den Verwaltungsakt nachträglich durch die Beifügung einer Zwangsmittelandrohung ergänzen kann. Im Fall von § 13 Abs. 2 S. 2 VwVG wird man das bejahen müssen, da die gleichzeitige Androhung gesetzlich vorgeschrieben ist. Im Übrigen ist die Frage in Anlehnung an die Grundsätze von § 49 Abs. 2 VwVfG grundsätzlich zu verneinen. Das Unterlassen der Androhung ist in diesen Fällen eine rechtmäßige Begünstigung, die nicht ohne weiteres zum Nachteil des Betroffenen abgeändert werden darf. Die Anordnungsbehörde kann aber nachträglich die sofortige Vollziehung des Verwaltungsaktes anordnen und dann den Vollzug einleiten. Die Verweisung auf diesen Weg ist keine überflüssige Formalität, weil dadurch der Rechtsschutz des Betroffenen verstärkt wird. **15**

VII. Schadensersatzansprüche bei Anwendung von Zwangsmitteln ohne vorherige Androhung

Hierin kann eine **Amtspflichtverletzung** (§ 839 BGB) begründet sein (vgl. LG Duisburg VersR 1983, 471). Ersatzfähig ist nur der Schaden, der gerade auf der Unterlassung der Androhung beruht, zB die Kosten der Ersatzvornahme nur in dem Umfang, in dem sie die Kosten übersteigen, die dem Betroffenen entstanden wären, wenn er die Handlung selbst vorgenommen **16** hätte. Auch die schuldhaft erheblich zu niedrige vorläufige Veranschlagung der Kosten einer Ersatzvornahme kann einen Amtshaftungsanspruch auslösen (vgl. BVerwG DÖV 1984, 887; vgl. auch → Rn. 6 aE); für Rechtswidrigkeit der Androhung in diesem Fall Lemke in FKS § 13 VwVG Rn. 26. Zur Anwendung von § 254 BGB (**Mitverursachung**) vgl. LG Duisburg VersR 1983, 471.

VIII. Landesrecht

17 **Baden-Württemberg:** Im Wesentlichen inhaltsgleich §§ 19 Abs. 4, 20 LVwVG; zulässig ist abweichend vom Bundesrecht auch die Androhung mehrerer Zwangsmittel, nur muss dann die Reihenfolge der Anwendung angegeben werden (§ 20 Abs. 3 S. 2 LVwVG). Die Mitteilung der voraussichtlichen Kosten bei Androhung der Ersatzvornahme ist in § 20 Abs. 5 LVwVG anders als im Bundesrecht (→ Rn. 6) als **Soll**vorschrift ausgestaltet. Zur angemessenen Frist bei Androhung von Zwangsgeld (§ 20 Abs. 1 S. 2 LVwVG) VGH Mannheim BWVPr 1995, 159 (→ Rn. 3c). Zur Wiederholung von Zwangsmitteln nach baden-württembergischem Landesrecht App GemK BW 2004, 46.

Bayern: Im Wesentlichen gleich lautend Art. 36 VwZVG. Abs. 4 S. 2 eröffnet ausdrücklich die Möglichkeit, in der Androhung der Ersatzvornahme zu bestimmen, dass der vorläufig veranschlagte Kostenbetrag bereits vor der Durchführung der Ersatzvornahme fällig wird. Nach Art. 31 Abs. 3 S. 2 VwZVG ist die Androhung des Zwangsgeldes zugleich ein Leistungsbescheid. Dies nimmt GAK (Art. 32 VwZVG Anm. V Ziff. 2 und 4) auch für die Androhung der Ersatzvornahme mit Fälligkeitserklärung des veranschlagten Kostenbetrags an; aM Thum in Harrer/Kugele Art. 36 VwZVG Erl. 12.

Brandenburg: Mit § 13 VwVG (des Bundes) im Wesentlichen inhaltsgleich § 28 VwVGBbg. Die Angabe der voraussichtlichen Kosten der Ersatzvornahme ist § 28 Abs. 5 VwVGBbg zufolge aber (anders als auf Bundesebene → Rn. 6) nur **Soll**vorschrift; außerdem können, wie § 28 Abs. 3 S. 2 VwVGBbg zeigt, mehrere Zwangsmittel angedroht werden. Mit § 13 Abs. 6 VwVG weitgehend inhaltsgleich § 29 Abs. 1 VwVGBbg.

Bremen: Im Wesentlichen gleich lautend § 17 BremVwVG. Das bremische Recht verzichtet allerdings ausdrücklich auf Fristsetzung nicht nur bei Duldungs- und Unterlassungspflichten, sondern auch bei der Verpflichtung zu einem wiederholten Handeln (§ 17 Abs. 6 S. 2 Hs. 2 BremVwVG). Diese Regelung ist nicht unbedenklich; denn auch bei dem Gebot wiederholten Handelns muss die pflichtige Person wissen, wann sie zu handeln hat. Gemäß § 17 Abs. 6 S. 2 Hs. 1 BremVwVG kann das Zwangsmittel (anders als auf Bundesebene → Rn. 13) bei Verwaltungsakten, die ein wiederholtes Handeln oder ein Dulden oder Unterlassen verlangen, für jeden Fall der Zuwiderhandlung angedroht werden.

Hamburg: Ähnlich § 13 Abs. 6 S. 1 VwVG dürfen gemäß § 12 Abs. 2 HmbVwVG die Zwangsmittel so lange wiederholt und gewechselt werden, bis der Verwaltungsakt befolgt worden oder auf andere Weise erledigt ist. An Stelle einer Androhung ist nach § 8 Abs. 1 HmbVwVG neben der Fristset-

Androhung der Zwangsmittel **§ 13 VwVG**

zung nur der **Hinweis** erforderlich, dass die zulässigen Zwangsmittel angewendet werden können (dazu Thomas DVBl 1961, 904); auf ein bestimmtes Zwangsmittel (vgl. § 13 Abs. 3 S. 1 VwVG) braucht er sich nicht zu beziehen (Ausnahmen bei Vorführung und Zwangsräumung; §§ 19 Abs. 1 S. 1, 18 Abs. 1 HmbVwVG). Wie bei § 13 Abs. 2 S. 1 VwVG können Fristsetzung und Hinweis mit dem Verwaltungsakt verbunden werden (§ 8 Abs. 2 S. 1 HmbVwVG).

Hessen: Nach § 69 Abs. 1 HessVwVG setzt der Vollzug eines Verwaltungsaktes grundsätzlich (Ausnahmen bei der Gefahrenabwehr, § 72 HessVwVG) schriftliche Androhung (Nr. 1), zumutbare Frist (Nr. 2), Zustellung der Androhung (Nr. 3) und schließlich voraus, dass die Frist erfolglos verstrichen ist (Nr. 4). Mit § 13 Abs. 6 VwVG inhaltsgleich § 71 Abs. 1 bis 3 HessVwVG. Mit § 13 Abs. 4 VwVG (fast) wortgleich § 74 Abs. 3 S. 1 und 3 HessVwVG. Nach § 74 Abs. 3 S. 2 HessVwVG kann die Vollstreckungsbehörde die Zahlung vorläufig veranschlagter Kosten verlangen; umgekehrt sind nach § 74 Abs. 3 S. 4 HessVwVG überzahlte Beträge zu erstatten. Diese Anordnung ist nach VG Frankfurt a. M. NVwZ-RR 1989, 57 jedoch nur dann sofort vollziehbar, wenn sie (auch) dazu dient, den Willen des Pflichtigen zu beugen; das sei nicht der Fall, wenn die Ersatzvornahme und damit die Vollstreckung abgeschlossen ist. Die Kostenfestsetzung ist ein eigenständiger, gesondert anfechtbarer Verwaltungsakt (Glotzbach Erl. zu § 74 VwVG). Bei der Vollstreckung nach dem HSOG kann von der Androhung abgesehen werden, wenn die Umstände sie nicht zulassen, insbesondere wenn die sofortige Anwendung des Zwangsmittels zur Abwendung einer Gefahr notwendig ist (§ 53 Abs. 1 S. 4 HSOG; dazu VGH Kassel NVwZ-RR 1999, 25).

Mecklenburg-Vorpommern: Mit § 13 Abs. 1 VwVG (des Bundes) im Wesentlichen inhaltsgleich (§ 110 VwVfG M-V iVm) § 87 Abs. 1 und 2 SOG M-V, wobei Abs. 2 S. 2 klarstellt, dass bei der Erzwingung von Duldungs- oder Unterlassungspflichten eine Fristsetzung entbehrlich ist. Die Androhung kann beim sofortigen Vollzug (§ 81 SOG M-V) und bei der Möglichkeit der Vollstreckung vor Unanfechtbarkeit in den in § 80 Abs. 2 SOG M-V bezeichneten Eilfällen mündlich ergehen oder ganz unterbleiben, § 87 Abs. 1 S. 2 SOG M-V. Mit § 13 Abs. 2 inhaltsgleich § 87 Abs. 3 SOG M-V, mit § 13 Abs. 3 S. 1 VwVG ebenso § 87 Abs. 4 S. 1 SOG M-V. § 87 Abs. 4 S. 2 SOG M-V lässt anders als § 13 Abs. 3 S. 2 die gleichzeitige Androhung mehrerer Zwangsmittel zu, doch muss die Behörde in diesem Fall die Reihenfolge der Anwendung angeben. Mit § 13 Abs. 4 VwVG inhaltsgleich § 87 Abs. 6 SOG M-V, mit § 13 Abs. 5 ebenso § 87 Abs. 5 SOG M-V, mit § 13 Abs. 6 S. 1 wiederum § 86 Abs. 2 SOG M-V. § 13 Abs. 6 S. 2 und Abs. 7 haben kein Gegenstück im SOG M-V.

Niedersachsen: Mit § 13 Abs. 2, Abs. 4 S. 1 und Abs. 5 VwVG (des Bundes) inhaltsgleich § 70 Abs. 2, Abs. 4 (anders als im Bundesrecht → Rn. 6 allerdings nur **Soll**vorschrift) und Abs. 5 NPOG (iVm § 70 Abs. 1 NVwVG). „Möglichst schriftlich" sind Zwangsmittel anzudrohen (§ 70 Abs. 1 S. 1 NPOG). Zugleich ist – außer zur Erzwingung einer Duldung oder Unterlassung – eine angemessene Frist für die Erfüllung des Gebotes zu setzen (§ 70 Abs. 1 S. 2 NPOG). Abgesehen kann von der Androhung werden, wenn die Umstände sie nicht zulassen, insbesondere zur Abwendung einer gegenwärtig drohenden Gefahr (§ 70 Abs. 1 S. 3 NPOG). Die gleichzeitige Androhung mehrerer Zwangsmittel ist zulässig; jedoch muss dann die Reihenfolge ihrer Anwendung angegeben werden (§ 70 Abs. 3 S. 2 NPOG). Für die Androhung unmittelbaren Zwangs gilt gemäß § 70 Abs. 6 NPOG ergänzend § 74 NPOG.

Nordrhein-Westfalen: Mit § 13 Abs. 1, Abs. 2, Abs. 3 S. 1, Abs. 4 S. 1, Abs. 5 und Abs. 7 VwVG inhaltsgleich § 63 (außer Abs. 3 S. 2) VwVG NRW mit der Abweichung, dass nach § 63 Abs. 4 VwVG NRW die voraussichtlichen Kosten angegeben werden **sollen** (→ Rn. 6), während gemäß § 13 Abs. 4 S. 1 VwVG in der Androhung der Kostenbetrag vorläufig zu veranschlagen **ist.** Mit § 13 Abs. 6 S. 1 VwVG inhaltsgleich § 57 Abs. 3 S. 1 VwVG NRW. Nach § 57 Abs. 3 S. 2 VwVG NRW können die Zwangsmittel bei Erzwingung einer Duldung oder Unterlassung für jeden Fall der Nichtbefolgung festgesetzt werden (→ Rn. 13). Bei nicht bestandskräftigen oder sofort vollziehbaren Verwaltungsakten muss die Frist für die Erfüllung der Verpflichtung mindestens so lang sein wie die Rechtsbehelfsfrist (§ 63 Abs. 1 S. 3 VwVG NRW); damit wird rechtsstaatlichen Anforderungen (→ Rn. 3a) entsprochen. Ist als Fristbeginn die Zustellung oder ein anderer Zeitpunkt bestimmt, tritt an dessen Stelle der Eintritt der Bestandskraft, sofern ein Rechtsbehelf mit aufschiebender Wirkung eingelegt wird (§ 63 Abs. 1 S. 4 VwVG NRW). Nach § 63 Abs. 3 S. 2 VwVG NRW ist die Androhung mehrerer Zwangsmittel zulässig, wenn die Reihenfolge angegeben wird, in der sie angewendet werden sollen (gestuftes Vorgehen, dazu Weißauer/Lenders § 63 VwVG NRW Erl. 12.2; auch gestaffelte Zwangsgeldandrohung genannt, Erlenkämper/Rhein § 63 Rn. 27).

Rheinland-Pfalz: Weitgehend inhaltsgleich mit § 13 VwVG (des Bundes): § 66 LVwVG; in besonderen Fällen ist aber auch eine mündliche Androhung zulässig (§ 66 Abs. 1 S. 2 LVwVG), bei der dann naturgemäß das Zustellungserfordernis (§ 66 Abs. 6 S. 1 LVwVG) entfällt. Die Androhung mehrerer Zwangsmittel ist jetzt zulässig (zurückhaltenden Gebrauch empfiehlt allerdings Kuhn/Stollenwerk Erl. zu § 66 Abs. 3), doch muss dann die Reihenfolge der Anwendung angegeben werden (§ 66 Abs. 3 S. 2 LVwVG). Wird Ersatzvornahme angedroht, so **sollen** (anders als im Bundesrecht → Rn. 6) in der Androhung die voraussichtlichen Kosten angegeben werden, § 66 Abs. 4 LVwVG. Ebenfalls anders als auf Bundesebene (→ Rn. 13) können die Zwangsmittel bei Erzwingung einer Duldung oder Unterlassung für jeden Fall der Nichtbefolgung verhängt werden, § 62 Abs. 3 S. 2 LVwVG.

Saarland: Mit § 13 Abs. 1 bis 5, Abs. 7 VwVG im Wesentlichen gleich lautend § 19 SVwVG; mit § 13 Abs. 6 VwVG im Wesentlichen inhaltsgleich § 13 Abs. 3 S. 1, Abs. 4 SVwVG. Zweideutig ist in § 19 Abs. 1 S. 1 SVwVG die Formulierung „sind **möglichst** schriftlich anzudrohen", da sich das Wort „möglichst" (ohne dass es, wie in Niedersachsen, durch Kommata abgesetzt wäre) sprachlich sowohl auf „schriftlich" als auch auf „anzudrohen" beziehen lässt; die letztgenannte Lesart würde es in das Belieben der Behörde stellen, ob sie ein Zwangsmittel vor seiner Anwendung androht. Die Ausführlichkeit, mit der § 19 SVwVG im Übrigen die Androhung regelt, und die wenig verständlich wäre, wenn die Androhung ohnehin nur fakultativ sein sollte, spräche eigentlich gegen diese Annahme und dafür, dass der Gesetzgeber der Behörde lediglich bei der Form der Androhung Spielraum lassen wollte. Die Entstehungsgeschichte der Neufassung von § 19 Abs. 1 S. 1 SVwVG im Jahre 1989 (Anpassung an § 50 SPolG) und die Begründung in LT-Drs. 9/1929 sprechen jedoch für die letztgenannte Lesart.

Sachsen: §§ 19 Abs. 5, 20 SächsVwVG stimmen mit §§ 19 Abs. 4, 20 LVwVG B-W überein, nur ist die Angabe der voraussichtlichen Kosten der Ersatzvornahme wie im Bundesrecht als Mussvorschrift ausgestaltet. Zur Androhung mehrerer Zwangsmittel OVG Bautzen ZKF 2004, 53.

Sachsen-Anhalt: Wie Niedersachsen (§ 71 Abs. 1 VwVG LSA iVm § 59 SOG LSA).

Schleswig-Holstein: Mit § 13 Abs. 1 bis 5 VwVG (des Bundes) inhaltsgleich § 236 LVwG. Mit § 13 Abs. 6 S. 1 VwVG im Wesentlichen inhaltsgleich § 235 Abs. 2 LVwG. Gemäß § 236 Abs. 4 S. 2 LVwG ist die Androhung mehrerer Zwangsmittel zulässig; die Reihenfolge ihrer Anwendung ist anzugeben.

Thüringen: § 46 Abs. 1 bis 6 ThürVwZVG entspricht § 13 Abs. 1 bis 5 und Abs. 7 VwVG; § 47 Abs. 1 S. 2 und Abs. 2 ThürVwZVG entsprechen § 13 Abs. 6 S. 1 VwVG (nur dass hier von „Anwendung" die Rede ist, dort von „Androhung"), § 46 Abs. 3 S. 3 ThürVwZVG entspricht § 13 Abs. 6 S. 2 VwVG.

§ 14 Festsetzung der Zwangsmittel

Wird die Verpflichtung innerhalb der Frist, die in der Androhung bestimmt ist, nicht erfüllt, so setzt die Vollzugsbehörde das Zwangsmittel fest. Bei sofortigem Vollzug (§ 6 Abs. 2) fällt die Festsetzung weg.

Übersicht

	Rn.
I. Zweite Stufe zwischen Androhung und Anwendung	1
1. Festsetzung als zweite Stufe nach der Androhung	1a
2. Festsetzung als zweite Stufe vor der Anwendung	1b
3. Rechtsnatur der Festsetzung: Verwaltungsakt (hM)	1c
II. Bedeutung der Festsetzung	1d
1. Zwangsgeld	2
2. Ersatzvornahme	3
3. Unmittelbarer Zwang	4
III. Zulässigkeit der Festsetzung	5
IV. Verschulden (des Pflichtigen)	6
1. Ersatzvornahme und unmittelbarer Zwang	6a
2. Zwangsgeld	6b
V. Landesrecht	7

I. Zweite Stufe zwischen Androhung und Anwendung

1 Die Festsetzung der Zwangsmittel steht als zweite Stufe des Verwaltungszwangs zwischen deren Androhung (→ Rn. 1a) und ihrer Anwendung (→ Rn. 1b); anders in Bayern → Rn. 7. Ihre Rechtsnatur (→ Rn. 1c) ist streitig.

1. Festsetzung als zweite Stufe nach der Androhung

1a Die Festsetzung des Zwangsmittels hat innerhalb angemessener Frist nach seiner Androhung zu geschehen; Ausgangspunkt für die Angemessenheit der Frist ist die konkrete zu erzwingende Leistung (FG Kassel EFG 1999, 939, auch zur Verwirkung; FG Kassel v. 24.10.2005 – 3 K 3677/04, nv; zu streng BFH ZKF 2002, 161, wo gefordert wird, dass das Zwangsmittel bereits mit Ablauf der in der Androhungsverfügung bestimmten Frist festzusetzen sei). Bei Nichtwahrung des zeitlichen Zusammenhangs mit dem Ablauf der in der Androhung gesetzten Frist kann gemäß FG Kassel v. 24.10.2005 nach Treu und Glauben die Annahme gerechtfertigt sein, dass die Behörde auf die Durchsetzung des angedrohten Zwangsmittels verzichtet habe.

2. Festsetzung als zweite Stufe vor der Anwendung

1b Die Festsetzung ist die Anordnung der Vollzugsbehörde, dass das Zwangsmittel angewendet werden soll (Gusy Rn. 453 mwN bezeichnet sie als „verbindliche Erklärung, dass die Androhung erfolglos geblieben und die Anwendung des Zwangsmittels nunmehr zulässig ist"; ein sachlicher Unterschied liegt darin nicht). Die Festsetzung ist Voraussetzung der Anwendung des Zwangsmittels; vor der Festsetzung darf die Behörde mit der Anwendung zB der Ersatzvornahme nicht beginnen (OVG Münster NVwZ-RR 1998, 155).

3. Rechtsnatur der Festsetzung: Verwaltungsakt (hM)

1c Nach hM ist sie in jedem Falle ein Verwaltungsakt (BVerwGE 49, 169; BVerwG DVBl. 1998, 230; Tillmanns in Sadler/Tillmanns § 14 VwVG Rn. 1); vorherige **Anhörung** ist nach § 28 Abs. 2 Nr. 5 VwVfG **entbehrlich.** Die Festsetzung ist auch ein **eigenständiger** Verwaltungsakt (Pewestorf in PST Verwaltungsrecht Rn. 74 mwN); die Rechtswidrigkeit der Androhung kann im Rechtsbehelfsverfahren gegen die Festsetzung nicht geltend gemacht werden (VGH Kassel NVwZ-RR 1996, 715; anders natürlich die Nichtigkeit), erst recht nicht die bloße Rechtswidrigkeit des Grundverwaltungsaktes (BVerwG NVwZ 2005, 819).

II. Bedeutung der Festsetzung

1d Die Rechtsnatur der Festsetzung (→ Rn. 1c) ist unterschiedlich zu beurteilen je nach dem, um welches Zwangsmittel es sich handelt: Zwangsgeld (→ Rn. 2), Ersatzvornahme (→ Rn. 3) oder unmittelbarer Zwang (→ Rn. 4).

Festsetzung der Zwangsmittel **§ 14 VwVG**

1. Zwangsgeld

Beim Zwangsgeld besteht die Festsetzung in dem Erlass eines **Leistungs-** 2
bescheides, der den Pflichtigen zur Zahlung verpflichtet und auffordert (iSd
§ 3 Abs. 2 lit. a VwVG; Lemke in FKS § 14 VwVG Rn. 4; Rachor in Lisken/
Denninger Rn. F 940) und seinerseits nach den Vorschriften des ersten
Abschnitts vollstreckt wird, wenn der Betroffene nicht freiwillig zahlt. Hier
ist die Festsetzung des Zwangsmittels eindeutig ein **Verwaltungsakt**
(BVerwGE 49, 169 [170]; OVG Weimar LKV 1997, 370; so auch Mußgnug
in Maurer/Hendler, 156). Anders ist die Rechtslage nach bayerischem Recht
(→ Rn. 7). Muster einer Zwangsgeldfestsetzung bei von Pollern/Brunn in
Schweickhardt/Vondung Rn. 984; diesem liegt allerdings die von diesem
Kommentar (→ § 13 Rn. 12) nicht geteilte Auffassung zugrunde, zugleich
mit der Festsetzung des Zwangsgelds dürfe bereits das nächste angedroht
werden.

2. Ersatzvornahme

Bei der Ersatzvornahme besteht die Festsetzung in der Feststellung, dass 3
die Anwendung von Zwang nunmehr zulässig ist, und in der verbindlichen
Bestimmung, dass diese im Wege der Ersatzvornahme zu geschehen hat
(BVerwG NVwZ 1997, 381); es handelt sich um einen **Verwaltungsakt**
(Erichsen/Rauschenberg Jura 1998, 40 mwN; Marwinski in Brandt/Dom-
görgen Rn. E 62). Hingegen ist der Auftrag an den Dritten, die zu erzwingende Handlung an Stelle des Pflichtigen vorzunehmen, ein Akt des Verwal-
tungsprivatrechts und dem Dritten gegenüber **kein** Verwaltungsakt.

Die Aufforderung der Vollstreckungsbehörde an den Pflichtigen, die vorläufig veranschlagten Kosten der Ersatzvornahme zu zahlen, ist auf jeden Fall
ein **Verwaltungsakt** (VGH Kassel Gemeindetag 1972, 391).

Die an sich gebotene Festsetzung des Zwangsmittels der Ersatzvornahme
ist ausnahmsweise **entbehrlich,** wenn der Pflichtige auf die Schutzmöglich-
keiten verzichtet, die ihm eine vorherige Festsetzung zu bieten vermag. Das
ist zB der Fall, wenn er ernstlich und endgültig erklärt, dass er der Grundverfügung nicht Folge leisten werde (BVerwG NVwZ 1997, 381).

3. Unmittelbarer Zwang

Beim unmittelbaren Zwang besteht die Festsetzung in der Mitteilung an 4
den Pflichtigen, dass die Vollzugsdienstkräfte angewiesen wurden, den unmittelbaren Zwang anzuwenden (Wind VR 1988, 136; aA Rasch DVBl 1980,
1022). Diese Mitteilung ist geboten, da die nur innerdienstliche Weisung an
die Vollzugsdienstkräfte nicht dem Pflichtigen die letzte Möglichkeit gibt,
die Anwendung des Zwangs durch Befolgung der Anordnung zu vermeiden.
Die Festsetzung des unmittelbaren Zwangs ist darum ebenso wie die des
Zwangsgelds (→ Rn. 2) oder der Ersatzvornahme (→ Rn. 3) **Verwaltungsakt** (OVG Berlin JR 1970, 435 (436)); die Regelung besteht darin, dass
verbindlich festgestellt wird, dass die Anwendung des unmittelbaren Zwangs
nunmehr möglich ist.

III. Zulässigkeit der Festsetzung

5   Die Festsetzung des Zwangsmittels ist erst zulässig, wenn die in der **Androhung** bestimmte **Frist erfolglos abgelaufen** ist. Außerdem muss die Verfügung, die vollzogen werden soll, entweder **unanfechtbar** oder **sofort vollziehbar** sein (§ 6 Abs. 1). Denn mit der Festsetzung des Zwangsmittels beginnt der Vollzug des Verwaltungsaktes, der nur unter den Voraussetzungen von § 6 VwVG statthaft ist. Auch die Androhung des Zwangsmittels muss in diesem Sinne vollziehbar sein.

Nach VGH Mannheim Beschl. v. 24.2.1994 – 5 S 1411/93 soll die Vollstreckungsbehörde das Recht zur Festsetzung des angedrohten Zwangsgelds durch längeres Wohlverhalten des Pflichtigen **verwirken** können (→ § 15 Rn. 8); im Entscheidungsfall hatte der Pflichtige nach Zwangsgeldandrohung gegen die ihm auferlegte Unterlassungspflicht verstoßen, sie im Anschluss aber drei Jahre und vier Monate lang erfüllt. Eine Festsetzung sei nach diesem Zeitraum nur noch zulässig, wenn konkrete Anhaltspunkte für eine Wiederholung des Verstoßes bestünden.

Zur gleichzeitigen Festsetzung mehrerer nacheinander angedrohter Zwangsgelder BVerwG NVwZ 2003, 1271.

IV. Verschulden (des Pflichtigen)

6   Fraglich ist, ob die Festsetzung des Zwangsmittels ein Verschulden voraussetzt.

1. Ersatzvornahme und unmittelbarer Zwang

6a   Dies ist bei Ersatzvornahme und unmittelbarem Zwang zu verneinen; sie sind keine Strafen, sondern sollen bestimmte, objektiv rechtlich geforderte Erfolge sicherstellen und können deshalb **nicht** davon abhängig sein, ob dem Pflichtigen sein abweichendes Verhalten vorgeworfen werden kann.

2. Zwangsgeld

6b   Auch das Zwangsgeld ist keine Strafe. Es soll aber psychisch auf den Pflichtigen einwirken, seine Entschlüsse beeinflussen. Deshalb ist seine Anwendung nur sinnvoll, wenn der Pflichtige sich anders hätte verhalten können, dh wenn er **schuldhaft** gehandelt hat. Allerdings muss der Pflichtige sich ein **Verschulden Dritter** unter Umständen zurechnen lassen (→ vor §§ 6–18 VwVG Rn. 10).

V. Landesrecht

7   **Baden-Württemberg:** Eine allgemeine Vorschrift fehlt. § 23 LVwG sieht die Festsetzung des Zwangsgeldes, § 25 LVwG einen behördlichen Auftrag zur Ersatzvornahme vor. Zwangshaft ordnet das Verwaltungsgericht auf Antrag der Vollstreckungsbehörde an, § 24 Abs. 1 S. 1 LVwVG.

Festsetzung der Zwangsmittel **§ 14 VwVG**

Bayern: Eine besondere Festsetzung zwischen Androhung (Art. 36 VwZVG) und Anwendung (Art. 37 VwZVG) gibt es nicht (krit. hierzu Czermak BayVBl. 1975, 303). Insbesondere beim Zwangsgeld ist bereits die Androhung der – durch fruchtlosen Fristablauf aufschiebend bedingte – Leistungsbescheid (Art. 31 Abs. 3 S. 2 VwZVG). Wird trotzdem durch einen weiteren Bescheid die Festsetzung des Zwangsgeldes ausgesprochen, ist dagegen die Anfechtungsklage unzulässig (VGH München BayVBl. 1973, 611); der Betroffene kann aber durch **Feststellungsklage** klären, ob ein angedrohtes Zwangsmittel anwendbar, insbesondere ein angedrohtes Zwangsgeld fällig geworden ist (VGH München BayVBl. 1975, 302).

Brandenburg: Eine allgemeine Vorschrift fehlt. Die Festsetzung des Zwangsgeldes regelt § 30 Abs. 1 VwVGBbg, den behördlichen Auftrag zur Ersatzvornahme § 32 Abs. 1 S. 1 VwVGBbg. Ersatzzwangshaft ordnet das Verwaltungsgericht auf Antrag der Vollstreckungsbehörde unter den Voraussetzungen des § 31 Abs. 1 S. 1 VwVGBbg an.

Bremen: Eine Festsetzung gibt es nur beim Zwangsgeld (§ 18 BremVwVG); sie ist zuzustellen.

Hamburg: Eine Festsetzung gibt es nur beim Zwangsgeld (§ 14 Abs. 2 S. 1 HmbVwVG). Es wird sogleich mit dem Grundverwaltungsakt festgesetzt (also nicht nur angedroht → § 13 Rn. 1), allerdings mit der Maßgabe, dass es erst im Falle einer Zuwiderhandlung des Pflichtigen gegen den Grundverwaltungsakt wirksam wird (VG Hamburg v. 9.10.2008 – 4 E 2556/08). Die Festsetzung ist also aufschiebend bedingt. Diese besondere und (mit Ausnahme des Saarlands) aus dem Rahmen fallende landesgesetzliche Regelung ist jedoch nicht verallgemeinerungsfähig und kann in anderen Bundesländern nicht analog angewandt werden (Pewestorf in PST Vollstreckungsrecht Rn. 76); dem steht die Formenstrenge des Verwaltungsvollstreckungsrechts entgegen.

Hessen: Eine Festsetzung gibt es nur beim Zwangsgeld (§ 76 HessVwVG).

Mecklenburg-Vorpommern: Die Festsetzung ist nur beim Zwangsgeld vorgesehen; dafür ist Schriftform vorgeschrieben (§ 88 Abs. 2 SOG M-V iVm § 110 VwVfG M-V).

Niedersachsen: Eine (wiederum schriftliche) „Festsetzung" sieht nur § 67 NPOG (iVm § 70 Abs. 1 NVwVG) für das Zwangsgeld vor, die „Anordnung" (durch das Amtsgericht, auf Antrag der Verwaltungsbehörde) § 68 Abs. 1 S. 1 NPOG bei der Ersatzzwangshaft. Den behördlichen Auftrag zur Ersatzvornahme regelt § 66 Abs. 1 S. 1 NPOG.

Nordrhein-Westfalen: Gleichlautend mit § 14 VwVG (des Bundes) § 64 VwVG NRW (dessen S. 2 auf § 55 Abs. 2 VwVG NRW – anstelle von § 6 Abs. 2 VwVG – verweist). Mit der Festsetzung eines Zwangsgeldes ist dem Betroffenen eine angemessene Zahlungsfrist einzuräumen (§ 60 Abs. 2 VwVG NRW).

Rheinland-Pfalz: Das Zwangsgeld ist schriftlich festzusetzen (§ 64 Abs. 2 LVwVG). Unter der vorherigen Rechtslage hatte OVG Koblenz NVwZ 1988, 652 die Festsetzung mangels Ermächtigungsgrundlage für unzulässig erklärt. Bei der Festsetzung des Zwangsgeldes handelt es sich um einen Verwaltungsakt (Heuser § 64 Erl. 5; Kuhn/Stollenwerk Erl. zu § 64 Abs. 2).

Saarland: Eine Festsetzung kennt nur § 20 Abs. 2 S. 1 SVwVG für das Zwangsgeld; die Festsetzung ist (ähnlich wie in Hamburg) bereits in dem zu vollstreckenden Verwaltungsakt möglich. Das Fehlen einer ausdrücklichen Verpflichtung, eine Ersatzvornahme durch Verwaltungsakt festzusetzen, hindert die Behörde indessen nicht am Erlass eines derartigen Verwaltungsakts (OVG Saarlouis AS 24, 209, das auf das Klarstellungsinteresse und auf die fehlende Rechtsbeeinträchtigung des Pflichtigen durch eine solche Maßnahme hinweist).

Sachsen: Eine allgemeine Vorschrift fehlt. § 22 Abs. 2 SächsVwVG sieht beim Zwangsgeld die (schriftliche) Festsetzung (vor der Beitreibung) vor. Bei den Zwangsmitteln der „Ersatzvornahme" und des „unmittelbaren Zwangs" ist dagegen keine förmliche Festsetzung vorgeschrieben (dh nur zweistufiges Vollstreckungsverfahren bei diesen Zwangsmitteln; Weber S. 126).

Sachsen-Anhalt: Eine (wiederum schriftliche) „Festsetzung" sieht nur § 56 SOG LSA (iVm § 71 Abs. 1 VwVG LSA) für das Zwangsgeld vor, die „Anordnung" (durch das Verwaltungsgericht, auf Antrag der Verwaltungsbehörde) § 57 Abs. 1 S. 1 SOG LSA bei der Ersatzzwangshaft. Den behördlichen Auftrag zur Ersatzvornahme regelt § 55 Abs. 1 S. 1 SOG LSA.

Schleswig-Holstein: § 237 Abs. 2 LVwG schreibt ausdrücklich vor: „Das Zwangsgeld ist schriftlich festzusetzen." Bei Ersatzvornahme (§ 238 LVwG) und unmittelbarem Zwang (§ 239 LVwG) fehlt der Begriff. Ersatzzwangshaft ordnet das Verwaltungsgericht auf Antrag der Vollzugsbehörde an, § 240 Abs. 1 S. 1 LVwG.

Thüringen: Eine allgemeine Vorschrift fehlt. § 48 Abs. 1 ThürVwZVG sieht die Festsetzung des Zwangsgeldes vor. Vor dieser darf es nicht beigetrieben werden (VG Gera ThürVBl. 1996, 212).

§ 15 Anwendung der Zwangsmittel

(1) **Das Zwangsmittel wird der Festsetzung gemäß angewendet.**

(2) **Leistet der Pflichtige bei der Ersatzvornahme oder bei unmittelbarem Zwang Widerstand, so kann dieser mit Gewalt gebrochen werden. Die Polizei hat auf Verlangen der Vollzugsbehörde Amtshilfe zu leisten.**

(3) **Der Vollzug ist einzustellen, sobald sein Zweck erreicht ist.**

Übersicht

	Rn.
I. Bedeutung	1
II. Bindung an die Festsetzung (Abs. 1)	2
1. Unmittelbarer Zwang (der Behörde) ohne Festsetzung	3
a) Folgenbeseitigung	3
b) Unterlassung	3a
c) Feststellung	3b
2. Ersatzvornahme (des Ersatzunternehmers) ohne Festsetzung	4
III. Duldungspflicht des Pflichtigen (Abs. 2)	5

Anwendung der Zwangsmittel § 15 VwVG

	Rn.
IV. Einstellung des Vollzugs	6
1. Wegfall der Vollstreckungsvoraussetzungen	7
2. Zweckerreichung (Abs. 3)	8
3. Zweckfortfall	9
4. Unerreichbarwerden des Zwecks	10
5. Aufhebung des zu vollstreckenden Verwaltungsaktes	11
6. Aussetzung der Vollstreckungsmaßnahmen	12
7. Verzicht der Behörde	13
V. Vorgehen bei der Einstellung des Vollzugs	14
VI. Änderung der Sach- und Rechtslage nach Unanfechtbarkeit	15
VII. Landesrecht	16

I. Bedeutung

Die Anwendung der Zwangsmittel richtet sich nach der Festsetzung. **1** Generell besteht sie in Folgendem:
– **Ersatzvornahme** (§ 10 VwVG): Die geforderte Handlung wird durch den Beauftragten vorgenommen; die Kosten werden eingezogen oder gemäß §§ 1 bis 5b VwVG beigetrieben.
– **Zwangsgeld** (§ 11 VwVG): Der festgesetzte Betrag wird eingezogen oder gemäß §§ 1 bis 5b VwVG beigetrieben.
– **Unmittelbarer Zwang** (§ 12 VwVG): Die Vollzugsbehörde zwingt den Pflichtigen durch physische Gewalt, in der von ihr erstrebten Weise zu handeln, dulden oder unterlassen (Hs. 1). Oder sie nimmt die Handlung selbst vor (Hs. 2). Speziell zum Schusswaffengebrauch ausführlich Rachor in Lisken/Denninger Rn. 954 ff. mwN.

II. Bindung an die Festsetzung (Abs. 1)

Im Einzelfall ist die Zwangsbefugnis durch die Festsetzung begrenzt (zur **2** Abgrenzung der Erzwingung des ursprünglichen Verwaltungsakts von einer **neuen** Vollstreckungsmaßnahme im sofortigen Vollzug nach § 6 Abs. 2 VwVG OVG Münster DVP 2001, 394). Überschreitet die Vollzugsbehörde oder ihr Beauftragter den Rahmen der Festsetzung, so wird zweckmäßigerweise zwischen **unmittelbarem Zwang** (→ Rn. 3) und **Ersatzvornahme** (→ Rn. 4) unterschieden. (Für das Zwangsgeld und die Kosten der Ersatzvornahme gelten die Vorschriften über die Vollstreckung von Geldforderungen.) Es ist aber nicht erforderlich, dass die Festsetzung bereits bestandskräftig ist (BVerwG NVwZ 1997, 381).

1. Unmittelbarer Zwang (der Behörde) ohne Festsetzung

a) Folgenbeseitigung. Setzt die Behörde durch unmittelbaren Zwang **3** eine Handlung, Duldung oder Unterlassung durch, auf welche die Festsetzung des Zwangsmittels sich nicht erstreckt, so hat der in Anspruch Genommene einen Folgenbeseitigungsanspruch (Marwinski in Brandt/Domgörgen Rn. E 65). Dieser Anspruch ist im Wege der **Leistungsklage** auf Vornahme

VwVG § 15 Verwaltungs-Vollstreckungsgesetz

einer tatsächlichen Handlung gegen die Behörde geltend zu machen, welche die Vollzugshandlung vorgenommen hat (vgl. Würtenberger Rn. 447).

3a **b) Unterlassung.** Darüber hinaus ist aber nicht einzusehen, warum der Vollzugsschuldner tatenlos mitansehen müssen soll, wie die Vollzugsbehörde eine unberechtigte Zwangsmaßnahme vornimmt, um danach auf Rückgängigmachung zu klagen, die in vielen Fällen nicht oder nur unter erheblichen Schwierigkeiten möglich ist. Es liegt nahe, dem Betroffenen auch die **Leistungsklage** auf Unterlassung zu gewähren, sobald erkennbar wird, dass die Behörde eine unberechtigte Zwangsmaßnahme ergreifen will. Im Rahmen dieser Unterlassungsklage kann der Betroffene auch eine **einstweilige Anordnung** gemäß § 123 VwGO zur Sicherung seines Unterlassungsanspruchs erwirken. Denn ohne diese Möglichkeit ließe der Unterlassungsanspruch sich in den meisten Fällen nicht (mehr) durchsetzen. Der Vollzug wäre beendet, bevor das Gericht über die Unterlassungsklage rechtskräftig entschieden hätte, und der Betroffene wäre doch auf den zweifelhaften Folgenbeseitigungsanspruch (→ Rn. 3) angewiesen.

3b **c) Feststellung.** Wenn die Behörde eine Maßnahme des unmittelbaren Zwanges ergriffen hat und der Zwang beendet ist, so dass eine Beseitigung nicht mehr in Betracht kommt, hat der Betroffene die Möglichkeit, Klage auf Feststellung zu erheben, dass die Anwendung des Zwanges rechtswidrig gewesen ist (BVerwGE 26, 161 – Schwabinger Krawalle).

2. Ersatzvornahme (des Ersatzunternehmers) ohne Festsetzung

4 Weicht der Ersatzunternehmer bei der Ersatzvornahme von seinem Auftrag ab, so kann dies nicht der Vollzugsbehörde zur Last gelegt werden. Es handelt sich vielmehr um ein privates Vorgehen, das nicht durch einen behördlichen Auftrag legitimiert ist. Insoweit kann der Betroffene sich mit der **zivilrechtlichen Unterlassungsklage** vor den **ordentlichen Gerichten** und notfalls mit dem Antrag auf Erlass einer **einstweiligen Verfügung** zur Wehr setzen. Dies setzt freilich die Bekanntgabe des Auftrags (→ § 14 Rn. 3) an den Pflichtigen voraus.

III. Duldungspflicht des Pflichtigen (Abs. 2)

5 Der Betroffene ist verpflichtet, die Ersatzvornahme und den unmittelbaren Zwang zu dulden. Die Festsetzung des Zwangsmittels bildet die Rechtsgrundlage auch für die erforderlichen Eingriffe in Freiheit und Eigentum; eines Duldungs-Verwaltungsaktes bedarf es nicht (BVerwG NVwZ 1997, 381). Es kommt dafür auch nicht auf die Rechtmäßigkeit der vorausgegangenen Vollstreckungsakte (**Androhung** und **Festsetzung**) an, sondern nur auf ihre **Wirksamkeit** (VGH München BayVBl. 2005, 536). Der Betroffene muss auch dulden, dass Ersatzunternehmer oder Vollzugsbeamte sein Grundstück und seine Räume betreten, soweit dies zur Anwendung des Zwangsmittels erforderlich ist (in einigen Ländergesetzen ausdrücklich geregelt; zB in Baden-Württemberg: § 6 Abs. 1 LVwVG; in Bayern: Art. 37 Abs. 3 S. 1 VwZVG; in

Anwendung der Zwangsmittel § 15 VwVG

Hessen: § 7 Abs. 1 HessVwVG; im Saarland: § 5 Abs. 1 SVwVG; in Sachsen: § 6 Abs. 1 SächsVwVG; in Thüringen: § 24 Abs. 1 ThürVwZVG).
Widerstand kann mit **Gewalt** gebrochen werden (so ausdrücklich für die zivilprozessuale Zwangsvollstreckung § 892 ZPO iVm § 758 Abs. 3 ZPO). In der Regel wird hierbei die **Polizei** hinzugezogen werden, die zur **Amtshilfe** verpflichtet ist. Allerdings kann nicht der Ersatzunternehmer unmittelbar Polizeihilfe anfordern. Er muss sich an die **Vollzugsbehörde** wenden. Nur sie kann von der Polizei Amtshilfe verlangen (§ 15 Abs. 2 S. 2 VwVG). Dies gebietet die Rechtssicherheit.

VGH Kassel NVwZ-RR 1995, 118 rechnet die **Beitreibung** des Zwangsgeldes nicht mehr zum Vollzug; denn mit der Festsetzung des Zwangsgeldes sei die Vollstreckung der Grundverfügung bereits beendet. Dessen Beitreibung gehöre nicht mehr dazu; denn das Vermögen des Pflichtigen sei bereits mit der Zwangsgeldforderung belastet. Dieser Auffassung ist nicht zu folgen; der Zwang wirkt weiter, bis das Zwangsgeld beigetrieben ist.

IV. Einstellung des Vollzugs

Die Einstellung des Vollzuges von Verwaltungsakten, die auf die Herausgabe von Sachen oder auf die Vornahme einer Handlung, auf Duldung oder Unterlassung gerichtet sind, ist im VwVG nur sehr unvollständig geregelt. Nach § 15 Abs. 3 VwVG (→ Rn. 8) ist der Vollzug einzustellen, sobald sein Zweck erreicht ist (solche nachträglichen Änderungen der Sachlage sind auch im gerichtlichen Verfahren über die Rechtmäßigkeit der Vollstreckungsmaßnahme bis zum Schluss der mündlichen Verhandlung zu berücksichtigen, vgl. VGH Mannheim NVwZ-RR 1995, 120; SächsOVG JbSächsOVG 8, 233). Dies ist aber nicht der einzige Fall, in dem ein weiterer Vollzug des Verwaltungsaktes unzulässig ist. 6

1. Wegfall der Vollstreckungsvoraussetzungen

Zunächst muss der Vollzug eingestellt werden, wenn die Voraussetzungen von § 6 Abs. 1 VwVG weggefallen sind. Die **Unanfechtbarkeit** des zu vollziehenden Verwaltungsaktes kann wegfallen, wenn Wiedereinsetzung in den vorigen Stand gegen die Versäumung der Widerspruchs- oder Klagefrist gewährt wird (§§ 69, 70 Abs. 2 VwGO). Die **Anordnung des sofortigen Vollzuges** ist „weggefallen", wenn die Widerspruchsbehörde die Vollziehung aussetzt (§ 80 Abs. 4 VwGO) oder das Verwaltungsgericht die aufschiebende Wirkung wiederherstellt (§ 80 Abs. 5 VwGO). Dementsprechend entfällt der **Mangel der aufschiebenden Wirkung** des Rechtsmittels, wenn die Widerspruchsbehörde die Vollziehung aussetzt oder das Gericht die aufschiebende Wirkung anordnet. Der Vollzug ist auch einzustellen, wenn dem Pflichtigen die Erfüllung seiner Verpflichtung nachträglich **unmöglich** geworden ist, zB die Vorlage von Geschäftsbüchern durch Eröffnung eines Insolvenzverfahrens (vgl. App StBp 1999, 66; allgemein zur Auswirkung eines Insolvenzverfahrens auf das Zwangsverfahren ders. KKZ 2004, 159). Nach Meinung des BVerwG (NJW 1984, 2427; ZInsO 2004, 1206) kann sich 7 umgekehrt auch der Insolvenzverwalter durch **Freigabeerklärung** von öffentlich-rechtlichen Beseitigungspflichten befreien und damit auch deren Vollzug die Grundlage entziehen (dagegen mit beachtlichen Gründen, die aber möglicherweise nur beim Insolvenzverfahren über das Vermögen von Handelsgesellschaften greifen, Schmidt BB 1991, 1273; NJW 2010, 1489; zum Problem auch VGH Mannheim BB 1991, 237; zur Freigabe allgemein s. Schumacher in FK § 35 InsO Rn. 13–19). Letztlich ist dieses Problem aber auf der Ebene des Sicherheits- und Ordnungsrechts zu lösen, nicht auf der Ebene des Verwaltungsvollstreckungsrechts.

Unmöglich geworden ist dem Pflichtigen die Erfüllung seiner Pflicht auch dann, wenn er das Eigentum an der Sache, auf die einzuwirken ihm aufgegeben war, an einen **Dritten** übertragen hat; im Falle von Grundstücken ist dies indes gemäß § 873 BGB erst ab Eintragung des Dritten als neuen Eigentümer im Grundbuch der Fall (OVG Koblenz NVwZ-RR 2004, 239). Die Behörde muss dann den Dritten in die Pflicht nehmen und erforderlichenfalls gegen ihn ein neues Zwangsverfahren einleiten (BVerwG NVwZ 1997, 381; OVG Greifswald NordÖR 2001, 74). Nach Meinung des VGH Mannheim (NVwZ-RR 1995, 120) soll die Behörde das Zwangsverfahren gegen den alten Eigentümer weiter betreiben dürfen, indem sie gegen den neuen Eigentümer eine Duldungsverfügung erlässt. Das ist schon deshalb unzulässig, weil bereits materiell-rechtlich keine Pflicht des ursprünglichen Eigentümers (mehr) besteht, auf die Sache einzuwirken (so auch Tillmanns in Sadler/Tillmanns VwVG § 15 Rn. 65, 67). Zudem ist dieses Verfahren vollstreckungsrechtlich nicht vorgesehen. Zur Duldungsverfügung, wenn der Pflichtige zur Erfüllung der ihm durch den Grundverwaltungsakt auferlegten Handlungspflicht in die Rechte Dritter eingreifen müsste, SächsOVG JbSächsOVG 8, 233. Eine Duldungsverfügung gegen den Grundstückseigentümer hält VG Neustadt a.d.W. NVwZ-RR 2009, 227 nicht für erforderlich, wenn der Pächter zur Entfernung eines Bauwerks gezwungen werden soll, das mit Grund und Boden nicht fest verbunden ist und somit gemäß § 95 BGB nur einen Scheinbestandteil des Grundstücks bildet.

2. Zweckerreichung (Abs. 3)

8   Der Zweck des Vollzuges ist erreicht (§ 15 Abs. 3 VwVG), wenn die zu erzwingende Verpflichtung erfüllt ist, was auch noch in einem anhängigen Verwaltungsgerichtsverfahren geschehen kann (zur prozessualen Behandlung dieses Falles OVG Frankfurt [Oder] NZV 1999, 184). Entweder ist die Verpflichtung durch Ersatzvornahme oder unmittelbaren Zwang anstelle einer freiwilligen Handlung des Pflichtigen erfüllt worden, oder der Pflichtige hat unter dem Eindruck der drohenden oder beginnenden Vollziehung oder infolge Androhung und Festsetzung eines Zwangsgeldes aus eigenem Entschluss selbst erfüllt. **Unerheblich** ist, ob der Pflichtige dem Ge- oder Verbot erst nachgekommen ist, nachdem eine ihm gesetzte **Frist** verstrichen war. Denn der Verwaltungszwang ist keine Strafe für säumiges Verhalten. Das Merkmal der Zweckerreichung ist erst erfüllt, wenn sich der durchzusetzende

Grundverwaltungsakt **vollständig** erledigt hat (OVG Bautzen DÖV 2009, 421). Die Vollstreckung eines Verwaltungsakts durch Ersatzvornahme führt nicht zu dessen Erledigung, falls dieser die Grundlage eines noch zu erlassenden Leistungsbescheides wegen der Ersatzvornahmekosten bildet (BVerwG NVwZ 2009, 122).

VGH Mannheim NVwZ-RR 1994, 620 stellt auch ein längeres Wohlverhalten (im Entscheidungsfall drei Jahre und vier Monate) der Zweckerreichung gleich (→ § 14 Rn. 5).

3. Zweckfortfall

Der Erreichung des Vollzugszweckes steht es gleich, wenn dieser Zweck 9
weggefallen ist. Dies ist der Fall, wenn das öffentliche Interesse an der Handlung, Duldung oder Unterlassung wegen veränderter tatsächlicher Umstände oder neuer Rechtslage nicht mehr besteht (vgl. auch Gusy Rn. 353). Wenn zB ein Grundstück aus einem Landschaftsschutzgebiet herausgenommen worden ist, darf eine Beseitigungsverfügung, die auf der alten Landschaftsschutzverordnung beruhte, nicht mehr vollzogen werden (BVerwGE 6, 321). Das Gleiche gilt, wenn die Baubehörde die Schaffung von Einstellplätzen für Kraftfahrzeuge in der Nähe des Baugrundstückes gefordert hat, eine zwischenzeitlich in Kraft getretene neue Garagenordnung aber keine Rechtsgrundlage für eine solche Auflage mehr bietet; ein Zwangsgeld darf dann nicht mehr angedroht werden (OVG Münster DVBl 1965, 952). Andererseits kann die Gefahr, die von einer Sache ausgeht, ohne Zutun des Eigentümers oder des an seiner Stelle Verantwortlichen wegfallen; das ist der Fall, wenn der Schnee auf dem Bürgersteig oder auf dem ungesicherten Hausdach schmilzt, bevor der Hauseigentümer der Beseitigungsverfügung nachgekommen ist.

Zu Zweckerreichung und Zweckfortfall beim Zwangsgeld App KKZ 2004, 12.

4. Unerreichbarwerden des Zwecks

Ebenfalls einzustellen ist der Vollzug eines Verwaltungsakts, wenn sein 10
Zweck nicht mehr erreicht werden kann; wenn zB die ausgesprochene Verpflichtung zu einem festgesetzten Zeitpunkt zu erfüllen war und dieser Termin verstrichen ist, ohne dass der Pflichtige seiner Verpflichtung nachgekommen ist (vgl. zB OVG Lüneburg DVBl 1969, 119).

5. Aufhebung des zu vollstreckenden Verwaltungsaktes

Schließlich darf die Vollziehung selbstverständlich nicht fortgesetzt werden, 11
wenn der zu vollziehende Verwaltungsakt aufgehoben ist (so auch VGH Kassel HessVGRspr 1997, 69).

6. Aussetzung der Vollstreckungsmaßnahmen

Eine (vorläufige oder endgültige) Aussetzung von Vollstreckungsmaßnah- 12
men durch die zuständige Behörde **unterbricht** das Verfahren gegenüber

dem Pflichtigen. Die Kosten einer dennoch durchgeführten Ersatzvornahme können nicht von ihm erhoben werden. Das ausgesetzte Vollstreckungsverfahren kann nur nach einer die Beendigung der Aussetzung aussprechenden behördlichen Verfügung oder nach einer erneuten Androhung des Zwangsmittels **fortgesetzt** werden (VGH Mannheim VBlBW 1991, 17).

7. Verzicht der Behörde

13 Der Verzicht der Behörde auf die Durchsetzung ihrer Anordnung **beendet** das Vollstreckungsverfahren in dem Stadium, in dem es sich gerade befindet. Ein zwar fälliges, aber noch nicht gezahltes Zwangsgeld darf danach nicht mehr beigetrieben werden (so zutr. VGH München BayVBl. 1992, 22). Dagegen soll sich nach VGH Mannheim NVwZ-RR 2008, 696 der Pflichtige auf **Verwirkung** auch dann nicht berufen können, wenn die Behörde den rechtswidrigen Zustand, dessen Beseitigung das Zwangsmittel dienen soll, längere Zeit geduldet hat.

V. Vorgehen bei der Einstellung des Vollzugs

14 Liegt einer der Tatbestände vor, welche die Fortsetzung des Vollzuges unzulässig machen, so ist bei der **Ersatzvornahme** die Tätigkeit des Beauftragten, beim **unmittelbaren Zwang** die der Vollzugsbehörde selbst einzustellen. Beim **Zwangsgeld** ist zu unterscheiden: Liegt einer der Tatbestände unter Rn. 7, 8 oder 11 vor, darf ein angedrohtes Zwangsgeld nicht mehr festgesetzt, ein bereits festgesetztes nicht mehr beigetrieben werden (zu letzterem VGH Kassel NVwZ-RR 1989, 452 [Ls. 5]). Das Gleiche muss gelten, wenn die Erfüllung der Verpflichtung ohne Verschulden des Pflichtigen unmöglich geworden ist. Zweifelhaft ist aber, ob dieser Grundsatz auch Anwendung finden kann, wenn er die Verpflichtung nur deshalb nicht mehr erfüllen kann, weil der Pflichtige den für sie wesentlichen Zeitpunkt hat verstreichen lassen. Bei der zivilprozessualen Zwangsvollstreckung, die zwischen Zwangsgeld (für Handlungen, § 888 ZPO) und Ordnungsgeld (für Duldungen und Unterlassungen, § 890 ZPO) unterscheidet, ist die Rechtslage eindeutig (krit. zum Vergleich mit § 890 ZPO Dünchheim NVwZ 1996, 119, der mit einer im Zivilprozessrecht vertretenen Meinung Maßnahmen gemäß § 890 ZPO nicht als reine Beugemittel ansieht, sondern auch als repressive Maßnahmen).

Ein unanfechtbar festgesetztes Zwangsgeld darf auch dann noch beigetrieben werden, wenn die zu erzwingende Handlung oder Unterlassung auf einem **befristeten** Gebot beruhte und die Frist inzwischen abgelaufen ist. Geht man davon aus, dass Festsetzung und Beitreibung des Zwangsgeldes nicht nur die Funktion haben, den Pflichtigen von weiteren Zuwiderhandlungen abzuhalten, sondern daneben auch dazu bestimmt sind, der Androhung Nachdruck zu verleihen (so auch OVG Bremen DVBl 1971, 282), die andernfalls völlig wertlos wäre, so kann die Beitreibungsmöglichkeit nicht davon abhängig gemacht werden, dass weitere Zuwiderhandlungen möglich sind. Eine andere Auslegung müsste dazu führen, dass Anordnungen, die ein einmaliges termingebundenes Handeln oder Unterlassen gebieten (im entschiedenen Fall die Überlassung einer Stadthalle an einem bestimmten Tag ab 18 Uhr), regelmäßig überhaupt nicht durch Zwangsgeld durchgesetzt werden können, weil der Pflichtige sich von vornherein ausrechnen kann, dass ein angedrohtes und gegebenenfalls auch festgesetztes Zwangsgeld keinesfalls wird vollzogen werden können – vor dem Termin nicht, weil noch keine Zuwiderhandlung vorliegt; hinterher nicht, weil keine weitere möglich ist. Diese Lage ist besonders misslich in den Fällen, in denen das Zwangsgeld als einziges Zwangsmittel zugelassen ist (zB § 172 VwGO). Das OVG Lüneburg hat seine Rechtsprechung inzwischen dahin modifiziert, dass das Zwangsgeld jedenfalls dann nicht mehr beigetrieben werden dürfe, wenn ein weiterer Verstoß gegen das Verbot nicht mehr zu erwarten sei (OVG Lüneburg NVwZ-RR 1990, 605 [Ls.]). Rachor in Lisken/Denninger Rn. F 953 hält dieser Argumentation entgegen, die Effektivität einer Maßnahme finde ihre Grenze im Verhältnismäßigkeitsgrundsatz; erforderlichenfalls müsse der Gesetzgeber eben Bußgeldtatbestände zur Ahndung von Verstößen schaffen. Dies wäre indes kein vollwertiger Ersatz des Zwangsverfahrens, da das Ordnungswidrigkeitenrecht nur greift, wenn der Betroffene zahlungsfähig ist (vgl. § 96 OWiG), während Zwangsgeld auch dann – und gerade dann – in Zwangshaft umgewandelt werden kann, wenn der Pflichtige zahlungsunfähig ist (→ § 16 Rn. 3).

Ausdrücklich spricht OVG Münster DVBl 1989, 889 (bestätigt mit NVwZ-RR 1993, 671 [Ls. 3]) aus, dass nach einem Verstoß gegen ein **zwangsgeldbewehrtes Unterlassungsgebot** das Zwangsgeld auch dann noch festgesetzt und beigetrieben werden könne, wenn ein weiterer Verstoß nicht mehr möglich sei; entscheidend sei allein, dass der Verstoß nach der Androhung des Zwangsmittels und während der Zeit, in der die vollziehbare Ordnungsverfügung noch galt, erfolgt sei (zust. OVG Magdeburg Urt. v. 13.3.1998 – 2 L 60/95 [Ls. 2]; OVG Saarlouis NVwZ-RR 2003, 87; Erichsen/Rauschenberg Jura 1998, 36; Marwinski in Brandt/Domgörgen Rn. E 66 mwN; dagegen soll bei fehlender **Wiederholungsgefahr** nach VGH Mannheim VBlBW 1996, 418, OVG Greifswald NVwZ-RR 1997, 762, OVG Berlin NVwZ-RR 1999, 411 und Dünchheim NVwZ 1996, 117 ein Zwangsgeld nicht beitreibbar sein). Ähnlich zuvor bereits VGH Kassel NVwZ-RR 1989, 452 (Ls. 5: Verpflichtung zum Geschlossenhalten einer Autowaschanlage an jedem Sonn- und Feiertag).

VI. Änderung der Sach- und Rechtslage nach Unanfechtbarkeit

Zur Frage, ob der Einwand, der Verwaltungsakt sei wegen einer nach **15** Eintritt seiner Unanfechtbarkeit erfolgten Änderung der Tatsachen- oder Rechtslage nicht mehr rechtmäßig, im Rahmen einer Klage gegen Vollstreckungsmaßnahmen oder deren Androhung zu berücksichtigen ist, → § 18 Rn. 13.

VII. Landesrecht

16 **Baden-Württemberg:** Nach § 11 LVwVG ist die Vollstreckung einzustellen, wenn ihr Zweck erreicht ist oder nicht mit Zwangsmitteln erreicht werden kann. Gemäß § 7 LVwVG ist der Vollstreckungsbeamte bei Widerstand gegen eine Vollstreckungshandlung befugt, Gewalt anzuwenden; er kann zu diesem Zweck um die Unterstützung des Polizeivollzugsdienstes nachsuchen.
Bayern: Art. 34 S. 2 VwZVG sieht die Anwendung unmittelbaren Zwangs (durch die Vollstreckungsbehörde oder Polizeibeamte, Art. 37 Abs. 2 VwZVG) bei Widerstand gegen die Ersatzvornahme vor. Art. 37 Abs. 3 VwZVG stellt ausdrücklich fest, dass die Vollziehungsbeamten, soweit erforderlich, die Wohnung des Pflichtigen betreten und verschlossene Türen und Behältnisse öffnen dürfen (→ Rn. 5); bei Nacht, an Sonn- und gesetzlichen Feiertagen darf ein Zwangsmittel nur mit schriftlicher Erlaubnis (der Vollstreckungsbehörde) angewendet werden. Die Anwendung der Zwangsmittel ist einzustellen, sobald der Pflichtige seiner Verpflichtung nachkommt (Art. 37 Abs. 4 S. 1 VwZVG). Ein angedrohtes Zwangsgeld ist aber grundsätzlich beizutreiben, wenn einer Duldungs- oder Unterlassungspflicht zuwidergehandelt worden ist (Art. 37 Abs. 4 S. 2 VwZVG). Außerdem sind Vollstreckungsmaßnahmen einzustellen, wenn die Voraussetzungen der Vollstreckung nicht mehr vorliegen (die einzelnen Fälle listet Art. 22 VwZVG auf), mithin auch bei anderweitiger Erledigung der zu erzwingenden Verpflichtung.
Brandenburg: Die (einstweilige) Einstellung oder Beschränkung der Vollstreckung regelt § 13 (§ 14) VwVGBbg. Zur Erzwingung einer Duldung oder Unterlassung dürfen Zwangsmittel nicht mehr angewandt werden, wenn eine weitere Zuwiderhandlung nicht mehr zu befürchten ist, § 29 Abs. 1 S. 3 VwVGBbg.
Bremen: § 19 Abs. 1 BremVwVG ist insofern ungenau formuliert, als Voraussetzung der Zwangsmittelanwendung hiernach nur sein soll, dass die Festsetzung eines Zwangsgeldes oder die Androhung der Ersatzvornahme oder des unmittelbaren Zwanges unanfechtbar oder sofort vollziehbar ist. Es kann aber nicht richtig sein, dass die Behörde Ersatzvornahme oder unmittelbaren Zwang sofort anwenden kann, wenn die Androhung für sofort vollziehbar erklärt ist oder Rechtsmittel keine aufschiebende Wirkung haben. Die Erfüllungsfrist gemäß § 17 Abs. 1 BremVwVG (→ § 13 Rn. 17) würde damit illusorisch. Es muss also hinzukommen, dass der Betroffene seiner Handlungspflicht innerhalb der gesetzten Frist nicht nachgekommen ist oder es unternimmt, einer Unterlassungspflicht zuwiderzuhandeln. § 15 Abs. 2 S. 1 VwVG (des Bundes) entspricht, beschränkt auf die Ersatzvornahme, § 19 Abs. 2 BremVwVG. Fast gleich lautend mit § 15 Abs. 3 VwVG: § 19 Abs. 5 BremVwVG. Nach § 19 Abs. 3 BremVwVG setzt die Vollzugsbehörde die ihr aus der Ersatzvornahme entstandenen Kosten gegenüber der pflichtigen Person fest. § 19 Abs. 4 BremVwVG zufolge werden Zwangsgeld und Kosten der Ersatzvornahme im Verwaltungszwangsverfahren beigetrieben.

Anwendung der Zwangsmittel   **§ 15 VwVG**

Hamburg: Mit § 15 Abs. 2 VwVG (des Bundes) im Wesentlichen inhaltsgleich § 22 HmbVwVG. Nach § 28 Abs. 1 HmbVwVG ist die Vollstreckung einzustellen, soweit der Verwaltungsakt aufgehoben, seine Vollziehung ausgesetzt, der Zweck der Vollstreckung erreicht oder ein weiterer Verstoß gegen eine Duldungs- oder Unterlassungspflicht offenbar nicht zu erwarten ist. In den beiden letztgenannten Fällen soll gemäß § 28 Abs. 2 HmbVwVG ein festgesetztes Zwangsgeld (ähnlich wie in Bayern) jedoch beigetrieben werden, sofern einer Duldungs- oder Unterlassungspflicht zuwidergehandelt worden ist, deren Erfüllung durch die Festsetzung erreicht werden sollte.

Hessen: § 3 HessVwVG regelt ausführlich die Einstellung der Vollstreckung und die Aufhebung von Vollstreckungsmaßnahmen. Zum Widerstand gegen Vollstreckungsmaßnahmen und zur Unterstützung der Polizeibehörden: § 8 HessVwVG. Nach § 71 Abs. 4 HessVwVG dürfen Zwangsmittel nicht angewendet werden, wenn die Leistung dem Pflichtigen unmöglich ist (wohl bereits ein Fall der Nichtigkeit gemäß § 44 Abs. 2 Nr. 4 HVwVfG und damit Unwirksamkeit, § 43 Abs. 3 HVwVfG). § 74 Abs. 2 HessVwVG sieht die Anwendung körperlicher Gewalt nur zur gewaltsamen Einwirkung auf Sachen vor.

Mecklenburg-Vorpommern: § 15 Abs. 1 und 2 VwVG (des Bundes) haben kein Gegenstück im SOG M-V (iVm § 110 VwVfG M-V), mit Ausnahme von § 82a für die Vollzugshilfe durch die Polizei. Mit § 15 Abs. 3 VwVG inhaltsgleich § 92 Abs. 1 Nr. 4 SOG M-V. § 92 Abs. 1 Nr. 1–3 SOG M-V enthalten Einstellungsgründe, die § 257 Abs. 1 Nr. 1 und 2 AO (siehe dort) entsprechen. Bei Duldungs- oder Unterlassungspflichten ist der Vollzug einzustellen, wenn weitere Verstöße gegen die Pflicht nicht zu erwarten sind (§ 92 Abs. 1 Nr. 5 SOG M-V; dazu OVG Greifswald DÖV 1996, 928); für Mecklenburg-Vorpommern gelten die Ausführungen in Rn. 14 (2. Abs.) mithin nicht. Der Pflichtige muss dem Vollzugsbeamten die zur Einstellung verpflichtenden Tatsachen nachweisen (ähnlich wie im Fall von § 292 AO); anderenfalls kann der Vollzug fortgesetzt werden (§ 92 Abs. 2 SOG M-V).

Niedersachsen: Mittelbar lässt sich aus (§ 70 Abs. 1 NVwVG iVm) § 65 Abs. 3 NPOG auf die Einstellungspflicht bei Zweckerreichung schließen (Lemke S. 227). Gemäß § 67 Abs. 2 S. 2 NPOG unterbleibt eine Beitreibung von Zwangsgeld, wenn die gebotene Handlung ausgeführt oder die zu duldende Maßnahme gestattet wird.

Nordrhein-Westfalen: § 65 Abs. 1 VwVG NRW entspricht wörtlich § 15 Abs. 1 VwVG (des Bundes). Gleich lautend mit § 15 Abs. 2 S. 1 VwVG § 65 Abs. 2 S. 1 VwVG NRW. Mit § 15 Abs. 2 S. 2 VwVG inhaltsgleich § 65 Abs. 2 S. 2 VwVG NRW. § 65 Abs. 2 S. 3 VwVG NRW gestattet der Polizei den Gebrauch der nach § 58 Abs. 3 und 4 PolG NRW vorgesehenen Hilfsmittel der körperlichen Gewalt und zugelassenen Waffen unter Beachtung der §§ 61, 63 bis 65 PolG NRW. Die Beitreibung der voraussichtlichen Kosten einer Ersatzvornahme (§ 59 Abs. 2 S. 3 VwVG NRW) oder eines Zwangsgeldes (§ 60 Abs. 3 S. 2 Hs. 1 VwVG NRW) unterbleibt, sobald der Betroffene die gebotene Handlung ausführt oder die zu duldende Maßnahme gestattet; gemäß § 60 Abs. 3 S. 2 Hs. 2 VwVG NRW ist ein Zwangsgeld jedoch (ähnlich wie in Bayern und Hamburg) beizutreiben, wenn der Dul-

VwVG § 15 Verwaltungs-Vollstreckungsgesetz

dungs- oder Unterlassungspflicht zuwidergehandelt worden ist, deren Erfüllung durch die Androhung des Zwangsgeldes erreicht werden sollte. Dies entspricht der tradierten Rechtsprechung des OVG Münster (→ Rn. 14), aktuell BeckRS 2010, 49942 (Ls.): Wenn gegen eine Untersagungsverfügung verstoßen worden ist, kann das Zwangsgeld auch dann noch beigetrieben werden, wenn ein weiterer Verstoß gegen die Ordnungsverfügung nicht mehr möglich ist. Es muss keine Wiederholungsgefahr bestehen; entscheidend ist allein, dass der Verstoß nach der Androhung und während der Zeit erfolgt, in der die vollziehbare Ordnungsverfügung noch gilt. – Der Einstellungskatalog in § 65 Abs. 3 VwVG NRW erfasst über § 15 Abs. 3 VwVG (Zweckerreichung → Rn. 8) hinaus die Fälle, in denen dem Betroffenen die Erfüllung der zu erzwingenden Leistung unmöglich geworden ist oder die Vollstreckungsvoraussetzungen (sonst) nachträglich weggefallen sind (→ Rn. 7).

Rheinland-Pfalz: Nach § 14 Abs. 1 LVwVG (gilt für die gesamte Verwaltungsvollstreckung) ist die Vollstreckung einzustellen, wenn der Verwaltungsakt aufgehoben, die Vollstreckung (oder eine einzelne Maßnahme) für unzulässig erklärt oder die Einstellung angeordnet wird oder wenn die Forderung gestundet wird. Vollstreckungsmaßnahmen sind aufzuheben, wenn diese Entscheidung unanfechtbar ist (§ 14 Abs. 2 LVwVG). Nach § 62 Abs. 4 LVwVG ist die Anwendung von Zwangsmitteln (zur Ersatzzwangshaft vgl. § 67 Abs. 3 LVwVG → § 16 Rn. 8) unzulässig, wenn die zu erzwingende Handlung vorgenommen oder unmöglich geworden ist. Nach § 10 LVwVG kann Widerstand gegen eine Vollstreckungshandlung (in Betracht kommt neben der Ersatzvornahme nur der unmittelbare Zwang) durch körperliche Gewalt und ihre Hilfsmittel gebrochen werden. Waffen dürfen nur eingesetzt werden, soweit dies durch Rechtsvorschrift ausdrücklich gestattet ist.

Saarland: Gemäß § 10 Abs. 1 SVwVG ist die Vollstreckung einzustellen oder zu beschränken, wenn eine Voraussetzung für diese entfallen, insbesondere ihr Zweck erreicht worden ist (Nr. 4, entspricht § 15 Abs. 3 VwVG des Bundes). Widerstand gegen die Vollstreckung darf § 6 S. 1 SVwVG zufolge durch Anwendung unmittelbaren Zwangs (zum Begriff § 22a Abs. 1 SVwVG) gebrochen werden. Wird Widerstand geleistet oder liegen Tatsachen vor, die Widerstand erwarten lassen, so haben nach § 6 S. 2 SVwVG die Polizeivollzugsbeamten auf Anforderung der Vollstreckungsbehörde oder des Vollstreckungsbeamten die Vollstreckung zu unterstützen.

Sachsen: Mit § 15 Abs. 2 VwVG (des Bundes) sachlich im Wesentlichen übereinstimmend § 7 SächsVwVG (gilt für die gesamte Verwaltungsvollstreckung), mit § 15 Abs. 3 VwVG sachlich übereinstimmend § 2a Abs. 1 Nr. 1 SächsVwVG. § 2a SächsVwVG enthält im Übrigen weitere Einstellungsgründe und entspricht inhaltlich § 257 AO (→ dort Rn. 5). Gemäß § 19 Abs. 5 S. 2 SächsVwVG dürfen Zwangsmittel zur Erzwingung einer Duldungs- oder Unterlassungspflicht nicht mehr angewandt werden, wenn eine weitere Zuwiderhandlung nicht zu befürchten ist.

Sachsen-Anhalt: Wie in Niedersachsen lässt sich aus (§ 71 Abs. 1 VwVG LSA iVm) § 54 Abs. 3 SOG LSA mittelbar auf eine Einstellungspflicht bei Zweckerreichung schließen (Lemke S. 227). Gemäß § 56 Abs. 3 S. 2 SOG

Ersatzzwangshaft **§ 16 VwVG**

LSA unterbleibt die Beitreibung von Zwangsgeld, sobald die betroffene Person die gebotene Handlung ausführt oder die zu duldende Maßnahme gestattet.

Schleswig-Holstein: Nach § 241 Abs. 1 LVwG ist der Vollzug einzustellen, wenn der Verwaltungsakt aufgehoben, seine Vollziehung ausgesetzt oder die aufschiebende Wirkung des Rechtsmittels angeordnet oder wiederhergestellt worden ist, außerdem wenn der Zweck des Vollzugs erreicht ist (Nr. 4, entspricht § 15 Abs. 3 VwVG des Bundes) oder weitere Verstöße gegen eine Duldungs- oder Unterlassungspflicht nicht zu erwarten sind.

Thüringen: Mit § 15 Abs. 1 VwVG (des Bundes) übereinstimmend § 47 Abs. 1 S. 1 ThürVwZVG, mit § 15 Abs. 2 VwVG sachlich übereinstimmend § 47 Abs. 5 ThürVwZVG (allgemein § 25 ThürVwZVG). Die Anwendung unmittelbaren Zwangs bei Widerstand gegen die Ersatzvornahme sieht § 51 Abs. 3 S. 1 ThürVwZVG vor. Gemäß § 47 Abs. 3 ThürVwZVG sind Zwangsmittel nach Unmöglichwerden der Leistung unzulässig. § 47 Abs. 4 S. 1 ThürVwZVG entspricht § 15 Abs. 3 VwVG; im Übrigen regelt § 29 ThürVwZVG die Einstellung der Vollstreckung sowie die Aufhebung von Vollstreckungsmaßnahmen.

§ 16 Ersatzzwangshaft

(1) **Ist das Zwangsgeld uneinbringlich, so kann das Verwaltungsgericht auf Antrag der Vollzugsbehörde nach Anhörung des Pflichtigen durch Beschluß Ersatzzwangshaft anordnen, wenn bei Androhung des Zwangsgeldes hierauf hingewiesen worden ist. Das Grundrecht des Artikels 2 Abs. 2 Satz 2 des Grundgesetzes wird insoweit eingeschränkt.**

(2) **Die Ersatzzwangshaft beträgt mindestens einen Tag, höchstens zwei Wochen.**

(3) **Die Ersatzzwangshaft ist auf Antrag der Vollzugsbehörde von der Justizverwaltung nach den Bestimmungen der §§ 802g, 802h und 802j Abs. 2 der Zivilprozeßordnung zu vollstrecken.**

Übersicht

	Rn.
I. Begriff, Zweck und Bedeutung	1
II. Hinweis auf die Möglichkeit der Umwandlung des Zwangsgeldes in Ersatzzwangshaft (Abs. 1 S. 1 Hs. 2)	2
III. Uneinbringlichkeit des Zwangsgeldes (Abs. 1 S. 1 Hs. 1)	3
IV. Subsidiarität gegenüber anderen Zwangsmitteln	4
1. Verhältnis zum unmittelbaren Zwang	4
2. Verhältnis zur Ersatzvornahme	4a
3. Grundsatz der Verhältnismäßigkeit	4b
V. Dauer (Abs. 2)	5
VI. Antrag und Beschluss (Abs. 1 S. 1), Vollstreckung (Abs. 3)	6
1. Antrag der Vollzugsbehörde (Abs. 1 S. 1)	6
2. Beschluss des Verwaltungsgerichts (Abs. 1 S. 1)	6a
3. Entscheidung und Rechtsmittel	6b

Troidl

	Rn.
4. Vollstreckung (Abs. 3)	6c
VII. Vollstreckung bei in Strafhaft Befindlichen	7
VIII. Landesrecht	8

I. Begriff, Zweck und Bedeutung

1 („Ersatz"-) Zwangshaft ist – anders als Erzwingungshaft – kein primäres (selbständiges) Vollstreckungsmittel (VGH München BeckRS 2017, 123009 [amtl. Ls. 1]; s. a. VGH München BayVBl. 1988, 372; Rudolph, 81; anders bei der zivilprozessualen Zwangsvollstreckung, § 888 Abs. 1 S. 1 ZPO und § 890 Abs. 1 S. 1 ZPO). Sie tritt als **Beugehaft** lediglich (akzessorisch) an die Stelle des Zwangsgeldes, wenn dieses uneinbringlich (→ Rn. 3) ist. Ihr Zweck besteht nicht etwa darin, den Pflichtigen zur Zahlung des Zwangsgeldes zu zwingen, dies im Gegensatz zur Erzwingungshaft im Bußgeldverfahren (§ 96 OWiG), sondern sie ist selbst Druckmittel zur Bewirkung der Handlung, Duldung oder Unterlassung, die dem Pflichtigen in dem zu vollstreckenden Grundverwaltungsakt aufgegeben worden war (so zutr. Waldhoff in H-RS-AV § 46 Rn. 135). Sie ist gegenüber dem Zwangsgeld **subsidiär**, teilt dessen Charakter als reines Beugemittel und enthält keinerlei Strafelement. Strafrechtliche und bußgeldrechtliche Bestimmungen wie etwa solche über Vorsatz, Fahrlässigkeit, Täterschaft und Teilnahme sind auf die Ersatzzwangshaft weder direkt noch analog anzuwenden.

Die Anwendung von („Ersatz"-) Zwangshaft ist deshalb einzustellen, wenn der Vollstreckungsschuldner der angeordneten Verpflichtung nachkommt oder (zumindest) das Zwangsgeld entrichtet. Ersatzzwangshaft besitzt **keinen Strafcharakter** (VGH München BeckRS 2017, 123009 [amtl. Ls. 2]).

Da es sich bei der Zwangshaft um einen schwerwiegenden Eingriff in die durch Art. 2 Abs. 2 GG gewährleistete Freiheit der Person handelt, muss sie das **letzte Mittel** sein, zu dem der Staat Zuflucht nimmt, um seine rechtmäßigen Anordnungen gegenüber widerspenstigen Bürgern durchzusetzen (BVerwGE 4, 196, 198). Als solches ist sie nur in Ausnahmefällen zu rechtfertigen. Es bedarf einer strengen Prüfung des **Grundsatzes der Verhältnismäßigkeit** (OVG Münster NWVBl. 1990, 19); unverhältnismäßig könnte sie nach OVG Münster NWVBl. 2009, 268 etwa sein, wenn ein Verstoß gegen eine Ordnungspflicht drei Jahre lang ohne Folgen geblieben war. Die nachträgliche Befolgung einer Unterlassungsverfügung steht der Anordnung der Ersatzzwangshaft nicht entgegen (OVG Münster GewArch 1996, 473 mit Anm. Lingmann).

II. Hinweis auf die Möglichkeit der Umwandlung des Zwangsgeldes in Ersatzzwangshaft (Abs. 1 S. 1 Hs. 2)

2 Einer besonderen Androhung der Ersatzzwangshaft bedarf es nicht (von Pollern/Brunn in Schweickhardt/Vondung Rn. 948); eine Androhung iSv § 13 VwVG wäre nicht einmal möglich (VGH München BayVBl. 1988, 372). Aus taktischen Gründen kann es sich im Einzelfall indessen empfehlen, dem

Pflichtigen die Absicht anzukündigen, nunmehr Antrag auf Anordnung der Ersatzzwangshaft zu stellen. Die Behörde muss bei Androhung des Zwangsgeldes auf die Möglichkeit, Ersatzzwangshaft zu verhängen, ausdrücklich hingewiesen haben. Der Hinweis bedarf – wie die Androhung selbst (§ 13 Abs. 1 S. 1 VwVG) – der **Schriftform**. Der Wortlaut des Gesetzes (**„bei Androhung"**) ist eindeutig und darum nicht auslegungsfähig, ein nachträglicher Hinweis genügt den gesetzlichen Erfordernissen nicht (VG Frankfurt a. M. NVwZ 1994, 725; VG Dessau LKV 1996, 80; Hohrmann in HHSp § 334 AO Rn. 13; Tillmanns in Sadler/Tillmanns § 16 VwVG Rn. 16 mwN; aA Lemke S. 322; Lemke in FKS § 16 VwVG Rn. 5). Der Behörde, die sich nachträglich zur Verstärkung des Drucks durch einen Hinweis auf die Möglichkeit der Zwangshaft entschließt oder die bemerkt, dass sie den Hinweis vergessen hatte, bleibt nur die Möglichkeit, erneut ein Zwangsgeld anzudrohen und diese Androhung nunmehr mit dem Hinweis auf die Möglichkeit der Umwandlung des Zwangsgeldes in Ersatzzwangshaft zu versehen. Anders ist die Rechtslage im brandenburgischen, nordrhein-westfälischen und sächsischen Landesrecht (→ Rn. 8), wo § 31 Abs. 1 S. 1 VwVGBbg, § 61 Abs. 1 S. 1 VwVG NRW und § 23 Abs. 1 S. 1 SächsVwVG die Nachholung des Hinweises ausdrücklich zulassen.

Eine bestimmte Dauer (→ Rn. 5) wird in dem Hinweis auf die Ersatzzwangshaft nicht genannt. Die Verwaltungsbehörde kann das insoweit allein zuständige Verwaltungsgericht (→ Rn. 6) nicht präjudizieren.

III. Uneinbringlichkeit des Zwangsgeldes (Abs. 1 S. 1 Hs. 1)

Das Zwangsgeld, an dessen Stelle die Haft treten soll, ist uneinbringlich, 3 wenn es zwar ordnungsgemäß festgesetzt ist, ein **Beitreibungsversuch** aber nicht zum Erfolg geführt hat oder die **Zahlungsunfähigkeit** des Pflichtigen offenkundig ist, zB weil er Antrag auf Eröffnung eines Insolvenzverfahrens gestellt hat oder frühere Beitreibungsversuche erst vor kurzer Zeit erfolglos geblieben sind; nicht erforderlich ist die vorherige Erzwingung der Abgabe einer eidesstattlichen Offenbarungsversicherung durch Erlass eines Haftbefehls (so zutr. VGH Mannheim Beschl. v. 9.3.1987 – 5 S 301/87; aA anscheinend Rachor in Lisken/Denninger F 943, wonach der Nachweis der Uneinbringlichkeit „regelmäßig, aber nicht notwendig" die Abgabe der eidesstattlichen Versicherung des Pflichtigen voraussetze). **Unerheblich** ist, ob die Zahlungsunfähigkeit des Pflichtigen **verschuldet** ist oder nicht (Pewestorf in PST Vollstreckungsrecht Rn. 47; Hohrmann in HHSp § 334 AO Rn. 14 mwN). Diese Frage kann allenfalls bei der Ermessensentscheidung eine Rolle spielen, ob die Verwaltungsbehörde beim Gericht einen Haftantrag stellen soll (→ Rn. 6). Die Uneinbringlichkeit muss aber tatsächlich vorliegen, dh es darf sich nicht der zahlungsfähige Pflichtige freiwillig in Haft begeben (ebenso Lemke in FKS VwVG § 16 Rn. 3).

IV. Subsidiarität gegenüber anderen Zwangsmitteln

1. Verhältnis zum unmittelbaren Zwang

4 Ob Zwangshaft nur angeordnet werden darf, wenn auch der unmittelbare Zwang, soweit er zulässig ist, zu keinem Erfolg geführt hat (so Rachor in Lisken/Denninger Rn. F 945 mwN und für unvertretbare Handlungen OVG Berlin JR 1965, 436), lässt sich aus dem Wortlaut des Gesetzes nicht entnehmen. VG Oldenburg NJW 1988, 580 bejaht dies zumindest für die Erzwingung der Herausgabe einer Sache; hier komme Ersatzzwangshaft – neben den übrigen Voraussetzungen – erst in Betracht, wenn die Sache bei einem **Wegnahmeversuch** nicht aufgefunden worden sei. Für eine solche Praxis spricht, dass Haft ein besonders schwerwiegender Eingriff ist, der erst als letztes Mittel angewendet werden sollte (→ Rn. 1).

2. Verhältnis zur Ersatzvornahme

4a Das Gleiche gilt für die Frage, ob im Falle von § 11 Abs. 1 S. 2 die Ersatzvornahme auch im Verhältnis zur Haft „**untunlich**" sein muss (so OVG Münster NJW 1976, 1284). Für eine differenzierte Handhabung Mußgnug in Maurer/Hendler S. 152. VG Berlin NVwZ-RR 1999, 349; VG Meiningen, ThürVBl. 2000, 163 und Wind VR 1988, 138 halten die Behörde für verpflichtet, zunächst zur Ersatzvornahme überzugehen, doch wird hier zu bedenken sein, dass der Pflichtige, der das Zwangsgeld nicht aufzubringen vermag, in vielen Fällen auch nicht zur Erstattung der **Kosten** der Ersatzvornahme in der Lage sein wird, so dass die Vollstreckungsbehörde mit diesen Kosten belastet bliebe. Dieser Gesichtspunkt ist bei der Ermessensentscheidung ebenfalls zu berücksichtigen.

3. Grundsatz der Verhältnismäßigkeit

4b Die den Gewerbetreibenden treffende Pflicht zur Abmeldung eines Gewerbes kann nicht im Wege der Zwangshaft durchgesetzt werden, wenn die Behörde nach § 14 Abs. 1 S. 3 GewO die Abmeldung von Amts wegen vornehmen kann (VGH Mannheim GewA 2016, 347 [Ls. 2]). Da eine **Gewerbeabmeldung** keine konstitutive Wirkung im Hinblick auf das abzumeldende Gewerbe hat und die Gewerbeabmeldung nach § 14 Abs. 1 S. 3 GewO von Amts wegen erfolgen kann, ist die Durchsetzung der Verpflichtung im Wege der Zwangshaft nicht als erforderlich anzusehen.

V. Dauer (Abs. 2)

5 Der Rahmen für die Bemessung der Ersatzzwangshaft erstreckt sich von **einem Tag** bis zu **zwei Wochen**. Bei der Bemessung der Haftdauer muss das öffentliche Interesse an der Erfüllung der zu erzwingenden Verpflichtung im Vordergrund stehen. Wird die Haftdauer zu der Höhe des uneinbringlichen Zwangsgeldes in Beziehung gesetzt, so ist prinzipiell zu berücksichtigen, dass die Höhe des Zwangsgeldes sich auch nach den Vermögensverhältnissen des Pflichtigen richtet (→ § 11 Rn. 8). Diese können für die Dauer der Ersatzzwangshaft aber keine Rolle spielen. Praktische Bedeutung wird dieses Problem kaum erlangen; denn bei einem vermögenden Pflichtigen wird das Zwangsgeld nicht uneinbringlich werden. Die Höchstdauer soll nach OVG Münster NVwZ-RR 2004, 786 nur zulässig sein, wenn eine geringere Haftdauer keinen Erfolg verspricht. Gemäß OVG Münster NVwZ-RR 1999, 802 hat das Gericht auch die persönlichen Verhältnisse des Pflichtigen wie etwa seinen **Gesundheitszustand** (vgl. dazu nunmehr § 16 Abs. 3 VwVG iVm § 802h Abs. 2 ZPO), seine **Familienverhältnisse** und seine **beruflichen Belange** zu berücksichtigen. Zur Zwangshaft bei Minderjährigen OVG Bremen NVwZ-RR 2004, 658 (im Entscheidungsfall wegen Verletzung der Schulpflicht). Die Anordnung der Ersatzzwangshaft von sieben Tagen zur Durchsetzung finanzdienstleistungsaufsichtlicher Auskunfts- und Vorlagepflichten bei Uneinbringlichkeit eines Zwangsgeldes wegen Zahlungsunfähigkeit ist laut VG Frankfurt a. M. NVwZ-RR 2010, 792 (Ls.) angemessen.

Begleicht der Pflichtige unter dem Druck der (drohenden) Ersatzzwangshaft, aus welcher Geldquelle auch immer, die Zwangsgeldforderung, so hindert dies aufgrund des – im Gegensatz zur Erzwingungshaft – lediglich **subsidiären** Charakters der vom Gesetzgeber ausdrücklich als solche konzipierten („Ersatz"-) Zwangshaft (→ Rn. 1) den Beginn oder die Fortsetzung der Haft auch dann, wenn der Vollstreckungsschuldner dem von ihm geforderten Handeln, Dulden oder Unterlassen nicht nachkommt (VGH München BeckRS 2017, 123009 [amtl. Ls. 3]).

VI. Antrag und Beschluss (Abs. 1 S. 1), Vollstreckung (Abs. 3)

1. Antrag der Vollzugsbehörde (Abs. 1 S. 1)

Die Haftanordnung setzt einen Antrag der Vollzugsbehörde voraus, gegen 6 den der Pflichtige keinen förmlichen Rechtsbehelf einlegen kann (Tillmanns in Sadler/Tillmanns § 16 VwVG Rn. 24), sondern allenfalls eine formlose Gegenvorstellung in Verbindung mit einer Schutzschrift an das Gericht. Der Antrag steht im **Ermessen** der Verwaltungsbehörde wie die Festsetzung der anderen Zwangsmittel. Die Behörde kann dem Gericht eine bestimmte Dauer der Ersatzzwangshaft vorschlagen. Das Gericht ist aber an diesen Vorschlag natürlich nicht gebunden.

2. Beschluss des Verwaltungsgerichts (Abs. 1 S. 1)

Über den Antrag entscheidet (wegen Art. 104 Abs. 2 S. 1 GG) das Verwaltungsgericht der 1. Instanz durch Beschluss (Lemke in FKS § 16 VwVG Rn. 7; Tillmanns in Sadler/Tillmanns § 16 VwVG Rn. 25; Pewestorf in PST Vollstreckungsrecht Rn. 49). **Örtlich zuständig** ist das Verwaltungsgericht, das für eine Anfechtungsklage gegen die Vollzugsbehörde zuständig wäre (entsprechend §§ 80 Abs. 5 S. 1, 123 Abs. 2 VwGO; VGH Mannheim

BWVPr 1977, 229). Das Gericht hat den Pflichtigen anzuhören (§ 16 Abs. 1 S. 1 VwVG). Die Form der **Anhörung** kann das Gericht nach Zweckmäßigkeitsgesichtspunkten bestimmen; es genügt die Übersendung einer Kopie des Antrags der Vollstreckungsbehörde an den Pflichtigen mit dem Anheimgeben, sich innerhalb einer bestimmten Frist dazu zu äußern (VG Meiningen ThürVBl. 2000, 163). Unterbleibt die Anhörung, macht das die Haftanordnung nicht nichtig. Ihre Anfechtbarkeit (→ Rn. 6b) deswegen ist nicht von großer praktischer Bedeutung, denn die Anhörung kann nachgeholt werden.

3. Entscheidung und Rechtsmittel

6b Das Verwaltungsgericht entscheidet nach freiem richterlichen **Ermessen,** innerhalb dessen es auch den **Grundsatz der Verhältnismäßigkeit** der Mittel zu beachten hat (VG Darmstadt Beschl. v. 7.2.1994 – 6 M 1829/93: Ersatzzwangshaft zur Durchsetzung der Herausgabe eines Legitimationspapiers – Führerscheins – zulässig; VG Ansbach BeckRS 2014, 57722: sieben Tage Ersatzzwangshaft zur Durchsetzung der Schulanmeldung eines achtjährigen Kindes). Bei der Ermessensausübung kommt auch dem Umstand Bedeutung zu, ob sich der Grundverwaltungsakt inzwischen erledigt hat. Die Anordnung von Ersatzzwangshaft kommt dann nur noch ausnahmsweise in Betracht, zB wenn sie der Durchsetzung einer Ordnungsverfügung dient, die den Schutz von Leben und Gesundheit Dritter bezweckt (OVG Münster DÖV 1997, 511; im Entscheidungsfall handelte es sich um ein Aufenthaltsverbot für Drogenhändler). Gegen den Beschluss des Verwaltungsgerichts ist die **Beschwerde** gemäß §§ 146 ff. VwGO zulässig.

4. Vollstreckung (Abs. 3)

6c Zugleich mit der Anordnung der Haft erlässt das **Verwaltungsgericht** (→ Rn. 6a) den **Haftbefehl** (§ 16 Abs. 3 VwVG iVm § 802g Abs. 1 ZPO), als Ausfertigung der Haftanordnung (OVG Bautzen LSK 2002, 510397). Dafür ist nicht etwa das Amtsgericht zuständig (so Eul NJW 1962, 1608). Zuständig für die Verhaftung ist der **Gerichtsvollzieher** (§ 16 Abs. 3 VwVG iVm § 802g Abs. 2 S. 1 ZPO), nicht etwa der Vollziehungsbeamte der Vollstreckungsbehörde. Die Zwangshaft kann nur vor Ablauf von **zwei Jahren** (ab Erlass des Haftbefehls) vollzogen werden (§ 16 Abs. 3 VwVG iVm § 802h Abs. 1 ZPO).

Da die Zwangshaft das Zwangsgeld abgilt, kann sie ebenso wie dieses **wiederholt** angeordnet werden (so auch Mußgnug in Maurer/Hendler, 152).

VII. Vollstreckung bei in Strafhaft Befindlichen

7 OLG München KKZ 2009, 254 mit Anm. App hält die Vollziehung des Haftbefehls für unzulässig, solange der Pflichtige eine Strafhaft verbüßt; das mag der derzeitigen Gesetzeslage entsprechen, ist indes rechtspolitisch unbefriedigend und sollte durch eine Gesetzesänderung behoben werden (Formulierungsvorschlag bei App KKZ 2009, 257).

VIII. Landesrecht

Baden-Württemberg: Im Wesentlichen inhaltsgleich mit § 16 VwVG 8 (des Bundes): § 24 LVwVG. § 16 Abs. 1 S. 2 VwVG entspricht § 29 LVwVG.
Bayern: Im Wesentlichen gleich lautend mit § 16 VwVG Art. 33 VwZVG. Auch unmittelbarer Zwang darf keinen Erfolg versprechen; nach VGH München BayVBl. 1996, 600 gilt dies auch bei der Vollstreckung von Unterlassungspflichten. Die zur Durchsetzung eines bestimmten Verwaltungsaktes insgesamt festgesetzte Ersatzzwangshaft darf nach Art. 37 Abs. 1 S. 3 VwZVG die Höchstdauer von vier Wochen nicht übersteigen. § 16 Abs. 1 S. 2 VwVG entspricht Art. 40 VwZVG (Einschränkung von Grundrechten).
Brandenburg: Sachlich weitgehend übereinstimmend mit § 16 VwVG § 31 VwGBbg. Abs. 1 S. 1 dieser Vorschrift lässt allerdings (anders als § 16 Abs. 1 S. 1 VwVG → Rn. 2) **auch** einen **nachträglichen** Hinweis auf die Zulässigkeit der Ersatzzwangshaft (spätestens einen Monat vor Antragstellung) genügen; dieser ist gemäß § 31 Abs. 1 S. 2 VwGBbg zuzustellen. § 31 Abs. 4 VwGBbg stellt klar, dass die Haft nicht mehr vollstreckt werden darf, wenn der Anspruch auf das Zwangsgeld verjährt ist. § 16 Abs. 1 S. 2 VwVG entspricht § 40 VwGBbg.
Bremen: Nach § 20 BremVwVG wird die Ersatzzwangshaft, deren Voraussetzungen und Dauer im Übrigen inhaltsgleich mit § 16 VwVG geregelt sind, durch die Verwaltungsbehörde angeordnet; diese Anordnung bedarf aber der Bestätigung durch das Verwaltungsgericht (Art. 104 Abs. 2 S. 1 GG). Explizit ist geregelt, dass der Betroffene die Vollstreckung der Haft jederzeit durch Zahlung des Zwangsgeldes abwenden kann (§ 20 Abs. 4 S. 2 BremVwVG); das dürfte sich aber für das Bundesrecht auch ohne ausdrücklichen Hinweis von selbst verstehen. § 16 Abs. 1 S. 2 VwVG entspricht § 21 BremVwVG.
Hamburg: Nach § 16 Abs. 1 HmbVwVG ist (nicht nur Ersatzzwangshaft, sondern) Erzwingungshaft zulässig, wenn ein vorher angewandtes Zwangsmittel (nicht nur: Zwangsgeld) erfolglos geblieben ist und dessen Wiederholung oder ein anderes Zwangsmittel offenbar keinen Erfolg verspricht. Die Erzwingungshaft wird auf Antrag der Vollstreckungsbehörde durch Haftbefehl des Verwaltungsgerichts angeordnet (§ 16 Abs. 3 S. 1 HmbVwVG). Der Pflichtige wird durch eine Vollziehungsperson verhaftet (§ 16 Abs. 4 S. 1 HmbVwVG). Die Erzwingungshaft darf insgesamt sechs Wochen nicht überschreiten (§ 16 Abs. 2 S. 2 HmbVwVG). § 16 Abs. 1 S. 2 VwVG entspricht § 38 HmbVwVG.
Hessen: Mit § 16 VwVG inhaltsgleich § 76a HessVwVG; die Verhaftung erfolgt ebenfalls durch den Gerichtsvollzieher (§ 76a Abs. 2 HessVwVG iVm § 802g Abs. 2 ZPO). § 16 Abs. 1 S. 2 VwVG entspricht § 13 Nr. 2 HessVwVG.
Mecklenburg-Vorpommern: Mit § 16 VwVG inhaltsgleich § 91 SOG M-V (iVm § 110 VwVfG M-V); dort fehlt ein Hinweis auf die Anhörungspflicht, die sich indes auch unmittelbar aus Art. 103 Abs. 1 GG ergibt. § 16 Abs. 1 S. 2 VwVG entspricht § 98 SOG M-V.
Niedersachsen: Mit § 16 Abs. 1 S. 1 und Abs. 2 (→ Rn. 5) VwVG weitgehend übereinstimmend § 68 Abs. 1 NPOG (iVm § 70 Abs. 1 NVwVG);

§ 68 Abs. 2 NPOG regelt die Zuständigkeit des Amtsgerichts. § 16 Abs. 1 S. 2 VwVG entspricht § 75 NVwVG.

Nordrhein-Westfalen: Im Wesentlichen inhaltsgleich mit § 16 VwVG (des Bundes) § 61 VwVG NRW (dazu Göbel VR 1993, 425); allerdings kann (im Unterschied zu § 16 Abs. 1 S. 1 VwVG → Rn. 2) **auch nach Androhung** des Zwangsgeldes noch auf die Möglichkeit der Anordnung von Ersatzzwangshaft hingewiesen werden. § 16 Abs. 1 S. 2 VwVG entspricht § 79 VwVG NRW.

Rheinland-Pfalz: § 67 Abs. 3 LVwVG wiederholt noch einmal, was allgemein bereits in § 62 Abs. 4 LVwVG (→ § 15 Rn. 16) ausgesprochen (und eigentlich selbstverständlich) ist: mit Erfüllung der Verpflichtung endet die Vollstreckung. Im Übrigen stimmt § 67 LVwVG im Wesentlichen mit § 16 VwVG (des Bundes) überein. § 16 Abs. 1 S. 2 VwVG entspricht § 84 LVwVG.

Saarland: In Erzwingungshaft (als selbständiges Zwangsmittel, § 13 Abs. 1 Nr. 4 SVwVG; anzudrohen nach § 19 Abs. 1 SVwVG) darf der Pflichtige gemäß § 28 Abs. 1 SVwVG nur genommen werden, wenn ein anderes Zwangsmittel erfolglos war und dessen Wiederholung sowie die Anwendung eines anderen Zwangsmittels keinen Erfolg verspricht. Näheres über Anordnung und Vollstreckung der Erzwingungshaft, die (wie in Hamburg) höchstens sechs Wochen beträgt, in § 28 Abs. 2 und Abs. 3 SVwVG. § 16 Abs. 1 S. 2 VwVG (des Bundes) entspricht § 12 SVwVG.

Sachsen: Hinweis (im Gegensatz zu § 16 Abs. 1 S. 1 VwVG → Rn. 2) **auch nachträglich** möglich; sonst im Wesentlichen gleich lautend § 23 SächsVwVG. Den Haftbefehl erlässt § 23 Abs. 1 S. 1 SächsVwVG zufolge hier (nicht das Verwaltungsgericht → Rn. 6a, sondern) das Amtsgericht. § 16 Abs. 1 S. 2 VwVG entspricht § 28 SächsVwVG.

Sachsen-Anhalt: Rechtslage ähnlich Niedersachsen, aber Dauer bis (nicht nur zwei Wochen, sondern) sechs Monate, § 57 Abs. 1 SOG LSA (iVm § 71 Abs. 1 VwVG LSA). § 16 Abs. 1 S. 2 VwVG (des Bundes) entspricht § 75 VwVG LSA.

Schleswig-Holstein: § 240 LVwG beinahe gleichlautend mit § 16 VwVG. Dessen Abs. 1 S. 2 entspricht § 247 LVwG.

Thüringen: Sachlich übereinstimmend mit § 16 VwVG: § 49 ThürVwZVG. § 16 Abs. 1 S. 2 VwVG entspricht § 55 ThürVwZVG.

§ 17 Vollzug gegen Behörden

Gegen Behörden und juristische Personen des öffentlichen Rechts sind Zwangsmittel unzulässig, soweit nicht etwas anderes bestimmt ist.

I. Systematische Stellung der Vorschrift

1 § 17 VwVG entspricht § 255 AO für die Vollstreckung von Geldforderungen und § 172 VwGO für die Vollstreckung aus zivil- und verwaltungsge-

richtlichen Urteilen, Beschlüssen und Vergleichen (zu dieser Problematik Wettlaufer, 36 ff.; zur Anwendung von § 172 VwGO auf gerichtliche Vergleiche OVG Saarlouis v. 22.2.2001 – 2 Y 8/00; eingehend und engagiert zu § 172 VwGO Tillmanns in Sadler/Tillmanns § 17 VwVG Rn. 6 ff.). Soweit die Vollstreckung gegen Behörden aus gerichtlichen Titeln betrieben wird, richtet sich die Ersatzvornahme nach § 167 Abs. 1 VwGO iVm § 887 ZPO (VGH München NVwZ 2001, 822).

Vorrangig vor § 17 VwVG ist zu prüfen, ob gegen die Behörde oder juristische Person des öffentlichen Rechts überhaupt ein **Grundverwaltungsakt** erlassen werden darf, was für sich bereits meist ausscheidet (dazu von Pollern/Brunn in Schweickhardt/Vondung Rn. 970).

II. Geschützte Pflichtige

§ 17 VwVG betrifft Bundes-, Landes- und Kommunalbehörden, juristi- 2
sche Personen des Bundes- und des Landesrechts als Pflichtige.

Behörde ist ein (nichtrechtsfähiges) Verwaltungs- oder Rechtsprechungsorgan des Staates oder eines anderen Trägers öffentlicher Verwaltung, das für externe konkrete Verwaltungsrechtshandlungen zuständig ist (vgl. WBSK § 45 Rn. 20; die Legaldefinitionen einzelner Gesetze wie § 1 Abs. 4 VwVfG oder § 11 Abs. 1 Nr. 7 StGB sind jeweils speziell auf das betreffende Gesetz zugeschnitten und nicht übertragbar); den Trägern öffentlicher Verwaltung stehen die nichtrechtsfähigen, aber relativ selbstständigen organisatorischen Einheiten mit eigenen Organen gleich. Gesetzgebungskörperschaften und Regierungsorgane werden herkömmlich nicht als Behörden bezeichnet; sie werden aber nach dem Sinn von § 17 VwVG für das Verwaltungsvollstreckungsverfahren wie Behörden zu behandeln sein (Waldhoff in H-RS-AV § 46 Rn. 98 mwN). Organe juristischer Personen des privaten Rechts sind keine Behörden, auch wenn diese öffentliche Aufgaben erfüllen, selbst dann, wenn Hoheitsträger an ihnen beteiligt sind (so auch Tillmanns in Sadler/Tillmanns § 17 VwVG Rn. 34). Das ist vor allem wichtig für die kommunalen Eigengesellschaften. Streitig ist dagegen, ob eine Behörde nur dann vorhanden ist, wenn das Verwaltungsorgan hoheitlich handeln kann (so Rasch VerwArch 50 (1959), 11 f.). In der Rechtsprechung sind zB die Organe öffentlicher Sparkassen und Pfandbriefanstalten als Behörden anerkannt worden, obwohl sie in den Formen des Privatrechts tätig werden (vgl. BGHZ 3, 110 (117 f.)).

Der BGH, der in ständiger Rechtsprechung die Auffassung vertritt, dass der Behördenbegriff in allen gesetzlichen Vorschriften grundsätzlich in einem einheitlichen Sinne, und zwar iSd Staats- und Verwaltungsrechts aufzufassen sei (BGHZ 25, 186 (194); 40, 225 (228)), hat auf Grund der besonderen Regelungen des **Sozialversicherungsrechts** die Behördeneigenschaft **verneint** für die Ortskrankenkassen, Berufsgenossenschaften und Knappschaften (BGHZ 25, 186 (196)) sowie für die Bundesversicherungsanstalt für Angestellte (BGHZ 40, 225 (230)).

III. Gesetzliche Ausnahmen („andere Bestimmungen")

1. Kommunalaufsichtsbehörden

3   Diese können nach dem Kommunalrecht der Länder Zwangsmittel anwenden, um ihre Anordnungen durchzusetzen. Die **Ersatzvornahme** steht dabei im Mittelpunkt (geregelt in § 123 GemO BW, Art. 113 GO, § 116 BbgKVerf, § 78 VerfBrhv, § 140 HGO, § 82 Abs. 2 KV M-V, § 174 Abs. 2 NKomVG, § 123 Abs. 2 GO NRW, § 123 GemO RhPf, § 133 KSVG, § 116 SächsGemO, § 148 KVG LSA, § 125 GO SchlH, § 121 ThürKO; dazu ausführlich Schnapp, Die Ersatzvornahme der Kommunalaufsicht). Indes ist dieser Begriff im Recht der Kommunalaufsicht weiter als im VwVG. Er umfasst auch den Fall, dass die Aufsichtsbehörde an Stelle der Gemeinde selbst handelt; dieser Fall würde im Rahmen des VwVG unter den Begriff des unmittelbaren Zwangs fallen. In einigen Ländern hat die Kommunalaufsichtsbehörde daneben das Recht, durch eine **Finanzsperre** auf die Willensbildung der Gemeinde einzuwirken.

2. Bundesanstalt für Finanzdienstleistungsaufsicht

4   Diese kann die Befolgung ihrer Verfügungen mit Zwangsmitteln nach dem VwVG durchsetzen (§ 17 Abs. 1 S. 1 FinDAG; § 46 S. 1 WpÜG); sie kann Zwangsmittel auch gegen juristische Personen des öffentlichen Rechts anwenden (§ 17 Abs. 1 S. 3 FinDAG; § 46 S. 2 WpÜG). Der Zwangsgeldhöchstbetrag (→ § 11 Rn. 8) beläuft sich auf 500.000 Euro (§ 46 S. 4 WpÜG) bzw. nunmehr 2.500.000 Euro (§ 17 Abs. 1 S. 4 FinDAG nF).

3. Wasser- und Bodenverbände

5   Kommt der Verband einer Anweisung der Aufsichtsbehörde, die sie auf Grund ihrer Aufsichtsbefugnis erlässt, nicht innerhalb der gesetzten Frist nach, kann die Aufsichtsbehörde gemäß § 76 WVG anstelle des Verbands das Erforderliche anordnen und auf dessen Kosten selbst oder durch einen anderen durchführen; die Verwaltungs-Vollstreckungsgesetze der Länder (→ Rn. 7) finden entsprechende Anwendung.

4. Immissionsschutzbehörden

6   Deren allgemeine Eingriffsermächtigungen nach §§ 17 und 24 BImSchG sind **keine** Bestimmungen, die zur Anwendung von Verwaltungszwang gegen Hoheitsträger berechtigen (VGH Kassel NVwZ 1997, 304; GewArch 2002, 387).

IV. Landesrecht

7   **Baden-Württemberg:** Inhaltsgleich § 22 LVwVG; s.a. App VBlBW 2006, 94.
    Bayern: Inhaltsgleich Art. 29 Abs. 4 VwZVG.
    Brandenburg: Gleichlautend mit § 17 VwVG: § 7 Abs. 4 VwVGBbg.

Hamburg: Gegen den Bund oder ein Land ist die Vollstreckung unzulässig, § 10 Abs. 1 S. 1 HmbVwVG; im Übrigen ist die Vollstreckung gegen eine juristische Person des öffentlichen Rechts, die der Staatsaufsicht unterliegt, gemäß § 10 Abs. 1 S. 2 HmbVwVG nur mit Zustimmung der zuständigen Aufsichtsbehörde zulässig.
Hessen: Inhaltsgleich § 73 HessVwVG. Zur Zustandshaftung bei Zwangserbschaft des Fiskus VGH Kassel BeckRS 2014, 51416 (Rn. 39 ff.: Androhung und Anordnung der Ersatzvornahme gegen das Land Hessen, aufgehoben).
Mecklenburg-Vorpommern: Mit § 17 VwVG inhaltsgleich § 85 SOG M-V (iVm § 110 VwVfG M-V).
Niedersachsen: Nach § 64 Abs. 2 S. 3 NPOG (iVm 70 Abs. 1 NVwVG) kann Ersatzvornahme in den Fällen des Sofortvollzugs auch gegen juristische Personen des öffentlichen Rechts als polizeiliche Zustandsstörer angewandt werden, wenn dies zur Abwendung einer gegenwärtigen Gefahr erforderlich ist; sie dürfen dadurch jedoch nicht an der Erfüllung ihrer öffentlichen Aufgaben gehindert werden.
Nordrhein-Westfalen: Wortgleich § 76 VwVG NRW.
Rheinland-Pfalz: Inhaltsgleich § 7 LVwVG.
Saarland: Im Wesentlichen gleich lautend § 17 SVwVG.
Schleswig-Holstein: Inhaltsgleich § 234 LVwG.
Thüringen: Formulierung wie in Bayern (§ 44 Abs. 3 ThürVwZVG).

§ 18 Rechtsmittel

(1) Gegen die Androhung eines Zwangsmittels sind die Rechtsmittel gegeben, die gegen den Verwaltungsakt zulässig sind, dessen Durchsetzung erzwungen werden soll. Ist die Androhung mit dem zugrunde liegenden Verwaltungsakt verbunden, so erstreckt sich das Rechtsmittel zugleich auf den Verwaltungsakt, soweit er nicht bereits Gegenstand eines Rechtsmittel- oder gerichtlichen Verfahrens ist. Ist die Androhung nicht mit dem zugrunde liegenden Verwaltungsakt verbunden und ist dieser unanfechtbar geworden, so kann die Androhung nur insoweit angefochten werden, als eine Rechtsverletzung durch die Androhung selbst behauptet wird.

(2) Wird ein Zwangsmittel ohne vorausgehenden Verwaltungsakt angewendet (§ 6 Abs. 2), so sind hiergegen die Rechtsmittel zulässig, die gegen Verwaltungsakte allgemein gegeben sind.

Übersicht

	Rn.
I. Weitergeltung der Vorschrift nach Inkrafttreten der VwGO .	1
II. Rechtsschutz gegen die Zwangsmittelandrohung (Abs. 1)	2
1. Statthafte Rechtsbehelfe (Abs. 1 S. 1)	3
2. Beachtliche Einwendungen	4
a) Zwangsmittelandrohung mit VA verbunden (Abs. 1 S. 2)	5

	Rn.
b) Isolierte Zwangsmittelandrohung (Abs. 1 S. 3)	6
III. Rechtsschutz beim sofortigen Vollzug (Abs. 2)	7
IV. In § 18 nicht geregelte Rechtsschutzfragen	8
1. Rechtsschutz gegen die Festsetzung eines Zwangsmittels .	9
a) Zwangsgeld	10
b) Ersatzvornahme	11
c) Unmittelbarer Zwang	12
2. Rechtsschutz bei Unzulässigkeit der Vollstreckung im Ganzen	13
V. Landesrecht	14

I. Weitergeltung der Vorschrift nach Inkrafttreten der VwGO

1 Ob § 18 VwVG durch die VwGO außer Kraft gesetzt worden (so Renck NJW 1966, 1251) oder zumindest seit ihrem Inkrafttreten ohne Bedeutung ist (so für § 18 Abs. 1 VwVG Sadler 1. Aufl. VwVG § 18 Anm. 1; BVerwG Buchholz 310 § 42 VwGO Nr. 157 und Sadler 7. Aufl. VwVG § 18 Rn. 1 sehen in § 18 Abs. 1 VwVG eine **Konkretisierung** des von der VwGO gewährten Rechtsschutzes), kann nicht generell, sondern nur für seine einzelnen Bestandteile beantwortet werden. In erster Linie dienen die Regelungen in § 18 VwVG der **Klarstellung** (so zutr. Lemke in FKS VwVG § 18 Rn. 1).

II. Rechtsschutz gegen die Zwangsmittelandrohung (Abs. 1)

2 § 18 Abs. 1 VwVG regelt den Rechtsschutz gegen die Zwangsmittelandrohung (§ 13) zur Durchsetzung eines Verwaltungsaktes. Dient die Zwangsmittelandrohung nicht der Durchsetzung eines Verwaltungsakts, sondern der Vollstreckung eines Titels nach § 168 Abs. 1 VwGO zu Gunsten eines in § 169 VwGO genannten Vollstreckungsgläubigers, so ist § 18 Abs. 1 S. 1 VwVG nicht anwendbar. In diesen Fällen, in denen Vollzugsbehörde der Vorsitzende des Verwaltungsgerichts ist, ist die Beschwerde nach § 146 VwGO gegeben; auch im Falle einer Zwangsgeldandrohung gem. § 80a Abs. 1 Nr. 2 VwGO (OVG Lüneburg NdsVBl. 2000, 71). Ob die Androhung eines Zwangsmittels als Verwaltungsakt angegriffen werden kann, bestimmt sich danach, wie diese Vollziehungsmaßnahme nach dem jeweils anzuwendenden Verwaltungsvollstreckungsrecht ausgestaltet ist, insbesondere ob ihr die Bedeutung einer eigenständigen rechtlichen Regelung beizumessen ist (BVerwG DVBl. 1989, 362; für die Androhung nach schleswig-holsteinischem Landesrecht bejahend OVG Schleswig GewArch 1992, 232). Für nicht anfechtbar hält OVG Lüneburg VKBl. 1985, 46 die Kostenveranschlagung im Rahmen der Androhung von Ersatzvornahme, da sie ausschließlich Warn-, aber keine Schutzfunktion habe.

1. Statthafte Rechtsbehelfe (Abs. 1 S. 1)

3 Nach § 18 Abs. 1 S. 1 VwVG bestimmt sich die Zulässigkeit von Rechtsbehelfen (zu Recht kritisch zu der überholten Nomenklatur von § 18 Till-

Rechtsmittel **§ 18 VwVG**

manns in Sadler/Tillmanns VwVG Vorbemerkung zu § 18) gegen die Zwangsmittelandrohung nach dem Verwaltungsakt, der durchgesetzt werden soll. Für förmliche Rechtsbehelfe gegen Verwaltungsakte verweist § 79 VwVfG auf die VwGO. Danach sind Widerspruch und Anfechtungsklage gegeben. Da allerdings die Androhung eines Zwangsmittels **selbst ein Verwaltungsakt** ist (→ § 13 Rn. 1b), gilt § 79 VwVfG auch für sie unmittelbar, so dass es § 18 Abs. 1 S. 1 VwVG nicht mehr bedürfte.

2. Beachtliche Einwendungen

Dagegen enthalten § 18 Abs. 1 S. 2 und 3 VwVG Spezialbestimmungen, **4** die **durch die VwGO nicht überholt** sind.

a) Zwangsmittelandrohung mit VA verbunden (Abs. 1 S. 2). Ist die **5** Zwangsmittelandrohung mit dem zugrundeliegenden Verwaltungsakt verbunden, sichert § 18 Abs. 1 S. 2 VwVG dem Betroffenen die umfassende Überprüfung **aller möglichen** Einwendungen. Trotz der apodiktischen Formulierung der Vorschrift besteht freilich kein Grund, dem Betroffenen die Möglichkeit zu versagen, sein Rechtsmittel ausdrücklich auf die Zwangsmittelandrohung zu beschränken.

b) Isolierte Zwangsmittelandrohung (Abs. 1 S. 3). Ist die Androhung **6** des Zwangsmittels **nicht mit dem zugrundeliegenden Verwaltungsakt verbunden** und ist dieser **bereits unanfechtbar** geworden (§ 18 Abs. 1 S. 3 VwVG), so muss der Betroffene (und ebenso ein evtl. Rechtsnachfolger, OVG Münster NVwZ-RR 2004, 478) geltend machen, dass die **Androhung** selbst nicht zulässig sei, weil zB der Verwaltungsakt ihm gegenüber nicht Grundlage eines Verwaltungszwanges sei, weil er dem in dem Verwaltungsakt enthaltenen Ge- oder Verbot nachgekommen oder auch weil der Vollzugszweck bereits weggefallen sei (→ § 15 Rn. 8). Einwendungen gegen die Rechtmäßigkeit des Verwaltungsaktes selbst kann er dagegen nicht mehr erheben (BVerfG BayVBl. 1999, 304; Erichsen/Rauschenberg Jura 1998, 323; Rudolph, 102). Auch im isolierten Verfahren auf Anordnung der aufschiebenden Wirkung des Widerspruchs gegen eine Zwangsgeldfestsetzung bleibt die Rechtmäßigkeit der sofort vollziehbaren Grundverfügung und der Androhung grundsätzlich außer Betracht (OVG Bautzen NVwZ-RR 1999, 101). AA Zuleeg, 160 und für den Bereich des Polizeivollzugsdienstes Knemeyer Rn. 279, da im Recht des Polizeivollzugsdienstes der Grundsatz der Konnexität gelte, wonach Verwaltungszwang als Sekundärmaßnahme nur dann rechtmäßig sei, wenn auch die Primärmaßnahme rechtmäßig sei, was sich daraus ergebe, dass im Polizeirecht Primärmaßnahme und Vollstreckung zeitlich (meistens) zusammenfielen und so eine Einheit bildeten.

Problematisch VG Bremen NVwZ-RR 1998, 468 f. (Ls. 3), wonach auch bei Vorliegen eines bestandskräftigen Grundverwaltungsaktes die Behörde die Vollstreckung nicht weiterbetreiben dürfe, wenn sie dessen Rechtswidrigkeit erkannt habe oder sich ihr diese geradezu aufdrängen müsse; das wird man nur annehmen können, wenn die Rücknahme des Grundverwaltungsaktes nach § 48 VwVfG angezeigt erscheint (dazu Kopp/Ramsauer § 48 VwVfG Rn. 79).

Den Fall, dass die Zwangsmittelandrohung nicht mit dem zugrundeliegenden Verwaltungsakt verbunden, dieser aber auch **noch nicht unanfechtbar** geworden ist, hat das Gesetz nicht ausdrücklich geregelt. Auf ihn wird man zweckmäßigerweise § 18 Abs. 1 **S. 2** VwVG (→ Rn. 5) anwenden (zustimmend wohl VGH Kassel ESVGH 23, 116, 120). Es besteht kein sachlicher Anlass, hier anders zu verfahren als bei Verbindung von Verwaltungsakt und Zwangsmittelandrohung (anders VG Meiningen ThürVBl 2001, 115). Solange der Betroffene den Verwaltungsakt noch anfechten kann, kann man im Zweifel davon ausgehen, dass er **alle ihm zu Gebote stehenden** Einwendungen gegen das Vorgehen der Behörde geltend machen will, also auch eine etwaige Rechtswidrigkeit des der Zwangsmittelandrohung zugrundeliegenden Verwaltungsakts.

III. Rechtsschutz beim sofortigen Vollzug (Abs. 2)

7   Für den Fall des sofortigen Zwanges (→ § 6 Rn. 22) eröffnet § 18 Abs. 2 VwVG gegen die Anwendung des Zwangsmittels **Widerspruch** und **Anfechtungsklage** (anders inzwischen die Polizei- und Ordnungsgesetze der Länder). In diesem Fall bedarf es also keiner Entscheidung, ob die Anwendung von Ersatzvornahme oder unmittelbarem Zwang ihrer Natur nach als Verwaltungsakt zu qualifizieren ist (für den unmittelbaren Zwang bejahend: OVG Berlin JR 1970, 435, 436). § 18 Abs. 2 VwVG kann allerdings nicht das tatsächliche Handeln des ersatzweise tätig werdenden Dritten, einer Privatperson, zu einem Verwaltungsakt machen; „Anwendung" der Ersatzvornahme iSv § 18 Abs. 2 VwVG ist die behördliche Anordnung nach § 14 VwVG (→ § 14 Rn. 3).

Eines „bestätigenden" Bescheids (vgl. Tillmanns in Sadler/Tillmanns § 18 VwVG Rn. 20–22) bedarf es zur Eröffnung des zulässigen Rechtsbehelfs nicht. Ein solcher Bescheid könnte allenfalls durch die Rechtsbehelfsbelehrung den Betroffenen auf diese Möglichkeit aufmerksam machen. Es ist allerdings nicht unbezweifelbar, ob die Behörde durch eine nachträgliche Rechtsbehelfsbelehrung die durch die sofortige Zwangsmaßnahme ohne Belehrung zunächst eröffnete **Jahresfrist** (§ 58 Abs. 2 VwGO) nachträglich abkürzen kann. Man wird dies aber für zulässig halten müssen. Die Jahresfrist ist nur eine Folge der unterbliebenen Belehrung; ist der Betroffene – auch nachträglich – belehrt, so hat er von diesem Zeitpunkt an kein schutzwürdiges Interesse mehr an einer über die **Monatsfrist** des § 70 VwGO (Widerspruch) bzw. § 74 VwGO (Klage) hinausgehenden Frist.

IV. In § 18 nicht geregelte Rechtsschutzfragen

8   § 18 VwVG regelt den Rechtsschutz in der Verwaltungsvollstreckung nicht umfassend, sondern nur **bruchstückhaft.** Er bedarf daher in mehrerer Hinsicht der Ergänzung nach allgemeinen Grundsätzen (Überblick über den Rechtsschutz im Verwaltungsvollstreckungsverfahren bei Weber VR 2004, 253).

1. Rechtsschutz gegen die Festsetzung eines Zwangsmittels

Der Rechtsschutz gegen **andere Vollstreckungsmaßnahmen,** die auf 9
der Grundlage von § 6 Abs. 1 VwVG ergriffen werden, ist nicht in § 18
geregelt.

a) Zwangsgeld. Beim Zwangsgeld ist die Festsetzung ein anfechtbarer 10
Verwaltungsakt (→ § 14 Rn. 2). Das weitere Verfahren richtet sich nach
§§ 3, 5 VwVG und den dort genannten Vorschriften. Das Gericht kann ein
zu hoch festgesetztes Zwangsgeld nicht selbst auf einen angemessenen Betrag
reduzieren, da es damit in den Ermessensbereich der Verwaltungsbehörde
eingreifen würde (vgl. VGH Mannheim VBlBW 1995, 316). Die Beschwer
des Betroffenen entfällt bei einem Streit um die Rechtmäßigkeit eines
Zwangsgeldes nicht dadurch, dass er der Verpflichtung nachgekommen ist
(OVG Magdeburg FHOeffR 51 Nr. 8166).

b) Ersatzvornahme. Auch die Festsetzung der Ersatzvornahme ist als 11
Verwaltungsakt anzusehen (→ § 14 Rn. 3), damit dem Pflichtigen ausreichender Rechtsschutz zur Verfügung steht, so dass auch dagegen derselbe
Rechtsschutz gegeben ist wie gegen die Androhung (BVerwG NVwZ 1997,
381). Denn die Handlungen des beauftragten Dritten sind keine anfechtbaren
Hoheitsakte; andererseits kann der Pflichtige nicht vor den Zivilgerichten
auf Unterlassung klagen, weil der Ersatzvornahmeauftrag den Dritten rechtfertigt und von den Zivilgerichten nicht auf seine Rechtmäßigkeit hin überprüft werden kann.

Nimmt allerdings der Ersatzunternehmer die Zwangsgewalt der Polizei in
Anspruch (§ 15 Abs. 2 S. 2 VwVG), dann wird unmittelbar öffentliche
Gewalt ausgeübt. Hiergegen muss und kann der Betroffene das Verwaltungsgericht anrufen.

c) Unmittelbarer Zwang. Ebenso ist die Festsetzung des unmittelbaren 12
Zwanges ein **Verwaltungsakt** (→ § 14 Rn. 4).

2. Rechtsschutz bei Unzulässigkeit der Vollstreckung im Ganzen

Wendet der Betroffene sich nicht gegen einzelne Vollziehungsmaßnahmen, 13
sondern will er geltend machen, dass ein unanfechtbarer Verwaltungsakt ihm
gegenüber **überhaupt nicht** mehr oder noch nicht **vollzogen werden
dürfe,** so reichen die in → Rn. 1–12 genannten Rechtsschutzmöglichkeiten
nicht aus. Ob man in einem solchen Fall die Vollstreckungsabwehrklage
entsprechend § 767 ZPO oder eine vorbeugende Unterlassungsklage (vgl. mit
Einzelheiten Erichsen/Rauschenberg Jura 1998, 325) zulässt, macht praktisch
kaum einen Unterschied. Bei der systematischen Einordnung dürfte die **vorbeugende Unterlassungsklage** als Unterfall der allgemeinen verwaltungsgerichtlichen Leistungsklage die geringsten Schwierigkeiten bereiten.

Das Bundesverwaltungsgericht hat lediglich entschieden, dass § 173
VwGO in Verbindung mit § 767 ZPO dann nicht anwendbar ist, wenn nach
dem festgestellten Sachverhalt Klagen aus §§ 42, 43 VwGO zulässig sind

(BVerwG VerwRspr 19 Nr. 60; übereinstimmend VGH Kassel NVwZ-RR 1989, 507 f. [Ls. 2]).

Soweit gegen die Vollstreckung eines Verwaltungsaktes die Vollstreckungsabwehrklage zugelassen wird, ist es nur folgerichtig, vorläufigen Rechtsschutz durch einstweilige Einstellung der Zwangsvollstreckung nur in entsprechender Anwendung von § 769 ZPO zu gewähren; denn die Vollstreckungsabwehrklage ist keine Anfechtungsklage, so dass eine Wiederherstellung aufschiebender Wirkung gemäß § 80 Abs. 5 VwGO nicht in Betracht kommt (OVG Münster OVGE 23, 247).

Sieht man – wie hier – die verwaltungsgerichtliche Vollstreckungsabwehrklage als vorbeugende Unterlassungsklage an, so kann **vorläufiger Rechtsschutz** im Wege von § 123 VwGO gewährt werden (Erichsen/Rauschenberg Jura 1998, 326). § 123 Abs. 5 VwGO dürfte dem jedenfalls nicht entgegenstehen. Durch diese Bestimmung wird lediglich eine Konkurrenz von § 80 und § 123 VwGO verhindert. Bei der Gewährung vorläufigen Rechtsschutzes im Rahmen einer Vollstreckungsabwehrklage geht es nicht um die „Vollziehung des angefochtenen Verwaltungsaktes"; denn es ist ja gerade keine Anfechtungsklage gegen den Verwaltungsakt erhoben.

Zulässige Klageart gegen die Vorladung zur Abgabe der eidesstattlichen Versicherung ist die **Anfechtungsklage** (FG Saarland Urt. v. 31.5.2001 – 1 K 322/00 [Rn. 14]), des Gleichen gegen den Antrag auf Anordnung der Zwangsverwaltung eines Grundstücks (FG Saarland Urt. v. 14.10.1998 – 1 K 193/98 [Rn. 11]; differenzierend VG Gera LKV 2001, 82). Die Klage auf Feststellung der Verletzung des Steuergeheimnisses im Zuge der Forderungspfändung (gegenüber einem Schuldner des Vollstreckungsschuldners = Drittschuldner) kann als **Fortsetzungsfeststellungsklage** erhoben werden (FG Saarland BeckRS 1998, 14992 [Ls. 1]).

V. Landesrecht

14 **Baden-Württemberg:** Nach § 12 LVwVG haben Rechtsbehelfe gegen Maßnahmen der Verwaltungsvollstreckung keine aufschiebende Wirkung.
Bayern: Im Wesentlichen gleich lautend Art. 38 Abs. 1 und 2 VwZVG. Gemäß Art. 38 Abs. 3 S. 1 VwZVG kann gegen Maßnahmen der Vollstreckungsbehörde bei der Anwendung eines Zwangsmittels nur geltend gemacht werden, dass diese Maßnahmen eine selbstständige Rechtsverletzung darstellen. Die Rechtsbehelfe haben grundsätzlich keine aufschiebende Wirkung (Art. 21a VwZVG). Art. 39 VwZVG gewährt einen Anspruch auf Beseitigung der Vollstreckungsfolgen, wenn ein noch nicht unanfechtbarer Verwaltungsakt vollzogen und später aufgehoben oder geändert wird.

Im Übrigen entscheidet über Einwendungen gegen die Vollstreckung, die den zu vollstreckenden Anspruch betreffen (→ Rn. 13), die Anordnungsbehörde; sie sind nur zulässig, soweit die geltend gemachten Gründe erst nach Erlass des zu vollstreckenden Verwaltungsaktes entstanden sind und mit förmlichen Rechtsbehelfen nicht mehr geltend gemacht werden können (Art. 21 S. 1 VwZVG). Damit ist statt der Vollstreckungsabwehrklage die Anfechtungsklage gegen den die Einwendungen ablehnenden Bescheid der Anordnungsbehörde gegeben.

Brandenburg: Nach § 16 VwVGBbg haben Rechtsbehelfe gegen Maßnahmen der Vollstreckungsbehörden keine aufschiebende Wirkung.

Hamburg: Nach § 29 Abs. 1 HmbVwVG haben Rechtsbehelfe gegen Vollstreckungsakte keine aufschiebende Wirkung.

Hessen: § 12 HessVwVG (gilt für die gesamte Verwaltungsvollstreckung) eröffnet als Generalklausel für alle Streitigkeiten aus dem Vollstreckungsverhältnis wegen Vollstreckungsmaßnahmen der Verwaltungsbehörden den Verwaltungsrechtsweg, wegen Vollstreckungsmaßnahmen der ordentlichen Gerichte und der Gerichtsvollzieher den Rechtsweg zu den ordentlichen Gerichten. Nach VGH Kassel HessVGRspr 1990, 66 ist die Auswahl eines Zwangsmittels stets eine Regelung. Um einen Verwaltungsakt handele es sich auch dann, wenn die Behörde die Abschiebung eines Ausländers festsetze und dies dem Ausländer mit einer „Vollstreckungsverfügung" bekannt gebe, ungeachtet dessen, dass sie bereits vor Bekanntgabe der Vollstreckungsverfügung eine die Abschiebung androhende Verfügung erlassen habe. § 16 HessAGVwGO schließt die aufschiebende Wirkung von Widerspruch mit Anfechtungsklage gegen Vollstreckungs-Verwaltungsakte aus.

Mecklenburg-Vorpommern: Nach § 99 Abs. 1 S. 2 SOG M-V (iVm § 110 VwVfG M-V) haben Rechtsbehelfe gegen Verwaltungsakte in der Verwaltungsvollstreckung keine aufschiebende Wirkung. § 99 Abs. 2 SOG M-V ist § 256 AO (→ Anh. 1) nachgebildet, der in seinem ursprünglichen Anwendungsbereich auch für die Vollstreckung von Handlungen, Duldungen und Unterlassungen gilt.

Niedersachsen: Nach § 64 Abs. 4 NPOG (iVm § 70 Abs. 1 NVwVG) haben Rechtsbehelfe keine aufschiebende Wirkung. § 64 Abs. 5 NPOG zufolge sind Einwendungen gegen die Rechtmäßigkeit eines Verwaltungsaktes, der mit Zwangsmitteln durchgesetzt werden soll, auch wenn diese nach Eintritt der Unanfechtbarkeit entstanden sind, außerhalb des Verfahrens zu dessen Durchsetzung mit den hierfür gegebenen Rechtsbehelfen zu verfolgen.

Nordrhein-Westfalen: Rechtsbehelfe gegen Maßnahmen der Vollzugsbehörden in der Verwaltungsvollstreckung haben keine aufschiebende Wirkung (§ 112 JustG NRW).

Rheinland-Pfalz: Soweit Vollstreckungsmaßnahmen Verwaltungsakte sind oder als solche gelten, können sie mit den allgemeinen Rechtsmitteln angefochten werden, § 16 Abs. 1 LVwVG (gilt für die gesamte Verwaltungsvollstreckung). Einwendungen, die sich gegen den Anspruch selbst richten, können nur geltend gemacht werden, soweit sie nach Erlass des Verwaltungsaktes entstanden sind und durch Anfechtung nicht mehr geltend gemacht werden konnten (§ 16 Abs. 2 S. 2 LVwVG). Rechtsbehelfe, die sich gegen Maßnahmen in der Verwaltungsvollstreckung richten, haben keine aufschiebende Wirkung (§ 20 AGVwGO). Wer aus Gründen des bürgerlichen Rechts in Anspruch genommen wird (§ 6 Abs. 2, 3 LVwVG) und bestreitet, zur Erfüllung oder Duldung der Vollstreckung verpflichtet zu sein, kann gegen die zurückweisende Entscheidung der Vollstreckungsbehörde Zivilklage erheben (§ 17 Abs. 2 LVwVG; gilt für die gesamte Verwaltungsvollstreckung). Mit § 18 Abs. 1 S. 1 und 2 VwVG im Wesentlichen gleich lautend § 66 Abs. 6 LVwVG. Nach § 15 LVwVG (gilt für die gesamte Verwaltungsvollstreckung) kann der Pflichtige Entschädigung in Geld für den ihm durch die Vollstreckung entstandenen Schaden verlangen, wenn ein Verwaltungsakt aufgehoben oder geändert wird, dessen sofortige Vollstreckung angeordnet war.

Saarland: Gemäß § 20 AGVwGO haben Rechtsbehelfe gegen Maßnahmen der Verwaltungsvollstreckung keine aufschiebende Wirkung.

Sachsen: Nach § 11 SächsVwVG haben Rechtsbehelfe gegen Maßnahmen der Verwaltungsvollstreckung keine aufschiebende Wirkung.

Sachsen-Anhalt: § 9 AG VwGO LSA zufolge haben Rechtsbehelfe keine aufschiebende Wirkung.

Schleswig-Holstein: § 322 Abs. 1 LVwG verweist über § 248 LVwG auf die Vorschriften der VwGO. Rechtsbehelfe gegen Vollstreckungs- respektive „Vollzugsmaßnahmen" haben keine aufschiebende Wirkung, § 248 Abs. 1 S. 2 LVwG. § 248 Abs. 2 LVwG gleicht § 256 AO (→ dort Rn. 5).

Thüringen: § 30 ThürVwZVG schließt die aufschiebende Wirkung von Rechtsbehelfen aus. § 31 ThürVwZVG enthält in Abs. 1 S. 1 (für die gesamte Verwaltungsvollstreckung) eine § 256 AO wörtlich entsprechende Regelung (→ AO § 256 Rn. 5) und bestimmt in Abs. 2–4 den Rechtsweg. § 46 Abs. 7 ThürVwZVG ist inhaltsgleich mit § 18 VwVG.

Dritter Abschnitt. Kosten

§ 19 Kosten

(1) **Für Amtshandlungen nach diesem Gesetz werden Kosten (Gebühren und Auslagen) gemäß § 337 Abs. 1, §§ 338 bis 346 der Abgabenordnung erhoben. Für die Gewährung einer Entschädigung an Auskunftspflichtige, Sachverständige und Treuhänder gelten §§ 107 und 318 Abs. 5 der Abgabenordnung.**

(2) **Für die Mahnung nach § 3 Abs. 3 wird eine Mahngebühr erhoben. Sie beträgt ein halbes Prozent des Mahnbetrages, mindestens jedoch 5 Euro und höchstens 150 Euro. Die Mahngebühr wird auf volle Euro aufgerundet.**

(3) **Soweit die Bundespolizei nach diesem Gesetz tätig wird, werden Gebühren und Auslagen nach dem Bundesgebührengesetz erhoben.**

Übersicht

	Rn.
I. Allgemeines: Entstehungsgeschichte	1
II. Verweisung auf die AO (Abs. 1)	2
1. Kosten (Gebühren und Auslagen) für Amtshandlungen (Abs. 1 S. 1)	2

	Rn.
2. Entschädigung der Auskunftspflichtigen, Sachverständigen und Treuhänder (Abs. 1 S. 2)	3
III. Amtshandlung	4
IV. Kosten	5
1. Gebühren	5a
2. Auslagen	5b
3. Aufwendungen als Gebühren	5c
4. Unrichtige Sachbehandlung	5d
a) Keine Kostenerhebung (Abs. 1 S. 1 iVm § 346 Abs. 1 AO)	5d
b) Anscheins- und Verdachtsstörer	5e
5. Beitreibung als öffentlich-rechtliche Geldforderungen	5f
6. Auswahl unter mehreren Kostenpflichtigen	6
7. Verjährung	6a
a) Frist	6a
b) Wirkung	6b
8. Vollstreckungshilfe	6c
V. Mahngebühren (Abs. 2)	7
VI. Bundespolizei (Abs. 3)	7a
1. Allgemeines: Sinn und Zweck	7a
2. Allgemeine und Besondere Gebührenverordnung (BMI)	7b
VII. Landesrecht	8
VIII. Justizbeitreibungsgesetz	9

I. Allgemeines: Entstehungsgeschichte

§ 19 Abs. 1 VwVG gilt in der Fassung von Art. 40 Nr. 3 EGAO 1977 **1** (BGBl. 1976 I 3341, 3365), § 19 Abs. 2 S. 2 und 3 in der Fassung des Änderungsgesetzes vom 25.11.2014 (BGBl. I 1770).

§ 19 Abs. 3 VwVG wurde durch Art. 3 des Gesetzes zur Einbeziehung der Bundespolizei in den Anwendungsbereich des Bundesgebührengesetzes vom 10.3.2017 (BGBl. I 417) angefügt und ist gemäß Art 7 dieses Gesetzes zum 1.10.2019 in Kraft getreten.

II. Verweisung auf die AO (Abs. 1)

1. Kosten (Gebühren und Auslagen) für Amtshandlungen (Abs. 1 S. 1)

Die in § 19 Abs. 1 S. 1 VwVG in Bezug genommenen Vorschriften lauten: **2**

§ 337 Kosten der Vollstreckung

(1) Im Vollstreckungsverfahren werden Kosten (Gebühren und Auslagen) erhoben. Schuldner dieser Kosten ist der Vollstreckungsschuldner.

(2) …

§ 338 Gebührenarten

Im Vollstreckungsverfahren werden Pfändungsgebühren (§ 339), Wegnahmegebühren (§ 340) und Verwertungsgebühren (§ 341) erhoben.

§ 339 Pfändungsgebühr

(1) Die Pfändungsgebühr wird erhoben für die Pfändung von beweglichen Sachen, von Tieren, von Früchten, die vom Boden noch nicht getrennt sind, von Forderungen und von anderen Vermögensrechten.

(2) Die Gebühr entsteht:
1. sobald der Vollziehungsbeamte Schritte zur Ausführung des Vollstreckungsauftrags unternommen hat,
2. mit der Zustellung der Verfügung, durch die eine Forderung oder ein anderes Vermögensrecht gepfändet werden soll.

(3) Die Gebühr beträgt 26 Euro.

(4) Die Gebühr wird auch erhoben, wenn
1. die Pfändung durch Zahlung an den Vollziehungsbeamten abgewendet wird,
2. auf andere Weise Zahlung geleistet wird, nachdem sich der Vollziehungsbeamte an Ort und Stelle begeben hat,
3. ein Pfändungsversuch erfolglos geblieben ist, weil pfändbare Gegenstände nicht vorgefunden wurden, oder
4. die Pfändung in den Fällen des § 281 Abs. 3 dieses Gesetzes sowie der §§ 812 und 851b Abs. 1 der Zivilprozessordnung unterbleibt.

Wird die Pfändung auf andere Weise abgewendet, wird keine Gebühr erhoben.

§ 340 Wegnahmegebühr

(1) Die Wegnahmegebühr wird für die Wegnahme beweglicher Sachen einschließlich Urkunden in den Fällen der §§ 310, 315 Abs. 2 Satz 5, §§ 318, 321, 331 und 336 erhoben. Dies gilt auch dann, wenn der Vollstreckungsschuldner an den zur Vollstreckung erschienenen Vollziehungsbeamten freiwillig leistet.

(2) § 339 Abs. 2 Nr. 1 ist entsprechend anzuwenden.

(3) Die Höhe der Wegnahmegebühr beträgt 26 Euro. Die Gebühr wird auch erhoben, wenn die in Absatz 1 bezeichneten Sachen nicht aufzufinden sind.

§ 341 Verwertungsgebühr

(1) Die Verwertungsgebühr wird für die Versteigerung und andere Verwertung von Gegenständen erhoben.

(2) Die Gebühr entsteht, sobald der Vollziehungsbeamte oder ein anderer Beauftragter Schritte zur Ausführung des Verwertungsauftrags unternommen hat.

(3) Die Gebühr beträgt 52 Euro.

(4) Wird die Verwertung abgewendet (§ 296 Abs. 1 Satz 4), ist eine Gebühr von 26 Euro zu erheben.

§ 342 Mehrheit von Schuldnern

(1) Wird gegen mehrere Schuldner vollstreckt, so sind die Gebühren, auch wenn der Vollziehungsbeamte bei derselben Gelegenheit mehrere Vollstreckungshandlungen vornimmt, von jedem Vollstreckungsschuldner zu erheben.

(2) Wird gegen Gesamtschuldner wegen der Gesamtschuld bei derselben Gelegenheit vollstreckt, so werden Pfändungs-, Wegnahme- und Verwertungsgebühren nur einmal erhoben. Die in Satz 1 bezeichneten Personen schulden die Gebühren als Gesamtschuldner.

§ 343 (weggefallen)

Kosten § 19 VwVG

§ 344 Auslagen

(1) Als Auslagen werden erhoben:
1. Schreibauslagen für nicht von Amts wegen zu erteilende oder per Telefax übermittelte Abschriften; die Schreibauslagen betragen unabhängig von der Art der Herstellung
   a) für die ersten 50 Seiten je Seite 0,50 Euro,
   b) für jede weitere Seite 0,15 Euro,
   c) für die ersten 50 Seiten in Farbe je Seite 1,00 Euro
   d) für jede weitere Seite in Farbe 0,30 Euro.
   Werden anstelle von Abschriften elektronisch gespeicherte Dateien überlassen, betragen die Auslagen 1,50 Euro je Datei. Für die in einem Arbeitsgang überlassenen oder in einem Arbeitsgang auf einen Datenträger übertragenen Dokumente werden insgesamt höchstens 5 Euro erhoben. Werden zum Zweck der Überlassung von elektronisch gespeicherten Dateien Dokumente zuvor auf Antrag von der Papierform in die elektronische Form übertragen, beträgt die Pauschale für Schreibauslagen nach Satz 2 nicht weniger, als die Pauschale im Fall von Satz 1 betragen würde.
2. Entgelte für Post- und Telekommunikationsdienstleistungen, ausgenommen die Entgelte für Telefondienstleistungen im Orts- und Nahbereich,
3. Entgelte für Zustellungen durch die Post mit Zustellungsurkunde; wird durch die Behörde zugestellt (§ 5 des Verwaltungszustellungsgesetzes), so werden 7,50 Euro erhoben,
4. Kosten, die durch öffentliche Bekanntmachung entstehen,
5. an die zum Öffnen von Türen und Behältnissen sowie an die zur Durchsuchung von Vollstreckungsschuldnern zugezogenen Personen zu zahlende Beträge,
6. Kosten für die Beförderung, Verwahrung und Beaufsichtigung gepfändeter Sachen, Kosten für die Aberntung gepfändeter Früchte und Kosten für die Verwahrung, Fütterung, Pflege und Beförderung gepfändeter Tiere,
7. Beträge, die in entsprechender Anwendung des Justizvergütungs- und -entschädigungsgesetzes an Auskunftspersonen und Sachverständige (§ 107) sowie Beträge, die an Treuhänder (§ 318 Abs. 5) zu zahlen sind,
7a. Kosten, die von einem Kreditinstitut erhoben werden, weil ein Scheck des Vollstreckungsschuldners nicht eingelöst wurde.
7b. Kosten für die Umschreibung eines auf einen Namen lautenden Wertpapiers oder für die Wiederinkurssetzung eines Inhaberpapiers,
8. andere Beträge, die auf Grund von Vollstreckungsmaßnahmen an Dritte zu zahlen sind, insbesondere Beträge, die bei der Ersatzvornahme oder beim unmittelbaren Zwang an Beauftragte und an Hilfspersonen gezahlt werden, und sonstige durch Ausführung des unmittelbaren Zwanges oder Anwendung der Ersatzzwangshaft entstandene Kosten.

(2) Steuern, die die Finanzbehörde auf Grund von Vollstreckungsmaßnahmen schuldet, sind als Auslagen zu erheben.

(3) Werden Sachen oder Tiere, die bei mehreren Vollstreckungsschuldnern gepfändet worden sind, in einem einheitlichen Verfahren abgeholt und verwertet, so werden die Auslagen, die in diesem Verfahren entstehen, auf die beteiligten Vollstreckungsschuldner verteilt. Dabei sind die besonderen Umstände des einzelnen Falls, vor allem Wert, Umfang und Gewicht der Gegenstände, zu berücksichtigen.

Troidl

§ 345 Reisekosten und Aufwandsentschädigungen

Im Vollstreckungsverfahren sind die Reisekosten des Vollziehungsbeamten und Auslagen, die durch Aufwandsentschädigungen abgegolten werden, von dem Vollstreckungsschuldner nicht zu erstatten.

§ 346 Unrichtige Sachbehandlung, Festsetzungsfrist

(1) Kosten, die bei richtiger Behandlung der Sache nicht entstanden wären, sind nicht zu erheben.

(2) Die Frist für den Ansatz der Kosten und für die Aufhebung und Änderung des Kostenansatzes beträgt ein Jahr. Sie beginnt mit Ablauf des Kalenderjahrs, in dem die Kosten entstanden sind. Einem vor Ablauf der Frist gestellten Antrag auf Aufhebung oder Änderung kann auch nach Ablauf der Frist entsprochen werden.

2. Entschädigung der Auskunftspflichtigen, Sachverständigen und Treuhänder (Abs. 1 S. 2)

3 Die in § 19 Abs. 1 S. 2 VwVG genannten Vorschriften der AO lauten:

§ 107 Entschädigung der Auskunftspflichtigen und der Sachverständigen

Auskunftspflichtige, Vorlagepflichtige und Sachverständige, die die Finanzbehörde zu Beweiszwecken herangezogen hat, erhalten auf Antrag eine Entschädigung oder Vergütung in entsprechender Anwendung des Justizvergütungs- und -entschädigungsgesetzes. Dies gilt nicht für die Beteiligten und für die Personen, die für die Beteiligten die Auskunfts- oder Vorlagepflicht zu erfüllen haben.

§ 318 Ansprüche auf Herausgabe oder Leistung von Sachen

(1)–(4) ...

(5) Dem Treuhänder ist auf Antrag eine Entschädigung zu gewähren. Die Entschädigung darf die nach der Zwangsverwalterordnung *[richtig: Zwangsverwalterverordnung]* festzusetzende Vergütung nicht übersteigen.

III. Amtshandlung

4 Der Begriff der Amtshandlung iSv § 19 VwVG ist weit zu fassen und nicht auf Verwaltungsakte beschränkt. Er umfasst sowohl
- Mahnung (§ 3 Abs. 3),
- Pfändung (§ 339 AO),
- Wegnahme (§ 340 AO),
- Versteigerung und andere Verwertung (§ 341 AO),
- Androhung von Zwangsmitteln (§ 13), soweit nicht bereits mit dem Grundverwaltungsakt verbunden (vgl. Thum in Harrer/Kugele Art. 41 VwZVG Erl. 1),
- Festsetzung (§ 14) eines Zwangsgeldes (§ 11) oder der Ersatzvornahme (§ 10),
- Anwendung (§ 15) des unmittelbaren Zwanges (§ 12) als auch
- Vollstreckungsanordnung (§ 3 Abs. 1),
- Auftrag zur Durchführung der Ersatzvornahme,
- „Festsetzung" (genauer: Anordnung) des unmittelbaren Zwanges (→ § 14 Rn. 4).

Nicht für jede Amtshandlung in diesem weiten Sinne werden allerdings Gebühren erhoben; vielmehr beschränkt § 338 AO die Erhebung von Gebühren auf die dort genannten Maßnahmen. Daraus folgt, dass für andere Amtshandlungen Gebühren nicht erhoben werden; in jedem Falle können aber Auslagen entstehen. Die Kosten einer trotz Aussetzung der Vollziehung durchgeführten Ersatzvornahme können nicht von dem Pflichtigen erhoben werden (VGH Mannheim NuR 1992, 233).

Die Aufgabe des Eigentums an einem Grundstück gem. § 928 Abs. 1 BGB während der Ersatzvornahme lässt die Kostenpflicht des vormaligen Eigentümers unberührt (VGH Mannheim VBlBW 1998, 19).

IV. Kosten

Kosten nach § 19 VwVG sind entweder Gebühren oder Auslagen. 5

1. Gebühren

Gebühren sind **nach festen Sätzen bemessenes Entgelt** für bestimmte Amtshandlungen; sie werden ohne Rücksicht darauf erhoben, ob im Einzelfall überhaupt und in welcher Höhe ein Verwaltungsaufwand entstanden ist (vgl. Hohrmann in HHSp § 337 AO Rn. 7). Berechnet werden die Gebühren, falls im einschlägigen Landesgesetz anders als nach § 339 ff. AO kein Festbetrag bestimmt ist, im Falle erfolgloser Vollstreckung nach dem Betrag, der im Erfolgsfall beigetrieben worden wäre (AG Mettmann DGVZ 1991, 157). Tagespauschalen für die Verwahrung abgeschleppter Fahrzeuge können nur verlangt werden, wenn dafür eine Rechtsgrundlage geschaffen worden ist, die auch in einer gemeindlichen Satzung enthalten sein kann (VGH Mannheim VBlBW 2007, 62). 5a

2. Auslagen

Auslagen sind bei der Durchführung der Vollstreckung **tatsächlich entstandene Unkosten und Aufwendungen.** Dazu gehören auch Kosten für den Ersatz der durch Polizeieinsatz wegen Widerstands des Vollstreckungsschuldners entstandenen Schäden am Eigentum Dritter (der zu einer Räumungsvollstreckung ergangene Beschluss dieses Inhalts des OLG Karlsruhe DGVZ 1992, 93 lässt sich insoweit verallgemeinern) und die Aufwendungen für die Abschiebung eines illegal eingereisten Ausländers einschließlich der Kosten für seine Begleitung durch Polizeibeamte (OVG Lüneburg NVwZ 2009, 540). 5b

3. Aufwendungen als Gebühren

Durch ausdrückliche Bestimmung, wie zB in verschiedenen Landesverwaltungsvollstreckungsgesetzen oder Gebührenordnungen geschehen, können auch Aufwendungen der Behörde zu einem gebührenpflichtigen Tatbestand umqualifiziert werden. Geschehen ist dies hauptsächlich im Zusammenhang mit dem **Abschleppen von Fahrzeugen.** Die Kosten beim Abschleppen 5c von Fahrzeugen erstrecken sich auch auf Leerfahrten des Abschleppfahrzeugs (BayVGH Kommunalpraxis BY 2013, 315). Abschleppkosten dürfen bei einer kurzfristig angekündigten Änderung der Verkehrsführung gemäß dem **Grundsatz der Verhältnismäßigkeit** nur erhoben werden, wenn der Pflichtige die Änderung deutlich als unmittelbar bevorstehend erkennen konnte (VGH Mannheim NVwZ 2008, 237; VGH München DÖV 2008, 732; OVG Hamburg DVBl. 2009, 135; OVG Bautzen NJW 2009, 2551).

4. Unrichtige Sachbehandlung

5d a) **Keine Kostenerhebung (Abs. 1 S. 1 iVm § 346 Abs. 1 AO).** Keine Kosten sind bei unrichtiger Sachbehandlung zu erheben (§ 19 Abs. 1 VwVG iVm § 346 Abs. 1 AO). BFH/NV 1992, 431 stellt dem den Fall gleich, dass Vollstreckungsmaßnahmen gegen **Treu und Glauben** verstoßen; im Entscheidungsfall hatte die Vollstreckungsbehörde trotz vorheriger Mitteilung, dass sie bis zur Entscheidung des Finanzgerichts über einen Antrag auf Aussetzung der Vollziehung nicht vollstrecken werde, gepfändet.

5e b) **Anscheins- und Verdachtsstörer.** Problematisch werden kann die Frage der richtigen Sachbehandlung in Fällen, in denen die Behörde gegen einen Anscheinsstörer oder gegen einen Verdachtsstörer Vollstreckungsmaßnahmen ergriffen hatte. Die **Vollstreckungsmaßnahme** selbst war rechtmäßig, da ihre Rechtmäßigkeit aus der **Ex ante**-Perspektive zu beurteilen ist. Für die **Kostentragung** hingegen muss eine **Ex post**-Perspektive maßgeblich sein. Davon kann nur abgewichen werden, wenn der Anscheinsstörer oder Verdachtsstörer – und nicht etwa ein Dritter – den Gefahrenschein adäquat kausal hervorgerufen hat und wenn das Hervorrufen dieses Gefahrenanscheins **vorsätzlich** oder **fahrlässig** geschehen ist (Finger DVBl 2007, 800). Für Kosten, die durch behördliches Einschreiten auf Grund unvorhersehbarer ungewöhnlicher Geschehensabläufe ausgelöst wurden, dürfen Anscheinsstörer und Verdachtsstörer nicht herangezogen werden (BVerwG NVwZ-RR 2012, 787).

5. Beitreibung als öffentlich-rechtliche Geldforderungen

5f All die genannten Kosten werden als öffentlich-rechtliche Geldforderungen nach §§ 1–5b VwVG beigetrieben. Zweifelhaft ist, ob und inwieweit sie als Kosten iSv § 80 Abs. 2 S. 1 Nr. 1 VwGO oder ihre Festsetzung als Maßnahme der Verwaltungsvollstreckung iSv § 80 Abs. 2 S. 2 VwGO anzusehen sind. Als Kosten iSv **§ 80 Abs. 2 S. 1 Nr. 1 VwGO** werden die Kosten von Maßnahmen der Verwaltungsvollstreckung **nicht** angesehen (OVG Bautzen SächsVBl 1996, 70; OVG Koblenz DVBl 1999, 116; OVG Weimar DÖV 2008, 881). Unter **§ 80 Abs. 2 S. 2 VwGO** fallen sie jedenfalls dann nicht, wenn die Verwaltungsvollstreckung beendet ist und die Kostenfestsetzung deshalb keinen vollstreckungsfördernden Charakter mehr hat (OVG Münster a. a. O.; s.a. BF-KSvA § 80 VwGO Rn. 29; Schell BayVBl. 2005, 746; aA OVG Berlin NVwZ-RR 1999, 156); lediglich die Festsetzung vorläufig veranschlagter Kosten einer noch nicht durchgeführten Ersatzvornahme kann

Kosten § 19 VwVG

im Hinblick auf ihre motivierende Wirkung auf den Betroffenen als Maßnahme der Verwaltungsvollstreckung angesehen werden.

6. Auswahl unter mehreren Kostenpflichtigen

Bei mehreren Kostenpflichtigen hat die Vollstreckungsbehörde nach ihrem **Ermessen** zu entscheiden, welchen davon und ggf. in welcher Höhe sie ihn in Anspruch nimmt. Ermessensleitendes Kriterium bei der Auswahl unter mehreren Kostenpflichtigen ist die **einfache, schnelle und vollständige Befriedigung** der geltend gemachten Kostenforderung (so zutreffend Schell BayVBl. 2005, 746). 6

7. Verjährung

a) Frist. Die Verjährungsfrist beträgt **ein Jahr** und unterliegt, selbst wenn es sich bei der Hauptforderung um eine Abgabenforderung handelt (Steuern oder andere Kommunalabgaben), nicht der Ablaufhemmung nach § 171 Abs. 3 AO, weil diese Vorschrift nach der ausdrücklichen Bestimmung in § 1 Abs. 3 S. 2 AO auf steuerliche Nebenleistungen, zu denen gemäß § 3 Abs. 4 AO auch Vollstreckungskosten gehören, nur anwendbar ist, soweit dies besonders bestimmt ist – was der Gesetzgeber unterlassen hat. OVG Münster NWVBl. 2001, 65 und VGH Kassel NVwZ-RR 2004, 524 wollen § 171 Abs. 3 AO dennoch analog anwenden; dagegen mit Recht Tillmanns in Sadler/Tillmanns § 19 VwVG Rn. 39. 6a

Allgemein zur Verjährung von Kostenforderungen VGH Kassel NVwZ-RR 2005, 220.

b) Wirkung. Die Verjährung führt zumindest dann, wenn Hauptforderung eine Abgabenforderung ist, zum **Erlöschen** der Kostenforderung (§ 47 AO, der im zweiten Teil der AO platziert ist und darum gemäß § 1 Abs. 3 S. 1 AO auch auf abgabenrechtliche Nebenleistungen anzuwenden ist). Nach Tillmanns in Sadler/Tillmanns § 19 VwVG Rn. 47 führt die Verjährung entsprechend § 214 Abs. 1 BGB lediglich zu einem **Leistungsverweigerungsrecht.** 6b

8. Vollstreckungshilfe

Zum Ersatz uneinbringlicher Kosten im Falle der Vollstreckungshilfe VG Leipzig Urt. v. 12.4.2006 – 1 K 782/04. 6c

V. Mahngebühren (Abs. 2)

Die **Festsetzung** der Mahngebühren (§ 19 Abs. 2 VwVG) ist – anders als die Mahnung selbst – ein **Verwaltungsakt,** der mit Widerspruch und Anfechtungsklage angefochten werden kann (VG Köln Urt. v. 4.10.2005 – 255 K 8739/04; VG Magdeburg Urt. v. 30.10.2013 – 9 A 244/12); in diesem Rechtsbehelfsverfahren kann auch eingewandt werden, die Voraussetzungen für die Mahnung hätten nicht vorgelegen oder die Mahnung selbst sei fehlerhaft gewesen. 7

VI. Bundespolizei (Abs. 3)

1. Allgemeines: Sinn und Zweck

7a Um auch für Zwangsmittel zur Durchsetzung polizeilicher Verwaltungsakte das Gebührenrecht der Bundespolizei **einheitlich** auf Grundlage des **Bundesgebührengesetzes** zu regeln, fügte der Gesetzgeber § 19 VwVG mit dem Gesetz zur Einbeziehung der Bundespolizei in den Anwendungsbereich des Bundesgebührengesetzes (→ Rn. 1) einen dritten Absatz an (ausführlich zu den Hintergründen der Gesetzentwurf der Bundesregierung, BR-Drs. 413/16, 15 f.).

2. Allgemeine und Besondere Gebührenverordnung (BMI)

7b Die Regelungen des BGebG werden durch die **AGebV** der Bundesregierung (die im Wesentlichen Vorgaben für die Kalkulation kostendeckender Gebühren enthält) und die **Besonderen Gebührenverordnungen** der Bundesministerien konkretisiert. Für die Bundespolizei hat das **Bundesministerium des Innern, für Bau und Heimat** für individuell zurechenbare öffentliche Leistungen in seinem Zuständigkeitsbereich am 2.9.2019 (BGBl I 1359) die **BMIBGebV** verordnet. Die Höhe der Gebühren und Auslagen richtet sich nach dem Gebühren- und Auslagenverzeichnis in der Anlage zu § 2 Abs. 1 BMIBGebV, die Tabelle zum VwVG findet sich dort in Abschnitt 2.

VII. Landesrecht

8 **Baden-Württemberg:** Vgl. § 31 LVwVG. § 31 Abs. 6 LVwVG verweist auf Vorschriften des Landesgebührengesetzes (soweit für die Vollstreckungsbehörden nicht andere Kostenvorschriften gelten), § 31 Abs. 7 für die Tätigkeit der ordentlichen Gerichte und des Gerichtsvollziehers auf Gerichtskostengesetz und Gesetz über die Kosten der Gerichtsvollzieher.
Bayern: Art. 41 Abs. 1 S. 1 VwZVG verweist auf das Kostengesetz. Kostenschuldner ist der Vollstreckungsschuldner (Art. 41 Abs. 1 S. 2 VwZVG). Art. 41 Abs. 2 VwZVG regelt die Kostenerstattung zwischen Anordnungs- und Vollstreckungsbehörde (dazu Thum in Harrer/Kugele Art. 41 VwZVG Erl. 3). Die Kostenforderung verjährt anders als in den meisten Bundesländern erst in vier Jahren, Art. 13 KG (Festsetzungsverjährung).
Brandenburg: Nach § 37 VwVGBbg hat der Vollstreckungsschuldner (auch) die Kosten der Vollstreckung zu tragen.
Bremen: Gemäß § 10 BremGVG werden für Amtshandlungen nach diesem Gesetz Kosten (Gebühren und Auslagen) nach Maßgabe der AO erhoben; für die Mahnung verweist § 6 Abs. 3 BremGVG auf das Bremische Gebühren- und Beitragsgesetz iVm der Kostenverordnung der Finanz- und Steuerverwaltung. Schuldner der Kosten ist der Vollstreckungsschuldner.
Hamburg: Die Kostentragungsregelungen finden sich in §§ 39, 40 HmbVwVG.

Hessen: Vgl. § 80 HessVwVG iVm Vollstreckungskostenordnung vom 9.12.1966 (GVBl. 327), zuletzt geändert am 26.3.2020 (GVBl. 233).
Mecklenburg-Vorpommern: § 111 Abs. 3 VwVfG M-V verweist auf § 19 Abs. 1 VwVG; eine weitere Kostenregelung enthält § 114 SOG M-V.
Niedersachsen: Die Erhebung von Kosten ist für Amtshandlungen zur Vollstreckung von Geldforderungen in § 67 NVwVG, für solche zur Durchsetzung von Handlungen, Duldungen und Unterlassungen in § 73 NVwVG geregelt.
Nordrhein-Westfalen: Eine ausführliche Kostenregelung trifft § 77 VwVG NRW iVm der Ausführungsverordnung (VOVwVG vom 8.12.2009, GVBl 791). Eine ergänzende Regelung für die Kosten der Mahnung und der Zwangsvollstreckung, auch für den Fall der Amtshilfe und der Uneinbringlichkeit, enthält § 20 VwVG NRW.
Rheinland-Pfalz: Vgl. § 83 S. 1 LVwVG iVm dem Landesgebührengesetz.
Saarland: Eine ausführliche Regelung über Kosten und Kostenordnung enthalten §§ 77, 78 SVwVG.
Sachsen: Gemäß § 4 Abs. 1 S. 2 SächsVwVG gilt für die Kosten der Mahnung und der Vollstreckung das Verwaltungskostengesetz des Freistaates Sachsen; soweit die Finanzämter vollstrecken (§ 4 Abs. 1 S. 1 Nr. 1 SächsVwVG), gelten für das Verfahren und die Kosten der Vollstreckung die Vorschriften der AO entsprechend, § 4 Abs. 1 S. 3 SächsVwVG.
Sachsen-Anhalt: Die Kosten sind in §§ 74 und 74a VwVG LSA, jeweils in Verbindung mit dem Verwaltungskostengesetz des Landes Sachsen-Anhalt, geregelt.
Schleswig-Holstein: § 322 Abs. 2 S. 1 LVwG verweist auf § 249 LVwG (nunmehr mit der Maßgabe, dass die Kostenschuld ohne besonderen Leistungsbescheid mit der Hauptleistung beigetrieben werden kann). § 249 Abs. 1 LVwG ist inhaltsgleich mit § 19 Abs. 1. Nach § 249 Abs. 2 LVwG trägt die Kosten der Pflichtige. § 322 Abs. 2 S. 2 LVwG verweist hinsichtlich der Ermächtigung zum Erlass einer Kostenordnung auf § 249 Abs. 3–5 LVwG. Die allgemeinen Grundsätze des Gebührenrechts (Äquivalenz- und Kostendeckungsprinzip) sind in § 249 Abs. 4 LVwG enthalten.
Thüringen: Auch Mahnungen sind kostenpflichtig (§ 56 S. 1 ThürVwZVG). § 56 S. 2 ThürVwZVG enthält eine Verordnungsermächtigung. Von dieser hat das Innenministerium (im Einvernehmen mit dem Finanzministerium) am 29.11.2013 (GVBl. 338) Gebrauch gemacht mit der Verwaltungskostenordnung zum Thüringer Verwaltungszustellungs- und Vollstreckungsgesetz (ThürVwZVGKostO).

VIII. Justizbeitreibungsgesetz

Bei der Forderungspfändung entstehen Kosten nach dem GKG (§ 10 Abs. 1 JBeitrG), bei der Tätigkeit des Vollziehungsbeamten Kosten nach dem GVKostG (§ 10 Abs. 2 JBeitrG). **9**

§ 19a Vollstreckungspauschale, Verordnungsermächtigung

(1) Bundesunmittelbare Körperschaften und Anstalten des öffentlichen Rechts, die den Vollstreckungsbehörden der Bundesfinanzverwaltung nach § 4 Buchstabe b Vollstreckungsanordnungen übermitteln, sind verpflichtet, für jede ab dem 1. Juli 2014 übermittelte Vollstreckungsanordnung einen Pauschalbetrag für bei den Vollstreckungsschuldnern uneinbringliche Gebühren und Auslagen (Vollstreckungspauschale) zu zahlen. Dies gilt nicht für Vollstreckungsanordnungen wegen Geldforderungen nach dem Bundeskindergeldgesetz.

(2) Die Vollstreckungspauschale bemisst sich nach dem Gesamtbetrag der im Berechnungszeitraum auf Grund von Vollstreckungsanordnungen der juristischen Personen nach Absatz 1 festgesetzten Gebühren und Auslagen, die bei den Vollstreckungsschuldnern nicht beigetrieben werden konnten, geteilt durch die Anzahl aller in diesem Zeitraum von diesen Anordnungsbehörden übermittelten Vollstreckungsanordnungen.

(3) Das Bundesministerium der Finanzen wird ermächtigt, im Einvernehmen mit dem Bundesministerium für Arbeit und Soziales und dem Bundesministerium für Gesundheit durch Rechtsverordnung, die nicht der Zustimmung des Bundesrates bedarf, die Höhe der Vollstreckungspauschale zu bestimmen sowie den Berechnungszeitraum, die Entstehung und die Fälligkeit der Vollstreckungspauschale, den Abrechnungszeitraum, das Abrechnungsverfahren und die abrechnende Stelle zu regeln.

(4) Die Höhe der Vollstreckungspauschale ist durch das Bundesministerium der Finanzen nach Maßgabe des Absatzes 2 alle drei Jahre zu überprüfen und durch Rechtsverordnung nach Absatz 3 anzupassen, wenn die nach Maßgabe des Absatzes 2 berechnete Vollstreckungspauschale um mehr als 20 Prozent von der Vollstreckungspauschale in der geltenden Fassung abweicht.

(5) Die juristischen Personen nach Absatz 1 sind nicht berechtigt, den Vollstreckungsschuldner mit der Vollstreckungspauschale zu belasten.

Übersicht

	Rn.
I. Grundlegendes zur neuen Norm	1
1. Praktische Relevanz	2
2. Vor- und Entstehungsgeschichte	4
3. Wesentlicher Inhalt	5
4. Sinn und Zweck	6
5. Pauschale statt Einzelabrechnung	7
II. Anwendungsbereich	8
1. Erfasste Behörden	8
2. Nicht erfasste Behörden und juristische Personen	10
III. Die Regelungen im Einzelnen	14

	Rn.
1. Verpflichtung zur Zahlung der Pauschale (Abs. 1)	14
2. Vorgaben für Höhe der Pauschale (Abs. 2)	16
3. Vollstreckungspauschalen-Verordnung	18
a) Verordnungsermächtigung (Abs. 3)	18
b) Inhalt der Verordnung	19
c) Regelmäßige Überprüfung der Pauschale (Abs. 4)	20
4. Keine Belastung des Vollstreckungsschuldners (Abs. 5)	22
IV. Landesrecht	23

I. Grundlegendes zur neuen Norm

Der mit Wirkung vom 1. Juli 2014 in Kraft getretene neu eingefügte **1**
§ 19a VwVG betrifft den pauschalisierten Zahlungsausgleich zwischen der Anordnungsbehörde und den Hauptzollämtern als Vollstreckungsbehörden der Bundesfinanzverwaltung (Vollstreckungspauschale).

1. Praktische Relevanz

Diese Vollstreckungspauschale hat erhebliche praktische Relevanz. Denn die **2**
Hauptzollämter befassen sich als Vollstreckungsbehörden der Bundesfinanzverwaltung nicht nur mit zolleigenen Angelegenheiten, sondern zu über 90 % mit Vollstreckungsanordnungen von rund 800 anderen Behörden und Stellen wie etwa der Bundesagentur für Arbeit, der Deutschen Rentenversicherung Knappschaft-Bahn-See mit der Minijob-Zentrale oder der gesetzlichen Krankenkassen (z. B. Barmer GEK, Techniker Krankenkasse und DAK-Gesundheit) sowie der Betriebskrankenkassen. Nach dem bis zum 30. Juni 2014 geltenden Recht vollstreckten die Hauptzollämter diese zollfremden Forderungen, ohne dass sie hierfür von diesen eine Kostenbeteiligung einforderten.

Für Pfändungen, Wegnahmen und Verwertungen entstehen bei der Vollstre- **3**
ckung Gebühren und Auslagen nach den §§ 337 ff. AO; diese stehen den Vollstreckungsbehörden zu. Der Vollstreckungsschuldner hat diese Gebühren und Auslagen ausschließlich zu tragen, allerdings können sie in der Mehrheit der Fälle bei ihm nicht beigetrieben werden; die daraus enstehenden Einnahmeverluste gingen bis zum 30. Juni 2014 zu Lasten des Haushalts der Bundesfinanzverwaltung. Im Zeitpunkt der Einführung des § 19a VwVG lag die durchschnittliche Beitreibungsquote bei den Forderungen der betroffenen Anordnungsbehörden bei nur rund 25 % (bei den Sozialversicherungsträgern, den gesetzlichen Krankenkassen über 40 %, bei der Bundesagentur für Arbeit bei etwa 10 %). Die Beitreibungsquote beruht auf der jeweiligen Schuldnerstruktur, so dass sie sich auch nicht maßgeblich erhöhen lässt (BT-Drs. 18/2337, S. 10).

2. Vor- und Entstehungsgeschichte

Mit dem neuen § 19a VwVG orientiert sich der Bundesgesetzgeber am **4**
Verwaltungsvollstreckungsrecht einiger Länder, das in unterschiedlicher Ausprägung eine Beteiligung der Anordnungsbehörden an Vollstreckungskosten vorsieht (z. B. Kostenbeiträge für die Inanspruchnahme der Vollstreckungsbehörde, Ersatz uneinbringlicher Vollstreckungsgebühren).

Der Bundesrechnungshof hatte vor der Schaffung des § 19a VwVG darauf hingewiesen, dass die Mehrzahl der zollfremden Vollstreckungsanordnungen bei zum großen Teil beitragsfinanzierten Sozialversicherungsträgern entsteht. Um Behördenkosten und -leistungen verursachergerecht zuzuordnen, hatte der Bundesrechnungshof eine gesetzliche Regelung angemahnt, um die Anordnungsbehörden an den Kosten für die beim Vollstreckungsschuldner uneinbringlichen Gebühren und Auslagen zu beteiligen (BT-Drs. 18/2337, S. 7).

Vor diesem Hintergrund hat der Gesetzgeber das sechste Gesetz zur Änderung des VwVG in der 2. Jahreshälfte 2014 beraten und beschlossen. Den Gesetzentwurf der Bundesregierung (BT-Drs. 18/2337) verabschiedete der Bundestag ohne Änderungen (BT-Drs. 18/2640, S. 4; BT-PlPr 18/57, S. 5282); der Bundesrat hatte ebenfalls keine Änderungen gewünscht und den Vermittlungsausschuss nicht angerufen (vgl. BRPlPr 927, S. 345 und 363). Das Gesetz wurde am 28. November 2014 verkündet (BGBl. I 2014, 1770), wobei § 19a VwVG rückwirkend mit Wirkung zum 1. Juli 2014 in Kraft trat.

3. Wesentlicher Inhalt

5   Die Norm des § 19a VwVG hat für die Finanzverwaltung des Bundes in den Fällen der Vollstreckung von Forderungen der bundesunmittelbaren Körperschaften und Anstalten des öffentlichen Rechts (zollfremde Forderungen) nunmehr die Möglichkeit geschaffen, bei denjenigen Anordnungsbehörden, die der Bundesfinanzverwaltung Vollstreckungsanordnungen übermitteln, ab dem 1. Juli 2014 eine Vollstreckungspauschale zum Ausgleich derjenigen Gebühren und Auslagen, die beim Vollstreckungsschuldner nicht beigetrieben werden können, zu erheben. Die Behörden der Bundesfinanzverwaltung sind nach § 4 lit. b VwVG Vollstreckungsbehörden für die öffentlich-rechtlichen Geldforderungen des Bundes und der bundesunmittelbaren Körperschaften und Anstalten des öffentlichen Rechts, sofern die jeweilige oberste Bundesbehörde keine Vollstreckungsbehörde nach § 4 lit. a VwVG bestimmt hat.

Absatz 1 des § 19a VwVG verpflichtet die Anordnungsbehörde zur Zahlung einer Vollstreckungspauschale, die nach Maßgabe des Abs. 2 durch Rechtsverordnung des Bundesministeriums der Finanzen im Einvernehmen mit dem Bundesministerium für Arbeit und Soziales und dem Bundesministerium für Gesundheit nach Abs. 3 bestimmt und nach Abs. 4 alle drei Jahre überprüft und ggf. angepasst wird. Abs. 5 stellt klar, dass der Vollstreckungsschuldner nicht mit der Pauschale belastet werden kann. Die konkrete Höhe der Pauschale sowie das Verfahren zu ihrer Berechnung und Erhebung sind durch die Vollstreckungspauschalen-Verordnung bestimmt worden → Rn. 18 f.

4. Sinn und Zweck

6   Mit der Erhebung einer Vollstreckungspauschale wird dem Verursacherprinzip Genüge getan, wonach die Kosten (= uneinbringliche Gebühren und Auslagen) dort veranschlagt werden, wo sie verursacht (= Anordnungsbehörden) worden sind. Darüber hinaus stärkt § 19a VwVG die Ressourcenverantwortung der Anordnungsbehörden, indem er einen Anreiz für ein effizient-

res Verwaltungshandeln schafft. Die Einführung der Vollstreckungspauschale soll dazu führen, dass die Anordnungsbehörden ihre Vollstreckungsanordnungen strukturierter und möglichst gebündelt je Schuldner an die Hauptzollämter übermitteln (BT-Drs. 18/2337, S. 7). Weiterhin wird durch die Vollstreckungspauschale die Kostentransparenz verbessert. Schließlich entfaltet § 19a VwVG eine wettbewerbsneutralisierende Wirkung: Vor der Einführung des § 19a VwVG waren die landesunmittelbaren Krankenkassen, die entweder über einen eigenen Vollstreckungsdienst verfügen (z. B. AOK) oder sich Gerichtsvollziehern gegen Kostenerstattung bedienen müssen, im Nachteil gegenüber den bundesunmittelbaren Krankenkassen, da letztere sich der Vollstreckung durch die Bundesfinanzverwaltung bedienen konnten. Durch die Erhebung einer Vollstreckungspauschale ist dieser Wettbewerbsvorteil der bundesunmittelbaren Krankenkassen gegenüber den landesunmittelbaren Krankenkassen vermindert worden.

Der Vorteil einer Normierung im VwVG – eine Regelung in der AO kam nicht in Betracht, da es sich bei der Vollstreckung zollfremder Forderungen nicht um Steuerrecht handelt – besteht darin, dass alle Verwaltungsgesetze, nach denen die Hauptzollämter für andere juristische Personen des öffentlichen Rechts vollstrecken, wie etwa § 66 Abs. 1 SGB X, eine Rechtsgrundverweisung auf das VwVG enthalten (BT-Drs. 18/2337, S. 10).

5. Pauschale statt Einzelabrechnung

Grundsätzlich hätte es zwei Möglichkeiten für die Abrechnung der uneinbringlichen Gebühren und Auslage zwischen Anordnungsbehörde und Vollzugsbehörde gegeben: pauschal oder einzelfallbezogen. Der Gesetzgeber hat sich für das Pauschalsystem entschieden, um den bürokratischen Aufwand für die Bundesfinanzverwaltung und die betroffenen Anordnungsbehörden möglichst gering zu halten. Einer einzelfallbezogenen Abrechnung hat er damit eine Absage erteilt. Die Normierung einer einheitlichen, also für die unterschiedlichen bundesunmittelbaren Körperschaften und Anstalten des öffentlichen Rechts gleichen Vollstreckungspauschale dient ebenfalls der Verwaltungsvereinfachung. Zwar wäre eine Differenzierung etwa nach der Beitreibungsquote für einzelne juristische Personen oder Gruppen theoretisch möglich gewesen, sie wäre aber nur mit einem enormen Verwaltungsaufwand zu realisieren. Weil es sich bei den Anordnungsbehörden um öffentlich-rechtliche Rechtssubjekte handelt, denen neben der Inanspruchnahme der Vollstreckungsbehörden der Bundesfinanzverwaltung andere Handlungsoptionen offen stehen, räumte der Gesetzgeber zu Recht dem Interesse an Verwaltungsvereinfachung und Planungssicherheit gegenüber dem Interesse an Ausdifferenzierung den Vorrang ein (BT-Drs. 18/2337, S. 11). 7

II. Anwendungsbereich

1. Erfasste Behörden

Nur die in § 19a Abs. 1 S. 1 VwVG bezeichneten Anordnungsbehörden, die tatsächlich zur Beitreibung ihrer öffentlich-rechtlichen Geldforderungen 8 die Vollstreckungsstellen der Bundesfinanzverwaltung in Anspruch nehmen, sind zur Entrichtung der Vollstreckungspauschale verpflichtet. Dies sind die bundesunmittelbaren Körperschaften und Anstalten des öffentlichen Rechts wie etwa die **Deutsche Rentenversicherung Knappschaft-Bahn-See,** die Bundesagentur für Arbeit und **bundesunmittelbare gesetzliche Krankenkassen.** Die Vollstreckungspauschale soll nur von den in Abs. 1 genannten zum großen Teil beitragsfinanzierten Verwaltungsträgern, insbesondere den bundesunmittelbaren Sozialbehörden und -versicherungsträgern, gezahlt werden; auf diese Weise soll eine Steuerfinanzierung der Gebührenausfälle auf Grund der Vollstreckung der Ansprüche dieser Anordnungsbehörden vermieden werden (BT-Drs. 18/2337, S. 11).

9 § 19a Abs. 1 S. 1 VwVG greift die in § 1 Abs. 1 VwVG vorgenommene Unterscheidung zwischen Bund und bundesunmittelbaren juristischen Personen des öffentlichen Rechts auf. Die bundesunmittelbaren juristischen Personen des öffentlichen Rechts iSd Satzes 1 sind Körperschaften und Anstalten, die der **mittelbaren Bundesverwaltung** zuzurechnen sind. Sie stehen als rechtlich selbstständige Rechtsträger außerhalb der unmittelbaren Staatsverwaltung. Die von § 19a Abs. 1 S. 1 VwVG erfassten bundesunmittelbaren Körperschaften und Anstalten des öffentlichen Rechts sind insbesondere die **Bundesagentur für Arbeit** und die **bundesunmittelbaren Sozialversicherungsträger.** Daher werden die Geldforderungen der Bundesagentur für Arbeit, selbst wenn sie zum nicht beitragsfinanzierten Bereich der Grundsicherung für Arbeitsuchende gehören, ebenfalls vom Anwendungsbereich erfasst.

2. Nicht erfasste Behörden und juristische Personen

10 Der Gesetzgeber hat bewusst die **bundesunmittelbaren Stiftungen des öffentlichen Rechts** nicht einbezogen, weil für diese die Inanspruchnahme der Bundesfinanzverwaltung zur Vollstreckung ihrer Ansprüche keine praktische Relevanz hat.

§ 19a VwVG gilt nicht für die bundesunmittelbaren juristischen Personen des öffentlichen Rechts, soweit sie ihre Bediensteten und ihre Dienststellen im Wege der Organleihe für Aufgaben der unmittelbaren Bundesverwaltung zur Verfügung stellen. Dies ist etwa der Fall bei der Bundesagentur für Arbeit bei der Durchführung des Familienleistungsausgleichs nach Maßgabe der §§ 31, 62 bis 78 EStG (u. a. Kindergeld) und bei der Deutsche Rentenversicherung Knappschaft-Bahn-See beim Einzug der einheitlichen Pauschsteuer nach § 40a Abs. 2 EStG. Hier führen die bundesunmittelbaren juristischen Personen des öffentlichen Rechts die Aufgaben gemäß § 5 Abs. 1 Nr. 11 und 20 Finanzverwaltungsgesetz nicht als rechtlich selbstständige Einrichtungen, sondern in Organleihe für das Bundeszentralamt für Steuern als Teil der unmittelbaren Bundesverwaltung aus.

11 Nach § 19a Abs. 1 S. 2 VwVG sind Vollstreckungsanordnungen wegen **Geldforderungen nach dem Bundeskindergeldgesetz** ausdrücklich vom Anwendungsbereich der Norm ausgenommen und zwar v. a. aus Gründen der Verwaltungspraktikabilität; damit wird eine einheitliche abrechnungs-

technische Behandlung der verschiedenen Kindergeldbereiche erreicht. Die Bundesagentur für Arbeit – Familienkasse – verwaltet nämlich beide Bereiche.

Behörden der unmittelbaren Bundesverwaltung (z. B. Bundespolizei, Bundesverwaltungsamt, Bundeszentralamt für Steuern, Bundesamt für Güterverkehr, Behörden der Wasser- und Schifffahrtsverwaltung des Bundes) fallen ebenfalls nicht in den Anwendungsbereich des § 19a VwVG, da diese nicht von der auf bundesunmittelbare juristische Personen des öffentlichen Rechts beschränkten Regelung des Satzes 1 erfasst sind. Der Ausschluss dieser Behörden vom Anwendungsbereich der Norm erfolgt mit Blick auf das Ziel des § 19a VwVG, eine Kostenbeteiligung für zum großen Teil beitragsfinanzierte Verwaltungsträger herbeizuführen. Außerdem würde eine Belastung der Behörden der unmittelbaren Bundesverwaltung mit der Vollstreckungspauschale der Tatsache widersprechen, dass diese für die Bundesfinanzverwaltung umfangreich und unter Einsatz von erheblichen Ressourcen (z. B. Bundespolizei) kostenfrei tätig sind (Gegenseitigkeit). Auch aus Gründen der Verwaltungseffizienz kommt eine Belastung dieser Behörden mit der Vollstreckungspauschale nicht in Betracht, da die Vollstreckung von Geldforderungen des Bundes nur einen sehr geringen Teil des Gesamtaufkommens ausmacht. 12

Auf Grund der Vielgestaltigkeit der Beleihungsmodelle fällt daher die **Vollstreckung für beliehene Unternehmen** nicht unter den § 19a VwVG. Die Vollstreckung für beliehene Unternehmer kann nämlich nicht pauschal mit der Vollstreckung durch den Rechtsträger gleichbehandelt werden, dessen hoheitliche Aufgabe sie wahrnehmen. Diese ist vielmehr grundsätzlich Gegenstand spezialgesetzlicher Regelungen. 13

Falls Vollstreckungshilfe (→ VwVG § 5) für andere Hauptzollämter, für die **Länder** oder für Behörden der Mitgliedstaaten der Europäischen Union geleistet wird, wird keine Vollstreckungspauschale erhoben.

III. Die Regelungen im Einzelnen

1. Verpflichtung zur Zahlung der Pauschale (Abs. 1)

§ 19a Abs. 1 S. 1 VwVG statuiert mit Wirkung seit dem 1. Juli 2014 die Verpflichtung der bundesunmittelbaren Körperschaften und Anstalten des öffentlichen Rechts, sich an den beim Vollstreckungsschuldner uneinbringlichen Gebühren und Auslagen nach den §§ 337 ff. AO in Form eines pauschalen Ausgleichsbetrags (Vollstreckungspauschale) zu beteiligen. 14

Durch die Vollstreckungspauschale sind nach Satz 1 **ausschließlich die nicht beigetriebenen Gebühren und Auslagen erfasst.** Ein etwaiger nicht durch die Gebühren und Auslagen iSd §§ 337 ff. AO gedeckter **Verwaltungsaufwand** der Hauptzollämter findet dagegen **keine Berücksichtigung,** wie auch die Maßgabe zur Höhe der Pauschale in § 19a Abs. 2 VwVG belegt.

Die Verpflichtung zur Zahlung der Vollstreckungspauschale knüpft an die Zuständigkeitsregelung des § 4 Lit. b VwVG an. Denn die meisten der hier betroffenen Anordnungsbehörden haben als Sozialleistungsträger auch die Möglichkeit, gem. § 66 Abs. 4 SGB X die Zwangsvollstreckung in entsprechender Anwendung der ZPO zu betreiben, sie müssen nicht die Hauptzollämter gem. § 4 lit. b VwVG in Anspruch nehmen. Es besteht gerade kein Zwang, diese Vollstreckungsbehörden der Bundesfinanzverwaltung in Anspruch zu nehmen.

15 Der entscheidende Zeitpunkt für die **Entstehung des Anspruchs** auf die Vollstreckungspauschale nach Satz 1 ist die Übermittlung der Vollstreckungsanordnung, d. h. die Übergabe des Vollstreckungsfalls in den Organisationsbereich der Vollstreckungsbehörden der Bundesfinanzverwaltung durch eine Anordnungsbehörde. Es kommt also für die Entstehung des Anspruchs auf die Vollstreckungspauschale weder auf den Erfolg der konkreten Beitreibung der Forderung, noch darauf, ob die Vollstreckungsbehörde bereits tätig geworden ist. Hintergrund dieser Regelung ist eine möglichst unbürokratische und effiziente Abrechnung der Pauschale. Es wäre viel zu aufwendig, in jedem Einzelfall zu klären, ob der konkrete Schuldner die Gebühren und Auslagen entrichtet hat und ob die Vollstreckungsbehörde bereits tätig geworden ist. Unterstellt, es käme für die Entstehung des Anspruchs auf konkrete Vollstreckungsmaßnahmen der Hauptzollämter an, würde dies zudem die Zielsetzung des § 19a VwVG zur Effizienzsteigerung konterkarieren. In der Praxis hat sich nämlich herausgestellt, dass ein **kurzes Zuwarten** (z. B. von vier Wochen) durch die Anordnungsbehörde zwischen Versendung des Mahnschreibens und Übersenden der Vollstreckungsanordnung an die Bundesfinanzverwaltung positive Effekte hätte. Viele Vollstreckungsfälle würden überflüssig, weil die Schuldner in diesem Zeitraum häufig noch zahlen. Die Bundesfinanzverwaltung müsste mit der Vollstreckung also erst gar nicht betraut werden. In diesem Sinne intendiert die Pauschale auch, dass die Anordnungsbehörden ihr Abgabeverhalten kritisch überprüfen und ggf. anpassen.

§ 19a Abs. 1 S. 1 VwVG verpflichtet die abgebende Anordnungsbehörde, die Vollstreckungspauschale für jede übermittelte Vollstreckungsanordnung zu zahlen. Indem auf „jede" abgestellt wird, schafft der Gesetzgeber einen **Anreiz für effizientes Verwaltungshandeln.** Die Anordnungsbehörden sollen nämlich ihre Vollstreckungsanordnungen strukturierter, insbesondere unter Beachtung des § 76 SGB IV bzw. des § 34 BHO möglichst gebündelt je Schuldner, an die Bundesfinanzverwaltung abgegeben. Falls die Einleitung der Vollstreckung und die Vornahme von Vollstreckungshandlungen zur Hemmung/Unterbrechung der Verjährung erforderlich sein sollte, ist von einer Bündelung abzusehen. Durch die Begründung der Pflicht zur Zahlung einer Vollstreckungspauschale werden die Anordnungsbehörden zudem angehalten, die Anordnung von vornherein aussichtsloser Vollstreckungen (z. B. gegen einen offenkundig mittellosen Schuldner) im Vorfeld sorgfältig zu prüfen. Nicht geregelt wird die Erhebung einer Vollstreckungspauschale, wenn die Vollstreckungszuständigkeit sich auf Grund einer Verwaltungsvereinbarung im Rahmen der Amtshilfevorschriften ergibt. Hier kann die Vollstreckungspauschale Gegenstand einer Verwaltungsvereinbarung sein (BT-Drs. 18/2337).

2. Vorgaben für Höhe der Pauschale (Abs. 2)

In § 19a Abs. 2 VwVG hat der Gesetzgeber die Vorgaben zur Bestimmung 16
der Höhe der Vollstreckungspauschale nach Abs. 1 festgeschrieben, die der Verordnungsgeber bei der konkreten Festsetzung der Höhe der Vollstreckungspauschale in der Rechtsverordnung iSd Abs. 3 zu beachten hat. Die Höhe der Vollstreckungspauschale je Vollstreckungsanordnung ergibt sich als Durchschnittswert durch Division der Gesamtsumme der im Berechnungszeitraum auf Grund von Vollstreckungsanordnungen der betroffenen Anordnungsbehörden festgesetzten Gebühren und Auslagen nach § 19 Abs. 1 S. 1 VwVG, die bei den Vollstreckungsschuldnern nicht beigetrieben werden konnten, durch die Anzahl aller in diesem Berechnungszeitraum von diesen Anordnungsbehörden an die Hauptzollämter übermittelten Vollstreckungsanordnungen.

Es mag zunächst überraschen, dass als Bezugsgröße auf sämtliche Vollstreckungsanordnungen, also auch diejenigen, deren Gebühren und Auslagen bei 17
den Schuldnern beigetrieben werden konnten, abgestellt wird. Dies dient jedoch der Arbeitsentlastung der Bundesfinanzverwaltung, weil so eine aufwendige Zuordnung der jeweils uneinbringlichen Gebühren und Auslagen zu der ihnen zugrunde liegenden Vollstreckungsanordnung vermieden wird. Die Regelung, dass pro Vollstreckungsanordnung eine Vollstreckungspauschale erhoben wird, fördert zudem ein **wirtschaftliches Verhalten der Anordnungsbehörden.** Es wird nämlich ein Anreiz gesetzt, in einer Vollstreckungsanordnung unter Beachtung des § 76 SGB IV bzw. des § 34 BHO möglichst mehrere Forderungen gegen einen Schuldner zu bündeln. Wenn mittels einer einzigen Anordnung die Vollstreckung mehrerer Forderungen gegen denselben Schuldner betrieben wird, wird hierfür – zu Lasten der Anordnungsbehörde, die die Vollstreckungsanordnung übermittelt – nämlich nur eine Vollstreckungspauschale erhoben (z. B. auch bei Vollstreckung von Beitragsforderungen für verschiedene Sozialversicherungsträger durch eine einzige Vollstreckungsanordnung, welche die Kranken- und Pflegekassen übermitteln).

3. Vollstreckungspauschalen-Verordnung

a) Verordnungsermächtigung (Abs. 3). Die konkreten Regelungen zur 18
Vollstreckungspauschale sind wie üblich einer Rechtsverordnung überlassen: die konkrete Höhe der Vollstreckungspauschale, der Berechnungszeitraum, die Entstehung und die Fälligkeit der Vollstreckungspauschale, der Abrechnungszeitraum, das Abrechnungsverfahren und die abrechnende Stelle. Da als Vollstreckungsbehörde hier ausschließlich Behörden der Bundesfinanzverwaltung betroffen sind, soll § 19a VwVG durch eine Rechtsverordnung gerade des Bundesministeriums der Finanzen konkretisiert werden. Die Rechtsverordnung des Bundesministeriums der Finanzen erfordert das Einvernehmen des Bundesministeriums für Arbeit und Soziales und des Bundesministeriums für Gesundheit, da die Vollstreckungspauschale hauptsächlich im Geschäftsbereich dieser Ministerien Zahlungsverpflichtungen begründet.

b) Inhalt der Verordnung. Die entsprechende Verordnung, genauer 19
gesagt die Verordnung über die Höhe und das Verfahren zur Erhebung einer

Vollstreckungspauschale bei Inanspruchnahme von Behörden der Bundesfinanzverwaltung zur Vollstreckung öffentlich-rechtlicher Geldforderungen (Vollstreckungspauschalen-Verordnung – VollstrPV), ist am 13. Dezember 2014 in Kraft getreten (BGBl. I 2014, 1996). Nach § 1 Abs. 1 VollstrPV beträgt die Vollstreckungspauschale gem. § 19a Abs. 1 VwVG **neun Euro (zu einer möglichen Anhebung im Jahr 2017** → Rn. 21). Nach § 2 VollstrPV entsteht die Verpflichtung zur Zahlung der Pauschale dem Grunde nach in dem Zeitpunkt, in dem die Anordnung an das Hauptzollamt übermittelt wird. Der Abrechnungszeitraum ist das Kalenderjahr (§ 3 Abs. 1 S. 1 VollstrPV), damit die Gesamtzahl aller in einem Jahr veranlassten Vollstreckungen der Anordnungsbehörde gebündelt in Rechnung gestellt werden können und zwar bis zum 31. März des dem Abrechnungszeitraum folgenden Jahre, § 3 Abs. 3 und 4 VollstrPV. Fällig wird der Betrag einen Monat nach Ablauf des Monats, in dem der Anordnungsbehörde die Rechnung zugegangen ist, § 4 VollstrPV; geht die Rechnung z.B. am 4. März zu, wird sie zum 30. April fällig.

20 **c) Regelmäßige Überprüfung der Pauschale (Abs. 4).** Um die in der Vollstreckungspauschalen-Verordnung festgelegte Pauschale ggf. anzupassen, verlangt Abs. 4 eine Überprüfung der Höhe der Vollstreckungspauschale in Abständen von drei Jahren. Hintergrund ist, dass sich die für die Bemessung der Pauschale maßgeblichen Faktoren sich mit der Zeit ändern können mit der Folge, dass die in der Verordnung festgelegte Vollstreckungspauschale dann von den Bestimmungen des Abs. 2 abweicht. Die Berechnungsgrundlagen für die Pauschale können sich etwa durch Veränderungen der Beitreibungsquote oder Gebührenerhöhungen nach der Abgabenordnung ändern; dann ist eine Anpassung notwendig. Die Verpflichtung obliegt dem Bundesministerium der Finanzen.

Der Gesetzgeber hat einen 3-Jahres-Rhythmus gewählt, um eine breite Bemessungsgrundlage zu gewährleisten und damit mögliche Schwankungen in der Zahl der Anordnungen auf Grund zeitlich begrenzter Ausnahmesituationen bei den betroffenen Anordnungsbehörden (z. B. Ausfall der IT-Systeme, erhöhter Arbeitsanfall auf Grund von Gesetzesänderungen) auszugleichen. Die gesetzliche Festschreibung der Prüfintervalle auf drei Jahre schafft zudem Planungssicherheit für die beteiligten Behörden. Für die erstmalige Überprüfung der Vollstreckungspauschale bestimmt § 1 Abs. 2 Vollstreckungspauschalen-Verordnung einen kürzeren Zeitraum, nämlich die Zeitspanne vom 1. Juli 2014 bis zum 31. Dezember 2016. Der nächste Überprüfungszeitraum streckt sich dann vom 1. Januar 2017 bis zum 31. Dezember 2019.

21 Dem Bedürfnis der betroffenen Anordnungsbehörden nach Planungssicherheit wird ferner dadurch Rechnung getragen, dass eine Anpassung der Vollstreckungspauschale erst bei einer Abweichung von mehr als 20 % zu erfolgen hat. Die Anpassung erfolgt durch eine Änderung der Vollstreckungspauschalen-Verordnung des Bundesministeriums der Finanzen im Einvernehmen mit dem Bundesministerium für Arbeit und Soziales und dem Bundesministerium für Gesundheit. Eine Anpassung der Pauschale dürfte also – bei Vorliegen der vorgenannten Voraussetzungen – im Laufe des Jahres 2017 erfolgen.

4. Keine Belastung des Vollstreckungsschuldners (Abs. 5)

§ 19a Abs. 5 VwVG stellt sicher, dass die durch die Anordnungsbehörde an die Hauptzollämter entrichtete Vollstreckungspauschale von dieser Anordnungsbehörde auch letztendlich zu entrichten ist und finanziell zu tragen ist; sie kann nicht auf den bei der ersten Vollstreckung nicht solventen Vollstreckungsschuldner abgewälzt werden. Dieses Ziel wird erreicht, indem Abs. 5 der Anordnungsbehörde verbietet, die Vollstreckungspauschale auf den Vollstreckungsschuldner abzuwälzen. Sinn und Zweck dieser Regelung ist zu verhindern, dass die Anordnungsbehörde den Vollstreckungsschuldner, gegen den die erste Vollstreckung fruchtlos war und daher auch die Gebühren durch die Hauptzollämter nicht beigetrieben werden konnten, bei der zweiten Vollstreckung zusätzlich zur Hauptforderung mit der Vollstreckungspauschale belastet. 22

IV. Landesrecht

Baden-Württemberg: § 31 Abs. 3 S. 1 LVwVG ermächtigt die Vollstreckungsbehörde, vom Vollstreckungsgläubiger für jeden Fall eine Gebühr iHv 20 Euro zu erheben, sofern die Vollstreckung wegen besonderer gesetzlicher Bestimmungen für den Vollstreckungsgläubiger wahrgenommen wird oder bei der Vollstreckungshilfe keine Gegenseitigkeit besteht. 23
Bayern: Art. 41 Abs. 1 S. 1 BayVwZVG sieht umfassender und ohne Pauschalisierung vor, dass Behörden, die Verwaltungsakte vollstrecken, welche sie nicht selbst erlassen haben, von den juristischen Personen des öffentlichen Rechts, denen die Anordnungsbehörden angehören, Ersatz der Kosten verlangen, die beim Vollstreckungsschuldner nicht beigetrieben werden können, sofern diese im Einzelfall 25 Euro übersteigen. Falls diese juristische Person leistet, geht die Kostenforderung gegen den Vollstreckungsschuldner auf sie über, S. 2.
Berlin: Da nach § 5a S. 1 BlnVwVfG das VwVG des Bundes in der jeweils gültigen Fassung gilt und § 19a VwVG für den Ausgleich unter den genannten Bundeskörperschaften und Anstalten gilt, kommt eine Anwendung des § 19a VwVG für den Ausgleich unter Berliner Behörden nicht in Betracht.
Brandenburg: Hier werden allgemein die Kosten für die Vollstreckung fremder Forderungen in § 38 Abs. 1 VwVG Bbg normiert: Der Gläubiger haftet für die uneinbringlichen Vollstreckungsgebühren und Auslagen. Abweichende Vereinbarungen unter Kommunen sind möglich. Im Verhältnis zum Bund oder anderen Ländern kann auf die Erhebung verzichtet werden im Falle der Gegenseitigkeit, Abs. 2 S. 1.
Bremen: Es ist keine Regelung zu Kosten im BremVwVG enthalten.
Hamburg: § 39 Abs. 5 HmbVwVG sieht für Amtshilfe für Stellen außerhalb Hamburgs eine Pflicht zur Erstattung derjenigen Vollstreckungskosten, die nicht beim Vollstreckungsschuldner beigetrieben werden können, vor; allerdings gilt auch hier das Gegenseitigkeitsprinzip, da eine nachteilige Kostenregelung der außerhalb Hamburg liegenden juristischen Person des öffentlichen Rechts verlangt wird. Einzelheiten sind in der Kostenordnung iSd § 40 HmbVwVG geregelt.

Hessen: § 80 Abs. 2 HessVwVG enthält eine Verordnungsermächtigung für die Erhebung von Kosten in den Fällen, in denen zugunsten einer anderen Körperschaft, Anstalt oder Stiftung des öffentlichen Rechts oder einer Person, die aufgrund einer Amtsstellung Gläubigerin ist, vollstreckt wird (Vollstreckungskostenordnung). Für den Fall der Vollstreckungshilfe ist eine Erstattung für die uneinbringlichen Kosten durch die ersuchende zugunsten der ersuchten Behörde vorgesehen, wenn sie zusammen 25 Euro übersteigen, § 80 Abs. 3 HessVwVG. Bei einem Hilfeersuchen durch eine Vollstreckungsbehörde außerhalb Hessens kommt es auf die Gegenseitigkeit an, § 80 Abs. 4 HessVwVG.

Mecklenburg-Vorpommern: Für den Ausgleich zwischen sich helfenden Behörden im Vollstreckungsverfahren ist keine Sonderregelung ersichtlich, so dass die allgemeine Norm des § 114 SOG MV über die Erhebung von Gebühren und Auslagen für Amtshandlungen zur Durchführung des SOG gilt.

Niedersachsen: Das NVwVG unterscheidet: Wenn die Vollstreckungsbehörde einer der Aufsicht des Landes unterstehenden Körperschaft, Anstalt oder Stiftung des öffentlichen Rechts Vollstreckungshilfe leistet, so zahlt letztere für den nicht gedeckten Verwaltungsaufwand einen Kostenbeitrag, § 67a Abs. 1 NVwVG. Bei Amtshilfe für eine Behörde eines anderen Trägers hat die ersuchende Behörde der Vollstreckungsbehörde die nicht beizutreibenden Kosten zu erstatten, falls die Kosten im Einzelfall 35 Euro übersteigen, § 67b Abs. 1 NVwVG. Bei Amtshilfe für andere Länder kommt das Gegenseitigkeitsprinzip zur Anwendung, vgl. § 67b Abs. 2 NVwVG.

Nordrhein-Westfalen: In § 77 VwVG NRW sind nur allgemeine Regelungen und eine Verordnungsermächtigung enthalten, die Details regelt die AusführungsVO VwVG: Nach § 5 Abs. 1 dieser VO müssen die in § 4 AusführungsVO VwVG ausdrücklich genannten Vollstreckungsgläubiger der in Anspruch genommenen Vollstreckungsbehörde je Vollstreckungsersuchen einen Kostenbeitrag iHv 23 Euro zu zahlen. Für die Praxis wichtig wird sein, dass diese VO am 31. Dezember 2019 außer Kraft tritt, § 25 Abs. 1 S. 2 AusführungsVO VwVG; eine Nachfolgeregelung ist zu erwarten.

Rheinland-Pfalz: Ganz allgemein bestimmt § 83 LVwVG RP, dass Kosten (Gebühren und Auslagen) für Amtshandlungen erhoben werden. Details sind in der Verordnung auf der Grundlage von § 85 LVwVG RP geregelt: der Kostenordnung zum LVwVG, dort betrifft § 12 Abs. 4 den Fall, dass die Vollstreckungsgläubigerin die Vollstreckung nicht betreibt und eine andere Behörde für sie vollstreckt.

Saarland: § 77 Abs. 3 SaarlVwVG sieht vor, dass die Vollstreckungsbehörde vom nicht identischen Vollstreckungsgläubiger Ersatz der nicht beitreibbaren Kosten verlangen. Einzelheiten sind in der Kostenordnung zum SaarlVwVG festgelegt.

Sachsen: § 4 Abs. 4 SächsVwVG sieht vor, dass die Vollstreckungsbehörde die uneinbringlichen Vollstreckungskosten verlangen kann, falls sie zugunsten einer anderen Körperschaft, Anstalt oder Stiftung des öffentlichen Rechts oder einer beliehenen natürlichen oder juristischen Person vollstreckt.

Sachsen-Anhalt: Detaillierte Regelungen zur Kostentragung bei der Vollstreckungshilfe enthält § 7b VwVG LSA.

Schleswig-Holstein: § 322 Abs. 2 S. 1 LVwG enthält eine Verordnungsermächtigung; S. 2 dieser Norm regelt den Kostenausgleich zwischen Behörden, die der Aufsicht des Landes unterstehen, und dem Träger der Vollstreckungsbehörde. allerdings kann die Selbstvornahme nach § 239 Abs. 1 LVwG auch Ersatzvornahme sein. § 322 Abs. 3 S. 1 LVwG betrifft dagegen den Kostenausgleich bei einer Vollstreckungshilfe für eine Behörde mit Sitz außerhalb des Landes.

Thüringen: § 22 Abs. 1 S. 3 ThürVwZVG betrifft die Kostentragung bei Vollstreckungshilfe zugunsten von Behörden mit Sitz außerhalb Thüringens (Gegenseitigkeitsprinzip, muss 25 Euro übersteigen). Für die Vollstreckung von Geldforderungen der Gemeinde und Gemeindeverbände enthält § 36 Abs. 4 ThürVwZVG bezüglich der Kostentragung eine Sonderregelung.

Vierter Abschnitt. Übergangs- und Schlußvorschriften

§ 20 Außerkrafttreten früherer Bestimmungen

Soweit die Vollstreckung in Bundesgesetzen abweichend von diesem Gesetz geregelt ist, sind für Bundesbehörden und bundesunmittelbare juristische Personen des öffentlichen Rechts die Bestimmungen dieses Gesetzes anzuwenden; § 1 Abs. 3 bleibt unberührt.

I. Altes Recht

Das Verwaltungszwangsverfahren der Bundesbehörden bestimmt sich ausschließlich nach dem VwVG. Alle älteren Vorschriften, die dem entgegenstehen, sind außer Kraft gesetzt. Ausgenommen sind die Abgabenordnung, die Sozialversicherungsgesetze und das Justizbeitreibungsgesetz (§ 1 Abs. 3). **1**

II. Neues Recht

Gesetze, die nach Inkrafttreten des VwVG das Verwaltungszwangsverfahren abweichend regeln, werden von § 20 nicht erfasst. **2**

§ 21 Berlin

(aufgehoben)

MWv 6.7.2017 wurde die (nicht mehr benötigte) Berlin-Klausel (zur Rechtsbereinigung) aufgehoben, mit dem Gesetz zur Verbesserung der Sachaufklärung in der Verwaltungsvollstreckung = G v. 30.6.2017 (BGBl. I 2094).

§ 22 Inkrafttreten

Dieses Gesetz tritt am 1. Mai 1953 in Kraft.

Verwaltungszustellungsgesetz (VwZG)

Vom 12.8.2005 (BGBl. I S. 2354), zuletzt geändert durch G vom 18.7.2017 (BGBl. I S. 2745)

Einführung

Übersicht

	Rn.
I. Das Verwaltungszustellungsgesetz 2005	1
II. Bisherige Rechtsentwicklung	3
III. Allgemeine Verwaltungsvorschriften	4
IV. Landesrecht	5
V. Zustellungen in gerichtlichen und Vorverfahren	8
VI. Justizbeitreibungsgesetz	10

I. Das Verwaltungszustellungsgesetz 2005

Mit dem Verwaltungszustellungsgesetz (VwZG) vom 12.8.2005 (BGBl. I 2354) ist das bisherige Verwaltungszustellungsgesetz vom 3.7.1952 (BGBl. I 379) abgelöst worden. Das VwZG ist nach Maßgabe des Art. 4 Abs. 1 am 1.2.2006 in Kraft getreten; gleichzeitig ist das VwZG 1952 außer Kraft getreten. Das VwZG 2005 ist Art. 1 des Gesetzes zur Novellierung des Verwaltungszustellungsrechts; in Art. 2 wurde das besondere Verwaltungsrecht des Bundes an die Neuregelung des Verwaltungszustellungsrechts angepasst. Den Entwurf eines Verwaltungszustellungsgesetzes leitete die Bundesregierung dem Bundesrat am 4.2.2005 zu (BR-Drs. 86/05). Der Bundesrat schlug in seiner Stellungnahme vom 18.3.2005 verschiedene Änderungen vor (BR-Drs. 86/05 Beschluss), die die Bundesregierung nur teilweise übernahm (BT-Drs. 15/5216, 21 ff.). Der Bundestag folgte den Vorschlägen des Innenausschusses vom 11.5.2005 (BT-Drs. 15/5475), der seinerseits die Gegenäußerung der Bundesregierung aufgegriffen hatte, und beschloss das Gesetz in seiner Sitzung am 12.5.2005; der Bundesrat stimmte am 17.6.2005 zu. Verkündet wurde das VwZG am 17.8.2005 (BGBl. I 2354). 1

Das VwZG baut auf dem VwZG 1952 auf, verschlankt dieses jedoch und nähert es weiter an das Zustellungsrecht der ZPO an. Mit der Neufassung des VwZG wird eine Anpassung an das durch das Zustellungsreformgesetz vom 25.6.2001 (BGBl. I 1206) umfassend reformierte Zustellungsrecht in gerichtlichen Verfahren und an das durch das Dritte Gesetz zur Änderung verwaltungsverfahrensrechtlicher Vorschriften vom 21.8.2002 (BGBl. I 3322) modernisierte Verwaltungsverfahrensrecht vorgenommen; gleichzeitig werden die Rechtsgrundlagen für die Zustellung elektronischer Dokumente der Verwaltung geschaffen. Zur Novellierung Rosenbach DVBl 2005, 816; 2

VwZG Einführung

Rosenbach NWVBl. 2006, 121; Kremer NJW 2006, 332; Humberg VR 2006, 325; Tegethoff JA 2007, 131.

2a Das Verwaltungszustellungsgesetz 2005 (VwZG) ist in der 16. Wahlperiode mehrmals geändert worden. Beide Änderungen erfolgten im Jahre 2008, jeweils im Rahmen von Artikelgesetzen: Zunächst durch Art. 6b des Gesetzes zur Modernisierung des GmbH-Rechts und zur Bekämpfung von Missbräuchen (MoMiG) vom 23.10.2008 (BGBl. I 2026, 2036) und sodann durch Art. 9a des Vierten Gesetzes zur Änderung verwaltungsverfahrensrechtlicher Vorschriften vom 11.12.2008 (BGBl. I 2418, 2422). Beide Änderungen erfolgten erst im Rahmen des parlamentarischen Verfahrens.

Das **Gesetz zur Modernisierung des GmbH-Rechts und zur Bekämpfung von Missbräuchen (MoMiG)** vom 23.10.2008 (BGBl. I 2026, 2036) soll die Gründung einer GmbH durch Deregulierung erleichtern, beschleunigen und verbilligen, gleichzeitig werden durch verschiedene Regelungen Missbräuche erschwert, dazu gehören auch Änderungen des Zustellungsrechts in § 185 ZPO (vgl. RegE – BT-Drs. 16/6140 v. 25.7.2007). Im Verlauf der Beratungen hat der Rechtsausschuss dem Plenum des Deutschen Bundestages die Einfügung eines Art. 6b vorgeschlagen, um § 10 VwZG entsprechend der Änderung des § 185 ZPO anzupassen, damit auch in dessen Anwendungsbereich entsprechender Schutz der Behörden gewährleistet wird (vgl. BT-Drs. 16/9737 v. 24.6.2008). Der Bundestag folgte diesen Vorschlägen und beschloss das Gesetz in seiner Sitzung am 26.6.2008; der Bundesrat stimmte am 19.9.2008 zu. Verkündet wurde das MoMiG am 28.10.2008 (BGBl. I 2026), es ist am 1.11.2008 in Kraft getreten.

Mit dem **Vierten Gesetz zur Änderung verwaltungsverfahrensrechtlicher Vorschriften** vom 11.12.2008 (BGBl. I 2418) werden allgemeine verwaltungsverfahrensrechtliche Anforderungen der Dienstleistungsrichtlinie im Verwaltungsverfahrensgesetz umgesetzt. Die Richtlinie 2006/123/EG des Europäischen Parlaments und des Rates vom 12.12.2006 über Dienstleistungen im Binnenmarkt (ABl. EG Nr. L 376, 36) – Dienstleistungsrichtlinie (DLRL) war bis zum 28.12.2009 in nationales Recht umzusetzen; mit ihr soll die grenzüberschreitende Erbringung von Dienstleistungen im EG-Binnenmarkt verbessert werden.

Eine Änderung des VwZG war im Gesetzentwurf der Bundesregierung (BT-Drs. 16/10 493 v. 7.10.2008) noch nicht vorgesehen, sie wurde jedoch im Rahmen der parlamentarischen Beratungen vom Innenausschuss dem Plenum des Deutschen Bundestages als ergänzender Art. 9a des Gesetzes vorgeschlagen (vgl. BT-Drs. 16/10 844 v. 12.11.2008). Der Bundestag folgte diesen Vorschlägen und beschloss das Gesetz in seiner Sitzung am 13.11.2008; der Bundesrat stimmte am 28.11.2008 zu. Verkündet wurde das Vierte Gesetz zur Änderung verwaltungsverfahrensrechtlicher Vorschriften am 17.12.2008 (BGBl. I 2418). Sowohl die Änderungen des VwVfG als auch die des VwZG sind am Tage nach der Verkündung, also am 18.12.2008 in Kraft getreten.

Art. 8 Abs. 1 der EG-Dienstleistungsrichtlinie schreibt vor, eine vollständige elektronische Verfahrensabwicklung zu ermöglichen. Um künftig bei der Zustellung auf elektronischem Wege eine Beweisführung über den Zugang der Erklärung ohne Mitwirkung des Empfängers zu ermöglichen,

Einführung VwZG

sieht Art. 9a des Gesetzes eine Zustellungsfiktion vor, wenn der Empfänger eine elektronische Verfahrensabwicklung verlangt, aber seine Mitwirkung daran verweigert. Für die Fälle, in denen ein Zugang nicht oder verspätet erfolgt, lässt die Regelung im Hinblick auf die Beweisnot des Empfängers eine Glaubhaftmachung dieser Umstände genügen, die an nur geringe Anforderungen geknüpft wird. Eine entsprechende Regelung wurde in **§ 5 VwZG** geschaffen; zudem wurden die **§§ 2 und 9 VwZG** redaktionell an die Änderungen in § 5 VwZG angepasst.

In der 17. Legislaturperiode sind weitere Änderungen des VwZG erfolgt: **2b** Zunächst durch Art. 3 des **Gesetzes zur Regelung von De-Mail-Diensten und zur Änderung weiterer Vorschriften** vom 28.4.2011 (BGBl. I 666), mit dem eine rechtssichere Zustellung per De-Mail ermöglicht werden soll. Dazu ist ein neuer **§ 5a** in das VwZG eingefügt worden, zudem sind im Wesentlichen redaktionelle Anpassungen der **§§ 2, 5** und **9 VwZG** erfolgt. Mit den Regelungen ist im Rahmen der durch des De-Mail-Gesetzes eröffneten Möglichkeit der rechtssicheren und rechtsverbindlichen E-Mail-Kommunikation auch die Möglichkeit der Zustellung über einen De-Mail-Account geschaffen worden (vgl. BR-Drs. 645/10 v. 15.10.2010, BT-Drs. 17/3630 v. 8.11.2010, BT-Drs. 17/4145 v. 8.12.2010). Dazu verankert § 5a VwZG Pflichten der Anbieter, bestimmt die Beweiswirkung der elektronischen Abholbestätigung und fingiert die Zustellung nach Abs. 4.

Im Rahmen der parlamentarischen Beratungen ist das Gesetz verändert worden; so ist in Art. 3 die vorgesehene Änderung von **§ 9 Abs. 3 VwZG** nochmals verändert worden (vgl. BT-Drs. 17/4893 v. 23.2.2011). Der Bundestag folgte diesen Vorschlägen und beschloss das Gesetz in seiner Sitzung am 24.2.2011; der Bundesrat stimmte am 18.3.2011 zu. Verkündet wurde das Gesetz zur Regelung von De-Mail-Diensten und zur Änderung weiterer Vorschriften vom 28.4.2011 am 2.5.2011 (BGBl. I 666). Die Änderungen des VwZG sind nach Art. 6 des Gesetzes am Tag nach der Verkündung, also am 3.5.2011 in Kraft getreten. Nach seinem Art. 4 soll das Gesetz binnen der nächsten drei Jahre auf seine Wirkung und die Entwicklung von De-Mail-Diensten hin evaluiert werden.

Erneut wurde das VwZG durch Art. 2 Abs. 2 des **Gesetzes zur Änderung von Vorschriften über Verkündung und Bekanntmachungen sowie der Zivilprozessordnung, des Gesetzes betreffend die Einführung der Zivilprozessordnung und der Abgabenordnung** vom 22.12.2011 (BGBl. I 3044) geändert. Im Rahmen des Gesetzes wurde der Wortlaut des **§ 10 VwZG** redaktionell an die nunmehr nur noch elektronische Veröffentlichung des Bundesanzeigers angepasst. Dem Gesetzentwurf der Bundesregierung (BR-Drs. 320/11 v. 27.5.2011) stimmte der Bundesrat zu (BR-Drs. 320/11 (B) v. 8.7.2011), er wurde in den parlamentarischen Beratungen in diesem Punkt nicht verändert (BT-Drs. 17/6610 v. 15.7.2011 BT-Drs. 17/7560 v. 31.10.2011). Der Bundesrat hat am 16.12.2011 endgültig zugestimmt (BR-Drs. 747/11 v. 25.11.2011, BR-Drs. 747/11 (B) v. 16.12.2011), das Gesetz vom 22.12.2011 wurde am 29.12.2011 verkündet (BGBl. I 3044). Die Änderung des VwZG ist nach Art. 6 Abs. 1 am 1.4.2012 in Kraft getreten.

VwZG Einführung

Das VwZG wurde durch Art. 17 des **Gesetzes zur Förderung des elektronischen Rechtsverkehrs mit den Gerichten** vom 10.10.2013 (BGBl. I 3786) geändert. Dabei wurde in **§ 5a VwZG** der Verweis auf § 371a Abs. 2 ZPO durch den Verweis auf dessen Abs. 3 lediglich redaktionell verändert. Der bisherige Abs. 2 ist im Rahmen des Gesetzgebungsverfahrens zu einem ergänzten Abs. 3 geworden. Dem Gesetzentwurf der Bundesregierung (BR-Drs. 818/12 v. 21.12.2012) stimmte der Bundesrat in diesem Punkt zu (BR-Drs. 818/12 (B) v. 1.2.2013), er wurde in den parlamentarischen Beratungen in diesem Punkt nicht verändert (BT-Drs. 17/12634 v. 6.3.2013, BT-Drs. 17/13948 v. 12.6.2013). Der Bundesrat hat am 5.7.2013 endgültig zugestimmt (BR-Drs. 500/13 v. 14.6.2013, BR-Drs. 500/13 (B) v. 5.7.2013), das Gesetz vom 10.10.2013 wurde am 16.10.2011 verkündet (BGBl. I 3786). Die Änderung des VwZG ist nach Art. 26 Abs. 4 am 1.7.2014 in Kraft getreten.

2c In der 18. Legislaturperiode wurde das VwZG durch Art. 11 Abs. 3 des **Gesetzes zur Durchführung der Verordnung (EU) Nr. 910/2014 des Europäischen Parlaments und des Rates vom 23. Juli 2014 über elektronische Identifizierung und Vertrauensdienste für elektronische Transaktionen im Binnenmarkt und zur Aufhebung der Richtlinie 1999/93/EG (eIDAS-Durchführungsgesetz)** vom 18.7.2017 (BGBl. I 2745) erneut geändert. In **§ 5 Abs. 5 Satz 3 VwZG** wurde der Verweis auf das Signaturgesetz gestrichen, welches durch Art. 12 Abs. 1 Nr. 1 des Gesetzes aufgehoben wurde. Maßgeblich für die Anforderungen an Signaturen ist unionsweit einheitlich geltend die angesprochene eIDAS-Verordnung Nr. 910/2014. Auswirkungen auf das VwZG haben auch die als Art. 3 des eIDAS-Durchführungsgesetzes vorgenommen Änderungen des De-Mail-Gesetzes sowie die als Art. 11 Abs. 15 Nr. 3 vorgenommene Änderung von § 371 Abs. 1 Satz 2 ZPO. Dem Gesetzentwurf der Bundesregierung (BR-Drs. 266/17 v. 31.3.2017) stimmte der Bundesrat insbesondere zum VwZG nicht zu und forderte die Einführung eines elektronischen Siegels (BR-Drs. 266/17 (B) v. 12.5.2017), die Bundesregierung verwies dazu auf ein späteres Gesetzgebungsverfahren (BT-Drs. 18/12494 v. 24.5.2017). der Punkt wurde in den parlamentarischen Beratungen nicht verändert (BT-Drs. 18/12833 v. 21.6.2017). Der Bundesrat hat am 7.7.2017 endgültig zugestimmt (BR-Drs. 518/17 v. 23.6.2017), das Gesetz vom 18.7.2017 wurde am 28.7.2017 verkündet (BGBl. I 2745). Die Änderung des VwZG ist nach Art. 12 Abs. 1 Satz 1 am 29.7.2017 in Kraft getreten.

2d In der 19. Legislaturperiode ist bislang keine Änderung des VwZG erfolgt.

II. Bisherige Rechtsentwicklung

3 Das **VwZG 1952** als erste umfassende Regelung des Verwaltungszustellungsverfahrens hat die Entwicklung des Verwaltungszustellungsrechts maßgeblich geprägt. Den ersten Entwurf eines Verwaltungszustellungsgesetzes vom 27.4.1951 (BR-Drs. 372/51) hatte die Bundesregierung am 21.9.1951 zurückgezogen und dem Bundesrat einen neuen Entwurf zugeleitet (BR-Drs. 660/51). Dieser stimmte dem Entwurf nach Maßgabe einiger Änderungsvorschläge zu, die die Bundesregierung überwiegend übernahm (BT-

Einführung VwZG

Drs. I/2963, 9, 10). Das Gesetz wurde am 28.5.1952 vom Bundestag beschlossen; der Bundesrat stimmte am 20.6.1952 zu. Verkündet wurde das VwZG vom 3.7.1952 am 10.7.1952 (BGBl. I 379). Das VwZG 1952 ist insgesamt siebenmal geändert worden. Zur historischen Entwicklung des Verwaltungszustellungsrechts vor Inkrafttreten des VwZG ausführlich Sadler/Tillmanns-*Olthaus* Einl. VwZG Rn. 15.

III. Allgemeine Verwaltungsvorschriften

Die zum VwZG 1952 ergangenen **allgemeinen Verwaltungsvorschriften** (AVwVVwZG) idF vom 13.12.1966 (GMBl. 1967, 27), geändert am 27.4.1973 (GMBl. 235), sind mit dem VwZG 2005 für den Bereich des Bundes gegenstandslos geworden. Eine formale Aufhebung, die der Zustimmung des Bundesrates bedürfte, ist bislang noch nicht erfolgt. Die AVwVVwZG sind der neuen Rechtslage nach dem Beitritt der Länder der ehemaligen DDR zur Bundesrepublik Deutschland, der Postreform sowie der Entwicklung der Technik und der Lebensverhältnisse seit 1973 nicht mehr angepasst worden; nach Aufhebung des VwZG 1952 ist eine Novellierung nicht beabsichtigt. Da die AVwVVwZG eine praktische Bedeutung auf Grund der Rechtsentwicklung nur mehr im Bereich der Länder haben, die ihr Verwaltungszustellungsgesetz noch nicht angepasst haben, wurde auf einen Abdruck verzichtet. 4

IV. Landesrecht

Das VwZG ist zum 1.2.2006 in Kraft getreten. Damit wollte der Bundesgesetzgeber den Ländern die Möglichkeit geben, ihre Landesverwaltungszustellungsgesetze und ihr Fachrecht, soweit erforderlich, zeitgleich oder wenigstens zeitnah an die bundesrechtlichen Neuregelungen anzupassen. Entsprechende Gesetzgebungsverfahren sind in fast allen Ländern durchgeführt worden. 5

Eigenständige, dem VwZG im Wesentlichen entsprechende Verwaltungszustellungsgesetze bestehen in Baden-Württemberg, Bayern, Mecklenburg-Vorpommern, Nordrhein-Westfalen, Schleswig-Holstein und in Thüringen. Dabei entsprechen die Regelungen in Baden-Württemberg, Bayern, Mecklenburg-Vorpommern, Nordrhein-Westfalen und Schleswig-Holstein im Wesentlichen dem VwZG 2005; die Rechtslage in Thüringen ist dem neuen Zustellungsrecht stark angenähert. In den anderen Ländern bestehen Regelungen, die auf das VwZG des Bundes verweisen. Auf das neue VwZG verweisen die Ländergesetze von Berlin, Brandenburg, Bremen, Hamburg, Hessen, Niedersachsen, Rheinland-Pfalz, Saarland, Sachsen und Sachsen-Anhalt. 6

Baden-Württemberg: Verwaltungszustellungsgesetz für Baden-Württemberg (LVwZG) vom 3.7.2007 (GBl. 293), zuletzt geändert am 17.12.2015 (GBl. 1191, 1199). 7

VwZG Einführung

Bayern: Bayerisches Verwaltungszustellungs- und Vollstreckungsgesetz (BayVwZVG) idF vom 11.11.1970 (GVBl. 1971, 1), zuletzt geändert am 26.3.2019 (GVBl. 98).
Berlin: Gesetz über das Verfahren der Berliner Verwaltung vom 21.4.2016 (GVBl. 218) zuletzt geändert am 12.10.2020 (GVBl. 807). § 7 verweist für das Zustellungsverfahren der Behörden Berlins auf das VwZG 2005 in der jeweils geltenden Fassung.
Brandenburg: Verwaltungszustellungsgesetz für das Land Brandenburg (Landeszustellungsgesetz – LZG) v. 18.10.1991 (GVBl. 457), zuletzt geändert am 28.6.2006 (GVBl. 73). § 1 Abs. 1 LZG verweist auf §§ 2–10 VwZG in der jeweils geltenden Fassung.
Bremen: Bremisches Verwaltungszustellungsgesetz (BremVwZG) vom 26.1.2006 (GBl. 49). § 1 Abs. 1 verweist auf das VwZG des Bundes in der jeweils geltenden Fassung.
Hamburg: Hamburgisches Verwaltungszustellungsgesetz (HmbVwZG) vom 21.6.1954 (GVBl. I 33), zuletzt geändert am 25.11.2010 (GVBl. 2010, 614, 619). § 1 Abs. 1 verweist auf das VwZG des Bundes.
Hessen: Hessisches Verwaltungszustellungsgesetz (HessVwZG) vom 14.2.1957 (GVBl. 9), zuletzt geändert am 13.12.2012 (GVBl. 622). § 1 Abs. 1 verweist auf die §§ 2 bis 10 des VwZG.
Mecklenburg-Vorpommern: Verwaltungsverfahrens-, Zustellungs- und Vollstreckungsgesetz des Landes Mecklenburg-Vorpommern (VwVfG M-V) in der Fassung der Bekanntmachung vom 6.5.2020 (GVOBl. 410). Das Zustellungsverfahren ist in §§ 94–108 geregelt.
Niedersachsen: Niedersächsisches Verwaltungszustellungsgesetz (NVwZG) vom 23.2.2006 (GVBl. 72). § 1 Abs. 1 verweist auf §§ 2–10 VwZG.
Nordrhein-Westfalen: Verwaltungszustellungsgesetz für das Land Nordrhein-Westfalen (Landeszustellungsgesetz – LZG NRW) vom 7.3.2006 (GVBl. 94), zuletzt geändert am 22.3.2018 (GV. NRW. 172)).
Rheinland-Pfalz: Landesverwaltungszustellungsgesetz (LVwZG) vom 2.3.2006 (GVBl. 56), zuletzt geändert am 3.4.2014 (GVBl. 34). § 1 Abs. 1 verweist auf die §§ 2–10 VwZG.
Saarland: Saarländisches Verwaltungszustellungsgesetz (SVwZG) vom 13.12.2005 (ABl 214). § 1 verweist auf das VwZG.
Sachsen: Gesetz zur Regelung des Verwaltungsverfahrens- und des Verwaltungszustellungsrechts für den Freistaat Sachsen vom 19.5.2010 (GVBl. 142), zuletzt geändert am 12.7.2013 (GVBl. 503). § 4 Abs. 1 verweist auf das VwZG.
Sachsen-Anhalt: VwZG des Landes Sachsen-Anhalt vom 9.10.1992 (GVBl. 715), geändert durch Gesetz vom 17.1.2008 (GVBl. 2); § 1 Abs. 1 VwZG LSA verweist auf §§ 2–10 VwZG.
Schleswig-Holstein: Allgemeines Verwaltungsgesetz für das Land Schleswig-Holstein (Landesverwaltungsgesetz) vom 15.3.1979 (GVBl. 18) idF vom 2.6.1992 (GVOBl. 243, ber. 534) – LVwG, zuletzt geändert am 1.9.2020 (GVOBl. 508)). Das Verwaltungszustellungsrecht ist in dessen §§ 146–155 geregelt. Diese sind §§ 1–10 VwZG des Bundes nachgebildet.
Thüringen: Thüringer Verwaltungszustellungs- und Vollstreckungsgesetz (ThürVwZVG) idF der Neubekanntmachung vom 5.2.2009 (GVBl. 24),

zuletzt geändert durch Gesetz vom 23.9.2015 (GVBl. S. 131, 133). Es regelt in seinem 1. Hauptteil (§§ 1–17) das Zustellungsverfahren. §§ 2–16 ThürVwZVG orientieren sich an den entsprechenden Bestimmungen des VwZG des Bundes.

V. Zustellungen in gerichtlichen und Vorverfahren

Für **Zustellungen in gerichtlichen Verfahren** gelten die Vorschriften 8
der ZPO. Dies gilt gleichermaßen für die Gerichte des Bundes und der Länder (Art. 92 GG). Die Zustellung von Amts wegen nach den Bestimmungen der ZPO wird für
1. das verwaltungsgerichtliche Verfahren durch § 56 Abs. 2 VwGO,
2. das sozialgerichtliche Verfahren durch § 63 Abs. 2 SGG und
3. das finanzgerichtliche Verfahren durch § 53 Abs. 2 FGO
angeordnet. Das Zustellungsverfahren ist durch das Zustellungsreformgesetz vereinheitlicht, die frühere teilweise Geltung des VwZG aufgehoben worden.

Im **Widerspruchsverfahren,** also bei der Zustellung von Widerspruchs- 9
bescheiden in gerichtlichen Vorverfahren, ist von Amts wegen nach den Vorschriften des VwZG zuzustellen. Dies ergibt sich für das verwaltungsgerichtliche Vorverfahren aus § 73 Abs. 3 S. 2 VwGO, für das sozialgerichtliche Vorverfahren aus § 85 Abs. 3 S. 2 SGG. Beide Regelungen sind durch das Zustellungsreformgesetz angepasst worden; § 85 Abs. 3 S. 2 SGG erneut an das VwZG 2005 durch Art. 2 Abs. 4 des Gesetzes zur Novellierung des Verwaltungszustellungsrechts.

Für das finanzgerichtliche Vorverfahren gilt die Abgabenordnung (§§ 347 ff. AO). Entscheidungen sind nach § 122 AO bekannt zu geben, der auf das VwZG verweist.

VI. Justizbeitreibungsgesetz

Für Zustellungen bei Anwendung des JBeitrG – Justizbeitreibungsgesetzes 10
in der Fassung der Bekanntmachung v. 27.6.2017 (BGBl. I S. 1926), zuletzt geändert durch Gesetz vom 22.11.2020 (BGBl. I S. 2466, 2472) – gelten die Vorschriften der ZPO über Zustellungen von Amts wegen sinngemäß (§ 3 S. 2 JBeitrG); die dem Gericht nach der ZPO vorbehaltenen Anordnungen trifft jedoch die Vollstreckungsbehörde (§ 3 S. 3 JBeitrG).

Kommentierung

§ 1 Anwendungsbereich

(1) **Die Vorschriften dieses Gesetzes gelten für das Zustellungsverfahren der Bundesbehörden, der bundesunmittelbaren Körperschaften, Anstalten und Stiftungen des öffentlichen Rechts und der Landesfinanzbehörden.**

(2) **Zugestellt wird, soweit dies durch Rechtsvorschrift oder behördliche Anordnung bestimmt ist.**

Übersicht

	Rn.
I. Geltungsbereich des Gesetzes	1
1. Unmittelbare Geltung	2
2. Verweisung auf das VwZG	3
3. Erweiterter Geltungsbereich	5
II. Zustellung nach dem VwZG	6
III. Zustellung von Widerspruchsbescheiden	7
IV. Möglichkeit der Zustellung	8
V. Landesrecht	11

I. Geltungsbereich des Gesetzes

1   Der **Geltungsbereich** des VwZG ergibt sich unmittelbar aus dem Gesetz selbst (Abs. 1), zudem wird auf das VwZG in anderen Gesetzen verwiesen. Das Verwaltungszustellungsrecht ist Teil des allgemeinen Verwaltungsrechts; die Gesetzgebungskompetenz des Bundes schließt als Annexkompetenz für die ihm in den Art. 70 ff. GG verliehenen sachlichen Kompetenzen, neben Art. 84 Abs. 1 GG und Art. 108 Abs. 5 GG, auch die Befugnis ein, auf diesen Gebieten entsprechende Verfahrensregelungen zu treffen (BVerfGE 8, 143, 149, 150). Außerhalb dieses Kompetenzbereichs verbleibt es bei der Zuständigkeit der Länder zur Regelung ihres Landeszustellungsrechts.

1. Unmittelbare Geltung

2   **Unmittelbar** gilt das Gesetz für Zustellungen der Bundesbehörden (vgl. dazu Art. 87, 87b, 87d, 89 Abs. 2 GG), der bundesunmittelbaren Körperschaften, Anstalten und Stiftungen des öffentlichen Rechts sowie der Landesfinanzbehörden (§ 2 FVG); Landesfinanzbehörden i. S. dieser Bestimmung sind auch die nach § 2 Abs. 2 FVG durch VO der Landesregierung dazu bestimmten Behörden. Da im Gegensatz zu § 1 Abs. 1 AO 1977 eine Beschränkung auf die Verwaltung bundesrechtlich oder europarechtlich geregelter Steuern fehlt, gilt das VwZG für die gesamte Steuerverwaltung der Landesfinanzbehörden, die auch von Art. 108 GG erfasst wird (ähnlich Drüen in Tipke/Kruse § 1 VwZG Tz. 4; Schwarz in HHSp VwZG § 1 Rn. 13; **aA**

Anwendungsbereich **§ 1 VwZG**

Kugelmüller-Pugh in Gosch VwZG § 1 Rn. 10). Bedient die Landesfinanzbehörde sich zur Zustellung der Gewerbesteuermessbescheide der Gemeinden, so handeln diese lediglich als Boten, und es gilt ebenfalls das VwZG (vgl. BFH BStBl. 1959, 203, FG Stuttgart, EFG 1956, 258; Schwarz in HHSp VwZG § 1 Rn. 14).

2. Verweisung auf das VwZG

Verweisungen auf das VwZG enthalten zahlreiche **Bundesgesetze.** Soweit 3
sie ausschließlich das Verfahren von Bundesbehörden betreffen, hat die Verweisung im Hinblick auf Abs. 1 nur deklaratorische Bedeutung (zB § 128 S. 2 BBG). Nur soweit die Bundesgesetze durch Landesbehörden ausgeführt werden, erweitert eine Verweisung den Geltungsbereich des VwZG (zB § 30 Schutzbereichsgesetz). Im Verfahren vor dem **Patentamt** gilt das VwZG, soweit nicht eine der in § 127 Abs. 1 Nr. 1–5, Abs. 2 PatG enthaltenen Maßgaben Anwendung findet (§ 127 Abs. 1 PatG; vgl. BGH GRUR 1991, 814).

Soweit **Landesgesetze** auf das VwZG verweisen, haben seine Vorschriften 4
ihren Geltungsgrund im Willen nicht des Bundesgesetzgebers, sondern des Landesgesetzgebers; ihre Auslegung ist daher in diesem Falle nicht revisibel (vgl. auch BVerwG NVwZ-RR 1995, 299 für das Parallelproblem der VwVG der Länder). Anwendbar ist das VwZG des Bundes, auf das verwiesen wird, regelmäßig in seiner jeweils geltenden Fassung (dynamische Verweisung), teilweise ist dies in den Verweisungsvorschriften ausdrücklich klargestellt.

3. Erweiterter Geltungsbereich

Das VwZG ist schließlich auch anzuwenden, wenn Behörden, für deren 5
eigene Zustellung es gilt, auf Ersuchen ausländischer Behörden Zustellungen vornehmen.

II. Zustellung nach dem VwZG

Zustellung ist nach dem VwZG die förmliche Bekanntgabe eines schrift- 6
lichen oder elektronischen Dokuments an den Empfänger; sie muss in der im VwZG bestimmten Form erfolgen und beurkundet werden. Die Regelung steht im Einklang mit § 166 Abs. 1 ZPO und stellt klar, dass die Zustellung eine besondere formalisierte Form der Bekanntgabe ist (so auch Schwarz in HHSp Einf. VwZG Rn. 30 f.; jetzt auch Sadler/Tillmanns-*Olthaus* Einl. VwZG Rn. 5, der gegen den Gesetzeswortlaut die Zustellung als „Übermittlung" eines Dokuments verstehen will). Zugestellt wird vor allem zum Zwecke der Bekanntgabe eines Verwaltungsakts oder einer anderen behördlichen oder gerichtlichen Entscheidung (BFH/NV 1991, 335). Die Zustellung ist eine hoheitliche Rechtshandlung, nicht eine bloß tatsächliche Handlung und setzt daher den Zustellungswillen der veranlassenden Behörde voraus (BVerwGE 16, 165; ThürFG EFG 2016, 1397; Sadler/Tillmanns-*Olthaus* Einl. VwZG Rn. 13; Kintz JuS 1997, 1115; Struzina/Kaiser JA 2020, 279), sie ist jedoch selbst nicht Verwaltungsakt. Der allgemeine, weitere Begriff der Bekanntgabe umfasst dagegen jede auf dem Willen der

Behörde beruhende Eröffnung des Verwaltungsakts gegenüber dem Betroffenen (vgl. BVerwG DVBl 1968, 113). Wenn allerdings ein Verwaltungsakt förmlich zugestellt wird, fällt seine Bekanntgabe damit zusammen (anders noch OVG NRW NJW 1973, 165). Insbesondere bei der Zustellung mittels eingeschriebenen Briefes ist durch § 41 Abs. 2 VwVfG sichergestellt, dass auch die Bekanntgabe – wie die Zustellung (vgl. § 4 Abs. 2) – mit dem 3. Tag nach der Aufgabe zur Post als bewirkt gilt. Eine unwirksame Zustellung kann nicht in eine schlichte Bekanntgabe umgedeutet werden (BFH BB 1994, 2408; **aA** FG Erfurt DStZ 1995, 89; BMF BStBl 1991 I 414); allerdings wird in den meisten Anwendungsfällen Heilung nach § 8 eintreten, jedoch – das ist der Unterschied – ohne Geltung der gesetzlichen Zugangsfiktion erst im Zeitpunkt der nachweislichen Kenntniserlangung durch den Empfangsberechtigten.

Dem Unterschied zwischen Bekanntgabe und Zustellung kommt besondere Bedeutung auch bei der **Rechtsmittelbelehrung** zu; wird zugestellt, muss der Fristhinweis auf den Tag der Zustellung lauten (vgl. etwa OVG NRW NJW 2009, 1832).

Da die Zustellung ein Hoheitsakt ist, kann eine deutsche Behörde sie grundsätzlich nur im Bereich der deutschen Gebietshoheit bewirken. Zur Zustellung im Ausland vgl. § 9 VwZG.

Ist einmal wirksam zugestellt worden, so kann dies nicht ungeschehen gemacht werden, die nochmalige Zustellung desselben Schriftstücks ist rechtlich ohne Bedeutung (BFH/NV 2011, 755; Sadler/Tillmanns-*Thiel* VwZG § 2 Rn. 17) und setzt auch die Rechtsbehelfsfristen nicht neu in Lauf (OLG Frankfurt/Main NJW 2000, 1653; SächsOVG SächsVBl 2013, 301).

III. Zustellung von Widerspruchsbescheiden

7   Die **Zustellung des Widerspruchsbescheides** (vgl. § 73 Abs. 3 S. 1 VwGO) ist wegen der damit verbundenen Ingangsetzung der Klagefrist bereits Bestandteil des gerichtlichen Verfahrens (BVerwGE 39, 257, 259). An andere Beteiligte als den Widerspruchsführer, die durch den Widerspruch auch nicht beschwert werden, genügt die einfache Bekanntgabe, soweit nicht spezialgesetzlich etwas anderes vorgeschrieben ist (BVerwGE 22, 14; **aA** BF-KSvA § 73 VwGO Rn. 30 mwN).

IV. Möglichkeit der Zustellung

8   **Abs. 2** eröffnet zwei Fallgruppen für die Zustellung: Zum einen die durch Rechtsvorschrift vorgeschriebene Zustellung, zum anderen die behördlich angeordnete. Das VwZG regelt nur das Verfahren **bei** der Zustellung, nicht dagegen, in welchen Fällen eine Zustellung erforderlich ist. Die Anwendung des Gesetzes hat vielmehr zur Voraussetzung, dass in einem anderen Gesetz die Zustellung angeordnet ist. Bestimmungen, die die Zustellung gesetzlich vorschreiben, finden sich in besonderen Fachgesetzen (zB § 69 Abs. 2 VwVfG, § 44 Abs. 1 WPflG, § 13 Abs. 3 VwVG, § 309 Abs. 2 AO; §§ 7

Anwendungsbereich **§ 1 VwZG**

Abs. 1 Satz 2, 8 Abs. 2 EuBeitrG; ausführliche Übersicht bei Sadler/Tillmanns-*Thiel* VwZG § 1 Rn. 16); ausreichend als Rechtsvorschrift ist auch eine Verordnung oder Satzung. Beim **persönlichen** Arrest richtet sich die Zustellung nach §§ 166 ff. ZPO (§ 326 Abs. 4 AO); das VwZG ist nicht anwendbar. Ist die Zustellung durch Rechtsvorschrift angeordnet, ergibt sich daraus gleichzeitig auch ein Verbot der einfachen Bekanntgabe.

Außerdem findet das VwZG Anwendung, wenn die Behörde, ohne dass **9** eine Zustellung durch Rechtsvorschrift vorgeschrieben ist, von sich aus bestimmt, dass ein Dokument zugestellt werden soll (VG Bremen PflR 2016, 125). Eine solche behördliche Anordnung kann vor allem in Frage kommen:
– bei belastenden Verwaltungsakten,
– bei Einspruchs- und Beschwerdeentscheidungen,
– bei Ladungen, Frist- und Terminsbestimmungen, soweit nicht schon gesetzlich vorgeschrieben,
– bei der Übersendung wichtiger Urkunden.
Die Behörde wird die Zustellung insbesondere zur Beweissicherung anordnen.

Die Zustellung eines schriftlichen Verwaltungsaktes kann die Behörde nach **10** ihrem Ermessen anordnen (Kopp/Ramsauer § 41 VwVfG Rn. 60; ausdrücklich auch § 122 Abs. 5 S. 1 AO für das steuerliche Verwaltungsverfahren); diese Anordnung stellt mangels eigenen Regelungsinhalts keinen Verwaltungsakt dar und braucht darum auch nicht begründet zu werden (BFH ZKF 2001, 157; Schwarz in HHSp VwZG § 1 Rn. 23). Auch in diesem Fall kann eine fehlerhafte Zustellung nicht in eine fehlerfreie Bekanntgabe umgedeutet werden (Kopp/Ramsauer VwVfG § 41 Rn. 60; OVG NRW NVwZ-RR 1995, 623); es kommt nur die Heilung nach § 8 in Betracht.

V. Landesrecht

Baden-Württemberg: Dem § 1 Abs. 1 entspricht § 1 Abs. 1 LVwZG. **11** Mit § 1 Abs. 2 gleich lautend § 1 Abs. 2 LVwZG. Die Justizverwaltung stellt auch in Verwaltungsangelegenheiten nach der ZPO zu (§ 12 Abs. 1 LVwZG).

Bayern: Dem § 1 Abs. 1 entspricht Art. 1 Abs. 1 S. 1 BayVwZVG. Art. 1 Abs. 1 S. 2, Abs. 3 BayVwZVG verweist für das Widerspruchsverfahren und die Zustellungen der Landesfinanzbehörden auf das VwZG des Bundes. Nach Art. 1 Abs. 2 BayVwZVG können Gerichte und Staatsanwaltschaften bei Erledigung ihrer Verwaltungsangelegenheiten nach den Vorschriften zustellen, nach denen sie bei ihrer Tätigkeit im Rahmen der Rechtsprechung zu verfahren haben. Art. 1 Abs. 4 BayVwZVG nimmt die Zustellung nach der Justizbeitreibungsordnung vom Anwendungsbereich des BayVwZVG aus. Mit § 1 Abs. 2 inhaltsgleich Art. 1 Abs. 5 BayVwZVG.

Mecklenburg-Vorpommern: Den Anwendungsbereich bestimmt im Ergebnis inhaltsgleich § 94 VwVfG M-V. § 94 Abs. 1 und 3 VwVfG M-V verweist für das Widerspruchsverfahren und die Zustellungen der Landesfinanzbehörden auf das VwZG des Bundes. Nach § 94 Abs. 2 VwVfG M-V können Gerichte und Staatsanwaltschaften bei Erledigung ihrer Verwaltungsangelegenheiten nach den Vorschriften zustellen, nach denen sie bei ihrer

Tätigkeit im Rahmen der Rechtsprechung zu verfahren haben. § 94 Abs. 4 VwVfG M-V nimmt die Zustellung nach der Justizbeitreibungsordnung vom Anwendungsbereich des BayVwZVG aus. Mit § 1 Abs. 2 inhaltsgleich § 94 Abs. 5 VwVfG M-V.

Niedersachsen: Im Wesentlichen inhaltsgleich § 1 Abs. 1 NVwZG; ausgenommen ist nach § 1 Abs. 2 NVwZG die Zustellung durch die Justizbehörden mit Ausnahme des Landesjustizprüfungsamtes. § 2 NVwZG entspricht § 1 Abs. 2.

Nordrhein-Westfalen: Inhaltsgleich § 1 LZG NRW.

Rheinland-Pfalz: Im Wesentlichen inhaltsgleich § 1 Abs. 1 LVwZG R-P; § 1 Abs. 2 LVwZG R-P nimmt die Zustellung durch die Justizbehörden, der Landesfinanzbehörden und nach der Justizbeitreibungsordnung und dem Landeshinterlegungsgesetz aus; ebenso Zustellungen der Landesbehörden, die sich nach dem VwZG richten. § 2 LVwZG R-P entspricht § 1 Abs. 2.

Sachsen: Im Wesentlichen inhaltsgleich § 4 Abs. 1 SächsVwVfZG. § 4 Abs. 2 SächsVwVfZG nimmt die Zustellungen der Gerichte bei der Erledigung von Verwaltungsangelegenheiten, die nach den Vorschriften erfolgen, die bei der rechtsprechenden Tätigkeit anzuwenden sind, aus. Entsprechendes gilt für die Staatsanwaltschaften.

Sachsen-Anhalt: Im Wesentlichen inhaltsgleich § 1 Abs. 1 VwZG-LSA; § 1 Abs. 2 VwZG-LSA nimmt die Zustellung durch die Justizbehörden aus. § 2 VwZG-LSA gleich lautend mit § 1 Abs. 2.

Schleswig-Holstein: § 146 Abs. 1 LVwG entspricht § 1 Abs. 2.

Thüringen: § 1 ThürVwZVG entspricht fast wörtlich dem Art. 1 BayVwZVG mit der Maßgabe, dass § 1 Abs. 2 ThürVwZVG dem Art. 1 Abs. 1 S. 2 BayVwZVG entspricht und die folgenden Absätze sich entsprechend verschieben.

§ 2 Allgemeines

(1) Zustellung ist die Bekanntgabe eines schriftlichen oder elektronischen Dokuments in der in diesem Gesetz bestimmten Form.

(2) Die Zustellung wird durch einen Erbringer von Postdienstleistungen (Post), einen nach § 17 des De-Mail-Gesetzes akkreditieren Diensteanbieter oder durch die Behörde ausgeführt. Daneben gelten die in den §§ 9 und 10 geregelten Sonderarten der Zustellung.

(3) Die Behörde hat die Wahl zwischen den einzelnen Zustellungsarten. § 5 Absatz 5 Satz 2 bleibt unberührt.

Übersicht

	Rn.
I. Begriff der Zustellung	1
II. Das zuzustellende Dokument	5
III. Zustellungsempfänger	8
IV. Zustellungsarten	11
V. Auswahl der Zustellungsart	12
VI. Zustellungsvorbereitung	13

Allgemeines **§ 2 VwZG**

	Rn.
VII. Pflicht zu Empfangsvorkehrungen?	14
VIII. Sonderarten der Zustellung	15
IX. Landesrecht	16
1. § 2 vergleichbare Regelungen	16
2. Zustellung an Beamte, Ruhestandsbeamte und Versorgungsberechtigte	17
3. Zustellung im Besteuerungsverfahren	18

I. Begriff der Zustellung

Zustellung ist die Bekanntgabe eines schriftlichen oder elektronischen **1 Dokuments in der im VwZG vorgeschriebenen Form.** Der Gesetzentwurf der Bundesregierung hatte noch den Begriff der „Übermittlung" verwendet (BT-Drs. 15/5216). Der Bundesrat forderte demgegenüber die Verwendung von „Bekanntgabe" (BR-Drs. 86/05 Beschluss), damit sollte klarer zum Ausdruck gebracht werden, dass auch dem VwZG das dem neuen ZPO-Zustellungsrecht entsprechende Verständnis der Zustellung zugrunde liegt. Die Norm sollte stärker an den Sprachgebrauch des § 166 ZPO angenähert und klargestellt werden, dass die Zustellung eine besondere Form der Bekanntgabe ist. Die Bundesregierung hat dem Bundestag eine dementsprechende Änderung vorgeschlagen, diesem Vorschlag ist der Bundestag dann gefolgt.

Das auch dem VwZG zugrunde liegende Verständnis der Zustellung, sieht diese als die in der gesetzlichen Form erfolgte und beurkundete Übergabe eines Dokuments; die Beurkundung ist dabei kein konstitutiver, also notwendiger Bestandteil der Zustellung mehr, sie dient nur dem Nachweis der Zustellung (BGH NJW 2005, 3216 unter Hinweis auf die Amtliche Begründung zu § 166 ZPO, BT-Drs. 14/4554,15).

Bei der Zustellung eines Dokuments ist wie bisher die Urschrift, eine Ausfertigung oder eine beglaubigte Abschrift bekannt zu geben; die Übersendung einer bloßen Fotokopie genügt somit nicht; Besonderheiten gelten bei der vereinfachten Zustellung an die Adressaten nach § 5 IV. Die Behörde muss die Zustellung mit Zustellungswillen veranlassen.

Der Begriff „Dokument" wird dabei als Oberbegriff für zustellungsfähige Mitteilungen (Schriftstücke und elektronische Dokumente) verwendet. Schriftliche und elektronische Zustellung sind dabei in ihrer Rechtswirkung gleichwertig.

Bekanntgabe eines schriftlichen Dokuments ist grds. die Aushändi- **2** gung (VGH BW VBlBW 1986, 183) an den Zustellungsempfänger oder einen Ersatzempfänger (→ § 3 Rn. 14 ff., § 4 Rn. 13) durch einen Bediensteten der Behörde oder eines Erbringers von Postdienstleistungen. Der Zustellungsempfänger muss das zuzustellende Schriftstück in seinen Herrschaftsbereich bekommen und soll es auch in alleiniger Verfügungsgewalt behalten dürfen, um an seiner Hand die notwendigen Überlegungen treffen zu können (BVerwG DÖV 1958, 715; SächsOVG NvwZ-RR 2016, 762; VGH BW VBlBW 1986, 183; FG Bremen EFG 1992, 758; Kintz JuS 1997, 1116), falls nicht gesetzlich etwas anderes bestimmt ist wie zB in § 10 Abs. 3

S. 1 AsylG, wonach bei einem gemeinsamen Asylverfahren einer Familie die Zustellung eines zusammengefassten Bescheids genügt. Das Vorlegen der Urschrift ist die Gestattung der Einsichtnahme; sie kommt nur noch im Landesrecht zur Anwendung.

An den Personenkreis des § 5 Abs. 4 ist auch die **elektronische Übermittlung,** insbesondere durch Telefax, zulässig.

3 **Die Bekanntgabe eines elektronischen Dokuments** erfolgt durch Übermittlung des elektronischen Dokuments an den Zustellungsempfänger. Elektronische Dokumente können dabei durch ein Postdienstleistungsunternehmen zugestellt werden (→ § 3), auch durch Übergabeeinschreiben oder Einschreiben gegen Rückschein (→ § 4), aber auch durch Zustellung durch die Behörde (→ § 5); alle Zustellungsmöglichkeiten sind grundsätzlich auch für elektronische Dokumente eröffnet. Voraussetzung für diese Zustellungsformen ist regelmäßig, dass das elektronische Dokument sich auf einem Datenträger befindet, etwa einer Diskette oder CD-ROM, der als Trägermedium dient, das letztlich körperlich zugestellt wird. Daneben besteht nach § 5 Abs. 4 und 5 auch die Möglichkeit der elektronischen Zustellung über das Internet oder E-Mail (→ § 5 Rn. 10 ff.) und nach § 5a per De-Mail.

4 Die Art der von der Behörde gewählten Zustellung hat auch insoweit Bedeutung, als eine Beurkundung einer anderen als der tatsächlich vorgenommenen Zustellungsform die gesamte Zustellung unwirksam macht. So scheidet etwa die Umdeutung einer gescheiterten Zustellung durch Übergabe an den Zustellungsempfänger in eine wirksame Ersatzzustellung aus (OLG Düsseldorf JurBüro 1995, 41).

4a § 2 ist seit der Novelle des VwZG bereits mehrfach geändert worden. Durch das Vierte Gesetz zur Änderung verwaltungsverfahrensrechtlicher Vorschriften vom 11.12.2008 (BGBl. I 2418) wurde § 2 Abs. 2 S. 3 redaktionell an die Änderung des § 5 angepasst. Durch Art. 3 des Gesetzes zur Regelung von De-Mail-Diensten und zur Änderung weiterer Vorschriften vom 28.4.2011 (BGBl. I 666) ist § 2 Abs. 2 und 3 erneut geändert worden. Abs. 2 wurde um die Möglichkeit der Zustellung durch einen De-Mail-Dienst erweitert; Abs. 3 wurde erneut an die Änderung von § 5 redaktionell angepasst.

II. Das zuzustellende Dokument

5 **Urschrift** ist das Original des zuzustellenden Schriftstücks (das grds. unterschrieben sein muss; BFH/NV 1994, 393; Sadler/Tillmanns-*Thiel* VwZG § 2 Rn. 7). **Ausfertigung** ist eine amtliche Abschrift oder Kopie (OLG Düsseldorf NZKart 2015, 452; Schwarz in HHSp Einf. VwZG Rn. 32), die nach dem Willen des Ausstellers an die Stelle der Urschrift treten soll (vgl. Kintz JuS 1997, 1116). Damit wird vorausgesetzt, dass Ausfertigung bzw. beglaubigte Abschrift textlich mit der vom Aussteller unterzeichneten Urschrift übereinstimmen (BVerwGE 109, 336; BFHE 136, 351). Welche Anforderungen an eine Ausfertigung zu stellen sind, ist für das Verwaltungsverfahren nicht gesetzlich bestimmt (anders § 317 ZPO, § 173 VwGO). Sinnvollerweise wird das Dokument mit „Ausfertigung" überschrieben. Es gelten

Allgemeines **§ 2 VwZG**

die von der Rspr. zu § 170 ZPO aF entwickelten Grundsätze: das Schriftstück muss einen mit dem Dienstsiegel versehenen und vom Urkundsbeamten der Behörde unterzeichneten Ausfertigungsvermerk enthalten (BGHZ 100, 234, 237; BFH NVwZ-RR 2000, 263; OLG Düsseldorf NZKart 2015, 452). Der Ausfertigungsvermerk hat im Allgemeinen folgenden **Wortlaut:**
Ausgefertigt:
Ort, Datum
Dienstsiegel
Unterschrift und Amtsbezeichnung
des ausfertigenden Beamten
Die einfache Abkürzung „F. d. R. d. A." macht die Abschrift nicht zur Ausfertigung (BGH NJW 1959, 2117; BSG NJW 1960, 981).

Wirksam ist die Zustellung durch Bekanntgabe einer Ausfertigung nur, wenn die Urschrift von dem Aussteller mit seinem vollen Familiennamen unterzeichnet ist; eine bloße Paraphe genügt nicht (BVerwGE 109, 336; s.a. Sadler/Tillmanns-*Thiel* VwZG § 2 Rn. 9).

Enthält ein Bescheid alle Merkmale einer Ausfertigung, so ist er auch dann als solcher wirksam zugestellt, wenn er nicht auch die Überschrift „Ausfertigung" (BGH Beschl. v. 16.12.1987 – IV b ZB 138/87), sondern die Überschrift „Zweitschrift zur Kenntnisnahme" trägt (BFH BB 1975, 1374; vgl. auch RGZ 164, 52, 56; BGH VersR 1963, 482, 484; 1969, 709, 710). Fehlen Dienstsiegel und Unterschrift, so liegt keine wirksame Zustellung vor; ob ein Mangel dieser Art nach § 8 geheilt werden kann, ist umstritten (verneinend: BGH ZIP 1987, 875; → § 8 Rn. 1).

Die **beglaubigte Abschrift** (in der Praxis mittlerweile fast durchgängig eine beglaubigte Ablichtung) ist dadurch gekennzeichnet, dass ihre Übereinstimmung mit der Urschrift oder einer Ausfertigung auf der Urkunde schriftlich bestätigt wird. Auch hier ist Voraussetzung, dass die Urschrift von dem Aussteller mit seinem vollen Familiennamen unterzeichnet ist (BVerwGE 109, 336 = NVwZ 2000, 190; s.a. Sadler/Tillmanns-*Thiel* VwZG § 2 Rn. 10). Der Beglaubigungsvermerk kann unmittelbar auf der Abschrift angebracht werden oder auf einem damit verbundenen Blatt; die Verbindung muss jedoch so beschaffen sein, dass ihre Auflösung nur unter teilweiser Substanzzerstörung möglich ist (wie etwa beim Heften mit Faden oder Ankleben) oder dass sie nur durch – sichtbare – Gewaltanwendung zu lösen ist.

Wird auf verschiedene Ausfertigungen jeweils der Name dessen gesetzt, an den die Zustellung erfolgen soll, und erhält ein Verfahrensbeteiligter versehentlich eine nicht für ihn bestimmte Ausfertigung, so berührt dies die Wirksamkeit der Zustellung nicht (OVG NRW NJW 1976, 643). Entscheidend ist vielmehr die Übereinstimmung mit der Urschrift.

Eine **Fotokopie** mit fotomechanisch vervielfältigtem Beglaubigungsver- **6** merk und Dienstsiegel ist weder eine Ausfertigung noch eine beglaubigte Abschrift iSv § 2 (OVG NRW OVGE 28, 45; Schwarz in HHSp Einf. VwZG Rn. 32; vgl. auch BT-Drs. 15/5216, 11); eine beglaubigte Fotokopie ist hingegen genauso wie eine beglaubigte Abschrift zustellungsfähig. Zu Problemen der Ausfertigung bei Plänen Schenk VBlBW 1999, 164.

Schlatmann

Verwaltungsakte, die gem. § 37 Abs. 5 VwVfG, § 119 Abs. 3 AO oder § 33 Abs. 5 SGB X durch automatische Einrichtungen ohne Unterschrift oder Namenswiedergabe wirksam erlassen worden sind, sind in dieser Form nicht zustellungsfähig (OVG Bln OVGE 22, 166; Sadler/Tillmanns-*Thiel* VwZG § 2 Rn. 8; **aA** Drüen in Tipke/Kruse VwZG § 2 Tz. 5 für § 119 Abs. 3 AO), außer wenn dies in einer speziellen Rechtsvorschrift ausdrücklich zugelassen ist, wie es in § 51 Abs. 1 S. 2 OWiG geschehen ist (**aA** SBS VwVfG § 37 Rn. 107 f. – Zustellung von Kopien uneingeschränkt möglich). Auch solche Verwaltungsakte können in der Form von beglaubigten Abschriften zugestellt werden.

7 Durch **Telefax** kann ein Schriftstück nur an den Empfängerkreis nach § 5 Abs. 4 wirksam zugestellt werden, da die Formulierung „auf andere Weise" in dieser Vorschrift diese Möglichkeit erfasst (BT-Drs. 15/5216, 12 f.; BFHE 198, 330). Im Übrigen besteht dafür derzeit keine Rechtsgrundlage. Zur Zustellung durch Telefax siehe Kintz JuS 1997, 1116 mwN.

Durch eine falsche **Rechtsbehelfsbelehrung** wird die Wirksamkeit einer sonst ordnungsgemäßen Zustellung nicht beeinträchtigt (BGH MDR 1991, 987; BVerwG NVwZ 2006, 943). Ein solcher Fehler wirkt sich nur auf den Lauf von Rechtsbehelfsfristen aus (vgl. § 58 VwGO; dazu OVG NRW NJW 2009, 1832).

III. Zustellungsempfänger

8 **Zustellungsempfänger** ist zunächst derjenige, an den das zuzustellende Dokument gerichtet ist, im Weiteren jede Person, an die die Zustellung dem Gesetz gemäß gerichtet war oder gerichtet werden konnte. An einen **Geschäftsunfähigen** kann nicht rechtswirksam zugestellt werden (vgl. auch BGHZ 86, 184, 189), gleichgültig, ob der Behörde die Geschäftsunfähigkeit des Betroffenen bekannt ist oder nicht; das gilt auch für den Bescheid über die Entziehung der Fahrerlaubnis (BayVGH DÖV 1984, 433), die Zustellung setzt Handlungsfähigkeit des Empfängers voraus (VGH BW NJW 2011, 1756).

9 Richtet sich ein Verwaltungsakt an **mehrere Adressaten,** so muss er, sofern nicht Spezialbestimmungen anderes zulassen (zB §§ 69 Abs. 2, 74 Abs. 5 VwVfG), grundsätzlich jedem Adressaten gesondert zugestellt werden (BVerwG DÖV 1976, 353; BFHE 109, 221; OVG RhPf DÖV 1974, 714; VGH BW NVwZ 1984, 249; VBlBW 1985, 333 = 1986, 183; BayVGH BayVBl 1971, 391; NVwZ 1984, 249; SächsOVG NvwZ-RR 2016, 762); ein zusammengefasster Bescheid stellt lediglich eine aus Zweckmäßigkeitsgründen in einem Dokument verbundene Mehrheit von Verwaltungsakten dar (vgl. BFHE 143, 491; BFH BStBl 1995 II 681 für den Fall eines Einkommensteuerbescheides). Insbesondere muss jeder Empfänger die alleinige Verfügungsgewalt über das zuzustellende Dokument und damit ein Exemplar für sich allein erhalten (BVerwG NVwZ 1993, 1189; BFH, NJW 1995, 3207; NVwZ 1996, 207; OVG NRW NVwZ-RR 1995, 623). Besteht daher eine an mehrere Personen adressierte Sendung nur aus einem Exemplar des Doku-

Allgemeines **§ 2 VwZG**

ments, so kann sie nicht zugestellt werden (vgl. BVerwG DÖV 1958, 715; HessVGH ESVGH 15, 92; OVG RhPf DÖV 1974, 714; NVwZ 1987, 899).

Eine Ausnahme gilt, wenn eine Person kraft Gesetzes als Empfangsbevollmächtigter einer Personenmehrheit gilt wie nach § 183 Abs. 1 S. 2 AO bei der einheitlichen Feststellung von Besteuerungsgrundlagen (dazu BFHE 154, 203). In einem solchen Fall muss die zustellende Behörde aber, wenn sie den Bescheid dem Bevollmächtigten zustellen **kann,** aber nicht **muss,** deutlich zum Ausdruck bringen, dass sie eine Zustellung an den Bevollmächtigten vornehmen will, damit der Zustellungsempfänger auch erkennt, dass er die Zustellung in seiner Eigenschaft als Vertreter entgegenzunehmen hat (VGH BW NVwZ-RR 1989, 593). 10

Dies gilt auch bei der Zustellung an **Ehegatten** (BFHE 143, 491; OVG RhPf DÖV 1974, 714); auch hier kann allerdings eine gegenseitige Zustellungsbevollmächtigung anzunehmen sein (vgl. BFHE 100, 171; 143, 491). Eine gesetzliche Vermutung dafür gibt es allerdings nicht (BVerwG NJW 1993, 2884; Kintz JuS 1997, 1116).

IV. Zustellungsarten

Das VwZG stellt – abschließend – mehrere **Zustellungsarten** zur Verfügung **(Abs. 2).** Es liegt im Ermessen der Behörde, welcher dieser Arten sie sich bei einer konkreten Zustellung bedienen will. Das Gesetz ermöglicht die Zustellung durch die Post (→ §§ 3, 4), einen nach § 17 des De-Mail-Gesetzes akkreditieren Diensteanbieter (→ § 5a), die Behörde (→ § 5) sowie die besonderen Zustellungsformen der öffentlichen Zustellung (→ § 10) und der Zustellung im Ausland (→ § 9). **Post** ist dabei nach § 2 Abs. 2 S. 1 jeder Erbringer von Postdienstleistungen. Die Regelung trägt dabei der Postreform II Rechnung: Bei der förmlichen Zustellung gemäß § 3 wird ein Lizenznehmer nach § 5 PostG vom 22.12.1997 (BGBl. I 3294) als beliehener Unternehmer gemäß § 33 Abs. 1 PostG tätig. Zustellungen nach § 4 (Einschreiben) erledigt die Post hingegen im Rahmen einer privatrechtlichen Beauftragung durch die Behörde als Postdienstleistung nach § 4 Nr. 1a und b PostG. Bei der förmlichen Zustellung nach § 5a wird die Möglichkeit der Zustellung über De-Mail als Zustellungsart eröffnet. Es handelt sich dann um eine weitere gleichrangige Möglichkeit der Zustellung von Dokumenten. Dabei wird der akkreditierte Diensteanbieter nach § 5 Abs. 6 S. 2 De-Mail-Gesetz als beliehener Unternehmer tätig. 11

Daneben bleibt weiter die Zustellung durch die **Behörde** eröffnet; hierunter fällt auch die Zustellung im Wege der Amtshilfe. Die nach § 6 VwZG 1952 mögliche Zustellung von Behörde zu Behörde durch Vorlage der Urschrift besteht nicht mehr.

Besonderheiten für die Form der Zustellung gelten im Notstands- und Verteidigungsfall. Zustellungen sind dann in jeder Form möglich, neben den vom VwZG ermöglichten Formen etwa auch fernmündlich, durch Presse, Fernsehen oder Hörfunk.

Schlatmann

V. Auswahl der Zustellungsart

12 Die **Auswahl** unter den verschiedenen Zustellungsarten **(Abs. 3)** steht im pflichtgemäßen Ermessen der Behörde (vgl. Schwarz in HHSp VwZG § 2 Rn. 20). Zustellung durch die Post (→ §§ 3, 4) liegt nahe, wenn der Empfänger nicht im Ort des Sitzes der Behörde wohnt; die Zustellung durch die Behörde (→ § 5) bietet sich an, wenn es auf eine schnelle, von möglichen Verzögerungen des Postlaufs unabhängige Durchführung ankommt. Die Behörde wird auch die Kosten der jeweiligen Zustellungsform berücksichtigen. Besonderes gilt jedoch nach dem neuen Abs. 3 S. 2, wenn auf Grund einer Rechtsvorschrift ein Verfahren auf Verlangen des Empfängers in elektronischer Form abgewickelt wird. In dieser Konstellation hat die Behörde kein Ermessen, die Behörde ist in diesen Fällen verpflichtet, ein elektronisches Dokument zuzustellen.

Nicht ausdrücklich im Gesetz vorgesehen, aber durch Gewohnheitsrecht gedeckt, ist die Zustellung an Seeleute und Binnenschiffer durch die Wasserschutzpolizei gegen Empfangsbekenntnis (Drüen in Tipke/Kruse Tz. 3 vor § 1 VwZG mwN; Sadler/Tillmanns-*Thiel* VwZG § 2 Rn. 30).

VI. Zustellungsvorbereitung

13 Die Behörde hat die Zustellung vorzubereiten, damit sich bei der Ausführung keine Probleme oder Verzögerungen ergeben und die Wirksamkeit der Zustellung nicht beeinträchtigt wird. Insbesondere ist zu prüfen, ob zB zuzustellende Dokumente unterschrieben, etwaige Abschriften in der erforderlichen Zahl vorhanden und ordentlich beglaubigt sind, ob bei Ladungen die Zeit und der Ort des Termins angegeben sind und ob die Person, an die zuzustellen ist, nach Name, Beruf, Wohnort und Wohnung oder Geschäftsraum hinreichend deutlich bezeichnet ist. Besondere Sorgfalt ist bei häufig vorkommenden Familiennamen (Müller, Meier, Schulze usw.) und bei gleich oder ähnlich lautenden Ortsnamen auf eine genaue Bezeichnung zu verwenden. Die Behörde wird darauf zu achten haben, dass die Postleitzahl richtig angegeben wird.

VII. Pflicht zu Empfangsvorkehrungen?

14 Eine allgemeine Pflicht, **Empfangsvorkehrungen** zu treffen, besteht nicht. Im Einzelfall kann sich jedoch aus besonderen – gesetzlichen oder vertraglichen – Rechtsbeziehungen zwischen dem Erklärenden und dem Adressaten ergeben, dass dieser sich zum Empfang bereithalten und bei einem schuldhaften Verstoß gegen diese Vorsorgepflicht nach den Rechtsgrundsätzen von §§ 162, 242 BGB so behandeln lassen muss, als sei die Erklärung ihm wie im Falle pflichtgemäßen Verhaltens zugegangen (BVerwGE 85, 213, 216: bejaht für einen Wehrpflichtigen, der die Änderung seiner Wohnung nicht gemeldet hatte und dem die Wehrersatzbehörde infolgedessen den Einberufungsbescheid vergeblich – durch Niederlegung bei der Postanstalt –

zuzustellen versucht hatte). In Spezialgesetzen (zB § 51b BImSchG, § 10 Abs. 4 AsylG) finden sich Vorschriften, die den betroffenen Personenkreis zur Sicherstellung des Zugangs von zugestellten Schriftstücken verpflichten.

VIII. Sonderarten der Zustellung

Die Sonderarten der Zustellung nach §§ 9 und 10 schließen die Anwendung der übrigen Vorschriften in ihrem Anwendungsbereich aus. Die bisherige Sonderart der Zustellung an Beamte, Ruhestandsbeamte und Versorgungsberechtigte (§ 16 VwZG 1952) ist aufgehoben; entsprechende Regelungen bestehen in einigen Ländern fort. Auch hinsichtlich der durch das Einführungsgesetz zur Abgabenordnung vom 14.12.1976 (BGBl. I 3341, 3365) aufgehobenen Sondervorschrift für die Zustellung im Besteuerungsverfahren bestehen noch landesrechtliche Sonderregelungen zur Zustellung. 15

IX. Landesrecht

1. § 2 vergleichbare Regelungen

Baden-Württemberg: § 2 LVwZG entspricht § 2 VwZG. 16
Bayern: Art. 2 BayVwZVG entspricht § 2 VwZG; zusätzlich besteht die weitere Zustellungsart nach Art. 17 BayVwZVG.
Mecklenburg-Vorpommern: Inhaltsgleich § 95 VwVfG M-V.
Nordrhein-Westfalen: Inhaltsgleich § 2 LZG NRW; zusätzlich besteht die weitere Zustellungsart nach § 11 LZG NRW.
Schleswig-Holstein: Inhaltsgleich § 147 Abs. 1 bis 3 LVwG. Nach § 147 Abs. 4 LVwG steht der Übergabe eines Schriftstücks in Urschrift die Übergabe eines Schriftstücks gleich, das inhaltlich durch die zugrunde liegende Verfügung gedeckt ist und den Namen desjenigen wiedergibt, der die Verfügung unterzeichnet hat.
Thüringen: Inhaltsgleich § 2 ThürVwZVG; zusätzlich besteht die weitere Zustellungsart nach § 16 ThürVwZVG.

2. Zustellung an Beamte, Ruhestandsbeamte und Versorgungsberechtigte

Nordrhein-Westfalen: § 11 LZG NRW enthält noch eine Sonderregelung über die Zustellung an Beamte, Ruhestandsbeamte und Versorgungsberechtigte: 17

§ 11 Zustellung an Beamte, Ruhestandsbeamte und sonstige Versorgungsberechtigte

(1) Ein Beamter muss Zustellungen unter der Anschrift, die er seinem Dienstvorgesetzten angezeigt hat, gegen sich gelten lassen. Hat der Beamte unter der angezeigten Anschrift keine Wohnung, so steht der Versuch einer Zustellung der Zustellung gleich.

(2) Verfügungen und Entscheidungen, die einem Beamten, Ruhestandsbeamten oder sonstigen Versorgungsberechtigten nach den Vorschriften des Landesbeam-

tenrechts und des Landesdisziplinargesetzes zuzustellen sind, können dem Beamten oder Versorgungsberechtigten auch in der Weise zugestellt werden, dass sie ihm mündlich oder durch Gewährung von Einsicht bekannt gegeben werden. Hierüber ist eine Niederschrift anzufertigen. Der Beamte oder Versorgungsberechtigte erhält von ihr auf Antrag eine Abschrift.

(3) Einem Beamten oder Versorgungsberechtigten, der sich im Ausland aufhält, kann auch dadurch zugestellt werden, dass ihm der wesentliche Inhalt des zuzustellenden Schriftstückes in anderer Form dienstlich mitgeteilt wird. Die Zustellung soll in der sonst vorgeschriebenen Form nachgeholt werden, sobald es die Umstände gestatten.

Thüringen: § 16 Abs. 1 ThürVwZVG entspricht im Wesentlichen § 11 Abs. 2 LZG NRW; ergänzend begründet § 16 Abs. 1 S. 2 Hs. 2 ThürVwZVG eine Pflicht, den Zustellungsempfänger auf sein Recht, die Erteilung einer Abschrift zu beantragen, ausdrücklich hinzuweisen.

§ 16 Abs. 2 ThürVwZVG entspricht § 16 VwZG 1952:

(2) Eine Entscheidung über die Beendigung des Beamtenverhältnisses eines Beamten, der sich außerhalb des Geltungsbereichs des Grundgesetzes aufhält, kann auch dadurch zugestellt werden, dass ihr wesentlicher Inhalt dem Beamten durch Telegramm oder in anderer Form dienstlich mitgeteilt wird. Die Zustellung soll in der sonst vorgeschriebenen Form nachgeholt werden, sobald es die Umstände gestatten.

Nach § 16 Abs. 3 ThürVwZVG gilt das besondere Zustellungsrecht auch gegenüber Richtern, Richtern im Ruhestand und versorgungsberechtigten Hinterbliebenen.

3. Zustellung im Besteuerungsverfahren

18 **Bayern:** Nach Art. 17 Abs. 1 BayVwZVG kann die Zustellung von schriftlichen Bescheiden, die im Besteuerungsverfahren sowie bei der Heranziehung zu anderen öffentlichen Abgaben und Umlagen ergehen, dadurch ersetzt werden, dass der Bescheid oder die Rechtsmittelentscheidung dem Empfänger durch einfachen Brief verschlossen zugesandt wird. Dann gilt die Bekanntgabe mit dem dritten Tag nach der Aufgabe zur Post als bewirkt, es sei denn, dass das zuzusendende Schriftstück nicht oder zu einem späteren Zeitpunkt zugegangen ist (Art. 17 Abs. 2 S. 1 BayVwZVG). Im Zweifel hat die Behörde den Zugang des Schriftstücks und den Zeitpunkt des Zugangs nachzuweisen (Art. 17 Abs. 2 S. 2 BayVwZVG). Nach Art. 17 Abs. 3 S. 1 BayVwZVG wird die Sendung in den Postbriefkasten eingeworfen oder bei der Post eingeliefert; bei Einwurf in einen Straßenbriefkasten gilt der Tag der auf den Einwurf folgenden Leerung als Tag der Aufgabe (Art. 17 Abs. 3 S. 2 BayVwZVG). Art. 17 Abs. 4 S. 1 BayVwZVG entspricht § 4 Abs. 2 S. 4 BayVwZVG. Bei der Zustellung maschinell erstellter Bescheide können anstelle des Vermerks die Bescheide nummeriert und die Absendung in einer Sammelliste eingetragen werden (Art. 17 Abs. 4 S. 2 BayVwZVG).

§ 3 Zustellung durch die Post mit Zustellungsurkunde

(1) Soll durch die Post mit Zustellungsurkunde zugestellt werden, übergibt die Behörde der Post den Zustellungsauftrag, das zuzustellende Dokument in einem verschlossenen Umschlag und einen vorbereiteten Vordruck einer Zustellungsurkunde.

(2) Für die Ausführung der Zustellung gelten die §§ 177 bis 182 der Zivilprozessordnung entsprechend. Im Fall des § 181 Abs. 1 der Zivilprozessordnung kann das zuzustellende Dokument bei einer von der Post dafür bestimmten Stelle am Ort der Zustellung oder am Ort des Amtsgerichts, in dessen Bezirk der Ort der Zustellung liegt, niedergelegt werden oder bei der Behörde, die den Zustellungsauftrag erteilt hat, wenn sie ihren Sitz an einem der vorbezeichneten Orte hat. Für die Zustellungsurkunde, den Zustellungsauftrag, den verschlossenen Umschlag nach Absatz 1 und die schriftliche Mitteilung nach § 181 Abs. 1 Satz 3 der Zivilprozessordnung sind die Vordrucke nach der Zustellungsvordruckverordnung zu verwenden.

Übersicht

	Rn.
I. Bedeutung und Zulässigkeit	1
II. Voraussetzungen der Zustellung	3
1. Innerer Umschlag	4
2. Postzustellungsurkunde	8
3. Zustellungsauftrag	9
4. Zustellungsleitende Vermerke	10
III. Anwendbare Vorschriften der Zivilprozessordnung	11
IV. Zustellungsort	12
V. Nichtantreffen des Zustellungsadressaten	13
VI. Voraussetzungen der Ersatzzustellung	14
1. Übergabe nach § 178 Abs. 1 Nr. 1 ZPO	15
2. Begriff der Wohnung	18
3. Geschäftsraume	23
4. Gemeinschaftseinrichtungen	25
5. Hauswirt und Vermieter	26
6. Interessenwiderstreit	26a
VII. Unberechtigte Annahmeverweigerung	27
VIII. Einlegen in den Briefkasten	31
IX. Niederlegung	32
X. Zustellungsurkunde	37
XI. Zeitpunkt der Zustellung	51
XII. Wirksamkeit der Ersatzzustellung	52
XIII. Landesrecht	53

I. Bedeutung und Zulässigkeit

Die Zustellung mittels **Postzustellungsurkunde** übertrifft an praktischer **1** Bedeutung die übrigen gesetzlich zugelassenen Zustellungsarten. **Post** ist grundsätzlich jeder Erbringer von Postdienstleistungen (→ § 2 Rn. 11); bei der förmlichen Zustellung gemäß § 3 wird ein Lizenznehmer nach § 5 PostG als beliehener Unternehmer gemäß § 33 Abs. 1 PostG tätig. § 33 Abs. 1 PostG enthält eine ausdrückliche und ausreichende Beleihung mit Hoheitsbefugnissen auch für Lizenznehmer (vgl. Bergner DStZ 1997, 225; Löwe/Löwe ZIP 1997, 2002, 2003; Schwarz in HHSp VwZG § 3 Rn. 5; Drüen in Tipke/Kruse VwZG § 2 Tz. 13; Sadler/Tillmanns-*Thiel* VwZG § 2 Rn. 21). Zweifel an Zulässigkeit und Wirksamkeit der Zustellung nach der Privatisierung des Postdienstes durch die Postreform (Art. 87 f., Art. 143b GG) (vgl. Seltmann AnwBl 1996, 403; Späth DStR 1996, 1725; NJW 1997, 2155; StB 1998, 119) sind unbegründet und durch die gesetzgeberische Festlegung entschieden. Verfassungsrechtliche Bedenken gegen die Zustellung durch Aufgabe zur Post bestehen nicht (BVerfG NJW 1997, 1772).

2 Das Zustellungsprivileg ermöglicht nicht nur die Zustellung öffentlich-rechtlicher Dokumente, vielmehr können die Behörden und juristischen Personen des öffentlichen Rechts (→ § 1 VwZG) auch in rein zivilrechtlichen Angelegenheiten förmlich zustellen (OVG Bln NVwZ-RR 1998, 464; Sadler/Tillmanns-*Thiel* VwZG § 3 Rn. 13).

II. Voraussetzungen der Zustellung

3 § 3 Abs. 1 ordnet an, welche Unterlagen die Behörde der Post für die Zustellung zu übergeben hat. Das eigentliche Zustellungsverfahren richtet sich hingegen nach § 3 Abs. 2, der dazu auf die §§ 177 bis 182 ZPO verweist. Die Behörde hat der Post den Zustellungsauftrag mit dem zuzustellenden Dokument in einem verschlossenen Umschlag und einem vorbereitem Vordruck einer Zustellungsurkunde zu übergeben; maßgeblich für die Anforderungen an diese Unterlagen ist die Zustellungsvordruckverordnung (ZustVV) vom 12.2.2002 (BGBl. I 671; ber. BGBl. I 1019), geändert durch die Verordnung vom 23.4.2004 (BGBl. I 619). Der Zustellungsauftrag ist dabei der äußere Umschlag, der verschlossene Umschlag der innere Umschlag der Zustellungsvordruckverordnung. Unter dem „vorbereiteten" Vordruck einer Zustellungsurkunde ist zu verstehen, dass die Behörde auf dem Vordruck Aktenzeichen, Adressat und die eigene (Absender-)Anschrift eingetragen, also den Vordruck den Anforderungen der Zustellungsvordruckverordnung entsprechend vorbereitet hat.

1. Innerer Umschlag

4 Das zuzustellende Dokument ist nach § 3 Abs. 2 S. 3 iVm §§ 1 Nr. 2, 2 Abs. 2 ZustVV in einen den Vorgaben der Anlage 2 der Zustellungsvordruckverordnung entsprechenden **inneren Umschlag** zu stecken. Auf diesem inneren Umschlag, der beim Zustellungsempfänger zurückbleibt, sind die Adresse der Behörde, die Adresse des Zustellungsempfängers, ggfs. die nach dem Muster der Anlage 2 zu § 1 Nr. 2 ZustVV möglichen Vermerke der Behörde sowie das Aktenzeichen des zuzustellenden Dokuments von der Behörde einzutragen.

Ein Fehlen der **Behördenadresse** auf dem inneren Umschlag ist unschädlich, da sie bereits auf dem zuzustellenden Dokument angegeben sein wird, ein entsprechender Mangel wäre nach § 8 heilbar (Sadler/Tillmanns-*Thiel* VwZG § 2 Rn. 24). Die **Adresse des Zustellungsempfängers** muss angegeben werden, dies wird üblicherweise die Wohnungs- oder Geschäftsanschrift sein. Daneben können auch die Angabe des Postfachs oder „postlagernd" als Adresse genügen, da in diesen Fällen eine Zustellung durch die Post erfolgen kann (vgl. Sadler/Tillmanns-*Thiel* VwZG § 2 Rn. 23; Drüen in Tipke/Kruse VwZG § 3 Tz. 5). Allerdings genügen diese Angaben nicht als ladungsfähige Adresse des Klägers (vgl. BVerwG NJW 1999, 2608; BGH NJW 2002, 2391, 2394; OVG NRW NVwZ-RR 1994, 124; OLG Koblenz NJW 2005, 3430).

Für den inneren Umschlag können Umschläge mit Sichtfenster verwendet werden (§ 2 Abs. 2 S. 1 ZustVV). Dies setzt voraus, dass die auf dem zuzustellenden Dokument aufgebrachte Empfängeranschrift durch das Sichtfenster lesbar ist.

Auf dem inneren Umschlag ist das **Aktenzeichen** des zuzustellenden 5 Dokuments anzugeben, es muss zudem mit dem in der Postzustellungsurkunde angegebenen Aktenzeichen identisch sein. Die Angabe des Aktenzeichens ist erforderlich, weil die PZU nicht die Übergabe des Schriftstücks selbst bezeugt, sondern nur die Übergabe eines mit einem Aktenzeichen bezeichneten Umschlags, und die Angabe des Aktenzeichens auf dem Umschlag und in der PZU die einzige Beziehung zwischen dieser und dem zuzustellenden Dokument herstellt (BFHE 160, 103; 205, 501; stRspr). Das Aktenzeichen muss das zuzustellende Schreiben eindeutig konkretisieren (BFHE 205, 501; BFH/NV 2005, 66; 2006, 2230; 2008, 1860). Es genügt daher für eine wirksame Zustellung nach § 3 nicht, wenn PZU und/oder Briefumschlag lediglich die Steuernummer (vgl. zB BFHE 103, 454; 105, 85; 125, 107; BFH, ZKF 2001, 157) oder ein Aktenzeichen ohne weitere Zusätze (SächsOVG KKZ 2002, 69) ausweisen. Ausreichend als Konkretisierung ist aber, wenn neben als Aktenzeichen der Steuernummer und noch zB „EStB 2019" angegeben ist (vgl. BFHE 205, 501; BFH/NV 2009, 197; BB 2006, 144; FG München EFG 2007, 807), hierbei kommt es immer auf den Einzelfall an (vgl. BFH/NV 2011, 1106). Im Klageverfahren reicht die Angabe des Aktenzeichens mit dem Zusatz „BE-Schreiben" als Konkretisierung aus (vgl. BFH/NV 2000, 1359). Ist auf dem Briefumschlag kein Aktenzeichen angegeben, so ist die Zustellung nicht unwirksam (BFH/NV 2012, 597; aA noch zum alten Recht BFHE 94, 202; BayVGH BayVBl 1989, 662), lediglich der Nachweis der Zustellung wird schwieriger. Das Gleiche gilt, wenn ein unrichtiges Aktenzeichen angegeben ist (BVerwG JR 1967, 112; BGH VersR 1965, 853; BFH/NV 1998, 1101; FG Düsseldorf EFG 1985, 152); dieser Fall liegt auch vor, wenn innerhalb des Aktenzeichens die Reihenfolge der Finanzamts-Nummer und der Nummer des Veranlagungsbezirks des Finanzamts vertauscht worden ist (FG Düsseldorf EFG 1999, 533).

Werden **mehrere Dokumente** mit verschiedenen Aktenzeichen zugleich 6 zugestellt, so müssen auf dem Briefumschlag alle Aktenzeichen angegeben werden (Schwarz in HHSp VwZG § 3 Rn. 15; Sadler/Tillmanns-*Thiel*

VwZG VwZG § 3 Rn. 17). Diejenigen Schriftstücke, deren Aktenzeichen nicht oder falsch angegeben ist, sind nicht wirksam zugestellt (BFH/NV 2011, 1106; 1999, 186; VG Stuttgart InfAuslR 1991, 103). Der Nachweis der Zustellung der zutreffend bezeichneten Schriftstücke ist davon jedoch nicht berührt (BFH/NV 2011, 1106; 1999, 186).

7 Bei der Verwendung von Fensterbriefumschlägen bedarf es nach § 2 Abs. 2 S. 2 ZustVV der Angabe des Aktenzeichens und der Vorausverfügungen auf dem inneren Umschlag nicht. Zwingend muss aber das Aktenzeichen dann im Sichtfenster des inneren Umschlags zu erkennen sein (vgl. OLG Brandenburg NStZ-RR 2006, 539). Werden mehrere Dokumente gleichzeitig zugestellt, kann die Verwendung von Umschlägen mit Sichtfenster leicht zu Fehlern führen, da durch das Fenster zumeist nur das oberste Aktenzeichen zu erkennen ist. In diesem Fall müssen die Aktenzeichen der anderen zuzustellenden Dokumente dann auf dem Umschlag vermerkt werden; zur Beweissicherung ist es dann ratsam alle Aktenzeichen auf dem Umschlag zu vermerken. Der innere Umschlag muss verschlossen sein, andernfalls ist die Zustellung unwirksam.

2. Postzustellungsurkunde

8 Die **PZU** muss nach § 3 Abs. 2 S. 3 iVm §§ 1 Nr. 1, 2 Abs. 1 ZustVV den Vorgaben der Anlage 1 der Zustellungsvordruckverordnung entsprechen. Von der Behörde sind das Aktenzeichen, die Adresse des Zustellungsempfängers sowie die eigene Adresse als Rücksendeadresse anzugeben. Die PZU muss dabei dasselbe Aktenzeichen wie der Briefumschlag der Sendung tragen, bei einer Mehrzahl von Aktenzeichen alle (BFHE 178, 546; BFH/NV 2009, 197; FG Berlin EFG 1994, 375). Den Zustellungsadressaten muss sie eindeutig bezeichnen, wobei im Falle einer juristischen Person auch der gesetzliche Vertreter bezeichnet sein muss (HessVGH NJW 1998, 920). Kann der Zustellungsempfänger eindeutig identifiziert werden, ist es unschädlich, wenn sein zweiter Vorname unrichtig angegeben ist (FG Köln EFG 1999, 359). Unabdingbar ist, dass der Empfänger die Sendung auf Grund des auf der Urkunde angegebenen Aktenzeichens identifizieren kann (VG Chemnitz SächsVBl 1997, 164). Ungenügend ist es, wenn Zustellungsurkunde und Briefumschlag als Aktenzeichen lediglich die Steuernummer ausweisen (BFHE 103, 454; 105, 85; 125, 107); ausreichend als Konkretisierung ist aber, wenn im Kopf der PZU unter 1.1 als Aktenzeichen die Steuernummer und unter 1.2 als „weitere Kennz." noch „EStB 2019" angegeben ist (vgl. BFHE 205, 501, weiter BFH/NV 2011, 1106). Die Zustellungsurkunde muss mit dem Briefumschlag verbunden sein, so dass sie nicht einfach abfallen kann.

3. Zustellungsauftrag

9 Der **Zustellungsauftrag** muss dabei nach § 3 Abs. 2 S. 3 iVm §§ 1 Nr. 3, 2 Abs. 2 ZustVV den Vorgaben der Anlage 3 der Zustellungsvordruckverordnung entsprechen; er ist der Post verschlossen zu übergeben. **Übergabe** ist die Einlieferung bei einer Postannahmestelle oder die Übersendung an den Postdienstleister per Post. Grundsätzlich ist für jeden Auftrag ein eigener

Umschlag zu verwenden. Hiervon kann abgewichen werden, wenn mehrere Aufträge zur Zustellung an verschiedene Zustellungsempfänger im Bereich eines Zustellungsstützpunktes erteilt werden sollen. In diesem Fall genügt dann ein äußerer Umschlag; bei dieser Verfahrensweise ist aber sicher zu stellen, dass die jeweiligen Postzustellungsurkunden sich nicht vom zugehörigen inneren Umschlag lösen können. Auf dem Zustellungsauftrag sind entsprechend dem Muster der Anlage 3 zu § 1 Nr. 3 ZustVV die Adresse der Behörde, die Adresse des Zustellungsstützpunktes sowie die Zahl der Postzustellungsaufträge anzugeben. § 2 Abs. 2 S. 1 ZustVV ermöglicht die Verwendung von Umschlägen mit Sichtfenstern auch für den Zustellungsauftrag; im Sichtfenster müssen dann Postleitzahl und Bestimmungsort des Zustellstützpunkts – aus der Zustellanschrift des inneren Umschlags – sichtbar sein.

4. Zustellungsleitende Vermerke

Die Behörde kann durch **Vermerke** bestimmte Vorgaben für die Zustellung machen, diese sind auf dem inneren Umschlag und der Zustellungsurkunde zu markieren (vgl. Anlage 1 zu § 1 Nr. 1 ZustVV und Anlage 2 zu § 1 Nr. 2 ZustVV). Als Vermerke kommen in Betracht: 10
– „Ersatzzustellung ausgeschlossen",
– wenn die Ersatzzustellung nach §§ 178, 180, 181 ZPO unterbleiben soll;
– „Keine Ersatzzustellung an: …,
– wenn die Ersatzzustellung nach § 178 ZPO an bestimmte Personen unterbleiben soll;
– „Nicht durch Niederlegung zustellen",
– wenn die Niederlegung des Schriftstückes nach § 181 ZPO ausgeschlossen werden soll;
– „Mit Angabe der Uhrzeit zustellen",
– wenn die Angabe der Uhrzeit der Zustellung verlangt wird.
Zudem kann festgelegt werden, ob bei einer Adressänderung innerhalb des Bezirks des Amts- oder Landgerichts oder im gesamten Inland weitergesandt werden soll.

III. Anwendbare Vorschriften der Zivilprozessordnung

§ 3 Abs. 2 S. 1 nimmt die §§ 177–182 ZPO in Bezug und ordnet deren entsprechende Geltung an. 11

IV. Zustellungsort

Der Ort, an dem eine Zustellung erfolgen kann, wird durch § 177 ZPO bestimmt. 12

§ 177 Ort der Zustellung
Das Schriftstück kann der Person, der zugestellt werden soll, an jedem Ort übergeben werden, an dem sie angetroffen wird.

§ 177 ZPO regelt, dass dem Zustellungsempfänger nicht etwa nur in seiner Wohnung oder seinen Geschäftsräumen, auch nicht nur an seinem Wohnsitz oder Sitz zugestellt werden kann; er muss die Zustellung **überall** entgegennehmen, wo er angetroffen wird, etwa auch in der Behörde, auf der Straße oder in Gebäuden (mit der Folge von § 179 ZPO; anschauliche Beispiele bei Sadler/Tillmanns-*Thiel* VwZG § 3 Rn. 29). Dies setzt die persönliche Begegnung von Zusteller und Zustellungsempfänger voraus. Eine Pflicht des mit der Zustellung betrauten Postbediensteten, den Zustellungsempfänger selbst aufzuspüren, ergibt sich daraus allerdings nicht (BVerwG HFR 1974, 123; Carl KKZ 1991, 41).

V. Nichtantreffen des Zustellungsadressaten

13   Kommt es zu dieser unmittelbaren Zustellung nicht, besteht die Möglichkeit ersatzweise die Zustellung durch Übergabe an Dritte rechtswirksam durchzuführen. §§ 178–181 ZPO sehen hierzu eine geordnete Reihenfolge von Möglichkeiten der Ersatzzustellung vor. Wird eine Privatperson in Wohnung, Geschäftsraum oder Gemeinschaftseinrichtung nicht angetroffen, so kann die Zustellung an eine der in § 178 Abs. 1 ZPO genannten Personen erfolgen. Die Ersatzempfänger nach § 178 Abs. 1 ZPO sind zur Annahme verpflichtet, so dass auch bei ihrer Weigerung § 179 ZPO anzuwenden ist. Mit der Übergabe des zuzustellenden Dokuments an die Ersatzperson ist die Zustellung bewirkt.

§ 178 Abs. 2 ZPO verbietet die Ersatzzustellung an bestimmte Personen, die kraft Gesetzes als befangen gelten. Die Vorschrift ist auch auf Personen anzuwenden, die zwar nicht Prozessgegner im eigentlichen Sinne sind, bei denen aber widerstreitende Interessen vorliegen, zB der betroffene Arbeitnehmer bei Zustellung einer Pfändungsverfügung an den Arbeitgeber als Drittschuldner (vgl. OLG Düsseldorf NJW-RR 1993, 1222; OLG Hamm NJW 1994, 1036; OLG Köln DGVZ 2002, 42; gegen eine Anwendung in der Verwaltungszustellung: Sadler/Tillmanns-*Thiel* VwZG § 3 Rn. 57). Darüber hinaus kann die Behörde eine Ersatzzustellung überhaupt oder an bestimmte Personen ausschließen, wenn sie dies für zweckmäßig hält.

VI. Voraussetzungen der Ersatzzustellung

14   § 178 ZPO bindet die Ersatzzustellung an folgende Voraussetzungen:

§ 178 Ersatzzustellung in der Wohnung, in Geschäftsräumen und Einrichtungen

(1) Wird die Person, der zugestellt werden soll, in ihrer Wohnung, in dem Geschäftsraum oder in einer Gemeinschaftseinrichtung, in der sie wohnt, nicht angetroffen, kann das Schriftstück zugestellt werden
1. in der Wohnung einem erwachsenen Familienangehörigen, einer in der Familie beschäftigten Person oder einem erwachsenen ständigen Mitbewohner,
2. in Geschäftsräumen einer dort beschäftigten Person,

3. in Gemeinschaftseinrichtungen dem Leiter der Einrichtung oder einem dazu ermächtigten Vertreter.

(2) Die Zustellung an eine der in Absatz 1 bezeichneten Personen ist unwirksam, wenn diese an dem Rechtsstreit als Gegner der Person, der zugestellt werden soll, beteiligt ist.

Voraussetzung der Ersatzzustellung ist demnach, dass die Person, der das betreffende Schriftstück zugestellt werden soll,
– in ihrer Wohnung,
– in den Geschäftsräumen oder
– in einer Gemeinschaftseinrichtung, in der sie wohnt,
nicht angetroffen wird (§ 3 Abs. 2 VwZG in Verbindung mit § 178 Abs. 1 ZPO), unter der weiteren Voraussetzung, dass sie sich noch am Leben befindet (Hüßtege in Thomas/Putzo ZPO § 178 Rn. 2; Sadler/Tillmanns-*Thiel* VwZG § 3 Rn. 35, 36). Das „Antreffen" in diesem Sinne setzt eine tatsächliche Begegnung des Zustellers mit dem Zustellungsadressaten voraus. Darum ist der Zustellungsadressat auch dann nicht angetroffen worden, wenn er die Begegnung trotz Anwesenheit ablehnt oder an der Annahme des Schriftstücks durch Krankheit oder dringende Inanspruchnahme durch andere Dinge verhindert ist (Hüßtege in Thomas/Putzo ZPO § 178 Rn. 5). Ausreichend ist auch die Versicherung der Abwesenheit durch einen Angehörigen (BFHE 173, 213; Vogt-Beheim in BLHAG ZPO § 178 Rn. 5); tatsächliche Abwesenheit ist dann nicht erforderlich.

1. Übergabe nach § 178 Abs. 1 Nr. 1 ZPO

In der Wohnung (→ Rn. 18) darf das zuzustellende Schriftstück sodann 15 folgenden **Personen** übergeben werden (§ 178 Abs. 1 Nr. 1 ZPO):
– einem erwachsenen Familienangehörigen, wobei erwachsen nicht inhaltsgleich mit volljährig ist, aber regelmäßig ein Mindestalter von vierzehn Jahren vorausgesetzt wird (Hüßtege in Thomas/Putzo ZPO § 178 Rn. 11; Kugelmüller-Pugh in Gosch VwZG § 3 Rn. 41; KG RPfleger 2007, 616 – Heilung möglich; weitergehend Sadler/Tillmanns-*Thiel* VwZG § 3 Rn. 45 unter Hinweis auf BVerwG NJW 1983, 1574: bereits bei elfjährigem Kind möglich),
– einer in der Familie beschäftigten Person oder
– einem erwachsenen ständigen Mitbewohner.
Der Postzusteller hat eigenverantwortlich zu prüfen und zu entscheiden, ob der Familienangehörige – oder ständige Mitbewohner – als Minderjähriger genügend reif und verständig erscheint, die Sendung problemlos an den Adressaten weiterzuleiten (BGH NJW-RR 2002, 137).

Familienangehörige sind in diesem Sinne nicht nur Personen, mit denen ein familienrechtliches Verhältnis besteht (BGH NJW-RR 1997, 1161), wie Ehegatten und Kinder oder eingetragene Lebenspartner; es reicht auch zB die Stellung als Verschwägerter (vgl. OLG Schleswig JurBüro 1991 Sp. 123) oder Verlobter. Anders als nach früherer Rechtslage braucht der Familienangehörige nicht dauerhaft in den Hausstand des Zustellungsadressaten eingegliedert zu sein.

16 Um eine „**in der Familie beschäftigte**" **Person** handelt es sich, wenn die Beschäftigung auf Dauer besteht (OLG Hamm NJW 1983, 694). Eine bloße vorübergehende Aushilfe reicht nicht aus (Vogt-Beheim in BLHAG § 178 ZPO Rn. 13). Auch eine Aufwartefrau kann zu den in der Familie beschäftigten Personen zählen (BFH/NV 2008, 1105; FG Berlin EFG 1985, 319), und zwar auch im Haushalt eines Alleinlebenden. Es kommt nicht darauf an, ob die beschäftigte Person vom Zustellungsadressaten selbst oder zB von seinem Ehegatten angestellt worden ist (FG Berlin EFG 1985, 319). Ausreichend ist auch ein lediglich faktisches Dienstverhältnis aus Gefälligkeit ohne Entgelt unter Verwandten (vgl. OLG Hamm NJW 1983, 694). Auch bei der in der Familie beschäftigten Person muss es sich um eine „erwachsene" Person im Sinne des Zustellungsrechts handeln; dies lässt sich aus § 113 BGB herleiten (Hüßtege in Thomas/Putzo ZPO § 178 Rn. 12).

17 Der oben unter Rn. 15 genannte erwachsene **ständige Mitbewohner** braucht nicht zur Familie zu gehören (Vogt-Beheim in BLHAG ZPO § 178 Rn. 14), da die Regelung ausschließlich darauf abzielt, die Übermittlung durch treue Hände einer Vertrauensperson zu bewirken, und rein objektiv der Rechtssicherheit im Verwaltungsverfahren dienen soll (dazu BVerwG DVBl. 2002, 339). Damit ist eine Zustellung bei nichtehelichen Lebensgemeinschaften und bei Wohngemeinschaften an alle in der Wohnung lebenden erwachsenen Personen möglich, wobei es indessen auf den Einzelfall und das Erscheinungsbild der Wohngemeinschaft ankommt (vgl. Sadler/Tillmanns-*Thiel* VwZG § 3 Rn. 47). Von einem ständigen Mitbewohner wird man etwa nicht sprechen können, wenn sich die Wohngemeinschaft über mehrere Stockwerke erstreckt (vgl. BGH NJW 2001, 1946). Ständige Mitbewohner sind regelmäßig auch **Haupt- und Untermieter** (Drüen in Tipke/Kruse VwZG § 3 Tz. 19).

Unwirksam ist eine Zustellung an einen **Nachbarn** (vgl. schon BVerwGE 23, 89).

2. Begriff der Wohnung

18 Wohnung iSv § 178 Abs. 1 ZPO ist unabhängig vom Wohnsitz die Räumlichkeit, in der der Empfänger zur Zeit der Zustellung tatsächlich wohnt (BGH NJW-RR 1997, 1161; OLG Koblenz JurBüro 2009, 547), nämlich hauptsächlich lebt, die er insb. auch zum Schlafen nutzt (BVerwG NJW 1991, 1904; BFH HFR 1964, 31; BayVGH NJW 1991, 1249; nicht ausreichen soll nach OLG Celle Rpfleger 1992, 305 idR die Benutzung als Wochenendhaus). Der Begriff des Wohnens ist durch eine auf Dauer angelegte Häuslichkeit, Eigengestaltung der Haushaltsführung und des häuslichen Wirkungskreises sowie Freiwilligkeit des Aufenthalts gekennzeichnet (BVerwG NJW 1996, 893). Zur Wohnung gehört das gesamte befriedete Besitztum (BVerfGE 32, 54, 70 ff.), also beim Einfamilienhaus auch Hof und Garten. Dazu gehört, wenn der Empfänger in demselben Gebäude wohnt und sein Geschäft betreibt, auch der Raum, in dem ihm Geschäfts- und Privatpost üblicherweise unterschiedslos zugestellt wird (NdsOVG NJW 2007, 1079; BayVGH NJW 1991, 1249). Vom Vermieter in Abwesenheit des Mieters unbewohnbar gemachte Räume stellen keine „Wohnung" iSv § 178 Abs. 1 ZPO dar, auch wenn der Mieter in Unkenntnis der Vorgänge nach wie vor in der Wohnung polizeilich gemeldet ist (OLG Köln ZMR 1996, 499). Es können auch mehrere Wohnungen bestehen (Schultzky in Zöller ZPO § 178 Rn. 5); auch Haupt- und Nebenwohnungen können gleichermaßen zustellungsfähige „Wohnungen" sein (ähnlich Sadler/Tillmanns-*Thiel* VwZG § 3 Rn. 42). Der bloße Rechtsschein einer Wohnung reicht nicht aus (BGHZ 190, 99). Die Wohnung des Zustellungsadressaten verliert diese Eigenschaft erst dann, wenn sie aufgegeben wird, indem der Zustellungsadressat seinen Lebensmittelpunkt an einen anderen Ort verlegt (BGH NJW-RR 1994, 564; BFH/NV 2005, 2232). Im Falle eines Wohnungswechsels ist eine Wohnung am neuen Wohnort vorhanden, sobald der Zustellungsempfänger einen großen Teil des Hausrats in die beziehbaren Räumlichkeiten hat schaffen lassen, sein Namensschild an der Wohnungstür angebracht und die Schlüssel zum Hausbriefkasten erhalten hat (BFH BStBl 1976 II 137). Die Stellung eines Nachsendeantrags an die neue Adresse genügt für sich allein noch nicht (OLG München NJW-RR 1995, 39).

Ist der Empfänger für **längere Zeit abwesend** (zB wegen Getrenntlebens **19** von seinem Ehegatten; wegen Verbüßung einer nicht ganz kurzen Freiheitsstrafe – dazu BFHE 151, 24; BGH NJW 1951, 931; OVG NRW NJW 2011, 2683; ThürOLG NStZ-RR 2006, 277; LAG LSA MDR 1998, 924; vgl. ferner AG Frankfurt/Main BB 1960, 1374), ist eine an diese Wohnung anknüpfende Ersatzzustellung unzulässig. Man wird sogar noch weiter gehen und sagen müssen, dass mit den Worten „in ihrer Wohnung nicht angetroffen" nur eine freiwillige vorübergehende Abwesenheit von der Wohnung gemeint sein kann, so dass eine Ersatzzustellung in der Wohnung bei einem Inhaftierten generell unwirksam ist (Sadler/Tillmanns-*Thiel* VwZG § 3 Rn. 39), bei dem aber eine Zustellung in der Gemeinschaftseinrichtung in Betracht kommen kann (→ Rn. 25 aE). Dies gilt auch, wenn Angehörige noch in der Wohnung leben (Drüen in Tipke/Kruse VwZG § 3 Tz. 13; **aA** Hüßtege in Thomas/Putzo ZPO § 178 Rn. 7)

Ist dagegen der Empfänger (wenn auch für eine längere Dauer; BVerwG **20** NJW 1991, 1904) nur **vorübergehend abwesend** und bezieht sich ein gestellter Nachsendungsantrag nicht auf den Postzustellungsauftrag, so ist eine Zustellung – auch durch Niederlegung bei der zuständigen Postanstalt (und Einwurf der schriftlichen Mitteilung in den Hausbriefkasten der Wohnung) – zulässig (BVerwG NJW 1991, 1904; BFHE 150, 305). Dies kann jedoch dann nicht gelten, wenn der Zustellungsempfänger die Behörde, zB wegen einer einmonatigen Dienstreise, ausdrücklich um Zustellung an die auswärtige Adresse gebeten hat. Der Sinn der Zustellung liegt darin, dass der Zustellungsadressat möglichst schnell in den Besitz des Schriftstückes kommt; dem würde es zuwider laufen, Zustellungen sehenden Auges gerade dort zu versuchen, wo der Zustellungsadressat mit Sicherheit nicht anzutreffen ist (so überzeugend Carl KKZ 1991, 42).

Hat der Empfänger früher am Ort der Zustellung gewohnt und ist er dort **21** auch noch polizeilich gemeldet, so obliegt ihm der Beweis dafür, dass er in dem maßgebenden Zeitpunkt die Wohnung bereits aufgegeben hatte (OLG

Hamburg DWW 1990, 236). Dagegen kann ein Steuerbescheid einem Ehegatten, der aus der Ehewohnung ausgezogen ist, grundsätzlich auch dann nicht durch die Post unter der bisherigen Wohnanschrift wirksam zugestellt werden, wenn er seine neue Wohnanschrift weder bei den Meldebehörden noch beim Finanzamt angegeben hat (FG München EFG 1987, 333).

22 Erweckt der Adressat bewusst den Anschein, er wohne in einer bestimmten Wohnung, so ist die Zustellung unter dieser Adresse wirksam (BGHZ 190, 99; LG Koblenz Rpfleger 1996, 165; SächsOVG NVwZ-RR 2002, 550; NdsOVG NJW 2007, 1079; OLG Jena NStZ-RR 2006, 238; enger BGH NJW 2019, 2942: Verfahrensbezug notwendig), ebenso aber auch die Zustellung an seinem tatsächlichem Wohnort (VG Mainz NVwZ-RR 2011, 431).

3. Geschäftsraume

23   Geschäftsraum ist unabhängig von der Berufs- oder Gewerbeausübung der – ggfs. auch nur zeitweilig genutzte – Raum, den der Zustellungsadressat für seine Berufs- oder Gewerbeausübung unterhält und der als Geschäftsraum auch von Unbeteiligten erkennbar ist (BGHZ 190, 99; MDR 2010, 229; NJW-RR 2008, 1565; OLG Frankfurt MDR 1999, 498; OVG Bln-Bbg NJW 2012, 951). Als Geschäftsraum ist dabei nicht ein Bürogebäude mit sämtlichen darin befindlichen Räumlichkeiten zu verstehen, sondern regelmäßig derjenige Raum, in dem sich der Publikumsverkehr abspielt und zu dem der mit der Ausführung der Zustellung Beauftragte Zutritt hat (BVerwG NVwZ 2005, 1331; vgl. auch RegE zum ZustRG, Begr. zu § 178). Der Geschäftsraum kann Bestandteil einer Wohnung sein, auch zeitweise zum Wohnen benutzt werden, wie zB das Arbeitszimmer eines Rechtsanwalts (Hüßtege in Thomas/Putzo ZPO § 178 Rn. 16). Bestehen mehrere Geschäftsräume, kann in jedem von ihnen zugestellt werden (OVG Bln-Bbg NJW 2012, 951 mwN). Geschäftsräume verlieren diese Eigenschaft, wenn sich der Aufgabewille des Inhabers nach außen erkennbar zeigt (BGHZ 190, 99).

24 In Geschäftsräumen darf das zuzustellende Schriftstück einer dort beschäftigten Person übergeben werden (§ 178 Abs. 1 Nr. 2 ZPO). Es muss sich nicht mehr wie nach früherem Recht um einen Gewerbegehilfen handeln. Aus dem Umstand, dass der Geschäftsinhaber dem Beschäftigten das Geschäftslokal überlasse, könne darauf geschlossen werden, dass der Inhaber des Unternehmens dem Beschäftigten auch das für Zustellungen notwendige Vertrauen entgegenbringe (so die Begründung im RegE zum ZustRG), ungeachtet seiner Funktion im Unternehmen (OLG Köln JurBüro 2009, 658). Im Geschäftsraum beschäftigt ist jeder, den der Zustellungsadressat mit einem Dienst für ihn tatsächlich betraut hat, ohne Rücksicht auf das rechtliche Bestehen eines Arbeits- oder Angestelltenverhältnisses (so BFH DStR 1984, 89). Dazu kann der Ehegatte des Zustellungsadressaten zählen (Hüßtege in Thomas/Putzo ZPO § 178 Rn. 17) oder der Geschäftsführer (VGH BW NJW 2018, 2507; OVG Bln-Bbg NJW 2012, 951; **aA** OLG Celle ZfSch 2011, 709 unter Hinweis auf Stö-

ber in Zöller, dort jetzt Schultzky in Zöller ZPO § 178 Rn. 16 wie hier). Auch ein in Ausbildung befindlicher Beschäftigter gehört zu diesem Personenkreis (OVG NRW Rpfleger 1976, 223), auch hier ist ein Mindestalter von 14 Jahren erforderlich (→ Rn. 14); ebenso ein Teilzeitbeschäftigter, es sei denn, dass er nur ausnahmsweise oder nur mit untergeordneten Hilfsarbeiten beschäftigt ist (dazu BGH VersR 1995, 1074).

4. Gemeinschaftseinrichtungen

In **Gemeinschaftseinrichtungen** kann das zuzustellende Schriftstück dem Leiter der Gemeinschaftseinrichtung oder einem dazu ermächtigten Vertreter übergeben werden (§ 178 Abs. 1 Nr. 3 ZPO). Der Vertreter muss seine Ermächtigung zumindest im Zweifelsfall nachweisen (§ 171 S. 2 ZPO analog); es kann aber ein Anscheinsbeweis für seine Ermächtigung vorliegen (Vogt-Beheim in BLHAG § 178 ZPO Rn. 25). Gemeinschaftseinrichtungen in diesem Sinne sind etwa Altenheime, Asylbewerberunterkünfte (→ § 8 Rn. 7), Frauenhäuser, Haftanstalten, Kasernen, Krankenhäuser, Lehrlings- oder Studentenheime, aber auch Wärmestuben für Obdachlose (OLG Köln 12.6.2018, III-1 RVs 107/18). 25

Es ist dabei ohne Bedeutung, ob die betreffende Einrichtung privatrechtlich oder öffentlich-rechtlich verfasst ist (Vogt-Beheim in BLHAG ZPO § 178 Rn. 27; Sadler/Tillmanns-*Thiel* VwZG § 3 Rn. 54). Voraussetzung ist indessen, dass die Einrichtung zum Wohnen von Personen organisiert ist und dass der Zustellungsadressat tatsächlich darin wohnt (Hüßtege in Thomas/Putzo ZPO § 178 Rn. 19). Die Ersatzzustellung des Schriftstücks durch Übergabe an den Leiter der Gemeinschaftseinrichtung oder an einen von diesem dazu ermächtigten Vertreter ist erst dann statthaft, wenn die unmittelbare Übergabe an den Zustellungsadressaten selbst nicht möglich ist. Nach VGH BW (DÖV 2006, 1059) ist ein Aufsuchen des Betroffenen in seinem Zimmer dazu nicht erforderlich (**aA** VG München InfAuslR 2007, 263).

Für die Ersatzzustellung in Haftanstalten sind auf der Rechtsgrundlage von § 30 Abs. 1 StVollzG vielfach Posteingangsstellen vorhanden; das gilt auch für die Untersuchungshaft (VGH BW NJW 2001, 3569). In diesem Falle verlangt die Rspr. nicht, dass der Postzusteller zuvor versucht hat, den Adressaten in der Justizvollzugsanstalt persönlich anzutreffen (VGH BW NJW 2001, 3569; BayVGH NJW 2019, 1160; NdsOVG NJW 2019, 3171). Ebenso reicht die Übergabe an den Anstaltsleiter oder den zuständigen Bediensteten aus (BFH/NV 2008, 1440; BayVGH NJW 2019, 1160; NdsOVG NJW 2019, 3171; Sadler/Tillmanns-*Thiel* VwZG § 3 Rn. 55 f.).

5. Hauswirt und Vermieter

Nicht in das seit dem 1.7.2002 geltende Recht übernommen worden ist die in § 181 Abs. 2 der bis zum 30.6.2002 geltenden Fassung der ZPO dem in demselben Haus wohnenden Hauswirt oder Vermieter eingeräumte Stellung eines gesetzlichen Ersatzempfängers. 26

6. Interessenwiderstreit

26a § 178 Abs. 2 ZPO passt auf die Gegebenheiten der verwaltungsrechtlichen Verfahren regelmäßig nicht. Als ratio lässt sich der Norm der Rechtsgedanke entnehmen, dass bei einem im Verwaltungsrechtsverhältnis begründeten offenkundigem Interessenwiderstreit zwischen Zustellungsadressat und Ersatzperson eine Zustellung an diese ausscheidet (glA Drüen in Tipke/Kruse VwZG § 3 Tz. 24).

VII. Unberechtigte Annahmeverweigerung

§ 179 Zustellung bei verweigerter Annahme

27 Wird die Annahme des zuzustellenden Schriftstücks unberechtigt verweigert, so ist das Schriftstück in der Wohnung oder in dem Geschäftsraum zurückzulassen. Hat der Zustellungsadressat keine Wohnung oder ist kein Geschäftsraum vorhanden, ist das zuzustellende Schriftstück zurückzusenden. Mit der Annahmeverweigerung gilt das Schriftstück als zugestellt.

Im Falle einer **unberechtigten Annahmeverweigerung** gilt das Schriftstück kraft gesetzlicher Fiktion als zugestellt (§ 179 S. 3 ZPO). Das Schriftstück ist dann in der Wohnung oder dem Geschäftsraum zurückzulassen (§ 179 S. 1 ZPO); damit ist die Zustellung bewirkt.

28 Eine Annahmeverweigerung setzt voraus, dass der Zustellungsadressat das zuzustellende Schriftstück entgegennehmen könnte, das aber nicht will und sich dementsprechend verhält (Hüßtege in Thomas/Putzo ZPO § 179 Rn. 2); das Gleiche gilt, wenn eine gemäß § 178 Abs. 1 Nr. 1 oder 2 ZPO befugte Person das Schriftstück nicht entgegen nimmt (Schwarz in HHSp VwZG § 3 Rn. 80). Unberechtigt ist die Annahmeverweigerung, wenn sie ohne einen gesetzlichen Grund erfolgt, d. h. entgegen den Vorschriften der Gesetze, die die Zustellung regeln (OLG Saarbrücken RIW 1994, 1048). Die Annahmeverweigerung ist beispielsweise dann berechtigt, wenn die Zustellung zu allgemein unpassender Zeit oder bei unpassenden Gelegenheiten versucht wird.

29 „In der Wohnung" bzw. „in dem Geschäftsraum", wo das Schriftstück zurückzulassen ist, heißt weder vor noch hinter dem Raum noch außerhalb des Raumes. Ausreichen kann zB das Hindurchschieben unter der Wohnungstür, aber auch das Einlegen in den Briefkasten oder Briefschlitz (so auch Sadler/Tillmanns-*Thiel* VwZG § 3 Rn. 62; Hüßtege in Thomas/Putzo ZPO § 179 Rn. 4). Das Zurücklassen duldet keine Frost- oder Nässe- oder Entwendungsgefahr (Vogt-Beheim in BLHAG ZPO § 179 Rn. 3).

30 Hat der Zustellungsadressat keine Wohnung oder ist kein Geschäftsraum vorhanden, ist das zuzustellende Schriftstück zurückzusenden (§ 3 Abs. 2 VwZG iVm § 179 S. 2 ZPO). In diesem Fall ist eine Ersatzzustellung an einen erwachsenen Familienangehörigen oder eine in der Familie beschäftigte Person ebenso unzulässig wie eine Ersatzzustellung durch Einlegen in einen Briefkasten (Vogt-Beheim in BLHAG ZPO § 179 Rn. 6).

VIII. Einlegen in den Briefkasten

§ 180 Ersatzzustellung durch Einlegen in den Briefkasten
Ist die Zustellung nach § 178 Abs. 1 Nr. 1 oder 2 nicht ausführbar, kann das Schriftstück in einen zu der Wohnung oder dem Geschäftsraum gehörenden Briefkasten oder in eine ähnliche Vorrichtung eingelegt werden, die der Adressat für den Postempfang eingerichtet hat und die in der allgemein üblichen Art für eine sichere Aufbewahrung geeignet ist. Mit der Einlegung gilt das Schriftstück als zugestellt. Der Zusteller vermerkt auf dem Umschlag des zuzustellenden Schriftstücks das Datum der Zustellung.

31 Bei Nichtausführbarkeit der Zustellung
– an den Zustellungsadressaten persönlich oder
– an einen in der Wohnung des Zustellungsadressaten angetroffenen erwachsenen Familienangehörigen, eine in der Familie beschäftigte Person oder einen erwachsenen ständigen Mitbewohner oder
– an eine in den Geschäftsräumen beschäftigte Person,
zB weil die Geschäftsräume verschlossen angetroffen werden oder weil die Wohnung nicht geöffnet wird und soweit kein Fall des § 179 ZPO gegeben ist, kann das Schriftstück nunmehr **in den Briefkasten eingelegt** werden (§ 180 S. 1 ZPO) und gilt damit als zugestellt (§ 180 S. 2 ZPO); damit kann der umständliche Weg der Ersatzzustellung durch Niederlegung vermieden werden. Voraussetzung ist, dass der Briefkasten zur Zeit der Zustellung erkennbar zu der Wohnung oder zu dem Geschäftsraum gehört und dass er in der allgemein üblichen Art für eine sichere Aufbewahrung geeignet ist; ein Schloss muss grundsätzlich abgeschlossen vorgefunden werden (Vogt-Beheim in BLHAG ZPO § 180 Rn. 6). Außerdem muss sich der Briefkasten in einem ordnungsmäßigen Zustand befinden; er muss etwa eindeutig beschriftet und dem Zustellungsadressaten zuzuordnen sein; dafür reicht bei einem Untermieter die Angabe auch seines Namens auf dem Briefkasten (FG Berlin-Brandenburg EFG 2009, 1619). Ein ordnungsmäßiger Zustand fehlt etwa dann, wenn der Briefkasten überquillt und aus diesem Umstand erkennbar ist, dass er nur unregelmäßig geleert wird. In solchen Fällen bleibt nur die Zustellung durch Niederlegung gem. § 181 ZPO. Anders ist die autonome Entscheidung der Nutzung eines nicht verschließbaren „amerikanischen Briefkastens" zu bewerten, hier ist die Zustellung möglich (OLG Nürnberg NJW 2009, 2229); gleiches gilt, wenn ein defektes Briefkastenschloss äußerlich nicht erkennbar ist (OLG Nürnberg NJW 2009, 2229; VG Göttingen NvwZ-RR 2011, 968). Wie in einen Briefkasten eingelegt werden darf die zuzustellende Sendung in eine ähnliche Vorrichtung, die der Zustellungsadressat für den Postempfang eingerichtet hat und die in der allgemein üblichen Art für eine sichere Aufbewahrung geeignet ist (§ 180 S. 1 ZPO), wie etwa in einen in der Haustür befindlichen Briefschlitz (BGH NJW 2006, 150, 152 mwN), dies gilt auch bei einem (3-Parteien)Mehrfamilienhaus, wenn der Adressat seine Post so typischerweise erhält und eine eindeutige Zuordnung möglich ist (zu den Anforderungen BGHZ 190, 99; Schultzky in Zöller ZPO § 180 Rz 5). Die Einlegung kann dabei bei Geschäftsräumen auch außerhalb der Geschäftszeit erfolgen (BGH NJW

2007, 2186; BVerwG NJW 2007, 3222). Ist die Sendung zulässigerweise in den Briefkasten eingelegt worden, so wird die Zustellung mit dem Zeitpunkt des Einlegens in den Briefkasten fingiert; die fehlende Kenntnis des Zustellungsadressaten davon ist rechtlich nicht erheblich (Hüßtege in Thomas/Putzo ZPO § 180 Rn. 5); die Zustellung ist dann auch an einem geschäftsfreien Samstag bewirkt (BFH/NV 2009, 115; BSG NZS 2009, 413). Eine „ähnliche Einrichtung" ist auch ein Postfach des Adressaten (BGH NJW-RR 2012, 1012; BFH/NV 2005, 229). Versäumt der Zusteller es, das Datum der Zustellung auch nach § 180 S. 3 ZPO auf dem Umschlag des zuzustellenden Schriftstücks zu vermerken, berührt dies die Wirksamkeit der Zustellung nicht (VGH BW DÖV 2016, 492).

IX. Niederlegung

32 Beim Scheitern des Zustellungsversuches ist weiterhin eine Ersatzzustellung durch **Niederlegung** nach § 181 ZPO möglich.

§ 181 Ersatzzustellung durch Niederlegung

(1) Ist die Zustellung nach § 178 Abs. 1 Nr. 3 oder § 180 nicht ausführbar, kann das zuzustellende Schriftstück auf der Geschäftsstelle des Amtsgerichts, in dessen Bezirk der Ort der Zustellung liegt, niedergelegt werden. Wird die Post mit der Ausführung der Zustellung beauftragt, ist das zuzustellende Schriftstück am Ort der Zustellung oder am Ort des Amtsgerichts bei einer von der Post dafür bestimmten Stelle niederzulegen. Über die Niederlegung ist eine schriftliche Mitteilung auf dem vorgesehenen Formular unter der Anschrift der Person, der zugestellt werden soll, in der bei gewöhnlichen Briefen üblichen Weise abzugeben oder, wenn das nicht möglich ist, an der Tür der Wohnung, des Geschäftsraums oder der Gemeinschaftseinrichtung anzuheften. Das Schriftstück gilt mit der Abgabe der schriftlichen Mitteilung als zugestellt. Der Zusteller vermerkt auf dem Umschlag des zuzustellenden Schriftstücks das Datum der Zustellung.

(2) Das niedergelegte Schriftstück ist drei Monate zur Abholung bereitzuhalten. Nicht abgeholte Schriftstücke sind danach an den Absender zurückzusenden.

Abweichend von § 181 ZPO kann die Niederlegung nach § 3 Abs. 2 S. 2 nur
- bei einer von der Post dafür bestimmten Stelle am Ort der Zustellung oder am Ort des Amtsgerichts, in dessen Bezirk der Ort der Zustellung liegt, oder
- bei der Behörde, die den Zustellungsauftrag erteilt hat, wenn sie ihren Sitz am Ort der Zustellung oder am Ort des zuständigen Amtsgerichts hat,

erfolgen. Im Regelfall wird die Niederlegung beim zuständigen Postamt stattfinden. Die von der Post bestimmte Stelle kann auch eine Postagentur sein (BGH NJW 2001, 832; FG München ZKF 2001, 10). Bereits mit der Abgabe der formularmäßigen Mitteilung über die Niederlegung gelten Dokumente schon als zugestellt (§ 181 Abs. 1 S. 3 ZPO). Der Postdienstleistungserbringer hat entsprechende Postämter, Postagenturen, Stützpunkte oder Filialen vorzuhalten.

33 Die Niederlegung besteht in der Übergabe des Schriftstücks, dessen Zustellung vergeblich versucht worden ist, in den Geschäftsgang der zur Aufbe-

Zustellung durch die Post mit Zustellungsurkunde § 3 VwZG

wahrung verpflichteten Stelle (Post oder Behörde) zwecks Aushändigung an den Zustellungsadressaten (BVerwG DÖV 1991, 979).

Die erwähnte schriftliche Mitteilung über die Niederlegung ist auf dem gem. § 190 ZPO eingeführten Formular zu machen. Wesentlich ist vor allem, dass der Name des Zustellungsadressaten eingetragen wird; eine Blanko-Benachrichtigung erfüllt nicht die Anforderungen an eine schriftliche Mitteilung (so zutr. AG Baden-Baden NJW 2001, 839). Die Mitteilung kann, falls sie nicht in einen Briefkasten (auch einen Gemeinschaftsbriefkasten, zB einer Wohngemeinschaft; vgl. BGH Rpfleger 2001, 141) eingelegt werden kann, an der Tür der Wohnung, des Geschäftsraums oder der Gemeinschaftseinrichtung angeheftet werden (§ 181 Abs. 1 S. 2 ZPO). Dabei muss das Schriftstück mit der Tür in einer Weise verbunden werden, die die Gefahr der Beseitigung durch einen Unbefugten oder durch andere Einwirkungen wie zB solche der Witterung möglichst gering hält (so BFH BStBl 1981 II 115). Diese Art der Mitteilung kommt nur als äußerster Notbehelf in Frage, zumal die Gefahr der Beseitigung durch einen Unbefugten gegeben ist, besonders im Geschäftsraum oder gar in einer Gemeinschaftseinrichtung (Vogt-Beheim in BLHAG ZPO § 181 Rn. 11). Eine Befestigung an einer bloßen Gartentür reicht nicht aus (BVerfG NVwZ 1988, 346), auch nicht bei einem ständig bewohnten Gartengrundstück. **34**

Zur Möglichkeit der Wiedereinsetzung in den vorigen Stand in Fällen, in denen die Mitteilung zwischen Werbematerial geraten und vom Adressaten übersehen worden war, vgl. FG Köln NJW-RR 1994, 703; LAG Köln MDR 1994, 1245; BGH NJW-RR 2001, 571.

Eine Weitergabe der schriftlichen Mitteilung an den Nachbarn, wie sie früher in § 3 Abs. 2 VwZG aF in Verbindung mit § 182 ZPO aF vorgesehen war, ist seit dem 1.7.2002 nicht mehr zulässig. **35**

Die schon unter der früheren Rechtslage gebräuchliche Praxis, bei der Post niedergelegte Schriftstücke drei Monate zur Abholung bereitzuhalten und sie danach an den Absender zurückzuschicken, ist auf eine gesetzliche Grundlage gestellt worden, und zwar für alle Hinterlegungsstellen (§ 181 Abs. 2 ZPO). Mangels eigener Fristbestimmungen im VwZG ist die Dreimonatsfrist nach § 222 ZPO iVm §§ 187 bis 193 BGB zu berechnen. **36**

X. Zustellungsurkunde

Für den Nachweis der Zustellung gilt § 182 ZPO entsprechend: **37**

§ 182 Zustellungsurkunde

(1) Zum Nachweis der Zustellung nach den §§ 171, 177 bis 181 ist eine Urkunde auf dem hierfür vorgesehenen Formular anzufertigen. Für diese Zustellungsurkunde gilt § 418.

(2) Die Zustellungsurkunde muss enthalten:
1. die Bezeichnung der Person, der zugestellt werden soll,
2. die Bezeichnung der Person, an die der Brief oder das Schriftstück übergeben wurde,
3. im Falle des § 171 die Angabe, dass die Vollmachtsurkunde vorgelegen hat,

4. im Falle der §§ 178, 180 die Angabe des Grundes, der diese Zustellung rechtfertigt und wenn nach § 181 verfahren wurde, die Bemerkung, wie die schriftliche Mitteilung abgegeben wurde,
5. im Falle des § 179 die Erwähnung, wer die Annahme verweigert hat und dass der Brief am Ort der Zustellung zurückgelassen oder an den Absender zurückgesandt wurde,
6. die Bemerkung, dass der Tag der Zustellung auf dem Umschlag, der das zuzustellende Schriftstück enthält, vermerkt ist,
7. den Ort, das Datum und auf Anordnung der Geschäftsstelle auch die Uhrzeit der Zustellung,
8. Name, Vorname und Unterschrift des Zustellers sowie die Angabe des beauftragten Unternehmens oder der ersuchten Behörde.

(3) Die Zustellungsurkunde ist der Geschäftsstelle in Urschrift oder als elektronisches Dokument unverzüglich zurückzuleiten.

Die **Zustellungsurkunde** nach § 182 ZPO weist die Zustellung nach den §§ 177 bis 181 ZPO nach. Sie ist eine öffentliche Urkunde nach § 418 ZPO (§ 182 Abs. 1 S. 2 ZPO), die den vollen Beweis der darin bezeugten Tatsachen erbringt (BFHE 254, 99; BFH/NV 2013, 1787). Es ist zwingend das Formular nach Maßgabe der Zustellungsvordruckverordnung zu verwenden (§ 182 Abs. 1 S. 1 ZPO). Dies wird durch § 3 Abs. 2 S. 3 noch einmal ausdrücklich angeordnet.

Nach **§ 182 Abs. 2 ZPO** muss die Zustellungsurkunde folgende Angaben enthalten, die den Anforderungen des VwZG entsprechend zu verstehen sind:

38 – die Bezeichnung der Person, der zugestellt werden soll:
Es ist der Zustellungsadressat zu benennen, regelmäßig reichen Vor- und Familienname aus.

39 – die Bezeichnung der Person, an die der Brief oder das Schriftstück übergeben wurde:
Maßgeblich ist die tatsächlich geschehene Übergabe des Dokuments. Der Zustellungsempfänger ist so zu bezeichnen, dass seine Identität ohne weiteres feststellbar ist. Auch hier reichen regelmäßig Vor- und Familienname aus. Bei Identität von Adressat und Empfänger genügt die Angabe „persönlich" (vgl. 5.1 des PZU-Formulars – Anlage 1 zu § 1 Nr. 1 ZustVV). Es genügt auch die Angabe „Ehemann" oder „Tochter Konstanze", wenn die Identität feststeht. Eine unrichtige Bezeichnung des Zustellungsempfängers lässt die Wirksamkeit der Zustellung unberührt, soweit die Angabe hinreichend deutlich und die Person identifizierbar bleibt (Sadler/Tillmanns-*Thiel* VwZG § 3 Rn. 93). Unschädlich ist daher, wenn der Name oder Vorname nicht korrekt beurkundet ist oder der Zusteller die Verlobte oder Lebensgefährtin als Ehefrau angesehen hat (Roth in Stein/Jonas § 182 ZPO Rn. 6). Fehlt die Bezeichnung allerdings, ist die Zustellung unwirksam.

40 – im Falle des § 171 die Angabe, dass die Vollmachturkunde vorgelegen hat:
Im Falle des § 171 ZPO entsprechenden § 7 VwZG muss die Zustellungsurkunde festhalten, dass die Vollmachturkunde des Bevollmächtigten vor-

gelegen hat. Eine weitergehende Kennzeichnung der Vollmachturkunde ist entbehrlich.
- im Falle der §§ 178, 180 die Angabe des Grundes, der diese Zustellung **41** rechtfertigt und wenn nach § 181 verfahren wurde, die Bemerkung, wie die schriftliche Mitteilung abgegeben wurde:
Der für die Ersatzzustellung maßgebliche Grund muss durch Tatsachen belegt werden. Ausreichend ist bei § 178 ZPO die Angabe, den Adressaten in der Wohnung, dem Geschäftsraum, der Gemeinschaftseinrichtung nicht erreicht zu haben (PZU-Formular Nr. 6–8). Bei § 180 ZPO reicht die Angabe aus, dass die Übergabe des Dokuments nicht möglich war (vgl. PZU-Formular Nr. 9, 10); weitergehende Angaben sind entbehrlich (vgl. dazu auch BGH NJW 2006, 150; BFH/NV 2008, 1860). Bei der Niederlegung nach § 181 ZPO muss die tatsächliche Art der Abgabe der schriftlichen Mitteilung (§ 181 Abs. 1 S. 3 ZPO) konkret beschrieben werden, also „Einlegen in den Briefkasten" oder „Anheften" (OLG Düsseldorf MDR 2005, 109; AG Neuruppin NJW 2003, 2249; vgl. auch PZU-Formular Nr. 11).
- im Falle des § 179 die Erwähnung, wer die Annahme verweigert hat und **42** dass der Brief am Ort der Zustellung zurückgelassen oder an den Absender zurückgesandt wurde:
Hier ist die identifizierbare Angabe der die Annahme verweigernden Person erforderlich, zudem deren Beziehung zum Adressaten anzugeben. Daneben ist der Ort der Zurücklassung, etwa der Briefkasten, oder die Rücksendung an den Absender festzuhalten (vgl. Nr. 12 des PZU-Formulars). Der Grund der Verweigerung braucht nicht angegeben werden.
- die Bemerkung, dass der Tag der Zustellung auf dem Umschlag, der das **43** zuzustellende Schriftstück enthält, vermerkt ist,
In der Sache geht es um die nach §§ 180 S. 3, 181 Abs. 1 S. 5 ZPO vorgesehenen Vermerke; der Zustellungsvermerk gibt dem Zustellungsadressaten den Hinweis auf einen durch die Zustellung erfolgten Fristbeginn (OVG Schleswig NJW 2020, 633). Auf der PZU und dem Briefumschlag muss das Datum eingetragen sein und es muss übereinstimmen, andernfalls kann eine Rechtsbehelfsfrist nicht beginnen (vgl. BFHE 241, 107). Gleiches gilt bei Unleserlichkeit oder Mehrdeutigkeit des eingetragenen Datums. Die Wirksamkeit der Zustellung wird durch das Fehlen des Datums nicht beeinträchtigt (BFH/NV 2008, 1105; BVerwG NVwZ-RR 2001, 484; VGH BW DÖV 2016, 492; OVG Bln NVwZ-RR 2004, 724; Sadler/Tillmanns-*Thiel* VwZG § 3 Rn. 98).
- den Ort, das Datum und auf Anordnung der Geschäftsstelle auch die Uhr- **44** zeit der Zustellung:
Der Ort der Zustellung ist genau zu bezeichnen (Straße, Hausnummer, Postleitzahl, Ort – vgl. Nr. 4.2 PZU-Formular). Für das Datum reicht die Angabe des Kalendertags. Die Uhrzeit ist nur auf Anordnung der Behörde im Zustellungsauftrag in der PZU zu vermerken.
- Name, Vorname und Unterschrift des Zustellers sowie die Angabe des **45** beauftragten Unternehmens oder der ersuchten Behörde:
Es müssen die Daten des Zustellers angegeben sein, der die Zustellung selbst ausgeführt hat. Die Angaben müssen vollständig und unterschrieben

sein (vgl. OLG Düsseldorf NJW 2000, 3511). Die Angabe des Postdienstleistungsunternehmens, dessen Zusteller tätig war, ist notwendiger Inhalt der Beurkundung; soweit die Behörde mit dem Zustellungsformular selbst zugestellt hat (→ § 5), ist die Behörde zu bezeichnen. Als Unterschrift des Zustellers genügt ein individualisierbarer Schriftzug, aus dem jemand, der den Namen des Unterzeichnenden und dessen Unterschrift kennt, den Namen aus dessen Schriftzug herauslesen kann (BFH NVwZ 2000, 239; FG München EFG 2002, 1201); die Identifizierbarkeit des Zustellers wird durch die Angabe von Namen und Vornamen auf der PZU gesichert (vgl. 13.5 des PZU-Formulars). Ein bloßes Handzeichen reicht jedoch nicht aus (BFH/NV 2009, 964). BVerwG Buchholz 30.3 § 191 ZPO Nr. 1 sieht es als nicht notwendig an, dass der gesamte Beurkundungsvorgang von ein und demselben Postbediensteten durchgeführt wird. Eine Aufgabenteilung unter zwei Postbediensteten sei zulässig, zB in der Weise, dass der eigentliche Zusteller nur beurkundet, den Empfänger nicht angetroffen und einen Benachrichtigungszettel hinterlassen zu haben, während die Niederlegung von demjenigen Postbediensteten beurkundet wird, an dessen Schalter das Schriftstück zur Abholung bereitliegt; dies erfordert jedoch die vollständigen Angaben der beiden an der Zustellung beteiligten Bediensteten. Zur ordnungsmäßigen Beurkundung der Ersatzzustellung durch Niederlegung auch LG Aachen MDR 1991, 451. Auch die Bediensteten der privaten Lizenznehmer sind zur Beurkundung verpflichtet (§ 33 Abs. 1 S. 1 PostG) und zu diesem Zweck mit hoheitlichen Befugnissen ausgestattet (§ 33 Abs. 1 S. 2 PostG; siehe auch Drüen in Tipke/Kruse VwZG § 3 Tz. 1).

46 Nach § 3 Abs. 2 S. 1 iVm § 182 Abs. 3 ZPO ist die Zustellungsurkunde der Behörde **unverzüglich zurückzuleiten.** Unverzüglich bedeutet auch hier ohne schuldhaftes Zögern (§ 121 Abs. 1 S. 1 BGB).

47 Als öffentliche Urkunde erbringt die Zustellungsurkunde vollen Beweis der in ihr bezeugten Tatsachen (BVerfG NJW-RR 2002, 1008; BVerwG NJW 1986, 2127, 2128; BSG NVwZ-RR 1999, 352; BFH/NV 2007, 1465; BGH MDR 2001, 228; vgl. auch BFH BStBl 1957 III 89 und HFR 1980, 392). Der Empfänger kann allerdings den Gegenbeweis der unrichtigen Beurkundung erbringen. Ein derartiger Beweis erfordert den vollen Nachweis eines anderen Geschehensablaufs (vgl. BVerfG NJW-RR 2002, 1008; BVerwG NJW 1984, 2962); der andere Geschehensablauf muss substantiiert dargelegt werden (BFH/NV 2013, 1787; 2010, 439; 1999, 961), und der Beweisantrag muss eine gewisse Wahrscheinlichkeit für die Unrichtigkeit der bezeugten Tatsachen darlegen (BVerwG NJW 1986, 2127, 2128; BGH NJW 2006, 150 mwN; enger BFH/NV 2012, 1939; OLG Bamberg DAR 2012, 268; FG Münster EFG 2013, 904: vollständige Entkräftung der Zustellungsurkunde notwendig). Das Gericht hat in diesem Fall Beweis zu erheben (vgl. BGH DAR 2001, 397; OVG LSA NJW-RR 2013, 85). Solange die Möglichkeit besteht, dass die Urkunde inhaltlich richtig ist, ist die Beweiswirkung nicht widerlegt (Sadler/Tillmanns-*Thiel* VwZG § 3 Rn. 88 f.; BSG NVwZ-RR 1999, 352; BFH/NV 2012, 1939; BFHE 254, 99). Ist in der PZU bezeugt, dass die schriftliche Mitteilung nach § 182 ZPO „in den Hausbriefkasten eingelegt" worden sei, so reicht die eidesstattliche Versiche-

rung des Empfängers, er habe trotz täglicher Leerung des Briefkastens diese Mitteilung nicht vorgefunden, nicht aus (BVerwG NJW 1986, 2127, 2128; BFHE 254, 99; BFH/NV 2010, 439). Die Beweiskraft der Zustellungsurkunde erstreckt sich bei der Ersatzzustellung allerdings nicht darauf, dass der Zustellungsempfänger unter der Zustellungsadresse wohnt. Insoweit wird durch die Erklärung des Zustellungsbediensteten aber ein beweiskräftiges Indiz begründet, das indessen durch eine plausible und schlüssige Darstellung des Betroffenen entkräftet werden kann (BVerfG NJW 1992, 224; BayVerfGH BayVBl. 2008, 674). Die Beweiskraft der Zustellungsurkunde wird beeinträchtigt, wenn im Adressfeld ohne besondere Begründung Änderungen vorgenommen werden (Kintz JuS 1997, 1117). Sie entfällt ganz, wenn nicht auszuschließen ist, dass mit der im Adressfeld veränderten Zustellungsurkunde mehrere – erfolglose – Zustellungsversuche als Voraussetzung einer Niederlegung des zuzustellenden Schriftstücks beurkundet werden sollen (HessVGH NJW 1996, 1075).

Die Beweisvermutung erstreckt sich auch darauf, dass ein verschlossener **48** Umschlag zugestellt wurde. Hinsichtlich des Gebäudes, in dem laut Postzustellungsurkunde die Zustellung versucht wurde, gilt, dass es – zumindest auch – als Wohnraum dient und mit einem Briefkasten ausgestattet ist, der wenigstens auch den Namen des in der Zustellungsurkunde bezeichneten Empfängers trägt (OLG Frankfurt NJW-RR 1997, 956).

Aus der Zustellungsurkunde muss ersichtlich sein, wann und wo der **49** Zustellungsvorgang stattgefunden hat (OLG Düsseldorf NJW 2000, 3511), wie dies durch das PZU-Formular nach der Zustellungsvordruckverordnung vorgegeben wird. Fehlt der Zustellungsurkunde die Unterschrift (BGH BB 1961, 692), die Beurkundung der Übergabe (BGHZ 8, 304), der Vermerk über die Vornahme der Ersatzzustellung (BGH BB 1956, 58), die Bezeichnung der Person, der zugestellt wurde (OLG Hamburg MDR 1993, 685), die Angabe des Grundes (BFH/NV 2007, 1158; VG Braunschweig DVBl 1960, 907) oder des Ortes der Niederlegung (OVG NRW ZBR 1966, 67), ist die Zustellung fehlerhaft. Gleiches gilt, wenn der Zusteller nur mit seiner Paraphe zeichnet (BGH NJW-RR 2008, 218), die PZU ist dann nach § 419 ZPO zu würdigen. Enthält die PZU keine eindeutige Eintragung über den Tag der Zustellung, so ist die Zustellung nicht unwirksam (BFH/NV 2008, 1105; BVerwG NVwZ-RR 2001, 484; vgl. zu den Anforderungen auch VGH BW DÖV 2010, 332), doch ist in diesem Falle die Behörde für den Tag der Zustellung beweispflichtig und gehen Zweifel zu ihren Lasten. Haben sich nach der Bestätigung in der Postzustellungsurkunde auf dem Briefumschlag fälschlicherweise mehrere Aktenzeichen befunden, so muss der Zustellungsempfänger unmittelbar nach der Zustellung die fehlende Übereinstimmung zwischen Aufschrift und Inhalt rügen; anderenfalls erbringt die Urkunde den Nachweis dafür, dass der Inhalt der Sendung den Angaben auf dem Briefumschlag entsprach (FG Berlin EFG 1994, 374). Eine Zustellung ist nicht schon deshalb unwirksam, weil die Hausnummer in der Postzustellungsurkunde unrichtig angegeben ist (OLG Frankfurt JurBüro 1998, 209). Nach BayVGH BayVBl. 2006, 226 ist auch eine ungenaue Bezeichnung des Niederlegungsortes unschädlich.

50 Ist die Zustellungsurkunde verloren gegangen, so ändert dies nichts an der Wirksamkeit der Zustellung; die Behörde ist aber voll beweispflichtig dafür, dass die Zustellung ordnungsmäßig bewirkt worden ist (BGH VersR 1981, 447; Sadler/Tillmanns-*Thiel* VwZG § 3 Rn. 90). Kann die Behörde in einem solchen Fall nicht nachweisen, dass und wann eine Entscheidung ordnungsgemäß zugestellt worden ist, steht aber fest, dass der Adressat sie erhalten hat, dann ist die Entscheidung wirksam; lediglich die Klagefrist wird erst mit ihrem nachweislichen Erhalt in Lauf gesetzt (BFH NVwZ 1988, 768). Eine erneute Zustellung ändert nichts an der bereits erfolgten wirksamen Zustellung, auch Fristen werden dadurch nicht erneut in Gang gesetzt (BayVGH NJW 2012, 950).

Wird eine Postzustellungsurkunde gar nicht verwendet, so beeinträchtigt dies die Wirksamkeit der Zustellung nicht, die Beurkundung dient dem Nachweis der Zustellung, sie ist aber kein Wirksamkeitserfordernis (LAG Hamm AE 2010, 56; Roth in Stein/Jonas ZPO § 182 Rn. 1).

XI. Zeitpunkt der Zustellung

51 Die Zustellung ist im Fall von § 3 – anders als im Fall von § 4 – in dem **Zeitpunkt** erfolgt, in dem sie tatsächlich bewirkt worden ist. Eine Rücksendung ändert daran nichts (BFH/NV 2011, 755). Eine Dreitagefrist wie im Fall von § 4 gibt es nicht; auch die Dreitagefrist nach §§ 41 Abs. 2 VwVfG, 122 Abs. 2 AO ist für den Beginn der Rechtsbehelfsfrist nicht maßgeblich (BFH ZKF 1992, 135).

XII. Wirksamkeit der Ersatzzustellung

52 Für die Wirksamkeit der Ersatzzustellung ist es bedeutungslos, ob und wann der Empfänger von ihr Kenntnis erhält (LG Berlin Rpfleger 1997, 120). Fehlt etwa das nach § 180 S. 3 ZPO vom Zusteller auf dem eingeworfenen Schriftstück zu vermerkende Datum (VGH BW DÖV 2016, 492) oder händigt die Ersatzperson das Dokument dem Zustellungsadressaten nicht aus, so kann dieser nur Wiedereinsetzung in den vorigen Stand beantragen (BFHE 205, 501; BVerwGE 44, 105; BGH NJW 1990, 1666).

XIII. Landesrecht

53 **Baden-Württemberg:** § 3 LVwZG entspricht § 3 VwZG.
Bayern: Art. 3 BayVwZVG ist mit § 3 VwZG inhaltsgleich.
Mecklenburg-Vorpommern: § 96 VwVfG M-V ist inhaltsgleich mit § 3 VwZG.
Nordrhein-Westfalen: Gleich lautend § 3 LZG NRW.
Schleswig-Holstein: Inhaltsgleich § 148 LvwG, allerdings wird auf die Zustellungsvordruckverordnung in der Fassung der letzten Änderungsverordnung verwiesen.

Thüringen: Im Wesentlichen inhaltsgleich § 3 ThürVwZVG; § 3 Abs. 1 S. 2 ThürVwZVG gibt der Behörde zudem auf, die Sendung mit der Anschrift des Empfängers, der Bezeichnung der absendenden Dienststelle und einer Geschäftsnummer zu versehen.

§ 4 Zustellung durch die Post mittels Einschreiben

(1) **Ein Dokument kann durch die Post mittels Einschreiben durch Übergabe oder mittels Einschreiben mit Rückschein zugestellt werden.**

(2) **Zum Nachweis der Zustellung genügt der Rückschein. Im Übrigen gilt das Dokument am dritten Tag nach der Aufgabe zur Post als zugestellt, es sei denn, dass es nicht oder zu einem späteren Zeitpunkt zugegangen ist. Im Zweifel hat die Behörde den Zugang und dessen Zeitpunkt nachzuweisen. Der Tag der Aufgabe zur Post ist in den Akten zu vermerken.**

Übersicht

	Rn.
I. Geeignete Sendungen	1
II. Zulässige Formen des Einschreibens	2
III. Nachweis durch Rückschein	3
IV. Dreitagefrist bei Übergabeeinschreiben	4
V. Zugangsvermutung	8
VI. Bestreiten und Nachweis des Zugangs	9
VII. Zustellung über Postabholfach	10
VIII. Aktenvermerk	11
IX. Zustellungsverfahren	12
1. Auslieferung	12a
2. Zustellungsempfänger	13
3. Annahmeverweigerung	14
4. Empfangsbestätigung	15
X. Landesrecht	16

I. Geeignete Sendungen

Nach § 4 Abs. 1 können Dokumente durch die Post mittels Einschreiben 1 zugestellt werden. Zulässig sind nur das Einschreiben mit Übergabe und das Einschreiben mit Rückschein. Die Zustellung durch die Post mittels Einschreiben ist keine förmliche Zustellung im Sinn von § 33 Abs. 1 S. 1 PostG; der Lizenznehmer wird hier nicht als mit Hoheitsbefugnissen ausgestatteter beliehener Unternehmer tätig (§ 33 Abs. 1 S. 2 PostG).

Anders als nach bisherigem Recht können nicht nur **Briefe,** sondern nunmehr auch **Päckchen oder Pakete** zugestellt werden. Dem zuzustellenden Dokument können zudem Anlagen beigefügt werden, so dass eine Bündelung mehrerer Sendungen ein und desselben Verfahrens möglich ist (NdsOVG NVwZ-RR 2003, 806).

II. Zulässige Formen des Einschreibens

2   Zulässige **Formen** der eingeschriebenen Sendung sind nach § 4 Abs. 1 das Einschreiben mit Übergabe und das Einschreiben mit Rückschein.
Beim **Einschreiben mit Übergabe** wird die eingelieferte Sendung in der Postfiliale registriert und der Einlieferer erhält einen Einlieferungsnachweis, der den Tag der Einlieferung angibt. Danach erfolgt die Zustellung des Einschreibens persönlich an den Empfänger, seinen Ehegatten beziehungsweise Bevollmächtigten oder einen anderen Empfangsberechtigten. Nur gegen Unterschrift einer dieser Personen auf dem Auslieferungsbeleg wird die Sendung ausgeliefert.
Als besondere Form des Einschreibens mit Übergabe kann die Vorgabe „Eigenhändig" gewählt werden, hierbei wird bei dem Einschreiben dann sichergestellt, dass die Sendung nur dem Empfänger persönlich oder einer von ihm dazu besonders bevollmächtigten Person übergeben wird. Bei Briefen mit dem Vermerk „Eigenhändig" wird keine Ersatzzustellung ausgeführt (vgl. auch BVerwG NVwZ-RR 2015, 921). Beide Versendungsformen sind auch im Rahmen von § 4 zulässig. Die Entscheidung liegt bei der absendenden Behörde.
Beim **Einschreiben mit Rückschein** bestätigt der Empfänger den Erhalt des Einschreibens mit seiner Unterschrift auf einem gesonderten Beleg – dem Rückschein – der dann postwendend im Original an den Absender zurückgesandt wird.
Die Auswahl zwischen einem Übergabe-Einschreiben und einem Einschreiben mit Rückschein liegt im Ermessen der Behörde.
Keine Zustellung ist bei Verwendung eines **Einwurf-Einschreibens** gegeben (vgl. Amtliche Begründung, BT-Drs. 15/5216, 12); hier ist bereits kein Zustellungswille anzunehmen. Zwar wird auch hier ein Einlieferungsnachweis erteilt, allerdings wird das Einwurf-Einschreiben nicht persönlich übergeben, sondern vom Zusteller in den Briefkasten, das Postfach oder eine andere Empfangsvorrichtung gelegt. Der Versand mit einem Einwurf-Einschreiben entspricht daher eher der Bekanntgabe durch einfachen Brief (NdsOVG NVwZ-RR 2007, 78; OLG Hamm NJW 2009, 2230).
Eine Zustellung mittels eingeschriebenen Briefes ist auch an ein von dem Empfänger unterhaltenes **Postfach** zulässig (BVerwG NJW 1999, 2608), das sich auch an einem anderen Ort als dem Wohnort des Postfachinhabers befinden kann, zB in der nächstgelegenen größeren Stadt; es ist zudem möglich, dass ein im Ausland – etwa in Grenznähe – Wohnhafter im Inland ein Postfach unterhält.

III. Nachweis durch Rückschein

3   Zum **Nachweis** der Zustellung durch Einschreiben mit **Rückschein** genügt nach § 4 Abs. 2 S. 1 der Rückschein. Die Zustellung gilt an dem Tag als bewirkt, den der Rückschein angibt (BFH/NV 2016, 1250; FG Hamburg NordÖR 2005, 213; LAG Berlin-Brandenburg AuR 2015, 198; OVG Bln-Bbg 31.7.2009, 10 S 36.08). Der Rückschein erbringt dabei den vollen

Nachweis der Zustellung an diesem Tag; gleichwohl stellt er jedoch keine öffentliche Urkunde im Sinne des § 418 ZPO dar (Drüen in Tipke/Kruse VwZG § 4 Tz. 5). Vielmehr handelt es sich auf Grund des privatrechtlichen Handelns des Postdienstleisters um eine Privaturkunde nach § 416 ZPO (BSG NJW 2005, 1303; Sadler/Tillmanns-*Thiel* VwZG § 4 Rn. 6). Die Bestätigung der Auslieferung durch den Rückschein erleichtert den Nachweis des Zugangs; der Rückschein ist jedoch kein Empfangsbekenntnis (VGH BW NJW 1977, 645). Der Rückschein als Nachweis der Zustellung ist damit ein normales Beweismittel, im Zweifel hat die Behörde den Zugang und dessen Zeitpunkt nachzuweisen (§ 4 Abs. 2 S. 3). Dies gilt insbesondere für Zustellungen, bei denen der Rückschein den Beweisanforderungen nicht genügt oder verloren gegangen ist; in diesen Fällen gilt die Zugangsvermutung nach § 4 Abs. 2 S. 2.

IV. Dreitagefrist bei Übergabeeinschreiben

Ein **Nachweis** der Zustellung für **Einschreiben mittels Übergabe** und für Zustellungen, bei denen der Rückschein den Beweisanforderungen nicht genügt oder verloren gegangen ist, ist nicht unmittelbar möglich. Hierfür gilt die **Zugangsvermutung** des § 4 Abs. 2 S. 2, wonach das Dokument am dritten Tag nach der Aufgabe zur Post als zugestellt gilt (vgl. auch VGH BW BauR 2016, 1888). 4

Die Dreitagefrist beginnt mit der **Aufgabe** zur Post. Wann diese erfolgt ist, muss die Behörde dartun. Das Datum eines Bescheides kann, muss aber nicht mit dem Tag der Aufgabe der Post identisch sein. In der Praxis hängt dies regelmäßig davon ab, ob das Datum des Bescheids und der Tag der Aufgabe zur Post von demselben oder von verschiedenen Bearbeitern bestimmt werden. Wenn diesbezügliche Feststellungen nicht getroffen sind, lässt das Datum des Bescheides daher keinen Rückschluss auf das Datum der Aufgabe zur Post zu (BFHE 143, 200). 5

Bei dem **dritten Tag** nach der Aufgabe zur Post handelt es sich um einen Termin, so dass er nach § 187 Abs. 1 ZPO zu bestimmen ist. Umstritten ist, ob die Zustellung bewirkt ist, wenn der dritte Tag ein Sonntag, Sonnabend oder gesetzlicher Feiertag ist (zutreffend dagegen: BFH ZfZ 2003, 430 zu § 122 AO unter Aufgabe der bis dahin entgegengesetzten Rspr. der Finanzgerichtsbarkeit; BFHE 203, 26; Drüen in Tipke/Kruse VwZG § 4 Tz. 10; Schwarz in HHSp VwZG § 4 Rn. 27; dafür: BSGE 5, 53; BSG SAR 2009, 50; BPatGE 56, 22; BayVGH NJW 1991, 1250; OVG NRW NVwZ 2001, 1171; VG Bayreuth BayVBl 1988, 732 zu Art. 4 BayVwZVG; Sadler/Tillmanns-*Thiel* VwZG § 4 Rn. 19). 6

Die unterschiedliche Rspr. wird freilich in ihrer Bedeutung dadurch eingeschränkt, dass bei Zweifeln über den Zeitpunkt des Zugangs die Behörde die Beweislast trifft (§ 4 Abs. 2 S. 3). Ein solcher Zweifel muss stets bejaht werden, wenn am dritten Tag nach Absendung keine Post zugestellt wird (ebenso SBS § 41 VwVfG Rn. 133). Die Möglichkeit, dass das Einschreiben schon früher zugegangen ist, hat dabei außer Betracht zu bleiben, denn **dafür** stellt das Gesetz keine Vermutung auf (**aA** offenbar BFHE 120, 142, 145). Die 7 (beschränkte) Vermutung von § 4 bezieht sich vielmehr nur auf den dritten Tag nach Absendung. Ein früherer Zugang muss daher ebenfalls von der Behörde nachgewiesen werden.

V. Zugangsvermutung

8   Die **Zugangsvermutung** (nach BSG NZS 2001, 53 ein „gesetzlich normierter Anscheinsbeweis") **gilt auch,** wenn das Einschreiben in weniger als drei Tagen zugegangen ist (BVerwGE 22, 11; OVG NRW DVBl 1971, 327; BPatG 25.5.2020, 11 W (pat) 39/19). Wurde hingegen ein Einschreiben mit Rückschein verwendet, ist ausschließlich das – auch frühere – Datum des Rückscheins maßgeblich.

Wird ein zustellungsbedürftiger Verwaltungsakt durch Einschreiben zugestellt, so hat die Behörde auf eine Anpassung der vorgedruckten oder elektronisch gespeicherten Standard-Rechtsbehelfsbelehrung zu achten; diese ist unrichtig iSv § 58 Abs. 2 S. 1 VwGO (und setzt darum nicht die Monatsfrist in Gang!), wenn in ihr als Zeitpunkt des Fristbeginns der Zugang an Stelle der Zustellung des Verwaltungsakts angegeben wird (OVG NRW NVwZ 2001, 212).

Bei der Zustellung durch die Post mittels eingeschriebenen Briefes an einen Strafgefangenen ist der Zeitpunkt der Auslieferung an den Postempfangsbeauftragten der Justizvollzugsanstalt entscheidend. Auf den Zeitpunkt der Aushändigung des Dokuments an den Strafgefangenen kommt es nur für die Frage nach einer Wiedereinsetzung in den vorigen Stand an (OVG RhPf InfAuslR 1997, 248).

VI. Bestreiten und Nachweis des Zugangs

9   **Bestreitet** der Empfänger den Zugang, so muss die Behörde ihn beweisen. Das Bestreiten muss allerdings substantiiert sein; der Empfänger muss einen abweichenden Geschehensablauf schlüssig vortragen (vgl. BFH BayVBl 1986, 413, 414) und dadurch zumindest „Zweifel" (vgl. § 4 Abs. 2 S. 3) begründen. Reichte nicht näher begründetes Bestreiten aus, so wäre die Zugangsvermutung wertlos (offener BSG SAR 2009, 50).

Für den „im Zweifel" der Behörde obliegenden Nachweis des Zugangs und seines Zeitpunkts reicht die Einlieferungsbescheinigung der Post nicht aus. Geeignetes Beweismittel sind die Empfangsbestätigung und der Rückschein. Beide begründen als private Urkunden nach § 416 ZPO den vollen Beweis der Auslieferung, der jedoch durch den Gegenbeweis der unrichtigen Beurkundung widerlegt werden kann. Die Empfangsbestätigung kann sich die Behörde durch Rückfrage beim Zustellpostamt beschaffen. Ist die Urkunde nicht beschaffbar, so kommt das Zeugnis des ausliefernden Postbediensteten in Betracht.

Eine Abkürzung der Dreitagefrist zu Ungunsten des Empfängers ist auf diese Weise nicht möglich (BVerwGE 22, 11; BSG 5, 53; OVG Bln NJW 1966, 1379).

VII. Zustellung über Postabholfach

Lässt sich der Zustellungsempfänger seine Post über ein **Postabholfach** 10
zustellen, dann ist ein Dokument, das gemäß § 4 zugestellt wird, nicht schon
dann zugegangen, wenn der Auslieferungsschein in das Abholfach eingelegt,
sondern erst dann, wenn das Dokument dem Empfangsberechtigten ausgehändigt worden ist (BVerwG HFR 1983, 491; BayVGHE 91, 31; OVG NRW
MDR 1977, 1048; VGH BW NJW 1992, 2909). Das Gleiche gilt, wenn der
Empfänger sich postlagernd zustellen lässt (aA noch BFHE 69, 529). Lässt
der Empfänger seine Post durch einen Boten ohne Postvollmacht abholen
und gibt der Postbeamte ihm deshalb nur eine Empfangsbescheinigung für
Einschreibsendungen und nicht die Sendung selbst mit, dann ist die Zustellung weder durch diese Aushändigung der Empfangsbescheinigung noch
durch die Unterschrift des Postbevollmächtigten unter dieser Empfangsbescheinigung, sondern erst durch die Aushändigung der Sendung selbst an
den Postabholer bewirkt, weil erst dann der Empfänger die tatsächliche Verfügungsgewalt über sie erlangt (BSGE 27, 237, 239; BAG NJW 1997, 147).
Auch wenn der Zustellungsbeamte beim Zustellungsversuch eine Nachricht
hinterlässt, dass die Sendung innerhalb von 7 Tagen beim Postamt abzuholen
sei, ist der Abholungstag Zustelltag (RFH StuW 1926 Nr. 568). Wird der
eingeschriebene Brief von der Post zurückgesandt, weil die Zustellung nicht
möglich war, so liegt auch dann keine wirksame Zustellung vor, wenn der
Brief in der Zwischenzeit beim Postamt hinterlegt und der Adressat davon
benachrichtigt war (BVerwGE 36, 127; **aA** SG Freiburg Sozialversicherung
1979, 246). Die gezielte Nichtabholung des niedergelegten Einschreibebriefes zwecks Vereitelung des Zugangs kann allerdings rechtsmissbräuchlich sein
(LG Essen NJW 1990, 407).

VIII. Aktenvermerk

§ 4 Abs. 2 S. 4 regelt – anders als (der inzwischen aufgehobene) § 17 11
Abs. 4 VwZG oder § 213 ZPO aF – weder Form noch Inhalt des Aktenvermerks noch bezeichnet er den Bediensteten, der diesen Vermerk anzulegen
hat. Da bei der Zustellung mittels eingeschriebenen Briefes der Tag der
Aufgabe zur Post durch den Einlieferungsschein nachweisbar ist, brauchen
an die Form des Vermerks nach § 4 Abs. 2 S. 4 nur geringe Anforderungen
gestellt zu werden (BFHE 124, 487, 489). Es genügt deshalb jeder in den
Akten befindliche Hinweis, der Aufschluss über den Tag der Aufgabe des
Briefes zur Post gibt (vgl. BVerwGE 39, 257, 259 f.; BVerwG NVwZ 1985,
900; BSG NJW 1971, 1632; 1973, 2047, 2048; dagegen fordert LSG RhPf
Breith 1974, 89, dass der Vermerk von dem Beamten stammt, der den
Brief aufgegeben hat); zB reicht es aus, wenn der Einlieferungsschein mit
Sendungsnummer auf die in den Akten befindliche Urschrift des zuzustellenden Dokuments geklebt wird (BSG SAR 2009, 50; BVerwG HFR 1982,
327; BayVGH NVwZ 2013, 526, NVwZ-RR 2013, 789; Schwarz in
HHSp VwZG § 4 Rn. 40). Ein Stempelaufdruck auf der Urschrift des zuzustellenden Dokuments „als Einschreiben am … zur Post gegeben" reicht

als Aktenvermerk nach § 4 Abs. 2 aus (BSG NJW 1973, 2048). Dagegen wird der fehlende Postaufgabevermerk nicht durch die Eintragung im allgemeinen Einschreibebuch ersetzt, denn dieses ist nicht Bestandteil der Akten (OVG NRW NVwZ 1985, 53).

Da maßgebend für die Berechnung der Frist die tatsächliche Aufgabe zur Post und nicht der in dem Aktenvermerk nach § 4 Abs. 2 angegebene Tag ist, wenn er davon abweicht (BSG NJW 1973, 2048), kann die Datumsangabe in dem Aktenvermerk jederzeit widerlegt werden (vgl. BFHE 143, 200).

Hat die Behörde bei der Zustellung des Bescheides den Tag der Aufgabe zur Post nicht in den Akten vermerkt, so genügt es zur Erfüllung von § 4 Abs. 2, wenn die Widerspruchsbehörde auf Grund einer Rückfrage bei der Ausgangsbehörde den Aktenvermerk nachholt (BVerwG NVwZ 1985, 900; vgl. auch BGH NJW 1987, 1707 zu § 213 ZPO; BSG SAR 2009, 50).

Die Frage, ob das völlige Fehlen des Aktenvermerks zur Unwirksamkeit der Zustellung führt, wird in Rechtsprechung und Schrifttum unterschiedlich beantwortet (vgl. OVG Brem VerwRspr 26, 761; BFHE 95, 419; 124, 487, 489; verneinend BGH NJW 1983, 2064); da eine Heilung nach § 8 VwZG möglich ist, handelt es sich um eine eher akademische Auseinandersetzung (vgl. Schwarz in HHSp VwZG § 4 Rn. 44; Sadler/Tillmanns-*Thiel* VwZG § 4 Rn. 25), gleichwohl empfiehlt es sich, den Vermerk zu fertigen (vgl. Harrer/Kugele-Thum BayVwZVG Art. 4 Anm. 4).

IX. Zustellungsverfahren

12 Für das **Zustellungsverfahren** gilt Folgendes:

1. Auslieferung

12a Die Sendung wird nach den Zustellangaben ausgeliefert, d.h. an den in der Anschrift bezeichneten Ort. Ist der Empfänger unter der Zustellanschrift nur unter unverhältnismäßigen Schwierigkeiten zu erreichen (zB wegen eines bissigen Hundes oder bei abgelegenen Gehöften oder Berghütten), wird die Sendung innerhalb von sieben Werktagen zur Abholung bereitgehalten (vgl. etwa Abschn. 4 (4) der AGB BRIEF NATIONAL der Deutschen Post).

Eine Sendung, die nach § 4 durch die Post mittels eingeschriebenen Briefes über ein Postfach des Empfängers zugestellt wird, ist nicht mit der Einlegung des Auslieferungsscheines in das Postfach, sondern grundsätzlich erst mit der Aushändigung des Einschreibebriefs zugegangen (BVerwG DÖV 1983, 1011; vgl. auch BVerwGE 36, 127 f.; BAG NJW 1963, 544; BGH VersR 1970, 262; OLG Celle NJW 1974, 1386 f.).

2. Zustellungsempfänger

13 **Zustellungsempfänger** ist in erster Linie der Empfänger selbst, sein Ehegatte oder sein Postbevollmächtigter. Die Auslieferung an eine dieser Personen bewirkt die Zustellung, auch wenn das Schriftstück dem Empfänger selbst nicht ausgehändigt wird (BPatG NJW 1963, 268). Wird keine dieser

Personen angetroffen, kann die Sendung an Ersatzempfänger übergeben werden (vgl. Abschn. 4 (3) AGB BRIEF NATIONAL der Deutschen Post):
1. Angehörigen des Empfängers, dazu gehören Ehegatten und Lebenspartner,
2. anderen in seinen Räumen anwesenden Personen,
3. uU Hausbewohnern und Nachbarn des Empfängers.

Ein minderjähriger Angehöriger des Empfängers kommt als Ersatzempfänger in Betracht, wenn er genügend einsichtsfähig ist, um die unverzügliche Weitergabe der Sendung an den Empfänger erwarten zu lassen (BVerwG NJW 1977, 2092). Bei Annahme der Zustellung durch einen Ersatzempfänger wird die Zustellung dem Adressaten gegenüber entsprechend § 130 Abs. 1 BGB wirksam (BSG NJW 2005, 1303; **aA** Hüßtege in Thomas/Putzo ZPO § 175 Rn. 4).

3. Annahmeverweigerung

Verweigert der Empfänger die Annahme, dann gilt die Sendung als unzustellbar und wird an die absendende Behörde zurückgesandt (vgl. Abschn. 4 (6) AGB BRIEF NATIONAL der Deutschen Post). Das Gleiche gilt, wenn die Abholfrist verstrichen ist (vgl. Abschn. 4 (4) 2 AGB BRIEF NATIONAL der Deutschen Post). Nimmt ein Ersatzempfänger die Sendung nicht an, so wird der Empfänger mit einem Benachrichtigungsschein zur Abholung bei dem Zustellpostamt aufgefordert. In diesem Fall ist die Zustellung erst mit der Abholung bewirkt (vgl. BVerwGE 85, 213, 214 f.; Harrer/Kugele-Thum BayVwZVG Art. 4 Anm. 5 mwN). **14**

4. Empfangsbestätigung

Die Sendung wird nur ausgehändigt, wenn der Empfänger den Empfang auf Formblatt oder Rückschein oder elektronisch **bestätigt** (vgl. Abschn. 4 (2) 4 und 4 (5) AGB BRIEF NATIONAL der Deutschen Post). **15**

X. Landesrecht

Baden-Württemberg: § 4 LVwZG entspricht im Wesentlichen § 4 VwZG. § 4 Abs. 1 S. 2 LVwZG ordnet ausdrücklich an, das zuzustellende Dokument der Post verschlossen zu übergeben. **16**

Bayern: Art. 4 BayVwZVG entspricht § 4 VwZG. Ergänzend ist es nach Art. 4 Abs. 2 S. 4 BayVwZVG möglich, anstelle des Vermerks einen Vordruck mit der genauen Bezeichnung des zuzustellenden Schriftstücks (Betreff, Datum, Aktenzeichen) und dem eingedruckten, von der Post bestätigten Einlieferungsschein zu den Akten zu nehmen.

Mecklenburg-Vorpommern: Gleichlautend § 97 VwVfG M-V; anstelle des Vermerks kann nach § 97 Abs. 2 S. 4 VwVfG M-V ein Vordruck mit der genauen Bezeichnung des zuzustellenden Schriftstücks (Betreff, Datum, Aktenzeichen) und dem eingedruckten, von der Post bestätigten Einlieferungsschein zu den Akten genommen werden.

Nordrhein-Westfalen: Gleichlautend § 4 LZG NRW.

Schleswig-Holstein: Inhaltsgleich § 149 LVwG.
Thüringen: Mit § 4 Abs. 1 im Wesentlichen inhaltsgleich (bis auf „Schriftstück" statt „Dokument") § 4 Abs. 1 ThürVwZVG. § 4 Abs. 2 ThürVwZVG entspricht im Wesentlichen § 4 Abs. 2 VwZG; anstelle des Vermerks kann der Einlieferungsbeleg der Post verbunden mit der genauen Bezeichnung des zuzustellenden Schriftstücks (Betreff, Datum, Aktenzeichen) zu den Akten genommen werden (§ 4 Abs. 2 S. 4 ThürVwZVG).

§ 5 Zustellung durch die Behörde gegen Empfangsbekenntnis; elektronische Zustellung

(1) **Bei der Zustellung durch die Behörde händigt der zustellende Bedienstete das Dokument dem Empfänger in einem verschlossenen Umschlag aus. Das Dokument kann auch offen ausgehändigt werden, wenn keine schutzwürdigen Interessen des Empfängers entgegenstehen. Der Empfänger hat ein mit dem Datum der Aushändigung versehenes Empfangsbekenntnis zu unterschreiben. Der Bedienstete vermerkt das Datum der Zustellung auf dem Umschlag des auszuhändigenden Dokuments oder bei offener Aushändigung auf dem Dokument selbst.**

(2) **Die §§ 177 bis 181 der Zivilprozessordnung sind anzuwenden. Zum Nachweis der Zustellung ist in den Akten zu vermerken:**
1. **im Fall der Ersatzzustellung in der Wohnung, in Geschäftsräumen und Einrichtungen nach § 178 der Zivilprozessordnung der Grund, der diese Art der Zustellung rechtfertigt,**
2. **im Fall der Zustellung bei verweigerter Annahme nach § 179 der Zivilprozessordnung, wer die Annahme verweigert hat und dass das Dokument am Ort der Zustellung zurückgelassen oder an den Absender zurückgesandt wurde sowie der Zeitpunkt und der Ort der verweigerten Annahme,**
3. **in den Fällen der Ersatzzustellung nach den §§ 180 und 181 der Zivilprozessordnung der Grund der Ersatzzustellung sowie wann und wo das Dokument in einen Briefkasten eingelegt oder sonst niedergelegt und in welcher Weise die Niederlegung schriftlich mitgeteilt wurde.**

Im Fall des § 181 Abs. 1 der Zivilprozessordnung kann das zuzustellende Dokument bei der Behörde, die den Zustellungsauftrag erteilt hat, niedergelegt werden, wenn diese Behörde ihren Sitz am Ort der Zustellung oder am Ort des Amtsgerichts hat, in dessen Bezirk der Ort der Zustellung liegt.

(3) **Zur Nachtzeit, an Sonntagen und allgemeinen Feiertagen darf nach den Absätzen 1 und 2 im Inland nur mit schriftlicher oder elektronischer Erlaubnis des Behördenleiters zugestellt werden. Die Nachtzeit umfasst die Stunden von 21 bis 6 Uhr. Die Erlaubnis ist bei der Zustellung abschriftlich mitzuteilen. Eine Zustellung, bei der diese Vorschriften nicht beachtet sind, ist wirksam, wenn die Annahme nicht verweigert wird.**

(4) Das Dokument kann an Behörden, Körperschaften, Anstalten und Stiftungen des öffentlichen Rechts, an Rechtsanwälte, Patentanwälte, Notare, Steuerberater, Steuerbevollmächtigte, Wirtschaftsprüfer, vereidigte Buchprüfer, Steuerberatungsgesellschaften, Wirtschaftsprüfungsgesellschaften und Buchprüfungsgesellschaften auch auf andere Weise, auch elektronisch, gegen Empfangsbekenntnis zugestellt werden.

(5) Ein elektronisches Dokument kann im Übrigen unbeschadet des Absatzes 4 elektronisch zugestellt werden, soweit der Empfänger hierfür einen Zugang eröffnet. Es ist elektronisch zuzustellen, wenn auf Grund einer Rechtsvorschrift ein Verfahren auf Verlangen des Empfängers in elektronischer Form abgewickelt wird. Für die Übermittlung ist das Dokument mit einer qualifizierten elektronischen Signatur zu versehen und gegen unbefugte Kenntnisnahme Dritter zu schützen.

(6) Bei der elektronischen Zustellung ist die Übermittlung mit dem Hinweis „Zustellung gegen Empfangsbekenntnis" einzuleiten. Die Übermittlung muss die absendende Behörde, den Namen und die Anschrift des Zustellungsadressaten sowie den Namen des Bediensteten erkennen lassen, der das Dokument zur Übermittlung aufgegeben hat.

(7) Zum Nachweis der Zustellung nach den Absätzen 4 und 5 genügt das mit Datum und Unterschrift versehene Empfangsbekenntnis, das an die Behörde durch die Post oder elektronisch zurückzusenden ist. Ein elektronisches Dokument gilt in den Fällen des Absatzes 5 Satz 2 am dritten Tag nach der Absendung an den vom Empfänger hierfür eröffneten Zugang als zugestellt, wenn der Behörde nicht spätestens an diesem Tag ein Empfangsbekenntnis nach Satz 1 zugeht. Satz 2 gilt nicht, wenn der Empfänger nachweist, dass das Dokument nicht oder zu einem späteren Zeitpunkt zugegangen ist. Der Empfänger ist in den Fällen des Absatzes 5 Satz 2 vor der Übermittlung über die Rechtsfolgen nach den Sätzen 2 und 3 zu belehren. Zum Nachweis der Zustellung ist von der absendenden Behörde in den Akten zu vermerken, zu welchem Zeitpunkt und an welchen Zugang das Dokument gesendet wurde. Der Empfänger ist über den Eintritt der Zustellungsfiktion nach Satz 2 zu benachrichtigen.

Übersicht

	Rn.
I. Zustellung durch die Behörde	1
II. Verfahren bei der Zustellung durch die Behörde	2
III. Empfangsbekenntnis	3
IV. Zustellungsvermerk	4
V. Anwendbare Vorschriften	5
VI. Zustellung zur Nachtzeit, an Sonn- und Feiertagen	8
VII. Vereinfachte Zustellung	10

	Rn.
VIII. Elektronische Zustellung	11
1. Zugangseröffnung	12
2. Besonderheiten bei obligatorischer elektronischer Zustellung	14
3. Qualifizierte elektronische Signatur	15
4. Weitere formelle Anforderungen	16
IX. Nachweis der Zustellung	17
1. Annahmewillen	18
a) Annahmewillen bei Behörden	19
b) Annahmewillen bei Rechtsanwalt	21
2. Mitteilung	24
3. Empfangsbekenntnis	25
4. Zustellungsnachweis	26
5. Zustellungsfiktion	28
X. Landesrecht	32
1. § 5 vergleichbare Regelungen	32
2. Besondere Regelungen für die Behördenzustellung	33

I. Zustellung durch die Behörde

1 § 5 eröffnet verschiedene Formen der Zustellung durch die Behörde: Die Zustellung nach § 5 Abs. 1 entspricht im Wesentlichen der Zustellung nach § 3 mit dem Unterschied, dass die Übergabe nicht vom Überbringer beurkundet, sondern vom Empfänger bescheinigt wird. Einzelheiten über Ort und Zeit der Zustellung, die Ersatzzustellung und das Verfahren bei Verweigerung der Annahme regeln sich nach § 5 Abs. 2, 3; § 5 Abs. 2 verweist dazu auf die §§ 177–181 ZPO. Die Behördenzustellung ist damit dem Zustellungsverfahren nach § 3 VwZG, aber auch dem gerichtlichen Zustellungsverfahren stärker angenähert worden. Die besonderen Regelungen für die Behördenzustellung der §§ 10–13 VwZG 1952 sind aufgehoben; entsprechende Regelungen bestehen in den Ländern fort, die ihre Verwaltungszustellungsgesetze noch nicht angepasst haben. Daneben besteht die Möglichkeit nach § 5 Abs. 4 vereinfacht an besonders vertrauenswürdige Stellen zuzustellen, auch elektronisch und als elektronisches Dokument. Abs. 5 ermöglicht die elektronische Zustellung an jedermann, der einen entsprechenden Zugang eröffnet hat.

1a § 5 ist durch Art. 9a des Vierten Gesetzes zur Änderung verwaltungsverfahrensrechtlicher Vorschriften vom 11.12.2008 (BGBl. I 2418) geändert worden. Mit den Änderungen des § 5 werden die Anforderungen der EU-Dienstleistungsrichtlinie für das Verwaltungszustellungsrecht umgesetzt. Entscheidende Änderung ist die Neufassung des § 5 Abs. 5; in dessen S. 1 Hs. 2 ist die Grundsatzregelung für auf Antrag vollständig elektronisch abzuwickelnde Verfahren eingefügt. Abs. 6 schafft zusätzliche formale Anforderungen an die elektronische Zustellung durch die Behörde. Abs. 7 regelt einheitlich die bisher getrennten Anforderungen an den Nachweis der Zustellung.

1b Zudem ist § 5 durch Art. 3 des Gesetzes zur Regelung von De-Mail-Diensten und zur Änderung weiterer Vorschriften vom 28.4.2011 (BGBl. I 666) geändert worden: Zum einen wird die Überschrift um den Zusatz

„elektronische Zustellung" ergänzt. Damit wird klargestellt, dass sich die elektronische Zustellung durch die Behörde nach § 5 VwZG richtet, soweit nicht De-Mail-Dienste genutzt werden. Zum anderen ist in Abs. 5 der erste Satz in zwei eigenständige Sätze aufgelöst worden, um die Normanwendung und -zitierung zu erleichtern. Des Weiteren ist in Abs. 7 die bislang ausreichende Glaubhaftmachung durch die Verpflichtung zum Nachweis eines nicht erfolgten oder späteren Zugangs der Zustellung ersetzt worden, gleichzeitig sind S. 2 und 4 redaktionell an die Änderung von Abs. 5 angepasst worden. Die Änderung greift die Stellungnahme des Bundesrates vom 3.4.2009 zu Punkt Nr. 21 (BT-Drs. 16/12 598) auf.

Durch Art. 11 Abs. 3 des Gesetzes zur Durchführung der Verordnung (EU) Nr. 910/2014 des Europäischen Parlaments und des Rates vom 23. Juli 2014 über elektronische Identifizierung und Vertrauensdienste für elektronische Transaktionen im Binnenmarkt und zur Aufhebung der Richtlinie 1999/93/EG (eIDAS-Durchführungsgesetz) vom 18.7.2017 (BGBl. I S. 2745) ist § 5 Abs. 5 erneut geändert worden. Im Hinblick auf die Aufhebung des Signaturgesetzes durch das eIDAS-Durchführungsgesetz ist der entsprechende Verweis in § 5 Abs. 5 Satz 3 gestrichen worden. Materiell bleibt es beim Erfordernis einer qualifizierten elektronischen Signatur. Die Anforderungen an eine solche bestimmen sich nunmehr nach der unmittelbar geltenden Verordnung (EU) Nr. 910/2014 des Europäischen Parlaments und des Rates vom 23.7.2014 über elektronische Identifizierung und Vertrauensdienste für elektronische Transaktionen im Binnenmarkt und zur Aufhebung der Richtlinie 1999/93/EG (Abl. L 257 v. 28.8.2014, 73) in der jeweils geltenden Fassung, die zum 1.7.2016 in Kraft getreten ist. 1c

II. Verfahren bei der Zustellung durch die Behörde

Bei der Zustellung durch die Behörde nach § 5 Abs. 1 wird das Dokument dem Empfänger von dem zustellenden Bediensteten gegen ein Empfangsbekenntnis übergeben. Regelmäßig hat dies in einem verschlossenen Umschlag zu erfolgen; nur wenn keine schutzwürdigen Interessen des Empfängers erkennbar sind, kommt auch eine offene Übergabe in Betracht. Erforderlich ist auch hier der Zustellungswille der Behörde. Der Empfänger hat das Empfangsbekenntnis zu unterschreiben und das Datum der Aushändigung des Dokuments anzugeben. Der Bedienstete hat – je nachdem – entweder auf dem verschlossenen Umschlag oder dem Dokument das Datum der Zustellung zu vermerken. 2

Zustellung durch eine andere Behörde in Amtshilfe ist möglich (BayVGH NJW 2019, 1160; Drüen in Tipke/Kruse VwZG § 5 Tz. 1).

III. Empfangsbekenntnis

Das **Empfangsbekenntnis** (§ 5 Abs. 1 S. 3) hat der Empfänger mit vollem Familiennamen zu unterschreiben (vgl. BGHZ 57, 160); eine Paraphe reicht nicht aus (→ § 3 Rn. 45). Wird formularmäßig der Empfang nur eines einzi- 3 gen Dokuments angegeben, so ist nur ein einziges Dokument wirksam zugestellt, auch wenn im Formular des Empfangsbekenntnisses mehrere Dokumente aufgeführt sind (BFHE 117, 434).

Nach neuem Zustellungsrecht (→ § 2 Rn. 1) ist die Ausfüllung des Empfangsbekenntnisses keine Wirksamkeitsvoraussetzung der Zustellung nach § 5 mehr (BGH NJW 2005, 3216 unter Aufgabe der bisherigen Rechtsprechung; BVerwG NJW 2007, 3223; BFH/NV 2012, 597; BFHE 159, 425; Drüen in Tipke/Kruse VwZG § 5 Tz. 5; zum früheren Recht: App SteuerStud 1991, 333; Späth DStZ 1995, 326 und 6. Auflage mwN). Das ausgefüllte Empfangsbekenntnis dient dem Nachweis des Zeitpunktes, an dem der Empfänger das zuzustellende Dokument erhalten hat und bereit war, es entgegenzunehmen und zu behalten (BFHE 159, 425; BVerwG NVwZ 2006, 943; HmbOVG AuAS 2018, 146; OVG NRW NVwZ 2003, 632). Der Nachweis des Zustellungszeitpunktes, dem das Empfangsbekenntnis dient, kann auch auf andere Weise erbracht werden (BFHE 136, 348; BFH/NV 1987, 103), ebenso des Sendungsinhalts (BFH/NV 2012, 597). Erforderlich ist jedoch immer der Wille des Empfängers, das zugestellte Dokument anzunehmen (BGH NStZ-RR 2005, 77; BVerwG NJW 2007, 3223). Fehlt es hieran, ist die Zustellung unwirksam (BGH NJW 2005, 3216; Drüen in Tipke/Kruse VwZG § 5 Tz. 7 ff.); eine Heilung nach § 8 ist jedoch möglich. Der Nachweis der Zustellung richtet sich nach Abs. 7 S. 1.

Weitergehend nimmt der BFH an: Liegt kein ausgefülltes Empfangsbekenntnis vor, so ist derjenige Tag als Zustellungstag anzusehen, an dem der Empfänger das Schriftstück in Kenntnis der Zustellungsabsicht entgegengenommen hat, weigert der Empfänger sich, an der Klärung dieser Frage mitzuwirken, so ist derjenige Tag maßgebend, an dem das Schriftstück nach dem normalen Verlauf der Dinge in die Hand des Empfängers gelangt ist (BFH/NV 2002, 212; BFH/NV 1987, 103; BFHE 117, 11). Dies soll regelmäßig spätestens am dritten Tag nach Aufgabe zur Post der Fall sein (BFH/NV 2006, 309; BFH/NV 2002, 212).

IV. Zustellungsvermerk

4   Der **Zustellungsvermerk** (§ 5 Abs. 1 S. 4) ist anders als nach früherem Recht auf dem verschlossenen Briefumschlag anzubringen. Fehlt der Vermerk, so ist die Zustellung fehlerhaft; der Mangel ist aber nach § 8 heilbar. Trägt der Empfänger des Schriftstücks auf dem Empfangsbekenntnis irrtümlich ein unzutreffendes Datum ein, kann und muss er es berichtigen, da er die Urkunde so nicht gegen sich gelten lassen darf (BVerwGE 97, 316).

V. Anwendbare Vorschriften

5   Auch für die Zustellung durch die Behörde nach § 5 gelten, wie bei der Zustellung nach § 3, nunmehr die §§ 177 bis 181 ZPO, der Verweisung auf § 182 ZPO bedurfte es nicht, da im Bereich der Behördenzustellung das Empfangsbekenntnis an die Stelle der PZU tritt. Die Sonderregelungen in

§§ 10–13 VwZG 1952 konnten daher aufgehoben werden. Die Regelungen über den Ort der Zustellung, die Ersatzzustellung und die Zustellung bei verweigerter Annahme sind damit vereinheitlicht; zu den nunmehr geltenden Einzelheiten → § 3 Rn. 6 ff.

§ 5 Abs. 2 S. 2 schreibt daneben für die Ersatzzustellung nach §§ 178, 180 und 181 ZPO sowie für die Zustellung bei verweigerter Annahme nach § 179 ZPO vor, bestimmte Vermerke in die Akten aufzunehmen: **6**

– Im Fall der Ersatzzustellung in der Wohnung, in Geschäftsräumen und Einrichtungen nach § 178 ZPO ist der Grund aufzunehmen, der diese Art der Zustellung rechtfertigt (§ 5 Abs. 2 S. 2 Nr. 1).
– § 5 Abs. 2 S. 2 Nr. 2 sieht im Fall der Zustellung bei verweigerter Annahme nach § 179 ZPO die Angaben vor, wer die Annahme verweigert hat, dass das Dokument am Ort der Zustellung zurückgelassen wurde sowie den Zeitpunkt und den Ort der verweigerten Annahme. Im Fall des § 179 S. 2 ZPO ist anzugeben, dass das Dokument an den Absender zurückgesandt wurde.
– in den Fällen der Ersatzzustellung nach den §§ 180 und 181 ZPO sind anzugeben, der Grund der Ersatzzustellung sowie wann und wo das Dokument in einen Briefkasten eingelegt oder sonst niedergelegt und in welcher Weise die Niederlegung schriftlich mitgeteilt wurde (§ 5 Abs. 2 S. 2 Nr. 3).

Abweichend von § 181 Abs. 1 ZPO ist bei der Zustellung durch die Behörde nach § 5 Abs. 2 S. 3 ausschließlich die Behörde, die den Zustellungsauftrag erteilt hat, als Ort der Niederlegung bestimmt. Eine Niederlegung bei der Gemeinde ist nicht mehr vorgesehen. Die Behörde muss in einer für den Zustellungsadressaten zumutbaren Entfernung erreichbar sein. Die **Niederlegung bei der Behörde** kommt danach nur in Betracht, wenn diese Behörde ihren Sitz am Ort der Zustellung oder am Ort des Amtsgerichts hat, in dessen Bezirk der Ort der Zustellung liegt (vgl. § 181 Abs. 1 S. 2 ZPO). Ist das nicht der Fall, ist die Ersatzzustellung durch Niederlegung bei der Behörde nach § 5 Abs. 2 nicht möglich. **7**

VI. Zustellung zur Nachtzeit, an Sonn- und Feiertagen

Die Möglichkeit der Zustellung durch die Behörde wird durch § 5 Abs. 3 beschränkt. Danach bedarf die **Zustellung zur Nachtzeit, an Sonntagen und an allgemeinen Feiertagen** der Erlaubnis des Behördenleiters. Die Erlaubnis kann schriftlich oder elektronisch erteilt werden; die Erlaubnis kann also durch ein Schriftstück, ein elektronisches Dokument mit qualifizierter elektronischer Signatur nach dem Signaturgesetz (§ 3a Abs. 2 VwVfG, § 36a Abs. 2 SGB I, § 87a Abs. 4 AO) oder eine einfache E-Mail erfolgen (vgl. Schlatmann DVBl 2002, 1005). Der Behördenleiter erteilt die Erlaubnis nach pflichtgemäßem Ermessen. Auch ein ständiger Vertreter des Behördenleiters kann handeln. Das Original der Erlaubnis verbleibt in den Akten. Der Zustellungsadressat oder ein Ersatzempfänger erhalten lediglich eine abschriftliche Mitteilung (§ 5 Abs. 3 S. 3). **8**

9 **Nachtzeit** ist nunmehr ganzjährig die Zeit von 21 Uhr bis 6 Uhr. Die Regelung entspricht § 758a Abs. 4 S. 2 ZPO für das Gerichtsverfahren, § 289 Abs. 1 AO verweist auf diese ZPO-Vorschrift.

Eine kurz vor Eintritt der Nachtzeit **begonnene** Zustellungshandlung kann noch beendet werden (glA Drüen in Tipke/Kruse § 5 VwZG Tz. 10; Kugelmüller-Pugh in Gosch VwZG § 5 Rn. 9); ist jedoch ein vor Beginn der Nachtzeit unternommener Zustellungsversuch erfolglos geblieben, so darf nach Beginn der Nachtzeit kein (weiterer) Ersatzempfänger aufgesucht werden.

Der verfassungsrechtlich verbürgte Schutz der **Sonn- und allgemeinen Feiertage** beschränkt ebenfalls die Möglichkeit der Zustellung. Allgemeine, also im ganzen Bundesgebiet geltende, Feiertage sind Neujahrstag, Karfreitag, Ostermontag, 1. Mai, Christi Himmelfahrt, Pfingstmontag, 3. Oktober sowie 1. und 2. Weihnachtsfeiertag. Daneben gelten in den Ländern verschiedene regionale Feiertage, die bei einer Zustellung in der betreffenden Region zu berücksichtigen sind: Heilige Drei Könige (= 6.1.), Fronleichnam (= 2. Donnerstag nach Pfingsten), nur in Augsburg das Friedensfest am 8.8., Reformationstag (= 31.10.), Allerheiligen (= 1.11.) und der Buß- und Bettag.

In diesen Fällen bedarf es daher der Erlaubnis des Behördenleiters.

Eine besondere **Heilungsregelung** enthält § 5 Abs. 3 S. 4: Wird die Annahme nicht verweigert, ist auch eine unter Verstoß gegen die Vorschriften des Abs. 3 zustande gekommene Zustellung wirksam.

VII. Vereinfachte Zustellung

10 Die **vereinfachte Zustellung** (§ 5 IV) ist ausschließlich an den benannten Adressatenkreis möglich: Zum einen an Behörden, Körperschaften, Anstalten und Stiftungen des öffentlichen Rechts, zum anderen an Rechtsanwälte, Patentanwälte, Notare, Steuerberater, Steuerbevollmächtigte, Wirtschaftsprüfer, vereidigte Buchprüfer, Steuerberatungsgesellschaften, Wirtschaftsprüfungsgesellschaften und Buchprüfungsgesellschaften. Gleiches gilt für Verbandsvertreter nach § 73 Abs. 6 S. 3 SGG, auch auf sie kann § 5 Abs. 4 entsprechend angewendet werden (anders hier bis zur 8. Auflage).

An Mitglieder einer Rechtsanwaltskammer, die nicht Rechtsanwalt sind, ist damit – anders als nach bisherigem Recht – eine vereinfachte Zustellung ausgeschlossen; gleiches gilt für Rechtsbeistände (ebenso Schwarz in HHSp VwZG § 5 Rn. 21, Drüen in Tipke/Kruse VwZG § 5 Tz. 3). Auch an beliehene Stellen, die Aufgaben der öffentlichen Verwaltung wahrnehmen, ist eine vereinfachte Zustellung nicht möglich.

Gehört der Zustellungsempfänger zu den in § 5 Abs. 4 genannten Personen oder Stellen, so ist neben der Zustellung mittels einfachem Brief durch Post oder durch einen Behördenbediensteten, auch die Zustellung durch Telefax oder sonst auf elektronischem Wege ohne weiteres möglich, da auch diese Zustellungsform von dem Begriff „auf andere Weise übermittelt" umfasst wird. Die Vorschrift unterstellt, dass der in Abs. 4 genannte Kreis besonders vertrauenswürdiger Zustellungsempfänger, die ein Dokument als zugestellt akzeptieren, wenn es sie als einfacher Brief oder über ein Abholfach erreicht, in gleicher Weise mitwirken, wenn ihnen das Dokument als Telefax übermittelt wird (BFHE 198, 330). Der Zustellungsempfänger kann im Falle des § 5 Abs. 4 das Empfangsbekenntnis auf beliebige Weise abgeben, da das gebräuchliche Formular nicht vom Gesetz gefordert wird (BGH FamRZ 2000, 1565). Die Zustellung durch Übermittlung per Telefax soll nach Sächs-OVG (SächsVBl 2001, 123) die Beifügung eines Empfangsbekenntnisses voraussetzen. Sie erfordert aber keine ausdrückliche Zugangseröffnung für eine etwa im Briefkopf angegebene Telefaxnummer (OVG Bln-Bbg 1.10.2008 – 5 NC 73.08).

VIII. Elektronische Zustellung

Die **elektronische Zustellung** nach § 5 Abs. 5 verbindet zwei Regelungsgehalte: Zum einen ermöglicht § 5 Abs. 5 S. 1 die Zustellung auf elektronischem Wege an jedermann, soweit der Empfänger hierfür einen Zugang eröffnet hat. Nachdem durch das Dritte Gesetz zur Änderung verwaltungsverfahrensrechtlicher Vorschriften vom 21. August 2002 (BGBl. I 3322) eine Rechtsgrundlage für elektronische Kommunikation zwischen Verwaltung und Bürger geschaffen worden ist, wird zur Vermeidung von Medienbrüchen damit auch die wirksame Zustellung elektronischer Dokumente ermöglicht. Ergänzend regelt § 5 Abs. 5 S. 2 eine obligatorische elektronische Zustellung. Diese greift Platz, wenn auf Grund einer Rechtsvorschrift ein Verfahren auf Verlangen des Empfängers in elektronischer Form abgewickelt wird.

Eine **elektronische Zustellung** iSv § 5 Abs. 5 ist gegeben, wenn ein elektronisches Dokument als elektronisches, etwa per E-Mail, übermittelt wird. Anders etwa beim Telefax, bei dem ein Schriftstück elektronisch übermittelt wird. Nicht ausreichend ist die Übermittlung eines als Pdf-Datei eingescannten Schriftstücks (vgl. dazu OVG NRW NvwZ-RR 2015, 923). Die Regelung des § 5 Abs. 5 entspricht im Wesentlichen § 174 Abs. 3 ZPO, der auch für Zustellungen nach der VwGO, FGO und dem SGG gilt (§ 56 Abs. 2 VwGO, § 53 Abs. 2 FGO und § 63 Abs. 2 SGG).

1. Zugangseröffnung

Voraussetzung für die elektronische Zustellung ist, dass der Empfänger einen Zugang eröffnet hat. Der Begriff **„Zugang"** stellt auf die objektiv bestehende technische Kommunikationseinrichtung ab, also zB auf das Vorhandensein eines elektronischen Postfachs. Den individuellen Möglichkeiten wird durch das Erfordernis der „Eröffnung" dieses Zugangs Rechnung getragen. Die Eröffnung des Zugangs erfolgt durch eine entsprechende **Widmung.** Diese kann ausdrücklich oder konkludent erfolgen. Im Einzelfall ist hier die Verkehrsanschauung, die sich mit der Verbreitung elektronischer Kommunikationsmittel fortentwickelt, maßgebend.

Die Vorschrift unterstellt, dass ein Zustellungsempfänger, der einen Zugang für den elektronischen Rechtsverkehr eröffnet, ein elektronisches Dokument als zugestellt akzeptieren und in gleicher Weise mitwirken wird, als wenn ihm das Dokument formell zugestellt würde.

13 Bei einer **Behörde**, einem **Unternehmen** oder einem **Rechtsanwalt**, die auf ihren Briefköpfen im Verkehr mit dem Bürger oder der Verwaltung eine E-Mail-Adresse angeben oder auf ihrer Internetseite einen „Kontakt" einrichten, kann davon ausgegangen werden, dass sie bereit sind, am elektronischen Rechtsverkehr teilzunehmen und Eingänge auf diesem Weg anzunehmen. Sie haben dann auch durch entsprechende organisatorische Maßnahmen sicherzustellen, dass zB E-Mail-Postfächer regelmäßig abgefragt werden. Fehlt es an einem solchen Willen muss dies ausdrücklich erklärt werden, zB durch Hinweise auf dem Briefkopf oder auf der Internetseite.

Beim **Bürger** wird hingegen die bloße Angabe einer E-Mail-Adresse oder der Hinweis auf seine private Internetseite auf seinem Briefkopf heute nach der Verkehrsanschauung noch nicht dahingehend verstanden werden können, dass er damit seine Bereitschaft zum Empfang von rechtlich verbindlichen Erklärungen kundtut. Bei ihm kann in aller Regel von der Eröffnung eines Zugangs nur ausgegangen werden, wenn er dies gegenüber der Behörde oder allgemein ausdrücklich erklärt hat. Für die Beurteilung der Frage, ob der Zugang auch für den Empfang von Dokumenten in elektronischer Form (§ 3a Abs. 2 VwVfG) eröffnet ist, wird die Verkehrsanschauung auch die Verbreitung der hierfür erforderlichen Signaturtechnik zu berücksichtigen haben (vgl. auch Schlatmann DVBl 2002, 1005; App LKV 2007, 314). Dies stellt auch § 7 Abs. 3 De-Mail-Gesetz in der Fassung der Änderungen durch den Innenausschuss des Bundestages klar, wonach die Veröffentlichung der De-Mail-Adresse in einem De-Mail-Nutzerverzeichnis nicht als Zugangseröffnung ausreicht, sondern es hierfür einer ausdrücklichen Erklärung bedarf.

2. Besonderheiten bei obligatorischer elektronischer Zustellung

14 Auch die obligatorische elektronische Zustellung nach § 5 Abs. 5 S. 2 setzt die Eröffnung eines Zugangs voraus. Um die Verpflichtung der Behörde zur elektronischen Verfahrensabwicklung einschließlich der elektronischen Zustellung nach S. 2 zu begründen, muss nach der Vorschrift zusätzlich eine Rechtsvorschrift die elektronische Abwicklung des Verfahrens auf Verlangen des Empfängers vorschreiben. Dieses Verlangen nach elektronischer Verfahrensabwicklung ist formal für die obligatorische elektronische Zustellung eine zusätzliche Voraussetzung neben der Zugangseröffnung (vgl. die Begründung zu § 5 Abs. 5 in BT-Drs. 16/10 844 v. 12.11.2008, 10). Man wird regelmäßig davon ausgehen können, dass der Bürger, der sich für eine elektronische Verfahrensabwicklung entscheidet, mit dem entsprechenden Verlangen und der dafür notwendigen Mitteilung eines elektronischen Zugangs diese Voraussetzungen erfüllt.

3. Qualifizierte elektronische Signatur

15 Für die elektronische Zustellung fordert § 5 Abs. 5 S. 3, abweichend von der Regelung in § 174 Abs. 3 S. 3 ZPO, wonach das Dokument (nur) mit einer elektronischen Signatur zu versehen ist, dass das zuzustellende Dokument mit einer **qualifizierten elektronischen Signatur** zu versehen ist. Der Belegcharakter der Zustellung verlangt einen Grad an Authentizität des

Dokuments, der der schriftlichen Form gleichkommt. Diese Anforderung erfüllt die qualifizierte elektronische Signatur. Dies entspricht auch dem Sicherungsgrad, der von § 3a Abs. 2 S. 2 VwVfG gefordert wird, wenn eine gesetzlich vorgeschriebene Schriftform durch die elektronische Form ersetzt werden soll (ausführlich Schmitz/Schlatmann NVwZ 2002, 1281). Ist das zu übermittelnde Dokument bereits gemäß § 3a Abs. 2 VwVfG mit einer qualifizierten Signatur versehen worden, ist eine weitere Signatur für die Zustellung des Dokumentes nicht erforderlich.

Die Neufassung von § 5 Abs. 5 S. 3 fordert nunmehr bei der elektronischen Übermittlung von Dokumenten zusätzlich ausdrücklich, dass das elektronische Dokument gegen unbefugte Kenntnisnahme Dritter zu schützen ist. Dies entspricht der parallelen Regelung in § 174 Abs. 3 S. 3 ZPO, materiell ergibt sich daraus kein wesentlicher Unterschied zur bisherigen Rechtslage.

4. Weitere formelle Anforderungen

Weitere **formelle Anforderungen** für elektronische Zustellungen regelt der neue § 5 Abs. 6. Die Regelung erfasst die elektronischen Zustellungen nach den Absätzen 4 und 5 gleichermaßen (ebenso Schwarz in HHSp VwZG § 5 Rn. 30). Die Anforderungen orientieren sich dabei an § 174 Abs. 2 S. 2 ZPO. Danach hat die zustellende Behörde die Übermittlung mit dem Hinweis „Zustellung gegen Empfangsbekenntnis" einzuleiten. Ferner müssen Absender und Name und Anschrift des Empfängers sowie der Bedienstete der absendenden Behörde, der das Dokument zur Übermittlung aufgegeben hat, erkennbar sein. Hierdurch soll für den Empfänger des Dokuments leichter erkennbar werden, dass es sich bei der Übermittlung des elektronischen Dokuments um eine förmliche Zustellung der absendenden Behörde handelt. Regelmäßig werden sich die entsprechenden Angaben bereits unmittelbar aus dem Dokument der Behörde ergeben. Fehler oder Unrichtigkeiten machen die Zustellung regelmäßig nicht unwirksam. 16

IX. Nachweis der Zustellung

Der **Nachweis der Zustellung** wird nunmehr durch § 5 Abs. 7 geregelt. Nach S. 1, der die in dem bisherigen § 5 Abs. 4 S. 2 und § 5 Abs. 5 S. 3 getroffenen Regelungen zusammenfasst, genügt auch weiterhin das mit Datum und Unterschrift versehene Empfangsbekenntnis als Nachweis der Zustellung. Klarstellend wird festgehalten, dass das Empfangsbekenntnis postalisch oder elektronisch von dem Empfänger zurückzusenden ist. Elektronisch kann das Empfangsbekenntnis etwa als Telefax übermittelt werden; wird es als elektronisches Dokument erteilt, bedarf es nach § 3a Abs. 2 VwVfG einer qualifizierten Signatur. Inhaltlich ändert sich für den Nachweis der Zustellung nach Abs. 4 und 5 gegenüber S. 1 Hs. 1 nichts. 17

§ 5 Abs. 7 S. 2–6 trifft zudem besondere Regelungen für die obligatorische elektronische Zustellung nach § 5 Abs. 5 S. 1 Hs. 2.
Im Einzelnen gilt Folgendes:

1. Annahmewillen

18 Die wirksame Zustellung nach Abs. 4 und 5 setzt den Willen des Zustellungsadressaten voraus, das in seinen Gewahrsam gelangte Dokument als Zustellung anzunehmen.
Die **vereinfachte Zustellung** nach § 5 Abs. 4 wird wirksam, wenn der Empfänger vom Zugang des zuzustellenden Dokuments Kenntnis erlangt und dieses mit der Bereitschaft annimmt, die Zustellung entgegenzunehmen (BFH DB 1971, 2293; BSG SGb 2010, 87). Wer der Zustellung nach § 5 Abs. 4 nicht sofort widerspricht, vielmehr das übersandte Schriftstück in Kenntnis der Zustellungsabsicht des Absenders entgegennimmt und behält, erklärt sich dadurch mit der Zustellung nach § 5 Abs. 4 einverstanden; ob er die Zustellung damit als wirksam anerkennen wollte, ist für deren Wirksamkeit unerheblich (BFHE 159, 425). Maßgeblich für den Zeitpunkt der **Zustellung eines elektronischen Dokuments** nach § 5 Abs. 4 und 5 ist der des „Empfangs". Dies ist der Zeitpunkt, zu dem der Adressat die erhaltene Datei mit dem Willen, sie als zugestellt gelten zu lassen, entgegengenommen hat. Diesen Zeitpunkt bestätigt der Empfänger im Empfangsbekenntnis.

19 a) **Annahmewillen bei Behörden.** Bei **Behörden** kommt es auf den Zeitpunkt an, in dem ein zeichnungsberechtigter Beamter von dem Zugang des Dokuments Kenntnis erlangt und zur Annahme bereit ist (BSG NJW 1966, 1382; BFHE 97, 57; 125, 18; BVerwG NJW 1980, 2427; 14.5.2020, 2 B 14/19). Ein „zuständiger zeichnungsberechtigter Beamter" i. S. dieser Rspr. ist nicht etwa der Letztbearbeiter, vielmehr kann dies ein ständiger Vertreter des Behördenleiters, der Leiter der Rechtsbehelfsstelle, der Sachgebietsleiter sein. Erforderlich ist aber eine entsprechende Befugnis zur Annahme von Zustellungen. Wird ein zuzustellendes Schriftstück zunächst dem Leiter der Behörde vorgelegt und von diesem dann einem anderen Beamten zur weiteren Bearbeitung zugewiesen, dann ist die Zustellung nach § 5 Abs. 4 schon mit der Kenntnisnahme durch den Behördenleiter erfolgt (BFHE 125, 18, 19). Steht dieser Zeitpunkt nicht fest, dann muss die Behörde gegen sich gelten lassen, dass die Zustellung an dem Tag erfolgt ist, an dem das Dokument nach dem normalen Verlauf der Dinge erstmals in die Hände des Vorstehers gelangt ist; das ist in der Regel der Eingangstag, jedenfalls aber kein späterer als der diesem folgende Arbeitstag (BFHE 125, 18, 20; vgl. aber auch offener BVerwG 14.5.2020, 2 B 14/19).

20 Entsprechend ist eine Zustellung an die Personalvertretung einer Behörde erst dann bewirkt, wenn der Vorsitzende des Personalrats Kenntnis vom Zugang des Dokuments erlangt hat und bereit ist, die Zustellung entgegenzunehmen (BVerwG BayVBl 1996, 156; **aA** für Betriebsrat BAG BB 1976, 510).

21 b) **Annahmewillen bei Rechtsanwalt.** Maßgebend für den Zeitpunkt der Zustellung an einen **Rechtsanwalt** ist nicht der Zugang, sondern der Zeitpunkt, in dem der Zustellungsempfänger bestätigt, dass er das zuzustellende Dokument als zugestellt annimmt (BVerfG NJW 2001, 1563; BGH NJW-RR 2001, 1442; BGH VersR 1990, 1026; BSG NZS 2019, 948; OVG

NRW NJW 2009, 1623; NWVBl 2001, 29; BFH/NV 2007, 1035; BFH/NV 1999, 1475). Dies ist der Tag, an dem er das Empfangsbekenntnis unterzeichnet hat. Der Rechtsanwalt dokumentiert durch seine Unterschrift, dass er das Dokument, auf das sich das Empfangsbekenntnis bezieht, als in seinen Herrschaftsbereich gelangt ansieht und es auch als zugestellt ansehen will (BVerwG Buchholz 340 § 5 VwZG Nr 20; BFH/NV 2007, 1035). Wird das Empfangsbekenntnis bereits am Tag des Eingangs in der Kanzlei von einem Angestellten mit dem Datum dieses Tages gestempelt, erhält der Rechtsanwalt erst an einem späteren Tag davon Kenntnis, unterzeichnet er das Empfangsbekenntnis aber, ohne das Datum zu berichtigen, weil er annimmt, es komme auf den Tag des Eingangs an, so ist Zustellungstag dennoch der Tag, an dem der Rechtsanwalt das zuzustellende Schriftstück persönlich als zugestellt angenommen hat (BVerfG NJW 2001, 1563; BVerwGE 58, 107; OVG NRW NJW 2009, 1623). Hat ein Angestellter der Kanzlei mit dem Eingangsstempel schon ein Datum auf das Empfangsbekenntnis gesetzt, braucht der Rechtsanwalt jedoch nicht eigenhändig nochmals zu datieren, falls er die Zustellung am selben Tag entgegennimmt (BGH NJW 2001, 2722).

Eine Eingangsbestätigung kann als Empfangsbekenntnis auszulegen sein (BGH FamRZ 2001, 1565), insb. wenn der Absender auf dem Dokument ausdrücklich vermerkt hat, dass es zum Zwecke der Zustellung übersandt werde (BGH MDR 1994, 718). **22**

Der Rechtsanwalt kann sich bei der Entgegennahme der Zustellung und Unterzeichnung des Empfangsbekenntnisses nicht durch einen Büroangestellten vertreten lassen (HmbOVG NJW 1999, 965; **aA** BGHZ 67, 10; BFH/NV 1999, 1475 akzeptiert ausdrückliche Ermächtigung). Soll ein Verwaltungsakt dem bestellten Verfahrensbevollmächtigten zugestellt werden und wird das Empfangsbekenntnis von einem anderen Rechtsanwalt unterschrieben, so ist der Verwaltungsakt gegenüber dem bestellten Verfahrensbevollmächtigten jedenfalls dann nicht wirksam zugestellt, wenn dieser dem tatsächlichen Empfänger keine Vollmacht zur Entgegennahme des Verwaltungsaktes erteilt hatte (vgl. BFHE 160, 338). Wurde eine Anwaltssozietät zur Prozessführung bevollmächtigt, ist für den Zeitpunkt der vereinfachten Zustellung aber nicht die Entgegennahme des Dokuments durch den sachbearbeitenden Rechtsanwalt maßgeblich, sondern der Zeitpunkt des Eingangs in der Kanzlei (NdsOVG NJW 2005, 312). **23**

2. Mitteilung

Eine **Mitteilung,** dass die Übersendung zum Zweck der Zustellung geschieht, sieht § 5 Abs. 4 grundsätzlich nicht vor. Das Fehlen eines entsprechenden Vermerks macht die Zustellung an einen Rechtsanwalt nicht unwirksam (BSG NJW 1971, 2248). Das Gleiche muss auch bei der Zustellung an einen anderen in § 5 Abs. 4 genannten Empfänger gelten. Bei der elektronischen Zustellung eines elektronischen Dokuments ist nach § 5 Abs. 6 S. 1 ein entsprechender Hinweis erforderlich, entsprechend dem Sinn und Zweck von § 5 Abs. 4, die Zustellung an vertrauenswürdige Empfänger zu erleichtern, macht ein Fehlen dieses Hinweises die Zustellung nicht unwirksam. **24**

3. Empfangsbekenntnis

25 Nach § 5 Abs. 7 S. 1 VwZG „genügt" das **Empfangsbekenntnis** als Nachweismittel für die Zustellung. Der Nachweis der Zustellung ist regelmäßig durch ein Empfangsbekenntnis zu führen. Das Empfangsbekenntnis kann schriftlich oder elektronisch, also auch durch Telefax, übermittelt werden. Wird das Empfangbekenntnis als elektronisches Dokument erteilt, bedarf es einer qualifizierten Signatur nach dem Signaturgesetz, da für das Empfangsbekenntnis gesetzlich Schriftform angeordnet ist; die qualifizierte Signatur ersetzt in diesem Fall die Unterschrift des Zustellungsempfängers.

Für die Annahme eines Empfangsbekenntnisses gelten die allgemeinen Regeln. Der Nachweis des Zugangs und der willentlichen Entgegennahme des Dokuments kann auch ohne Verwendung des vorgesehenen Formulars auf andere Weise geführt werden.

Das **Empfangsbekenntnis** ist grundsätzlich mit dem vollen Familiennamen zu unterschreiben (BGHZ 57, 160), eine Paraphe soll nicht ausreichen (BGHZ 57, 160, 163; BGH NJW 1995, 533; vgl. auch BGH NJW 2005, 3216). Das soll auch bei einem die Identität des unterzeichnenden Rechtsanwalts nicht ausreichend kennzeichnenden Schriftzug unter dem Empfangsbekenntnis gelten (BGH VersR 1997, 988). Dem ist entgegen zu halten, dass das Empfangsbekenntnis nur dem Nachweis der Zustellung dient, die Zustellung ist auch in diesem Fall wirksam (BVerwG Buchholz 340 § 5 VwZG Nr. 4; ZBR 1979, 146; OVG NRW NVwZ 2003, 632).

Auch das Fehlen des Datums macht die Zustellung nicht unwirksam (BGH NJW 2005, 3216; BVerwG NJW 2007, 3223; NJW 1972, 1435; OVG LSA NJW 1998, 2993; **aA** noch BGH HFR 1987, 271; 6. Auflage).

Das Empfangsbekenntnis kann nachträglich ausgestellt werden (BFHE 102, 457; BSGE 37, 279). Dies gilt auch nach Ablauf der Berufungsfrist, selbst dann noch, wenn dadurch das Rechtsmittel unzulässig wird (BSGE 37, 279; vgl. auch BGHZ 35, 236, 239).

Die Angabe des empfangsberechtigten Rechtsanwalts in Klageschrift oder Wiedereinsetzungsgesuch, ein Bescheid sei an einem bestimmten Tag zugestellt worden, kann als Empfangsbekenntnis iSv § 5 Abs. 7 S. 1 angesehen werden (BVerwG NJW 2007, 3223). Dasselbe muss für die Widerspruchsschrift und sonstige Schriftsätze gelten.

Unterbleibt die Ausfüllung und Zurücksendung eines Empfangsbekenntnisses ganz, so bestehen Zweifel an der erforderlichen Annahmebereitschaft des Zustellungsempfängers (BGH NJW 2005, 3216); jedoch kann Heilung nach § 8 VwZG in Betracht kommen.

4. Zustellungsnachweis

26 Das ausgefüllte Empfangsbekenntnis dient dem Nachweis des Zeitpunktes, an dem der Empfänger vom Zugang des zuzustellenden Schriftstücks Kenntnis erlangt hat und bereit war, das Schriftstück entgegenzunehmen und zu behalten (BGH FamRZ 1997, 736; BFH BStBl 2001 II 156, die indessen den Gegenbeweis zulassen), selbst wenn der Empfänger nicht Einsicht in das zuzustellende Schriftstück genommen hat (OVG MV NVwZ 2002, 113).

Nach BFH/NV 1999, 500 kann ein Prozessbevollmächtigter, der ein Empfangsbekenntnis unter Beifügung eines bestimmten Datums (Samstag) unterzeichnet hat, den Nachweis des Zugangs nicht schon dadurch widerlegen, dass er vorträgt, seine Kanzlei sei an Samstagen nicht besetzt. Im Einzelfall kann ein **Nachweis** dieses Zeitpunktes auch **auf andere Weise** erbracht werden (vgl. BFHE 136, 348; BFH/NV 1987, 103). Dabei kann auch ein paraphiertes und als solches unwirksames Empfangsbekenntnis (s.o. Rn. 3) in die Nachweiswürdigung einbezogen werden (vgl. VG Ansbach 20.4.2020, AN 17 S 20.50098).

Das von einem Zustellungsempfänger nach § 5 Abs. 4 unterschriebene **27** Empfangsbekenntnis begründet vollen Beweis der darin bezeugten Tatsachen, insbesondere den Zustellungszeitpunkt, da es je nach dem eine private oder öffentliche Urkunde iSd §§ 416, 418 ZPO darstellt (vgl. BVerfG NJW 2001, 1563; BVerwG 14.5.2020, 2 B 14/19; BGH NJW 2009, 855; BSG FEVS 61, 513; VG München BayVBl. 2007, 287). Das gilt auch hinsichtlich der Zustellung einer Urteilsausfertigung und eines Urteilsabdrucks, sofern diese unter der Rubrik „Anlagen" im Empfangsbekenntnis aufgeführt waren (BVerwG NJW 1994, 535 und VGH BW Urteil v. 7.4.1994, 3 S 1713/93); ein Beweis der Unrichtigkeit ist nur nach § 98 Abs. 1 VwGO iVm § 418 Abs. 2 ZPO möglich. Es reicht dazu nicht aus, dass nur die **Möglichkeit** eines anderen Geschehensablaufs dargetan wird, selbst wenn diese nahe liegt (BVerwG NJW 1994, 535; Buchholz 303 § 418 ZPO Nr. 14; 14.5.2020, 2 B 14/19). Ist zweifelhaft, wie das Datum lautet, ist für den Beginn der Rechtsbehelfsfrist von dem späteren Datum auszugehen (BGH WM 1991, 2008). Bei nicht ausräumbaren Zweifeln an der Richtigkeit des Empfangsbekenntnisses ist Beweis zu erheben (BGH NJW 2001, 2722). Dabei bedarf es nicht zwingend der Ausfüllung des Empfangsbekenntnisformulars, ausreichend ist auch eine andere Bestätigung der angenommenen Zustellung, etwa durch die Bezugnahme auf die Zustellung in einem rechtsanwaltlichen Schriftsatz (vgl. BSG NZS 2019, 948).

Der BFH nimmt an, eine Zustellung gemäß § 5 Abs. 4 sei auch ohne Ausfüllung eines Empfangsbekenntnisses wirksam, wenn der Empfänger das zuzustellende Schriftstück in Kenntnis der Zustellungsabsicht entgegengenommen hat; dabei sei es unbeachtlich, ob er die Zustellung als wirksam anerkennen wollte oder nicht. Weigere der Empfänger sich, den Tag der Entgegennahme des zuzustellenden Schriftstücks mitzuteilen, so sei derjenige Tag als Zustellungstag anzusehen, an dem das zuzustellende Schriftstück nach dem normalen Verlauf der Dinge erstmals in die Hände des Empfängers gelangt sein konnte (BFHE 159, 425; BFH/NV 2006, 309 geht regelmäßig vom dritten Tag nach Aufgabe zur Post aus).

5. Zustellungsfiktion

Besondere Regeln gelten, wenn das Verfahren auf Verlangen des Emp- **28** fängers elektronisch abgewickelt wird, also im Falle des § 5 Abs. 5 S. 2. Für die Fälle, in denen der Empfänger das Empfangsbekenntnis nicht zurücksendet und dadurch seine Mitwirkung an der Zustellung verweigert, enthält § 5

Abs. 7 S. 2 eine **Zustellungsfiktion.** Danach gilt das Dokument am dritten Tag nach der Absendung an den vom Empfänger hierfür eröffneten, also den mitgeteilten Zugang als zugestellt.

Die Wirkung der Zustellungsfiktion wird durch § 5 Abs. 7 S. 3 bestimmt. Ist das elektronisch übermittelte Dokument nicht oder zu einem späteren Zeitpunkt zugegangen, muss der Empfänger dies **nachweisen.** Die Beweisanforderungen zur Widerlegung der Zustellungsfiktion werden damit gegenüber dem bisherigen Recht angehoben: Für den Nachweis der nicht erfolgten oder der verspäteten Zustellung reicht nur der Vollbeweis seitens des Adressaten aus. Damit übernimmt der Empfänger in Fällen, in denen das Verwaltungsverfahren auf sein Verlangen elektronisch abgewickelt werden muss, die Beweislast für den Nichtzugang oder verspäteten Zugang des elektronischen Dokuments. Auf diese Weise wird der missbräuchlichen Widerlegung der Zustellungsfiktion durch den Empfänger, um das Wirksamwerden eines belastenden Bescheides zu verhindern, entgegengewirkt. Dem liegt die Überlegung zugrunde, dass da der Empfänger auf der elektronischen Verfahrensabwicklung bestanden hat, er von der Zustellungsfiktion auch nicht überrascht werden kann.

29 Als **weitere formelle Anforderung** enthält § 5 Abs. 7 S. 4 zum Schutz des Rechtsunkundigen eine **Belehrungsverpflichtung** der zustellenden Behörde. Diese muss den Empfänger belehren, dass die Zustellungsfiktion eintritt, wenn der Empfänger eine elektronische Verfahrensabwicklung verlangt, aber seine Mitwirkung an der elektronischen Zustellung verweigert; die Belehrungspflicht umfasst auch das Erfordernis des Vollbeweises der nicht erfolgten oder verspäteten Zustellung. Die Belehrung soll mit dazu beitragen, dass der Empfänger vor einem Rechtsverlust geschützt wird, den er bei Versäumung einer Frist erleiden würde. Die Regelung entspricht der Beratungs- und Auskunftsverpflichtung nach § 25 VwVfG. Sofern die Zustellung tatsächlich erfolgt ist, macht ein Verstoß gegen diese Belehrungsverpflichtung die Zustellung nicht unwirksam.

30 Zum Nachweis der Zustellung ist von der absendenden Behörde in den Akten zu vermerken, zu welchem Zeitpunkt und an welchen Zugang das Dokument gesendet wurde (§ 5 Abs. 7 S. 5). Die Formulierung „Nachweis der Zustellung" wurde in Parallele zu dem geltenden § 9 Abs. 3 S. 5 gewählt, um innerhalb des VwZG für vergleichbare Sachverhalte eine einheitliche Begrifflichkeit zu gewährleisten. An diesen **Aktenvermerk** sind keine hohen Anforderungen zu stellen. Die Aufzeichnungspflicht soll der Beweisfähigkeit der Behörde dienen. Bestreitet der Empfänger die Zustellung, begründet der Vermerk vollen Beweis dafür, dass die Behörde das Dokument zu der im Vermerk bezeichneten Zeit und an den dort angegebenen Zugang, an den Empfänger gesendet hat. Die formelle Beweiskraft erstreckt sich dagegen nicht darauf, dass das Dokument zugegangen ist. Ist die Zustellung tatsächlich erfolgt, macht ein Fehlen des Aktenvermerks die Zustellung nicht unwirksam.

31 Zudem ist nach § 5 Abs. 7 S. 6 der Empfänger, der eine elektronische Verfahrensabwicklung verlangt, von dem aber die Behörde kein Empfangsbekenntnis erhalten hat, in geeigneter Form über den Eintritt der Zustellungs-

fiktion zu benachrichtigen. Mit dieser Regelung will der Gesetzgeber erreichen, dass der Empfänger in den Fällen, in denen das elektronisch übermittelte Dokument nicht oder zu einem späteren Zeitpunkt zugegangen ist, noch eine Gelegenheit erhält, den Eintritt der Zustellungsfiktion abzuwenden (vgl. Begründung zu § 5 Abs. 7 in BT-Drs. 16/10 844 v. 12.11.2008, 11). Die Behörde wird bei der Entscheidung, in welcher Form eine **Benachrichtigung** erfolgt, die sichere Information des Empfängers über den Eintritt der Zustellungsfiktion anstreben. Welche Form der Benachrichtigung hierzu geeignet ist, ist je nach den Umständen des konkreten Falles zu entscheiden. Grundsätzlich reicht die formlose postalische oder elektronische Übersendung aus; eine Zustellung ist nicht notwendig. Auch insoweit führt ein Unterlassen der Mitteilung bei erfolgter Zustellung nicht zu deren Unwirksamkeit.

X. Landesrecht

1. § 5 vergleichbare Regelungen

Baden-Württemberg: § 5 LVwZG entspricht § 5 VwZG. 32
Bayern: Mit § 5 VwZG im Wesentlichen übereinstimmend Art. 5 BayVwZVG. Statt des Behördenleiters kann auch dessen Stellvertreter oder ein Beamter mit Befähigung für den höheren Verwaltungsdienst oder für das Richteramt die Erlaubnis nach Art. 5 Abs. 3 BayVwZVG erteilen.
Hamburg: Die Rechtslage entspricht § 5 VwZG, abweichend hiervon kann aber durch Rechtsverordnung statt einer qualifizierten elektronischen Signatur eine andere Form zugelassen werden (§ 1 Abs. 2 HmbVwZG).
Mecklenburg-Vorpommern: § 98 VwVfG M-V entspricht im Wesentlichen § 5 VwZG.
Nordrhein-Westfalen: § 5 LZG NRW entspricht im Wesentlichen § 5 VwZG. Die vereinfachte Zustellung ist auch an Gerichtsvollzieher möglich, weitere Adressaten können durch Rechtsverordnung festgelegt werden. Eine elektronische Zustellung an diesen Adressatenkreis ist aber nur zulässig, soweit der Adressat einen Zugang für elektronische Zustellungen eröffnet hat.
Schleswig-Holstein: Inhaltsgleich § 150 LVwG, § 5 Abs. 3 S. 2 VwZG entspricht § 324 LVwG.
Thüringen: Im Wesentlichen gleich lautend § 5 ThürVwZVG. § 5 Abs. 3 entspricht § 12 ThürVwZVG (→ Rn. 33); § 5 Abs. 5 VwZG ist im Wesentlichen inhaltsgleich mit § 5a ThürVwZVG.

2. Besondere Regelungen für die Behördenzustellung

Die früheren besonderen Regelungen für die Behördenzustellung, wie sie 33 nach dem VwZG 1952 bestanden, sind im Wesentlichen aufgehoben worden.
In **Thüringen** besteht noch die Regelung über die Zustellung zur Nachtzeit fort, die aber im Wesentlichen mit der bundesrechtlichen Rechtslage nach § 5 Abs. 3 VwZG übereinstimmt:

§ 12 Zustellung zur Nachtzeit sowie an Sonn- und Feiertagen

(1) Zur Nachtzeit, an Sonntagen und gesetzlichen Feiertagen darf nur mit schriftlicher oder elektronischer Erlaubnis des Behördenvorstandes oder seines Stellvertreters, bei Landratsämtern auch eines Staatsbeamten mit der Befähigung für den höheren Verwaltungsdienst oder für das Richteramt, zugestellt werden.

(2) Die Nachtzeit umfasst die Stunden von einundzwanzig bis sechs Uhr.

(3) Die Erlaubnis ist bei der Zustellung vorzuzeigen.

(4) Eine Zustellung, bei der diese Bestimmungen nicht beachtet sind, ist gültig, wenn die Annahme nicht verweigert worden ist.

34 Die **Zustellung durch die Behörde** mittels Vorlage der Urschrift ist im Bereich des Bundes aufgehoben worden, da ein praktisches Bedürfnis nicht mehr bestand (vgl. 6. Auflage § 6 Rn. 1); nur noch in Thüringen bestehen entsprechende Regelungen fort:

Thüringen: § 6 ThürVwZVG entspricht im Wesentlichen § 6 VwZG 1952:

„An Behörden, Körperschaften und Anstalten des öffentlichen Rechts kann durch Vorlegung der Urschrift zugestellt werden. Hierbei ist zu vermerken, dass das Schriftstück zum Zwecke der Zustellung vorgelegt wird. Der Empfänger hat auf der Urschrift den Tag des Eingangs zu vermerken."

§ 6 ThürVwZVG entspricht dabei der Regelung bis auf die Erweiterung des Adressatenkreises auf Stiftungen.

§ 5a Elektronische Zustellung gegen Abholbestätigung über De-Mail-Dienste

(1) **Die elektronische Zustellung kann unbeschadet des § 5 Absatz 4 und 5 Satz 1 und 2 durch Übermittlung der nach § 17 des De-Mail-Gesetzes akkreditierten Diensteanbieter gegen Abholbestätigung nach § 5 Absatz 9 des De-Mail-Gesetzes an das De-Mail-Postfach des Empfängers erfolgen. Für die Zustellung nach Satz 1 ist § 5 Absatz 4 und 6 mit der Maßgabe anzuwenden, dass an die Stelle des Empfangsbekenntnisses die Abholbestätigung tritt.**

(2) **Der nach § 17 des De-Mail-Gesetzes akkreditierte Diensteanbieter hat eine Versandbestätigung nach § 5 Absatz 7 des De-Mail-Gesetzes und eine Abholbestätigung nach § 5 Absatz 9 des De-Mail-Gesetzes zu erzeugen. Er hat diese Bestätigungen unverzüglich der absendenden Behörde zu übermitteln.**

(3) **Zum Nachweis der elektronischen Zustellung genügt die Abholbestätigung nach § 5 Absatz 9 des De-Mail-Gesetzes. Für diese gelten § 371 Absatz 1 Satz 2 und § 371a Absatz 3 der Zivilprozessordnung.**

(4) **Ein elektronisches Dokument gilt in den Fällen des § 5 Absatz 5 Satz 2 am dritten Tag nach der Absendung an das De-Mail-Postfach**

des Empfängers als zugestellt, wenn er dieses Postfach als Zugang eröffnet hat und der Behörde nicht spätestens an diesem Tag eine elektronische Abholbestätigung nach § 5 Absatz 9 des De-Mail-Gesetzes zugeht. Satz 1 gilt nicht, wenn der Empfänger nachweist, dass das Dokument nicht oder zu einem späteren Zeitpunkt zugegangen ist. Der Empfänger ist in den Fällen des § 5 Absatz 5 Satz 2 vor der Übermittlung über die Rechtsfolgen nach den Sätzen 1 und 2 zu belehren. Als Nachweis der Zustellung nach Satz 1 dient die Versandbestätigung nach § 5 Absatz 7 des De-Mail-Gesetzes oder ein Vermerk der absendenden Behörde in den Akten, zu welchem Zeitpunkt und an welches De-Mail-Postfach das Dokument gesendet wurde. Der Empfänger ist über den Eintritt der Zustellungsfiktion nach Satz 1 elektronisch zu benachrichtigen.

I. Allgemeines

§ 5a VwZG ist durch das Gesetz zur Regelung von De-Mail-Diensten 1 und zur Änderung weiterer Vorschriften vom 28.4.2011 (BGBl. I 666) in das VwZG eingefügt worden. Die Formulierung ist im parlamentarischen Verfahren unverändert geblieben (vgl. BT-Drs. 17/3630 v. 8.11.2010, BT-Drs. 17/4145 v. 8.12.2011, BT-Drs. 17/4893 v. 23.2.2011).

Die Regelung wurde durch Art. 17 des Gesetzes zur Förderung des elektronischen Rechtsverkehrs mit den Gerichten vom 10.10.2013 (BGBl. I 3786) mit Wirkung zum 1.7.2014 geändert. Dabei wurde lediglich der Verweis auf § 371a Abs. 2 ZPO durch den Verweis auf dessen Abs. 3 redaktionell verändert. Der bisherige Abs. 2 ist im Rahmen des Gesetzgebungsverfahrens zu einem ergänzten Abs. 3 geworden.

§ 5a VwZG ergänzt die bisherigen Möglichkeiten der elektronischen Zustellung nach § 5 Abs. 4 und 5 VwZG. Danach kann die elektronische Zustellung nicht nur im Wege der herkömmlichen E-Mail, sondern auch über De-Mail-Dienste erfolgen. Bei der Zustellung über De-Mail-Dienste wird eine beweissichere elektronische Abholbestätigung eingeführt, die der akkreditierte Diensteanbieter des Empfängers elektronisch erzeugt. Dadurch werden bei der elektronischen Zustellung die Beweismöglichkeiten über den Zugang bzw. die Möglichkeit der Kenntnisnahme erheblich verbessert.

Abs. 1 eröffnet die grundsätzliche Möglichkeit der förmlichen Zustellung 2 von elektronischen Dokumenten im Anwendungsbereich des Verwaltungszustellungsgesetzes durch **Übersendung an das De-Mail-Postfach** des Empfängers. Dies gilt sowohl für die obligatorische als auch für die fakultative elektronische Zustellung nach § 5 Abs. 5 S. 1 VwZG und erfasst auch die Adressaten der vereinfachten Zustellung nach § 5 Abs. 4 VwZG.

Die Verwaltungszustellung über De-Mail-Dienste setzt eine freiwillige Entscheidung des Nutzers voraus. Daher ist weder eine rechtliche noch eine faktische Verpflichtung weder des Senders noch des Empfängers zur Zustellung über De-Mail-Dienste vorgesehen. Dies gilt sowohl für die Anmeldung des Nutzers zum De-Mail-Konto, als auch für die elektronische Zustellung über den De-Mail-Dienst im Einzelfall.

Hinsichtlich der **Zugangseröffnung** im Sinne des § 3a VwVfG, des § 36a SGB I sowie des § 87a AO in Bezug auf ein De-Mail-Postfach bleibt es bei der bereits bekannten Rechtslage (vgl. § 7 Abs. 3 De-Mail-Gesetz; → § 5 Rn. 12 ff.). Die Gesetzesbegründung setzt dabei auf eine herausgebildete Verkehrsanschauung auf: Die Behörde, eine Firma oder ein Rechtsanwalt, die auf ihren Briefköpfen im Verkehr mit dem Bürger oder der Verwaltung eine De-Mail-Adresse angeben, erklären damit konkludent ihre Bereitschaft, Eingänge auf diesem Weg anzunehmen. Sie haben durch organisatorische Maßnahmen sicherzustellen, dass zB De-Mail-Postfächer regelmäßig abgefragt werden. Gegenteiliges müssen sie ausdrücklich erklären, zB durch Hinweise auf dem Briefkopf oder auf ihrer Internetseite. Beim Bürger wird hingegen die bloße Angabe einer De-Mail-Adresse auf seinem Briefkopf noch nicht dahin gehend verstanden werden können, dass er damit seine Bereitschaft zum Empfang von rechtlich verbindlichen Erklärungen kundtut. Hier bedarf es weiterhin einer ausdrücklichen Erklärung.

Nach § 5a Abs. 1 S. 2 VwZG gilt bei der Zustellung über De-Mail-Dienste für die Adressaten der vereinfachten Zustellung § 5 Abs. 4 VwZG mit der Maßgabe, dass an die Stelle des Empfangsbekenntnisses die Abholbestätigung tritt; das Gleiche gilt für die in § 5 Abs. 6 VwZG geregelten formellen Anforderungen an die elektronische Zustellung.

3 § 5a Abs. 2 VwZG verpflichtet den akkreditierten Diensteanbieter, eine elektronische **Abholbestätigung** zu erzeugen und diese der Behörde unverzüglich zu übermitteln. Die Abholbestätigung tritt dann an die Stelle eines Empfangsbekenntnisses und beweist die Zustellung (Drüen in Tipke/Kruse VwZG § 5a Tz. 3). Folgende Voraussetzungen müssen hierfür erfüllt sein: Da die Feststellungen in der elektronischen Abholbestätigung nach Abs. 3 gegenüber dem Richter Bindungswirkung entfalten, handelt der Diensteanbieter bei der Erzeugung der elektronischen Abholbestätigung in Ausübung hoheitlicher Befugnisse. Diese müssen ihm im Wege der Beleihung nach § 5 Abs. 5 S. 2 De-Mail-Gesetz übertragen worden sein. Die Regelung der Pflichten des akkreditierten Diensteanbieters im Rahmen der förmlichen Zustellung nach dieser Vorschrift lehnt sich an die Vorschriften über die Postzustellungsurkunde nach § 182 ZPO an.

Die elektronische Abholbestätigung muss den in § 5 Abs. 9 S. 4 und 5 De-Mail-Gesetz geregelten Anforderungen genügen, um die Zustellung nachweisbar und nachvollziehbar zu machen. Die Abholbestätigung ist danach zur Sicherung ihrer Authentizität und Integrität mit einer qualifizierten elektronischen Signatur zu versehen. Die Abholbestätigung ist vom akkreditierten Diensteanbieter unverzüglich nach ihrer Erzeugung an die absendende Behörde zu übermitteln (§ 5a Abs. 2 S. 2 VwZG). Hiermit wird die sichere Nachweisbarkeit der über das De-Mail-Konto des Empfängers vorgenommenen förmlichen Zustellung durch die Behörde sichergestellt. Die Versandbestätigung erbringt den Nachweis des Versands des zugestellten elektronischen Dokuments für den Absender, besondere Beweiswirkung wird ihr nicht zugesprochen.

Die elektronische Abholbestätigung erbringt den Beweis für die förmliche 4
Zustellung durch die absendende Behörde (§ 5 Abs. 3 S. 1 VwZG). S. 2 stellt
hierzu durch den Verweis auf § 371a Abs. 3 ZPO klar, dass die von einem
akkreditierten Diensteanbieter erstellte elektronische Abholbestätigung die
Beweiskraft einer öffentlichen Urkunde hat. Damit begründet die elektronische Abholbestätigung nach § 418 ZPO vollen Beweis für die in ihr bezeugten Tatsachen, die die Mindestinhalte nach § 5 Abs. 9 S. 4 De-Mail-Gesetz
umfassen müssen. Die Beweiskraft erstreckt sich damit darauf, dass die in
der Abholbestätigung genannte Nachricht im Zeitpunkt des Anmeldens des
Empfängers an seinem De-Mail-Konto im Sinne des § 4 De-Mail-Gesetzes,
was zeitlich nach dem Eingang der Nachricht im De-Mail-Postfach des Empfängers liegen muss (daher wird auch der Zeitpunkt des Einlegens der Nachricht in das Postfach der Abholbestätigung angegeben), diesem zugestellt
worden ist.

§ 5a Abs. 4 VwZG orientiert sich an § 5 Abs. 7 VwZG. Er regelt die Fälle, 5
in denen auf Grund einer Rechtsvorschrift das Verfahren auf Verlangen des
Empfängers elektronisch abgewickelt werden muss und für die Verfahrensabwicklung nur ein Zugang über De-Mail-Dienste eröffnet worden ist. Hier
wie bei § 5 Abs. 7 VwZG gilt, dass das Verlangen nach elektronischer Verfahrensabwicklung als zusätzliche Voraussetzung neben die Zugangseröffnung
(hier: über De-Mail-Dienste) tritt. Wird auf Verlangen des Empfängers das
Verfahren elektronisch – hier über De-Mail-Dienste – abgewickelt, schafft
S. 1 eine Zustellfiktion für die Fälle, in denen der Empfänger sich nicht an
seinem De-Mail-Konto anmeldet, so dass keine Abholbestätigung erzeugt
werden kann, und dadurch seine Mitwirkung an der Zustellung verweigert.

II. Voraussetzungen nach dem De-Mail-Gesetz

Grundlegend für das Zustellungsverfahren nach § 5a VwZG sind die 6
Regelungen des De-Mail-Gesetzes vom 28.4.2011 (BGBl. I 666), das durch
Art. 14 des Gesetzes vom 20.11.2019 (BGBl. I 1626) zuletzt geändert worden
ist. Das Gesetz reiht sich in die Bemühungen ein, für den elektronischen
möglicherweise rechtlich relevanten Geschäftsverkehr geeignete Rahmenbedingungen herzustellen, die eine vergleichbare Vertrauenswürdigkeit gewährleisten wie die auf Papier beruhende Kommunikation. Das De-Mail-Gesetz
will im Kern ermöglichen, rechtssicher im Kommunikationsraum Internet
zu handeln. Dazu setzt es einen verbindlichen Rechtsrahmen für die akkreditierungspflichtigen Diensteanbieter. Hierzu tragen die pflichtigen unter einem
De-Mail-Dienst angebotenen Dienstleistungen bei: Durch das Angebot einer
sicheren Anmeldung kann ein Anscheinsbeweis für das tatsächliche Handeln
eines Nutzers erbracht werden. Ein Postfach- und Versanddienst ermöglicht
eine sichere Zustellung und einen sicheren Empfang. De-Mail-Konten können erst nach einer Identitätsprüfung des Nutzers durch den Diensteanbieter
genutzt werden. Der Diensteanbieter wiederum muss sich akkreditieren lassen.

Im Zusammenhang mit der Zustellung nach § 5a VwZG über einen De- 7
Mail-Dienst sollen hier nur die in diesem Zusammenhang relevanten Aspekte

des § 5 De-Mail-Gesetz „Post- und Versanddienst" betrachtet werden. Mit der Nutzungsmöglichkeit des Postfach- und Versanddienstes ist das Postfach des Nutzers als Empfangsbereich in der Weise zu werten, als durch das Einlegen einer Nachricht in das Postfach durch den akkreditierten Diensteanbieter diese Nachricht in der Regel im Sinne von § 130 BGB als zugegangen gilt. In diesem Moment soll grundsätzlich die Kenntnisnahme durch den Empfänger möglich und nach der Verkehrsanschauung auch zu erwarten sein (BR-Drs. 645/10). Für die Versand- und Abholbestätigung nach § 5 Abs. 7 sowie § 5 Abs. 9 De-Mail-Gesetz gilt folgender Wortlaut:

§ 5 Postfach- und Versanddienst

8 (1)–(6) *(nicht abgedruckt)*

(7) Der akkreditierte Diensteanbieter bestätigt auf Antrag des Senders den Versand einer Nachricht. Die Versandbestätigung muss folgende Angaben enthalten:
1. die De-Mail-Adresse des Absenders und des Empfängers;
2. das Datum und die Uhrzeit des Versands der Nachricht vom De-Mail-Postfach des Senders;
3. den Namen und Vornamen oder die Firma des akkreditierten Diensteanbieters, der die Versandbestätigung erzeugt und
4. die Prüfsumme der zu bestätigenden Nachricht.

Der akkreditierte Diensteanbieter des Senders hat die Versandbestätigung mit einer qualifizierten elektronischen Signatur zu versehen.

(8) *(nicht abgedruckt)*

(9) Eine öffentliche Stelle, welche zur förmlichen Zustellung nach den Vorschriften der Prozessordnungen und der Gesetze, die die Verwaltungszustellung regeln, berechtigt ist, kann eine Abholbestätigung verlangen. Aus der Abholbestätigung ergibt sich, dass sich der Empfänger nach dem Eingang der Nachricht im Postfach an seinem De-Mail-Konto sicher im Sinne des § 4 angemeldet hat. Hierbei wirken der akkreditierte Diensteanbieter der öffentlichen Stelle als Senderin und der akkreditierte Diensteanbieter des Empfängers zusammen. Der akkreditierte Diensteanbieter des Empfängers erzeugt die Abholbestätigung. Die Abholbestätigung muss folgende Angaben enthalten:
1. die De-Mail-Adresse des Absenders und des Empfängers;
2. das Datum und die Uhrzeit des Eingangs der Nachricht im De-Mail-Postfach des Empfängers;
3. das Datum und die Uhrzeit der sicheren Anmeldung des Empfängers an seinem De-Mail-Konto im Sinne des § 4;
4. den Namen und Vornamen oder die Firma des akkreditierten Diensteanbieters, der die Abholbestätigung erzeugt und
5. die Prüfsumme der zu bestätigenden Nachricht.

Der akkreditierte Diensteanbieter des Empfängers hat die Abholbestätigung mit einer qualifizierten elektronischen Signatur zu versehen. Der akkreditierte Diensteanbieter des Empfängers sendet diesem ebenfalls die Abholbestätigung zu. Die in Satz 5 genannten Daten dürfen ausschließlich zum Nachweis der förmlichen Zustellung im Sinne von § 5 Absatz 6 verarbeitet und genutzt werden.

(10)–(11) *nicht abgedruckt*

III. Landesrecht

Baden-Württemberg: Inhaltsgleich § 5a LVwZG. 9
Bayern: Inhaltsgleich Art. 6 BayVwZVG, allerdings verweist Art. 6 BayVwZG noch auf § 371 Abs. 2 ZPO.
Mecklenburg-Vorpommern: Inhaltsgleich § 99 VwVfG MV, allerdings verweist die Norm noch auf § 371 Abs. 2 ZPO.
Nordrhein-Westfalen: Inhaltsgleich § 5a LZG NRW, allerdings verweist die Norm noch auf § 371 Abs. 2 ZPO.
Schleswig-Holstein: Inhaltsgleich § 150a LVwG.
Thüringen: Inhaltsgleich § 5b ThürVwZVG, allerdings verweist die Norm noch auf § 371 Abs. 2 ZPO.

§ 6 Zustellung an gesetzliche Vertreter

(1) **Bei Geschäftsunfähigen oder beschränkt Geschäftsfähigen ist an ihre gesetzlichen Vertretern zuzustellen. Gleiches gilt bei Personen, für die ein Betreuer bestellt ist, soweit der Aufgabenkreis des Betreuers reicht.**

(2) **Bei Behörden wird an den Behördenleiter, bei juristischen Personen, nicht rechtsfähigen Personenvereinigungen und Zweckvermögen an ihre gesetzlichen Vertreter zugestellt. § 34 Abs. 2 der Abgabenordnung bleibt unberührt.**

(3) **Bei mehreren gesetzlichen Vertretern oder Behördenleitern genügt die Zustellung an einen von ihnen.**

(4) **Der zustellende Bedienstete braucht nicht zu prüfen, ob die Anschrift den Vorschriften der Absätze 1 bis 3 entspricht.**

I. Zustellung bei Geschäftsunfähigkeit

Es ist Sache der Behörde, die Person, an die zugestellt werden soll, festzustellen und in der Anschrift genau zu bezeichnen. Die Zustellung an einen Geschäftsunfähigen oder beschränkt Geschäftsfähigen ist grundsätzlich unwirksam, das Schreiben muss daher an den gesetzlichen Vertreter gerichtet sein und an diesen zugestellt werden. Geschäftsunfähigkeit, beschränkte Geschäftsfähigkeit und gesetzliche Vertretung bestimmen sich nach bürgerlichem Recht. Auf die Kenntnis der Behörde vom Mangel der vollen Geschäftsfähigkeit kommt es nicht an; ebenso wenig wie im bürgerlichen gibt es im öffentlichen Recht einen Schutz des guten Glaubens der Behörde an die Geschäftsfähigkeit eines Betroffenen (BVerwG NJW 1994, 2633; VGH BW FamRZ 2011, 1002; BayVGH DÖV 1984, 433, 434). 1

Gesetzliche Vertreter des Minderjährigen sind beide Elternteile (§ 1629 Abs. 1 BGB, der für die Aktivvertretung Gesamtvertretungsbefugnis beider Elternteile anordnet, für die Passivvertretung Einzelvertretungsbefugnis jedes einzelnen Elternteils), soweit nicht vormundschaftsgerichtlich eine andere Regelung getroffen ist. Danach kommt als gesetzlicher Vertreter der Vormund (§ 1793 BGB) und der Pfleger (§§ 1909 ff. BGB) in Betracht. Ist nur einem Elternteil die elterliche Sorge übertragen, ist nur dieser gesetzlicher Vertreter (§ 1629 Abs. 1 S. 3 BGB).

Zustellungsadressat ist der gesetzliche Vertreter, ein entsprechender Hinweis sollte bei der Adressierung erfolgen („als gesetzlichem Vertreter").

Eine weitere Ausnahme sieht § 51 Abs. 5 S. 1 OWiG im Bußgeldverfahren vor, in dem das VwZG im Übrigen anzuwenden ist (§ 51 Abs. 1 OWiG): Ein Bußgeldbescheid ist dem Betroffenen persönlich zuzustellen.

II. Zustellung bei Betreuung

2   Die § 6 Abs. 1 S. 2 entsprechende Regelung des § 7 Abs. 1 S. 2 a F wurde durch das Gesetz zur Reform des Rechts der Vormundschaft und Pflegschaft für Volljährige vom 12.9.1990 eingefügt und gilt seit 1.1.1992. Dieses hat die Vormundschaft über Volljährige und die Gebrechlichkeitspflegschaft durch das Rechtsinstitut der Betreuung ersetzt, das die Geschäftsfähigkeit des Betroffenen nicht beschränkt (§§ 1896 ff. BGB). § 6 Abs. 1 S. 2 trägt dem Rechnung. Soweit der Aufgabenkreis des Betreuers reicht, sind Zustellungen ihm gegenüber vorzunehmen (vgl. BFH/NV 2007, 1630). Soweit die rechtliche Handlungsfähigkeit des Betreuten reicht, ist an diesen selbst als Adressaten zuzustellen (ebenso Drüen in Tipke/Kruse VwZG § 6 Tz. 3).

III. Zustellung an Behörden und juristische Personen

3   **Behördenleiter** iSv § 6 Abs. 2 S. 1 sind die hierzu bestellten Leiter der Behörden. **Gesetzliche Vertreter** sind alle gesetzlich zur Vertretung der Empfänger berufenen Organe, also zB bei einer GmbH der Geschäftsführer (§ 35 Abs. 1 GmbHG). Besteht das Vertretungsorgan aus mehreren Personen, genügt die Zustellung an eine von ihnen (§ 6 Abs. 3), auch im Falle der Gesamtvertretung (Schwarz in HHSp VwZG § 6 Rn. 25). Wirksam zugestellt ist auch dann, wenn der betreffende Vertretungsbefugte nach der internen Geschäftsverteilung für den von dem zugestellten Schriftstück betroffenen Gegenstand nicht zuständig ist; der zustellende Bedienstete soll von der Prüfung der Interna beim Zustellungsempfänger entlastet sein, wie auch ein Erst-recht-Schluss aus § 6 Abs. 4 ergibt. Die interne Weiterleitung des Schriftstücks ist Aufgabe des betreffenden Vertretungsbefugten.

4   In die Anschrift der Sendung braucht lediglich die hinreichend genaue Bezeichnung der Behörde, juristischen Person usw. aufgenommen zu werden; Zusätze, die auf die gesetzliche Vertretung des Zustellungsadressaten hinweisen wie „zu Händen des Behördenleiters", sind entbehrlich (SächsOVG SächsVBl 2001, 33; Schwarz in HHSp VwZG § 6 Rn. 16).

Unberührt bleibt nach § 6 Abs. 2 S. 2 **§ 34 Abs. 2 AO;** die Regelung lautet:

> „Soweit nichtrechtsfähige Personenvereinigungen ohne Geschäftsführer sind, haben die Mitglieder oder Gesellschafter die Pflichten im Sinne des Absatzes 1 zu erfüllen. Die Finanzbehörde kann sich an jedes Mitglied oder jeden Gesellschafter

halten. Für nichtrechtsfähige Vermögensmassen gelten die Sätze 1 und 2 mit der Maßgabe, dass diejenigen, denen das Vermögen zusteht, die steuerlichen Pflichten zu erfüllen haben."

IV. Erleichterung durch Abs. 3

Bei mehreren gesetzlichen Vertretern oder Behördenleitern genügt die Zustellung an einen von ihnen. Einem **Minderjährigen** kann daher ein Verwaltungsakt analog § 1629 Abs. 1 S. 2 Hs. 2 BGB auch dadurch rechtswirksam zugestellt werden, dass die Zustellung nur gegenüber einem der beiden zur gesetzlichen Vertretung befugten Elternteile erfolgt (BFHE 120, 148; BMF BStBl 1991 I 403). Gleichwohl wird es sich empfehlen, sicherheitshalber an beide Eltern zuzustellen (so auch Drüen in Tipke/Kruse VwZG § 6 Tz. 4). 5

V. Heilungsmöglichkeit

Ist an einen **nicht oder beschränkt Geschäftsfähigen** unter Verletzung von § 6 Abs. 1 zugestellt worden, so kommt eine Heilung nach § 8 nicht in Betracht; denn § 8 ist nicht anwendbar, wenn unter Verletzung zwingender Vorschriften über die Bekanntgabe eines Verwaltungsakts an eine andere Person als den Empfangsberechtigten (hier den nicht Geschäftsfähigen statt an den gesetzlichen Vertreter) zugestellt wird (vgl. VGH BW FamRZ 2011, 1002; HmbOVG DVBl 1982, 218; BayVGH DÖV 1984, 433, 434; VG Bremen 19.11.2018 – 4 V 2213/18). Eine zunächst unwirksame Zustellung kann aber sowohl vom gesetzlichen Vertreter als auch vom nachträglich handlungsfähig gewordenen Beteiligten selbst genehmigt werden (BVerwG NJW 1994, 2633; Drüen in Tipke/Kruse VwZG § 6 Tz. 1; Schwarz in HHSp VwZG § 6 Rn. 10 zustimmend für Genehmigung nach Erreichen der Handlungsfähigkeit, ablehnend für Genehmigung durch den gesetzlichen Vertreter, da der Adressat nicht stimme VwZG § 6 Rn. 13; **aA** Kugelmüller-Pugh in Gosch VwZG § 6 Rz. 27). Bei Betreuung lässt VG Düsseldorf (FamRZ 2012, 1672) eine Heilung bei Aufhebung der Betreuung zu. 6

VI. Ordnungsgemäße Adressierung

Aus Abs. 4 ergibt sich, dass für die ordnungsgemäße Adressierung allein diejenige Behörde verantwortlich ist, die die Zustellung veranlasst. 7

VII. Landesrecht

Baden-Württemberg: Im Wesentlichen gleich lautend § 6 LVwZG. Auf eine § 6 Abs. 2 S. 2 entsprechende Regelung konnte verzichtet werden, da die Landesfinanzbehörden ohnehin nach dem VwZG des Bundes zustellen (→ § 1 Rn. 2). 8

Bayern: Art. 7 Abs. 1 BayVwZVG stellt auf die Handlungsfähigkeit iSv Art. 12 BayVwVfG (= § 12 VwVfG) ab; nach § 12 Abs. 1 Nr. 2 VwVfG sind beschränkt Geschäftsfähige handlungsfähig, soweit sie für den Gegenstand des Verfahrens durch Vorschriften des bürgerlichen Rechts als geschäftsfähig oder durch Vorschriften des öffentlichen Rechts als handlungsfähig anerkannt sind. § 6 Abs. 2 S. 1, Abs. 3 und 4 VwZG entsprechen Art. 7 Abs. 2, 3 und 4 BayVwZVG. Auf eine § 6 Abs. 2 S. 2 entsprechende Regelung konnte auch hier verzichtet werden.
Mecklenburg-Vorpommern: Im Wesentlichen inhaltsgleich § 100 VwVfG M-V. § 100 Abs. 1 VwVfG M-V entspricht Art. 7 Abs. 1 S. 1 BayVwZVG. § 100 Abs. 2 S. 2 VwVfG M-V stellt klar, in Fällen, in denen das geltende Recht den Begriff des Leiters nicht verwendet, gilt als solcher das zur Vertretung nach außen berechtigte Organ.
Nordrhein-Westfalen: Gleichlautend § 6 LZG NRW.
Schleswig-Holstein: Inhaltsgleich § 151 LVwG.
Thüringen: Inhaltsgleich § 7 ThürVwZVG.

§ 7 Zustellung an Bevollmächtigte

(1) **Zustellungen können an den allgemeinen oder für bestimmte Angelegenheiten bestellten Bevollmächtigten gerichtet werden. Sie sind an ihn zu richten, wenn er schriftliche Vollmacht vorgelegt hat. Ist ein Bevollmächtigter für mehrere Beteiligte bestellt, so genügt die Zustellung eines Dokuments an ihn für alle Beteiligten.**

(2) **Einem Zustellungsbevollmächtigten mehrerer Beteiligter sind so viele Ausfertigungen oder Abschriften zuzustellen, als Beteiligte vorhanden sind.**

(3) **Auf § 180 Abs. 2 der Abgabenordnung beruhende Regelungen und § 183 der Abgabenordnung bleiben unberührt.**

Übersicht

	Rn.
I. Bevollmächtigung	1
1. Vollmachtserteilung	2
2. Umfang der Vollmacht	3
3. Benennung eines Empfangsbevollmächtigten	4
II. Erfordernis der Zustellung an den Bevollmächtigten	5
1. Zustellungsermessen	6
2. Wegfall des Wahlrechts	7
3. Ermessensfehlgebrauch	8
III. Vertreter mehrerer Beteiligter	9
IV. Verstöße gegen § 7 Abs. 2 VwZG	10
V. Sonderregelungen	11
VI. Landesrecht	13
1. § 7 entsprechende Regelungen des Landesrechts	13
2. Zustellung an mehrere Beteiligte	14

I. Bevollmächtigung

Der Begriff der **Vollmacht** ergibt sich aus dem bürgerlichen Recht 1
(§§ 164 Abs. 1, 166 Abs. 2 BGB); sie ist die durch Rechtsgeschäft erteilte
Vertretungsmacht. Die Benennung eines Bevollmächtigten berechtigt die
Behörde, an diesen zuzustellen.

1. Vollmachtserteilung

Die Vollmacht wird erteilt durch **Erklärung** gegenüber dem zu Bevoll- 2
mächtigenden oder dem Dritten, dem gegenüber die Vertretung stattfinden
soll (§ 167 Abs. 1 BGB). Sie kann grundsätzlich formlos und uU auch konkludent erteilt werden (BGHZ 112, 157; BGH MDR 1991, 48). Zu den
Bevollmächtigten iSv Abs. 1 gehören namentlich Prokuristen (§ 48 HGB)
und Handlungsbevollmächtigte (§ 54 HGB) sowie prozessbevollmächtigte
Rechtsanwälte. Bevollmächtigte können auch juristische Personen wie zB
eine Steuerberatungsgesellschaft sein (BFH/NV 2011, 755; HessVGH VRspr
21, 886), für die dann jedoch eine natürliche Person handeln muss (Kopp/
Ramsauer VwVfG § 14 Rn. 12; SBS VwVfG § 14 Rn. 10); ihre Zurückweisung durch die Behörde richtet sich nach § 14 Abs. 6 S. 1 VwVfG (SächsOVG
SächsVBl. 2000, 290) bzw. nach § 80 Abs. 6 S. 1 AO oder § 13 Abs. 6 S. 1
SGB X. Die Grundsätze über die Anscheinsvollmacht gelten dem Rechtsgedanken nach auch im öffentlichen Recht und damit auch für die Verwaltungszustellung, es sei denn, es ergibt sich aus besonderen Vorschriften des Fachrechts etwas anderes (HessVGH NVwZ 1987, 898; VGH BW NVwZ-RR
1989, 597; VG München 27.8.2018 – M 8 S 18.2849). Zur Anscheinsvollmacht vgl. BFH HFR 1961, 254 und FG Karlsruhe EFG 1960, 470.

2. Umfang der Vollmacht

Die Vollmacht kann allgemein oder aber für bestimmte Angelegenheiten 3
erteilt werden. Sie erlischt nach Maßgabe des zugrunde liegenden Rechtsverhältnisses (§ 168 S. 1 BGB) oder durch Widerruf (§ 168 S. 2 BGB).
Die Vollmacht muss sich wenigstens auch auf das betreffende Verfahren
erstrecken. Eine für ein bestimmtes Verwaltungsverfahren erteilte Vollmacht
schließt nicht automatisch die Vollmacht für ein davon selbstständiges Verwaltungsverfahren (etwa ein Widerrufsverfahren) oder Klageverfahren ein
(BVerwG 5.9.2013, 10 B 16/13 n.v.; VGH BW NVwZ-RR 1994, 384;
BayVGH DÖV 2013, 950; HessVGH DÖV 2017, 832). Ebenso BFH
BStBl 1988 II 242, wonach die Vollmacht zur Erstellung der Steuererklärung
nicht ein sich evtl. anschließendes Rechtsbehelfsverfahren umfasst. Der
Umfang einer Spezialvollmacht ist ggf. durch Auslegung zu ermitteln
(BVerwG NJW 1988, 1612).

3. Benennung eines Empfangsbevollmächtigten

Hat ein Beteiligter **keinen Wohnsitz** oder gewöhnlichen Aufenthalt, Sitz 4
oder Geschäftsleitung **im Inland,** ist er nach § 15 S. 1 VwVfG, § 13 S. 1
SGB X und § 123 S. 1 AO auf Verlangen der Behörde zur Benennung eines

Empfangsbevollmächtigten verpflichtet. Unterlässt er dies, so gilt ein an ihn gerichtetes Schriftstück am 7. Tag (§ 123 S. 1 AO: ein Monat) nach der Aufgabe zur Post als zugegangen, ein elektronisch übermitteltes Dokument, also etwa ein Telefax, am 3. Tag nach der Absendung, es sei denn, dass feststeht, dass ihn das Dokument nicht oder später erreicht hat (§ 15 S. 2 VwVfG, § 123 S. 2 AO). Die Beweislast für den unterbliebenen oder späteren Zugang trifft – anders als im Falle von § 4 Abs. 2 S. 3 VwZG – den Empfänger.

II. Erfordernis der Zustellung an den Bevollmächtigten

5   Im **Verwaltungsverfahren** ist die Zustellung an den Bevollmächtigten teils fakultativ, teils obligatorisch. Es handelt sich um eine Erweiterung der Möglichkeiten der Behörde.

1. Zustellungsermessen

6   Im Regelfall muss die Behörde nach pflichtgemäßem **Ermessen** entscheiden, ob sie dem Beteiligten selbst oder seinem Bevollmächtigten zustellt (BVerwGE 105, 288; BFHE 204, 403; 193, 41; Sadler/Tillmanns-*Olthaus* VwZG § 7 Rn. 4). Diese Ermächtigung gibt ihr aber keine reine Wahlfreiheit; sie erfordert unter dem verfassungsrechtlichen Gesichtspunkt des allgemeinen Gleichheitssatzes (Art. 3 Abs. 1 GG) insbesondere gleiche Entscheidungen bei vergleichbaren Sachverhalten (BGH GRUR 1991, 814). So darf die Behörde den Zustellungsempfänger nicht während des Verfahrens willkürlich wechseln. Hat sie sich bisher ständig an den Bevollmächtigten gewendet, so müssen wichtige, aktenkundig zu machende Gründe für eine unmittelbare Zustellung an den Beteiligten vorliegen (vgl. BFHE 204, 403, BStBl 1954 III 327, BStBl 1965 III 389 und DB 1965, 1311). Die Beachtung des Gleichheitssatzes kann durch Anordnungen oder Allgemeine Verwaltungsvorschriften sichergestellt werden, die im Hinblick auf diese Funktion eine Außenwirkung haben, die derjenigen von eigentlichen Rechtsquellen nahe kommt (vgl. BVerfGE 48, 210, 226; 49, 168, 184; BVerwGE 44, 1, 6; 44, 136, 138; BPatG, GRUR 2008, 364). Allgemein wird die Behörde darauf zu achten haben, dass an einen bestellten Bevollmächtigten auch zugestellt wird, auch wenn keine gesetzliche Pflicht dazu besteht. Die Nichtbeachtung dieses Grundsatzes führt aber auch bei Fehlen eines rechtfertigenden Grundes nicht zur Unwirksamkeit der Zustellung (vgl. auch BFHE 204, 403; 193, 41; NdsOVG NdsRPfl 2008, 114).

Will die Behörde (im fakultativen Bereich) einen Bescheid einem von mehreren Adressaten zugleich als dem Bevollmächtigten der übrigen zustellen, so muss sie dies deutlich zum Ausdruck bringen, damit der Empfänger erkennen kann, die Zustellung in seiner Eigenschaft als Vertreter entgegenzunehmen (VGH BW NVwZ-RR 1989, 593).

Die Behörde muss nach pflichtgemäßem Ermessen entscheiden, ob sie den Verwaltungsakt dem Beteiligten selbst oder seinem Bevollmächtigten zustellt. Die Behörde hat kein Wahlrecht mehr, wenn der Beteiligte ihr ausdrücklich mitgeteilt hat, dass er einen bestimmten Vertreter auch zur Entgegennahme von Verwaltungsakten ermächtige (BFHE 59, 305; 77, 764). Bei der Zustellung von Steuerverwaltungsakten ist dieser Grundsatz bei der nach § 122 Abs. 1 S. 3 AO gebotenen Ermessensausübung zu beachten (BFH/NV 1986, 320; 1988, 274; App DStR 1986, 298).

2. Wegfall des Wahlrechts

Das **Wahlrecht** der Behörde **entfällt,** wenn der Bevollmächtigte eine 7
schriftliche Vollmacht vorgelegt hat (§ 7 Abs. 1 S. 2; BVerwG NJW 1988, 1612; BPatG GRUR 2008, 364; HmbOVG AuAS 2018, 146) und die Vorlage dem die Zustellung veranlassenden Bediensteten bekannt war oder hätte bekannt sein müssen (OVG Bln NVwZ-RR 1989, 510; VGH BW VBlBW 1993, 176). Die Vorlage der schriftlichen Vollmacht kann nur durch Übermittlung des Originals erfüllt werden, ein Telefax oder eine Fotokopie reicht hierfür nicht aus (BVerwG NVwZ 2011, 947; BGHNJW-RR 2002, 933; OVG NRW 21.1.2020, 4 B 1650/19). Ebenso ist der Fall behandelt worden, dass der Beteiligte selbst der Behörde gegenüber seinen Vertreter auch zur Entgegennahme von Zustellungen ermächtigt hat (BFH HFR 1962, 351; BStBl 1965 III 389). Zeigt der Bevollmächtigte seine Vollmacht nur an, ohne sie urkundlich nachzuweisen, so muss die Behörde entweder auf die Vorlage der schriftlichen Vollmacht verzichten oder dem Bevollmächtigten eine Frist für die Vorlage der Vollmacht setzen (SBS VwVfG § 14 Rn. 14). Ohne eine derartige Fristsetzung setzt die Zustellung unmittelbar an den Vertreter die Rechtsbehelfsfrist nicht in Lauf (VGH BW VBlBW 1995, 317). An einen Rechtsanwalt als einem Organ der Rechtspflege (§ 1 BRAO) ist nach Verfahrenseintritt regelmäßig zuzustellen, auch etwa, wenn er sich selbst vertritt (HmbOVG DVBl. 2010, 524). Eine ordnungsmäßige Vollmacht muss erkennen lassen, wer wen und wozu bevollmächtigt hat (BFH NVwZ-RR 1997, 387).

3. Ermessensfehlgebrauch

Hat die Behörde das ihr durch § 7 Abs. 1 S. 1 eingeräumte Ermessen 8
fehlerhaft gebraucht oder entgegen § 7 Abs. 1 S. 2 an den Beteiligten selbst zugestellt, ist die Zustellung unwirksam (vgl. BVerwG NJW 1988, 1612; BFH BStBl 1954 III 327; NdsOVG NJW 2009, 1834; Drüen in Tipke/Kruse VwZG § 7 Tz. 8; Sadler/Tillmanns-*Olthaus* VwZG § 7 Rn. 9). Zur Heilung dieses Mangels → § 8.

III. Vertreter mehrerer Beteiligter

Für einen Vertreter mehrerer Beteiligter enthält § 7 Abs. 1 S. 3 eine Verein- 9
fachungsregelung; diese ist auch dann anzuwenden, wenn neben den Vertretenen der Bevollmächtigte selbst Beteiligter ist. Die Behörde muss in einem solchen Fall jedoch deutlich machen, dass sie an den Adressaten zugleich als Vertreter der übrigen Beteiligten zustellen will, damit für ihn erkennbar wird, dass er das Schriftstück auch in seiner Eigenschaft als Vertreter entgegennimmt

(VGH BW NVwZ-RR 1989, 593). Hierbei sind zwingend so viele Ausfertigungen oder Abschriften zuzustellen, wie Beteiligte vorhanden sind.

IV. Verstöße gegen § 7 Abs. 2 VwZG

10 Nach hM berührt die Verletzung von § 7 Abs. 2 die Wirksamkeit der Zustellung nicht (VGH BW NVwZ-RR 1989, 597, 598; Sadler/Tillmanns-Olthaus VwZG § 7 Rn. 26; Schwarz in HHSp VwZG § 7 Rn. 27: bloße Ordnungsvorschrift). Diese Meinung ist angesichts des klaren Gesetzeswortlauts („sind ... zuzustellen") abzulehnen; die Behörde hat die Folgen ihrer Nachlässigkeit selbst zu vertreten. Allerdings ist auch in diesem Fall eine Heilung nach § 8 möglich (vgl. auch VG Bremen PflR 2016, 125).

V. Sonderregelungen

11 Nach § 7 Abs. 3 bleiben verschiedene **Sonderregelungen der AO** unberührt: § 180 Abs. 2 AO ermächtigt die Bundesregierung durch Rechtsverordnung mit Zustimmung des Bundesrates festzulegen, dass Besteuerungsgrundlagen gesondert und für mehrere Personen einheitlich festgestellt werden können. Hierzu ist die Verordnung über die gesonderte Feststellung von Besteuerungsgrundlagen nach § 180 Abs. 2 der Abgabenordnung vom 19.12.1986 (BGBl. I 2663), zuletzt durch Artikel 4 der Verordnung vom 18.7.2016 (BGBl. I 1722) geändert, ergangen. Diese legt für die am Feststellungsverfahren Beteiligten fest, dass diese einen gemeinsamen Empfangsbevollmächtigten bestellen müssen. Werden gemäß § 179 AO die Besteuerungsgrundlagen durch Feststellungsbescheid gegenüber mehreren Feststellungsbeteiligten (§ 183 Abs. 1 S. 1 AO) einheitlich gesondert festgestellt, so sollen die Feststellungsbeteiligten einen gemeinsamen Empfangsbevollmächtigten bestellen. Ist ein solcher nicht vorhanden, trifft § 183 AO eine eingehende Verfahrensregelung. Nach § 7 Abs. 3 vertreten diese Empfangsbevollmächtigten die Feststellungsbeteiligten auch bei Zustellungen. Zur Heilung bei Zustellungsmängeln im Fall des § 183 AO vgl. auch FG Hamburg EFG 2013, 1630.

Das Landeszustellungsrecht kennt daneben die Zustellung an mehrere Beteiligte (→ Rn. 14).

12 Eine weitere Sonderregelung gilt im **Asylrecht:** Ein Asylbewerber muss Zustellungen an sich persönlich und gegen sich gelten lassen, wenn seinem Bevollmächtigten nicht zugestellt werden kann (§ 10 Abs. 2 S. 1 AsylG). Das gilt vor allem dann, wenn der Bevollmächtigte gem. § 7 Abs. 1 S. 2 VwZG eine schriftliche Vollmacht vorgelegt hat, aber sein Aufenthaltsort unbekannt ist (VG Neustadt NVwZ-Beilage I 9/2000, 110). Anders ist dies bei der Zustellung der Entscheidung im Asylverfahren nach § 31 Abs. 1 S. 4 AsylG, bei ablehnenden Entscheidungen nach § 26a oder § 29 Abs. 1 Nr. 1 AsylG, ist die Entscheidung zusammen mit der Abschiebungsanordnung nach § 34a AsylG dem Ausländer selbst zuzustellen (vgl. dazu auch OVG SH NVwZ-RR 2015, 717).

Heilung von Zustellungsmängeln § 8 VwZG

VI. Landesrecht

1. § 7 entsprechende Regelungen des Landesrechts

Baden-Württemberg: Mit § 7 Abs. 1 S. 2 gleich lautend § 7 LVwZG; 13
eine § 7 Abs. 3 VwZG entsprechende Regelung ist entbehrlich, da die
Finanzbehörden nach dem VwZG des Bundes zustellen.
Bayern: Mit § 7 Abs. 1 und Abs. 2 im Wesentlichen gleich lautend Art. 8
BayVwZVG. Auf § 7 Abs. 3 konnte verzichtet werden, da die Landesfinanzbehörden ohnehin nach dem VwZG des Bundes zustellen.
Mecklenburg-Vorpommern: Mit § 7 gleich lautend § 101 VwVfG M-V.
Nordrhein-Westfalen: Inhaltsgleich mit § 7 Abs. 1 und 2 ist § 7 LZG
NRW; bei elektronischer Übermittlung bedarf es keiner Mehrausfertigungen
(§ 7 Abs. 2 S. 2 LZG NRW).
Schleswig-Holstein: Mit § 7 Abs. 1, 2 inhaltsgleich § 152 LVwG.
Thüringen: Mit § 7 Abs. 1, 2 VwZG gleich lautend § 8 ThürVwZVG.

2. Zustellung an mehrere Beteiligte

Regelungen des Landesrechts über die Zustellung an mehrere Beteiligte: 14
Baden-Württemberg: § 8 LVwZG enthält folgende Sonderregelung für
die Zustellung an mehrere Beteiligte:

„Betrifft ein zusammengefasster Bescheid Ehegatten oder Ehegatten mit ihren
Kindern oder Alleinstehende mit ihren Kindern, so reicht es für die Zustellung an alle
Beteiligten aus, wenn ihnen eine Ausfertigung unter ihrer gemeinsamen Anschrift
zugestellt wird. Der Bescheid ist den Beteiligten jeweils einzeln zuzustellen, soweit
sie dies im Einzelfall beantragt haben. Lebenspartner nach § 1 des Lebenspartnerschaftsgesetzes vom 16. Februar 2001 (BGBl. I S. 266) in der jeweils geltenden
Fassung sind Ehegatten gleichgestellt."

Bayern: Mit § 8 LVwZG BW inhaltsgleich Art. 8a BayVwZVG.
Mecklenburg-Vorpommern: Mit § 8 LVwZG BW inhaltsgleich § 101a
VwVfG M-V.
Thüringen: Mit § 8 LVwZG BW inhaltsgleich § 8a ThürVwZVG.

§ 8 Heilung von Zustellungsmängeln

**Lässt sich die formgerechte Zustellung eines Dokuments nicht
nachweisen oder ist es unter Verletzung zwingender Zustellungsvorschriften zugegangen, gilt es als in dem Zeitpunkt zugestellt, in dem
es dem Empfangsberechtigten tatsächlich zugegangen ist, im Fall des
§ 5 Abs. 5 in dem Zeitpunkt, in dem der Empfänger das Empfangsbekenntnis zurückgesendet hat.**

Übersicht

	Rn.
I. Heilbare Mängel	1
II. Sinn und Anwendung der Vorschrift	2

Schlatmann

		Rn.
	1. Empfangsberechtigte	3
	2. Heilung des Zustellungsmangels	4
III.	Spezialgesetzliche Sonderregelungen	7
IV.	Heilung durch rügelosen Rechtsbehelf	10
V.	Keine Umdeutung gescheiterter Zustellung in Bekanntgabe	11
VI.	Landesrecht	12

I. Heilbare Mängel

1   § 8 regelt die **Heilung von Zustellungsmängeln** bei allen Zustellungsarten; er ist § 189 ZPO nachgebildet und im gleichen Sinne auszulegen (GmS-OGB BVerwGE 51, 378, 380; BFHE 244, 536; BGHZ 14, 11, 14; BGH ZIP 1987, 875). Zustellungsmängel sind zum einen der fehlende Nachweis der formgerechten Zustellung sowie zum anderen die Verletzung zwingender Zustellungsvorschriften. Letzteres sind die Vorschriften des VwZG samt der einbezogenen ZPO-Vorschriften; welche Vorschriften einzuhalten waren, richtet sich nach dem jeweiligen von der Behörde gewählten Zustellungsverfahren. Umstritten ist, ob die Heilung sich nur auf Mängel des Zustellungsvorgangs bezieht (so BGHZ 17, 348, 352; BGH ZIP 1987 S. 876; OVG Bln OVGE 6, 81, 82 f.; BFH/NV 1992, 51; SächsOVG NvwZ-RR 2016, 762; Schwarz in HHSp VwZG § 8 Rn. 12) oder ob sie sich auch auf Mängel erstreckt, die dem zuzustellenden Schriftstück selbst anhaften (BGHZ 15, 142 ff.; BGH NJW 1965, 104; BGH LM ZPO § 170 Nr. 12; BGH Rpfleger 1980, 183; BSGE 34, 211, 215 f.). Die Reichweite der Heilungsmöglichkeit nach der Bedeutung des Schriftstücks für den Empfänger unterschiedlich zu beurteilen (so BGH ZIP 1987, 877), erscheint indes im Hinblick auf die Formstrenge des Zustellungsrechts sehr bedenklich. Man wird darum inhaltliche Fehler des zuzustellenden Schriftstücks für nicht heilungsfähig halten müssen (so auch Schwarz in HHSp VwZG § 8 Rn. 12), zB Fehler in der Benennung der Person, an die sich der Verwaltungsakt richtet (BFH/NV 1992, 51; Klos SteuerStud 1992, 103). Ebenso wenig kommt im Hinblick auf die Formstrenge des Zustellungsrechts für die Schwere und eventuelle Heilbarkeit des Fehlers dem Umstand Bedeutung zu, ob der Fehler der Behörde bekannt und von ihren Bediensteten verschuldet war (OLG Schleswig NJW-RR 2002, 714).

Die Anwendung der Vorschrift setzt voraus, dass die Behörde den Willen hat, eine Zustellung vorzunehmen (BGH NJW 2003, 1192; NJW 2017, 2472; Sadler/Tillmanns-*Olthaus* VwZG § 8 Rn. 9). Ein solcher Zustellungswille ist bereits dann gegeben, wenn die Behörde das zuzustellende Dokument dem Empfänger zuleitet (VGH BW VBlBW 1998, 217).

II. Sinn und Anwendung der Vorschrift

2   Der **Sinn von § 8** liegt darin, dass Verstöße gegen Vorschriften des VwZG dann ohne Rechtsfolgen bleiben sollen, wenn auch ohne ihre Einhaltung der Zweck der Zustellung erreicht worden ist, nämlich der tatsäch-

liche Zugang des zuzustellenden Dokuments beim Zustellungsadressaten. In diesem Fall fingiert § 8 die wirksame Zustellung. Die Anwendung von § 8 setzt voraus, dass die Behörde eine Zustellung vornehmen wollte (BVerwGE 16, 165; VGH BW VBlBW 1988, 143; BGH NJW 2003, 1192), und dass das zuzustellende Dokument so in die Hand des Empfängers gelangt wäre, wie es ihm bei ordnungsmäßiger Zustellung ausgehändigt worden wäre. Auch eine fehlerhafte öffentliche Zustellung kann durch den tatsächlichen Zugang des Dokuments geheilt werden (BFHE 143, 220, 223). Der Empfang des Dokuments, das nicht ordnungsmäßig zugestellt ist, lässt sich mit jedem Beweismittel dartun. Es genügt auch eine schlüssige Handlung des Zustellungsempfängers, etwa die Erhebung eines Ein- oder Widerspruchs gegen den zugestellten Bescheid (vgl. BFH/NV 2007, 1035; BVerwG DÖV 2006, 788; BayVGH NVwZ-RR 2013, 789). Lässt sich der Zugang nachweisen, so gilt das Dokument als zugestellt, auch wenn Zustellungsvorschriften verletzt worden sind.

Besonderheiten gelten im Fall des § 5 Abs. 5 VwZG (→ Rn. 4).

1. Empfangsberechtigte

Empfangsberechtigte sind neben dem Adressaten, d. h. demjenigen, an 3 den die Zustellung nach dem Gesetz zu richten war (BVerwGE 104, 301; BFH NVwZ-RR 2001, 77; HessVGH NJW 2009, 1624), des zuzustellenden Dokuments auch seine gesetzlichen Vertreter und Zustellungsbevollmächtigten (§§ 6, 7), nicht dagegen die in § 178 Abs. 1 ZPO genannten Personen (vgl. VGH BW NVwZ 1987, 511). Ist an eine falsche Person zugestellt oder ein an mehrere Empfänger gerichtetes Dokument nur in einfacher Ausfertigung übergeben worden (vgl. BFH HFR 1961, 117; BPatG GRUR 2008, 364; OVG RhPf DÖV 1974, 714; VGH BW VBlBW 1985, 333; 1986, 183; BayVGH NVwZ 1984, 249; HessVGH NJW 2009, 1624), kommt eine Anwendung von § 8 nicht in Betracht (vgl. aber zu § 183 AO FG Hamburg EFG 2013, 1630). Bei nach der Zustellung aufgehobener Betreuung lässt VG Düsseldorf (FamRZ 2012, 1672 mwN) Heilung zu.

Wird ein an beide Eheleute gerichteter Verwaltungsakt in nur einem Exemplar gemeinsam an „Eheleute X" übersandt, so wird dieser Zustellungsmangel (→ § 2 Rn. 10; aber zur Rechtslage in den Ländern auch → § 7 Rn. 14) nicht durch den erwiesenen Erhalt geheilt (OLG Düsseldorf NWVBl 1988, 28; **aA** Struzina/Kaiser JA 2020, 279 m.w.N.). Das Gleiche gilt, wenn auf der zugestellten Ausfertigung das Siegel der Behörde und die Unterschrift des Urkundsbeamten fehlen (BGHZ 100, 234; vgl. § 2 Rn. 5).

2. Heilung des Zustellungsmangels

Die **Heilung des Zustellungsmangels** erfordert, dass außer der Tatsache 4 des Zugangs auch der Zeitpunkt des Zugangs des zuzustellenden Dokuments erwiesen ist (HessVGH HessVGRspr 1976, 94; BFH BStBl 1994 II 605), hierfür ist jedes Beweismittel geeignet, etwa Zeugen, Urkunden, Handeln des Zustellungsempfängers (Schwarz in HHSp VwZG § 8 Rn. 5). Die

Bezugnahme auf die Zustellung in einem rechtsanwaltlichen Schriftsatz ist kein Fall des § 8, sondern die anderweitige Bestätigung der Zustellung (vgl. BSG NZS 2019, 948 mwN, s. a. § 5 Rn. 27). Ist die Heilung nicht erwiesen, so geht das zu Lasten der Behörde (BSG SGb 1973, 186, 188; OVG NRW GewArch 2007, 489; VGH BW NZV 2018, 150).

Bei der Zustellung eines elektronischen Dokuments nach § 5 Abs. 5 tritt die Heilung in dem Zeitpunkt ein, in welchem der Empfangsberechtigte das Empfangsbekenntnis zurückgesendet hat.

Der Empfangsberechtigte hat das Dokument gem. § 8 erhalten, wenn er es „in die Hand bekommen" hat (BGH NJW 2001, 1946; BSG NJW 2003, 382; NdsOVG RdL 2018, 275) und er die Möglichkeit hatte, von seinem Inhalt Kenntnis zu nehmen. Das Dokument muss ihm übermittelt werden; die bloße Übermittlung des Inhalts durch eine Ersatzperson reicht nicht aus (BVerwGE 104, 301, 314). Ein Unterschied zwischen dem früheren „nachweislich erhalten" und dem nunmehr geltenden „tatsächlich zugegangen" besteht nicht, beide Begriffe sind identisch (vgl. Amtliche Begründung zu § 189 ZPO, BT-Drs. 14/4554, 24 f.).

5 Streitig ist, ob für die Heilung die Aushändigung einer **Fotokopie** des Dokuments ausreichend ist (so BVerwGE 104, 301; BFH BB 2006, 144; BFHE 192, 200; HmbOVG NVwZ 2005, 235; OLG Braunschweig NJW-RR 1996, 380; BremOVG 24.2.2020, 2 B 304/19; Schwarz in HHSp VwZG § 8 Rn. 7; Sadler/Tillmanns-*Olthaus* VwZG § 8 Rn. 7; **aA** BSG NVwZ 1990, 1108; BGHZ 100, 234). Das ist mit § 2 nicht vereinbar; auch weiterhin stellt diese Vorschrift mit dem Erfordernis der Zustellung einer Urschrift, einer Ausfertigung oder einer beglaubigten Abschrift besondere Anforderungen an die Authentizität des zu übergebenden Dokuments (vgl. Amtliche Begründung BT-Drs. 15/5216 zu § 2, 11), dann kann der damit verfolgte Zweck nicht durch die Überlassung einer bloßen Fotokopie erreicht werden (so auch HessVGH NJW 2009, 1624; Bitter NVwZ 1999, 147;). Der BFH (BFH/NV 2009, 195; ebenso BremOVG 24.2.2020, 2 B 304/19) führt an, dass die Heilung durch Aushändigung einer Fotokopie möglich sei, wenn nicht eine förmliche Zustellung, sondern nur schriftliche Bekanntgabe ausreiche. Dies überzeugt nicht ganz, da die Behörde sich in den fraglichen Fällen für die förmliche Zustellung entschieden hat und damit an deren Formstrenge gebunden ist.

6 Bei einer elektronischen Zustellung nach § 5 Abs. 5 VwZG ist die Heilung ausschließlich durch die Rücksendung des Empfangsbekenntnisses möglich, ein anderweitiger Zugang des zugestellten Dokuments lässt die elektronische Zustellung nicht wirksam werden (vgl. VG Ansbach 30.5.2007 – AN 11 K 06.02 455). Für die Annahme eines Empfangsbekenntnisses gelten dabei aber die allgemeinen Regeln (→ § 5 Rn. 25).

III. Spezialgesetzliche Sonderregelungen

7 Verschiedene Bestimmungen in **Spezialgesetzen** fingieren die Wirksamkeit eines tatsächlich fehlgeschlagenen Zustellungsversuches:

In § 10 Abs. 1 AsylG ist bestimmt, dass Asylbewerber während der Dauer **8** des Asylverfahrens Vorsorge zu treffen haben, dass Mitteilungen des Bundesamtes für die Anerkennung von Flüchtlingen, der Ausländerbehörde und des angerufenen Gerichts sie stets erreichen können; sie haben darum jeden Wechsel ihrer Anschrift diesen Stellen unverzüglich anzuzeigen. Bei Stellung des Asylantrages ist der Asylbewerber – zwingend (OVG NRW NVwZ-RR 2001, 409; ThürOVG DVBl 2001, 1012) – schriftlich und gegen Empfangsbekenntnis auf die Zustellungsvorschriften von § 10 AsylG hinzuweisen (§ 10 Abs. 7 AsylG). Dazu gehört, dass in der Aufnahmeeinrichtung für Asylbewerber diese die Zustellungen an die Asylbewerber vorzunehmen hat (§ 10 Abs. 4 S. 1 AsylG), dass die Zeiten für Postausgabe und Postverteilung für jeden Werktag durch Aushang bekannt zu machen sind (§ 10 Abs. 4 S. 2 AsylG) und dass die Asylbewerber sicherzustellen haben, dass ihnen Posteingänge während der vorgeschriebenen Zeiten ausgehändigt werden können (§ 10 Abs. 4 S. 3 AsylG). Die Benachrichtigung gilt, falls das Schriftstück nicht zuvor an den Asylbewerber ausgehändigt werden kann, mit dem dritten Tag, der auch ein Sonntag oder gesetzlicher Feiertag sein kann (OVG LSA NVwZ-Beilage I/2002, 59), nach der Übergabe an die Aufnahmeeinrichtung als bewirkt (§ 10 Abs. 4 S. 4 AsylG). Nicht erforderlich ist, dass die Benachrichtigung in der Heimatsprache des betreffenden Asylbewerbers gehalten war (BVerfG NVwZ-Beilage I/2002, 57).

Ähnlich wird – ohne gesetzliche Grundlage – von der Rechtsprechung **9** die Verletzung der – nunmehr nur noch im Spannungs- oder Verteidigungsfall geltenden (§ 2 WPflG) – Pflichten von Wehrpflichtigen behandelt, gem. § 24 Abs. 6 S. 1 Nr. 1 WPflG der Wehrersatzbehörde Wohnungswechsel anzuzeigen (OVG NRW NVwZ-RR 1988, 57) und gem. § 24 Abs. 6 S. 1 Nr. 2 WPflG Vorsorge zu treffen, dass Mitteilungen der Wehrersatzbehörde sie unverzüglich erreichen (BVerwG NVwZ 1987, 793; BVerwG DÖV 1991, 27).

IV. Heilung durch rügelosen Rechtsbehelf

Die Zustellungsmängel haben auf die Beachtlichkeit der Grundverfügung **10** keinen Einfluss, wenn der Adressat innerhalb eines Monats nach der Bekanntgabe **Widerspruch** – oder den sonst statthaften Rechtsbehelf (Kintz JuS 1997, 1119 mwN) – eingelegt hat, **ohne** den Mangel der Zustellung **zu rügen** (VGH BW NVwZ-RR 1989, 593, 596; BayVGH BayVBl 1971, 390; NVwZ 2013, 526; OVG NRW NVwZ 1995, 395; vgl. auch HessVGH NVwZ 1986, 137), selbst wenn er das zuzustellende Dokument nicht erhalten hat. Die Rechtsbehelfsentscheidung heilt – bei Rechtsbehelfseinlegung unter Rüge des Zustellungsmangels – den Zustellungsmangel zumindest dann nicht, wenn sie den Rechtsbehelf als unzulässig verwirft (BFH BB 1994, 2408) oder wenn sie von der Aufsichtsbehörde erlassen wird, wie regelmäßig der Widerspruchsbescheid im verwaltungsgerichtlichen Vorverfahren, da dem Zustellungsempfänger sonst eine Instanz genommen würde.

V. Keine Umdeutung gescheiterter Zustellung in Bekanntgabe

11 Lassen sich die Mängel einer Zustellung im Rahmen des § 8 nicht heilen, ist die Zustellung endgültig gescheitert. § 8 regelt die Heilungsmöglichkeiten bei Zustellungsmängeln abschließend. Mit der Entscheidung der Behörde für das förmliche Zustellungsverfahren, ist eine Umdeutung der gescheiterten Zustellung in eine schlichte Bekanntgabe nicht mehr möglich (Drüen in Tipke/Kruse VwZG § 8 Tz. 7; Schwarz in HHSp VwZG § 8 Rn. 14, jeweils mwN).

VI. Landesrecht

12 **Baden-Württemberg:** Gleich lautend § 9 LVwZG.
Bayern: Mit § 8 VwZG übereinstimmend Art. 9 BayVwZG.
Mecklenburg-Vorpommern: Gleichlautend § 102 VwVfG M-V.
Nordrhein-Westfalen: Inhaltsgleich § 8 LZG NRW, der aber „nachweislich" statt „tatsächlich" verwendet.
Schleswig-Holstein: Fast gleich lautend § 153 LVwG.
Thüringen: Inhaltsgleich § 9 ThürVwZVG.

§ 9 Zustellung im Ausland

(1) **Eine Zustellung im Ausland erfolgt**
1. durch Einschreiben mit Rückschein, soweit die Zustellung von Dokumenten unmittelbar durch die Post völkerrechtlich zulässig ist,
2. auf Ersuchen der Behörde durch die Behörden des fremden Staates oder durch die zuständige diplomatische oder konsularische Vertretung der Bundesrepublik Deutschland,
3. auf Ersuchen der Behörde durch das Auswärtige Amt an eine Person, die das Recht der Immunität genießt und zu einer Vertretung der Bundesrepublik Deutschland im Ausland gehört, sowie an Familienangehörige einer solchen Person, wenn diese das Recht der Immunität genießen, oder
4. durch Übermittlung elektronischer Dokumente, soweit dies völkerrechtlich zulässig ist.

(2) **Zum Nachweis der Zustellung nach Absatz 1 Nr. 1 genügt der Rückschein. Die Zustellung nach Absatz 1 Nr. 2 und 3 wird durch das Zeugnis der ersuchten Behörde nachgewiesen. Der Nachweis der Zustellung gemäß Absatz 1 Nr. 4 richtet sich nach § 5 Abs. 7 Satz 1 bis 3 und 5 sowie nach § 5a Absatz 3 und 4 Satz 1, 2 und 4.**

(3) **Die Behörde kann bei der Zustellung nach Absatz 1 Nr. 2 und 3 anordnen, dass die Person, an die zugestellt werden soll, innerhalb einer angemessenen Frist einen Zustellungsbevollmächtigten benennt, der im Inland wohnt oder dort einen Geschäftsraum hat. Wird**

kein Zustellungsbevollmächtigter benannt, können spätere Zustellungen bis zur nachträglichen Benennung dadurch bewirkt werden, dass das Dokument unter der Anschrift der Person, an die zugestellt werden soll, zur Post gegeben wird. Das Dokument gilt am siebenten Tag nach Aufgabe zur Post als zugestellt, wenn nicht feststeht, dass es den Empfänger nicht oder zu einem späteren Zeitpunkt erreicht hat. Die Behörde kann eine längere Frist bestimmen. In der Anordnung nach Satz 1 ist auf diese Rechtsfolgen hinzuweisen. Zum Nachweis der Zustellung ist in den Akten zu vermerken, zu welcher Zeit und unter welcher Anschrift das Dokument zur Post gegeben wurde. Ist durch Rechtsvorschrift angeordnet, dass ein Verwaltungsverfahren über eine einheitliche Stelle nach den Vorschriften des Verwaltungsverfahrensgesetzes abgewickelt werden kann, finden die Sätze 1 bis 6 keine Anwendung.

Übersicht

	Rn.
I. Zustellung im Ausland	1
II. Arten der Zustellung im Ausland	2
1. Zustellung durch die Post	3
2. Zustellung durch Behörde des fremden Staates oder diplomatische oder konsularische Vertretung des Bundes	4
3. Zustellung durch das Auswärtige Amt	5
4. Zustellung elektronischer Dokumente	6
III. Erfordernis der Zustellung im Ausland	7
IV. Auswirkungen völkerrechtlicher Vereinbarungen	8
1. Multilaterale Übereinkommen	9
2. Bilaterale Übereinkommen	10
3. Zustellung bei vertraglosem Zustand	11
4. Zustellung durch Schutzmachtvertretung	12
5. Ausnahmsweise öffentliche Zustellung	13
V. Zustellung durch ausländische Behörde	14
VI. Zeitpunkt der Zustellung	15
1. Post	16
2. Internationale Amtshilfe	17
3. Deutsche Vertretung	18
4. Zustellungszeugnis	19
5. Elektronische Zustellung	20
VII. Zustellungszeugnis	21
VIII. Benennung eines Zustellungsbevollmächtigten	22
IX. Ausnahmen von der Regelung in § 9	25
1. Entscheidungen von Sozialversicherungsträgern	25
2. Patentangelegenheiten	26
X. Landesrecht	27

I. Zustellung im Ausland

Für die **Zustellung im Ausland** enthält § 9 eine Sondervorschrift, die – 1 vorbehaltlich des Abs. 3 – die Anwendung der Inlandszustellungsarten ausschließt (LSG BW Breith 1974, 184). Die Regelung von § 9 lehnt sich an die §§ 183, 184 ZPO an.

Die Zustellung an einen im Inland ansässigen Bevollmächtigten eines im Ausland ansässigen Adressaten ist keine Zustellung im Ausland, sondern eine im Inland (BFH NVwZ-RR 2001, 77).

§ 9 Abs. 2 ist als Folgeänderung zur Änderung des § 5 durch Art. 9a des Vierten Gesetzes zur Änderung verwaltungsverfahrensrechtlicher Vorschriften vom 11.12.2008 (BGBl. I 2418) geändert worden.

Durch das Gesetz zur Regelung von De-Mail-Diensten und zur Änderung weiterer Vorschriften vom 28.4.2011 (BGBl. I 666) ist auch § 9 VwZG erneut geändert worden. Durch Änderung von § 9 Abs. 1 Nr. 4 VwZG wird die Zustellung elektronischer Dokumente ins Ausland auch auf die Nutzung von De-Mail-Diensten erweitert. In Abs. 1 Nummer 4 ist hierzu die Angabe „nach § 5 Abs. 5" gestrichen worden, Abs. 2 ist auf die Zustellung nach § 5a erweitert worden. Daneben wird in Abs. 3 klargestellt, dass eine Bestellung eines Zustellungsbevollmächtigten nicht angeordnet werden kann, wenn das Verfahren über einen einheitlichen Ansprechpartner nach §§ 71a ff. VwVfG durchgeführt wird. Die Formulierung ist im parlamentarischen Verfahren auf Grund der Stellungnahme des Bundesrates und der zustimmenden Gegenäußerung der Bundesregierung verändert worden (vgl. BT-Drs. 17/4145 v. 8.12.2011, BT-Drs. 17/4893 v. 23.2.2011).

II. Arten der Zustellung im Ausland

2   § 9 Abs. 1 ermöglicht abschließend vier Formen der Zustellung in das Ausland: Im Rahmen der völkerrechtlichen Zulässigkeit die Übermittlung von Dokumenten per Einschreiben mit Rückschein (Abs. 1 Nr. 1) und elektronisch in der Form des § 5 Abs. 5 VwZG (Abs. 1 Nr. 4); mittels Ersuchen der Behörde zum einen durch die Behörden des fremden Staates und zum anderen durch die zuständige diplomatische oder konsularische Vertretung des Bundes und für deutsches Missionspersonal und dessen Familienangehörige, soweit sie ebenfalls das Recht der Immunität genießen, über das Auswärtige Amt. Auf andere Formen der Zustellung kann nicht zurückgegriffen werden (vgl. Schwarz in HHSp VwZG § 9 Rn. 11), ein Verstoß ist aber nach § 8 heilbar.

1. Zustellung durch die Post

3   § 9 Abs. 1 Nr. 1 regelt – entsprechend § 183 Abs. 1 Nr. 1 ZPO – die Form der Zustellung im Ausland **unmittelbar durch die Post,** soweit dies völkerrechtlich möglich ist. Diese Variante war auch bislang schon anerkannt. Sie ist zur Nachweissicherung auf Einschreiben mit Rückschein beschränkt. Abweichend von der ZPO-Bestimmung ermöglicht die Regelung die Zustellung im Ausland, wenn dies „völkerrechtlich zulässig" ist. Dies umfasst nicht nur völkerrechtliche Übereinkünfte, sondern auch etwaiges Völkergewohnheitsrecht, ausdrückliches nichtvertragliches Einverständnis, aber auch die Tolerierung einer entsprechenden Zustellungspraxis durch den Staat, in

dem zugestellt werden soll (vgl. Ohler/Kruis DÖV 2009, 93). Eine Übersicht der Staaten, die eine solche Zustellung nicht tolerieren, findet sich im AEAO zu § 122 AO Nr. 3.1.4.1 – Stand: 31.1.2014, zuletzt geändert durch BMF-Schreiben vom 27.8.2020).
Die Regelung geht damit über § 183 ZPO hinaus, der völkerrechtliche Vereinbarungen voraussetzt.

2. Zustellung durch Behörde des fremden Staates oder diplomatische oder konsularische Vertretung des Bundes

Die Bestimmungen in Abs. 1 Nr. 2 entsprechen den Regelungen in § 14 Abs. 1 VwZG aF. Sie sind entsprechend § 183 Abs. 1 Nr. 2 ZPO neu formuliert worden. Inhaltlich handelt es sich um zwei verschiedene Zustellungsarten: Zum einen kann die Zustellung durch die **Behörde des fremden Staates** erfolgen. Dies setzt ein Ersuchen um Amtshilfe der deutschen Behörde voraus. Daneben kann die Zustellung auch durch die zuständige **diplomatische oder konsularische Vertretung des Bundes** erfolgen. Auch dabei handelt es sich um eine besondere Form der Amtshilfe. Das Zustellungsersuchen ist dabei unmittelbar an die (örtlich) zuständige deutsche Vertretung zu senden, das Auswärtige Amt braucht dabei nicht eingeschaltet zu werden. Für die Zustellung ist § 16 des Konsulargesetzes maßgeblich, der die Befugnis der Konsularbeamten regelt, an Personen, die sich in ihrem Konsularbezirk aufhalten, auf Ersuchen deutscher Behörden und Gerichte Schriftstücke jeder Art zuzustellen. Über die erfolgte Zustellung haben sie ein Zeugnis aufzunehmen und der ersuchenden Stelle zuzuleiten, das Zeugnis ist öffentliche Urkunde nach § 418 ZPO (BVerwGE 109, 115; HessLSG 1.11.2011 – L 3 U 50/07).

3. Zustellung durch das Auswärtige Amt

Auch die Bestimmung in Abs. 1 Nr. 3 entspricht inhaltlich im Wesentlichen den bisherigen Regelungen nach § 14 Abs. 2 VwZG aF; sie ist entsprechend § 183 Abs. 1 Nr. 3 ZPO neu formuliert und auf Familienangehörige einer Person, die zu einer Vertretung der Bundesrepublik Deutschland gehört, wenn diese Immunität genießen, ausgeweitet. Die Zustellung erfolgt hier über das **Auswärtige Amt.** Hält sich ein Angehöriger dieses Personenkreises vorübergehend – auch privat – im Inland auf, kann an ihn nach den §§ 3 ff. VwZG zugestellt werden (Sadler Sadler/Tillmanns-*Olthaus* VwZG § 9 Rn. 23).

4. Zustellung elektronischer Dokumente

Die völkerrechtliche Zulässigkeit der **Zustellung elektronischer Dokumente** nach Abs. 1 Nr. 4 bestimmt sich entsprechend den Ausführungen zu Abs. 1 Nr. 1. Daneben setzt diese Zustellungsform voraus, dass der Zustellungsadressat einen Zugang für die elektronische Kommunikation eröffnet hat. Schriftformbedürftige Dokumente bedürfen zur elektronischen Form der Verbindung mit einer qualifizierten elektronischen Signatur (§ 3a Abs. 2 VwVfG).

III. Erfordernis der Zustellung im Ausland

7   Ob eine Zustellung an den Empfänger im Ausland erforderlich ist, richtet sich nach den allgemeinen Vorschriften über die Notwendigkeit der Zustellung. Ist eine Zustellung nicht nach deutschem Recht, aber nach den Bestimmungen des betreffenden ausländischen Staates vorgeschrieben, so macht deren Nichtbeachtung die Bekanntgabe nicht unwirksam. Trotzdem empfiehlt sich in jedem Falle die Beachtung der ausländischen Vorschriften, um Schwierigkeiten zu vermeiden, die andernfalls bei der Geltendmachung von Rechtsfolgen im Ausland entstehen können.

Ist die Zustellung außerhalb des Geltungsbereichs des Grundgesetzes unausführbar oder verspricht sie keinen Erfolg, kann durch öffentliche Bekanntmachung zugestellt werden (§ 10 Abs. 1 S. 1 Nr. 2 VwZG).

IV. Auswirkungen völkerrechtlicher Vereinbarungen

8   Das **Zustellungsverfahren** richtet sich im Wesentlichen danach, ob und welche völkerrechtlichen Vereinbarungen mit dem Staat bestehen, in dem zugestellt werden soll.

1. Multilaterale Übereinkommen

9   Als **multilaterales Übereinkommen** ist 1977 das Europäische Übereinkommen über die Zustellung von Schriftstücken in Verwaltungssachen (BGBl. 1981 II 553) geschlossen worden (Text und Erläuterungen in Teil V des Kommentars). Dazu ist das Ausführungsgesetz vom 20.7.1981 (BGBl. I 665) erlassen worden. Das Übereinkommen ist seit 1.1.1983 für die Bundesrepublik Deutschland in Kraft (vgl. Art. 17 EÜZV Rn. 4).

2. Bilaterale Übereinkommen

10   **Zweiseitige Abkommen** sind mit einer Reihe von Staaten geschlossen worden.

Als bilaterales Abkommen im Verwaltungsbereich besteht der Vertrag mit Österreich über Amts- und Rechtshilfe in Verwaltungssachen vom 31.5.1988 (BGBl. 1990 II 357), nach Art. 10 des Vertrages ist für den Regelfall die unmittelbare Zustellung per Post vorgesehen.

Ferner bestehen zweiseitige Abkommen über die Rechtshilfe in Abgabensachen, zT im Rahmen von Doppelbesteuerungsabkommen. Es handelt sich um: Belgien (Art. 27 DBA, BGBl. 1969 II 18), Dänemark (Art. 35 DBA, BGBl. 1996 II 2565), Finnland (RGBl. 1936 II 37; nach Maßgabe Art. 30 Abs. 3 DBA, BGBl. 1981 II 1164), Frankreich (Art. 23 DBA, BGBl. 1961 II 397), Italien (RGBl. 1939 II 124), Luxemburg (Art. 24 DBA, BGBl. 1959 II 1269), Norwegen (Art. 27 DBA, BGBl. 1993 II 970), Niederlande (Art. 2 ZPDBA; BGBl. 1980 II 1150; Art. 9 Amtshilfeabkommen BGBl. 2001 II 2), Österreich (BGBl. 1955 II 834) und Schweden (Art. 35 DBA, BGBl. 1994 II 686). Auf Grund eines Teils dieser Abkommen (zB Art. 4 Abs. 2 des Vertrages zwischen Deutschland und Österreich über Rechtsschutz und Rechtshilfe in

Abgabensachen v. 4.10.1954, BGBl. 1955 II 834) besteht die Möglichkeit, in Abgabensachen Zustellungsersuchen unmittelbar an die zuständigen ausländischen Behörden zu richten. Nach dem AEAO zu § 122 AO Nr. 1.8.4 können an Adressaten im Ausland und deren Bevollmächtigte (BFH BStBl. 2000 II, 334) Steuerverwaltungsakte wegen des Einverständnisses dieser Staaten durch einfachen Brief bekannt gegeben werden; dementsprechend ist davon auszugehen, dass dort auch eine Zustellung durch eingeschriebenen Brief oder elektronische Übermittlung zulässig ist (vgl. auch OFD Münster DB 2008, 496).

Außerhalb des Abgabenrechts ist die unmittelbare Zustellung durch Einschreiben mit Rückschein vorgesehen in Abkommen über Arbeitslosenversicherung mit Griechenland (BGBl. 1962 II 1109, Art. 22), Spanien (BGBl. 1967 II 1945, Art. 21) und Schweden (BGBl. 1977 II 793, Art. 16 S. 3). Das Abkommen mit Jugoslawien (BGBl. 1969 II 1473; Art. 15 S. 3) gilt nunmehr in Bosnien und Herzegowina, Kroatien, Mazedonien, Serbien, Montenegro sowie Slowenien fort.

Ist Zustellung durch Einschreiben zugelassen, so macht die unrichtige Schreibweise der ausländischen Adresse die Zustellung nicht unwirksam, unter der Voraussetzung, dass keine Verwechslungsgefahr besteht; bei Offensichtlichkeit des Fehlers kann dieser von dem Zustellungsbediensteten im Ausland an Ort und Stelle ohne weiteres berichtigt werden (BGH NJW-RR 2001, 1361).

3. Zustellung bei vertraglosem Zustand

In **Ermangelung eines Abkommens,** das ein unmittelbares Zustellungsersuchen an die ausländische Behörde ermöglicht, ist das Zustellungsersuchen auf dem Dienstwege über das Auswärtige Amt der zuständigen konsularischen oder diplomatischen Vertretung des Bundes zuzuleiten, die es der zuständigen ausländischen Behörde übermittelt oder – soweit sie vom Empfangsstaat dazu ermächtigt ist – die Zustellung selbst vornimmt (vgl. dazu auch das die Zustellung ausländischer Dokumente in Deutschland regelnde Rdschr. des BMI v. 27.8.2009 – V II 3–130081/3).

4. Zustellung durch Schutzmachtvertretung

Bestehen zu einem Land keine diplomatischen oder konsularischen Beziehungen, werden die deutschen Interessen aber durch eine **Schutzmachtvertretung** wahrgenommen, so kann das Zustellungsersuchen über das Auswärtige Amt der zuständigen Schutzmachtvertretung zugeleitet werden.

5. Ausnahmsweise öffentliche Zustellung

Werden die deutschen Interessen auch nicht durch eine Schutzmachtvertretung wahrgenommen, ist nach § 10 **öffentlich** zuzustellen. Eine Zustellung durch die Post mittels eingeschriebenen Briefes ist nur nach § 9 Abs. 1 Nr. 1 im Rahmen des Völkerrechts zulässig, zumeist in diesem Fall wohl unzulässig (vgl. BSG NJW 1973, 1064; LSG NRW SGb 1976, 386).

V. Zustellung durch ausländische Behörde

14 Wird die Zustellung **durch eine ausländische Behörde** bewirkt, so wendet diese das für sie geltende Recht an; eine nach deutschem Recht wirksame Zustellung liegt aber nur dann vor, wenn nach den Prinzipien des deutschen Rechts von einer Zustellung gesprochen werden kann (FG Düsseldorf EFG 1961, 86). Soweit die deutsche Auslandsvertretung die Zustellung selbst vornehmen darf und dabei die ausländischen Posteinrichtungen in Anspruch nimmt, muss die Zustellung den Vorschriften des ausländischen Staates gemäß erfolgen (BFH HFR 1963, 463).

VI. Zeitpunkt der Zustellung

15 Der **Zeitpunkt** der Zustellung richtet sich danach, in welcher Form die Zustellung vorgenommen wird.

1. Post

16 Erfolgt die Zustellung unmittelbar durch die Post mittels Einschreiben mit Rückschein, so bestimmt sich der Zeitpunkt nach der Angabe im Rückschein; damit wird sichergestellt, dass die Zustellung durch Übergabe an den Adressaten nach den im Bestimmungsland geltenden Postbestimmungen erfolgt ist. Der Rückschein sichert den Nachweis der Zustellung (§ 9 Abs. 2 S. 1); er hat die Beweiskraft einer Privaturkunde nach § 416 ZPO.

2. Internationale Amtshilfe

17 Wird durch eine ausländische Behörde im Wege der internationalen Amtshilfe zugestellt, so bestimmt der Zeitpunkt der Zustellung sich nach dem angewendeten ausländischen Recht.

3. Deutsche Vertretung

18 Wird das Dokument durch die deutsche Vertretung mit der Post übersandt, so kommt es auf den tatsächlichen Zugang an, der durch den **Rückschein** bewiesen wird. § 4 Abs. 2 VwZG ist nicht anwendbar (so auch Drüen in Tipke/Kruse VwZG § 9 Tz. 15). Die Rechtsbehelfsbelehrung muss dem Rechnung tragen (BFH BStBl 1984 II 84).

4. Zustellungszeugnis

19 Im Übrigen bestimmt sich der Zeitpunkt der Zustellung durch die ersuchte Behörde, die diplomatischen oder konsularischen Vertretungen des Bundes oder das Auswärtige Amt nach dem **Zustellungszeugnis** (§ 9 Abs. 2 S. 2).

5. Elektronische Zustellung

20 Bei der elektronischen Zustellung eines Dokuments ist der durch das Empfangsbekenntnis festgehaltene Zeitpunkt der Zustellung maßgeblich. Das mit

Datum und Unterschrift zu versehende Empfangsbekenntnis kann schriftlich, per Telefax oder durch E-Mail an die Behörde zurückgesendet werden (vgl. Amtliche Begründung zu § 5 V, BT-Drs. 15/5216 S. 13). Wird das Empfangsbekenntnis als elektronisches Dokument erteilt, muss es mit einer qualifizierten Signatur nach dem Signaturgesetz versehen sein, da gesetzlich Schriftform vorgeschrieben ist (§ 3a Abs. 2 VwVfG). Die Anerkennung ausländischer qualifizierter Signaturen bestimmt sich nach § 23 SigG.

Wird das **Verfahren** allerdings auf Wunsch des Zustellungsempfängers **rein elektronisch** geführt, gilt auch hier die Zustellungsfiktion nach § 5 Abs. 7 S. 2; ein elektronisches Dokument gilt dann am dritten Tag nach der Absendung an den vom Empfänger hierfür eröffneten Zugang als zugestellt, wenn der Behörde nicht spätestens an diesem Tag ein Empfangsbekenntnis zugeht. Dies hat insbesondere Bedeutung, wenn der Empfänger eine elektronische Verfahrensabwicklung verlangt, aber seine Mitwirkung daran verweigert. Abweichend vom Recht der Inlandszustellung muss der Empfänger weder vor der Übermittlung über die Rechtsfolgen der Zustellungsfiktion belehrt noch über deren Eintritt unterrichtet werden. Die Behörde hat jedoch zum Nachweis der Zustellung in den Akten zu vermerken, zu welchem Zeitpunkt und an welchen Zugang das Dokument gesendet wurde. 20a

Daneben ist auch die Zustellung über einen akkreditierten **De-Mail-Diensteanbieter** möglich. Der Nachweis bestimmt sich auch in den Fällen der Zustellung ins Ausland nach § 5a Abs. 3 und 4 S. 1, 2 und 4. 20b

VII. Zustellungszeugnis

In den Fällen der Zustellung nach § 9 Abs. 1 Nr. 2 und 3 ist ein Zustellungszeugnis zu erteilen. Das **Zustellungszeugnis** der ersuchten Behörde begründet den vollen Beweis der darin bezeugten Tatsachen; der Gegenbeweis der Unrichtigkeit ist zulässig. Dieses Zeugnis muss zum einen angeben, an wen und in welcher Form das zuzustellende Schriftstück übergeben worden ist (BFH BStBl 1996 II, 301 mwN; BVerwG NJW 2000, 683). Es muss weiter den Nämlichkeitsnachweis erbringen, d. h. die zugestellte Sendung konkretisieren. Aus dem Zustellungszeugnis muss sich das zugestellte Dokument in einer Weise ergeben, dass keine Zweifel an seiner Nämlichkeit bestehen; dazu gehört auch die Angabe des Datums des Dokuments (BFH BStBl 1996 II, 301). Schließlich muss das Zustellungszeugnis Auskunft über den Zeitpunkt der Zustellung geben (BVerwG NJW 2000, 683). 21

Die Bescheinigung eines Konsularbeamten nach § 16 des Konsulargesetzes, ein Schriftstück sei zu einem bestimmten Zeitpunkt einem Empfänger zugestellt worden, enthält die Aussage, das Schriftstück sei zu diesem Zeitpunkt dem Empfänger persönlich ausgehändigt worden; trifft dies allerdings nachweisbar nicht zu, so ist das Zustellungszeugnis unrichtig und die Zustellung damit unwirksam (BVerwG NJW 2000, 683).

Das Zustellungszeugnis ist öffentliche Urkunde nach § 418 ZPO, unabhängig davon ob es sich um eines einer Behörde des ersuchten Staates, einer diplomatischen oder konsularischen Vertretung des Bundes oder eines des Auswärtigen Amtes handelt.

VIII. Benennung eines Zustellungsbevollmächtigten

22 Zur Erleichterung der Zustellung an Personen, die sich im Ausland aufhalten, ermöglicht § 9 Abs. 3 die Bestellung eines Zustellungsbevollmächtigten für die Fälle des Abs. 1 Nr. 2 und 3. Nach § 9 Abs. 3 S. 1 kann die Behörde im Rahmen einer Auslandszustellung anordnen, dass der im Ausland befindliche Adressat einen Zustellungsbevollmächtigten im Inland zu benennen hat. Die Entscheidung, ob eine Anordnung zur Benennung eines Zustellungsbevollmächtigten erfolgen soll, trifft die Behörde nach freiem Ermessen (vgl. dazu FG BW DB 2007, 1112). Diese Möglichkeit scheidet aus, wenn bereits ein Bevollmächtigter mit Zustellungsvollmacht vorhanden ist. Kommt der Zustellungsadressat der Anordnung nicht nach, können spätere Zustellungen durch einfache Aufgabe des Schriftstücks zur Post erfolgen. Auch insoweit hat die Behörde freies Ermessen.

23 Nach § 9 Abs. 3 S. 3 gilt das Dokument am siebenten Tag nach Aufgabe zur Post als zugestellt. Diese Frist wurde an die der gleich gelagerten Fallkonstellation des § 15 Abs. 2 VwVfG angeglichen. Das Dokument ist zur Post aufgegeben, an dem Tag, an dem es bei der Postanstalt eingeliefert oder in den Briefkasten geworfen wird. Die Frist berechnet sich nach den §§ 186–193 BGB. Um besonderen Einzelfällen Rechnung tragen zu können, kann die Behörde die Frist von sieben Tagen auch nach ihrem Ermessen verlängern (§ 9 Abs. 3 S. 4). Bei der Aufgabe des Dokuments zur Post entsprechend § 9 Abs. 3 S. 2 handelt es sich um eine Inlandszustellung (BVerfG NJW 1997, 1772; BGHZ 98, 263). Diese ist somit nicht abhängig von völkerrechtlichen Bestimmungen.

24 Bei der Anordnung nach § 9 Abs. 3 S. 1 muss die Behörde den Zustellungsadressaten auf die für ihn nachteiligen Rechtsfolgen einer unterlassenen Bestellung eines Zustellungsbevollmächtigten hinweisen (§ 9 Abs. 3 S. 5); ein Verstoß gegen diese Verpflichtung macht die erfolgte Zustellung aber nicht unwirksam. Über die Zustellung nach § 9 Abs. 3 S. 2 ist nach § 9 Abs. 3 S. 6 ein Aktenvermerk zu machen. Der Aktenvermerk muss festhalten, zu welcher Zeit und unter welcher Anschrift das Dokument zur Post gegeben wurde. Aufgabe zur Post ist auch hier die Einlieferung bei der Postanstalt. Der Vermerk dient dem Nachweis der erfolgten Zustellung; er ist keine Wirksamkeitsvoraussetzung und kann auch später nachgeholt werden (ähnlich Sadler/Tillmanns-Olthaus VwZG § 9 Rn. 36).

24a Wird ein rein elektronisches Verfahren über einen einheitlichen Ansprechpartner nach § 71a ff. VwVfG auf Wunsch des Zustellungsempfängers geführt, so scheidet eine Anwendung von § 9 Abs. 3 aus, da das Verlangen nach Benennung eines Zustellungsbevollmächtigten für die Zustellung im Ausland dem Sinn und Zweck eines solchen durch die Dienstleistungsrichtlinie vorgegebenen Verfahrens entgegenstehen würde.

IX. Ausnahmen von der Regelung in § 9

1. Entscheidungen von Sozialversicherungsträgern

25 Keine Anwendung findet § 9 auf Entscheidungen von **Sozialversicherungsträgern** auf Grund der VO (EG) Nr. 883/2004 vom 29.4.2004 (ABl.

EU Nr. L 200/1); sie werden in den anderen Mitgliedstaaten nach Art. 77 VO (EG) Nr. 987/2009 vom 16.9.2009 (ABl. EU Nr. L 284/1) zugestellt (so für den früheren Art. 36 EWG-VO Nr. 4 vom 3.12.1958: LSG NRW Breith 1975, 543).

2. Patentangelegenheiten

Nach § 127 Abs. 1 Nr. 2 PatG können Zustellungen an Empfänger im Ausland in Patentangelegenheiten auch durch Aufgabe zur Post durchgeführt werden. **26**

X. Landesrecht

Baden-Württemberg: Im Wesentlichen gleichlautend § 10 LVwZG, eine § 9 Abs. 3 S. 7 VwZG entsprechende Regelung fehlt. **27**
Bayern: Mit § 9 VwZG gleich lautend Art. 14 BayVwZVG.
Mecklenburg-Vorpommern: Im Wesentlichen inhaltsgleich § 107 VwVfG M-V.
Nordrhein-Westfalen: Inhaltsgleich § 9 LZG NRW, § 9 Abs. 2 S. 2 LZG NRW eröffnet darüber hinaus die Zustellung nach § 9 Abs. 1 Nr. 4 LZG NRW (= VwZG) für den Fall, dass der Rückschein bei der Zustellung nach § 9 Abs. 1 Nr. 1 LZG NRW (=VwZG) nicht innerhalb von vier Wochen nach Aufgabe des Einschreibens zur Post eingeht.
Schleswig-Holstein: Inhaltsgleich § 154 LVwG.
Thüringen: Im Wesentlichen inhaltsgleich § 14 ThürVwZVG. Im Fall des § 9 Abs. 3 gilt das Schriftstück erst zwei Wochen nach Aufgabe zur Post als zugestellt.

§ 10 Öffentliche Zustellung

(1) **Die Zustellung kann durch öffentliche Bekanntmachung erfolgen, wenn**
1. **der Aufenthaltsort des Empfängers unbekannt ist und eine Zustellung an einen Vertreter oder Zustellungsbevollmächtigten nicht möglich ist,**
2. **bei juristischen Personen, die zur Anmeldung einer inländischen Geschäftsanschrift zum Handelsregister verpflichtet sind, eine Zustellung weder unter der eingetragenen Anschrift noch unter einer im Handelsregister eingetragenen Anschrift einer für Zustellungen empfangsberechtigten Person oder einer ohne Ermittlungen bekannten anderen inländischen Anschrift möglich ist oder**
3. **sie im Fall des § 9 nicht möglich ist oder keinen Erfolg verspricht. Die Anordnung über die öffentliche Zustellung trifft ein zeichnungsberechtigter Bediensteter.**

(2) **Die öffentliche Zustellung erfolgt durch Bekanntmachung einer Benachrichtigung an der Stelle, die von der Behörde hierfür**

allgemein bestimmt ist, oder durch Veröffentlichung einer Benachrichtigung im Bundesanzeiger. Die Benachrichtigung muss
1. die Behörde, für die zugestellt wird,
2. den Namen und die letzte bekannte Anschrift des Zustellungsadressaten,
3. das Datum und das Aktenzeichen des Dokuments sowie
4. die Stelle, wo das Dokument eingesehen werden kann,
erkennen lassen. Die Benachrichtigung muss den Hinweis enthalten, dass das Dokument öffentlich zugestellt wird und Fristen in Gang gesetzt werden können, nach deren Ablauf Rechtsverluste drohen können. Bei der Zustellung einer Ladung muss die Benachrichtigung den Hinweis enthalten, dass das Dokument eine Ladung zu einem Termin enthält, dessen Versäumung Rechtsnachteile zur Folge haben kann. In den Akten ist zu vermerken, wann und wie die Benachrichtigung bekannt gemacht wurde. Das Dokument gilt als zugestellt, wenn seit dem Tag der Bekanntmachung der Benachrichtigung zwei Wochen vergangen sind.

Übersicht

	Rn.
I. Öffentliche Zustellung	1
II. Subsidiarität der öffentlichen Zustellung	2
III. Voraussetzungen der öffentlichen Zustellung	3
1. Unbekannter Aufenthaltsort	4
2. Missbrauchs- und Bestattungsfälle	6
3. Nicht mögliche Auslandszustellung	7
4. Zeichnung der Anordnung	9
5. Wiedereinsetzung in den vorigen Stand	10
IV. Verfahren der öffentlichen Zustellung	11
1. Benachrichtigung	12
2. Inhalt der Benachrichtigung	13
3. Pflichthinweise in der Benachrichtigung	14
4. Dauer des Aushangs	15
5. Aktenvermerk	17
V. Zeitpunkt der Zustellung	18
VI. Folgen von Mängeln der öffentlichen Zustellung	19
VII. Landesrecht	20

I. Öffentliche Zustellung

1 Die Möglichkeit der öffentlichen Zustellung nach § 10 eröffnet eine besondere Form der Zustellung. Die Zustellung ist hier reine Fiktion, da das öffentlich zugestellte Dokument dem Empfänger regelmäßig inhaltlich nicht bekannt wird.
§ 10 ist durch Art. 6b des Gesetzes zur Modernisierung des GmbH-Rechts und zur Bekämpfung von Missbräuchen (MoMiG) vom 23.10.2008 (BGBl. I 2026, 2036) geändert worden. Die Änderung des § 10 VwZG entspricht der des § 185 ZPO. Ziel ist es, auch im Anwendungsbereich des VwZG einen

Schutz der Behörden gegen Missbrauchsfälle bei GmbHs zu gewährleisten (vgl. BT-Drs. 16/9737 v. 24.6.2008).

Erneut wurde § 10 durch Art. 2 Abs. 2 des Gesetzes zur Änderung von Vorschriften über Verkündung und Bekanntmachungen sowie der Zivilprozessordnung, des Gesetzes betreffend die Einführung der Zivilprozessordnung und der Abgabenordnung vom 22.12.2011 (BGBl. I 3044) geändert. Im Rahmen des Gesetzes wurde der Wortlaut redaktionell an die nunmehr nur noch elektronische Veröffentlichung des Bundesanzeigers angepasst. Die Änderung ist am 1.4.2012 in Kraft getreten.

II. Subsidiarität der öffentlichen Zustellung

Die **öffentliche Zustellung** ist das letzte Mittel der Bekanntgabe und 2 deshalb erst zulässig, wenn alle anderen Möglichkeiten, dem Empfänger das Schriftstück zu übermitteln, erschöpft sind (BFHE 228, 111; 192, 200; 109, 213; BVerwGE 104, 301); anderenfalls verstößt die öffentliche Zustellung gegen Art. 103 Abs. 1 GG (BVerfG NJW 1988, 2361; BGHZ 118, 45). Das öffentlich zugestellte Dokument wird dem Empfänger regelmäßig inhaltlich nicht bekannt, die Zustellung ist hier reine Fiktion. An die Anordnung der öffentlichen Zustellung sind daher strenge Anforderungen zu stellen (BayVGH VGHE 23, 143, 144; LSG BW 9.7.2020, L 7 BA 1487/19 B). Fehler dabei führen unabhängig davon, ob sie der Behörde bekannt und von ihren Bediensteten verschuldet waren, zur Unwirksamkeit der öffentlichen Zustellung (BGH NJW 2007, 303; LSG BW 9.7.2020, L 7 BA 1487/19 B; OLG Schleswig NJW-RR 2002, 714). Eine andere Form der Zustellung in diesem Sinne ist auch die Auslandszustellung gem. § 9, sofern sie Erfolg versprechend ist.

Die Subsidiarität der öffentlichen Bekanntmachung gilt nicht für Planfest- 2a stellungsbeschlüsse in Verfahren, in denen – außer an die Träger des Vorhabens – mehr als 50 Zustellungen vorzunehmen sind (§ 74 Abs. 5 S. 1 VwVfG), wofür allerdings ein von § 10 VwZG abweichendes Verfahren vorgeschrieben ist (§ 74 Abs. 5 S. 2 und 3 VwVfG; dazu Kopp/Ramsauer VwVfG § 74 Rn. 155 ff.). Dasselbe gilt für Verwaltungsakte, die das förmliche Verwaltungsverfahren iSv § 63 VwVfG abschließen, falls mehr als 50 Zustellungen vorzunehmen sind (§ 69 Abs. 2 VwVfG; zum Umfang des Bekannt zu machenden s. Knack/Henneke VwVfG § 69 Rn. 14 ff. und SBS VwVfG § 69 Rn. 19).

III. Voraussetzungen der öffentlichen Zustellung

Die **Voraussetzungen** der öffentlichen Zustellung regelt § 10 Abs. 1: 3

1. Unbekannter Aufenthaltsort

Nach § 10 Abs. 1 Nr. 1 ist die öffentliche Zustellung zulässig, wenn der **Aufenthaltsort** des Zustellungsempfängers **unbekannt** ist. Die Behörde muss sich daher, bevor sie den Weg der öffentlichen Zustellung einschlägt, durch die gebotenen **Ermittlungen** Gewissheit darüber verschaffen, dass der Aufenthaltsort des Zustellungsempfängers nicht nur ihr, sondern allgemein unbekannt ist (BVerfG NJW 1988, 2361; BFHE 192, 200; BVerwGE 104, 301; OLG Frankfurt NJW 2009, 2543). Die Behörde muss sich nach sorgfältiger Prüfung davon überzeugt haben, dass die übrigen Zustellungsarten nicht zum Erfolg führen (BFHE 228, 111; BFH/NV 2005, 998; VGH BW NVwZ 1991, 1195). Den Anforderungen an die Prüfungspflicht wird die Behörde in aller Regel gerecht, wenn sie versucht, die Anschrift durch die Polizei bzw. das Einwohnermeldeamt zu ermitteln (BFH/NV 2001, 802; 1986, 576; HessFG EFG 2012, 1176); die Bescheinigung der zuständigen Meldestelle, dass der Aufenthaltsort unbekannt ist, ist das Mindesterfordernis der öffentlichen Zustellung. Je nach den Umständen des Falles kommen weitere Ermittlungsmaßnahmen, wie etwa Nachforschungen bei anderen Einrichtungen (BFH/NV 2011, 1376) oder die Befragung von Personen, wie Angehörigen und Nachbarn in Betracht (VG Stuttgart InfAuslR 1998, 182; LG Mönchengladbach Rpfleger 2007, 36). Von auskunftspflichtigen Privatpersonen muss die Behörde Auskünfte zu erhalten versuchen (BVerwGE 104, 301). Von diesen Anforderungen kann bei Fällen der „Auslandsflucht" abgesehen werden, wenn etwa der Adressat selbst erklärt hat, keinen gewöhnlichen Aufenthaltsort zu haben, und zudem mit Haftbefehl vergeblich polizeilich gesucht wird (OLG Hamm FamRZ 1998, 172) oder der Zustellungsempfänger seinen Aufenthaltsort verheimlicht, etwa eine Scheinadresse oder gar keine Adresse angibt (BFHE 228, 111; BFH/NV 2005, 998; 2007, 2310; FG Münster EFG 1999, 1060; Sadler/Tillmanns-*Olthaus* VwZG § 10 Rn. 12).

4   Die **Anordnung** der Zustellung durch öffentliche Bekanntmachung, weil der Aufenthalt des Empfängers unbekannt ist (§ 10 Abs. 1 Nr. 1), ist idR erst zulässig, wenn ein Versuch der Zustellung an die letzte bekannte Anschrift erfolglos geblieben ist; auf einen solchen Zustellungsversuch kann nur verzichtet werden, wenn mit an Sicherheit grenzender Wahrscheinlichkeit feststeht, dass er erfolglos bleiben wird (BFHE 192, 200; BayVGH VGHE 23, 143; LSG BW 9.7.2020, L 7 BA 1487/19 B). Dies ist nicht schon dann der Fall, wenn der Betroffene in einer existierenden Straße eine nicht existierende Nummer angegeben hat (das kann auf Versehen beruhen); wenn ein „Einschreiben mit Rückschein" in anderer Sache mit dem Vermerk „Nicht abgefordert, Lagerfrist abgelaufen" zurückgekommen ist; wenn der Betroffene mitgeteilt hat, er halte sich nicht in Deutschland auf, sondern komme nur gelegentlich für kurze Zeit hierher, wohne nicht an der angegebenen Adresse, sondern bekomme nur gelegentlich Post (BayVGH VGHE 23, 143). Gegebenenfalls bekannte Mobilfunknummern oder E-Mail-Adressen sind für die Aufenthaltsermittlung heranzuziehen (OLG Frankfurt NJW 2009, 2543).

5   Liegt zwischen den letzten Ermittlungsbemühungen und der Anordnung der öffentlichen Zustellung ein längerer Zeitraum, so muss die Behörde vor Anordnung der öffentlichen Zustellung erneut Nachforschungen anstellen, weil in der Zwischenzeit Änderungen eingetreten und erneute Nachforschungen Erfolg versprechend sein könnten (BVerwG Buchholz 34.0, § 15 VwZG Nr. 2; im Entscheidungsfall 7 Monate Zeitdifferenz).

Weitere Voraussetzung ist, dass eine Zustellung an einen Vertreter oder Zustellungsbevollmächtigten nicht möglich ist. Dies ist etwa der Fall, wenn dessen Aufenthaltsort ebenfalls unbekannt ist (BFH/NV 2007, 2310). Zustellungsbevollmächtigte können auch Familienangehörige sein, bei diesen setzt dies aber, auch wenn sie in der zuletzt bekannten Wohnung des Zustellungsempfängers aufhältig sind, eine entsprechende Bevollmächtigung voraus (BayVGH 12.3.2019 – 10 ZB 18.2371).

2. Missbrauchs- und Bestattungsfälle

§ 10 Abs. 1 Nr. 2 erleichtert öffentliche Zustellungen an Gesellschaften, die ihre Geschäftsräume geschlossen haben und die postalisch nicht erreichbar sind (typische Konstellation in den sog. Missbrauchs- und Bestattungsfällen). Betroffene juristische Personen sind die GmbH, die Aktiengesellschaft und vergleichbare Auslandsgesellschaften mit inländischer Zweigniederlassung sowie die SE. Diese unterliegen auf Grund ihrer Kaufmannseigenschaft erhöhten rechtlichen Pflichten und Obliegenheiten. Hierzu gehört nunmehr auch, ihre Erreichbarkeit sicherzustellen. Andernfalls droht ihnen die öffentliche Zustellung, die im Übrigen aber Ultima Ratio bleibt.

Die öffentliche Zustellung erfordert lediglich folgende Schritte vorab: Zunächst ist den Vertretern der Gesellschaft (→ § 6) unter der eingetragenen Geschäftsanschrift zuzustellen. Die Geschäftsanschrift ist durch die Öffentlichkeit des Handelsregisters ohne weiteres zu ermitteln. Bleibt ein solcher Zustellversuch erfolglos, weil etwa unter der eingetragenen Anschrift kein Geschäftslokal vorhanden ist, so ist zunächst eine Zustellung an eine eintragungsfähige weitere Empfangsperson nach § 10 Abs. 2 S. 2 GmbHG, § 13e Abs. 2 S. 4 HGB oder § 39 Abs. 1 S. 2 AktG durchzuführen. Bleibt auch ein solcher Zustellversuch erfolglos oder ist eine solche Person nicht eingetragen und ist ohne Ermittlungen auch keine andere inländische Anschrift bekannt, so ist die öffentliche Zustellung ohne weitere Zwischenschritte möglich. Eine Ermittlung anderer Anschriften, etwa im Ausland, ist nicht erforderlich, da nur Anschriften für den Versuch der Zustellung zu berücksichtigen sind, die sich unmittelbar aus dem Handelsregister ergeben. Die öffentliche Zustellung nach § 10 Abs. 1 S. 1 Nr. 2 kann nicht mit Hinweis auf eine mögliche Auslandszustellung nach § 10 Abs. 1 S. 1 Nr. 3 abgewiesen werden, da beide Möglichkeiten selbstständig nebeneinander stehen (vgl. auch Begründung im RegE zu § 185 ZPO – BT-Drs. 16/6140 S. 53).

3. Nicht mögliche Auslandszustellung

Die öffentliche Zustellung ist weiter eröffnet, wenn die **Auslandszustellung** gem. § 9 nicht möglich ist oder keinen Erfolg verspricht (§ 10 Abs. 1 S. 1 Nr. 3). Im Sinne von § 10 Abs. 1 S. 1 Nr. 3 nicht möglich ist die Auslandszustellung, wenn es in dem betreffenden Gebietsteil an geordneten staatlichen Einrichtungen fehlt. Die bloße Wohnsitznahme im Ausland ermöglicht eine Zustellung nach dieser Regelung nicht (vgl. OLG Hamm NWVBl 2013, 422).

Eine Auslandszustellung verspricht dann keinen Erfolg, wenn sie rechtlich zwar möglich wäre, aber etwa wegen Krieges oder Bürgerkriegs (Sadler/Tillmanns-*Olthaus* VwZG § 10 Rn. 23), Abbruchs der diplomatischen Beziehungen, wenn nicht gleichwohl Rechtshilfeverkehr besteht (vgl. Schwarz in HHSp VwZG § 10 Rn. 35), Verweigerung der Rechtshilfe oder unzureichender Vornahme durch die örtlichen Behörden nicht zu erwarten ist (BVerwGE 104, 301). Ebenso zu behandeln ist der Fall, dass der Zustellungsempfänger im Ausland lebt, sein Aufenthaltsort dort aber unbekannt ist (BFHE 228, 111). Allerdings trifft die Behörden auch hier die Pflicht, Nachforschungen durchzuführen (vgl. FG Hamburg EFG 2011, 2047; FG Köln EFG 2012, 1708)

8 Der mangelnden Erfolgsaussicht gleichzustellen ist der Fall, dass die Auslandszustellung zu einer nicht mehr zumutbaren Verzögerung des Verfahrens führen würde. Nach AG Bad Säckingen FamRZ 1997, 611 (gegen AG Bonn NJW 1991, 1430) sollen bei bekanntem Auslandswohnsitz Zustellungsfristen bis zu zwei Jahren hinzunehmen sein (ähnlich auch BFHE 192, 200). Nach OLG Köln MDR 1998, 434 kommt bei übermäßiger Verzögerung von Rechtshilfeersuchen im Ausland (im Entscheidungsfall Spanien) eine öffentliche Zustellung in Betracht, wobei je nach den Umständen auch schon vor Ablauf von zwei Jahren von einer übermäßigen Verzögerung gesprochen werden könne. Eine Verzögerung von sechs bis neun Monaten reicht hierfür nicht aus (BGH NJW-RR 2009, 855). Es kommt auch auf die objektive Eilbedürftigkeit des Fortgangs des konkreten Verwaltungsverfahrens an.

4. Zeichnung der Anordnung

9 Wer als **zeichnungsberechtigter Bediensteter** zur Anordnung der öffentlichen Zustellung befugt ist, bestimmt sich nach den für die Organisation der Behörde erlassenen Bestimmungen.

5. Wiedereinsetzung in den vorigen Stand

10 Nach der Rechtsprechung des BGH (NJW 2007, 303) entfaltet eine Zustellung, die für das Gericht erkennbar fehlerhaft angeordnet wurde, keine Wirkung. Bei Entdeckung des Fehlers kann das Verfahren fortgeführt werden. Heilung ist möglich, insoweit kommt dann auch eine Wiedereinsetzung in Betracht (vgl. Hüßtege in Thomas/Putzo ZPO § 185 Rn. 5).

IV. Verfahren der öffentlichen Zustellung

11 Das **Verfahren** der öffentlichen Zustellung ist in § 10 Abs. 2 geregelt. Die öffentliche Zustellung erfolgt danach durch die Bekanntmachung einer Benachrichtigung in der vom Gesetz erforderten Form; ein Verstoß macht die Zustellung fehlerhaft. Außerdem muss die öffentliche Zustellung von Verwaltungsakten den Mindestanforderungen entsprechen, die auch für die allgemeinen Formen der Zustellung von Verwaltungsakten gelten (BFH ZKF 1996, 281).

Dass nicht mehr das gesamte zuzustellende Dokument bekannt zu machen ist, sondern nur eine Benachrichtigung mit weitgehend neutralem Inhalt, beruht auf datenschutzrechtlichen Erwägungen.

1. Benachrichtigung

Die **Benachrichtigung** kann alternativ an der Aushangstelle der Behörde 12 oder im Bundesanzeiger erfolgen. Welche Form der öffentlichen Zustellung im konkreten Fall sinnvoll und angemessen ist, entscheidet die Behörde nach ihrem Ermessen. Die Verwendung mehrerer Bekanntmachungsformen nebeneinander kann im Einzelfall sinnvoll sein, wenn damit die Möglichkeit erhöht wird, dass die öffentliche Zustellung zur Kenntnis des Zustellungsempfängers gelangt.

Die **Aushangstelle** muss allgemein von dem für Entscheidungen dieser Art zuständigen Bediensteten der Behörde für Aushänge dieser Art bestimmt sein. Dies kann etwa ein „Schwarzes Brett" oder ein Amtsblatt, eine örtliche Zeitung, aber auch die Website der Behörde sein.

Der nur noch elektronisch geführte **Bundesanzeiger** wird als Bekanntmachungsmittel vor allem in Betracht kommen, wenn eine Kenntnisnahme des Zustellungsempfängers oder ihm nahe stehender Personen möglich erscheint.

2. Inhalt der Benachrichtigung

Aus der Benachrichtigung iSv § 10 Abs. 2 S. 2 muss sich zweifelsfrei erge- 13 ben, von welcher Behörde das zuzustellende Dokument herrührt (Nr. 1), an wen es gerichtet ist (Nr. 2), Datum und Aktenzeichen des Dokuments (Nr. 3) und der Ort, an welchem es eingesehen werden kann (Nr. 4).

Zur (richtigen) Bezeichnung der das Dokument erlassenden Stelle gehören deren Name und Adresse. Der Zustellungsadressat muss zweifelsfrei bezeichnet werden, also mit dem Namen, dazu gehören Vor- und Familienname, und der letzten bekannten Anschrift des Empfängers. In Einzelfällen können weitere Angaben zur Identifkation notwendig sein, etwa das Geburtsdatum etwa bei häufigvorkommenenden Namen. Datum und Aktenzeichen des Dokuments reichen zur Bestimmung des Dokuments aus. Als Ort der Einsichtnahme in das Dokument wird regelmäßig ein entsprechender Dienstraum anzugeben sein; nicht vorgeschrieben, aber sinnvoll ist, Öffnungszeiten anzugeben.

3. Pflichthinweise in der Benachrichtigung

Die Benachrichtigung muss regelmäßig den Hinweis enthalten, dass 1. das 14 Dokument öffentlich zugestellt wird und 2. Fristen in Gang gesetzt werden können, nach deren Ablauf Rechtsverluste drohen (§ 10 Abs. 2 S. 3). Wird eine Ladung öffentlich zugestellt, ist der Hinweis erforderlich, dass eine Terminladung vorliegt und die Versäumung dieses Termins Rechtsnachteile zur Folge haben kann (§ 10 Abs. 2 S. 4); der Hinweis auf die öffentliche Zustellung des Dokuments muss auch in diesem Fall erfolgen.

4. Dauer des Aushangs

15 **Wie lange** die Benachrichtigung aushängen muss, ist in § 10 nicht ausdrücklich gesagt. § 10 Abs. 2 bestimmt lediglich, wann die Zustellung als bewirkt gilt. Angesichts des Mangels einer anderweitigen ausdrücklichen Regelung ist aber die Schlussfolgerung unausweichlich, dass die Benachrichtigung während des gesamten in § 10 Abs. 2 S. 6 genannten Zeitraumes aushängen muss; es darf auch nicht vorübergehend entfernt werden (vgl. FG Münster EFG 1963, 339; BVerwG NJW 1998, 2377; VGH BW NZV 2018, 150).

16 Entfallen während der Aushangfrist die Tatbestandsvoraussetzungen der öffentlichen Zustellung, zB indem sich der Betroffene persönlich in der Behörde meldet oder ein Bevollmächtigter für ihn auftritt, so ist das Verfahren der öffentlichen Zustellung zu beenden und das Verfahren der regulären Zustellung gem. §§ 3–5 einzuleiten. Die Rechtsbehelfsfrist beginnt dann nicht gem. § 10 Abs. 2 S. 6 mit dem Ablauf der Zweiwochenfrist nach dem Tag des Aushängens, sondern mit der Bewirkung der regulären Zustellung (VGH BW NJW 2008, 2519; Drüen in Tipke/Kruse VwZG § 10 Tz. 9; Schwarz in HHSp VwZG § 10 Rn. 50; **aA** Harrer/Kugele-Thum BayVwZVG Art. 15 Anm. 2).

Nicht vorgeschrieben ist, dass der Aushang auch während der durch die Zustellung in Lauf gesetzten Rechtsbehelfs- oder Ladungsfrist fortdauert. Dies ist aber empfehlenswert, damit der Empfänger auch während des Laufs der Frist von dem für ihn bestimmten Dokument Kenntnis nehmen kann (vgl. Gericke StWa 1962, 224; Harrer/Kugele-Thum BayVwZVG Art. 15 Anm. 2).

5. Aktenvermerk

17 In den Akten ist zu vermerken, wann und wo die Benachrichtigung bekannt gemacht wurde (§ 10 Abs. 2 S. 5). Im Aktenvermerk festzuhalten sind demnach der Zeitpunkt der Bekanntmachung sowie das Bekanntmachungsmittel und die Dauer der Bekanntmachung. Hierzu ist in den Akten der Tag des Aushängens und der Tag der Abnahme bzw. der Tag der Einstellung im Bundesanzeiger sowie der Tag der Beendigung festzuhalten. Dabei ist auch zu vermerken, welches Bekanntmachungsmittel im konkreten Fall genutzt wurde. Wird die öffentliche Zustellung im Bundesanzeiger oder im Amtsblatt der Behörde bekannt gemacht, reicht der Vermerk über den Tag der Veröffentlichung. Über diese Zeitpunkte kann auch ein einheitlicher Vermerk gefertigt werden. Zweckmäßigerweise wird der Bedienstete den oder die Vermerke auf der Urschrift anbringen und unter dem Datum des Vermerks jeweils unterzeichnen. Der Vermerk ist ein bloßer Erledigungsvermerk und kein Wirksamkeitserfordernis der Zustellung (ebenso Roth in Stein/Jonas ZPO § 186 Rn. 9); er weist nach, dass die Zustellung in der gesetzlich vorgeschriebenen Form erfolgt und wann die Zustellungswirkung eingetreten ist.

V. Zeitpunkt der Zustellung

18 Mit Ablauf der Aushangfrist von zwei Wochen gilt die **Zustellung** als **bewirkt.** Die Zustellung ist dann rechtlich erfolgt, unabhängig davon, ob der Zustellungsempfänger Kenntnis von der öffentlichen Zustellung genom-

men hat oder nicht. Bei der **Berechnung der Aushangfrist** ist der Tag des Aushängens nicht mitzurechnen (§ 187 BGB). Die Frist verstreicht mit dem Tag, der dem Aushangtag kalendermäßig entspricht; an dem darauf folgenden Tag gilt die Zustellung als bewirkt. Das bedeutet: Wird an einem Dienstag angehängt, so beginnt die Frist nach § 10 Abs. 2 S. 6 am darauf folgenden Mittwoch zu laufen; sie verstreicht mit dem übernächsten Dienstag; die Zustellung gilt am übernächsten Mittwoch als bewirkt.

An dem so berechneten Zustellungstag ändert sich auch nichts, wenn dieser Tag ein Sonntag, Samstag oder gesetzlicher Feiertag ist; jedoch kann der Ablauf einer durch die Zustellung in Lauf gesetzten Frist aufgeschoben werden, wenn ihr letzter Tag diese Eigenschaft besitzt (§ 193 BGB). Zu berücksichtigen sind die Feiertage in dem Land, in dem die Zustellung durch die Behörde erfolgt.

VI. Folgen von Mängeln der öffentlichen Zustellung

Mängel der öffentlichen Zustellung sind grundsätzlich nicht heilbar, da 19 § 8 den tatsächlichen Zugang des Dokuments voraussetzt, der gerade nicht das Ziel der öffentlichen Zustellung ist (aA Kugelmüller-Pugh in Gosch VwZG § 10 Rn. 32; zurückhaltender Drüen in Tipke/Kruse VwZG § 10 Tz. 10). Nur wenn der Empfänger von dem öffentlichen Aushang, einer anderen Form der Bekanntmachung oder dem Dokument tatsächlich Kenntnis genommen hat, kann eine Heilung von Mängeln der Zustellung entsprechend § 8 angenommen werden. Ein Mangel der öffentlichen Zustellung kann auch dadurch geheilt werden, dass der Bescheid als Aktenbestandteil dem Empfangsberechtigten durch Übersendung der Verwaltungsvorgänge an den von ihm bestellten Bevollmächtigten zur Kenntnis gebracht wird (VGH BW NVwZ 1991, 1195; NZV 2018, 150). In diesen Fällen tritt die Zustellungswirkung frühestens an dem nach Rn. 18 berechneten Tag ein. Bei rechtsmissbräuchlichem Verhalten scheidet die Berufung auf die Unwirksamkeit der Zustellung ebenfalls aus (BGH NJW-RR 2008, 1310).

OLG Hamm FamRZ 1998, 172 wendet Verwirkungsgrundsätze an; die Wirksamkeit einer öffentlichen Zustellung als Hoheitsakt könne nicht Jahre später in Frage gestellt werden.

VII. Landesrecht

Baden-Württemberg: § 11 LVwZG entspricht § 10 VwZG. 20
Bayern: Mit § 10 VwZG fast inhaltsgleich Art. 15 BayVwZVG, der in Art. 15 Abs. 1 S. 1 Nr. 3 BayVwZVG den früheren § 15 Abs. 1b VwZG 1952 aufgreift und die öffentliche Zustellung auch ermöglicht, wenn der Inhaber der Wohnung, in der zugestellt werden müsste, der inländischen Gerichtsbarkeit nicht unterworfen und die Zustellung in der Wohnung deshalb unausführbar ist.
Mecklenburg-Vorpommern: Gleichlautend § 108 VwVfG M-V.
Nordrhein-Westfalen: Im Wesentlichen inhaltsgleich § 10 LZG NRW.

Schleswig-Holstein: Im Wesentlichen inhaltsgleich § 155 LVwG, der aber die Änderungen durch das Gesetz vom 23.10.2008 (BGBl. I 2026, 2036) noch nicht umgesetzt hat.

Thüringen: § 15 ThürVwZVG eröffnet die öffentliche Zustellung wie Art. 15 BayVwZVG auch, wenn der Inhaber der Wohnung, in der zugestellt werden müsste, der inländischen Gerichtsbarkeit nicht unterworfen und die Zustellung in der Wohnung deshalb unausführbar ist; im Übrigen entspricht § 15 ThürVwZVG im Wesentlichen § 10 VwZG.

Abgabenordnung (AO)
– Auszug –

Vom 1.10.2002
(BGBl. I S. 3866, ber. I 2003 S. 61),
zuletzt geändert durch G v. 12.8.2020 (BGBl. I S. 1879)

Einführung

Die nachstehend kommentierten Vorschriften der Abgabenordnung gelten für die Vollstreckung öffentlich-rechtlicher Geldforderungen kraft der Verweisung in § 5 Abs. 1 VwVG. Die entsprechenden Landesgesetze sind in § 5 VwVG Rn. 6 mitgeteilt. Soweit diese Vorschriften global auf die AO oder die ZPO verweisen, hat es aus Raumgründen bei diesem Hinweis zu § 5 VwVG sein Bewenden. Soweit die Landesgesetze eigene Bestimmungen enthalten oder auf einzelne Vorschriften der AO verweisen, ist dies bei den entsprechenden Vorschriften der AO mitgeteilt.

Kommentierung

Erster Teil. Einleitende Vorschriften

§§ 1–32 *(keine Kommentierung)*

Zweiter Teil. Steuerschuldrecht

§§ 33–68 *(keine Kommentierung)*

Vierter Abschnitt. Haftung

§§ 69–76 *(keine Kommentierung)*

§ 77 Duldungspflicht

(1) Wer kraft Gesetzes verpflichtet ist, eine Steuer aus Mitteln, die seiner Verwaltung unterliegen, zu entrichten, ist insoweit verpflichtet, die Vollstreckung in dieses Vermögen zu dulden.

(2) Wegen einer Steuer, die als öffentliche Last auf Grundbesitz ruht, hat der Eigentümer die Zwangsvollstreckung in den Grundbesitz zu dulden. Zugunsten der Finanzbehörde gilt als Eigentümer, wer als solcher im Grundbuch eingetragen ist. Das Recht des nicht eingetragenen Eigentümers, die ihm gegen die öffentliche Last zustehenden Einwendungen geltend zu machen, bleibt unberührt.

I. Bedeutung

1   § 77 AO ergänzt § 2 Abs. 2 VwVG durch Begründung von Duldungspflichten. Entgegen seinem Wortlaut gilt § 77 AO im Anwendungsbereich der Vollstreckung landesrechtlicher Forderungen nicht allein für Steuern, sondern auch **für andere Abgaben**, da die Kommunalabgabengesetze der Länder teils die „sinngemäße" (zB § 3 Abs. 1 Nr. 2d KAG BW), teils – was sachlich keinen Unterschied ausmacht – die „entsprechende" (zB Art. 13 Abs. 1 Nr. 2 lit. c BayKAG) Anwendung dieser Vorschrift anordnen.

II. Betroffene Personen

2   Unter § 77 Abs. 1 AO fallen vor allem die in § 34 Abs. 1 und 3 und § 35 AO genannten gesetzlichen Vertreter natürlicher und juristischer Personen,

Geschäftsführer von nicht rechtsfähigen Personenvereinigungen und Vermögensmassen, Vermögensverwalter und Verfügungsberechtigten. Aus den Worten „die seiner Verwaltung unterliegen" kann geschlossen werden, dass es sich nicht um das eigene Vermögen des Verpflichteten handeln darf. Praktische Beispiele für Duldungsschuldner sind etwa (vgl. Sadler/Tillmanns-*Kremer* VwVG § 2 Rn. 18):
- Nießbraucher (§§ 1086, 1089 BGB),
- Eltern (§ 1626 Abs. 1 BGB),
- Vormünder und Pfleger von Minderjährigen (§§ 1793, 1909 BGB),
- je nach Umfang der Betreuungsanordnung auch Betreuer eines Volljährigen (§ 1901 BGB),
- Nachlassverwalter (§ 1985 BGB),
- Testamentsvollstrecker (§§ 2205, 2213 BGB) und
- Insolvenzverwalter (§ 80 InsO) sowie „starke" vorläufige Insolvenzverwalter (dazu Meier KKZ 2010, 52).

III. Betroffene Forderungen

Öffentlich-rechtliche Geldforderungen, die als **öffentliche Last** auf Grundbesitz ruhen (§ 77 Abs. 2 AO), können nach Bundesrecht, nach Landesrecht oder nach Kommunalrecht bestehen: 3

Nach Bundesrecht gehören namentlich die Erschließungs- und sonstigen Anliegerbeiträge dazu, zu denen alle Beträge zählen, die nach §§ 127–135 BauGB erhoben werden, wie solche für Straßen, Parkplätze, Grünanlagen oder Versorgungseinrichtungen. Des Weiteren gehört dazu die Grundsteuer (§ 12 GrStG); weitere durch Bundesrecht begründete öffentlich-rechtliche Lasten sind etwa Schornsteinfegergebühren (§ 20 SchfHwG), Flurbereinigungsbeiträge (§ 20 FlurbG) und Wasser- und Bodenverbandsbeiträge.

Zu den öffentlichen Lasten nach Landesrecht gehören vor allem Deichlasten, Patronatslasten, Schullasten, Sielabgaben und Versicherungsbeiträge für Versicherungen des öffentlichen Rechts, soweit sich die Versicherungsverträge auf den Grundbesitz und auf die für Grundpfandrechte gesetzlich mithaftenden Gegenstände beziehen, wie Brandversicherungsbeiträge, Hagelversicherungen oder Viehversicherungen.

Öffentliche Lasten nach Gemeinderecht stellen beispielsweise Beiträge an die öffentlichen Wasserversorgungsanlagen und Entwässerungsanlagen (etwa Kanalanschluss- und Wasseranschlussbeiträge) dar, vorausgesetzt, die Ortssatzung gibt den Kreis der Beitragspflichtigen sowie die Zeitpunkte der Entstehung und der Fälligkeit der Beitragsschulden an.

Der Grundstückseigentümer muss – in dieser Eigenschaft – die Vollstreckung in das Grundstück dulden. Jedoch ist er berechtigt, die Vollstreckung in das Grundstück durch Zahlung abzuwenden (Boeker in HHSp AO § 77 Rn. 38).

Die Behörde handelt nicht ermessensfehlerhaft, wenn sie die Duldungspflicht erst nach einigen Monaten Bearbeitungszeit geltend macht (VG Oldenburg KKZ 2002, 43; dort auch weitere Einzelheiten zur Ermessensausübung).

IV. Rechtsposition des Grundstückserwerbers

4 § 77 Abs. 2 AO hat hauptsächlich Bedeutung beim Eigentumsübergang des Grundstücks vor vollständiger Tilgung der auf dem Grundstück als öffentliche Last ruhenden Abgaben. Der Erwerber kann gegen seine Duldungspflicht auch Einwände wegen der sachlichen Beitragspflicht erheben, dies selbst dann, wenn der gegenüber dem Voreigentümer ergangene Abgabenbescheid bestandskräftig geworden ist (so NdsOVG NdsVBl 1996, 68 für den Fall eines Kanalbaubeitrags; OVG Bbg NVwZ-RR 2005, 566 für den Fall der Geltendmachung der Nichtigkeit der angewandten Beitragssatzung). Im Insolvenzverfahren gewähren öffentliche Grundstückslasten ein Absonderungsrecht nach § 49 InsO (vgl. VG Gera KKZ 2001, 66). Das bedeutet, dass der Gläubiger der betreffenden öffentlich-rechtlichen Geldforderungen im Insolvenzverfahren ungeachtet der Vorschrift von § 89 Abs. 1 InsO die Zwangsversteigerung und/oder die Zwangsverwaltung des belasteten Grundstücks betreiben kann; allerdings hat auch der Insolvenzverwalter dieses Recht (§ 165 InsO). Zum Schutze des Vollstreckungsgläubigers stellt § 77 Abs. 2 S. 2 AO die unwiderlegliche Vermutung auf, dass derjenige Eigentümer sei, der als solcher in das Grundbuch eingetragen ist. Weder der wahre Eigentümer noch der als Eigentümer Eingetragene können sich mit der Begründung gegen die Pflicht zur Duldung der Vollstreckung wehren, das Grundbuch sei unrichtig (Loose in Tipke/Kruse AO § 77 Tz. 15.). Dem wahren Eigentümer steht indes ein Grundbuchberichtigungsanspruch nach § 894 BGB zu, den er durch Widerspruch nach § 899 BGB sichern kann (dazu App DStZ 1986, 167). Sobald der Widerspruch im Grundbuch eingetragen ist, ist dem guten Glauben an die Richtigkeit des Grundbuchs der Boden entzogen. Die dingliche Haftung in Form der Pflicht zur Duldung der Vollstreckung trifft für die Grundsteuer auch denjenigen, der das Grundstück aus einer Insolvenzmasse erworben hat, während seine persönliche Haftung, also die mit seinem übrigen Vermögen, für diesen Fall gem. § 11 Abs. 2 S. 2 GrStG ausgeschlossen ist (dazu App KKZ 2009, 78).

V. Landesrecht

5 **Baden-Württemberg:** § 15 Abs. 1 LVwVG verweist nicht auch auf § 77 AO. Eine nennenswerte Abweichung hinsichtlich der materiellen Rechtslage dürfte sich daraus nicht ergeben. Soweit Realsteuern zu vollstrecken sind, ergibt sich die Anwendbarkeit von § 77 aus § 1 Abs. 2 Nr. 2 AO, für Kommunalabgaben aus § 3 Abs. 1 Nr. 2 Buchst. d KAG.
Brandenburg: § 22 Abs. 1 Nr. 4 VwVGBbg bezieht § 77 Abs. 2 AO mit ein.
Bremen: § 2 Abs. 1 BremGVG verweist auf § 77 AO.
Hamburg: Mit § 77 Abs. 1 AO inhaltsgleich § 32 Abs. 2 HmbVwVG; mit § 77 Abs. 2 Satz 1 und 2 AO inhaltsgleich § 32 Abs. 3 HmbVwVG.
Hessen: § 20 Abs. 1 Nr. 2 und 3 HessVwVG entsprechen § 77 AO.
Nordrhein-Westfalen: Inhaltsgleich § 4 Abs. 2, 3 VwVG NRW.

Vollstreckungsbehörden § 249 AO

Rheinland-Pfalz: Mit § 77 Abs. 1, Abs. 2 S. 1 und 2 AO inhaltsgleich § 23 LVwVG R.-P.
Saarland: Im Wesentlichen inhaltsgleich § 32 Abs. 2, 3 SVwVG.
Schleswig-Holstein: Im Wesentlichen inhaltsgleich § 264 Abs. 2, 3 S. 1 und 3 LVwG.
Thüringen: § 38 Abs. 1 Nr. 4 ThürVwZVG bezieht § 77 Abs. 2 AO mit ein.

Dritter Teil. Allgemeine Verfahrensvorschriften

§§ 78–133 *(keine Kommentierung)*

Vierter Teil. Durchführung der Besteuerung

§§ 134–217 *(keine Kommentierung)*

Fünfter Teil. Erhebungsverfahren

§§ 218–248 *(keine Kommentierung)*

Sechster Teil. Vollstreckung

Erster Abschnitt. Allgemeine Vorschriften

§ 249 Vollstreckungsbehörden

(1) Die Finanzbehörden können Verwaltungsakte, mit denen eine Geldleistung, eine sonstige Handlung, eine Duldung oder Unterlassung gefordert wird, im Verwaltungsweg vollstrecken. Dies gilt auch für Steueranmeldungen (§ 168). Vollstreckungsbehörden sind die Finanzämter und die Hauptzollämter sowie die Landesfinanzbehörden, denen durch eine Rechtsverordnung nach § 17 Absatz 2 Satz 3 Nummer 3 des Finanzverwaltungsgesetzes die landesweite Zuständigkeit für Kassengeschäfte und das Erhebungsverfahren einschließlich der Vollstreckung übertragen worden ist; § 328 Absatz 1 Satz 3 bleibt unberührt.

(2) Zur Vorbereitung der Vollstreckung können die Finanzbehörden die Vermögens- und Einkommensverhältnisse des Vollstreckungsschuldners ermitteln. Die Finanzbehörde darf ihr bekannte, nach § 30 geschützte Daten, die sie bei der Vollstreckung wegen Steuern und steuerlicher Nebenleistungen verwenden darf, auch bei der

Vollstreckung wegen anderer Geldleistungen als Steuern und steuerlicher Nebenleistungen verwenden.

I. Ermessen der Vollstreckungsbehörde (Abs. 1 S. 1)

1 § 249 Abs. 1 S. 1 und 2 AO haben im Rahmen der Verweisung nur insoweit rechtliche Bedeutung, als **Satz 1** mit dem Wort „**können**" ausdrückt, dass auch die Vollstreckung wegen Geldleistungen im Ermessen der Behörde liegt und nach Grundsätzen der Güterabwägung im begründeten Einzelfall (zB Bagatellbetrag) auch unterbleiben kann; im Regelfall wird aber gegen den nicht leistungsbereiten Schuldner die Vollstreckung geboten sein.

Engere Grenzen sind den Vollstreckungsbehörden gezogen, wo es um die Vollstreckung von Steuern iSv § 3 Abs. 1 AO geht; denn diese sind gleichmäßig festzusetzen und zu erheben (§ 85 S. 1 AO), so dass ein bewusstes Vollzugsdefizit nicht gesetzeskonform wäre. Für Steuern besteht darum grundsätzlich eine Vollstreckungs**pflicht** der Behörde (vgl. BFH/R 2003, 221; FG Hamburg EFG 2000, 536; für Entschließungsermessen aber BFH BFHE 208, 18; BFH/NV 2006, 232 sowie Beermann in HHSp § 249 AO Rn. 45 ff.), die nur insoweit eingeschränkt ist, als gesetzliche Vorschriften wie zB § 258 AO Erleichterungen für den Vollstreckungsschuldner vorsehen.

Sachpfändung und **Forderungs**pfändung sind grundsätzlich gleichrangig (BFH v. 16.7.2007 – VII B 338/06); die Behörde handelt nicht schon deshalb ermessensfehlerhaft, weil sie ohne vorherigen Sachpfändung ein Konto pfändet (FG Hamburg Gerichtsbescheid v. 18.2.2000 – II 376/99; dazu auch → AO § 309 Rn. 1). Der **Verhältnismäßigkeitsgrundsatz** ist aber selbstverständlich zu wahren (FG Saarland BeckRS 1998, 14992 [Ls. 2]).

§ 249 Abs. 1 S. 1 AO ist ungenau gefasst; vollstreckt wird das Gläubigerrecht, das durch den Verwaltungsakt festgesetzt oder festgestellt worden ist (so zutr. Kruse S. 355). **Satz 2** ist eine steuerrechtliche Spezialvorschrift.

II. Bedeutung von § 249 Abs. 1 S. 3 (Hs. 1) AO

2 Dieser ergänzt § 4 lit. b VwVG und wurde durch das Steueränderungsgesetz 2015 (v. 2.11.2015, BGBl I 1834) um bestimmte Landesoberbehörden erweitert (zum Hintergrund BT-Drs. 18/6094, 86). Hs. 2 ist im Rahmen der Verweisung bedeutungslos, denn § 328 Abs. 1 S. 3 AO bezieht sich auf die Vollstreckung wegen Handlungen, Duldungen oder Unterlassungen und ist deshalb in § 5 Abs. 1 VwVG auch nicht aufgeführt.

III. Ermittlungsbefugnis der Vollstreckungsbehörde (Abs. 2)

3 Diese wird ebenfalls von der Verweisung erfasst. Sie steht auch den Vollstreckungsbehörden nach § 4 lit. a VwVG zu. Es ist kein Grund ersichtlich, warum die Verweisung in § 5 Abs. 1 VwVG insoweit einschränkend ausgelegt werden müsste, zumal beim Fehlen einer solchen Befugnis wie in den Verwal-

tungsvollstreckungsgesetzen mancher Länder die Vollstreckungsbehörde allzu rasch gezwungen sein kann, zum härtesten Vollstreckungseingriff, der Abnahme der Vermögensauskunft nach § 284 AO, zu greifen (vgl. auch App FW 1991, 112). Zur Sachverhaltsermittlung nach § 249 Abs. 2 Pump KKZ 2001, 32; zu den einzelnen Möglichkeiten der Beschaffung nützlicher Informationen über den Vollstreckungsschuldner durch die Vollstreckungsbehörde ausführlich Röder KKZ 2004, 1. Von der Befugnis nach § 249 Abs. 2 AO hat die Vollstreckungsbehörde nach pflichtgemäßem **Ermessen** Gebrauch zu machen; eine Ermittlungspflicht besteht nicht (Kruse in Tipke/Kruse § 249 AO Tz. 25). § 249 Abs. 2 **S. 2** AO erlaubt es dem Hauptzollamt (und bei Anwendbarkeit dieser Vorschrift in den Landesverwaltungsvollstreckungsgesetzen denjenigen Vollstreckungsbehörden, die auch Steuern verwalten), die im Besteuerungsverfahren erlangten Kenntnisse auch bei der Vollstreckung nichtsteuerlicher Forderungen zu verwenden. Verwendet werden dürfen nur **bereits bekannte** Daten; § 249 Abs. 2 S. 2 AO ermächtigt nicht zu steuerrechtlichen Ermittlungen eigens zur Erlangung von Daten für die Vollstreckung nichtsteuerlicher Forderungen (so zutr. Kruse in Tipke/Kruse § 249 AO Tz. 32).

Ermächtigungsgrundlage für die Verpflichtung **Dritter** zur Auskunft ist **§ 93 AO,** auf den auch die Kommunalabgabengesetze der Länder verweisen und der verfassungsrechtlich nicht zu beanstanden ist (BVerfG NJW 2001, 811 (812)). Auskunftsersuchen nach § 93 AO sind auch im Vollstreckungsverfahren zulässig (BFH NJW 2001, 245 [Ls. 1]). Eine – nicht unverhältnismäßige – Beeinträchtigung eigenwirtschaftlicher Interessen berechtigt nicht zur Verweigerung der Auskunft (BFH NJW 2001, 245 [Ls. 2]); Auskunftsverweigerungsrechte begründen jedoch §§ 101 ff. AO und Bestimmungen in Spezialgesetzen (Übersicht bei App KKZ 2003, 205; zum Datenschutz innerhalb der Vollstreckungsbehörde Pump KKZ 2002, 257). Zwangsmittel sind unzulässig, wenn der Betroffene gezwungen würde, sich durch seine Aussage selbst einer Straftat zu bezichtigen (BFH BFH/NV 2005, 503; 2006, 15; 2006, 496). – Ein Auskunftsersuchen darf nicht rechtsmissbräuchlich sein (EuGH NJW 1981, 513; BVerwG KStZ 1959, 126; VGH Mannheim NVwZ 2001, 574). Zur Aufnahme der Einkommens- und Vermögensverhältnisse des Vollstreckungsschuldners durch den Vollziehungsbeamten Zimmermann KKZ 2003, 99.

IV. Landesrecht

Im Übrigen → VwVG § 4 Rn. 6, § 7 VwVG Rn. 9. **4**
Baden-Württemberg: § 15 Abs. 1 LVwVG (→ Einführung zur AO, § 5 VwVG Rn. 6) verweist für die Beitreibung nunmehr auch auf § 249 Abs. 2 AO. Die Landesvorschrift wurde mit Art. 20 des Gesetzes vom 1.7.2004 (GBl. 469) ergänzt und den Vollstreckungsbehörden das Recht zur Ermittlung der Einkommens- und Vermögensverhältnisse des Vollstreckungsschuldners explizit eingeräumt. § 2 LVwVG zeigt außerdem, dass die Vollstreckung von Verwaltungsakten im Ermessen der Behörde liegt.

Bayern (Art. 19, 23 VwZVG), **Sachsen** (§ 2 SächsVwVG) und **Thüringen** (§ 19 ThürVwZVG) bringen zum Ausdruck, dass die Vollstreckung wegen Geldforderungen im Ermessen der Behörde liegt.

Brandenburg: § 3 VwVGBbg deutet mit seinem Wortlaut („kann") ebenfalls auf Ermessen der Behörde bei der Vollstreckung von Verwaltungsakten hin. § 249 Abs. 2 AO entspricht § 21 Abs. 1 VwVGBbg (Vermögensermittlung).

Hessen: Mit § 249 Abs. 2 AO inhaltsgleich § 17a Abs. 1 HessVwVG; die Möglichkeit zur Vermögensauskunft eröffnet nunmehr § 27 HessVwVG (→ AO § 284 Rn. 9). § 17a Abs. 2 HessVwVG entspricht § 93 Abs. 1 und 2 AO. § 2 HessVwVG belegt, dass die Vollstreckung von Verwaltungsakten im Ermessen der Behörde liegt.

Mecklenburg-Vorpommern: In seiner Neufassung (seit 16.5.2019) nimmt § 111 Abs. 1 VwVfG M-V von seinem Verweis auf § 5 Abs. 1 VwVG einschließlich der dort aufgeführten Vorschriften der AO § 249 AO nicht mehr aus (→ Einführung zur AO, § 5 VwVG Rn. 6). Außerdem findet neuerdings § 93 Abs. 8–10 AO Anwendung (→ VwVG § 5b Rn. 26).

Niedersachsen: § 249 Abs. 2 AO entspricht § 21a NVwVG (Vermögensermittlung).

Nordrhein-Westfalen: Mit § 249 Abs. 2 AO inhaltsgleich § 5 Abs. 1 S. 1 und 2 VwVG NRW. § 5 Abs. 1 S. 3 VwVG NRW erklärt § 93 AO (→ Rn. 3) für anwendbar, der damit in Nordrhein-Westfalen auch in anderen Fällen als bei der Vollstreckung von Steuern und Kommunalabgaben Anwendung findet.

Rheinland-Pfalz: Mit § 249 Abs. 2 S. 1 AO inhaltsgleich § 25 LVwVG. § 25g LVwVG schafft eine am Vorbild von § 93 Abs. 1 und 2 AO orientierte Ermächtigungsgrundlage für Auskunftsersuchen an andere Personen als den Vollstreckungsschuldner.

Sachsen-Anhalt: § 249 Abs. 2 AO entsprechen § 21a Abs. 1 S. 1 und Abs. 2 VwVG LSA; inhaltsgleich mit § 93 Abs. 1 S. 3 AO § 21a Abs. 1 S. 2 VwVG LSA.

Schleswig-Holstein: Die Vollstreckung auf Herausgabe einer Sache oder auf Vornahme einer Handlung oder auf Duldung oder Unterlassung gerichteter Verwaltungsakte regelt § 228 Abs. 1 LVwG, die Beitreibung öffentlich-rechtlicher Geldforderungen § 262 Abs. 1 LVwG. Zum Erfordernis der Festsetzung durch Verwaltungsakt § 269 Abs. 1 Nr. 1 LVwG. § 281 Abs. 2 LVwG verpflichtet auch Dritte zur Auskunft.

V. Justizbeitreibungsgesetz

5 Zuständig ist diejenige Vollstreckungsbehörde, die den beizutreibenden Anspruch einzuziehen hat (§ 2 Abs. 3 S. 1 JBeitrG).

§ 250 Vollstreckungsersuchen

(1) **Soweit eine Vollstreckungsbehörde auf Ersuchen einer anderen Vollstreckungsbehörde Vollstreckungsmaßnahmen ausführt, tritt sie**

an die Stelle der anderen Vollstreckungsbehörde. Für die Vollstreckbarkeit des Anspruchs bleibt die ersuchende Vollstreckungsbehörde verantwortlich.

(2) Hält sich die ersuchte Vollstreckungsbehörde für unzuständig oder hält sie die Handlung, um die sie ersucht worden ist, für unzulässig, so teilt sie ihre Bedenken der ersuchenden Vollstreckungsbehörde mit. Besteht diese auf der Ausführung des Ersuchens und lehnt die ersuchte Vollstreckungsbehörde die Ausführung ab, so entscheidet die Aufsichtsbehörde der ersuchten Vollstreckungsbehörde.

I. Vollstreckungshilfe als Amtshilfe

Die Ausführung von Vollstreckungsmaßnahmen nach § 250 AO ist ein Sonderfall der Amtshilfe, zu der nach Art. 35 GG alle Behörden des Bundes und der Länder grundsätzlich verpflichtet sind. Im Verhältnis von Vollstreckungsbehörden untereinander geht § 250 AO als Spezialregelung §§ 4–8 VwVfG vor, wird aber durch diese ergänzt (vgl. App/Wettlaufer/Klomfaß Kap. 5 Rn. 23 ff.). 1

II. Rechtsgrundlagen

Voraussetzungen und Grenzen der Vollstreckungshilfe ergeben sich nicht aus § 250 AO, sondern aus § 5 Abs. 1 bis 4 VwVfG. § 5 Abs. 5 VwVfG wird durch § 250 Abs. 2 AO verdrängt. 2

III. Vollstreckungshilfeersuchen

Das Ersuchen um Vollstreckungshilfe ist ein **zwischenbehördlicher Akt,** der gegenüber dem Vollstreckungsschuldner keine unmittelbaren Rechtswirkungen äußert und deshalb von ihm ebenso wenig wie die Vollstreckungsanordnung (→ VwVG § 3 Rn. 9) mit Rechtsbehelfen angegriffen werden kann. Ihm fehlt die für einen Verwaltungsakt erforderliche Rechtswirkung nach außen (OVG Magdeburg NVwZ-RR 2009, 410). Zu Form und Inhalt des Amtshilfeersuchens Seer in Tipke/Kruse Tz. 9 f.; Singer KKZ 2006, 83. Auch die Ablehnung des Ersuchens und die Entscheidung der Aufsichtsbehörde sind zwischenbehördliche Akte. Ausnahmsweise ist die Entscheidung der Aufsichtsbehörde gegenüber der ersuchenden Behörde jedoch ein anfechtbarer **Verwaltungsakt,** sofern ersuchende und ersuchte Behörde verschiedenen Rechtsträgern angehören (OVG Koblenz Urt. v. 28.2.1985 – 1 A 28/84 [Ls.]). 3

Zur elektronischen Abwicklung der Vollstreckungshilfe mittels Internet Hagemann KKZ 2009, 6.

AO § 250

IV. Auswahl der Behörde

4   Für die Auswahl der um Vollstreckungshilfe zu ersuchenden Behörde verweist § 6 VwVfG die ersuchende Behörde an die Behörden der untersten Verwaltungsstufe ihres eigenen Verwaltungszweiges, wenn damit der Zweck mindestens ebenso gut wie mit einem Ersuchen an eine andere Behörde erreicht werden kann (Kopp/Ramsauer § 6 Rn. 4). Die Verantwortlichkeitsregelung beruht auf einem allgemeinen Rechtsgrundsatz; so hat etwa im verwaltungsgerichtlichen Vollstreckungsverfahren der Vorsitzende des Gerichts des ersten Rechtszugs als Vollstreckungsbehörde (§ 169 Abs. 1 S. 2 VwGO) nicht die materielle Rechtslage zu prüfen, sondern nur, ob ein Vollstreckungstitel vorliegt und die weiteren vollstreckungsrechtlichen Voraussetzungen gegeben sind (vgl. OVG Münster BeckRS 1994, 22260 [Rn. 1]).

In **Baden-Württemberg, Bayern** und **Sachsen** ist die ersuchte Behörde grundsätzlich nur dann zur Hilfeleistung verpflichtet, wenn sie einen eigenen Vollstreckungsbeamten bzw. Vollziehungsbeamten oder Vollstreckungsbediensteten hat. Verfügt sie nicht über einen Außendienst, kann sie das Ersuchen zurückgeben. In diesen Bundesländern ist in einem solchen Fall der Gerichtsvollzieher bei dem Amtsgericht zuständig, in dessen Bezirk der Vollstreckungsschuldner wohnt oder im Falle einer juristischen Person seinen Sitz hat (Singer KKZ 2006, 83).

V. Verantwortlichkeit (Abs. 1 S. 2)

5   Diese Regelung soll sicherstellen, dass die ersuchte Vollstreckungsbehörde nicht mit der – und sei es auch nur summarischen – Prüfung der Rechtmäßigkeit des Leistungsbescheids und seiner Vollstreckbarkeit belastet wird (OVG Lüneburg NVwZ-RR 2006, 375 mwN). Sie betrifft nicht auch das Verhältnis zu dem betroffenen Bürger (sondern nur das **Innenverhältnis;** Brockmeyer in Klein § 250 Rn. 7). Ihm gegenüber ist immer diejenige Behörde verantwortlich, die unmittelbar ihm gegenüber gehandelt hat (ebenso VG Darmstadt Urt. v. 18.2.2005 – 2 E 947/04).

Die Erwirkung einer evtl. erforderlichen richterlichen Durchsuchungsanordnung obliegt der ersuchten Behörde (Singer KKZ 2006, 83).

VI. Kostenfragen

6   Die Kostenregelung von § 115 AO findet keine Anwendung, da sie in § 5 Abs. 1 VwVG nicht genannt ist. An ihre Stelle tritt der allerdings inhaltsgleiche § 8 VwVfG. Landesrechtliche Regelungen können für die Vollstreckungshilfe von Landesbehörden oder Gemeinden untereinander eine Kostenerstattungspflicht vorsehen und verdrängen dann § 8 VwVfG (VG Leipzig Urt. v. 12.4.2006 – 1 K 782/04, zu § 4 SächsVwVG → Rn. 7).

VII. Landesrecht

Soweit besondere Vorschriften über Vollstreckungsersuchen fehlen, gelten 7
die allgemeinen Bestimmungen über die Amtshilfe.
Baden-Württemberg: § 15 Abs. 1 LVwVG verweist nicht auch auf § 250
AO (→ Einführung zur AO, § 5 VwVG Rn. 6). Gemäß § 4 Abs. 3 S. 2
LVwVG sind die allgemeinen Regelungen über die Amtshilfe in §§ 4–8
LVwVfG anzuwenden (Fliegauf/Maurer § 4 Rn. 3).
Bayern: Wenn Behörden Verwaltungsakte vollstrecken, die sie nicht selbst
erlassen haben, so können sie gemäß Art. 41 Abs. 2 VwZVG von den juristischen Personen des öffentlichen Rechts, denen die Anordnungsbehörden angehören, Ersatz der Kosten verlangen, die beim Vollstreckungsschuldner nicht beigetrieben werden können, sofern diese im Einzelfall 25 Euro übersteigen. Die Kostenforderung gegen den Vollstreckungsschuldner geht insoweit auf diese juristische Person über, als sie Ersatz leistet.
Brandenburg: § 4 VwVGBbg enthält für die Vollstreckungshilfe eine eigenständige Regelung.
Bremen: § 8 BremGVG normiert allgemein die Amtshilfe zwischen Vollstreckungsbehörden, § 9 BremGVG die Vollstreckungshilfe. Erfolgt die Tätigkeit auf Ersuchen einer anderen Vollstreckungsbehörde, sind gemäß § 11 Abs. 3 BremGVG uneinbringliche Gebühren nur zu erstatten, wenn das Recht der ersuchenden Behörde keine Kostenfreiheit gewährleistet. Auslagen sind zu erstatten, wenn sie im Einzelfall 35 Euro übersteigen.
Hamburg: Nach § 5 Abs. 1 HmbVwVG (gilt für die gesamte Verwaltungsvollstreckung) führen die Vollstreckungsbehörden die Vollstreckung auch durch, wenn eine andere Behörde darum ersucht. Sie sind dabei an das Ersuchen gebunden (§ 5 Abs. 2 S. 1 HmbVwVG). Zu einer Nachprüfung des durchzusetzenden Verwaltungsakts oder der beizutreibenden Forderung sind sie nicht verpflichtet (§ 5 Abs. 2 S. 2 HmbVwVG); im Übrigen bleiben sie für ihre eigenen Amtshandlungen verantwortlich.
Hessen: Die Vollstreckungshilfe richtet sich nach § 5 HessVwVG. Abs. 1 regelt die Vollstreckungshilfe der hessischen Vollstreckungsbehörden untereinander. Gemäß § 5 Abs. 3 HessVwVG erstattet die ersuchende Behörde der ersuchten Behörde uneinbringliche Vollstreckungskosten (Gebühren und Auslagen), wenn sie im Einzelfall 25 Euro übersteigen. Vollstreckungshilfe wird nach § 5 Abs. 4 HessVwVG auch auf Ersuchen einer Vollstreckungsbehörde mit Sitz außerhalb des Landes Hessen geleistet, wobei hier die Vorschriften im Verwaltungsverfahrensgesetz über die Amtshilfe anzuwenden sind. Die ersuchende Behörde ist zum Ersatz der Vollstreckungskosten verpflichtet, die beim Pflichtigen nicht beigetrieben werden können, sofern in dem betreffenden Bundesland eine von § 8 HVwVfG (Kosten der Amtshilfe) abweichende und für die hessischen Behörden nachteilige Kostenregelung gilt (so in Bayern; Glotzbach Erl. zu § 5) und die Kosten im Einzelfall 25 Euro übersteigen.
Mecklenburg-Vorpommern: § 111 Abs. 1 S. 1 VwVfG M-V verweist (auch) auf § 250 AO (→ Einführung zur AO, § 5 VwVG Rn. 6). Kostenfragen beantwortet § 111 Abs. 4 und 5 VwVfG M-V.

Troidl

Niedersachsen: Gemäß § 7 Abs. 1 S. 1 NVwVG leisten die Vollstreckungsbehörden niedersächsischen Behörden, die nicht selbst Vollstreckungsbehörde sind, Vollstreckungshilfe. Die Vorschriften über die Amtshilfe sind nach Maßgabe von § 7 Abs. 1 S. 3 NVwVG anzuwenden. Gemäß § 7 Abs. 1 S. 4 NVwVG hat die ersuchende Behörde der Vollstreckungsbehörde zu bescheinigen, dass der Leistungsbescheid vollstreckbar ist. Die von einzelnen niedersächsischen Kommunen festgesetzten Kleinbetragsgrenzen für die Beitreibung ihrer eigenen Forderungen sind bei der Pflicht zur Vollstreckungshilfe für andere Rechtsträger unbeachtlich (iE App GemK Ausgabe A 1999, 309). Einen Kostenbeitrag bei Vollstreckungshilfe sieht § 67a NVwVG vor, die Kostenerstattung bei Amtshilfe regelt § 67b NVwVG.

Nordrhein-Westfalen: Es gelten die allgemeinen Amtshilfebestimmungen der §§ 4–8 VwVfG NRW (Weißauer/Lenders § 2 VwVG NRW Erl. 16).

Rheinland-Pfalz: Die Vollstreckungshilfe ist in § 5 LVwVG geregelt. Mit § 250 Abs. 1 S. 2 und Abs. 2 AO inhaltsgleich § 5 Abs. 4 und 3 LVwVG.

Saarland: § 3 Abs. 1 S. 2 SVwVG (gilt für die gesamte Verwaltungsvollstreckung) verweist für die Vollstreckungshilfe auf §§ 5–7 SVwVfG.

Sachsen: Nach § 4 Abs. 2 S. 1 SächsVwVG (gilt für die gesamte Verwaltungsvollstreckung) ist inländischen Behörden Vollstreckungshilfe zu leisten. § 4 Abs. 3 SächsVwVG enthält eingehende Formvorschriften für Vollstreckungsersuchen. § 4 Abs. 4 SächsVwVG sieht eine Erstattung uneinbringlicher Vollstreckungskosten vor.

Sachsen-Anhalt: § 7 VwVG LSA stimmt weitgehend mit § 7 NVwVG überein (s. Niedersachsen). Die Kosten der Vollstreckungshilfe regelt § 7b VwVG LSA.

Schleswig-Holstein: § 322 Abs. 3 LVwG sieht (ähnlich wie die hessische Regelung) vor, dass im Falle der Vollstreckungshilfe für eine Behörde mit Sitz außerhalb des Landes die ersuchende Behörde die nicht beigetriebenen Vollstreckungskosten zu ersetzen hat, sofern in ihrem Sitzland eine von § 35 LVwG (Kosten der Amtshilfe) abweichende Regelung und für die schleswig-holsteinischen Behörden nachteilige Kostenregelung gilt.

Thüringen: Nach § 22 Abs. 1 ThürVwZVG (gilt für die gesamte Verwaltungsvollstreckung) ist inländischen Behörden Vollstreckungshilfe zu leisten. § 22 Abs. 2 ThürVwZVG enthält Formvorschriften für Vollstreckungsersuchen.

VIII. Justizbeitreibungsgesetz

8   Gemäß § 2 Abs. 4 JBeitrG haben die Vollstreckungsbehörden einander Amtshilfe zu leisten (nach Maßgabe von § 10 Abs. 2 JBeitrG iVm § 2 Abs. 1 GVKostG kostenfrei). Vollstreckungshandlungen, die dem Vollziehungsbeamten obliegen, kann die Vollstreckungsbehörde außerhalb ihres Amtsbezirks durch einen Vollziehungsbeamten vornehmen lassen, der für den Ort der Vollstreckung zuständig ist (§ 2 Abs. 3 S. 2 JBeitrG).

§ 251 Vollstreckbare Verwaltungsakte

(1) Verwaltungsakte können vollstreckt werden, soweit nicht ihre Vollziehung ausgesetzt oder die Vollziehung durch Einlegung eines Rechtsbehelfs gehemmt ist (§ 361; § 69 der Finanzgerichtsordnung). [...]

(2) **Unberührt bleiben die Vorschriften der Insolvenzordnung sowie § 79 Abs. 2 des Bundesverfassungsgerichtsgesetzes. Die Finanzbehörde ist berechtigt, in den Fällen des § 201 Abs. 2, §§ 257 und 308 Abs. 1 der Insolvenzordnung gegen den Schuldner im Verwaltungsweg zu vollstrecken.**

(3) **Macht die Finanzbehörde im Insolvenzverfahren einen Anspruch aus dem Steuerschuldverhältnis als Insolvenzforderung geltend, so stellt sie erforderlichenfalls die Insolvenzforderung durch schriftlichen Verwaltungsakt fest.**

Übersicht

	Rn.
I. Eintritt der Vollstreckbarkeit	1
1. Aussetzung der Vollziehung	2
2. Aufschiebende Wirkung von Rechtsbehelfen	3
3. Anordnung der sofortigen Vollziehung	4
II. Insolvenzverfahren	5
1. Vollstreckungsverbote	5
2. Geltendmachung von Insolvenzforderungen	5a
3. Lage nach Beendigung des Insolvenzverfahrens	5b
4. Verbraucherinsolvenzverfahren	6
5. Stellung eines Insolvenzantrags	7
6. Nachrangige Insolvenzforderungen	8
III. Nichtigerklärung von Rechtsnormen	9
IV. Landesrecht	10
V. Justizbeitreibungsgesetz	11

I. Eintritt der Vollstreckbarkeit

§ 251 AO ergänzt § 3 VwVG. Im Gegensatz zu den in § 6 VwVG genannten Verwaltungsakten sind Verwaltungsakte, mit denen öffentlich-rechtliche Geldforderungen geltend gemacht werden, nach § 251 Abs. 1 S. 1 AO grundsätzlich sofort vollstreckbar, wenn nicht eine der dort genannten Ausnahmen vorliegt. Die Vollstreckung darf aber erst eingeleitet werden, wenn die Voraussetzungen von § 3 Abs. 2 VwVG vorliegen. 1

1. Aussetzung der Vollziehung

Diese richtet sich nicht nach § 361 Abs. 2 und 3 AO, auf die § 5 VwVG nicht verweist, sondern nach § 80 VwGO (anders im Bereich des **bremischen** Rechts, da § 2 Abs. 1 BremGVG auch auf § 361 AO verweist → VwVG § 5 Rn. 6, 11). Die Regeln von § 361 Abs. 2 S. 2 und 5 AO, 2 nach denen die Aussetzung erfolgen soll, wenn ernstliche Zweifel an der Rechtmäßigkeit des angefochtenen Verwaltungsakts bestehen oder wenn die Vollziehung für die betroffene Person eine unbillige, nicht durch überwiegende öffentliche Interessen gebotene Härte zur Folge hätte, und die Aussetzung von einer Sicherheitsleistung abhängig gemacht werden kann, stimmen jedoch mit denen in § 80 Abs. 4 S. 2 und 3 VwGO überein und können darüber hinaus auch außerhalb der Anwendungsbereiche von § 80 VwGO und § 361 AO als allgemeine Rechtsgrundsätze, die von der Rspr. schon zu § 80 VwGO entwickelt worden sind, herangezogen werden.

2. Aufschiebende Wirkung von Rechtsbehelfen

3   Die Einlegung von Rechtsbehelfen hemmt nach § 80 Abs. 1 VwGO grundsätzlich die Vollziehung des Verwaltungsakts. Eine Ausnahme gilt nach § 80 Abs. 2 S. 1 Nr. 1 VwGO für Leistungsbescheide über **öffentliche Abgaben und Kosten.** Das sind Verwaltungsakte über Steuern, Gebühren und Beiträge einschl. Rundfunkbeiträge (Buchheister in Wysk § 80 Rn. 13; noch zu Rundfunkgebühren VG Frankfurt a. M. NVwZ-RR 2007, 438) sowie über sonstige Abgaben, die eine Finanzierungsfunktion erfüllen (BVerwG NVwZ 1993, 1112 [Ls. 1], zum Ausgleichsbetrag nach § 154 Abs. 1 S. 1 BauGB). Dazu gehören auch Zinsbescheide über Aussetzungszinsen, da Aussetzungszinsen ihrerseits überwiegend der Finanzbedarfsdeckung dienen und deshalb wie Abgaben zu behandeln sind, die unter § 80 Abs. 2 S. 1 Nr. 1 VwGO fallen (VGH Kassel NVwZ-RR 1995, 235 [Ls. 1]). OVG Bremen KStZ 1993, 236, VGH Kassel NVwZ-RR 1995, 158 (Ls.) und VG Aachen NWVBl. 2007, 160 rechnen auch Säumniszuschläge zu den Abgaben iSv § 80 Abs. 2 S. 1 Nr. 1 VwGO. Kosten der Ersatzvornahme gehören nicht dazu (VGH Mannheim NVwZ-RR 1991, 512 [Ls.]; Schell BayVBl. 2005, 746). Auflistung bei Krämer, Vorläufiger Rechtsschutz im VwGO-Verfahren, § 80 VwGO Rn. 48. Im Übrigen gilt auch bei der Geltendmachung öffentlich-rechtlicher Geldforderungen § 80 Abs. 1 VwGO. § 361 Abs. 1 AO ist mangels Verweisung in § 5 VwVG nicht anwendbar (anders in **Bremen** → VwVG § 5 Rn. 6, 11).

3. Anordnung der sofortigen Vollziehung

4   Die Behörde kann gemäß § 80 Abs. 2 S. 1 Nr. 4, Abs. 3 VwGO die sofortige Vollziehung anordnen; das öffentliche Interesse an Zinsvorteilen für sich allein rechtfertigt die sofortige Vollziehung von auf Geldleistungen gerichteten Verwaltungsakten jedoch nicht (VGH Mannheim NVwZ-RR 1993, 392 [Ls.]).

II. Insolvenzverfahren

1. Vollstreckungsverbote

5   Im Falle eines Insolvenzverfahrens über das Vermögen des Schuldners ist auch eine Einzelvollstreckung öffentlich-rechtlicher Insolvenzforderungen im

Vollstreckbare Verwaltungsakte § 251 AO

Verwaltungswege nicht zulässig (vgl. § 89 Abs. 1 InsO; dazu App NZI 1999, 481; zum statthaften Rechtsbehelf bei demgemäß unzulässiger Vollstreckung App NZI 1999, 138; zu trotz Eröffnung eines Insolvenzverfahrens weiterhin zulässigen Vollstreckungsmaßnahmen App DGVZ 2004, 67). Das Verwaltungsvollstreckungsverfahren **ruht** und lebt erst nach Beendigung des Insolvenzverfahrens wieder auf (§§ 201, 202 InsO), und selbst dies scheidet aus, wenn dem – redlichen – Schuldner Restschuldbefreiung erteilt (§§ 301, 302 InsO) und die Erteilung nicht widerrufen worden ist (§ 303 InsO), und auch, solange für einen Schuldner, dem das Insolvenzgericht Restschuldbefreiung für den Fall der Erfüllung seiner gesetzlichen Obliegenheiten angekündigt hat (vgl. nunmehr § 287a InsO), die sechsjährige (§ 287 Abs. 2 InsO: Abtretungsfrist) „Wohlverhaltensphase" andauert (§ 294 Abs. 1 InsO). Schon vor Eröffnung des Insolvenzverfahrens kann das Insolvenzgericht Vollstreckungsmaßnahmen gegen den Schuldner untersagen oder einstweilen einstellen, soweit nicht unbewegliche Gegenstände betroffen sind (§ 21 Abs. 2 Nr. 3 InsO); eine dem Wortlaut von § 21 Abs. 2 Nr. 3 InsO entsprechende Anordnung hindert nur die Vollstreckung von Geldforderungen, nicht die wegen Handlungen, Duldungen und Unterlassungen (LG Mainz ZVI 2002, 203; dazu App EWiR 2003, 377). Von Bedeutung ist weiter die Regelung in § 88 Abs. 1 InsO, wonach die Eröffnung des Insolvenzverfahrens zu einer **Rückschlagsperre** führt: Es werden alle im Vollstreckungswege erlangten Sicherungen an dem zur Insolvenzmasse gehörenden Vermögen des Schuldners unwirksam, die der Gläubiger, dessen Vollstreckungsforderung eine Insolvenzforderung iSv § 38 InsO ist, im letzten Monat (bei Eröffnung eines Verbraucherinsolvenzverfahrens: in den letzten drei Monaten, § 88 Abs. 2 InsO) vor dem Antrag auf Eröffnung des Insolvenzverfahrens (auch bei anfänglichen Mängeln oder einem unzuständigen Gericht, BayObLG InVo 2000, 390) oder nach diesem Antrag durch Vollstreckung erlangt hat; die Rückschlagsperre greift aber nicht ein, wenn die Vollstreckungsmaßnahme bereits zur Befriedigung des Vollstreckungsgläubigers geführt hat (Vallender ZIP 1997, 1995; App NZI 1999, 482). Die Rspr. (Nachweise bei Borries/Hirte in Uhlenbruck § 131 Rn. 60 ff.) behandelt allerdings – mit wenig überzeugender Begründung (dazu App ZfZ 2003, 175; AG Hagen KKZ 2005, 80 mit Anm. App; App KKZ 2007, 204) – die Erlangung von Zahlungen im Wege der Vollstreckung als iSv § 131 InsO inkongruente und damit der **Insolvenzanfechtung** unterliegende Deckung (krit. Paulus NJW 2003, 2513 mwN), allerdings (vgl. BGH KKZ 2005, 255 mit Anm. App) nur solche im Zeitraum von drei Monaten vor Stellung des Insolvenzantrags und danach, dagegen soll dies für die Vorsatzanfechtung nach § 133 InsO keine Bedeutung haben. – Nach BGH ZIP 2003, 1304 (abzulehnen, vgl. Eckardt EWiR 2003, 832) soll dies sogar dann schon gelten, wenn der Vollstreckungsschuldner auf eine formularmäßige Vollstreckungsankündigung hin zahlt; zu praktischen Schlussfolgerungen von Seiten der Vollstreckungsbehörden aus dieser Rspr. Viertelhausen KKZ 2005, 71 (Quintessenz: zügige und unnachsichtige Vollstreckung halte das Anfechtungsrisiko am ehesten in Grenzen). Geltend zu machen ist die Insolvenzanfechtung auch der Zahlung von Steuer- und anderen Abgabenforderungen auf dem Zivilrechtsweg; ein Erstattungsanspruch

AO § 251 Abgabenordnung

iSv § 37 Abs. 2 AO liegt in diesem Falle nicht vor (OLG Hamm DZWIR 2003, 385 m. Anm. App). Anders verhält es sich mit Forderungen, die Masseverbindlichkeiten iSv § 55 InsO sind, insb. solchen, die nach Eröffnung des Insolvenzverfahrens durch die Verwaltung, Verwertung und Verteilung der Insolvenzmasse durch den Insolvenzverwalter begründet worden sind (Einzelheiten bei Frotscher, 65 ff.). Diese Forderungen kann der Vollstreckungsgläubiger in die Insolvenzmasse vollstrecken; teilweise ist dabei allerdings eine sechsmonatige Vollstreckungssperre zu beachten (vgl. § 90 InsO; Einzelheiten bei Vallender ZIP 1997, 1999). Auch Masseverbindlichkeiten sind aber nach Anzeige der Masseunzulänglichkeit durch den Insolvenzverwalter nicht mehr vollstreckbar (§ 210 InsO), falls es sich um sog Alt-Masseverbindlichkeiten handelt (dazu App KKZ 2000, 107).

Keine Masseverbindlichkeiten sind diejenigen Abgabenforderungen, die durch **eigenes Handeln des Insolvenzschuldners nach Verfahrenseröffnung** begründet worden sind; diese können nur in das insolvenzfreie Vermögen des Insolvenzschuldners vollstreckt werden. Das gilt vor allem, wenn der Insolvenzverwalter von der neugeschaffenen Bestimmung in § 35 Abs. 2 InsO Gebrauch gemacht hat, denn Insolvenzschuldner dessen Erwerb aus einer selbstständigen Tätigkeit aus der Insolvenzmasse „freizugeben" (dazu App KKZ 2009, 243). Allerdings wirkt die Freigabe-Erklärung des Insolvenzverwalters nicht auf die Zeit vor Verfahrenseröffnung zurück; die bis dahin aufgelaufenen Insolvenzforderungen und Masseforderungen bleiben Insolvenzforderungen bzw. Masseforderungen (App KKZ 2009, 244).

2. Geltendmachung von Insolvenzforderungen

5a Auch der Erlass von Leistungsbescheiden wegen Forderungen, die Insolvenzforderungen iSv § 38 InsO sind, ist nach Eröffnung des Insolvenzverfahrens nicht mehr möglich (§ 87 InsO; zur Behandlung kommunaler Forderungen im Insolvenzverfahren App NdsVBl. 2004, 35). Stattdessen muss der Gläubiger der öffentlich-rechtlichen Geldforderung die Forderung zur Insolvenztabelle anmelden; diese Anmeldung ist kein Verwaltungsakt (Einzelheiten dazu bei Frotscher, 254). Die Anmeldung ist keine Vollstreckungsmaßnahme; kraft seiner Organisationsgewalt ist der Gläubiger jedoch befugt, aus Zweckmäßigkeitsgründen mit der Anmeldung die Vollstreckungsstellen zu betrauen (wie etwa in Abschn. 58 II–IV VollstrA konkludent geschehen). Widerspricht der Insolvenzverwalter oder ein anderer Insolvenzgläubiger der Eintragung in die Insolvenztabelle, so ist zu unterscheiden:
– Ist bereits vor Eröffnung des Insolvenzverfahrens ein Leistungsbescheid ergangen, so muss der Widersprechende seinen Widerspruch mit den Rechtsbehelfen verfolgen, die dem Insolvenzschuldner zustünden, wenn das Insolvenzverfahren nicht eröffnet worden wäre (§ 179 Abs. 2 InsO; Frotscher, 260 hält diese Vorschrift mit durchaus vertretbarer Begründung auf öffentlich-rechtliche Forderungen nicht für anwendbar).
– War bei Eröffnung bereits ein Rechtsstreit über die Forderung anhängig, so kann dieser – der nach § 173 VwGO iVm § 240 ZPO zunächst unterbrochen war – sowohl vom Vollstreckungsgläubiger als auch vom Insolvenzverwalter gemäß §§ 180, 185 InsO aufgenommen werden.

Vollstreckbare Verwaltungsakte **§ 251 AO**

– In allen übrigen Fällen kann die Behörde den Widerspruch – anstelle durch zivilrechtliche Klage – nach dem Prüfungstermin (BSG NZS 2002, 196 (197)) durch einen Feststellungsbescheid nach § 251 Abs. 3 AO ausräumen, gegen den der Widersprechende wiederum mit den Rechtsbehelfen vorgehen kann, die ohne Eröffnung des Insolvenzverfahrens dem Schuldner zustünden.

Nach BFH DZWIR 2005, 200 dürfen nach Eröffnung des Insolvenzverfahrens auch keine Bescheide über die einheitliche und gesonderte Feststellung von Besteuerungsgrundlagen nach §§ 180 ff. AO mehr ergehen, die Auswirkung auf die Besteuerung des Insolvenzschuldners haben (dazu Gundlach/Frenzel/Schirrmeister DZWIR 2005, 189).

Des Weiteren scheidet nach Eröffnung des Insolvenzverfahrens über das Vermögen einer Personengesellschaft die Geltendmachung der Gesellschafterhaftung durch die Behörde aus (§ 93 InsO); bereits ergangene Haftungsbescheide dürfen nicht (weiter-) vollstreckt werden, und neue Haftungsbescheide dürfen nicht mehr erlassen werden (vgl. Borries/Hirte in Uhlenbruck § 93 InsO Rn. 25). Nicht gehindert ist die Behörde, einen Haftungsbescheid auf anderer Rechtsgrundlage zu erlassen und zu vollstrecken, zB der Geschäftsführerhaftung gemäß § 69 AO iVm § 34 AO (BGH Rpfleger 2002, 582).

3. Lage nach Beendigung des Insolvenzverfahrens

Nach der Einstellung oder Aufhebung des Insolvenzverfahrens kann die Vollstreckungsbehörde, wenn ihre Forderung festgestellt und im Prüfungstermin vom Schuldner nicht ausdrücklich bestritten worden ist, aus der Eintragung in die **Insolvenztabelle** im Verwaltungswege vollstrecken (§ 251 Abs. 2 S. 2 AO iVm § 201 Abs. 2 InsO), außer wenn dem Schuldner Restschuldbefreiung angekündigt oder erteilt worden ist (die Behörde kann jedoch Versagung der Restschuldbefreiung beantragen, zB wegen einer Insolvenzstraftat des Schuldners, auch einer solchen in einem anderen Insolvenzverfahren, vgl. BGH Rpfleger 2002, 206). Entsprechendes gilt für einen rechtskräftig bestätigten **Insolvenzplan** (§ 251 Abs. 2 S. 2 AO iVm § 257 InsO; zum Zustandekommen eines Insolvenzplans und zur Vollstreckbarkeit des gerichtlich bestätigten Insolvenzplans App DGVZ 2003, 50) und den angenommenen **Schuldenbereinigungsplan** im Verbraucherinsolvenzverfahren (§ 251 Abs. 2 S. 2 AO iVm § 308 Abs. 1 InsO). **5b**

4. Verbraucherinsolvenzverfahren

Dieses ist mit Inkrafttreten der InsO neu eingeführt worden (§§ 304 ff. InsO); zur Behandlung öffentlich-rechtlicher Forderungen in diesem Verfahren s. App ZKF 2001, 31 und 2002, 105. **6**

5. Stellung eines Insolvenzantrags

In Gang gesetzt werden kann das Insolvenzverfahren auch durch den Vollstreckungsgläubiger selbst (zum Antrag durch das Finanzamt App BuW 1999, 426; zum Antrag durch das Hauptzollamt App ZfZ 1998, 398; **7**

AO § 251

zum Antrag durch Gemeinden App KKZ 1998, 113; zum – besonders häufigen – Antrag durch den Sozialversicherungsträger App SGb 1998, 442); die Forderungen brauchen nicht alle bereits bestandskräftig festgesetzt worden zu sein (BFH/NV 2005, 1002). Für den Insolvenzantrag ist **Schriftform** vorgeschrieben (§ 13 Abs. 1 InsO); in ihm sind öffentlich-rechtliche Geldforderungen nach Art, Zeitraum und Höhe zu spezifizieren (OLG Naumburg Beschl. v. 2.5.2000 – 5 W 38/00 mwN). Weder das VwVG noch die AO enthalten eine Vorschrift über die Stellung eines Insolvenzantrags; die Rechtsgrundlage für die Befugnis, einen Insolvenzantrag zu stellen, findet sich in §§ 13 Abs. 1 S. 2 und 14 Abs. 1 InsO, Vorschriften also, die keinerlei Unterschied zwischen Inhabern öffentlich-rechtlicher und Inhabern privatrechtlicher Forderungen machen. Die wohl hM, auch die des BGH (ZIP 1990, 805; s.a. Loritz JZ 1990, 866), geht dahin, dass öffentlich-rechtliche Gläubiger bei der Stellung eines Insolvenzantrags hoheitlich tätig würden – mit der Konsequenz, dass gegen Insolvenzanträge der Hauptzollämter und der Finanzämter der Finanzrechtsweg gegeben wäre, gegen Insolvenzanträge der Gemeinden wegen Gemeindeabgaben (dagegen nicht bei solchen wegen privatrechtlicher Forderungen) der Verwaltungsrechtsweg und gegen Insolvenzanträge der Sozialversicherungsträger der Sozialrechtsweg. Ablehnend bereits ausführlich in der 4. Aufl., Anh. 1, § 251 AO Anm. 2c mwN zur entsprechenden Rechtslage nach der KO. Brockmeyer in Klein § 251 AO Rn. 11 hält den Insolvenzantrag einer Behörde sogar für einen Verwaltungsakt. Die Stellung eines unberechtigten Insolvenzantrags durch eine Behörde kann eine zum Schadensersatz nach § 839 BGB verpflichtende **Amtspflichtverletzung** darstellen (BGH ZIP 1990, 805; dazu App ZIP 1992, 460). Wegen Ermessensfehlers unberechtigt sein soll ein behördlicher Insolvenzantrag, wenn mit ihm lediglich die Abgabe von Steuererklärungen und Steueranmeldungen erzwungen werden soll (BFH/NV 2005, 1002) oder wenn für die Behörde erkennbar feststeht, dass eine die Kosten deckende Insolvenzmasse nicht vorhanden ist, da in einem solchen Fall die Durchführung des Insolvenzverfahrens nur der Existenzvernichtung des Schuldners dienen würde (BFH/NV 2004, 464).

Für (zu Recht) unbeachtlich hält der BFH jedoch den Einwand, der Vollstreckungsgläubiger hätte den Vollstreckungsschuldner vor Stellung des Insolvenzantrags zur Vorlage eines Vermögensverzeichnisses (→ AO § 284 Rn. 6) auffordern oder weitere Vollstreckungsversuche unternehmen müssen (BFH Beschl. v. 12.12.2005 – VII R 63/04 [II.3.a)]).

6. Nachrangige Insolvenzforderungen

8   Bestimmte Forderungen sind im Insolvenzverfahren nachrangige Insolvenzforderungen (§ 39 InsO) und nehmen am Verfahren nur teil, wenn das Insolvenzgericht ausdrücklich zu ihrer Anmeldung aufgefordert hat (§ 174 Abs. 3 InsO), was nur in sehr seltenen Ausnahmefällen geschieht. Auch öffentlich-rechtliche Forderungen können von dieser Einschränkung betroffen sein, zB seit der Eröffnung des Insolvenzverfahrens laufende Steuerzinsen

und Säumniszuschläge (§ 39 Abs. 1 Nr. 1 InsO), Geldbußen, Ordnungsgelder und Zwangsgelder (§ 39 Abs. 1 Nr. 3 InsO). Bei Zwangsgeldern hat die Behörde ohnehin zu prüfen, ob das Zwangsverfahren gegen den Schuldner noch weiterbetrieben werden kann, oder ob er infolge des Verlustes des Verwaltungs- und Verfügungsrechts über die zur Insolvenzmasse gehörenden Gegenstände (§ 80 InsO) mit Eröffnung des Insolvenzverfahrens zur Erfüllung der zu erzwingenden Handlung außerstande geworden ist, wie regelmäßig bei gewerbebetriebs- und gebäudebezogenen Verwaltungsakten (außer in dem Falle, der Insolvenzverwalter hätte ein Grundstück oder nach dem neuen § 35 Abs. 2 InsO den Erwerb aus einer selbstständigen Tätigkeit des Insolvenzschuldners aus der Insolvenzmasse freigegeben). Erforderlichenfalls ist nunmehr der Insolvenzverwalter zur Erfüllung der Verpflichtung aufzufordern und ggf. gegen ihn Verwaltungszwang anzuwenden (dazu auch § 15 VwVG Rn. 7 mwN).

III. Nichtigerklärung von Rechtsnormen

Aus Verwaltungsakten, die auf einer vom **BVerfG** nach § 79 BVerfGG für nichtig erklärten Norm beruhen, darf nicht mehr vollstreckt werden (§ 79 Abs. 2 S. 2 BVerfGG; dazu Neckels DStZ 1991, 514); wenn eine Rechtsvorschrift im Wege der **verwaltungsgerichtlichen Normenkontrolle** für nichtig erklärt worden ist, führt ein Erst-recht-Schluss aus § 183 S. 2 VwGO zum selben Ergebnis (vgl. OVG Lüneburg BB 1952, 339; Menger JZ 1965, 722; von Pollern/Brunn in Schweickhardt/Vondung Rn. 989). Nach VG Gera BeckRS 1998, 31337485 muss es sich um die Norm handeln, die das BVerfG für nichtig erklärt hat; es genügt nicht die inhaltsgleiche Norm eines Landesgesetzes, die nicht Gegenstand des Verfahrens war (selbst wenn der Landesgesetzgeber als Reaktion auf die Entsch. des BVerfG jene ex nunc aufgehoben hat). Bereits ergriffene Vollstreckungsmaßnahmen sind nicht nichtig, aber abzuändern (vgl. Beermann in HHSp § 251 AO Rn. 18). Eine vor der Nichtigkeitsentscheidung eingeleitete und noch nicht beendete Vollstreckung ist auf Widerspruch (bzw. Einspruch) einzustellen (Beermann in HHSp § 251 AO Rn. 19a). Die Nichtigerklärung im Rahmen einer bloßen **Inzidentkontrolle** kann diese Wirkungen allerdings nicht auslösen (OVG Münster JZ 1965, 719; Menger JZ 1965, 721; vgl. auch Rn. 10 bei **Hessen**). Kein Vollstreckungsverbot besteht, wenn das BVerfG eine Vorschrift zwar mit dem GG nicht für vereinbar hält, ihre weitere Anwendung aber für eine **Übergangszeit** zugelassen hat, während dieser Übergangszeit (BFH BStBl. 1995 II 44; Fritsch in Pahlke/Koenig § 251 AO Rn. 5). Ebenso wenig ist die Vollstreckung gehindert, wenn das BVerfG die Verfassungswidrigkeit einer Norm durch **verfassungskonforme Auslegung** bereinigt. Zwar soll der Wortlaut von § 79 Abs. 2 BVerfGG auch diesen Fall erfassen (vgl. Kruse, 359); doch gilt es zu bedenken, dass der Begriff der verfassungskonformen Auslegung bei Schaffung des § 79 Abs. 2 BVerfGG noch unbekannt war.

9

AO § 252

IV. Landesrecht

10 → vgl. auch § 3 VwVG Rn. 12.
Baden-Württemberg: § 15 Abs. 1 LVwVG verweist auf § 251 Abs. 2 S. 2 AO (→ Einführung zur AO, § 5 VwVG Rn. 6), § 3 Abs. 1 Nr. 6 lit. a KAG auf § 251 Abs. 3 AO.
Hessen: Nach § 3 Abs. 4 HessVwVG ist die Vollstreckung eines Verwaltungsaktes nicht nur dann unzulässig, wenn die Norm, auf der er beruht, vom VGH im Normenkontrollverfahren (§ 47 VwGO) für nichtig erklärt worden ist, sondern auch dann, wenn ein Verwaltungsgericht sie durch Urteil für nichtig erklärt hat. Die zweite Alt. ist jedoch ohne praktische Bedeutung, da den Verwaltungsgerichten erster Instanz die Befugnis fehlt, eine Rechtsnorm „durch Urteil" (mit Wirkung inter omnes) für nichtig zu erklären (Kreiling § 3 Anm. 7); nicht ausreichend für die Unzulässigkeit der Vollstreckung wäre es, wenn ein Verwaltungsgericht „in" einem Urteil eine Rechtsnorm im Wege der Inzidentkontrolle für nichtig erklärt. Da der Verwaltungsvollstreckung in Hessen sowohl eine Vorschrift wie § 251 Abs. 3 AO im HessVwVG fehlt als auch eine Verweisungsvorschrift von dort auf die AO, sind die hessischen Kommunen im Falle des Bestreitens von nichttitulierten Forderungen im Insolvenzverfahren darauf verwiesen, die Feststellung im Klagewege zu betreiben; für die Feststellungsklage iSv § 43 VwGO ist gemäß § 185 InsO das Verwaltungsgericht zuständig.
Sachsen: § 16 SächsVwVG verweist (ua) auf § 251 Abs. 2 S. 2 AO (→ Einführung zur AO, § 5 VwVG Rn. 6).

V. Justizbeitreibungsgesetz

11 In den Fällen von § 1 Abs. 1 Nr. 8 und 9 JBeitrG darf die Vollstreckung erst beginnen, wenn der Zahlungspflichtige von den ihm zustehenden Rechtsbehelfen binnen zwei Wochen nach der Zahlungsaufforderung oder nach der Mitteilung einer Entscheidung über seine Einwendungen gegen jene keinen Gebrauch gemacht hat (§ 5 Abs. 1 S. 2 JBeitrG). In den übrigen Fällen kann das Gericht nach der Erhebung von Einwendungen die Einstellung der Beitreibung anordnen (§ 8 Abs. 1 S. 3 JBeitrG). Nach Eröffnung des Insolvenzverfahrens ist die Vollstreckung unzulässig (§ 6 Abs. 1 Nr. 2 JBeitrG iVm § 89 Abs. 1 InsO).

§ 252 Vollstreckungsgläubiger

Im Vollstreckungsverfahren gilt die Körperschaft als Gläubigerin der zu vollstreckenden Ansprüche, der die Vollstreckungsbehörde angehört.

I. Gläubigerfiktion

1 Darüber, wer überhaupt als Vollstreckungsgläubiger in Betracht kommt, App/Wettlaufer/Klomfaß Kap. 5 Rn. 3 ff. Die Fiktion in § 252 AO erleich-

tert das Vollstreckungsverfahren vor allem in den Fällen, in denen ein Anspruch materiell mehreren Gläubigern zusteht. Auch dem Schuldner, dem Drittschuldner und Berechtigten einer Drittwiderspruchsklage (§ 262 AO) oder einer Klage auf vorzugsweise Befriedigung (§ 293 AO) wird die Wahrnehmung ihrer Rechte durch die gesetzliche Fiktion erleichtert, weil der Dritte keine Ermittlungen darüber anstellen muss, gegen wen er als Vollstreckungsgläubiger zu klagen hat (VG Schwerin BeckRS 2015, 56488).

Nicht anwendbar ist § 252 AO im Rahmen der Vollstreckung nach **§ 169 VwGO** (so zutr. Wettlaufer, 101).

II. Amtshilfe

Soweit eine Vollstreckungsbehörde nach § 250 AO in Amtshilfe tätig wird, kommt es auf die Körperschaft an, der die **ersuchte** Behörde angehört, die tatsächlich tätig wird (s. a. Beermann in HHSp Rn. 11). Sie hat Rechtsstreitigkeiten über die Vollstreckung in Prozessstandschaft für die Körperschaft der ersuchenden Behörde zu führen. 2

III. Vollstreckungsverfahren

§ 252 AO gilt schon seinem ausdrücklichen Wortlaut nach nur „**im** Vollstreckungsverfahren" (ähnlich Beermann in HHSp Rn. 12 und 20), also nicht etwa im Verfahren der Auseinandersetzung mehrerer Gläubiger um den Verwertungserlös. Sinnvoll ist es, § 252 AO bei der Ermittlung der für die Durchführung des Verbraucherinsolvenzverfahrens maßgeblichen Gläubigerzahl (§ 304 Abs. 2 InsO) analog anzuwenden und auch bei § 304 Abs. 2 InsO auf die Verwaltungshoheit abzustellen (dazu App InVo 2002, 87). 3

IV. Insolvenzantrag

Nicht anwendbar ist § 252 AO für die Stellung eines Insolvenzantrags, da der Insolvenzantrag keine Vollstreckungsmaßnahme ist (vgl. auch App ZfZ 1991, 92). 4

V. Landesrecht

Bremen: § 4 Nr. 1 BremGVG enthält eine § 252 AO entsprechende Regelung. 5
Niedersachsen: Der Vollstreckungsgläubiger, der durch die Behörde vertreten wird, die den Leistungsbescheid erlassen hat (§ 5 NVwVG), ist im Gegensatz zu § 252 AO die Körperschaft, welcher der zu vollstreckende Anspruch zusteht.
Nordrhein-Westfalen: § 4a Abs. 1 VwVG NRW gleicht § 252 AO fast wörtlich.
Sachsen-Anhalt: Wie Niedersachsen (§ 5 VwVG LSA).

VI. Justizbeitreibungsgesetz

6 § 6 Abs. 2 S. 1 JBeitrG bestimmt, dass die Vollstreckungsbehörde die Befugnisse des Gläubigers wahrnimmt.

§ 253 Vollstreckungsschuldner

Vollstreckungsschuldner ist derjenige, gegen den sich ein Vollstreckungsverfahren nach § 249 richtet.

I. Verfahrensrechtlicher (formeller) Begriff

1 Im Gegensatz zu § 2 VwVG enthält § 253 AO einen rein verfahrensrechtlichen Begriff des Vollstreckungsschuldners. Dass jemand als Vollstreckungsschuldner nach § 253 AO am Vollstreckungsverfahren beteiligt ist, setzt nicht voraus, dass er als Vollstreckungsschuldner nach **§ 2 VwVG materiellrechtlich** in Anspruch genommen werden kann. Gemeint ist mit § 253 AO, dass jeder – ob zu Recht oder zu Unrecht – in Anspruch Genommene die vollstreckungsrechtlichen Verfahrensrechte geltend machen kann (App JuS 1987, 204). Er kann beispielsweise Widerspruch (bzw. Einspruch) gegen Pfändungsakte erheben und braucht sich nicht wie ein Dritter auf den Zivilrechtsweg (§§ 262, 293 AO) verweisen zu lassen. Den materiellen und den verfahrensrechtlichen Vollstreckungsschuldnerbegriff verbindet die Definition von von Pollern/Brunn in Schweickhardt/Vondung Rn. 965 miteinander: Vollstreckungsschuldner sei derjenige, der eine ihm durch Verwaltungsakt oder verwaltungsrechtlichen Vertrag auferlegte Handlungs-, Duldungs- oder Unterlassungspflicht nicht erfülle (wobei zu den Handlungspflichten in diesem Sinne auch die Geldzahlungspflicht gehöre).

II. Beteiligungsfähige Rechtssubjekte

2 Wie der materielle (§ 2 VwVG) erfasst der formelle Vollstreckungsschuldnerbegriff neben natürlichen und juristischen Personen auch andere beteiligungsfähige Gebilde, namentlich Personengesellschaften (App/Wettlaufer/Klomfaß Kap. 5 Rn. 92). Formell Vollstreckungsschuldner sein können auch Rechtssubjekte, gegen die eine Vollstreckung nicht betrieben werden darf, wie Bund, Länder oder Exterritoriale, falls dies rechtswidrig doch einmal geschieht.

III. Landesrecht

→ vgl. auch § 2 VwVG Rn. 6.

3 **Brandenburg:** Inhaltsgleich mit § 253 AO: § 6 Abs. 1 VwVGBbg.
Hessen: „Pflichtiger" ist nach § 4 Abs. 1 HessVwVG derjenige, gegen den sich die Vollstreckung richtet. Gegen den Rechtsnachfolger des Pflichtigen kann die Vollstreckung erst eingeleitet oder fortgesetzt werden, wenn

die Vollstreckungsvoraussetzungen auch in dessen Person vorliegen (§ 4 Abs. 3 S. 1 HessVwVG); ausgenommen von diesem Grundsatz ist die Fortsetzung der im Todeszeitpunkt des Pflichtigen begonnenen Vollstreckung in seinen Nachlass (§ 4 Abs. 3 S. 2 HessVwVG).
Niedersachsen: Gemäß § 2 Abs. 5 Nr. 1 NVwVG ist Vollstreckungsschuldner bei einem Leistungsbescheid derjenige, gegen den dieser gerichtet ist.
Nordrhein-Westfalen: § 4 VwVG NRW kennt ebenfalls nur den materiellen Vollstreckungsschuldnerbegriff (→ VwVG § 2 Rn. 6).
Rheinland-Pfalz: § 6 LVwVG kennt nur den materiellen Vollstreckungsschuldnerbegriff (→ VwVG § 2 Rn. 6).
Schleswig-Holstein: Auch § 264 Abs. 1 LVwG kennt nur den materiellen Vollstreckungsschuldnerbegriff (→ VwVG § 2 Rn. 6).
Thüringen: § 20 Abs. 1 ThürVwZVG entspricht § 253 AO wörtlich (→ VwVG § 2 Rn. 6).

IV. Justizbeitreibungsgesetz

§ 4 JBeitrG kennt nur den materiellen Vollstreckungsschuldnerbegriff. **4**

§ 254 Voraussetzungen für den Beginn der Vollstreckung

(1) **Soweit nichts anderes bestimmt ist, darf die Vollstreckung erst beginnen, wenn die Leistung fällig ist und der Vollstreckungsschuldner zur Leistung oder Duldung oder Unterlassung aufgefordert worden ist (Leistungsgebot) und seit der Aufforderung mindestens eine Woche verstrichen ist. Das Leistungsgebot kann mit dem zu vollstreckenden Verwaltungsakt verbunden werden. Ein Leistungsgebot ist auch dann erforderlich, wenn der Verwaltungsakt gegen den Vollstreckungsschuldner wirkt, ohne ihm bekannt gegeben zu sein. Soweit der Vollstreckungsschuldner eine von ihm auf Grund einer Steueranmeldung geschuldete Leistung nicht erbracht hat, bedarf es eines Leistungsgebots nicht.**

(2) **Eines Leistungsgebots wegen der Säumniszuschläge und Zinsen bedarf es nicht, wenn sie zusammen mit der Steuer beigetrieben werden. Dies gilt sinngemäß für die Vollstreckungskosten, wenn sie zusammen mit dem Hauptanspruch beigetrieben werden. Die gesonderte Anforderung von Säumniszuschlägen kann ausschließlich automationsgestützt erfolgen.**

Übersicht

	Rn.
I. Verhältnis der Vorschrift zu § 3 VwVG	1
II. Leistungsgebot	2
1. Rechtsnatur: Verwaltungsakt	2
2. Bedeutung und Inhalt	3
3. Säumniszuschläge (Abs. 2)	3a

	Rn.
a) Beitreibung mit der Hauptleistung (Abs. 2 S. 1)	3a
b) Isolierte (automationsgestützte) Beitreibung (Abs. 2 S. 3)	3b
4. Kein neues Leistungsgebot nach Stundung	4
5. (Weitere) Ausnahmen von der Verweisung	5
III. Verstöße gegen die Vorschrift	6
IV. Landesrecht	7
V. Justizbeitreibungsgesetz	8

I. Verhältnis der Vorschrift zu § 3 VwVG

1 § 254 AO wiederholt zum Teil Regelungen, die bereits in § 3 Abs. 2 VwVG enthalten sind:
– **Fälligkeit** der Leistung: § 3 Abs. 2 lit. b VwVG;
– **Wochenfrist:** § 3 Abs. 2 lit. c VwVG (mit ergänzender Regelung für spätere Fälligkeit der Leistung).
Insoweit ist er im Rahmen der Verweisung in § 5 Abs. 1 VwVG **gegenstandslos.**
Zu weiteren Ausnahmen von der Verweisung → Rn. 5.

II. Leistungsgebot

1. Rechtsnatur: Verwaltungsakt

2 Das Leistungsgebot, ein Verwaltungsakt (BFH/NV 1995, 950; Brockmeyer in Klein § 254 Rn. 4), ist nicht mit dem in § 3 Abs. 2 lit. a VwVG genannten Leistungsbescheid identisch; diesem entspricht vielmehr der in § 254 Abs. 1 S. 2 genannte zu vollstreckende Verwaltungsakt. Es entspricht aber auch nicht der Mahnung des § 3 Abs. 3 VwVG, da es mit dem Verwaltungsakt verbunden werden kann (§ 254 Abs. 1 S. 2). Diese Verbindung ist die Regel (vgl. Beermann in HHSp Rn. 34). Selbstständige Bedeutung gewinnt das Leistungsgebot, wenn der Verwaltungsakt gegen einen **Gesamtrechtsnachfolger** des Schuldners, gegen den der zu vollstreckende Verwaltungsakt ergangen war, vollstreckt werden soll (vgl. Carl BB 1985, 1783), außerdem zB bei einem Wegfall der Einschränkung eines Duldungsbescheids durch **§ 14 AnfG.** Die Regelung von § 219 AO, nach der gegen den Haftungsschuldner ein Leistungsgebot grundsätzlich nur ergehen darf, wenn die Vollstreckung in das bewegliche Vermögen des Selbstschuldners ohne Erfolg geblieben oder anzunehmen ist, dass die Vollstreckung aussichtslos sein würde, ist in die Verweisung von § 5 Abs. 1 VwVG nicht einbezogen. Dennoch wird die Behörde in jedem Fall prüfen müssen, ob ihre Anwendung nicht durch den **Grundsatz der Verhältnismäßigkeit** geboten ist. Das Leistungsgebot gegen den **Duldungsschuldner** ist darauf zu richten, dass dieser die Leistung zur Vermeidung der Vollstreckung in das in Frage kommende Vermögen zu bewirken habe.

2. Bedeutung und Inhalt

Entgegen einem verbreiteten Missverständnis ist das Leistungsgebot **nicht** **Grundlage** der Vollstreckung. Vielmehr erschöpft sich sein Regelungsgehalt in dem „Befehl", eine bestimmte Leistung zu erbringen, zu der der Schuldner jedoch nicht auf Grund des Leistungsgebots verpflichtet ist, sondern auf Grund des die Zahlungspflicht festsetzenden Verwaltungsakts. Vollstreckt wird auch nicht das Leistungsgebot, sondern dieser Verwaltungsakt. Die Bedeutung des Leistungsgebots liegt ausschließlich darin, dass es den Schuldner über die **Modalitäten** der Zahlung unterrichtet (BFH BStBl. 1977 II, 83; vgl. auch App/Wettlaufer/Klomfaß Kap. 10 Rn. 5). Beermann in HHSp Rn. 25 und 43 sieht den Inhalt des Leistungsgebots im „gebieterischen Verlangen" der Leistung.

3. Säumniszuschläge (Abs. 2)

a) Beitreibung mit der Hauptleistung (Abs. 2 S. 1). Säumniszuschläge müssen nicht mittels Verwaltungsakts festgesetzt werden. Das gilt auch im Rahmen der Verwaltungsvollstreckung dieser **kraft Gesetzes** entstehenden abgabenrechtlichen Nebenleistungen, wenn sie zusammen mit der zugrunde liegenden Abgabenforderung beigetrieben werden sollen (§ 254 Abs. 2 S. 1 AO). Das **Leistungsgebot** ist in diesem Fall **entbehrlich** (VG Schwerin BeckRS 2015, 46185 [amtl. Ls. 3]).

b) Isolierte (automationsgestützte) Beitreibung (Abs. 2 S. 3). § 254 Abs. 2 Satz 3 AO wurde durch G v. 12.12.2019 (BGBl. I 2451) angefügt und ist gemäß Art. 97 § 1 Abs. 13 EGAO grundsätzlich auf alle ab 18.12.2019 anhängigen Verfahren anzuwenden. Mit der Neuregelung soll bewirkt werden, dass Säumniszuschläge, die nicht nach § 254 Absatz 2 Satz 1 AO mit den Hauptsteuern beigetrieben werden (→ Rn. 3a), ausschließlich automationsgestützt angefordert werden können. Das (isolierte) Leistungsgebot zur Anforderung von Säumniszuschlägen stellt nämlich (ebenfalls → Rn. 2) einen **Verwaltungsakt** dar (so auch die Begründung des Gesetzentwurfs: BT-Drs. 19/13436, 193 f.) und bedarf als Eingriff in die Rechte des Vollstreckungsschuldners einer Rechtsgrundlage (vgl. § 35a VwVfG).

4. Kein neues Leistungsgebot nach Stundung

Ist die Schuld gestundet worden, bedarf es zur Vollstreckung nach Ablauf der Stundungsfrist nicht eines neuen Leistungsgebots; vielmehr **lebt** das **ursprüngliche** Leistungsgebot **wieder auf.** Die Nachentrichtungsfrist für hinterzogene Abgaben gemäß § 371 Abs. 3 AO schiebt die Fälligkeit nicht hinaus; die Vollstreckung vor Ablauf dieser Frist kann jedoch unbillig iSv § 258 AO sein (FG Düsseldorf EFG 1994, 553).

5. (Weitere) Ausnahmen von der Verweisung

Unanwendbar sind im Rahmen von § 5 Abs. 1 VwVG:
– die Unterlassungsalternative des Leistungsgebots (da sie sich nicht auf die Vollstreckung wegen Geldforderungen bezieht),

AO § 255

- § 254 Abs. 1 S. 3 AO (da der Leistungsbescheid dem Vollstreckungsschuldner stets bekanntgegeben werden muss, vgl. § 3 Abs. 2 lit. c VwVG) und
- die speziell auf das Steuerrecht zugeschnittene Regelung von § 254 Abs. 1 S. 4 AO.

Zum Verhältnis von § 254 AO zu § 3 VwVG → Rn. 1.

III. Verstöße gegen die Vorschrift

6 Vollstreckungsakte **ohne Leistungsgebot** (→ Rn. 2 ff.) oder **vor Ablauf der Wochenfrist** (→ Rn. 1) sind rechtswidrig, nicht aber nichtig (BVerwGE 52, 64; BFH/R 2003, 221; Loose in Tipke/Kruse § 254 AO Tz. 28, 29). Der Mangel lässt sich durch spätere Erfüllung der Voraussetzungen nicht beseitigen (BFH/R 2003, 221; Beermann in HHSp Rn. 63), ist aber nur dann beachtlich, wenn der Vollstreckungsschuldner die rechtswidrige Vollstreckungsmaßnahme rechtzeitig mit Widerspruch (bzw. Einspruch) oder Klage angefochten hat. In diesem Fall sind Vollstreckungsmaßnahmen folglich auch dann aufzuheben, wenn später die Bekanntgabe des Leistungsgebots nachgeholt wird (Brockmeyer in Klein § 254 AO Rn. 3 mwN).

IV. Landesrecht

7 → VwVG § 3 Rn. 12. Lediglich **Bremen** verweist (in § 2 Abs. 1 BremGVG → Einführung zur AO, VwVG § 5 Rn. 6) ergänzend auf § 254 AO.

V. Justizbeitreibungsgesetz

8 → VwVG § 3 Rn. 13.

§ 255 Vollstreckung gegen juristische Personen des öffentlichen Rechts

(1) **Gegen den Bund oder ein Land ist die Vollstreckung nicht zulässig. Im Übrigen ist die Vollstreckung gegen juristische Personen des öffentlichen Rechts, die der Staatsaufsicht unterliegen, nur mit Zustimmung der betreffenden Aufsichtsbehörde zulässig. Die Aufsichtsbehörde bestimmt den Zeitpunkt der Vollstreckung und die Vermögensgegenstände, in die vollstreckt werden kann.**

(2) **Gegenüber öffentlich-rechtlichen Kreditinstituten gelten die Beschränkungen des Absatzes 1 nicht.**

I. Vollstreckung gegen Bund und Länder (Abs. 1 S. 1)

1 Gegen den Bund oder ein Bundesland darf nach § 255 Abs. 1 S. 1 AO wegen einer öffentlich-rechtlichen Geldforderung **überhaupt nicht** voll-

streckt werden. Dadurch wird aber nicht ausgeschlossen, dass auf Grund eines verwaltungsgerichtlichen Titels gemäß **§ 170 VwGO** gegen den Bund oder ein Land vollstreckt wird. Insoweit gilt nach § 1 Abs. 2 VwVG jedoch nicht § 5 Abs. 1 VwVG iVm § 255 AO, sondern unmittelbar § 170 VwGO. Danach hat das Gericht vor Erlass der Vollstreckungsverfügung die Behörde oder bei Körperschaften, Anstalten oder Stiftungen des öffentlichen Rechts, gegen die vollstreckt werden soll, die gesetzlichen Vertreter von der beabsichtigten Vollstreckung zu benachrichtigen und aufzufordern, die Vollstreckung innerhalb einer vom Gericht bestimmten Frist abzuwenden, die einen Monat nicht übersteigen darf (§ 170 Abs. 2 VwGO). In Sachen, die für die Erfüllung öffentlicher Aufgaben unentbehrlich sind oder deren Veräußerung ein öffentliches Interesse entgegensteht, darf nicht vollstreckt werden (§ 170 Abs. 3 S. 1 VwGO).

II. Vollstreckung gegen andere Hoheitsträger (Abs. 1 S. 2)

§ 255 Abs. 1 S. 2 und 3 AO regeln die Verwaltungsvollstreckung gegen 2
andere juristische Personen des öffentlichen Rechts, die der Staatsaufsicht unterliegen, also vor allem die **Gemeinden** und Gemeindeverbände, auch die öffentlich-rechtlichen Rundfunkanstalten; ob die Gemeinden zu den juristischen Personen iSv § 255 Abs. 1 S. 2 AO gehören, hat deswegen keine praktische Bedeutung, weil die Gemeindeordnungen der Länder für Vollstreckungsmaßnahmen gegen Gemeinden gleich lautende Vorschriften enthalten (zB § 118 Abs. 1 BbgKVerf; § 125 Abs. 4 NKomVG sieht eine **Anzeigepflicht** vor). Religionsgemeinschaften des öffentlichen Rechts unterliegen nicht der Staatsaufsicht in diesem Sinne; für sie gilt § 255 daher nicht (so auch Brockmeyer in Klein § 255 AO Rn. 4). Zur Vollstreckung von Geldforderungen gegen Kommunen Prahl VR 2005, 339.

III. Zustimmung der Aufsichtsbehörde (Abs. 1 S. 3)

Die Zustimmung der (staatlichen) Aufsichtsbehörde soll sicherstellen, dass 3
durch die Vollstreckung die Erfüllung öffentlicher Aufgaben nicht beeinträchtigt wird. Die Zustimmung ist **kein Verwaltungsakt.** Ob auf ihre Erteilung ein **Rechtsanspruch** besteht, erscheint zweifelhaft. Die Frage dürfte jedenfalls dann zu bejahen sein, wenn der Zweck der Aufsicht, die Erfüllung der gesetzlichen Aufgaben der Schuldnerin zu gewährleisten, durch die Vollstreckung nicht beeinträchtigt wird. Wird zulässigerweise gegen eine juristische Person des öffentlichen Rechts vollstreckt (für die Art. 13 Abs. 2 GG nicht gilt), so ist zur Durchsuchung der ihr gehörenden **Räume** eine **richterliche Durchsuchungsanordnung** iSv § 287 Abs. 4 AO **nicht erforderlich** (VG Frankfurt a.M. NVwZ 1998, 545).

IV. Kreditinstitute (Abs. 2)

Gegen öffentlich-rechtliche Geldinstitute, zB Sparkassen und Landesban- 4
ken, kann wie gegen Private vollstreckt werden.

V. Landesrecht

5 **Baden-Württemberg:** Mit § 255 AO im Wesentlichen inhaltsgleich § 17 LVwVG, aber keine Einschränkung der Vollstreckung gegen den Bund (dazu App VBlBW 2006, 94).

Brandenburg: Detaillierte Regelung in § 7 Abs. 1 bis 3 VwVGBbg, die § 255 AO im Ergebnis entspricht.

Hessen: Die Vollstreckung ist nur zulässig, soweit sie den Pflichtigen nicht an der Erfüllung seiner öffentlichen Aufgaben hindert (§ 26 Abs. 1 S. 1 HessVwVG). Eine Zulassungsverfügung der Aufsichtsbehörde ist nicht (mehr) erforderlich (Glotzbach Erl. zu § 26). § 26 HessVwVG enthält keine Einschränkungen für die Vollstreckung gegen den Bund (dazu App KKZ 1997, 128).

Niedersachsen: Gemäß § 21 Abs. 1 S. 1 NVwVG ist die Vollstreckung gegen juristische Personen des öffentlichen Rechts zulässig, soweit diese dadurch nicht an der Erfüllung ihrer öffentlichen Aufgaben gehindert werden. Anders als § 255 Abs. 1 S. 2 AO schreibt § 21 Abs. 1 S. 2 NVwVG (keine Zustimmung, sondern nur) eine **Anzeige** der Vollstreckungsabsicht gegenüber der Aufsichtsbehörde der juristischen Person vor, gegen die sich die Vollstreckung richten soll – es sei denn, es handelt sich um die Verfolgung dinglicher Rechte. Die Vollstreckung darf erst vier Wochen nach Zugang der Anzeige beginnen, § 21 Abs. 1 S. 3 NVwVG. Nach § 21 Abs. 1 S. 4 NVwVG ist die Vollstreckung unzulässig in Sachen, deren Veräußerung ein öffentliches Interesse entgegensteht. § 21 Abs. 2 NVwVG bezieht in die § 255 Abs. 2 AO entsprechende Ausnahme auch öffentlich-rechtliche Versicherungsunternehmen ein, die am Wettbewerb teilnehmen.

Nordrhein-Westfalen: Gegen das Land darf das Zwangsverfahren ohne weiteres nur wegen dinglicher Rechte betrieben werden; im Übrigen trifft gemäß § 78 Abs. 5 VwVG NRW auf Antrag der Vollstreckungsbehörde der zuständige Fachminister im Einvernehmen mit dem Finanzminister die näheren Bestimmungen. Mit § 255 Abs. 1 S. 2 und 3 AO inhaltsgleich § 78 Abs. 2 VwVG NRW. § 78 Abs. 4 S. 1 VwVG NRW bezieht in die § 255 Abs. 2 AO entsprechende Ausnahme Versicherungsanstalten des öffentlichen Rechts mit ein.

Rheinland-Pfalz: Nach § 7 LVwVG (gilt für die gesamte Verwaltungsvollstreckung) kann gegen Behörden und juristische Personen des öffentlichen Rechts nur vollstreckt werden, soweit dies durch Gesetz oder auf Grund eines Gesetzes besonders zugelassen ist. Die Vorschrift gilt für **alle** juristischen Personen des öffentlichen Rechts, also auch kirchliche Körperschaften sowie öffentlich-rechtliche Kredit- und Versicherungsanstalten (Altmeyer/Lahm § 7 Anm. 1). Eine abweichende Regelung ist bisher nicht ergangen. Das Zwangsvollstreckungsverfahren gegen Gemeinden wird durch § 128 GemO (inhaltsgleich mit § 255 Abs. 1 S. 2 und 3 AO) geregelt; dazu Heuser § 7 Erl. 2.

Saarland: § 37 Abs. 1 S. 1 SVwVG geht von der Zulässigkeit von Vollstreckungsmaßnahmen aus. Ausnahme: § 37 Abs. 1 S. 2 SVwVG. Benachrichtigung der Aufsichtsbehörde: § 37 Abs. 1 S. 3 SVwVG. § 37 Abs. 2 SVwVG ist weiter als § 255 Abs. 2 AO.

Sachsen: Mit § 255 AO sachlich übereinstimmend § 18 SächsVwVG, der außerdem die für die Zulassung zuständigen Behörden und die Zulassungsvoraussetzungen regelt.
Sachsen-Anhalt: § 21 VwVG LSA ist § 21 NVwVG nachgebildet (s. Niedersachsen). Zwangsvollstreckung gegen eine Kommune: § 152 KVG LSA.
Schleswig-Holstein: Für die Vollstreckung gegen juristische Personen des öffentlichen Rechts bedarf die Vollstreckungsbehörde einer Zulassung der Aufsichtsbehörde des Vollstreckungsschuldners, außer bei der Verfolgung dinglicher Rechte und bei der Vollstreckung gegen Kreditinstitute und Versicherungsunternehmen des öffentlichen Rechts (§ 271 LVwG). Zur Einleitung der Zwangsvollstreckung gegen die Gemeinden: § 131 Abs. 1 GO.
Thüringen: Mit § 255 AO sachlich übereinstimmend § 40 ThürVwZVG, der außerdem die für die – schriftliche – Zulassungsverfügung zuständigen Behörden und die Zulassungsvoraussetzungen regelt. Zur Vollstreckung gegen öffentlich-rechtlich korporierte Kirchen in Thüringen Kalz KKZ 2000, 34.

VI. Justizbeitreibungsgesetz

§ 6 Abs. 1 Nr. 1 JBeitrG iVm § 882a ZPO enthält eine ähnliche Regelung (allerdings nur **Anzeige** der Zwangsvollstreckungsabsicht erforderlich, nicht Zustimmung); dazu im Einzelnen die Kommentare zur ZPO. 6

§ 256 Einwendungen gegen die Vollstreckung

Einwendungen gegen den zu vollstreckenden Verwaltungsakt sind außerhalb des Vollstreckungsverfahrens mit den hierfür zugelassenen Rechtsbehelfen zu verfolgen.

I. Präklusion

1. Bedeutung und Wirkung, Folgen für den Rechtsschutz

§ 256 AO stellt im Grunde nur die Selbstverständlichkeit klar, dass sich ein Schuldner, der die Anfechtung eines **rechtswidrigen** Verwaltungsaktes versäumt hat, bei der Vollstreckung dieses Verwaltungsaktes so behandeln lassen muss, als wäre der Verwaltungsakt **rechtmäßig** (dazu App/Wettlaufer/Klomfaß Kap. 7 Rn. 34). Dieser Grundsatz ist schon deswegen sachgerecht, weil anderenfalls die gesetzlichen Rechtsbehelfsfristen sinnlos wären. Die Einwendung, der zu vollstreckende Verwaltungsakt sei **nichtig,** kann aber auch im Vollstreckungsverfahren geltend gemacht werden, ohne dass § 256 AO entgegensteht (so auch Brockmeyer in Klein § 256 Rn. 1). Im Übrigen wird das Vollstreckungsverfahren von allen Einwendungen befreit, die gegen den zu vollstreckenden Verwaltungsakt selbst gerichtet sind (Pump StLex 2, 249–346, 69). Einwendungen gegen den zu vollstreckenden Verwaltungsakt sind mit Widerspruch und Anfechtungsklage geltend zu machen. Einwen- 1 dungen gegen die Zulässigkeit der Vollstreckung und gegen einzelne Vollstreckungsmaßnahmen sind von § 256 AO **nicht** betroffen (BFH v. 13.7.2006 – VII B 284/05). Beispielsweise kann der Vollstreckungsschuldner die fehlende Vollstreckbarkeit des Grundverwaltungsakts einwenden (BFH BFH/NV 2006, 2106). **Vorläufiger Rechtsschutz** gegen einzelne Vollstreckungsmaßnahmen ist nicht durch einstweilige Anordnung zu gewähren, sondern durch **Aussetzung der Vollziehung** (FG Bremen EFG 1994, 334; FG Dessau, EFG 2005, 14). **Erlöschen** und **Stundung** des Anspruchs fallen nicht unter § 256 AO, sondern unter § 257 Abs. 1 Nr. 3 und 4 AO.

2. Verfassungsrechtliche Zulässigkeit

2   Die Präklusion im Vollstreckungsverfahren mit Einwendungen gegen die Vollstreckungsgrundlage ist verfassungsrechtlich **unbedenklich** (BVerfG 87, 409; dazu Schwerdtfeger Rn. 133). Voraussetzung ist selbstverständlich, dass das Gesetz dem Vollstreckungsschuldner die Gelegenheit einräumt, die Vollstreckungsgrundlage anzufechten, oder dass sich dieser die Versäumung der Anfechtung zurechnen lassen muss (dazu BVerfGE 51, 304, 312).

3. Parallele im Verwaltungszwang

3   Für die Vollstreckung wegen **Handlungen, Duldungen und Unterlassungen** enthält **§ 18 Abs. 1 S. 3 VwVG** eine im Ergebnis mit § 256 AO übereinstimmende Regelung (dazu auch VG Bremen NVwZ-RR 1998, 468 [2.2.1]).

II. Anfechtung von Vollstreckungsmaßnahmen

4   Maßnahmen im Vollstreckungsverfahren selbst können, soweit es sich bei ihnen um Verwaltungsakte handelt, mit **Widerspruch** und erforderlichenfalls **Anfechtungsklage** angefochten werden. Voraussetzung ist aber gemäß § 42 Abs. 2 VwGO, dass es sich beim Kläger um einen von der Vollstreckungsmaßnahme in seinen Rechten Betroffenen handelt. Das kann bei Vollstreckungsmaßnahmen, in die Dritte einbezogen sind (App/Wettlaufer/Klomfaß Kap. 5 Rn. 122 ff.), problematisch sein. OVG Magdeburg NVwZ-RR 2000, 326 (Ls. 3) gesteht dem **Drittschuldner** einer Forderungspfändung die Rechtsbehelfsbefugnis zu, mit der Begründung, dass die Pfändungs- und Einziehungsverfügung auch für diesen belastende Regelungen enthalte. Zu Rechtsbehelfen gegen Pfändungsverfügungen App StB 2007, 459 mwN. Gegen bereits vollzogene Vollstreckungsmaßnahmen wird dem Vollstreckungsschuldner zumindest die **(Fortsetzungs-) Feststellungsklage** zugebilligt (BFH BFH/NV 2008, 749; Loose in Tipke/Kruse § 256 AO Rn. 13 mwN).

III. Landesrecht

5   **Baden-Württemberg:** § 15 LVwVG verweist nicht auf § 256 (und § 257) AO (→ Einführung zur AO, § 5 VwVG Rn. 6). Es sind daher die allgemei-

Einstellung und Beschränkung der Vollstreckung § 257 AO

nen Grundsätze über den Rechtsschutz gegen Verwaltungsakte anzuwenden (dazu Fliegauf/Maurer Einl. Rn. 19 ff.).
Bayern: Über Einwendungen gegen den zu vollstreckenden Anspruch entscheidet gemäß Art. 21 S. 1 VwZVG die Anordnungsbehörde (die den zu vollstreckenden Verwaltungsakt erlassen hat, Art. 20 Nr. 1 VwZVG); sie können nur geltend gemacht werden, soweit sie erst nach Erlass des Verwaltungsakts entstanden sind und mit förmlichen Rechtsbehelfen nicht mehr verfolgt werden können (Art. 21 S. 2 VwZVG). Die Entscheidung der Anordnungsbehörde ist nach den allgemeinen Vorschriften anfechtbar.
Brandenburg: Weitgehend inhaltsgleich mit § 256 AO: § 15 VwVGBbg.
Niedersachsen: Sachlich übereinstimmend mit § 256 AO: § 3 Abs. 3 NVwVG.
Nordrhein-Westfalen: Inhaltsgleich mit § 256 AO § 7 Abs. 1 VwVG NRW. § 7 Abs. 2 VwVG NRW bestimmt die für die Entscheidung über die Einwendungen zuständige Behörde; das Einwendungsverfahren ist einem eventuellen Rechtsbehelfsverfahren vorgeschaltet (dazu Weißauer/Lenders § 7 VwVG NRW Erl. 6.4). § 7 Abs. 3 VwVG NRW regelt die Geltendmachung des Anspruchs auf Erstattung zu Unrecht gezahlter Beträge.
Rheinland-Pfalz: Einwendungen, die den Anspruch selbst betreffen, sind bei der Behörde geltend zu machen, die den Verwaltungsakt erlassen hat (§ 16 Abs. 2 S. 1 LVwVG), und zwar bereits im „Erkenntnisverfahren", dh durch Anfechtung des Leistungsbescheids (Altmeyer/Lahm § 16 Anm. III 1). Danach sind sie nur zulässig, soweit die Gründe, auf denen sie beruhen, nach Erlass des Verwaltungsaktes entstanden sind und durch Anfechtung nicht mehr geltend gemacht werden konnten (§ 16 Abs. 2 S. 2 LVwVG).
Schleswig-Holstein: Sachlich übereinstimmend mit § 256 AO § 248 Abs. 2 LVwG, der gemäß § 322 Abs. 1 LVwG entsprechend gilt.
Thüringen: § 31 Abs. 1 S. 1 ThürVwZVG entspricht wörtlich § 256 AO.

IV. Justizbeitreibungsgesetz

§ 8 Abs. 1 JBeitrG regelt, in welchen Fällen und nach welchen Vorschriften **6** Einwendungen gegen den beizutreibenden Anspruch, gegen die Haftung für diesen oder gegen die Verpflichtung zur Duldung der Vollstreckung gerichtlich geltend zu machen sind.

§ 257 Einstellung und Beschränkung der Vollstreckung

(1) Die Vollstreckung ist einzustellen oder zu beschränken, sobald
1. **die Vollstreckbarkeitsvoraussetzungen des § 251 Abs. 1 weggefallen sind,**
2. **der Verwaltungsakt, aus dem vollstreckt wird, aufgehoben wird,**
3. **der Anspruch auf die Leistung erloschen ist,**
4. **die Leistung gestundet worden ist.**

(2) In den Fällen des Absatzes 1 Nr. 2 und 3 sind bereits getroffene Vollstreckungsmaßnahmen aufzuheben. Ist der Verwaltungsakt

Troidl 339

durch eine gerichtliche Entscheidung aufgehoben worden, so gilt dies nur, soweit die Entscheidung unanfechtbar geworden ist und nicht auf Grund der Entscheidung ein neuer Verwaltungsakt zu erlassen ist. Im Übrigen bleiben die Vollstreckungsmaßnahmen bestehen, soweit nicht ihre Aufhebung ausdrücklich angeordnet worden ist.

I. Bedeutung der Vorschrift

1   § 257 AO regelt die Fälle, in denen aus einem der in Abs. 1 genannten Gründe nicht mehr alle Voraussetzungen der Vollstreckung gegeben sind; zum Erlöschen einer öffentlich-rechtlichen Forderung führt auch die **Verjährung** (anders bei zivilrechtlichen Forderungen, § 214 Abs. 1 BGB), und zwar sowohl die Festsetzungsverjährung als auch die Zahlungsverjährung (vgl. FG Bremen EFG 1994, 645; zur Verjährung von Kostenforderungen VGH Kassel NVwZ-RR 2005, 220).

Des Weiteren erlischt die Vollstreckungsforderung durch **Aufrechnung,** sei es durch den Vollstreckungsgläubiger, sei es durch den Vollstreckungsschuldner, und zwar auch in den Fällen, auf welche die §§ 47 und 226 AO nicht anwendbar sind, da die §§ 387–396 BGB einen allgemeinen Rechtsgedanken kodifizieren und darum auch ohne ausdrücklichen gesetzgeberischen Verweis auf diese Vorschriften entsprechend anwendbar sind (BVerwG NJW 2009, 1099).

§ 257 AO (auch Abs. 2) ist über seinen Wortlaut hinaus anzuwenden, wenn die Behörde ihre Vollstreckungsbefugnis **verwirkt** hat; dies kann aber nur angenommen werden, wenn besondere Umstände die Vollstreckung als Verstoß gegen Treu und Glauben erscheinen lassen (dazu VGH Mannheim Urt. v. 24.9.1980 – 3 S 980/80, zitiert bei Fliegauf/Maurer § 11 Rn. 3). Eine gemäß § 257 Abs. 1 Nr. 2 zur Einstellung verpflichtende Aufhebung des Verwaltungsakts liegt der Sache nach auch dann vor, wenn die **Nichtigkeit** des **Verwaltungsakts** festgestellt worden ist (vgl. BFH/NV 1993, 349; 2002, 660). Gleichstellen kann man dem den Fall, dass der als Grundlage der Vollstreckung dienende **öffentlich-rechtliche Vertrag** nach § 60 Abs. 1 VwVfG wirksam **gekündigt** worden ist (von Pollern/Brunn in Schweickhardt/Vondung Rn. 989).

II. Einstellung der Vollstreckung

2   Diese bedeutet, dass das Verfahren nicht weiterbetrieben wird. Nach Eintritt der Voraussetzungen von § 257 Abs. 1 AO noch ergriffene Vollstreckungsmaßnahmen sind per se rechtswidrig; dieser Einwand ist im Vollstreckungsverfahren zu beachten (rechtsirrig BayVerfGH NVwZ-RR 2000, 194, der diesen Fall, in Bayern in Art. 22 Nr. 3 VwZVG geregelt, fälschlich unter den dem § 256 AO entsprechenden Art. 21 VwZVG [→ AO § 256 Rn. 5] subsumiert). Die Einstellung der Vollstreckung schließt nicht notwendig die **Aufhebung** bereits getroffener Maßnahmen ein; diese findet nur unter den besonderen Voraussetzungen von Abs. 2 statt (→ Rn. 4).

Ist bereits eine Pfändung durchgeführt worden, erlischt mit Tilgung der Vollstreckungsforderung das **Pfändungspfandrecht** des Vollstreckungsgläubigers, dieser verliert damit auch sein Recht auf den Besitz einer gepfändeten Sache (§ 812 Abs. 1 S. 2 BGB). War die **Pfandsache** im Gewahrsam des **Vollstreckungsschuldners** belassen worden, so hat dieser nunmehr einen Anspruch auf Entfernung des Pfandsiegels oder der sonstigen Pfandanzeige. Die Vollstreckungsbehörde kann dann entweder den zuständigen Vollziehungsbeamten mit der Entfernung des Pfandsiegels oder der Pfandanzeige beauftragen oder aber den Vollstreckungsschuldner ausdrücklich ermächtigen, das betreffende Pfandzeichen selbst zu entfernen; wie sie verfährt, ist Frage der Zweckmäßigkeit. Nicht entfernt werden darf das Pfandzeichen selbstverständlich dann, wenn in der Zwischenzeit ein anderer Gläubiger eine Anschlusspfändung (§ 307 AO) hat vornehmen lassen und seine Forderung noch offen ist (vgl. App DVP 2004, 230). Die Aufhebung der Pfändung ist in diesem Fall dem Gerichtsvollzieher oder der Vollstreckungsbehörde mitzuteilen, durch welche(n) die Anschlusspfändung durchgeführt worden ist (so auch Abschn. 57 IV 2 VollzA). Steht die Pfandsache im Gewahrsam des **Vollstreckungsgläubigers** (zB in dessen Pfandkammer), so ist sie dem Empfangsberechtigten gegen Quittung zu übergeben (so auch Abschn. 57 III 1 VollzA). Empfangsbevollmächtigter ist im Regelfall der Vollstreckungsschuldner, es kommt im besonderen Fall aber auch ein (vorläufiger) Insolvenzverwalter in Betracht. Es handelt sich um eine Holschuld iSv § 269 Abs. 1 BGB, was bedeutet, dass der Vollstreckungsgläubiger nicht verpflichtet ist, die Pfandsache zum Vollstreckungsschuldner zurückzubringen (anderes gilt natürlich, wenn die Pfändung selbst unrechtmäßig gewesen war). Zwar kann die Vollstreckungsbehörde (nach Absprache mit dem Empfangsberechtigten) den Rücktransport – kulanter Weise – übernehmen, die Kosten können dem Vollstreckungsschuldner dann aber in Rechnung gestellt werden (§ 670 BGB). Kommt der Vollstreckungsschuldner der Aufforderung zur Abholung der Pfandsache nicht nach, gerät er in Gläubigerverzug (§ 293 BGB). Hinterlegungsfähige Pfandsachen kann die Vollstreckungsbehörde in diesem Fall beim Amtsgericht hinterlegen (§ 372 BGB), hinterlegungsunfähige Sachen kann sie öffentlich versteigern lassen (§ 383 BGB); zu einer solchen Versteigerung App KKZ 1989, 191. – Anders ist die Lage, wenn der Vollstreckungsgläubiger in ein **Grundstück** vollstreckt hat: Die Zwangshypothek verwandelt sich mit Tilgung der Forderung in eine Eigentümergrundschuld (§ 1177 BGB). Im Fall der Aufhebung des zu vollstreckenden Verwaltungsakts ordnet § 322 Abs. 1 S. 2 AO iVm § 868 ZPO dieselbe Rechtsfolge an; bei Stundung oder Aussetzung der Vollziehung bedarf es der ausdrücklichen Anordnung der Aufhebung der Vollstreckungsmaßnahme (§ 322 Abs. 1 S. 3 AO), ebenso beim Vollstreckungsaufschub (App DStR 1983, 166).

III. Beschränkung der Vollstreckung

Diese führt nicht zum völligen Stillstand des Verfahrens. Nur einzelne **3** Maßnahmen werden nicht mehr weiterbetrieben.

AO § 257

IV. Aufhebung von Vollstreckungsmaßnahmen (Abs. 2)

4 Eine solche hat nur dann zu erfolgen, wenn feststeht, dass die weggefallenen Voraussetzungen der Vollstreckung nicht wiederhergestellt werden können. Diese Einschränkung soll sicherstellen, dass nicht wegen eines nur vorübergehenden Hindernisses Vollstreckungsmöglichkeiten endgültig verloren gehen (dazu BFH BStBl. 2002 II 214).

V. Landesrecht

5 **Baden-Württemberg:** Nach § 11 LVwVG ist die Vollstreckung einzustellen, wenn entweder ihr Zweck erreicht ist oder sich zeigt, dass er durch die Anwendung von Vollstreckungsmaßnahmen nicht erreicht werden kann. Zur Einstellung in den Fällen von § 257 AO vgl. Fliegauf/Maurer § 11 Rn. 3.

Bayern: Gemäß Art. 22 VwZVG (gilt für die gesamte Verwaltungsvollstreckung) ist die Vollstreckung einzustellen, wenn nicht mehr alle Voraussetzungen vorliegen oder die Anordnungsbehörde darum ersucht.

Brandenburg: Weitgehend deckungsgleich mit § 257 AO: § 13 VwVGBbg.

Hamburg: Mit § 257 Abs. 1 Nr. 2–4, Abs. 2 AO im Wesentlichen inhaltsgleich § 34 Abs. 1, Abs. 2 HmbVwVG. § 34 Abs. 3 HmbVwVG macht die Verpflichtung der in Amtshilfe handelnden Vollstreckungsbehörde zur Einstellung oder Beschränkung vom Nachweis der Voraussetzungen durch den Pflichtigen abhängig; § 34 Abs. 4 HmbVwVG ermächtigt die Vollstreckungsbehörde, die Vollstreckung privatrechtlicher Forderungen auf glaubhaft gemachte Einwendungen des Pflichtigen hin einstweilen einzustellen, um diesem Gelegenheit zu geben, bei dem ordentlichen Gericht Klage zu erheben.

Hessen: Im Wesentlichen inhaltsgleich § 3 Abs. 1 und 2 HessVwVG (gilt für die gesamte Verwaltungsvollstreckung). § 3 Abs. 3 HessVwVG schreibt die Aufhebung rechtswidriger Vollstreckungsmaßnahmen vor. § 3 Abs. 4 HessVwVG regelt den Fall, dass eine der Vollstreckung zugrundeliegende Norm für nichtig erklärt worden ist. Ergänzt werden diese Bestimmungen durch § 20 Abs. 1 HessVwVG, wonach die Vollstreckung gegen Haftungsschuldner und Duldungspflichtige mit Wegfall der Haftung oder der Duldungspflicht einzustellen ist.

Niedersachsen: Mit § 257 Abs. 1 Nr. 2–4 AO inhaltsgleich § 23 Abs. 1 Nr. 1, 4 und 5 NVwVG. Außerdem ist die Vollstreckung einzustellen oder zu beschränken, wenn oder soweit sie oder eine Vollstreckungsmaßnahme gerichtlich für unzulässig erklärt oder die Einstellung gerichtlich angeordnet worden ist (§ 23 Abs. 1 Nr. 2 und 3 NVwVG). Mit § 257 Abs. 2 AO im Wesentlichen inhaltsgleich § 23 Abs. 2 NVwVG. In den Fällen der Vollstreckungs- oder Amtshilfe ist die Vollstreckungsbehörde zur Einstellung, Beschränkung oder Aufhebung nur verpflichtet, wenn und soweit ihr Tatsachen nachgewiesen werden, aus denen sich die Pflicht dazu ergibt (§ 23 Abs. 3 NVwVG).

Nordrhein-Westfalen: Inhaltsgleich mit § 257 AO: § 6a VwVG NRW; Erlöschen des Anspruchs auf die Leistung (Abs. 1 lit. c) und Stundung (Abs. 1

lit. d) muss der Schuldner durch Urkunden nachweisen können. Überblick zu dieser Vorschrift bei App GemH 2004, 176. Die Nichtbeachtung der in § 6a VwVG NRW aufgeführten Einwendungen führt zur Rechtswidrigkeit der Vollstreckungsmaßnahme (VG Aachen BeckRS 2006, 22920).

Rheinland-Pfalz: Ähnlich zu § 257 AO § 14 LVwVG (→ VwVG § 15 Rn. 16).

Saarland: Ähnlich zu § 257 AO § 10 SVwVG (gilt für die gesamte Verwaltungsvollstreckung).

Sachsen: Inhaltsgleich mit § 257 AO § 2a Abs. 1 Nr. 2–5 und Abs. 2 SächsVwVG (gilt für die gesamte Verwaltungsvollstreckung).

Sachsen-Anhalt: Mit § 257 AO sachlich übereinstimmend § 23 Abs. 1 und 2 VwVG LSA. Ansonsten wie Niedersachsen.

Schleswig-Holstein: Fast inhaltsgleich § 282 LVwG. Abs. 3 macht die Einstellung, Beschränkung oder Aufhebung durch die Vollstreckungsbehörde in den Fällen der Amtshilfe vom Nachweis von Tatsachen abhängig, aus denen sich die Pflicht hierzu ergibt.

Thüringen: Mit § 257 AO sachlich übereinstimmend § 29 Abs. 1 und 2 ThürVwZVG.

VI. Justizbeitreibungsgesetz

§ 6 Abs. 1 Nr. 1 JBeitrG verweist auf § 775 ZPO. Nach § 8 Abs. 1 S. 2 JBeitrG ist die Einwendung, dass mit einer Gegenforderung **aufgerechnet** worden sei, nur zulässig, wenn die Gegenforderung **anerkannt** oder **gerichtlich festgestellt** ist (Parallele zu § 226 Abs. 3 AO: Aufrechnung nur mit unbestrittenen oder rechtskräftig festgestellten Gegenansprüchen).

6

§ 258 Einstweilige Einstellung oder Beschränkung der Vollstreckung

Soweit im Einzelfall die Vollstreckung unbillig ist, kann die Vollstreckungsbehörde sie einstweilen einstellen oder beschränken oder eine Vollstreckungsmaßnahme aufheben.

Übersicht

	Rn.
I. Bedeutung der Vorschrift	1
II. Unbilligkeit der Vollstreckung	2
1. Subjektive Unbilligkeit	3
2. Objektive Unbilligkeit	4
III. Fehlerhaft überhöhte Festsetzung	5
IV. Zulässige Maßnahmen	6
V. Zuständigkeit	8
VI. Rechtsbehelfe	9
VII. Landesrecht	10
VIII. Justizbeitreibungsgesetz	11

I. Bedeutung der Vorschrift

1   § 258 AO regelt den Fall, dass entweder die Vollstreckung als ganze oder eine einzelne Vollstreckungsmaßnahme oder eine Vollstreckung zum jetzigen Zeitpunkt (FG Berlin EFG 2005, 9) unbillig ist. Die Geltendmachung der Forderung muss nicht unbillig sein; deshalb können zu §§ 163, 227 AO entwickelte Grundsätze nur mit Vorsicht herangezogen werden; dagegen können Rspr. und Lit. zu § 765a ZPO Orientierungshilfe bieten. Maßnahmen nach § 258 AO gehören zum Vollstreckungsverfahren (App StWa 1985, 163). Praxishilfe zum Vollstreckungsaufschub mit einschlägigen Entscheidungskriterien bei Brix KKZ 2009, 135.

II. Unbilligkeit der Vollstreckung

2   Diese kann entweder in der Person des Schuldners (1.) oder in der Vollstreckungsmaßnahme als solcher (2.) liegen. Auch der Rechtsgrund der Forderung kann von Bedeutung sein.

1. Subjektive Unbilligkeit

3   Diese liegt vor, wenn die Vollstreckungsmaßnahme den Schuldner aus **persönlichen** Gründen unverhältnismäßig hart trifft, zB wenn sie seine wirtschaftliche Existenz gefährdet, seine Gesundheit oder die seiner engsten Angehörigen ernstlich gefährdet (vgl. BVerfGE 52, 220; BFH/NV 2004, 1621), die Schuldnerin kurz vor einer Entbindung steht (OLG Frankfurt a.M. Rpfleger 1981, 24), die Pfändung eines Genossenschaftsanteils zum ersatzlosen Verlust einer langjährigen Wohnung führen würde (OLG Hamm WM 1983, 267). Zu berücksichtigen ist jedoch andererseits, ob der Schuldner seine schlechte wirtschaftliche Lage leichtfertig selbst herbeigeführt hat. Gewöhnliche Fahrlässigkeit ist jedenfalls unschädlich. Keine unbillige Härte stellt – für sich allein – der Umstand dar, dass der Vollstreckungsschuldner auf längere Zeit mit dem gemäß § 850c ZPO unpfändbaren Betrag auskommen muss (vgl. LG Münster Rpfleger 2002, 272 zu der Parallelvorschrift in § 765a ZPO).

2. Objektive Unbilligkeit

4   Diese ist gegeben, wenn eine andere **Maßnahme,** die den Vollstreckungsschuldner weniger hart trifft, zu demselben Ziel führen würde, oder wenn die Folgen der Vollstreckungsmaßnahme für den Vollstreckungsschuldner außer **Verhältnis** zu dem Nutzen für den Vollstreckungsgläubiger stehen. Bei der Anwendung der zweiten Fallgruppe ist allerdings Zurückhaltung geboten. Sie wird in der Regel nur in Betracht kommen, wenn dem Vollstreckungsgläubiger nur eine begrenzte Verzögerung der Realisierung seiner Forderung zugemutet wird (FG Berlin EFG 2005, 9; strenger Pump StLex 2, 249–346, 72 und 76).

Einstweilige Einstellung oder Beschränkung § 258 AO

III. Fehlerhaft überhöhte Festsetzung

Als unbillige Härte, die sich aus der Heranziehung selbst ergibt, ist bei 5
Steuern die fehlerhaft überhöhte Festsetzung anerkannt worden, an der den
Schuldner kein Mitverschulden trifft (vgl. OVG Münster BB 1959, 913);
damit darf aber nicht die Wertung des § 256 AO überspielt werden.

IV. Zulässige Maßnahmen

Der Bestand der Forderung und ihre Fälligkeit (vgl. BFH BStBl. 1979 II 6
429) bleiben von § 258 AO unberührt. Als zulässige Maßnahmen kommen
im Rahmen von § 258 AO in Betracht:
1. die einstweilige Einstellung der Vollstreckung, auch **Vollstreckungsaufschub** genannt (dieser Ausdruck wird in § 231 Abs. 1 S. 1 Nr. 1 AO verwendet). Eine Unterbindung der Vollstreckung als solcher auf Dauer ist in § 258 AO nicht vorgesehen (BFH/NV 1993, 513; 2002, 160; s.a. FG Köln EFG 1997, 938: Ende des Tilgungszeitraums muss absehbar sein; aus dem Wort „einstweilen" und dem in § 813b ZPO (aF), §§ 30a, 30c und 30d ZVG zum Ausdruck gekommenen gesetzgeberischen Gedanken über das, was noch als vorläufig angesehen werden kann, schließt FG Düsseldorf EFG 1988, 455, § 258 AO gebe keinen Anspruch, aus Billigkeitsgründen die Vollstreckung über die Dauer **eines Jahres** hinaus einzustellen (ähnlich FG Berlin BeckRS 2004, 26017289; s.a. BFH Beschl. v. 12.12.2005 – VII R 63/04 [II.3.b)]: kein Anspruch, wenn vollständige Begleichung der Rückstände erst nach mehreren Jahren zu erwarten sei; zur Konsequenz App KÖSDI 1991, 8606);
2. die Beschränkung der Vollstreckung auf bestimmte Vermögensgegenstände;
3. die Aufhebung einzelner Vollstreckungsmaßnahmen, zB die Freigabe gepfändeter Sachen.

Daneben kommt die Aussetzung der Verwertung gepfändeter Sachen nach § 297 AO in Betracht.

Hat vor Gewährung des Vollstreckungsaufschubs bereits eine Forderungspfändung stattgefunden, so lässt die Vollstreckungsbehörde diese meist bestehen, verfügt aber ihre „Aussetzung", so dass der Vollstreckungsschuldner während der Dauer des Vollstreckungsaufschubs über die Forderung – namentlich Kontoguthaben – verfügen kann, solange er seine Auflagen erfüllt, insbesondere die vereinbarten Tilgungsleistungen erbringt; dies ist rechtlich zulässig (dazu App KKZ 2005, 200).

Die Vollstreckungsbehörde kann die Einstellung oder Beschränkung mit 7
Auflagen verbinden, vor allem Sicherheit zu leisten (nicht ganz unproblematisch; vgl. App/Braun StLex 2, 241–248, 2) oder zugesagte Tilgungsraten pünktlich zu zahlen. Erfüllt der Schuldner eine solche Auflage nicht, so kann die Behörde die Einstellung oder Beschränkung widerrufen (§ 49 Abs. 2 S. 1 Nr. 2 VwVfG), darüber hinaus kann sie sich von Anfang an den **Widerruf** vorbehalten (§ 49 Abs. 2 S. 1 Nr. 1 VwVfG); von dem Vorbehalt darf sie aber grundsätzlich nur aus Gründen Gebrauch machen, die im Rahmen der

Zwecke liegen, die in den maßgeblichen Vorschriften des Verwaltungsvollstreckungsrechts vorgezeichnet sind (v. Münch JZ 1964, 53, 123). Zur Einbeziehung Dritter App KÖSDI 1991, 8607.

V. Zuständigkeit

8   Zuständig für Maßnahmen nach § 258 AO ist die **Vollstreckungsbehörde** (§ 249 AO). Wenn eine solche Maßnahme zur Folge hat, dass die Forderung nicht alsbald vollständig beigetrieben werden kann, kann die **Anordnungsbehörde** (→ VwVG § 3 Rn. 10) sich an die **Aufsichtsbehörde** der Vollstreckungsbehörde wenden. Anders als eine Stundung bedürfen Maßnahmen nach § 258 AO keines Antrags, in der Praxis werden sie aber regelmäßig nur auf Antrag hin gewährt. Antragsberechtigt ist nur der Vollstreckungsschuldner selbst, nicht dagegen ein von Vollstreckungsmaßnahmen gegen diesen mitbetroffener Dritter (LG Rostock, DGVZ 2003, 75).

VI. Rechtsbehelfe

9   Die Ablehnung eines Antrags auf einstweilige Einstellung oder Beschränkung der Vollstreckung kann vom Schuldner mit **Widerspruch** und **Verpflichtungsklage** angegriffen werden. Vorläufiger Rechtsschutz ist im Wege der **einstweiligen Anordnung** nach § 123 VwGO zu gewähren, da es nicht um die Vollziehung eines angefochtenen Verwaltungsakts, sondern um die Ablehnung einer beantragten Maßnahme geht (BFH/NV 2002, 1547). Das **Gericht** kann den Vollstreckungsaufschub im Wege der einstweiligen Anordnung selbst gewähren und ist nicht darauf verwiesen, die Vollstreckungsbehörde zur einstweiligen Gewährung von Vollstreckungsaufschub zu verpflichten (BFH/NV 2000, 588; Brockmeyer in Klein § 258 AO Rn. 11). Zu dem für die einstweilige Anordnung erforderlichen **Anordnungsgrund** eingehend Brockmeyer in Klein § 258 AO Rn. 12.

VII. Landesrecht

10 **Brandenburg:** § 14 VwVGBbg stimmt sachlich mit § 258 AO überein und lässt die einstweilige Einstellung oder Beschränkung der Vollstreckung und die Aufhebung von Vollstreckungsmaßnahmen überdies bei Unverhältnismäßigkeit der Beitreibungskosten gegenüber der beizutreibenden Geldforderung zu.
Hessen: Auf Antrag wird die Vollstreckung eingestellt oder eine (einzelne) Vollstreckungsmaßnahme aufgehoben, wenn sie „unter voller Würdigung des öffentlichen Interesses an der Vollstreckung wegen ganz besonderer Umstände eine unzumutbare Härte für den Pflichtigen bedeutet" (§ 29 Abs. 1 S. 1 HessVwVG); Näheres bei App GemK 2008, 31. Vollstreckungsaufschub bei Zahlungsvereinbarung lässt § 29a Abs. 2 HessVwVG zu, Pfändungsschutz von

Einstweilige Einstellung oder Beschränkung § 258 AO

Amts wegen besteht nach § 55 HessVwVG (hierzu und zu weiteren Schutzbestimmungen Glotzbach Erl. zu 55).
Niedersachsen: § 24 Abs. 1 S. 1 NVwVG gibt der Vollstreckungsbehörde die Möglichkeit, die Vollstreckung bis zur Entscheidung des Vollstreckungsgläubigers ganz oder teilweise einzustellen, wenn sie „auch unter Berücksichtigung der öffentlichen Belange für die Vollstreckungsschuldnerin oder den Vollstreckungsschuldner wegen besonderer Umstände eine unbillige Härte bedeuten würde". Näheres bei App GemK 2008, 31.

Nordrhein-Westfalen: § 26 VwVG NRW regelt die völlige oder Teilaufhebung, Untersagung oder einstweilige Einstellung einer (einzelnen) Vollstreckungsmaßnahme. Eine solche kann ganz oder teilweise aufgehoben, untersagt oder einstweilen eingestellt werden, wenn sie „unter voller Würdigung des Schutzbedürfnisses des Gläubigers wegen ganz besonderer Umstände eine Härte bedeutet, die mit den guten Sitten nicht vereinbar ist" (§ 26 Abs. 1 S. 1 VwVG NRW). Die Vorschrift ist § 765a ZPO nachgebildet, so dass zu dieser Vorschrift ergangene Rspr. auch bei der Auslegung von § 26 VwVG NRW zu Rate gezogen werden kann. Näheres bei App GemK 2008, 31. § 27 VwVG NRW vermittelt außerdem Pfändungs- und Vollstreckungsschutz nach §§ 811–813 ZPO, § 48 VwVG NRW Pfändungsschutz nach §§ 850–852 ZPO (und anderen gesetzlichen Bestimmungen).

Rheinland-Pfalz: Auf Antrag wird die Vollstreckung ausgesetzt oder eine (einzelne) Vollstreckungsmaßnahme ganz oder teilweise aufgehoben oder untersagt, wenn sie „unter voller Würdigung der öffentlichen Belange wegen ganz besonderer Umstände eine solche Härte bedeutet, dass sie für den Vollstreckungsschuldner unzumutbar ist" (§ 24 Abs. 1 S. 1 LVwVG). Vollstreckungsaufschub bei Zahlungsvereinbarung ermöglicht § 24a Abs. 2 LVwVG, Pfändungsschutz von Amts wegen besteht nach § 55 LVwVG (iVm §§ 850–852 ZPO und anderen gesetzlichen Bestimmungen, nicht abschließende Aufzählung bei Heuser § 55 Erl. 3).

Saarland: Nach § 10 Abs. 3 SVwVG soll die Vollstreckungsbehörde die Vollstreckung „bis zur Entscheidung des Vollstreckungsgläubigers" einstellen, soweit sie „unter voller Würdigung der öffentlichen Belange wegen besonderer Umstände für den Pflichtigen eine unbillige Härte bedeuten würde". Pfändungsschutz besteht außerdem über § 66 SVwVG.

Sachsen-Anhalt: § 24 Abs. 1 S. 1 VwVG LSA gibt der Vollstreckungsbehörde die Möglichkeit, die Vollstreckung bis zur Entscheidung des Vollstreckungsgläubigers ganz oder teilweise einzustellen, wenn sie auch unter Berücksichtigung der öffentlichen Belange für den Vollstreckungsschuldner wegen besonderer Umstände eine unbillige Härte bedeuten würde.

Schleswig-Holstein: Vollstreckungsaufschub bei Zahlungsvereinbarung lässt § 280a Abs. 2 LVwG zu.

VIII. Justizbeitreibungsgesetz

§ 6 Abs. 1 Nr. 1 JBeitrG verweist auf § 765a ZPO. Die Vollstreckungsbehörde kann den Vollstreckungsschutz selbst gewähren.

11

AO § 260

Zweiter Abschnitt. Vollstreckung wegen Geldforderungen

1. Unterabschnitt. Allgemeine Vorschriften

§ 259 *(keine Kommentierung)*

§ 260 Angabe des Schuldgrundes

Im Vollstreckungsauftrag oder in der Pfändungsverfügung ist für die beizutreibenden Geldbeträge der Schuldgrund anzugeben.

I. Allgemeines

1 § 260 AO ermöglicht es dem von der Vollstreckung Betroffenen zu erkennen, welche Ansprüche der Vollstreckung unterliegen, und versetzt ihn damit in die Lage, seine Einwendungen geltend zu machen. Bei der Sachpfändung unterrichtet der Vollstreckungsauftrag den Vollstreckungsschuldner, bei der Forderungspfändung die für ihn bestimmte Ausfertigung der Pfändungsverfügung (§ 309 Abs. 2 S. 3 AO), während dem Drittschuldner nur der Geldbetrag in einer Summe mitzuteilen ist (§ 309 Abs. 2 S. 2 AO). Das Steuergeheimnis steht der Mitteilung der Forderungssumme an den Drittschuldner nicht entgegen (so auch BFHE 192, 232), dies auch deshalb, weil § 30 AO gegenüber § 260 AO kein höherrangiges Recht darstellt.

II. Mängel

2 Die vorgeschriebene Angabe muss hinreichend genau erkennen lassen, wegen welcher Forderung vollstreckt wird (VG Düsseldorf 7.6.2018, 27 L 1291/18; Müller-Eiselt in HHSp § 260 AO Rn. 7). Das Fehlen der Angabe macht die ergriffenen Vollstreckungsmaßnahmen nicht unwirksam, aber aufhebbar. Der Mangel kann geheilt werden; str. ist allerdings, ob die Heilung rückwirkende Kraft hat (vgl. Müller-Eiselt in HHSp AO § 260 Rn. 13 ff.; Loose in Tipke/Kruse AO § 260 Tz. 6). Der Vollstreckungsschuldner kann gegen einen wegen Verstoßes gegen § 260 AO fehlerhaften Vollstreckungsauftrag keinen Rechtsbehelf einlegen, da dieser kein Verwaltungsakt ist; er kann jedoch die auf Grund des fehlerhaften Vollstreckungsauftrags ergriffenen Vollstreckungsmaßnahmen anfechten (Werth in Klein AO § 260 Rn. 3 mwN).

III. Landesrecht

3 **Brandenburg:** Mit § 260 AO übereinstimmend § 23 S. 1 VwVG BB. Hat die Vollstreckungsbehörde den Vollstreckungsschuldner durch Kontoauszüge über Entstehung, Fälligkeit und Tilgung seiner Schulden fortlaufend unterrichtet, so genügt es, wenn die Vollstreckungsbehörde die Art der Forderung und die Höhe des beizutreibenden Betrages angibt und auf den Kontoauszug

Bezug nimmt, der den Rückstand ausweist. S. 2 lässt einen Hinweis auf den Kontoauszug genügen.
Nordrhein-Westfalen: Gleichlautend § 13 S. 1 VwVG NRW. § 13 S. 2 VwVG NRW entspricht § 23 S. 2 VwVG BB.

IV. Justizbeitreibungsgesetz

Keine Parallele. 4

§ 261 *(keine Kommentierung)*

§ 262 Rechte Dritter

(1) Behauptet ein Dritter, dass ihm am Gegenstand der Vollstreckung ein die Veräußerung hinderndes Recht zustehe, oder werden Einwendungen nach den §§ 772 bis 774 der Zivilprozessordnung erhoben, so ist der Widerspruch gegen die Vollstreckung erforderlichenfalls durch Klage vor den ordentlichen Gerichten geltend zu machen. Als Dritter gilt auch, wer zur Duldung der Vollstreckung in ein Vermögen, das von ihm verwaltet wird, verpflichtet ist, wenn er geltend macht, dass ihm gehörende Gegenstände von der Vollstreckung betroffen seien. Welche Rechte die Veräußerung hindern, bestimmt sich nach bürgerlichem Recht.

(2) Für die Einstellung der Vollstreckung und die Aufhebung von Vollstreckungsmaßnahmen gelten die §§ 769 und 770 der Zivilprozessordnung.

(3) Die Klage ist ausschließlich bei dem Gericht zu erheben, in dessen Bezirk die Vollstreckung erfolgt. Wird die Klage gegen die Körperschaft, der die Vollstreckungsbehörde angehört, und gegen den Vollstreckungsschuldner gerichtet, so sind sie Streitgenossen.

Übersicht

	Rn.
I. Betroffener Personenkreis	1
1. Inhaber eines die Veräußerung hindernden Rechtes	2
2. Veräußerungsverbote	3
3. Nacherben	3a
4. In Gütergemeinschaft lebende Ehegatten und Lebenspartner	4
5. In Bezug genommene Vorschriften	5
II. Drittwiderspruchsklage	6
III. Entscheidungen des Gerichts	8
IV. Zahlungsansprüche des Dritten	9
V. Landesrecht	10
VI. Justizbeitreibungsgesetz	11

AO § 262

I. Betroffener Personenkreis

1 § 262 ist an § 771 ZPO angelehnt und schützt die unter 1. bis 4. aufgeführten Personen, falls sie **„Dritte"**, also nicht mit dem Vollstreckungsschuldner identisch sind. Dritter in diesem Sinne ist auch der Einmann-Gesellschafter im Verhältnis zur Einmann-Gesellschaft (BGHZ 156, 310; Dißars in Schwarz/Pahlke AO § 262 Rn. 8; Werth in Klein AO § 262 Rn. 3 mwN). Die Drittwiderspruchsklage des Einmann-Gesellschafters kann allenfalls dann als missbräuchliche Rechtsausübung iSv § 242 BGB angesehen werden, wenn materiell-rechtlich ein Fall der **Durchgriffshaftung** vorliegt (dazu App GemK 2003, 246); in diesem Fall kann der Rechtsgrundsatz „dolo facit qui petit quod statim redditurus est" eingreifen. In besonderen Fällen kann auch der Vollstreckungsschuldner selbst ausnahmsweise Dritter sein (§ 262 Abs. 1 S. 2), etwa ein Testamentsvollstrecker, wenn die Vollstreckungsbehörde wegen einer gegen ihn persönlich bestehenden Forderung in den von ihm verwalteten Nachlass vollstreckt.

1. Inhaber eines die Veräußerung hindernden Rechtes

2 Solche Rechte sind: Eigentum, auch Miteigentum (RGZ 144, 241) und Sicherungseigentum (BGHZ 12, 234); beschränkt dingliche Rechte wie Nießbrauch (vgl. aber § 264) und Pfandrecht (vgl. aber § 293 für das besitzlose Pfandrecht); schuldrechtliche Ansprüche auf Herausgabe (zB aus Miete oder Pacht, Leihe, Verwahrung, Auftrag), nicht aber Verschaffungsansprüche (nicht einmal durch Vormerkung gesicherte; BGH DNotZ 1994, 456); vgl. Seiler in Thomas/Putzo § 771 Rn. 18. Der Besitz als solcher gehört nicht dazu, da es sich um ein bloß tatsächliches Verhältnis handelt (Dißars in Schwarz/Pahlke AO § 262 Rn. 22; Werth in Klein AO § 262 Rn. 19 mwN; **aA** Müller-Eiselt in HHSp AO § 262 Rn. 21).

2. Veräußerungsverbote

3 Dritte sind die Begünstigten eines relativen Veräußerungsverbotes (§§ 135, 136 BGB), zB nach § 21 Abs. 2 Nr. 2 InsO, § 23 ZVG, § 938 Abs. 2 ZPO. Nicht erfasst werden Verfügungen des Schuldners im Insolvenzverfahren (§ 81 Abs. 1 InsO), Vormerkung (§ 883 BGB), Widerspruch (§ 899 BGB), alle absoluten Veräußerungsverbote, da sie nicht unter §§ 135, 136, sondern unter § 134 BGB fallen.

3. Nacherben

3a Dritte sind die Nacherben (§ 773 ZPO); dazu Werth in Klein AO § 262 Rn. 23.

4. In Gütergemeinschaft lebende Ehegatten und Lebenspartner

4 Ebenfalls Dritte im Sinne des § 262 AO sind regelmäßig die Ehegatten und Lebnspartner hinsichtlich der Vollstreckung in ihr Vermögen aufgrund einer Vollstreckungsschuld ihres Partners. Für den Ausnahmefall der in Güter-

gemeinschaft lebenden Ehegatten und Lebenspartner gewährt bei Vollstreckung in das Gesamtgut § 774 ZPO Schutz.

5. In Bezug genommene Vorschriften

Die in Abs. 1 in Bezug genommenen Normen der ZPO lauten:

§ 772 Drittwiderspruchsklage bei Veräußerungsverbot

Solange ein Veräußerungsverbot der in den §§ 135, 136 des Bürgerlichen Gesetzbuchs bezeichneten Art besteht, soll der Gegenstand, auf den es sich bezieht, wegen eines persönlichen Anspruchs oder auf Grund eines infolge des Verbots unwirksamen Rechts nicht im Wege der Zwangsvollstreckung veräußert oder überwiesen werden. Auf Grund des Veräußerungsverbots kann nach Maßgabe des § 771 Widerspruch erhoben werden.

§ 773 Drittwiderspruchsklage des Nacherben

Ein Gegenstand, der zu einer Vorerbschaft gehört, soll nicht im Wege der Zwangsvollstreckung veräußert oder überwiesen werden, wenn die Veräußerung oder die Überweisung im Falle des Eintritts der Nacherbfolge nach § 2115 des Bürgerlichen Gesetzbuchs dem Nacherben gegenüber unwirksam ist. Der Nacherbe kann nach Maßgabe des § 771 Widerspruch erheben.

§ 774 Drittwiderspruchsklage des Ehegatten oder Lebenspartners

Findet nach § 741 die Zwangsvollstreckung in das Gesamtgut statt, so kann ein Ehegatte oder Lebenspartner nach Maßgabe des § 771 Widerspruch erheben, wenn das gegen den anderen Ehegatten oder Lebenspartner ergangene Urteil in Ansehung des Gesamtgutes ihm gegenüber unwirksam ist.

II. Drittwiderspruchsklage

Der **geschützte Dritte** kann nach Abs. 2 Widerspruchsklage vor dem ordentlichen Gericht erheben. Die Klage ist regelmäßig gegen den Bund als Träger der Vollstreckungsbehörde, im Bereich des Landesrechts gegen den sonstigen Träger der Vollstreckungsbehörde zu richten; sie kann zugleich gegen den Vollstreckungsschuldner gerichtet werden (§ 262 Abs. 3 S. 2 AO). Das Wort „erforderlichenfalls" in § 262 Abs. 1 S. 1 AO bedeutet nicht, dass ein außergerichtliches Vorverfahren vorgeschaltet werden müsste; offensichtlich wollte der Gesetzgeber damit nur die Erwartung ausdrücken, dass die Vollstreckungsbehörde bei ausreichendem Nachweis des Eigentums usw. von sich aus die Pfändung aufhebt und den Zivilprozess vermeidet (so auch Müller-Eiselt in HHSp AO § 262 Rn. 38; Werth in Klein AO § 262 Rn. 6; Carl DStZ 1984, 455). Ohne Vorverfahren besteht bei sofortigem Anerkenntnis der Vollstreckungsbehörde das Kostenrisiko nach § 93 ZPO (Dißars in Schwarz/Pahlke AO § 262 Rn. 36).

Abs. 2 nimmt §§ 769 und 770 ZPO in Bezug, diese haben folgenden Wortlaut:

§ 769 Einstweilige Anordnungen

(1) Das Prozessgericht kann auf Antrag anordnen, dass bis zum Erlass des Urteils über die in den §§ 767, 768 bezeichneten Einwendungen die Zwangsvollstre-

ckung gegen oder ohne Sicherheitsleistung eingestellt oder nur gegen Sicherheitsleistung fortgesetzt werde und dass Vollstreckungsmaßregeln gegen Sicherheitsleistung aufzuheben seien. Es setzt eine Sicherheitsleistung für die Einstellung der Zwangsvollstreckung nicht fest, wenn der Schuldner zur Sicherheitsleistung nicht in der Lage ist und die Rechtsverfolgung durch ihn hinreichende Aussicht auf Erfolg bietet. Die tatsächlichen Behauptungen, die den Antrag begründen, sind glaubhaft zu machen.

(2) In dringenden Fällen kann das Vollstreckungsgericht eine solche Anordnung erlassen, unter Bestimmung einer Frist, innerhalb der die Entscheidung des Prozessgerichts beizubringen sei. Nach fruchtlosem Ablauf der Frist wird die Zwangsvollstreckung fortgesetzt.

(3) Die Entscheidung über diese Anträge ergeht durch Beschluss.

(4) Im Fall der Anhängigkeit einer auf Herabsetzung gerichteten Abänderungsklage gelten die Absätze 1 bis 3 entsprechend.

§ 770 Einstweilige Anordnungen im Urteil
Das Prozessgericht kann in dem Urteil, durch das über die Einwendungen entschieden wird, die in dem vorstehenden Paragraphen bezeichneten Anordnungen erlassen oder die bereits erlassenen Anordnungen aufheben, abändern oder bestätigen. Für die Anfechtung einer solchen Entscheidung gelten die Vorschriften des § 718 entsprechend.

III. Entscheidungen des Gerichts

8   Hat die Klage Erfolg, wird die vorgenommene Vollstreckungsmaßnahme für unzulässig erklärt.

Schon **vor Erlass des Urteils** kann das Prozessgericht anordnen, dass die Vollstreckung gegen oder ohne Sicherheitsleistung eingestellt wird oder nur gegen Sicherheitsleistung fortgesetzt werden darf (bezüglich § 262 AO natürlich nur einschlägig, soweit von der Vollstreckung – vermeintlich – schuldnerfremdes Vermögen betroffen ist) und dass Vollstreckungsmaßnahmen gegen Sicherheitsleistung aufzuheben sind (§ 769 Abs. 1 ZPO; dazu App KKZ 1998, 96). In dringenden Fällen kann das Vollstreckungsgericht eine solche Anordnung einstweilen treffen (§ 769 Abs. 2 ZPO); diese Bestimmung dürfte aber in der Verwaltungsvollstreckung nur geringe Bedeutung haben, da sie auf das leichter erreichbare Amtsgericht zugeschnitten ist, das im Verwaltungszwangsverfahren als Vollstreckungsgericht zuständige Verwaltungsgericht aber kaum jemals schneller erreichbar sein dürfte als das Prozessgericht.

Zu Kostenfragen eines über mehr als eine Instanz geführten Drittwiderspruchsprozesses App GemH 2005, 87.

IV. Zahlungsansprüche des Dritten

9   Die Vollstreckung in Dritteigentum ist kein enteignungsgleicher Eingriff (BGHZ 32, 240); denkbar sind nach Abschluss der Verwertung aber Bereicherungsansprüche gegen den Vollstreckungsgläubiger (FG BW EFG 1994, 254). Ein Bereicherungsanspruch nach § 812 BGB steht auch dem wahren

Inhaber dieser gepfändeten Forderung zu, als deren Inhaber die Vollstreckungsbehörde fälschlicherweise den Vollstreckungsschuldner angesehen und behandelt hatte, wenn die Vollstreckungsbehörde die vermeintlich dem Vollstreckungsschuldner gehörende Forderung beim Drittschuldner bereits eingezogen hatte (BFH/NV 2006, 701).

V. Landesrecht

Niedersachsen: § 26 NVwVG verweist einen Dritten, der behauptet, 10
dass ihm an dem Gegenstand der Vollstreckung ein die Veräußerung hinderndes Recht zustehe, auf §§ 771–774 ZPO. § 26 S. 3 NVwVG erklärt das ordentliche Gericht für ausschließlich zuständig, in dessen Bezirk vollstreckt worden ist.
Nordrhein-Westfalen: Für die Pfändung im Wesentlichen gleich lautend § 8 VwVG NRW.
Rheinland-Pfalz: Inhaltsgleich § 26 LVwVG RP.
Saarland: Im Wesentlichen gleich lautend § 38 SVwVG.
Sachsen-Anhalt: Mit § 262 AO im Ergebnis übereinstimmend § 26 VwVG LSA.
Schleswig-Holstein: Im Wesentlichen gleich lautend § 280 LVwG.

VI. Justizbeitreibungsgesetz

§ 6 Abs. 1 Nr. 1 JBeitrG verweist unmittelbar auf §§ 771–774 ZPO, § 771 11
Abs. 3 ZPO wiederum auf §§ 769 und 770 ZPO.

§ 263 Vollstreckung gegen Ehegatten oder Lebenspartner

Für die Vollstreckung gegen Ehegatten oder Lebenspartner sind die Vorschriften der §§ 739, 740, 741, 743, 744a und 745 der Zivilprozessordnung entsprechend anzuwenden.

I. Anwendbare Vorschriften der ZPO

Die in Bezug genommenen Vorschriften lauten: 1

§ 739 Gewahrsamsvermutung bei Zwangsvollstreckung gegen Ehegatten und Lebenspartner

(1) Wird zugunsten der Gläubiger eines Ehemannes oder der Gläubiger einer Ehefrau gemäß § 1362 des Bürgerlichen Gesetzbuchs vermutet, dass der Schuldner Eigentümer beweglicher Sachen ist, so gilt, unbeschadet der Rechte Dritter, für die Durchführung der Zwangsvollstreckung nur der Schuldner als Gewahrsamsinhaber und Besitzer.

(2) Absatz 1 gilt entsprechend für die Vermutung des § 8 Abs. 1 des Lebenspartnerschaftsgesetzes zugunsten der Gläubiger eines der Lebenspartner.

§ 740 Zwangsvollstreckung in das Gesamtgut

(1) Leben die Ehegatten oder Lebenspartner in Gütergemeinschaft und verwaltet einer von ihnen das Gesamtgut allein, so ist zur Zwangsvollstreckung in das Gesamtgut ein Urteil gegen diesen Ehegatten oder Lebenspartner erforderlich und genügend.

(2) Verwalten die Ehegatten oder Lebenspartner das Gesamtgut gemeinschaftlich, so ist die Zwangsvollstreckung in das Gesamtgut nur zulässig, wenn beide Ehegatten oder Lebenspartner zur Leistung verurteilt sind.

§ 741 Zwangsvollstreckung in das Gesamtgut bei Erwerbsgeschäft

Betreibt ein Ehegatte oder Lebenspartner, der in Gütergemeinschaft lebt und das Gesamtgut nicht oder nicht allein verwaltet, selbständig ein Erwerbsgeschäft, so ist zur Zwangsvollstreckung in das Gesamtgut ein gegen ihn ergangenes Urteil genügend, es sei denn, dass zur Zeit des Eintritts der Rechtshängigkeit der Einspruch des anderen Ehegatten oder Lebenspartners gegen den Betrieb des Erwerbsgeschäfts oder der Widerruf seiner Einwilligung zu dem Betrieb im Güterrechtsregister eingetragen war.

§ 743 Beendete Gütergemeinschaft

Nach der Beendigung der Gütergemeinschaft ist vor der Auseinandersetzung die Zwangsvollstreckung in das Gesamtgut nur zulässig, wenn
1. beide Ehegatten oder Lebenspartner zu der Leistung verurteilt sind oder
2. der eine Ehegatte oder Lebenspartner zu der Leistung verurteilt ist und der andere zur Duldung der Zwangsvollstreckung.

§ 744a Zwangsvollstreckung bei Eigentums- und Vermögensgemeinschaft

Leben die Ehegatten gemäß Artikel 234 § 4 Abs. 2 des Einführungsgesetzes zum Bürgerlichen Gesetzbuch im Güterstand der Eigentums- und Vermögensgemeinschaft, sind für die Zwangsvollstreckung in Gegenstände des gemeinschaftlichen Eigentums und Vermögens die §§ 740 bis 744, 774 und 860 entsprechend anzuwenden.

§ 745 Zwangsvollstreckung bei fortgesetzter Gütergemeinschaft

(1) Im Falle der fortgesetzten Gütergemeinschaft ist zur Zwangsvollstreckung in das Gesamtgut ein gegen den überlebenden Ehegatten oder Lebenspartner ergangenes Urteil erforderlich und genügend.

(2) Nach der Beendigung der fortgesetzten Gütergemeinschaft gelten die §§ 743 und 744 mit der Maßgabe, dass
1. an die Stelle desjenigen Ehegatten oder Lebenspartners, der das Gesamtgut allein verwaltet, der überlebende Ehegatte oder Lebenspartner tritt und
2. an die Stelle des anderen Ehegatten oder Lebenspartners die anteilsberechtigten Abkömmlinge treten.

2   Wichtigste Regelung ist **§ 739 ZPO,** der dem Vollziehungsbeamten bei zusammenlebenden Ehegatten oder Lebenspartnern die Prüfung der Gewahrsamsverhältnisse erspart. Demjenigen Ehegatten oder Lebenspartner, der nicht Vollstreckungsschuldner, aber Eigentümer der gepfändeten Sache ist, bleibt zumindest die Drittwiderspruchsklage nach § 262 AO, in der er die Eigentumsvermutung von § 1362 Abs. 1 S. 1 BGB zu widerlegen hat (vgl. Brox FamRZ 1981, 1125 mwN; Werth in Klein AO § 263 Rn. 2). § 739 ZPO gilt nicht bei

Partnern nichtehelicher Lebensgemeinschaften (**hM** BGH FamRZ 2007, 457 mit Anm. Böttcher; Seiler in Thomas/Putzo ZPO § 739 Rn. 7).

Zur Vollstreckung wegen öffentlich-rechtlicher Forderungen in das Gesamtgut einer ehelichen Gütergemeinschaft siehe App GemH 2002, 212.

II. Landesrecht

Hessen: Im Wesentlichen gleich lautend § 21 HessVwVG. 3
Niedersachsen: Inhaltsgleich § 15 NVwVG.
Rheinland-Pfalz: Für die Vollstreckung gegen Eheleute und, soweit die Bestimmungen bei Lebenspartnerschaften anwendbar sind, gegen Lebenspartner gelten die §§ 739–741, 743, 745 ZPO entsprechend (§ 6 Abs. 5 S. 1 Nr. 2 LVwVG RP).
Saarland: Im Wesentlichen inhaltsgleich § 35 SVwVG.
Sachsen-Anhalt: Im Wesentlichen inhaltsgleich § 15 VwVG LSA.
Schleswig-Holstein: Insoweit inhaltsgleich § 267 S. 2 LVwG; die Gewahrsamsvermutung ergibt sich aus § 289 Abs. 5 LVwG iVm § 739 ZPO.

III. Justizbeitreibungsgesetz

§ 6 Abs. 1 Nr. 1 JBeitrG verweist im Wesentlichen auf dieselben Bestim- 4
mungen der ZPO wie § 263 AO, § 744a ZPO ist indes nicht einbezogen.

§ 264 Vollstreckung gegen Nießbraucher

Für die Vollstreckung in Gegenstände, die dem Nießbrauch an einem Vermögen unterliegen, ist die Vorschrift des § 737 der Zivilprozessordnung entsprechend anzuwenden.

I. Allgemeines

§§ 1085, 1089 BGB lassen die Bestellung eines Nießbrauchs an einem 1
Vermögen zu, der auch dann vorliegt, wenn einzelne Gegenstände, an denen der Nießbrauch bestellt ist, im Wesentlichen das Vermögen des Bestellers ausmachen (vgl. App KKZ 1989, 32); anderenfalls findet nicht § 264 AO, sondern nur § 262 AO Anwendung.

II. Wortlaut des § 737 ZPO

§ 737 ZPO lautet: 2

§ 737 Zwangsvollstreckung bei Vermögens- oder Erbschaftsnießbrauch
(1) Bei dem Nießbrauch an einem Vermögen ist wegen der vor der Bestellung des Nießbrauchs entstandenen Verbindlichkeiten des Bestellers die Zwangsvollstreckung in die dem Nießbrauch unterliegenden Gegenstände ohne Rücksicht auf den Nießbrauch zulässig, wenn der Besteller zu der Leistung und der Nießbraucher zur Duldung der Zwangsvollstreckung verurteilt ist.

(2) Das Gleiche gilt bei dem Nießbrauch an einer Erbschaft für die Nachlassverbindlichkeiten.

III. Vollstreckung gegen Nießbraucher

3   Während bei unmittelbarer Anwendung von § 264 AO oder bei der Vollstreckung von Kommunalabgaben gegen den Nießbraucher ein Duldungsbescheid nach § 191 Abs. 1 AO erlassen werden kann (vgl. Werth in Klein AO § 264 Rn. 4), ist dies bei der Anwendung im Rahmen von § 5 Abs. 1 VwVG nicht möglich, da dieser nicht auf § 191 verweist. Die Grundlage der Vollstreckung gegen den Nießbraucher kann daher nur durch die in § 737 ZPO vorgesehene Klage geschaffen werden. Einwendungen gegen die Anwendbarkeit von § 737 ZPO kann der Nießbraucher nur gegen das Duldungsurteil oder den Duldungsbescheid vorbringen, nicht gegen die darauf beruhenden Vollstreckungsmaßnahmen (App KKZ 1989, 32).

IV. Zeitpunkt der Nießbrauchbestellung

4   Ist die Geldforderung nach der Nießbrauchsbestellung entstanden, findet nicht § 264 AO Anwendung, sondern § 262 AO. Gesetzliche Fiktionen für den Entstehungszeitpunkt, wie sie zB Abgabengesetze zuweilen enthalten, sind dabei nicht maßgeblich; vielmehr kommt es – wie im Insolvenzverfahren (§ 38 InsO) – darauf an, ob der Rechtsgrund für die Entstehung der Forderung im Zeitpunkt der Nießbrauchsbestellung bereits gelegt war.

V. Erbfall

5   § 264 AO nennt den **Nießbrauch an der Erbschaft** nicht; da er jedoch auf § 737 ZPO im Ganzen und nicht nur auf dessen ersten Absatz verweist, ist anzunehmen, dass der Gesetzgeber die Erbschaft als Unterfall des Vermögens aufgefasst hat. Anwendbar ist die Vorschrift daher auch im Fall des Nießbrauchs an einem Erbteil, da § 1922 Abs. 2 BGB den Erbteil eines Miterben einer Erbschaft rechtlich gleichstellt (ebenso Werth in Klein AO § 264 Rn. 3).

VI. Landesrecht

6   **Hessen:** Gleichlautend § 22 HessVwVG.
Niedersachsen: Inhaltsgleich § 16 NVwVG.
Rheinland-Pfalz: Für die Vollstreckung in ein Vermögen, an dem ein Nießbrauch besteht, gilt § 737 ZPO entsprechend (§ 6 Abs. 5 Nr. 1 LVwVG RP).
Saarland: Inhaltsgleich insoweit § 35 SVwVG.
Sachsen-Anhalt: Inhaltsgleich § 16 VwVG LSA.
Schleswig-Holstein: Inhaltsgleich insoweit § 267 LVwG.

VII. Justizbeitreibungsgesetz

§ 6 Abs. 1 Nr. 1 JBeitrG verweist auf § 737 ZPO. 7

§ 265 Vollstreckung gegen Erben

Für die Vollstreckung gegen Erben sind die Vorschriften der §§ 1958, 1960 Abs. 3, § 1961 des Bürgerlichen Gesetzbuchs sowie der §§ 747, 748, 778, 779, 781 bis 784 der Zivilprozessordnung entsprechend anzuwenden.

I. Rechtsnachfolge im öffentlichen Recht

§ 265 AO setzt die **Zulässigkeit der Vollstreckung** gegen den Erben 1 voraus. Im Bereich der Steuervollstreckung ist das unproblematisch, weil die Steuerschuld als Nachlassverbindlichkeit auf den Erben des Steuerschuldners übergeht. Außerhalb des Steuerrechts ist dieser Übergang aber nicht selbstverständlich. Deshalb ist vor der Anwendung von § 265 AO im Rahmen von § 5 Abs. 1 VwVG stets zu prüfen, ob die zu vollstreckende Geldforderung nachfolgefähig ist. Die Nachfolgefähigkeit ist zu verneinen, wenn die Pflicht begründet worden war, um gerade den (ursprünglichen) Adressaten zu einem bestimmten Verhalten zu veranlassen. Dies kann auch bei öffentlich-rechtlichen Geldforderungen der Fall sein und ist zB beim Zwangsgeld (im Anwendungsbereich der AO ausdrücklich § 45 Abs. 1 S. 2 AO) und bei der Geldbuße anzunehmen. Dies gilt auch, wenn die Grundverpflichtung auf den Rechtsnachfolger übergegangen ist; in diesem Fall kann die Behörde dann ein neues Zwangsgeld unmittelbar gegen diesen festsetzen, wenn die Voraussetzungen hierfür in seiner Person vorliegen. Ebenso kann eine Geldbuße erst dann gegen den Nachfolger in der Grundverpflichtung verhängt werden, wenn er selbst schuldhaft gegen die auf ihn übergegangene Verpflichtung verstoßen hat.

II. Anwendbare Vorschriften des BGB

Die in Bezug genommenen Vorschriften des BGB lauten: 2

§ 1958 Gerichtliche Geltendmachung von Ansprüchen gegen den Erben
Vor der Annahme der Erbschaft kann ein Anspruch, der sich gegen den Nachlass richtet, nicht gegen den Erben gerichtlich geltend gemacht werden.

§ 1960 Sicherung des Nachlasses; Nachlasspfleger
(1), (2) [nicht abgedruckt]
(3) Die Vorschrift des § 1958 findet auf den Nachlasspfleger keine Anwendung.

§ 1961 Nachlasspflegschaft auf Antrag
Das Nachlassgericht hat in den Fällen des § 1960 Abs. 1 einen Nachlasspfleger zu bestellen, wenn die Bestellung zum Zwecke der gerichtlichen Geltendmachung eines Anspruchs, der sich gegen den Nachlass richtet, von dem Berechtigten beantragt wird.

AO § 265

III. Anwendbare Vorschriften der ZPO

3 Die in Bezug genommenen Vorschriften der ZPO lauten:

§ 747 Zwangsvollstreckung in ungeteilten Nachlass

Zur Zwangsvollstreckung in einen Nachlass ist, wenn mehrere Erben vorhanden sind, bis zur Teilung ein gegen alle Erben ergangenes Urteil erforderlich.

§ 748 Zwangsvollstreckung bei Testamentsvollstrecker

(1) Unterliegt ein Nachlass der Verwaltung eines Testamentsvollstreckers, so ist zur Zwangsvollstreckung in den Nachlass ein gegen den Testamentsvollstrecker ergangenes Urteil erforderlich und genügend.

(2) Steht dem Testamentsvollstrecker nur die Verwaltung einzelner Nachlassgegenstände zu, so ist die Zwangsvollstreckung in diese Gegenstände nur zulässig, wenn der Erbe zu der Leistung, der Testamentsvollstrecker zur Duldung der Zwangsvollstreckung verurteilt ist.

(3) Zur Zwangsvollstreckung wegen eines Pflichtteilanspruchs ist im Falle des Absatzes 1 wie im Falle des Absatzes 2 ein sowohl gegen den Erben als gegen den Testamentsvollstrecker ergangenes Urteil erforderlich.

§ 778 Zwangsvollstreckung vor Erbschaftsannahme

(1) Solange der Erbe die Erbschaft nicht angenommen hat, ist eine Zwangsvollstreckung wegen eines Anspruchs, der sich gegen den Nachlass richtet, nur in den Nachlass zulässig.

(2) Wegen eigener Verbindlichkeiten des Erben ist eine Zwangsvollstreckung in den Nachlass vor der Annahme der Erbschaft nicht zulässig.

§ 779 Fortsetzung der Zwangsvollstreckung nach dem Tod des Schuldners

(1) Eine Zwangsvollstreckung, die zur Zeit des Todes des Schuldners gegen ihn bereits begonnen hatte, wird in seinen Nachlass fortgesetzt.

(2) Ist bei einer Vollstreckungshandlung die Zuziehung des Schuldners nötig, so hat, wenn die Erbschaft noch nicht angenommen oder wenn der Erbe unbekannt oder es ungewiss ist, ob er die Erbschaft angenommen hat, das Vollstreckungsgericht auf Antrag des Gläubigers dem Erben einen einstweiligen besonderen Vertreter zu bestellen. Die Bestellung hat zu unterbleiben, wenn ein Nachlasspfleger bestellt ist oder wenn die Verwaltung des Nachlasses einem Testamentsvollstrecker zusteht.

§ 781 Beschränkte Erbenhaftung in der Zwangsvollstreckung

Bei der Zwangsvollstreckung gegen den Erben des Schuldners bleibt die Beschränkung der Haftung unberücksichtigt, bis auf Grund derselben gegen die Zwangsvollstreckung von dem Erben Einwendungen erhoben werden.

§ 782 Einreden des Erben gegen Nachlassgläubiger

Der Erbe kann auf Grund der ihm nach den §§ 2014, 2015 des Bürgerlichen Gesetzbuchs zustehenden Einreden nur verlangen, dass die Zwangsvollstreckung für die Dauer der dort bestimmten Fristen auf solche Maßregeln beschränkt wird, die zur Vollziehung eines Arrestes zulässig sind. Wird vor dem Ablauf der Frist die Eröffnung des Nachlassinsolvenzverfahrens beantragt, so ist auf Antrag die Beschränkung der Zwangsvollstreckung auch nach dem Ablauf der Frist aufrechtzuerhalten, bis über die Eröffnung des Insolvenzverfahrens rechtskräftig entschieden ist.

§ 783 Einreden des Erben gegen persönliche Gläubiger

In Ansehung der Nachlassgegenstände kann der Erbe die Beschränkung der Zwangsvollstreckung nach § 782 auch gegenüber den Gläubigern verlangen, die nicht Nachlassgläubiger sind, es sei denn, dass er für die Nachlassverbindlichkeiten unbeschränkt haftet.

§ 784 Zwangsvollstreckung bei Nachlassverwaltung und -insolvenzverfahren

(1) Ist eine Nachlassverwaltung angeordnet oder das Nachlassinsolvenzverfahren eröffnet, so kann der Erbe verlangen, dass Maßregeln der Zwangsvollstreckung, die zugunsten eines Nachlassgläubigers in sein nicht zum Nachlass gehörendes Vermögen erfolgt sind, aufgehoben werden, es sei denn, dass er für die Nachlassverbindlichkeiten unbeschränkt haftet.

(2) Im Falle der Nachlassverwaltung steht dem Nachlassverwalter das gleiche Recht gegenüber Maßregeln der Zwangsvollstreckung zu, die zugunsten eines anderen Gläubigers als eines Nachlassgläubigers in den Nachlass erfolgt sind.

IV. Entsprechende Anwendung

Entsprechende Anwendung der vorgenannten Bestimmungen bedeutet, dass in den Fällen, in denen die zivilrechtlichen und zivilprozessualen Vorschriften ein vollstreckbares Urteil voraussetzen, ein vollstreckbarer Verwaltungsakt erlassen sein muss. Zudem ist die Schwebezeit bis zur Annahme der Erbschaft oder zum Ablauf der Sechs-Wochenfrist zur Erbausschlagung (§ 1944 BGB) einzuhalten, bevor vollstreckungsrechtliche Maßnahmen erfolgen können.

Zur Erbenhaftung für Kommunalabgaben s. App KKZ 1990, 245; dort auch Fassung der Anträge, die der Vollstreckungsgläubiger als Nachlassgläubiger stellen kann. Zu den Möglichkeiten des Erben, seine Haftung zu beschränken, App WStH Abt. 21, 2189. BFHE 203, 5 gestattet dem Erben die Einrede der beschränkten Erbenhaftung nicht durch Einspruch gegen das Leistungsgebot, sondern eröffnet nur die formlose Einrede gegen die Zwangsvollstreckung (kritisch bereits App DStR 1985, 31).

Die Haftungsbeschränkung gilt nur für Erblasserschulden, **nicht** für Verbindlichkeiten, die in der Person des Erben entstanden sind wie etwa Abfallentsorgungsgebühren, Abwassergebühren, Straßenreinigungsgebühren und Grundsteuern, die nach dem Tod des Erblassers entstanden sind (OVG NRW NVwZ-RR 2001, 96); sie sind **Eigenschulden** des Erben.

V. Landesrecht

Baden-Württemberg: § 3 S. 2 LVwVG BW (gilt für die gesamte Verwaltungsvollstreckung) lässt die Fortsetzung der beim Tode des Pflichtigen bereits eingeleiteten Vollstreckung in den Nachlass wie § 265 AO iVm § 779 Abs. 1 ZPO zu; neu eingeleitet werden darf die Vollstreckung gegen den Erben

nach § 3 S. 1 LVwVG BW nur, wenn er durch den Verwaltungsakt verpflichtet wird und die Voraussetzungen der Vollstreckung für seine Person vorliegen.
Brandenburg: § 6 Abs. 4 VwVG BB entpricht im Wesentlichen § 3 S. 2 LVwVG BW.
Hessen: § 23 Abs. 1 HessVwVG gestattet vor Annahme der Erbschaft eine Vollstreckung wegen einer Forderung, die sich gegen den Nachlass richtet, nur in den Nachlass und verbietet in dieser Zeit die Vollstreckung wegen Forderungen gegen den Erben in den Nachlass § 23 Abs. 2 S. 1 HessVwVG verweist (nur) auf §§ 747, 748, 781–784 und 863 ZPO.
Niedersachsen: § 18 Abs. 1 S. 1 NVwVG verweist auf §§ 747, 748, 778, 781–784 ZPO. Nach § 18 Abs. 2 NVwVG kann der Erbe Einwendungen nach §§ 781–784 ZPO durch Klage gegen den Vollstreckungsgläubiger vor dem ordentlichen Gericht des Vollstreckungsortes geltend machen, das auch vorläufige Maßnahmen nach §§ 769, 770 ZPO treffen kann.
Nordrhein-Westfalen: Für die Haftung des Erben gelten § 7 Abs. 5 und § 10 VwVG NRW.
Rheinland-Pfalz: Für die Vollstreckung in einen Nachlass und gegen den Erben gelten §§ 747, 748, 778, 779, 781–784 ZPO entsprechend (§ 6 Abs. 5 LVwVG RP)
Saarland: Im Wesentlichen inhaltsgleich § 35 SVwVG, soweit er sich auf Erben bezieht. Vgl. im Übrigen § 36 SVwVG.
Sachsen-Anhalt: § 18 Abs. 1 S. 1 VwVG LSA verweist auf §§ 747, 748, 778, 781–784 ZPO. Nach § 18 Abs. 2 VwVG LSA kann der Erbe Einwendungen nach §§ 781–784 ZPO durch Klage vor dem ordentlichen Gericht des Vollstreckungsortes geltend machen, das auch vorläufige Maßnahmen nach §§ 769, 770 ZPO treffen kann.
Schleswig-Holstein: Vgl. §§ 264 Abs. 4, 267, 268 LVwG.
Thüringen: § 20 Abs. 4 S. 2 ThürVwZVG stimmt mit § 779 Abs. 1 ZPO sachlich überein.

VI. Justizbeitreibungsgesetz

6 § 6 Abs. 1 Nr. 1 JBeitrG verweist auf §§ 778, 779, 781–784 ZPO; dazu bestimmt § 8 Abs. 2 JBeitrG übereinstimmend mit § 785 ZPO, dass für Einwendungen auf Grund von §§ 781–784 ZPO die Vorschriften in §§ 767, 769 und 770 ZPO sinngemäß gelten und für die Klage das Gericht zuständig ist, in dessen Bezirk die Vollstreckung stattgefunden hat.

§ 266 Sonstige Fälle beschränkter Haftung

Die Vorschriften der §§ 781 bis 784 der Zivilprozessordnung sind auf die nach § 1489 des Bürgerlichen Gesetzbuchs eintretende beschränkte Haftung, die Vorschrift des § 781 der Zivilprozessordnung ist auf die nach den §§ 1480, 1504 und 2187 des Bürgerlichen Gesetzbuchs eintretende beschränkte Haftung entsprechend anzuwenden.

Übersicht

	Rn.
I. Fälle beschränkter Haftung	1
1. Haftung nach der Teilung gegenüber Dritten	1a
2. Persönliche Haftung für die Gesamtgutsverbindlichkeiten	2
3. Haftung nach der Teilung des Gesamtguts	3
4. Haftung des volljährig Gewordenen	4
5. Haftung der Abkömmlinge	5
6. Haftung des Vermächtnisnehmers	6
II. Anwendbare Vorschriften der ZPO	7
III. Anwendbare Vorschriften des BGB	8
IV. Landesrecht	9
V. Justizbeitreibungsgesetz	10

I. Fälle beschränkter Haftung

§ 266 AO regelt folgende Fälle: **1**

1. Haftung nach der Teilung gegenüber Dritten

Nach § 1489 BGB haftet für Gesamtgutsverbindlichkeiten der fortgesetzten Gütergemeinschaft (Begriff: § 1488 BGB) der überlebende Ehegatte persönlich, jedoch beschränkt auf das Gesamtgut. **1a**

2. Persönliche Haftung für die Gesamtgutsverbindlichkeiten

Nach § 1480 BGB haftet nach der Teilung des Gesamtguts für nicht zuvor berichtigte Gesamtgutsverbindlichkeiten auch der andere Ehegatte, jedoch beschränkt auf die ihm zugeteilten Gegenstände. **2**

3. Haftung nach der Teilung des Gesamtguts

§ 266 gilt auch für die Haftung des überlebenden Ehegatten und der Abkömmlinge nach der Teilung des Gesamtguts einer fortgesetzten Gütergemeinschaft, auf die nach § 1498 S. 1 BGB ebenfalls § 1480 BGB anzuwenden ist. **3**

4. Haftung des volljährig Gewordenen

Nach § 1629a BGB kann ein volljährig Gewordener die Haftung für während seiner Minderjährigkeit begründete Forderungen auf das bei Eintritt seiner Volljährigkeit bestehende Vermögen beschränken (unter bestimmten Voraussetzungen); dies gilt auch im Rahmen von § 266 AO, obwohl diese Vorschrift auf § 1629a BGB nicht Bezug nimmt (BFH BStBl. II 2004, 35; Müller-Eiselt in HHSp AO § 266 Rn. 27 ff.; Werth in Klein AO § 266 Rn. 8). **4**

5. Haftung der Abkömmlinge

5 § 1504 BGB regelt die Ausgleichungspflicht der nach § 1480 BGB in Verbindung mit § 1498 S. 1 BGB haftenden Abkömmlinge untereinander. Die Beschränkung der Verpflichtung auf die zugeteilten Gegenstände (§ 1504 S. 2 BGB) begrenzt die Möglichkeiten des Zugriffs in der Verwaltungsvollstreckung.

6. Haftung des Vermächtnisnehmers

6 Nach § 2187 BGB kann ein Vermächtnisnehmer, der mit einem Vermächtnis oder einer Auflage beschwert ist, die Erfüllung insoweit verweigern, als das Zugewendete nicht ausreicht. Auch hier kann der Zuwendungsempfänger die Haftung auf das ihm zugewendete beschränken, dies begrenzt dann die Zugriffsmöglichkeit der Verwaltungsvollstreckung.

II. Anwendbare Vorschriften der ZPO

7 Der Text von §§ 781–784 ZPO ist in § 265 AO Rn. 2 abgedruckt.

III. Anwendbare Vorschriften des BGB

8 Die in Bezug genommenen Normen des BGB haben folgenden Wortlaut:

§ 1480 Haftung nach der Teilung gegenüber Dritten

Wird das Gesamtgut geteilt, bevor eine Gesamtgutsverbindlichkeit berichtigt ist, so haftet dem Gläubiger auch der Ehegatte persönlich als Gesamtschuldner, für den zur Zeit der Teilung eine solche Haftung nicht besteht. Seine Haftung beschränkt sich auf die ihm zugeteilten Gegenstände; die für die Haftung des Erben geltenden Vorschriften der §§ 1990, 1991 sind entsprechend anzuwenden.

§ 1489 Persönliche Haftung für die Gesamtgutsverbindlichkeiten

(1) Für die Gesamtgutsverbindlichkeiten der fortgesetzten Gütergemeinschaft haftet der überlebende Ehegatte persönlich.

(2) Soweit die persönliche Haftung den überlebenden Ehegatten nur infolge des Eintritts der fortgesetzten Gütergemeinschaft trifft, finden die für die Haftung des Erben für die Nachlassverbindlichkeiten geltenden Vorschriften entsprechende Anwendung; an die Stelle des Nachlasses tritt das Gesamtgut in dem Bestand, den es zur Zeit des Eintritts der fortgesetzten Gütergemeinschaft hat.

(3) Eine persönliche Haftung der anteilsberechtigten Abkömmlinge für die Verbindlichkeiten des verstorbenen oder des überlebenden Ehegatten wird durch die fortgesetzte Gütergemeinschaft nicht begründet.

§ 1504 Haftungsausgleich unter Abkömmlingen

Soweit die anteilsberechtigten Abkömmlinge nach § 1480 den Gesamtgutsgläubigern haften, sind sie im Verhältnis zueinander nach der Größe ihres Anteils an dem Gesamtgut verpflichtet. Die Verpflichtung beschränkt sich auf die ihnen zugeteilten Gegenstände; die für die Haftung des Erben geltenden Vorschriften der §§ 1990, 1991 finden entsprechende Anwendung.

§ 2187 Haftung des Hauptvermächtnisnehmers
(1) Ein Vermächtnisnehmer, der mit einem Vermächtnis oder einer Auflage beschwert ist, kann die Erfüllung auch nach der Annahme des ihm zugewendeten Vermächtnisses insoweit verweigern, als dasjenige, was er aus dem Vermächtnis erhält, zur Erfüllung nicht ausreicht.

(2) Tritt nach § 2161 ein anderer an die Stelle des beschwerten Vermächtnisnehmers, so haftet er nicht weiter, als der Vermächtnisnehmer haften würde.

(3) Die für die Haftung des Erben geltenden Vorschriften des § 1992 findet entsprechende Anwendung.

IV. Landesrecht

Hessen: Gleichlautend § 24 HessVwVG. 9
Niedersachsen: Inhaltsgleich § 19 NVwVG.
Nordrhein-Westfalen: Die entsprechende Rechtsfolge ergibt sich aus § 10 VwVG NRW.
Rheinland-Pfalz: § 6 Abs. 5 Nr. 5 LVwVG RP erklärt § 786 ZPO für entsprechend anwendbar.
Saarland: Vgl. § 32 Abs. 4 SVwVG.
Sachsen-Anhalt: Sachlich übereinstimmend § 19 VwVG LSA.
Schleswig-Holstein: Vgl. §§ 264 Abs. 4, 267 LVwG.

V. Justizbeitreibungsgesetz

§ 6 Abs. 1 Nr. 1 JBeitrG verweist auf § 786 ZPO, der seinerseits auf §§ 780 10 Abs. 1 und 781–785 ZPO weiterverweist. § 8 Abs. 2 JBeitrG erklärt in diesen Fällen §§ 767, 769 und 770 für sinngemäß anwendbar.

§ 267 Vollstreckungsverfahren gegen nichtrechtsfähige Personenvereinigungen

Bei nichtrechtsfähigen Personenvereinigungen, die als solche steuerpflichtig sind, genügt für die Vollstreckung in deren Vermögen ein vollstreckbarer Verwaltungsakt gegen die Personenvereinigung. Dies gilt entsprechend für Zweckvermögen und sonstige einer juristischen Person ähnliche steuerpflichtige Gebilde.

I. Betroffene Vereinigungen

Unter § 267 AO fallen nichtrechtsfähige Vereine (§ 50 Abs. 2 BGB), 1 Gesellschaften nach § 705 BGB (GbR), OHG (§ 105 HGB) und KG (§ 161 HGB), Europäische Wirtschaftliche Interessenvereinigungen (§ 1 EWIVG), Partnerschaftsgesellschaften (§ 7 Abs. 2 PartGG), nichtrechtsfähige Stiftungen und Anstalten, Kartelle und Syndikate sowie Betriebe von Körperschaften des öffentlichen Rechts (Müller-Eiselt in HHSp AO § 267 Rn. 11–15). Ob und inwieweit nichtrechtsfähige Personenvereinigungen, Zweckvermögen und sonstige einer juristischen Person ähnliche Gebilde Schuldner öffentlichrechtlicher Geldforderungen sein können, richtet sich nach materiellem Recht. Möglich ist beispielsweise die Gewerbesteuerschuldnerschaft einer GbR (dazu App KKZ 1984, 50; Lehmann KStZ 1989, 84). Seit BGH NJW 2001, 1056 behandelt die Rechtsprechung der Zivilgerichte die GbR auch zivilrechtlich als rechtsfähig, soweit sie durch Teilnahme am Rechtsverkehr eigene Rechte und Pflichten begründet.

II. Betroffene Verwaltungsakte

2   Der Verwaltungsakt muss gegen die Gesamtheit bzw. das Zweckvermögen **gerichtet** werden. Er ist demjenigen zuzustellen, der die Vereinigung oder das Vermögen nach außen vertritt. Nicht erforderlich ist es, ihn allen Mitgliedern oder Vermögensinhabern bekanntzumachen. Ist eine GbR ohne Geschäftsführer, reicht die Bekanntgabe des zu vollstreckenden Verwaltungsrechts und des Leistungsgebots entsprechend § 709 BGB an einen beliebigen ihrer Gesellschafter aus (so auch BGH DStR 2006, 1516). Die Vollstreckung kann auch nach Abweisung eines Insolvenzantrags mangels Masse oder nach Einstellung eines Insolvenzverfahrens mangels Masse in das Vermögen der davon betroffenen Personenvereinigung betrieben werden, da die Masselosigkeit die Partei- und Beteiligtenfähigkeit der Personenvereinigung nicht berührt (vgl. BGH NJW 1995, 196).

III. Vollstreckung gegen einzelne Mitglieder der Personenvereinigungen

3   Die **persönliche Haftung** der Gesellschafter und Mitglieder für die Verbindlichkeiten der Gesamtheit bleibt unberührt; ihre Durchsetzung erfordert einen vollstreckbaren Verwaltungsakt gegen das jeweilige Mitglied (s. a. LG Bonn DGVZ 2004, 75 zur Parallelproblematik bei der zivilprozessualen Zwangsvollstreckung). Die persönliche Haftung der Gesellschafter einer GbR kann auf eine analoge Anwendung von § 128 HGB gestützt werden (BGH NJW 2001, 1056; BGHZ 172, 169; BFH/NV 2013, 1569). Die Vollstreckungsbehörde ist nicht verpflichtet, sich zunächst an das gemeinschaftliche Vermögen zu halten, soweit nicht § 219 AO einschlägig ist oder der Grundsatz des geringstmöglichen Eingriffs (dazu App JuS 1987, 206) im konkreten Fall den Zugriff auf das gemeinschaftliche Vermögen erfordert. Zur Geltendmachung der persönlichen Gesellschafterhaftung im Insolvenzverfahren über das Vermögen der Personengesellschaft siehe § 93 InsO und App KStZ 1999, 206 sowie App ZKF 2010, 59.

IV. Landesrecht

4   **Hessen:** Inhaltsgleich § 25 Abs. 1 HessVwVG. § 25 Abs. 2 HessVwVG verweist auf §§ 735, 736 ZPO.

Niedersachsen: Im Wesentlichen gleich lautend § 20 NVwVG.
Nordrhein-Westfalen: Inhaltsgleich § 9 VwVG NRW.
Rheinland-Pfalz: § 6 Abs. 4 LVwVG RP erklärt für die Vollstreckung gegen nichtrechtsfähige Vereine und Gesellschaften des bürgerlichen Rechts §§ 735 und 736 ZPO für anwendbar, wobei an die Stelle des gerichtlichen Urteils der Verwaltungsakt tritt.
Saarland: Ähnlich § 34 SVwVG.
Sachsen-Anhalt: Sachlich übereinstimmend § 20 VwVG LSA.
Schleswig-Holstein: Ähnlich § 266 LVwG.

V. Justizbeitreibungsgesetz

§ 6 Abs. 1 Nr. 1 JBeitrG verweist auf §§ 735 und 736 ZPO. Nach § 735 ZPO genügt zur Vollstreckung in das Vermögen eines nichtrechtsfähigen Vereins eine gegen den Verein ergangene Entscheidung. Zur Vollstreckung in das Gesellschaftsvermögen einer GbR ist nach § 736 ZPO eine gegen alle Gesellschafter ergangene Entscheidung erforderlich; seit der Anerkennung der Rechtsfähigkeit der GbR genügt abweichend vom Gesetz auch ein Titel gegen die GbR als solche (BGH NJW 2001, 1056); mit einem solchen kann allerdings nicht in das Vermögen der einzelnen Gesellschafter vollstreckt werden (BGH MDR 2007, 1160). Bei Handelsgesellschaften entstehen ohnehin keine Schwierigkeiten, da diese gem. § 124 Abs. 1 HGB parteifähig sind.

2. Unterabschnitt. Aufteilung einer Gesamtschuld

§§ 268–280 *(keine Kommentierung)*

3. Unterabschnitt. Vollstreckung in das bewegliche Vermögen

I. Allgemeines

§ 281 Pfändung

(1) **Die Vollstreckung in das bewegliche Vermögen erfolgt durch Pfändung.**

(2) **Die Pfändung darf nicht weiter ausgedehnt werden, als es zur Deckung der beizutreibenden Geldbeträge und der Kosten der Vollstreckung erforderlich ist.**

(3) **Die Pfändung unterbleibt, wenn die Verwertung der pfändbaren Gegenstände einen Überschuss über die Kosten der Vollstreckung nicht erwarten lässt.**

Übersicht

	Rn.
I. Rechtsnatur und Folgen der Pfändung	1
II. Unzulässige Pfändungen	2
1. Verbot der Überpfändung (Abs. 2)	2
a) Ausprägung des Verhältnismäßigkeitsgrundsatzes	2

AO § 281

	Rn.
b) Vollstreckung in Forderungen und andere Vermögensrechte	2a
c) Vollstreckung in das unbewegliche Vermögen	2b
d) Rechtsschutz	2c
2. Verbot der zwecklosen Pfändung (Abs. 3)	3
a) Vollstreckungskosten und Verhältnismäßigkeitsgrundsatz	3
b) Vollstreckung in Forderungen und andere Vermögensrechte	3a
c) Vollstreckung in das unbewegliche Vermögen	3b
d) Rechtsschutz	3c
3. Weitere Pfändungsbeschränkungen	
III. Landesrecht	4
IV. Justizbeitreibungsgesetz	5

I. Rechtsnatur und Folgen der Pfändung

1   Die Pfändung ist ein selbstständig anfechtbarer **Verwaltungsakt** (BVerwGE 77, 139 [140]; OVG Münster OVGE 27, 138). Sie entzieht dem Schuldner insoweit die Verfügungsmacht über den gepfändeten Gegenstand, als er die Zwangsvollstreckung beeinträchtigen könnte (**Verstrickung**). Die Verstrickung wird bei beweglichen Sachen durch Inbesitznahme (§ 286 AO), bei Forderungen und anderen Vermögensrechten durch Verfügungsverbot (§ 309 AO) begründet; sie ist durch § 136 Abs. 1 StGB strafrechtlich geschützt; zum strafrechtlichen Schutz des Pfändungszugriffs durch den Straftatbestand der Vollstreckungsvereitelung in § 288 StGB App ZKF 2005, 203.

Neben dem relativen Veräußerungsverbot begründet die Pfändung ein **Pfandrecht** zu Gunsten des Gläubigers (§ 282 AO).

II. Unzulässige Pfändungen

1. Verbot der Überpfändung (Abs. 2)

2   **a) Ausprägung des Verhältnismäßigkeitsgrundsatzes.** Das Überpfändungsverbot bedeutet, dass kein Gegenstand gepfändet werden darf, dessen Wert den Betrag der beizutreibenden Geldbeträge und der Kosten übersteigt (vgl. auch OVG Bremen NJW 1986, 2131). Eine solche Pfändung verletzt den Grundsatz der Verhältnismäßigkeit, der hier eine besondere Ausprägung erfahren hat, wenn andere Gegenstände vorhanden sind, deren Wert den erforderlichen Betrag in geringerem Maße übersteigt. Selbst dann steht es dem Vollstreckungsgläubiger frei, die Vollstreckung in den Vermögenswert zu versuchen, der den sichersten Erfolg verspricht; nur wenn mehrere Möglichkeiten nebeneinander zur Verfügung stehen, die annähernd die gleiche Aussicht bieten, hat er sich für den zu entscheiden, durch den unnötige unbillige Härten für den Vollstreckungsschuldner vermieden werden (AG Neubrandenburg Beschl. v. 8.12.2004 – 3 M 281/04). Ist das nicht der Fall, dann darf ein einheitlicher Gegenstand im Regelfall auch dann ganz gepfän-

det werden, wenn sein Wert den zu vollstreckenden Anspruch übersteigt (OVG Saarlouis NVwZ-RR 2006, 756). Auch der Schuldner kann verlangen, dass in einem solchen Fall nicht nur Teile gepfändet werden, die als solche verhältnismäßig geringwertig sind, und ihm ein wertloser Rest belassen wird; dies schon im Hinblick darauf, dass die Verwertung einer Sachgesamtheit üblicherweise einen höheren Erlös erbringt, als er bei getrennter Verwertung der einzelnen Teile zu erzielen wäre.

b) Vollstreckung in Forderungen und andere Vermögensrechte. § 281 Abs. 2 AO gilt **auch** im Fall der Forderungspfändung. Übersteigt der Betrag einer zu pfändenden Forderung den Betrag des zu vollstreckenden Anspruchs, so ist nur teilweise zu pfänden; der den gepfändeten Teil der Forderung übersteigende Restbetrag bleibt pfandfrei. Allerdings muss die Beschränkung hinsichtlich der Höhe sich ausdrücklich aus dem Pfändungsbeschluss (BGH NJW 1975, 738) bzw. der Pfändungsverfügung ergeben. 2a

c) Vollstreckung in das unbewegliche Vermögen. Das Verbot der Überpfändung gemäß § 281 Abs. 2 AO gilt **nur** für die Vollstreckung in das **bewegliche** Vermögen (BFH BFH/NV 2007, 2060; OVG Lüneburg BeckRS 2005, 21827 [Ls. 2]). Bei der Vollstreckung in unbewegliches Vermögen kommen die Pfändungsschutzvorschriften in § 322 Abs. 4 AO, §§ 864ff. ZPO und im ZVG sowie die Auffangvorschrift von § 258 AO zum Zuge, mit der in atypisch gelagerten Fällen unbilligen Härten Rechnung zu tragen ist. 2b

d) Rechtsschutz. Eine Verletzung von § 281 Abs. 2 AO macht die Pfändung nicht nichtig, aber **anfechtbar** (RFHE 7, 169; BFH BStBl. 1973, 513). Geltend machen kann die Überpfändung nur der **Vollstreckungsschuldner** selbst, nicht ein Dritter (FG Kassel EFG 2006, 702). 2c

2. Verbot der zwecklosen Pfändung (Abs. 3)

a) Vollstreckungskosten und Verhältnismäßigkeitsgrundsatz. Zwecklos und daher nach § 281 Abs. 3 AO verboten ist die Pfändung nicht schon dann, wenn der Erlös im Verhältnis zur Schuld nur gering ist; auch dann kann allerdings der **Grundsatz der Verhältnismäßigkeit** der Pfändung entgegenstehen. Es darf vielmehr überhaupt kein Überschuss über die **Kosten der Vollstreckung** zu erwarten sein. Zu diesen Kosten gehören auch alle Kosten früherer Vollstreckungsversuche wegen derselben Schuld. Nach Meinung von VG Düsseldorf NVwZ-RR 2006, 158 (159) kann die Pfändung eines Bankkontos zwecklos sein, auf dem ausschließlich Sozialleistungen unterhalb der Pfändungsfreigrenzen eingehen; dieses Problem dürfte sich durch die Einführung des Pfändungsschutzkontos für die Praxis erledigt haben. 3

b) Vollstreckung in Forderungen und andere Vermögensrechte. Bei der Forderungspfändung muss (aus Gründen der Verhältnismäßigkeit) zumindest ein Anhaltspunkt dafür bestehen, dass die Pfändung zur (teilweisen) Befriedigung des Vollstreckungsgläubigers führen kann (BFH NVwZ-RR 2001, 629 [Ls. 1]). 3a

AO § 281

3b **c) Vollstreckung in das unbewegliche Vermögen.** Das für den Bereich der Mobiliarvollstreckung geltende Verbot der zwecklosen Pfändung kann auf den Fall der zwecklosen **Zwangsversteigerung** (§ 322 AO) entsprechend angewandt werden (LG Regensburg NJW-RR 1988, 447 [Ls.]; aA Müller-Eiselt in HHSp § 281 AO Rn. 29 und LG Krefeld Rpfleger 1994, 35).

3c **d) Rechtsschutz. Dritte** können sich auf das Verbot der zwecklosen Pfändung **nicht** berufen (AG Halle-Saalkreis, JurBüro 2005, 382).

3. Weitere Pfändungsbeschränkungen

Solche ergeben sich aus §§ 295 und 319 AO (auf die § 5 Abs. 1 VwVG ebenfalls verweist).

III. Landesrecht

4 **Bayern:** Auf die Vollstreckung von Geldforderungen der Gemeinden und Gemeindeverbände (Art. 26 Abs. 7 S. 1 VwZVG) sowie sonstiger juristischer Personen des öffentlichen Rechts (Art. 27 Abs. 1 S. 1 VwZVG) sind die Vorschriften des Achten Buches der ZPO über die Zwangsvollstreckung (mit Ausnahme der §§ 883 bis 898 und 946 bis 959) entsprechend anzuwenden (→ Einführung zur AO, § 5 VwVG Rn. 6) – also auch § 803 ZPO, der mit § 281 AO übereinstimmt.
Hessen: § 30 Abs. 1, Abs. 2, Abs. 3 Nr. 3 HessVwVG deckt sich wörtlich mit § 281 AO. § 30 Abs. 3 Nr. 1 und 2 HessVwVG sieht zusätzlich vor, dass die Pfändung auch unterbleibt, wenn der Pflichtige an den Vollziehungsbeamten zahlt oder ihm die Zahlung nachweist (was § 292 AO entspricht).
Niedersachsen: § 27 NVwVG entspricht § 281 AO fast wörtlich.
Nordrhein-Westfalen: Im Wesentlichen gleich lautend § 21 Abs. 1 VwVG NRW.
Rheinland-Pfalz: Inhaltsgleich § 27 LVwVG.
Saarland: Im Wesentlichen gleich lautend § 41 SVwVG.
Sachsen-Anhalt: § 27 VwVG LSA entspricht § 281 AO wörtlich.
Schleswig-Holstein: Im Wesentlichen gleich lautend § 285 LVwG.
Thüringen: Die Änderung von § 38 Abs. 1 Nr. 2 ThürVwZVG (→ Einführung zur AO, § 5 VwVG Rn. 6) durch Gesetz v. 29.9.1998 (GVBl. 285) hat klargestellt, dass die §§ 281–283 AO auch bei der Forderungspfändung gelten (zum Problem App KKZ 1996, 208).

IV. Justizbeitreibungsgesetz

5 § 6 Abs. 1 Nr. 1 JBeitrG verweist auf § 803 ZPO, der mit § 281 AO übereinstimmt.

§ 282 Wirkung der Pfändung

(1) Durch die Pfändung erwirbt die Körperschaft, der die Vollstreckungsbehörde angehört, ein Pfandrecht an dem gepfändeten Gegenstand.

(2) Das Pfandrecht gewährt ihr im Verhältnis zu anderen Gläubigern dieselben Rechte wie ein Pfandrecht im Sinne des Bürgerlichen Gesetzbuchs; es geht Pfand- und Vorzugsrechten vor, die im Insolvenzverfahren diesem Pfandrecht nicht gleichgestellt sind.

(3) Das durch eine frühere Pfändung begründete Pfandrecht geht demjenigen vor, das durch eine spätere Pfändung begründet wird.

I. Pfandrecht

Gleichzeitig mit der **Verstrickung** (→ § 281 Rn. 1) entsteht durch die 1 Pfändung ein Pfandrecht zugunsten der Körperschaft, der die Vollstreckungsbehörde angehört. Dies gilt nicht im Rahmen der Vollstreckung nach § 169 VwGO; dort erwirbt das Pfandrecht der öffentlich-rechtliche Vollstreckungsgläubiger, der sich aus dem Titel ergibt (so zutr. Wettlaufer, 107). Gegenstand des Pfandrechts ist der Pfandgegenstand; sobald er verwertet ist, tritt an seine Stelle der Erlös. Bei **Forderungen** ergreift das Pfandrecht auch den Schuldschein (§ 952 BGB; diese Vorschrift wird analog auf den Fahrzeugbrief angewandt, BGHZ 88, 13). Das Pfändungspfandrecht an auf dem Halm beschlagnahmten Früchten (§ 294 AO) besteht an den abgeernteten Früchten fort und kann sich sogar an den daraus hergestellten Erzeugnissen fortsetzen (RGZ 161, 109). Bei Pfändung einer **künftigen Forderung** entsteht das Pfändungspfandrecht allerdings erst mit der Entstehung dieser Forderung, und die Pfändung gilt erst in diesem Zeitpunkt als vorgenommen, so dass auch hinsichtlich der für die Rückschlagsperre und die Insolvenzanfechtung maßgeblichen Fristen auf diesen Zeitpunkt abzustellen ist (BGHZ 157, 354; BFH BeckRS 2005, 24002082 [Ls.]) und auch kein Absonderungsrecht des Pfändungsgläubigers im Insolvenzverfahren begründet wird (AG Göttingen KKZ 2007, 254 mit Anm. App). Ein Pfändungspfandrecht kann nur durch eine **wirksame Pfändung** entstehen, mag sie auch rechtswidrig und darum mit Rechtsbehelfen anfechtbar oder bereits angefochten worden sein (App GemK A 2009, 222; dort auch Auflistung von Rechtsfehlern, welche die Begründung eines Pfändungspfandrechts nicht hindern).

II. Stellung des Pfandgläubigers

Der Pfändungsgläubiger hat „im Verhältnis zu anderen Gläubigern" 2 dieselben Rechte wie ein **Faustpfandgläubiger** nach dem BGB (§ 282 Abs. 2 AO). Im Insolvenzverfahren hat er das Recht, aus dem gepfändeten Gegenstand abgesonderte Befriedigung zu verlangen (§ 50 Abs. 1 InsO);

AO § 282 Abgabenordnung

zur Verwertungsbefugnis §§ 166 Abs. 1, 173 Abs. 1 InsO und § 296 AO Rn. 4.

3 Für das **Rangverhältnis** mehrerer Pfandrechte ist der Entstehungszeitpunkt maßgeblich (§ 282 Abs. 3 AO); es gilt das **Prioritätsprinzip** (Brockmeyer in Klein § 282 Rn. 4). Gutgläubiger Erwerb eines besseren Ranges ist beim Pfändungspfandrecht nicht möglich.

Voraussetzung der rangwahrenden Funktion der Pfändung ist, dass der **Vollstreckungstitel wirksam** (nicht notwendigerweise rechtmäßig) war, anderenfalls sind die Pfändungsmaßnahmen bei Anfechtung ersatzlos aufzuheben (so zutr. BFH NJW 2003, 1070 [Ls. 2]); eine Heilung durch Nachschieben eines wirksamen Vollstreckungstitels kommt nicht in Betracht.

III. Erlöschen des Pfandrechts

4 Das Pfandrecht am Pfandgegenstand erlischt regelmäßig mit der Beendigung seiner Verwertung (unbeschadet der Fortsetzung am Erlös), außerdem:
- wenn die Vollstreckungsbehörde die Pfändung aufhebt **(Entstrickung);**
- wenn ein gutgläubiger Dritter das Eigentum an der Pfandsache erwirbt (§ 936 BGB);
- wenn ein Pfandzeichen mit Einwilligung des Gläubigers abgenommen wird (RGZ 57, 326), was im Verwaltungsvollstreckungsverfahren der Aufhebung der Pfändung gleichsteht;
- wenn der Gläubiger auf die durch die Pfändung erworbenen Rechte verzichtet (bei Forderungen gemäß § 316 Abs. 3 AO iVm § 843 ZPO);
- wenn die Pfandsache untergeht, auch durch Vermischung oder Verarbeitung (§§ 948 bis 950 BGB; in diesem Fall setzt sich das Pfandrecht am Bereicherungsanspruch aus §§ 951 Abs. 1, 812 Abs. 1 S. 1 BGB fort);
- wenn die Vollstreckung für unzulässig erklärt wird (OLG Oldenburg MDR 1955, 300), beachte aber die Sonderregelung in § 257 AO.

Weitere Erlöschensgründe ergeben sich aus dem **Insolvenzrecht:** Gemäß § 88 InsO werden im Vollstreckungswege erlangte Sicherungen an zur Insolvenzmasse gehörenden Gegenständen unwirksam, wenn der Vollstreckungsgläubiger im Verfahren Insolvenzgläubiger iSv § 38 InsO ist und die Sicherung im letzten Monat vor dem Insolvenzantrag oder nach Stellung des Insolvenzantrags erlangt hatte; im Verbraucherinsolvenzverfahren gilt an Stelle der genannten Monatsfrist sogar eine Drei-Monate-Frist (§ 88 Abs. 2 InsO). Nach Eröffnung eines Nachlassinsolvenzverfahrens ist die abgesonderte Befriedigung aus Pfändungspfandrechten ausgeschlossen, die der Vollstreckungsgläubiger erst nach dem Erbfall erlangt hat (§ 321 InsO; dazu App KKZ 2003, 34).

5 Das Pfandrecht erlischt **nicht:**
- wenn das Pfandzeichen ohne oder gegen den Willen des Gläubigers abgenommen wird (RGZ 57, 326);
- wenn das Pfandzeichen abfällt oder beschädigt wird;
- wenn der Besitzer unfreiwillig den Besitz verliert.

IV. Landesrecht

Bayern: Art. 26 Abs. 7 S. 1 VwZVG verweist für die Vollstreckung von 6 Geldforderungen der Gemeinden, Landkreise, Bezirke und Zweckverbände (sowie sonstiger juristischer Personen des öffentlichen Rechts, Art. 27 Abs. 1 S. 1 VwZVG) auf die Vorschriften des 8. Buchs der ZPO (→ Einführung zur AO, § 5 VwVG Rn. 6) – also auch auf § 804 ZPO, der mit § 282 AO übereinstimmt.

Hessen: Gleichlautend mit der Ausnahme, dass der Gläubiger das Pfandrecht erwirbt, § 31 HessVwVG.

Niedersachsen: Gleichlautend mit der Ausnahme, dass der Vollstreckungsgläubiger das Pfandrecht erwirbt, § 28 NVwVG.

Nordrhein-Westfalen: Gleichlautend mit der Ausnahme, dass der Vollstreckungsgläubiger das Pfandrecht erwirbt, § 22 VwVG NRW.

Rheinland-Pfalz: Gleichlautend mit dem Unterschied, dass der Gläubiger das Pfandrecht erwirbt, § 28 LVwVG.

Saarland: Im Wesentlichen gleich lautend § 42 SVwVG (mit dem Unterschied, dass der Vollstreckungsgläubiger das Pfandrecht erwirbt).

Sachsen-Anhalt: Gleichlautend mit der Ausnahme, dass die Vollstreckungsgläubiger das Pfandrecht erwerben, § 28 VwVG LSA.

Schleswig-Holstein: Im Wesentlichen gleich lautend § 286 LVwG (mit dem Unterschied, dass der Vollstreckungsgläubiger das Pfandrecht erwirbt).

V. Justizbeitreibungsgesetz

§ 6 Abs. 1 Nr. 1 JBeitrG verweist auf § 804 ZPO, der mit § 282 AO über- 7 einstimmt.

§ 283 Ausschluss von Gewährleistungsansprüchen

Wird ein Gegenstand auf Grund der Pfändung veräußert, so steht dem Erwerber wegen eines Mangels im Recht oder wegen eines Mangels der veräußerten Sache ein Anspruch auf Gewährleistung nicht zu.

I. Veräußerung auf Grund der Pfändung

Eine solche liegt vor bei **öffentlicher Versteigerung** (§ 296 AO), **frei-** 1 **händigem Verkauf** (§§ 300 Abs. 3 S. 2, 302 AO) und **anderweitiger Verwertung** (§§ 300 Abs. 2 S. 2, 305, 317 AO; vgl. OLG Köln NJW 1955, 1563). Für freiwillig gestellte Sicherheiten gilt die Vorschrift ihrem eindeutigen Wortlaut zufolge nicht.

AO § 284 Abgabenordnung

II. Gewährleistungsansprüche

2   Ausgeschlossen werden durch § 283 AO die Ansprüche aus § 437 BGB. Ansprüche wegen Amtspflichtverletzung (§ 839 BGB) werden dagegen nicht ausgeschlossen, wohl aber Ansprüche im Falle einer Falschlieferung (Müller-Eiselt in HHSp § 283 AO Rn. 8).

III. Landesrecht

3   **Bayern:** Auf die Vollstreckung von Geldforderungen der Gemeinden, Landkreise, Bezirke und Zweckverbände (Art. 26 Abs. 7 S. 1 VwZVG) sowie sonstiger juristischer Personen des öffentlichen Rechts (Art. 27 Abs. 1 S. 1 VwZVG) sind die Vorschriften des 8. Buchs der ZPO entsprechend anzuwenden (→ Einführung zur AO, § 5 VwVG Rn. 6) – also auch § 806 ZPO, der § 283 AO (einmal abgesehen von der Überschrift) wörtlich entspricht.
Hessen: § 33 HessVwVG entspricht wörtlich § 283 AO.
Niedersachsen: Gleichlautend § 30 NVwVG.
Nordrhein-Westfalen: Inhaltsgleich § 25 VwVG NRW.
Rheinland-Pfalz: Inhaltsgleich § 30 LVwVG; der Gesetzeswortlaut ist allerdings (anders als bei § 283 AO → Rn. 1) auch auf freiwillig gestellte Sicherheiten anwendbar.
Saarland: § 44 SVwVG entspricht wörtlich § 283 AO.
Sachsen-Anhalt: § 30 VwVG LSA entspricht fast wörtlich § 283 AO.
Schleswig-Holstein: Inhaltsgleich § 288 LVwG.

IV. Justizbeitreibungsgesetz

§ 6 Abs. 1 Nr. 1 JBeitrG verweist auf § 806 ZPO, der mit § 283 AO (ausgenommen die Überschrift) wörtlich übereinstimmt.

§ 284 Vermögensauskunft des Vollstreckungsschuldners

(1) Der Vollstreckungsschuldner muss der Vollstreckungsbehörde auf deren Verlangen für die Vollstreckung einer Forderung Auskunft über sein Vermögen nach Maßgabe der folgenden Vorschriften erteilen, wenn er die Forderung nicht binnen zwei Wochen begleicht, nachdem ihn die Vollstreckungsbehörde unter Hinweis auf die Verpflichtung zur Abgabe der Vermögensauskunft zur Zahlung aufgefordert hat. Zusätzlich hat er seinen Geburtsnamen, sein Geburtsdatum und seinen Geburtsort anzugeben. Handelt es sich bei dem Vollstreckungsschuldner um eine juristische Person oder um eine Personenvereinigung, so hat er seine Firma, die Nummer des Registerblatts im Handelsregister und seinen Sitz anzugeben.

(2) Zur Auskunftserteilung hat der Vollstreckungsschuldner alle ihm gehörenden Vermögensgegenstände anzugeben. Bei Forderun-

gen sind Grund und Beweismittel zu bezeichnen. Ferner sind anzugeben:
1. die entgeltlichen Veräußerungen des Vollstreckungsschuldners an eine nahestehende Person (§ 138 der Insolvenzordnung), die dieser in den letzten zwei Jahren vor dem Termin nach Absatz 7 und bis zur Abgabe der Vermögensauskunft vorgenommen hat;
2. die unentgeltlichen Leistungen des Vollstreckungsschuldners, die dieser in den letzten vier Jahren vor dem Termin nach Absatz 7 und bis zur Abgabe der Vermögensauskunft vorgenommen hat, sofern sie sich nicht auf gebräuchliche Gelegenheitsgeschenke geringen Werts richteten.

Sachen, die nach § 811 Abs. 1 Nr. 1 und 2 der Zivilprozessordnung der Pfändung offensichtlich nicht unterworfen sind, brauchen nicht angegeben zu werden, es sei denn, dass eine Austauschpfändung in Betracht kommt.

(3) Der Vollstreckungsschuldner hat zu Protokoll an Eides statt zu versichern, dass er die Angaben nach den Absätzen 1 und 2 nach bestem Wissen und Gewissen richtig und vollständig gemacht habe. Vor Abnahme der eidesstattlichen Versicherung ist der Vollstreckungsschuldner über die Bedeutung der eidesstattlichen Versicherung, insbesondere über die strafrechtlichen Folgen einer unrichtigen oder unvollständigen eidesstattlichen Versicherung, zu belehren.

(4) Ein Vollstreckungsschuldner, der die in dieser Vorschrift oder die in § 802c der Zivilprozessordnung bezeichnete Vermögensauskunft innerhalb der letzten zwei Jahre abgegeben hat, ist zur erneuten Abgabe nur verpflichtet, wenn anzunehmen ist, dass sich seine Vermögensverhältnisse wesentlich geändert haben. Die Vollstreckungsbehörde hat von Amts wegen festzustellen, ob beim zentralen Vollstreckungsgericht nach § 802k Abs. 1 der Zivilprozessordnung in den letzten zwei Jahren ein auf Grund einer Vermögensauskunft des Schuldners erstelltes Vermögensverzeichnis hinterlegt wurde.

(5) Für die Abnahme der Vermögensauskunft ist die Vollstreckungsbehörde zuständig, in deren Bezirk sich der Wohnsitz oder der Aufenthaltsort des Vollstreckungsschuldners befindet. Liegen diese Voraussetzungen bei der Vollstreckungsbehörde, die die Vollstreckung betreibt, nicht vor, so kann sie die Vermögensauskunft abnehmen, wenn der Vollstreckungsschuldner zu ihrer Abgabe bereit ist.

(6) Die Ladung zu dem Termin zur Abgabe der Vermögensauskunft ist dem Vollstreckungsschuldner selbst zuzustellen; sie kann mit der Fristsetzung nach Absatz 1 Satz 1 verbunden werden. Der Termin zur Abgabe der Vermögensauskunft soll nicht vor Ablauf eines Monats nach Zustellung der Ladung bestimmt werden. Ein Rechtsbehelf gegen die Anordnung der Abgabe der Vermögensauskunft hat keine aufschiebende Wirkung. Der Vollstreckungsschuldner hat die zur Vermögensauskunft erforderlichen Unterlagen im Termin

AO § 284

vorzulegen. Hierüber und über seine Rechte und Pflichten nach den Absätzen 2 und 3, über die Folgen einer unentschuldigten Terminssäumnis oder einer Verletzung seiner Auskunftspflichten sowie über die Möglichkeit der Eintragung in das Schuldnerverzeichnis bei Abgabe der Vermögensauskunft ist der Vollstreckungsschuldner bei der Ladung zu belehren.

(7) Im Termin zur Abgabe der Vermögensauskunft erstellt die Vollstreckungsbehörde ein elektronisches Dokument mit den nach den Absätzen 1 und 2 erforderlichen Angaben (Vermögensverzeichnis). Diese Angaben sind dem Vollstreckungsschuldner vor Abgabe der Versicherung nach Absatz 3 vorzulesen oder zur Durchsicht auf einem Bildschirm wiederzugeben. Ihm ist auf Verlangen ein Ausdruck zu erteilen. Die Vollstreckungsbehörde hinterlegt das Vermögensverzeichnis bei dem zentralen Vollstreckungsgericht nach § 802k Abs. 1 der Zivilprozessordnung. Form, Aufnahme und Übermittlung des Vermögensverzeichnisses haben den Vorgaben der Verordnung nach § 802k Abs. 4 der Zivilprozessordnung zu entsprechen.

(8) Ist der Vollstreckungsschuldner ohne ausreichende Entschuldigung in dem zur Abgabe der Vermögensauskunft anberaumten Termin vor der in Absatz 5 Satz 1 bezeichneten Vollstreckungsbehörde nicht erschienen oder verweigert er ohne Grund die Abgabe der Vermögensauskunft, so kann die Vollstreckungsbehörde, die die Vollstreckung betreibt, die Anordnung der Haft zur Erzwingung der Abgabe beantragen. Zuständig für die Anordnung der Haft ist das Amtsgericht, in dessen Bezirk der Vollstreckungsschuldner im Zeitpunkt der Fristsetzung nach Absatz 1 Satz 1 seinen Wohnsitz oder in Ermangelung eines solchen seinen Aufenthaltsort hat. Die §§ 802g bis 802j der Zivilprozessordnung sind entsprechend anzuwenden. Die Verhaftung des Vollstreckungsschuldners erfolgt durch einen Gerichtsvollzieher. § 292 dieses Gesetzes gilt entsprechend. Nach der Verhaftung des Vollstreckungsschuldners kann die Vermögensauskunft von dem nach § 802i der Zivilprozessordnung zuständigen Gerichtsvollzieher abgenommen werden, wenn sich der Sitz der in Absatz 5 bezeichneten Vollstreckungsbehörde nicht im Bezirk des für den Gerichtsvollzieher zuständigen Amtsgerichts befindet oder wenn die Abnahme der Vermögensauskunft durch die Vollstreckungsbehörde nicht möglich ist. Der Beschluss des Amtsgerichts, mit dem der Antrag der Vollstreckungsbehörde auf Anordnung der Haft abgelehnt wird, unterliegt der Beschwerde nach den §§ 567 bis 577 der Zivilprozessordnung.

(9) Die Vollstreckungsbehörde kann die Eintragung des Vollstreckungsschuldners in das Schuldnerverzeichnis nach § 882h Abs. 1 der Zivilprozessordnung anordnen, wenn
1. der Vollstreckungsschuldner seiner Pflicht zur Abgabe der Vermögensauskunft nicht nachgekommen ist,

Vermögensauskunft des Vollstreckungsschuldners **§ 284 AO**

2. eine Vollstreckung nach dem Inhalt des Vermögensverzeichnisses offensichtlich nicht geeignet wäre, zu einer vollständigen Befriedigung der Forderung zu führen, wegen der die Vermögensauskunft verlangt wurde oder wegen der die Vollstreckungsbehörde vorbehaltlich der Fristsetzung nach Absatz 1 Satz 1 und der Sperrwirkung nach Absatz 4 eine Vermögensauskunft verlangen könnte, oder
3. der Vollstreckungsschuldner nicht innerhalb eines Monats nach Abgabe der Vermögensauskunft die Forderung, wegen der die Vermögensauskunft verlangt wurde, vollständig befriedigt. Gleiches gilt, wenn die Vollstreckungsbehörde vorbehaltlich der Fristsetzung nach Absatz 1 Satz 1 und der Sperrwirkung nach Absatz 4 eine Vermögensauskunft verlangen kann, sofern der Vollstreckungsschuldner die Forderung nicht innerhalb eines Monats befriedigt, nachdem er auf die Möglichkeit der Eintragung in das Schuldnerverzeichnis hingewiesen wurde.

Die Eintragungsanordnung soll kurz begründet werden. Sie ist dem Vollstreckungsschuldner zuzustellen. § 882c Abs. 3 der Zivilprozessordnung gilt entsprechend.

(10) Ein Rechtsbehelf gegen die Eintragungsanordnung nach Absatz 9 hat keine aufschiebende Wirkung. Nach Ablauf eines Monats seit der Zustellung hat die Vollstreckungsbehörde die Eintragungsanordnung dem zentralen Vollstreckungsgericht nach § 882h Abs. 1 der Zivilprozessordnung mit den in § 882b Abs. 2 und 3 der Zivilprozessordnung genannten Daten elektronisch zu übermitteln. Dies gilt nicht, wenn Anträge auf Gewährung einer Aussetzung der Vollziehung der Eintragungsanordnung nach § 361 dieses Gesetzes oder § 69 der Finanzgerichtsordnung anhängig sind, die Aussicht auf Erfolg haben.

(11) Ist die Eintragung in das Schuldnerverzeichnis nach § 882h Abs. 1 der Zivilprozessordnung erfolgt, sind Entscheidungen über Rechtsbehelfe des Vollstreckungsschuldners gegen die Eintragungsanordnung durch die Vollstreckungsbehörde oder durch das Gericht dem zentralen Vollstreckungsgericht nach § 882h Abs. 1 der Zivilprozessordnung elektronisch zu übermitteln. Form und Übermittlung der Eintragungsanordnung nach Absatz 10 Satz 1 und 2 sowie der Entscheidung nach Satz 1 haben den Vorgaben der Verordnung nach § 882h Abs. 3 der Zivilprozessordnung zu entsprechen.

Übersicht

	Rn.
I. Vermögensauskunft	1
1. Verhältnis zu § 249 Abs. 2 AO (ua)	1
2. Neufassung	1a
II. Voraussetzungen für die Pflicht zur Erteilung der Vermögensauskunft (Abs. 1 und 2)	2

AO § 284

	Rn.
III. Zweijahres-Schutzfrist (Abs. 4); keine Geltung für Nachbesserungsverfahren	3
1. Schutzfrist: Grundsatz und Ausnahme (Abs. 4 S. 1)	3
2. Abfrage beim zentralen Vollstreckungsgericht (Abs. 4 S. 2)	3a
3. Keine Geltung für Nachbesserungsverfahren	3b
IV. Verpflichteter	4
V. Rechtsschutz (ohne aufschiebende Wirkung, Abs. 6 S. 3, Abs. 10 S. 1)	5
VI. Eidesstattliche Versicherung und Vermögensverzeichnis	6
1. Abnahme der eidesstattlichen Versicherung (Abs. 3)	6
2. Vermögensverzeichnis (Abs. 7)	6a
3. Hinterlegung beim zentralen Vollstreckungsgericht (Abs. 7 S. 4)	6b
4. Ergänzung (Nachbesserung)	6c
VII. Haft (Abs. 8)	7
VIII. Anwendbare Vorschriften der ZPO	8
IX. Landesrecht	9
X. Justizbeitreibungsgesetz	10

I. Vermögensauskunft

1. Verhältnis zu § 249 Abs. 2 AO (ua)

1 Gemäß § 284 Abs. 1 S. 1 AO hat der Vollstreckungsschuldner der Vollstreckungsbehörde auf deren Verlangen Auskunft über sein Vermögen zu erteilen und ihre Richtigkeit an Eides Statt zu versichern. Allerdings ist das in § 284 AO vorgesehene Verfahren zumindest im Bundesrecht nicht der einzige Weg, auf dem die Vollstreckungsbehörde Information über die Vermögenslage des Vollstreckungsschuldners erlangen kann; der andere führt über § 249 Abs. 2 AO, wonach sie zur Vorbereitung der Vollstreckung die Vermögens- und Einkommensverhältnisse des Vollstreckungsschuldners ermitteln kann (→ AO § 249 Rn. 3). Nach dem **Grundsatz der Verhältnismäßigkeit** der Mittel darf das Verfahren nach § 284 AO erst eingeleitet werden, wenn das Verfahren nach § 249 Abs. 2 AO nicht zum Ziel geführt hat (so zutr. Kruse in Tipke/Kruse § 284 AO Tz. 13; aA BFHE 165, 477 mit abl. Anm. von Carl und App StRK-Anm. AO 1977 § 284 R. 7; weitere Fundstellen bei Müller-Eiselt in HHSp § 284 AO Rn. 21).

Die Vollstreckungsbehörde ist nicht verpflichtet, den Vollstreckungsschuldner vor Stellung eines Insolvenzantrags zur Vorlage eines Vermögensverzeichnisses (→ Rn. 6) aufzufordern oder weitere Vollstreckungsversuche zu unternehmen (BFH Beschl. v. 12.12.2005 – VII R 63/04 [II.3.a)]).

2. Neufassung

1a Seit dem 1.1.2013 gilt § 284 AO in neuer Fassung, die Auskunftserteilung und eidesstattliche Versicherung oder die Eintragung in das **Schuldnerverzeichnis** vom Ende an den Anfang des Vollstreckungsverfahrens stellt. Damit wird eine zentrale vollstreckungsrechtliche Mitwirkungspflicht des Vollstre-

Vermögensauskunft des Vollstreckungsschuldners **§ 284 AO**

ckungsschuldners begründet; Brockmeyer in Klein AO § 284 Rn. 26a. Die Vollstreckungsbehörde hat also (neben § 249 Abs. 2 AO → Rn. 1) die Wahl zwischen einem Sachpfändungsversuch oder **Sachaufklärung** über das Schuldnervermögen mit der Drohung, nach § 284 Abs. 9 AO die Eintragung in das Schuldnerverzeichnis anzuordnen.

II. Voraussetzungen für die Pflicht zur Erteilung der Vermögensauskunft (Abs. 1 und 2)

Anders als im bis 31.12.2012 gültigen Verfahren ist für die Anordnung der Vermögensauskunft des Vollstreckungsschuldners durch die Vollstreckungsbehörde kein vorhergehender Vollstreckungsversuch mehr erforderlich (Heuser § 25a Erl. 1, zum rheinland-pfälzischen Recht → Rn. 9). Vielmehr ist der Vollstreckungsschuldner zur Abgabe der Vermögensauskunft verpflichtet, wenn er durch die Vollstreckungsbehörde mit dem Hinweis auf seine Pflicht zur Abgabe der Vermögensauskunft zur Zahlung aufgefordert wurde und er diese Pflicht nicht binnen zwei Wochen erfüllt (Heuser § 25a Erl. 2; Brockmeyer in Klein AO § 284 Rn. 26a). 2

III. Zweijahres-Schutzfrist (Abs. 4); keine Geltung für Nachbesserungsverfahren

1. Schutzfrist: Grundsatz und Ausnahme (Abs. 4 S. 1)

Falls der Vollstreckungsschuldner in einem anderen Verfahren nach § 284 AO oder einem solchen nach § 802c ZPO bereits eine Vermögensauskunft abgegeben hat, braucht er regelmäßig innerhalb von **zwei Jahren** keine neue abzugeben. Eine Abgabepflicht besteht in diesem Fall nur, wenn anzunehmen ist, dass sich die **Vermögensverhältnisse** des Vollstreckungsschuldners **wesentlich geändert** haben. 3

2. Abfrage beim zentralen Vollstreckungsgericht (Abs. 4 S. 2)

Die Vollstreckungsbehörde muss gemäß § 284 Abs. 4 S. 2 AO von Amts wegen prüfen, ob der Vollstreckungsschuldner während der vergangenen zwei Jahre bereits eine Vermögensauskunft abgegeben hat. Dies ist der erste Schritt zur Prüfung, ob überhaupt in ein Auskunftsverfahren eingestiegen werden kann. Hierzu muss sie beim zentralen Vollstreckungsgericht nach § 802k Abs. 1 ZPO abfragen, ob bereits entsprechende **Vermögensverzeichnisse** hinterlegt wurden (→ Rn. 6); Heuser § 25b Erl. 3, zum rheinland-pfälzischen Recht → Rn. 9. Die Einsichtnahme in das Vermögensverzeichnis ist in § 7 VermVV geregelt. Dieser regelt eine zentrale und länderübergreifende Abfrage über das Internet; URL (1.1.2021): **www.vollstreckungsportal.de.** Hierfür hat sich die Vollstreckungsbehörde (vgl. § 802k Abs. 2 S. 2 Nr. 1 ZPO) nach § 8 Abs. 2 VermVV zu registrieren (Heuser § 25b Erl. 4). 3a

3. Keine Geltung für Nachbesserungsverfahren

3b Von der Ladung zur Abgabe einer erneuten eidesstattlichen Versicherung zu unterscheiden ist (wie nach altem Recht) die Nachbesserung eines **unvollständigen** Vermögensverzeichnisses (vgl. Seiler in Thomas/Putzo § 802d ZPO Rn. 8; Müller-Eiselt in HHSp § 284 AO Rn. 52 mwN). Zur Nachbesserung aufgefordert werden kann ein Vollstreckungsschuldner (nur) dann, wenn das Vermögensverzeichnis **formell** fehlerhaft ist (OLG Frankfurt a.M. MDR 1976, 320; LG Cottbus JurBüro 2000, 326), zB wenn sich in den Antwortspalten Auslassungen finden (LG Hagen MDR 1970, 853) oder wenn bei der Angabe von Schenkungen an nahe Angehörige die Person des Beschenkten nicht genau bezeichnet ist (LG Flensburg JurBüro 1995, 443); weitere Anwendungsfälle bei App KKZ 2003, 79. S.a. Rn. 6c.

IV. Verpflichteter

4 Ist Vollstreckungsschuldner eine **juristische Person** oder eine **Personengesellschaft,** ist der gesetzliche Vertreter zu laden, im Fall einer GmbH beispielsweise der Geschäftsführer, und zwar der zum Zeitpunkt des anberaumten Termins bestellte (LG Bochum DGVZ 2002, 22). Ein nach Erlass eines Haftbefehls abberufener Geschäftsführer bleibt zur Abgabe der eidesstattlichen Versicherung für die GmbH verpflichtet (vgl. Seiler in Thomas/Putzo § 802c ZPO Rn. 8 mwN), ebenso ein Geschäftsführer, der sein Amt ersichtlich einzig aus dem Grund niedergelegt hat, um sich der Verpflichtung zur Abgabe der eidesstattlichen Versicherung zu entziehen (OLG Köln Rpfleger 2000, 399).

Ist die Gesellschaft bereits wegen Vermögenslosigkeit im Handelsregister **gelöscht** (dazu App ZKF 2003, 147), so ist ihr ehemaliger Geschäftsführer nur dann zur Abgabe einer eidesstattlichen Versicherung verpflichtet, wenn die Behörde Anhaltspunkte dafür hat, dass die Gesellschaft noch Vermögen besitzt (AG Werl DGVZ 2002, 172).

V. Rechtsschutz (ohne aufschiebende Wirkung, Abs. 6 S. 3, Abs. 10 S. 1)

5 Das Gesetz geht offensichtlich davon aus, dass die Anordnungen der Vollstreckungsbehörde **Verwaltungsakte** darstellen (so auch Brockmeyer in Klein § 284 Rn. 26j). Der Vollstreckungsschuldner kann deshalb sowohl gegen die **Anordnung der Abgabe der Vermögensauskunft** Rechtsbehelf einlegen (im Verfahren der Behörden der Innenverwaltung Widerspruch bzw. bei landesgesetzlich ausgeschlossener Widerspruchsmöglichkeit unmittelbar Anfechtungsklage, im Verfahren der Finanzbehörden Einspruch) als auch gegen die **Eintragungsanordnung** nach § 284 Abs. 9 AO (Schuldnerverzeichnis). Nach der Neufassung (→ Rn. 1a) hat aber weder der eine (§ 284 Abs. 6 S. 3 AO) noch der andere (§ 284 Abs. 10 S. 1 AO) aufschiebende Wirkung.

Im Rahmen des Rechtsbehelfsverfahrens beachtlich ist der Einwand, dass der Vollstreckungsschuldner gegenwärtig zur Wahrnehmung des Termins nicht imstande ist. Haftunfähigkeit allerdings schließt die Pflicht zur Abgabe der eidesstattlichen Versicherung keineswegs automatisch aus (AG Göppingen JurBüro 2005, 552).

VI. Eidesstattliche Versicherung und Vermögensverzeichnis

1. Abnahme der eidesstattlichen Versicherung (Abs. 3)

Der Vollstreckungsschuldner muss gemäß § 284 Abs. 3 AO **stets** an Eides **6** statt versichern, dass die Angaben im Vermögensverzeichnis vollständig und richtig sind. Gemäß der bis 31.12.2012 geltenden Regelung konnte die Vollstreckungsbehörde hiervon absehen (§ 284 Abs. 3 S. 2 AO aF), wenn die Auskünfte nachvollziehbar und plausibel erschienen. Ein Verzicht auf die Erklärung an Eides statt ist nun nicht mehr vorgesehen (Heuser § 25a Erl. 8, zum rheinland-pfälzischen Recht → Rn. 9; Brockmeyer in Klein AO § 284 Rn. 26c).

Vor Abnahme der eidesstattlichen Versicherung ist der Vollstreckungsschuldner über deren Bedeutung, insbesondere über die strafrechtlichen Folgen einer unrichtigen oder unvollständigen eidesstattlichen Versicherung (§§ 156, 161 StGB), zu **belehren** (§ 283 Abs. 3 S. 2 AO).

2. Vermögensverzeichnis (Abs. 7)

Im Termin zur Abgabe der Vermögensauskunft erstellt die Vollstreckungs- **6a** behörde gemäß § 284 Abs. 7 S. 1 AO ein **elektronisches Dokument** mit den Angaben des Vollstreckungsschuldners, va zu seinen Vermögensgegenständen (Vermögensverzeichnis); anzugeben sind auch bestimmte Sachverhalte, die den Gläubiger zur Gläubigeranfechtung nach dem AnfG berechtigen (§ 284 Abs. 2 S. 3 AO). Angeben muss der Schuldner auch Einnahmen und Forderungen aus Schwarzarbeit (LG Wuppertal DGVZ 1999, 120).

3. Hinterlegung beim zentralen Vollstreckungsgericht (Abs. 7 S. 4)

Die Vollstreckungsbehörde hinterlegt das Vermögensverzeichnis bei dem **6b** zentralen Vollstreckungsgericht nach § 802k Abs. 1 ZPO (→ Rn. 9), § 284 Abs. 7 S. 4 AO. Dies hat immer und unabhängig davon zu geschehen, ob die Vollstreckungsbehörde nach dem neuen Abs. 9 von der Möglichkeit der Anordnung der Eintragung in das Schuldnerverzeichnis Gebrauch macht. Die (nunmehr zweijährige → Rn. 3) Sperrfrist für die Anforderung einer nochmaligen Vermögensauskunft knüpft daher nicht mehr wie § 284 Abs. 4 AO aF an die Eintragung in das Schuldnerverzeichnis an, sondern an die beim zentralen Vollstreckungsgericht hinterlegte Vermögensauskunft (das Vermögensverzeichnis); Brockmeyer in Klein AO § 284 Rn. 26d.

AO § 284 Abgabenordnung

4. Ergänzung (Nachbesserung)

6c Erweist sich ein Vermögensverzeichnis als **unvollständig,** kann der Vollstreckungsschuldner zur Ergänzung aufgefordert werden (Fortsetzung des alten Verfahrens, Schmidt InVo 1997, 286; daher keine Geltung der Zweijahres-Schutzfrist → Rn. 3b); zur Nachbesserung eines unglaubwürdigen Vermögensverzeichnisses LG Berlin InVo 2001, 222. Macht ein privater Gläubiger die Ergänzungspflicht (in Bezug auf ein von einer Verwaltungsbehörde abgenommenes Vermögensverzeichnis) geltend, ist für die Abnahme der Ergänzungsversicherung (nicht diese, sondern) der Gerichtsvollzieher zuständig (LG Stuttgart EWiR 2003, 735 m. Anm. App; AG Wuppertal BeckRS 2007, 13028).

VII. Haft (Abs. 8)

7 Die Vollstreckungsbehörde kann den Vollstreckungsschuldner weder zum Erscheinen zwingen noch zur Abgabe der Versicherung durch Haft anhalten. Im Hinblick auf Art. 104 Abs. 2 GG sind diese Befugnisse dem Gericht vorbehalten. Die Vollstreckungsbehörde kann bei dem nach § 284 Abs. 8 S. 2 AO zuständigen **Amtsgericht** die Anordnung der Haft beantragen (zur Prüfungsbefugnis des Gerichts LG Braunschweig ZKF 2002, 37; dagegen zu Recht Müller-Eiselt in HHSp § 284 AO Rn. 84). Dem Vollstreckungsschuldner braucht dieses Ersuchen nicht vorab mitgeteilt zu werden (BFH/NV 2005, 659; Hundt-Eßwein DStZ 1987, 300); dies kann aber im Einzelfall gleichwohl zweckmäßig sein und seine Bereitschaft wecken, die Verhaftung durch Erscheinen bei der Vollstreckungsbehörde abzuwenden. Gegen die Ablehnung durch den Richter kann der **Vollstreckungsgläubiger** innerhalb von zwei Wochen sofortige Beschwerde nach § 567 ZPO einlegen, bei Ablehnung durch den Rechtspfleger Erinnerung. Das letztgenannte Rechtsmittel ist zwar in § 284 Abs. 8 S. 7 AO nicht genannt, doch muss diese Vorschrift als durch § 11 RPflG ergänzt gelesen werden. Ordnet das Amtsgericht die Haft an, übersendet es der Vollstreckungsbehörde einen Haftbefehl (§ 802g Abs. 1 ZPO); gegen diesen steht dem **Vollstreckungsschuldner** die sofortige Beschwerde an das Amtsgericht zu. Mit dem Vollzug des Haftbefehls kann die Vollstreckungsbehörde nicht den eigenen Vollziehungsbeamten beauftragen, sondern nur den zuständigen **Gerichtsvollzieher** (§ 284 Abs. 8 S. 4 AO). Diesem hat sie vor der Verhaftung des Vollstreckungsschuldners die Höhe des offenen Rückstandes mitzuteilen; denn wenn der Gerichtsvollzieher die Befugnis zur Entgegennahme von Zahlungen gemäß § 292 AO (iVm § 284 Abs. 8 S. 5 AO) sachgemäß ausüben will, muss er die Höhe der Verbindlichkeit des Vollstreckungsschuldners kennen (LG Limburg NJW-RR 1988, 704). Gegen die Ablehnung der Verhaftung durch den Gerichtsvollzieher ist die **Erinnerung** nach § 766 ZPO gegeben (LG Rostock Rpfleger 2003, 203). Zu Fragen der Vollziehung eines Haftbefehls gegen einen zur Abgabe der eidesstattlichen Versicherung bereiten, beim Gerichtsvollzieher erschienenen Vollstreckungsschuldner Wiedemann DGVZ 2004, 129.

VIII. Anwendbare Vorschriften der ZPO

Die in § 284 Abs. 8 S. 3 AO in Bezug genommenen Vorschriften der ZPO lauten: 8

§ 802g Erzwingungshaft

(1) Auf Antrag des Gläubigers erlässt das Gericht gegen den Schuldner, der dem Termin zur Abgabe der Vermögensauskunft unentschuldigt fernbleibt oder die Abgabe der Vermögensauskunft gemäß § 802c ohne Grund verweigert, zur Erzwingung der Abgabe einen Haftbefehl. In dem Haftbefehl sind der Gläubiger, der Schuldner und der Grund der Verhaftung zu bezeichnen. Einer Zustellung des Haftbefehls vor seiner Vollziehung bedarf es nicht.

(2) Die Verhaftung des Schuldners erfolgt durch einen Gerichtsvollzieher. Der Gerichtsvollzieher händigt dem Schuldner von Amts wegen bei der Verhaftung eine beglaubigte Abschrift des Haftbefehls aus.

§ 802h Unzulässigkeit der Haftvollstreckung

(1) Die Vollziehung des Haftbefehls ist unstatthaft, wenn seit dem Tag, an dem der Haftbefehl erlassen wurde, zwei Jahre vergangen sind.

(2) Gegen einen Schuldner, dessen Gesundheit durch die Vollstreckung der Haft einer nahen und erheblichen Gefahr ausgesetzt würde, darf, solange dieser Zustand dauert, die Haft nicht vollstreckt werden.

§ 802i Vermögensauskunft des verhafteten Schuldners

(1) Der verhaftete Schuldner kann zu jeder Zeit bei dem Gerichtsvollzieher des Amtsgerichts des Haftortes verlangen, ihm die Vermögensauskunft abzunehmen. Dem Verlangen ist unverzüglich stattzugeben; § 802f Abs. 5 gilt entsprechend. Dem Gläubiger wird die Teilnahme ermöglicht, wenn er dies beantragt hat und seine Teilnahme nicht zu einer Verzögerung der Abnahme führt.

(2) Nach Abgabe der Vermögensauskunft wird der Schuldner aus der Haft entlassen. § 802f Abs. 5 und 6 gilt entsprechend.

(3) Kann der Schuldner vollständige Angaben nicht machen, weil er die erforderlichen Unterlagen nicht bei sich hat, so kann der Gerichtsvollzieher einen neuen Termin bestimmen und die Vollziehung des Haftbefehls bis zu diesem Termin aussetzen. § 802f gilt entsprechend; der Setzung einer Zahlungsfrist bedarf es nicht.

§ 802j Dauer der Haft; erneute Haft

(1) Die Haft darf die Dauer von sechs Monaten nicht übersteigen. Nach Ablauf der sechs Monate wird der Schuldner von Amts wegen aus der Haft entlassen.

(2) Gegen den Schuldner, der ohne sein Zutun auf Antrag des Gläubigers aus der Haft entlassen ist, findet auf Antrag desselben Gläubigers eine Erneuerung der Haft nicht statt.

(3) Ein Schuldner, gegen den wegen Verweigerung der Abgabe der Vermögensauskunft eine Haft von sechs Monaten vollstreckt ist, kann innerhalb der folgenden zwei Jahre auch auf Antrag eines anderen Gläubigers nur unter den Voraussetzungen des § 802d von neuem zur Abgabe einer solchen Vermögensauskunft durch Haft angehalten werden.

AO § 284

IX. Landesrecht

Eine Liste der Zentralen Vollstreckungsgerichte der Länder (samt Adressen) findet sich im Internet unter der URL (1.1.2021) https://justiz.de/online dienste/vollstreckungsportal/Die_Zentralen_Vollstreckungsgerichte_der_ Laender.pdf.

9 **Baden-Württemberg:** § 16 Abs. 1 S. 2 LVwVG verweist auf § 284 Abs. 1 bis 4 und Abs. 6 bis 11 AO; die Vollstreckungsbehörde kann die Vermögensauskunft selbst abnehmen, wenn es sich um ihren eigenen Vollstreckungsschuldner handelt und sich dessen Wohnsitz, Sitz oder gewöhnlicher Aufenthalt im örtlichen Zuständigkeitsbereich der Vollstreckungsbehörde befindet. Zur Abnahme der eidesstattlichen Versicherung durch baden-württembergische Vollstreckungsbehörden App GemK BW 2005, 64. Zentrales Vollstreckungsgericht ist das **AG Karlsruhe.**

Bayern: Art. 26 Abs. 7 S. 1 VwZVG verweist für die Vollstreckung von Geldforderungen der Gemeinden, Landkreise, Bezirke und Zweckverbände (sowie sonstiger juristischer Personen des öffentlichen Rechts, Art. 27 Abs. 1 VwZVG; zur Abnahme der Vermögensauskunft, zur Hinterlegung der Vermögensverzeichnisse und zur Anordnung der Eintragung in das Schuldnerverzeichnis sind diese jedoch nicht befugt) auf die Vorschriften des 8. Buchs der ZPO (→ Einführung zur AO, § 5 VwVG Rn. 6) – einschließlich §§ 802c ff., auf die § 284 AO zT seinerseits verweist (→ Rn. 8). Während die Gemeinden und Zweckverbände nur befugt sind, vom Schuldner die Abgabe einer Vermögensauskunft gegenüber dem Gerichtsvollzieher zu verlangen und die von den zentralen Vollstreckungsgerichten verwalteten Vermögensverzeichnisse abzurufen (Art. 26 Abs. 2 S. 2 VwZVG), können die Großen Kreisstädte, kreisfreien Städte, Landkreise und Bezirke gemäß Art. 26 Abs. 2a S. 1 VwZVG auch selbst vom Schuldner, der innerhalb ihres Gebiets seinen gewöhnlichen Aufenthalt oder Sitz hat, die Vermögensauskunft abnehmen. Sie haben die erstellten Vermögensverzeichnisse bei dem zentralen Vollstreckungsgericht zu hinterlegen und können die Eintragung in das bei dem zentralen Vollstreckungsgericht geführte Schuldnerverzeichnis anordnen (ausführlich Thum in Harrer/Kugele Art. 26 VwZVG Erl. 4); die Verhaftung des Schuldners und eine Abnahme der Vermögensauskunft nach der Verhaftung bleiben Art. 26 Abs. 2a S. 4 VwZVG zufolge dem Gerichtsvollzieher vorbehalten. Zentrales Vollstreckungsgericht ist das **AG Hof.**

Berlin: Nach § 8 Abs. 1 S. 1 BlnVwVfG gilt für das Vollstreckungsverfahren der Behörden Berlins das VwVG (des Bundes) einschl. § 5 Abs. 1 mit Verweis auf § 284 AO (→ Einführung zur AO). Zentrales Vollstreckungsgericht ist das **AG Mitte.**

Brandenburg: Laut § 22 Abs. 1 Nr. 2 VwVGBbg (→ Einführung zur AO) gilt für das Beitreibungsverfahren § 284 AO für die Vollstreckung in das bewegliche Vermögen (Pfändung) entsprechend. Zentrales Vollstreckungsgericht ist das **AG Nauen.**

Bremen: § 2 Abs. 1 BremGVG zufolge gilt für das Vollstreckungsverfahren § 284 AO sinngemäß (→ Einführung zur AO, § 5 VwVG Rn. 6). Zentrales Vollstreckungsgericht ist das **AG Bremerhaven.**

Vermögensauskunft des Vollstreckungsschuldners **§ 284 AO**

Hamburg: Nach § 35 Abs. 1 HmbVwVG (→ Einführung zur AO, § 5 VwVG Rn. 6) erfolgt die Beitreibung von Geldforderungen unter entsprechender Anwendung von § 284 AO. Zentrales Vollstreckungsgericht ist das **AG Hamburg.**

Hessen: § 27 HessVwVG enthält eine eigene Vorschrift zur Vermögensauskunft des Pflichtigen, die § 284 AO im Wesentlichen entspricht. „Erhebliche Potenziale für eine Reorganisation der Verfahrensabläufe in den kommunalen Vollstreckungsbehörden" sieht Glotzbach (Erl. zu § 27) im neuen Vollstreckungsprozess der Sachaufklärung. Die Abnahme der Vermögensauskunft nach Pfändungsversuch regelt § 33a HessVwVG. Zentrales Vollstreckungsgericht ist das **AG Hünfeld.**

Mecklenburg-Vorpommern: § 111 Abs. 1 S. 1 VwVfG M-V verweist über § 5 Abs. 1 VwVG (auch) auf § 284 AO (→ Einführung zur AO, § 5 VwVG Rn. 6). Zentrales Vollstreckungsgericht ist das **AG Neubrandenburg.**

Niedersachsen: § 22 NVwVG regelt die Vermögensauskunft ähnlich wie § 284 AO. Deren sofortige Abnahme ist unter den Voraussetzungen von § 22a NVwVG möglich. Zentrales Vollstreckungsgericht ist das **AG Goslar.**

Nordrhein-Westfalen: Die Vermögensauskunft des Vollstreckungsschuldners richtet sich hier nach § 5a VwVG NRW, der in Abs. 1 S. 2 für das Verfahren der Vollstreckungsbehörde auf § 284 AO verweist. Verfahrensbeschleunigung nach Pfändungsversuch ermöglicht § 5a Abs. 3 VwVG NRW. Zentrales Vollstreckungsgericht ist das **AG Hagen.**

Rheinland-Pfalz: § 25a LVwVG regelt die Vermögensauskunft des Vollstreckungsschuldners (entspricht im Wesentlichen § 284 Abs. 1 bis 3 AO), § 25b LVwVG die erneute Vermögensauskunft (entspricht § 284 Abs. 4 AO), § 25c LVwVG die Zuständigkeit (entspricht im Kern § 284 Abs. 5 AO), § 25d LVwVG das Verfahren zur Abnahme der Vermögensauskunft (entspricht § 284 Abs. 6 bis 7 AO), § 25e LVwVG die Erzwingungshaft (entspricht weitgehend § 284 Abs. 8 AO) und § 25f LVwVG die Eintragung in das Schuldnerverzeichnis (entspricht im Wesentlichen § 284 Abs. 9 bis 11 AO). Zentrales Vollstreckungsgericht ist das **AG Kaiserslautern.**

Saarland: Mit § 284 Abs. 1 und 2 AO aF im Wesentlichen inhaltsgleich § 39 Abs. 1 SVwVG. An die Stelle der Vollstreckungsbehörde tritt das Amtsgericht, das auf ihren Antrag tätig wird. § 39 Abs. 2 und 3 SVwVG verweist auf die ZPO, was für die (bereits) mit Wirkung zum 1.1.2013 aufgehobenen bzw. weggefallenen §§ 899 bis 910 und 913 bis 915g ins Leere geht. Eine Neuregelung war auch bei dieser Auflage nicht abzusehen. Zentrales Vollstreckungsgericht ist das **AG Saarbrücken.**

Sachsen: § 17 SächsVwVG verweist für die Vermögensauskunft gegenüber dem Gerichtsvollzieher (Abs. 1) auf die §§ 802c bis 802i, 802k, 802l und 807 sowie 882b bis 882e ZPO (Abs. 3); Verfahrensbeschleunigung nach Pfändungsversuch ermöglicht Abs. 2. Die Landkreise, Kreisfreien Städte und Gemeinden können stattdessen verlangen, dass der Vollstreckungsschuldner die Auskunft über sein Vermögen ihnen gegenüber erteilt; diese erfolgt in entsprechender Anwendung des § 284 AO, § 17 Abs. 5 S. 2 SächsVwVG. Zentrales Vollstreckungsgericht ist das **AG Zwickau.**

Sachsen-Anhalt: § 22 Abs. 1 VwVG LSA stimmt mit § 284 Abs. 1 S. 1 AO im Wesentlichen überein; die Vermögensauskunft ist allerdings gegenüber Gerichtsvollziehern zu erteilen. Für das Verfahren gelten die §§ 802c bis 802j und 807 ZPO entsprechend, § 22 Abs. 3 VwVG LSA. § 22a VwVG LSA (in Kraft seit 1.1.2015) regelt nunmehr die Vermögensauskunft gegenüber der Vollstreckungsbehörde und verweist in Abs. 1 S. 2 auf § 284 AO (mit Ausnahme dessen Abs. 5, betreffend die Zuständigkeit). Zentrales Vollstreckungsgericht ist das **AG Dessau-Roßlau**.

Schleswig-Holstein: § 281a Abs. 1 bis 3 LVwG regelt die Abnahme der Vermögensauskunft durch den Gerichtsvollzieher ähnlich wie § 284 Abs. 1 bis 3 AO; gemäß § 281a Abs. 4 S. 1 LVwG darf die Vollstreckungsbehörde die Vermögensauskunft auch selbst abnehmen. So (§ 281a Abs. 3 S. 2 LVwG) oder so (§ 281a Abs. 4 S. 2 LVwG) gelten die §§ 802d, 802f bis 802j ZPO entsprechend. Nach § 281a Abs. 5 LVwG, weitgehend inhaltsgleich zu § 284 Abs. 9 bis 11 AO, kann die Vollstreckungsbehörde die Eintragung des Vollstreckungsschuldners in das Schuldnerverzeichnis nach § 882h Abs. 1 ZPO anordnen. Die Abnahme der Vermögensauskunft nach Pfändungsversuch regelt § 288a LVwG. Zentrales Vollstreckungsgericht ist das **AG Schleswig**.

Thüringen: § 41 ThürVwZVG sieht die Vermögensauskunft gegenüber dem Gerichtsvollzieher vor und verweist für das Verfahren in Abs. 3 auf die §§ 802c bis 802l, 807 sowie 882b bis 882e ZPO. Verfahrensbeschleunigung nach Pfändungsversuch ermöglicht § 41 Abs. 2 ThürVwZVG. Zentrales Vollstreckungsgericht ist das **AG Meiningen**.

X. Justizbeitreibungsgesetz

10 § 6 Abs. 1 Nr. 1 JBeitrG zufolge gelten für die Vollstreckung (ua) die §§ 802c bis 802i, 802j Abs. 1 und 3, 802k bis 802l, 807, 882b bis 882h ZPO sinngemäß. Gemäß § 7 S. 1 JBeitrG beantragt die Vollstreckungsbehörde die Abnahme der Vermögensauskunft bei dem zuständigen Gerichtsvollzieher; die Vollstreckung in unbewegliches Vermögen entsprechend beim Amtsgericht. Eine Zustellung der Antragsschrift an den Schuldner ist nach § 7 S. 3 JBeitrG nicht erforderlich. Zur Unpfändbarkeitsbescheinigung im Vollstreckungsverfahren nach der JBeitrO s. OLG Köln Rpfleger 1990, 468.

II. Vollstreckung in Sachen

§ 285 Vollziehungsbeamte

(1) **Die Vollstreckungsbehörde führt die Vollstreckung in bewegliche Sachen durch Vollziehungsbeamte aus.**

(2) **Dem Vollstreckungsschuldner und Dritten gegenüber wird der Vollziehungsbeamte zur Vollstreckung durch schriftlichen oder elektronischen Auftrag der Vollstreckungsbehörde ermächtigt; der Auftrag ist auf Verlangen vorzuzeigen.**

I. Sachen

1 Dies sind nur körperliche Gegenstände (§ 90 BGB). **Beweglich** sind alle Sachen außer Grundstücken, grundstücksgleichen Rechten und wesentlichen Bestandteilen eines Grundstücks oder grundstücksgleichen Rechts (mit dem Grund und Boden fest verbundene Sachen, § 94 BGB).

II. Vollziehungsbeamter

2 Ein solcher muss nicht ständig mit Vollstreckungsmaßnahmen beschäftigt sein. Er braucht kein Beamter im beamtenrechtlichen Sinn zu sein; konsequenterweise verwendet (zB) das SächsVwVG den Begriff „Vollstreckungsbediensteter" (§ 5 Abs. 1 S. 1). Durch öffentlich-rechtliche Vereinbarung kann ein Vollziehungsbeamter für mehrere Vollstreckungsbehörden bestellt werden (dazu Huken KKZ 1986, 224). Die Vollziehungsbeamten der Länder unterliegen Dienstanweisungen, die weithin mit der VollzA übereinstimmen (Überblick im Handbuch VZV 33.4). In den Ländern werden statt der Bezeichnung „Vollziehungsbeamter" teilweise auch die Bezeichnungen **„Vollstreckungsbeamter"** (zB Baden-Württemberg, Niedersachsen, Rheinland-Pfalz, Saarland, Sachsen-Anhalt, Schleswig-Holstein → Rn. 5) oder **„Vollstreckungsbediensteter"** (zB Bayern, Sachsen → Rn. 5) oder auch **„Vollstreckungsdienstkraft"** (zB Brandenburg → Rn. 5) gebraucht.

III. Vollstreckungsauftrag (Abs. 2)

1. Rechtsnatur, Inhalt und Form (Abs. 2 Hs. 1)

3 Der Vollstreckungsauftrag darf nicht mit der Vollstreckungsanordnung (vgl. § 3 VwVG) verwechselt werden. Als behördeninterner Vorgang ist er **kein Verwaltungsakt** (VG Düsseldorf BeckRS 2007, 26425; Müller-Eiselt in HHSp Rn. 21; Brockmeyer in Klein AO § 285 Rn. 4; Glotzbach Erl. zu § 6, zu Hessen → Rn. 5; Heuser § 21 Erl. 1, zu Rheinland-Pfalz → Rn. 5). Er muss enthalten: die Bezeichnung der Vollstreckungsbehörde, die genaue Bezeichnung der Geldforderung nach Grund und Höhe einschl. der Nebenforderungen, die genaue Bezeichnung des Vollstreckungsschuldners, die ausdrückliche Feststellung seiner Leistungsverpflichtung, die Bezeichnung der zu treffenden Vollstreckungsmaßnahmen (die allgemein gehalten werden kann), die Anweisung an den Vollziehungsbeamten, diese Maßnahmen auszuführen, einen Hinweis auf seine Befugnis, die geschuldete Leistung gegen Quittierung anzunehmen, Unterschrift und Dienstsiegel (dazu Abschn. 34 II–IV VollstrA; zur Unschädlichkeit der fehlenden Unterschrift bei maschineller Erstellung Brockmeyer in Klein § 285 Rn. 5). Der Vollziehungsbeamte braucht im Vollstreckungsauftrag nicht namentlich bezeichnet zu sein (VGH Mannheim NJW 1999, 3506; anders in Sachsen → Rn. 5); er wird ausreichend dadurch legitimiert, dass er – neben seinem Dienstausweis – den Vollstreckungsauftrag bei sich führt und (auf Verlangen) vorzeigt (so auch Brock-

meyer in Klein § 285 Rn. 7). Der Auftrag kann befristet erteilt werden. Seit dem 1.1.2009 kann der Vollstreckungsauftrag anstatt in schriftlicher Form **elektronisch** erteilt werden, namentlich per E-Mail, wozu es keiner qualifizierten elektronischen Signatur nach dem Signaturgesetz bedarf (Müller-Eiselt in HHSp § 285 AO Rn. 20a; Brockmeyer in Klein AO § 285 Rn. 5).

2. Legitimationswirkung (Abs. 2 Hs. 2)

4   Die Legitimationswirkung des Vollstreckungsauftrags tritt erst mit **Vorzeigen** ein. Das Fehlen und eine Überschreitung des Vollstreckungsauftrags machen eine Vollstreckungsmaßnahme nicht unwirksam; diese unterliegt aber auf Widerspruch (im Rahmen der unmittelbaren Anwendung des § 285 und in Bremen auf Grund der Verweisung in § 2 Abs. 1 BremGVG: auf Einspruch, § 347 AO) der Aufhebung. Wird der Auftrag nur nicht vorgezeigt, so macht dies allein eine Vollstreckungsmaßnahme nicht anfechtbar; der Vollstreckungsschuldner braucht sie aber nicht zu dulden (Brockmeyer in Klein § 285 Rn. 6) und handelt daher bei Widerstand nicht rechtswidrig. Nach FG Köln vom 4.11.2005 – 5 K 1415/02 (bestätigt durch BFH vom 27.1.2007 – VII S 60/06) kann der Vollstreckungsschuldner Mängel des Vollstreckungsauftrags nicht mehr rügen, wenn er zur Abwendung der Vollstreckung an den Vollziehungsbeamten gezahlt hat; anders wäre es, wenn der Vollziehungsbeamte den betreffenden Geldbetrag gepfändet hätte (dazu App DStZ 2008, 263).

IV. Landesrecht

5   **Baden-Württemberg:** § 285 Abs. 1 AO gilt kraft Verweisung in § 15 Abs. 1 LVwVG (→ Einführung zur AO, § 5 VwVG Rn. 6). Mit § 285 Abs. 2 AO inhaltsgleich § 5 LVwVG (gilt für die gesamte Verwaltungsvollstreckung); an die Stelle des Vollziehungsbeamten (→ Rn. 2) tritt der „Vollstreckungsbeamte". § 15a LVwVG regelt das Ersuchen an den Gerichtsvollzieher um Beitreibung; dieser führt dann die Vollstreckung nach dem 8. Buch der ZPO durch (§ 15a Abs. 3 LVwVG). Den notwendigen Inhalt dieses Vollstreckungsersuchens regelt § 15a Abs. 4 LVwVG (dazu App DGVZ 2008, 60).

Bayern: Auf die Vollstreckung von Geldforderungen der Gemeinden, Landkreise, Bezirke und Zweckverbände (Art. 26 Abs. 7 S. 1 VwZVG) sowie sonstiger juristischer Personen des öffentlichen Rechts (Art. 27 Abs. 1 S. 1 VwZVG) sind die Vorschriften des 8. Buchs der ZPO entsprechend anzuwenden (→ Einführung zur AO, § 5 VwVG Rn. 6) – also auch §§ 753, 754 ZPO, mit denen § 285 AO entfernt vergleichbar ist (so auch Brockmeyer in Klein § 285 Rn. 1). Statt der Vollstreckung durch Gerichtsvollzieher können die Gemeinden, Landkreise, Bezirke und Zweckverbände die Pfändung und Verwertung beweglicher Sachen innerhalb ihres Gebiets gemäß Art. 26 Abs. 3 VwZVG durch eigene Vollstreckungsbedienstete bewirken lassen.

Brandenburg: Soweit das Zwangsverfahren nicht der Vollstreckungsbehörde selbst zugewiesen ist, sind die Beitreibung von Geldforderungen, die Ausübung des unmittelbaren Zwangs, der Zwangsräumung und der

Vollziehungsbeamte **§ 285 AO**

Wegnahme durch ausdrücklich dazu bestimmte Dienstkräfte durchzuführen, die einen Diensteid oder ein Gelöbnis abgelegt haben (Vollstreckungsdienstkraft), § 8 S. 1 VwVGBbg. Die Vollstreckungsdienstkraft hat bei der Ausübung ihrer Tätigkeit einen behördlichen Ausweis bei sich zu führen (§ 9 S. 1 VwVGBbg), der auf Verlangen grundsätzlich vorzulegen ist (§ 9 S. 3 VwVGBbg).

Bremen: § 2 Abs. 1 BremGVG zufolge gilt für das Vollstreckungsverfahren (ua) § 285 AO sinngemäß (→ Einführung zur AO, § 5 VwVG Rn. 6).

Hamburg: § 35 Abs. 1 HmbVwVG (→ Einführung zur AO, § 5 VwVG Rn. 6) verweist lediglich auf § 285 Abs. 1 AO; Abs. 2 dieser Vorschrift entspricht im Wesentlichen § 6 Abs. 3 HmbVwVG (gilt für die gesamte Verwaltungsvollstreckung).

Hessen: § 6 HessVwVG gilt für die gesamte Verwaltungsvollstreckung. Mit § 285 Abs. 2 Hs. 1 AO im Wesentlichen inhaltsgleich § 6 Abs. 2 HessVwVG. Nach § 6 Abs. 3 HessVwVG soll der Vollziehungsbeamte bei Ausführung seiner Tätigkeit einen Dienstausweis bei sich führen; nach § 6 Abs. 4 HessVwVG sind Auftrag und Ausweis auf Verlangen vorzuzeigen. Gemäß § 6 Abs. 5 HessVwVG kann ein gemeinsamer Vollziehungsbeamter für mehrere Vollstreckungsbehörden bestellt werden.

Niedersachsen: Mit § 285 AO im Wesentlichen inhaltsgleich § 8 Abs. 1, Abs. 3 NVwVG. Der Vollstreckungsbeamte gilt als ermächtigt, Zahlungen und sonstige Leistungen für den Vollstreckungsgläubiger entgegenzunehmen (§ 8 Abs. 4 NVwVG). Soweit eigene Vollstreckungsbeamte nicht zur Verfügung stehen, kann die Oberfinanzdirektion Niedersachsen Vollstreckungshandlungen gemäß § 8a Abs. 1 NVwVG auch durch Gerichtsvollzieher ausführen; die anderen Vollstreckungsbehörden können eine Vollstreckungshandlung im Einzelfall unter den Voraussetzungen von § 8a Abs. 2 NVwVG durch Gerichtsvollzieher ausführen. Das Justizministerium kann auf Antrag zulassen, dass eine Vollstreckungsbehörde über den Einzelfall hinaus Vollstreckungshandlungen durch Gerichtsvollzieher ausführt.

Nordrhein-Westfalen: Mit § 285 Abs. 1 AO im Wesentlichen inhaltsgleich § 11 Abs. 1 VwVG NRW; gemäß § 11 Abs. 2 VwVG NRW müssen die Vollziehungsbeamten eidlich verpflichtet werden. Vollstreckungsbehörden mit Sitz in anderen Bundesländern können die Gerichtsvollzieher und die Vollziehungsbeamten der Justiz um Beitreibung der in ihrer Zuständigkeit liegenden Forderungen ersuchen, § 11 Abs. 3 S. 2 VwVG NRW. Mit § 285 Abs. 2 AO fast gleich lautend § 12 S. 1 VwVG NRW. Allerdings ist der Auftrag stets vorzuzeigen, der behördliche Ausweis (§ 12 S. 2 VwVG NRW) nur auf Verlangen. Die Vereidigung der Vollziehungsbeamten ist Voraussetzung für die Rechtswirksamkeit ihrer Vollstreckungshandlungen.

Rheinland-Pfalz: Nach § 4 Abs. 3 LVwVG führt der Vollstreckungsbeamte alle zur Vollstreckung von Verwaltungsakten, mit denen eine Geldleistung gefordert wird, notwendigen Vollstreckungshandlungen aus, soweit sie nicht der Vollstreckungsbehörde vorbehalten sind. Mit § 285 Abs. 2 AO im Wesentlichen gleich lautend § 21 S. 1 und 3 LVwVG.

Saarland: § 4 SVwVG gilt für die gesamte Verwaltungsvollstreckung. § 4 Abs. 1 S. 1, Abs. 3 S. 1 SVwVG ist im Wesentlichen inhaltsgleich mit § 285 AO; im Übrigen ergänzende Regelungen.

Troidl

Sachsen: § 285 Abs. 1 AO gilt kraft Verweisung in § 14 Abs. 1 SächsVwVG (→ Einführung zur AO, § 5 VwVG Rn. 6); an die Stelle des Vollziehungsbeamten (→ Rn. 2) tritt der „Vollstreckungsbedienstete". Mit § 285 Abs. 2 AO inhaltsgleich § 5 Abs. 1 SächsVwVG. § 5 Abs. 2 SächsVwVG bestimmt im Einzelnen den notwendigen Inhalt des Vollstreckungsauftrags; ein diesen Anforderungen nicht entsprechender Vollstreckungsauftrag führt zur Fehlerhaftigkeit der ergriffenen Vollstreckungsmaßnahmen (VG Leipzig NVwZ-RR 2000, 342). Anders als nach Bundesrecht und dem Recht der anderen Bundesländer (→ Rn. 3) muss der Vollstreckungsauftrag den Namen des beauftragten Vollstreckungsbediensteten zwingend enthalten (§ 5 Abs. 2 Nr. 1 SächsVwVG). § 14 Abs. 2 SächsVwVG regelt das Ersuchen an den Gerichtsvollzieher um Beitreibung; den notwendigen Inhalt dieses Ersuchens regelt § 14 Abs. 2 S. 3 iVm § 4 Abs. 3 SächsVwVG (App DGVZ 2008, 61).

Sachsen-Anhalt: Mit § 285 AO im Wesentlichen inhaltsgleich § 8 Abs. 1, Abs. 3 VwVG LSA; der Auftrag ist auch ohne Verlangen vorzuzeigen (im Gegensatz zum Dienstausweis, Abs. 2). Gemäß § 8 Abs. 4 VwVG LSA gelten die Vollstreckungsbeamten als bevollmächtigt, Zahlungen und sonstige Leistungen für den Vollstreckungsgläubiger in Empfang zu nehmen. Den notwendigen Inhalt des Vollstreckungsauftrags regelt § 8 Abs. 6 VwVG LSA.

Schleswig-Holstein: Mit § 285 AO im Wesentlichen inhaltsgleich § 272, § 273 Abs. 2 LVwG. Der Auftrag ist allerdings stets vorzuzeigen, der Dienstausweis (§ 273 Abs. 1 LVwG) nur auf Verlangen.

Thüringen: § 285 Abs. 1 AO gilt kraft Verweisung in § 38 Abs. 1 Nr. 2 ThürVwZVG (→ Einführung zur AO, § 5 VwVG Rn. 6). Mit § 285 Abs. 2 AO inhaltsgleich, aber ausführlicher ist § 23 ThürVwZVG, der die Beauftragung in elektronischer Form ausdrücklich ausschließt (Abs. 1 S. 4). § 39 ThürVwZVG regelt das Ersuchen an den Gerichtsvollzieher um Beitreibung; dieser führt dann die Vollstreckung nach dem 8. Buch der ZPO durch (App DGVZ 2008, 61).

V. Justizbeitreibungsgesetz

6 Nach § 6 Abs. 3 S. 1 JBeitrG obliegen dem Vollziehungsbeamten die Aufgaben, die bei der Zwangsvollstreckung nach der ZPO dem Gerichtsvollzieher zugewiesen sind. Zur Annahme der Leistung, zur Ausstellung von Empfangsbekenntnissen und zu Vollstreckungshandlungen wird er durch schriftlichen Auftrag der Vollstreckungsbehörde ermächtigt (§ 6 Abs. 3 S. 2 JBeitrG).

§ 286 Vollstreckung in Sachen

(1) **Sachen, die im Gewahrsam des Vollstreckungsschuldners sind, pfändet der Vollziehungsbeamte dadurch, dass er sie in Besitz nimmt.**

(2) **Andere Sachen als Geld, Kostbarkeiten und Wertpapiere sind im Gewahrsam des Vollstreckungsschuldners zu lassen, wenn die**

Befriedigung hierdurch nicht gefährdet wird. Bleiben die Sachen im Gewahrsam des Vollstreckungsschuldners, so ist die Pfändung nur wirksam, wenn sie durch Anlegung von Siegeln oder in sonstiger Weise ersichtlich gemacht ist.

(3) Der Vollziehungsbeamte hat dem Vollstreckungsschuldner die Pfändung mitzuteilen.

(4) Diese Vorschriften gelten auch für die Pfändung von Sachen im Gewahrsam eines Dritten, der zu ihrer Herausgabe bereit ist.

I. Begriffe

§ 286 AO betrifft nur die Pfändung **beweglicher Sachen** (→ AO § 285 Rn. 1). 1

Geld iSv § 286 Abs. 2 AO sind nicht nur Euro und Cents, sondern auch entsprechende ausländische Zahlungsmittel. **Wertpapiere** sind Urkunden, die das in ihnen verbriefte Recht derart verkörpern, dass der Besitz der Urkunde zur Ausübung des Rechts notwendig ist. **Kostbarkeiten** sind nicht nur Gold- und Silbersachen, Edelsteine, Perlen usw, sondern auch andere Gegenstände, die wertvoll, unverderblich und leicht aufzubewahren sind, zB Kunstwerke, wertvolle Bücher und Münzen. Im Zweifel ist die Verkehrsauffassung maßgeblich (RGZ 120, 313). **Andere Sachen,** bei denen die Pfändung durch Wegschaffung allgemein in Frage kommt, sind zB Kraftfahrzeuge (vgl. auch § 107 GVGA; zu Kraftfahrzeugen in der Zwangsvollstreckung unter besonderer Berücksichtigung der Vollstreckungsschutzbestimmungen App DAR 2000, 294).

II. Gewahrsam

Dieser ist die tatsächliche Gewalt über die Sache. 2

1. Gewahrsam des Vollstreckungsschuldners

Der mittelbare Besitzer (§ 868 BGB) und der Besitzdiener (§ 855 BGB; 2a zweifelhaft, LG Frankfurt a.M. NJW-RR 1988, 1215) haben keinen Gewahrsam. Grundsätzlich hat der Vollstreckungsschuldner Gewahrsam an allen Sachen, die sich in seiner **Wohnung** befinden, nicht aber an den Sachen, die zu untervermieteten Räumen gehören. Gewahrsam hat der Vollstreckungsschuldner auch an seinem Pkw, der in der **Nähe** seiner Wohnung abgestellt ist (LG Karlsruhe DGVZ 1993, 141). Zum Gewahrsam bei Spielautomaten und deren Inhalt AG Wiesloch DGVZ 2002, 61. Der Gewahrsam des **gesetzlichen Vertreters** des Vollstreckungsschuldners gilt als Gewahrsam des Vollstreckungsschuldners selbst; juristische Personen und nichtrechtsfähige Vereine üben den Gewahrsam durch ihre **Organe** aus (vgl. Seiler in Thomas/Putzo § 808 ZPO Rn. 6). Bei gesetzlichen Vertretern und Organen bedarf es jedoch des Willens, Gewahrsam nicht für sich persönlich, sondern für den Vollstreckungsschuldner auszuüben (vgl. Herget in Zöller § 808 ZPO Rn. 10, 12).

AO § 286

2. Gewahrsam Dritter (Abs. 4)

2b Soll eine Sache gepfändet werden, an der ein Dritter Gewahrsam hat, so muss dieser der Pfändung und Verwertung vorbehalt- und bedingungslos **zustimmen** (§ 286 Abs. 4 AO). Die Zustimmung ist unwiderruflich (VG Köln Beschl. v. 3.2.1977 – 7 N 1/77 [Ls. 3]; Schilken DGVZ 1986, 148; Herget in Zöller § 809 ZPO Rn. 6). Hat der Dritte in die Pfändung und Herausgabe eingewilligt, muss er die Wegschaffung der gepfändeten Sache **dulden** (VG Köln Beschl. v. 3.2.1977 – 7 N 1/77 [Ls. 2]). Stimmt der Dritte nicht zu, kann nur der Herausgabeanspruch des Vollstreckungsschuldners gemäß § 318 Abs. 2 AO gepfändet werden.

3. Gewahrsam von Ehegatten, Lebenspartnern usw.

2c Bei Ehegatten (§ 1362 BGB) und Lebenspartnern (§ 8 Abs. 1 LPartG) ist die Gewahrsamsvermutung des § 739 ZPO (iVm § 263 AO, vgl. die Kommentierung dort) zu beachten (Brockmeyer in Klein § 286 Rn. 5; Schleswig-Holstein → Rn. 5 verweist entsprechend in § 289 Abs. 5 LVwG), wonach der Vollstreckungsschuldner alleiniger Gewahrsamsinhaber und Besitzer einer Sache ist. Dies gilt nicht bei getrennt Lebenden, bei persönlichen Gebrauchsgegenständen und auch nicht bei nichtehelichen Lebensgemeinschaften (Heuser § 31 Erl. 4 mit Verweis auf BGH Urt. v. 14.12.2006 – IX ZR 92/05).

III. Kenntlichmachung der Pfändung (Abs. 2 S. 2)

3 Nach dem **Gesetz** wird die Pfändung im Regelfall dadurch bewirkt, dass der Vollziehungsbeamte die Sache in Besitz nimmt (§ 286 Abs. 1 AO). In der **Rechtswirklichkeit** dürfte § 286 Abs. 2 AO der Regelfall sein: Die Pfandsache bleibt im Gewahrsam des Schuldners; der Vollziehungsbeamte pfändet, indem er ein Pfandzeichen anbringt, und zwar so, dass es ohne näheres Nachforschen für jedermann erkennbar ist (so auch Abschn. 44 III 1 VollzA: „an einer nicht zu übersehenden Stelle"), also nicht etwa in der Schublade eines gepfändeten Möbelstücks. Außerdem muss das Siegel haltbar sein (Seiler in Thomas/Putzo § 808 ZPO Rn. 14). Statt durch Pfandzeichen kann die Pfändung auch durch Pfandanzeige oder in ähnlicher Weise kenntlich gemacht werden (vgl. Müller-Eiselt in HHSp § 286 AO Rn. 30).

Strafrechtlich geschützt ist das Pfandsiegel durch § 136 Abs. 2 StGB. Das widerrechtliche Entfernen eines gepfändeten und mit Radblockierschloss („Parkkralle") versehenen Kraftfahrzeugs ist nach § 136 Abs. 1 StGB strafbar (AG Gummersbach Strafbefehl vom 30.4.1999 – 10a CS 180/99); zur Zulässigkeit von Wegfahrsperren (Parkkrallen/Ventilwächtern) bei der Pfändung von Kraftfahrzeugen allgemein und eingehend Röder KKZ 2005, 157 und 182. Zur Verwahrung gepfändeter Waffen Röder KKZ 2003, 118.

IV. Verwahrungsverhältnis

Hinsichtlich der weggenommenen Sachen besteht bis zur Verwertung ein 4
öffentlich-rechtliches Verwahrungsverhältnis (Müller-Eiselt in HHSp
Rn. 27); anders bei Beauftragung eines Privatunternehmens mit der Verwahrung der Pfandsachen (vgl. LG Berlin NJW-RR 1998, 1327). Ansprüche
daraus sind auf dem **Zivilrechtsweg** geltend zu machen (§ 40 Abs. 2 S. 1
Hs. 1 VwGO).

V. Landesrecht

Bayern: Art. 26 Abs. 7 S. 1 VwZVG verweist für die Vollstreckung von 5
Geldforderungen der Gemeinden, Landkreise, Bezirke und Zweckverbände
(sowie sonstiger juristischer Personen des öffentlichen Rechts, Art. 27 Abs. 1
S. 1 VwZVG) auf die Vorschriften des 8. Buchs der ZPO (→ Einführung
zur AO, § 5 VwVG Rn. 6) – also auch auf § 808 ZPO, der mit § 286 Abs. 1
bis 3 AO übereinstimmt, sowie § 809 ZPO, der § 286 Abs. 4 AO entspricht.
Hessen: Im Wesentlichen gleich lautend § 34 Abs. 1 bis 4 HessVwVG.
Niedersachsen: Gleichlautend (bis auf die Bezeichnung „Vollstreckungsbeamte" → § 285 Rn. 2) § 31 Abs. 1 bis 4 NVwVG.
Nordrhein-Westfalen: Im Wesentlichen gleich lautend § 28 VwVG
NRW.
Rheinland-Pfalz: § 31 LVwVG stimmt mit § 286 AO fast wörtlich überein.
Saarland: Im Wesentlichen gleich lautend § 45 Abs. 1 bis 4 SVwVG.
Sachsen-Anhalt: Nur redaktionell verändert § 31 Abs. 1 bis 4 VwVG
LSA, der freilich nicht von Vollziehungsbeamten spricht, sondern von Vollstreckungsbeamten (→ § 285 Rn. 2).
Schleswig-Holstein: Im Wesentlichen gleich lautend § 289 Abs. 1 bis 4
LVwG. Abs. 5 der Vorschrift verweist auf § 739 ZPO (→ Rn. 2c).

VI. Justizbeitreibungsgesetz

§ 6 Abs. 1 Nr. 1 JBeitrG verweist (ua) auf § 808 ZPO, der mit § 286 6
Abs. 1 bis 3 AO übereinstimmt, sowie auf § 809 ZPO, der § 286 Abs. 4 AO
entspricht.

§ 287 Befugnisse des Vollziehungsbeamten

(1) **Der Vollziehungsbeamte ist befugt, die Wohn- und Geschäftsräume sowie die Behältnisse des Vollstreckungsschuldners zu durchsuchen, soweit dies der Zweck der Vollstreckung erfordert.**

(2) **Er ist befugt, verschlossene Türen und Behältnisse öffnen zu lassen.**

(3) **Wenn er Widerstand findet, kann er Gewalt anwenden und hierzu um Unterstützung durch Polizeibeamte nachsuchen.**

Troidl

AO § 287

(4) **Die Wohn- und Geschäftsräume des Vollstreckungsschuldners dürfen ohne dessen Einwilligung nur auf Grund einer richterlichen Anordnung durchsucht werden.** Dies gilt nicht, wenn die Einholung der Anordnung den Erfolg der Durchsuchung gefährden würde. **Für die richterliche Anordnung einer Durchsuchung ist das Amtsgericht zuständig, in dessen Bezirk die Durchsuchung vorgenommen werden soll.**

(5) **Willigt der Vollstreckungsschuldner in die Durchsuchung ein oder ist eine Anordnung gegen ihn nach Absatz 4 Satz 1 ergangen oder nach Absatz 4 Satz 2 entbehrlich, so haben Personen, die Mitgewahrsam an den Wohn- oder Geschäftsräumen des Vollstreckungsschuldners haben, die Durchsuchung zu dulden.** Unbillige Härten gegenüber Mitgewahrsaminhabern sind zu vermeiden.

(6) **Die Anordnung nach Absatz 4 ist bei der Vollstreckung vorzuzeigen.**

Übersicht

	Rn.
I. Durchsuchung und Durchsuchungsanordnung	1
1. Durchsuchung (Begriff), Abs. 1	1
2. Durchsuchungsanordnung	1a
a) Erforderlichkeit	1a
b) Richtervorbehalt (Abs. 4 S. 1 Fall 2)	1b
c) Inhalt und Form, Legitimationswirkung (Abs. 6)	1c
3. Rechtsschutz	1d
II. Entbehrlichkeit der richterlichen Anordnung	2
1. Einwilligung (Abs. 4 S. 1 Fall 1)	2
2. Gefahr im Verzug (Abs. 4 S. 2)	2a
III. Rechtsstellung Dritter	3
1. Eigene Wohn- und Geschäftsräume	3
2. Mitgewahrsam an Wohn- oder Geschäftsräumen des Vollstreckungsschuldners (Abs. 5 S. 1)	3a
IV. Behältnisse	4
V. Vorgehen bei der Durchsuchung	5
1. Öffnung verschlossener Türen und Behältnisse (Abs. 2)	5
2. Sicherung des Eigentums des Vollstreckungsschuldners (Amtspflicht)	5a
VI. Widerstand (Abs. 3)	6
VII. Landesrecht	7
VIII. Justizbeitreibungsgesetz	8

I. Durchsuchung und Durchsuchungsanordnung

1. Durchsuchung (Begriff), Abs. 1

1 Durchsuchen ist mehr als das bloße Betreten der Wohn- oder Geschäftsräume; dazu gehört das ziel- und zweckgebundene Suchen nach Personen oder Sachen (BVerfGE 51, 107; BFH BStBl. 1989 II 55; s. iE Müller-Eiselt in HHSp § 287 AO Rn. 35 ff.).

Befugnisse des Vollziehungsbeamten § 287 AO

2. Durchsuchungsanordnung

a) Erforderlichkeit. Für nicht erforderlich hält VG Frankfurt a.M. NVwZ 1998, 545 eine richterliche Durchsuchungsanordnung (vgl. Art. 13 Abs. 2 GG) bei der Vollstreckung gegen juristische Personen des öffentlichen Rechts. Zum Sinn des Richtervorbehalts BVerfGE 103, 142.

1a

b) Richtervorbehalt (Abs. 4 S. 1 Fall 2). Vor der Anordnung der vollstreckungsrechtlichen Durchsuchungsanordnung hat der Richter zu prüfen, ob die förmlichen und materiellen Voraussetzungen für die Vollstreckung vorliegen und ob der **Grundsatz der Verhältnismäßigkeit** beachtet ist. Nach OVG Lüneburg NVwZ 1990, 679 (680) ist die richterliche Durchsuchungsanordnung dann gerechtfertigt, wenn der Vollziehungsbeamte über einen Zeitraum von zwei Wochen dreimal erfolglos versucht hat, in die Wohnung des Schuldners zu gelangen, davon mindestens einmal zu einer Zeit, zu der idR auch Berufstätige zu Hause sind.

1b

Nach VGH Mannheim Beschl. v. 30.5.1985 – 10 S 802/85 (Ls. 2) darf der Richter eine Durchsuchungsanordnung nicht erlassen, wenn Gegenstand und Umfang der Vollstreckung, der Verpflichtete sowie die Reichweite der Ermächtigung des Vollziehungsbeamten im Vollstreckungsauftrag nicht für den Vollstreckungsschuldner erkennbar bezeichnet sind.

c) Inhalt und Form, Legitimationswirkung (Abs. 6). In der richterlichen Anordnung ist der vollstreckbare Anspruch nach Grund und Höhe zu bezeichnen (OLG Köln OLGZ 1993, 375 [Ls. 2]). Die dem Vollstreckungsschuldner gemäß § 287 Abs. 6 AO **vorzuzeigende** Ausfertigung der richterlichen Durchsuchungsanordnung muss die **Unterschrift** des Richters wiedergeben (so zutr. FG Berlin Urt. v. 8.5.1991 – VI 552/89); auf Verlangen ist dem Vollstreckungsschuldner auch eine **Ausfertigung** der Anordnung auszuhändigen (App KKZ 2007, 183).

1c

Spätestens nach Ablauf eines halben Jahres verliert eine Durchsuchungsanordnung ihre rechtfertigende Kraft (BVerfGE 96, 44).

3. Rechtsschutz

Gegen die Durchsuchungsanordnung hat der Vollstreckungsschuldner, gegen ihre Ablehnung der Vollstreckungsgläubiger das Rechtsmittel der **sofortigen Beschwerde** nach § 793 ZPO (BVerfG NJW 2015, 3432 f. [Rn. 19]; Müller-Eiselt in HHSp § 287 AO Rn. 60). Das Rechtsschutzbedürfnis für ein Rechtsmittel gegen die Erteilung der Durchsuchungsanordnung besteht auch dann noch, wenn die Durchsuchungsanordnung schon vollzogen ist (so zutr. Müller-Eiselt in HHSp § 287 AO Rn. 61 mwN); gegen eine nach § 287 AO angeordnete Hausdurchsuchung muss aus Gründen des effektiven Rechtsschutzes auch nach deren Abschluss ein Rechtsbehelf gegeben sein (BVerfG BeckRS 2015, 52867 [red. Ls.]). Der Vollstreckungsschuldner kann sein Beschwerderecht allerdings durch Untätigkeit **verwirken** (BVerfG NJW 2003, 1514: dort zweijähriges Zuwarten).

1d

Troidl

II. Entbehrlichkeit der richterlichen Anordnung

1. Einwilligung (Abs. 4 S. 1 Fall 1)

2 Eine Anordnung ist entbehrlich, wenn der Vollstreckungsschuldner die Durchsuchung **freiwillig** gestattet (zu den Voraussetzungen der Wirksamkeit einer solchen Einwilligung Glotzbach KKZ 2004, 156). FG Baden-Württemberg EFG 1988, 102 hält den Vollziehungsbeamten aber für verpflichtet, die in der Schuldnerwohnung angetroffene Person darüber zu belehren, dass die Durchsuchung nur mit ihrer Einwilligung zulässig ist. Hat der Vollstreckungsschuldner die Einwilligung einmal erteilt, kann er sie **nicht willkürlich widerrufen oder auf bestimmte Behältnisse einschränken** (Müller-Eiselt in HHSp § 287 AO Rn. 32; aA Seiler in Thomas/Putzo § 758 ZPO Rn. 2: jederzeit widerruflich).

Das Erfordernis einer vorherigen richterlichen Anordnung gilt nach dem Wortlaut von § 287 Abs. 4 S. 1 AO auch für allgemein zugängliche Geschäftsräume während der Geschäftszeit, vorausgesetzt, es liegt eine Durchsuchung und nicht ein bloßes Betreten vor (dazu BFH BStBl. 1989 II 55, der eine Durchsuchungsanordnung bei Pfändung von offen ausgelegten Waren für entbehrlich hält). Behältnisse des Vollstreckungsschuldners, die sich außerhalb seiner Wohnung in diesem weiten Sinne befinden, dürfen auch ohne richterliche Anordnung durchsucht werden.

2. Gefahr im Verzug (Abs. 4 S. 2)

2a Außerdem ist die richterliche Anordnung bei Gefahr im Verzug entbehrlich (§ 287 Abs. 4 S. 2 AO, Art. 13 Abs. 2 GG); dieser Begriff ist indessen **eng auszulegen,** und sein Vorliegen muss mit Tatsachen begründet werden, die auf den vorliegenden Einzelfall bezogen sind (BVerfG InVo 2001, 205). Das Merkmal „Gefahr im Verzug" unterliegt der **uneingeschränkten gerichtlichen Kontrolle** (BVerfG NJW 2002, 1333).

III. Rechtsstellung Dritter

1. Eigene Wohn- und Geschäftsräume

3 Nur die Wohn- und Geschäftsräume des Vollstreckungsschuldners dürfen auf der Grundlage von § 287 AO durchsucht werden, die Wohnung eines Dritten auch dann **nicht,** wenn der Vollziehungsbeamte aus ihr gepfändete Sachen des Schuldners abholen will (VG Köln NJW 1977, 825). In diesem Fall kann und muss der Vollstreckungsgläubiger den Herausgabeanspruch des Vollstreckungsschuldners pfänden und nach **§ 318 AO** vorgehen.

2. Mitgewahrsam an Wohn- oder Geschäftsräumen des Vollstreckungsschuldners (Abs. 5 S. 1)

3a Anders ist es bei Mitbewohnern derselben Wohnräume; diese haben, wie § 287 Abs. 5 S. 1 AO klarstellt, die Durchsuchung der Räume zu **dulden** (so bereits OVG Bautzen NVwZ 1999, 891).

IV. Behältnisse

Das sind alle im Gewahrsam des Schuldners befindlichen Gegenstände, die zur Aufbewahrung von Sachen dienen, mit Einschluss der Taschen in den Kleidern, die er trägt („Taschenpfändung"). 4

V. Vorgehen bei der Durchsuchung

1. Öffnung verschlossener Türen und Behältnisse (Abs. 2)

Bei der Durchsuchung ist der **Grundsatz der Verhältnismäßigkeit** zu beachten. Türen und Behältnisse dürfen dann nicht gewaltsam geöffnet werden, wenn sie dadurch beschädigt werden und der Vollstreckungsauftrag auf andere, den Schuldner weniger beeinträchtigende Weise erfüllt werden kann. In jedem Fall müssen die Türen und Behältnisse sachgemäß so geöffnet werden, dass Beschädigungen so gering wie möglich bleiben (BGH NJW 1957, 544). Überschreitung des Ermessens kann die Vollstreckungshandlung unwirksam machen (BGHSt 5, 93). 5

2. Sicherung des Eigentums des Vollstreckungsschuldners (Amtspflicht)

Wird eine verschlossene Tür oder ein Behältnis gewaltsam geöffnet, so ist die Vollstreckungsbehörde nach den Grundsätzen der **Haftung für vorausgegangenes Verhalten** verpflichtet, das Eigentum des Vollstreckungsschuldners im erforderlichen Umfang (zB bei Hoftoren, Haustüren, Behältnissen an frei zugänglichen Orten) zu sichern (OVG Berlin JR 1969, 476). Dies kann zB durch Anbringung eines neuen Schlosses geschehen. Unterlassung einer erforderlichen Sicherung kann Amtspflichtverletzung sein. 5a

VI. Widerstand (Abs. 3)

Solchen kann der Vollziehungsbeamte mit Gewalt brechen, gleich, ob dieser vom **Vollstreckungsschuldner** geleistet wird oder von **Dritten** (Müller-Eiselt in HHSp Rn. 56); zur Zuziehung von Zeugen bei Widerstand vgl. § 288. 6

VII. Landesrecht

Baden-Württemberg: Mit § 287 Abs. 1 und 2 AO inhaltsgleich § 6 Abs. 1 LVwVG (gilt für die gesamte Verwaltungsvollstreckung) mit der Maßgabe, dass Wohnung, Betriebsräume und sonstiges befriedetes Besitztum gegen den Willen des Pflichtigen nur auf Anordnung des VGs durchsucht werden dürfen (§ 6 Abs. 2 S. 1 LVwVG), es sei denn, die dadurch eintretende Verzögerung würde den Zweck der Vollstreckung gefährden (§ 6 Abs. 2 S. 2 LVwVG). Mit § 287 Abs. 3 AO inhaltsgleich § 7 LVwVG, mit § 287 Abs. 5 AO inhaltsgleich § 6 Abs. 3 LVwVG. Für die Ermächtigung des von der 7

AO § 287

Vollstreckungsbehörde ersuchten Gerichtsvollziehers zur Wohnungsdurchsuchung ist das AG zuständig. Die Zuständigkeit des VG ist nur insoweit gegeben, als der Vollstreckungsbeamte ermächtigt werden soll (VGH Mannheim Beschl. v. 30.5.1985 – 10 S 802/85 [Ls. 1]). Für die Anordnung der Wohnungsdurchsuchung im Rahmen der Vollstreckung eines Bußgeldbescheids ist ebenfalls das AG zuständig (VGH Mannheim NJW 1986, 1190 [Ls.]).

Bayern: Auf die Vollstreckung von Geldforderungen der Gemeinden, Landkreise, Bezirke und Zweckverbände (Art. 26 Abs. 7 S. 1 VwZVG) sowie sonstiger juristischer Personen des öffentlichen Rechts (Art. 27 Abs. 1 S. 1 VwZVG) sind die Vorschriften des 8. Buchs der ZPO entsprechend anzuwenden (→ Einführung zur AO, § 5 VwVG Rn. 6) – also auch § 758 ZPO, der § 287 Abs. 1 bis 3 AO entspricht, sowie § 758a ZPO, dessen Abs. 1, Abs. 3 und Abs. 5 § 287 Abs. 4 bis 6 ZPO entsprechen.

Brandenburg: § 10 VwVGBbg (Befugnisse der Vollstreckungsdienstkraft) entspricht in Aufbau und Inhalt § 287 AO.

Hessen: Im Wesentlichen inhaltsgleich § 7 HessVwVG (gilt für die gesamte Verwaltungsvollstreckung); § 287 Abs. 3 AO entspricht § 8 HessVwVG. Das in § 7 Abs. 1 S. 1 Hs. 1 HessVwVG zusätzlich erwähnte „Betreten" der Wohnungs- und Geschäftsräume (bzw. des Besitztums) sowie das Verweilen in ihnen ist ein Minus gegenüber der Durchsuchung; Glotzbach Erl. zu § 7 mwN.

Niedersachsen: § 9 NVwVG stimmt mit § 287 AO im Wesentlichen überein. § 9 Abs. 4 NVwVG erstreckt das Zutrittsrecht auf erforderliche Zeugen (§ 11 NVwVG → § 288 Rn. 6), Verwaltungsvollzugsbeamte (§ 50 NPOG), Polizeibeamte sowie Personen (zB Sachverständige), die sich durch einen schriftlichen Auftrag der Vollstreckungsbehörde ausweisen können. Bei Widerstand kann der Vollstreckungsbeamte unmittelbaren Zwang anwenden (§ 10 NVwVG); Waffen darf er nicht gebrauchen (§ 10 Abs. 1 S. 2 NVwVG).

Nordrhein-Westfalen: Im Wesentlichen gleich lautend § 14 VwVG NRW. Abs. 3 Hs. 2 verbietet ausdrücklich die Anwendung von Waffengewalt ohne besondere gesetzliche Ermächtigung bei der Ausübung unmittelbaren Zwangs. Abs. 5 S. 3 verweist für die Gewahrsamsvermutung bei der Zwangsvollstreckung gegen Ehegatten und Lebenspartner auf § 739 ZPO (→ § 286 Rn. 2c).

Rheinland-Pfalz: Mit § 287 AO im Wesentlichen inhaltsgleich § 9 LVwVG; die Durchsuchungsanordnung trifft allerdings das VG, Abs. 2 S. 2. Für die Durchsuchungsanordnung im Rahmen der Vollstreckung eines Bußgeldbescheids ist aufgrund ausdrücklicher gesetzlicher Zuweisung (§§ 104 Abs. 1 Nr. 1, 68 OWiG) das AG zuständig, in dessen Bezirk die Verwaltungsbehörde ihren Sitz hat, die das Bußgeld erlassen hat (Heuser § 9 Erl. 6; Kuhn/Stollenwerk Erl. zu § 9 Abs. 2). Mit § 287 Abs. 3 AO im Wesentlichen inhaltsgleich § 10 S. 1 LVwVG (gilt für die gesamte Verwaltungsvollstreckung); § 10 S. 2 LVwVG macht den Einsatz von Waffen von einer ausdrücklichen Zulassung durch Rechtsvorschrift abhängig.

Saarland: Mit § 287 Abs. 1 und 2 AO im Wesentlichen inhaltsgleich § 5 Abs. 1 SVwVG (gilt für die gesamte Verwaltungsvollstreckung). Gemäß § 5 Abs. 2 S. 1 SVwVG haben, soweit der Zweck der Vollstreckung es erfordert, im Beisein des Vollstreckungsbeamten auch der Gläubiger, hinzugezogene Zeugen (§ 7 SVwVG → § 288 Rn. 6), Polizeivollzugsbeamte, Sachverständige und sonstige Hilfspersonen das in § 5 Abs. 1 S. 1 SVwVG bezeichnete Zutrittsrecht. Nach § 5 Abs. 3 SVwVG stehen dem Vollstreckungsbeamten die Betretungs- und Öffnungsbefugnisse nach § 5 Abs. 1 bei Widerspruch des Pflichtigen nur zu, wenn sie durch das Amtsgericht angeordnet werden, es sei denn, die dadurch eintretende Verzögerung würde den Zweck der Vollstreckung gefährden. Mit § 287 Abs. 3 AO im Wesentlichen inhaltsgleich § 6 SVwVG (gilt für die gesamte Verwaltungsvollstreckung).

Sachsen: Mit § 287 AO so gut wie inhaltsgleich § 6 SächsVwVG (gilt für die gesamte Verwaltungsvollstreckung) mit der Maßgabe, dass Wohnung, Betriebsräume und sonstiges befriedetes Besitztum gegen den Willen des Pflichtigen nur auf Anordnung des AG, in dessen Bezirk die Durchsuchung erfolgen soll, durchsucht werden dürfen (Abs. 2 S. 1), es sei denn, dass die dadurch eintretende Verzögerung den Zweck der Vollstreckung gefährden würde (Abs. 2 S. 2). Mit § 287 Abs. 3 AO inhaltsgleich § 7 SächsVwVG.

Sachsen-Anhalt: §§ 9 und 10 VwVG LSA entsprechen §§ 9 und 10 NVwVG (s. Niedersachsen).

Schleswig-Holstein: Weitgehend inhaltsgleich § 275 LVwG. § 277 LVwG erstreckt das Recht, die Räume bzw. das Besitztum des Schuldners im Beisein des Vollstreckungsbeamten oder der Vollstreckungsbeamtin zu betreten, auf Zeugen (§ 276 LVwG → § 288 Rn. 6) und Hilfspersonen sowie Polizeivollzugsbeamtinnen und Polizeivollzugsbeamte.

Thüringen: Mit § 287 Abs. 1, Abs. 2 und Abs. 4 AO inhaltsgleich § 24 ThürVwZVG. § 287 Abs. 3 AO entspricht § 25 ThürVwZVG. § 24 Abs. 3 ThürVwZVG erstreckt das Zutrittsrecht auf erforderliche Zeugen (§ 26 ThürVwZVG → § 288 Rn. 6), Polizeibeamte und von der Vollstreckungsbehörde schriftlich beauftragte Hilfspersonen.

VIII. Justizbeitreibungsgesetz

§ 6 Abs. 1 Nr. 1 JBeitrG verweist auf § 758 ZPO, der mit § 287 Abs. 1 bis 3 AO sachlich übereinstimmt, sowie auf § 758a ZPO, der in Abs. 1, Abs. 3 und Abs. 5 mit § 287 Abs. 4, Abs. 5 und Abs. 6 sachlich übereinstimmt.

§ 288 Zuziehung von Zeugen

Wird bei einer Vollstreckungshandlung Widerstand geleistet oder ist bei einer Vollstreckungshandlung in den Wohn- oder Geschäftsräumen des Vollstreckungsschuldners weder der Vollstreckungsschuldner noch ein erwachsener Familienangehöriger, ein erwachsener ständiger Mitbewohner oder eine beim Vollstreckungsschuldner beschäftigte Person gegenwärtig, so hat der Vollziehungsbeamte zwei Erwachsene oder einen Gemeinde- oder Polizeibeamten als Zeugen zuzuziehen.

AO § 288

I. Schutz des Vollstreckungsschuldners

1 Diesem dient die Vorschrift. Ihre Verletzung macht die Vollstreckungshandlung nicht unwirksam, aber im Regelfall aufhebbar; sie ist aber gerechtfertigt, wenn der Vollziehungsbeamte vom Vollstreckungsschuldner gehindert wird, Zeugen hinzuzuziehen (Müller-Eiselt in HHSp Rn. 8).

II. Widerstand (Fall 1)

2 Solcher liegt nicht schon dann vor, wenn der anwesende Schuldner nichts tut, um dem Vollziehungsbeamten die Durchführung seiner Maßnahmen zu ermöglichen oder zu erleichtern, wenn er sich also zB weigert, verschlossene Türen oder Behältnisse zu öffnen oder Hindernisse wegzuräumen. Vielmehr leistet der Schuldner erst dann Widerstand, wenn er den Vollziehungsbeamten durch den Einsatz seines Körpers behindert; nicht nur, wenn er ihn angreift, sondern auch, wenn er ihm den Weg versperrt und sich im Übrigen passiv verhält. Gewalt oder Drohung mit Gewalt (§ 113 StGB) sind hier nicht erforderlich.

III. Nicht gegenwärtige Personen (Fall 2)

3 Deren Beschreibung entspricht seit dem Gesetz zur Umsetzung der Amtshilferichtlinie sowie zur Änderung steuerlicher Vorschriften (Amtshilferichtlinie-Umsetzungsgesetz – AmtshilfeRLUmsG) vom 26.6.2013 (BGBl. I 1809 (1835)) § 178 Abs. 1 Nr. 1 ZPO (→ VwZG § 3 Rn. 14); zur Beantwortung der Frage, wer **Familienangehöriger** oder **ständiger Mitbewohner** ist, darf deshalb zunächst auf die Kommentierung unter § 3 VwZG Rn. 15 und 17 verwiesen werden. Gerade im vorliegenden Zusammenhang muss es sich nach Sinn und Zweck der Vorschrift um Personen handeln, die auf Grund ihrer persönlichen Beziehung zum Schuldner geeignet sind, in seinem Interesse die Ordnungsmäßigkeit der Vollstreckungshandlung zu beobachten. Familienmitglieder dürften nur geeignet sein, wenn sie mit dem Schuldner in einem gemeinsamen Hausstand leben, also nicht zB der dauernd getrenntlebende Ehegatte, der zufällig im Hause angetroffen wird. Ein **Beschäftigungsverhältnis** begründet die Eignung nur, wenn es auf Dauer angelegt ist: Nicht jeder, der gerade (zB Handwerker) „für" den Schuldner arbeitet, ist „bei ihm beschäftigt". Auch insoweit können als Auslegungshilfe Rspr. und Lit. zu § 178 Abs. 1 Nr. 1 ZPO herangezogen werden, der eine ähnliche Abgrenzung für das Zustellungsrecht vornimmt (→ VwZG § 3 Rn. 16). Maßnahmen außerhalb der Wohn- und Geschäftsräume kann der Vollziehungsbeamte ohne Hinzuziehung von Zeugen vornehmen. Zum Begriff der Vollstreckungshandlung → § 291 Rn. 1.

Die etwa gegenwärtige Person muss **erwachsen** (nicht: volljährig) sein. Das bedeutet, sie muss von ihrer äußeren Erscheinung her den Eindruck machen, dass sie eine Vorstellung von der Bedeutung des Vorgangs hat (Brockmeyer in Klein § 288 Rn. 3 mit Verweis auf VGH Mannheim NJW 1978, 719).

IV. Geeignete Zeugen

Erwachsene, die als Zeugen in Betracht kommen, sind Personen, die nach ihrer körperlichen und geistigen Entwicklung zur Beobachtung und Wiedergabe der Vorgänge in der Lage sind (RGZ 14, 338). Volljährigkeit ist nicht erforderlich. Erkennbar Geisteskranke und Geistesschwache sind nicht geeignet. Während die Gemeinde- und Polizeibeamten auf Grund Art. 35 Abs. 1 GG, § 4 Abs. 1 VwVfG verpflichtet sind, dem Ersuchen der Vollziehungsbeamten zu entsprechen, geschieht die Mitwirkung von Privatpersonen als Zeugen **freiwillig**. Ihre Mitwirkung kann nicht erzwungen werden. Ihre Aufgabe besteht auch nicht etwa darin, den Vollziehungsbeamten beim Brechen des Widerstandes zu unterstützen (wie etwa Polizeibeamte), sondern allein in der Beobachtung des Pfändungsvorgangs (App/Wettlaufer/Klomfaß Kap. 22 Rn. 51; Umkehrschluss aus § 287 Abs. 3 AO).

V. Entschädigung

Hinzugezogene Zeugen sind nach dem JVEG zu entschädigen (§ 19 Abs. 1 S. 2 VwVG iVm § 107 AO).

VI. Landesrecht

Baden-Württemberg: § 8 LVwVG verpflichtet den Vollstreckungsbeamten, der nicht Polizeibeamter iSd Polizeigesetzes ist (Gegenteiliges dürfte nur bei der Vollstreckung wegen Handlungen, Duldungen oder Unterlassungen vorkommen), im vergleichbar definierten Widerstands- oder Abwesenheitsfall **eine** erwachsene Person als Zeugen zuzuziehen.
Bayern: Art. 26 Abs. 7 S. 1 VwZVG verweist für die Vollstreckung von Geldforderungen der Gemeinden, Landkreise, Bezirke und Zweckverbände (sowie sonstiger juristischer Personen des öffentlichen Rechts, Art. 27 Abs. 1 S. 1 VwZVG) auf die Vorschriften des 8. Buchs der ZPO (→ Einführung zur AO, § 5 VwVG Rn. 6); § 288 AO entspricht dort § 759 ZPO.
Brandenburg: § 288 AO entspricht § 11 VwVGBbg. Die Vollstreckungsdienstkraft (→ § 285 Rn. 2) hat entweder zwei Erwachsene oder eine Dienstkraft der Gemeinde, des Amtes oder des Polizeivollzugs als Zeug(inn)en zuzuziehen.
Hessen: Im Wesentlichen gleich lautend § 9 HessVwVG (gilt für die gesamte Verwaltungsvollstreckung).
Niedersachsen: § 11 NVwVG sieht unter § 288 AO im Wesentlichen entsprechenden Voraussetzungen die Hinzuziehung (mindestens) **eines** erwachsenen Zeugen vor.
Nordrhein-Westfalen: Im Wesentlichen inhaltsgleich § 15 VwVG NRW.
Rheinland-Pfalz: So gut wie inhaltsgleich mit der Maßgabe, dass in Eilfällen von der Zuziehung von Zeugen abgesehen werden kann, § 11 LVwVG (gilt für die gesamte Verwaltungsvollstreckung).

Saarland: Bei etwas abstrakteren Voraussetzungen (gegenüber § 288 AO) ist nach § 7 SVwVG (mindestens) **ein** Zeuge zuzuziehen (gilt für die gesamte Verwaltungsvollstreckung).

Sachsen: Gemäß § 8 SächsVwVG ist nur **eine** erwachsene Person beizuziehen; ansonsten ähnlich, aber etwas enger als § 288 AO (Zuziehung nur bei Abwesenheit, nicht bei Widerstand).

Sachsen-Anhalt: § 11 VwVG LSA stimmt sachlich im Wesentlichen mit § 288 AO überein; (erwachsene) Privatpersonen sind aber nur ausnahmsweise als Zeugen hinzuzuziehen, vorrangig ein (Verbands-) Gemeinde- oder Polizeibeamter.

Schleswig-Holstein: Hinsichtlich der Voraussetzungen im Wesentlichen gleich lautend § 276 LVwG; **ein** Zeuge ist hinzuzuziehen.

Thüringen: § 26 ThürVwZVG stimmt sachlich weitgehend mit § 288 AO überein.

VII. Justizbeitreibungsgesetz

7   § 6 Abs. 1 Nr. 1 JBeitrG verweist (auch) auf § 759 ZPO, der § 288 AO entspricht.

§ 289 Zeit der Vollstreckung

(1) Zur Nachtzeit (§ 758a Absatz 4 Satz 2 der Zivilprozessordnung) sowie an Sonntagen und staatlich anerkannten allgemeinen Feiertagen darf eine Vollstreckungshandlung nur mit schriftlicher oder elektronischer Erlaubnis der Vollstreckungsbehörde vorgenommen werden.

(2) Die Erlaubnis ist auf Verlangen bei der Vollstreckungshandlung vorzuzeigen.

Übersicht

	Rn.
I. Begriffe	1
1. Nachtzeit	1
2. Feiertage	2
a) Gesetzliche Feiertage	2a
b) Jüdische Festtage	2b
3. Vollstreckungshandlung	3
II. Schriftliche oder elektronische Erlaubnis	4
III. Voraussetzungen der Erlaubnis	5
IV. Rechtswidrige Erlaubnis	6
V. Reformbedarf	7
VI. Landesrecht	8
VII. Justizbeitreibungsgesetz	9

I. Begriffe

1. Nachtzeit

Diese dauert nach § 758a Abs. 4 S. 2 ZPO von 9 Uhr abends bis 6 Uhr morgens. Die Gesetze einiger Länder (**Baden-Württemberg, Rheinland-Pfalz, Saarland** → Rn. 8) haben noch Nachtzeitbestimmungen, die mit § 188 Abs. 1 S. 2 ZPO aF und § 289 Abs. 1 AO aF übereinstimmen, wonach in der Zeit vom 1. April bis zum 30. September die Nachtzeit nur bis 4 Uhr morgens dauerte.

2. Feiertage

Diese richten sich nach Landesrecht.

a) Gesetzliche Feiertage. Es sind nur die gesetzlichen Feiertage gemeint (Brockmeyer in Klein § 289 Rn. 3). Staatlich anerkannt sind im ganzen Bundesgebiet: **Neujahrstag, Karfreitag, Ostermontag, 1. Mai, Christi Himmelfahrt, Pfingstmontag, 3. Oktober, 1. und 2. Weihnachtstag.**
In einem Teil der deutschen Länder sind anerkannt: **Heilige Drei Könige** (= 6. Januar: in Baden-Württemberg, Bayern und Sachsen-Anhalt), **Fronleichnam** (= 2. Donnerstag nach Pfingsten: in Baden-Württemberg, Bayern, Hessen, Nordrhein-Westfalen, Rheinland-Pfalz und Saarland, teilweise in Sachsen und Thüringen), **Friedensfest** (= 8. August: im bayerischen Stadtkreis Augsburg), **Mariä Himmelfahrt** (= 15. August: im Saarland und den überwiegend römisch-katholischen Gemeinden Bayerns), **Reformationstag** (= 31. Oktober: in Brandenburg, Mecklenburg-Vorpommern, Sachsen, Sachsen-Anhalt und Thüringen), **Allerheiligen** (= 1. November: in Baden-Württemberg, Bayern, Nordrhein-Westfalen, Rheinland-Pfalz und Saarland), **Buß- und Bettag** (Sachsen).

b) Jüdische Festtage. Jüdische Festtage werden durch § 289 AO nicht geschützt, doch kann die Vollstreckung an solchen Tagen bei Mitgliedern der israelitischen Kultusgemeinde **ermessensfehlerhaft** sein (Müller-Eiselt in HHSp § 289 AO Rn. 11); zu beachten ist, dass sich jüdische Festtage nicht mit dem Kalendertag decken, sondern mit Sonnenuntergang des Vortags beginnen (und mit Sonnenuntergang enden).
Hohe jüdische Festtage sind namentlich **Purim, Pessach, Neujahr** (nicht mit dem bürgerlichen Neujahrsfest am 1. Januar zu verwechseln!), **Jom Kippur** und das **Laubhüttenfest**, deren Datum ähnlich wie des christlichen Osterfestes von Jahr zu Jahr wechselt. Eine Aufstellung der Daten jüdischer Feiertage findet sich im Internet unter der URL (1.1.2021) www.de.chabad.org/Feiertage.

3. Vollstreckungshandlung

Zu diesem Begriff vgl. § 291 AO Rn. 1. Dazu wird auch die Verhaftung des Vollstreckungsschuldners zur Erzwingung der eidesstattlichen Versicherung gerechnet (Müller-Eiselt in HHSp § 289 AO Rn. 17 mwN), obwohl sie nicht dem Vollziehungsbeamten obliegt, sondern dem Gerichtsvollzieher. Vorgenommen wird eine Vollstreckungshandlung von ihrem Beginn bis zu ihrer Beendigung. Auch wenn der Vollziehungsbeamte damit vor Eintritt der Nachtzeit begonnen hat, darf er seine Tätigkeit nach 9 Uhr abends nur unter den Voraussetzungen von § 289 AO fortsetzen.

II. Schriftliche oder elektronische Erlaubnis

4   Abs. 1 lässt nunmehr aufgrund der Änderung durch das JStG 2009 (vom 19.12.2008 – BGBl. I 2794) neben der schriftlichen auch die elektronische Erlaubnis zu. Eine qualifizierte elektronische Signatur nach dem Signaturgesetz ist (wie beim Vollstreckungsauftrag → § 285 Rn. 3) nicht erforderlich (ebenso Brockmeyer in Klein AO § 289 Rn. 4).
Die Erlaubnis wird von der **Vollstreckungsbehörde** erteilt (krit. dazu Gaul JZ 1979, 502). Sie kann bereits im Vollstreckungsauftrag erteilt sein, jedoch auch separat ergehen (Müller-Eiselt in HHSp § 289 AO Rn. 16). Sie gilt nicht generell, sondern nur für bestimmte, in ihr selbst aufgeführte Vollstreckungshandlungen.
Eine ohne die erforderliche Erlaubnis zur Nachtzeit vorgenommene Vollstreckungshandlung begründet gleichwohl die Verstrickung des Pfandgegenstandes (→ AO § 281 Rn. 1) und das Pfändungspfandrecht (Müller-Eiselt in HHSp § 289 AO Rn. 17).
Der Schuldner braucht eine Vollstreckungshandlung ohne die erforderliche Erlaubnis nicht zu dulden; Widerstand auf seiner Seite ist in diesem Fall nicht rechtswidrig. Das Gleiche gilt, wenn eine erteilte Erlaubnis entgegen Abs. 2 nicht (auf Verlangen) vorgezeigt wird. Wenn der Schuldner die Vollstreckung duldet, ist ein Verstoß gegen § 289 unschädlich. Eine **Heilung** durch nachträgliche Erteilung der Erlaubnis ist **nicht** möglich.

III. Voraussetzungen der Erlaubnis

5   Die materiellen Voraussetzungen, unter denen die Erlaubnis zu erteilen ist, regelt § 289 AO nicht; anders in **Baden-Württemberg, Sachsen** und **Thüringen** (→ Rn. 8), wenn auch sehr knapp (§ 9 Abs. 1 S. 2 LVwVG, § 9 Abs. 1 S. 2 SächsVwVG und § 27 Abs. 1 S. 2 ThürVwZVG: Erlaubnis nur, soweit vom Zweck der Vollstreckung gefordert). Man wird zunächst voraussetzen müssen, dass Tatsachen vorliegen, die eine Vollstreckung bei Tage bzw. an Werktagen aussichtslos erscheinen lassen; andernfalls würde die Vollstreckung zur Nachtzeit oder an Sonn- und Feiertagen dem **Grundsatz der Verhältnismäßigkeit** widersprechen. Regelmäßig muss ein vergeblicher Vollstreckungsversuch während der üblichen Arbeitszeit an einem Werktag vorausgegangen sein (LG Trier DGVZ 1981, 13). Ferner muss die zu genehmigende Vollstreckungshandlung eine gewisse Aussicht auf Erfolg bieten (LG Berlin NJW 1957, 798).

IV. Rechtswidrige Erlaubnis

Liegen die Voraussetzungen für die Erteilung der Erlaubnis nicht vor, kann 6
sie die Vollstreckung nicht rechtfertigen. Die Vollstreckungsmaßnahme ist
anfechtbar, Widerstand des Schuldners nicht rechtswidrig. Eine gesonderte
Anfechtung der Erlaubnis kommt schon aus praktischen Gründen nicht in
Betracht. Die Erlaubnis dürfte aber auch nicht als selbstständiger Verwaltungsakt
gegenüber dem Schuldner, sondern nur als innerdienstlicher Rechtsakt
anzusehen sein.

V. Reformbedarf

Zu dem – in einigen Ländergesetzen immer noch bestehenden – Reform- 7
bedarf bereits App DB 1994, 653.

VI. Landesrecht

Baden-Württemberg: Mit § 289 AO bis auf die Zulässigkeit der elektro- 8
nischen Erlaubnis inhaltsgleich § 9 Abs. 1 S. 1 und 3 LVwVG (gilt für die
gesamte Verwaltungsvollstreckung). § 9 Abs. 1 S. 2 LVwVG regelt Voraussetzungen
der Erlaubnis (→ Rn. 5). § 9 Abs. 2 LVwVG beschränkt die Nachtzeit
vom 1. April bis zum 30. September allerdings auf 4 Uhr (→ Rn. 1).

Bayern: Auf die Vollstreckung von Geldforderungen der Gemeinden,
Landkreise, Bezirke und Zweckverbände (Art. 26 Abs. 7 S. 1 VwZVG) sowie
sonstiger juristischer Personen des öffentlichen Rechts (Art. 27 Abs. 1 S. 1
VwZVG) sind die Vorschriften des 8. Buchs der ZPO entsprechend anzuwenden
(→ Einführung zur AO, § 5 VwVG Rn. 6) – hier also § 758a Abs. 4
ZPO (für Vollstreckungshandlungen in Wohnungen ist mithin eine besondere
richterliche Anordnung erforderlich).

Brandenburg: Sachlich übereinstimmend (bis auf die elektronische
Erlaubnis) § 12 VwVGBbg.

Hessen: Entscheidung liegt beim Vollziehungsbeamten; keine Vollstreckung
bei unbilliger Härte oder Missverhältnis des zu erwartenden Erfolges
zu den Belastungen des Vollstreckungsschuldners oder seiner Mitbewohner
durch die Störung der Nacht-, Sonntags- oder Feiertagsruhe (§ 10 Abs. 1
HessVwVG).

Niedersachsen: § 12 NVwVG orientiert sich inhaltlich eher an § 754a
ZPO, definiert infolgedessen aber nunmehr die Nachtzeit ohne Abweichung
zu § 289 AO.

Nordrhein-Westfalen: Inhaltsgleich bis auf die Zulässigkeit der elektronischen
Erlaubnis § 16 VwVG NRW. Abs. 1 S. 2 zufolge ist die (schriftliche)
Erlaubnis der Vollstreckungsbehörde bei der Zwangsvollstreckung indes stets
vorzuzeigen, nicht nur auf Verlangen (wie nach § 289 Abs. 2 AO). Abs. 1
S. 3 erlaubt neuerdings die Vollstreckung „zur Unzeit" in Geschäftsräumen
von Unternehmern und Unternehmen iSd § 2 Abs. 1 UStG, die ihre
geschäftlichen Tätigkeiten während der Nachtzeit oder an Sonntagen und
gesetzlichen Feiertagen ausüben.

Rheinland-Pfalz: Inhaltsgleich bis auf die Zulässigkeit der elektronischen Erlaubnis § 8 Abs. 1 LVwVG; die Erlaubnis ist bei der Vollstreckung allerdings stets vorzuzeigen, nicht nur „auf Verlangen" (wie nach § 289 Abs. 2 AO). § 8 Abs. 2 LVwVG gibt immer noch den Inhalt von § 188 Abs. 1 S. 2 ZPO aF wieder, so dass die Nachtzeit vom 1. April bis zum 30. September schon um 4 Uhr endet (→ Rn. 1).
Saarland: Inhaltsgleich mit § 289 AO aF § 8 SVwVG (gilt für die gesamte Verwaltungsvollstreckung); die Nachtzeit dauert deshalb auch hier im Zeitraum vom 1. April bis 30. September dessen Abs. 2 zufolge nur bis 4 Uhr (→ Rn. 1).
Sachsen: Mit § 289 AO sachlich übereinstimmend § 9 SächsVwVG (gilt für die gesamte Verwaltungsvollstreckung). Abs. 1 S. 2 regelt Voraussetzungen der Erlaubnis (→ Rn. 5).
Sachsen-Anhalt: Wie Niedersachsen (s. dort), § 12 VwVG LSA.
Schleswig-Holstein: Im Wesentlichen gleich lautend § 278 LVwG; Nachtzeit = 21–6 Uhr (§ 324 LVwG).
Thüringen: Mit § 289 AO im Wesentlichen inhaltsgleich (bis auf die elektronische Erlaubnis) § 27 iVm § 12 Abs. 2 ThürVwZVG. § 27 Abs. 1 S. 2 ThürVwZVG regelt Voraussetzungen der Erlaubnis (→ Rn. 5).

VII. Justizbeitreibungsgesetz

9 § 6 Abs. 1 Nr. 1 JBeitrG verweist auf § 758a Abs. 4 ZPO, so dass die Vollstreckungsbehörde bei Vollstreckungshandlungen in Wohnungen die Erlaubnis nicht selbst erteilen kann, sondern eine Entscheidung des Richters einholen muss. In § 758a Abs. 4 S. 1 ZPO ist vom Richter am Amtsgericht die Rede. Daraus, dass in § 6 Abs. 1 JBeitrG die **sinngemäße** Geltung der in Bezug genommenen ZPO-Bestimmungen angeordnet ist, wird man jedoch schließen müssen, dass für die Erteilung der Erlaubnis das Gericht zuständig ist, dessen Zuständigkeit die Vollstreckungsbehörde angehört, auch wenn der Anspruch in einem anderen Gerichtszweig entstanden ist. Die Nachtzeit umfasst im Verfahren nach dem JBeitrG die Stunden von 21 bis 6 Uhr (§ 6 Abs. 1 Nr. 1 JBeitrG iVm § 758a Abs. 4 S. 2 ZPO).

§ 290 Aufforderungen und Mitteilungen des Vollziehungsbeamten

Die Aufforderungen und die sonstigen Mitteilungen, die zu den Vollstreckungshandlungen gehören, sind vom Vollziehungsbeamten mündlich zu erlassen und vollständig in die Niederschrift aufzunehmen; können sie mündlich nicht erlassen werden, so hat die Vollstreckungsbehörde demjenigen, an den die Aufforderung oder Mitteilung zu richten ist, eine Abschrift der Niederschrift zu senden.

I. Aufforderungen und Mitteilungen

1 Bei den **Aufforderungen** handelt es sich (zB) um die zu freiwilliger Leistung, zum Öffnen von Türen und Behältnissen (vgl. § 287 Abs. 2 AO)

Aufforderungen und Mitteilungen des Vollziehungsbeamten **§ 290 AO**

sowie zur Wahl unpfändbarer Sachen (vgl. § 295 AO iVm § 811 Abs. 1 Nr. 3 ZPO). Aufforderungen stellen zwar Vollstreckungshandlungen dar (BFH BFH/NV 2007, 398), jedoch i.a. keine Verwaltungsakte (Müller-Eiselt in HHSp § 290 AO Rn. 6; App DStZ 2008, 263). Insbesondere die Zahlungsaufforderung ist lediglich eine wiederholende Verfügung zum bereits ergangenen Leistungsgebot (→ AO § 254 Rn. 2 ff.).

Mitteilungen hat der Vollziehungsbeamte über die Pfändung (§ 286 Abs. 3 AO) und die Anschlusspfändung (§ 307 Abs. 1 S. 2 AO) zu machen.

Da die **Abschrift** von Amts wegen zu erteilen ist, werden **Schreibauslagen** (§ 19 Abs. 1 S. 1 VwVG iVm § 344 Abs. 1 Nr. 1 AO) **nicht** erhoben.

II. Zusendung

Dafür genügt einfacher Brief (Brockmeyer in Klein § 290 AO Rn. 3); ist der Aufenthalt des Schuldners nicht bekannt, so ist eine öffentliche Zustellung nicht erforderlich (so ausdrücklich § 763 Abs. 2 S. 3 ZPO). **2**

III. Ordnungsvorschrift

Die Wirksamkeit der Vollstreckung wird durch eine Verletzung von § 290 AO nicht in Frage gestellt (Müller-Eiselt in HHSp § 290 AO Rn. 4). Möglich ist allerdings die Entstehung eines **Amtshaftungsanspruchs,** wenn der Vollstreckungsschuldner dartun kann, dass ihm durch den Verstoß ein Schaden entstanden ist. **3**

IV. Landesrecht

Baden-Württemberg: Die Zusendung einer Abschrift der Niederschrift (→ § 291 Rn. 2) sieht § 10 Abs. 3 LVwVG für den Fall vor, dass der Pflichtige bei der Vollstreckungshandlung nicht anwesend war. **4**

Bayern: Art. 26 Abs. 7 S. 1 VwZVG verweist für die Vollstreckung von Geldforderungen der Gemeinden, Landkreise, Bezirke und Zweckverbände (sowie sonstiger juristischer Personen des öffentlichen Rechts, Art. 27 Abs. 1 S. 1 VwZVG) auf die Vorschriften des 8. Buchs der ZPO (→ Einführung zur AO, § 5 VwVG Rn. 6) – also auch auf § 763 ZPO, der § 290 AO entspricht.

Hessen: Unter der Voraussetzung, dass der Pflichtige bei der Vollstreckungshandlung abwesend war, schreibt § 11 Abs. 4 HessVwVG sogar die Zustellung einer Abschrift der Niederschrift (→ § 291 Rn. 2) vor.

Niedersachsen: Fast gleich lautend § 14 NVwVG.

Nordrhein-Westfalen: § 18 VwVG NRW stimmt mit § 290 AO fast wörtlich („kann dies nicht geschehen" statt „können sie mündlich nicht erlassen werden") überein.

Troidl

Rheinland-Pfalz: Als Soll-Vorschrift im Übrigen inhaltsgleich § 13 LVwVG (gilt für die gesamte Verwaltungsvollstreckung), der allerdings förmliche Zustellung fordert.

Saarland: Erfolgt die Vollstreckung in Abwesenheit des Pflichtigen, so hat ihm die Vollstreckungsbehörde eine Abschrift der Niederschrift (→ § 291 Rn. 2) zuzustellen, § 9 Abs. 3 SVwVG.

Sachsen: Zusendung einer Abschrift der Niederschrift (→ § 291 Rn. 2) normiert § 10 Abs. 3 SächsVwVG, falls der Vollstreckungsschuldner bei der Vollstreckungshandlung nicht anwesend war.

Sachsen-Anhalt: Wie Niedersachsen (s. dort), § 14 VwVG LSA.

Thüringen: Zustellung einer Abschrift der Niederschrift (→ § 291 Rn. 2) postuliert § 28 Abs. 4 ThürVwZVG, wenn die Vollstreckung in Abwesenheit des Vollstreckungsschuldners erfolgt.

V. Justizbeitreibungsgesetz

5 In § 6 Abs. 1 Nr. 1 JBeitrG fehlt eine Verweisung auf die § 290 AO entsprechende zivilprozessuale Regelung in § 763 ZPO. Es könnte sich durchaus um ein Redaktionsversehen handeln; allerdings ergibt sich dieselbe Regelung wie in § 763 Abs. 1 ZPO schlüssig aus § 762 Abs. 2 Nr. 2 ZPO, auf den verwiesen wird.

§ 291 Niederschrift

(1) Der Vollziehungsbeamte hat über jede Vollstreckungshandlung eine Niederschrift aufzunehmen.

(2) Die Niederschrift muss enthalten:
1. Ort und Zeit der Aufnahme,
2. den Gegenstand der Vollstreckungshandlung unter kurzer Erwähnung der Vorgänge,
3. die Namen der Personen, mit denen verhandelt worden ist,
4. die Unterschriften der Personen und die Bemerkung, dass nach Vorlesung oder Vorlegung zur Durchsicht und nach Genehmigung unterzeichnet sei,
5. die Unterschrift des Vollziehungsbeamten.

(3) Hat einem der Erfordernisse unter Absatz 2 Nr. 4 nicht genügt werden können, so ist der Grund anzugeben.

(4) Die Niederschrift kann auch elektronisch erstellt werden. Absatz 2 Nr. 4 und 5 sowie § 87a Abs. 4 Satz 2 gelten nicht.

I. Vollstreckungshandlungen

1 Das sind alle Handlungen, die der Vollziehungsbeamte zum Zwecke der Vollstreckung vornimmt. Dazu gehören schon das Betreten der Wohnung, die Durchsuchung, die Annahme der Zahlung. Wenn allerdings der Schuld-

ner sofort und ohne Vorbehalte leistet, bedarf es keiner Niederschrift, sondern nur einer **Quittung** (so auch Abschn. 20 VollzA). Mehrere inhaltlich gleichartige Vollstreckungsaufträge, die sich gegen denselben Vollstreckungsschuldner richten, können bei gleichzeitiger Ausführung ebenso wie mehrere zusammenhängende Vollstreckungshandlungen in einer **gemeinsamen** Niederschrift erfasst werden (Handbuch VZV 41.6). Aus der Niederschrift über eine fruchtlose Pfändung sollen sich Hinweise für weitere Vollstreckungsmaßnahmen ergeben (App/Wettlaufer/Klomfaß Kap. 22 Rn. 59); in der Praxis werden häufig Mängel beobachtet (Pump DStZ 1984, 453; zu ausführliche Angaben können sich indessen auch nachteilig auswirken, etwa in Gestalt der Anfechtbarkeit der Pfändung gemäß §§ 129 ff. InsO, wenn aus der Niederschrift oder anderen Urkunden ersichtlich ist, dass dem Vollziehungsbeamten die Zahlungseinstellung des Vollstreckungsschuldners bekannt war; vgl. OLG München DGVZ 1993, 110). Aufgenommen werden soll die Niederschrift **in unmittelbarem Anschluss** an die Vollstreckungshandlung **an Ort und Stelle** (Handbuch VZV 41.6). Einzelheiten zum Inhalt Müller-Eiselt in HHSp § 291 AO Rn. 14.

Eine **Schreibgebühr** für die Abschrift der Pfändungsniederschrift wird **nicht** erhoben, wenn die Abschrift deshalb von Amts wegen zu erteilen ist, weil zB der Schuldner abwesend war (§ 290 AO → dort Rn. 1) oder Sachen im Gewahrsam eines Dritten gepfändet worden sind.

II. Niederschrift

Sie ist eine **öffentliche Urkunde** (OLG Frankfurt, Rpfleger 1977, 144) und hat die Beweiskraft solcher Urkunden (§§ 415, 417, 418 ZPO). Eine falsche Beurkundung ist strafbar (§ 348 StGB) und kann disziplinarisch geahndet werden (vgl. Pump KKZ 1995, 173). Die in der Niederschrift enthaltenen Angaben sind ebenso wie die Niederschrift selbst keine Verwaltungsakte, sondern bloße **Wissenserklärungen.**

Da sie nur der Beweissicherung dient, macht die Verletzung der Pflicht zur Aufnahme einer Niederschrift die Vollstreckungshandlung **nicht anfechtbar.** Bei der Anschlusspfändung nach § 307 AO (→ § 307 Rn. 2) ist die Niederschrift allerdings Voraussetzung für die Wirksamkeit der Pfändung (so auch Brockmeyer in Klein AO § 291 Rn. 2). Bei einer **unvollständigen** Niederschrift kann das Gericht die Ladung zur eidesstattlichen Versicherung oder den Erlass einer richterlichen Durchsuchungsanordnung ablehnen (VG Leipzig NVwZ-RR 2000, 343; zust. Müller-Eiselt in HHSp § 291 AO Rn. 11).

Seit 1.1.2009 kann die Niederschrift auch **elektronisch** erstellt werden. Die Vollziehungsbeamten können dazu mit Notebooks und entsprechender Fachsoftware ausgestattet werden. Bei elektronischer Erstellung der Niederschrift gelten die Mindestinhaltsvorschriften in § 291 Abs. 2 und 3 AO mit Ausnahme von § 291 Abs. 2 Nr. 4 und 5 AO. Eine qualifizierte elektronische Signatur des Dokuments nach dem Signaturgesetz kann unterbleiben (Müller-Eiselt in HHSp § 291 AO Rn. 23), wie § 291 Abs. 4 S. 2 AO klarstellt.

AO § 291

III. Landesrecht

2   **Baden-Württemberg:** Mit § 291 Abs. 1, Abs. 2 Nr. 1–3 und 5 AO im Wesentlichen gleich lautend § 10 Abs. 1 und 2 Nr. 1–3, 5 und 6 LVwVG (gilt für die gesamte Verwaltungsvollstreckung). Nach § 10 Abs. 3 LVwVG soll die Vollstreckungsbehörde dem abwesenden Pflichtigen eine Abschrift der Niederschrift übersenden.
Bayern: Auf die Vollstreckung von Geldforderungen der Gemeinden, Landkreise, Bezirke und Zweckverbände (Art. 26 Abs. 7 S. 1 VwZVG) sowie sonstiger juristischer Personen des öffentlichen Rechts (Art. 27 Abs. 1 S. 1 VwZVG) sind die Vorschriften des 8. Buchs der ZPO entsprechend anzuwenden (→ Einführung zur AO, § 5 VwVG Rn. 6) – hier also § 762 ZPO, der § 291 AO entspricht (bis auf die Möglichkeit elektronischer Erstellung).
Hessen: Im Wesentlichen gleich lautend § 11 Abs. 1 bis 3 HessVwVG (gilt für die gesamte Verwaltungsvollstreckung). § 11 Abs. 4 HessVwVG schreibt die Zustellung einer Abschrift der Niederschrift an den abwesenden Pflichtigen vor; hierdurch soll sichergestellt werden, dass eine Rechtsbehelfsfrist möglichst schnell in Lauf gesetzt wird, soweit Vollstreckungsmaßnahmen selbständig anfechtbar sind (Glotzbach Erl. zu § 11).
Niedersachsen: Fast gleich lautend § 13 NVwVG (bis auf die Zulässigkeit elektronischer Erstellung).
Nordrhein-Westfalen: Fast gleich lautend § 17 VwVG NRW (bis auf die Möglichkeit elektronischer Erstellung).
Rheinland-Pfalz: Als Soll-Vorschrift im Übrigen inhaltsgleich § 12 LVwVG (gilt für die gesamte Verwaltungsvollstreckung); Abs. 2 Nr. 3 sieht zusätzlich die Belehrung über den zulässigen Rechtsbehelf, Abs. 4 die Zustellung einer Abschrift der Niederschrift an den abwesenden Vollstreckungsschuldner vor.
Saarland: Im Wesentlichen inhaltsgleich zu § 291 Abs. 1 bis 3 AO: § 9 Abs. 1 und 2 SVwVG (gilt für die gesamte Verwaltungsvollstreckung). § 9 Abs. 3 SVwVG schreibt die Zustellung einer Abschrift der Niederschrift an den abwesenden Pflichtigen vor.
Sachsen: Mit § 291 Abs. 1 und 2 AO im Wesentlichen inhaltsgleich § 10 Abs. 1 und 2 SächsVwVG (gilt für die gesamte Verwaltungsvollstreckung); § 10 Abs. 2 Nr. 8 SächsVwVG sieht (im Gegensatz zu § 291 Abs. 2 Nr. 4 AO) allerdings nur die Unterschrift des die Vollstreckung leitenden Bediensteten vor. Nach § 10 Abs. 3 SächsVwVG ist dem abwesenden Vollstreckungsschuldner eine Abschrift der Niederschrift zu übersenden.
Sachsen-Anhalt: Wie Niedersachsen (s. dort), § 13 VwVG LSA.
Schleswig-Holstein: Im Wesentlichen inhaltsgleich mit § 291 Abs. 1 bis 3 AO: § 279 LVwG.
Thüringen: Mit § 291 Abs. 1 bis 3 AO so gut wie inhaltsgleich § 28 Abs. 1 bis 3 ThürVwZVG (gilt für die gesamte Verwaltungsvollstreckung). Nach § 28 Abs. 4 ThürVwZVG ist dem abwesenden Vollstreckungsschuldner eine Abschrift der Niederschrift zuzustellen.

IV. Justizbeitreibungsgesetz

§ 6 Abs. 1 Nr. 1 JBeitrG verweist auf § 762 ZPO, der § 291 AO entspricht 3
(bis auf die Zulässigkeit elektronischer Erstellung).

§ 292 Abwendung der Pfändung

(1) **Der Vollstreckungsschuldner kann die Pfändung nur abwenden, wenn er den geschuldeten Betrag an den Vollziehungsbeamten zahlt oder nachweist, dass ihm eine Zahlungsfrist bewilligt worden ist oder dass die Schuld erloschen ist.**

(2) **Absatz 1 gilt entsprechend, wenn der Vollstreckungsschuldner eine Entscheidung vorlegt, aus der sich die Unzulässigkeit der vorzunehmenden Pfändung ergibt oder wenn er eine Post- oder Bankquittung vorlegt, aus der sich ergibt, dass er den geschuldeten Betrag eingezahlt hat.**

I. Zweck der Bestimmung

§ 292 AO ergänzt § 257 AO (so auch Müller-Eiselt in HHSp § 292 AO 1
Rn. 5). Da der Vollziehungsbeamte nicht in eine schwierige Prüfung der Vollstreckungsvoraussetzungen eintreten kann, berücksichtigt er ihren Wegfall nur, wenn der Schuldner entweder an ihn selbst **zahlt** oder **eindeutige Nachweise** der Zahlung, des Erlöschens der Schuld, der Stundung oder der Unzulässigkeit der Pfändung vorlegt. Damit ist die Geltendmachung des Erlöschens durch Aufrechnung praktisch nicht möglich (Brockmeyer in Klein § 292 AO Rn. 4; Müller-Eiselt in HHSp § 292 AO Rn. 19).

II. Annahme von Zahlungen

Hierzu ermächtigt wird der Vollziehungsbeamte durch den Vollstreckungs- 2
auftrag iSv § 285 Abs. 2 AO (vgl. auch § 224 Abs. 1 S. 2 AO, auf den zB die Kommunalabgabengesetze der Länder verweisen). Zahlungen annehmen darf der Vollziehungsbeamte nur auf die Forderungen, auf die der Auftrag ausgestellt ist, und nur während der Gültigkeit des Auftrags. Sie wirken dann mit Übergabe an den Vollziehungsbeamten **Schuld befreiend** (Müller-Eiselt in HHSp § 292 AO Rn. 12). Nimmt der Vollziehungsbeamte Zahlungen an, die von der Ermächtigung nicht gedeckt sind, tritt die Schuld befreiende Wirkung der Zahlung nur und erst ein, wenn der Vollziehungsbeamte das erlangte Geld bei der zuständigen Kasse abgeliefert hat. Für die Finanzverwaltung schreibt darum Abschn. 25 III 2 VollzA vor, dass der Vollziehungsbeamte den eine nicht vom Vollstreckungsauftrag gedeckte Zahlung Anbietenden an die zuständige Kasse zu verweisen habe.

III. Zahlung

3 Diese kann der Vollstreckungsschuldner mit **inländischen Banknoten** und **Münzen** (bei ausländischer Währung ist nur Pfändung möglich) sowie mit **Schecks** bewirken, soweit der Vollziehungsbeamte zur Annahme von Schecks ermächtigt ist. Diese Ermächtigung wird üblicherweise dann nicht erteilt, wenn der Vollstreckungsschuldner wiederholt ungedeckte Schecks eingereicht hat. Siehe auch Abschn. 26 VollzA, der die (Soll-) Handhabung der Finanzverwaltung wiedergibt.

Zahlt der Vollstreckungsschuldner zur Abwendung von Pfändungsmaßnahmen des Vollziehungsbeamten, so sieht das die Rspr. der Zivilgerichte als **inkongruente Deckung** iSv § 131 Abs. 1 InsO an (s. insb. BGHZ 136, 309 und OLG München DZWIR 2003, 300 m. krit. Anm. App), die den Insolvenzverwalter zur **Insolvenzanfechtung** nach den §§ 129 ff. InsO berechtige. Das bedeutet, dass der Vollstreckungsgläubiger auf Verlangen des Insolvenzverwalters das zur Abwendung der Vollstreckungsmaßnahmen Gezahlte zur Insolvenzmasse zurückzahlen muss, falls zu diesem Zeitpunkt entweder bereits ein Insolvenzantrag gestellt war oder innerhalb eines Monats nach der Zahlung gestellt wurde und falls weiter auf Grund dieses Insolvenzantrags das Insolvenzverfahren eröffnet wurde (§ 131 Abs. 1 Nr. 1 InsO). Wurde der Insolvenzantrag im zweiten oder dritten Monat nach der vollstreckungsabwendenden Zahlung gestellt (und auf ihn hin das Insolvenzverfahren eröffnet), so hängt die Anfechtbarkeit als inkongruente Deckung von zusätzlichen Voraussetzungen ab: Der Vollstreckungsschuldner muss dann entweder zur Zeit der Zahlung zahlungsunfähig iSv § 17 Abs. 2 InsO gewesen sein (§ 131 Abs. 1 Nr. 2 InsO), oder dem Vollstreckungsgläubiger muss zur Zeit der Zahlung bekannt gewesen sein, dass die Zahlung die Insolvenzgläubiger benachteiligte (§ 131 Abs. 1 Nr. 3 InsO).

Die Verfassungsmäßigkeit der genannten Rspr. wurde von AG Hagen Urt. v. 12.7.2004 – 10 C 289/04 und AG Kerpen BeckRS 2005, 13117 (Ls.: Verstoß gegen Grundsatz der Gewaltenteilung und Gleichbehandlungsgrundsatz), dazu Marotzke ZInsO 2006, 190, zu Recht verneint; aA LG Köln Urt. v. 12.4.2006 – 13 S 327/05 (unter Abänderung des Kerpener Urteils) mit abl. Anm. App (KKZ 2007, 204).

Selbst den Tatbestand der **Vorsatzanfechtung** (§ 133 InsO) nimmt die Zivilrechtsprechung bei Annahme freiwillig angebotener Zahlungen häufig an (etwa BGH DB 2009, 842).

IV. Nachweis von Stundung oder Erlöschen

4 Dieser (Abs. 1) ist durch schriftliche Erklärung des Vollstreckungsgläubigers zu führen. Die **Entscheidung** über die Unzulässigkeit der Pfändung (Abs. 2) kann in Ausfertigung oder beglaubigter Abschrift vorgelegt werden.

Postquittungen iSv § 292 Abs. 2 AO haben durch die Trennung und Privatisierung von Post und Postbank ihre Bedeutung verloren. Quittungen der Postbank sind normale Bankquittungen. **Bankquittungen** sind nicht die mit Annahmestempel der Bank versehenen Durchdrucke von Überweisungsformularen, da sie nichts darüber aussagen, dass die Überweisung tatsächlich erfolgt ist. Der bloße Durchdruck von Überweisungsträgern ohne Annahmestempel der Bank ist erst recht keine Bankquittung. Allerdings reicht die Vorlage eines solchen Durchdrucks aus, wenn der entsprechende Kontoauszug der Bank beigefügt ist (Brockmeyer in Klein § 292 Rn. 6).

V. Teilzahlungen

Der Vollziehungsbeamte ist verpflichtet, auch solche anzunehmen, was allerdings das Risiko einer möglichen Vorsatzanfechtung schafft, falls sich der Vollziehungsbeamte mit der Teilzahlung begnügt und wegen der Restforderung keinen Pfändungsversuch unternimmt. Teilzahlung liegt auch vor, wenn nur die **Kosten** ungedeckt bleiben (RGZ 49, 398). In einem solchen Fall kann es unbillig sein, wegen eines geringfügigen Restes die Vollstreckung fortzusetzen. Falls auf die Erhebung der zu vollstreckenden Forderung § 225 AO (auf den zB die Kommunalabgabengesetze verweisen) oder eine inhaltsgleiche Vorschrift anwendbar ist, kann der Vollstreckungsschuldner, wenn mehrere Forderungen offen stehen, bestimmen, auf welche Forderung seine Zahlung geleistet sein soll (dazu Kraemer S-E-V Rn. 103); trifft er keine Bestimmung, so gilt die Tilgungsreihenfolge von § 225 Abs. 2 AO (zur Konkurrenz dieser Vorschrift mit Bestimmungen in den Kostenordnungen der Länder zur Tilgungsreihenfolge App KKZ 2003, 120).

VI. Verstoß gegen die Vorschrift

§ 292 AO begründet, wenn seine Voraussetzungen vorliegen, einen Rechtsanspruch des Vollstreckungsschuldners darauf, dass der Vollziehungsbeamte die Vollstreckungshandlungen nicht fortsetzt. Trotzdem vorgenommene Vollstreckungshandlungen sind **anfechtbar** (Müller-Eiselt in HHSp § 292 AO Rn. 4; Brockmeyer in Klein AO § 292 Rn. 1).

VII. Landesrecht

Bayern: Art. 26 Abs. 7 S. 1 VwZVG verweist für die Vollstreckung von Geldforderungen der Gemeinden, Landkreise, Bezirke und Zweckverbände (sowie sonstiger juristischer Personen des öffentlichen Rechts, Art. 27 Abs. 1 S. 1 VwZVG) auf die Vorschriften des 8. Buchs der ZPO (→ Einführung zur AO, § 5 VwVG Rn. 6) – inbegriffen § 775 ZPO, der § 292 AO weitgehend entspricht.
Hessen: Weitgehend inhaltsgleich § 30 Abs. 3 Nr. 1 (Zahlung) und Nr. 2 (Postschein, Quittung) HessVwVG.
Nordrhein-Westfalen: Nach § 6a Abs. 1 lit. c und d VwVG NRW ist die Vollstreckung bei urkundlich nachweisbarem Erlöschen oder entsprechender Stundung einzustellen.
Rheinland-Pfalz: Der Vollstreckungsbeamte ist ermächtigt, die Zahlung des Vollstreckungsschuldners anzunehmen (§ 21 S. 2 LVwVG).

AO § 293

Schleswig-Holstein: § 274 LVwG ermächtigt den Vollstreckungsbeamten zur Zahlungsannahme.

VIII. Justizbeitreibungsgesetz

8 § 6 Abs. 1 Nr. 1 JBeitrG verweist auf § 775 (Nr. 4 und 5) ZPO.

§ 293 Pfand- und Vorzugsrechte Dritter

(1) **Der Pfändung einer Sache kann ein Dritter, der sich nicht im Besitz der Sache befindet, auf Grund eines Pfand- oder Vorzugsrechts nicht widersprechen. Er kann jedoch vorzugsweise Befriedigung aus dem Erlös verlangen ohne Rücksicht darauf, ob seine Forderung fällig ist oder nicht.**

(2) **Für eine Klage auf vorzugsweise Befriedigung ist ausschließlich zuständig das ordentliche Gericht, in dessen Bezirk gepfändet worden ist. Wird die Klage gegen die Körperschaft, der die Vollstreckungsbehörde angehört, und gegen den Vollstreckungsschuldner gerichtet, so sind sie Streitgenossen.**

I. Verhältnis zu § 262 AO

1 Diesen ergänzt § 293 AO (dazu App KKZ 2008, 85). Wer ein Pfand- oder Vorzugsrecht an einer Sache hat, die Sache aber nicht besitzt, wird durch § 293 AO von der Regelung in § 262 AO ausgenommen und auf bevorzugte Befriedigung aus dem Erlös der Sache beschränkt („mindere Widerspruchsklage"; Brockmeyer in Klein AO § 293 Rn. 2).

II. Pfand- oder Vorzugsrechte iSv § 293 Abs. 1 S. 1 AO

2 Das sind (vgl. App GemK BW 2002, 271):
1. das **gesetzliche** Pfandrecht des Vermieters (§ 562 BGB), des Verpächters (§ 581 BGB; Landpacht: § 592 BGB), des Pächters (§ 583 BGB), des Werkunternehmers (§ 647 BGB), des Gastwirts (§ 704 BGB), des Kommissionärs (§ 397 HGB), des Frachtführers (§ 440 HGB), des (nachfolgenden) Spediteurs (§§ 464, 465 HGB), des Lagerhalters (§ 475b HGB);
2. **Vertrags**pfandrechte, bei denen der Pfandgläubiger den Besitz verloren hat; die Rechte der Grundpfandgläubiger an den Nebensachen des Grundstücks (§ 1120 BGB);
3. **Pfändungs**pfandrechte, wenn der Pfändungsgläubiger den Besitz gegen oder ohne seinen Willen verloren hat.

III. Gang der Vollstreckung

3 Auf diesen hat der Dritte keinen Einfluss. Insbesondere sieht § 293 AO im Gegensatz zu § 262 AO keine einstweiligen Anordnungen und (anders

Pfand- und Vorzugsrechte Dritter **§ 293 AO**

als § 805 Abs. 4 ZPO) auch keine Anordnung des Gerichts zur Hinterlegung des Erlöses vor. Er hat lediglich einen Anspruch auf Beteiligung am Erlös, und zwar auf bevorzugte Befriedigung.

Der Dritte muss sein Recht geltend machen und sich zunächst mit seinen Einwendungen an die Vollstreckungsbehörde wenden. Erhebt er Klage, ohne vorher bei der Vollstreckungsbehörde vorstellig geworden zu sein, so läuft er Gefahr, dass ihm die Kosten auferlegt werden (§ 93 ZPO).

IV. Ablösungsrecht

Dieses ergibt sich für den Dritten aus § 268 BGB (Brockmeyer in Klein AO § 293 Rn. 3). **3a**

V. Landesrecht

Bayern: Auf die Vollstreckung von Geldforderungen der Gemeinden, **4** Landkreise, Bezirke und Zweckverbände (Art. 26 Abs. 7 S. 1 VwZVG) sowie sonstiger juristischer Personen des öffentlichen Rechts (Art. 27 Abs. 1 S. 1 VwZVG) sind die Vorschriften des 8. Buchs der ZPO entsprechend anzuwenden (→ Einführung zur AO, § 5 VwVG Rn. 6) – hier also § 805 ZPO, der über § 293 AO hinaus in Abs. 4 eine Hinterlegung des Erlöses vorsieht.

Hessen: Mit § 293 Abs. 1 AO sachlich übereinstimmend § 32 HessVwVG. Es fehlt die ausdrückliche Zuweisung des Streites an die ordentlichen Gerichte. Kreiling (Erl. zu § 32 HessVwVG) und Glotzbach (Erl. zu § 32: Verpflichtungsklage; Vollstreckungsgläubiger und Pflichtiger sind ggf. Streitgenossen) halten darum den Rechtsweg zum VG für gegeben.

Niedersachsen: § 29 S. 1 NVwVG verweist auf § 805 ZPO. Mit § 293 Abs. 2 S. 1 AO inhaltsgleich § 29 S. 2 NVwVG.

Nordrhein-Westfalen: Mit § 293 Abs. 1 AO gleich lautend § 24 Abs. 1 VwVG NRW, mit § 293 Abs. 2 AO inhaltsgleich § 24 Abs. 2 VwVG NRW.

Rheinland-Pfalz: § 29 Abs. 1 LVwVG stimmt mit § 293 Abs. 1 AO wörtlich überein. Nach § 29 Abs. 2 S. 1 LVwVG ist der Anspruch durch Zivilklage geltend zu machen; § 29 Abs. 2 S. 2 LVwVG verweist auf § 26 Abs. 3 (entspricht § 293 Abs. 2 AO) und Abs. 4 LVwVG (→ AO § 262 Rn. 10).

Saarland: Mit § 293 Abs. 1 AO im Wesentlichen gleich lautend § 43 SVwVG, der in S. 3 auf § 38 Abs. 2 und 3 (entspricht § 293 Abs. 2 AO) SVwVG verweist.

Sachsen-Anhalt: § 29 S. 1 VwVG LSA verweist auf § 805 ZPO. Mit § 293 Abs. 2 S. 1 AO inhaltsgleich § 29 S. 2 VwVG LSA.

Schleswig-Holstein: § 287 LVwG entspricht in Aufbau und Inhalt § 293 AO.

VI. Justizbeitreibungsgesetz

§ 6 Abs. 1 Nr. 1 JBeitrG verweist auf § 805 ZPO, dessen erste drei Absätze **5** § 293 AO entsprechen.

AO § 294

§ 294 Ungetrennte Früchte

(1) **Früchte, die vom Boden noch nicht getrennt sind, können gepfändet werden, solange sie nicht durch Vollstreckung in das unbewegliche Vermögen in Beschlag genommen worden sind. Sie dürfen nicht früher als einen Monat vor der gewöhnlichen Zeit der Reife gepfändet werden.**

(2) **Ein Gläubiger, der ein Recht auf Befriedigung aus dem Grundstück hat, kann der Pfändung nach § 262 widersprechen, wenn nicht für einen Anspruch gepfändet ist, der bei der Vollstreckung in das Grundstück vorgeht.**

I. Früchte

1   Im Sinne dieser Vorschrift (und abweichend von § 99 BGB) sind das nur Erzeugnisse vom Grund und Boden, die periodisch geerntet werden (also vor allem Ackerfrüchte wie Getreide, Gras, Kartoffeln, Spargel, sonstiges Gemüse, Obst und Trauben – nicht aber Holz, Torf und Steine; Glotzbach Erl. zu § 35; Heuser § 32 Erl. 1; Brockmeyer in Klein AO § 294 Rn. 3).

II. Beschlagnahme

2   Als solche gilt der Beschluss, durch welchen die **Zwangsversteigerung** (§ 20 Abs. 1 ZVG) oder die **Zwangsverwaltung** (§ 146 Abs. 1 ZVG) des Grundstücks angeordnet wird. Die Beschlagnahme umfasst auch die land- und forstwirtschaftlichen Erzeugnisse des Grundstücks (§ 21 Abs. 1 ZVG). Ein Verstoß gegen das Pfändungsverbot nach Beschlagnahme macht die Pfändung unwirksam (Brockmeyer in Klein AO § 294 Rn. 4).

III. Zeit der Reife (Abs. 1 S. 2)

3   Maßgeblich hierfür ist nicht die Reifezeit des einzelnen Jahres, sondern die Zeit, die sich erfahrungsgemäß im Allgemeinen aus der Fruchtart und den örtlichen Verhältnissen ergibt (RGZ 42, 382; App AgrarR 1999, 235 mwN).

IV. Unpfändbarkeit im Übrigen

4   Die Früchte dürfen weder zur Fortführung der Landwirtschaft des Schuldners erforderlich sein (§ 295 AO iVm § 811 Abs. 1 Nr. 4 ZPO) noch nach der Trennung Zubehör des Grundstücks (§§ 97, 98 Nr. 2 BGB) werden (§ 322 Abs. 1 S. 2 AO iVm § 865 ZPO).

V. Rangordnung der Rechte und Verwertung

Welche Ansprüche und in welcher Rangfolge sie ein Recht auf Befriedigung „aus dem Grundstück" gewähren, ergibt sich aus § 10 ZVG. Für die Verwertung gilt § 304 AO. Die Pfändung ist durch Pfandanzeige (Pfandtafeln) auf dem Grundstück erkennbar zu machen. Das Pfandrecht setzt sich an den geernteten Früchten fort, ist aber erforderlichenfalls neu kenntlich zu machen (RGZ 161, 109).

VI. Landesrecht

Bayern: Art. 26 Abs. 7 S. 1 VwZVG verweist für die Vollstreckung von Geldforderungen der Gemeinden, Landkreise, Bezirke und Zweckverbände (sowie sonstiger juristischer Personen des öffentlichen Rechts, Art. 27 Abs. 1 S. 1 VwZVG) auf die Vorschriften des 8. Buchs der ZPO (→ Einführung zur AO, § 5 VwVG Rn. 6) – samt § 810 ZPO, der sachlich mit § 294 AO übereinstimmt.
Hessen: § 35 HessVwVG stimmt mit § 294 AO fast wörtlich überein.
Niedersachsen: Nur redaktionell (leicht) verändert § 32 NVwVG, der anstelle von § 262 AO auf § 26 NVwVG verweist (→ § 262 Rn. 10).
Nordrhein-Westfalen: Gleichlautend (bis auf „Zwangsvollstreckung" statt „Vollstreckung" und die Verweisung auf § 8 VwVG NRW anstatt § 262 AO) § 29 VwVG NRW.
Rheinland-Pfalz: Gleichlautend (bis auf „Zwangsvollstreckung" statt „Vollstreckung", „frühestens" statt „nicht früher als" und die Verweisung auf § 26 LVwVG anstatt § 262 AO) § 32 LVwVG.
Saarland: Im Wesentlichen gleich lautend § 46 SVwVG, der freilich auf § 38 SVwVG (anstelle von § 262 AO) verweist.
Sachsen-Anhalt: Nur redaktionell (geringfügig) verändert § 32 VwVG LSA, der anstelle von § 262 AO auf § 26 VwVG LSA verweist (→ § 262 Rn. 10).
Schleswig-Holstein: Im Wesentlichen gleich lautend § 290 LVwG (Drittwiderspruch gemäß § 280 LVwG).

VII. Justizbeitreibungsgesetz

§ 6 Abs. 1 Nr. 1 JBeitrG verweist auf § 810 ZPO, der mit § 294 AO sachlich übereinstimmt.

§ 295 Unpfändbarkeit von Sachen

Die §§ 811 bis 812 und 813 Abs. 1 bis 3 der Zivilprozessordnung sowie die Beschränkungen und Verbote, die nach anderen gesetzlichen Vorschriften für die Pfändung von Sachen bestehen, gelten entsprechend. An die Stelle des Vollstreckungsgerichts tritt die Vollstreckungsbehörde.

AO § 295 — Abgabenordnung

I. Allgemeines

1 § 295 ordnet die sinngemäße Geltung der Beschränkungen und Verbote für die Pfändung von Sachen nach der ZPO und anderen Gesetzen auch für die Vollstreckung nach der AO an.

1a Durch das Pfändungsschutzkonto-Fortentwicklungsgesetz vom 22. November 2020 (BGBl. I S. 2466, 2472) wird § 295 AO mit **Wirkung zum 1. Dezember 2021** geändert. Die Regelung verweist dann neben den §§ 811 bis 812 und 813 Abs. 1 bis 3 ZPO zusätzlich auf den durch das Pfändungsschutzkonto-Fortentwicklungsgesetz neugefassten § 882a Abs. 4 ZPO. Die Norm hat dann folgenden Wortlaut:

§ 295 Unpfändbarkeit von Sachen

Die §§ 811 bis 812, 813 Abs. 1 bis 3 und § 882a Absatz 4 der Zivilprozessordnung sowie die Beschränkungen und Verbote, die nach anderen gesetzlichen Vorschriften für die Pfändung von Sachen bestehen, gelten entsprechend. An die Stelle des Vollstreckungsgerichts tritt die Vollstreckungsbehörde.

Inhaltlich sind die Regelungen zum Pfändungsschutzkonto neu gefasst und neu strukturiert worden. Mit **Wirkung vom 1. August 2021** hat zudem § 850c ZPO einen neuen Wortlaut erhalten. Zu den Änderungen siehe bei → Rn. 2a und 2b.

II. Anwendbare Vorschriften der ZPO

2 Die ausdrücklich in Bezug genommenen ZPO-Normen lauten (§ 811 Abs. 2 hat in der Verwaltungsvollstreckung keine Bedeutung):

§ 811 Unpfändbare Sachen

(1) Folgende Sachen sind der Pfändung nicht unterworfen:
1. die dem persönlichen Gebrauch oder dem Haushalt dienenden Sachen, insbesondere Kleidungsstücke, Wäsche, Betten, Haus- und Küchengerät, soweit der Schuldner ihrer zu einer seiner Berufstätigkeit und seiner Verschuldung angemessenen, bescheidenen Lebens- und Haushaltsführung bedarf; ferner Gartenhäuser, Wohnlauben und ähnliche Wohnzwecken dienende Einrichtungen, die der Zwangsvollstreckung in das bewegliche Vermögen unterliegen und deren der Schuldner oder seine Familie zur ständigen Unterkunft bedarf;
2. die für den Schuldner, seine Familie und seine Hausangehörigen, die ihm im Haushalt helfen, auf vier Wochen erforderlichen Nahrungs-, Feuerungs- und Beleuchtungsmittel oder, soweit für diesen Zeitraum solche Vorräte nicht vorhanden und ihre Beschaffung auf anderem Wege nicht gesichert ist, der zur Beschaffung erforderliche Geldbetrag;
3. Kleintiere in beschränkter Zahl sowie eine Milchkuh oder nach Wahl des Schuldners statt einer solchen insgesamt zwei Schweine, Ziegen oder Schafe, wenn diese Tiere für die Ernährung des Schuldners, seiner Familie oder Hausangehörigen, die ihm im Haushalt, in der Landwirtschaft oder im Gewerbe helfen, erforderlich sind; ferner die zur Fütterung und zur Streu auf vier Wochen erforderlichen Vorräte oder, soweit solche Vorräte nicht vorhanden sind und ihre

Beschaffung für diesen Zeitraum auf anderem Wege nicht gesichert ist, der zu ihrer Beschaffung erforderliche Geldbetrag;
4. bei Personen, die Landwirtschaft betreiben, das zum Wirtschaftsbetrieb erforderliche Gerät und Vieh nebst dem nötigen Dünger sowie die landwirtschaftlichen Erzeugnisse, soweit sie zur Sicherung des Unterhalts des Schuldners, seiner Familie und seiner Arbeitnehmer oder zur Fortführung der Wirtschaft bis zur nächsten Ernte gleicher oder ähnlicher Erzeugnisse erforderlich sind;
4a. bei Arbeitnehmern in landwirtschaftlichen Betrieben die ihnen als Vergütung gelieferten Naturalien, soweit der Schuldner ihrer zu seinem und seiner Familie Unterhalt bedarf;
5. bei Personen, die aus ihrer körperlichen oder geistigen Arbeit oder sonstigen persönlichen Leistungen ihren Erwerb ziehen, die zur Fortsetzung dieser Erwerbstätigkeit erforderlichen Gegenstände;
6. bei den Witwen und minderjährigen Erben der unter Nummer 5 bezeichneten Personen, wenn sie die Erwerbstätigkeit für ihre Rechnung durch einen Stellvertreter fortführen, die zur Fortführung dieser Erwerbstätigkeit erforderlichen Gegenstände;
7. Dienstkleidungsstücke sowie Dienstausrüstungsgegenstände, soweit sie zum Gebrauch des Schuldners bestimmt sind, sowie bei Beamten, Geistlichen, Rechtsanwälten, Notaren, Ärzten und Hebammen die zur Ausübung des Berufes erforderlichen Gegenstände einschließlich angemessener Kleidung;
8. bei Personen, die wiederkehrende Einkünfte der in den §§ 850 bis 850b dieses Gesetzes oder der in § 54 Abs. 3 bis 5 des Ersten Buches Sozialgesetzbuch bezeichneten Art oder laufende Kindergeldleistungen beziehen, ein Geldbetrag, der dem der Pfändung nicht unterworfenen Teil der Einkünfte für die Zeit von der Pfändung bis zu dem nächsten Zahlungstermin entspricht;
9. die zum Betrieb einer Apotheke unentbehrlichen Geräte, Gefäße und Waren;
10. die Bücher, die zum Gebrauch des Schuldners und seiner Familie in der Kirche oder Schule oder einer sonstigen Unterrichtsanstalt oder bei der häuslichen Andacht bestimmt sind;
11. die in Gebrauch genommenen Haushaltungs- und Geschäftsbücher, die Familienpapiere sowie die Trauringe, Orden und Ehrenzeichen;
12. künstliche Gliedmaßen, Brillen und andere wegen körperlicher Gebrechen notwendige Hilfsmittel, soweit diese Gegenstände zum Gebrauch des Schuldners und seiner Familie bestimmt sind;
13. die zur unmittelbaren Verwendung für die Bestattung bestimmten Gegenstände.

(2) *[nicht abgedruckt]*

§ 811a Austauschpfändung

(1) Die Pfändung einer nach § 811 Abs. 1 Nr. 1, 5 und 6 unpfändbaren Sache kann zugelassen werden, wenn der Gläubiger dem Schuldner vor der Wegnahme der Sache ein Ersatzstück, das dem geschützten Verwendungszweck genügt, oder den zur Beschaffung eines solchen Ersatzstückes erforderlichen Geldbetrag überlässt; ist dem Gläubiger die rechtzeitige Ersatzbeschaffung nicht möglich oder nicht zuzumuten, so kann die Pfändung mit der Maßgabe zugelassen werden, dass dem Schuldner der zur Ersatzbeschaffung erforderliche Geldbetrag aus dem Vollstreckungserlös überlassen wird (Austauschpfändung).

(2) Über die Zulässigkeit der Austauschpfändung entscheidet das Vollstreckungsgericht auf Antrag des Gläubigers durch Beschluss. Das Gericht soll die Austausch-

pfändung nur zulassen, wenn sie nach Lage der Verhältnisse angemessen ist, insbesondere wenn zu erwarten ist, dass der Vollstreckungserlös den Wert des Ersatzstückes erheblich übersteigen werde. Das Gericht setzt den Wert eines vom Gläubiger angebotenen Ersatzstückes oder den zur Ersatzbeschaffung erforderlichen Betrag fest. Bei der Austauschpfändung nach Absatz 1 Halbsatz 1 ist der festgesetzte Betrag dem Gläubiger aus dem Vollstreckungserlös zu erstatten; er gehört zu den Kosten der Zwangsvollstreckung.

(3) Der dem Schuldner überlassene Geldbetrag ist unpfändbar.

(4) Bei der Austauschpfändung nach Absatz 1 Halbsatz 2 ist die Wegnahme der gepfändeten Sache erst nach Rechtskraft des Zulassungsbeschlusses zulässig.

§ 811b Vorläufige Austauschpfändung

(1) Ohne vorgängige Entscheidung des Gerichts ist eine vorläufige Austauschpfändung zulässig, wenn eine Zulassung durch das Gericht zu erwarten ist. Der Gerichtsvollzieher soll die Austauschpfändung nur vornehmen, wenn zu erwarten ist, dass der Vollstreckungserlös den Wert des Ersatzstückes erheblich übersteigen wird.

(2) Die Pfändung ist aufzuheben, wenn der Gläubiger nicht binnen einer Frist von zwei Wochen nach Benachrichtigung von der Pfändung einen Antrag nach § 811a Abs. 2 bei dem Vollstreckungsgericht gestellt hat oder wenn ein solcher Antrag rechtskräftig zurückgewiesen ist.

(3) Bei der Benachrichtigung ist dem Gläubiger unter Hinweis auf die Antragsfrist und die Folgen ihrer Versäumung mitzuteilen, dass die Pfändung als Austauschpfändung erfolgt ist.

(4) Die Übergabe des Ersatzstückes oder des zu seiner Beschaffung erforderlichen Geldbetrages an den Schuldner und die Fortsetzung der Zwangsvollstreckung erfolgen erst nach Erlass des Beschlusses gemäß § 811a Abs. 2 auf Anweisung des Gläubigers. § 811a Abs. 4 gilt entsprechend.

§ 811c Unpfändbarkeit von Haustieren

(1) Tiere, die im häuslichen Bereich und nicht zu Erwerbszwecken gehalten werden, sind der Pfändung nicht unterworfen.

(2) Auf Antrag des Gläubigers lässt das Vollstreckungsgericht eine Pfändung wegen des hohen Wertes des Tieres zu, wenn die Unpfändbarkeit für den Gläubiger eine Härte bedeuten würde, die auch unter Würdigung der Belange des Tierschutzes und der berechtigten Interessen des Schuldners nicht zu rechtfertigen ist.

§ 811d Vorwegpfändung

(1) Ist zu erwarten, dass eine Sache demnächst pfändbar wird, so kann sie gepfändet werden, ist aber im Gewahrsam des Schuldners zu belassen. Die Vollstreckung darf erst fortgesetzt werden, wenn die Sache pfändbar geworden ist.

(2) Die Pfändung ist aufzuheben, wenn die Sache nicht binnen eines Jahres pfändbar geworden ist.

§ 812 Pfändung von Hausrat

Gegenstände, die zum gewöhnlichen Hausrat gehören und im Haushalt des Schuldners gebraucht werden, sollen nicht gepfändet werden, wenn ohne weiteres ersichtlich ist, dass durch ihre Verwertung nur ein Erlös erzielt werden würde, der zu dem Wert außer allem Verhältnis steht.

Unpfändbarkeit von Sachen § 295 AO

§ 813 Schätzung

(1) Die gepfändeten Sachen sollen bei der Pfändung auf ihren gewöhnlichen Verkaufswert geschätzt werden. Die Schätzung des Wertes von Kostbarkeiten soll einem Sachverständigen übertragen werden. In anderen Fällen kann das Vollstreckungsgericht auf Antrag des Gläubigers oder des Schuldners die Schätzung durch einen Sachverständigen anordnen.

(2) Ist die Schätzung des Wertes bei der Pfändung nicht möglich, so soll sie unverzüglich nachgeholt und ihr Ergebnis nachträglich in dem Pfändungsprotokoll vermerkt werden. Werden die Akten des Gerichtsvollziehers elektronisch geführt, so ist das Ergebnis der Schätzung in einem gesonderten elektronischen Dokument zu vermerken. Das Dokument ist mit dem Pfändungsprotokoll untrennbar zu verbinden.

(3) Zur Pfändung von Früchten, die von dem Boden noch nicht getrennt sind, und zur Pfändung von Gegenständen der in § 811 Abs. 1 Nr. 4 bezeichneten Art bei Personen, die Landwirtschaft betreiben, soll ein landwirtschaftlicher Sachverständiger zugezogen werden, sofern anzunehmen ist, dass der Wert der zu pfändenden Gegenstände den Betrag von 500 Euro übersteigt.

(4) ...

Mit Wirkung zum 1. Dezember 2021 ist ergänzend der Schutz für die Erfüllung öffentlicher Aufgaben unentbehrlicher Sachen nach § 882a Abs. 4 ZPO zu berücksichtigen, die Norm hat dann folgenden Wortlaut: **2a**

(4) Soll in eine für die Erfüllung öffentlicher Aufgaben unentbehrliche Sache vollstreckt werden, die im Eigentum eines Dritten steht, kann das Vollstreckungsgericht auf Antrag die Zwangsvollstreckung wegen einer Geldforderung gemäß § 766 für unzulässig erklären. Antragsberechtigt sind
1. der Schuldner und
2. der Bund, das Land, die Körperschaft, Anstalt oder Stiftung des öffentlichen Rechts.

Voraussetzung für die Antragsberechtigung nach Satz 2 Nummer 2 ist, dass die Sache zur Erfüllung der jeweiligen öffentlichen Aufgaben der in Satz 2 Nummer 2 genannten Antragsberechtigten dient. Vor der Entscheidung ist das zuständige Ministerium zu hören.

III. Weitere Pfändungsverbote

Der Pfändung sind (ua) ferner nicht unterworfen: **3**
- **Nutzungen der Erbschaft,** wenn der Vollstreckungsschuldner durch die Einsetzung eines Nacherben oder die Ernennung eines Testamentsvollstreckers beschränkt ist, soweit der Vollstreckungsschuldner sie zur Erfüllung der ihm gegenüber seinem (früheren) Ehegatten, seinem (früheren) Lebenspartner oder seinen Verwandten obliegenden gesetzlichen Unterhaltspflicht oder zur Bestreitung seines eigenen standesmäßigen Unterhalts braucht (§ 863 Abs. 1 ZPO).
- **Briefe** auf der **Post** (dies ergibt sich aus Art. 10 Abs. 1 GG; vgl. Müller-Eiselt in HHSp § 295 AO Rn. 95).

AO § 295

– **Vorrichtungen,** die ausschließlich zur **Vervielfältigung** oder **Funksendung** eines Werkes iSv § 2 UrhG sowie zur **Vorführung** eines Filmwerkes bestimmt sind (Platten, Druckstöcke, Matrizen und Negative, Filmstreifen usw), § 119 UrhG.
– **Waffen** und Munition, deren Erwerb und Veräußerung gemäß §§ 40 und 41, 2 Abs. 3 WaffG iVm Anlage 2 Abschnitt 1 generell **verboten** ist, wie (zB) Präzisionszwillen, Stahlruten oder Totschläger.

Einzelheiten bei Müller-Eiselt in HHSp § 295 AO Rn. 95; umfassende Detaildarstellung in Röder/Glotzbach/Goldbach, ABC der pfändbaren und unpfändbaren beweglichen Sachen, Forderungen und anderen Vermögensrechte. Zum Pfändungsschutz bei Kraftfahrzeugen App ZKF 2004, 42.

IV. Schätzung

3a Das Unterlassen der nach § 295 AO iVm § 813 ZPO – als Sollvorschrift – vorgeschriebenen Schätzung der gepfändeten Sachen auf ihren gewöhnlichen Verkaufswert begründet nicht die Rechtswidrigkeit der Pfändung (OVG Saarlouis NVwZ-RR 2006, 756 [Ls. 3]).

V. Weiterführende Literatur

4 Zur Auslegung der für anwendbar erklärten Vorschriften sei auf die Kommentierungen bei Thomas/Putzo und BLHAG verwiesen, in denen auch die Rspr. der Zivilgerichte aufgeführt ist, die für die Anwendung von § 295 AO als Orientierungshilfe dienen kann. Eine ständig aktualisierte Übersicht enthält Röder/Glotzbach/Goldbach, ABC der pfändbaren und unpfändbaren beweglichen Sachen, Forderungen und anderen Vermögensrechte.

VI. Landesrecht

5 Durch Verweisung in den Verwaltungsvollstreckungsgesetzen der Länder auf die bundesgesetzlichen Pfändungsschutzvorschriften der ZPO kommen diese in der Verwaltungsvollstreckung durch Landes- und kommunale Behörden als (irrevisibles) Landesrecht zur Anwendung, so dass ihre Verletzung gemäß § 137 Abs. 1 Nr. 1 VwGO keinen Revisionsgrund darstellt (BVerwG BeckRS 1997, 31232889; nicht unbedenklich, → Einführung VwVG Rn. 2).
Bayern: Auf die Vollstreckung von Geldforderungen der Gemeinden, Landkreise, Bezirke und Zweckverbände (Art. 26 Abs. 7 S. 1 VwZVG) sowie sonstiger juristischer Personen des öffentlichen Rechts (Art. 27 Abs. 1 S. 1 VwZVG) sind die Vorschriften des 8. Buchs der ZPO entsprechend anzuwenden (→ Einführung zur AO, § 5 VwVG Rn. 6) – hier also unmittelbar die §§ 811 bis 812 und 813 ZPO.

Hessen: § 34 Abs. 5 S. 1 HessVwVG erklärt § 811 Abs. 1 und §§ 811a bis 813 ZPO für anwendbar. § 34 Abs. 5 S. 2 HessVwVG lässt an die Stelle des Gerichtsvollziehers den Vollziehungsbeamten treten.
Niedersachsen: § 31 Abs. 5 NVwVG verweist auf §§ 811 bis 812 und 813 Abs. 1 bis 3 ZPO sowie Vollstreckungsschutz entsprechend § 24 NVwVG (→ § 258 Rn. 10).
Nordrhein-Westfalen: § 27 S. 1 VwVG NRW verweist auf §§ 811 bis 813 ZPO. Mit § 295 S. 2 AO inhaltsgleich § 27 S. 2 VwVG NRW.
Rheinland-Pfalz: § 33 S. 1 LVwVG verweist auf § 811 Abs. 1 und die §§ 811a bis 813 ZPO. Mit § 295 S. 2 AO gleich lautend (bis auf den Zusatz, dass an die Stelle des Gerichtsvollziehers der Vollstreckungsbeamte tritt) § 33 S. 2 LVwVG. Die Bestimmung, dass auch in anderen Fällen (als der Schätzung des Wertes von Kostbarkeiten oder auf Anordnung durch das Vollstreckungsgericht sowie im Fall des § 813 Abs. 3 ZPO) ein Sachverständiger zugezogen werden soll (§ 813 Abs. 4 ZPO), trifft das für das allgemeine Verwaltungsverfahrensrecht zuständige Ministerium (§ 33 S. 3 LVwVG).
Saarland: § 45 Abs. 5 SVwVG verweist (im Ergebnis wie § 295 S. 1 AO) auf die §§ 811 bis 813 Abs. 1 bis 3 ZPO.
Sachsen-Anhalt: § 31 Abs. 5 VwVG LSA verweist (im Ergebnis wie § 295 S. 1 AO) auf die §§ 811 bis 813 Abs. 1 bis 3 ZPO; die Vollstreckungsbeamten können vorläufigen Vollstreckungsschutz gewähren (→ § 258 Rn. 10).
Schleswig-Holstein: § 289 Abs. 5 LVwG verweist auf die §§ 739, 811 bis 813 Abs. 1 bis 3 ZPO.

VII. Justizbeitreibungsgesetz

§ 6 Abs. 1 Nr. 1 JBeitrG verweist auf dieselben Pfändungsschutzvorschriften der ZPO wie § 295 S. 1 AO. **6**

§ 296 Verwertung

(1) **Die gepfändeten Sachen sind auf schriftliche Anordnung der Vollstreckungsbehörde öffentlich zu versteigern. Eine öffentliche Versteigerung ist**
1. **die Versteigerung vor Ort oder**
2. **die allgemein zugängliche Versteigerung im Internet über die Plattform www.zoll-auktion.de.**

Die Versteigerung erfolgt in der Regel durch den Vollziehungsbeamten. § 292 gilt entsprechend.

(2) **Bei Pfändung von Geld gilt die Wegnahme als Zahlung des Vollstreckungsschuldners.**

I. Verwertungsmöglichkeiten

Die Pfandsache wird verwertet durch **Veräußerung gegen Barzahlung,** **1** entweder durch Versteigerung (§ 296 AO) oder in anderer Form, insbesondere durch freihändigen Verkauf (§§ 300, 302, 305 AO). Der Vollziehungsbeamte bedarf dazu eines besonderen **schriftlichen Auftrages** der Vollstreckungsbehörde, der in dem Pfändungsauftrag nicht enthalten ist. Dieser Auftrag ist kein Verwaltungsakt, wohl aber die ihn tragende Versteigerungsanordnung (Müller-Eiselt in HHSp AO § 296 Rn. 12; Wiese in Gosch AO § 296 Rn. 4), die der Vollstreckungsschuldner mit Widerspruch (im Bereich der unmittelbaren Anwendung des § 296 und in Bremen wegen der Verweisung in § 6 Abs. 1 BremGVG mit Einspruch) und verwaltungsgerichtlicher Klage anfechten kann. Fehlt die Anordnung, so sind die Verwertungsmaßnahmen deshalb nicht unwirksam (Wiese in Gosch AO § 296 Rn. 11; **aA** Werth in Klein AO § 296 Rn. 2); insbesondere die Wirkung des Zuschlags (§ 299 AO) bleibt unbeeinträchtigt.

Die Fassung der Vorschrift beruht auf dem Gesetz über die Internetversteigerung in der Zwangsvollstreckung vom 30.7.2009 (BGBl. I 2474). Die Internetversteigerung ist mit der Vor-Ort-Versteigerung gleichberechtigt. Anders als in den parallelen §§ 814 Abs. 1 und 815 Abs. 3 ZPO wird die zu nutzende Versteigerungsplattform www.zoll-auktion.de aber verbindlich bestimmt.

Bei der Internetversteigerung ist anders als bei der Präsenzversteigerung den meisten Bietinteressenten die Besichtigung der zur Versteigerung anstehenden Pfandsachen vor Ort nicht möglich. Ersetzt wird sie durch Abbildungen der Pfandgegenstände im Internet, „Bildergalerie" genannt, zu denen erforderlichenfalls ausführliche Beschreibungen treten und, soweit notwendig, etwa bei Kostbarkeiten, gutachterliche Stellungnahmen.

Die Gegenstandsbeschreibung hat folgende Angaben zu enthalten (Müller-Eiselt in HHSp AO § 298 Rn. 23):
– Welche Behörde betreibt die Pfandversteigerung?
– Wann beginnt die Versteigerung?
– Wann endet die Versteigerung?
– Wie hoch ist das Mindestgebot?
– Wie hoch ist – oder war – das Anfangsgebot?
– Wie hoch ist das aktuelle Gebot?
– Um welchen Betrag muss ein neues Gebot das bisherige Höchstgebot übertreffen, um berücksichtigt zu werden?
– Wie viele Gebote sind bereits abgegeben worden?
– Wer sind die Ansprechpartner und wie sind sie zu erreichen?
– Auf welche Art wird die ersteigerte Sache geliefert werden?
– Auf welche Weise hat der Ersteher zu zahlen?
Gegebenenfalls ist außerdem der Ort anzugeben, an dem eine körperliche Besichtigung der Pfandsache möglich ist.

II. Versteigerung

2 **Versteigerung** ist ein öffentlicher Verkauf, bei dem ein unbeschränkter Kreis von Bietern zur Abgabe von Angeboten im gegenseitigen Wettbewerb aufgefordert wird. Sie ist öffentlich bekannt zu machen (§ 298 Abs. 2 AO). Versteigerer ist im Regelfall der Vollziehungsbeamte; doch kann die Vollstre-

ckungsbehörde auch eine andere Person mit der Versteigerung beauftragen (§ 305 AO), dazu Müller-Eiselt in HHSp AO § 296 Rn. 20. Zur Verwertung bei besonderen Warengattungen App KKZ 1987, 150.

III. Lage bei Pfändung von Geld

Bei **Geld** ist eine besondere Verwertung nicht erforderlich. Im Gegensatz 3 zu § 286 Abs. 2 S. 1 AO ist hier nur das Währungsgeld der Bundesrepublik Deutschland, also Euro und Cent, gemeint. Ausländische Zahlungsmittel werden zweckmäßig zum Tageskurs freihändig an der Devisenbörse verkauft. Gültige inländische Brief- und Gebührenmarken sind im Rahmen von § 296 AO wie Geld zu behandeln (ebenso Müller-Eiselt in HHSp AO § 296 Rn. 37 mwN); haben sie aber bereits einen Sammlerwert erlangt, kommt zwecks Erzielung eines höheren Erlöses ihre Verwertung durch öffentliche Versteigerung oder Freihandverkauf in Betracht, wobei das Mindestgebot in einem solchen Fall selbstverständlich nicht unter dem Nennwert liegen darf.

IV. Lage nach Eröffnung des Insolvenzverfahrens

Nach Eröffnung eines **Insolvenzverfahrens** hängt die Verwertungsbefug- 4 nis des Vollstreckungsgläubigers davon ab, ob er die vor Verfahrenseröffnung (§ 89 Abs. 1 InsO) und noch außerhalb der einmonatigen Rückschlagsperrfrist (§ 88 InsO; im Verbraucherinsolvenzverfahren drei Monate, § 88 Abs. 2 InsO) gepfändete Sache in seinem Besitz hat; anderenfalls steht die Verwertungsbefugnis dem Insolvenzverwalter zu (§§ 166 Abs. 1, 173 Abs. 1 InsO). Eine Verzögerung der Verwertung hat der Insolvenzverwalter dem Vollstreckungsgläubiger durch Zinszahlungen auszugleichen (§ 169 InsO). Vom Verwertungserlös wird ein Kostenbeitrag des Vollstreckungsgläubigers einbehalten (§§ 170, 171 InsO; dazu Haunschild DZWIR 1999, 60).

V. Landesrecht

In Bundesländern, die für die Internetversteigerung eigenständige Rege- 5 lungen erlassen haben, bestimmen diese, über welche Plattform ihre Gemeinden Versteigerungen betreiben können.
Hessen: Im Wesentlichen inhaltsgleich § 36 HessVwVG.
Niedersachsen: Nach § 34 Abs. 1 NVwVG sind die gepfändeten Sachen auf schriftliche Anordnung der Vollstreckungsbehörde durch den Vollstreckungsbeamten öffentlich zu versteigern. Die Vollstreckungsbehörde kann die gepfändeten Sachen im Versteigerungstermin oder über eine allgemein zugängliche Versteigerungsplattform im Internet versteigern. § 34 Abs. 2 NVwVG trifft hierzu nähere Bestimmungen, die durch Rechtsverordnung weiter konkretisiert werden (Niedersächsische Internetversteigerungsverordnung vom 11.4.2013, GVBl. S. 109), Versteigerungsplattform ist „www.justiz-auktion.de"). Kostbarkeiten (Begriff: § 286 AO Rn. 1) sind vor der Ver-

AO § 297 Abgabenordnung

steigerung durch einen Sachverständigen abzuschätzen. Mit § 296 Abs. 2 gleich lautend § 34 Abs. 3 NVwVG.

Nordrhein-Westfalen: Mit § 296 Abs. 1 S. 1 und 3 AO gleich lautend § 30 S. 1 VwVG NRW. Mit § 296 Abs. 2 AO inhaltsgleich § 30 S. 4 VwVG NRW. Kostbarkeiten (Begriff: § 286 AO Rn. 1) sind vor der Verwertung durch einen Sachverständigen abzuschätzen (§ 30 S. 2 VwVG NRW).

Rheinland-Pfalz: Im Wesentlichen gleich lautend (bis auf die Verweisung auf § 292 AO) § 34 LVwVG RP.

Saarland: Im Wesentlichen inhaltsgleich § 48 SVwVG.

Sachsen-Anhalt: Nach § 34 Abs. 1 VwVG LSA sind die gepfändeten Sachen auf schriftliche Anordnung der Vollstreckungsbehörde durch den Vollstreckungsbeamten öffentlich zu versteigern. Die Vollstreckungsbehörde kann die gepfändeten Sachen im Versteigerungstermin oder über eine allgemein zugängliche Versteigerungsplattform im Internet versteigern. § 34 Abs. 1a VwVG LSA trifft hierzu nähere Bestimmungen, die durch Rechtsverordnung weiter konkretisiert werden. Kostbarkeiten (Begriff: § 286 AO Rn. 1) sind vor der Versteigerung durch einen Sachverständigen abzuschätzen. Mit § 296 Abs. 2 gleich lautend § 34 Abs. 2 VwVG LSA.

Schleswig-Holstein: Im Wesentlichen gleich lautend § 292 LVwG SH. § 292 Abs. 1 S. 2 LVwG SH schreibt auch für Schleswig-Holstein ausdrücklich vor, dass Kostbarkeiten vor der Versteigerung durch einen Sachverständigen abgeschätzt werden.

Thüringen: Die Verweisung in § 38 Abs. 1 Nr. 2 ThürVwZVG auf § 296 AO wird durch § 38a ThürVwZVG ergänzt, der die Versteigerung im Internet ermöglicht und hierfür eine Verordnungsermächtigung in seinem Absatz 2 enthält Thüringer Internetversteigerungsverordnung vom 22.9.2010 (GVBl. 2010 S. 323).

VI. Justizbeitreibungsgesetz

6 § 6 Abs. 1 Nr. 1 JBeitrG verweist auf § 814 ZPO, der § 296 Abs. 1 AO im Wesentlichen entspricht (für „Gerichtsvollzieher" ist bei der Verweisung gem. § 6 Abs. 3 S. 1 „Vollziehungsbeamter" zu lesen), und auf § 815 Abs. 3 ZPO, der § 296 Abs. 2 AO ebenfalls im Wesentlichen entspricht.

§ 297 Aussetzung der Verwertung

Die Vollstreckungsbehörde kann die Verwertung gepfändeter Sachen unter Anordnung von Zahlungsfristen zeitweilig aussetzen, wenn die alsbaldige Verwertung unbillig wäre.

I. Allgemeines

1 Dem Vollstreckungsschuldner soll, soweit angebracht, Gelegenheit geboten werden, die Schuld durch **freiwillige Zahlungen** zu tilgen. Zu diesem Zweck kann die Vollstreckungsbehörde (nicht der Vollziehungsbeamte) nach

der Pfändung in jedem Stadium des weiteren Verfahrens die Verwertung aussetzen. Voraussetzung sind hinreichende Anhaltspunkte dafür, dass der Vollstreckungsschuldner die in Aussicht genommene Zahlungsfrist einhalten kann und will und nicht nur eine Verzögerung der Vollstreckung erstrebt. Die Interessen des Vollstreckungsschuldners und das öffentliche Interesse an der Beitreibung der Forderung sind im Rahmen des pflichtgemäßen Ermessens gegeneinander abzuwägen. Zum Begriff der Billigkeitsgründe → § 258 Rn. 2–5.

II. Ermessen der Vollstreckungsbehörde

Die inhaltliche Gestaltung der Verfügung steht im Ermessen der Vollstreckungsbehörde. Sie kann die Aussetzung insbesondere von der Erfüllung bestimmter Auflagen abhängig machen. 2

III. Landesrecht

Brandenburg: Ähnlich § 14 VwVGBbg. 3
Nordrhein-Westfalen: Ähnlich § 26 Abs. 1 VwVG NRW.

IV. Justizbeitreibungsgesetz

Es besteht keine Parallelregelung. 4

§ 298 Versteigerung

(1) **Die gepfändeten Sachen dürfen nicht vor Ablauf einer Woche seit dem Tag der Pfändung versteigert werden, sofern sich nicht der Vollstreckungsschuldner mit einer früheren Versteigerung einverstanden erklärt oder diese erforderlich ist, um die Gefahr einer beträchtlichen Wertverringerung abzuwenden oder unverhältnismäßige Kosten längerer Aufbewahrung zu vermeiden.**

(2) **Zeit und Ort der Versteigerung sind öffentlich bekannt zu machen; dabei sind die Sachen, die versteigert werden sollen, im Allgemeinen zu bezeichnen. Auf Ersuchen der Vollstreckungsbehörde hat ein Gemeindebediensteter oder ein Polizeibeamter der Versteigerung beizuwohnen. Die Sätze 1 und 2 gelten nicht für eine Versteigerung nach § 296 Absatz 1 Satz 2 Nummer 2.**

(3) **§ 1239 Absatz 1 Satz 1 des Bürgerlichen Gesetzbuchs gilt entsprechend; bei der Versteigerung vor Ort (§ 296 Absatz 1 Satz 2 Nummer 1) ist auch § 1239 Absatz 2 des Bürgerlichen Gesetzbuchs entsprechend anzuwenden.**

AO § 298

I. Zeit der Versteigerung

1   Die **Zeit** der Versteigerung ist im Versteigerungsauftrag zu bestimmen. Die Versteigerung ist vor Ablauf der Wochenfrist nur aus den Gründen des Abs. 1 möglich (Werth in Klein AO § 298 Rn. 2). Bei Verstößen ist die Versteigerung anfechtbar.
   Die Wochenfrist gilt trotz des scheinbar entgegenstehenden Wortlauts auch für die Pfandverwertung gem. § 305 durch freihändigen Verkauf (Müller-Eiselt in HHSp AO § 298 Rn. 7).

II. Versteigerungsort

2   Einen bestimmten **Versteigerungsort** schreibt die AO nicht vor (anders § 816 Abs. 2 ZPO). Die Vollstreckungsbehörde bestimmt den Ort nach pflichtgemäßem Ermessen in der Versteigerungsanordnung.

III. Bekanntmachung

3   Die Neufassung von § 298 Abs. 2 und 3 AO beruht auf dem Gesetz über die Internetversteigerung in der Zwangsvollstreckung vom 30.7.2009 (BGBl. 2009 I 2747). In der **Bekanntmachung** über Ort und Zeit der Versteigerung ist der Name des Vollstreckungsschuldners nicht zu nennen (s. a. Müller-Eiselt in HHSp AO § 298 Rn. 13). Die **Form** der Bekanntmachung steht im Ermessen der Vollstreckungsbehörde.
   Entscheidet sich die Vollstreckungsbehörde für die Präsenzversteigerung, hat sie darauf zu achten, dass das Gebot der Öffentlichkeit der Versteigerung gewahrt ist; ein Verstoß dagegen führt dazu, dass durch die Versteigerung kein wirksamer Eigentumsübergang auf den Ersteher, den Meistbietenden, stattfindet (so etwa Seiler in Thomas/Putzo ZPO § 814 Rn. 5; Werth in Klein AO § 298 Rn. 5; offener Loose in Tipke/Kruse AO § 298 Tz. 8 mwN).
   An der Öffentlichkeit der Versteigerung fehlt es
   – sowohl dann, wenn sie nicht öffentlich bekannt gemacht worden ist,
   – als auch dann, wenn nicht jedermann freien Zugang zu der Versteigerung hat (Müller-Eiselt in HHSp AO § 296 Rn. 33).
   Die Vollstreckungsbehörde hat im Falle einer Präsenzversteigerung sowohl die Zeit als auch den Ort der Versteigerungsveranstaltung öffentlich bekannt zu machen, um sicherzustellen, dass ein möglichst großer Personenkreis von der Veranstaltung und von den zur Versteigerung kommenden Sachen Kenntnis erlangen kann (Müller-Eiselt in HHSp AO § 296 Rn. 15; offener Loose in Tipke/Kruse § 298 Tz. 8: tatsächliche Zutrittsmöglichkeit für unbeschränkt viele Personen reicht aus). Weiter sind die zur Versteigerung kommenden Sachen allgemein zu bezeichnen, etwa in der Form „Hausrat", „Möbel" oder „Spielwaren" (Müller-Eiselt in HHSp AO § 298 Rn. 23). Bei besonders wertvollen Pfandsachen ist eine genauere Bezeichnung erforderlich, wie etwa „Antiquitäten", „Baukran" oder „Schmuckstücke".

Zu der Versteigerungsveranstaltung muss jeder Interessierte freien Zugang haben. Eintrittsgelder dürfen nicht verlangt werden; im Übrigen können zur Beantwortung der Frage, ob die Versteigerungsveranstaltung in öffentlicher Form stattfindet, die Kriterien herangezogen werden, die zu den durch § 169 Satz 1 GVG gebotenen Öffentlichkeit von Gerichtsverhandlungen entwickelt worden sind (Müller-Eiselt in HHSp AO § 296 Rn. 22).

IV. Versteigerungstermin

Zur Organisation des Versteigerungstermins Müller-Eiselt in HHSp AO 4
§ 298 Rn. 18 ff. Wenn eine Versteigerung im Internet durch Private betrieben werden soll (zB bei eBay; dazu Schnabl NJW 2005, 941), ist allerdings eine Anordnung nach § 305 AO erforderlich (ebenso Müller-Eiselt in HHSp AO § 305 Rn. 36).

V. Anwendbare Vorschrift des BGB

§ 1239 BGB hat folgenden Wortlaut: 5

§ 1239 Mitbieten durch Gläubiger und Eigentümer

(1) Der Pfandgläubiger und der Eigentümer können bei der Versteigerung mitbieten. Erhält der Pfandgläubiger den Zuschlag, so ist der Kaufpreis als von ihm empfangen anzusehen.

(2) Das Gebot des Eigentümers darf zurückgewiesen werden, wenn nicht der Betrag bar erlegt wird. Das Gleiche gilt von dem Gebot des Schuldners, wenn das Pfand für eine fremde Schuld haftet.

VI. Landesrecht

Hessen: Im Wesentlichen inhaltsgleich § 37 Abs. 1 und 2, § 38 Abs. 1 6
S. 1 (1. Teil) HessVwVG. § 37 Abs. 3 und § 38 Abs. 2 HessVwVG treffen Sonderregelungen für die Internetversteigerung.
Niedersachsen: Im Wesentlichen inhaltsgleich § 35 NVwVG.
Nordrhein-Westfalen: Mit § 298 Abs. 1 und 2 S. 1 und 2 AO inhaltsgleich gleich lautend § 31 VwVG NRW. Auf § 1239 Abs. 1 S. 1 und Abs. 2 BGB sowie §§ 817 Abs. 1–3 und 818 ZPO verweist § 32 S. 1 VwVG NRW. Eine § 298 Abs. 2 S. 3 AO entsprechende Regelung fehlt.
Rheinland-Pfalz: Mit § 298 Abs. 1, 2 S. 1 und 2 AO fast gleich lautend § 35 LVwVG RP. Die Verweisung von § 298 Abs. 3 ist in § 36 Abs. 1 LVwVG RP enthalten, der zudem auf die §§ 817 Abs. 1–3, 817a und 818 ZPO verweist. § 36 Abs. 2 LVwVG RP entspricht § 819 ZPO.
Saarland: Im Wesentlichen inhaltsgleich § 49 SVwVG, § 50 S. 1 (1. Teil) SVwVG. § 50 S. 1 (2. Teil) SVwVG verweist auf die §§ 817 Abs. 1–3, 817a und 818 ZPO, § 50 S. 2 SVwVG entspricht in etwa § 819 ZPO.
Sachsen-Anhalt: Gleichlautend § 35 VwVG LSA.

AO § 299 Abgabenordnung

Schleswig-Holstein: Im Wesentlichen inhaltsgleich mit § 298 Abs. 1 und 2 AO ist § 293 LVwG SH, § 298 Abs. 3 AO findet sich inhaltlich in § 294 Abs. 1 LVwG SH, der zudem die §§ 817 Abs. 1–3, 817a (statt des Verweises auf § 825 ZPO in Abs. 2 gilt § 298 LVwG) und 818 ZPO einbezieht.

VII. Justizbeitreibungsgesetz

7 § 6 Abs. 1 Nr. 1 JBeitrG verweist auf § 816 ZPO, der § 298 AO im Wesentlichen entspricht.

§ 299 Zuschlag

(1) Bei der Versteigerung vor Ort (§ 296 Absatz 1 Satz 2 Nummer 1) soll dem Zuschlag an den Meistbietenden ein dreimaliger Aufruf vorausgehen. Bei einer Versteigerung im Internet (§ 296 Absatz 1 Satz 2 Nummer 2) ist der Zuschlag der Person erteilt, die am Ende der Versteigerung das höchste Gebot abgegeben hat, es sei denn, die Versteigerung wird vorzeitig abgebrochen; sie ist von dem Zuschlag zu benachrichtigen. § 156 des Bürgerlichen Gesetzbuchs gilt entsprechend.

(2) Die Aushändigung einer zugeschlagenen Sache darf nur gegen bare Zahlung geschehen. Bei einer Versteigerung im Internet darf die zugeschlagene Sache auch ausgehändigt werden, wenn die Zahlung auf dem Konto der Finanzbehörde gutgeschrieben ist. Wird die zugeschlagene Sache übersandt, so gilt die Aushändigung mit der Übergabe an die zur Ausführung der Versendung bestimmte Person als bewirkt.

(3) Hat der Meistbietende nicht zu der in den Versteigerungsbedingungen bestimmten Zeit oder in Ermangelung einer solchen Bestimmung nicht vor dem Schluss des Versteigerungstermins die Aushändigung gegen Zahlung des Kaufgeldes verlangt, so wird die Sache anderweitig versteigert. Der Meistbietende wird zu einem weiteren Gebot nicht zugelassen; er haftet für den Ausfall, auf den Mehrerlös hat er keinen Anspruch.

(4) Wird der Zuschlag dem Gläubiger erteilt, so ist dieser von der Verpflichtung zur baren Zahlung so weit befreit, als der Erlös nach Abzug der Kosten der Vollstreckung zu seiner Befriedigung zu verwenden ist. Soweit der Gläubiger von der Verpflichtung zur baren Zahlung befreit ist, gilt der Betrag als von dem Schuldner an den Gläubiger gezahlt.

I. Zuschlag

1 Zuschlag ist die Annahme des Meistgebotes, des höchsten abgegebenen Gebotes, durch den ein öffentlich-rechtlicher Vertrag zwischen Staat und Meistbietendem zustande kommt (Werth in Klein AO § 299 Rn. 4).

II. Erlöschen des Gebots

Nach § 156 S. 2 BGB erlischt ein Gebot, wenn ein Übergebot abgegeben oder die Versteigerung ohne Erteilung des Zuschlags geschlossen wird. Bei der Internetversteigerung wird der Zuschlag automatisch demjenigen Bieter erteilt, der am Schluss der Versteigerung das höchste Gebot abgegeben hat. Dieser Bieter ist dann nur noch von dem Zuschlag zu benachrichtigen; dafür ist keine besondere Form vorgeschrieben, sie ist also auch per E-Mail, Telefax oder Anruf möglich.

§ 156 BGB hat folgenden Wortlaut:

§ 156 Vertragsschluss bei Versteigerung

Bei einer Versteigerung kommt der Vertrag erst durch den Zuschlag zustande. Ein Gebot erlischt, wenn ein Übergebot abgegeben oder die Versteigerung ohne Erteilung des Zuschlags geschlossen wird.

III. Eigentumsübergang

Mit der Aushändigung gegen bare Zahlung (§ 299 Abs. 2) geht das Eigentum über; der Zuschlag selbst hat keine dingliche Wirkung (Werth in Klein AO § 299 Rn. 6). Das Eigentum wird lastenfrei übertragen (Seiler in Thomas/Putzo ZPO § 817 Rn. 10), auch der Eigentumserwerb an gestohlenen, verloren gegangenen und sonst abhanden gekommenen Sachen ist bei der öffentlichen Versteigerung abweichend von § 935 Abs. 1 BGB möglich (§ 935 Abs. 2 BGB). Auch die Aushändigung ist ein staatlicher Hoheitsakt (Müller-Eiselt in HHSp AO § 299 Rn. 16 mwN).

Bei der Internetversteigerung wird die bewirkte Aushändigung durch die Übergabe der zugeschlagenen Sache an die zur Ausführung der Versendung bestimmte Person, also zB einen Zustelldienst, fingiert. Voraussetzung hierfür ist, dass die Zahlung auf dem Konto der Vollstreckungsbehörde eingegangen ist.

IV. Landesrecht

Hessen: § 38 Abs. 1 HessVwVG verweist auf den inhaltsgleichen § 817 Abs. 1–3 ZPO, § 38 Abs. 2 HessVwVG bildet im Wesentlichen § 299 Abs. 1 S. 2 und Abs. 2 AO ab.

Niedersachsen: Inhaltsgleich § 36 NVwVG.

Nordrhein-Westfalen: § 32 S. 1 VwVG NRW verweist auf den inhaltsgleichen § 817 Abs. 1–3 ZPO.

Rheinland-Pfalz: § 36 Abs. 1 LVwVG RP verweist auf den inhaltsgleichen § 817 Abs. 1–3 ZPO.

Saarland: § 50 S. 1 SVwVG verweist auf den inhaltsgleichen § 817 Abs. 1–3 ZPO.

Sachsen-Anhalt: Fast gleich lautend § 36 VwVG LSA.

Schleswig-Holstein: § 294 Abs. 1 S. 1 LVwG SH verweist auf den inhaltsgleichen § 817 Abs. 1–3 ZPO. § 294 Abs. 2 LVwG SH bildet im Wesentlichen § 299 Abs. 1 S. 2 und Abs. 2 AO ab.

V. Justizbeitreibungsgesetz

§ 6 Abs. 1 Nr. 1 JBeitrG verweist auf § 817 ZPO, der § 299 AO im Wesentlichen entspricht.

§ 300 Mindestgebot

(1) Der Zuschlag darf nur auf ein Gebot erteilt werden, das mindestens die Hälfte des gewöhnlichen Verkaufswerts der Sache erreicht (Mindestgebot). Der gewöhnliche Verkaufswert und das Mindestgebot sollen bei dem Ausbieten bekannt gegeben werden.

(2) Wird der Zuschlag nicht erteilt, weil ein das Mindestgebot erreichendes Gebot nicht abgegeben worden ist, so bleibt das Pfandrecht bestehen. Die Vollstreckungsbehörde kann jederzeit einen neuen Versteigerungstermin bestimmen oder eine anderweitige Verwertung der gepfändeten Sachen nach § 305 anordnen. Wird die anderweitige Verwertung angeordnet, so gilt Absatz 1 entsprechend.

(3) Gold- und Silbersachen dürfen auch nicht unter ihrem Gold- oder Silberwert zugeschlagen werden. Wird ein den Zuschlag gestattendes Gebot nicht abgegeben, so können die Sachen auf Anordnung der Vollstreckungsbehörde aus freier Hand verkauft werden. Der Verkaufspreis darf den Gold- oder Silberwert und die Hälfte des gewöhnlichen Verkaufswerts nicht unterschreiten.

I. Festsetzung des Mindestgebots

Der für die **Festsetzung des Mindestgebotes** maßgebliche Wert wird durch Schätzung ermittelt. Sie obliegt dem Vollziehungsbeamten, der sich eines Sachverständigen bedienen kann. Maßgeblich ist der Preis, der im freien Verkehr am Ort für Sachen gleicher Art und Güte im Durchschnitt erfahrungsgemäß erzielt wird (gewöhnlicher Verkaufswert). Dabei ist der Beschaffenheit und dem Zustand der Sache Rechnung zu tragen, ebenso den allgemeinen wirtschaftlichen und den besonderen örtlichen Verhältnissen; ungewöhnliche und persönliche Verhältnisse (zB Ausverkaufs-, Sonder-, Rabatt- oder Liebhaberpreise) bleiben aber unberücksichtigt (Herget in Zöller ZPO § 813 Rn. 2).

II. Gold- und Silbersachen

Bei **Gold- und Silbersachen** kommt als zusätzliche Untergrenze der Metallwert hinzu (§ 300 Abs. 3 S. 1). Metallwert ist der ohne Rücksicht auf die Verarbeitung anzusetzende Verkaufswert. Zu den Gold- und Silbersachen iSv § 300 gehören auch Sachen, die nur überwiegend aus Gold und Silber bestehen, sofern die Verkehrsauffassung sie noch dazu rechnet. Platin und Platinmetalle sind wie Gold- und Silbersachen zu behandeln, nicht aber andere Kostbarkeiten, zB Edelsteine.

III. Unzulässiger Zuschlag

Ein Zuschlag auf ein Gebot, das das Mindestgebot nicht erreicht, ist **unzulässig**. Edelmetalle und Gold- und Silbermünzen sind in diesem Fall der zuständigen Landeszentralbank anzubieten. Der Eigentumserwerb des Erstehers wird durch einen Verstoß gegen § 300 AO aber nicht berührt (Seiler in Thomas/Putzo ZPO § 817a Rn. 3; **aA** Werth in Klein AO § 300 Rn. 4), außer der Verstoß war für den Ersteher offensichtlich (Zuschlag unter dem **bekannt gegebenen** Mindestgebot; ebenso Wiese in Gosch AO § 300 Rn. 5). Das gebietet die Rechtsklarheit. Ein schuldhafter Verstoß gegen § 300 kann aber einen Schadensersatzanspruch nach § 839 BGB auslösen (Seiler in Thomas/Putzo ZPO § 817a Rn. 3; Werth in Klein AO § 300 Rn. 4). 3

IV. Landesrecht

Hessen: § 38 Abs. 1 HessVwVG verweist auf den im Wesentlichen gleich lautenden § 817a ZPO. 4
Niedersachsen: Gleichlautend (bis auf die Verweisung auf § 42 NVwVG statt auf § 305 AO) § 37 NVwVG.
Nordrhein-Westfalen: Mit § 300 Abs. 3 AO inhaltsgleich (bis auf die Voraussetzung, dass der Verkaufspreis die Hälfte des gewöhnlichen Verkaufswertes nicht unterschreiten darf) § 33 VwVG NRW.
Rheinland-Pfalz: § 36 Abs. 1 LVwVG RP verweist auf den im Wesentlichen gleich lautenden § 817a ZPO.
Saarland: § 50 S. 1 SVwVG verweist auf § 817a ZPO.
Sachsen-Anhalt: Gleichlautend (bis auf die Verweisung auf § 42 VwVG LSA statt auf § 305 AO) § 37 VwVG LSA.
Schleswig-Holstein: § 294 LVwG SH verweist auf § 817a ZPO. An die Stelle von § 825 ZPO (in § 817a Abs. 2 ZPO) tritt § 298 LVwG SH.

V. Justizbeitreibungsgesetz

§ 6 Abs. 1 Nr. 1 JBeitrG verweist auf § 817a ZPO, der mit § 300 AO im Wesentlichen übereinstimmt. 5

§ 301 Einstellung der Versteigerung

(1) **Die Versteigerung wird eingestellt, sobald der Erlös zur Deckung der beizutreibenden Beträge einschließlich der Kosten der Vollstreckung ausreicht.**

AO § 302

(2) Die Empfangnahme des Erlöses durch den versteigernden Beamten gilt als Zahlung des Vollstreckungsschuldners, es sei denn, dass der Erlös hinterlegt wird (§ 308 Abs. 4). Als Zahlung im Sinne von Satz 1 gilt bei einer Versteigerung im Internet auch der Eingang des Erlöses auf dem Konto der Finanzbehörde.

I. Einstellung der Versteigerung

1 § 301 Abs. 1 AO ergänzt § 281 Abs. 2 AO; die Vorschrift setzt eine Mehrheit von zu versteigernden Sachen voraus. Bei der Prüfung seiner Voraussetzungen ist auch das Recht des Anschlussgläubigers zu berücksichtigen, wenn auch für ihn die Wochenfrist (§ 298 Abs. 1 AO) abgelaufen ist.

II. Elektronischer Überweisungsverkehr

2 § 301 Abs. 2 S. 2 AO trägt den Möglichkeit der Internetversteigerung und damit des elektronischen Überweisungsverkehrs Rechnung.

III. Landesrecht

3 **Hessen:** § 38 Abs. 1 S. 1 HessVwVG verweist auf § 818 ZPO. Mit § 301 AO im Wesentlichen gleich lautend § 38 Abs. 1 S. 2 und Abs. 2 HessVwVG.
Niedersachsen: Gleichlautend (bis auf die Verweisung auf § 44 Abs. 4 NVwVG statt auf § 308 Abs. 4 AO) § 38 NVwVG.
Nordrhein-Westfalen: § 32 S. 1 VwVG NRW verweist auf § 818 ZPO. Mit § 301 Abs. 2 AO gleich lautend (bis auf die Verweisung auf § 39 Abs. 4 VwVG NRW statt auf § 308 Abs. 4 AO) § 32 S. 2 VwVG NRW.
Rheinland-Pfalz: § 36 Abs. 1 LVwVG RP verweist auf § 818 ZPO. Mit § 301 Abs. 2 AO gleich lautend (bis auf die Verweisung auf § 42 Abs. 4 LVwVG RP statt auf § 308 Abs. 4 AO) § 36 Abs. 2 LVwVG R-P.
Saarland: § 50 S. 1 SVwVG verweist auf § 818 ZPO. Mit § 301 Abs. 2 AO im Wesentlichen gleich lautend (bis auf die Verweisung auf § 55 Abs. 4 SVwVG statt auf § 308 Abs. 4 AO) § 50 S. 2 SVwVG.
Sachsen-Anhalt: Fast gleich lautend § 38 VwVG LSA.
Schleswig-Holstein: § 294 Abs. 1 S. 1 LVwG SH verweist auf § 818 ZPO. Mit § 301 Abs. 2 AO inhaltsgleich § 294 Abs. 1 S. 3 LVwG SH.

IV. Justizbeitreibungsgesetz

4 § 6 Abs. 1 Nr. 1 JBeitrG verweist auf § 818 ZPO, der mit § 301 Abs. 1 AO übereinstimmt, und auf § 819 ZPO, der § 301 Abs. 2 AO entspricht.

§ 302 Wertpapiere

Gepfändete Wertpapiere, die einen Börsen- oder Marktpreis haben, sind aus freier Hand zum Tageskurs zu verkaufen; andere Wertpapiere sind nach den allgemeinen Vorschriften zu versteigern.

I. Wertpapiere

Wertpapiere sind Urkunden, die das in ihnen verbriefte Recht derart 1
verkörpern, dass der Besitz der Urkunde zur Ausübung des Rechtes notwendig ist. § 302 AO gilt jedoch nicht für alle Wertpapiere in diesem Sinn. Unmittelbar erfasst werden Inhaber- und Namenspapiere (s. auch § 303 AO).
   Wechsel und andere Orderpapiere werden zwar wie Wertpapiere gepfändet (§ 312 AO); verwertet wird aber die zugrunde liegende Forderung (§§ 314, 309 AO; vgl. App KKZ 1984, 212; Wiese in Gosch AO § 302 Rn. 3).
   Hypothekenbriefe und solche Grund- und Rentenschuldbriefe, die nicht auf den Inhaber lauten, sind nicht selbstständig, sondern nur mit der Forderung pfänd- und verwertbar, die sie sichern (§ 310, § 321 Abs. 6 AO). Gleiches gilt für andere Legitimationspapiere wie Sparbücher oder oder Schuldscheine.
   Inländische Banknoten, also Euro und DM, Schecks und Überweisungsaufträge sind als Zahlungsmittel zu behandeln. Nur soweit Schecks nicht als Zahlungsmittel angenommen werden dürfen, sind sie als Wertpapiere zu verwerten. Andere Banknoten als Euro oder DM werden als Inhaberpapiere gepfändet (Herget in Zöller ZPO § 821 Rn. 5; Werth in Klein AO § 302 Rn. 2) und durch Umtausch am Bankschalter in inländische Währung zum Tageskurs verwertet.

II. Börsen- oder Marktpreis

Börsen- oder Marktpreis ist der **Preis,** der für ein Wertpapier an dem 2
Handelsplatz, an dem es einen Marktwert hat, und in dessen Handelsbezirk in einer gewissen Zeit durchschnittlich gezahlt wird. Soweit ein Kurszettel vorliegt, ist die sog. Bezahlt-Notiz, die amtliche Notiz für abgeschlossene Geschäfte, maßgebend. Tageskurs ist der Börsen- oder Marktpreis des Tages, an dem das Wertpapier verkauft wird. Bei der Verwertung zum Börsen- oder Marktpreis gilt die Wochenfrist des § 298 Abs. 1 AO nicht (Dißars in Schwarz/Pahlke AO § 302 Rn. 4; Wiese in Gosch AO § 302 Rn. 4).
   Wertpapiere, die keinen Börsen- oder Marktwert haben (zB Inhabergrundschuldbriefe und Lotterielose; Herget in Zöller ZPO § 821 Rn. 3; Werth in Klein AO § 302 Rn. 4), sind nach den allgemeinen Bestimmungen entweder zu versteigern oder gemäß § 305 AO anderweit zu verwerten. Zur Schätzung des Wertes (§ 295 AO iVm § 813 Abs. 1 S. 3 ZPO) empfiehlt sich die Zuziehung eines Banksachverständigen.

III. Freihändiger Verkauf

Den freihändigen **Verkauf** der Wertpapiere soll die Vollstreckungsbehörde 3
durch ein Bankgeschäft ausführen lassen. Auch ein Makler (§§ 93 ff. HGB) oder eine andere geeignete Person kann damit beauftragt werden. Die Einhaltung der Wochenfrist von § 298 Abs. 1 AO ist in § 305 AO nicht ausdrücklich vorgeschrieben. Ihr Zweck gebietet aber ihre Beachtung auch in diesem Fall

(→ § 298 Rn. 1; ebenso Müller-Eiselt in HHSp AO § 302 Rn. 23; **aA** Werth in Klein AO § 302 Rn. 3).

IV. Landesrecht

4 **Hessen:** Gleichlautend (bis auf „freihändig" statt „aus freier Hand") § 39 HessVwVG.
Niedersachsen: Gleichlautend § 39 NVwVG.
Nordrhein-Westfalen: Gleichlautend § 34 VwVG NRW.
Rheinland-Pfalz: Gleichlautend (bis auf „freihändig" statt „aus freier Hand") § 37 LVwVG RP.
Saarland: Gleichlautend § 51 SVwVG.
Sachsen-Anhalt: Gleichlautend § 39 VwVG LSA.
Schleswig-Holstein: Gleichlautend § 295 LVwG SH.

V. Justizbeitreibungsgesetz

5 § 6 Abs. 1 Nr. 1 JBeitrG verweist auf § 821 ZPO, der § 302 AO entspricht.

§ 303 Namenspapiere

Lautet ein gepfändetes Wertpapier auf einen Namen, so ist die Vollstreckungsbehörde berechtigt, die Umschreibung auf den Namen des Käufers oder, wenn es sich um ein auf einen Namen umgeschriebenes Inhaberpapier handelt, die Rückverwandlung in ein Inhaberpapier zu erwirken und die hierzu erforderlichen Erklärungen an Stelle des Vollstreckungsschuldners abzugeben.

I. Namenspapiere

1 § 303 AO ergänzt § 302 AO für Wertpapiere, die auf Namen lauten. Das sind vor allem
1. die bürgerlich-rechtliche Anweisung (§§ 783 ff. BGB);
2. die Namensaktie (§ 10 Abs. 1 AktG);
3. Rektawechsel und Rektascheck als geborene Orderpapiere mit negativer Orderklausel (Art. 11 Abs. 2 WG, Art. 14 Abs. 2 ScheckG).

II. Übertragung von Namenspapieren

2 Namenspapiere können nicht durch einfache Übergabe veräußert werden. Vielmehr folgt das Recht am Papier als Zubehör dem Recht aus dem Papier. Die **Form der Übertragung** richtet sich also nach dem jeweils verbrieften Recht. Schriftform der Abtretungserklärung und Übergabe des Papiers sind erforderlich bei der Anweisung (§ 792 Abs. 1 S. 2 und 3 BGB) und dem Hypothekenbrief (§ 1154 Abs. 1 S. 1 BGB). Namensaktien können durch Indossament übertragen werden (§ 68 Abs. 1 S. 1 AktG).

Versteigerung ungetrennter Früchte § 304 AO

III. Schutzpflicht der Vollstreckungsbehörde

Gegenüber dem Käufer oder Ersteher des gepfändeten Wertpapiers ist die Vollstreckungsbehörde verpflichtet, von ihrer Ermächtigung aus § 303 AO Gebrauch zu machen, da dieser sonst für das übergebene Papier keine Verwendung hätte. 3

IV. Landesrecht

Hessen: Gleichlautend § 40 HessVwVG. 4
Niedersachsen: Gleichlautend § 40 NVwVG.
Nordrhein-Westfalen: Fast gleich lautend § 36 VwVG NRW.
Rheinland-Pfalz: Fast gleich lautend § 38 LVwVG RP.
Saarland: (Fast) gleich lautend § 52 SVwVG.
Sachsen-Anhalt: Gleichlautend § 40 VwVG LSA.
Schleswig-Holstein: Inhaltsgleich § 296 LVwG SH.

V. Justizbeitreibungsgesetz

§ 6 Abs. 1 Nr. 1 JBeitrG verweist auf § 822 und § 823 ZPO, die § 303 AO entsprechen. 5

§ 304 Versteigerung ungetrennter Früchte

Gepfändete Früchte, die vom Boden noch nicht getrennt sind, dürfen erst nach der Reife versteigert werden. Der Vollziehungsbeamte hat sie abernten zu lassen, wenn er sie nicht vor der Trennung versteigert.

I. Früchte

Zum Begriff der Früchte vgl. § 294 AO Rn. 1. 1

II. Zeitpunkt

Gepfändet werden dürfen ungetrennte Früchte schon einen Monat vor der gewöhnlichen Zeit der Reife (§ 294 Abs. 1 S. 2 AO). § 304 AO ergänzt diese Bestimmung. Sein **Zweck** ist es zu vermeiden, dass die Besorgnis einer Missernte die Gebote niedrig hält. Deshalb kommt es hier nicht – wie in § 294 AO – auf die gewöhnliche Zeit der Reife, sondern darauf an, ob die Reife im Einzelfall tatsächlich eingetreten ist. 2

III. Ermessen

Die **Entscheidung,** ob vor oder nach der Trennung versteigert werden soll, steht im pflichtgemäßen Ermessen der Vollstreckungsbehörde. 3

IV. Landesrecht

4 **Hessen:** Gleichlautend § 41 HessVwVG.
Niedersachsen: Fast gleich lautend § 41 NVwVG.
Nordrhein-Westfalen: Gleichlautend § 35 VwVG NRW.
Rheinland-Pfalz: Gleichlautend § 39 LVwVG RP.
Saarland: Inhaltsgleich § 53 SVwVG.
Sachsen-Anhalt: Fast gleich lautend § 41 VwVG LSA.
Schleswig-Holstein: Im Wesentlichen gleich lautend § 297 LVwG SH.

V. Justizbeitreibungsgesetz

5 § 6 Abs. 1 Nr. 1 JBeitrG verweist auf § 824 ZPO, der § 304 AO entspricht.

§ 305 Besondere Verwertung

Auf Antrag des Vollstreckungsschuldners oder aus besonderen Zweckmäßigkeitsgründen kann die Vollstreckungsbehörde anordnen, dass eine gepfändete Sache in anderer Weise oder an einem anderen Ort, als in den vorstehenden Paragraphen bestimmt ist, zu verwerten oder durch eine andere Person als den Vollziehungsbeamten zu versteigern sei.

I. Allgemeines

1 Ob eine Pfandsache nach § 305 AO verwertet werden soll, bestimmt die Vollstreckungsbehörde nach pflichtgemäßem **Ermessen** im Vollstreckungsauftrag oder in einer besonderen Anordnung. Besondere Zweckmäßigkeitsgründe werden im Allgemeinen zu bejahen sein, wenn die anderweitige Verwertung einen höheren Erlös verspricht, zB bei Verwertung einer Sachgesamtheit über längere Zeit (dazu auch OLG Rostock OLGR Rostock 2002, 534), oder wenn eine baldige Verwertung von Pfandsachen zwar geboten ist, jedoch nicht genügend Pfandsachen zur Verwertung anstehen, um den Aufwand für eine Versteigerung zu rechtfertigen. Die Möglichkeit, eine Pfandsache in die Hand einer bestimmten Person zu bringen, darf keine Rolle spielen (Müller-Eiselt in HHSp AO § 305 Rn. 14 mwN). § 305 AO gilt auch für die Verwertung von Sicherheiten (§ 327 AO).

II. Verwertung

2 Zu einzelnen Formen der besonderen Verwertung, auch aus Sicht der Praxis, Stamm KKZ 2003, 6. In Betracht kommt vor allem der freihändige **Verkauf** durch den Vollziehungsbeamten. Er ist kein privatrechtlicher Kaufvertrag, sondern ein hoheitlicher Akt. Die Vorschriften über Barzahlung (§ 299 Abs. 2 AO), Gewährleistung (§ 283 AO), Mindestpreis (§ 300 AO) gelten entsprechend. Anders als einige Ländergesetze schreibt das Bundes-

recht keine Anhörung vor; sie ist gleichwohl nach § 28 Abs. 1 VwVfG geboten, da § 28 Abs. 2 Nr. 5 VwVfG insoweit einschränkend auszulegen ist (vgl. App INF 1987, 2). Sie liegt auch im Interesse der Behörde selbst, da dem Vollstreckungsschuldner damit der spätere Einwand abgeschnitten werden kann, die Behörde habe die Verwertung unsachgemäß betrieben. Muster eines Anhörungsschreibens in ZKF 1990, 114. Zum Freihandverkauf Röder KKZ 1999, 13, bei der Verwertung von Waffen nach Waffenrecht Röder KKZ 2003, 119. Wie über die Versteigerung ist auch über einen Freihandverkauf eine Niederschrift nach § 291 AO aufzunehmen.

III. Wochenfrist

Zur Geltung der Wochenfrist von § 298 Abs. 1 S. 1 AO → § 298 Rn. 1. **3**

IV. Landesrecht

Hessen: Inhaltsgleich § 42 S. 1 HessVwVG, § 42 S. 2 HessVwVG schreibt **4**
rechtzeitige Unterrichtung des Pflichtigen vor.
Niedersachsen: Gleichlautend (bis auf das Fehlen von „oder an einem anderen Ort") § 42 S. 1 NVwVG, § 42 S. 2 NVwVG schreibt die rechtzeitige Unterrichtung des Vollstreckungsschuldners vor.
Nordrhein-Westfalen: Inhaltsgleich § 37 VwVG NRW.
Rheinland-Pfalz: Im Wesentlichen gleich lautend § 40 LVwVG RP.
Saarland: Im Wesentlichen gleich lautend § 54 S. 1 SVwVG. § 54 S. 2 SVwVG schreibt die rechtzeitige Unterrichtung des Pflichtigen vor.
Sachsen-Anhalt: Fast gleich lautend § 42 VwVG LSA. § 42 S. 2 VwVG LSA schreibt die rechtzeitige Unterrichtung des Vollstreckungsschuldners vor.
Schleswig-Holstein: Inhaltsgleich § 298 LVwG SH.

V. Justizbeitreibungsgesetz

§ 6 Abs. 1 Nr. 1 JBeitrG verweist auf § 825 ZPO, der § 305 AO im **5**
Wesentlichen entspricht.

§ 306 Vollstreckung in Ersatzteile von Luftfahrzeugen

(1) Für die Vollstreckung in Ersatzteile, auf die sich ein Registerpfandrecht an einem Luftfahrzeug nach § 71 des Gesetzes über Rechte an Luftfahrzeugen erstreckt, gilt § 100 des Gesetzes über Rechte an Luftfahrzeugen; an die Stelle des Gerichtsvollziehers tritt der Vollziehungsbeamte.

(2) Absatz 1 gilt für die Vollstreckung in Ersatzteile, auf die sich das Recht an einem ausländischen Luftfahrzeug erstreckt, mit der Maßgabe, dass die Vorschriften des § 106 Abs. 1 Nr. 2 und Abs. 4 des Gesetzes über Rechte an Luftfahrzeugen zu berücksichtigen sind.

AO § 306

I. Allgemeines

1   Das **Registerpfandrecht** (Recht auf Befriedigung aus einem in der Luftfahrzeugrolle eingetragenen Luftfahrzeug) an einem in der Luftfahrzeugrolle eingetragenen Luftfahrzeug kann nach § 68 Gesetz über Rechte an Luftfahrzeugen (LuftFzgG) vom 25.2.1959 (BGBl. I 57), zuletzt geändert durch Art. 185 der Verordnung vom 31.8.2015 (BGBl. I 1474), auf die Ersatzteile erweitert werden, die sich in einem bestimmten Ersatzteillager befinden. Auf Grund der Erweiterung erstreckt sich das Registerpfandrecht auf die z. Z. der Erweiterung oder später in das Ersatzteillager eingebrachten Ersatzteile, die in das Eigentum des Luftfahrzeugeigentümers gelangt sind (§ 71 Abs. 1 LuftFzgG). Als Ersatzteile gelten alle zu einem Luftfahrzeug gehörenden Teile, Triebwerke, Luftschrauben, Funkgeräte, Bordinstrumente, Ausrüstungen und Ausstattungsgegenstände sowie Teile dieser Gegenstände, außerdem alle sonstigen Gegenstände, die zum Einbau in ein Luftfahrzeug als Ersatz entfernter Teile bereitgehalten werden (§ 68 Abs. 1 S. 2 LuftFzgG).

II. Anwendbare Vorschriften des LuftFzgG

2   Die in Bezug genommenen Vorschriften lauten:

§ 71 [Haftung der Ersatzteile]

(1) Auf Grund der Erweiterung erstreckt sich das Registerpfandrecht auf die zur Zeit der Erweiterung oder später in das Ersatzteillager eingebrachten Ersatzteile. Dies gilt nicht für Ersatzteile, die nicht in das Eigentum des Eigentümers des belasteten Luftfahrzeugs gelangt sind.

(2) Ersatzteile werden von der Haftung nach Absatz 1 frei, wenn sie aus dem Ersatzteillager entfernt werden, bevor sie in Beschlag genommen worden sind.

§ 100 [Zwangsvollstreckung in Ersatzteile]

Für die Zwangsvollstreckung in Ersatzteile, auf die sich ein Registerpfandrecht an einem Luftfahrzeug nach § 71 erstreckt, gelten die Vorschriften über die Zwangsvollstreckung in körperliche Sachen mit folgenden Maßgaben:
1. Vor der Versteigerung ist das Mindestgebot, auf das der Zuschlag erteilt werden darf, vom Vollstreckungsgericht festzusetzen. Zum Zwecke der Festsetzung des Mindestgebots hat der Gerichtsvollzieher die Pfändung dem Vollstreckungsgericht anzuzeigen; der Anzeige ist eine Abschrift des Pfändungsprotokolls beizufügen. Als Vollstreckungsgericht ist das Amtsgericht zuständig, in dessen Bezirk das Luftfahrt-Bundesamt seinen Sitz hat.
2. Das Mindestgebot (§ 817a ZPO) muß zugleich die Registerpfandrechte, die dem Anspruch des Gläubigers im Range vorgehen, und die aus dem Erlös zu deckenden Kosten der Zwangsvollstreckung decken. Bei der Festsetzung wird ein Registerpfandrecht nur zu dem Teil berücksichtigt, der annähernd dem Verhältnis des Wertes des zu versteigernden Ersatzteils zu dem Wert sämtlicher Gegenstände entspricht, an denen das Registerpfandrecht besteht; erstreckt sich das Registerpfandrecht auch auf Ersatzteile, die sich nicht im Geltungsbereich dieses Gesetzes befinden, so bleibt deren Wert außer Betracht. Die Festsetzung des Mindestgebots kann nicht angefochten werden.

3. Das Vollstreckungsgericht hat die eingetragenen Gläubiger der Registerpfandrechte, die sich nach § 71 auf das Ersatzteil erstrecken und dem Anspruch des Vollstreckungsgläubigers vorgehen, aufzufordern, eine Berechnung der Forderungen einzureichen, für die das Ersatzteil kraft des Registerpfandrechts haftet. Die Aufforderung ist unter Hinweis auf die nachstehenden Rechtsfolgen zuzustellen. Wird die Berechnung nicht binnen einer Frist von einem Monat nach der Zustellung eingereicht, so wird das Registerpfandrecht bei der Festsetzung des Mindestgebots nur insoweit berücksichtigt, als der Betrag der Forderungen oder ihr Höchstbetrag aus dem Register ersichtlich ist. Soweit der Betrag der berechneten Forderungen, der aus dem Register nicht ersichtlich ist, nicht binnen der Frist glaubhaft gemacht wird, bleibt er auf Verlangen des Vollstreckungsgläubigers bei der Festsetzung des Mindestgebots unberücksichtigt.
4. Der Gerichtsvollzieher hat den Erlös beim Vollstreckungsgericht zu hinterlegen, soweit er nicht seine Gebühren vorweg daraus entnehmen darf. Das Vollstreckungsgericht hat den hinterlegten Betrag nach den Vorschriften der Zivilprozeßordnung über das Verteilungsverfahren zu verteilen. Am Verfahren beteiligt sind der Vollstreckungsgläubiger und alle Gläubiger der Registerpfandrechte, die sich nach § 71 auf das Ersatzteil erstrecken. An die Stelle der Frist nach § 873 der Zivilprozeßordnung tritt eine Frist von einem Monat, die mit der Zustellung der Aufforderung beginnt. Bei der Verteilung werden die durch Registerpfandrechte an dem Ersatzteil gesicherten Forderungen nur zu dem Teil berücksichtigt, der dem Wertverhältnis nach Nummer 2 Satz 2 entspricht. Bei der Berechnung der Forderungen eines Gläubigers von Registerpfandrechten, der bis zur Anfertigung des Teilungsplans der an ihn gerichteten Aufforderung nicht nachgekommen ist, wird der Betrag oder der Höchstbetrag zugrunde gelegt, der aus dem Register ersichtlich ist.

Vollstreckungsgericht iSv § 100 Nr. 1 LuftFzgG ist das AG Braunschweig (vgl. Werth in Klein AO § 306 Rn. 3).

§ 106 [Zwangsvollstreckung]

(1) Es sind sinngemäß anzuwenden
1. *[nicht abgedruckt]*
2. auf die Zwangsvollstreckung in Ersatzteile, auf die sich das Recht an einem ausländischen Luftfahrzeug erstreckt, die Vorschriften für Ersatzteile, auf die sich das Registerpfandrecht an einem inländischen Luftfahrzeug nach § 71 erstreckt,
3. *[nicht abgedruckt]*

soweit sie nicht die Eintragung in der Luftfahrzeugrolle oder im Register für Pfandrechte an Luftfahrzeugen voraussetzen.

(2)–(3) *[nicht abgedruckt]*

(4) Bei der Zwangsvollstreckung in Ersatzteile, auf die sich ein Recht an einem ausländischen Luftfahrzeug erstreckt, das nach § 103 mit Vorrang anzuerkennen ist, werden bei der Festsetzung des Mindestgebots und bei der Verteilung des Erlöses nur die Rechte berücksichtigt, die in der Bekanntmachung an dem Lagerungsplatz angeführt sind. Rechte, für die eine Berechnung nicht innerhalb der dafür bestimmten Frist eingereicht ist, bleiben unberücksichtigt.

(5) *[nicht abgedruckt]*

Mit Vorrang anzuerkennen sind nach § 103 LuftFzgG
1. ein Recht des Besitzers eines ausländischen Luftfahrzeugs, Eigentum durch Kauf zu erwerben,

2. ein Recht zum Besitz dieses Luftfahrzeugs auf Grund eines für einen Zeitraum von 6 oder mehr Monaten abgeschlossenen Mietvertrags oder
3. ein besitzloses Pfandrecht, eine Hypothek oder ein ähnliches Recht, das vertraglich zur Sicherung einer Forderung bestellt ist,

sofern es nach dem Heimatrecht des Luftfahrzeuges, gültig entstanden und in einem öffentlichen Register des Heimatstaates eingetragen ist.

III. Vollstreckung in Luftfahrzeuge

3   Die **Vollstreckung** in das Luftfahrzeug selbst richtet sich nach § 322 AO. Sie umfasst nicht die Ersatzteile, auf die das Pfandrecht sich erstreckt (§ 99 Abs. 1 S. 2 LuftFzgG).

IV. Landesrecht

4   **Niedersachsen:** Im Wesentlichen gleich lautend § 43 NVwVG.
Saarland: Im Wesentlichen gleich lautend § 60 Abs. 3 und 4 SVwVG.
Sachsen-Anhalt: Fast gleich lautend § 43 VwVG LSA.

V. Justizbeitreibungsgesetz

5   Eine entsprechende Anwendbarkeit der von § 306 AO in Bezug genommenen Vorschriften könnte man aus § 6 Abs. 1 Nr. 2 JBeitrG folgern, obwohl es sich genau genommen nicht um Beschränkungen von §§ 803 ff. ZPO handelt, sondern um Modifizierungen. Praktische Bedeutung wird dieses Problem ohnehin kaum erlangen.

§ 307 Anschlusspfändung

(1) **Zur Pfändung bereits gepfändeter Sachen genügt die in die Niederschrift aufzunehmende Erklärung des Vollziehungsbeamten, dass er die Sache für die zu bezeichnende Forderung pfändet. Dem Vollstreckungsschuldner ist die weitere Pfändung mitzuteilen.**

(2) **Ist die erste Pfändung für eine andere Vollstreckungsbehörde oder durch einen Gerichtsvollzieher erfolgt, so ist dieser Vollstreckungsbehörde oder dem Gerichtsvollzieher eine Abschrift der Niederschrift zu übersenden. Die gleiche Pflicht hat ein Gerichtsvollzieher, der eine Sache pfändet, die bereits im Auftrag einer Vollstreckungsbehörde gepfändet ist.**

I. Begriff der Anschlusspfändung

1   **Anschlusspfändung** liegt vor, wenn dieselbe Sache wegen einer anderen Forderung desselben oder eines anderen Gläubigers gegen denselben Pflichtigen nochmals gepfändet wird. Der Vollziehungsbeamte soll eine Anschluss-

pfändung grundsätzlich nur vornehmen, wenn andere pfändbare Sachen nicht in hinreichendem Umfang gefunden werden oder wenn die Anschlusspfändung aus besonderen Gründen zweckmäßiger erscheint als die Erstpfändung anderer Sachen.

II. Durchführung der Anschlusspfändung

Die Anschlusspfändung ist mit der Aufnahme der Erklärung, die nicht angesichts der Pfandsachen neu zu erfolgen braucht (Seiler in Thomas/Putzo ZPO § 826 Rn. 5), in die Niederschrift des Vollziehungsbeamten **bewirkt;** einer Inbesitznahme oder Anbringung von Pfandzeichen bedarf es nicht. Weiter setzt die Anschlusspfändung eine ordnungsgemäße Erstpfändung voraus. In allen Zweifelsfällen – zB wenn eine Einsicht des Protokolls der Erstpfändung nicht möglich ist – ist es darum ratsam, keine Anschlusspfändung auszubringen (ebenso Dißars in Schwarz/Pahlke AO § 307 Rn. 4). Der Vollziehungsbeamte kann nämlich auch in der Regelform von § 286 AO pfänden. 2

Die Pfändungserklärung ist nicht dem Schuldner gegenüber abzugeben. Ihm ist die weitere Pfändung formlos mitzuteilen; gleichwohl ist sie – selbstständig anfechtbarer – Verwaltungsakt. Die Vollstreckungsbehörde, die die Anschlusspfändung veranlasst hat, hat der Vollstreckungsbehörde oder dem Gerichtsvollzieher, die zuerst gepfändet haben, eine einfache Abschrift der Niederschrift, die die Erklärung gemäß § 307 Abs. 1 AO enthält, mitzuteilen. Förmliche Zustellung ist nicht erforderlich. Hat ein Dritter bereits gegen die Erstpfändung ein die Veräußerung hinderndes Recht geltend gemacht, so ist auch dieser zu benachrichtigen, damit er ggfs. gegen die Anschlusspfändung vorgehen kann (BGH DGVZ 2007, 135).

III. Anschlusspfändung bei Dritten

Befindet sich die zu pfändende Sache nicht im **Gewahrsam** des Vollstreckungsschuldners, sondern in dem **eines Dritten,** der einer früheren Sachpfändung gem. § 809 ZPO bzw. § 286 Abs. 4 AO oder einer entsprechenden landesrechtlichen Vorschrift zugestimmt hatte, soll nach Abschn. 47 Abs. 2 S. 4 VollzA die Zustimmung des Dritten für die Anschlusspfändung nicht erforderlich sein (Werth in Klein AO § 307 Rn. 3 mwN). Diese Ansicht ist abzulehnen; denn die genannten Vorschriften wollen nicht nur dem Besitzschutz des Dritten dienen, sondern auch der Wahrung von dahinterstehenden Rechten, und auf diesen Schutz kann der Dritte nach freiem Belieben zu Gunsten des einen Gläubigers verzichten, zu Lasten des anderen Gläubigers dagegen davon Gebrauch machen (OLG Düsseldorf JurBüro 1997, 101; Seiler in Thomas/Putzo ZPO § 826 Rn. 2). 3

IV. Wirkung der Anschlusspfändung

Die Anschlusspfändung begründet ein selbstständiges Pfandrecht im Rang nach dem ersten Pfändungspfandrecht. Die Verwertung im Falle von § 307 Abs. 2 AO ist in § 308 AO geregelt. 4

AO § 308 Abgabenordnung

V. Landesrecht

5 **Hessen:** Gleichlautend (bis auf § 307 Abs. 2 S. 2 AO, der ausfällt) § 43 HessVwVG.
Niedersachsen: Fast gleich lautend § 33 NVwVG.
Nordrhein-Westfalen: Im Wesentlichen gleich lautend § 38 VwVG NRW.
Rheinland-Pfalz: Im Wesentlichen gleich lautend § 41 LVwVG RP.
Saarland: Im Wesentlichen inhaltsgleich § 47 SVwVG.
Sachsen-Anhalt: Fast gleich lautend § 33 VwVG LSA.
Schleswig-Holstein: Im Wesentlichen gleich lautend § 291 LVwG SH.

VI. Justizbeitreibungsgesetz

6 § 6 Abs. 1 Nr. 1 JBeitrG verweist auf § 826 ZPO, der § 307 AO entspricht.

§ 308 Verwertung bei mehrfacher Pfändung

(1) Wird dieselbe Sache mehrfach durch Vollziehungsbeamte oder durch Vollziehungsbeamte und Gerichtsvollzieher gepfändet, so begründet ausschließlich die erste Pfändung die Zuständigkeit zur Versteigerung.

(2) Betreibt ein Gläubiger die Versteigerung, so wird für alle beteiligten Gläubiger versteigert.

(3) Der Erlös wird nach der Reihenfolge der Pfändungen oder nach abweichender Vereinbarung der beteiligten Gläubiger verteilt.

(4) Reicht der Erlös zur Deckung der Forderungen nicht aus und verlangt ein Gläubiger, für den die zweite oder eine spätere Pfändung erfolgt ist, ohne Zustimmung der übrigen beteiligten Gläubiger eine andere Verteilung als nach der Reihenfolge der Pfändungen, so ist die Sachlage unter Hinterlegung des Erlöses dem Amtsgericht, in dessen Bezirk gepfändet ist, anzuzeigen. Der Anzeige sind die Schriftstücke, die sich auf das Verfahren beziehen, beizufügen. Für das Verteilungsverfahren gelten die §§ 873 bis 882 der Zivilprozessordnung.

(5) Wird für verschiedene Gläubiger gleichzeitig gepfändet, so finden die Vorschriften der Absätze 2 bis 4 mit der Maßgabe Anwendung, dass der Erlös nach dem Verhältnis der Forderungen verteilt wird.

I. Allgemeines

1 § 308 Abs. 1 und 3 AO lässt **abweichende Vereinbarungen** der beteiligten Vollstreckungsbehörden und Privatgläubiger zu; der Gerichtsvollzieher kann eine Vereinbarung nur mit Zustimmung des auftraggebenden Gläubi-

gers eingehen. Ist der Vollziehungsbeamte der Behörde auf Grund von § 308 Abs. 1 AO oder besonderer Vereinbarung für die Versteigerung zuständig, untersteht er auch bei Durchführung einer solchen Versteigerung den Weisungen der Innendienstbeamten; ungeachtet seiner Pflicht, auf Antrag eines nachrangigen Gläubigers die Versteigerung durchzuführen, hat er die Vollstreckungsstelle (**Innendienst**) vom Vorliegen eines solchen Antrags zu verständigen (Müller-Eiselt in HHSp AO § 308 Rn. 15).

II. Anwendbare Vorschriften der ZPO

Die in Bezug genommenen Vorschriften der ZPO lauten: 2

§ 873 Aufforderung des Verteilungsgerichts

Das zuständige Amtsgericht (§§ 827, 853, 854) hat nach Eingang der Anzeige über die Sachlage an jeden der beteiligten Gläubiger die Aufforderung zu erlassen, binnen zwei Wochen eine Berechnung der Forderung an Kapital, Zinsen, Kosten und sonstigen Nebenforderungen einzureichen.

§ 874 Teilungsplan

(1) Nach Ablauf der zweiwöchigen Fristen wird von dem Gericht ein Teilungsplan angefertigt.

(2) Der Betrag der Kosten des Verfahrens ist von dem Bestand der Masse vorweg in Abzug zu bringen.

(3) Die Forderung eines Gläubigers, der bis zur Anfertigung des Teilungsplanes der an ihn gerichteten Aufforderung nicht nachgekommen ist, wird nach der Anzeige und deren Unterlagen berechnet. Eine nachträgliche Ergänzung der Forderung findet nicht statt.

§ 875 Terminsbestimmung

(1) Das Gericht hat zur Erklärung über den Teilungsplan sowie zur Ausführung der Verteilung einen Termin zu bestimmen. Der Teilungsplan muss spätestens drei Tage vor dem Termin auf der Geschäftsstelle zur Einsicht der Beteiligten niedergelegt werden.

(2) Die Ladung des Schuldners zu dem Termin ist nicht erforderlich, wenn sie durch Zustellung im Ausland oder durch öffentliche Zustellung erfolgen müsste.

§ 876 Termin zur Erklärung und Ausführung

Wird in dem Termin ein Widerspruch gegen den Plan nicht erhoben, so ist dieser zur Ausführung zu bringen. Erfolgt ein Widerspruch, so hat sich jeder dabei beteiligte Gläubiger sofort zu erklären. Wird der Widerspruch von den Beteiligten als begründet anerkannt oder kommt anderweit eine Einigung zustande, so ist der Plan demgemäß zu berichtigen. Wenn ein Widerspruch sich nicht erledigt, so wird der Plan insoweit ausgeführt, als er durch den Widerspruch nicht betroffen wird.

§ 877 Säumnisfolgen

(1) Gegen einen Gläubiger, der in dem Termin weder erschienen ist noch vor dem Termin bei dem Gericht Widerspruch erhoben hat, wird angenommen, dass er mit der Ausführung des Planes einverstanden sei.

AO § 308 Abgabenordnung

(2) Ist ein in dem Termin nicht erschienener Gläubiger bei dem Widerspruch beteiligt, den ein anderer Gläubiger erhoben hat, so wird angenommen, dass er diesen Widerspruch nicht als begründet anerkenne.

§ 878 Widerspruchsklage

(1) Der widersprechende Gläubiger muss ohne vorherige Aufforderung binnen einer Frist von einem Monat, die mit dem Terminstag beginnt, dem Gericht nachweisen, dass er gegen die beteiligten Gläubiger Klage erhoben habe. Nach fruchtlosem Ablauf dieser Frist wird die Ausführung des Planes ohne Rücksicht auf den Widerspruch angeordnet.

(2) Die Befugnis des Gläubigers, der dem Plan widersprochen hat, ein besseres Recht gegen den Gläubiger, der einen Geldbetrag nach dem Plan erhalten hat, im Wege der Klage geltend zu machen, wird durch die Versäumung der Frist und durch die Ausführung des Planes nicht ausgeschlossen.

§ 879 Zuständigkeit für die Widerspruchsklage

(1) Die Klage ist bei dem Verteilungsgericht und, wenn der Streitgegenstand zur Zuständigkeit der Amtsgerichte nicht gehört, bei dem Landgericht zu erheben, in dessen Bezirk das Verteilungsgericht seinen Sitz hat.

(2) Das Landgericht ist für sämtliche Klagen zuständig, wenn seine Zuständigkeit nach dem Inhalt der erhobenen und in dem Termin nicht zur Erledigung gelangten Widersprüche auch nur bei einer Klage begründet ist, sofern nicht die sämtlichen beteiligten Gläubiger vereinbaren, dass das Verteilungsgericht über alle Widersprüche entscheiden solle.

§ 880 Inhalt des Urteils

In dem Urteil, durch das über einen erhobenen Widerspruch entschieden wird, ist zugleich zu bestimmen, an welche Gläubiger und in welchen Beträgen der streitige Teil der Masse auszuzahlen sei. Wird dies nicht für angemessen erachtet, so ist die Anfertigung eines neuen Planes und ein anderweites Verteilungsverfahren in dem Urteil anzuordnen.

§ 881 Versäumnisurteil

Das Versäumnisurteil gegen einen widersprechenden Gläubiger ist dahin zu erlassen, dass der Widerspruch als zurückgenommen anzusehen sei.

§ 882 Verfahren nach dem Urteil

Auf Grund des erlassenen Urteils wird die Auszahlung oder das anderweite Verteilungsverfahren von dem Verteilungsgericht angeordnet.

III. Zuständigkeit

3 Im Streitverfahren nach § 878 ZPO entscheiden die ordentlichen Gerichte (§ 879 ZPO) auch über Forderungen, die sonst in den Zuständigkeitsbereich anderer Gerichtszweige gehören. Das Verfahren ist auch dann durchzuführen, wenn eines der Pfändungspfandrechte auf einer Pfändung nach § 847 ZPO bzw. § 318 Abs. 2 AO beruht.

IV. Pfändung durch Vollziehungsbeamte derselben Behörde

Ist durch Vollziehungsbeamte derselben Vollstreckungsbehörde gepfändet, **4** bedarf es keiner Vorlage an das Amtsgericht. Über Rangstreitigkeiten entscheidet die Vollstreckungsbehörde. Dies ergibt sich aus § 308 Abs. 1 AO, der die Mehrfachpfändung durch denselben Vollziehungsbeamten nicht einschließt; die Pfändung durch mehrere Vollziehungsbeamte derselben Vollstreckungsbehörde anders zu behandeln als die Pfändung durch denselben Vollziehungsbeamten besteht kein Anlass. Entsprechendes gilt bei der Pfändung verschiedener Behörden desselben Vollstreckungsgläubigers, zB durch mehrere Hauptzollämter; Meinungsverschiedenheiten, über die sich die Hauptzollämter nicht einigen können, entscheidet in entsprechender Anwendung von § 112 Abs. 5 AO die gemeinsame fachlich zuständige Aufsichtsbehörde.

V. Dingliche Surrogation

Ist der Erlös nach § 308 Abs. 4 S. 1 AO hinterlegt worden, setzen sich die **5** Pfandrechte an den versteigerten Sachen am hinterlegten Erlös fort (Loose in Tipke/Kruse AO § 308 Tz. 5).

VI. Literaturhinweis

Siehe iÜ App KKZ 1997, 142 und DVP 2004, 229. **6**

VII. Landesrecht

Hessen: Im Wesentlichen gleich lautend § 44 HessVwVG. **7**
Niedersachsen: Gleichlautend § 44 NVwVG.
Nordrhein-Westfalen: Inhaltsgleich § 39 VwVG NRW.
Rheinland-Pfalz: Im Wesentlichen gleich lautend § 42 LVwVG RP.
Saarland: Inhaltsgleich § 55 SVwVG.
Sachsen-Anhalt: Gleichlautend § 44 VwVG LSA.
Schleswig-Holstein: Im Wesentlichen gleich lautend § 299 LVwG SH.

VIII. Justizbeitreibungsgesetz

§ 6 Abs. 1 Nr. 1 JBeitrG verweist auf § 827 ZPO, der § 308 AO im **8** Wesentlichen entspricht, und auf §§ 872–882 ZPO, die das Verfahren der Verteilung des Verwertungserlöses regeln.

III. Vollstreckung in Forderungen und andere Vermögensrechte

§ 309 Pfändung einer Geldforderung

(1) **Soll eine Geldforderung gepfändet werden, so hat die Vollstreckungsbehörde dem Drittschuldner schriftlich zu verbieten, an den**

Vollstreckungsschuldner zu zahlen, und dem Vollstreckungsschuldner schriftlich zu gebieten, sich jeder Verfügung über die Forderung, insbesondere ihrer Einziehung, zu enthalten (Pfändungsverfügung). **Die elektronische Form ist ausgeschlossen.**

(2) Die Pfändung ist bewirkt, wenn die Pfändungsverfügung dem Drittschuldner zugestellt ist. Die an den Drittschuldner zuzustellende Pfändungsverfügung soll den beizutreibenden Geldbetrag nur in einer Summe, ohne Angabe der Steuerarten und der Zeiträume, für die er geschuldet wird, bezeichnen. Die Zustellung ist dem Vollstreckungsschuldner mitzuteilen.

(3) **Bei Pfändung des Guthabens eines Kontos des Vollstreckungsschuldners bei einem Kreditinstitut gelten die §§ 833a und 850l der Zivilprozessordnung entsprechend.** § 850l der Zivilprozessordnung gilt mit der Maßgabe, dass Anträge bei dem nach § 828 Abs. 2 der Zivilprozessordnung zuständigen Vollstreckungsgericht zu stellen sind.

Übersicht

	Rn.
I. Allgemeines	1
II. In Betracht kommende Forderungen	2
III. Rechtsnatur der Pfändungsverfügung	3
IV. Inhalt der Pfändungsverfügung	4
V. Praktisch bedeutsamste Arten der Forderungspfändung	5
VI. Wirkung der Forderungspfändung	6
VII. Pfändungsschutzvorschriften	7
VIII. Landesrecht	9
IX. Justizbeitreibungsgesetz	10

I. Allgemeines

1 Die Vollstreckung in Forderungen steht **gleichberechtigt** neben der Vollstreckung in bewegliche Sachen. Auch bei der Forderungpfändung ist auf den konkreten Fall abzustellen und die Verhältnismäßigkeit zu wahren). Ein Verstoß gegen den Verhältnismäßigkeitsgrundsatz macht die Pfändungsverfügung jedoch nur (einfach) rechtswidrig, nicht aber nichtig (Werth in Klein AO vor § 249 Rn. 6). Anders als die Vollstreckung in das unbewegliche Vermögen (→ AO § 322 Abs. 4) soll sie nicht nur betrieben werden, wenn feststeht, dass die Forderung durch Sachpfändung nicht beigetrieben werden kann (zur Nachrangigkeit von Forderungspfändungen aus Ermessenserwägungen FG Brandenburg EFG 1998, 1450; Kempe DStZ 2000, 253; Rolletschke DStZ 2000, 287; App DStZ 2000, 640). Das ist besonders deshalb wichtig, weil die Pfändung laufender Bezüge (§ 313 AO) oft die bequemste Art der Vollstreckung darstellt. Zur Ermittlung pfändbarer Forderungen App KKZ 1996, 46. Praktiker-Checkliste zur Forderungspfändung bei App KKZ 2002, 58.

§ 309 Abs. 3 AO wird durch das **Pfändungsschutzkonto-Fortentwicklungsgesetz** vom 22. November 2020 (BGBl. I S. 2466, 2472) mit **Wirkung zum 1. Dezember 2021** neu gefasst und hat dann folgenden Wortlaut: 1a

(3) Bei Pfändung des Guthabens eines Kontos des Vollstreckungsschuldners bei einem Kreditinstitut gelten die §§ 833a und 907der Zivilprozessordnung entsprechend.

Einzelheiten dazu siehe → Rn. 8a.

II. In Betracht kommende Forderungen

Gegenstand der Pfändung sind Geldforderungen aller Art; privatrechtliche und öffentlich-rechtliche (zB Ansprüche auf Beamtengehalt, § 313 Abs. 2 AO), in inländischer und in ausländischer Währung (es ist in inländischer Währung zu leisten, § 244 BGB, wenn es sich nicht um eine Geldsortenschuld handelt; sonst gilt § 318 AO), dinglich gesicherte (§§ 310, 311 AO) und nicht gesicherte, fällige und noch nicht fällige (betagte oder bedingte, § 317 AO). Künftige Forderungen können nur gepfändet werden, wenn im Zeitpunkt der Pfändung (dazu BGH Rpfleger 2002, 272) bereits eine Rechtsbeziehung besteht, aus der die Forderung nach Art und Person des Drittschuldners bestimmt werden kann (vgl. Beermann in HHSp AO § 309 Rn. 60); in einzelnen Fällen kann indes die Pfändung künftiger Forderungen gesetzlich ausdrücklich ausgeschlossen sein, wie etwa im Falle von Steuererstattungsansprüchen geschehen (§ 46 Abs. 6 AO; dazu Röder KKZ 2007, 268). 2

Pfändbar sind auch Ansprüche eines Bankkunden gegen die Bank aus einem vereinbarten Dispositionskredit, soweit der Kunde den Kredit in Anspruch nimmt (BGHZ 147, 193; Z 157, 350).

Immer muss es sich um eine Forderung handeln, die dem Vollstreckungsschuldner zusteht; ob dieser Inhaber der zur Pfändung vorgesehenen Forderung ist, bestimmt sich nach materiellem Recht. Ist die Forderung, und sei es auch nur eine Stunde vor Zustellung der Pfändungsverfügung, aus dem Vermögen des Vollstreckungsschuldners ausgeschieden, so geht die Pfändung ins Leere (FG Nürnberg DStRE 2007, 856).

Werden mehrere Forderungen des Schuldners gepfändet, unterfallen sie grundsätzlich bis zu ihrer vollen Höhe dem Pfändungspfandrecht. Sind die Forderungen nur teilweise bis zur Höhe des zu vollstreckenden Anspruchs gepfändet, so unterliegt jede dem Pfandrecht und der Verstrickung in Höhe der ganzen Schuld; die Vollstreckungsbehörde braucht die Schuld nicht auf die gepfändeten Forderungen zu verteilen (BGH NJW 1975, 738; BFHE 192, 232).

Welche Forderungen nicht pfändbar sind, ergibt sich aus den in § 319 AO in Bezug genommenen Vorschriften.

Der Pfandbeschlag erfasst auch die mit der gepfändeten Forderung verbundenen Nebenrechte (akzessorische Sicherungsrechte und Auskunftsrechte; vgl. BGH MDR 2004, 114); solche können zur Klarstellung aber auch ausdrücklich mitgepfändet werden.

III. Rechtsnatur der Pfändungsverfügung

3   Die **Pfändungsverfügung** ist ein Verwaltungsakt, der mit Widerspruch und Anfechtungsklage angegriffen werden kann (vgl. VGH BW ESVGH 10, 175); die Feststellung der Verletzung des Steuergeheimnisses im Zuge der Forderungspfändung kann im Wege der Fortsetzungsfeststellungsklage begehrt werden (FG Saarland EFG 1999, 147). Dem Drittschuldner steht ein Rechtsbehelf nicht zu; er wird durch die Pfändung in seinem Recht nicht beeinträchtigt, da er seine Einwendungen gegen die gepfändete Forderung unabhängig von der Pfändung geltend machen kann und keine Einwendungen oder Einreden verliert (Wind VR 1988, 135; **aA** OVG LSA NVwZ-RR 2000, 326). Schließlich kann sich ein Schuldner ja auch gegen eine Abtretung der Forderung durch seinen Gläubiger nicht gerichtlich wehren. Vorläufiger Rechtsschutz ist nicht durch einstweilige Anordnung zu gewähren, sondern durch Aussetzung der Vollziehung (BFH/NV 1998, 1447; Werth in Klein AO § 309 Rn. 33 mwN; vgl. aber auch BFH/NV 2001, 425 und FG Brandenburg EFG 2000, 695). Die Wirkung der Pfändungsverfügung tritt gem. § 309 Abs. 2 S. 1 AO mit ihrer Zustellung an den Drittschuldner ein (zur Wirksamkeit der Zustellung BFHE 199, 511), auf den Bestand bzw. den Nichtbestand der Forderung und auf ihre Zugehörigkeit bzw. Nichtzugehörigkeit zum Vermögen des Vollstreckungsschuldners hat die Zustellung der Pfändungsverfügung keine Auswirkung (FG Thüringen EFG 2003, 1143). Besteht die gepfändete angebliche Forderung nicht oder nicht in der Hand des Vollstreckungsschuldners, wird durch die Pfändung kein Pfandrecht begründet (BGHZ 157, 350; BFH/NV 1998, 1447; FG München EFG 2014, 322). Fehlt es an einem wirksamen Grundverwaltungsakt, ist die Pfändungsverfügung zwar rechtswidrig und anfechtbar, nicht aber nichtig (BFHE 199, 511).

IV. Inhalt der Pfändungsverfügung

4   Die Pfändungsverfügung bedarf der Schriftform. Nach § 3a Abs. 2 S. 1 VwVfG kann ähnlich wie nach § 126 Abs. 3 BGB die Schriftform durch die elektronische Form ersetzt werden, soweit nicht durch Rechtsvorschrift etwas anderes bestimmt ist. In § 309 Abs. 1 S. 2 AO ist die elektronische Form ausdrücklich ausgeschlossen worden, nicht jedoch in allen Verwaltungsvollstreckungsgesetzen der Länder (→ Rn. 7). Die Pfändungsverfügung muss die gepfändete **Forderung** so **genau bezeichnen,** dass keine Verwechslungsmöglichkeit besteht (RGZ 139, 97; 157, 321; BFH/NV 1998, 1447; VG SH KKZ 2019, 153; FG Münster EFG 2020, 419); anderenfalls ist sie unwirksam. Das Rechtsverhältnis, aus dem die Forderung hergeleitet wird, muss wenigstens in allgemeinen Umrissen angegeben sein (BFH/NV 1998, 1447; LG Bochum KKZ 2006, 128). Außerhalb der Pfändungsverfügung liegende Umstände dürfen zu ihrer Auslegung nicht herangezogen werden (BGH BB 1965, 607). Ist aus der Angabe der zu pfändenden Ansprüche in einer Pfändungsverfügung zu entnehmen, dass die Guthaben sämtlicher von dem Drittschuldner geführter Konten des Vollstreckungsschuldners der Pfändung

unterworfen sein sollen, so lässt die Nennung einer Kontonummer unter der in einer Anlage zu der Verfügung enthaltenen Drittschuldnerbezeichnung allein nicht den Schluss zu, es solle nur das auf diesem Konto ausgewiesene Guthaben gepfändet werden (BGH WM 1988, 950). Auch Vollstreckungsschuldner und Drittschuldner müssen genau bezeichnet sein. Durch § 309 Abs. 1 S. 2 AO ist bestimmt, dass dem Drittschuldner in der Pfändungsverfügung nur der beizutreibende Geldbetrag in einer Summe und ohne Angabe der Steuerarten und -zeiträume mitzuteilen ist. Dem steht das Steuergeheimnis nicht entgegen (BFHE 192, 232), zumal §§ 260 und 309 Abs. 1 S. 2 AO gegenüber § 30 AO nicht nachrangig sind. Da die Vorschrift der bestmöglichen Wahrung des Steuergeheimnisses dienen soll (vgl. Müller-Eiselt in HHSp AO § 260 Rn. 7 ff.), ist sie im Rahmen von § 5 Abs. 1 VwVG nicht anwendbar, soweit wegen einer Geldforderung vollstreckt wird, die keine Abgabe ist und dem Steuergeheimnis nicht unterliegt. Dem Vollstreckungsschuldner sind in der nach § 309 Abs. 2 S. 3 AO vorgeschriebenen Mitteilung in jedem Fall die nach § 260 AO erforderlichen Angaben zu machen (Werth in Klein AO § 309 Rn. 24). Zu beachtlichen Mängeln im Rechtsbehelfsverfahren gegen eine Pfändungsverfügung App StB 2007, 459 mwN.

V. Praktisch bedeutsamste Arten der Forderungspfändung

Besondere praktische Bedeutung haben die Pfändung des **Arbeitseinkommens** (§§ 313, 319 AO) und die Pfändung von **Ansprüchen gegen Geldinstitute** (dazu Vallender KKZ 1997, 161). 5

VI. Wirkung der Forderungspfändung

Die Pfändung begründet noch kein Verwertungsrecht; deshalb muss die Einziehungsverfügung (§ 314 AO) hinzutreten. Der Vollstreckungsschuldner kann die Forderung nicht mehr selbst einziehen, ist aber nicht gehindert, den Drittschuldner auf Zahlung an den Pfändungsgläubiger zu verklagen (BGHZ 147, 225). 6

VII. Pfändungsschutzvorschriften

Zum 1.7.2010 ist das **Pfändungsschutzkonto** gesetzlich eingeführt worden. Die betreffenden Vorschriften der ZPO, auf die § 309 AO Bezug nimmt, lauten: 7

§ 833a Pfändungsumfang bei Kontoguthaben
Die Pfändung des Guthabens eines Kontos bei einem Kreditinstitut umfasst das am Tag der Zustellung des Pfändungsbeschlusses bei dem Kreditinstitut bestehende Guthaben sowie die Tagesguthaben der auf die Pfändung folgenden Tage.

§ 850l Anordnung der Unpfändbarkeit von Kontoguthaben auf dem Pfändungsschutzkonto
Auf Antrag des Schuldners kann das Vollstreckungsgericht anordnen, dass das Guthaben auf dem Pfändungsschutzkonto für die Dauer von bis zu zwölf Monaten

AO § 309 Abgabenordnung

der Pfändung nicht unterworfen ist, wenn der Schuldner nachweist, dass dem Konto in den letzten sechs Monaten vor Antragstellung ganz überwiegend nur unpfändbare Beträge gutgeschrieben worden sind, und er glaubhaft macht, dass auch innerhalb der nächsten zwölf Monate nur ganz überwiegend nicht pfändbare Beträge zu erwarten sind. Die Anordnung kann versagt werden, wenn überwiegende Belange des Gläubigers entgegenstehen. Sie ist auf Antrag des Gläubigers aufzuheben, wenn ihre Voraussetzungen nicht mehr vorliegen oder die Anordnung den überwiegenden Belangen dieses Gläubigers entgegensteht.

§ 828 Zuständigkeit des Vollstreckungsgerichts

(1) *[nicht abgedruckt]*

(2) Als Vollstreckungsgericht ist das Amtsgericht, bei dem der Schuldner im Inland seinen allgemeinen Gerichtsstand hat, und sonst das Amtsgericht zuständig, bei dem nach § 23 gegen den Schuldner Klage erhoben werden kann.

(3) *[nicht abgedruckt]*

§ 833a ZPO klärt und regelt ausdrücklich den Umfang der Pfändung eines Kontos bei einem Kreditinstitut. Nach § 833a ZPO reicht die Pfändung des Guthabens aus, um nicht nur das Tagesguthaben zu pfänden, sondern auch künftige Salden einschließlich eines eventuellen Rechnungsabschlusssaldos zu erfassen.

8 Da die Pfändung bei einem Girokonto, wenn sie alle Rechte umfasst, zu einer faktischen Kontensperre führt, verliert das Girokonto praktisch seine Zahlungsfunktion im bargeldlosen Zahlungsverkehr. Durch das Gesetz zur Reform des Kontopfändungsschutzes soll insofern eine bessere Situation für den Vollstreckungsschuldner geschaffen werden, als er ein Pfändungsschutzkonto einrichten kann, über das er in dem durch dieses Konto geschützten Rahmen auch bargeldlose Ausgaben tätigen kann (Werth in Klein AO § 309 Rn. 39).

Der Schuldner kann ein bestehendes Girokonto, und zwar **nur eines,** was er dem betreffenden Geldinstitut zu versichern hat, in ein **Pfändungsschutzkonto (P-Konto)** umwandeln; gegenüber dem kontoführenden Institut hat er darauf einen gesetzlichen Anspruch (§ 850a Abs. 7 S. 2 ZPO). In diesem Falle erhält der Schuldner für die Dauer eines Kalendermonats in Höhe des monatlichen Grundbetrags nach § 850c Abs. 1 S. 1 in Verbindung mit Abs. 2a ZPO Pfändungsschutz auf einen Grundbetrag (§ 850k Abs. 1 S. 1 ZPO); auf seine übrigen Konten können die Gläubiger unbeschränkt zugreifen. Der Antrag auf Unpfändbarkeit des P-Kontos richtet sich nach § 850l ZPO. Er ist nach § 309 Abs. 3 S. 2 AO beim nach § 828 Abs. 2 ZPO zuständigen Vollstreckungsgericht zu stellen. Damit wird dem Umstand Rechnung getragen, dass auch andere Gläubiger als die Vollstreckungsbehörde betroffen werden können. § 850l ZPO eröffnet über § 850k ZPO hinausgehend die Möglichkeit, die Unpfändbarkeit des ganzen Kontos zu erreichen (Werth in Klein AO § 309 Rn. 42 f.).

8a Mit **Wirkung zum 1. Dezember 2021** gelten die durch das Pfändungsschutzkonto-Fortentwicklungsgesetz vom 22. November 2020 (BGBl. I S. 2466, 2472) modifizierten Regelungen der ZPO. Im Kern bleibt es bei dem bisherigen Modell des Pfändungsschutzkontos: Weiterhin kann der

Schuldner rechtmäßig nur ein Pfändungsschutzkonto unterhalten (§ 850k Abs. 3 ZPO nF; → Wortlaut bei § 319 AO). Im Grundsatz gilt weiter, dass in diesem Falle der Schuldner für die Dauer eines Kalendermonats in Höhe des monatlichen Grundbetrags nach § 850c Abs. 1, 2 in Verbindung mit Abs. 4 ZPO nF Pfändungsschutz auf einen Grundbetrag (§ 899 Abs. 1 ZPO nF) erhält; auf seine übrigen Konten können die Gläubiger unbeschränkt zugreifen. Modifiziert wird dies wiederum durch die neu als Abschnitt 4 – Wirkungen des Pfändungsschutzkontos – des Achten Buchs der ZPO eingefügten §§ 899 bis 910 ZPO (→ Wortlaut bei § 319 AO).

Die bisherige Regelung des § 850l ZPO wird durch § 907 ZPO ersetzt:

§ 907 Festsetzung der Unpfändbarkeit von Kontoguthaben auf dem Pfändungsschutzkonto

(1) Auf Antrag des Schuldners kann das Vollstreckungsgericht festsetzen, dass das Guthaben auf dem Pfändungsschutzkonto für die Dauer von bis zu zwölf Monaten der Pfändung nicht unterworfen ist, wenn der Schuldner
1. nachweist, dass dem Konto in den letzten sechs Monaten vor Antragstellung ganz überwiegend nur unpfändbare Beträge gutgeschrieben worden sind, und
2. glaubhaft macht, dass auch innerhalb der nächsten sechs Monate ganz überwiegend nur die Gutschrift unpfändbarer Beträge zu erwarten ist.

Die Festsetzung ist abzulehnen, wenn ihr überwiegende Belange des Gläubigers entgegenstehen.

(2) Auf Antrag jedes Gläubigers ist die Festsetzung der Unpfändbarkeit aufzuheben, wenn deren Voraussetzungen nicht mehr vorliegen oder die Festsetzung den überwiegenden Belangen des den Antrag stellenden Gläubigers entgegensteht. Der Schuldner hat die Gläubiger auf eine wesentliche Veränderung seiner Vermögensverhältnisse unverzüglich hinzuweisen.

§ 828 Abs. 2 ZPO wird in der Neufassung von § 309 Abs. 3 AO nicht mehr in Bezug genommen. Materiell ändert sich dadurch nichts.

VIII. Landesrecht

Baden-Württemberg: § 309 AO gilt kraft Verweisung in § 15 Abs. 1 LVwVG BW. § 15 Abs. 2 LVwVG erlaubt die länderübergreifende Forderungspfändung, falls das betreffende Landesrecht dies zulässt. § 15 Abs. 3 LVwVG BW erlaubt umgekehrt den Vollstreckungsbehörden außerhalb Baden-Württembergs, gegen Schuldner in Baden-Württemberg Pfändungsverfügungen auszubringen und ihre Zustellung im Wege der Postzustellung selbst zu bewirken.

Bayern: Art. 25 Abs. 2 BayVwZVG verweist auf die AO, damit auch auf § 309 AO. Art. 26 Abs. 5 BayVwZVG erlaubt Gemeinden, Landkreisen, Bezirken und Zweckverbänden die Forderungspfändung im Verwaltungsweg, wenn Vollstreckungsschuldner und Drittschuldner ihren gewöhnlichen Aufenthalt oder ihren Sitz in Bayern haben oder das dortige Landesrecht dies zulässt.

AO § 309

Berlin: In Berlin gilt nach § 8 Abs. 1 VwVfG BE § 5 Abs. 1 VwVG des Bundes, der auf § 309 Abs. 1 S. 2 AO weiterverweist, der die elektronische Form ausschließt.
Brandenburg: § 22 Abs. 1 Nr. 3 VwVG Bbg verweist auf § 309 AO.
Bremen: § 2 Abs. 1 BremGVG verweist in vollem Umfang auf § 309 AO, schließt damit also die elektronische Form aus.
Hamburg: § 35 HmbVwVG verweist auf § 309 AO, schließt damit also die elektronische Form aus.
Hessen: Mit § 309 Abs. 1, 2 S. 1 und 3 AO gleich lautend (bis auf „Pflichtiger" statt „Vollstreckungsschuldner") § 45 Abs. 1 bis 3 HessVwVG; § 45 Abs. 1 S. 2 HessVwVG schließt die elektronische Form ausdrücklich aus. Nach § 45 Abs. 4 HessVwVG kann die Vollstreckungsbehörde die Pfändungsverfügung ohne Rücksicht auf den Wohnsitz, Sitz oder Aufenthalt des Pflichtigen und des Drittschuldners selbst erlassen und ihre Zustellung im Wege der Postzustellung selbst bewirken, gem. § 45 Abs. 5 auch außerhalb des hessischen Landesgebietes (dazu Emrich KKZ 1996, 153), gleichzeitig erlaubt die Norm auch die Vollstreckung durch Vollstreckungsbehörden mit Sitz in anderen Bundesländern in Hessen.
Mecklenburg-Vorpommern: § 111 Abs. 1 VwVfG M-V verweist auf auf § 5 Abs. 1 VwVG des Bundes, der auf § 309 Abs. 1 S. 2 AO weiterverweist, der die elektronische Form ausschließt.
Niedersachsen: Mit § 309 Abs. 1–3 AO gleich lautend § 45 Abs. 1–3 NVwVG, die elektronische Form ist nicht ausgeschlossen. Nach § 45 Abs. 4 NVwVG kann die Vollstreckungsbehörde im gesamten Landesgebiet die Pfändungsverfügung ohne Rücksicht auf den Wohnsitz, Sitz oder gewöhnlichen Aufenthaltsort des Vollstreckungs- und des Drittschuldners selbst erlassen und ihre Zustellung selbst bewirken. Gemäß. § 45 Abs. 5 NVwVG auch außerhalb des niedersächsischen Landesgebietes, gleichzeitig erlaubt die Norm auch die Vollstreckung durch Vollstreckungsbehörden mit Sitz in anderen Bundesländern in Niedersachsen.
Nordrhein-Westfalen: Mit § 309 Abs. 1 - 3 AO gleich lautend § 40 Abs. 1 S. 1, 3 und 4, Abs. 2 VwVG NRW, die elektronische Form ist nicht ausgeschlossen. Nach § 40 Abs. 3 VwVG NRW gilt bei der Vollstreckung in Vergütungen für persönlich geleistete Arbeiten und Dienst § 835 Abs. 5 ZPO entsprechend. $ 40 Abs. 4 VwVG NRW erlaubt der Vollstreckungsbehörde (auch wenn sie ihren Sitz außerhalb des Landes, aber im Geltungsbereich des Grundgesetzes hat, Abs. 5) die Pfändungsverfügung ohne Rücksicht auf den Wohnsitz, Sitz oder gewöhnlichen Aufenthaltsort des Schuldners und Drittschuldners selbst erlassen und auch ihre Zustellung im Wege der Postzustellung selbst bewirken, auch außerhalb des Landesgebiets von NRW (§ 40 Abs. 5 VwVG NRW) und Deutschlands (§ 40 Abs. 6 VwVG NRW).
Rheinland-Pfalz: Mit § 309 AO samt Ausschluss der elektronischen Form im Wesentlichen inhaltsgleich § 43 LVwVG RP. § 43 Abs. 4 LVwVG RP ermöglicht den Vollstreckungsbehörden die Pfändungsverfügung ohne Rücksicht auf den Wohnsitz, Sitz oder gewöhnlichen Aufenthaltsort des Schuldners und Drittschuldners und auch ihre Zustellung im Wege der Postzustellung, § 43 Abs. 5 LVwVG RP lässt die länderübergreifende Forderungs-

pfändung zu. Eine § 833a ZPO entsprechende Sonderregelung enthält § 43a LVwVG RP.
Saarland: Im Wesentlichen gleich lautend § 56 Abs. 1 SVwVG, jedoch kein Ausschluss der elektronischen Form. § 56 Abs. 2 SVwVG regelt den Fall, dass Pflichtiger und Drittschuldner nicht im Zuständigkeitsgebiet der Vollstreckungsbehörde wohnen. § 56 Abs. 3 SVwVG lässt die länderübergreifende Forderungspfändung zu.
Sachsen: § 15 SächsVwVG verweist auf § 309 AO.
Sachsen-Anhalt: § 45 Abs. 1–2a VwVG LSA stimmt mit § 309 AO sachlich überein, die elektronische Form ist ausgeschlossen. § 45 Abs. 3 VwVG LSA regelt den Fall, dass Pflichtiger und Drittschuldner nicht im Zuständigkeitsgebiet der Vollstreckungsbehörde wohnen. § 45 Abs. 4 VwVG LSA lässt die länderübergreifende Forderungspfändung zu.
Schleswig-Holstein: Im Wesentlichen gleich lautend § 300 Abs. 1 und 2 LVwG SH, jedoch kein Ausschluss der elektronischen Form. § 300 Abs. 3 und 4 LVwG SH regeln die länderübergreifende Forderungspfändung.
Thüringen: § 38 ThürVwZVG verweist auf § 309 AO.

IX. Justizbeitreibungsgesetz

§ 6 Abs. 1 Nr. 1 JBeitrG verweist auf § 829 ZPO, der § 309 entspricht, jedoch die elektronische Form nicht ausschließt. Gem. § 6 Abs. 2 S. 2 JBeitrG werden der Pfändungs- und der Überweisungsbeschluss von der Vollstreckungsbehörde erlassen. Mit der gem. § 829 Abs. 2 S. 1 und 2 ZPO erforderlichen Zustellung ist der Vollziehungsbeamte zu beauftragen (§ 6 Abs. 3 S. 1 JBeitrG). Die Verweisung auf § 828 Abs. 2 ZPO, wonach Vollstreckungsgericht das Amtsgericht am allgemeinen Gerichtsstand des Schuldners ist, hat nur in den Fällen Bedeutung, in denen gegen Pfändungs- und Überweisungsbeschlüsse der Vollstreckungsbehörde Einwendungen erhoben werden oder die Vollstreckungsbehörde die Genehmigung des Vollstreckungsgerichts einzuholen hat, zB im Falle von § 850f Abs. 2 ZPO.

§ 310 Pfändung einer durch Hypothek gesicherten Forderung

(1) Zur Pfändung einer Forderung, für die eine Hypothek besteht, ist außer der Pfändungsverfügung die Aushändigung des Hypothekenbriefs an die Vollstreckungsbehörde erforderlich. Die Übergabe gilt als erfolgt, wenn der Vollziehungsbeamte den Brief wegnimmt. Ist die Erteilung des Hypothekenbriefs ausgeschlossen, so muss die Pfändung in das Grundbuch eingetragen werden; die Eintragung erfolgt auf Grund der Pfändungsverfügung auf Ersuchen der Vollstreckungsbehörde.
(2) Wird die Pfändungsverfügung vor der Übergabe des Hypothekenbriefs oder der Eintragung der Pfändung dem Drittschuldner zugestellt, so gilt die Pfändung diesem gegenüber mit der Zustellung als bewirkt.

AO § 310

(3) Diese Vorschriften gelten nicht, soweit Ansprüche auf die in § 1159 des Bürgerlichen Gesetzbuchs bezeichneten Leistungen gepfändet werden. Das Gleiche gilt bei einer Sicherungshypothek im Fall des § 1187 des Bürgerlichen Gesetzbuchs von der Pfändung der Hauptforderung.

I. Allgemeines

1   Die Pfändung einer Forderung, die durch eine Hypothek gesichert ist, erfasst notwendig auch die Hypothek. Eine Hypothek allein kann nicht gepfändet werden. Wird eine Hypothek erst nach der Pfändung bestellt, so erstreckt sich das nach § 309 begründete Pfandrecht auch auf die Hypothek. § 310 AO gilt nach § 321 Abs. 6 AO auch für die Vollstreckung in Reallasten (§ 1105 BGB), Grundschulden (§ 1191 BGB) und Rentenschulden (§ 1199 BGB).

II. Ausschluss

2   § 310 AO **gilt nicht** für die Pfändung von Forderungen
1. auf Rückstände von Zinsen oder anderen Nebenleistungen (§ 310 Abs. 3 S. 1 AO iVm § 1159 Abs. 1 S. 1 BGB; dazu App GemKA 2009, 284),
2. auf Erstattung der Kosten der Kündigung und der die Befriedigung aus dem Grundstück bezweckenden Rechtsverfolgung (§ 310 Abs. 3 S. 1 AO iVm §§ 1159 Abs. 1 S. 2, 1118 BGB),
3. aus Inhaberschuldverschreibungen, Wechseln und anderen indossablen Papieren, für die eine Sicherungshypothek bestellt ist (§ 310 Abs. 3 S. 2 AO iVm § 1187 BGB).

III. Wirksamkeit

3   Zur **Wirksamkeit** der Pfändung nach § 310 Abs. 1 AO ist die Zustellung an den Drittschuldner nicht erforderlich (dazu im Einzelnen App GemKA 2009, 281). Drittschuldner sind sowohl der Hypothekenschuldner als auch der Grundstückseigentümer.

Wird der Brief nicht freiwillig herausgegeben und ist auch die Wegnahme nicht ohne weiteres möglich, so kann die Herausgabe nach den Vorschriften über die Erzwingung von Handlungen und Duldungen erzwungen werden. Rechtsgrundlage der Vollstreckung ist die Pfändungsverfügung.

Bei der Pfändung einer Buchhypothek muss zur Zustellung der Pfändungsverfügung an den Drittschuldner die Eintragung der Pfändung in das Grundbuch als **zwingendes Erfordernis** hinzutreten; dabei gehört es nicht zu den Befugnissen des Grundbuchamtes, die Zulässigkeit der Vollstreckung oder die Rechtmäßigkeit der Pfändungsverfügung zu prüfen (Beermann in HHSp AO § 310 Rn. 5 mwN). Eventuelle Beanstandungen hat der Vollstreckungsschuldner auf dem Verwaltungsrechtsweg vorzubringen. Solange die Eintragung nicht erfolgt ist, liegt keine wirksame Pfändung vor. Unterbleibt die

Eintragung endgültig, so ist die Pfändung nichtig; wird sie nachgeholt, so wird der Zeitpunkt der Pfändung auf die Zustellung des Pfändungsbeschlusses – bzw. der Pfändungsverfügung – an den Drittschuldner zurückbezogen (BGHZ 127, 146 = NJW 1994, 3225; dazu Lüke JuS 1995, 202).

Die Pfändung einer künftigen Eigentümergrundschuld ohne Brief kann nicht in das Grundbuch eingetragen werden (BayObLG KKZ 2001, 43).

IV. Landesrecht

Hessen: Gleichlautend § 46 HessVwVG. 4
Niedersachsen: Inhaltsgleich § 46 NVwVG.
Nordrhein-Westfalen: Mit § 310 AO im Wesentlichen gleich lautend § 41 VwVG NRW.
Rheinland-Pfalz: Mit § 310 AO im Wesentlichen gleich lautend § 44 LVwVG RP.
Saarland: Im Wesentlichen gleich lautend § 58 SVwVG.
Sachsen-Anhalt: Fast gleich lautend § 46 VwVG LSA.
Schleswig-Holstein: Im Wesentlichen gleich lautend § 301 LVwG SH.

V. Justizbeitreibungsgesetz

§ 6 Abs. 1 Nr. 1 JBeitrG verweist auf § 830 ZPO, der § 310 AO entspricht. 5

§ 311 Pfändung einer durch Schiffshypothek oder Registerpfandrecht an einem Luftfahrzeug gesicherten Forderung

(1) **Die Pfändung einer Forderung, für die eine Schiffshypothek besteht, bedarf der Eintragung in das Schiffsregister oder das Schiffsbauregister.**

(2) **Die Pfändung einer Forderung, für die ein Registerpfandrecht an einem Luftfahrzeug besteht, bedarf der Eintragung in das Register für Pfandrechte an Luftfahrzeugen.**

(3) **Die Pfändung nach den Absätzen 1 und 2 wird auf Grund der Pfändungsverfügung auf Ersuchen der Vollstreckungsbehörde eingetragen. § 310 Abs. 2 gilt entsprechend.**

(4) **Die Absätze 1 bis 3 sind nicht anzuwenden, soweit es sich um die Pfändung der Ansprüche auf die in § 53 des Gesetzes über Rechte an eingetragenen Schiffen und Schiffsbauwerken und auf die in § 53 des Gesetzes über Rechte an Luftfahrzeugen bezeichneten Leistungen handelt. Das Gleiche gilt, wenn bei einer Schiffshypothek für eine Forderung aus einer Schuldverschreibung auf den Inhaber, aus einem Wechsel oder aus einem anderen durch Indossament übertragbaren Papier die Hauptforderung gepfändet ist.**

(5) **Für die Pfändung von Forderungen, für die ein Recht an einem ausländischen Luftfahrzeug besteht, gilt § 106 Abs. 1 Nr. 3 und Abs. 5 des Gesetzes über Rechte an Luftfahrzeugen.**

AO § 311

I. Allgemeines

1 Zur Schiffshypothek siehe App ZfZ 2003, 213. **Zuständig** für die Eintragung der Pfändung ist das Registergericht: bei Schiffen das Amtsgericht des Heimathafens oder Heimatortes (§§ 1, 4 Schiffsregisterordnung in der Fassung der Bekanntmachung vom 26.5.1994 (BGBl. I 1133), die zuletzt durch das Gesetz vom 20.11.2019 (BGBl. I 1724) geändert worden ist; Ausnahme für ausländische Seeschiffe und Seeschiffe ohne Heimathafen: § 4 Abs. 2 und 3 Schiffsregisterordnung), bei Luftfahrzeugen das Amtsgericht Braunschweig (§ 78 Gesetz über Rechte an Luftfahrzeugen vom 25.2.1959, – LuftFzgG – BGBl. I 57, zuletzt geändert durch Art. 185 der Verordnung v. 31.8.2015, BGBl. 1474, iVm § 1 Abs. 2 Gesetz über das Luftfahrt-Bundesamt – LFBAG – vom 30.11.1954, BGBl. I 354, zuletzt geändert durch das Gesetz vom 23.2.2017, BGBl. I 298, und der Verwaltungsanordnung des Bundesministers für Verkehr über den Sitz des Luftfahrt-Bundesamts vom 14.12.1954, VkBl 1955 23).

II. Ausschluss

2 § 311 Abs. 4 S. 1 AO betrifft Zinsen, andere Nebenleistungen (bei Luftfahrzeugen: Rückstände von anderen Nebenleistungen), die Kosten der Kündigung und der die Befriedigung aus dem Schiff oder Luftfahrzeug bezweckenden Rechtsverfolgung.

III. In Bezug genommene Vorschriften

3 Die in § 311 Abs. 4 und 5 AO in Bezug genommenen Bestimmungen lauten:

1. Abs. 4

§ 53 Schiffsregisterordnung

Bei der Eintragung einer Schiffshypothek für Teilschuldverschreibungen, die auf den Inhaber lauten oder durch Indossament übertragen werden können, genügt es, wenn der Gesamtbetrag der Forderungen unter Angabe der Anzahl, des Betrages und der Kennzeichnung der einzelnen Teilschuldverschreibungen eingetragen wird.

§ 53 LuftFzgG

(1) Soweit die Forderung auf Rückstände von Zinsen oder anderen Nebenleistungen oder auf Erstattung von Kosten der Kündigung und Rechtsverfolgung (§ 29) oder von den in § 38 Abs. 2 bezeichneten Beträgen gerichtet ist, bestimmt sich die Übertragung sowie das Rechtsverhältnis zwischen dem Eigentümer und dem neuen Gläubiger nach den für die Übertragung von Forderungen geltenden allgemeinen Vorschriften.

(2) Die Vorschriften des § 16 über den öffentlichen Glauben des Registers gelten für die im Absatz 1 bezeichneten Ansprüche nicht.

Pfändung einer Forderung aus indossablen Papieren § 312 AO

2. Abs. 5

§ 106 LuftFzG

(1) Es sind sinngemäß anzuwenden
1. und 2. *[nicht abgedruckt]*
3. auf die Zwangsvollstreckung in eine Forderung, für die ein Recht an einem ausländischen Luftfahrzeug besteht, die Vorschriften über die Zwangsvollstreckung in eine Forderung, für die ein Registerpfandrecht im Register für Pfandrechte an Luftfahrzeugen eingetragen ist,

soweit sie nicht die Eintragung in der Luftfahrzeugrolle oder im Register für Pfandrechte an Luftfahrzeugen voraussetzen.

(2), (3) und (4) *[nicht abgedruckt]*

(5) Wird über ein Recht im Sinne des § 103 nach der Beschlagnahme verfügt und ist die Verfügung nach Artikel IV des Genfer Abkommens vom 19. Juni 1948 (Bundesgesetzbl. 1959 II S. 129) anzuerkennen, so ist sie dem Gläubiger gegenüber wirksam, es sei denn, daß der Schuldner im Zeitpunkt der Verfügung Kenntnis von der Beschlagnahme hatte.

Zu den Rechten im Sinne von § 103 des Gesetzes vgl. § 306 AO Rn. 2.

IV. Landesrecht

Hessen: Mit § 311 Abs. 1–4 AO inhaltsgleich § 47 HessVwVG. 4
Niedersachsen: Fast gleich lautend § 47 NVwVG.
Nordrhein-Westfalen: In Ermangelung einer besonderen Vorschrift ist § 41 Abs. 1 S. 3, Abs. 2, 3 VwVG NRW anzuwenden.
Rheinland-Pfalz: Mit § 311 Abs. 1, 3, 4 (hinsichtlich durch Schiffshypothek gesicherter Forderungen) inhaltsgleich § 45 LVwVG RP.
Saarland: Mit § 311 Abs. 1–4 AO vergleichbar §§ 59, 60 Abs. 1 und 2 SvwVG.
Sachsen-Anhalt: Fast gleich lautend § 47 VwVG LSA.
Schleswig-Holstein: Mit § 311 Abs. 1–4 AO inhaltsgleich §§ 302, 303 LVwG SH.

V. Justizbeitreibungsgesetz

§ 6 Abs. 1 Nr. 1 JBeitrG verweist auf § 830a ZPO, der § 311 Abs. 1, 2 5 und 4 AO entspricht; § 830a ZPO erfaßt die Pfändung einer durch ein Registerpfandrecht an einem Luftfahrzeug gesicherten Forderung nicht.

§ 312 Pfändung einer Forderung aus indossablen Papieren

Forderungen aus Wechseln und anderen Papieren, die durch Indossament übertragen werden können, werden dadurch gepfändet, daß der Vollziehungsbeamte die Papiere in Besitz nimmt.

I. Indossable Papiere

1 Indossable Papiere können regelmäßig bereits nach § 286 AO gepfändet werden, der Norm kommt daher vor allem klarstellende Bedeutung zu (Werth in Klein AO § 312 Rn. 1). Zu den Papieren iSv § 312 AO gehören neben Wechseln u. a. Schecks, die auf einen bestimmten Zahlungsempfänger ausgestellt sind (Art. 14 ff. ScheckG). Auch Gewinnanteilscheine zB einer GmbH können gem. § 363 Abs. 1 HGB als Orderpapiere ausgestaltet werden (vgl. App KKZ 2003, 189 mwN); die Gewinnanteile der Gesellschafter sind in diesem Falle anstatt durch Zustellung einer Pfändungsverfügung an den Drittschuldner durch Inbesitznahme der Gewinnanteilscheine zu pfänden.

Postsparguthaben werden seit Streichung von § 312 S. 2 AO wie andere Sparguthaben durch Zustellung einer Pfändungsverfügung an den Drittschuldner gepfändet.

II. Durchführung der Pfändung

2 Gepfändet wird, indem der Vollziehungsbeamte die Papiere wegnimmt. Weder eine Pfändungsverfügung (RGZ 61, 330) noch ein Zahlungsverbot an den Drittschuldner ist erforderlich (Beermann in HHSp AO § 312 Rn. 2). Dem Vollstreckungsschuldner hat der Vollziehungsbeamte die Pfändung nach § 286 Abs. 3 AO mitzuteilen.

III. Verwertung

3 Die **Verwertung** erfolgt wie bei anderen Forderungen durch Einziehung auf Grund einer Einziehungsverfügung nach § 314 AO. An Stelle der Einziehung kann die Vollstreckungsbehörde unter den Voraussetzungen von § 317 AO die Verwertung in anderer Weise anordnen.

IV. Landesrecht

4 **Hessen:** Gleichlautend § 48 HessVwVG.
Niedersachsen: Inhaltsgleich § 48 NVwVG.
Nordrhein-Westfalen: Gleichlautend § 42 VwVG NRW.
Rheinland-Pfalz: Inhaltsgleich § 46 LVwVG RP.
Saarland: Inhaltsgleich § 61 SVwVG.
Sachsen-Anhalt: Inhaltsgleich § 48 VwVG LSA.
Schleswig-Holstein: Inhaltsgleich § 304 LVwG SH.

V. Justizbeitreibungsgesetz

5 § 6 Abs. 1 Nr. 1 JBeitrG verweist auf § 831 ZPO, der § 312 AO entspricht.

§ 313 Pfändung fortlaufender Bezüge

(1) **Das Pfandrecht, das durch die Pfändung einer Gehaltsforderung oder einer ähnlichen in fortlaufenden Bezügen bestehenden**

Forderung erworben wird, erstreckt sich auch auf die Beträge, die später fällig werden.

(2) **Die Pfändung eines Diensteinkommens trifft auch das Einkommen, das der Vollstreckungsschuldner bei Versetzung in ein anderes Amt, Übertragung eines neuen Amts oder einer Gehaltserhöhung zu beziehen hat. Dies gilt nicht bei Wechsel des Dienstherrn.**

(3) **Endet das Arbeits- oder Dienstverhältnis und begründen Vollstreckungsschuldner und Drittschuldner innerhalb von neun Monaten ein solches neu, so erstreckt sich die Pfändung auf die Forderung aus dem neuen Arbeits- oder Dienstverhältnis.**

I. Fortlaufende Bezüge

Gehalt ist die Gewährung regelmäßig wiederkehrender Geldbeträge als Entschädigung für die von dem Berechtigten einem Dienstherrn oder Arbeitgeber geleisteten Arbeiten oder Dienste; auch Ruhegehaltsansprüche, die gegen denselben Drittschuldner bestehen, gehören dazu (BGH NJW 2003, 1458). Des Weiteren erfasst sind Aufwandsentschädigungen für ehrenamtliche Tätigkeit, wenn sie Vergütungen für Dienstleistungen darstellen, die dem Lebensunterhalt dienen (VG Ansbach KKZ 2006, 266 für den Fall eines vollzeitbeschäftigten ehrenamtlichen Bürgermeisters). Gehaltsähnlich ist eine Forderung, wenn eine einheitliche Rechtsbeziehung von gewisser Dauer und Stetigkeit zwischen den Beteiligten besteht, auf Grund deren immer wiederkehrend zahlbare Vergütungen für selbständige oder unselbständige Dienste, die die Existenzgrundlage des Dienstpflichtigen bilden, weil sie seine Erwerbsfähigkeit ganz oder zu einem wesentlichen Teil in Anspruch nehmen (BGH NJW-RR 2017, 161; Herget in Zöller ZPO § 850 Rn. 9). Dazu gehören auch: 1

- Provisionsforderungen von Vertretern, die dauernd für **einen** Geschäftsherrn tätig sind (RGZ 138, 252);
- Bezüge von Ärzten, Zahnärzten usw., soweit sie in einem ständigen Vertragsverhältnis zu einer Krankenkasse stehen (OLG Nürnberg JW 1926, 2471; BFHE 55, 150; BGH NJW-RR 2010, 1353; Herget in Zöller ZPO § 850 Rn. 9);
- der Anspruch des Kellners gegen den Gastwirt auf Überlassung des Bedienungsgeldes (RAG JW 1930, 2242 und 1938, 3316; Herget in Zöller ZPO § 850 Rn. 6), anders als Trinkgeld;
- Bezüge des GmbH-Geschäftsführers (BGH MDR 2017, 237);
- Sozialplanabfindungen werden ebenso von der Pfändung des Arbeitseinkommens erfasst (BAGE 69, 29).

Dienstherr ist die Person, die zur Gewährung des Diensteinkommens verpflichtet ist, bei Dienstleistung auf Grund eines Dienstverschaffungsvertrages also derjenige, der die Dienste verschafft; bei Abordnung eines Beamten zu einem anderen Dienstherrn regelmäßig der abordnende Dienstherr. Kein Wechsel des Dienstherrn ist der Eintritt in den Ruhestand, ebenso wenig eine Änderung der Rechtsform des Dienstherrn (zB Umwandlung eines

AO § 313

kommunalen Eigenbetriebs in eine GmbH), Gesamtrechtsnachfolge durch Erbfall oder durch Eingliederung von Gemeinden (vgl. Beermann in HHSp AO § 313 Rn. 20).

II. Unterbrechung

2   Die frühere Streitfrage, wie lange ein Arbeits- oder Dienstverhältnis unterbrochen sein kann, um noch ein einheitliches Arbeits- oder Dienstverhältnis zu bilden, hat der Gesetzgeber durch Anfügung von § 313 Abs. 3 AO geklärt.

III. Erstreckung

3   Im Hinblick auf die Regelung in § 313 AO bedarf es keiner ausdrücklichen Erstreckung auf künftige Lohnforderungen aus dem bestehenden Arbeitsverhältnis in der Pfändungs- und Einziehungsverfügung (LAG Hamm MDR 1992, 786).

IV. Landesrecht

4   **Hessen:** Inhaltsgleich § 49 Abs. 1–3 HessVwVG. Nach § 49 Abs. 4 HessVwVG kann, wenn nach dem Leistungsbescheid wiederkehrende Leistungen zu erbringen sind, eine Forderung im Sinne von § 49 Abs. 1 HessVwVG zugleich mit der Pfändung wegen einer fälligen Leistung auch wegen künftig fällig werdender Leistungen gepfändet werden (sog. Dauerpfändung, s. a. Niedersachsen, Nordrhein-Westfalen, Rheinland-Pfalz, Saarland, Sachsen-Anhalt und Schleswig-Holstein). Insoweit wird die Pfändung jeweils am Tage nach der Fälligkeit der Leistungen wirksam und bedarf keiner vorausgehenden Mahnung (§ 49 Abs. 4 S. 2 HessVwVG).
Niedersachsen: Inhaltsgleich § 49 Ans. 1, 2 NVwVG. In § 49 Abs. 3 NVwVG ist die Dauerpfändung geregelt (wie in § 49 Abs. 4 HessVwVG).
Nordrhein-Westfalen: Inhaltsgleich § 43 Abs. 1, 2 und 4 VwVG NRW. In Abs. 3 ist die Dauerpfändung geregelt (wie in § 49 Abs. 3 NVwVG). § 43 Abs. 5 VwVG NRW verweist wegen Vollstreckungen nach dem Unterhaltsvorschussgesetz auf § 850d Abs. 1 (Pfändungsfreigrenzen) und Abs. 3 (Vorratspfändung) ZPO.**Rheinland-Pfalz:** Inhaltsgleich § 47 LVwVG RP, dessen Abs. 4 auch die Dauerpfändung zulässt. Nach OVG Koblenz KKZ 2003, 44 tangiert die Dauerpfändung den Rechtskreis des Drittschuldners nicht unmittelbar und gibt ihm darum keine Klagebefugnis.
Saarland: Inhaltsgleich mit § 313 Abs. 1 und 2 AO ist § 57 Abs. 1 S. 1, Abs. 2 SVwVG. § 57 Abs. 1 S. 2 SVwVG ermöglicht Dauerpfändungen.
Sachsen-Anhalt: Inhaltsgleich § 49 Abs. 1 und 1a VwVG LSA; § 49 Abs. 2 VwVG LSA erlaubt die Dauerpfändung.
Schleswig-Holstein: Inhaltsgleich § 305 LVwG SH, § 305 Abs. 3 LVwG SH erlaubt Dauerpfändungen.

V. Justizbeitreibungsgesetz

§ 6 Abs. 1 Nr. 1 JBeitrG verweist auf §§ 832 und 833 ZPO, die § 313 AO entsprechen. 5

§ 314 Einziehungsverfügung

(1) Die Vollstreckungsbehörde ordnet die Einziehung der gepfändeten Forderung an. § 309 Abs. 2 gilt entsprechend.
(2) Die Einziehungsverfügung kann mit der Pfändungsverfügung verbunden werden.
(3) Wird die Einziehung eines bei einem Geldinstitut gepfändeten Guthabens eines Vollstreckungsschuldners, der eine natürliche Person ist, angeordnet, so gilt § 835 Absatz 3 Satz 2 und Absatz 4 der Zivilprozessordnung entsprechend.
(4) Wird die Einziehung einer gepfändeten nicht wiederkehrend zahlbaren Vergütung eines Vollstreckungsschuldners, der eine natürliche Person ist, für persönlich geleistete Arbeiten oder Dienste oder sonstige Einkünfte, die kein Arbeitslohn sind, angeordnet, so gilt § 835 Absatz 5 der Zivilprozessordnung entsprechend.

I. Allgemeines

Durch die **Einziehungsverfügung** wird die Vollstreckungsbehörde ermächtigt, die gepfändete Forderung **im eigenen Namen geltend zu machen** (Beermann in HHSp AO § 314 Rn. 13). Dagegen wird sie nicht befugt, die Forderung zu erlassen, abzutreten, zu stunden, sonstige Zahlungserleichterungen zu gewähren oder einen Vergleich zu schließen, es sei denn, dass sie die Forderung in voller Höhe auf die zu vollstreckende Forderung anrechnet (Werth in Klein AO § 314 Rn. 2). Andererseits erlangt der Vollstreckungsgläubiger – von der Durchbrechung in § 316 Abs. 2 S. 3 AO abgesehen – durch die Einziehungsverfügung gegenüber dem Drittschuldner nicht mehr Rechte, als sie der Vollstreckungsschuldner hatte; er tritt gewissermaßen in dessen „Fußstapfen". Der Drittschuldner kann dem Vollstreckungsgläubiger analog §§ 412, 404 BGB (BGHZ 93, 78) alle Einreden und Einwendungen entgegenhalten, die ihm z. Zt. der Pfändung gegenüber dem Vollstreckungsschuldner zustanden (nicht aber nachträglich getroffene Vereinbarungen mit diesem), zB Aufrechnung, Stundung oder die Einrede des nicht erfüllten Vertrags. 1

Des Weiteren kann er geltend machen, der Vollstreckungsschuldner sei überhaupt nicht Inhaber der gepfändeten Forderung, sondern ein Dritter; Pfändung und Einziehung seien darum ins Leere gegangen. Der Dritte seinerseits kann diesen Einwand mit Drittwiderspruchsklage nach § 262 AO verfolgen (Müller-Eiselt in HHSp AO § 262 Rn. 25). Hatte der Drittschuldner bereits an den Vollstreckungsgläubiger gezahlt, so tritt an die Stelle der Drittwiderspruchsklage die Klage des wahren Forderungsinhabers gegen den

Vollstreckungsgläubiger auf Herausgabe des Erlangten aus dem Gesichtspunkt der ungerechtfertigten Bereicherung gem. § 812 BGB (BFH BFH/NV 2006, 701).

1a § 314 Abs. 3 und 4 AO wird durch das **Pfändungsschutzkonto-Fortentwicklungsgesetz** vom 22. November 2020 (BGBl. I S. 2466, 2472) mit **Wirkung zum 1. Dezember 2021** neu gefasst und hat dann folgenden Wortlaut:

> (3) Wird die Einziehung eines bei einem Geldinstitut gepfändeten Guthabens eines Vollstreckungsschuldners, der eine natürliche Person ist, angeordnet, so gelten § 835 Absatz 3 Satz 2 und § 900 Absatz 1 der Zivilprozessordnung entsprechend.
>
> (4) Wird die Einziehung einer gepfändeten nicht wiederkehrend zahlbaren Vergütung eines Vollstreckungsschuldners, der eine natürliche Person ist, für persönlich geleistete Arbeiten oder Dienste oder sonstige Einkünfte, die kein Arbeitslohn sind, angeordnet, so gilt § 835 Absatz 4 der Zivilprozessordnung entsprechend.

Einzelheiten dazu siehe → Rn. 3a und → Rn. 4a.

II. Rechtsnatur

2 Auch die Einziehungsverfügung ist ein **Verwaltungsakt,** den der Pflichtige mit Widerspruch und Anfechtungsklage angreifen kann. Die Verbindung mit der Pfändungsverfügung wird die Regel sein; gesondert zu erlassen ist sie bei Überleitung des Arrestverfahrens in das normale Vollstreckungsverfahren und nach der Pfändung von Orderpapieren nach § 312 AO (App/Wettlaufer § 27 Rn. 1). Nach BGHZ 127, 146 darf eine die Einziehung bewirkende Entscheidung erst nach vollständiger Wirksamkeit der Pfändung zugestellt werden; eine Zustellung in der Schwebezeit, zB vor Eintragung der Pfändung einer Buchhypothek im Grundbuch (→ § 310 Rn. 3) wird danach durch den nachträglichen Eintritt der vollen Pfändungswirkung nicht geheilt. War die Pfändungsverfügung nicht wirksam zugestellt worden, so ist die spätere isolierte Zustellung der Einziehungsverfügung ohne Wirkung (so OLG Köln DGVZ 2002, 42 für den Fall eines Verstoßes gegen § 178 Abs. 2 ZPO – zu dieser Vorschrift § 3 VwZG Rn. 26a – bei der Ersatzzustellung der Pfändungsverfügung).

III. Einziehung nach § 314 Abs. 3 AO

3 § 835 Abs. 3 S. 2 ZPO lautet:

> (…) Wird ein bei einem Kreditinstitut gepfändetes Guthaben eines Schuldners, der eine natürliche Person ist, dem Gläubiger überwiesen, so darf erst vier Wochen nach der Zustellung des Überweisungsbeschlusses an den Drittschuldner aus dem Guthaben an den Gläubiger geleistet oder der Betrag hinterlegt werden; ist künftiges Guthaben gepfändet worden, ordnet das Vollstreckungsgericht auf Antrag zusätzlich an, dass erst vier Wochen nach der Gutschrift von eingehenden Zahlungen an den Gläubiger geleistet oder der Betrag hinterlegt werden darf. (…)

Einziehungsverfügung § 314 AO

§ 835 Abs. 4 ZPO lautet:

(4) Wird künftiges Guthaben auf einem Pfändungsschutzkonto im Sinne von § 850k Absatz 7 gepfändet und dem Gläubiger überwiesen, darf der Drittschuldner erst nach Ablauf des nächsten auf die jeweilige Gutschrift von eingehenden Zahlungen folgenden Kalendermonats an den Gläubiger leisten oder den Betrag hinterlegen. Das Vollstreckungsgericht kann auf Antrag des Gläubigers eine abweichende Anordnung treffen, wenn die Regelung des Satzes 1 unter voller Würdigung des Schutzbedürfnisses des Schuldners für den Gläubiger eine unzumutbare Härte verursacht.

Die Vorschrift soll das Recht des Vollstreckungsschuldners aus § 850k ZPO (abgedruckt bei → § 319) sichern; ein entsprechender Antrag käme meist zu spät, wenn das Geldinstitut sofort an den Vollstreckungsgläubiger zahlen müsste. Anstatt „Überweisungsbeschluss" ist bei der entsprechenden Anwendung „Einziehungsverfügung" zu lesen.

Durch das Pfändungsschutzkonto-Fortentwicklungsgesetz vom 22. November 2020 (BGBl. I S. 2466, 2472) wird § 314 Abs. 3 AO mit **Wirkung zum 1. Dezember 2021** geändert. Die Regelung verweist dann auf § 835 Abs. 3 Satz 2 und § 900 Abs. 1 ZPO in der Fassung des Pfändungsschutzkonto-Fortentwicklungsgesetzes. In § 835 Abs. 3 Satz 2 ZPO wird jeweils die Zeitangabe „vier Wochen" durch die Zeitangabe „einen Monat" ersetzt, die Regelung hat dann folgenden Wortlaut: 3a

(…) Wird ein bei einem Kreditinstitut gepfändetes Guthaben eines Schuldners, der eine natürliche Person ist, dem Gläubiger überwiesen, so darf erst einen Monat nach der Zustellung des Überweisungsbeschlusses an den Drittschuldner aus dem Guthaben an den Gläubiger geleistet oder der Betrag hinterlegt werden; ist künftiges Guthaben gepfändet worden, ordnet das Vollstreckungsgericht auf Antrag zusätzlich an, dass erst einen Monat nach der Gutschrift von eingehenden Zahlungen an den Gläubiger geleistet oder der Betrag hinterlegt werden darf. (…)

Der dem bisherigem § 834 Abs. 4 ZPO im Wesentlichen entsprechende § 900 Abs. 1 ZPO hat dann folgenden Wortlaut:

§ 900 Moratorium bei Überweisung an den Gläubiger

(1) Wird künftiges Guthaben auf einem Pfändungsschutzkonto gepfändet und dem Gläubiger überwiesen, darf der Drittschuldner erst nach Ablauf des Kalendermonats, der auf die jeweilige Gutschrift folgt, an den Gläubiger leisten oder den Betrag hinterlegen; eine Verlängerung des in § 899 Absatz 2 bezeichneten Zeitraums erfolgt dadurch nicht. Auf Antrag des Gläubigers kann das Vollstreckungsgericht eine von Satz 1 erster Halbsatz abweichende Anordnung treffen, wenn sonst unter Würdigung des Schutzbedürfnisses des Schuldners für den Gläubiger eine unzumutbare Härte entstünde.

IV. Einziehung nach § 314 Abs. 4 AO

§ 835 Abs. 5 ZPO lautet: 4

(5) Wenn nicht wiederkehrend zahlbare Vergütungen eines Schuldners, der eine natürliche Person ist, für persönlich geleistete Arbeiten oder Dienste oder sonstige

AO § 314

Einkünfte, die kein Arbeitseinkommen sind, dem Gläubiger überwiesen werden, so darf der Drittschuldner erst vier Wochen nach der Zustellung des Überweisungsbeschlusses an den Gläubiger leisten oder den Betrag hinterlegen.

4a Durch das Pfändungsschutzkonto-Fortentwicklungsgesetz vom 22. November 2020 (BGBl. I S. 2466, 2472) wird § 314 Abs. 4 AO mit **Wirkung zum 1. Dezember 2021** geändert. Die Regelung verweist dann auf § 835 Abs. 4 ZPO in der Fassung des Pfändungsschutzkonto-Fortentwicklungsgesetzes. Dieses streicht den bisherigen § 835 Abs. 4 ZPO, überführt seinen Inhalt in den neuen § 900 Abs. 1 ZPO und macht den bisherigen § 835 Abs. 5 ZPO bei Ersetzung des Zeitraums von vier Wochen durch einen Monat zum neuen § 835 Abs. 4 ZPO. § 835 Abs. 4 lautet dann:

> (4) Wenn nicht wiederkehrend zahlbare Vergütungen eines Schuldners, der eine natürliche Person ist, für persönlich geleistete Arbeiten oder Dienste oder sonstige Einkünfte, die kein Arbeitseinkommen sind, dem Gläubiger überwiesen werden, so darf der Drittschuldner erst einen Monat nach der Zustellung des Überweisungsbeschlusses an den Gläubiger leisten oder den Betrag hinterlegen.

V. Landesrecht

5 **Baden-Württemberg:** § 314 AO gilt kraft Verweisung in § 15 LVwVG. Gem. § 15 Abs. 4 LVwVG ist die Einziehungsverfügung wie die Pfändungsverfügung länderübergreifend möglich.
Hessen: Nach § 50 Abs. 1 S. 1 HessVwVG (im Übrigen mit § 314 Abs. 1 S. 2, Abs. 2 AO inhaltsgleich § 50 Abs. 1 S. 2, Abs. 2 HessVwVG) überweist die Vollstreckungsbehörde die gepfändete Forderung dem Gläubiger zur Einziehung.
Niedersachsen: Inhaltsgleich § 50 NVwVG.
Nordrhein-Westfalen: Nach § 40 Abs. 1 S. 2 VwVG NRW ist in der Pfändungsverfügung auszusprechen, dass der Vollstreckungsgläubiger, für den gepfändet ist, die Forderung einziehen kann. § 40 Abs. 3 VwVG NRW entspricht § 314 Abs. 4 AO.
Rheinland-Pfalz: Nach § 48 Abs. 1 LVwVG RP überweist die Vollstreckungsbehörde die gepfändete Forderung dem Gläubiger zur Einziehung. Diese Überweisungsverfügung wird wie die Pfändungsverfügung mitgeteilt (§ 48 Abs. 1 Hs. 2 LVwVG RP); sie kann mit ihr verbunden werden (§ 48 Abs. 2 LVwVG RP). § 48 Abs. 3 LVwVG RP stimmt mit § 835 Abs. 3 S. 2 ZPO sachlich überein, § 48 Abs. 4 LVwVG RP mit § 835 Abs. 4 ZPO, § 48 Abs. 5 LVwVG RP mit § 835 Abs. 5 ZPO.
Saarland: § 62 Abs. 1 SvwVG entspricht im Wesentlich § 314 AO, lehnt sich dabei aber an § 835 Abs. 1 ZPO an, die Verfügung muss dem Pflichtigen mitgeteilt werden. Die 4-Wochen-Frist nach § 835 Abs. 5 ZPO ist in § 62 Abs. 1 S. 6 SVwVG auf 2 Wochen verkürzt.
Sachsen-Anhalt: Inhaltsgleich § 50 VwVG LSA.
Schleswig-Holstein: Inhaltsgleich § 306 Abs. 1 LVwG SH.

VI. Justizbeitreibungsgesetz

§ 6 Abs. 1 Nr. 1 JBeitrG verweist auf § 835 ZPO, der § 314 AO im **6** Wesentlichen entspricht. § 6 Abs. 4 JBeitrG schließt die Überweisung an Zahlungs Statt aus. Außerdem verweist § 6 Abs. 1 Nr. 1 JBeitrG auf §§ 837 und 837a ZPO, die keine Parallelen in der AO haben.

§ 315 Wirkung der Einziehungsverfügung

(1) Die Einziehungsverfügung ersetzt die förmlichen Erklärungen des Vollstreckungsschuldners, von denen nach bürgerlichem Recht die Berechtigung zur Einziehung abhängt. Sie genügt auch bei einer Forderung, für die eine Hypothek, Schiffshypothek oder ein Registerpfandrecht an einem Luftfahrzeug besteht. Zugunsten des Drittschuldners gilt eine zu Unrecht ergangene Einziehungsverfügung dem Vollstreckungsschuldner gegenüber solange als rechtmäßig, bis sie aufgehoben ist und der Drittschuldner hiervon erfährt.

(2) Der Vollstreckungsschuldner ist verpflichtet, die zur Geltendmachung der Forderung nötige Auskunft zu erteilen und die über die Forderung vorhandenen Urkunden herauszugeben. Erteilt der Vollstreckungsschuldner die Auskunft nicht, ist er auf Verlangen der Vollstreckungsbehörde verpflichtet, sie zu Protokoll zu geben und seine Angaben an Eides statt zu versichern. Die Vollstreckungsbehörde kann die eidesstattliche Versicherung der Lage der Sache entsprechend ändern. § 284 Absatz 5, 6 und 8 gilt sinngemäß. Die Vollstreckungsbehörde kann die Urkunden durch den Vollziehungsbeamten wegnehmen lassen oder ihre Herausgabe nach den §§ 328 bis 335 erzwingen.

(3) Werden die Urkunden nicht vorgefunden, so hat der Vollstreckungsschuldner auf Verlangen der Vollstreckungsbehörde zu Protokoll an Eides statt zu versichern, dass er die Urkunden nicht besitze, auch nicht wisse, wo sie sich befinden. Absatz 2 Satz 3 und 4 gilt entsprechend.

(4) Hat ein Dritter die Urkunde, so kann die Vollstreckungsbehörde auch den Anspruch des Vollstreckungsschuldners auf Herausgabe geltend machen.

I. Bedeutung der Vorschrift für den Vollstreckungsgläubiger

§ 315 Abs. 1 S. 1 und 2 AO **befreien** im Fall der Forderungspfändung **1** den Ausspruch der Einziehungsbefugnis **von den Formvorschriften,** die sonst für die Übertragung der Forderung gelten. Die bei der hypothekarisch gesicherten Forderung erforderliche schriftliche Abtretungserklärung (§ 1154 BGB) wird ersetzt; hinzukommen muss aber auch im Verwaltungszwangsverfahren Briefübergabe oder Eintragung im Grundbuch (§ 310 Abs. 1 AO). Da bei indossablen Papieren ein Vollindossament nicht erforderlich ist, um die

Berechtigung zur Einziehung zu begründen, wird nur ein Vollmachtsindossament iSv Art. 18 WG ersetzt.

II. Bedeutung der Vorschrift für den Drittschuldner

2   § 315 Abs. 1 S. 3 AO **schützt den Drittschuldner.** Er darf sich auf die Wirksamkeit der Verfügung verlassen, bis er die Aufhebung erfährt (schuldhafte Unkenntnis genügt nicht). Gegenüber einem Dritten, der die Forderung in Anspruch nimmt, schützt § 315 Abs. 1 S. 3 AO den Drittschuldner nicht. Hier kommt für den Drittschuldner Hinterlegung (§ 372 BGB) in Betracht. Die Schutzwirkung der Einziehungsverfügung gilt nicht nur im Falle ihrer Rechtswidrigkeit, sondern auch im Falle ihrer Nichtigkeit (BGHZ 127, 146). Wird nachträglich bekannt, dass die gepfändete und eingezogene Forderung in Wirklichkeit nicht bestand, kann der Drittschuldner den irrtümlich gezahlten Betrag aus dem Gesichtspunkt der ungerechtfertigten Bereicherung zurückfordern; dabei ist er nicht darauf verwiesen, sich an den – womöglich zahlungsunfähigen – Vollstreckungsschuldner zu halten, sondern kann den Anspruch gegen den Vollstreckungsgläubiger geltend machen (BGHZ 151, 127). Die Grundsätze dieser Rechtsprechung gelten auch in der Verwaltungsvollstreckung.

III. Pflichten des Vollstreckungsschuldners

3   **Urkunden** im Sinne von § 315 Abs. 2 AO sind alle Schriftstücke, die zur Geltendmachung der Forderung irgendwie dienlich sind, sofern sie den Bestand der Forderung beweisen (LG Hof DGVZ 1991, 138); dazu gehören auch Leistungsbescheide der Arbeitsämter (LG Regensburg Rpfleger 2002, 468) und im Fall der Arbeitslohnpfändung auch die Lohnabrechnungen (LG Berlin Rpfleger 1993, 294; LG Köln DGVZ 2002, 186), nicht dagegen EC-Karten (BGH Rpfleger 2003, 308). Die durch die uneingeschränkte Bezugnahme auf § 315 AO in § 5 Abs. 1 VwVG erfolgte Verweisung auf §§ 328–335 AO (statt auf §§ 6–18 VwVG) und damit einen vom VwVG abweichenden Zwangsgeldrahmen beruht vermutlich auf Unachtsamkeit der Gesetzesverfasser (der Thüringische Gesetzgeber hat in § 38 Abs. 1 Nr. 3 ThürVwZVG konsequenterweise statt auf §§ 328–335 AO auf die entsprechenden Regelungen im ThürVwZVG verwiesen), kann aber nicht im Wege der Auslegung korrigiert werden. Die Auskunft des Vollstreckungsschuldners kann durch Haft erzwungen werden (§ 315 Abs. 2 S. 4 iVm § 284 Abs. 8 AO). Zum Umfang der Auskunftspflicht des Vollstreckungsschuldners LG Köln DGVZ 2002, 186.

IV. Versicherung an Eides statt

4   Erteilt der Vollstreckungsschuldner die notwendigen Auskünfte nicht (Absatz 2 Satz 2) oder werden die Urkunden nicht vorgefunden (Absatz 3), hat der Vollstreckungsschuldner an Eides statt zu versichern, dass er im einen

Fall die Auskunft nicht erteilen könne, und im anderen Fall, dass er die Urkunden nicht besitze und auch nicht wisse, wo sie sich befinden. Zu Einzelheiten vgl. Beermann in HHSp AO § 315 Rn. 50–52.

V. Urkunden im Besitz eines Dritten

Der **Herausgabeanspruch** gegen den Dritten (§ 315 Abs. 4 AO) braucht nicht besonders gepfändet zu werden; er ist als Zubehör der gepfändeten Forderung anzusehen (RGZ 21, 360). Im Streitfall ist er im Wege der Klage vor den ordentlichen Gerichten zu verfolgen. Verwaltungszwang kommt hier nicht in Betracht (Werth in Klein AO § 315 Rn. 7). 5

VI. Landesrecht

Baden-Württemberg: § 315 Abs. 1, 2 S. 1 AO gilt kraft Verweisung in § 15 LVwVG. 6
Hessen: Im Wesentlichen inhaltsgleich § 51 HessVwVG.
Niedersachsen: Im Wesentlichen inhaltsgleich § 51 NVwVG.
Nordrhein-Westfalen: Im Wesentlichen gleich lautend § 44 VwVG NRW. Zuständig für die Abnahme der eidesstattlichen Versicherung (§ 284 AO) ist die Vollstreckungsbehörde selbst (§ 44 Abs. 2 S. 4 und Abs. 3 S. 2 iVm § 5a VwVG NRW).
Rheinland-Pfalz: Inhaltsgleich (bis auf Abs. 1 S. 2) § 49 LVwVG RP. §§ 50 und 51 LVwVG RP inhaltsgleich mit § 315 Abs. 1 S. 2 AO.
Saarland: Im Wesentlichen inhaltsgleich § 62 Abs. 2–4 SVwVG.
Sachsen: § 315 Abs. 1, 2 S. 1 AO gilt kraft Verweisung in § 15 Abs. 1 Nr. 2 SächsVwVG. Mit § 315 Abs. 2 S. 2 AO vergleichbar § 27 Abs. 1 SächsVwVG, § 315 Abs. 3 AO entspricht § 27 Abs. 2 SächsVwVG.
Sachsen-Anhalt: Im Wesentlichen inhaltsgleich § 51 VwVG LSA.
Schleswig-Holstein: Mit § 315 Abs. 1, 2 und 4 AO im Wesentlichen gleich lautend § 306 Abs. 2–4 LVwG SH.
Thüringen: § 315 Abs. 1, 2 S. 1 und 4 AO gilt kraft Verweisung in § 38 Abs. 1 Nr. 3 ThürVwZVG, § 315 Abs. 2 S. 2 mit der Maßgabe, dass an die Stelle von §§ 328–335 AO die §§ 43–54 ThürVwZVG treten (der Thüringische Gesetzgeber hat also das Redaktionsversehen des Bundesgesetzgebers, dazu Rn. 3, bemerkt), § 315 Abs. 3 S. 1 und 2 AO mit der Maßgabe, dass die Zuständigkeit für die Abgabe der eidesstattlichen Versicherung beim Gerichtsvollzieher bei dem zuständigen Amtsgericht liegt.

VII. Justizbeitreibungsgesetz

§ 6 Abs. 1 Nr. 1 JBeitrG verweist auf § 836 ZPO, der § 315 Abs. 1 und 2 AO entspricht. 7

§ 316 Erklärungspflicht des Drittschuldners

(1) Auf Verlangen der Vollstreckungsbehörde hat ihr der Drittschuldner binnen zwei Wochen, von der Zustellung der Pfändungsverfügung an gerechnet, zu erklären:
1. ob und inwieweit er die Forderung als begründet anerkenne und bereit sei zu zahlen,
2. ob und welche Ansprüche andere Personen an die Forderung erheben,
3. ob und wegen welcher Ansprüche die Forderung bereits für andere Gläubiger gepfändet sei;
4. ob innerhalb der letzten zwölf Monate im Hinblick auf das Konto, dessen Guthaben gepfändet worden ist, nach § 850l der Zivilprozessordnung die Unpfändbarkeit des Guthabens angeordnet worden ist, und
5. ob es sich bei dem Konto, dessen Guthaben gepfändet worden ist, um ein Pfändungsschutzkonto im Sinne von § 850k Abs. 7 der Zivilprozessordnung handelt.

Die Erklärung des Drittschuldners zu Nummer 1 gilt nicht als Schuldanerkenntnis.

(2) Die Aufforderung zur Abgabe dieser Erklärung kann in die Pfändungsverfügung aufgenommen werden. Der Drittschuldner haftet der Vollstreckungsbehörde für den Schaden, der aus der Nichterfüllung seiner Verpflichtung entsteht. Er kann zur Abgabe der Erklärung durch ein Zwangsgeld angehalten werden; § 334 ist nicht anzuwenden.

(3) Die §§ 841 bis 843 der Zivilprozessordnung sind anzuwenden.

Übersicht

	Rn.
I. Bedeutung der Vorschrift	1
II. Umfang der Auskunftspflicht	2
III. Haftung des Drittschuldners	5
IV. Erzwingbarkeit der Auskunftspflicht	6
V. Kostenersatz für Drittschuldnererklärung	7
VI. Anwendbare Vorschriften der ZPO	8
VII. Landesrecht	9
VIII. Justizbeitreibungsgesetz	10

I. Bedeutung der Vorschrift

1 § 316 AO gibt der Vollstreckungsbehörde die zur Geltendmachung der gepfändeten und überwiesenen Forderung erforderlichen rechtlichen Mittel in die Hand (zur praktischen Durchführung vgl. App KKZ 1998, 45 ff.). Die Erklärungspflicht setzt die – wirksame – Zustellung der Pfändungsverfügung voraus; sie wird bei einer unwirksamen Zustellung der Pfändungsverfügung auch dann nicht ausgelöst, wenn die Vollstreckungsbehörde später eine iso-

lierte Einziehungsverfügung zustellt und diese mit einer erneuten Aufforderung zur Abgabe einer Drittschuldnererklärung verbindet (so OLG Köln DGVZ 2002, 42 für den Fall eines wegen Verstoßes gegen § 178 Abs. 2 ZPO unwirksamen Ersatzzustellung einer Pfändungsverfügung). Die Zweiwochenfrist ist für den Drittschuldner oft unzumutbar kurz (App GemKA 2010, 26), dort auch zur Berechnung der Frist) und sollte vom Gesetzgeber durch eine flexiblere Regelung ersetzt werden, die es ermögliche, den Besonderheiten des Einzelfalles Rechnung zu tragen.

Gewahrt ist die Zweiwochenfrist, wenn der Drittschuldner seine Erklärung vor ihrem Ablauf absendet. Sie kann verlängert werden (so Loose in Tipke/Kruse AO § 316 Tz. 1 zu § 109 Abs. 1 AO). Die Fristverlängerung steht im pflichtgemäßen Ermessen der Vollstreckungsbehörde, die dabei die Belange des Drittschuldners mit dem Interesse des Vollstreckungsschuldners an einer raschen Klärung der Erfolgsaussichten der von der Gemeinde ergriffenen Pfändungsmaßnahme abzuwägen hat, der bei positiver Drittschuldnererklärung darauf vertrauen können soll, dass die Vollstreckungsbehörde es bei der ergriffenen Pfändungsmaßnahme bewenden lässt und mangels sicheren Vollstreckungserfolgs nicht zusätzlich weitere Vollstreckungsmaßnahmen einleitet. Pflichtgemäßem Ermessen entspricht es, wenn die Vollstreckungsbehörde die Zweiwochenfrist angemessen verlängert, falls die Prüfung der Sach- und Rechtslage durch den Drittschuldner schwierig und zeitaufwändig ist, zumal dann, wenn diese Arbeit völlig unvermutet auf ihn zukommt, weil der Vollstreckungsschuldner die in der Pfändungsverfügung bezeichneten Ansprüche bislang noch nicht gegen ihn geltend gemacht und er darum noch keinen Anlass hatte, sich mit ihnen zu befassen. Da indes die Verlängerbarkeit der Drittschuldnererklärungsfrist nicht unumstritten ist (**aA** etwa Beermann in HHSp AO § 316 Rn. 21), sollten die Gesetzgeber der Verwaltungsvollstreckungsgesetze die Verlängerbarkeit ausdrücklich in den Gesetzestext aufnehmen.

§ 316 Abs. 1 Satz 1 Nummer 4 und 5 AO wird durch das **Pfändungs-** 1a **schutzkonto-Fortentwicklungsgesetz** vom 22. November 2020 (BGBl. I S. 2466, 2472) mit **Wirkung zum 1. Dezember 2021** geändert und hat dann folgenden Wortlaut:

(...)

4. ob innerhalb der letzten zwölf Monate im Hinblick auf das Konto, dessen Guthaben gepfändet worden ist, nach § 907 der Zivilprozessordnung die Unpfändbarkeit des Guthabens festgesetzt worden ist, und
5. ob es sich bei dem Konto, dessen Guthaben gepfändet worden ist, um ein Pfändungsschutzkonto im Sinne von § 850k der Zivilprozessordnung handelt oder ein Gemeinschaftskonto im Sinne von § 850l der Zivilprozessordnung handelt; bei einem Gemeinschaftskonto ist zugleich anzugeben, ob der Schuldner nur gemeinsam mit einer anderen Person oder mehreren anderen Personen verfügungsbefugt ist.

Die Regelung in Nummer 4 vollzieht die entsprechende Änderung der ZPO nach: Der Regelungsgehalt des bisherigen § 850l ZPO wird im Wesentlichen in den neuen § 907 ZPO transferriert – unter Verkürzung des Prognosezeitraums auf sechs Monate. Nummer 5 vollzieht die Einführung des Gemeinschaftskontos im neuen § 850l ZPO nach, für das Pfändungsschutz nicht gewährt wird (Abdruck von § 850l nF und § 907 nF bei → § 319 AO).

II. Umfang der Auskunftspflicht

2   Der Umfang der **Auskunftspflicht** ergibt sich aus § 316 Abs. 1; zum Verfahren der Aufforderung Beermann in HHSp AO § 316 Rn. 29 ff.; zum Zweck der Auskunftspflicht des Drittschuldners BGH NJW 2000, 651.

3   **1.** Die positive oder negative Erklärung über seine Zahlungsbereitschaft braucht der Drittschuldner nicht zu begründen (vgl. Werth in Klein AO § 316 Rn. 3 mit weiteren Nachweisen).

4   **2.** Die Erklärung über Ansprüche Dritter muss Namen und Anschriften der Dritten sowie den Rechtsgrund ihrer Forderungen angeben.

III. Haftung des Drittschuldners

5   Der Schadensersatzanspruch nach § 316 Abs. 2 S. 2 AO setzt eine schuldhafte Verletzung der Erklärungspflicht voraus (BGHZ 79, 275); der Schaden kann zB in den Prozesskosten für eine Zahlungsklage bestehen (LG Köln KKZ 1990, 155), zu denen auch Anwaltsgebühren zählen können (BAGE 65, 139). Als öffentlich-rechtlicher Anspruch ist er vor den Verwaltungsgerichten geltend zu machen (vgl. BVerwG DÖV 1963, 479; kritisch dazu Traulsen DVBl 1974, 462 f.).

IV. Erzwingbarkeit der Auskunftspflicht

6   Die **Erfüllung der Erklärungspflicht** unterliegt dem Verwaltungszwang (§ 316 Abs. 2 S. 3 AO). Die landesrechtlichen Regelungen sind insoweit nicht einheitlich. Der bundesrechtlichen Regelung entsprechen etwa die Regelungen in Baden-Württemberg, Bremen, Hessen und Niedersachsen. In den Ländern, deren Vorschriften sich an § 840 ZPO anlehnen, fehlt eine ausdrückliche Bestimmung. In Rechtsprechung (zB OVG NRW DVBl 1963, 899) und Schrifttum (Nachweise bei Henneke JZ 1987, 746, 747) überwiegt die Auffassung, dass die Drittschuldnererklärung nicht erzwingbar sei. Allerdings ist die Aufforderung zur Abgabe der Erklärung ein Verwaltungsakt, und es seien keine durchschlagenden Gründe dafür ersichtlich, dass er als auf eine unvertretbare Handlung gerichtet nicht nach den allgemeinen Vorschriften (→ VwVG § 11) durch ein Zwangsgeld sollte durchgesetzt werden können (so vor allem Henneke JZ 1987, 746, 751; im Ergebnis auch Werth in Klein AO § 316 Rn. 2). Die Festsetzung von Erzwingungshaft wird aber im Hinblick auf den Schadensersatzanspruch der öffentlichen Hand in der Regel am Übermaßverbot scheitern (ebenso Henneke JZ 1987, 746, 751 Fn. 65).

Erklärungspflicht des Drittschuldners § 316 AO

V. Kostenersatz für Drittschuldnererklärung

Umstritten ist, ob eine Pflicht besteht, dem Drittschuldner die **Kosten der Drittschuldnererklärung** zu erstatten. Während man bei der zivilprozessualen Zwangsvollstreckung eine Erstattungspflicht teilweise bejaht, wird im Verwaltungsvollstreckungsverfahren von der ganz hM ein Kostenerstattungsanspruch des Drittschuldners verneint (BVerwG KKZ 1995, 34; SG Hamburg SGb 1985, 292; Werth in Klein AO § 316 Rn. 3). Die Ablehnung der Kostenerstattung ist ein Verwaltungsakt (FG Baden-Württemberg EFG 1994, 819). 7

VI. Anwendbare Vorschriften der ZPO

§§ 841–843 ZPO lauten: 8

§ 841 Pflicht zur Streitverkündung
Der Gläubiger, der die Forderung einklagt, ist verpflichtet, dem Schuldner gerichtlich den Streit zu verkünden, sofern nicht eine Zustellung im Ausland oder eine öffentliche Zustellung erforderlich wird.

§ 842 Schadenersatz bei verzögerter Beitreibung
Der Gläubiger, der die Beitreibung einer ihm zur Einziehung überwiesenen Forderung verzögert, haftet dem Schuldner für den daraus entstehenden Schaden.

§ 843 Verzicht des Pfandgläubigers
Der Gläubiger kann auf die durch Pfändung und Überweisung zur Einziehung erworbenen Rechte unbeschadet seines Anspruchs verzichten. Die Verzichtleistung erfolgt durch eine dem Schuldner zuzustellende Erklärung. Die Erklärung ist auch dem Drittschuldner zuzustellen.

VII. Landesrecht

Hessen: Im Wesentlichen gleich lautend § 52 HessVwVG. 9
Niedersachsen: Im Wesentlichen gleich lautend § 52 NVwVG, die Aufforderung zur Abgabe dieser Erklärung muss in die Pfändungsverfügung aufgenommen werden.
Nordrhein-Westfalen: Im Wesentlichen gleich lautend § 45 VwVG NRW.
Rheinland-Pfalz: Im Wesentlichen gleich lautend (bis auf § 316 Abs. 1 S. 2, Abs. 2 S. 3 AO) § 52 VwVG RP.
Saarland: Im Wesentlichen inhaltsgleich (bis auf § 316 Abs. 1 S. 1 Nr. 4 und 5 sowie Abs. 1 S. 2, Abs. 2 S. 3 AO) § 63 SVwVG, die Aufforderung zur Abgabe dieser Erklärung muss in die Pfändungsverfügung aufgenommen werden.
Sachsen-Anhalt: Im Wesentlichen gleich lautend § 52 VwVG LSA; der Zwangsgeldrahmen beträgt 2500 EURO.
Schleswig-Holstein: Im Wesentlichen gleich lautend (bis auf § 316 Abs. 1 S. 2, Abs. 2 S. 3 AO) § 307 LVwG SH.

AO § 317

VIII. Justizbeitreibungsgesetz

10 § 6 Abs. 1 Nr. 1 JBeitrG verweist auf § 840 Abs. 1 und 2 S. 2 ZPO, die § 316 Abs. 1 und 2 S. 2 im Wesentlichen entsprechen; die Möglichkeit der Erzwingung der Drittschuldnererklärung durch Zwangsgeld ist im JBeitrG nicht vorgesehen. Anders als nach der AO („kann") **muss** die Aufforderung zur Abgabe der Drittschuldnererklärung in den Pfändungsbeschluss aufgenommen werden (§ 6 Abs. 2 S. 3 JBeitrG). Die Vollstreckungsbehörde kann den Vollziehungsbeamten mit der Entgegennahme der Drittschuldnererklärung beauftragen (§ 6 Abs. 3 S. 3 JBeitrG); dies entspricht § 840 Abs. 3 S. 1 ZPO. Wie § 316 Abs. 3 AO verweist § 6 Abs. 1 Nr. 1 JBeitrG auf §§ 841–843 ZPO.

§ 317 Andere Art der Verwertung

Ist die gepfändete Forderung bedingt oder betagt oder ihre Einziehung schwierig, so kann die Vollstreckungsbehörde anordnen, dass sie in anderer Weise zu verwerten ist; § 315 Abs. 1 gilt entsprechend. Der Vollstreckungsschuldner ist vorher zu hören, sofern nicht eine Bekanntgabe außerhalb des Geltungsbereiches des Gesetzes oder eine öffentliche Bekanntmachung erforderlich ist.

I. Allgemeines

1 Bei bedingten Forderungen hängt die Entstehung von einem zukünftigen ungewissen Ereignis ab. Betagte Forderungen sind noch nicht fällig; ihnen dürften künftige Forderungen gleichzustellen sein. Schwierig kann die Einziehung sein, wenn der Drittschuldner sich im Ausland aufhält und kein leicht pfändbares Inlandsvermögen hat, überhaupt wenn er zahlungsunfähig ist.

II. Bekanntgabe

2 **Bekanntgabe** im Ausland ist nicht immer erforderlich, wenn der Pflichtige sich dort aufhält. Trotzdem kann die Bekanntgabe an gesetzliche Vertreter (→ VwZG § 6), an Bevollmächtigte (→ VwZG § 7) oder im Wege der Ersatzzustellung (§ 5 Abs. 2 S. 1 VwZG iVm §§ 178, 180, 181 ZPO) im Inland möglich sein.

Öffentliche Bekanntmachung ist in den Fällen von § 10 Abs. 1 VwZG erforderlich.

III. Anordnung

3 Die **Anordnung** ist ein Verwaltungsakt, der im Ermessen der Vollstreckungsbehörde steht und gegen den für den Pflichtigen Widerspruch und Anfechtungsklage gegeben sind.

IV. Wirkung der Anordnung

Die Anordnung ersetzt den Ausspruch der Einziehungsbefugnis und damit 4
die Erklärungen, die nach bürgerlichem Recht bei einer Verwertung durch
den Vollstreckungsschuldner selbst notwendig wären (§ 315 Abs. 1 AO).

Die anderweitige Verwertung von Forderungen entspricht im Wesentlichen der anderweitigen Verwertung beweglicher Sachen (§ 305 AO). In erster Linie kommt freihändiger Verkauf in Betracht.

V. Landesrecht

Hessen: Mit § 317 S. 1 gleich lautend (bis auf die (inhaltsgleiche) Verwei- 5
sung auf § 51 Abs. 1 HessVwVG statt auf § 315 Abs. 1 AO) § 53 HessVwVG.

Niedersachsen: Inhaltsgleich § 53 NVwVG, bis auf die (inhaltsgleiche)
Verweisung auf § 51 Abs. 1 NVwVG statt auf § 315 Abs. 1 AO).

Nordrhein-Westfalen: Inhaltsgleich § 46 VwVG NRW, bis auf die
(inhaltsgleiche) Verweisung auf § 44 Abs. 1 VwVG NRW statt auf § 315
Abs. 1 AO).

Rheinland-Pfalz: Mit § 317 S. 1 AO gleich lautend (bis auf die (inhaltsgleiche) Verweisung auf §§ 48, 49 LVwVG RP statt auf § 315 Abs. 1 AO)
§ 53 LVwVG RP.

Saarland: Mit § 317 S. 1 AO im Wesentlichen gleich lautend § 64 S. 1
SVwVG, § 64 S. 2 SVwVG verweist auf§ 62 Abs. 2 SVwVG, der § 315 Abs. 1
AO entspricht.

Sachsen-Anhalt: Inhaltsgleich § 53 VwVG LSA.

Schleswig-Holstein: Mit § 317 S. 1 AO im Wesentlichen gleich lautend
§ 308 LVwG SH.

VI. Justizbeitreibungsgesetz

§ 6 Abs. 1 Nr. 1 JBeitrG verweist auf § 844 ZPO, der § 317 AO im 6
Wesentlichen entspricht. Zur Anordnung ist die Vollstreckungsbehörde im
Anwendungsbereich des JBeitrG allerdings nicht selbst berechtigt, sondern
das nach § 828 Abs. 2 ZPO zuständige Gericht. Über den Antrag entscheidet
der Rechtspfleger (§ 20 Nr. 17 RPflG). Die Anordnung ergeht durch
Beschluss (§ 6 Abs. 1 Nr. 1 JBeitrG iVm § 764 Abs. 3 ZPO), der den Überweisungsbeschluss ersetzt.

§ 318 Ansprüche auf Herausgabe oder Leistung von Sachen

(1) **Für die Vollstreckung in Ansprüche auf Herausgabe oder Leistung von Sachen gelten außer den §§ 309 bis 317 die nachstehenden Vorschriften.**

(2) **Bei der Pfändung eines Anspruchs, der eine bewegliche Sache betrifft, ordnet die Vollstreckungsbehörde an, dass die Sache an den**

Vollziehungsbeamten herauszugeben sei. Die Sache wird wie eine gepfändete Sache verwertet.

(3) Bei Pfändung eines Anspruchs, der eine unbewegliche Sache betrifft, ordnet die Vollstreckungsbehörde an, dass die Sache an einen Treuhänder herauszugeben sei, den das Amtsgericht der belegenen Sache auf Antrag der Vollstreckungsbehörde bestellt. Ist der Anspruch auf Übertragung des Eigentums gerichtet, so ist dem Treuhänder als Vertreter des Vollstreckungsschuldners aufzulassen. Mit dem Übergang des Eigentums auf den Vollstreckungsschuldner erlangt die Körperschaft, der die Vollstreckungsbehörde angehört, eine Sicherungshypothek für die Forderung. Der Treuhänder hat die Eintragung der Sicherungshypothek zu bewilligen. Die Vollstreckung in die herausgegebene Sache wird nach den Vorschriften über die Vollstreckung in unbewegliche Sachen bewirkt.

(4) Absatz 3 gilt entsprechend, wenn der Anspruch ein im Schiffsregister eingetragenes Schiff, ein Schiffsbauwerk oder Schwimmdock, das im Schiffsbauregister eingetragen ist oder in dieses Register eingetragen werden kann oder ein Luftfahrzeug betrifft, das in der Luftfahrzeugrolle eingetragen ist oder nach Löschung in der Luftfahrzeugrolle noch in dem Register für Pfandrechte an Luftfahrzeugen eingetragen ist.

(5) Dem Treuhänder ist auf Antrag eine Entschädigung zu gewähren. Die Entschädigung darf die nach der Zwangsverwalterordnung festzusetzende Vergütung nicht übersteigen.

I. Verweisungstechnik

1 § 5 Abs. 1 VwVG verweist nur auf § 318 Abs. 1–4 AO; dagegen ist in Baden-Württemberg (§ 15 LVwVG), Brandenburg (§ 22 Abs. 1 Nr. 3 VwVG BB), Bremen (§ 2 Abs. 1 BremGVG), Hamburg (§ 35 Abs. 1 HmbVwVG), Sachsen (§ 15 Abs. 1 Nr. 2 SächsVwVG) und Thüringen (§ 38 Abs. 1 Nr. 3 ThürVwZVG) der gesamte § 318 AO in die Verweisung einbezogen.

1a § 318 Abs. 5 Satz 2 AO wird durch das **Pfändungsschutzkonto-Fortentwicklungsgesetz** vom 22. November 2020 (BGBl. I S. 2466, 2472) mit **Wirkung zum 1. Dezember 2021** geändert; dabei wird lediglich der Begriff der Zwangsverwalterordnung redaktionell durch den Verweis auf die **Zwangsverwalterverordnung** ersetzt.

II. Anwendung der Vorschrift

2 Das Verfahren nach § 318 AO kommt nur in Betracht, wenn der besitzende Dritte nicht bereit ist, die Sache freiwillig herauszugeben. Ist er dazu bereit, kann die dem Vollstreckungsschuldner gehörende Sache unmittelbar gemäß § 286 Abs. 4 AO gepfändet werden. Zumindest, wenn engere Verbindungen zwischen Vollstreckungsschuldner und Drittem angenommen wer-

den können, empfiehlt es sich indessen, dem Vollziehungsbeamten eine Pfändungsverfügung nach § 318 AO mitzugeben zur Zustellung für den Fall, dass der Dritte die Herausgabe verweigert.

III. Bewegliche Sachen

Die Anordnung nach § 318 Abs. 2 S. 1 AO tritt an die Stelle der Einziehungsverfügung bei Geldforderungen (§ 314 AO). Die herauszugebende Sache muss in ihr so genau bezeichnet sein, dass eine Verwechslung ausgeschlossen ist (vgl. OLG Köln JW 1921, 535; Beermann in HHSp AO § 318 Rn. 10; Formulierungsvorschlag bei App KKZ 2006, 258). Gleichzeitig wird dem Drittschuldner verboten, die Sache dem Vollstreckungsschuldner herauszugeben; dem Vollstreckungsschuldner, über die Forderung zu verfügen oder die Sache in Empfang zu nehmen (§ 318 Abs. 1 iVm § 309 Abs. 1 AO).

Mit der Herausgabe an den Vollziehungsbeamten erwirbt der Vollstreckungsschuldner das Recht, auf dessen Verschaffung sein Anspruch gerichtet war. Der Gläubiger erwirbt kraft Gesetzes und ohne weitere Sachpfändung ein Pfandrecht an der herausgegebenen Sache.

IV. Unbewegliche Sachen

Für die **Entstehung der Sicherungshypothek** nach § 318 Abs. 3 S. 3 AO ist die Eintragung nicht erforderlich; die Bewilligungspflicht nach § 318 Abs. 3 S. 4 AO dient nur der Berichtigung des Grundbuchs. Wenn der Veräußerer nicht freiwillig auflässt, muss der Vollstreckungsgläubiger auf Auflassung und Herausgabe an den Treuhänder klagen; der Treuhänder selbst kann nicht klagen. Der Vollstreckungsgläubiger kann das Urteil wie jedes Urteil vollstrecken, das auf Abgabe einer Willenserklärung und Besitzübertragung ergeht, nur mit der Maßgabe, dass hier der Treuhänder eingeschaltet ist. Schon vorher aber kann der Vollstreckungsgläubiger zur Sicherung des gepfändeten Anspruchs die Eintragung einer Vormerkung für das Recht des Vollstreckungsschuldners gemäß §§ 883, 885 BGB im Wege der einstweiligen Verfügung beantragen (dazu App DStZ 1986, 167).

V. Landesrecht

Hessen: Mit § 318 Abs. 1–4 AO inhaltsgleich § 54 HessVwVG.
Niedersachsen: Mit § 318 Abs. 1–4 AO inhaltsgleich § 54 NVwVG.
Nordrhein-Westfalen: Mit § 318 Abs. 1–3 AO inhaltsgleich mit der Maßgabe, dass der Vollstreckungsgläubiger die Sicherungshypothek erlangt, § 47 VwVG NRW.
Rheinland-Pfalz: Mit § 318 Abs. 1–3 AO inhaltsgleich mit der Maßgabe, dass der Vollstreckungsgläubiger die Sicherungshypothek erlangt, § 54 VwVG RP.
Saarland: Mit § 318 Abs. 1–4 AO inhaltsgleich § 65 SVwVG.
Sachsen-Anhalt: Mit § 318 Abs. 1–4 AO inhaltsgleich § 54 VwVG LSA.

Schleswig-Holstein: Mit § 318 Abs. 1–4 AO im Wesentlichen gleich lautend § 309 LVwG SH.

VI. Justizbeitreibungsgesetz

6 § 6 Abs. 1 Nr. 1 JBeitrG verweist auf § 846 ZPO, der § 318 Abs. 1 AO entspricht, auf § 847 ZPO, der § 318 Abs. 2 AO entspricht, auf § 847a ZPO, der auf Schiffe beschränkt § 318 Abs. 4 AO entspricht, und auf § 848 ZPO, der § 318 Abs. 3 AO entspricht.

§ 319 Unpfändbarkeit von Forderungen

Beschränkungen und Verbote, die nach §§ 850 bis 852 der Zivilprozessordnung und anderen gesetzlichen Bestimmungen für die Pfändung von Forderungen und Ansprüchen bestehen, gelten sinngemäß.

Übersicht
Rn.

I. Allgemeines 1
II. Anwendbare Vorschriften der ZPO 2
III. Pfändungsprivileg wegen Unterhaltsforderungen und verschleiertes Arbeitseinkommen 3
IV. Anwendbarkeit auf andere Vollstreckungsschuldner als Arbeitnehmer 4
V. Pfändungseinschränkungen in Spezialgesetzen 5
  1. Unpfändbare Ansprüche 6
  2. Beschränkt pfändbare Ansprüche 7
VI. Geltendmachung der Schutzvorschriften durch Drittschuldner im Prozess 8
VII. Landesrecht 9
VIII. Justizbeitreibungsgesetz 10

I. Allgemeines

1 § 319 ordnet die sinngemäße Geltung der zum Schutze des Vollstreckungsschuldners bestehenden Pfändungsverbote und -beschränkungen nach der ZPO und anderern Gesetzen bestehen.

1a Durch das Pfändungsschutzkonto-Fortentwicklungsgesetz vom 22. November 2020 (BGBl. I S. 2466, 2472) wird § 319 AO mit **Wirkung zum 1. Dezember 2021** geändert. Die Regelung verweist dann neben den §§ 850 bis 852 ZPO zusätzlich auf die Vorschriften zur Wirkung des Pfändungsschutzkontos nach § 899 bis 907 ZPO in der Fassung des Pfändungsschutzkonto-Fortentwicklungsgesetzes. Die Norm hat dann folgenden Wortlaut:

§ 319 Unpfändbarkeit von Forderungen

Beschränkungen und Verbote, die nach den §§ 850 bis 852 und §§ 899 bis 907 der Zivilprozessordnung und anderen gesetzlichen Bestimmungen für die Pfändung von Forderungen und Ansprüchen bestehen, gelten sinngemäß.

Inhaltlich sind die Regelungen zum Pfändungsschutzkonto neu gefasst und neu strukturiert worden. Mit **Wirkung vom 1. August 2021** hat zudem § 850c ZPO einen neuen Wortlaut erhalten. Zu den Änderungen siehe bei → Rn. 2a und 2b.

II. Anwendbare Vorschriften der ZPO

Die in Bezug genommenen Bestimmungen der ZPO lauten:

§ 850 Pfändungsschutz für Arbeitseinkommen

(1) Arbeitseinkommen, das in Geld zahlbar ist, kann nur nach Maßgabe der §§ 850a bis 850i gepfändet werden.

(2) Arbeitseinkommen im Sinne dieser Vorschrift sind die Dienst- und Versorgungsbezüge der Beamten, Arbeits- und Dienstlöhne, Ruhegelder und ähnliche nach dem einstweiligen oder dauernden Ausscheiden aus dem Dienst- oder Arbeitsverhältnis gewährte fortlaufende Einkünfte, ferner Hinterbliebenenbezüge sowie sonstige Vergütungen für Dienstleistungen aller Art, die die Erwerbstätigkeit des Schuldners vollständig oder zu einem wesentlichen Teil in Anspruch nehmen.

(3) Arbeitseinkommen sind auch die folgenden Bezüge, soweit sie in Geld zahlbar sind:
a) Bezüge, die ein Arbeitnehmer zum Ausgleich für Wettbewerbsbeschränkungen für die Zeit nach Beendigung seines Dienstverhältnisses beanspruchen kann;
b) Renten, die auf Grund von Versicherungsverträgen gewährt werden, wenn diese Verträge zur Versorgung des Versicherungsnehmers oder seiner unterhaltsberechtigten Angehörigen eingegangen sind.

(4) Die Pfändung des in Geld zahlbaren Arbeitseinkommens erfasst alle Vergütungen, die dem Schuldner aus der Arbeits- oder Dienstleistung zustehen, ohne Rücksicht auf ihre Benennung oder Berechnungsart.

§ 850a Unpfändbare Bezüge

Unpfändbar sind
1. zur Hälfte die für die Leistung von Mehrarbeitsstunden gezahlten Teile des Arbeitseinkommens;
2. die für die Dauer eines Urlaubs über das Arbeitseinkommen hinaus gewährten Bezüge, Zuwendungen aus Anlass eines besonderen Betriebsereignisses und Treugelder, soweit sie den Rahmen des Üblichen nicht übersteigen;
3. Aufwandsentschädigungen, Auslösungsgelder und sonstige soziale Zulagen für auswärtige Beschäftigungen, das Entgelt für selbstgestelltes Arbeitsmaterial, Gefahrenzulagen sowie Schmutz- und Erschwerniszulagen, soweit diese Bezüge den Rahmen des Üblichen nicht übersteigen;
4. Weihnachtsvergütungen bis zum Betrag der Hälfte des monatlichen Arbeitseinkommens, höchstens aber bis zum Betrag von 500 Euro;
5. Geburtsbeihilfen sowie Beihilfen aus Anlass der Eingehung einer Ehe oder Begründung einer Lebenspartnerschaft, sofern die Vollstreckung wegen anderer als der aus Anlass der Geburt, der Eingehung einer Ehe oder der Begründung einer Lebenspartnerschaft entstandenen Ansprüche betrieben wird;
6. Erziehungsgelder, Studienbeihilfen und ähnliche Bezüge;
7. Sterbe- und Gnadenbezüge aus Arbeits- oder Dienstverhältnissen;
8. Blindenzulagen.

AO § 319 Abgabenordnung

§ 850b Bedingt pfändbare Bezüge

(1) Unpfändbar sind ferner
1. Renten, die wegen einer Verletzung des Körpers oder der Gesundheit zu entrichten sind;
2. Unterhaltsrenten, die auf gesetzlicher Vorschrift beruhen, sowie die wegen Entziehung einer solchen Forderung zu entrichtenden Renten;
3. fortlaufende Einkünfte, die ein Schuldner aus Stiftungen oder sonst auf Grund der Fürsorge und Freigebigkeit eines Dritten oder auf Grund eines Altenteils oder Auszugsvertrags bezieht;
4. Bezüge aus Witwen-, Waisen-, Hilfs- und Krankenkassen, die ausschließlich oder zu einem wesentlichen Teil zu Unterstützungszwecken gewährt werden, ferner Ansprüche aus Lebensversicherungen, die nur auf den Todesfall des Versicherungsnehmers abgeschlossen sind, wenn die Versicherungssumme 3.579 Euro nicht übersteigt.

(2) Diese Bezüge können nach den für Arbeitseinkommen geltenden Vorschriften gepfändet werden, wenn die Vollstreckung in das sonstige bewegliche Vermögen des Schuldners zu einer vollständigen Befriedigung des Gläubigers nicht geführt hat oder voraussichtlich nicht führen wird und wenn nach den Umständen des Falles, insbesondere nach der Art des beizutreibenden Anspruchs und der Höhe der Bezüge, die Pfändung der Billigkeit entspricht.

(3) Das Vollstreckungsgericht soll vor seiner Entscheidung die Beteiligten hören.

§ 850c Pfändungsgrenzen für Arbeitseinkommen

(1) Arbeitseinkommen ist unpfändbar, wenn es, je nach dem Zeitraum, für den es gezahlt wird, nicht mehr als

930 Euro monatlich,

217,50 Euro wöchentlich oder

43,50 Euro täglich,

beträgt. Gewährt der Schuldner auf Grund einer gesetzlichen Verpflichtung seinem Ehegatten, einem früheren Ehegatten, seinem Lebenspartner, einem früheren Lebenspartner oder einem Verwandten oder nach §§ 1615l, 1615n des Bürgerlichen Gesetzbuchs einem Elternteil Unterhalt, so erhöht sich der Betrag, bis zu dessen Höhe Arbeitseinkommen unpfändbar ist, auf bis zu

2.060 Euro monatlich,

478,50 Euro wöchentlich oder

96,50 Euro täglich,

und zwar um

350 Euro monatlich,

81 Euro wöchentlich oder

17 Euro täglich,

für die erste Person, der Unterhalt gewährt wird, und um je

195 Euro monatlich,

45 Euro wöchentlich oder

9 Euro täglich

für die zweite bis fünfte Person.

(2) Übersteigt das Arbeitseinkommen den Betrag, bis zu dessen Höhe es je nach der Zahl der Personen, denen der Schuldner Unterhalt gewährt, nach Absatz 1 unpfändbar ist, so ist es hinsichtlich des überschießenden Betrages zu einem Teil unpfändbar, und zwar in Höhe von drei Zehnteln, wenn der Schuldner keiner der in Absatz 1 genannten Personen Unterhalt gewährt, zwei weiteren Zehnteln für die erste Person, der Unterhalt gewährt wird, und je einem weiteren Zehntel für die zweite bis fünfte Person. Der Teil des Arbeitseinkommens, der 2.851 Euro monatlich, 658 Euro wöchentlich, 131,58 Euro täglich übersteigt, bleibt bei der Berechnung des unpfändbaren Betrages unberücksichtigt.

(2a) Die unpfändbaren Beträge nach Absatz 1 und Absatz 2 Satz 2 ändern sich jeweils zum 1. Juli eines jeden zweiten Jahres, erstmalig zum 1. Juli 2003, entsprechend der im Vergleich zum jeweiligen Vorjahreszeitraum sich ergebenden prozentualen Entwicklung des Grundfreibetrages nach § 32a Abs. 1 Nr. 1 des Einkommensteuergesetzes; der Berechnung ist die am 1. Januar des jeweiligen Jahres geltende Fassung des § 32a Abs. 1 Nr. 1 des Einkommensteuergesetzes zugrunde zu legen. Das Bundesministerium der Justiz und für Verbraucherschutz gibt die maßgebenden Beträge rechtzeitig im Bundesgesetzblatt bekannt.

(3) Bei der Berechnung des nach Absatz 2 pfändbaren Teils des Arbeitseinkommens ist das Arbeitseinkommen, gegebenenfalls nach Abzug des nach Absatz 2 Satz 2 pfändbaren Betrages, wie aus der Tabelle ersichtlich, die diesem Gesetz als Anlage beigefügt ist, nach unten abzurunden, und zwar bei Auszahlung für Monate auf einen durch 10 Euro, bei Auszahlung für Wochen auf einen durch 2,50 Euro oder bei Auszahlung für Tage auf einen durch 50 Cent teilbaren Betrag. Im Pfändungsbeschluss genügt die Bezugnahme auf die Tabelle.

(4) Hat eine Person, welcher der Schuldner auf Grund gesetzlicher Verpflichtung Unterhalt gewährt, eigene Einkünfte, so kann das Vollstreckungsgericht auf Antrag des Gläubigers nach billigem Ermessen bestimmen, dass diese Person bei der Berechnung des unpfändbaren Teils des Arbeitseinkommens ganz oder teilweise unberücksichtigt bleibt; soll die Person nur teilweise berücksichtigt werden, so ist Absatz 3 Satz 2 nicht anzuwenden.

§ 850d Pfändbarkeit bei Unterhaltsansprüchen

(1) Wegen der Unterhaltsansprüche, die kraft Gesetzes einem Verwandten, dem Ehegatten, einem früheren Ehegatten, dem Lebenspartner, einem früheren Lebenspartner oder nach §§ 1615l, 1615n des Bürgerlichen Gesetzbuchs einem Elternteil zustehen, sind das Arbeitseinkommen und die in § 850a Nr. 1, 2 und 4 genannten Bezüge ohne die in § 850c bezeichneten Beschränkungen pfändbar. Dem Schuldner ist jedoch so viel zu belassen, als er für seinen notwendigen Unterhalt und zur Erfüllung seiner laufenden gesetzlichen Unterhaltspflichten gegenüber den Gläubiger vorgehenden Berechtigten oder zur gleichmäßigen Befriedigung der dem Gläubiger gleichstehenden Berechtigten bedarf; von den in § 850a Nr. 1, 2 und 4 genannten Bezügen hat ihm mindestens die Hälfte des nach § 850a unpfändbaren Betrages zu verbleiben. Der dem Schuldner hiernach verbleibende Teil seines Arbeitseinkommens darf den Betrag nicht übersteigen, der ihm nach den Vorschriften des § 850c gegenüber nicht bevorrechtigten Gläubigern zu verbleiben hätte. Für die Pfändung wegen der Rückstände, die länger als ein Jahr vor dem Antrag auf Erlass des Pfändungsbeschlusses fällig geworden sind, gelten die Vorschriften dieses Absatzes insoweit nicht, als nach Lage der

Verhältnisse nicht anzunehmen ist, dass der Schuldner sich seiner Zahlungspflicht absichtlich entzogen hat.

(2) Mehrere nach Absatz 1 Berechtigte sind mit ihren Ansprüchen in der Reihenfolge nach § 1609 des Bürgerlichen Gesetzbuchs und § 16 des Lebenspartnerschaftsgesetzes zu berücksichtigen, wobei mehrere gleich nahe Berechtigte untereinander den gleichen Rang haben.

(3) Bei der Vollstreckung wegen der in Absatz 1 bezeichneten Ansprüche sowie wegen der aus Anlass einer Verletzung des Körpers oder der Gesundheit zu zahlenden Renten kann zugleich mit der Pfändung wegen fälliger Ansprüche auch künftig fällig werdendes Arbeitseinkommen wegen der dann jeweils fällig werdenden Ansprüche gepfändet und überwiesen werden.

§ 850e Berechnung des pfändbaren Arbeitseinkommens

Für die Berechnung des pfändbaren Arbeitseinkommens gilt Folgendes:
1. Nicht mitzurechnen sind die nach § 850a der Pfändung entzogenen Bezüge, ferner Beträge, die unmittelbar auf Grund steuerrechtlicher oder sozialrechtlicher Vorschriften zur Erfüllung gesetzlicher Verpflichtungen des Schuldners abzuführen sind. Diesen Beträgen stehen gleich die auf den Auszahlungszeitraum entfallenden Beträge, die der Schuldner
   a) nach den Vorschriften der Sozialversicherungsgesetze zur Weiterversicherung entrichtet oder
   b) an eine Ersatzkasse oder an ein Unternehmen der privaten Krankenversicherung leistet, soweit sie den Rahmen des Üblichen nicht übersteigen.
2. Mehrere Arbeitseinkommen sind auf Antrag vom Vollstreckungsgericht bei der Pfändung zusammenzurechnen. Der unpfändbare Grundbetrag ist in erster Linie dem Arbeitseinkommen zu entnehmen, das die wesentliche Grundlage der Lebenshaltung des Schuldners bildet.
2a. Mit Arbeitseinkommen sind auf Antrag auch Ansprüche auf laufende Geldleistungen nach dem Sozialgesetzbuch zusammenzurechnen, soweit diese der Pfändung unterworfen sind. Der unpfändbare Grundbetrag ist, soweit die Pfändung nicht wegen gesetzlicher Unterhaltsansprüche erfolgt, in erster Linie den laufenden Geldleistungen nach dem Sozialgesetzbuch zu entnehmen. Ansprüche auf Geldleistungen für Kinder dürfen mit Arbeitseinkommen nur zusammengerechnet werden, soweit sie nach § 76 des Einkommensteuergesetzes oder nach § 54 Abs. 5 des Ersten Buches Sozialgesetzbuch gepfändet werden können.
3. Erhält der Schuldner neben seinem in Geld zahlbaren Einkommen auch Naturalleistungen, so sind Geld- und Naturalleistungen zusammenzurechnen. In diesem Fall ist der in Geld zahlbare Betrag insoweit pfändbar, als der nach § 850c unpfändbare Teil des Gesamteinkommens durch den Wert der dem Schuldner verbleibenden Naturalleistungen gedeckt ist.
4. Trifft eine Pfändung, eine Abtretung oder eine sonstige Verfügung wegen eines der in § 850d bezeichneten Ansprüche mit einer Pfändung wegen eines sonstigen Anspruchs zusammen, so sind auf die Unterhaltsansprüche zunächst die gemäß § 850d der Pfändung in erweitertem Umfang unterliegenden Teile des Arbeitseinkommens zu verrechnen. Die Verrechnung nimmt auf Antrag eines Beteiligten das Vollstreckungsgericht vor. Der Drittschuldner kann, solange ihm eine Entscheidung des Vollstreckungsgerichts nicht zugestellt ist, nach dem

Inhalt der ihm bekannten Pfändungsbeschlüsse, Abtretungen und sonstigen Verfügungen mit befreiender Wirkung leisten.

§ 850f Änderung des unpfändbaren Betrages

(1) Das Vollstreckungsgericht kann dem Schuldner auf Antrag von dem nach den Bestimmungen der §§ 850c, 850d und 850i pfändbaren Teil seines Arbeitseinkommens einen Teil belassen, wenn

a) der Schuldner nachweist, dass bei Anwendung der Pfändungsfreigrenzen entsprechend der Anlage zu diesem Gesetz (zu § 850c) der notwendige Lebensunterhalt im Sinne des Dritten, Vierten und Elften Kapitels des Zwölften Buches Sozialgesetzbuch oder nach Kapitel 3 Abschnitt 2 des Zweiten Buches Sozialgesetzbuch für sich und für die Personen, denen er Unterhalt zu gewähren hat, nicht gedeckt ist,

b) besondere Bedürfnisse des Schuldners aus persönlichen oder beruflichen Gründen oder

c) der besondere Umfang der gesetzlichen Unterhaltspflichten des Schuldners, insbesondere die Zahl der Unterhaltsberechtigten, dies erfordern

und überwiegende Belange des Gläubigers nicht entgegenstehen.

(2) Wird die Zwangsvollstreckung wegen einer Forderung aus einer vorsätzlich begangenen unerlaubten Handlung betrieben, so kann das Vollstreckungsgericht auf Antrag des Gläubigers den pfändbaren Teil des Arbeitseinkommens ohne Rücksicht auf die in § 850c vorgesehenen Beschränkungen bestimmen; dem Schuldner ist jedoch so viel zu belassen, wie er für seinen notwendigen Unterhalt und zur Erfüllung seiner laufenden gesetzlichen Unterhaltspflichten bedarf.

(3) Wird die Zwangsvollstreckung wegen anderer als der in Absatz 2 und in § 850d bezeichneten Forderungen betrieben, so kann das Vollstreckungsgericht in den Fällen, in denen sich das Arbeitseinkommen des Schuldners auf mehr als monatlich 2 815 Euro (wöchentlich 641 Euro, täglich 123,50 Euro) beläuft, über die Beträge hinaus, die nach § 850c pfändbar wären, auf Antrag des Gläubigers die Pfändbarkeit unter Berücksichtigung der Belange des Gläubigers und des Schuldners nach freiem Ermessen festsetzen. Dem Schuldner ist jedoch mindestens so viel zu belassen, wie sich bei einem Arbeitseinkommen von monatlich 2 815 Euro (wöchentlich 641 Euro, täglich 123,50 Euro) aus § 850c ergeben würde. Die Beträge nach den Sätzen 1 und 2 werden entsprechend der in § 850c Abs. 2a getroffenen Regelung jeweils zum 1. Juli eines jeden zweiten Jahres, erstmalig zum 1. Juli 2003, geändert. Das Bundesministerium der Justiz und für Verbraucherschutz gibt die maßgebenden Beträge rechtzeitig im Bundesgesetzblatt bekannt.

§ 850g Änderung der Unpfändbarkeitsvoraussetzungen

Ändern sich die Voraussetzungen für die Bemessung des unpfändbaren Teils des Arbeitseinkommens, so hat das Vollstreckungsgericht auf Antrag des Schuldners oder des Gläubigers den Pfändungsbeschluss entsprechend zu ändern. Antragsberechtigt ist auch ein Dritter, dem der Schuldner kraft Gesetzes Unterhalt zu gewähren hat. Der Drittschuldner kann nach dem Inhalt des früheren Pfändungsbeschlusses mit befreiender Wirkung leisten, bis ihm der Änderungsbeschluss zugestellt wird.

§ 850h Verschleiertes Arbeitseinkommen

(1) Hat sich der Empfänger der vom Schuldner geleisteten Arbeiten oder Dienste verpflichtet, Leistungen an einen Dritten zu bewirken, die nach Lage der Verhältnisse

ganz oder teilweise eine Vergütung für die Leistung des Schuldners darstellen, so kann der Anspruch des Drittberechtigten insoweit auf Grund des Schuldtitels gegen den Schuldner gepfändet werden, wie wenn der Anspruch dem Schuldner zustände. Die Pfändung des Vergütungsanspruchs des Schuldners umfasst ohne weiteres den Anspruch des Drittberechtigten. Der Pfändungsbeschluss ist dem Drittberechtigten ebenso wie dem Schuldner zuzustellen.

(2) Leistet der Schuldner einem Dritten in einem ständigen Verhältnis Arbeiten oder Dienste, die nach Art und Umfang üblicherweise vergütet werden, unentgeltlich oder gegen eine unverhältnismäßig geringe Vergütung, so gilt im Verhältnis des Gläubigers zu dem Empfänger der Arbeits- und Dienstleistungen eine angemessene Vergütung als geschuldet. Bei der Prüfung, ob diese Voraussetzungen vorliegen, sowie bei der Bemessung der Vergütung ist auf alle Umstände des Einzelfalles, insbesondere die Art der Arbeits- und Dienstleistung, die verwandtschaftlichen oder sonstigen Beziehungen zwischen dem Dienstberechtigten und dem Dienstverpflichteten und die wirtschaftliche Leistungsfähigkeit des Dienstberechtigten Rücksicht zu nehmen.

§ 850i Pfändungsschutz für sonstige Einkünfte

(1) Werden nicht wiederkehrend zahlbare Vergütungen für persönlich geleistete Arbeiten oder Dienste oder sonstige Einkünfte, die kein Arbeitseinkommen sind, gepfändet, so hat das Gericht dem Schuldner auf Antrag während eines angemessenen Zeitraums so viel zu belassen, als ihm nach freier Schätzung des Gerichts verbleiben würde, wenn sein Einkommen aus laufendem Arbeits- oder Dienstlohn bestünde. Bei der Entscheidung sind die wirtschaftlichen Verhältnisse des Schuldners, insbesondere seine sonstigen Verdienstmöglichkeiten, frei zu würdigen. Der Antrag des Schuldners ist insoweit abzulehnen, als überwiegende Belange des Gläubigers entgegenstehen.

(2) Die Vorschriften des § 27 des Heimarbeitsgesetzes vom 14. März 1951 (BGBl. I S. 191) bleiben unberührt.

(3) Die Bestimmungen der Versicherungs-, Versorgungs- und sonstigen gesetzlichen Vorschriften über die Pfändung von Ansprüchen bestimmter Art bleiben unberührt.

§ 850k Pfändungsschutzkonto

(1) Wird das Guthaben auf dem Pfändungsschutzkonto des Schuldners bei einem Kreditinstitut gepfändet, kann der Schuldner jeweils bis zum Ende des Kalendermonats über Guthaben in Höhe des monatlichen Freibetrages nach § 850c Abs. 1 Satz 1 in Verbindung mit § 850c Abs. 2a verfügen; insoweit wird es nicht von der Pfändung erfasst. Zum Guthaben im Sinne des Satzes 1 gehört auch das Guthaben, das bis zum Ablauf der Frist des § 835 Absatz 4 nicht an den Gläubiger geleistet oder hinterlegt werden darf. Soweit der Schuldner in dem jeweiligen Kalendermonat nicht über Guthaben in Höhe des nach Satz 1 pfändungsfreien Betrages verfügt hat, wird dieses Guthaben in dem folgenden Kalendermonat zusätzlich zu dem nach Satz 1 geschützten Guthaben nicht von der Pfändung erfasst. Die Sätze 1 bis 3 gelten entsprechend, wenn das Guthaben auf einem Girokonto des Schuldners gepfändet ist, das vor Ablauf von vier Wochen seit der Zustellung des Überweisungsbeschlusses an den Drittschuldner in ein Pfändungsschutzkonto umgewandelt wird.

Unpfändbarkeit von Forderungen § 319 AO

(2) Die Pfändung des Guthabens gilt im Übrigen als mit der Maßgabe ausgesprochen, dass in Erhöhung des Freibetrages nach Absatz 1 folgende Beträge nicht von der Pfändung erfasst sind:
1. die pfändungsfreien Beträge nach § 850c Abs. 1 Satz 2 in Verbindung mit § 850c Abs. 2a Satz 1, wenn
    a) der Schuldner einer oder mehreren Personen aufgrund gesetzlicher Verpflichtung Unterhalt gewährt oder
    b) der Schuldner Geldleistungen nach dem Zweiten oder Zwölften Buch Sozialgesetzbuch für mit ihm in einer Gemeinschaft im Sinne des § 7 Abs. 3 des Zweiten Buches Sozialgesetzbuch oder der §§ 19, 20, 39 Satz 1 oder 43 des Zwölften Buches Sozialgesetzbuch lebende Personen, denen er nicht aufgrund gesetzlicher Vorschriften zum Unterhalt verpflichtet ist, entgegennimmt;
2. einmalige Geldleistungen im Sinne des § 54 Abs. 2 des Ersten Buches Sozialgesetzbuch und Geldleistungen zum Ausgleich des durch einen Körper- oder Gesundheitsschaden bedingten Mehraufwandes im Sinne des § 54 Abs. 3 Nr. 3 des Ersten Buches Sozialgesetzbuch;
3. das Kindergeld oder andere Geldleistungen für Kinder, es sei denn, dass wegen einer Unterhaltsforderung eines Kindes, für das die Leistungen gewährt oder bei dem es berücksichtigt wird, gepfändet wird.

Für die Beträge nach Satz 1 gilt Absatz 1 Satz 3 entsprechend.

(3) An die Stelle der nach Absatz 1 und Absatz 2 Satz 1 Nr. 1 pfändungsfreien Beträge tritt der vom Vollstreckungsgericht im Pfändungsbeschluss belassene Betrag, wenn das Guthaben wegen der in § 850d bezeichneten Forderungen gepfändet wird.

(4) Das Vollstreckungsgericht kann auf Antrag einen von den Absätzen 1, 2 Satz 1 Nr. 1 und Absatz 3 abweichenden pfändungsfreien Betrag festsetzen. Die §§ 850a, 850b, 850c, 850d Abs. 1 und 2, die §§ 850e, 850f, 850g und 850i sowie die §§ 851c und 851d dieses Gesetzes sowie § 54 Abs. 2, Abs. 3 Nr. 1, 2 und 3, Abs. 4 und 5 des Ersten Buches Sozialgesetzbuch, § 17 Abs. 1 Satz 2 des Zwölften Buches Sozialgesetzbuch und § 76 des Einkommensteuergesetzes sind entsprechend anzuwenden. Im Übrigen ist das Vollstreckungsgericht befugt, die in § 732 Abs. 2 bezeichneten Anordnungen zu erlassen.

(5) Das Kreditinstitut ist dem Schuldner zur Leistung aus dem nach Absatz 1 und 3 nicht von der Pfändung erfassten Guthaben im Rahmen des vertraglich Vereinbarten verpflichtet. Dies gilt für die nach Absatz 2 nicht von der Pfändung erfassten Beträge nur insoweit, als der Schuldner durch eine Bescheinigung des Arbeitgebers, der Familienkasse, des Sozialleistungsträgers oder einer geeigneten Person oder Stelle im Sinne von § 305 Abs. 1 Nr. 1 der Insolvenzordnung nachweist, dass das Guthaben nicht von der Pfändung erfasst ist. Die Leistung des Kreditinstituts an den Schuldner hat befreiende Wirkung, wenn ihm die Unrichtigkeit einer Bescheinigung nach Satz 2 weder bekannt noch infolge grober Fahrlässigkeit unbekannt ist. Kann der Schuldner den Nachweis nach Satz 2 nicht führen, so hat das Vollstreckungsgericht auf Antrag die Beträge nach Absatz 2 zu bestimmen. Die Sätze 1 bis 4 gelten auch für eine Hinterlegung.

(6) Wird einem Pfändungsschutzkonto eine Geldleistung nach dem Sozialgesetzbuch oder Kindergeld gutgeschrieben, darf das Kreditinstitut die Forderung, die durch die Gutschrift entsteht, für die Dauer von 14 Tagen seit der Gutschrift nur

AO § 319

mit solchen Forderungen verrechnen und hiergegen nur mit solchen Forderungen aufrechnen, die ihm als Entgelt für die Kontoführung oder aufgrund von Kontoverfügungen des Berechtigten innerhalb dieses Zeitraums zustehen. Bis zur Höhe des danach verbleibenden Betrages der Gutschrift ist das Kreditinstitut innerhalb von 14 Tagen seit der Gutschrift nicht berechtigt, die Ausführung von Zahlungsvorgängen wegen fehlender Deckung abzulehnen, wenn der Berechtigte nachweist oder dem Kreditinstitut sonst bekannt ist, dass es sich um die Gutschrift einer Geldleistung nach dem Sozialgesetzbuch oder von Kindergeld handelt. Das Entgelt des Kreditinstituts für die Kontoführung kann auch mit Beträgen nach den Absätzen 1 bis 4 verrechnet werden.

(7) In einem der Führung eines Girokontos zugrunde liegenden Vertrag können der Kunde, der eine natürliche Person ist, oder dessen gesetzlicher Vertreter und das Kreditinstitut vereinbaren, dass das Girokonto als Pfändungsschutzkonto geführt wird. Der Kunde kann jederzeit verlangen, dass das Kreditinstitut sein Girokonto als Pfändungsschutzkonto führt. Ist das Guthaben des Girokontos bereits gepfändet worden, so kann der Schuldner die Führung als Pfändungsschutzkonto zum Beginn des vierten auf seine Erklärung folgenden Geschäftstages verlangen.

(8) Jede Person darf nur ein Pfändungsschutzkonto unterhalten. Bei der Abrede hat der Kunde gegenüber dem Kreditinstitut zu versichern, dass er kein weiteres Pfändungsschutzkonto unterhält. Das Kreditinstitut darf Auskunfteien mitteilen, dass es für den Kunden ein Pfändungsschutzkonto führt. Die Auskunfteien dürfen diese Angabe nur verwenden, um Kreditinstituten auf Anfrage zum Zwecke der Überprüfung der Richtigkeit der Versicherung nach Satz 2 Auskunft darüber zu erteilen, ob die betroffene Person ein Pfändungsschutzkonto unterhält. Die Verarbeitung zu einem anderen als dem in Satz 4 genannten Zweck ist auch mit Einwilligung der betroffenen Person unzulässig.

(9) Unterhält ein Schuldner entgegen Absatz 8 Satz 1 mehrere Girokonten als Pfändungsschutzkonten, ordnet das Vollstreckungsgericht auf Antrag eines Gläubigers an, dass nur das von dem Gläubiger in dem Antrag bezeichnete Girokonto dem Schuldner als Pfändungsschutzkonto verbleibt. Der Gläubiger hat die Voraussetzungen nach Satz 1 durch Vorlage entsprechender Erklärungen der Drittschuldner glaubhaft zu machen. Eine Anhörung des Schuldners unterbleibt. Die Entscheidung ist allen Drittschuldnern zuzustellen. Mit der Zustellung der Entscheidung an diejenigen Kreditinstitute, deren Girokonten nicht zum Pfändungsschutzkonto bestimmt sind, entfallen die Wirkungen nach den Absätzen 1 bis 6.

§ 850l Anordnung der Unpfändbarkeit von Kontoguthaben auf dem Pfändungsschutzkonto

Auf Antrag des Schuldners kann das Vollstreckungsgericht anordnen, dass das Guthaben auf dem Pfändungsschutzkonto für die Dauer von bis zu zwölf Monaten der Pfändung nicht unterworfen ist, wenn der Schuldner nachweist, dass dem Konto in den letzten sechs Monaten vor Antragstellung ganz überwiegend nur unpfändbare Beträge gutgeschrieben worden sind, und er glaubhaft macht, dass auch innerhalb der nächsten zwölf Monate nur ganz überwiegend nicht pfändbare Beträge zu erwarten sind. Die Anordnung kann versagt werden, wenn überwiegende Belange des Gläubigers entgegenstehen. Sie ist auf Antrag eines Gläubigers aufzuheben, wenn ihre Voraussetzungen nicht mehr vorliegen oder die Anordnung den überwiegenden Belangen dieses Gläubigers entgegensteht.

§ 851 Nicht übertragbare Forderungen

(1) Eine Forderung ist in Ermangelung besonderer Vorschriften der Pfändung nur insoweit unterworfen, als sie übertragbar ist.

(2) Eine nach § 399 des Bürgerlichen Gesetzbuchs nicht übertragbare Forderung kann insoweit gepfändet und zur Einziehung überwiesen werden, als der geschuldete Gegenstand der Pfändung unterworfen ist.

§ 851a Pfändungsschutz für Landwirte

(1) Die Pfändung von Forderungen, die einem die Landwirtschaft betreibenden Schuldner aus dem Verkauf von landwirtschaftlichen Erzeugnissen zustehen, ist auf seinen Antrag vom Vollstreckungsgericht insoweit aufzuheben, als die Einkünfte zum Unterhalt des Schuldners, seiner Familie und seiner Arbeitnehmer oder zur Aufrechterhaltung einer geordneten Wirtschaftsführung unentbehrlich sind.

(2) Die Pfändung soll unterbleiben, wenn offenkundig ist, dass die Voraussetzungen für die Aufhebung der Zwangsvollstreckung nach Absatz 1 vorliegen.

§ 851b Pfändungsschutz bei Miet- und Pachtzinsen

(1) Die Pfändung von Miete und Pacht ist auf Antrag des Schuldners vom Vollstreckungsgericht insoweit aufzuheben, als diese Einkünfte für den Schuldner zur laufenden Unterhaltung des Grundstücks, zur Vornahme notwendiger Instandsetzungsarbeiten und zur Befriedigung von Ansprüchen unentbehrlich sind, die bei einer Zwangsvollstreckung in das Grundstück dem Anspruch des Gläubigers nach § 10 des Gesetzes über die Zwangsversteigerung und die Zwangsverwaltung vorgehen würden. Das Gleiche gilt von der Pfändung von Barmitteln und Guthaben, die aus Miet- oder Pachtzahlungen herrühren und zu den in Satz 1 bezeichneten Zwecken unentbehrlich sind.

(2) Wird der Antrag nicht binnen einer Frist von zwei Wochen gestellt, so ist er ohne sachliche Prüfung zurückzuweisen, wenn das Vollstreckungsgericht der Überzeugung ist, dass der Schuldner den Antrag in der Absicht der Verschleppung oder aus grober Nachlässigkeit nicht früher gestellt hat. Die Frist beginnt mit der Pfändung.

(3) Anordnungen nach Absatz 1 können mehrmals ergehen und, soweit es nach Lage der Verhältnisse geboten ist, auf Antrag aufgehoben oder abgeändert werden.

(4) Vor den in den Absätzen 1 und 3 bezeichneten Entscheidungen ist, soweit dies ohne erhebliche Verzögerung möglich ist, der Gläubiger zu hören. Die für die Entscheidung wesentlichen tatsächlichen Verhältnisse sind glaubhaft zu machen. Die Pfändung soll unterbleiben, wenn offenkundig ist, dass die Voraussetzungen für die Aufhebung der Zwangsvollstreckung nach Absatz 1 vorliegen.

§ 851c Pfändungsschutz bei Altersrenten

(1) Ansprüche auf Leistungen, die auf Grund von Verträgen gewährt werden, dürfen nur wie Arbeitseinkommen gepfändet werden, wenn
1. die Leistung in regelmäßigen Zeitabständen lebenslang und nicht vor Vollendung des 60. Lebensjahres oder nur bei Eintritt der Berufsunfähigkeit gewährt wird,
2. über die Ansprüche aus dem Vertrag nicht verfügt werden darf,
3. die Bestimmung von Dritten mit Ausnahme von Hinterbliebenen als Berechtigte ausgeschlossen ist und
4. die Zahlung einer Kapitalleistung, ausgenommen eine Zahlung für den Todesfall, nicht vereinbart wurde.

(2) Um dem Schuldner den Aufbau einer angemessenen Alterssicherung zu ermöglichen, kann er unter Berücksichtigung der Entwicklung auf dem Kapitalmarkt, des Sterblichkeitsrisikos und der Höhe der Pfändungsfreigrenze, nach seinem Lebensalter gestaffelt, jährlich einen bestimmten Betrag unpfändbar auf der Grundlage eines in Absatz 1 bezeichneten Vertrags bis zu einer Gesamtsumme von 256.000 Euro ansammeln. Der Schuldner darf vom 18. bis zum vollendeten 29. Lebensjahr 2.000 Euro, vom 30. bis zum vollendeten 39. Lebensjahr 4 000 Euro, vom 40. bis zum vollendeten 47. Lebensjahr 4 500 Euro, vom 48. bis zum vollendeten 53. Lebensjahr 6 000 Euro, vom 54. bis zum vollendeten 59. Lebensjahr 8 000 Euro und vom 60. bis zum vollendeten 67. Lebensjahr 9 000 Euro jährlich ansammeln. Übersteigt der Rückkaufwert der Alterssicherung den unpfändbaren Betrag, sind drei Zehntel des überschießenden Betrags unpfändbar. Satz 3 gilt nicht für den Teil des Rückkaufwerts, der den dreifachen Wert des in Satz 1 genannten Betrags übersteigt.

(3) § 850e Nr. 2 und 2a gilt entsprechend.

§ 851d Pfändungsschutz bei steuerlich gefördertem Altersvorsorgevermögen

Monatliche Leistungen in Form einer lebenslangen Rente oder monatlicher Ratenzahlungen im Rahmen eines Auszahlungsplans nach § 1 Abs. 1 Satz 1 Nr. 4 des Altersvorsorgeverträge-Zertifizierungsgesetzes aus steuerlich gefördertem Altersvorsorgevermögen sind wie Arbeitseinkommen pfändbar.

§ 852 Beschränkt pfändbare Forderungen

(1) Der Pflichtteilsanspruch ist der Pfändung nur unterworfen, wenn er durch Vertrag anerkannt oder rechtshängig geworden ist.

(2) Das Gleiche gilt für den nach § 528 des Bürgerlichen Gesetzbuchs dem Schenker zustehenden Anspruch auf Herausgabe des Geschenkes sowie für den Anspruch eines Ehegatten oder Lebenspartners auf den Ausgleich des Zugewinns.

2a Mit Wirkung zum 1. August 2021 hat § 850c ZPO folgenden Wortlaut:

§ 850c Pfändungsgrenzen für Arbeitseinkommen

(1) Arbeitseinkommen ist unpfändbar, wenn es, je nach dem Zeitraum, für den es gezahlt wird, nicht mehr als
1. 1 178,59 Euro monatlich,
2. 271,24 Euro wöchentlich oder
3. 54,25 Euro täglich
beträgt.

(2) Gewährt der Schuldner auf Grund einer gesetzlichen Verpflichtung seinem Ehegatten, einem früheren Ehegatten, seinem Lebenspartner, einem früheren Lebenspartner, einem Verwandten oder nach den §§ 1615l und 1615n des Bürgerlichen Gesetzbuchs einem Elternteil Unterhalt, so erhöht sich der Betrag nach Absatz 1 für die erste Person, der Unterhalt gewährt wird, und zwar um
1. 443,57 Euro monatlich,
2. 102,08 Euro wöchentlich oder
3. 20,42 Euro täglich.

Für die zweite bis fünfte Person, der Unterhalt gewährt wird, erhöht sich der Betrag nach Absatz 1 um je

Unpfändbarkeit von Forderungen § 319 AO

1. 247,12 Euro monatlich,
2. 56,87 Euro wöchentlich oder
3. 11,37 Euro täglich.

(3) Übersteigt das Arbeitseinkommen den Betrag nach Absatz 1, so ist es hinsichtlich des überschießenden Teils in Höhe von drei Zehnteln unpfändbar. Gewährt der Schuldner nach Absatz 2 Unterhalt, so sind für die erste Person weitere zwei Zehntel und für die zweite bis fünfte Person jeweils ein weiteres Zehntel unpfändbar. Der Teil des Arbeitseinkommens, der
1. 3 613,08 Euro monatlich,
2. 831,50 Euro wöchentlich oder
3. 166,30 Euro täglich
übersteigt, bleibt bei der Berechnung des unpfändbaren Betrages unberücksichtigt.

(4) Das Bundesministerium der Justiz und für Verbraucherschutz macht im Bundesgesetzblatt Folgendes bekannt (Pfändungsfreigrenzenbekanntmachung):
1. die Höhe des unpfändbaren Arbeitseinkommens nach Absatz 1,
2. die Höhe der Erhöhungsbeträge nach Absatz 2,
3. die Höhe der in Absatz 3 Satz 3 genannten Höchstbeträge.

Die Beträge werden jeweils zum 1. Juli eines Jahres entsprechend der im Vergleich zum jeweiligen Vorjahreszeitraum sich ergebenden prozentualen Entwicklung des Grundfreibetrages nach § 32a Absatz 1 Satz 2 Nummer 1 des Einkommensteuergesetzes angepasst; der Berechnung ist die am 1. Januar des jeweiligen Jahres geltende Fassung des § 32a Absatz 1 Satz 2 Nummer 1 des Einkommensteuergesetzes zugrunde zu legen.

(5) Um den nach Absatz 3 pfändbaren Teil des Arbeitseinkommens zu berechnen, ist das Arbeitseinkommen, gegebenenfalls nach Abzug des nach Absatz 3 Satz 3 pfändbaren Betrages, auf eine Zahl abzurunden, die bei einer Auszahlung für
1. Monate bei einer Teilung durch 10 eine natürliche Zahl ergibt,
2. Wochen bei einer Teilung durch 2,5 eine natürliche Zahl ergibt,
3. Tage bei einer Teilung durch 0,5 eine natürliche Zahl ergibt.

Die sich aus der Berechnung nach Satz 1 ergebenden Beträge sind in der Pfändungsfreigrenzenbekanntmachung als Tabelle enthalten. Im Pfändungsbeschluss genügt die Bezugnahme auf die Tabelle.

(6) Hat eine Person, welcher der Schuldner auf Grund gesetzlicher Verpflichtung Unterhalt gewährt, eigene Einkünfte, so kann das Vollstreckungsgericht auf Antrag des Gläubigers nach billigem Ermessen bestimmen, dass diese Person bei der Berechnung des unpfändbaren Teils des Arbeitseinkommens ganz oder teilweise unberücksichtigt bleibt; soll die Person nur teilweise berücksichtigt werden, so ist Absatz 5 Satz 3 nicht anzuwenden.

2b Mit Wirkung zum 1. Dezember 2021 ändert sich der Regelungsgehalt der §§ 850f, 850k, 850l ZPO zudem gelten die neuen §§ 899 bis 907 ZPO für den Pfändungsschutz in der Zwangsvollstreckung nach der AO. Die Regelungen haben folgenden Wortlaut:

§ 850f Änderung des unpfändbaren Betrages

(1) Das Vollstreckungsgericht kann dem Schuldner auf Antrag von dem nach den Bestimmungen der §§ 850c, 850d und 850i pfändbaren Teil seines Arbeitseinkommens einen Teil belassen, wenn

1. der Schuldner nachweist, dass bei Anwendung der Pfändungsfreigrenzen entsprechend § 850c der notwendige Lebensunterhalt im Sinne des Dritten und Vierten Kapitels des Zwölften Buches Sozialgesetzbuch oder nach Kapitel 3 Abschnitt 2 des Zweiten Buches Sozialgesetzbuch für sich und für die Personen, denen er Unterhalt zu gewähren hat, nicht gedeckt ist,
2. besondere Bedürfnisse des Schuldners aus persönlichen oder beruflichen Gründen oder
3. der besondere Umfang der gesetzlichen Unterhaltspflichten des Schuldners, insbesondere die Zahl der Unterhaltsberechtigten, dies erfordern

und überwiegende Belange des Gläubigers nicht entgegenstehen.

(2) Wird die Zwangsvollstreckung wegen einer Forderung aus einer vorsätzlich begangenen unerlaubten Handlung betrieben, so kann das Vollstreckungsgericht auf Antrag des Gläubigers den pfändbaren Teil des Arbeitseinkommens ohne Rücksicht auf die in § 850c vorgesehenen Beschränkungen bestimmen; dem Schuldner ist jedoch so viel zu belassen, wie er für seinen notwendigen Unterhalt und zur Erfüllung seiner laufenden gesetzlichen Unterhaltspflichten bedarf.

§ 850k Einrichtung und Beendigung des Pfändungsschutzkontos

(1) Eine natürliche Person kann jederzeit von dem Kreditinstitut verlangen, dass ein von ihr dort geführtes Zahlungskonto als Pfändungsschutzkonto geführt wird. Satz 1 gilt auch, wenn das Zahlungskonto zum Zeitpunkt des Verlangens einen negativen Saldo aufweist. Ein Pfändungsschutzkonto darf jedoch ausschließlich auf Guthabenbasis geführt werden.

(2) Ist Guthaben auf dem Zahlungskonto bereits gepfändet worden, kann der Schuldner die Führung dieses Kontos als Pfändungsschutzkonto zum Beginn des vierten auf sein Verlangen folgenden Geschäftstages fordern. Das Vertragsverhältnis zwischen dem Kontoinhaber und dem Kreditinstitut bleibt im Übrigen unberührt.

(3) Jede Person darf nur ein Pfändungsschutzkonto unterhalten. Bei dem Verlangen nach Absatz 1 hat der Kunde gegenüber dem Kreditinstitut zu versichern, dass er kein weiteres Pfändungsschutzkonto unterhält.

(4) Unterhält ein Schuldner entgegen Absatz 3 Satz 1 mehrere Zahlungskonten als Pfändungsschutzkonten, ordnet das Vollstreckungsgericht auf Antrag des Gläubigers an, dass nur das von dem Gläubiger in seinem Antrag bezeichnete Zahlungskonto dem Schuldner als Pfändungsschutzkonto verbleibt. Der Gläubiger hat den Umstand, dass ein Schuldner entgegen Satz 1 mehrere Zahlungskonten als Pfändungsschutzkonten unterhält, durch Vorlage entsprechender Erklärungen der Drittschuldner glaubhaft zu machen. Eine Anhörung des Schuldners durch das Vollstreckungsgericht unterbleibt. Die Anordnung nach Satz 1 ist allen Drittschuldnern zuzustellen. Mit der Zustellung der Anordnung an diejenigen Kreditinstitute, deren Zahlungskonten nicht zum Pfändungsschutzkonto bestimmt sind, entfallen die Wirkungen dieser Pfändungsschutzkonten.

(5) Der Kontoinhaber kann mit einer Frist von mindestens vier Geschäftstagen zum Monatsende von dem Kreditinstitut verlangen, dass das dort geführte Pfändungsschutzkonto als Zahlungskonto ohne Pfändungsschutz geführt wird. Absatz 2 Satz 2 gilt entsprechend.

§ 850l Pfändung des Gemeinschaftskontos

(1) Unterhält der Schuldner, der eine natürliche Person ist, mit einer anderen natürlichen oder mit einer juristischen Person oder mit einer Mehrheit von Personen

Unpfändbarkeit von Forderungen § 319 AO

ein Gemeinschaftskonto und wird Guthaben auf diesem Konto gepfändet, so darf das Kreditinstitut erst nach Ablauf von einem Monat nach Zustellung des Überweisungsbeschlusses aus dem Guthaben an den Gläubiger leisten oder den Betrag hinterlegen. Satz 1 gilt auch für künftiges Guthaben.

(2) Ist der Schuldner eine natürliche Person, kann er innerhalb des Zeitraums nach Absatz 1 Satz 1 von dem Kreditinstitut verlangen, bestehendes oder künftiges Guthaben von dem Gemeinschaftskonto auf ein bei dem Kreditinstitut allein auf seinen Namen lautendes Zahlungskonto zu übertragen. Wird Guthaben nach Satz 1 übertragen und verlangt der Schuldner innerhalb des Zeitraums nach Absatz 1 Satz 1, dass das Zahlungskonto als Pfändungsschutzkonto geführt wird, so ist auf das übertragene Guthaben § 899 Absatz 1 Satz 1 und 3 entsprechend anzuwenden. Für die Übertragung nach Satz 1 ist eine Mitwirkung anderer Kontoinhaber oder des Gläubigers nicht erforderlich. Der Übertragungsbetrag beläuft sich auf den Kopfteil des Schuldners an dem Guthaben. Sämtliche Kontoinhaber und der Gläubiger können sich auf eine von Satz 4 abweichende Aufteilung des Übertragungsbetrages einigen; die Vereinbarung ist dem Kreditinstitut in Textform mitzuteilen.

(3) Absatz 2 Satz 1 und 3 bis 5 ist auf natürliche Personen, mit denen der Schuldner das Gemeinschaftskonto unterhält, entsprechend anzuwenden.

(4) Die Wirkungen von Pfändung und Überweisung von Guthaben auf dem Gemeinschaftskonto setzen sich an dem nach Absatz 2 Satz 1 auf ein Einzelkonto des Schuldners übertragenen Guthaben fort; sie setzen sich nicht an dem Guthaben fort, das nach Absatz 3 übertragen wird.

§ 899 Pfändungsfreier Betrag; Übertragung

(1) Wird Guthaben auf dem Pfändungsschutzkonto des Schuldners gepfändet, kann der Schuldner jeweils bis zum Ende des Kalendermonats aus dem Guthaben über einen Betrag verfügen, dessen Höhe sich nach Aufrundung des monatlichen Freibetrages nach § 850c Absatz 1 in Verbindung mit Absatz 4 auf den nächsten vollen 10-Euro-Betrag ergibt; insoweit wird das Guthaben nicht von der Pfändung erfasst. Satz 1 gilt entsprechend, wenn Guthaben auf einem Zahlungskonto des Schuldners gepfändet ist, das vor Ablauf von einem Monat seit der Zustellung des Überweisungsbeschlusses an den Drittschuldner in ein Pfändungsschutzkonto umgewandelt wird. § 900 Absatz 2 bleibt unberührt.

(2) Hat der Schuldner in dem jeweiligen Kalendermonat nicht über Guthaben in Höhe des gesamten nach Absatz 1 pfändungsfreien Betrages verfügt, wird dieses nicht verbrauchte Guthaben in den drei nachfolgenden Kalendermonaten zusätzlich zu dem nach Absatz 1 geschützten Guthaben nicht von der Pfändung erfasst. Verfügungen sind jeweils mit dem Guthaben zu verrechnen, das zuerst dem Pfändungsschutzkonto gutgeschrieben wurde.

(3) Einwendungen gegen die Höhe eines pfändungsfreien Betrages hat der Schuldner dem Kreditinstitut spätestens bis zum Ablauf des sechsten auf die Berechnung des jeweiligen pfändungsfreien Betrages folgenden Kalendermonats mitzuteilen. Nach Ablauf dieser Frist kann der Schuldner nur Einwendungen geltend machen, deren verspätete Geltendmachung er nicht zu vertreten hat.

§ 900 Moratorium bei Überweisung an den Gläubiger

(1) Wird künftiges Guthaben auf einem Pfändungsschutzkonto gepfändet und dem Gläubiger überwiesen, darf der Drittschuldner erst nach Ablauf des Kalendermonats, der auf die jeweilige Gutschrift folgt, an den Gläubiger leisten oder den

Schlatmann

Betrag hinterlegen; eine Verlängerung des in § 899 Absatz 2 bezeichneten Zeitraums erfolgt dadurch nicht. Auf Antrag des Gläubigers kann das Vollstreckungsgericht eine von Satz 1 erster Halbsatz abweichende Anordnung treffen, wenn sonst unter Würdigung des Schutzbedürfnisses des Schuldners für den Gläubiger eine unzumutbare Härte entstünde.

(2) Guthaben, aus dem bis zum Ablauf der Frist des Absatzes 1 nicht an den Gläubiger geleistet oder das bis zu diesem Zeitpunkt nicht hinterlegt werden darf, ist in dem auf die Gutschrift folgenden Kalendermonat Guthaben im Sinne des § 899 Absatz 1 Satz 1.

§ 901 Verbot der Aufrechnung und Verrechnung

(1) Verlangt eine natürliche Person von dem Kreditinstitut, dass ein von ihr dort geführtes Zahlungskonto, das einen negativen Saldo aufweist, als Pfändungsschutzkonto geführt wird, darf das Kreditinstitut ab dem Verlangen nicht mit seinen Forderungen gegen Forderungen des Kontoinhabers aufrechnen oder einen zugunsten des Kontoinhabers bestehenden Saldo mit einem zugunsten des Kreditinstituts bestehenden Saldo verrechnen, soweit die Gutschrift auf dem Zahlungskonto als Guthaben auf einem Pfändungsschutzkonto nicht von der Pfändung erfasst sein würde.

(2) Das Verbot der Aufrechnung und Verrechnung nach Absatz 1 gilt für ein Zahlungskonto, auf das sich eine Pfändung erstreckt, bereits ab dem Zeitpunkt der Kenntnis des Kreditinstituts von der Pfändung. Das Verbot der Aufrechnung oder Verrechnung entfällt jedoch, wenn der Schuldner nicht gemäß § 899 Absatz 1 Satz 2 verlangt, dass das Zahlungskonto als Pfändungsschutzkonto geführt wird.

(3) Gutschriften auf dem Zahlungskonto, die nach Absatz 1 oder 2 dem Verbot der Aufrechnung und Verrechnung unterliegen, sind als Guthaben auf das Pfändungsschutzkonto zu übertragen. Im Fall des Absatzes 2 erfolgt die Übertragung jedoch nur, wenn der Schuldner gemäß § 899 Absatz 1 Satz 2 verlangt, dass das Zahlungskonto als Pfändungsschutzkonto geführt wird.

§ 902 Erhöhungsbeträge

Neben dem pfändungsfreien Betrag nach § 899 Absatz 1 Satz 1 werden folgende Erhöhungsbeträge nicht von der Pfändung des Guthabens auf einem Pfändungsschutzkonto erfasst:
1. die pfändungsfreien Beträge nach § 850c Absatz 2 in Verbindung mit Absatz 4, wenn der Schuldner
   a) einer Person oder mehreren Personen auf Grund gesetzlicher Verpflichtung Unterhalt gewährt;
   b) Geldleistungen nach dem Zweiten oder Zwölften Buch Sozialgesetzbuch für Personen entgegennimmt, die mit ihm in einer Bedarfsgemeinschaft im Sinne des § 7 Absatz 3 des Zweiten Buches Sozialgesetzbuch oder in einer Gemeinschaft nach den §§ 19, 20, 27, 39 Satz 1 oder § 43 des Zwölften Buches Sozialgesetzbuch leben und denen er nicht auf Grund gesetzlicher Vorschriften zum Unterhalt verpflichtet ist;
   c) Geldleistungen nach dem Asylbewerberleis-tungsgesetz für Personen entgegennimmt, mit denen er in einem gemeinsamen Haushalt zusammenlebt und denen er nicht auf Grund gesetzlicher Vorschriften zum Unterhalt verpflichtet ist;

2. Geldleistungen im Sinne des § 54 Absatz 2 oder Absatz 3 Nummer 3 des Ersten Buches Sozialgesetzbuch;
3. Geldleistungen gemäß § 5 Absatz 1 des Gesetzes zur Errichtung einer Stiftung „Mutter und Kind – Schutz des ungeborenen Lebens";
4. Geldleistungen, die dem Schuldner selbst nach dem Zweiten oder Zwölften Buch Sozialgesetzbuch oder dem Asylbewerberleistungsgesetz gewährt werden, in dem Umfang, in dem diese den pfändungsfreien Betrag nach § 899 Absatz 1 Satz 1 übersteigen;
5. das Kindergeld nach dem Einkommensteuergesetz und andere gesetzliche Geldleistungen für Kinder, es sei denn, dass wegen einer Unterhaltsforderung des Kindes, für das die Leistungen gewährt oder bei dem sie berücksichtigt werden, gepfändet wird;
6. Geldleistungen, die dem Schuldner nach landesrechtlichen oder anderen als in den Nummern 1 bis 5 genannten bundesrechtlichen Rechtsvorschriften gewährt werden, in welchen die Un-pfändbarkeit der Geldleistung festgelegt wird.

Für die Erhöhungsbeträge nach Satz 1 gilt § 899 Absatz 2 entsprechend.

§ 903 Nachweise über Erhöhungsbeträge

(1) Das Kreditinstitut kann aus Guthaben, soweit es als Erhöhungsbetrag unpfändbar ist, mit befreiender Wirkung gegenüber dem Schuldner an den Gläubiger leisten, bis der Schuldner dem Kreditinstitut nachweist, dass es sich um Guthaben handelt, das nach § 902 nicht von der Pfändung erfasst wird. Der Nachweis ist zu führen durch Vorlage einer Bescheinigung
1. der Familienkasse, des Sozialleistungsträgers oder einer mit der Gewährung von Geldleistungen im Sinne des § 902 Satz 1 befassten Einrichtung,
2. des Arbeitgebers oder
3. einer geeigneten Person oder Stelle im Sinne des § 305 Absatz 1 Nummer 1 der Insolvenzordnung.

(2) Das Kreditinstitut hat Bescheinigungen nach Absatz 1 Satz 2 für die Dauer zu beachten, für die sie ausgestellt sind. Unbefristete Bescheinigungen hat das Kreditinstitut für die Dauer von zwei Jahren zu beachten. Nach Ablauf des in Satz 2 genannten Zeitraums kann das Kreditinstitut von dem Kontoinhaber, der eine Bescheinigung nach Absatz 1 Satz 2 vorgelegt hat, die Vorlage einer neuen Bescheinigung verlangen. Vor Ablauf des in Satz 2 genannten Zeitraums kann das Kreditinstitut eine neue Bescheinigung verlangen, wenn tatsächliche Anhaltspunkte bestehen, die die Annahme rechtfertigen, dass die Angaben in der Bescheinigung unrichtig sind oder nicht mehr zutreffen.

(3) Jede der in Absatz 1 Satz 2 Nummer 1 genannten Stellen, die Leistungen im Sinne des § 902 Satz 1 Nummer 1 Buchstabe b und c sowie Nummer 2 bis 6 durch Überweisung auf ein Zahlungskonto des Schuldners erbringt, ist verpflichtet, auf Antrag des Schuldners eine Bescheinigung nach Absatz 1 Satz 2 über ihre Leistungen auszustellen. Die Bescheinigung muss folgende Angaben enthalten:
1. die Höhe der Leistung,
2. in welcher Höhe die Leistung zu welcher der in § 902 Satz 1 Nummer 1 Buchstabe b und c sowie Nummer 2 bis 6 genannten Leistungsarten gehört,
3. für welchen Zeitraum die Leistung gewährt wird.

Darüber hinaus ist die in Absatz 1 Satz 2 Nummer 1 genannte Stelle verpflichtet, soweit sie Kenntnis hiervon hat, Folgendes zu bescheinigen:

1. die Anzahl der Personen, denen der Schuldner auf Grund gesetzlicher Verpflichtung Unterhalt gewährt,
2. das Geburtsdatum der minderjährigen unterhaltsberechtigten Personen.

(4) Das Kreditinstitut hat die Angaben in der Bescheinigung nach Absatz 1 Satz 2 ab dem zweiten auf die Vorlage der Bescheinigung folgenden Geschäftstag zu beachten.

§ 904 Nachzahlung von Leistungen

(1) Werden laufende Geldleistungen zu einem späteren Zeitpunkt als dem Monat, auf den sich die Leistungen beziehen, ausbezahlt, so werden sie von der Pfändung des Guthabens auf dem Pfändungsschutzkonto nicht erfasst, wenn es sich um Geldleistungen gemäß § 902 Satz 1 Nummer 1 Buchstabe b oder c oder Nummer 4 bis 6 handelt.

(2) Laufende Geldleistungen nach dem Sozialgesetzbuch, die nicht in Absatz 1 genannt sind, sowie Arbeitseinkommen nach § 850 Absatz 2 und 3 werden von der Pfändung des Guthabens auf dem Pfändungsschutzkonto nicht erfasst, wenn der nachgezahlte Betrag 500 Euro nicht übersteigt.

(3) Laufende Geldleistungen nach Absatz 2, bei denen der nachgezahlte Betrag 500 Euro übersteigt, werden von der Pfändung des Guthabens auf dem Pfändungsschutzkonto nicht erfasst, soweit der für den jeweiligen Monat nachgezahlte Betrag in dem Monat, auf den er sich bezieht, nicht zu einem pfändbaren Guthaben geführt hätte. Wird die Nachzahlung pauschal und für einen Bewilligungszeitraum gewährt, der länger als ein Monat ist, ist die Nachzahlungssumme zu gleichen Teilen auf die Zahl der betroffenen Monate aufzuteilen.

(4) Für Nachzahlungen von Leistungen nach den Absätzen 1 und 2 gilt § 903 Absatz 1, 3 Satz 1 und Absatz 4 entsprechend.

(5) Für die Festsetzung der Höhe des pfändungsfreien Betrages in den Fällen des Absatzes 3 ist das Vollstreckungsgericht zuständig. Entscheidungen nach Satz 1 ergehen auf Antrag des Schuldners durch Beschluss. Der Beschluss nach Satz 2 gilt als Bescheinigung im Sinne des § 903 Absatz 1 Satz 2.

§ 905 Festsetzung der Erhöhungsbeträge durch das Vollstreckungsgericht

Macht der Schuldner glaubhaft, dass er eine Bescheinigung im Sinne des § 903 Absatz 1 Satz 2, um deren Erteilung er
1. zunächst bei einer in § 903 Absatz 1 Satz 2 Nummer 1 genannten Stelle, von der er eine Leistung bezieht, und nachfolgend
2. bei einer weiteren Stelle, die zur Erteilung der Bescheinigung berechtigt ist,
nachgesucht hat, nicht in zumutbarer Weise von diesen Stellen erlangen konnte, hat das Vollstreckungsgericht in dem Beschluss auf Antrag die Erhöhungsbeträge nach § 902 festzusetzen und die Angaben nach § 903 Absatz 3 Satz 2 zu bestimmen. Dabei hat das Vollstreckungsgericht den Schuldner auf die Möglichkeit der Stellung eines Antrags nach § 907 Absatz 1 Satz 1 hinzuweisen, wenn nach dem Vorbringen des Schuldners unter Beachtung der von ihm vorgelegten Unterlagen die Voraussetzungen dieser Vorschrift erfüllt sein könnten. Der Beschluss des Vollstreckungsgerichts nach Satz 1 gilt als Bescheinigung im Sinne des § 903 Absatz 1 Satz 2.

Unpfändbarkeit von Forderungen § 319 AO

§ 906 Festsetzung eines abweichenden pfändungsfreien Betrages durch das Vollstreckungsgericht

(1) Wird Guthaben wegen einer der in § 850d oder § 850f Absatz 2 bezeichneten Forderungen gepfändet, tritt an die Stelle der nach § 899 Absatz 1 und § 902 Satz 1 pfändungsfreien Beträge der vom Vollstreckungsgericht im Pfändungsbeschluss belassene Betrag. In den Fällen des § 850d Absatz 1 und 2 kann das Vollstreckungsgericht auf Antrag einen von Satz 1 abweichenden pfändungsfreien Betrag festlegen.

(2) Das Vollstreckungsgericht setzt auf Antrag einen von § 899 Absatz 1 und § 902 Satz 1 abweichenden pfändungsfreien Betrag fest, wenn sich aus einer bundes- oder landesrechtlichen Vorschrift eine solche Abweichung ergibt.

(3) In den Fällen des Absatzes 1 Satz 2 und des Absatzes 2
1. ist der Betrag in der Regel zu beziffern,
2. hat das Vollstreckungsgericht zu prüfen, ob eine der in § 732 Absatz 2 bezeichneten Anordnungen zu erlassen ist, und
3. gilt § 905 Satz 2 entsprechend.

(4) Für Beträge, die nach den Absätzen 1 oder 2 festgesetzt sind, gilt § 899 Absatz 2 entsprechend.

§ 907 Festsetzung der Unpfändbarkeit von Kontoguthaben auf dem Pfändungsschutzkonto

(1) Auf Antrag des Schuldners kann das Vollstreckungsgericht festsetzen, dass das Guthaben auf dem Pfändungsschutzkonto für die Dauer von bis zu zwölf Monaten der Pfändung nicht unterworfen ist, wenn der Schuldner
1. nachweist, dass dem Konto in den letzten sechs Monaten vor Antragstellung ganz überwiegend nur unpfändbare Beträge gutgeschrieben worden sind, und
2. glaubhaft macht, dass auch innerhalb der nächsten sechs Monate ganz überwiegend nur die Gutschrift unpfändbarer Beträge zu erwarten ist.

Die Festsetzung ist abzulehnen, wenn ihr überwiegende Belange des Gläubigers entgegenstehen.

(2) Auf Antrag jedes Gläubigers ist die Festsetzung der Unpfändbarkeit aufzuheben, wenn deren Voraussetzungen nicht mehr vorliegen oder die Festsetzung den überwiegenden Belangen des den Antrag stellenden Gläubigers entgegensteht. Der Schuldner hat die Gläubiger auf eine wesentliche Veränderung seiner Vermögensverhältnisse unverzüglich hinzuweisen.

III. Pfändungsprivileg wegen Unterhaltsforderungen und verschleiertes Arbeitseinkommen

Wegen der Einzelheiten muss auf die Kommentierungen der in Bezug genommenen Vorschriften der ZPO verwiesen werden. Der Vollstreckungsschutz nach den §§ 850–852 ZPO sowie ab 1. Dezember 2021 nach den §§ 899–907 ZPO ist von Amts wegen zu beachten. Umstritten sind Einzelfragen der Anwendung: Etwa ob auch Behörden, die Unterhaltsansprüche gem. §§ 92 ff. SGB XII auf sich übergeleitet haben, das Pfändungsprivileg nach § 850d ZPO genießen (Überblick über den Meinungsstand und Argumente für und gegen diese Meinung bei App KKZ 2010, 85). Dem Gleichbehand-

3

lungsgebot von Art. 3 Abs. 1 GG entspricht es eher, § 850d ZPO auch auf übergeleitete Unterhaltsansprüche anzuwenden. Auch § 850h ZPO ist im Verwaltungsvollstreckungsverfahren anwendbar (dafür die hM, vgl. Werth in Klein AO § 319 Rn. 2; Urban Stbg 1991, 132; zweifelnd App Stbg 1990, 223). S.a. App FW 1991, 113 und Sachsenlandkurier 2005, 220. Macht ein Gläubiger verschleiertes Arbeitseinkommen nach § 850h Abs. 2 ZPO gegen den Drittschuldner geltend, muss er sich vorrangige Pfändungen der Vergütung seines Schuldners entgegenhalten lassen (BAG Rpfleger 1995, 166).

Die Unpfändbarkeit von Aufwandsentschädigungen gem. § 850a Nr. 3 ZPO kommt ehrenamtlich Tätigen nicht zu Gute, bei denen sie Vergütungen für Dienstleistungen darstellen, die dem Lebensunterhalt dienen (VG Ansbach Rpfleger 2006, 419 für den Fall eines vollzeitbeschäftigten ehrenamtlichen Bürgermeisters).

Das durch § 850k ZPO eingeführte Pfändungsschutzkonto (sog. P-Konto) soll den Pfändungsschutz zu Gunsten des Vollstreckungsschuldners erweitern und zugleich das Verfahren vereinfachen. Während § 850k ZPO aF den auf das Konto des Vollstreckungsschuldners überwiesenen Arbeitslohn schützte, besteht der Pfändungsschutz durch das P-Konto für alle Guthabenbeträge ohne Rücksicht auf deren Herkunft und Regelmäßigkeit. Geschützt sind nicht nur Arbeitslohn, sondern auch die Vergütungen für persönlich geleistete Arbeiten und Dienste selbstständig tätiger Personen (so Loose in Tipke/Kruse AO § 319 Tz. 73). Der Pfändungsschutz tritt automatisch ein, er besteht kraft Gesetzes (Loose in Tipke/Kruse AO § 319 Tz. 75b).

IV. Anwendbarkeit auf andere Vollstreckungsschuldner als Arbeitnehmer

4 Die Pfändungsschutzvorschriften von §§ 850 ff. ZPO gelten uU auch für selbstständig Tätige und Gewerbetreibende. Allgemein anerkannt ist die Schutzbereichserstreckung auf „arbeitnehmerähnliche Personen" wie Heimarbeiter, Hausgewerbetreibende und Handelsvertreter, die für nur **ein** Unternehmen tätig sind (Brehm in Stein/Jonas ZPO § 850 Rn. 25). FG Baden-Württemberg KKZ 1992, 214 hat diesen Schutz in weiter entsprechender Auslegung auf alle Fälle ausgedehnt, in denen die vereinbarten Dienst- oder Werkleistungen zu einem wesentlichen Teil vom Betriebsinhaber persönlich erbracht werden. Folgt man dieser Rechtsprechung, so wird man den begünstigten Personenkreis nach ähnlichen Kriterien abzugrenzen haben wie im Falle von § 295 AO iVm § 811 Abs. 1 Nr. 5 ZPO. Bei freiberuflich Tätigen kann die Pfändbarkeit wegen der aus Gründen des Berufsgeheimnisses eingeschränkten Abtretbarkeit von Gebührenansprüchen (§ 851 Abs. 1 ZPO) zweifelhaft werden; nach BFHE 208, 414 steht die in § 49b Abs. 4 BRAO normierte Einschränkung der Abtretbarkeit von Gebührenforderungen von Rechtsanwälten deren Pfändung allerdings nicht entgegen.

Gem. BGH NJW 2004, 2450 ist auch der Taschengeldanspruch des haushaltführenden Ehegatten nach § 850b Abs. 2 ZPO bedingt pfändbar. Zum sozialhilferechtlichen Taschengeld in einer Pflegeeinrichtung vgl. BGH NJW-RR 2020, 820).

Die Beträge der Pfändungsfreigrenzen werden regelmäßig angepasst, vgl. dazu Bekanntmachung zu § 850c der Zivilprozessordnung (Pfändungsfreigrenzenbekanntmachung 2005) vom 25. Februar 2005 (BGBl. I 493), für den Zeitraum vom 1.7.2007 bis 30.6.2009 vgl. Bek. v. 22.1.2007 (BGBl. I 64 – Pfändungsfreigrenzenbekanntmachung 2007), für den Zeitraum vom 1.7.2009 bis 30.6.2011 vgl. Bek. v. 15.5.2009 (BGBl. I 1141 – Pfändungsfreigrenzenbekanntmachung 2009), für die Zeit ab 1.7.2011 vgl. Bek. v. 9.5.2011 (BGBl. I 825 – Pfändungsfreigrenzenbekanntmachung 2011), für die Zeit ab 1.7.2013 vgl. Bek. v. 26.3.2013 (BGBl. I 710 – Pfändungsfreigrenzenbekanntmachung 2013), für die Zeit ab 1.7.2015 vgl. Bek. v. 14.4.2015 (BGBl. I 618 – Pfändungsfreigrenzenbekanntmachung 2015), für die Zeit ab 1.7.2017 vgl. Bek. v. 28.3.2017 (BGBl. I 750 – Pfändungsfreigrenzenbekanntmachung 2017), für die Zeit ab 1.7.2019 vgl. Bek. v. 4.4.2019 (BGBl. I 443 – Pfändungsfreigrenzenbekanntmachung 2019).

V. Pfändungseinschränkungen in Spezialgesetzen

Daneben gelten Pfändungsverbote und -beschränkungen auf Grund zahlreicher **Spezialgesetze**.

Wichtigste Regelung ist insoweit § 54 SGB I. Nach § 54 Abs. 4 SGB I ist die Pfändung laufender Geldleistungen bei Sozialleistungsansprüchen wie bei Arbeitseinkommen möglich; auch künftig entstehende oder fällig werdende Ansprüche auf laufende Geldleistungen können gepfändet werden (BFHE 165, 165). Bei der Pfändung einmaliger Geldleistungen ist eine Billigkeitsprüfung durchzuführen (§ 54 Abs. 2 SGB I).

§ 54 Pfändung

(1) Ansprüche auf Dienst- und Sachleistungen können nicht gepfändet werden.

(2) Ansprüche auf einmalige Geldleistungen können nur gepfändet werden, soweit nach den Umständen des Falles, insbesondere nach den Einkommens- und Vermögensverhältnissen des Leistungsberechtigten, der Art des beizutreibenden Anspruchs sowie der Höhe und der Zweckbestimmung der Geldleistung, die Pfändung der Billigkeit entspricht.

(3) Unpfändbar sind Ansprüche auf
1. Elterngeld und Betreuungsgeld bis zur Höhe der nach § 10 des Bundeselterngeld- und Elternzeitgesetzes anrechnungsfreien Beträge sowie dem Erziehungsgeld vergleichbare Leistungen der Länder,
2. Mutterschaftsgeld nach § 19 Absatz 1 des Mutterschutzgesetzes, soweit das Mutterschaftsgeld nicht aus einer Teilzeitbeschäftigung während der Elternzeit herrührt, bis zur Höhe des Elterngeldes nach § 2 des Bundeselterngeld- und Elternzeitgesetzes, soweit es die anrechnungsfreien Beträge nach § 10 des Bundeselterngeld- und Elternzeitgesetzes nicht übersteigt,
2a. Wohngeld, soweit nicht die Pfändung wegen Ansprüchen erfolgt, die Gegenstand der §§ 9 und 10 des Wohngeldgesetzes sind,
3. Geldleistungen, die dafür bestimmt sind, den durch einen Körper- oder Gesundheitsschaden bedingten Mehraufwand auszugleichen.

(4) Im übrigen können Ansprüche auf laufende Geldleistungen wie Arbeitseinkommen gepfändet werden.

(5) Ein Anspruch des Leistungsberechtigten auf Geldleistungen für Kinder (§ 48 Abs. 1 Satz 2) kann nur wegen gesetzlicher Unterhaltsansprüche eines Kindes, das bei der Festsetzung der Geldleistungen berücksichtigt wird, gepfändet werden. Für die Höhe des pfändbaren Betrages bei Kindergeld gilt:
1. Gehört das unterhaltsberechtigte Kind zum Kreis der Kinder, für die dem Leistungsberechtigten Kindergeld gezahlt wird, so ist eine Pfändung bis zu dem Betrag möglich, der bei gleichmäßiger Verteilung des Kindergeldes auf jedes dieser Kinder entfällt. Ist das Kindergeld durch die Berücksichtigung eines weiteren Kindes erhöht, für das einer dritten Person Kindergeld oder dieser oder dem Leistungsberechtigten eine andere Geldleistung für Kinder zusteht, so bleibt der Erhöhungsbetrag bei der Bestimmung des pfändbaren Betrages des Kindergeldes nach Satz 1 außer Betracht.
2. Der Erhöhungsbetrag (Nummer 1 Satz 2) ist zugunsten jedes bei der Festsetzung des Kindergeldes berücksichtigten unterhaltsberechtigten Kindes zu dem Anteil pfändbar, der sich bei gleichmäßiger Verteilung auf alle Kinder, die bei der Festsetzung des Kindergeldes zugunsten des Leistungsberechtigten berücksichtigt werden, ergibt.

(6) In den Fällen der Absätze 2, 4 und 5 gilt § 53 Abs. 6 entsprechend.

Daneben bestehen weitere spezialgesetzliche Normen fort, die verschiedene Regelungen zur Unpfändbarkeit oder beschränkten Pfändbarkeit der entsprechenden Ansprüche enthalten:

1. Unpfändbare Ansprüche

6 Unpfändbar sind etwa Ansprüche auf: Hauptentschädigung in der Person des Geschädigten nach § 244 S. 1 LAG; Hausratentschädigung gemäß § 294 LAG; Sozialhilfe (§ 17 Abs. 1 Satz 2 SGB XII), Übergangsbeihilfe, Sterbegeld, einmalige Unfallentschädigung, einmalige Entschädigung und Schadensausgleich in besonderen Fällen nach § 48 Abs. 2 Soldatenversorgungsgesetz. Ausführlich dazu Röder KKZ 1989, 181, 201 und 221.

Der Anspruch auf Kindergeld kann nicht wegen kommunaler Forderungen aus Hortunterbringung des Kindes gepfändet werden (OVG LSA NVwZ-RR 2000, 326). Zu Taschengeld in einer Pflegeeinrichtung vgl. BGH NJW-RR 2020, 820.

2. Beschränkt pfändbare Ansprüche

7 Beschränkt pfändbar sind: das Entgelt, das den in Heimarbeit Beschäftigten oder den ihnen Gleichgestellten gewährt wird, nach § 27 Heimarbeitsgesetz; Ansprüche auf Entschädigung wegen nationalsozialistischer Verfolgung nach § 14 Bundesentschädigungsgesetz; der Anspruch auf Kriegsschadenrente nach § 262 LAG.

VI. Geltendmachung der Schutzvorschriften durch Drittschuldner im Prozess

8 Zur Geltendmachung der Pfändungsbeschränkungen durch den auf Zahlung verklagten Drittschuldner im Prozess SG Düsseldorf MDR 1992, 786.

VII. Landesrecht

Durch Verweisung in den Verwaltungsvollstreckungsgesetzen der Länder 9
auf die bundesgesetzlichen Pfändungsschutzvorschriften der ZPO kommen
diese in der Verwaltungsvollstreckung durch Landesbehörden und kommunale Behörden als Landesrecht zur Anwendung, so dass ihre Verletzung gem.
§ 137 Abs. 1 Nr. 1 VwGO kein Revisionsgrund ist (BVerwG KKZ 1997,
236).
Hessen: Inhaltsgleich § 55 HessVwVG.
Niedersachsen: Inhaltsgleich § 55 S. 1 NVwVG. Bestimmte Vollstreckungsforderungen (Zwangsgelder, Geldbußen, Ordnungsgelder und Nutzungsentschädigungen wegen Obdachlosigkeit) sind nach § 55 S. 2
NVwVG privilegiert und ermöglichen eine Pfändung in den nach § 850c
ZPO unpfändbaren Teil des Arbeitseinkommens, ebenso wie es nach § 850f
Abs. 2 ZPO der Fall ist (zu den Anwendungsproblemen siehe zB Seiler in
Thomas/Putzo ZPO § 850f Rn. 7 ff. und Nober in BLHAG § 850f
Rn. 9 ff.; zur Vollstreckung wegen Nutzungsentschädigungen bei Obdachlosigkeit App ZMR 2004, 731, zur Vollstreckung von Geldbußen App
SVR 2005, 248). Bemerkenswert ist, dass die Pfändungserweiterung nur
für behördliche Bußgeldbescheide gilt, nicht für gerichtliche Bußgeldentscheidungen, die gem. § 91 OWiG iVm § 459 StPO nach dem JBeitrG zu
vollstrecken sind, die auf §§ 850 ff. ZPO verweist (§ 6 Abs. 1 Nr. 1 JBeitrG;
→ Rn. 9), in denen ein Pfändungsprivileg für Geldbußen nicht vorgesehen
ist. § 55 S. 3 NVwVG enthält eine Sonderregelung für Pfändungsschutzkonten.
Nordrhein-Westfalen: Inhaltsgleich § 48 Abs. 1 S. 1 VwVG NRW. § 48
Abs. 1 S. 2 VwVG NRW erklärt § 850h ZPO ausdrücklich für anwendbar,
während dessen Anwendbarkeit im Bundesrecht nicht unbestritten ist
(→ Rn. 2). Bestimmte Vollstreckungsforderungen (Zwangsgelder, Geldbußen, Ordnungsgelder und Nutzungsentschädigungen wegen Obdachlosigkeit) sind nach § 48 Abs. 1 S. 3 VwVG NRW privilegiert und ermöglichen
eine Pfändung in den nach § 850c ZPO unpfändbaren Teil des Arbeitseinkommens, ebenso wie es nach § 850f Abs. 2 ZPO der Fall ist (zu den damit
verbundenen Fragen s. o. bei Niedersachsen). § 48 Abs. 2 VwVG NRW
überträgt die Befugnisse des Vollstreckungsgerichts der Vollstreckungsbehörde (Klarstellung).
Rheinland-Pfalz: § 55 Abs. 1 S. 1 LVwVG RP ist inhaltsgleich mit § 319
AO. § 55 Abs. 1 S. 2 LVwVG RP privilegiert bestimmte Vollstreckungsforderungen (Zwangsgelder, Geldbußen, Ordnungsgelder und Nutzungsentschädigungen bei Obdachlosigkeit); für diese gilt dasselbe wie in Niedersachsen.
§ 55 Abs. 2 LVwVG RP stellt klar, dass an die Stelle des Vollstreckungsgerichts
die Vollstreckungsbehörde tritt.
Saarland: Inhaltsgleich § 66 S. 1 SVwVG. § 66 S. 2 SVwVG ordnet noch
einmal ausdrücklich die Geltung des § 850d Abs. 3 ZPO an.
Sachsen-Anhalt: § 55 VwVG LSA gleich lautend mit § 55 NVwVG
(siehe dort). Obwohl andere gesetzliche Bestimmungen in § 55 VwVG LSA
nicht erwähnt sind, sind auch die Pfändungsschutzvorschriften des SGB zu

beachten, da sie als Bundesrecht gem. Art. 31 GG dem VwVG LSA vorgehen (OVG LSA NVwZ-RR 200, 326).
Schleswig-Holstein: Im Wesentlichen gleich lautend § 310 S. 1 LVwG SH. Dass an die Stelle des Vollstreckungsgerichts die Vollstreckungsbehörde tritt, wo §§ 850 ff. ZPO Zuständigkeiten dem Vollstreckungsgericht zuweisen, ist in § 284 LVwG SH bestimmt. § 310 S. 2 LVwG SH privilegiert bestimmte Vollstreckungsforderungen (Zwangsgelder, Bußgelder, Ordnungsgelder und Nutzungsentschädigungen zur Vermeidung von Obdachlosigkeit); für diese gilt dasselbe wie in Nordrhein-Westfalen.

VIII. Justizbeitreibungsgesetz

10 § 6 Abs. 1 Nr. 1 JBeitrG verweist auf dieselben Vorschriften der ZPO, auf die auch § 319 AO Bezug nimmt. Die Anwendbarkeit außerhalb der ZPO platzierter bundesrechtlicher Pfändungsschutzvorschriften wie zB § 54 SGB I ergibt sich aus § 6 Abs. 1 Nr. 2 JbeitrG.

§ 6 Abs. 1 Nr. 1 JBeitrG wird durch das Pfändungsschutzkonto-Fortentwicklungsgesetz vom 22. November 2020 (BGBl. I S. 2466, 2472) ebenfalls mit Wirkung zum 1. Dezember 2021 geändert. Abweichend von § 319 AO bezieht § 6 Abs. 1 Nr. 1 JBeitrG die §§ 899 bis 910 ZPO in seine Verweisung ein.

§ 320 Mehrfache Pfändung einer Forderung

(1) Ist eine Forderung durch mehrere Vollstreckungsbehörden oder durch eine Vollstreckungsbehörde und ein Gericht gepfändet, so sind die §§ 853 bis 856 der Zivilprozessordnung und § 99 Abs. 1 Satz 1 des Gesetzes über Rechte an Luftfahrzeugen entsprechend anzuwenden.

(2) Fehlt es an einem Amtsgericht, das nach den §§ 853 und 854 der Zivilprozessordnung zuständig wäre, so ist bei dem Amtsgericht zu hinterlegen, in dessen Bezirk die Vollstreckungsbehörde ihren Sitz hat, deren Pfändungsverfügung dem Drittschuldner zuerst zugestellt worden ist.

I. Anwendbare Vorschriften der ZPO

1 Die in § 320 Abs. 1 AO genannten Vorschriften der ZPO lauten:

§ 853 Mehrfache Pfändung einer Geldforderung

Ist eine Geldforderung für mehrere Gläubiger gepfändet, so ist der Drittschuldner berechtigt und auf Verlangen eines Gläubigers, dem die Forderung überwiesen wurde, verpflichtet, unter Anzeige der Sachlage und unter Aushändigung der ihm zugestellten Beschlüsse an das Amtsgericht, dessen Beschluss ihm zuerst zugestellt ist, den Schuldbetrag zu hinterlegen.

§ 854 Mehrfache Pfändung eines Anspruchs auf bewegliche Sachen

(1) Ist ein Anspruch, der eine bewegliche körperliche Sache betrifft, für mehrere Gläubiger gepfändet, so ist der Drittschuldner berechtigt und auf Verlangen eines Gläubigers, dem der Anspruch überwiesen wurde, verpflichtet, die Sache unter Anzeige der Sachlage und unter Aushändigung der ihm zugestellten Beschlüsse dem Gerichtsvollzieher herauszugeben, der nach dem ihm zuerst zugestellten Beschluss zur Empfangnahme der Sache ermächtigt ist. Hat der Gläubiger einen solchen Gerichtsvollzieher nicht bezeichnet, so wird dieser auf Antrag des Drittschuldners von dem Amtsgericht des Ortes ernannt, wo die Sache herauszugeben ist.

(2) Ist der Erlös zur Deckung der Forderungen nicht ausreichend und verlangt der Gläubiger, für den die zweite oder eine spätere Pfändung erfolgt ist, ohne Zustimmung der übrigen beteiligten Gläubiger eine andere Verteilung als nach der Reihenfolge der Pfändungen, so hat der Gerichtsvollzieher die Sachlage unter Hinterlegung des Erlöses dem Amtsgericht anzuzeigen, dessen Beschluss dem Drittschuldner zuerst zugestellt ist. Dieser Anzeige sind die Dokumente beizufügen, die sich auf das Verfahren beziehen.

(3) In gleicher Weise ist zu verfahren, wenn die Pfändung für mehrere Gläubiger gleichzeitig bewirkt ist.

§ 855 Mehrfache Pfändung eines Anspruchs auf eine unbewegliche Sache

Betrifft der Anspruch eine unbewegliche Sache, so ist der Drittschuldner berechtigt und auf Verlangen eines Gläubigers, dem der Anspruch überwiesen wurde, verpflichtet, die Sache unter Anzeige der Sachlage und unter Aushändigung der ihm zugestellten Beschlüsse an den von dem Amtsgericht der belegenen Sache ernannten oder auf seinen Antrag zu ernennenden Sequester herauszugeben.

§ 855a Mehrfache Pfändung eines Anspruchs auf ein Schiff

(1) Betrifft der Anspruch ein eingetragenes Schiff, so ist der Drittschuldner berechtigt und auf Verlangen eines Gläubigers, dem der Anspruch überwiesen wurde, verpflichtet, das Schiff unter Anzeige der Sachlage und unter Aushändigung der Beschlüsse dem Treuhänder herauszugeben, der in dem ihm zuerst zugestellten Beschluss bestellt ist.

(2) Absatz 1 gilt sinngemäß, wenn der Anspruch ein Schiffsbauwerk betrifft, das im Schiffsbauregister eingetragen ist oder in dieses Register eingetragen werden kann.

§ 856 Klage bei mehrfacher Pfändung

(1) Jeder Gläubiger, dem der Anspruch überwiesen wurde, ist berechtigt, gegen den Drittschuldner Klage auf Erfüllung der nach den Vorschriften der §§ 853 bis 855 diesem obliegenden Verpflichtungen zu erheben.

(2) Jeder Gläubiger, für den der Anspruch gepfändet ist, kann sich dem Kläger in jeder Lage des Rechtsstreits als Streitgenosse anschließen.

(3) Der Drittschuldner hat bei dem Prozessgericht zu beantragen, dass die Gläubiger, welche die Klage nicht erhoben und dem Kläger sich nicht angeschlossen haben, zum Termin zur mündlichen Verhandlung geladen werden.

(4) Die Entscheidung, die in dem Rechtsstreit über den in der Klage erhobenen Anspruch erlassen wird, ist für und gegen sämtliche Gläubiger wirksam.

AO § 320

(5) Der Drittschuldner kann sich gegenüber einem Gläubiger auf die ihm günstige Entscheidung nicht berufen, wenn der Gläubiger zum Termin zur mündlichen Verhandlung nicht geladen worden ist.

II. Weitere anwendbare Vorschriften

2 **§ 99 Abs. 1 S. 1** Gesetz über Rechte an Luftfahrzeugen (LuftFzgG) vom 26.2.1959 (BGBl. I 57, zuletzt geändert durch Artikel 185 der Verordnung vom 31.8.2015, BGBl. I 1474) lautet:

„Die Vorschriften in §§ 58, 266, 325 Abs. 4, §§ 592, 720a, 787, 794 Abs. 1 Nr. 5, §§ 800a, 830a, 837a, 847a, 855a, 864, 865, 870a, ausgenommen dessen Absatz 3 Satz 1 zweiter Halbsatz, und in §§ 895, 938, 941 der Zivilprozeßordnung gelten sinngemäß mit der Maßgabe, daß an die Stelle des eingetragenen Schiffes das in der Luftfahrzeugrolle eingetragene Luftfahrzeug und an die Stelle der Schiffshypothek das Registerpfandrecht an einem Luftfahrzeug tritt; § 98 Abs. 2 Satz 2 gilt auch hierbei."

III. Hinterlegung

3 Die Hinterlegung (§ 853 ZPO) oder Herausgabe an den Gerichtsvollzieher, Vollziehungsbeamten oder Sequester (§§ 854, 855 ZPO) befreien den Drittschuldner von seiner Verpflichtung; trotz seines Wortlauts begründet § 853 ZPO keine Verpflichtung des Drittschuldners, sondern nur eine Obliegenheit, er verliert bei Nichtbefolgung den Schutz von §§ 836 Abs. 2 ZPO, 315 Abs. 1 S. 3 AO. Der Auszahlungsanspruch gegen die Hinterlegungsstelle steht dem Pflichtigen bzw. kraft des nunmehr an dem hinterlegten Betrag bestehenden Pfandrechts den Vollstreckungsgläubigern zu. Zuständig für die Hinterlegung ist das Amtsgericht; es verteilt den hinterlegten Betrag, gegebenenfalls unter Anwendung von § 872 ZPO. Zur Stellung der Vollstreckungsbehörde gegenüber konkurrierenden Gläubigern bei der Forderungspfändung App DVP 2004, 230.

IV. Landesrecht

4 **Hessen:** Gleichlautend (bis auf die Worte „und § 99 Abs. 1 Satz 1 des Gesetzes über Rechte an Luftfahrzeugen") § 56 HessVwVG.
Niedersachsen: Gleichlautend § 56 NVwVG.
Nordrhein-Westfalen: Im Wesentlichen gleich lautend § 49 VwVG NRW, bis auf die Verweisung auf § 99 Abs. 1 Satz 1 des Gesetzes über Rechte an Luftfahrzeugen.
Rheinland-Pfalz: Inhaltsgleich (bis auf die Verweisung auf § 99 Abs. 1 S. 1 des Gesetzes über Rechte an Luftfahrzeugen) § 57 LVwVG RP.
Saarland: Im Wesentlichen gleich lautend § 67 SVwVG, bis auf die Verweisung auf § 99 Abs. 1 Satz 1 des Gesetzes über Rechte an Luftfahrzeugen.
Sachsen-Anhalt: Gleichlautend § 56 VwVG LSA.
Schleswig-Holstein: Im Wesentlichen inhaltsgleich § 311 LVwG SH.

V. Justizbeitreibungsgesetz

§ 6 Abs. 1 Nr. 1 JBeitrG verweist wie § 320 AO auf §§ 853–856 ZPO. 5

§ 321 Vollstreckung in andere Vermögensrechte

(1) Für die Vollstreckung in andere Vermögensrechte, die nicht Gegenstand der Vollstreckung in das unbewegliche Vermögen sind, gelten die vorstehenden Vorschriften entsprechend.

(2) Ist kein Drittschuldner vorhanden, so ist die Pfändung bewirkt, wenn dem Vollstreckungsschuldner das Gebot, sich jeder Verfügung über das Recht zu enthalten, zugestellt ist.

(3) Ein unveräußerliches Recht ist, wenn nichts anderes bestimmt ist, insoweit pfändbar, als die Ausübung einem anderen überlassen werden kann.

(4) Die Vollstreckungsbehörde kann bei der Vollstreckung in unveräußerliche Rechte, deren Ausübung einem anderen überlassen werden kann, besondere Anordnungen erlassen, insbesondere bei der Vollstreckung in Nutzungsrechte eine Verwaltung anordnen; in diesem Fall wird die Pfändung durch Übergabe der zu benutzenden Sache an den Verwalter bewirkt, sofern sie nicht durch Zustellung der Pfändungsverfügung schon vorher bewirkt ist.

(5) Ist die Veräußerung des Rechts zulässig, so kann die Vollstreckungsbehörde die Veräußerung anordnen.

(6) Für die Vollstreckung in eine Reallast, eine Grundschuld oder eine Rentenschuld gelten die Vorschriften über die Vollstreckung in eine Forderung, für die eine Hypothek besteht.

(7) Die §§ 858 bis 863 der Zivilprozessordnung gelten sinngemäß.

I. Betroffene Rechte

Unter § 321 AO fallen alle **geldwerten Rechte,** die nicht Geld- oder 1 Sachforderungen sind, wie Anteilsrechte an Gesellschaften und gemeinschaftlichen Vermögen (vor allem Nachlass), Urheberrechte, beschränkte dingliche Rechte (Nießbrauch und andere Nutzungsrechte), Anwartschaftsrechte (dazu Seiler in Thomas/Putzo ZPO § 857 Rn. 4) und Ansprüche aus einem Internet-Domain-Vertrag (BFHE 258, 223; BVerwG NvwZ-RR 2020,7; BGH NJW 2005, 3353 mit Anm. Schmidt JuS 2006, 86; vgl. auch FG Münster EFG 2015, 2028; FG Saarland EFG 2018, 1854). Voraussetzung ist immer, dass s sich um selbständige Rechte handelt. Familienrechte und familienrechtliche Ansprüche sowie Mitgliedschaftsrechte in Vereinen sind keine Vermögensrechte (Werth in Klein AO § 321 Rn. 3). Reallasten, Grund- und Rentenschulden sind durch § 321 Abs. 6 AO ausgenommen; für sie gilt § 310 AO. Nicht möglich ist die isolierte Pfändung eines Pfändungspfandrechts des Vollstreckungsschuldners (OLG Nürnberg KKZ 2002, 194); um den Zugriff auf

AO § 321

dieses zu erlangen, muss der Vollstreckungsgläubiger vielmehr die durch das Pfändungspfandrecht gesicherte Vollstreckungsforderung pfänden und einziehen, woraufhin auch das akzessorische Pfändungspfandrecht auf ihn übergeht. Desgleichen ist die Pfändung des Rechtes auf Einzug einer Forderung als unselbstständigen Nebenrechtes nicht möglich (LG Leipzig Rpfleger 2000, 401). Eine umfangreiche Übersicht über eine Vielzahl von pfändbaren und unpfändbaren Vermögensrechten findet sich bei Kögel in Gosch AO § 321 Rn. 5 ff.

II. Unveräußerliche Rechte

2   **Unveräußerlich** (§ 321 Abs. 3 AO) sind zB künstlerische und literarische Urheberrechte oder der Nießbrauch (§ 1059 BGB). Sie können einem anderen zur Ausübung überlassen werden. Die Vollstreckungsbehörde kann durch besondere Anordnungen (§ 321 Abs. 4 AO) die Verwertung unveräußerlicher Rechte den Besonderheiten des Einzelfalles anpassen.

III. Anwendbare Vorschriften der ZPO

3   Die durch § 321 Abs. 7 AO in Bezug genommenen Vorschriften der ZPO lauten:

§ 858 Zwangsvollstreckung in Schiffspart

(1) Für die Zwangsvollstreckung in die Schiffspart (§§ 489 ff. des Handelsgesetzbuchs) gilt § 857 mit folgenden Abweichungen.

(2) Als Vollstreckungsgericht ist das Amtsgericht zuständig, bei dem das Register für das Schiff geführt wird.

(3) Die Pfändung bedarf der Eintragung in das Schiffsregister; die Eintragung erfolgt auf Grund des Pfändungsbeschlusses. Der Pfändungsbeschluss soll dem Korrespondentreeder zugestellt werden; wird der Beschluss diesem vor der Eintragung zugestellt, so gilt die Pfändung ihm gegenüber mit der Zustellung als bewirkt.

(4) Verwertet wird die gepfändete Schiffspart im Wege der Veräußerung. Dem Antrag auf Anordnung der Veräußerung ist ein Auszug aus dem Schiffsregister beizufügen, der alle das Schiff und die Schiffspart betreffenden Eintragungen enthält; der Auszug darf nicht älter als eine Woche sein.

(5) Ergibt der Auszug aus dem Schiffsregister, dass die Schiffspart mit einem Pfandrecht belastet ist, das einem anderen als dem betreibenden Gläubiger zusteht, so ist die Hinterlegung des Erlöses anzuordnen. Der Erlös wird in diesem Fall nach den Vorschriften der §§ 873 bis 882 verteilt; Forderungen, für die ein Pfandrecht an der Schiffspart eingetragen ist, sind nach dem Inhalt des Schiffsregisters in den Teilungsplan aufzunehmen.

§ 859 Pfändung von Gesamthandanteilen

(1) Der Anteil eines Gesellschafters an dem Gesellschaftsvermögen einer nach § 705 des Bürgerlichen Gesetzbuchs eingegangenen Gesellschaft ist der Pfändung unterworfen. Der Anteil eines Gesellschafters an den einzelnen zu dem Gesellschaftsvermögen gehörenden Gegenständen ist der Pfändung nicht unterworfen.

(2) Die gleichen Vorschriften gelten für den Anteil eines Miterben an dem Nachlass und an den einzelnen Nachlassgegenständen.

§ 860 Pfändung von Gesamtgutanteilen

(1) Bei dem Güterstand der Gütergemeinschaft ist der Anteil eines Ehegatten oder Lebenspartners an dem Gesamtgut und an den einzelnen dazu gehörenden Gegenständen der Pfändung nicht unterworfen. Das Gleiche gilt bei der fortgesetzten Gütergemeinschaft von den Anteilen des überlebenden Ehegatten oder Lebenspartners und der Abkömmlinge.

(2) Nach der Beendigung der Gemeinschaft ist der Anteil an dem Gesamtgut zugunsten der Gläubiger des Anteilsberechtigten der Pfändung unterworfen.

§§ 861 und 862 (weggefallen)

§ 863 Pfändungsbeschränkungen bei Erbschaftsnutzungen

(1) Ist der Schuldner als Erbe nach § 2338 des Bürgerlichen Gesetzbuchs durch die Einsetzung eines Nacherben beschränkt, so sind die Nutzungen der Erbschaft der Pfändung nicht unterworfen, soweit sie zur Erfüllung der dem Schuldner, seinem Ehegatten, seinem früheren Ehegatten, seinem Lebenspartner, einem früheren Lebenspartner oder seinen Verwandten gegenüber gesetzlich obliegenden Unterhaltspflicht und zur Bestreitung seines standesmäßigen Unterhalts erforderlich sind. Das Gleiche gilt, wenn der Schuldner nach § 2338 des Bürgerlichen Gesetzbuchs durch die Ernennung eines Testamentsvollstreckers beschränkt ist, für seinen Anspruch auf den jährlichen Reinertrag.

(2) Die Pfändung ist unbeschränkt zulässig, wenn der Anspruch eines Nachlassgläubigers oder ein auch dem Nacherben oder dem Testamentsvollstrecker gegenüber wirksames Recht geltend gemacht wird.

(3) Diese Vorschriften gelten entsprechend, wenn der Anteil eines Abkömmlings an dem Gesamtgut der fortgesetzten Gütergemeinschaft nach § 1513 Abs. 2 des Bürgerlichen Gesetzbuchs einer Beschränkung der im Absatz 1 bezeichneten Art unterliegt.

IV. Vollstreckung in Miteigentumsanteile

Zur Vollstreckung in **Miteigentumsanteile** wegen kommunaler Abgabenforderungen siehe App LKV 2000, 13. Zur Verwertung gepfändeter Miteigentumsanteile an beweglichen Sachen App GemK BW 2001, 40.

V. Landesrecht

Hessen: Mit § 321 Abs. 1–6 AO inhaltsgleich § 57 Abs. 1–6 HessVwVG; § 57 Abs. 7 HessVwVG verweist auf §§ 858–860 und § 863 ZPO.
Niedersachsen: Gleichlautend § 57 NVwVG.
Nordrhein-Westfalen: Inhaltsgleich § 50 VwVG NRW.
Rheinland-Pfalz: Mit § 321 Abs. 1–6 AO inhaltsgleich § 58 Abs. 1–6 LVwVG RP. Mit § 321 Abs. 7 AO inhaltsgleich § 58 Abs. 7 S. 1 LVwVG RP. An die Stelle des Vollstreckungsgerichts tritt in § 858 Abs. 2 ZPO die Vollstreckungsbehörde (§ 58 Abs. 7 S. 2 LVwVG RP). Einwendungen und

AO § 322 Abgabenordnung

Widersprüche sind nach § 16 LVwVG RP geltend zu machen (§ 58 Abs. 7 S. 3 LVwVG RP).
Saarland: Inhaltsgleich § 68 SVwVG.
Sachsen-Anhalt: Inhaltsgleich § 57 VwVG LSA.
Schleswig-Holstein: Inhaltsgleich § 312 LVwG SH.

VI. Justizbeitreibungsgesetz

6   § 6 Abs. 1 Nr. 1 JBeitrG verweist auf § 857 Abs. 1–6 ZPO, die § 321 Abs. 1–6 AO im Wesentlichen entsprechen (Ausnahme: keine Anordnungen nach § 857 Abs. 4 und 5 ZPO durch die Vollstreckungsbehörde selbst, sondern durch das gem. § 828 Abs. 2 ZPO zuständige Vollstreckungsgericht), und wie § 321 Abs. 7 AO auf §§ 858–863 ZPO.

4. Unterabschnitt. Vollstreckung in das unbewegliche Vermögen

§ 322 Verfahren

(1) Der Vollstreckung in das unbewegliche Vermögen unterliegen außer den Grundstücken die Berechtigungen, für welche die sich auf Grundstücke beziehenden Vorschriften gelten, die im Schiffsregister eingetragenen Schiffe, die Schiffsbauwerke und Schwimmdocks, die im Schiffsbauregister eingetragen sind oder in dieses Register eingetragen werden können, sowie die Luftfahrzeuge, die in der Luftfahrzeugrolle eingetragen sind oder nach Löschung in der Luftfahrzeugrolle noch in dem Register für Pfandrechte an Luftfahrzeugen eingetragen sind. Auf die Vollstreckung sind die für die gerichtliche Zwangsvollstreckung geltenden Vorschriften, namentlich die §§ 864 bis 871 der Zivilprozessordnung und das Gesetz über die Zwangsversteigerung und die Zwangsverwaltung anzuwenden. Bei Stundung und Aussetzung der Vollziehung geht eine im Wege der Vollstreckung eingetragene Sicherungshypothek jedoch nur dann nach § 868 der Zivilprozessordnung auf den Eigentümer über und erlischt eine Schiffshypothek oder ein Registerpfandrecht an einem Luftfahrzeug jedoch nur dann nach § 870a Abs. 3 der Zivilprozessordnung sowie § 99 Abs. 1 des Gesetzes über Rechte an Luftfahrzeugen, wenn zugleich die Aufhebung der Vollstreckungsmaßnahme angeordnet wird.

(2) Für die Vollstreckung in ausländische Schiffe gilt § 171 des Gesetzes über die Zwangsversteigerung und die Zwangsverwaltung, für die Vollstreckung in ausländische Luftfahrzeuge § 106 Abs. 1, 2 des Gesetzes über Rechte an Luftfahrzeugen sowie die §§ 171h bis 171n des Gesetzes über die Zwangsversteigerung und die Zwangsverwaltung.

(3) Die für die Vollstreckung in das unbewegliche Vermögen erforderlichen Anträge des Gläubigers stellt die Vollstreckungsbehörde. Sie hat hierbei zu bestätigen, dass die gesetzlichen Voraussetzungen für die Vollstreckung vorliegen. Diese Fragen unterliegen nicht der

Beurteilung des Vollstreckungsgerichts oder des Grundbuchamts. Anträge auf Eintragung einer Sicherungshypothek, einer Schiffshypothek oder eines Registerpfandrechts an einem Luftfahrzeug sind Ersuchen im Sinne des § 38 der Grundbuchordnung und des § 45 der Schiffsregisterordnung.

(4) Zwangsversteigerung und Zwangsverwaltung soll die Vollstreckungsbehörde nur beantragen, wenn festgestellt ist, dass der Geldbetrag durch Vollstreckung in das bewegliche Vermögen nicht beigetrieben werden kann.

(5) Soweit der zu vollstreckende Anspruch gemäß § 10 Abs. 1 Nr. 3 des Gesetzes über die Zwangsversteigerung und die Zwangsverwaltung den Rechten am Grundstück im Rang vorgeht, kann eine Sicherungshypothek unter der aufschiebenden Bedingung in das Grundbuch eingetragen werden, dass das Vorrecht wegfällt.

I. Umfang des unbeweglichen Vermögens

§ 322 AO bestimmt, was der Vollstreckung in das unbewegliche Vermögen unterliegt. Er trifft damit gleichzeitig eine Abgrenzung zur Vollstreckung in das bewegliche Vermögen nach § 281 AO, alles was von § 322 AO nicht erfasst wird unterfällt im Umkehrschluss der Vollstreckung nach § 281 AO (Werth in Klein AO § 322 Rn. 1; Dißars in Schwarz/Pahlke AO § 322 Rn. 6). Dabei geht es zunächst um Grundstücke, also abgegrenzte Teile der Erdoberfläche, die in das Grundbuch eingetragen sind. Zu den **Grundstücken** gehören auch ihre wesentlichen Bestandteile, dh die mit dem Grund und Boden fest verbundenen Sachen (§ 94 BGB); für Früchte, die vom Boden noch nicht getrennt sind, gilt aber § 294 AO. Berechtigungen, für welche die sich auf Grundstücke beziehenden Vorschriften gelten, sind die sog. „grundstücksgleichen Rechte" des bürgerlichen Rechts (zB Erbbaurecht, Bergwerkseigentum, Wohnungseigentum). Verschiedene Berechtigungen, in die wie in Grundvermögen zu vollstrecken ist, sind in Spezialgesetzen geregelt wie zB das Bergwerkseigentum im BBergG; s. dazu die Auflistung in App GemK 2003, 26. Zum Schiffsregister und Schiffsbauregister vgl. die Schiffsregisterordnung idF der Bekanntmachung vom 26.5.1994 (BGBl. I S. 1133), die zuletzt durch Art. 17 des Gesetzes vom 20.11.2019 (BGBl. I S. 1724) geändert worden ist; nicht eingetragene Schiffe werden wie bewegliche Sachen behandelt (dazu App KKZ 1985, 54). Zur Luftfahrzeugrolle vgl. § 2 LuftVG idF der Bekanntmachung vom 10.5.2007 (BGBl. I S. 698), zuletzt geändert durch Art. 1 des Gesetzes vom 10.7.2020 (BGBl. I S. 1655); sie wird vom Luftfahrt-Bundesamt geführt (§ 2 Abs. 1 Nr. 4 LFBAG vom 30.11.1954; BGBl. I 354, zuletzt geändert durch Art. 3 G vom 23.2.2017, BGBl. I S. 298). Zum Register für Pfandrechte an Luftfahrzeugen vgl. Gesetz über Rechte an Luftfahrzeugen vom 25.2.1959 (BGBl. I 57, zuletzt geändert durch Art. 185 der Verordnung vom 31.8.2015 (BGBl. I S. 1474)); es wird vom AG Braunschweig geführt (→ § 311 Rn. 1).

AO § 322

II. Anwendbare Vorschriften

2   Die Nennung einzelner Vorschriften in § 322 Abs. 1 S. 2 AO ist nur beispielhaft. Die Verweisung umfasst sämtliche für die gerichtliche Zwangsvollstreckung geltenden Vorschriften. Wegen der Einzelheiten muss auf die Kommentierungen der ZPO und des ZVG verwiesen werden.

Bedeutsam für die Vollstreckungsbefugnis öffentlich-rechtlicher Gläubiger ist die Verweisung auf § 865 ZPO, der anordnet, dass Zubehörstücke, auf die sich bei Grundstücken und Berechtigungen die Hypothek, bei Schiffen oder Schiffsbauwerken die Schiffshypothek erstreckt, nicht im Wege der Mobiliarvollstreckung gepfändet werden können. Zu den Rechtsfolgen einer unzulässigen Pfändung von Grundstückszubehör und zu den Verfahrensrechten der Betroffenen App AgrarR 1999, 233.

III. Zwangshypothek

3   Die Sicherungshypothek im Zwangsverfahren (Zwangshypothek) führt noch nicht zur Befriedigung des Vollstreckungsgläubigers, sondern lediglich zu einer dinglichen Sicherung seiner Forderungen am Grundstück und damit zur Rangverbesserung in einem evtl. späteren Zwangsversteigerungsverfahren (Rangklasse von § 10 Abs. 1 Nr. 4 ZVG statt Rangklasse Nr. 5 als persönliche Forderung). Will der Vollstreckungsgläubiger seine so dinglich gesicherte Forderung realisieren, so ist die Zwangsversteigerung unter Berücksichtigung des entsprechenden Ranges in § 10 Abs. 1 Nr. 4 ZVG zu beantragen. Nach § 322 Abs. 3 AO werden die erforderlichen Anträge auf Vollstreckung in das unbewegliche Vermögen von der Vollstreckungsbehörde gestellt. So auch nach den meisten Verwaltungsvollstreckungsgesetzen der Länder. Die Zwangssicherungshypothek dagegen wird auf Antrag des Gläubigers der Forderung eingetragen. Neben den Vollstreckungsvoraussetzungen muss die Forderung gem. § 866 Abs. 3 ZPO höher als 750 Euro sein, also mindestens 750,01 Euro betragen. Eine Zwangshypothek als Gesamtrecht auf mehreren Grundstücken des (gleichen) Schuldners ist nicht möglich. Hat der Schuldner also mehrere Grundstücke, so besteht die Möglichkeit, nur eines dieser Grundstücke mit der Gesamtforderung zu belasten oder die Gesamtforderung auf alle oder einige Grundstücke zu verteilen. Allerdings müssen die einzelnen Teilbeträge wiederum den Betrag von 750 Euro übersteigen. Soweit der zu vollstreckende Anspruch gem. § 10 Abs. 1 Nr. 3 ZVG den Rechten am Grundstück im Rang vorgeht (dies ist in aller Regel bei den öffentlichen Lasten der Fall), kann die Zwangshypothek unter der aufschiebenden Bedingung in das Grundbuch eingetragen werden, dass das Vorrecht wegfällt (→ Rn. 7). Wird die Zwangsversteigerung im Falle einer bereits eingetragenen Zwangshypothek von einem dritten Gläubiger betrieben, wird die eingetragene Hypothek vom Versteigerungsgericht von Amts wegen berücksichtigt und braucht nicht in dem Verfahren angemeldet zu werden. Überblick über die Zwangshypothek als Mittel zur Sicherung von Vollstreckungsforderungen bei App BuW 2003, 815; zu den Rechtsfolgen der Eintragung App

Verfahren **§ 322 AO**

WStH Abt. 19, 1567. § 322 Abs. 1 S. 3 AO entspricht inhaltlich § 257 Abs. 2 S. 3 AO.

IV. Ausländische Schiffe

§ 171 ZVG regelt die Zwangsversteigerung eines **ausländischen Schiffes,** 4
das als deutsches in das Schiffsregister eingetragen werden müsste, in Anlehnung an die für diese deutschen Schiffe geltenden Vorschriften. Andere ausländische Schiffe sind wie bewegliche Sachen zu behandeln. Ähnliches gilt für ausländische Luftfahrzeuge (vgl. § 171a ff. ZVG).

V. Rechtsnatur behördlicher Anträge in der Immobiliarvollstreckung

Ob Anträge der Vollstreckungsbehörden im Immobiliarvollstreckungsver- 5
fahren Verwaltungsakte (so BFH NV 1997, 830, st. Rspr.; Dißars in Schwarz/Pahlke AO § 322 Rdnr. 4) oder zwischenbehördliche Akte sind (so Tormöhlen in Gosch AO § 322 Rn. 47 ff.), wird unterschiedlich beurteilt (Überblick bei Ratschow in Klein AO § 118 Rn. 42 – Verfahrenshandlungen).
Gem. § 322 Abs. 3 S. 2 AO hat die Vollstreckungsbehörde bei Antragstellung zu bestätigen, dass die gesetzlichen Voraussetzungen für die Vollstreckung vorliegen; macht sie dabei fahrlässig falsche Angaben, kann dies einen Schadensersatzanspruch des Vollstreckungsschuldners wegen Amtspflichtverletzung auslösen (OLG Frankfurt am Main KKZ 2004, 185), bei vorsätzlich falschen Angaben selbstverständlich erst recht. Jedenfalls bei Bestätigung der Vollstreckungsvoraussetzungen liegt hoheitliches Handeln und damit ein Verwaltungsakt vor (ebenso Werth in Klein AO § 322 Rn. 14).

VI. Zwangsversteigerung und Zwangsverwaltung

Der Vollstreckungsgläubiger kann beim Vollstreckungsgericht einen 6
Antrag auf Zwangsversteigerung oder Zwangsverwaltung eines Grundstücks stellen (§§ 15, 146 ZVG), wobei die Zwangsversteigerung der Befriedigung der Gläubiger aus dem Substanzwert des Grundstücks dient, die Zwangsverwaltung der Befriedigung der Gläubiger aus den Erträgen des Grundstücks. Während Bundes- und Landesbehörden hinsichtlich ihrer Anträge vor den Amtsgerichten Kostenfreiheit genießen, ist dies bei den Kommunen von Land zu Land unterschiedlich geregelt (hierzu Hornung KKZ 1987, 181). Die **Zwangsverwaltung** (geregelt in den §§ 146 bis 161 ZVG) soll gewährleisten, dass das Grundstück durch einen vom Gericht bestellten Zwangsverwalter nach wirtschaftlichen Gesichtspunkten ordnungsgemäß verwaltet und ein schädlicher Einfluss des Schuldners ausgeschaltet wird. Außerdem dient sie dazu, den Wert des Grundstücks zu erhalten oder ggf. sogar zu verbessern und die laufenden Lasten aus den laufenden Einnahmen zu decken. Insbesondere bei Kosten der Ersatzvornahme, die dazu dienen, das Grundstück in einen ordnungsgemäßen Zustand zu versetzen, bietet sich die Zwangsverwal-

AO § 322

tung an, wenn der Schuldner nicht bereit oder in der Lage ist, die angeforderten Ersatzvornahmekosten zu zahlen. In der Zwangsverwaltung gezahlte Vorschüsse zur Durchführung der Ersatzvornahme genießen nämlich in einem sich eventuell anschließenden Zwangsversteigerungsverfahren die Vorrechtsrangklasse 1 des § 10 Abs. 1 ZVG. Allerdings müssen dann beide Verfahren (Zwangsverwaltung und Zwangsversteigerung) parallel nebeneinander her betrieben werden. Nach Anordnung der Zwangsverwaltung ist es Aufgabe des Zwangsverwalters, die öffentlichen Abgaben und die laufenden Ausgaben, die zur Bewirtschaftung des Grundstücks erforderlich sind, zu entrichten. Die **Zwangsversteigerung** ist die schärfste Form der Vollstreckung in das unbewegliche Vermögen. Dem Grunde nach ist sie sowohl für den Schuldner als auch für den Gläubiger und die im Grundbuch eingetragenen dinglich Berechtigten immer mit dem Risiko behaftet, Geld zu verlieren. In der Zwangsversteigerung werden nicht alle Forderungen der Gläubiger gleich behandelt. Vielmehr besteht hier eine Rangfolge, nach welcher die erhobenen Ansprüche befriedigt werden, wenn der Erlös nicht für alle Forderungen ausreicht. Die Rangfolge ergibt sich aus § 10 ZVG. Zur Vorbereitung eines Zwangsversteigerungsantrags Checkliste bei App BuW 2003, 161. Ist ein Zwangsversteigerungsverfahren bereits im Gange, wird ein später gestellter Antrag als Beitritt zum laufenden Verfahren behandelt (§ 27 Abs. 1 ZVG). Der Beitrittsgläubiger genießt die gleichen Rechte wie der Anordnungsgläubiger. Für die Frage, ob die Zwangsversteigerung letztendlich zur Befriedigung der Forderungen des antragstellenden Gläubigers führt, spielen neben dem Meistgebot insbesondere die Höhe des sog. „geringsten Gebotes" (§ 44 ZVG), des Verkehrswertes des Grundstücks sowie die Belastungen in Abteilung III des Grundbuches eine entscheidende Rolle. Auch wenn die Durchsetzung der Forderung der Vollstreckungsbehörde im Hinblick auf die unterschiedlichen Rangklassen des § 10 ZVG bzw. die vorgehenden Rechte in Abteilung 3 des Grundbuches grundsätzlich keinen Erfolg verspricht, kann ein Antrag auf Zwangsversteigerung dennoch aus taktischen Gründen sinnvoll sein. Dies vor allem dann, wenn im Vorfeld schon Erkenntnisse vorliegen, die darauf schließen lassen, dass der Schuldner beabsichtigt, sein Grundstück freihändig zu veräußern. Zum eigentlichen Ablauf des Zwangsversteigerungs- und Zwangsverwaltungsverfahren muss auf die Kommentare zum ZVG verwiesen werden, insbesondere auf Stöber ZVG, 22. Aufl. 2019. Zur Anmeldung von Rechten zum Zwangsversteigerungsverfahren App BuW 2003, 163, zum Ablauf des Versteigerungstermins App GemK BW 2002, 269. Von der Sollvorschrift in § 322 Abs. 4 AO kann die Vollstreckungsbehörde insbesondere abweichen, wenn die Vollstreckung in das bewegliche Vermögen den Vollstreckungsschuldner härter treffen würde als Zwangsversteigerung oder Zwangsverwaltung (BFH/NV 2006, 2024; Werth in Klein AO § 322 Rn. 16). Ihre Ermessensentscheidung muss die Vollstreckungsbehörde begründen (FG Baden-Württemberg EFG 1991, 714; NdsFG EFG 2015, 740). Für die Eintragung einer Zwangs-Sicherungshypothek gilt der Subsidiaritätsgrundsatz nach dem eindeutigen Wortlaut des Gesetzes nicht (Werth in Klein AO § 322 Rn. 17). Insoweit ist aber bedeutsam, dass der Betrag von 750 Euro überschritten sein muss (§ 322 Abs. 1 AO iVm § 866 Abs. 3 ZPO nF).

Das Verbot der Überpfändung gem. § 281 Abs. 2 AO gilt nicht, auch nicht entsprechend, für die Vollstreckung in das unbewegliche Vermögen (BFH BFH/NV 2007, 2060).

VII. Öffentliche Grundstückslasten

§ 322 Abs. 5 AO betrifft Ansprüche auf Entrichtung der öffentlichen Lasten des Grundstücks wegen der aus den letzten vier Jahren rückständigen Beträge; wiederkehrende Leistungen, insbesondere Grundsteuern, Zinsen, Zuschläge oder Rentenleistungen, sowie Beträge, die zur allmählichen Tilgung einer Schuld als Zuschlag zu den Zinsen zu entrichten sind, nur für die laufenden Beträge und für die Rückstände aus den letzten zwei Jahren (§ 10 Abs. 1 Nr. 3 ZVG; siehe hierzu auch Rn. 3). Öffentliche Lasten gibt es nach Bundesrecht, Landesrecht und Kommunalrecht. Da die öffentliche Last in der Zwangsversteigerung das Privileg der Vorrechtsrangklasse 3 des § 10 Abs. 1 Nr. 3 ZVG genießt, sollte der Gläubiger (meistens eine Kommune) die Zeitspanne des Vorrechtes nutzen, um rechtzeitig einen entsprechenden Antrag auf Zwangsversteigerung zu stellen. Die Praxis hat gezeigt, dass der Gläubiger, soweit er mit seiner öffentlichen Last aus Rangklasse 3 des § 10 Abs. 1 ZVG die Zwangsversteigerung betreibt, meistens von nachrangigen Gläubigern mit seiner Forderung abgelöst wird. In Insolvenzverfahren gewährt die öffentliche Grundstückslast ein Absonderungsrecht nach § 49 InsO (VG Gera NVwZ-RR 2001, 627). Unabhängig von der Vollstreckung in das unbewegliche Vermögen hat die öffentliche Last noch die Eigenschaft, dass der Eigentümer für eine öffentliche Last, die auf dem Grundbesitz ruht, nach § 77 Abs. 2 AO die Zwangsvollstreckung in den Grundbesitz zu dulden hat.

VIII. Landesrecht

Hessen: Mit § 322 Abs. 1 S. 1 und 2, Abs. 3 S. 1 und 3, Abs. 4, 5 AO im Wesentlichen inhaltsgleich bis gleich lautend § 58 HessVwVG, der aber nicht auf § 871 ZPO verweist.
Niedersachsen: Gleichlautend § 58 NVwVG.
Nordrhein-Westfalen: Im Wesentlichen inhaltsgleich mit § 51 Abs. 1–3 VwVG NRW. § 51 Abs. 4 VwVG NRW enthält Sonderbestimmungen für Kreditverbände.
Rheinland-Pfalz: Mit § 322 Abs. 1 S. 2, Abs. 3 S. 1 und 3, Abs. 5 AO inhaltsgleich § 59 Abs. 1, 2 S. 1 und Abs. 4 LVwVG RP. Nach § 59 Abs. 3 LVwVG RP sind Anträge auf Zwangsversteigerung oder Zwangsverwaltung nur unter den Voraussetzungen von § 322 Abs. 4 AO zulässig (zwingend, nicht bloße Sollvorschrift wie in § 322 Abs. 4 AO). § 59 Abs. 2 S. 2 LVwVG RP schreibt der Vollstreckungsbehörde vor, dem Pflichtigen ihre Antragstellung unverzüglich mitzuteilen; § 59 Abs. 2 S. 3 LVwVG RP stellt die Mitteilung einer Verfügung gleich und unterwirft sie damit der Anfechtbarkeit als Verwaltungsakt.
Saarland: Mit § 322 Abs. 1 S. 1 und 2, Abs. 3 S. 1–3, Abs. 5 AO inhaltsgleich § 69 Abs. 1, 2 und 4 SVwVG. Nach § 69 Abs. 3 SVwVG sind Zwangs-

versteigerung und Zwangsverwaltung nur im Fall von § 322 Abs. 4 AO zulässig; das Vollstreckungsgericht darf das aber nicht nachprüfen (§ 69 Abs. 4 SVwVG).

Sachsen-Anhalt: Gleichlautend § 58 VwVG LSA, § 58 Abs. 3a VwVG LSA nimmt das Tätigwerden der Vollstreckungsbehörde im Rahmen der Vollstreckungshilfe von der Anwendung von § 58 Abs. 3 VwVG LSA aus.

Schleswig-Holstein: Mit § 322 Abs. 1 S. 2, Abs. 3 S. 1 und 3, Abs. 5 AO inhaltsgleich § 313 Abs. 1, 3, 4 LVwG SH. § 313 Abs. 2 S. 2 LVwG SH lässt die Eintragung einer Sicherungshypothek für gem. § 10 Abs. 1 Nr. 3 ZVG bevorrechtigte dingliche Lasten unter der aufschiebenden Bedingung zu, dass das Vorrecht vor Erlöschen des Anspruchs wegfällt. Nach § 313 Abs. 3 LVwG SH sind Anträge auf Zwangsversteigerung und Zwangsverwaltung nur unter den Voraussetzungen von § 322 Abs. 4 AO zulässig (zwingend, nicht bloße Sollvorschrift wie in § 322 Abs. 4 AO).

IX. Justizbeitreibungsgesetz

9 § 6 Abs. 1 Nr. 1 JBeitrG verweist wie § 322 Abs. 1 AO auf §§ 864–871 ZPO, § 869 ZPO verweist weiter auf das ZVG. § 322 Abs. 4 und 5 AO hat keine Parallelen im JBeitrG. Wie nach § 322 Abs. 3 S. 1 AO haben die Vollstreckungsbehörden die Anträge beim zuständigen Amtsgericht zu stellen (§ 7 S. 1 JBeitrG), wobei der Antrag den vollstreckbaren Schuldtitel ersetzt (§ 7 S. 2 JBeitrG). Eine Bestätigung wie in § 322 Abs. 3 S. 2 AO ist im JBeitrG nicht vorgesehen.

§ 323 Vollstreckung gegen den Rechtsnachfolger

Ist nach § 322 eine Sicherungshypothek, eine Schiffshypothek oder ein Registerpfandrecht an einem Luftfahrzeug eingetragen worden, so bedarf es zur Zwangsversteigerung aus diesem Recht nur dann eines Duldungsbescheids, wenn nach der Eintragung dieses Rechts ein Eigentumswechsel eingetreten ist. Satz 1 gilt sinngemäß für die Zwangsverwaltung aus einer nach § 322 eingetragenen Sicherungshypothek.

I. Allgemeines

1 Die **Eintragung** der Hypothek oder des Registerpfandrechts im Zwangsverfahren hindert die Veräußerung nicht. Die dingliche Verpflichtung, die Zwangsvollstreckung zu dulden, geht auf den Erwerber über.

II. Möglichkeiten der Vollstreckungsbehörde

2 Die Vollstreckungsbehörde bedarf keines gerichtlichen Titels. Sie ordnet selbst das Zwangsverfahren gegen den Grundstückserwerber an. Über seine Einwendungen entscheidet zunächst die Vollstreckungsbehörde selbst oder

die Widerspruchsbehörde, sodann auf Anfechtungsklage das Verwaltungsgericht oder – wenn Vollstreckungsbehörde eine Bundes- oder Landesfinanzbehörde ist (§ 33 Abs. 1 Nr. 2 FGO) – das Finanzgericht. Geltend machen kann der Grundstückserwerber etwa, dass die Zwangshypothek durch die Eintragung nicht ordnungsgemäß entstanden sei, dass die Schuld, für die die Hypothek besteht, inzwischen durch Zahlung des Schuldners oder durch Aufrechnung erloschen sei (FG Baden-Württemberg EFG 1995, 701) oder dass der Verwaltungsakt, aus dem vollstreckt worden ist, inzwischen – von der Vollstreckungsbehörde selbst, von der Rechtsbehelfsbehörde oder von einem Gericht – aufgehoben worden sei. Daraus ergibt sich, dass Fragen zur Vollstreckbarkeit der Forderung nicht von dem Vollstreckungsgericht zu entscheiden sind, bei dem die Vollstreckungsbehörde Antrag auf Zwangsversteigerung des Grundstücks stellt. Entscheidungsbefugt ist vielmehr das Verwaltungs- oder Finanzgericht (vgl. App ZKF 1990, 65).

III. Zwangsversteigerung und Zwangsverwaltung

§ 323 AO regelt außerdem, dass die Vollstreckungsbehörde, falls **kein** 3
Eigentumswechsel stattgefunden hat, die Zwangsversteigerung und die Zwangsverwaltung unmittelbar aus dem zu vollstreckenden Verwaltungsakt betreiben kann, für den die Sicherungshypothek eingetragen worden ist.

IV. Geltung der Vorschrift

Die Vorschrift gilt nur für Zwangshypotheken, die im Vollstreckungsver- 4
fahren eingetragen sind, nicht dagegen für Grundpfandrechte, die dem Vollstreckungsgläubiger durch Rechtsgeschäft bestellt worden sind (Werth in Klein AO § 323 Rn. 3). In solchen Fällen muss der Vollstreckungsgläubiger bei Eigentümerwechsel gemäß § 1147 BGB auf Duldung der Zwangsvollstreckung klagen, falls er nicht im Besitz einer Urkunde iSv § 800 ZPO ist (App ZKF 1990, 65).

V. Landesrecht

Hessen: Nach § 59 HessVwVG ist, wenn ein Sicherungshypothek im 5
Wege der Vollstreckung eingetragen ist, bei Veräußerung des belasteten Grundstücks die Vollstreckung in das Grundstück gegen den Rechtsnachfolger zulässig.
Niedersachsen: Gleichlautend § 59 NVwVG.
Nordrhein-Westfalen: § 52 S. 1 VwG NRW erklärt die Zwangsvollstreckung aus einer im Wege der Vollstreckung eingetragenen Sicherungshypothek im Falle der Veräußerung gegen den Rechtsnachfolger für zulässig. § 52 S. 2 VwVG NRW verweist auf § 10 VwVG NRW.
Rheinland-Pfalz: § 60 S. 1 LVwVG RP erklärt die Zwangsvollstreckung aus einer im Wege der Vollstreckung eingetragenen Sicherungshypothek im

AO § 324

Falle der Veräußerung gegen den Rechtsnachfolger für zulässig; § 60 S. 2 LVwVG RP verweist auf § 6 Abs. 2 S. 2 und § 17 LVwVG RP.
Saarland: § 70 S. 1 SVwVG erklärt die Zwangsvollstreckung aus einer im Wege der Vollstreckung eingetragenen Sicherungshypothek im Falle der Veräußerung gegen den Rechtsnachfolger für zulässig; § 70 S. 2 SVwVG verweist auf § 32 Abs. 4 SVwVG.
Sachsen-Anhalt: Inhaltsgleich § 59 VwVG LSA.
Schleswig-Holstein: Vgl. § 314 LVwG SH; eine Entscheidung des Vollstreckungsgläubigers, die die Duldungspflicht anordnet, ist nur dann erforderlich, wenn der Rechtsnachfolger seine Duldungspflicht bestreitet (§ 314 S. 2 LVwG SH iVm § 264 Abs. 4 S. 1 LVwG SH).

5. Unterabschnitt. Arrest

§ 324 Dinglicher Arrest

(1) **Zur Sicherung der Vollstreckung von Geldforderungen nach den §§ 249 bis 323 kann die für die Steuerfestsetzung zuständige Finanzbehörde den Arrest in das bewegliche oder unbewegliche Vermögen anordnen, wenn zu befürchten ist, dass sonst die Beitreibung vereitelt oder wesentlich erschwert wird. Sie kann den Arrest auch dann anordnen, wenn die Forderung noch nicht zahlenmäßig feststeht oder wenn sie bedingt oder betagt ist. In der Arrestanordnung ist ein Geldbetrag zu bestimmen, bei dessen Hinterlegung die Vollziehung des Arrestes gehemmt und der vollzogene Arrest aufzuheben ist.**

(2) **Die Arrestanordnung ist zuzustellen. Sie muss begründet und von dem anordnenden Bediensteten unterschrieben sein. Die elektronische Form ist ausgeschlossen.**

(3) **Die Vollziehung der Arrestanordnung ist unzulässig, wenn seit dem Tag, an dem die Anordnung unterzeichnet worden ist, ein Monat verstrichen ist. Die Vollziehung ist auch schon vor der Zustellung an den Arrestschuldner zulässig, sie ist jedoch ohne Wirkung, wenn die Zustellung nicht innerhalb einer Woche nach der Vollziehung und innerhalb eines Monats seit der Unterzeichnung erfolgt. Bei Zustellung im Ausland und öffentlicher Zustellung gilt § 169 Abs. 1 Satz 3 entsprechend. Auf die Vollziehung des Arrestes finden die §§ 930 bis 932 der Zivilprozessordnung sowie § 99 Abs. 2 und § 106 Abs. 1, 3 und 5 des Gesetzes über Rechte an Luftfahrzeugen entsprechende Anwendung; an die Stelle des Arrestgerichts oder des Vollstreckungsgerichts tritt die Vollstreckungsbehörde, an die Stelle des Gerichtsvollziehers der Vollziehungsbeamte. Soweit auf die Vorschriften über die Pfändung verwiesen wird, sind die entsprechenden Vorschriften dieses Gesetzes anzuwenden.**

Übersicht

	Rn.
I. Rechtsnatur der Arrestanordnung und Zuständigkeit	1
II. Arrestgrund	2

Dinglicher Arrest **§ 324 AO**

	Rn.
III. Abwendungsbefugnis des Pflichtigen durch Zahlung	3
IV. Form der Arrestanordnung	4
V. Zustellung der Arrestanordnung	5
VI. Anwendbare Vorschriften der ZPO	6
VII. Weitere anwendbare Vorschriften	7
VIII. Vollziehung des Arrestes	8
IX. Rechtsschutzfragen	9
X. Schadensersatz bei ungerechtfertigtem Arrest	10
XI. Landesrecht	11
XII. Justizbeitreibungsgesetz	12

I. Rechtsnatur der Arrestanordnung und Zuständigkeit

Der **Arrest** ist das Mittel zur Sicherung künftiger Geldforderungen (BFH 1 BStBl 2013, 983; Werth in Klein AO § 324 Rn. 1 mwN). **Zuständig** für die Anordnung des Arrestes ist schon angesichts des Wortlautes von § 324 Abs. 1 S. 1 AO die **Anordnungsbehörde,** die den Leistungsbescheid zu erlassen hat (→ VwVG § 3 Rn. 9); nur ihr kommt auch die fachliche Kompetenz zur Beurteilung der Frage zu, ob ein Arrestanspruch vorliegt. Praktische Notwendigkeiten zwingen aber zu enger Kooperation von Anordnungsbehörde und Vollstreckungsbehörde (dazu App StBp 1990, 154 und ZfZ 1991, 41). Ein fehlgeschlagener Arrest ist für den Gläubiger nachteiliger als überhaupt keiner, da dadurch der Schuldner und etwaige konkurrierende Gläubiger gewarnt werden, ein zweiter Versuch daher umso eher fehlschlagen wird (App KStZ 1990, 189). Sachlich ist die Arrestanordnung keine Vollstreckungsmaßnahme, sondern eine besondere Form der Festsetzung (**hM** Werth in Klein AO § 324 Rn. 2), die nur des Sachzusammenhangs wegen im Teil „Vollstreckung" der AO und in den VwVGen der Länder geregelt ist. Im Rahmen der Sicherung nichtkommunaler Steuerforderungen spielt die Unterscheidung zwischen Anordnungsbehörde und Vollstreckungsbehörde praktisch keine Rolle; denn Vollstreckungsbehörden sind ebenfalls die Finanzbehörden (§ 249 Abs. 1 S. 3 AO). In allen Fällen muss es sich um öffentlich-rechtliche Forderungen handeln, die, würden die Vollstreckungsvoraussetzungen wie zB ihre Fälligkeit bereits vorliegen, nach dem Verwaltungsvollstreckungsgesetz des Bundes oder des jeweiligen Bundeslandes beizutreiben wären, namentlich Steuer-, Gebühren- und Beitragsforderungen.

Nach allgemeiner Meinung (Loose in Tipke/Kruse AO § 324 Tz. 9 mwN; Tormöhlen in Gosch AO § 324 Rn. 15) braucht die durch Arrest zu sichernde öffentlich-rechtliche Forderung noch nicht entstanden zu sein; es reicht danach aus, wenn sie bei Erlass der Arrestanordnung bereits „begründet" ist. Die „Begründetheit" wird ebenso beurteilt wie im Falle von § 38 InsO, der im Insolvenzverfahren Insolvenzforderungen von Masseforderungen abgrenzt (Tormöhlen in Gosch AO § 324 Rn. 15). Als begründet kann eine Abgabenforderung danach angesehen werden, wenn ihr Rechtsgrund bereits gelegt ist, der gesetzliche Entstehungszeitpunkt indes noch nicht eingetreten ist (**aA** Werth in Klein AO § 324 Rn. 3).

AO § 324

Der durch Arrest zu sichernde Anspruch braucht bei Erlass der Arrestanordnung noch nicht zahlenmäßig festzustehen. Es muss jedoch zu erwarten sein, dass zu gegebener Zeit eine Geldforderung mit einem bestimmten Betrag festgesetzt werden wird; dafür soll ausreichende Wahrscheinlichkeit genügen (BFH HFR 1963, 450). Erforderlichenfalls ist der Betrag zu schätzen. Dem Grunde nach muss die Forderung indessen bestimmt sein (BFHE 138, 16).

Als Arrestschuldner in Anspruch genommen werden können nur Personen (natürliche wie juristische) und Personenvereinigungen, die hinsichtlich der zu sichernden Geldforderung Vollstreckungsschuldner werden können. Darum scheiden etwa Rechtsgebilde aus, die nach dem einschlägigen Abgabengesetz nicht zu den möglichen Abgabenschuldnern zählen, desgleichen solche Personen und Rechtsgebilde, die nach Bundesrecht oder nach dem jeweils einschlägigen Landesrecht nicht Objekt von Vollstreckungsmaßnahmen inländischer Behörden sein können, wie zB Exterritoriale (App GemK A 2009, 379).

II. Arrestgrund

2 Ein **Arrestgrund** liegt vor, wenn konkrete Tatsachen die Besorgnis begründen, dass ohne Arrest die künftige Vollstreckung des Anspruchs vereitelt oder wesentlich erschwert werden könnte (zur wesentlichen Erschwerung der künftigen Vollstreckung: BFHE 194, 40; BFH BStBl II 2013, 983; BFH/NV 1995, 1037). Als Arrestgrund sind anerkannt worden: Maßnahmen des Schuldners, die seine Vermögenslage verschlechtern; verschwenderische Lebensweise; häufiger unangemeldeter Wohnungswechsel. Nicht anerkannt wurden: Schlechte Vermögensverhältnisse für sich allein (BFHE 194, 40); Entziehung der Handelserlaubnis; Ausländereigenschaft; Auslandswohnsitz des Schuldners, einmalige Nichtabgabe von Steuererklärungen (FG Brandenburg EFG 1996, 1078); Verdacht der Steuerhinterziehung oder sonstige steuerliche Unzuverlässigkeit für sich allein (BFHE 194, 40). Übersicht über Arrestgründe bei Werth in Klein AO § 324 Rn. 5 und 6; kein Arrestgrund ist die Konkurrenz anderer Gläubiger (**hM** Loose in Tipke/Kruse AO § 324 Tz. 19; BGH NJW 2007, 2485; App KStZ 1990, 191). Abzuraten ist davon, von der Rechtsprechung einmal – vielleicht in ganz besonderer Konstellation – bejahte Arrestgründe schlagwortartig und schematisch ohne Prüfung des vorliegenden Falles auch dort als Arrestgrund anzuführen. Umgekehrt sind einzelne Tatsachen, die für einen Arrest sprechen, nicht isoliert zu betrachten und zu beurteilen. Zu betrachten sind diese Gründe vielmehr in ihrer Gesamtheit, und es ist dann zu fragen, ob das sich daraus ergebende Bild dem vernünftigen Beurteiler die Gefahr einer Erschwerung der Vollstreckung wahrscheinlich macht (Schuhmann DStZ 1981, 499; App StBp 1990, 155). Den Arrestgrund der anderenfalls notwendigen Auslandsvollstreckung (§ 917 Abs. 2 ZPO; dazu Mankowski RIW 1991, 181) hat die AO zu Recht nicht übernommen (s.a. Werth in Klein AO § 324 Rn. 5; **aA** Tormöhlen in Gosch AO § 324 Rdnr. 21).

Die Kenntnis vom Arrestgrund muss sich die Behörde auf zulässige Weise verschafft haben. Gesetzliche Verwertungsverbote stehen der Auswertung auch zulässigerweise erlangter Kenntnisse für Zwecke einer Arrestanordnung entgegen. Erkenntnisse, die aus einer richterlich angeordneten Telefonüberwachung gewonnen worden sind, dürfen nicht zur Rechtfertigung einer Arrestanordnung herangezogen werden (BFHE 194, 40; BFH BStBl II 2013, 983).

Es muss zu erwarten sein, dass durch den Arrest eine Vollstreckungsmöglichkeit gesichert wird; dh der Pflichtige darf nicht offensichtlich ohne pfändbares, der Zwangsvollstreckung unterworfenes Vermögen sein.

III. Abwendungsbefugnis des Pflichtigen durch Zahlung

Wird in der Arrestanordnung entgegen § 324 Abs. 1 S. 3 AO kein **Geldbetrag** bestimmt, so bedeutet dies eine wesentliche Erschwerung der Verteidigung des Pflichtigen. Eine Notwendigkeit, sie hinzunehmen, besteht umso weniger, als die Arrestanordnung (im Gegensatz zum Arrestbefehl nach § 922 ZPO) von der Vollstreckungsbehörde selbst (und nicht auf Antrag des Gläubigers von einem Gericht) erlassen wird. Das Fehlen der Bestimmung nach § 324 Abs. 1 S. 3 AO ist auch ein offensichtlicher Fehler. Er macht daher den Verwaltungsakt rechtswidrig, aber nicht nichtig (Tormöhlen in Gosch AO § 324 Rn. 30; Loose in Tipke/Kruse § 324 Tz. 41; **aA** hier bis 11. Aufl. 2017). Die notwendige Ergänzung, iegt in der Hand der Vollstreckungsbehörde und kann nachgeschoben werden.

IV. Form der Arrestanordnung

Die **Arrestanordnung** ist schriftlich zu erlassen; das ergibt sich aus der gesetzlichen Regelung in § 324 Abs. 2 S. 2 AO, wonach die Arrestanordnung von dem anordnenden Bediensteten unterschrieben sein muss (wobei die elektronische Form durch § 324 Abs. 2 S. 3 AO ausdrücklich ausgeschlossen ist). In Bundesländern wie namentlich in Nordrhein-Westfalen ergibt sich das Schriftformgebot daraus, dass das Gesetz die Zustellung der Arrestanordnung verlangt (§ 53 Abs. 3 VwVG NRW), was nur bei Dokumenten möglich ist.

Als schriftlicher Verwaltungsakt muss die Arrestanordnung die erlassende Behörde erkennen lassen; dies geschieht allgemein durch Verwendung des Behördenbriefkopfs und durch die Beifügung des Dienststempels.

In der Arrestanordnung ist der Arrestschuldner namentlich mit Nennung von Wohnort und Wohnung zu bezeichnen, bei Handelsgesellschaften unter Angabe der im Handelsregister eingetragenen Firma. Ist der Arrestschuldner lediglich duldungspflichtig, müssen der Grund dafür und das Vermögen bezeichnet sein, auf das sich die Duldungspflicht erstreckt, zB bei einem Testamentsvollstrecker der von diesem verwalteten Nachlass.

Die zu sichernde Forderung muss in der Arrestanordnung nach ihrem Grund und nach ihrem (notfalls geschätzten) Betrag angegeben werden. Beim Grund ist jedenfalls die Art der Forderung zu nennen, etwa „Rückforderung des am ... überzahlten Zuschusses zu ...". Handelt es sich um periodisch zu zahlende Steuern wie etwa die Gewerbesteuer oder die Grundsteuer, so muss auch der Besteuerungszeitraum oder ggf. der Vorauszahlungszeitraum genannt sein; Entsprechendes gilt für Beiträge und Gebühren.

Betrifft eine Arrestanordnung mehrere Zahlungsansprüche, so ist darin jeder Einzelne gesondert aufzuführen.

Neben den einzelnen Forderungen ist (als deren Summe) der Geldbetrag zu nennen, bis zu dessen Höhe der Arrest vollzogen werden kann.

Unerlässlich ist die Nennung der Tatsachen, aus denen die Behörde den Arrestgrund, also die Gefährdung der späteren Vollstreckung, herleitet. Dabei muss sie auf den konkreten Einzelfall eingehen, pauschale Formulierungen oder gar die bloße Wiedergabe des Gesetzeswortlautes reichen nicht aus (BFHE 56, 225; BFH BStBl II 2013, 983).

Schließlich ist in der Arrestanordnung die Hinterlegungssumme zu nennen; das ist der Betrag, bei dessen Hinterlegung die Vollziehung des Arrestes gehemmt ist und ein bereits vollzogener Arrest wieder aufzuheben ist. Diese ist so zu bemessen, dass durch sie sowohl die Hauptforderung als auch die Nebenansprüche gedeckt sind.

V. Zustellung der Arrestanordnung

5   Die Arrestanordnung ist dem Arrestschuldner **zuzustellen;** mit der Zustellung erlangt sie ihre Wirksamkeit. Für die Zustellung maßgeblich ist das Verwaltungszustellungsgesetz, bei Arrestanordnungen der Länder das Verwaltungszustellungsgesetz des jeweiligen Bundeslandes.

Vollzogen werden kann der Arrest bereits vor Zustellung der Arrestanordnung an den Arrestschuldner; die Vollziehung wird jedoch rückwirkend wirkungslos, wenn die Zustellung nicht rechtzeitig nachgeholt wird.

In diesem Fall gibt es zwei Ausschlussfristen, die die Behörde **beide** einzuhalten hat:
1. eine Woche nach der Vollziehung des Arrestes und
2. einen Monat nach der Unterzeichnung der Arrestanordnung, so § 324 Abs. 2 S. 2 AO.

Da das VwZG auch die Zustellung im Ausland und die öffentliche Zustellung regelt, ist § 324 Abs. 3 S. 3 AO mit der Verweisung auf § 169 Abs. 1 S. 3 AO hier unanwendbar. Empfehlenswert ist, die Arrestanordnung nicht vor der Arrestvollziehung zuzustellen. Wird der Arrest durch Forderungspfändung vollzogen, ist es ratsam, bis zum Nachweis der Zustellung der Pfändungsverfügung an den Drittschuldner zu warten; wird sie durch Sachpfändung vollzogen, hat sich in der Praxis eine Zustellung der Arrestanordnung gleichzeitig mit Beginn der Pfändungsmaßnahme bewährt.

VI. Anwendbare Vorschriften der ZPO

6   Die in § 324 Abs. 3 S. 4 AO in Bezug genommenen Vorschriften der ZPO lauten:

Dinglicher Arrest § 324 AO

§ 930 Vollziehung in bewegliches Vermögen und Forderungen

(1) Die Vollziehung des Arrestes in bewegliches Vermögen wird durch Pfändung bewirkt. Die Pfändung erfolgt nach denselben Grundsätzen wie jede andere Pfändung und begründet ein Pfandrecht mit den im § 804 bestimmten Wirkungen. Für die Pfändung einer Forderung ist das Arrestgericht als Vollstreckungsgericht zuständig.

(2) Gepfändetes Geld und ein im Verteilungsverfahren auf den Gläubiger fallender Betrag des Erlöses werden hinterlegt.

(3) Das Vollstreckungsgericht kann auf Antrag anordnen, dass eine bewegliche körperliche Sache, wenn sie der Gefahr einer beträchtlichen Wertverringerung ausgesetzt ist oder wenn ihre Aufbewahrung unverhältnismäßige Kosten verursachen würde, versteigert und der Erlös hinterlegt werde.

(4) Die Vollziehung des Arrestes in ein nicht eingetragenes Seeschiff ist unzulässig, wenn sich das Schiff auf der Reise befindet und nicht in einem Hafen liegt.

§ 931 Vollziehung in eingetragenes Schiff oder Schiffsbauwerk

(1) Die Vollziehung des Arrestes in ein eingetragenes Schiff oder Schiffsbauwerk wird durch Pfändung nach den Vorschriften über die Pfändung beweglicher Sachen mit folgenden Abweichungen bewirkt.

(2) Die Pfändung begründet ein Pfandrecht an dem gepfändeten Schiff oder Schiffsbauwerk; das Pfandrecht gewährt dem Gläubiger im Verhältnis zu anderen Rechten dieselben Rechte wie eine Schiffshypothek.

(3) Die Pfändung wird auf Antrag des Gläubigers vom Arrestgericht als Vollstreckungsgericht angeordnet; das Gericht hat zugleich das Registergericht um die Eintragung einer Vormerkung zur Sicherung des Arrestpfandrechts in das Schiffsregister oder Schiffsbauregister zu ersuchen; die Vormerkung erlischt, wenn die Vollziehung des Arrestes unstatthaft wird.

(4) Der Gerichtsvollzieher hat bei der Vornahme der Pfändung das Schiff oder Schiffsbauwerk in Bewachung und Verwahrung zu nehmen.

(5) Ist zur Zeit der Arrestvollziehung die Zwangsversteigerung des Schiffes oder Schiffsbauwerks eingeleitet, so gilt die in diesem Verfahren erfolgte Beschlagnahme des Schiffes oder Schiffsbauwerks als erste Pfändung im Sinne des § 826; die Abschrift des Pfändungsprotokolls ist dem Vollstreckungsgericht einzureichen.

(6) Das Arrestpfandrecht wird auf Antrag des Gläubigers in das Schiffsregister oder Schiffsbauregister eingetragen; der nach § 923 festgestellte Geldbetrag ist als der Höchstbetrag zu bezeichnen, für den das Schiff oder Schiffsbauwerk haftet. Im Übrigen gelten der § 867 Abs. 1 und 2 und der § 870a Abs. 3 entsprechend, soweit nicht vorstehend etwas anderes bestimmt ist.

(7) Die Vollziehung des Arrestes in ein eingetragenes Seeschiff ist unzulässig, wenn sich das Schiff auf der Reise befindet und nicht in einem Hafen liegt.

§ 932 Arresthypothek

(1) Die Vollziehung des Arrestes in ein Grundstück oder in eine Berechtigung, für welche die sich auf Grundstücke beziehenden Vorschriften gelten, erfolgt durch Eintragung einer Sicherungshypothek für die Forderung; der nach § 923 festgestellte Geldbetrag ist als der Höchstbetrag zu bezeichnen, für den das Grundstück oder die Berechtigung haftet. Ein Anspruch nach § 1179a oder § 1179b des Bürgerli-

Schlatmann

AO § 324

chen Gesetzbuchs steht dem Gläubiger oder im Grundbuch eingetragenen Gläubiger der Sicherungshypothek nicht zu.

(2) Im Übrigen gelten die Vorschriften des § 866 Abs. 3 Satz 1, des § 867 Abs. 1 und 2 und des § 868.

(3) Der Antrag auf Eintragung der Hypothek gilt im Sinne des § 929 Abs. 2, 3 als Vollziehung des Arrestbefehls.

VII. Weitere anwendbare Vorschriften

7   Die Vorschriften des Gesetzes über Rechte an Luftfahrzeugen vom 25.2.1959 (BGBl. I 57; zuletzt geändert durch Artikel 185 der Verordnung vom 31.8.2015 (BGBl. I 1474) geändert) lauten:

§ 99 [Anwendung von Vorschriften der Zivilprozessordnung]

(1) *[nicht abgedruckt]*

(2) Die Vollziehung des Arrestes in ein Luftfahrzeug, das in der Luftfahrzeugrolle oder im Register für Pfandrechte an Luftfahrzeugen eingetragen ist, wird dadurch bewirkt, daß der Gerichtsvollzieher das Luftfahrzeug in Bewachung und Verwahrung nimmt und ein Registerpfandrecht für die Forderung eingetragen wird; die Bewachung und Verwahrung unterbleibt, soweit nach den Vorschriften des Gesetzes über die Unzulässigkeit der Sicherungsbeschlagnahme von Luftfahrzeugen in der im Bundesgesetzblatt Teil III, Gliederungsnummer 310-12, veröffentlichten bereinigten Fassung eine Pfändung unzulässig ist. In der Eintragung des Registerpfandrechts ist der nach § 923 der Zivilprozeßordnung festgestellte Geldbetrag als Höchstbetrag zu bezeichnen, für den das Luftfahrzeug haftet. Im übrigen gelten die Vorschriften des § 867 Abs. 1 und 2 und des § 870a Abs. 3 Satz 1 erster Halbsatz, Satz 2 der Zivilprozeßordnung sinngemäß. Der Antrag auf Eintragung des Registerpfandrechts gilt im Sinne des § 929 Abs. 2, 3 der Zivilprozeßordnung als Vollziehung des Arrestbefehls.

(3) *[nicht abgedruckt]*

§ 106 [Zwangsvollstreckung]

(1) Es sind sinngemäß anzuwenden
1. auf die Zwangsvollstreckung in ausländische Luftfahrzeuge die Vorschriften für Luftfahrzeuge, die in der Luftfahrzeugrolle eingetragen sind,
2. auf die Zwangsvollstreckung in Ersatzteile, auf die sich das Recht an einem ausländischen Luftfahrzeug erstreckt, die Vorschriften für Ersatzteile, auf die sich das Registerpfandrecht an einem inländischen Luftfahrzeug nach § 71 erstreckt,
3. auf die Zwangsvollstreckung in eine Forderung, für die ein Recht an einem ausländischen Luftfahrzeug besteht, die Vorschriften über die Zwangsvollstreckung in eine Forderung, für die ein Registerpfandrecht im Register für Pfandrechte an Luftfahrzeugen eingetragen ist,

soweit sie nicht die Eintragung in der Luftfahrzeugrolle oder im Register für Pfandrechte an Luftfahrzeugen voraussetzen.

(2) *[nicht abgedruckt]*

(3) Bei der Vollziehung des Arrestes in ein ausländisches Luftfahrzeug tritt an die Stelle der Eintragung eines Registerpfandrechts die Pfändung. Die Pfändung

begründet ein Pfandrecht an dem gepfändeten Luftfahrzeug; das Recht gewährt dem Gläubiger im Verhältnis zu anderen Rechten dieselben Rechte wie ein Registerpfandrecht.

(4) *[nicht abgedruckt]*

(5) Wird über ein Recht im Sinne des § 103 nach der Beschlagnahme verfügt und ist die Verfügung nach Artikel IV des Genfer Abkommens vom 19. Juni 1948 (Bundesgesetzbl. 1959 II S. 129) anzuerkennen, so ist sie dem Gläubiger gegenüber wirksam, es sei denn, daß der Schuldner im Zeitpunkt der Verfügung Kenntnis von der Beschlagnahme hatte.

VIII. Vollziehung des Arrestes

Die **Vollziehung** des Arrestes ist **Sache der Vollstreckungsbehörde,** 8
die dabei zur Eile angehalten ist, weil die Arrestanordnung nur innerhalb eines Monats nach ihrer Unterzeichnung vollzogen werden kann (§ 324 Abs. 3 S. 1 AO). Für die Vollstreckungsbehörde ist es wichtig, dass gleich der erste Vollstreckungszugriff zum Erfolg führt, denn eine fehlgeschlagene Arrestvollziehung macht idR die gesamte Arrestanordnung und damit auch die ganze Vorbereitung wertlos. Vollzogen wird der Arrest
– bei beweglichen Sachen durch Pfändung, aber ohne Verwertung,
– bei Forderungen und anderen Vermögensrechten durch Zustellung einer Pfändungsverfügung ohne Verbindung mit einer Einziehungsverfügung,
– bei Grundstücken durch Eintragung einer Sicherungshypothek, die als Arresthypothek zu kennzeichnen ist; Zwangsversteigerung und Zwangsverwaltung scheiden aus.
Innerhalb der Monatsfrist muss zumindest mit der Vollziehung begonnen worden sein; dieselbe Maßnahme jedenfalls darf nach Fristablauf noch zu Ende geführt werden. Bei der Arresthypothek muss der Antrag auf Eintragung innerhalb der Monatsfrist beim Amtsgericht eingegangen sein, nicht notwendig ist, dass er innerhalb dieser Frist auch bereits beim Grundbuchamt, das eine Abteilung des Amtsgerichts ist, angelangt ist, es kommt auch nicht darauf an, ob der Antrag dem zuständigen Bediensteten des Grundbuchamts vorgelegt wird, da § 13 Abs. 1 S. 2 GBO im Vollstreckungsverfahren nicht gilt (BGHZ 146, 361). Streitig ist, ob nach Fristablauf noch neue Vollziehungsmaßnahmen ergriffen werden können, wenn nur vor Fristablauf überhaupt die Vollstreckung eingeleitet worden war. Die hM schränkt die Zulässigkeit auf die Fälle ein, in denen die neue Maßnahme mit der fristgerecht eingeleiteten Maßnahme wirtschaftlich und zeitlich eine Einheit bildet (vgl. Werth in Klein AO § 324 Rn. 12 mwN; dazu auch App DStZ 1991, 282). Nach LG Aachen, NJW-RR 1990, 1344 genügt eine tatsächlich erfolgte, wenn auch fehlerhafte Zustellung für die Einhaltung der Vollziehungsfrist. Die Kosten können auch nach Ablauf der Vollziehungsfrist noch festgesetzt werden (OLG Hamm JurBüro 1997, 151).

Nach Eintritt der Vollstreckbarkeit geht das Arrestverfahren in das reguläre Vollstreckungsverfahren über (BFH/NV 2001, 1530). Es bedarf keiner neuen Pfändungsmaßnahmen; das Arrestpfandrecht wandelt sich automatisch in ein

AO § 324

Pfändungspfandrecht nach § 282 AO um. Arresthypotheken müssen auf Ersuchen der Vollstreckungsbehörde im Grundbuch umgeschrieben werden (Hohrmann in HHSp AO § 324 Rn. 87); das Grundbuchamt schreibt die Arresthypothek **nicht** von Amts wegen um. Zur Verwertung der durch Arrestvollziehung erlangten Gegenstände nach Eintritt der Vollstreckbarkeit § 327 AO.

Zu den Rechten iSv § 103 LuftRG → § 306 Rn. 2.

IX. Rechtsschutzfragen

9   Als **Rechtsbehelf** gegen die Arrestanordnung steht dem Pflichtigen der Widerspruch zu. Im unmittelbaren Anwendungsbereich von § 324 AO haben Rechtsbehelfe keine aufschiebende Wirkung. Soweit der Verwaltungsrechtsweg gegeben ist und es sich nicht um öffentliche Abgaben oder Kosten iSv § 80 Abs. 2 S. 1 Nr. 1 VwGO handelt, enthält § 80 Abs. 2 VwGO keine ausdrückliche Bestimmung über das Entfallen der aufschiebenden Wirkung des Rechtsbehelfs (VG Darmstadt KKZ 1996, 8), obwohl dies in Anlehnung an § 924 Abs. 3 S. 1 ZPO nahegelegen hätte. Denkbar ist, dass die Gesetzesverfasser bei der Formulierung von § 80 Abs. 2 VwGO an den dinglichen Arrest überhaupt nicht gedacht hatten, obwohl sich bei diesem die Unaufschiebbarkeit der Vollziehung ebenso wie bei den in § 80 Abs. 2 S. 1 Nr. 2 VwGO genannten Anordnungen und Maßnahmen von Polizeivollzugsbeamten aus der Natur der Sache ergeben würde. Für die Behörde empfiehlt es sich darum, bei Anordnung eines dinglichen Arrests zumindest sicherheitshalber gem. § 80 Abs. 2 S. 1 Nr. 4 VwGO die sofortige Vollziehung anzuordnen, wobei die Tatsachen, aus denen sich der Arrestgrund ergibt, zugleich das von § 80 Abs. 2 S. 1 Nr. 4 VwGO geforderte besondere Interesse an der sofortigen Vollziehung der Arrestanordnung begründen. Soweit nach § 33 Abs. 1 Nr. 2 FGO der Finanzrechtsweg gegeben, dh wenn Vollstreckungsbehörde nach § 4 lit. b VwVG eine Finanzbehörde ist, ist die Anfechtungsklage ohne Vorverfahren zulässig (§ 45 Abs. 2 FGO); das Finanzgericht kann einstweilige Anordnungen nach § 114 FGO treffen.

X. Schadensersatz bei ungerechtfertigtem Arrest

10   War der Arrest von Anfang an ungerechtfertigt, so ist dem Pflichtigen gem. § 945 ZPO unabhängig vom Verschulden **Schadensersatz** zu leisten (dazu Werth in Klein AO § 324 Rn. 16 mwN).

XI. Landesrecht

11   **Hessen:** Mit § 324 Abs. 1 AO inhaltsgleich (mit der Maßgabe, dass das Amtsgericht für die Arrestanordnung zuständig ist) § 60 Abs. 1 S. 1 HessVwVG. § 60 Abs. 1 S. 4 HessVwVG erklärt das Amtsgericht der belegenen Sache für zuständig; § 60 Abs. 1 S. 5 HessVwVG sieht Entscheidung ohne mündliche Verhandlung vor. § 60 Abs. 2 HessVwVG verweist auf

Dinglicher Arrest **§ 324 AO**

§§ 930–932 ZPO, §§ 30–59 HessVwVG und § 99 Abs. 2 des Gesetzes über Rechte an Luftfahrzeugen.

Niedersachsen: Nach dem (im Übrigen mit § 324 Abs. 1 AO inhaltsgleichen) § 64 Abs. 1 NVwVG wird der dingliche Arrest vom Amtsgericht auf Antrag der Vollstreckungsbehörde oder des Vollstreckungsgläubigers angeordnet. Nach § 64 Abs. 2 S. 1 NVwVG obliegt die Zustellung der Anordnung und die Vollziehung des Arrestes der Vollstreckungsbehörde. § 64 Abs. 2 S. 2 NVwVG verweist auf §§ 27–59 NVwVG, §§ 929 Abs. 2 und 3, 930–932 ZPO sowie §§ 99 Abs. 2, 106 Abs. 1, 3 und 5 des Gesetzes über Rechte an Luftfahrzeugen.

Nordrhein-Westfalen: Im Wesentlichen inhaltsgleich § 53 Abs. 1–4 VwVG NRW. Zuständig für die Anordnung des dinglichen Arrestes ist neben dem Amtsgericht, in dessen Bezirk sich der mit dem Arrest zu belegende Gegenstand befindet, auch die Vollstreckungsbehörde selbst (§ 53 Abs. 2 VwVG NRW).

Rheinland-Pfalz: Mit § 324 Abs. 1 S. 1 AO hinsichtlich der sachlichen Voraussetzungen des dinglichen Arrestes und der Abwendungsbefugnis inhaltsgleich § 77 S. 1 LVwVG RP. Mit § 324 Abs. 1 S. 2 inhaltsgleich § 76 Abs. 2 LVwVG RP mit der Maßgabe, dass dem bedingten Anspruch nicht wegen der entfernten Möglichkeit des Eintritts der Bedingung ein gegenwärtiger Vermögenswert fehlen darf. § 77 LVwVG RP erklärt §§ 930–932 ZPO und §§ 19–60 LVwVG RP für entsprechend anwendbar. Nach § 80 LVwVG R-P kann der Schuldner wegen veränderter Umstände jederzeit die Aufhebung des Arrestes verlangen, insbesondere wenn der Arrestgrund sich erledigt hat. § 81 LVwVG RP gewährt einen Entschädigungsanspruch, der dem des § 945 ZPO entspricht und im ordentlichen Rechtsweg geltend zu machen ist (§ 81 Abs. 3 LVwVG RP).

Saarland: Mit § 324 Abs. 1 AO im Wesentlichen inhaltsgleich § 71 Abs. 1, 2 S. 1 und 2 SVwVG. Zuständig für die Anordnung ist das Amtsgericht, dessen Entscheidungen auf dem ordentlichen Rechtsweg anfechtbar sind. Mit § 324 Abs. 3 S. 4 AO inhaltlich übereinstimmend § 71 Abs. 3 SVwVG, der die §§ 41–70 SVwVG, §§ 930–932 ZPO und § 99 Abs. 2 des Gesetzes über Rechte an Luftfahrzeugen für anwendbar erklärt.

Sachsen-Anhalt: Mit § 324 Abs. 1 AO übereinstimmend § 64 VwVG LSA, hiernach wird der dingliche Arrest vom Amtsgericht auf Antrag der Vollstreckungsgläubiger angeordnet. Nach § 64 Abs. 2 S. 1 VwVG LSA obliegt die Zustellung der Anordnung und die Vollziehung des Arrestes der Vollstreckungsbehörde. § 64 Abs. 2 S. 2 VwVG LSA verweist auf §§ 27–59 VwVG LSA, §§ 929 Abs. 2 und 3, 930–932 ZPO sowie §§ 99 Abs. 2, 106 Abs. 1, 3 und 5 des Gesetzes über Rechte an Luftfahrzeugen.

Schleswig-Holstein: Mit § 324 Abs. 1 AO übereinstimmend § 315 Abs. 1 LVwG SH, hiernach wird der dingliche Arrest vom Amtsgericht auf Antrag der Vollstreckungsgläubiger angeordnet. § 315 Abs. 2 S. 1 LVwG SH eröffnet dies auch der Vollstreckungsbehörde. Nach § 315 Abs. 2 S. 2 LVwG SH obliegt die Zustellung der Anordnung der Vollstreckungsbehörde. § 315 Abs. 2 S. 3 LVwG SH entspricht § 324 Abs. 3 S. 1 AO. Für die Vollziehung des Arrestes durch die Vollstreckungsbehörde verweist § 315 Abs. 3 LVwG

SH auf §§ 930–932 und 934 ZPO, §§ 285–314 LVwG SH sowie § 99 Abs. 2 des Gesetzes über Rechte an Luftfahrzeugen.

XII. Justizbeitreibungsgesetz

12   Die JBeitrG enthält keine Vorschriften über den Arrest; dieser Bereich ist dort also der Eigenvollstreckung entzogen.

§ 325 Aufhebung des dinglichen Arrestes

Die Arrestanordnung ist aufzuheben, wenn nach ihrem Erlass Umstände bekannt werden, die die Arrestanordnung nicht mehr gerechtfertigt erscheinen lassen.

I. Aufhebungsgründe

1   Die Änderung der Umstände kann betreffen
 1. den **Arrestanspruch:** zB Erlöschen, Feststellung des Nichtbestehens in einem verwaltungsgerichtlichen Verfahren;
2 2. den **Arrestgrund:** Wegfall der Besorgnis, dass Vollstreckung vereitelt oder wesentlich erschwert wird; Sicherheitsleistung;
3 3. die **Vollziehbarkeit** der Arrestanordnung: Die Arrestanordnung ist nach Ablauf der Vollziehungsfrist aufzuheben oder zu beschränken, soweit sie nicht vollzogen worden ist (FG BW DStZ 1991, 280 mit Anm. App; Werth in Klein AO § 325 Rn. 2; Tormöhlen in Gosch AO § 325 Rn. 13). Kein Aufhebungsgrund ist die spätere Eröffnung des Insolvenzverfahrens, wenn die Arrestanordnung vor Verfahrenseröffnung bereits vollzogen war und der Arrestgläubiger dadurch ein Absonderungsrecht erlangt hat (BFHE 204, 30); jedenfalls soweit der Arrestvollzug nicht von der Rückschlagsperre nach § 88 InsO erfasst wird (zu Letzterer → § 251 Rn. 5).

II. Aufhebung von Amts wegen

4   Die Behörde muss die Arrestanordnung unter den Voraussetzungen von § 325 AO **von Amts wegen** aufheben (BFH BStBl. II 2004, 392; Loose in Tipke/Kruse AO § 325 Tz 5).

III. Schadensersatz

5   Auch die Verzögerung der Aufhebung des Arrestes kann einen Schadenersatzanspruch begründen. Für ihn gilt das in § 324 AO Rn. 10 Gesagte.

IV. Vollziehungsmaßnahmen

6   Nach Aufhebung der Arrestanordnung sind auch etwa getroffene **Vollziehungsmaßnahmen** aufzuheben und die etwa geleistete Hinterlegungssumme zurückzugeben (§ 257 Abs. 2 S. 1 AO).

Persönlicher Sicherheitsarrest § 326 AO

V. Landesrecht

Nordrhein-Westfalen: Fast gleich lautend § 53 Abs. 5 VwVG NRW. 7
Rheinland-Pfalz: Vergleichbar § 80 LVwVG RP.

§ 326 Persönlicher Sicherheitsarrest

(1) **Auf Antrag der für die Steuerfestsetzung zuständigen Finanzbehörde kann das Amtsgericht einen persönlichen Sicherheitsarrest anordnen, wenn er erforderlich ist, um die gefährdete Vollstreckung in das Vermögen des Pflichtigen zu sichern. Zuständig ist das Amtsgericht, in dessen Bezirk die Finanzbehörde ihren Sitz hat oder sich der Pflichtige befindet.**

(2) **In dem Antrag hat die für die Steuerfestsetzung zuständige Finanzbehörde den Anspruch nach Art und Höhe sowie die Tatsachen anzugeben, die den Arrestgrund ergeben.**

(3) **Für die Anordnung, Vollziehung und Aufhebung des persönlichen Sicherheitsarrestes gelten § 128 Abs. 4 und die §§ 922 bis 925, 927, 929, 933, 934 Abs. 1, 3 und 4 der Zivilprozessordnung sinngemäß. § 802j Abs. 2 der Zivilprozessordnung ist nicht anzuwenden.**

(4) **Für Zustellungen gelten die Vorschriften der Zivilprozessordnung.**

I. Zuständigkeit

Für die Zuständigkeit (in diesem Fall: zur Antragsstellung) gilt das in 1
§ 324 AO Rn. 1 Gesagte.

II. Anwendung der Vorschrift

Für die Anordnung eines persönlichen Sicherheitsarrestes müssen zunächst 2
alle Voraussetzungen vorliegen, die auch die Anordnung des dinglichen
Arrestes verlangt, und von der Gläubigerbehörde in ihrem Antrag an das
Gericht angegeben werden (App ZKF 2010, 11). **Erforderlich** ist der persönliche Sicherheitsarrest als Eingriff in die persönliche Freiheit des Pflichtigen nur, wenn andere Mittel der Sicherung, insbesondere der dingliche
Arrest, nicht gegeben oder nicht ausreichend sind. Beispiel: Der Vollstreckungsschuldner soll gehindert werden, Vermögensstücke verschwinden zu
lassen, die durch den dinglichen Arrest nicht erfasst werden können, weil der
Gläubiger ihren Aufbewahrort nicht kennt. Sind die Vermögensstücke dann
allerdings aufgefunden worden, ist von Amts wegen Antrag beim Gericht auf
Aufhebung des persönlichen Arrests zu stellen und stattdessen, sofern die
Voraussetzungen von § 324 AO (noch) vorliegen, ein dinglicher Arrest auszubringen. Nicht etwa ist der persönliche Arrest kurzerhand in den dinglichen
Arrest überzuleiten; denn die beiden Formen des Arrestes sind wesensver-

schieden, der persönliche Arrest bietet keine Handhabe zur Vollstreckung in das Vermögen (vgl. § 933 ZPO iVm §§ 904–913 ZPO). Der persönliche Sicherheitsarrest darf nur zur Sicherung der Vollstreckung in bereits vorhandenes Schuldnervermögen eingesetzt werden, nicht etwa als Druckmittel zur Beschaffung von Geld (App ZKF 2010, 12).

III. Anwendbare Vorschriften der ZPO

3   Die in § 326 Abs. 3 S. 1 AO in Bezug genommenen ZPO-Normen lauten:

§ 128 Grundsatz der Mündlichkeit; schriftliches Verfahren

(1), (2) und (3) *[nicht abgedruckt]*

(4) Entscheidungen des Gerichts, die nicht Urteile sind, können ohne mündliche Verhandlung ergehen, soweit nichts anderes bestimmt ist.

§ 922 Arresturteil und Arrestbeschluss

(1) Die Entscheidung über das Gesuch ergeht im Falle einer mündlichen Verhandlung durch Endurteil, andernfalls durch Beschluss. Die Entscheidung, durch die der Arrest angeordnet wird, ist zu begründen, wenn sie im Ausland geltend gemacht werden soll.

(2) Den Beschluss, durch den ein Arrest angeordnet wird, hat die Partei, die den Arrest erwirkt hat, zustellen zu lassen.

(3) Der Beschluss, durch den das Arrestgesuch zurückgewiesen oder vorherige Sicherheitsleistung für erforderlich erklärt wird, ist dem Gegner nicht mitzuteilen.

§ 923 Abwendungsbefugnis

In dem Arrestbefehl ist ein Geldbetrag festzustellen, durch dessen Hinterlegung die Vollziehung des Arrestes gehemmt und der Schuldner zu dem Antrag auf Aufhebung des vollzogenen Arrestes berechtigt wird.

§ 924 Widerspruch

(1) Gegen den Beschluss, durch den ein Arrest angeordnet wird, findet Widerspruch statt.

(2) Die widersprechende Partei hat in dem Widerspruch die Gründe darzulegen, die sie für die Aufhebung des Arrestes geltend machen will. Das Gericht hat Termin zur mündlichen Verhandlung von Amts wegen zu bestimmen. Ist das Arrestgericht ein Amtsgericht, so ist der Widerspruch unter Angabe der Gründe, die für die Aufhebung des Arrestes geltend gemacht werden sollen, schriftlich oder zum Protokoll der Geschäftsstelle zu erheben.

(3) Durch Erhebung des Widerspruchs wird die Vollziehung des Arrestes nicht gehemmt. Das Gericht kann aber eine einstweilige Anordnung nach § 707 treffen; § 707 Abs. 1 Satz 2 ist nicht anzuwenden.

§ 925 Entscheidung nach Widerspruch

(1) Wird Widerspruch erhoben, so ist über die Rechtmäßigkeit des Arrestes durch Endurteil zu entscheiden.

(2) Das Gericht kann den Arrest ganz oder teilweise bestätigen, abändern oder aufheben, auch die Bestätigung, Abänderung oder Aufhebung von einer Sicherheitsleistung abhängig machen.

§ 927 Aufhebung wegen veränderter Umstände

(1) Auch nach der Bestätigung des Arrestes kann wegen veränderter Umstände, insbesondere wegen Erledigung des Arrestgrundes oder auf Grund des Erbietens zur Sicherheitsleistung die Aufhebung des Arrestes beantragt werden.

(2) Die Entscheidung ist durch Endurteil zu erlassen; sie ergeht durch das Gericht, das den Arrest angeordnet hat, und wenn die Hauptsache anhängig ist, durch das Gericht der Hauptsache.

§ 929 Vollstreckungsklausel; Vollziehungsfrist

(1) Arrestbefehle bedürfen der Vollstreckungsklausel nur, wenn die Vollziehung für einen anderen als den in dem Befehl bezeichneten Gläubiger oder gegen einen anderen als den in dem Befehl bezeichneten Schuldner erfolgen soll.

(2) Die Vollziehung des Arrestbefehls ist unstatthaft, wenn seit dem Tag, an dem der Befehl verkündet oder der Partei, auf deren Gesuch er erging, zugestellt ist, ein Monat verstrichen ist.

(3) Die Vollziehung ist vor der Zustellung des Arrestbefehls an den Schuldner zulässig. Sie ist jedoch ohne Wirkung, wenn die Zustellung nicht innerhalb einer Woche nach der Vollziehung und vor Ablauf der für diese im vorhergehenden Absatz bestimmten Frist erfolgt.

§ 933 Vollziehung des persönlichen Arrestes

Die Vollziehung des persönlichen Sicherheitsarrestes richtet sich, wenn sie durch Haft erfolgt, nach den Vorschriften der §§ 802g, 802h und 802j Abs. 1 und 2 und, wenn sie durch sonstige Beschränkung der persönlichen Freiheit erfolgt, nach den vom Arrestgericht zu treffenden besonderen Anordnungen, für welche die Beschränkungen der Haft maßgebend sind. In den Haftbefehl ist der nach § 923 festgestellte Geldbetrag aufzunehmen.

§ 934 Aufhebung der Arrestvollziehung

(1) Wird der in dem Arrestbefehl festgestellte Geldbetrag hinterlegt, so wird der vollzogene Arrest von dem Vollstreckungsgericht aufgehoben.

(2) *[nicht abgedruckt]*

(3) Die in diesem Paragraphen erwähnten Entscheidungen ergehen durch Beschluss.

(4) Gegen den Beschluss, durch den der Arrest aufgehoben wird, findet sofortige Beschwerde statt.

IV. Zustellung des Arrestbeschlusses

Da das Verfahren vom Amtsgericht durchgeführt wird (im Hinblick auf Art. 104 Abs. 2 GG), ist nicht nach dem VwZG, sondern **nach der ZPO zuzustellen.** 4

V. Landesrecht

In den Verwaltungsvollstreckungsgesetzen der meisten Länder ist der persönliche Arrest nicht vorgesehen; Ausnahmen: 5

Baden-Württemberg: § 326 AO gilt kraft Verweisung in § 15 LVwVG BW.
Bremen: § 2 Abs. 1 BremGVG verweist auf § 326 AO.
Rheinland-Pfalz: Mit § 326 Abs. 1 S. 1 AO hinsichtlich der sachlichen Voraussetzungen inhaltsgleich § 78 Abs. 1 S. 1 LVwVG RP. Zuständig für die Anordnung ist die Vollstreckungsbehörde; die Anordnung tritt außer Kraft, wenn sie nicht innerhalb einer Woche von der Aufsichtsbehörde bestätigt wird (§ 78 Abs. 1 S. 2 LVwVG RP). Der Vollzug liegt beim Amtsgericht (§ 78 Abs. 2 S. 1 LVwVG RP). Es darf die Zulässigkeit des Arrestes nicht überprüfen (§ 78 Abs. 2 S. 2 LVwVG RP).
Sachsen: § 326 AO gilt auf Grund der Verweisung in § 16 SächsVwVG.
Thüringen: § 326 AO gilt auf Grund der Verweisung in § 38 Abs. 1 Nr. 1 VwZVG TH.

6. Unterabschnitt. Verwertung von Sicherheiten

§ 327 Verwertung von Sicherheiten

Werden Geldforderungen, die im Verwaltungsverfahren vollstreckbar sind (§ 251), bei Fälligkeit nicht erfüllt, kann sich die Vollstreckungsbehörde aus den Sicherheiten befriedigen, die sie zur Sicherung dieser Ansprüche erlangt hat. Die Sicherheiten werden nach den Vorschriften dieses Abschnitts verwertet. Die Verwertung darf erst erfolgen, wenn dem Vollstreckungsschuldner die Verwertungsabsicht bekannt gegeben und seit der Bekanntgabe mindestens eine Woche verstrichen ist.

I. Allgemeines

1   Welche Geldforderungen im Verwaltungsverfahren vollstreckbar sind, richtet sich hier nach § 1 VwVG.

II. Sicherheit

2   § 327 AO gilt sowohl für erzwungene (zB durch dinglichen Arrest) als auch für freiwillig gestellte Sicherheiten (zu letzteren App StBp 1998, 113). Die **Sicherheit** darf nur zur Befriedigung derjenigen Forderung verwendet werden, für die sie bestellt oder sonst erlangt worden ist (so auch Werth in Klein AO § 327 Rn. 2). Hat ein Dritter die Sicherheit geleistet, zB als Bürge, so richtet die Verwertung sich nach bürgerlichem Recht (Kämper in Schwarz/Pahlke AO § 327 Rn. 8). Die Möglichkeit, durch einen Duldungsbescheid nach § 191 AO ein öffentlich-rechtliches Verhältnis zu dem Dritten zu begründen, besteht im Rahmen der Anwendbarkeit nach § 5 Abs. 1 VwVG schon deswegen nicht, weil dieser nicht auf § 191 AO verweist.

III. Bekanntgabe der Verwertungsabsicht

Die Bekanntgabe der Verwertungsabsicht ist ein Verwaltungsakt (Werth in Klein AO § 327 Rn. 4). Eine förmliche **Zustellung** der Mitteilung über die Verwertungsabsicht ist nicht erforderlich; doch muss der Ablauf der Wochenfrist beweisbar sein.

IV. Vollstreckungsbehörde

Die Vollstreckungsbehörde ist nicht verpflichtet, sich in erster Linie an die Sicherheit zu halten; wenn sie andere Zwangsmaßnahmen ergreift, kann das aber ermessensmissbräuchlich sein (vgl. auch Abschn. 23 Abs. 3 S. 2 VollstrA).

V. Verfahren

Das **Verfahren** bei der Verwertung richtet sich bei beweglichen Sachen nach §§ 296–306 und 308 AO, bei Forderungen und anderen Rechten nach §§ 314–321 AO, bei unbeweglichem Vermögen nach §§ 322, 323 AO. § 283 AO (Gewährleistungsausschluss) gilt nicht bei der Verwertung von freiwillig gestellten Sicherheiten. Bei öffentlicher Versteigerung von Pfandsachen begründet § 445 BGB einen ähnlichen Gewährleistungsausschluss; in den übrigen Fällen bedarf es einer besonderen Vereinbarung mit dem Erwerber (vgl. Müller-Eiselt in HHSp AO § 283 Rn. 5; App ZfZ 1988, 380).

VI. Landesrecht

Hessen: Inhaltsgleich § 61 Abs. 1 HessVwVG. Soweit zur Verwertung Erklärungen des Pflichtigen erforderlich sind, werden diese durch Erklärungen der Vollstreckungsbehörde ersetzt (§ 61 Abs. 2 HessVwVG).

Niedersachsen: Inhaltsgleich (bis darauf, dass an Stelle der Vollstreckungsbehörde der Vollstreckungsgläubiger ermächtigt wird) § 65 NVwVG. Nach § 65 Abs. 1 S. 2 NVwVG werden, soweit zur Verwertung Erklärungen des Vollstreckungsschuldners erforderlich sind, diese durch Erklärungen des Vollstreckungsgläubigers ersetzt.

Nordrhein-Westfalen: Inhaltsgleich § 54 VwVG NRW. Nach § 54 S. 2 VwVG NRW ersetzt der Ausspruch der Vollstreckungsbehörde die erforderlichen Erklärungen des Vollstreckungsschuldners.

Rheinland-Pfalz: Inhaltsgleich § 82 LVwVG RP. Nach § 82 S. 2 LVwVG RP ersetzt der Ausspruch der Vollstreckungsbehörde die erforderlichen Erklärungen des Vollstreckungsschuldners.

Saarland: Inhaltsgleich § 72 Abs. 1 S. 1, Abs. 2 SVwVG. § 72 Abs. 1 S. 2 SVwVG entspricht § 65 Abs. 1 S. 2 NVwVG (siehe dort).

Sachsen-Anhalt: Inhaltsgleich § 65 VwVG LSA; ermächtigt wird an Stelle der Vollstreckungsbehörde der Vollstreckungsgläubiger. § 65 Abs. 1 S. 2 VwVG LSA entspricht § 65 Abs. 1 S. 2 NVwVG (siehe dort).

AO § 327

Schleswig-Holstein: Inhaltsgleich § 316 LVwG SH. Nach § 316 Abs. 1 S. 2 LVwG SH werden, soweit zur Verwertung Erklärungen des Vollstreckungsschuldners erforderlich sind, diese durch Verfügungen der Vollstreckungsbehörde ersetzt.

§§ 328–415 *(keine Kommentierung)*

Gesetz über die Durchführung der Amtshilfe bei der Beitreibung von Forderungen in Bezug auf bestimmte Steuern, Abgaben und sonstige Maßnahmen zwischen den Mitgliedstaaten der Europäischen Union (EU-Beitreibungsgesetz – EUBeitrG)

Vom 7.12.2011 (BGBl. I S. 2592)
zuletzt geändert durch G v. 26.6.2013 (BGBl. I S. 1809)

Einführung

I. Allgemeines

Das EU-Beitreibungsrecht gehört zum **internationalen Steuerrecht**, 1 also der Gesamtheit der steuerlichen Vorschriften des deutschen Steuerrechts, die sich auf im Ausland ansässige Personen oder auf die von Inländern im Ausland verwirklichten Sachverhalte beziehen, und der völkerrechtlichen Vereinbarungen, die die Besteuerung grenzüberschreitender Sachverhalte regeln.
Zum Bereich des internationalen Steuerrechts gehört auch die zwischenstaatliche Amts- und Rechtshilfe der Steuerbehörden. Die zwischenstaatliche Amts- und Rechtshilfe hat zur Voraussetzung, dass der Steuerpflichtige im anderen Staat in ähnlicher Weise wie in der Bundesrepublik Deutschland Rechtsschutz genießt und das Steuergeheimnis gewahrt wird. Sie gibt den Steuerbehörden die Möglichkeit, auch bei grenzüberschreitenden Geschäftsbeziehungen die Besteuerung (Festsetzung und Erhebung) wirksam durchführen zu können.
Beitreibung ist die **zwischenstaatliche Amtshilfe** bei der **Steuererhebung.** 2 Die gegenseitige Amtshilfe zwischen den Steuerbehörden der Mitgliedstaaten der Europäischen Union im Bereich der Erhebung richtet sich u a. nach der Richtlinie 2010/24/EU vom 16.3.2010 über die Amtshilfe bei der Beitreibung von Forderungen in Bezug auf bestimmte Steuern, Abgaben und sonstige Maßnahmen (ABl. EU 2010 L 84/1 vom 31.3.2010), der unmittelbar in allen Mitgliedstaaten geltenden **Durchführungsverordnung** (EU) Nr. 1189/2011 vom 18.11.2011 (ABl. EU 2011 L 302/16 vom 19.11.2011 – **DVO**), zuletzt geändert durch die Durchführungsverordnung (EU) 2017/1966 vom 27.10.2017 (ABl. EU 2017 L279/38 vom 28.10.2017), sowie dem **Durchführungsbeschluss** der Kommission vom 18.11.2011 zur Festlegung der Durchführungsbestimmungen zu bestimmten Artikeln der Richtlinie 2010/24/EU über die Amtshilfe bei der Beitreibung von Forderungen in Bezug auf Steuern, Abgaben und sonstige Maßnahmen (K(2011) 8193 end-

EUBeitrG Einführung

gültig – **DBeschl**). Diese Regelungen erweitern die Beitreibungsmöglichkeiten gegenüber dem vorherigen Recht erheblich.

3 Die **Beitreibungsrichtlinie** 2010/24/EU des Rates vom 16.3.2010 (EUBeitrRL) ermöglicht eine gegenüber der Richtlinie 2008/55/EG wesentlich erweiterte und vereinfachte Form des Informationsaustausches. Beruhend auf den Erfahrungen der EU-Mitgliedstaaten gestattet die Beitreibungsrichtlinie alle für die Geltendmachung und Eintreibung einer Forderung notwendigen Maßnahmen, insbesondere die Auskunftserteilung durch die ersuchte Behörde, die Zustellung aller relevanten Dokumente an den Forderungsschuldner, die Beitreibung der Forderung und das Ergreifen von Sicherungsmaßnahmen. Die Beitreibungsrichtlinie 2010/24/EU erweitert die Möglichkeit der Gewährleistung von Amtshilfe auf sämtliche Steuern und Abgaben, erfasst werden alle juristischen und natürlichen Personen in der Europäischen Union. Gleichzeitig wird der ständig zunehmenden Vielfalt an Rechtsvereinbarungen, unabhängig davon ob es sich um Instrumente wie Trusts und Stiftungen oder um neue rechtliche Konstruktionen handelt, Rechnung getragen. Dies soll klare Regelungen der Rechte und Pflichten sowohl der Mitgliedstaaten als auch der Steuerpflichtigen schaffen.

4 Die **Verbesserung des Informationsaustausches** wird durch unterschiedliche Regelungen erreicht. Es wird eine Rechtsgrundlage für den Informationsaustausch ohne Ersuchen zu einzelnen Steuererstattungen geschaffen. Aus Gründen der Effizienz wird es ferner ermöglicht, dass Bedienstete aus einem Mitgliedstaat behördlichen Ermittlungen in einem anderen Mitgliedstaat beiwohnen oder an diesen teilnehmen. Um die Möglichkeiten der Beantragung von Beitreibungs- oder Sicherungsmaßnahmen in anderen Mitgliedstaaten zu vereinfachen und zu erweitern, kann ein Ersuchen um Amtshilfe auch dann schon gestellt werden, wenn die inländischen Beitreibungsverfahren noch nicht völlig ausgeschöpft worden sind. Darüber hinaus wird auch die für die ersuchte Behörde relevante Ermächtigung, die Kosten der Beitreibung von dem Schuldner einzufordern, festgelegt. Zudem sieht die EU-Beitreibungsrichtlinie folgende standardisierte Ersuchen vor: Ersuchen um Beitreibung (Art. 10 ff.), Ersuchen um Sicherungsmaßnahmen (Art. 16 und 17), Auskunftsersuchen zu Vollstreckungszwecken (Art. 5) und Zustellungsersuchen (Art. 8 und 9). Die nationale Umsetzung dieser erweiterten Möglichkeiten ist durch das EU-Beitreibungsgesetz erfolgt.

5 Wesentliches Element zur Verbesserung der Zusammenarbeit der EU-Mitgliedstaaten in Beitreibungssachen ist die Abwicklung der Verfahren auf elektronischem Wege über das **elektronische Netzwerk CCN** unter Vorgabe einheitlicher **Standardformblätter** durch die Durchführungsverordnung und den Durchführungsbeschluss. Die Einführung eines **einheitlichen Vollstreckungstitels** als einheitliche Vollstreckungsgrundlage in allen Mitgliedstaaten und die Nutzung standardisierter Formblätter mit **abgestimmter Sprachenregelung** sollen zu einer deutlichen Verfahrensbeschleunigung führen (ebenso Seer in Tipke/Kruse AO § 250 Tz 25).

6 Die **DVO** trifft dazu **ausführliche Durchführungsbestimmungen** zu Auskunftsersuchen, Zustellungsersuchen, Beitreibungsersuchen, der Beifügung eines einheitlichen Vollstreckungstitels zum und der Erledigung, Ände-

Einführung EUBeitrG

rung und Rücknahme eines Beitreibungsersuchens, Ersuchen um Sicherungsmaßnahmen sowie zu **Standardformblättern** (vgl. dazu etwa die Anhänge der Änderungsdurchführungsverordnung (EU) 2017/1966 vom 27.10.2017 (ABl. EU 2017 L279/38 vom 28.10.2017)) und Kommunikationsmitteln. Zudem trifft sie ausführliche Bestimmungen zur Umrechnung und Überweisung der beigetriebenen Beiträge sowie über die Art und Weise der Kommunikation der Behörden. Dies ergänzt der **DBeschl** durch weitere Durchführungsbestimmungen zur Benennung von Verbindungsbüros, Auskunftsersuchen, Zustellungsersuchen, Beitreibungsersuchen, Ersuchen um Sicherungsmaßnahmen sowie zu Standardformblättern und Kommunikationsmitteln.

II. Das EU-Beitreibungsgesetz

Das „Gesetz über die Durchführung der Amtshilfe bei der Beitreibung 7
von Forderungen in Bezug auf bestimmte Steuern, Abgaben und sonstige Maßnahmen zwischen den Mitgliedstaaten der Europäischen Union" (EU-Beitreibungsgesetz – EUBeitrG) vom 7.12.2011 BGBl. I 2592 regelt nun die innerstaatliche Umsetzung der Beitreibungsrichtlinie. Es ist als Art. 1 des Gesetzes zur Umsetzung der Beitreibungsrichtlinie sowie zur Änderung steuerlicher Vorschriften am 13.12.2011 verkündet worden und am 1.1.2012 in Kraft getreten, gleichzeitig ist das bisher geltende „Gesetz zur Durchführung der EG-Beitreibungsrichtlinie (EG-Beitreibungsgesetz – EG-BeitrG) außer Kraft getreten. § 1 Abs. 3 Nr. 1 des Gesetzes ist durch Art. 21 des Amtshilferichtlinie-Umsetzungsgesetzes vom 26.6.2013 (BGBl. I 1809) geändert worden.

Das EU-Beitreibungsgesetz ist ein **Nebengesetz zur Abgabenordnung.** 8
In nunmehr 22 Paragraphen wird die EU-Betreibungsrichtlinie umgesetzt. Auf der einen Seite orientiert sich die Umsetzung stark an der Struktur der Richtlinie, andererseits nutzt das EU-Beitreibungsgesetz stärker die Verweisung auf die dem Vollstreckungsverfahren zugrunde liegende Abgabenordnung.

Die Vorschriften des EUBeitrG sind allein durch die Finanzgerichte auszu- 9
legen und auf ihre Vereinbarkeit mit der EU-Beitreibungsrichtlinie zu prüfen (BFHE 127, 457; EuGHE 1969, 165 zum alten Recht). **Verwaltungsanweisungen** und Erläuterungen des EU-BeitrG aus der Sicht der Verwaltung enthält das Merkblatt des BMF vom 23.1.2014, IV B 6 – S 1320/07/10011:011, BStBl. 2014 I 188. Das Merkblatt ist eine Verwaltungsanweisung mit Außenwirkung, mit der sich die Finanzverwaltung selbst gebunden hat (BFHE 226, 102).

Kommentierung

Abschnitt 1. Allgemeine Bestimmungen

§ 1 Anwendungsbereich und anzuwendendes Recht

(1) Dieses Gesetz regelt die Einzelheiten der Amtshilfe zwischen Deutschland und den anderen Mitgliedstaaten der Europäischen Union (Mitgliedstaaten) zur Geltendmachung von in den Mitgliedstaaten entstandenen Forderungen. Forderungen im Sinne dieses Gesetzes sind
1. Steuern und Abgaben aller Art, die erhoben werden
   a) von einem oder für einen Mitgliedstaat oder dessen Gebiets- oder Verwaltungseinheiten einschließlich der lokalen Behörden oder
   b) für die Europäische Union;
2. Erstattungen, Interventionen und andere Maßnahmen, die Bestandteil des Systems der vollständigen Finanzierung oder Teilfinanzierung des Europäischen Garantiefonds für die Landwirtschaft oder des Europäischen Landwirtschaftsfonds für die Entwicklung des ländlichen Raums sind, einschließlich der im Rahmen dieser Aktionen zu erhebenden Beiträge;
3. Abschöpfungen und andere Abgaben im Rahmen der gemeinsamen Organisation der Agrarmärkte für den Sektor Zucker.

(2) Der Anwendungsbereich dieses Gesetzes umfasst auch
1. Geldstrafen, Geldbußen, Gebühren und Zuschläge in Bezug auf Forderungen,
   a) für deren Beitreibung gemäß Absatz 1 um Amtshilfe ersucht werden kann und
   b) die von den Behörden, die für die Erhebung der betreffenden Steuern oder Abgaben oder die Durchführung der dafür erforderlichen behördlichen Ermittlungen zuständig sind, verhängt wurden oder von Verwaltungsorganen oder Gerichten auf Antrag dieser Behörden bestätigt wurden;
2. Gebühren für Bescheinigungen und ähnliche Dokumente, die im Zusammenhang mit Verwaltungsverfahren in Bezug auf Steuern oder Abgaben ausgestellt werden;
3. Zinsen und Kosten im Zusammenhang mit Forderungen, für deren Beitreibung gemäß Absatz 1 oder gemäß den Nummern 1 und 2 um Amtshilfe ersucht werden kann.

(3) Der Anwendungsbereich dieses Gesetzes umfasst nicht
1. Beiträge und Umlagen sowie damit verbundene Abgaben und Gebühren nach dem Sozialgesetzbuch, den in § 68 des Ersten Buches Sozialgesetzbuch genannten Gesetzen und dem Aufwendungsausgleichsgesetz;

2. andere als die in Absatz 2 genannten Gebühren;
3. vertragliche Gebühren, wie Zahlungen an öffentliche Versorgungsbetriebe;
4. strafrechtliche Sanktionen, die auf der Grundlage einer Anklageerhebung im Strafverfahren verhängt werden, oder andere strafrechtliche Sanktionen, die nicht von Absatz 2 Nummer 1 erfasst sind.

(4) **Für Ersuchen nach diesem Gesetz gelten die Vorschriften der Abgabenordnung entsprechend, soweit dieses Gesetz nicht etwas anderes bestimmt. Zur Ausführung der Abgabenordnung hat das Bundesministerium der Finanzen Verwaltungsvorschriften erlassen.**

Übersicht

	Rn.
I. Allgemeines	1
II. Anwendungsbereich	3
1. Nationale Steuern und Abgaben	4
2. Europäische Abgaben	8
3. Europäische Abschöpfungen und Abgaben	9
III. Einbezogene Forderungen	10
IV. Ausgeschlossene Forderungen	11
V. Anzuwendendes Recht	12

I. Allgemeines

§ 1 regelt den **Anwendungsbereich** des EUBeitrG. Dazu definiert die **1**
Regelung, dass nach Abs. 1 für die Steuererhebung der Mitgliedstaaten und ihrer Untergliederungen alle Steuern und Abgaben im Rahmen der zwischenstaatlichen Amtshilfe beigetrieben werden können, für die EU ebenfalls alle Steuern und Abgaben, indes weiterhin nur besondere abstrakt genannte im Bereich der Landwirtschaft. Mit Abs. 2 wird festgelegt, welche Nebenforderungen beigetrieben werden können, während Abs. 3 die Bereiche nennt, in denen eine Beitreibung ausgeschlossen bleibt. Zudem verweist die Norm auf die Abgabenordnung sowie die dazu erlassenen Verwaltungsvorschriften als anzuwendendes Recht (→ Rn. 12). Mit der Regelung wird auch die Zuständigkeit deutscher Behörden für die Beitreibung von Forderungen anderer Mitgliedstaaten der EU begründet (Beermann in HHSp AO § 250 Rn. 87).

§ 1 Abs. 3 Nr. 1 EUBeitrG ist durch Art. 21 des Amtshilferichtlinie- **2**
Umsetzungsgesetzes vom 26.6.2013 (BGBl I 1809) geändert worden.

II. Anwendungsbereich

Abs. 1 dient zunächst der Umsetzung von Art. 2 Abs. 1 EUBeitrRL. Die **3**
Beitreibungsrichtlinie umfasst die Amtshilfe zur Geltendmachung der in Nrn. 1 bis 3 aufgezählten Forderungen. Im Gegensatz zum bisherigen Recht nach Art. 2 lit. a bis h der Richtlinie 2008/55/EG beziehungsweise § 1 Abs. 2 Nr. 1 bis 8 EG-BeitrG ist auf die Aufzählung einzelner Abgaben und Steuern

verzichtet worden. Der Anwendungsbereich ist damit erheblich erweitert worden und stellt nunmehr abstrakt auf Steuern und Abgaben aller Art ab. Mit den Regelungen in der Beitreibungsrichtlinie und dem EU-BeitrG sollen Umgehungsmöglichkeiten verhindert werden.

1. Nationale Steuern und Abgaben

4   Nr. 1 eröffnet den Anwendungsbereich für **Steuern und Abgaben** jeglicher Art, also alle Geldleistungen, die Bürger aufgrund von Rechtsvorschriften an ein Gemeinwesen abzuführen haben. Erfasst werden nach Nr. 1a alle von den Mitgliedstaaten, deren Gebiets- oder Verwaltungseinheiten sowie deren lokalen Behörden erhobenen Steuern und Abgaben. Einbezogen sind daher neben Steuern und Abgaben des Bundes auch solche der Bundesländer und der Kommunen und Kreise. Zudem werden nach Nr. 1b Steuern und Abgaben der EU erfasst; hierunter fallen alle von der EU erhobenen Steuern und Abgaben.

5   Materiell handelt es sich regelmäßig um **Geldforderungen,** diese müssen in einem **anderen** Mitgliedstaat der EU entstanden sein. Geldforderungen in diesem Sinne sind Forderungen, die auf eine Geldleistung iSv § 249 Abs. 1 S. 1 AO gerichtet sind und deren Vollstreckung in §§ 259 ff. AO geregelt ist (Beermann in HHSp AO § 250 Rn. 152); die Geldforderung muss einen der in § 1 Abs. 1 und Abs. 2 EU-BeitrG aufgeführten Tatbestände betreffen. Durch die Beschränkung des Anwendungsbereichs auf Geldforderungen, die in anderen EU-Mitgliedstaaten entstanden sind, wird die Anwendung des Gesetzes sowohl für die Vollstreckung von Forderungen ausgeschlossen, die in der Bundesrepublik Deutschland entstanden sind, als auch für solche, die in Drittländern entstanden sind. Die Staatsangehörigkeit des Forderungsschuldners ist dabei ohne Bedeutung.

6   Zu den Steuern gehören etwa solche vom Einkommen, Ertrag und Vermögen. Dazu zählen insbesondere die Einkommensteuer nebst ihren Erhebungsformen (im deutschen Steuerrecht etwa Einkommensteuer, Lohnsteuer und Kapitalertragsteuer) und ihren Annexsteuern (im deutschen Steuerrecht etwa Kircheneinkommensteuer und Kirchenlohnsteuer) und die Körperschaftsteuer. Zu den Steuern vom Vermögen zählen Vermögensteuern und Grundsteuern. Einbezogen sind auch Umsatzsteuern und Verbrauchssteuern sowie Steuern auf Versicherungsprämien.

7   Zu den Abgaben zählen Einfuhrabgaben, diese sind nach der Definition des EU-Zollkodex Zölle und Abgaben mit gleicher Wirkung bei der Einfuhr von Waren sowie bei der Einfuhr erhobene Abgaben, die im Rahmen der gemeinsamen Agrarpolitik vorgesehen sind. Für Ausfuhrabgaben gilt das Gleiche wie für Einfuhrabgaben. Nach dem EU-Zollkodex sind dies Zölle und Abgaben mit gleicher Wirkung bei der Ausfuhr von Waren sowie bei der Ausfuhr erhobene Abgaben, die im Rahmen der gemeinsamen Agrarpolitik vorgesehen sind.

2. Europäische Abgaben

8   Die finanzielle Förderung der Landwirtschaft im Rahmen der Gemeinsamen Agrarpolitik (**GAP**) ist ein wesentlicher Anwendungsbereich für das

gemeinsame Beitreibungsrecht. Die gemeinsame Agrarpolitik wird dabei vor allem durch den Europäischen Landwirtschaftsfonds für die Entwicklung des ländlichen Raums (**ELER**) und den Europäischen Garantiefonds für die Landwirtschaft (**EGFL**) umgesetzt.

Einzelheiten regeln die VO (EU) Nr. 1306/2013 vom 17.12.2013 über die Finanzierung, die Verwaltung und das Kontrollsystem der Gemeinsamen Agrarpolitik und zur Aufhebung der Verordnungen (EWG) Nr. 352/78, (EG) Nr. 165/94, (EG) Nr. 2799/98, (EG) Nr. 814/2000, (EG) Nr. 1290/2005 und (EG) Nr. 485/2008 (ABl. EU 2013 L 347/549); die VO (EU) Nr. 1307/2013 vom 17.12.2013 mit Vorschriften über Direktzahlungen an Inhaber landwirtschaftlicher Betriebe im Rahmen von Stützungsregelungen der Gemeinsamen Agrarpolitik und zur Aufhebung der Verordnung (EG) Nr. 637/2008 des Rates und der VO (EG) Nr. 73/2009 (ABl. EU 2013 L 347/608) sowie die Delegierte Verordnung (EU) Nr. 640/2014 vom 11.3.2014 zur Ergänzung der Verordnung (EU) 1306/2013 in Bezug auf das integrierte Verwaltungs- und Kontrollsystem und die Bedingungen für die Ablehnung oder Rücknahme von Zahlungen sowie für Verwaltungssanktionenim Rahmen von Direktzahlungen, Entwicklungsmaßnahmen für den ländlichen Raum und der Cross-Compliance (ABl. EU 2014 L 181/48).

ELER ist ab 2014 durch die Verordnung (EU) Nr. 1305/2013 vom 17.12.2013 über die Förderung der ländlichen Entwicklung durch den Europäischen Landwirtschaftsfonds für die Entwicklung des ländlichen Raums (ELER) und zur Aufhebung der Verordnung (EG) Nr. 1698/2005 (ABl. EU 2013 L 347/487) neu geregelt worden. Ergänzt wird die Verordnung (EU) Nr. 1305/2013 durch die Delegierte VO (EU) Nr. 807/2014 vom 11.3.2014 zur Ergänzung der Verordnung (EU) Nr. 1305/2013 des Europäischen Parlaments und des Rates über die Förderung der ländlichen Entwicklung durch den Europäischen Landwirtschaftsfonds für die Entwicklung des ländlichen Raums (ELER) und zur Einführung von Übergangsvorschriften (ABl. EU 204 L 227/1) und die DVO (EU) Nr. 808/2014 vom 17.7.2014 mit Durchführungsvorschriften zur Verordnung (EU) Nr. 1305/2013 des Europäischen Parlaments und des Rates über die Förderung der ländlichen Entwicklung durch den Europäischen Landwirtschaftsfonds für die Entwicklung des ländlichen Raums (ELER).

Gegenstand der Beitreibung sind – abgesehen von bestimmten Beiträgen – hauptsächlich **Rückzahlungsforderungen** hinsichtlich in einem anderen Mitgliedstaat zu Unrecht gewährter Erstattungen und Beihilfen. Zuständig für die Vollstreckung sind in der Bundesrepublik die Hauptzollämter (§ 4 Abs. 1 Nr. 2 EUBeitrG).

3. Europäische Abschöpfungen und Abgaben

Abschöpfungen und andere Abgaben im Sinne der Nr. 3 erfassen insbesondere **Abschöpfungen** (Abs. 1 Nr. 3) Diese sind eine variable Einfuhrbelastung, die das im Allgemeinen gegenüber dem Weltmarkt höhere Preisniveau des Gemeinsamen Marktes schützen soll. Sie werden von der Kommission der EU in regelmäßigen Abständen neu festgesetzt und von Behörden der

Mitgliedstaaten eingezogen. Bei den **Abgaben** im Rahmen der gemeinsamen Marktordnung für den Zuckersektor kann es sich insbesondere um die folgenden handeln (VO (EU) Nr. 1308/2013 vom 17.12.2013 über eine gemeinsame Marktorganisation für landwirtschaftliche Erzeugnisse und zur Aufhebung der Verordnungen (EWG) Nr. 922/72, (EWG) Nr. 234/79, (EG) Nr. 1037/2001 und (EG) Nr. 1234/2007: Quotenbeträge, Überschussabgaben, Produktionsabgaben, Produktionserstattungen, Ausfuhrerstattungen, Zoll, zusätzlicher Einfuhrzoll, Sonderzoll.

III. Einbezogene Forderungen

10 Abs. 2 stellt klar, dass **alle Geldstrafen, Geldbußen, Gebühren** und Zuschläge sowie **Zinsen** und **Kosten** erfasst werden, die im Zusammenhang mit der Forderung stehen, und nicht etwa nur solche, die im Zusammenhang mit der Vollstreckung anfallen. Zu den Zinsen, die beigetrieben werden können, gehören auch diejenigen, die erst im Zusammenhang mit der Beitreibung durch die ersuchte Behörde entstehen.

IV. Ausgeschlossene Forderungen

11 In Abs. 3 wird klargestellt, **welche Forderungen** dem EUBeitrG **nicht unterfallen.** Dazu gehören nach Nr. 1 die Pflichtbeiträge sowie die Umlagen zur Sozialversicherung einschließlich hiermit verbundener Abgaben und Gebühren, soweit sie an öffentlich-rechtliche Einrichtungen der Sozialversicherung entrichtet werden. Hierunter fallen auch die in § 68 SGB I genannten Gebiete der Sozialversicherung sowie die Beiträge der Arbeitgeber und die entsprechenden Erstattungen der Krankenkassen nach dem Aufwendungsausgleichsgesetz vom 22.12.2005 (BGBl. I S. 3686), das zuletzt durch Art. 11 des Gesetzes vom 12.6.2020 (BGBl. I S. 1248) geändert worden ist. Gebühren, die nicht im Zusammenhang mit der Erhebung von Steuern und Abgaben entstanden sind (Nr. 2), insbesondere auch nicht vertragliche Gebühren, die an öffentliche Versorgungsbetriebe zu zahlen sind (Nr. 3). Strafrechtliche Sanktionen, wie Geldstrafen und Geldbußen mit strafrechtlichem Charakter, die aufgrund einer Anklageerhebung im Strafverfahren verhängt werden, sind ausdrücklich ausgeschlossen. Ob dies gegeben ist, bestimmt sich nach der nationalen Regelung des Mitgliedstaates, in dem die ersuchte Behörde ihren Sitz hat, bei einer Beitreibung in Deutschland also nach deutschem Recht (Nr. 4).

V. Anzuwendendes Recht

12 Für die Durchführung des „Ersuchens" nach dem EUBeitrG trifft Abs. 4 eine Regelung für das **anzuwendende Recht.** Sowohl für eingehende als auch ausgehende Ersuchen sind die Vorschriften der Abgabenordnung entsprechend anzuwenden, soweit das EUBeitrG keine abweichende Regelung enthält. Die auf der AO beruhenden Verwaltungsanweisungen, insbesondere

der Anwendungserlass zur Abgabenordnung, die Dienstvorschrift zur Anwendung der Abgabenordnung im Bereich der Zollverwaltung sowie die Vollstreckungs- und die Vollziehungsanweisungen, sind ebenfalls anzuwenden (vgl. BT-Drs. 17/6263).

§ 2 Begriffsbestimmungen

(1) „Person" ist
1. eine natürliche Person,
2. eine juristische Person,
3. eine Personenvereinigung, der die Rechtsfähigkeit zuerkannt wurde, die aber nicht über die Rechtsstellung einer juristischen Person verfügt, oder
4. jede andere Rechtsform gleich welcher Art, mit oder ohne allgemeine Rechtsfähigkeit, die Vermögensgegenstände besitzt oder verwaltet, welche einschließlich der daraus erzielten Einkünfte einer der in § 1 erfassten Steuern unterliegen.

(2) Beitreibungsrichtlinie im Sinne dieses Gesetzes sowie des Einkommensteuergesetzes, des Körperschaftsteuergesetzes und des Gewerbesteuergesetzes bezeichnet die Richtlinie 2010/24/EU des Rates vom 16. März 2010 über die Amtshilfe bei der Beitreibung von Forderungen in Bezug auf bestimmte Steuern, Abgaben und sonstige Maßnahmen (ABl. L 84 vom 31.3.2010, S. 1) in der jeweils geltenden Fassung.

I. Person iSd EUBeitrG

§ 2 dient der Begriffsbestimmung. Mit der Regelung wird Art. 3c der 1 EUBeitrRL umgesetzt. Abs. 1 legt – in völliger Übereinstimmung mit Art. 3c EUBeitrRL – den Inhalt des Begriffs „Person" fest. Die Begrifflichkeiten überschneiden sich mit der Abgabenordnung, stimmen jedoch nicht mit ihr überein (vgl. BT-Drs. 17/6263, 40).

„Natürliche Person" iSd Nr. 1 ist jeder Mensch von der Geburt bis zum 2 Tod, anders als bei § 79 AO kommt es auf die Rechtsfähigkeit hierbei nicht an. Mit der „Juristischen Person" wird ein Bezugspunkt für das rechtliche Handeln von Personenzusammenschlüssen unterschiedlichster Art geschaffen. Juristische Personen, ob Aktiengesellschaft oder rechtsfähiger Verein, bedürfen dabei zu ihrer Entstehung eines hoheitlichen Akts. Nr. 2 erfasst alle juristischen Personen, sowohl juristische Personen des öffentlichen als auch des Privatrechts. Mit Nr. 3 werden vor allem die Personengesellschaften erfasst, wie BGB-Gesellschaften, Offene Handelsgesellschaften oder GmbHs. Steuerschuldner, die nicht von den Nrn. 1 bis 3 erfasst werden, erfasst Nr. 4, wenn sie von Steuern iSd § 1 EUBeitrG erfasste Vermögensgegenstände besitzen oder verwalten oder aus diesen Einkünfte ziehen.

II. Verweisung auf EUBeitrRL

3 Abs. 2 stellt den Bezugspunkt bei Verweisungen nationaler Vorschriften auf die Beitreibungsrichtlinie klar. Mit Beitreibungsrichtlinie ist jeweils die Richtlinie 2010/24/EU des Rates vom 16.3.2010 über die Amtshilfe bei der Beitreibung von Forderungen in Bezug auf bestimmte Steuern, Abgaben und sonstige Maßnahmen gemeint. Es handelt sich um eine gleitende Verweisung, Bezugspunkt ist die jeweils geltende Fassung der Beitreibungsrichtlinie.

§ 3 Zuständigkeit und Prüfungsbefugnisse für Ersuchen

(1) **Das Bundesministerium der Finanzen ist zuständige Behörde ausschließlich im Sinne von Artikel 4 Absatz 1 der Beitreibungsrichtlinie und zentrales Verbindungsbüro im Sinne von Artikel 4 Absatz 2 der Beitreibungsrichtlinie. Für die Prüfung und Bearbeitung von Ersuchen werden die folgenden Verbindungsbüros benannt:**
1. **in den Fällen des § 5 Absatz 1 Nummer 5 des Finanzverwaltungsgesetzes das Bundeszentralamt für Steuern,**
2. **für den Bereich der Zollverwaltung gemäß § 12 Absatz 2 des Finanzverwaltungsgesetzes die Bundesstelle Vollstreckung Zoll beim Hauptzollamt Hannover.**

Die Verbindungsbüros übernehmen die Kommunikation mit den ersuchenden Behörden, den anderen Verbindungsbüros oder der Europäischen Kommission. Die Verbindungsbüros prüfen Ersuchen auf ihre Zulässigkeit nach diesem Gesetz und bearbeiten diese. Ihnen obliegt außerdem die Prüfung, ob die Amtshilfe gemäß § 14 Absatz 2 zu unterbleiben hat.

(2) **Eingehende Ersuchen werden nach entsprechender Prüfung gemäß Absatz 1 Satz 4 und 5 von den Verbindungsbüros an die für die Durchführung der Amtshilfe in § 4 Absatz 1 genannten Vollstreckungsbehörden weitergeleitet. Ausgehende Ersuchen werden von den in § 4 Absatz 1 oder Absatz 2 genannten Vollstreckungsbehörden erstellt und über die Verbindungsbüros nach entsprechender Prüfung gemäß Absatz 1 Satz 4 an die zuständige ausländische Behörde geleitet.**

I. Allgemeines

1 Die Beitreibungsrichtlinie sieht eine vereinheitlichte nationale Struktur in den Mitgliedstaaten und bei der EU-Kommission vor, die sowohl die Kommunikation der Mitgliedstaaten untereinander als auch zwischen den Mitgliedstaaten und der EU-Kommission vereinfachen soll. § 3 dient der Umsetzung von Art. 4 EUBeitrRL und legt die innerstaatlichen Zuständigkeiten für dieses System fest.

II. Zuständigkeitsfestlegung

§ 3 Abs. 1 legt die Zuständigkeiten der deutschen Behörden für die Anwendung des EUBeitrG fest. Die Norm trifft die Festlegung der zuständigen Behörde, des zentralen Verbindungsbüros und weiterer Verbindungsbüros.

1. Zentrales Verbindungsbüro

Durch Abs. 1 S. 1 wird das Bundesministerium der Finanzen als die ausschließlich nach Art. 4 Abs. 1 und 2 EUBeitrRL zuständige Behörde und als zentrales Verbindungsbüro für die Verbindung zu den anderen Mitgliedstaaten festgelegt. Als zuständige Behörde nach Art. 4 Abs. 1 EUBeitrRL hat das BMF ein **zentrales Verbindungsbüro** einzurichten und kann weitere Verbindungsbüros und Verbindungsstellen benennen. Dem BMF als zentralem Verbindungsbüro obliegen nach Art. 4 Abs. 2 EUBeitrRL hauptverantwortlich die Verbindungen zu den anderen Mitgliedstaaten im Rahmen der Richtlinie.

2. Verbindungsbüros

Von der Möglichkeit, das zentrale Verbindungsbüro gleichzeitig als zuständige Stelle für die Verbindung zur Kommission zu benennen, hat der Gesetzgeber keinen Gebrauch gemacht, dies sollen die verschiedenen Verbindungsbüros übernehmen. Hierzu wird von der Ermächtigung des Art. 4 Abs. 3 EUBeitrRL Gebrauch gemacht, indem diese Verbindungsbüros für bestimmte, in Abs. 1 S. 2 Nrn. 1 und 2 aufgezählte Fälle benannt werden. Abs. 1 S. 2 Nr. 1 überträgt dem **Bundeszentralamt für Steuern** (BZSt) die Aufgabe des **Verbindungsbüros** in den Fällen des § 5 Abs. 1 Nr. 5 FVG. Das BZSt ist demnach für die Ausübung der Funktion der zuständigen Behörde auf dem Gebiet der steuerlichen Rechts- und Amtshilfe und bei der Durchführung von Verständigungs- und Schiedsverfahren nach den Doppelbesteuerungsabkommen und dem Übereinkommen Nr. 90/436/EWG über die Beseitigung der Doppelbesteuerung im Falle von Gewinnberichtigungen zwischen verbundenen Unternehmen vom 23.7.1990 (ABl. EG Nr. L 225, 10) in der jeweils geltenden Fassung, soweit das zuständige Bundesministerium seine Befugnisse in diesem Bereich delegiert, zuständig.

Weiteres **Verbindungsbüro** ist nach Abs. 1 S. 2 Nr. 2 für den Bereich der **Zollverwaltung** gemäß § 12 Abs. 2 FVG die Bundesstelle Vollstreckung Zoll beim Hauptzollamt Hannover. Ihr kommt die Aufgabe zu, als Verbindungsbüro für die übrigen Hauptzollämter bei deren Aufgabe als örtliche Bundesbehörden für die Verwaltung der Zölle, der bundesgesetzlich geregelten Verbrauchsteuern einschließlich der Einfuhrumsatzsteuer und der Biersteuer, der Luftverkehrsteuer, der Abgaben im Rahmen der Europäischen Gemeinschaften, für die zollamtliche Überwachung des Warenverkehrs über die Grenze, für die Grenzaufsicht, für die Bekämpfung der Schwarzarbeit und der illegalen Beschäftigung und für die ihnen sonst übertragenen Aufgaben zu fungieren.

3. Aufgaben der Verbindungsbüros

6 Den Verbindungsbüros kommt zum einen die Aufgabe der Kommunikationssteuerung zu. Sie stehen im Kontakt mit den ersuchenden Behörden, den Verbindungsbüros der anderen Mitgliedstaaten und der EU-Kommission (Abs. 1 S. 3). Vor allem prüfen die Verbindungsbüros die Zulässigkeit eingehender und ausgehender Beitreibungsersuchen nach Maßgabe des EUBeitrG; soweit die Ersuchen zulässig sind führen die Verbindungsbüros die Bearbeitung der Ersuchen durch (Abs. 1 S. 4) und leiten eingehende Ersuchen an die zuständigen Vollstreckungsbehörden nach § 4 sowie ausgehende Ersuchen an die Verbindungsbüros der Mitgliedstaaten weiter. Sie sind **"ersuchende Behörde"** und **"ersuchte Behörde"** iSd EUBeitrRL (Beermann in HHSp AO § 250 Rn. 101). Zudem prüfen die Verbindungsbüros nach Abs. 1 S. 5 die **Zulässigkeit der Beitreibungshilfe.** Diese ist nach § 14 Abs. 2 EUBeitrG ausgeschlossen, wenn nach der Fälligkeit der Forderung 5 oder 10 Jahre vergangen sind (→ § 14).

III. Behandlung von Ersuchen

7 Abs. 2 regelt die Weiterleitung der **eingehenden und ausgehenden Ersuchen** durch die Verbindungsbüros. Die Vorschrift legt dazu das Zusammenspiel zwischen den Verbindungsbüros und den Vollstreckungsbehörden fest. S. 1 stellt für eingehende Ersuchen klar, dass die Weiterleitung zur Vollstreckung an die Vollstreckungsbehörden erst nach umfassender Prüfung durch die Verbindungsbüros erfolgt. Die konkrete Vollstreckung obliegt dann den Vollstreckungsbehörden. Für ausgehende Ersuchen sieht Abs. 2 S. 2 vor, dass diese von den § 4 Abs. 1 EUBeitrG genannten Vollstreckungsbehörden, als regelmäßigem Betreiber entsprechender Ersuchen, an die Verbindungsbüros – je nach Zuständigkeit dieser – geleitet werden. Durch die Bündelung der Ersuchen bei den Verbindungsbüros und die Prüfung der Ersuchen dort, wird das Know-how der Beitreibungsvoraussetzungen gewissermaßen zentralisiert und dadurch die sichere Kommunikation mit den Mitgliedstaaten verbessert.

§ 4 Zuständigkeit für die Vollstreckung eingehender Ersuchen

(1) **Folgende Behörden nehmen nach Maßgabe dieses Gesetzes Amtshilfe in Anspruch und leisten danach Amtshilfe (Vollstreckungsbehörden):**
1. **die Finanzämter für Forderungen**
    a) **von Steuern vom Einkommen, Ertrag oder Vermögen,**
    b) **von Umsatzsteuern, soweit diese nicht als Einfuhrabgaben geschuldet werden,**
    c) **von sonstigen Steuern und Abgaben im Sinne des § 1 Absatz 1 Nummer 1, soweit nicht die Hauptzollämter zuständig sind,**
    d) **gemäß § 1 Absatz 2, soweit sie mit den in den Buchstaben a bis c genannten Steuern zusammenhängen;**

2. die Hauptzollämter für
   a) Erstattungen, Interventionen und andere Maßnahmen des Europäischen Garantiefonds für die Landwirtschaft und des Europäischen Landwirtschaftsfonds für die Entwicklung des ländlichen Raums nach den Verordnungen (EG) Nr. 1290/2005 des Rates vom 21. Juni 2005 über die Finanzierung der Gemeinsamen Agrarpolitik (ABl. L 209 vom 11.8.2005, S. 1), die zuletzt durch die Verordnung (EG) Nr. 473/2009 (ABl. L 144 vom 9.6.2009, S. 3) geändert worden ist, und (EG) Nr. 1698/2005 des Rates vom 20. September 2005 über die Förderung der Entwicklung des ländlichen Raums durch den Europäischen Landwirtschaftsfonds für die Entwicklung des ländlichen Raums (ABl. L 277 vom 21.10.2005, S. 1, L 67 vom 11.3.2008, S. 22), die zuletzt durch die Verordnung (EG) Nr. 473/2009 (ABl. L 144 vom 9.6.2009, S. 3) geändert worden ist, in der jeweils geltenden Fassung,
   b) Abschöpfungen und andere Abgaben im Sektor Zucker nach der Verordnung (EG) Nr. 1234/2007 des Rates vom 22. Oktober 2007 über eine gemeinsame Organisation der Agrarmärkte und mit Sondervorschriften für bestimmte landwirtschaftliche Erzeugnisse (ABl. L 299 vom 16.11.2007, S. 1) in der jeweils geltenden Fassung,
   c) Einfuhr- und Ausfuhrabgaben,
   d) Verbrauchsteuern,
   e) sonstige Steuern, deren Festsetzung, Erhebung oder Vollstreckung ebenfalls in die Zuständigkeit der Zollverwaltung fallen,
   f) Forderungen gemäß § 1 Absatz 2, soweit sie mit den in den Buchstaben a bis e genannten Abgaben und Steuern zusammenhängen.

Die örtliche Zuständigkeit richtet sich nach dem Dritten Abschnitt des Ersten Teils der Abgabenordnung entsprechend.

(2) **Die Gemeinden und Gemeindeverbände können Amtshilfe nach Maßgabe dieses Gesetzes in Anspruch nehmen. Sie gelten insoweit als Vollstreckungsbehörde im Sinne dieses Gesetzes.**

(3) **Das Bundesministerium der Finanzen kann mit Zustimmung der zuständigen obersten Landesbehörden die Amtshilfe bei der Vollstreckung auf weitere als die in Absatz 1 Nummer 1 genannten Landesbehörden übertragen. Die Übertragung ist im Bundessteuerblatt zu veröffentlichen.**

I. Allgemeines

§ 4 regelt die Zuständigkeit der Vollstreckungsbehörden in Deutschland. **1** Die sachliche Zuständigkeit richtet sich nach der Steuer- bzw. Abgabenart, die örtliche Zuständigkeit nach den entsprechenden Vorschriften der AO im Dritten Abschnitt des Ersten Teils der AO. Vollstreckungsbehörden sind danach die Finanzämter und die Hauptzollämter. Daneben können Gemeinden und Gemeindeverbände Vollstreckungsbehörden iSd EUBeitrG sein, wenn sie Amtshilfe nach dem EUBeitrG in Anspruch nehmen (→ Rn. 3).

II. Zuständigkeit für die Vollstreckung eingehender Ersuchen

2   Abs. 1 regelt die Zuständigkeit für die Vollstreckung eingehender Ersuchen. Danach sind die Finanzämter und die Hauptzollämter für die Vollstreckung zuständig. Die Zuständigkeitsabgrenzung bestimmt sich nach den Steuer- und Abgabenarten. Finanzämter und Hauptzollämter werden damit auch als Vollstreckungsbehörden iSd § 249 Abs. 1 3 AO bestimmt; ihnen kommen damit auch die entsprechenden Befugnisse zur Wahrnehmung von Vollstreckungsmaßnahmen nach den §§ 249 ff. AO im Rahmen ihrer Zuständigkeit nach § 1 Abs. 1 EUBeitrG zu (Beermann in HHSp AO § 250 Rn. 110).

III. Gemeinden und Gemeindeverbände

3   Die Gemeinden und Gemeindeverbände sind nach Abs. 2 amtshilfeberechtigt. Sie können sich also mit ihren Ersuchen an die Verbindungsbüros wenden, aber nicht zur Amtshilfe verpflichtet werden. Einfacher Hintergrund hierfür ist, dass nach Art. 84 Abs. 1 S. 7 GG Gemeinden und Gemeindeverbänden durch Bundesgesetz keine Aufgaben übertragen werden dürfen.

IV. Übertragung auf Landesbehörden

4   Abs. 3 ermöglicht entsprechend dem früheren Recht eine Übertragung der Amtshilfe in Bezug auf die Vollstreckung auf weitere als die in Abs. 2 Nr. 1 genannte Landesbehörden. Dies kann nur mit Zustimmung der zuständigen obersten Landesbehörden geschehen. Eine entsprechende Regelung ist im BStBl. bekannt zu machen.

Abschnitt 2. Erteilen von Auskünften

§ 5 Erteilen von Auskünften an andere Mitgliedstaaten auf Ersuchen

(1) **Auf Ersuchen teilt das Verbindungsbüro dem Mitgliedstaat alle Auskünfte mit, die bei der Beitreibung einer Forderung gemäß § 1 voraussichtlich erheblich sein werden. Zur Beschaffung dieser Auskünfte veranlasst die Vollstreckungsbehörde alle dafür erforderlichen behördlichen Ermittlungen, die nach der Abgabenordnung in vergleichbaren Fällen vorgesehen sind.**

(2) Das Verbindungsbüro erteilt keine Auskünfte,
1. die für die Beitreibung derartiger Forderungen nicht beschafft werden könnten, wenn sie in Deutschland entstanden wären;
2. mit denen ein Handels-, Gewerbe- oder Berufsgeheimnis preisgegeben würde;
3. die die Sicherheit oder die öffentliche Ordnung des Bundes oder eines Landes verletzen würden.

(3) Absatz 2 ist in keinem Fall so auszulegen, dass die Erteilung von Auskünften nur deshalb abgelehnt werden kann, weil die betreffenden Informationen sich bei einer Bank, einem sonstigen Finanzinstitut, einem Bevollmächtigten, Vertreter oder Treuhänder befinden oder sich auf Eigentumsanteile an einer Person beziehen.

(4) Kann das Verbindungsbüro dem Auskunftsersuchen nicht stattgeben, so sind dem anderen Mitgliedstaat die Gründe hierfür mitzuteilen.

I. Auskunfterteilung

Nach Abs. 1 erteilt das zuständige Verbindungsbüro der ersuchenden Behörde alle **Auskünfte,** die bei der Beitreibung einer Forderung gemäß § 1 voraussichtlich erheblich sein werden. Die Regelung dient auch der Umsetzung des Standards des Art. 26 des OECD-Musterabkommens, hier zu Transparenz und effektivem Informationsaustausch, für Besteuerungszwecke.

Die Behörde veranlasst alle erforderlichen **Ermittlungen,** die nach den deutschen Rechts- und Verwaltungsvorschriften in vergleichbaren Fällen vorgesehen sind. Die Regelung betrifft den Umfang sowohl in sachlicher Hinsicht als auch mit Blick auf die durchzuführenden Ermittlungen. Das Verbindungsbüro trifft grundsätzlich eine Auskunftspflicht. Es kann entscheiden, welche Auskünfte zur Erfüllung des Ersuchens und ob die Ergebnisse der Ermittlungen zu einer Entscheidung schon ausreichen (vgl. Beermann in HHSp AO § 250 Rn. 119). Soweit erforderlich, veranlasst das Verbindungsbüro auch Ermittlungen durch andere Stellen, hierzu gehören alle nach § 249 Abs. 2 S. 1 AO möglichen Ermittlungen (vgl. dazu § 249 AO Rn. 3).

Die Regelung stellt anders als die Verweisung des bisherigen § 3 Abs. 1 EG-BeitrG einen eindeutigen **Rahmen** für die Amtshilfe bei der **Erteilung von Auskünften** auf. Das Ersuchen erfolgt auf einem Standardformblatt, dessen Inhalt durch den DBeschl vorgegeben wird (→ EUBeitrG § 19). Die Informationsübermittlung ist nicht daran gebunden, dass sie auf ein Beitreibungsverfahren in Deutschland gerichtet ist (Beermann in HHSp AO § 250 Rn. 116). Für die Durchführung des Verfahrens bei Ersuchen sind auch die Art. 3, 5 bis 9 DVO zu berücksichtigen. Zur Sprache für Auskünfte und sonstige Mitteilungen ist zudem Art. 4 DVO zu beachten.

II. Unterbleiben der Auskunftserteilung

3   In bestimmten Fällen kann die Auskunftserteilung unterbleiben. Abs. 2 dient der Umsetzung von Art. 5 Abs. 2 EUBeitrRL. Abs. 2 begrenzt die grundsätzliche Auskunftspflicht der ersuchten Behörde. Der **Negativkatalog** der Nrn. 1, 2 und 3 stellt klar, wann eine Auskunftserteilung nicht stattfindet. Das Vorliegen der Voraussetzungen der einzelnen Fallgruppen ist durch die Behörde zu prüfen. Auch dieser Abs. dient zudem der Umsetzung des zuvor genannten OECD-Standards, denn er gibt den Inhalt des Art. 26 Abs. 3 des OECD-Musterabkommens wieder.

4   Eine Auskunftserteilung kann unterbleiben, wenn eine entsprechende **Informationserhebung** nach der AO nicht möglich wäre (Nr. 1). Im Fall von Nr. 2 hat die Behörde nach pflichtgemäßem Ermessen abzuwägen, ob das in Rede stehende Geheimnis im Einzelfall zurückzustehen hat; sie wird dabei berücksichtigen, dass auch an der Bewahrung privater Geheimnisse dieser Art ein öffentliches Interesse bestehen kann. Im Fall der Nr. 3 ist die Möglichkeit der Erteilung einer Auskunft regelmäßig zu verneinen, da Sicherheit und öffentliche Ordnung des Bundes und der Länder Vorrang vor der Durchsetzung der Vollstreckung haben.

III. Begrenzung der Ablehnungsmöglichkeiten

5   Abs. 3 **begrenzt** die **Ablehnungsmöglichkeiten** des Abs. 2. Die Regelung stellt klar, dass die Mitgliedstaaten sich nicht einzig auf nationale Bestimmungen bezüglich Banken, sonstigen Finanzinstituten, Bevollmächtigten, Vertretern oder Treuhändern berufen können. Die Regelung dient der Umsetzung von Art. 5 Abs. 3 EUBeitrRL sowie der Umsetzung des OECD-Standards zu Transparenz und effektiven Informationsaustausch für Besteuerungszwecke, er gibt den entsprechenden Wortlaut des Art. 26 Abs. 5 des OECD-Musterabkommens wieder.

IV. Mitteilung der Ablehnungsgründe

6   Lehnt das Verbindungsbüro nach seiner Prüfung die Auskunftserteilung ab und gibt dem Auskunftsersuchen nicht statt, sind der ersuchenden Behörde des anderen Mitgliedstaats die **Gründe** hierfür **mitzuteilen**.

§ 6 Erteilen von Auskünften an andere Mitgliedstaaten ohne Ersuchen

(1) **Bei einer Erstattung von Steuern oder Abgaben an eine Person, die in einem anderen Mitgliedstaat niedergelassen oder wohnhaft ist, kann die Vollstreckungsbehörde, die die Erstattung vornehmen soll, den Mitgliedstaat der Niederlassung oder des Wohnsitzes durch das Verbindungsbüro über die bevorstehende Erstattung informieren.**

Dies gilt nicht für die Umsatzsteuer, mit Ausnahme der Einfuhrumsatzsteuer.

(2) **Das Verbindungsbüro muss die anderen Mitgliedstaaten informieren, soweit Steuern und Abgaben im Sinne des § 4 Absatz 1 Nummer 2 betroffen sind.**

(3) **Im Falle einer Informationserteilung nach Absatz 1 oder Absatz 2 wird die Erstattung nicht fällig vor dem Ablauf von zehn Arbeitstagen nach Übermittlung der Information an den anderen Mitgliedstaat.**

I. Auskunftserteilung ohne Ersuchen

§ 6 ermöglicht die **Erteilung von Auskünften** an andere Mitgliedstaaten, allerdings nur in internationalen **Erstattungsfällen**. 1

II. Informationsmöglichkeit in Erstattungsfällen

Abs. 1 setzt Art. 6 EUBeitrRL um. Mit der Regelung soll eine erleichterte Auskunftserteilung in den Fällen ermöglicht werden, in denen es um die Erstattung von Steuern und Abgaben geht. Die Beitreibungsrichtlinie ist diesbezüglich nicht verpflichtend, sondern lässt den Mitgliedstaaten einen Umsetzungsspielraum („kann"), denn der Gesetzgeber hier genutzt hat. Zuständig ist die **Vollstreckungsbehörde.** Diese entscheidet, ob sie die Information erteilt, die Entscheidung ist dabei in ihr Ermessen gestellt. Wird die Auskunft erteilt, erfolgt dies über das Verbindungsbüro an die zuständige Behörde im Mitgliedstaat der Niederlassung. Bei der Umsatzsteuer ist eine Auskunftserteilung ohne Ersuchen nicht vorgesehen, es sei denn es handelt sich um die Einfuhrumsatzsteuer. 2

III. Informationspflicht der Hauptzollämter

Abweichend von Abs. 1 regelt Abs. 2, dass soweit die **Hauptzollämter** betroffen sind, eine entsprechende Information erfolgen muss. Bei den entsprechenden Steuern und Abgaben besteht insoweit eine Informationspflicht. 3

IV. Fälligkeitsverschiebung

Erfolgt eine Informationserteilung an einen anderen Mitgliedstaat, freiwillig oder pflichtig, tritt die **Fälligkeit** der Erstattung erst nach 10 Arbeitstagen ein. Die Frist von 10 Arbeitstagen soll es dem anderen Mitgliedstaat ermöglichen, eventuell bestehende sonstige Forderungen gegen den Steuerpflichtigen mit dem Erstattungsbetrag aufrechnen zu können. 4

Abschnitt 3. Zustellung von Dokumenten

§ 7 Zustellungsersuchen von anderen Mitgliedstaaten

(1) Auf Ersuchen veranlasst die Vollstreckungsbehörde die Zustellung aller Dokumente, die mit einer Forderung gemäß § 1 oder mit deren Vollstreckung zusammenhängen, einschließlich der gerichtlichen Dokumente, die aus dem anderen Mitgliedstaat stammen. Die Zustellung richtet sich nach den Vorschriften des Verwaltungszustellungsgesetzes. Dem Ersuchen muss ein Standardformblatt beigefügt sein. Eine Ausfertigung des Standardformblatts mit den zuzustellenden Dokumenten ist dem Empfänger auszuhändigen.

(2) Unverzüglich nachdem die Vollstreckungsbehörde auf Grund des Zustellungsersuchens tätig geworden ist, teilt sie dem anderen Mitgliedstaat über das Verbindungsbüro das Veranlasste mit. Diese Mitteilung beinhaltet insbesondere die Angabe, an welchem Tag und an welche Anschrift dem Empfänger das Dokument zugestellt worden ist.

I. Eingehende Zustellungsersuchen

1 § 7 regelt die Zustellung von Dokumenten ausschließlich für **Zustellungsersuchen anderer Mitgliedstaaten.** Dazu legt die Vorschrift den Umfang zuzustellender Dokumente, das Verfahren und die Information der Behörden des anderen Mitgliedstaates fest.

II. Durchführung des Zustellungsersuchens

2 Abs. 1 dient der Umsetzung von Art. 8 Abs. 1 EUBeitrRL. Zuständig für die Zustellung ist die Vollstreckungsbehörde nach § 4. Vier verschiedene Dinge werden geregelt: 1. Welche Dokumente auf ein Ersuchen eines anderen Mitgliedstaates zugestellt werden. 2. Dem Ersuchen des Mitgliedstaates muss das Standardformblatt beigefügt sein. 3. Die Zustellung erfolgt nach dem VwZG. 4. Eine Ausfertigung des Standardformblatts ist mit zuzustellen.

1. Zustellung

3 Bei einem **Zustellungsersuchen** eines anderen Mitgliedstaats, das die zuständige Vollstreckungsbehörde über das Verbindungsbüro erreicht, hat die Vollstreckungsbehörde die tatsächliche Zustellung zu veranlassen (§ 7 Abs. 1 S. 1). Das Verfahren der Zustellung richtet sich nach dem VwZG (§ 7 Abs. 1 S. 2), dh der Vollstreckungsbehörde stehen die unterschiedlichen **Zustellungsarten** des VwZG zur Verfügung, dabei handelt es sich um eine Zustellung im Inland. Welche Zustellungsart die Vollstreckungsbehörde im konkreten Einzelfall nutzt, steht in ihrem Ermessen. Aus § 7 Abs. 1 S. 4 ergibt sich

trotz des Begriffs „aushändigen" keine Verpflichtung nur Zustellungsarten zu nutzen, bei denen eine körperliche Übergabe erfolgt. Dies stünde geradezu im Widerspruch zu den übergeordneten Zielen von EUBeitrRL und EUBeitrG, eine Verfahrensbeschleunigung in Verfahren zwischen den EU-Mitgliedstaaten zu erreichen.

Die ersuchte Behörde muss die Gültigkeit der zuzustellenden Verfügungen 4 und Entscheidungen nicht prüfen. Das **Ersuchen** muss Namen, Anschrift und sonstige Angaben zur Identifizierung der betreffenden Person enthalten, zu denen die ersuchende Behörde normalerweise Zugang hat, und Angaben über Art und Gegenstand der zuzustellenden Verfügung oder Entscheidung enthalten.

2. Voraussetzung der Zustellung

Voraussetzung, für die Durchführung der **Zustellung** durch die Vollstre- 5 ckungsbehörde, ist neben dem Zustellungsersuchen das Vorliegen des Standardformblatts (§ 7 Abs. 1 S. 3). Zuzustellen sind dann alle Dokumente, die mit der Forderung iSd § 1 oder deren Vollstreckung zusammenhängen. Einbezogen sind nicht nur Dokumente der für die Steuern und Abgaben zuständigen Behörde des anderen Mitgliedstaates, sondern auch gerichtliche Dokumente. Soweit der Vollstreckungsbehörde eigene Dokumente in diesem Zusammenhang vorliegen, kann sie diese in die Zustellung einbeziehen. Mit zuzustellen ist eine Ausfertigung des Standardformblatts. Das Standardformblatt für Zustellungsersuchen ist durch den DBeschl festgelegt worden.

III. Information der ersuchenden Behörde

Abs. 2 dient der Umsetzung von Art. 8 Abs. 3 EUBeitrRL. Mit der Rege- 6 lung soll sichergestellt werden, dass die ersuchende Behörde während des gesamten Verfahrens über dessen Fortgang informiert ist. Hierzu dient die vorgesehene Mitteilung an die ersuchende Behörde.

1. Handlungspflicht der Vollstreckungsbehörde

§ 7 Abs. 2 S. 1 erlegt der Vollstreckungsbehörde eine Handlungspflicht auf. 7 Sie muss nach der Veranlassung der Zustellung, das von ihr Veranlasste in einer Mitteilung zusammenfassen und diese unverzüglich an das Verbindungsbüro weiterleiten, welches die ersuchende Behörde unterrichtet. Unverzüglich bedeutet auch hier „ohne schuldhaftes Zögern" (vgl. § 121 BGB). Dabei ist zu berücksichtigen, dass der ersuchenden Behörde nicht mit der Auskunft geholfen ist, wann die Zustellung veranlasst wurde, sondern wann die Zustellung erfolgt ist. Erst nach diesem Zeitpunkt ist die Mitteilung sinnhaft. Dies kann anders zu bewerten sein, wenn bei der Zustellung Probleme auftreten.

2. Inhalt der Mitteilung

Den Inhalt der Mitteilung legt § 7 Abs. 2 S. 2 im Wesentlichen fest: Primär 8 ist festzuhalten, wann an den Empfänger zugestellt worden ist und an welche

Anschrift. Zusätzlich kann etwa auch mitgeteilt werden, welche Dokumente zugestellt wurden. Der Tag der Zustellung bestimmt sich nach den Vorschriften des VwZG, also wann danach die Zustellung bewirkt ist.

§ 8 Zustellungsersuchen in andere Mitgliedstaaten

(1) **Das Verbindungsbüro kann um die Zustellung aller Dokumente ersuchen, die mit einer Forderung gemäß § 1 oder mit deren Vollstreckung zusammenhängen, einschließlich der Dokumente, die von deutschen Gerichten stammen. Dem Zustellungsersuchen ist ein Standardformblatt beizufügen.**

(2) **Ein Zustellungsersuchen darf nur dann nach dieser Vorschrift erfolgen, wenn es der Vollstreckungsbehörde nicht möglich ist, das betreffende Dokument gemäß den Vorschriften des Verwaltungszustellungsgesetzes zuzustellen oder wenn eine solche Zustellung mit unverhältnismäßigen Schwierigkeiten verbunden wäre.**

I. Ausgehende Zustellungsersuchen

1 § 8 dient wie § 7 der Umsetzung von Art. 8 EUBeitrRL. Während die Beitreibungsrichtlinie die Bestimmungen für ausgehende und eingehende Ersuchen einheitlich regelt, differenziert das EUBeitrG zwischen den Regelungen für eingehende Ersuchen einerseits und ausgehende Ersuchen andererseits.

II. Das Zustellungsersuchen

2 Für **ausgehende Zustellungsersuchen** legt Abs. 1 fest, dass das Verbindungsbüro die Behörden der Mitgliedstaaten um die Zustellung aller Dokumente, einschließlich gerichtlicher Dokumente, ersuchen kann, die mit einer Forderung nach § 1 EUBeitrG oder deren Vollstreckung zusammenhängen, letztlich also den Anspruch deutscher Stellen belegen. Für diese Zustellungsersuchen ist ebenfalls das durch den DBeschl festgelegte Standardformblatt für Zustellungsersuchen und dessen Mindestinhalt vorgegeben. Mit dieser Regelung wird zugleich Art. 8 Abs. 1 EUBeitrRL umgesetzt.

III. Voraussetzungen

3 § 8 Abs. 2 **begrenzt** allerdings die Möglichkeit der Nutzung von Zustellungsersuchen für die Vollstreckungsbehörden. Vorrangig ist nach Abs. 2 von den Möglichkeiten des VwZG Gebrauch zu machen. Ein Zustellungsersuchen ist nur dann vorgesehen, wenn keine Zustellung nach dem VwZG erfolgen kann, insbesondere weil sie gemäß § 9 Abs. 1 Nr. 1 VwZG per Einschreiben mit Rückschein oder gemäß § 9 Abs. 1 Nr. 4 VwZG auf elektronischem Wege nicht Erfolg versprechend ist, oder diese Zustellung mit unverhältnismäßigen Schwierigkeiten verbunden wäre (→ VwZG § 9 Rn. 1 ff.).

Abschnitt 4. Beitreibungs- und Sicherungsmaßnahmen

§ 9 Beitreibungsersuchen von anderen Mitgliedstaaten

(1) Auf Ersuchen nimmt die Vollstreckungsbehörde die Vollstreckung von Forderungen vor, für die in einem anderen Mitgliedstaat ein Vollstreckungstitel besteht. Die Forderung wird wie eine inländische Forderung behandelt. Als vollstreckbarer Verwaltungsakt gilt der dem Ersuchen beigefügte einheitliche Vollstreckungstitel.

(2) Die Vollstreckung erfolgt nach den Vorschriften, die für Forderungen aus gleichen oder, in Ermangelung gleicher, aus vergleichbaren Steuern oder Abgaben vorgesehen sind. Ist das Verbindungsbüro der Auffassung, dass in Deutschland keine gleichen oder vergleichbaren Steuern oder Abgaben erhoben werden, so handelt die Vollstreckungsbehörde nach den Vorschriften, die für die Vollstreckung von Einkommensteuerforderungen gelten. Die Forderungen werden in Euro vollstreckt.

(3) Das Verbindungsbüro teilt dem anderen Mitgliedstaat die Maßnahmen mit, die die Vollstreckungsbehörde in Bezug auf das Beitreibungsersuchen ergriffen hat.

(4) § 240 der Abgabenordnung gilt entsprechend. Fälligkeitstag ist der Tag, an dem das Ersuchen bei einem Verbindungsbüro im Sinne des § 3 Absatz 1 eingeht, so dass Säumniszuschläge ab diesem Tag berechnet werden können. Wenn die Vollstreckungsbehörde dem Schuldner eine Zahlungsfrist einräumt oder Ratenzahlung gewährt, unterrichtet das Verbindungsbüro den anderen Mitgliedstaat hiervon.

(5) Die Vollstreckungsbehörde überweist die im Zusammenhang mit der Forderung beigetriebenen Beträge sowie die Säumniszuschläge und gegebenenfalls entstehende Zinsen. Die in § 16 Absatz 1 genannten Kosten können vorher einbehalten werden.

Übersicht

	Rn.
I. Eingehende Beitreibungsersuchen	1
II. Voraussetzung der Beitreibung	2
III. Durchführung der Beitreibung	3
1. Anzuwendendes Recht	3
2. Vollstreckung der Forderung	4
a) Vollstreckung in Euro	4
b) Umrechnung	5
IV. Unterrichtung über den Verlauf der Maßnahmen	7
V. Säumniszuschläge	8
VI. Überweisung der beigetriebenen Forderungen	11

I. Eingehende Beitreibungsersuchen

1 § 9 EUBeitrG regelt die Behandlung der **Beitreibungsersuchen** anderer Mitgliedstaaten in Deutschland. Das EUBeitrG unterscheidet auch in diesem Bereich zwischen eingehenden und ausgehenden Beitreibungsersuchen und trifft jeweils differenzierende Regelungen. Dies führt zu einer von der Systematik der EUBeitrRL abweichenden Umsetzung in nationale Vorschriften, da die Bestimmungen der Beitreibungsrichtlinie den entsprechenden Bereichen zugeordnet werden müssen.

II. Voraussetzung der Beitreibung

2 Abs. 1 legt fest, dass die Beitreibung einer Forderung das Bestehen eines Vollstreckungstitels im ersuchenden Mitgliedstaat voraussetzt. Als vollstreckbarer Verwaltungsakt fingiert der übersandte **einheitliche Vollstreckungstitel** (vgl. FG Köln, EFG 2016, 494). Er umfasst den mit einem Leistungsgebot verbundenen Verwaltungsakt (Leistungsbescheid) und die zu einer Leistung verurteilende gerichtliche Entscheidung. Aufgrund dieses Titels wird die Beitreibung dann von der Vollstreckungsbehörde vorgenommen. Die Forderung wird in diesem Fall wie eine inländische Forderung behandelt (S. 2), sie bleibt indes Forderung des ersuchenden Staates (FG Münster EFG 2020, 419). Vollstreckung idS ist auf Rechtsverwirklichung durch Zwang gerichtet (Beermann in HHSp AO § 250 Rn. 152). Das Ersuchen erfolgt auf einem Standardformblatt nach dem DBeschl. Das Beitreibungsersuchen selbst ist kein Verwaltungsakt (FG München EFG 2009, 280; Dißars in Schwarz/Pahlke AO § 250 Rn. 9a).

Abs. 1 dient der Umsetzung von Art. 10 Abs. 1 und Art. 13 Abs. 1 S. 1 EUBeitrRL.

III. Durchführung der Beitreibung

3 Nach § 9 Abs. 2 S. 1 EUBeitrG bestimmt sich das anzuwendende Recht für die **Durchführung** der Beitreibung.

1. Anzuwendendes Recht

Sofern die Forderung sich auf vergleichbare Steuern oder Abgaben bezieht, wird die Vollstreckung nach den entsprechenden Vorschriften der Abgabenordnung sowie der Vollziehungs- und Vollstreckungsanweisung vorgenommen. Sofern sich die Forderung nicht auf gleiche oder vergleichbare Steuern oder Abgaben bezieht, so wird die Vollstreckung entsprechend den Vorschriften für die Vollstreckung von Einkommensteuerforderungen durchgeführt. Damit wird die Vollstreckung solcher Forderungen in Deutschland sicher gestellt. Zuständig für die Bewertung, ob es vergleichbare Steuern oder Abgaben in Deutschland gibt, ist das Verbindungsbüro. Die Zuständigkeit der beiden Verbindungsbüros bestimmt sich dabei nach § 3 Abs. 1 EUBeitrG.

2. Vollstreckung der Forderung

Abs. 2 S. 3 regelt wie § 5 EG-BeitrG, dass die **Forderungen in Euro vollstreckt** werden: 4

a) Vollstreckung in Euro. Innerhalb der Europäischen Union werden alle Geldforderungen in Euro vollstreckt, unabhängig davon, ob der Mitgliedstaat, in dem vollstreckt werden soll, der Euro-Zone angehört oder nicht. Auch ohne entsprechende Regelung ist für die Umrechnung weiterhin die ersuchende Behörde verantwortlich.

b) Umrechnung. Die Umrechnung bestimmt sich bei Forderungen, die 5
nicht in Euro gestellt sind, nach dem aktuellen **Kurs** der nationalen Währung im Verhältnis zum Euro (Art. 18 DVO).

Für die Umrechnung bei Altfällen gilt die Verordnung (EG) Nr. 2866/98 des Rates vom 31.12.1998, zuletzt geändert durch die Verordnung (EU) 671/2010 des Rates vom 13.7.2010 (ABl. L 196, 4 vom 28.7.2010), über die Umrechnungskurse zwischen dem EURO und den Währungen der Mitgliedstaaten, die den Euro einführen. Die Verordnung ist am 1.1.1999 in Kraft getreten und gilt umittelbar in jedem Mitgliedsstaat.

Die Verordnung, nennt folgende Umrechnungskurse für Fälle, in denen die Abgaben noch nicht in EURO festgesetzt worden waren:

1 EURO	= 40,3399	Belgische Franken
	= 1,95583	Deutsche Mark
	= 15,6466	Estnische Kronen
	= 340,750	Griechische Drachmen
	= 166,386	Spanische Peseten
	= 6,55957	Französische Franken
	= 0,787564	Irische Pfund
	= 1936,27	Italienische Lire
	= 0,585274	Zypern Pfund
	= 40,3399	Luxemburgische Francs
	= 0,429300	Maltesische Lira
	= 2,20371	Niederländische Gulden
	= 13,7603	Österreichische Schilling
	= 200,482	Portugiesische Escudos
	= 239,640	Slowenische Tolar
	= 30,1260	Slowakische Kronen
	= 5,94573	Finnmark

Abs. 2 dient der Umsetzung von Art. 13 Abs. 1 S. 2, 3 und 6 EUBeitrRL. 6

IV. Unterrichtung über den Verlauf der Maßnahmen

Die Vollstreckungsbehörde muss das Verbindungsbüro über die durchge- 7
führten Beitreibungsmaßnahmen unterrichten. Aufgrund dieser Informationen erfüllt das Verbindungsbüro seine Verpflichtung nach Abs. 3: Auch während der Beitreibung soll die ersuchende Behörde Kenntnis von dem **Verlauf**

der Maßnahmen, die auf Grund des Ersuchens durchgeführt werden, erhalten. Abs. 3 dient der Umsetzung von Art. 13 Abs. 2 EUBeitrRL.

V. Säumniszuschläge

8 § 9 Abs. 4 EUBeitrG regelt zum einen die Frage von **Säumniszuschlägen** bei der Beitreibung und verweist dazu auf die entsprechende Anwendung von § 240 AO. Zudem bestimmt Abs. 4 S. 1 als Tag der Fälligkeit den Tag des Eingangs des Ersuchens beim Verbindungsbüro nach § 3 Abs. 1 EUBeitrG. Von diesem Tag an werden Säumniszuschläge berechnet.

9 § 240 AO lautet:

> **§ 240 Säumniszuschläge**
>
> (1) Wird eine Steuer nicht bis zum Ablauf des Fälligkeitstages entrichtet, so ist für jeden angefangenen Monat der Säumnis ein Säumniszuschlag von 1 Prozent des abgerundeten rückständigen Steuerbetrags zu entrichten; abzurunden ist auf den nächsten durch 50 Euro teilbaren Betrag. Das Gleiche gilt für zurückzuzahlende Steuervergütungen und Haftungsschulden, soweit sich die Haftung auf Steuern und zurückzuzahlende Steuervergütungen erstreckt. Die Säumnis nach Satz 1 tritt nicht ein, bevor die Steuer festgesetzt oder angemeldet worden ist. Wird die Festsetzung einer Steuer oder Steuervergütung aufgehoben, geändert oder nach § 129 berichtigt, so bleiben die bis dahin verwirkten Säumniszuschläge unberührt; das Gleiche gilt, wenn ein Haftungsbescheid zurückgenommen, widerrufen oder nach § 129 berichtigt wird. Erlischt der Anspruch durch Aufrechnung, bleiben Säumniszuschläge unberührt, die bis zur Fälligkeit der Schuld des Aufrechnenden entstanden sind.
>
> (2) Säumniszuschläge entstehen nicht bei steuerlichen Nebenleistungen.
>
> (3) Ein Säumniszuschlag wird bei einer Säumnis bis zu drei Tagen nicht erhoben. Dies gilt nicht bei Zahlung nach § 224 Abs. 2 Nr. 1.
>
> (4) In den Fällen der Gesamtschuld entstehen Säumniszuschläge gegenüber jedem säumigen Gesamtschuldner. Insgesamt ist jedoch kein höherer Säumniszuschlag zu entrichten als verwirkt worden wäre, wenn die Säumnis nur bei einem Gesamtschuldner eingetreten wäre.

10 Entscheidet sich die Vollstreckungsbehörde, dem Vollstreckungsschuldner eine **Zahlungsfrist** einzuräumen oder **Ratenzahlung** zu gewähren (§ 9 Abs. 4 S. 2 EUBeitrG), so muss sie das zuständige Verbindungsbüro unterrichten. Dieses teilt die getroffenen Maßnahmen der ersuchenden Behörde mit.
Abs. 4 dient der Umsetzung von Art. 13 Abs. 3 und 4 EUBeitrRL.

VI. Überweisung der beigetriebenen Forderungen

11 Die ersuchte Behörde **überweist** nach § 9 Abs. 5 EUBeitrG sämtliche beigetriebenen Beträge, also den Forderungsbetrag samt Säumniszuschlägen und ggfs. Zinsen, mit **Ausnahme** der **Kosten,** die ihr in Zusammenhang mit der Beitreibung entstanden sind, an die ersuchende Behörde. Leistungs-

Beitreibungsersuchen in andere Mitgliedstaaten § 10 EUBeitrG

empfänger der beigetriebenen Beträge ist ausschließlich die ersuchende Behörde (vgl. FG Düsseldorf, EFG 2015, 610). Ihre eigenen Kosten iSd § 16 Abs. 1 EUBeitrG (→ § 16) kann die Vollstreckungsbehörde mit der Forderung beim Steuerschuldner selbst beitreiben und einbehalten. Nach Art. 23 DVO sind die beigetriebenen Beträge in der Währung des ersuchten Staates an die ersuchende Behörde zu überweisen, hiermit ist das Ersuchen erledigt (FG Düsseldorf, EFG 2015, 610).

Abs. 5 dient der Umsetzung von Art. 13 Abs. 5 EUBeitrRL.

§ 10 Beitreibungsersuchen in andere Mitgliedstaaten

(1) **Ein Verbindungsbüro kann Beitreibungsersuchen in einen anderen Mitgliedstaat stellen, wenn**
1. die Voraussetzungen für die Vollstreckung gegeben sind und
2. die Forderung nicht angefochten ist oder nicht mehr angefochten werden kann.

Satz 1 Nummer 2 gilt nicht, sofern der Einspruch offensichtlich aussichtslos ist beziehungsweise nicht in angemessener Zeit begründet wird und lediglich der Verzögerung der Vollstreckung dient. Ersuchen um Beitreibung angefochtener Forderungen sind nur ausnahmsweise zu stellen und auch nur zulässig, sofern die geltenden Rechts- und Verwaltungsvorschriften und die Verwaltungspraxis des ersuchten Mitgliedstaates dies zulassen; ein solches Ersuchen ist zu begründen.

(2) **Die Vollstreckungsbehörde muss zuvor alle nach der Abgabenordnung vorgesehenen Vollstreckungsmöglichkeiten ausgeschöpft haben, es sei denn,**
1. es ist offensichtlich, dass
  a) keine Vermögensgegenstände für die Vollstreckung in Deutschland vorhanden sind oder
  b) Vollstreckungsverfahren in Deutschland nicht zur vollständigen Begleichung der Forderung führen,
  und der Vollstreckungsbehörde oder dem Verbindungsbüro konkrete Informationen vorliegen, wonach Vermögensgegenstände der betreffenden Person im ersuchten Mitgliedstaat vorhanden sind;
2. die Durchführung solcher Vollstreckungsmaßnahmen wäre in Deutschland mit unverhältnismäßigen Schwierigkeiten verbunden.

(3) **Jedem Beitreibungsersuchen ist der für alle Mitgliedstaaten einheitliche Vollstreckungstitel, dessen Inhalt im Wesentlichen dem des ursprünglichen Vollstreckungstitels entspricht, beizufügen, der die alleinige Grundlage für die im anderen Mitgliedstaat zu ergreifenden Beitreibungs- und Sicherungsmaßnahmen ist. Er muss im anderen Mitgliedstaat weder durch einen besonderen Akt anerkannt noch ergänzt oder ersetzt werden. Dem Beitreibungsersuchen können wei-**

tere Dokumente, die im Zusammenhang mit der Forderung stehen, beigefügt werden.

(4) **Erlangt die Vollstreckungsbehörde im Zusammenhang mit der Angelegenheit, die dem Beitreibungsersuchen zu Grunde liegt, zweckdienliche Informationen, so teilt sie diese dem Verbindungsbüro zur unverzüglichen Weiterleitung an den anderen Mitgliedstaat mit.**

Übersicht

	Rn.
I. Ausgehende Beitreibungsersuchen	1
II. Voraussetzungen der Beitreibung	2
III. Erschöpfung nationaler Vollstreckungsmöglichkeiten	4
1. Vermögen in Deutschland	5
2. Unverhältnismäßige Schwierigkeit der Vollstreckung	6
3. Umsetzung der EUBeitrRL	7
IV. Beizufügende Dokumente	8
V. Informationspflicht	10

I. Ausgehende Beitreibungsersuchen

1 § 10 EUBeitrG eröffnet die **Beitreibung** für deutsche Behörden **in anderen Mitgliedstaaten** und regelt die Anforderungen an solche Beitreibungsersuchen. Das Vorliegen der Bedingungen für die Durchführung einer EU-Beitreibung nach Abs. 1 und 2 ist durch die Vollstreckungsbehörde dem Verbindungsbüro nachzuweisen. Abs. 3 regelt die Anforderungen an die zu übermittelnden Dokumente, Abs. 4 ordnet auch für diese Beitreibung die Unterrichtung der ersuchten Behörde des anderen Mitgliedstaates an.

II. Voraussetzungen der Beitreibung

2 Abs. 1 regelt die grundlegenden **Voraussetzungen,** wann eine Beitreibung in einem anderen Mitgliedstaat in Betracht kommt. Danach ist das Verbindungsbüro iSd § 3 Abs. 1 S. 2 EUBeitrG zuständig. Ein Ersuchen ist nur möglich, sofern die Voraussetzungen für die Vollstreckung in Deutschland gegeben sind. Die Vollstreckungsvoraussetzungen ergeben sich aus den §§ 249 ff. AO. Nach § 249 Abs. 1 AO und § 251 Abs. 1 AO muss also ein vollstreckbarer Verwaltungsakt oder eine Steueranmeldung (§ 168 AO) vorliegen, und die zugrundeliegende Forderung nicht angefochten sein und auch nicht mehr angefochten werden können, also bestandskräftig sein (vgl. dazu FG Hmb 28.5.2014, 4 V 63/149). Ein vollstreckbares Urteil erfüllt die Voraussetzungen ebenso.

3 Ein Beitreibungsersuchen kann **ausnahmsweise** auch bezüglich einer **angefochtenen Forderung** gestellt werden, da dies nach der EUBeitrRL und auch innerstaatlich nach § 251 Abs. 1 AO iVm § 361 AO grundsätzlich möglich ist. Ein solches Ersuchen ist nur **ausnahmsweise statthaft** und **gesondert zu begründen** (§ 10 Abs. 1 S. 3 EUBeitrG). Eine Beitreibung

ist in diesem Fall mit einem erheblichen Risiko behaftet: Hat der Rechtsbehelf Erfolg, so haftet die ersuchende deutsche Behörde für die Erstattung bereits beigetriebener Beträge sowie etwaiger **Entschädigungsleistungen,** die nach dem Recht des ersuchten Mitgliedstaates entstehen (vgl. § 16 Abs. 3 EUBeitrG).

Voraussetzung ist, dass die Anfechtung **keine Aussicht auf Erfolg** hat oder nicht in angemessener Zeit betrieben wird und lediglich der **Verzögerung** der Vollstreckung dient (§ 10 Abs. 1 S. 2 EUBeitrG). Ob die **Angemessenheit** gegeben ist, ist immer eine Frage des Einzelfalls. Zudem müssen konkrete Anhaltspunkte vorliegen, dass der Einspruch der Verzögerung dient (FG Hmb 28.5.2014, 4 V 63/149; Beermann in HHSp AO § 250 Rn. 167). Abs. 1 dient der Umsetzung von Art. 11 Abs. 1 EUBeitrRL.

III. Erschöpfung nationaler Vollstreckungsmöglichkeiten

Liegen die Voraussetzungen nach Abs. 1 vor, so müssen gleichwohl alle 4
nationalen **Vollstreckungsmöglichkeiten** nach der Abgabenordnung **ausgeschöpft** sein. Erst dann ist ein Beitreibungsersuchen möglich. Ausnahmen hiervon kommen nur bei Vorliegen der Ausnahmetatbestände nach Abs. 2 Nrn. 1 oder 2 in Betracht.

1. Vermögen in Deutschland

§ 10 Abs. 2 Nr. 1 EUBeitrG setzt zunächst voraus, dass offensichtlich entweder **keine Vermögensgegenstände** für die Vollstreckung in Deutschland vorhanden sind oder Vollstreckungsverfahren in Deutschland **nicht zur vollständigen Begleichung** der Forderung führen. Offensichtlich bedeutet in diesem Zusammenhang, dass es zumindest amtsbekannt sein muss, dass diese Voraussetzungen vorliegen. Beide Alternativen setzen voraus, dass die Vollstreckungsbehörde aus vorhergegangenen Vollstreckungsversuchen entsprechende nachweisbare Erkenntnisse hat. Hinzutreten müssen nach Abs. 1 konkrete Erkenntnisse über in dem anderen Mitgliedstaat belegene Vermögensgegenstände. Diese können bei der zuständigen, die Beitreibung betreiben wollenden Vollstreckungsbehörde vorliegen, ebenso aber auch bei dem Verbindungsbüro. 5

2. Unverhältnismäßige Schwierigkeit der Vollstreckung

Auffangend setzt § 10 Abs. 2 Nr. 2 EUBeitrG voraus, dass die Durchführung der Vollstreckung im Inland mit **unverhältnismäßigen Schwierigkeiten** verbunden wäre. Bei der Auslegung ist zu berücksichtigen, dass EUBeitrRL und EUBeitrG die Beitreibung innerhalb der EU erleichtern und vereinfachen soll, andererseits dienen die Vorgaben in § 10 EUBeitrG erkennbar dazu, einen klaren Vorrang der Beitreibung im Inland sicherzustellen. Daraus ergibt sich, dass die Begründung einer Ausnahme nach Nr. 2 schwierig sein wird. Die Annahme unverhältnismäßiger Schwierigkeiten wird nur ausnahmsweise in Betracht kommen. Etwa, wenn eine ausländische 6

Immobilie aus der Presse bekannt ist, inländische Immobilien aber durch entsprechende Konstruktionen geschützt werden.

3. Umsetzung der EUBeitrRL

7 Abs. 2 dient der Umsetzung von Art. 11 Abs. 2 EUBeitrRL.

IV. Beizufügende Dokumente

8 Dem Beitreibungsersuchen ist nach § 10 Abs. 3 EUBeitrG der einheitliche **EU-Vollstreckungstitel** beizufügen. Dies ist regelmäßig der Verwaltungsakt oder die Steueranmeldung. Dieser einheitliche Vollstreckungstitel wird zur Vollstreckungsgrundlage, er muss inhaltlich dem ursprünglichen Vollstreckungstitel entsprechen. Da er darüber hinaus national nicht durch einen besonderen Akt anerkannt werden muss und Ergänzungen oder Anerkennungen durch die ersuchte Behörde nicht erforderlich sind, ist der einheitliche Vollstreckungstitel selber kein Verwaltungsakt. Neben dem einheitlichen Vollstreckungstitel können weitere mit dem Beitreibungsersuchen zusammenhängende Dokumente beigefügt werden. Das Beitreibungsersuchen selbst erfolgt auf dem von der EU-KOM vorgegebenen Standardformblatt für Beitreibungen.

9 Die S. 1 und 2 von § 10 Abs. 3 EUBeitrG dienen der Umsetzung von Art. 12 Abs. 1 EUBeitrRL; S. 3 dient der Umsetzung von Art. 12 Abs. 2 EUBeitrRL.

V. Informationspflicht

10 Abs. 4 ordnet auch für diesen Fall für die Vollstreckungsbehörde eine **Informationsverpflichtung** an. Die ersuchende Behörde ist danach gehalten, auch während des bereits laufenden Beitreibungsverfahrens weitere zweckdienliche Informationen, die der ersuchten Behörde des anderen Mitgliedstaates bei der Durchführung der Beitreibung hilfreich sein können, an die ersuchte Behörde weiter zu leiten. Dies hat unverzüglich, also ohne schuldhaftes Zögern (§ 121 BGB), zu geschehen. Die Informationsübermittlung erfolgt auch insoweit durch das nach § 3 Abs. 1 EuBeitrG zuständige Verbindungsbüro. Abs. 4 dient der Umsetzung von Art. 10 Abs. 2 EUBeitrRL.

§ 11 Änderung oder Rücknahme des Beitreibungsersuchens

(1) Das Verbindungsbüro teilt unverzüglich nach entsprechender Erstellung durch die Vollstreckungsbehörde dem anderen Mitgliedstaat jede Änderung oder Rücknahme ihres Beitreibungsersuchens mit. Dabei sind die Gründe für die Änderung oder Rücknahme anzugeben. Bei Änderungen übersendet sie zusätzlich eine entsprechend geänderte Fassung des einheitlichen Vollstreckungstitels.

Änderung oder Rücknahme des Ersuchens § 11 EUBeitrG

(2) Geht die Änderung oder Rücknahme des Ersuchens auf eine Rechtsbehelfsentscheidung gemäß § 13 Absatz 1 zurück, so teilt die Vollstreckungsbehörde diese Entscheidung dem Verbindungsbüro mit. Bei Änderungen übersendet sie zusätzlich eine entsprechend geänderte Fassung des einheitlichen Vollstreckungstitels. Das Verbindungsbüro sendet die Unterlagen an die ersuchte Behörde.

(3) Wird ein gemäß § 13 Absatz 1 geänderter einheitlicher Vollstreckungstitel an ein Verbindungsbüro als ersuchte Behörde übermittelt, ergreift die mit der Durchführung der Amtshilfe beauftragte Vollstreckungsbehörde weitere Beitreibungsmaßnahmen auf der Grundlage dieses Vollstreckungstitels.

(4) Beitreibungs- und Sicherungsmaßnahmen, die bereits auf der Grundlage des ursprünglichen einheitlichen Vollstreckungstitels ergriffen wurden, können auf Grund des geänderten einheitlichen Vollstreckungstitels fortgeführt werden, sofern die Änderung des Ersuchens nicht darauf zurückzuführen ist, dass der ursprüngliche Vollstreckungstitel oder der ursprüngliche einheitliche Vollstreckungstitel unwirksam ist.

(5) Für die neue Fassung des Vollstreckungstitels gelten § 10 Absatz 3 und 4 sowie § 13 entsprechend.

I. Änderungen oder Rücknahme eines Beitreibungsersuchens

§ 11 EUBeitrG ist eine Sonderregelung zu §§ 9 und 10 EUBeitrG. Voraussetzung für die Anwendung der Norm ist ein nach §§ 9 und 10 EUBeitrG betriebenes laufendes Beitreibungsersuchen. Für ein solches Beitreibungsersuchen regelt § 11 EUBeitrG wie bei **Änderungen oder Rücknahme** des Ersuchens vorzugehen ist. Abs. 1 erfasst vorbehaltlich der Regelung in Abs. 2 alle Änderungs- und Rücknahmegründe bei ausgehenden, also deutschen Ersuchen an andere Mitgliedstaaten; gleichzeitig wird das Verbindungsbüro für zuständig erklärt. Abs. 2 regelt als Sonderregelung zu Abs. 1 Änderungen oder Rücknahme aufgrund von Rechtsbehelfsentscheidungen nach § 13 Abs. 1 EUBeitrG. Abs. 3 trifft für Fälle eingehender Ersuchen eine Verfahrensregelung. Abs. 4 regelt die Fortgeltung bereits getroffener Maßnahmen. Abs. 5 erkennt dem aufgrund einer Rechtsbehelfsentscheidung nach § 13 Abs. 1 EUBeitrG geänderten Vollstreckungstitel die Wirkungen nach § 10 EUBeitrG zu, gibt aber gleichzeitig der Vollstreckungsbehörde die Pflichten nach § 10 Abs. 3 und 4 EUBeitrG auf. 1

II. Informationspflicht

Hat eine deutsche Vollstreckungsbehörde ein Beitreibungsersuchen gestellt, so trifft sie nach Abs. 1 die Pflicht Änderungen oder auch die Rücknahme des Ersuchens unverzüglich, also ohne schuldhaftes Zögern (§ 121 2

BGB), dem Verbindungsbüro **mitzuteilen,** damit dieses die Änderung oder Rücknahme des Beitreibungsersuchens der ersuchten Behörde des anderen Mitgliedstaates mitteilen kann. Die Vollstreckungsbehörde hat hierzu eine entsprechende Änderung oder Rücknahme – auf dem Standardformblatt – zu erstellen. Dabei hat sie die Gründe, warum das Beitreibungsersuchen zurückgenommen oder geändert wird, anzugeben. Regelmäßig wird es dabei um vollständige oder teilweise Erfüllung der Forderung im Inland, Verjährung der Forderung oder Änderungen aufgrund eines Rechtsbehelfs (dazu Abs. 2) gehen. Erfolgt die Mitteilung des Verbindungsbüros aufgrund einer Änderung ist der einheitliche Vollstreckungstitel entsprechend anzupassen und der Änderungsmitteilung an die ersuchte Behörde beizufügen.

III. Erfolgreich eingelegter Rechtsbehelf

3   Ist die Änderung oder Rücknahme **Folge** eines in Deutschland gemäß § 13 Abs. 1 EUBeitrG **erfolgreich eingelegten Rechtsbehelfes,** so übermittelt die deutsche Behörde sowohl die Entscheidung als auch eine geänderte Fassung des einheitlichen Vollstreckungstitels (Abs. 2). Der Vollstreckungsbehörde obliegt es dabei, das Verbindungsbüro entsprechend zu unterrichten. Zudem hat die Vollstreckungsbehörde dem Verbindungsbüro bei Änderungen aufgrund der Rechtsbehelfsentscheidung eine entsprechend der Entscheidung abgeänderte Fassung des einheitlichen Vollstreckungstitels zu übersenden. Das Verbindungsbüro übersendet die Unterlagen unter Nutzung des Standardformulars an die ersuchte Behörde des anderen Mitgliedstaates.

IV. Verfahren bei eingehenden Ersuchen

4   Das Verfahren bei **eingehenden Ersuchen** richtet sich nach § 11 Abs. 3 EUBeitrG. Die Regelung stellt klar, dass bei einem Vollstreckungstitel, der auf Grund eines Rechtsbehelfes in dem anderen Mitgliedstaat geändert wird, die deutsche Behörde nach der Mitteilung gemäß § 13 Abs. 1 EUBeitrG weitere Beitreibungsmaßnahmen auf der Grundlage des geänderten einheitlichen Vollstreckungstitels ergreift.

V. Auswirkungen auf erfolgte Beitreibungs- und Sicherungsmaßnahmen

5   Kommt es zu Änderungen, so regelt § 11 Abs. 4 EUBeitrG die Auswirkungen auf **bereits erfolgte Beitreibungs- und Sicherungsmaßnahmen.** Wurden bereits Beitreibungs- und Sicherungsmaßnahmen ergriffen, können diese auf Grund des geänderten einheitlichen Vollstreckungstitels fortgeführt werden, sofern die ursprünglich dem Beitreibungsersuchen zugrunde liegenden Vollstreckungstitel nicht unwirksam sind. Die Maßnahmen bleiben damit auch nach Änderung des Titels wirksam und rechtmäßig.

VI. Anzuwendende Vorschriften

Abs. 5 ordnet die entsprechende **Geltung** der §§ 10 Abs. 2 und 4 sowie 6
13 EUBeitrG über Form, Inhalt und Rechtsfolgen des einheitlichen Vollstreckungstitels für den geänderten Titel an (→ § 10 Rn. 6, 10, § 13 Rn. 1 ff.).

§ 12 Ersuchen um Sicherungsmaßnahmen

(1) **Um die Vollstreckung sicherzustellen, führt die Vollstreckungsbehörde auf Ersuchen des anderen Mitgliedstaates Sicherungsmaßnahmen durch, sofern und soweit diese nach dem Sechsten Teil der Abgabenordnung zulässig sind. Hierfür ist Voraussetzung, dass Sicherungsmaßnahmen sowohl des Mitgliedstaates der ersuchenden als auch der ersuchten deutschen Behörde in einer vergleichbaren Situation getroffen werden können.**

(2) **Das Verbindungsbüro kann nach entsprechender Erstellung durch die Vollstreckungsbehörde ein Ersuchen um Sicherungsmaßnahmen stellen, wenn**
1. **die Forderung oder der Vollstreckungstitel zum Zeitpunkt der Stellung des Ersuchens angefochten ist oder**
2. **ein Ersuchen um Beitreibung aus anderen Gründen noch nicht gestellt werden kann.**

(3) **Einem ausgehenden Ersuchen um Sicherungsmaßnahmen ist das Dokument, das in Deutschland Sicherungsmaßnahmen in Bezug auf die Forderung ermöglicht, beizufügen. Dem Ersuchen können weitere in Deutschland ausgestellte Dokumente beigefügt werden.**

(4) **§ 9 Absatz 1 bis 3, § 10 Absatz 4 sowie die §§ 11 und 13 gelten entsprechend.**

I. Sicherungsersuchen

§ 12 EUBeitrG behandelt die Ersuchen um **Sicherungsmaßnahmen**. 1
Abs. 1 trifft die Regelungen für eingehende Sicherungsersuchen. In Abs. 2 und 3 sind die Voraussetzungen für ausgehende Sicherungsersuchen geregelt. Abs. 4 ordnet die entsprechende Geltung verschiedener Vorschriften des EUBeitrG an, insbesondere der damit verbundenen Informations- und Übermittlungspflichten.

II. Eingehende Sicherungsersuchen

Abs. 1 ermöglicht die **Durchführung** von Sicherungsmaßnahmen nach 2
den §§ 249 ff. AO durch die Vollstreckungsbehörde bei einem entsprechenden Ersuchen eines anderen Mitgliedstaates. Eröffnet sind alle nach den §§ 249 ff. AO zulässigen Maßnahmen. Entscheidend sind die Regelungen über den dinglichen Arrest (§ 324 AO) und den persönlichen Sicherheitsar-

rest (§ 326 AO). Voraussetzung für entsprechende Maßnahmen ist ein entsprechendes Ersuchen des anderen Mitgliedstaates und dass in beiden Mitgliedstaaten in einer vergleichbaren Situation nach dem nationalen Recht und der Verwaltungspraxis Sicherungsmaßnahmen getroffen werden können, um die Vollstreckung sicherzustellen. Zuständig für die Vollstreckungsmaßnahmen sind die Vollstreckungsbehörden nach § 4 EUBeitrG; die Kommunikation erfolgt auch hier über das Verbindungsbüro. Das Ersuchen erfolgt auf dem dafür vorgesehenen Standardformblatt nach dem DBeschl. Abs. 1 setzt Art. 16 Abs. 1 S. 1 Hs. 1 EUBeitrRL in nationales Recht um.

III. Ausgehende Sicherungsersuchen

3 § 12 Abs. 2 EUBeitrG regelt, **wann Sicherungsersuchen** durch deutsche Vollstreckungsbehörden im EU-Beitreibungsverfahren gestellt werden können. Er bestimmt, dass Ersuchen um Sicherungsmaßnahmen betrieben werden können, wenn die Forderung oder der Vollstreckungstitel angefochten ist oder ein Ersuchen um die Beitreibung aus anderen Gründen noch nicht gestellt werden kann. Letzteres kann etwa gegeben sein, wenn eine Forderung noch nicht fällig ist. Zuständig ist hierfür das Verbindungsbüro iSd § 3 EUBeitrG. Abs. 2 dient der Umsetzung von Art. 16 Abs. 1 S. 1 Hs. 2 EUBeitrRL.

IV. Beizufügende Dokumente

4 Ergänzend zu Abs. 2 legt Abs. 3 fest, dass dem Sicherstellungsersuchen das **Dokument,** das in Deutschland die **Sicherungsmaßnahmen ermöglicht,** beizufügen ist. Für den dinglichen Arrest nach § 324 AO bedarf es der schriftlichen, begründeten Anordnung der Finanzbehörde, der persönliche Arrest nach § 326 AO erfordert eine gerichtliche Anordnung. Diese sind dem Sicherstellungsersuchen beizufügen (Beermann in HHSp AO § 250 Rn. 184). Weitere Dokumente können beigefügt werden. Das Ersuchen erfolgt auf einem Standardformblatt durch das zuständige Verbindungsbüro. Abs. 3 dient der Umsetzung von Art. 16 Abs. 1 Satz 2 EUBeitrRL.

V. Anzuwendende Vorschriften

5 Die **Verweise** in § 12 Abs. 4 EUBeitrG beziehen sich auf die Anwendung der Vorschriften über die Erledigung des Ersuchens entsprechend den nationalen Vorschriften, die Mitteilungspflichten, die Weiterleitung zweckdienlicher Informationen sowie die Rechtsfolgen von Streitigkeiten und Änderungen beziehungsweise Rücknahme von Ersuchen.

§ 13 Streitigkeiten

(1) **Stellt das Verbindungsbüro ein Ersuchen, so sind die nach dem Dritten Abschnitt des Ersten Teils der Abgabenordnung zuständigen**

Behörden oder die nach Abschnitt V des Ersten Teils der Finanzgerichtsordnung zuständigen Gerichte zuständig für
1. Rechtsbehelfe in Bezug auf
   a) die Forderung,
   b) den ursprünglichen Vollstreckungstitel für die Vollstreckung in Deutschland und
   c) den einheitlichen Vollstreckungstitel für die Vollstreckung im anderen Mitgliedstaat;
2. Streitigkeiten in Bezug auf die Gültigkeit einer Zustellung durch eine zuständige deutsche Behörde.

Dies gilt auch für Streitigkeiten bei in Deutschland ergriffenen Vollstreckungsmaßnahmen oder Auseinandersetzungen im Zusammenhang mit der Gültigkeit einer Zustellungshilfe durch eine zuständige deutsche Behörde. Wurde ein Rechtsbehelf eingelegt, teilt das Verbindungsbüro dies nach Mitteilung durch die Vollstreckungsbehörde dem anderen Mitgliedstaat mit. Hierbei hat es insbesondere mitzuteilen, in welchem Umfang die Forderung nicht angefochten wird.

(2) Ist Deutschland der ersuchte Mitgliedstaat und werden im Verlauf des Beitreibungsverfahrens die Forderung, der ursprüngliche Vollstreckungstitel oder der einheitliche Vollstreckungstitel von einer betroffenen Partei durch Rechtsbehelf angegriffen, so unterrichtet das Verbindungsbüro nach Mitteilung durch die Vollstreckungsbehörde diese Partei darüber, dass sie den Rechtsbehelf bei der zuständigen Instanz des anderen Mitgliedstaates nach dessen Recht einzulegen hat. Wurde der ersuchenden Behörde eine Mitteilung entsprechend Absatz 1 Satz 3 erteilt, setzt die Vollstreckungsbehörde das Beitreibungsverfahren für den angefochtenen Teilbetrag der Forderung bis zur Entscheidung über den jeweiligen Rechtsbehelf aus. Satz 2 gilt nicht, wenn die ersuchende Behörde im Einklang mit Absatz 3 ein anderes Vorgehen wünscht. Die Vollstreckungsbehörde kann selbständig oder auf Ersuchen Maßnahmen für die Sicherstellung der Beitreibung treffen, soweit dies zulässig ist. Die Regelungen des § 12 bleiben unberührt.

(3) Eingehende Beitreibungsersuchen aus anderen Mitgliedstaaten können auch die Beitreibung einer angefochtenen Forderung oder eines angefochtenen Teilbetrags einer Forderung beinhalten. Ein solches Ersuchen ist durch die ersuchende Behörde zu begründen. Wird dem Rechtsbehelf später stattgegeben, haftet die ersuchende ausländische Behörde für die Erstattung bereits beigetriebener Beträge samt etwaig geschuldeter Entschädigungsleistungen.

(4) Durch die Einleitung eines Verständigungsverfahrens, das auf die Höhe der beizutreibenden Forderung Auswirkungen haben kann, werden die Beitreibungsmaßnahmen bis zum Abschluss dieses Verfahrens unterbrochen. § 231 Absatz 3 und 4 der Abgabenordnung gilt entsprechend. Dies gilt nicht, wenn auf Grund von Betrug oder Insolvenz unmittelbare Dringlichkeit gegeben ist. Werden die Bei-

treibungsmaßnahmen unterbrochen, so ist Absatz 2 Satz 4 und 5 anzuwenden.

Übersicht

	Rn.
I. Umgang mit Rechtsstreitigkeiten	1
II. Ausgehende Ersuchen	2
III. Eingehende Beitreibungsersuchen	5
IV. Beitreibung bei angefochtener Forderung	6
V. Verständigungsverfahren	7

I. Umgang mit Rechtsstreitigkeiten

1 § 13 EUBeitrG regelt den **Umgang mit Rechtsstreitigkeiten** im Zusammenhang mit Ersuchen nach dem EUBeitrG. Abs. 1 betrifft deutsche Ersuchen an andere Mitgliedstaaten, Abs. 2 regelt das Vorgehen bei Ersuchen anderer Mitgliedstaaten an Deutschland. In Abs. 3 werden Beitreibungsersuchen anderer Mitgliedstaaten behandelt, die die Vollstreckung angefochtener oder teilangefochtener Forderungen betreffen. Abs. 4 regelt die Wirkung eines Verständigungsverfahrens zwischen zwei Mitgliedstaaten im Rahmen der Beitreibung.

II. Ausgehende Ersuchen

2 Abs. 1 stellt die Behandlung von Rechtsbehelfen bei **ausgehenden Ersuchen** klar. Bei ausgehenden Ersuchen handelt es sich um nationale Steuer- und Abgabenforderungen. Dementsprechend ist deutsches Recht anwendbar und es sind die deutschen Behörden und Gerichte für Rechtsbehelfe und Streitigkeiten zur Entscheidung berufen, Dies gilt, soweit der Rechtsbehelf die Forderung selbst, den ursprünglichen Vollstreckungstitel oder den einheitlichen Vollstreckungstitel sowie die Gültigkeit der Zustellung durch eine deutsche Behörde angreift (§ 13 Abs. 1 S. 1 EUBeitrG). Für die Zuständigkeit verweist § 13 Abs. 1 EUBeitrG auf die §§ 16 bis 29 AO für das außergerichtliche Rechtsbehelfsverfahren und auf die §§ 33 bis 39 FGO für das gerichtliche Verfahren.

3 **Gleichbehandelt** werden die Fälle, in denen sich der Streit um in Deutschland durchgeführte Vollstreckungsmaßnahmen dreht, sich der Steuerschuldner also gegen ihn betreffende nationale Vollstreckungsmaßnahmen zur Wehr setzt (§ 13 Abs. 1 S. 2 Var. 1 EUBeitrG), oder Auseinandersetzungen im Zusammenhang mit der Gültigkeit einer Zustellungshilfe durch eine zuständige deutsche Behörde stattfinden (§ 13 Abs. 1 S. 2 Var. 2 EUBeitrG).

4 Wenn ein Rechtsbehelf eingelegt wurde, teilt die ersuchende deutsche Behörde der ersuchten Behörde die Tatsache und den **Umfang des Rechtsbehelfs** mit (§ 13 Abs. 1 S. 3, 4 EUBeitrG), insbesondere ist der Betrag der Forderung zu benennen, der nicht angefochten ist (Art. 21 DVO).

Da der einheitliche Vollstreckungstitel kein Verwaltungsakt ist, sind hiergegen weder der Einspruch noch eine Anfechtungsklage zulässig. Vielmehr

besteht in diesen Fällen die Möglichkeit, eine Leistungsklage oder Feststellungsklage zu erheben (so BT-Drs 17/6263, 43; Beermann in HHSp AO § 250 Rn. 189).
§ 13 Abs. 1 EUBeitrG dient der Umsetzung von Art. 14 Abs. 1 EUBeitrRL.

III. Eingehende Beitreibungsersuchen

§ 13 Abs. 2 EUBeitrG regelt den Umgang mit Rechtsbehelfen entsprechende Maßnahmen bei **eingehenden Beitreibungsersuchen**. Wird ein Rechtsbehelf im Fall eines eingehenden Beitreibungsersuchens bei einer deutschen Behörde eingelegt, ist der Rechtsbehelfsführer darüber zu unterrichten, dass der Rechtsbehelf gegen die Forderung, den ursprünglichen Vollstreckungstitel oder den einheitlichen Vollstreckungstitel bei der zuständigen Instanz des Mitgliedstaates der ersuchenden Behörde einzulegen ist, wobei das Recht dieses Mitgliedstaates anzuwenden ist (vgl. BVerfG NVwZ 2019, 1506; BFH/NV 2018, 405; FG Köln EFG 2016, 494). Dabei kann die ersuchte Behörde in entsprechenden Ausnahmefällen die Beitreibung unter ordre public-Vorbehalt verweigern, der allerdings nur greifen kann, wenn die Beitreibung der Forderung mit deutschen Rechtsvorstellungen schlechthin unvereinbar ist, der Vollstreckungstitel also in einem nicht mehr hinnehmbaren Gegensatz zu grundlegenden Prinzipien der deutschen Rechtsordnung steht (vgl. EuGH Donnellan C-34/17, ABl. EU 2018, Nr. C 211, 5; BVerfG NVwZ 2019, 1506; BFHE 231, 500; FG München EFG 2020, 972). Zuständig für die Unterrichtung des Rechtsbehelfsführers ist das Verbindungsbüro; dieses wird von der zuständigen Vollstreckungsstelle unterrichtet.

Sofern der deutschen Behörde die Einlegung eines Rechtsbehelfes bei einem Gericht des anderen Mitgliedstaates mitgeteilt wird, setzt diese das Beitreibungsverfahren für den angefochtenen Betrag der Forderung aus, es sei denn die ersuchende Behörde wünscht dennoch ein Vorgehen entsprechend Abs. 3. Auch ohne ein Ersuchen nach § 12 kann die deutsche Behörde Sicherungsmaßnahmen treffen, soweit dies durch die deutschen Rechts- und Verwaltungsvorschriften zugelassen ist.

IV. Beitreibung bei angefochtener Forderung

Ein Beitreibungsersuchen kann nach § 13 Abs. 3 EUBeitrG auch bezüglich einer **angefochtenen Forderung** gestellt werden, da dies nach der EUBeitrRL und auch innerstaatlich in § 251 Abs. 1 AO iVm § 361 AO grundsätzlich möglich ist (dazu FG Köln 10.7.2018, 12 V 1354/18). Leistungsempfänger der beigetriebenen Beträge ist ausschließlich die ersuchende Behörde (vgl. FG Düsseldorf, EFG 2015, 610). Ein solches Ersuchen ist von der ersuchenden Behörde des anderen Mitgliedstaats besonders zu begründen.

Hat der Rechtsbehelf Erfolg, so haftet die ersuchende Behörde für die Erstattung bereits beigetriebener Beträge sowie etwaiger Entschädigungsleis-

tungen, die nach dem deutschen Recht entstehen. Die Regelung ähnelt § 16 Abs. 3 EUBeitrG.
Abs. 3 dient der Umsetzung von Art. 14 Abs. 4 S. 3 EUBeitrRL.

V. Verständigungsverfahren

7   Wenn ein für die Höhe der beizutreibenden Forderung maßgebliches **Verständigungsverfahren** zwischen den Mitgliedstaaten eingeleitet wird, so werden die Beitreibungsmaßnahmen nach Abs. 4 unterbrochen. Hierfür gilt § 231 Abs. 3 und Abs. 4 AO:

> **§ 231 Unterbrechung der Verjährung**
>
> (1)–(2) *[nicht abgedruckt]*
>
> (3) Mit Ablauf des Kalenderjahrs, in dem die Unterbrechung geendet hat, beginnt eine neue Verjährungsfrist.
>
> (4) Die Verjährung wird nur in Höhe des Betrags unterbrochen, auf den sich die Unterbrechungshandlung bezieht.

8   Eine **Unterbrechung** findet nicht statt, wenn auf Grund von Betrug oder Insolvenz unmittelbare Dringlichkeit gegeben ist (§ 13 Abs. 4 S. 3 EUBeitrG).

9   Es können entsprechende **Sicherungsmaßnahmen** mit und ohne Ersuchen durchgeführt werden; § 13 Abs. 4 S. 4 EUBeitrG verweist hierzu auf Abs. 2 S. 4 und 5. Zudem kann auch die Behörde des anderen Mitgliedstaates nach § 12 EUBeitrG die Sicherstellung der Beitreibung betreiben.

10 Abs. 4 dient der Umsetzung von Art. 14 Abs. 4 S. 4 EUBeitrRL.

§ 14 Ablehnungsgründe

(1) **Die in den §§ 9 bis 13 vorgesehene Amtshilfe wird nicht geleistet, wenn die Vollstreckung oder die Anordnung von Sicherungsmaßnahmen unbillig wäre oder die Forderungen insgesamt weniger als 1 500 Euro betragen.**

(2) **Die in den §§ 5 bis 13, 17 und 18 vorgesehene Amtshilfe wird nicht geleistet, wenn**
1. **sich das ursprüngliche Ersuchen um Amtshilfe auf Forderungen bezieht, die älter als fünf Jahre waren;**
2. **die Forderungen älter als zehn Jahre sind. Die Frist wird ab dem Zeitpunkt der Fälligkeit gerechnet.**

Die Frist nach Nummer 1 beginnt ab dem Zeitpunkt, zu dem die Forderung in dem Mitgliedstaat der ersuchenden Behörde fällig wurde, und endet zu dem Zeitpunkt, in dem das ursprüngliche Amtshilfeersuchen gestellt wurde. Wird gegen die Forderung oder den ursprünglichen Vollstreckungstitel ein Rechtsbehelf eingelegt, beginnt für die Vollstreckung im Mitgliedstaat der ersuchenden Behörde die Fünfjahresfrist ab dem Zeitpunkt, zu dem festgestellt wird, dass eine Anfechtung der Forderung oder des Vollstreckungsti-

tels nicht mehr möglich ist. Gewähren die zuständigen Behörden des Mitgliedstaates der ersuchenden Behörde einen Zahlungsaufschub oder einen Aufschub des Ratenzahlungsplans, beginnt die Fünfjahresfrist mit Ablauf der gesamten Zahlungsfrist.

(3) Gründe für die Ablehnung eines Ersuchens um Amtshilfe teilt das Verbindungsbüro dem anderen Mitgliedstaat mit.

I. Grenzen der Amtshilfe

§ 14 EUBeitrG regelt die Ablehnung eines Ersuchens um Amtshilfe, damit also die **Grenzen der Amtshilfe**. Zu den durch § 14 EUBeitrG geregelten Gründen tritt der ordre public-Vorbehalt hinzu, der allerdings nur greifen kann, wenn die Beitreibung der Forderung mit deutschen Rechtsvorstellungen schlechthin unvereinbar ist, der Vollstreckungstitel also in einem nicht mehr hinnehmbaren Gegensatz zu grundlegenden Prinzipien der deutschen Rechtsordnung steht (vgl. BVerfG NVwZ 2019, 1506; BFHE 231, 500; FG München EFG 2020, 972; Seer in Tipke/Kruse AO § 250 Tz. 40). Nach FG BW IStR 2017, 241 ist auch eine Restschuldbefreiung nach § 300 InsO zu berücksichtigen.

II. Ablehnung kraft Gesetzes

Eine Beitreibung der Forderung wird **kraft Gesetzes** abgelehnt, wenn die Beitreibung unbillig wäre oder der Forderungsbetrag für eine internationale Beitreibung mit 1.500 Euro zu gering.

1. Unbilligkeit

Mit dem Kriterium der **Unbilligkeit** wird ein weiter Spielraum für die Möglichkeit der Ablehnung eines Ersuchens geschaffen. Entsprechend Art. 18 Abs. 1 EUBeitrRL liegt Unbilligkeit vor, wenn die Beitreibung der Forderung aus Gründen, die auf die Verhältnisse des Schuldner zurückzuführen sind, erhebliche wirtschaftliche oder soziale Schwierigkeiten in dem ersuchten Mitgliedstaat bewirken können.

Erhebliche **Schwierigkeiten wirtschaftlicher oder sozialer Art** können zB dadurch entstehen, dass wegen Insolvenz des Vollstreckungsschuldners ein Betrieb eingestellt werden muss und dadurch Arbeitsplätze in erheblicher Zahl verloren gehen oder die Wirtschaftsstrukturen einer Region nachteilig verändert werden.

2. Bagatellforderungen

Eine Amtshilfe muss auch nicht vorgenommen werden, wenn die unter dieses Gesetz fallenden Forderungen insgesamt weniger als 1 500 Euro betragen. Hiermit wird eine absolute Untergrenze für EU-beitreibungsrechtliche **(Bagatell-)Forderungen** festgelegt.

Abs. 1 dient der Umsetzung von Art. 18 Abs. 1 S. 1 und Abs. 3 EUBeitrRL.

III. Ablehnung aus anderen Gründen

5   Zudem wird die Amtshilfe nach den §§ 5 bis 13, 17 und 18 EUBeitrG abgelehnt, wenn die Forderung zu alt ist. Der Gesetzgeber bildet dafür zwei **Fallgruppen:**

1. Fünfjahresfrist

6   Abs. 2 Nr. 1 ermöglicht die **Ablehnung** der Amtshilfe, wenn die Forderung – gerechnet ab dem Zeitpunkt, zu dem sie in dem ersuchenden Mitgliedstaat fällig wurde (§ 14 Abs. 2 S. 2 EUBeitrG) – zu dem Datum des ursprünglichen Amtshilfeersuchens älter als fünf Jahre ist. Dann ist die ersuchte deutsche Behörde nicht verpflichtet, Amtshilfe zu leisten.
Die Regelung dient der Umsetzung von Art. 18 Abs. 2 S. 2 EUBeitrRL.

2. Fristenregelung

7   Mit der **Fristenregelung** in § 14 Abs. 2 S. 3–5 EUBeitrG wird bestimmt, dass die Fünfjahresfrist im Fall der Anfechtung in dem Zeitpunkt zu laufen beginnt, zu dem im Mitgliedstaat der ersuchenden Behörde festgestellt wird, dass eine Anfechtung der Forderung oder des Vollstreckungstitels nicht mehr möglich ist. Im Falle der Gewährung eines Zahlungsaufschubes oder einer Ratenzahlung beginnt die Frist mit Ablauf der gesamten Zahlungsfrist.
Damit werden Art. 18 Abs. 2 S. 2 und 3 EUBeitrRL umgesetzt.

3. Maximalfrist

8   Nach Abs. 2 Nr. 2 beträgt die **Maximalfrist** zehn Jahre. Diese wird ab dem Zeitpunkt der Fälligkeit in dem Mitgliedstaat der ersuchenden Behörde gerechnet. Nach Ablauf dieser Frist findet eine Amtshilfe nicht mehr statt.
Damit wird Art. 18 Abs. 2 S. 4 EUBeitrRL umgesetzt.

IV. Informationspflicht

9   Das Verbindungsbüro **teilt** nach § 14 Abs. 3 EUBeitrG im Falle der Ablehnung eines Ersuchens um Amtshilfe die Gründe für die Ablehnung dem anderen Mitgliedstaat **mit.**
Abs. 3 dient der Umsetzung von Art. 18 Abs. 4 EUBeitrRL.

§ 15 Verjährung

(1) **Für die Verjährung von Forderungen, hinsichtlich derer um Amtshilfe ersucht wird, sind die §§ 228 bis 232 der Abgabenordnung entsprechend anzuwenden.**

(2) Führt eine Behörde eines anderen Mitgliedstaates auf Grund eines deutschen Ersuchens Beitreibungsmaßnahmen durch oder lässt diese in ihrem Namen durchführen und bewirken die Beitreibungsmaßnahmen nach dem Recht dieses Mitgliedstaates eine Hemmung oder Unterbrechung der Verjährung oder Verlängerung der Verjährungsfrist, so gelten die Beitreibungsmaßnahmen im Hinblick auf die Hemmung oder Unterbrechung der Verjährung oder Verlängerung der Verjährungsfrist als Maßnahmen, die in Deutschland dieselbe Wirkung entfalten, sofern die §§ 228 bis 232 der Abgabenordnung die entsprechende Wirkung vorsehen.

(3) Ist nach dem Recht des Mitgliedstaates der ersuchten Behörde die Hemmung oder Unterbrechung der Verjährung oder Verlängerung der Verjährungsfrist nicht zulässig, so gelten die Beitreibungsmaßnahmen als von Deutschland vorgenommen, sofern diese
1. die ersuchte Behörde durchgeführt hat oder in ihrem Namen hat durchführen lassen und
2. im Fall der Durchführung eine Hemmung oder Unterbrechung der Verjährung nach den §§ 230, 231 der Abgabenordnung bewirkt hätten.

(4) Die nach § 231 der Abgabenordnung zulässigen rechtlichen Maßnahmen zur Unterbrechung der Verjährung bleiben unberührt.

(5) Die Vollstreckungsbehörden teilen über das Verbindungsbüro dem anderen Mitgliedstaat jede Maßnahme mit, die die Verjährung der Forderung, hinsichtlich derer um Beitreibung oder Sicherungsmaßnahmen ersucht wurde, unterbricht oder hemmt.

I. Verjährung

§ 15 EUBeitrG regelt die Frage der **Verjährung** bei Ersuchen, die an einen anderen Mitgliedstaat gehen. Nach Abs. 1 gelten für die Verjährung der Forderungen gegen den Steuerschuldner die §§ 228 bis 232 AO. Damit wird dem Umstand Rechnung getragen, dass Verjährung eine Einwendung gegen den Bestand der Forderung selbst und daher von der Vollstreckungsbehörde grundsätzlich nicht zu berücksichtigen ist (App RIW 1996, 237). Der Vollstreckungsschuldner muss sie vielmehr gegenüber der ersuchenden Behörde geltend machen. Das Verfahren richtet sich nach § 13 EUBeitrG. Abs. 1 dient der Umsetzung von Art. 19 Abs. 1 EUBeitrRL.

II. Anwendbare Vorschriften der AO

Die §§ 228 bis 232 AO haben folgenden Wortlaut:

§ 228 Gegenstand der Verjährung, Verjährungsfrist
Ansprüche aus dem Steuerschuldverhältnis unterliegen einer besonderen Zahlungsverjährung. Die Verjährungsfrist beträgt fünf Jahre, in Fällen der §§ 370, 373 oder 374 zehn Jahre.

§ 229 Beginn der Verjährung

(1) Die Verjährung beginnt mit Ablauf des Kalenderjahrs, in dem der Anspruch erstmals fällig geworden ist. Sie beginnt jedoch nicht vor Ablauf des Kalenderjahrs, in dem die Festsetzung eines Anspruch aus dem Steuerschuldverhältnis, ihre Aufhebung, Änderung oder Berichtigung nach § 129 wirksam geworden ist, aus der sich der Anspruch ergibt; eine Steueranmeldung steht einer Steuerfestsetzung gleich.

(2) Ist ein Haftungsbescheid ohne Zahlungsaufforderung ergangen, so beginnt die Verjährung mit Ablauf des Kalenderjahrs, in dem der Haftungsbescheid wirksam geworden ist.

§ 230 Hemmung der Verjährung

Die Verjährung ist gehemmt, solange der Anspruch wegen höherer Gewalt innerhalb der letzten sechs Monate der Verjährungsfrist nicht verfolgt werden kann.

§ 231 Unterbrechung der Verjährung

(1) Die Verjährung eines Anspruchs wird unterbrochen durch
1. Zahlungsaufschub, Stundung, Aussetzung der Vollziehung, Aussetzung der Verpflichtung des Zollschuldners zur Abgabenentrichtung oder Vollstreckungsaufschub,
2. Sicherheitsleistung,
3. eine Vollstreckungsmaßnahme,
4. Anmeldung im Insolvenzverfahren,
5. Eintritt des Vollstreckungsverbots nach § 294 Absatz 1 der Insolvenzordnung,
6. Aufnahme in einen Insolvenzplan oder einen gerichtlichen Schuldenbereinigungsplan,
7. Ermittlungen der Finanzbehörde nach dem Wohnsitz oder dem Aufenthaltsort des Zahlungspflichtigen und
8. schriftliche Geltendmachung des Anspruchs.

§ 169 Abs. 1 Satz 3 gilt sinngemäß.

(2) Die Unterbrechung der Verjährung dauert fort
1. in den Fällen des Absatzes 1 Satz 1 Nummer 1 bis zum Ablauf der Maßnahme,
2. im Fall des Absatzes 1 Satz 1 Nummer 2 bis zum Erlöschen der Sicherheit,
3. im Fall des Absatzes 1 Satz 1 Nummer 3 bis zum Erlöschen des Pfändungspfandrechts, der Zwangshypothek oder des sonstigen Vorzugsrechts auf Befriedigung,
4. im Fall des Absatzes 1 Satz 1 Nummer 4 bis zur Beendigung des Insolvenzverfahrens,
5. im Fall des Absatzes 1 Satz 1 Nummer 5 bis zum Wegfall des Vollstreckungsverbots nach § 294 Absatz 1 der Insolvenzordnung,
6. in den Fällen des Absatzes 1 Satz 1 Nummer 6, bis der Insolvenzplan oder der gerichtliche Schuldenbereinigungsplan erfüllt oder hinfällig wird.

Wird gegen die Finanzbehörde ein Anspruch geltend gemacht, so endet die hierdurch eingetretene Unterbrechung der Verjährung nicht, bevor über den Anspruch rechtskräftig entschieden worden ist.

(3) Mit Ablauf des Kalenderjahrs, in dem die Unterbrechung geendet hat, beginnt eine neue Verjährungsfrist.

(4) Die Verjährung wird nur in Höhe des Betrags unterbrochen, auf den sich die Unterbrechungshandlung bezieht.

§ 232 Wirkung der Verjährung

Durch die Verjährung erlöschen der Anspruch aus dem Steuerschuldverhältnis und die von ihm abhängenden Zinsen.

III. Wirkung im ersuchten Mitgliedstaat

Abs. 2 regelt für ausgehende Ersuchen die **Hemmung und Unterbre-** 3
chung der Verjährung sowie die Verlängerung der Verjährungsfrist im ersuchten Mitgliedstaat. Sofern die Beitreibungsmaßnahmen in dem ersuchten Mitgliedstaat nach dessen Recht zu einer Hemmung oder Unterbrechung der Verjährung oder einer Verlängerung der Verjährungsfrist führen, so tritt diese Wirkung auch in Deutschland ein, soweit die §§ 228 ff. AO entsprechende Wirkungen der Maßnahmen vorsehen. Abs. 2 dient der Umsetzung von Art. 19 Abs. 2 S. 1 EUBeitrRL.

IV. Wirkung im ersuchenden Mitgliedstaat

Erweiternd zu Abs. 2 wirkt Abs. 3, der die Hemmung und Unterbrechung 4
der Verjährung sowie die Verlängerung der Verjährungsfrist im ersuchenden Mitgliedstaat regelt: Kennt das nationale Recht des ersuchten anderen Mitgliedstaates eine Hemmung oder Unterbrechung der Verjährung oder Verlängerung der Verjährungsfrist aufgrund der Beitreibungsmaßnahme nicht, so treten diese Wirkungen der Beitreibungsmaßnahme doch ein, wenn in Deutschland nach den §§ 230, 231 der Abgabenordnung eine solche Wirkung durch die Vornahme der Maßnahmen eingetreten wäre. Voraussetzung hierfür ist lediglich das Handeln der ersuchten Behörde oder der von ihr mit der Durchführung der Maßnahmen beauftragten Behörde aufgrund eines deutschen Ersuchens. Zudem müssen die Maßnahmen derart sein, dass ihre Vornahme in Deutschland die Wirkung der §§ 230, 231 AO ausgelöst hätte. Abs. 3 dient der Umsetzung von Art. 19 Abs. 2 S. 2 EUBeitrRL.

V. Maßnahmen zur Verjährungshemmung und -unterbrechung

§ 15 Abs. 4 EUBeitrG gibt den deutschen Vollstreckungsbehörden die 5
Möglichkeit, von den in § 231 AO eröffneten Maßnahmen zur **Verjährungshemmung** – oder – **unterbrechung** in Deutschland Gebrauch zu machen. Dies ist losgelöst von einem ebenfalls betriebenem EU-Beitreibungsverfahren möglich.
Abs. 4 dient der Umsetzung von Art. 19 Abs. 2 S. 3 EUBeitrRL.

VI. Informationspflicht

Trifft die Vollstreckungsbehörde während des EU-Beitreibungsverfahrens 6
in Deutschland Maßnahmen, die die Verjährung der Forderung hemmen

oder unterbrechen, so ist sie nach Abs. 5 verpflichtet, die ersuchte Behörde darüber zu **unterrichten**. Verfahrenstechnisch erfolgt dies über das Verbindungsbüro. § 15 Abs. 5 EUBeitrG sieht dies im Einklang mit Art. 19 Abs. 3 EUBeitrRL als gegenseitige Verpflichtung vor: Auch die ersuchte Behörde des anderen Mitgliedstaates muss die ersuchende Behörde über entsprechende Maßnahmen unterrichten.

§ 16 Kosten

(1) **Die Vollstreckungsbehörde bemüht sich bei den betreffenden Personen, neben den in § 9 Absatz 5 genannten Beträgen auch die ihr nach den §§ 337 bis 346 der Abgabenordnung entstandenen Kosten beizutreiben, und behält diese ein.**

(2) **Deutschland verzichtet gegenüber dem ersuchenden Mitgliedstaat auf jegliche Erstattung der Kosten der Amtshilfe nach diesem Gesetz. In den Fällen, in denen die Beitreibung besondere Probleme bereitet, sehr hohe Kosten verursacht oder im Rahmen der Bekämpfung der organisierten Kriminalität erfolgt, kann das in § 3 Absatz 1 genannte Verbindungsbüro mit der entsprechenden Behörde des anderen Mitgliedstaates einzelfallbezogen eine Erstattung vereinbaren.**

(3) **Deutschland haftet einem ersuchten Mitgliedstaat für alle Schäden aus Handlungen, die im Hinblick auf die tatsächliche Begründetheit der Forderung oder auf die Wirksamkeit des von der ersuchenden Behörde ausgestellten Vollstreckungstitels oder des Titels, der zur Ergreifung von Sicherungsmaßnahmen ermächtigt, für nicht angemessen befunden werden.**

I. Kosten der Beitreibungshilfe

1 § 16 trifft eine umfassende Regelung über die **Kosten der Beitreibungshilfe**. Danach sind primär die Kosten vom Steuerschuldner einzutreiben (Abs. 1). Im Verhältnis zum anderen Mitgliedstaat verzichtet Deutschland grundsätzlich auf Kostenerstattung (Abs. 2 S. 1). Ausnahmsweise kann einzelfallbezogen durch das Verbindungsbüro über Kostenerstattung verhandelt werden. Dazu bildet das Gesetz drei Fallgruppen: 1. Fälle, in denen die Beitreibung besondere Probleme bereitet, 2. Fälle, in denen die Beitreibung besonders hohe Kosten verursacht. 3. Fälle, in denen die Beitreibung im Rahmen der Bekämpfung der organisierten Kriminalität erfolgt.

II. Beitreibung auch der Kosten

2 Abs. 1 gibt der Vollstreckungsbehörde auf, nicht nur den Betrag der **Forderung** einschließlich von **Zinsen und Säumniszuschlägen** zu erheben, sondern auch die ihr nach den §§ 337–346 AO entstandenen **Kosten beizutreiben**. Die Regelung spiegelt sich insoweit mit § 9 Abs. 5 EUBeitrG. Es

Kosten § 16 EUBeitrG

wird damit ermöglicht, dass die ersuchte Behörde direkt bei dem Steuerpflichtigen ihre Kosten eintreibt und einbehält. Bei den mit zu erhebenden Kosten der Beitreibung geht es im Wesentlichen um Pfändungsgebühren (§ 339 AO), Wegnahmegebühren (§ 340 AO), Verwertungsgebühren (§ 341 AO) sowie die Auslagen nach § 344 AO und Reisekosten und Aufwandsentschädigungen (§ 345 AO). § 16 Abs. 1 EUBeitrG entspricht Art. 20 Abs. 1 EUBeitrRL.

Die in Bezug genommenen Vorschriften der AO lauten: 3

§ 337 Kosten der Vollstreckung

(1) Im Vollstreckungsverfahren werden Kosten (Gebühren und Auslagen) erhoben. Schuldner dieser Kosten ist der Vollstreckungsschuldner.

(2) Für das Mahnverfahren werden keine Kosten erhoben.

§ 338 Gebührenarten

Im Vollstreckungsverfahren werden Pfändungsgebühren (§ 339), Wegnahmegebühren (§ 340) und Verwertungsgebühren (§ 341) erhoben.

§ 339 Pfändungsgebühr

(1) Die Pfändungsgebühr wird erhoben für die Pfändung von beweglichen Sachen, von Tieren, von Früchten, die vom Boden noch nicht getrennt sind, von Forderungen und von anderen Vermögensrechten.

(2) Die Gebühr entsteht:
1. sobald der Vollziehungsbeamte Schritte zur Ausführung des Vollstreckungsauftrags unternommen hat,
2. mit der Zustellung der Verfügung, durch die eine Forderung oder ein anderes Vermögensrecht gepfändet werden soll.

(3) Die Gebühr beträgt 26 Euro.

(4) Die Gebühr wird auch erhoben, wenn
1. die Pfändung durch Zahlung an den Vollziehungsbeamten abgewendet wird,
2. auf andere Weise Zahlung geleistet wird, nachdem sich der Vollziehungsbeamte an Ort und Stelle begeben hat,
3. ein Pfändungsversuch erfolglos geblieben ist, weil pfändbare Gegenstände nicht vorgefunden wurden, oder
4. die Pfändung in den Fällen des § 281 Abs. 3 dieses Gesetzes sowie der §§ 812 und 851b Abs. 1 der Zivilprozessordnung unterbleibt.

Wird die Pfändung auf andere Weise abgewendet, wird keine Gebühr erhoben.

§ 340 Wegnahmegebühr

(1) Die Wegnahmegebühr wird für die Wegnahme beweglicher Sachen einschließlich Urkunden in den Fällen der §§ 310, 315 Abs. 2 Satz 5, §§ 318, 321, 331 und 336 erhoben. Dies gilt auch dann, wenn der Vollstreckungsschuldner an den zur Vollstreckung erschienenen Vollziehungsbeamten freiwillig leistet.

(2) § 339 Abs. 2 Nr. 1 ist entsprechend anzuwenden.

(3) Die Höhe der Wegnahmegebühr beträgt 26 Euro. Die Gebühr wird auch erhoben, wenn die in Absatz 1 bezeichneten Sachen nicht aufzufinden sind.

EUBeitrG § 16   EU-Beitreibungsgesetz

§ 341 Verwertungsgebühr

(1) Die Verwertungsgebühr wird für die Versteigerung und andere Verwertung von Gegenständen erhoben.

(2) Die Gebühr entsteht, sobald der Vollziehungsbeamte oder ein anderer Beauftragter Schritte zur Ausführung des Verwertungsauftrags unternommen hat.

(3) Die Gebühr beträgt 52 Euro.

(4) Wird die Verwertung abgewendet (§ 296 Abs. 1 Satz 4), ist eine Gebühr von 26 Euro zu erheben.

§ 342 Mehrheit von Schuldnern

(1) Wird gegen mehrere Schuldner vollstreckt, so sind die Gebühren, auch wenn der Vollziehungsbeamte bei derselben Gelegenheit mehrere Vollstreckungshandlungen vornimmt, von jedem Vollstreckungsschuldner zu erheben.

(2) Wird gegen Gesamtschuldner wegen der Gesamtschuld bei derselben Gelegenheit vollstreckt, so werden Pfändungs-, Wegnahme- und Verwertungsgebühren nur einmal erhoben. Die in Satz 1 bezeichneten Personen schulden die Gebühren als Gesamtschuldner.

§ 343 (weggefallen)

§ 344 Auslagen

(1) Als Auslagen werden erhoben:
1. Schreibauslagen für nicht von Amts wegen zu erteilende oder per Telefax übermittelte Abschriften; die Schreibauslagen betragen unabhängig von der Art der Herstellung
   a) für die ersten 50 Seiten je Seite 0,50 Euro.
   b) für jede weitere Seite 0,15 Euro.
   c) für die ersten 50 Seiten in Farbe je Seite 1,00 Euro.
   d) für jede weitere Seite in Farbe 0,30 Euro.
   Werden anstelle von Abschriften elektronisch gespeicherte Dateien überlassen, betragen die Auslagen 1,50 Euro je Datei. Für die in einem Arbeitsgang überlassenen oder in einem Arbeitsgang auf einen Datenträger übertragenen Dokumente werden insgesamt höchstens 5 Euro erhoben. Werden zum Zweck der Überlassung von elektronisch gespeicherten Dateien Dokumente zuvor auf Antrag von der Papierform in die elektronische Form übertragen, beträgt die Pauschale für Schreibauslagen nach Satz 2 nicht weniger, als die Pauschale im Fall von Satz 1 betragen würde.
2. Entgelte für Post- und Telekommunikationsdienstleistungen, ausgenommen die Entgelte für Telefondienstleistungen im Orts- und Nahbereich,
3. Entgelte für Zustellungen durch die Post mit Zustellungsurkunde; wird durch die Behörde zugestellt (§ 5 des Verwaltungszustellungsgesetzes), so werden 7,50 Euro erhoben,
4. Kosten, die durch öffentliche Bekanntmachung entstehen,
5. an die zum Öffnen von Türen und Behältnissen sowie an die zur Durchsuchung von Vollstreckungsschuldnern zugezogenen Personen zu zahlende Beträge,
6. Kosten für die Beförderung, Verwahrung und Beaufsichtigung gepfändeter Sachen, Kosten für die Aberntung gepfändeter Früchte und Kosten für die Verwahrung, Fütterung, Pflege und Beförderung gepfändeter Tiere,

7. Beträge, die in entsprechender Anwendung des Justizvergütungs- und -entschädigungsgesetzes an Auskunftspersonen und Sachverständige (§ 107) sowie Beträge, die an Treuhänder (§ 318 Abs. 5) zu zahlen sind,
7a. Kosten, die von einem Kreditinstitut erhoben werden, weil ein Scheck des Vollstreckungsschuldners nicht eingelöst wurde,
7b. Kosten für die Umschreibung eines auf einen Namen lautenden Wertpapiers oder für die Wiederinkurssetzung eines Inhaberpapiers,
8. andere Beträge, die auf Grund von Vollstreckungsmaßnahmen an Dritte zu zahlen sind, insbesondere Beträge, die bei der Ersatzvornahme oder beim unmittelbaren Zwang an Beauftragte und an Hilfspersonen gezahlt werden, und sonstige durch Ausführung des unmittelbaren Zwanges oder Anwendung der Ersatzzwangshaft entstandene Kosten.

(2) Steuern, die die Finanzbehörde auf Grund von Vollstreckungsmaßnahmen schuldet, sind als Auslagen zu erheben.

(3) Werden Sachen oder Tiere, die bei mehreren Vollstreckungsschuldnern gepfändet worden sind, in einem einheitlichen Verfahren abgeholt und verwertet, so werden die Auslagen, die in diesem Verfahren entstehen, auf die beteiligten Vollstreckungsschuldner verteilt. Dabei sind die besonderen Umstände des einzelnen Falls, vor allem Wert, Umfang und Gewicht der Gegenstände, zu berücksichtigen.

§ 345 Reisekosten und Aufwandsentschädigungen

Im Vollstreckungsverfahren sind die Reisekosten des Vollziehungsbeamten und Auslagen, die durch Aufwandsentschädigungen abgegolten werden, von dem Vollstreckungsschuldner nicht zu erstatten.

§ 346 Unrichtige Sachbehandlung, Festsetzungsfrist

(1) Kosten, die bei richtiger Behandlung der Sache nicht entstanden wären, sind nicht zu erheben.

(2) Die Frist für den Ansatz der Kosten und für die Aufhebung und Änderung des Kostenansatzes beträgt ein Jahr. Sie beginnt mit Ablauf des Kalenderjahrs, in dem die Kosten entstanden sind. Einem vor Ablauf der Frist gestellten Antrag auf Aufhebung oder Änderung kann auch nach Ablauf der Frist entsprochen werden.

III. Erstattung der Kosten

In § 16 Abs. 2 EUBeitrG ist der **Verzicht** Deutschlands als Staat der 4 ersuchten Behörde **auf** jegliche **Erstattung** durch den anderen Mitgliedstaat für die durch die Amtshilfe entstandenen Kosten der Beitreibung geregelt.

In den in S. 2 genannten Ausnahmefällen ist eine einzelfallbezogene Vereinbarung von Erstattungen möglich. Zuständig sind die Verbindungsbüros, also je nach Steuer- bzw. Abgabenart das BZSt oder die Bundesstelle Vollstreckung Zoll beim HZA Hannover. Für zwei der drei Einzelfallgruppen gelten die gleichen Grundvoraussetzungen unter denen eine Erstattung ausnahmsweise in Betracht kommen kann, Sowohl für Fällen, in denen die Beitreibung besondere Probleme bereitet, als auch für Fälle, in denen die Beitreibung besonders hohe Kosten verursacht, kommt eine Erstattungsanfrage angesichts der Grundentscheidung des Gesetzgebers regelmäßig nicht in Betracht.

Lediglich bei auch in Relation zur beizutreibenden Forderung außergewöhnlichen Problemen oder Kosten kann eine Erstattung in Frage kommen.
Bei Fällen, in denen die Beitreibung im Rahmen der Bekämpfung der organisierten Kriminalität erfolgt, wird es dagegen auf die Gesamtsituation und das Zusammenspiel nationaler und internationaler Behörden im Einzelfall ankommen.
Abs. 2 dient der Umsetzung von Art. 20 Abs. 2 EUBeitrRL.

IV. Haftung für Schäden

5   Deutschland **haftet** nach Abs. 3 gegenüber dem ersuchten Mitgliedstaat **für alle Schäden,** die dem Mitgliedstaat im Zusammenhang mit der Amtshilfe in Bezug auf eine nicht begründete Forderung oder einem unwirksamen Vollstreckungstitel entstanden sind. Da die Beitreibungsgrundlage nicht gegeben war, können diese Kosten nicht bei dem Steuerpflichtigen beigetrieben werden. Für dieses Risiko der Beitreibung übernimmt Deutschland die Haftung.
Abs. 3 dient der Umsetzung von Art. 20 Abs. 3 EUBeitrRL.

Abschnitt 5. Allgemeine Vorschriften

§ 17 Anwesenheit von Bediensteten anderer Mitgliedstaaten im Inland

(1) **Die Verbindungsbüros können zur Förderung der Amtshilfe gemäß der Beitreibungsrichtlinie vereinbaren, dass unter den von ihr festgelegten Voraussetzungen befugte Bedienstete des anderen Mitgliedstaates**
1. **in den Amtsräumen anwesend sein dürfen, in denen die deutsche Vollstreckungsbehörde ihre Tätigkeit ausübt;**
2. **bei den behördlichen Ermittlungen anwesend sein dürfen, die auf deutschem Hoheitsgebiet geführt werden;**
3. **Gerichtsverfahren, die auf deutschem Hoheitsgebiet geführt werden, unterstützen dürfen.**

Dabei stellt das Verbindungsbüro sicher, dass dem befugten Bediensteten der ersuchenden Behörde nur solche Informationen offenbart werden, die nach § 5 Absatz 1 erteilt werden dürfen und nicht unter § 5 Absatz 2 fallen.

(2) **Zur Ausübung der Möglichkeiten nach Absatz 1 ist die jederzeitige Vorlage einer schriftlichen Vollmacht notwendig. Aus der Vollmacht müssen die Identität und dienstliche Stellung des Bediensteten der ersuchenden Behörde hervorgehen.**

I. Bedienstete anderer Mitgliedstaaten

§ 17 EUBeitrG regelt die **dienstliche Anwesenheit** von Bediensteten anderer Mitgliedstaaten in Deutschland. Die Vorschrift ermöglicht die Anwesenheit, ohne dafür Zweckvorgaben zu machen. Von Sinn und Zweck der Norm sind daher etwa Hospitationen genauso möglich, wie die Unterstützung in besonders komplexen Beitreibungsfällen.

1. Vereinbarung über Anwesenheit

Vereinbart wird die Anwesenheit auf der Ebene der Verbindungsbüros. Maßgeblich sind dabei die Vorgaben für den Aufenthalt durch die ersuchte Behörde, also das deutsche Verbindungsbüro (vgl. Art. 7 Abs. 1 EUBeitrRL). Losgelöst von konkreten Vereinbarungen im Einzelfall, erlaubt § 17 Abs. 1 EUBeitrG drei Aufenthaltsarten: Der Bedienstete des Mitgliedstaates darf in der deutschen Vollstreckungsbehörde anwesend sein, also dort etwa ein Büro für die Dauer seines Aufenthaltes haben. Er darf an behördlichen Ermittlungen im gesamten deutschen Hoheitsgebiet teilnehmen. Von der weitergehenden Befragungs- und Prüfungseinräumung nach Art. 7 Abs. 2 EUBeitrRL wurde kein Gebrauch gemacht. Zudem darf der Bedienstete in Gerichtsverfahren unterstützend tätig werden.

2. Schutz des Steuergeheimnisses

Im Hinblick auf die Wahrung des **Steuergeheimnisses** verpflichtet S. 2 das Verbindungsbüro sicherzustellen, dass der Bedienstete des anderen Mitgliedstaates nur Informationen erhält, die von der Offenbarungsvorschrift des § 5 Abs. 1 EUBeitrG gedeckt sind, mithin solche, die bei der Beitreibung der betreffenden Forderung voraussichtlich erheblich sein werden und deren Beschaffung durch behördliche Ermittlungen erfolgt, die nach den deutschen Rechts- und Verwaltungsvorschriften in vergleichbaren Fällen vorgesehen sind.

II. Legitimation des Bediensteten

Der Bedienstete des anderen Mitgliedstaates muss sich durchgängig **legitimieren** können. Dazu reicht der Dienstausweis nicht, vielmehr muss er eine schriftliche Vollmacht bei sich führen, aus der sich seine Identität und seine dienstliche Stellung ergibt. Diese Vollmacht muss jederzeit vorgelegt werden können. § 17 Abs. 2 EUBeitrG entspricht Art. 7 Abs. 3 EUBeitrRL.

§ 18 Anwesenheit von deutschen Bediensteten in anderen Mitgliedstaaten

Sofern die Komplexität eines Ersuchens es erfordert, können ordnungsgemäß bevollmächtigte deutsche Bedienstete in andere Mitgliedstaaten entsandt werden. Die Voraussetzungen und Bedingungen des § 17 gelten sinngemäß.

1 Für die **Entsendung deutscher Bediensteter** gilt § 17 entsprechend, jedoch findet eine Entsendung nur statt, sofern die Komplexität des ausgehenden Ersuchens dies erfordert.

2 Die Bediensteten müssen ordnungsgemäß bevollmächtigt sein. Sie müssen also eine **schriftliche Vollmacht** der ersuchenden Vollstreckungsbehörde jederzeit vorlegen können.

§ 19 Standardformblätter und Kommunikationsmittel

(1) **Ersuchen um Auskünfte gemäß § 5 Absatz 1, um Zustellung gemäß § 7 Absatz 1 und § 8 Absatz 1, um Beitreibung gemäß § 9 Absatz 1 und § 10 Absatz 1 oder um Sicherungsmaßnahmen gemäß § 12 Absatz 1 und 3 werden jeweils mittels eines Standardformblatts auf elektronischem Weg übermittelt. Diese Formblätter werden, soweit möglich, auch für jede weitere Mitteilung im Zusammenhang mit dem Ersuchen verwendet.**

(2) **Der einheitliche Vollstreckungstitel für die Vollstreckung im Mitgliedstaat der ersuchten Behörde und das Dokument für das Ergreifen von Sicherungsmaßnahmen im Mitgliedstaat der ersuchenden Behörde sowie die anderen in § 10 Absatz 3 und 4 sowie den §§ 12 bis 15 genannten Dokumente sind ebenfalls auf elektronischem Weg zu übermitteln.**

(3) **Den Standardformblättern können gegebenenfalls Berichte, Bescheinigungen und andere Dokumente oder beglaubigte Kopien oder Auszüge daraus beigefügt werden, die ebenfalls auf elektronischem Weg zu übermitteln sind. Auch der Informationsaustausch gemäß § 6 hat auf Standardformblättern und in elektronischer Form zu erfolgen.**

(4) **Die Absätze 1 bis 3 gelten nicht für Auskünfte und Unterlagen, die auf Grund der Anwesenheit in den Amtsräumen in einem anderen Mitgliedstaat oder auf Grund der Teilnahme an behördlichen Ermittlungen in einem anderen Mitgliedstaat gemäß § 18 erlangt werden.**

(5) **Erfolgt die Übermittlung nicht auf elektronischem Weg oder auf Standardformblättern, so berührt dies nicht die Gültigkeit der erhaltenen Auskünfte oder der im Rahmen eines Ersuchens um Amtshilfe ergriffenen Maßnahmen.**

I. Vereinfachung des Amtshilfeverkehrs

1 Ein wesentliches Anliegen der EUBeitrRL ist die **Vereinfachung des Amtshilfeverkehrs** zwischen den Mitgliedstaaten. Hierzu dienen vor allem die Verwendung von Standardformblättern und die Nutzung der Übermittlung der Formulare auf elektronischem Weg, also per E-Mail oder Telefax. Die Nutzung der von der EU vorgegebenen Formulare mindert Sprachschwierigkeiten, da alle Felder in allen EU-Amtssprachen vorgegeben sind.

Maßgeblich für die Durchführung der Beitreibung sind die DVO und der DBeschl, die die Standardformblätter und ihren Inhalt festgelegt haben.

II. Durchführung des Amtshilfeverkehrs

§ 19 Abs. 1 EUBeitrG ordnet an, dass die von der EUBeitrRL vorgesehenen Amtsverkehre, also die Ersuchen auf Austausch von Auskünften, auf Zustellung von Dokumenten, auf Beitreibung sowie Sicherstellung, unter Nutzung der Standardformblätter auf elektronischem Weg durchzuführen sind. Hierfür ist das **CCN-Netzwerk** zu nutzen (Art. 2 DVO). Hierüber elektronisch übermittelte Dokumente oder deren Ausdrucke sind ebenso rechtsverbindlich, wie postalisch übermittelte (vgl. auch BFHE 239, 501; Seer in Tipke/Kruse AO § 250 Tz. 38). Die elektronische Übermittlung trägt stark zur Vereinfachung und Beschleunigung der Verfahren bei. Die Regelung entspricht Art. 21 Abs. 1 S. 1 EUBeitrRL.

Wesentlich ist auch die Regelung in S. 2, nach der auch für Kommunikation im Zusammenhang mit der Bearbeitung der Ersuchen die Standardformblätter zu verwenden sind. Dies gilt „soweit möglich", als bis auf Ausnahmefälle durchgängig. Beispielsfälle hierfür enthält Art. 2 Abs. 3 DVO. Für den **Mailverkehr** stehen obligatorisch die von der EU-Kommission eingerichteten Mailboxen zur Verfügung (Art. 3 DBeschl). Die ersuchende Behörde sendet ihr Ersuchen an die entsprechende Themen-Mailbox im ersuchten Mitgliedstaat (Art. 3 Abs. 2 DBeschl). Derzeit bestehen 13 Themen-Mailboxen zu verschiedenen Zöllen und Steuerarten.

III. Maßgebliche Dokumente

Für die **weiteren** bei der Beitreibungsamtshilfe **maßgeblichen Dokumente** regelt § 19 Abs. 2 EUBeitrG, dass diese ebenfalls auf elektronischem Wege zu übermitteln sind. Das gilt für den einheitlichen Vollstreckungstitel, das Dokument für das Ergreifen von Sicherungsmaßnahmen, ergänzende Dokumente nach § 10 Abs. 3 EUBeitrG, zweckdienliche Informationen iSd § 10 Abs. 4 EUBeitrG, Arresttitel nach § 12 Abs. 3 EUBeitrG samt ergänzender Dokumente, Rechtsbehelfe und Mitteilungen nach § 13 EUBeitrG, Mitteilungen im Ablehnungsverfahren nach § 14 EUBeitrG sowie bei Verjährung nach § 15 EUBeitrG.

Die Regelung entspricht Art. 21 Abs. 1 S. 2 EUBeitrRL.

IV. Zusätzliche Dokumente

Ergänzend **ermöglicht** § 19 Abs. 3 S. 1 EUBeitrG die Beifügung und elektronische Übermittlung von Dokumenten, die den Standardformblättern zur Erläuterung oder zu Beweiszwecken beigegeben werden. Ausdrücklich benannt werden Berichte, Bescheinigungen und andere Dokumente oder beglaubigte Kopien oder Auszüge daraus.

5   Für den Austausch in **Erstattungsfällen** nach § 6 EUBeitrG sieht § 19 Abs. 3 S. 2 EUBeitrG ebenfalls das Verfahren mit Standardformblättern und elektronischer Übermittlung vor.

6   Abs. 3 setzt Art. 21 Abs. 1 S. 3 EUBeitrRL um.

V. Ausnahmen

7   Sofern Auskünfte oder Unterlagen im Zuge der Anwesenheit in den Amtsräumen eines anderen Mitgliedstaates oder auf Grund der Teilnahme an behördlichen Ermittlungen iSd § 18 EUBeitrG erlangt werden, sind diese logischerweise **nicht elektronisch zu übermitteln** (Abs. 4). Die Regelung setzt Art. 21 Abs. 2 EUBeitrRL um.

VI. Auffangregelung

8   § 19 Abs. 5 EUBeitrG enthält eine wichtige **Auffangregelung.** Die Nichteinhaltung der in den Absätzen 1 bis 3 genannten Übermittlungsformen und -wege berührt weder die Gültigkeit der erhaltenen Auskünfte noch die Gültigkeit der ergriffenen Maßnahmen. Die Regelung dient der Umsetzung von Art. 21 Abs. 3 EUBeitrRL.

§ 20 Sprachen

(1) **Alle Ersuchen um Amtshilfe, Standardformblätter für die Zustellung sowie einheitliche Vollstreckungstitel für die Vollstreckung werden entweder in der Amtssprache oder einer der Amtssprachen des Mitgliedstaates der ersuchten Behörde übermittelt oder es wird ihnen eine Übersetzung in der entsprechenden Amtssprache beigefügt.** Der Umstand, dass bestimmte Teile davon in einer Sprache verfasst sind, die nicht Amtssprache oder eine der Amtssprachen des Mitgliedstaates der ersuchten Behörde ist, berührt nicht deren Gültigkeit oder die Gültigkeit des Verfahrens, sofern es sich bei dieser anderen Sprache um eine zwischen den betroffenen Mitgliedstaaten vereinbarte Sprache handelt.

(2) **Die Dokumente, um deren Zustellung gemäß § 8 in einem anderen Mitgliedstaat ersucht wird, können in einer der Amtssprachen des ersuchenden Mitgliedstaates übermittelt werden.**

(3) **Legt die deutsche Behörde dem Ersuchen andere Dokumente, als die in den Absätzen 1 und 2 genannten bei, so hat sie auf Verlangen der ersuchten Behörde die Übersetzung in die Amtssprache, in eine der Amtssprachen oder in eine zwischen beiden Staaten vereinbarte Sprache beizufügen.**

I. Sprachregime

§ 20 regelt das bei der zwischenstaatlichen Amtshilfe nach der EU-Beitreibungsrichtlinie und dem EUBeitrG geltende **Sprachregime**. Ziel der Regelung ist es, die Amtshilfe möglichst zu erleichtern. 1

II. Grundregel

Abs. 1 trifft die **Grundregelung** zur zu verwendenden Sprache bei Ersuchen, Standardformblättern für die Zustellung und einheitlichen Vollstreckungstiteln. Die genannten Dokumente sind in der Amtssprache oder, wenn der Mitgliedstaat mehrere Amtssprachen hat, einer der Amtssprachen des ersuchten Mitgliedstaates zu fassen. Die Übersetzungslast trägt damit der ersuchende Staat. Sind Teile der übersandten Dokumente nicht in einer Amtssprache des ersuchten Staats verfasst, so ist dies unschädlich, solange es sich um eine Sprache handelt, auf die sich die Mitgliedstaaten als Verkehrssprache geeinigt haben. 2

III. Sprachregime bei Zustellungen

Abs. 2 regelt das **Sprachregime bei Zustellungen** nach § 8. Abweichend von Abs. 1 können Dokumente, für die um Zustellung ersucht wird, in einer der Amtssprachen des ersuchenden Mitgliedstaates übermitteln werden. Bei einem Ersuchen aus Deutschland nach Spanien können die Dokumente, die zugestellt werden, also in deutscher Sprache übermittelt werden. 3

IV. Sprachregime bei weiteren Dokumenten

Werden **andere Dokumente** als die in Abs. 2 und 3 aufgezählten Dokumente den Ersuchen beigefügt, so sind diese nach Abs. 3 **auf Verlangen** der ersuchten Behörde entsprechend zu **übersetzen** und die Übersetzung dem Ersuchen beizufügen. Als Sprache bei solchen anderen Dokumenten kommen auch hier die oder eine von mehreren Amtssprachen des ersuchten Mitgliedstaates oder eine zwischen Deutschland und dem ersuchten Mitgliedstaat vereinbarte Sprache in Betracht. 4

§ 21 Weiterleitung von Auskünften und Dokumenten

(1) **Die Auskünfte, die im Rahmen der Durchführung dieses Gesetzes an Deutschland übermittelt werden, unterliegen dem Steuergeheimnis und genießen den Schutz, den die Abgabenordnung für Auskünfte dieser Art gewährt. Solche Auskünfte können für Vollstreckungs- und Sicherungsmaßnahmen mit Bezug auf Forderungen, die unter dieses Gesetz fallen, verwendet werden. Eine Verwendung für einen anderen Zweck ist nur mit Einwilligung des Mitgliedstaates, von dem die Auskünfte stammen, zulässig.**

EUBeitrG § 21 EU-Beitreibungsgesetz

(2) Erteilt Deutschland einem anderen Mitgliedstaat Auskünfte, so gestattet es diesem auf Anfrage, die Auskünfte für andere als die in Absatz 1 genannten Zwecke zu verwenden, wenn die Verwendung für einen vergleichbaren Zweck nach deutschem Recht unter Beachtung der §§ 30, 31, 31a und 31b der Abgabenordnung zulässig ist.

(3) Ist die zuständige Behörde der Auffassung, dass auf Grund dieses Gesetzes erhaltene Auskünfte einem dritten Mitgliedstaat für die Zwecke des Absatzes 1 nützlich sein könnten, so kann sie diese Auskünfte an den dritten Mitgliedstaat unter der Voraussetzung weiterleiten, dass die Weiterleitung im Einklang mit diesem Gesetz erfolgt. Sie teilt dem Mitgliedstaat, von dem die Auskünfte stammen, ihre Weiterleitungsabsicht mit. Stammen die Auskünfte aus Deutschland, so kann die Vollstreckungsbehörde innerhalb von zehn Arbeitstagen über das Verbindungsbüro mitteilen, dass sie dieser Weiterleitung nicht zustimmt. Diese Frist beginnt mit dem Tag, an dem die Mitteilung über die beabsichtigte Weiterleitung bei einem Verbindungsbüro eingeht.

(4) Die Einwilligung der Verwendung von Auskünften gemäß Absatz 2, die nach Absatz 3 weitergeleitet worden sind, darf nur durch den Mitgliedstaat erteilt werden, aus dem die Auskünfte stammen.

(5) Auskünfte, die in jedweder Form im Rahmen dieses Gesetzes übermittelt werden, können von allen Behörden des Mitgliedstaates, die die Auskünfte erhalten, auf der gleichen Grundlage wie vergleichbare Auskünfte, die in diesem Staat erlangt wurden, angeführt oder als Beweismittel verwendet werden.

I. Allgemeines

1 § 21 regelt die **Geheimhaltungspflichten** und **Verwendungsmöglichkeiten** bezüglich der im Beitreibungsverfahren erhaltenen und erteilten Auskünfte.

II. An Deutschland erteilte Auskünfte

2 In § 21 Abs. 1 regelt das EU-BeitrG dies für **an Deutschland erteilte Auskünfte.** Danach gelten das Steuergeheimnis und der Schutz, den die Abgabenordnung für entsprechende Informationen vorsieht, auch für die im Rahmen dieses Gesetzes erteilten Auskünfte anderer Staaten. Die Verwendung der erteilten Auskünfte ist nach S. 2 nur für die unter dieses Gesetz fallenden Zwecke erlaubt. Die Auskünfte können also umfassend für Zwecke der Steuern- und Abgabenerhebung verwendet werden. Erweitert wird dieser Verwendungsrahmen durch § 21 Abs. 1 S. 3: Hiernach können die Auskünfte auch für andere Zwecke genutzt werden, wenn der andere Mitgliedstaat dies genehmigt, also ggfs. nachträglich zustimmt (vgl. § 184 BGB).

III. Umgang mit deutschen Auskünften

Spiegelbildlich zu § 21 Abs. 1 regelt Abs. 2 den Umgang mit **deutschen** 3
Auskünften. Sofern die von Deutschland erteilten Auskünfte für andere als die in Abs. 1 genannten Zwecke verwendet werden sollen, ist dies nur zulässig, wenn die Verwendung in Deutschland zulässig wäre und der besondere Schutz durch §§ 30, 31, 31a und 31b der Abgabenordnung sichergestellt ist.

IV. Weiterleitung an dritten Mitgliedstaat

Abs. 3 ermöglicht die **Weiterleitung** der erhaltenen Auskünfte an einen 4
dritten Mitgliedstaat. Die Auskünfte können dann für Vollstreckungs- und Sicherungsmaßnahmen mit Bezug auf Forderungen, die unter dieses Gesetz fallen, verwendet werden, aber bei Einwilligung der Auskunft erteilenden Mitgliedstaaten für andere Zwecke. Voraussetzung für die Weiterleitung ist die Auffassung der zuständigen Behörde, dass die erhaltenen Auskünfte auch für andere Mitgliedstaaten im Rahmen der Steuer- und Abgabenerhebung nützlich sein könnten. Zu dieser Auffassung kann die zuständige Behörde durch eigene Erkenntnisse, aber auch durch Kontakte zu anderen Behörden kommen. Sollen erhaltene Auskünfte an einen dritten Mitgliedstaat weitergeleitet werden, so muss dies nach den Maßgaben des EUBeitrG erfolgen, also über die Verbindungsbüros. Die Absicht der Weiterleitung, die Mitteilungsabsicht, ist dem Staat, aus dem die Auskünfte stammen, mitzuteilen. Handelt es sich bei den Auskünften um solche aus Deutschland, so ermöglichen es § 21 Abs. 3 S. 3 und 4, die Weiterleitung zu verweigern. Eine deutsche Vollstreckungsbehörde kann innerhalb der Frist von 10 Arbeitstagen die Weiterleitung der von ihr erteilten Auskünfte durch einen anderen Mitgliedstaat verweigern. Maßgeblich für die Berechnung der Frist zur Verweigerung ist der Tag, an dem die Mitteilung der beabsichtigten Weiterleitung bei einem Verbindungsbüro eingeht. Für die Fristberechnung gelten §§ 108 ff. AO iVm §§ 187 ff. BGB.

V. Zustimmung zur Weiterleitung

Abs. 4 regelt die **Genehmigung,** also die nachfolgende Zustimmung zu 5
der Weiterleitung von Auskünften. Bei der Weiterleitung von Auskünften, die anderen als den in diesem Gesetz festgelegten Zwecken dienen, darf ausschließlich der Mitgliedstaat die **Einwilligung,** dh die vorherige Zustimmung, erteilen, aus dem die Auskünfte stammen. Erteilt er sie nicht, scheidet eine Verwendung aus.

VI. Verwendung der Auskünfte

Die erlangten Auskünfte können wie inländische Auskünfte angeführt 6
oder als Beweismittel sowohl im Verwaltungsverfahren wie auch im Gerichtsverfahren **verwendet** werden.

Schlatmann

Abschnitt 6. Schlussbestimmungen

§ 22 Anwendung anderer Abkommen zur Unterstützung bei der Beitreibung

(1) Dieses Gesetz gilt unbeschadet der Erfüllung von Verpflichtungen zur Leistung von Amtshilfe in größerem Umfang, die sich aus bilateralen oder multilateralen Übereinkünften oder Vereinbarungen ergeben. Das gilt auch für die Zustellung gerichtlicher oder sonstiger Dokumente.

(2) Auch in diesen Fällen können das elektronische Kommunikationsnetz und die Standardformblätter im Sinne des § 19 genutzt werden.

I. Völkerrechtliche Verpflichtungen

1 Abs. 1 regelt das Verhältnis zu anderen **völkerrechtlichen Verpflichtungen.** Die Norm ordnet dies sprachlich etwas komplizierter. Das EUBeitrG ist immer anwendbar, es sei denn, dass in bilateralen oder multilateralen Übereinkünften oder Vereinbarungen weitergehende Verpflichtungen oder Zustellungsmöglichkeiten geregelt sind. Ist dies der Fall, so finden diese speziellen Bestimmungen vorrangig Anwendung und verdrängen die Regelungen des Gesetzes.

II. Nutzung der Kommunikationswege

2 Die Regelung in **Abs. 2** trifft eine von Abs. 1 abweichende Regelung zur Nutzung der vorgesehenen Kommunikationsmittel in diesen Fällen und stellt klar, dass die Anwendung solcher Übereinkünfte oder Vereinbarungen nicht an der Nutzung der in diesem Gesetz vorgesehenen Kommunikationsmittel und -wege hindert, insbesondere der Formblätter und des EU-weiten elektronischen Kommunikationsnetz.

Europäisches Übereinkommen über die Zustellung von Schriftstücken in Verwaltungssachen im Ausland [EuAuslVwZUbk]

Vom 24.11.1977 (BGBl. 1981 II 535)

Einführung

I. Grundsatz, Vorgeschichte und Inkrafttreten

Die amtliche Zustellung von Schriftstücken in Verwaltungssachen ist ein **1** Hoheitsakt. Die Hoheitsgewalt des Staates endet grundsätzlich an der Grenze des Staatsgebiets (vgl. Ipsen, Völkerrecht, 6. Aufl. 2014, § 5 Rn. 59 f.). Das schließt nicht aus, dass ein Staat seine Hoheitsakte an Personen richtet, die sich außerhalb des Staatsgebietes befinden, oder dass er bei diesen Hoheitsakten an Sachverhalte anknüpft, die außerhalb des Staatsgebietes belegen sind (vgl. Ipsen, aaO Rn. 70). Beim Vollzug solcher Hoheitsakte außerhalb des Staatsgebietes ist er jedoch durch das Völkerrecht beschränkt. Er ist auf die Mitwirkung des Staates angewiesen, in dessen Staatsgebiet sein Hoheitsakt vollzogen werden soll, sei es durch Amtshilfe, sei es durch Gestattung extraterritorialer hoheitlicher Tätigkeit (vgl. VwZG § 9, oben S. 290 ff.). Das EÜZV stellt hierfür zwischen den beteiligten Staaten vereinbarte Grundsätze auf.

Das Europäische Übereinkommen vom 24.11.1977 über die Zustellung **1a** von Schriftstücken in Verwaltungssachen im Ausland ist am 6.11.1979 von der Bundesrepublik Deutschland unterzeichnet worden (zur Vorgeschichte vgl. die Denkschrift zu dem Übereinkommen und den Erläuternden Bericht des Europarats; BT-Drs. 9/68, 29, 37). Bundestag und Bundesrat haben dem Übereinkommen (zusammen mit dem ebenfalls am 6.11.1979 von der Bundesrepublik Deutschland unterzeichneten Europäischen Übereinkommen vom 15.3.1978 über die Erlangung von Auskünften und Beweisen in Verwaltungssachen im Ausland) durch Gesetz vom 20.7.1981 (BGBl. II 533; dazu BT-Drs. 9/68) zugestimmt. Das Gesetz ist nach seinem Art. 3 Abs. 1 am Tag nach seiner Verkündung (26.7.1981), das Übereinkommen nach Art. 3 Abs. 2 des Zustimmungsgesetzes am 1.1.1983 für die Bundesrepublik Deutschland in Kraft getreten (Bek. v. 6.12.1982, BGBl. II 1057).

In Berlin ist das Übereinkommen nach Art. 2 des Zustimmungsgesetzes **1b** gleichzeitig in Kraft getreten, nachdem das Land Berlin die Anwendung des Zustimmungsgesetzes festgestellt hat. Bei der Wiederherstellung der Einheit Deutschlands durch den Einigungsvertrag vom 31.8.1990 (BGBl. II 885, 889) ist die Geltung des Übereinkommens durch Art. 11 des Vertrages auf das Gebiet der in die Bundesrepublik eintretenden Länder erstreckt worden.

EuAuslVwZUbk Einführung

II. Geltungsbereich

2 Das Übereinkommen ist in Kraft für
Belgien	seit 1.11.1982 (BGBl. 1982 II 1057),
Deutschland	seit 1.1.1983 (BGBl. 1982 II 1057),
Estland	seit 1.8.2001 (BGBl. 2001 II 1018),
Frankreich	seit 1.11.1982 (BGBl. 1982 II 1057),
Italien	seit 1.2.1985 (BGBl. 1985 II 310),
Luxemburg	seit 1.11.1982 (BGBl. 1982 II 1057),
Österreich	seit 1.3.1983 (BGBl. 1983 II 55),
die Schweiz	seit 1.10.2019 (BGBl. 2019 II 735),
Spanien	seit 1.11.1987 (BGBl. 1987 II 801).

Außerdem ist es unterzeichnet, aber noch nicht ratifiziert worden durch
Griechenland	am 24.11.1977,
Malta	am 16.11.1988,
Portugal	am 16.10.1980,
die Ukraine	am 12.4.2018

III. Ausführungsgesetz

3 Zur **Ausführung** des Übereinkommens hat die Bundesrepublik das Gesetz zur Ausführung des Europäischen Übereinkommens vom 24.11.1977 über die Zustellung von Schriftstücken in Verwaltungssachen im Ausland und des Europäischen Übereinkommens vom 15.3.1978 über die Erlangung von Auskünften und Beweisen in Verwaltungssachen im Ausland vom 20.7.1981 (BGBl. I 665) erlassen.

IV. Maßgeblicher Text

4 Bei der **Auslegung** des Übereinkommens ist zu berücksichtigen, dass der deutsche Text zwar eine amtliche Übersetzung ist, letztlich maßgeblich aber, weil nach der Schlussformel „gleichermaßen verbindlich", der (hier nicht abgedruckte) englische und französische Wortlaut sind.

Kommentierung

Kapitel I. Allgemeine Bestimmungen

Art. 1 Anwendungsbereich des Übereinkommens

(1) Die Vertragsstaaten verpflichten sich, einander bei der Zustellung von Schriftstücken in Verwaltungssachen Amtshilfe zu leisten.

(2) [1]Dieses Übereinkommen findet keine Anwendung in Steuer- oder Strafsachen. [2]Jedoch kann jeder Staat bei der Unterzeichnung, bei der Hinterlegung seiner Ratifikations-, Annahme-, Genehmigungs- oder Beitrittsurkunde oder jederzeit danach durch eine an den Generalsekretär des Europarats gerichtete Erklärung mitteilen, daß bezüglich der an ihn gerichteten Ersuchen das Übereinkommen in Steuersachen sowie auf Verfahren über Straftaten Anwendung findet, deren Verfolgung und Bestrafung im Zeitpunkt des Ersuchens nicht in die Zuständigkeit seiner Gerichte fällt. [3]Dieser Staat kann in seiner Erklärung mitteilen, daß er sich auf das Fehlen der Gegenseitigkeit berufen wird.

(3) [1]Jeder Staat kann bei der Unterzeichnung, bei der Hinterlegung seiner Ratifikations-, Annahme-, Genehmigungs- oder Beitrittsurkunde oder jederzeit binnen fünf Jahren nach dem Zeitpunkt, zu dem dieses Übereinkommen für ihn in Kraft getreten ist, durch eine an den Generalsekretär des Europarats gerichtete Erklärung die Verwaltungssachen bezeichnen, auf die er das Übereinkommen nicht anwenden wird. [2]Jeder andere Vertragsstaat kann sich auf das Fehlen der Gegenseitigkeit berufen.

(4) [1]Die Erklärungen nach den Absätzen 2 und 3 werden je nach Lage des Falles mit dem Zeitpunkt, zu dem dieses Übereinkommen für den die Erklärung abgebenden Staat in Kraft tritt, oder drei Monate nach ihrem Eingang beim Generalsekretär des Europarats wirksam. [2]Sie können ganz oder teilweise durch eine an den Generalsekretär des Europarats gerichtete Erklärung zurückgenommen werden. [3]Die Zurücknahme wird drei Monate nach Eingang der Erklärung wirksam.

I. Verwaltungssachen

Der Begriff „**Verwaltungssachen**" (administrative matters, matières 1 administratives) ist in dem Übereinkommen nicht definiert. Es wird davon ausgegangen, dass seine Definition durch den ersuchenden Staat nach seinem eigenen Recht erfolgt (BT-Drs. 9/68, 38). Betrifft das Schriftstück keine Verwaltungssache in diesem Sinn, dann kann die zentrale Behörde (Art. 2) das Ersuchen nach Art. 14 Abs. 1 lit. a ablehnen. Für die Anwendung in

EuAuslVwZUbk Art. 1 Europäisches Übereinkommen

Deutschland sind demnach als Verwaltungssachen alle Angelegenheiten der öffentlichen Verwaltung iSd deutschen Gewaltenteilungslehre anzusehen. Zu den Verwaltungssachen und damit zum Anwendungsbereich des Übereinkommens gehören auch die verwaltungsgerichtlichen Streitigkeiten. Auch Zustellungen durch die Verwaltungsgerichte sind daher nach seinen Bestimmungen zu bewirken.

II. Schriftstücke

2   Der Ausdruck „**Schriftstücke** in Verwaltungssachen" (documents relating to administrative matters, documents en matière administrative) umfasst nicht nur Verwaltungsurkunden und -entscheidungen, sondern auch jedes andere von einer Verwaltungsbehörde ausgehende Schriftstück, auch wenn es normalerweise im Rechtssystem bestimmter Staaten nicht als Verwaltungsurkunde angesehen würde (BT-Drs. 9/68, 38).

III. Ausdehnung des Anwendungsbereichs

3   Für Zustellungen in **Steuer- und Strafsachen** gilt das Übereinkommen grundsätzlich nicht. Ein Unterzeichnerstaat kann aber durch ausdrückliche Erklärung nach Art. 1 Abs. 2 S. 2 die Anwendung des Übereinkommens auf Steuersachen und solche Strafsachen ausdehnen, die nach seinem Recht im Zeitpunkt des Ersuchens nicht in die Zuständigkeit der Gerichte fallen. Diese Möglichkeit betrifft den zwischen dem Verwaltungsrecht und dem Strafrecht im engeren Sinne liegenden Bereich, der in einigen Staaten als Verwaltungsstrafrecht bezeichnet wird, im deutschen Recht die Ordnungswidrigkeiten (BT-Drs. 9/68, 38).

Die Erklärung nach Art. 1 Abs. 2 S. 2 kann bei den dort genannten Gelegenheiten oder jederzeit danach gegenüber dem Generalsekretär des Europarats abgegeben werden. Sie hat nur passive Bedeutung, insofern der erklärende Staat sich verpflichtet, an ihn gerichteten Ersuchen in den betroffenen Sachen stattzugeben. Einen Einfluss auf die Erledigung eigener Ersuchen kann die Erklärung nur indirekt ausüben, wenn der erklärende Staat seine Bereitschaft nach Art. 1 Abs. 2 S. 3 von der Gegenseitigkeit abhängig macht.

Dementsprechend haben die Bundesrepublik Deutschland, Italien und Luxemburg bei Hinterlegung der Ratifikationsurkunde erklärt, dass sie das Übereinkommen auch in den bezeichneten Strafsachen, mit Ausnahme der steuerlichen, anwenden werden (BGBl. 1982 II 1057 (1059); BGBl. 1985 II 310); die Bundesrepublik und Italien haben sich insoweit vorbehalten, die Erledigung eines solchen Ersuchens wegen fehlender Gegenseitigkeit zu verweigern. Estland hat erklärt, dass es das Übereinkommen in Steuersachen anwendet (BGBl. 2001 II 1018). Österreich hat erklärt, dass das Übereinkommen auf der Basis der Gegenseitigkeit auch in Finanz- und Strafsachen angewendet werde (BGBl. 1983 II 55).

Anwendungsbereich des Übereinkommens   **Art. 1 EuAuslVwZÜbk**

IV. Steuer- und Strafsachen

1. Steuersachen

Für Auslandszustellungen in **Steuersachen** gilt seit dem 1.12.2015 vor **4** allem das Übereinkommen über die gegenseitige Amtshilfe in Steuersachen vom 25.1.1988 (BGBl 2015 II S. 967). Es bestimmt in Art. 17:

Zustellung von Schriftstücken

(1) Auf Ersuchen des ersuchenden Staates stellt der ersuchte Staat dem Empfänger die Schriftstücke, einschließlich derjenigen zu Gerichtsentscheidungen, zu, die aus dem ersuchenden Staat stammen und eine unter das Übereinkommen fallende Steuer betreffen.

(2) Der ersuchte Staat nimmt die Zustellung von Schriftstücken wie folgt vor:
a) in einer Form, die sein innerstaatliches Recht für die Zustellung im Wesentlichen ähnlicher Schriftstücke vorschreibt;
b) soweit möglich in einer besonderen vom ersuchten Staat gewünschten Form oder in einer dieser am nächsten kommenden Form, die das innerstaatliche Recht des ersuchten Staates vorsieht.

(3) Eine Vertragspartei kann die Zustellung von Schriftstücken an eine Person im Hoheitsgebiete einer anderen Vertragspartei durch die Post vornehmen.

(4) Dieses Übereinkommen ist nicht so auszulegen, als bewirke es die Nichtigkeit einer durch eine Vertragspartei in Übereinstimmung mit ihrem Recht vorgenommenen Zustellung von Schriftstücken.

(5) Wird ein Schriftstück nach diesem Artikel zugestellt, so braucht keine Übersetzung beigefügt zu werden. Ist jedoch der ersuchte Staat überzeugt, dass der Empfänger die Sprache, in der das Schriftstück abgefasst ist, nicht versteht, so veranlasst der ersuchte Staat die Übersetzung in seine Amtssprache oder eine seiner Amtssprachen oder die Anfertigung einer Kurzfassung in seiner Amtssprache oder einer seiner Amtssprachen. Andernfalls kann er den ersuchenden Staat bitten, das Schriftstück entweder in eine der Amtssprachen des ersuchenden Staates, des Europarates oder der OECD übersetzen oder eine Kurzfassung in einer dieser Sprachen beifügen zu lassen.

Das Übereinkommen ist für die Bundesrepublik Deutschland am 1.12.2015 in Kraft getreten (vgl. Bek. v. 15.10.2015, BGBl 2015 II S. 1277). Die Bek. vom 15.10.2015 enthält auch eine Liste der Teilnehmerstaaten und die Daten des jeweiligen Inkrafttretens.

Daneben gelten weiter die zweiseitigen Vereinbarungen mit folgenden **5** Staaten:
Belgien: DBA vom 11.4.1967 (BGBl. 1969 II 17) Art. 27.
Dänemark: DBA vom 22.11.1995 (BGBl. 1996 II 2566) Art. 35.
Finnland: RHA vom 25.9.1935 (RGBl. 1936 II 37) Art. 4.
Frankreich: DBA vom 21.7.1959 (BGBl. 1961 II 397) Art. 23.
Luxemburg: DBA vom 23.8.1958 (BGBl. 1959 II 1269) Art. 24.
Norwegen: DBA (RHA) vom 4.10.1991 (BGBl. 1993 II 972) Art. 27.
Österreich: RHA vom 4.10.1954 (BGBl. 1955 II 833) Art. 4, 10, mit VA zur Durchführung vom 21.3.1958 bzw. vom 18.11.1963 (BAnz. Nr. 59/58, 217/63).

EuAuslVwZUbk Art. 2   Europäisches Übereinkommen

Schweden: Steuerabkommen vom 14.7.1992 (BGBl. 1994 II 686) Art. 35.

2. Strafsachen

6   Für Zustellungen in **Strafsachen** gilt das Europäische Übereinkommen über die Rechtshilfe in Strafsachen vom 20.4.1959 (BGBl. 1964 II 1369 (1386)).

6a   Die **Schweiz** hat ausdrücklich erklärt, dass das Übereinkommen auch auf Straftaten Anwendung finden soll, für die im Zeitpunkt des Ersuchens ihre Justizbehörden nicht zuständig sind; ausgenommen sind ausdrücklich Steuersachen, die Überwachung des Finanzmärkte und Geheimdienstangelegenheiten.

V. Ausnahmen

7   Jeder Unterzeichnerstaat kann bestimmte Verwaltungssachen von der Anwendung des Übereinkommens **ausnehmen.** Hierzu ist er aber nur innerhalb einer Frist von 5 Jahren befugt, nachdem das Übereinkommen für ihn nach Art. 17 Abs. 3 in Kraft getreten ist.

Dementsprechend haben die Bundesrepublik Deutschland und Italien bei Hinterlegung der Ratifikationsurkunde erklärt, dass das Übereinkommen keine Anwendung findet auf an sie gerichtete Ersuchen, die sich auf Außenwirtschaftsangelegenheiten (Waren- und Dienstleistungsverkehr, Kapital- und Zahlungsverkehr) oder auf Verbote und Beschränkungen des Warenverkehrs über die Grenze beziehen (BGBl. 1982 II 1057; 1985 II 310).

VI. Erklärungen nach Art. 1 Abs. 2 und 3

8   Art. 1 Abs. 2 S. 1 regelt Abgabe und Wirksamwerden der Erklärungen nach Art. 1 Abs. 2 und 3, Art. 1 Abs. 4 S. 2, 3 ihre Rücknahme und deren Wirksamwerden. Ist eine Erklärung nach Art. 1 Abs. 3 zurückgenommen, so kann sie nur wiederholt werden, wenn die Fünfjahresfrist Art. 1 Abs. 3 S. 1 noch nicht verstrichen ist.

Art. 2 Zentrale Behörde

(1) ¹**Jeder Vertragsstaat bestimmt eine zentrale Behörde, welche die von Behörden anderer Vertragsstaaten ausgehenden Zustellungsersuchen entgegennimmt und bearbeitet.** ²**Bundesstaaten steht es frei, mehrere zentrale Behörden zu bestimmen.**

(2) ¹**Jeder Vertragsstaat kann andere Behörden bestimmen, welche dieselben Aufgaben haben wie die zentrale Behörde; er legt ihre örtliche Zuständigkeit fest.** ²**Jedoch hat die ersuchende Behörde stets das Recht, sich unmittelbar an die zentrale Behörde zu wenden.**

(3) ¹**Jeder Vertragsstaat kann außerdem eine Absendebehörde bestimmen, welche die von seinen eigenen Behörden ausgehenden Zustellungsersuchen zusammenzufassen und an die zuständige zen-**

trale Behörde im Ausland weiterzuleiten hat. ²Bundesstaaten steht es frei, mehrere Absendebehörden zu bestimmen.

(4) Bei den genannten Behörden muß es sich entweder um Ministerien oder um sonstige amtliche Stellen handeln.

(5) Jeder Vertragsstaat teilt durch eine an den Generalsekretär des Europarats gerichtete Erklärung Bezeichnung und Anschrift der nach diesem Artikel bestimmten Behörden mit.

I. Ausführungsvorschrift

Zu Art. 2 enthält das Gesetz vom 20.7.1981 (Vorbem. 3 vor Art. 1) folgende **Ausführungsvorschrift:** 1

„Die Aufgaben der zentralen Behörde (Artikel 2 des Übereinkommens) nehmen die von den Landesregierungen bestimmten Stellen wahr. Jedes Land kann nur eine zentrale Behörde einrichten."

II. Zuständige Behörden

Art. 2 Abs. 1 und 2 regelt zunächst, welche Behörden für die Entgegennahme und Bearbeitung von Zustellungsersuchen zuständig sind. 2

1. Zentrale Behörde

Die Bestimmung einer **zentralen Behörde** (central authority, autorité 3 centrale) (Art. 2 Abs. 1) dient einmal der Vereinfachung des Verfahrens, da die ersuchende Behörde nicht selbst ermitteln muss, welche Behörde im ersuchten Staat für die Zustellung zuständig ist. Außerdem wird dadurch sichergestellt, dass die Ordnungsmäßigkeit der Ersuchen im ersuchten Staat von einer kompetenten Behörde geprüft wird (BT-Drs. 9/86, 38).

Die Bundesrepublik Deutschland hat von der Möglichkeit des Art. 2 Abs. 1 4 S. 2 Gebrauch gemacht, mehrere zentrale Behörden zu bestimmen. Es handelt sich um folgende Behörden, die jeweils für ein Land zuständig sind (BGBl. 2013 II 156):

Baden-Württemberg: Regierungspräsidium Freiburg, Bissierstraße 7, 79114 Freiburg i. Br., Postanschrift: 70983 Freiburg i. Br., Tel.: (0761) 208-0, Fax: (0761) 208-394200, E-Mail: poststelle@rpf-bwl.de

Bayern: Regierung der Oberpfalz, Emmeramsplatz 8, 93047 Regensburg, Tel.: 0941/5680-0, Fax: 0941/5680-199, E-Mail: poststelle@reg-opf.bayern.de

Berlin: Landesverwaltungsamt Berlin, 10702 Berlin, Tel.: (030) 9012-7303, Fax: (030) 9012-3115, E-Mail: amtshilfeersuchen@lvwa.verwalt-berlin.de

Brandenburg: Zentraldienst der Polizei, Zentrale Bußgeldstelle, Oranienburger Straße 31 A, 16775 Gransee, Tel.: 03306 750500, Fax: 03306 750329, E-Mail: zentrale.bussgeldstelle@polizei.brandenburg.de

Bremen: Senator für Inneres, Kultur und Sport, Contrescarpe 22/24, 28203 Bremen, Tel.: (0421) 361-9047, Fax: (0421) 361-9009, E-Mail: office@inneres.bremen.de

EuAuslVwZUbk Art. 2   Europäisches Übereinkommen

Hamburg: Freie und Hansestadt Hamburg, Behörde für Justiz und Gleichstellung, Postfach 30 28 22, 20310 Hamburg, Tel.: (040) 42843-0, Fax: (040) 42843-3866, E-Mail: Poststelle@justiz.hamburg.de
Hessen: Regierungspräsidium Gießen, Postfach 100851, 35338 Gießen, Tel.: (0641) 303-0, Fax: (0641) 303-2197, E-Mail: rp-giessen@rpgi.hessen.de
Mecklenburg-Vorpommern: Ministerium für Inneres und Sport Mecklenburg-Vorpommern, Arsenal am Pfaffenteich, Alexandrinenstr. 1, 19055 Schwerin, Postanschrift: 19048 Schwerin, Tel.: (0385) 588-2230/2233, Fax: (0385) 588-2978, E-Mail: poststelle@im.mv-regierung.de
Niedersachsen: Polizeidirektion Lüneburg, Auf der Hude 2, 21339 Lüneburg oder Postfach 2240, 21312 Lüneburg, Tel.: 04131 29-0, Fax: 04131 29-1065, E-Mail: poststelle@pd-lg.polizei.niedersachsen.de
Nordrhein-Westfalen: Bezirksregierung Köln, Zeughausstraße 2–10, 50606 Köln, Tel.: (0221) 147-2124, Fax: (0221) 147-2305, E-Mail: poststelle@bezreg-koeln.nrw.de
Rheinland-Pfalz: Aufsichts- und Dienstleistungsdirektion, Willy-Brandt-Platz 3, 54290 Trier, Tel.: (0651) 9494-0, Fax: (0651) 9494-170, E-Mail: poststelle@add.rlp.de
Saarland: Ministerium für Inneres, Kultur und Europa, Referat B 1, Mainzer Str. 136, 66121 Saarbrücken, Tel.: (0681) 501-2651, Fax: (0681) 501-2649, E-Mail: referat-b1@innen.saarland.de
Sachsen: Landesdirektion Leipzig, Braustraße 2, 04107 Leipzig, Tel.: (0341) 977-0, Fax: (0341) 977-1199, E-Mail: poststelle@ldl.sachsen.de
Sachsen-Anhalt: Landesverwaltungsamt, Ernst-Kamieth-Straße 2, 06112 Halle (Saale), Postanschrift: Landesverwaltungsamt, Postfach 20 02 56, 06003 Halle (Saale), Tel.: (0345) 514-0, Fax: (0345) 514-1444, E-Mail: poststelle@lvwa.sachsen-anhalt.de
Schleswig-Holstein: Innenministerium des Landes Schleswig-Holstein, Postfach 71 25, 24171 Kiel, Tel.: (0431) 988-0, Fax: (0431) 988-3049, E-Mail: poststelle@im.landsh.de
Thüringen: Thüringer Landesverwaltungsamt, Weimarer Platz 4, 99423 Weimar, Postanschrift: Thüringer Landesverwaltungsamt, Postfach 22 49, 99403 Weimar, Tel.: (0361) 37 900 / 3773-7015 / 3773-7033, Fax: (0361) 3773-7190, E-Mail: poststelle@tlvwa.thueringen.de

5   Die anderen Vertragsstaaten haben als zentrale Behörden bestimmt (vgl. www.conventions.coe.int; 27.4.2013):
Belgien: Ministerium für Auswärtige Angelegenheiten, Außenhandel und Zusammenarbeit bei der Entwicklung (Ministère des Affaires étrangères, du Commerce extérieur et de la Coopération au Développement/Ministerie van Buitenlandse Zaken, Buitenlandse Handel en Ontwikkelingssamenwerking), 2, rue Quatre Bras, 1000 Brüssel (BGBl. 1982 II 1059)
Estland: Justiitsministeerium (Justizministerium), Tõnismägi 5a, 15191 Tallinn/Estland, Tel. (3 72) 6 20 81 00, Fax (3 72) 6 20 81 09, E-Mail: info@just.ee (BGBl. 2001 II 779). Zuständig ist die Abteilung der internationalen Rechtshilfe (Rahvusvahelise õigusabi talitus).
Frankreich: Ministerium der Auswärtigen Beziehungen – Abteilung für Franzosen im Ausland und Ausländer in Frankreich – Zwischenabteilung für

Zentrale Behörde   **Art. 2 EuAuslVwZUbk**

Übereinkünfte auf Gegenseitigkeit (Ministère des Relations Extérieures – Direction des Français à l'Etranger et des Etrangers en France – Service des Accords de Réciprocité), 21bis rue La Pérouse, 75775 Paris CEDEX 16
Italien: Ministerium der Auswärtigen Angelegenheiten, Piazza della Farnesina 1, Rom
Luxemburg: Ministerium der Justiz (Ministère de la Justice), 13 Rue Erasme, L-1468 Luxemburg
Österreich: für Schriftstücke, die Angelegenheiten des Flüchtlingswesens, des Waffenwesens oder des Fremdenpolizeiwesens betreffen, für das ganze Bundesgebiet das Bundesministerium für Inneres, Herrengasse 7, A-1010 Wien; im Übrigen für jedes Bundesland das Amt der jeweiligen Landesregierung, und zwar:

für das Burgenland: Amt der Burgenländischen Landesregierung, Europaplatz 1, A-7000 Eisenstadt;

für Kärnten: Amt der Kärntner Landesregierung, Arnulfplatz 1, A-9020 Klagenfurt;

für Niederösterreich: Amt der Niederösterreichischen Landesregierung, Landhausplatz 1, A-3109 St. Pölten;

für Oberösterreich: Amt der Oberösterreichischen Landesregierung, Landhausplatz 1, A-4021 Linz;

für Salzburg: Amt der Salzburger Landesregierung, Postfach 527/Chiemseehof, A-5010 Salzburg;

für Steiermark: Amt der Steiermärkischen Landesregierung, A-8011 Graz-Burg, Hofgasse;

für Tirol: Amt der Tiroler Landesregierung, Edward-Wallnöfer-Platz 3, A-6020 Innsbruck;

für Vorarlberg: Amt der Vorarlberger Landesregierung, A-6901 Bregenz;

für Wien: Amt der Wiener Landesregierung, Rathaus, A-1082 Wien.
Schweiz: Bundesamt für Justiz, Bundesrain 20, CH-3003 Bern, Tel. +41 58 462 43 11, Email: info@bj.admin.ch
Spanien: Abteilung für Rechts- und Konsularangelegenheiten, Ministerium für auswärtige Angelegenheiten (Direccion General de Asuntos Juridicos y Consulares, Ministerio de Asuntos Exteriores), C/Goya no 6, 28071 Madrid, Spanien

2. Andere Behörden

Neben der zentralen kann jeder Vertragsstaat **andere Behörden** (other 6 authorities, autres autorités) mit demselben sachlichen Zuständigkeitsbereich wie diese bestimmen (Art. 2 Abs. 2). Geschehen ist dies bisher nicht.

III. Ersuchende Behörden

Art. 2 Abs. 3 regelt, welche Behörden ein Zustellungsersuchen bei der 7 ausländischen Behörde stellen können. Im Gegensatz zu Art. 2 Abs. 1 enthält er aber keine Verpflichtung, sondern nur eine Ermächtigung der einzelnen Vertragsstaaten.

Die **Absendebehörde** (forwarding authority, autorité expéditrice) iSv Art. 2 Abs. 3 ist notwendige Durchgangsstation aller Zustellungsersuchen. Ist eine solche bestimmt, dann brauchen Zustellungsersuchen anderer Behörden des betreffenden Staates nicht entgegengenommen zu werden. Von der Möglichkeit des Art. 2 Abs. 3 hat allerdings bisher nur Belgien Gebrauch gemacht und als Absendebehörde das Ministerium für Auswärtige Angelegenheiten, Außenhandel und Zusammenarbeit bei der Entwicklung (→ Rn. 5) bestimmt.

IV. Amtliche Stellen

8   Art. 2 Abs. 4 bestimmt, was für Stellen nach Art. 2 Abs. 1–3 bestimmt werden können. **Ministerien** sind die obersten für einen bestimmten Sachbereich zuständigen Staatsbehörden, mögen sie auch eine andere Bezeichnung tragen. Sonstige **amtliche Stellen** (another official body, autres services officiels) iSv Art. 2 Abs. 4 sind öffentliche Behörden jeder Art.

Die **Aufgabe** dieser Stellen ist nicht auf die Entgegennahme und Weiterleitung von Ersuchen beschränkt. Sie sind auch berechtigt, die Ersuchen im Rahmen von Art. 5 und 14 zu überprüfen und gegebenenfalls zurückzuweisen (vgl. BT-Drs. 9/68, 39).

V. Mitteilung

9   Die **Mitteilung** nach Art. 2 Abs. 5 hat zwar nur deklaratorische Bedeutung, ist aber für die Durchführung des Übereinkommens wesentlich, weil es ohne sie schwierig und umständlich wäre, sich über die zuständigen ausländischen Behörden zu informieren.

Art. 3 Zustellungsersuchen

¹**Jedes Zustellungsersuchen wird an die zentrale Behörde des ersuchten Staates gerichtet.** ²**Es ist nach dem Muster[1] zu stellen, das diesem Übereinkommen als Anlage beigefügt ist; das zuzustellende Schriftstück ist ihm beizufügen.** ³**Das Ersuchen und das Schriftstück sind in zwei Stücken zu übermitteln; eine Nichtbeachtung dieser Formvorschrift rechtfertigt jedoch nicht die Ablehnung des Ersuchens.**

I. Zustellungsersuchen

1   Art. 3 regelt das **Verfahren** bei Ersuchen um Zustellung.

---

[1] Abgedruckt nach Art. 23.

II. Verfahrensfehler

Die Rechtsfolgen der **Nichtbeachtung** sind verschieden je nach dem, ob 2
S. 1 oder 2 oder S. 3 verletzt ist. Insbesondere ist zu beachten, dass die Regelung des S. 3 Hs. 2 sich nur auf den ersten Halbsatz dieses Satzes bezieht.

1. Unzuständiger Adressat

Wird das Ersuchen irrtümlich an eine unzuständige Behörde des ersuchten 3
Staates gerichtet (S. 1), so wird es mindestens die Courtoisie gebieten, dass diese es an die zuständige zentrale Behörde weiterleitet. In der Bundesrepublik Deutschland soll die Quote dieses Fehlers 40 % betragen.

2. Zuzustellendes Schriftstück

Ist das zuzustellende Schriftstück nicht beigefügt (S. 2 Hs. 2), so kann das 4
Ersuchen nicht ausgeführt werden; es muss der Absendebehörde zurückgesandt werden. Das Gleiche gilt, wenn das vorgeschriebene Formblatt nicht verwendet wird (S. 2 Hs. 1), doch ist die zentrale Behörde berechtigt, in diesem Fall dem Ersuchen aus Courtoisie nachzukommen, wenn es alle in dem Formblatt vorgeschriebenen Angaben enthält.

3. Stückzahl

Werden Ersuchen und zuzustellendes Schriftstück nur in einem Stück 5
übermittelt (S. 3), so ist das kein Grund zur Ablehnung des Ersuchens (S. 3 Hs. 2). Es ist der zentralen Behörde ohne Schwierigkeit möglich, ein Doppelstück selbst herzustellen. Sollten Absendebehörden eines Vertragsstaates häufiger gegen S. 2 Hs. 1 verstoßen, so bleibt nur die Möglichkeit, auf diplomatischem Wege auf eine Änderung dieses Verhaltens hinzuwirken.

Art. 4 Befreiung von der Legalisation

Ein nach diesem Übereinkommen übermitteltes Zustellungsersuchen und seine Anlagen sind von der Legalisation, der Apostille und jeder entsprechenden Förmlichkeit befreit.

I. Legalisation

Legalisation ist die in der Regel durch ein Konsulat oder eine andere 1
Behörde, zB eine Justizbehörde, erteilte amtliche Bescheinigung, dass eine Urkunde echt ist, d.h. die Unterschrift von der ausstellenden Person stammt.

II. Apostille

Apostille ist eine vereinfachte Form der Legalisation, durch die die Echt- 2
heit der Unterschrift unter einer Urkunde ohne Mitwirkung eines Konsulats durch eine inländische Behörde bestätigt wird.

Art. 5 Ordnungsmäßigkeit des Ersuchens

Ist die zentrale Behörde des ersuchten Staates der Ansicht, daß das Ersuchen nicht diesem Übereinkommen entspricht, so unterrichtet sie unverzüglich die ersuchende Behörde und führt dabei die Einwände gegen das Ersuchen einzeln an.

I. Prüfungspflicht

1   Aus Art. 5 ergibt sich die Pflicht der zentralen Behörde, das Ersuchen auf seine Ordnungsmäßigkeit zu prüfen.

1. Anwendungsbereich

2   Am Anfang steht die Prüfung, ob das Ersuchen überhaupt in den Anwendungsbereich des Übereinkommens fällt. Dabei sind insbesondere die von dem ersuchten Staat etwa abgegebenen Erklärungen nach Art. 1 Abs. 2 und 3 zu beachten.

2. Form

3   Sodann ist zu prüfen, ob die Vorschriften des Übereinkommens über die Form des Ersuchens beachtet sind, insbesondere also Art. 4, und ob die Zustellung in der gewünschten Form (vgl. Nr. 7 des Musters, abgedr. nach Art. 23) durchgeführt werden kann.

Beispiele für Fehler, die einer Durchführung des Ersuchens entgegenstehen können, sind das Fehlen der Anschrift des Empfängers oder sonstiger erforderlicher Angaben, die im Formblatt vorgeschrieben sind, sowie das Fehlen von Schriftstücken (BT-Drs. 9/68, 39).

II. Durchführbarkeit

4   Ergibt die Prüfung, dass dem Ersuchen in der gewünschten Form Folge geleistet werden kann, dann nimmt die zentrale Behörde die Zustellung vor (Art. 6 Abs. 1).

III. Mängel

5   Ist das Ersuchen nicht ordnungsmäßig im Sinne des Übereinkommens, dann unterrichtet die zentrale Behörde die ersuchende Behörde unverzüglich hiervon. Die Verpflichtung, die Einwände gegen das Ersuchen einzeln anzuführen, soll eine willkürliche Ablehnung verhindern und erleichtert es der ersuchenden Behörde, behebbare Hindernisse zu beseitigen (vgl. BT-Drs. 9/68, 40).

Art. 6 Art der Zustellung

(1) **Die zentrale Behörde des ersuchten Staates nimmt die Zustellung auf Grund dieses Übereinkommens vor, und zwar**

a) entweder in einer der Formen, die das Recht des ersuchten Staates für die Zustellung der in seinem Hoheitsgebiet ausgestellten Schriftstücke an dort befindliche Personen vorschreibt,
b) oder in einer besonderen von der ersuchenden Behörde gewünschten Form, es sei denn, daß diese Form mit dem Recht des ersuchten Staates unvereinbar ist.

(2) Von dem Fall des Absatzes 1 Buchstabe b abgesehen, darf die Zustellung stets durch einfache Übergabe des Schriftstücks an den Empfänger bewirkt werden, wenn er zur Annahme bereit ist.

(3) Wünscht die ersuchende Behörde, daß die Zustellung innerhalb einer bestimmten Frist erfolgt, so entspricht die zentrale Behörde des ersuchten Staates diesem Wunsch, sofern diese Frist eingehalten werden kann.

I. Ausführungsvorschriften

Zu Art. 6 enthält das Gesetz vom 20.7.1981 (Vorbem. vor Art. 1) in § 4 folgende **Ausführungsvorschriften:** 1

„(1) Die zentrale Behörde kann das ausländische Schriftstück durch die Post mit Postzustellungsurkunde zustellen, wenn es in deutscher Sprache abgefaßt oder von einer Übersetzung in die deutsche Sprache begleitet ist. In diesem Falle händigt die zentrale Behörde das zu übergebende Schriftstück der Post zur Zustellung aus.

(2) Die §§ 3 und 7 des Verwaltungszustellungsgesetzes finden Anwendung."

II. Delegation

Art. 6 Abs. 1 schließt nicht aus, dass die zentrale Behörde die Zustellung nicht selbst vornimmt, sondern eine andere Behörde damit beauftragt; dies ergibt sich aus Art. 8, der ausdrücklich den Fall regelt, dass eine andere als die zentrale Behörde die Zustellung vorgenommen hat. Welche Möglichkeiten die zentrale Behörde insoweit hat, richtet sich nach dem innerstaatlichen Recht. Das deutsche Ausführungsgesetz enthält hierüber keine ausdrückliche Regelung. Die von den Landesregierungen bestimmten zentralen Behörden können daher die Amtshilfe anderer Behörden nach den allgemeinen Grundsätzen in Anspruch nehmen. 2

III. Art der Zustellung

Die Art, in der die Zustellung zu bewirken ist, hängt zunächst davon ab, ob die ersuchende Behörde eine besondere Zustellungsform gewünscht hat. 3

1. Innerstaatliches Recht

Hat die ersuchende Behörde keine besondere Zustellungsform gewünscht, dann ist auf die Zustellung das in dem ersuchten Staat geltende innerstaatliche 4

Engelhardt

Recht anzuwenden (Art. 6 Abs. 1 lit. a). Dazu gehört in Deutschland insbesondere § 4 AusfG (→ Rn. 1). Der dort in bezug genommene § 3 VwZG trifft die nähere Regelung für die Zustellung durch die Post mit Zustellungsurkunde (→ VwZG § 3 Rn. 1 ff.); § 7 VwZG regelt die Zustellung an gesetzliche Vertreter (→ VwZG § 7 Rn. 1 ff.).

Wenn der Empfänger zur Annahme bereit ist, genügt in jedem Fall die einfache Übergabe des Schriftstücks (Art. 6 Abs. 2); einer besonderen Einverständniserklärung der ersuchenden Behörde bedarf es dafür nicht. Eine Ersatzzustellung ist in dieser Form allerdings nicht möglich, da die Annahmebereitschaft des Ersatzempfängers nicht ausreicht.

2. Ersuchen um besondere Form

5   Hat die ersuchende Behörde eine besondere Zustellungsform gewünscht (vgl. Nr. 7 B des Musters), dann ist zu prüfen, ob diese mit dem Recht des ersuchten Staates vereinbar ist. Ist dies der Fall, dann ist die Zustellung in dieser Form auszuführen. Ist es nicht der Fall, dann ist dies der ersuchenden Behörde unverzüglich mitzuteilen (Art. 5).

IV. Zustellungsfrist

6   Die ersuchende Behörde kann auch die Zustellung innerhalb einer bestimmten Frist wünschen. Art. 6 Abs. 3 verpflichtet die zentrale Behörde, alles in ihren Möglichkeiten Stehende zu tun, um diesem Wunsch nachzukommen.

Art. 7 Sprachen

(1) **Soll ein ausländisches Schriftstück nach Artikel 6 Absatz 1 Buchstabe a und Absatz 2 zugestellt werden, so braucht keine Übersetzung beigefügt zu werden.**

(2) **[1]Lehnt jedoch der Empfänger die Annahme des Schriftstücks mit der Begründung ab, daß er die Sprache nicht versteht, in der es abgefaßt ist, so läßt die zentrale Behörde des ersuchten Staates das Schriftstück in die Amtssprache oder eine der Amtssprachen dieses Staates übersetzen. [2]Sie kann auch die ersuchende Behörde auffordern, das Schriftstück in die Amtssprache oder eine der Amtssprachen des ersuchten Staates übersetzen oder ihm eine Übersetzung in dieser Sprache beifügen zu lassen.**

(3) **Soll ein ausländisches Schriftstück nach Artikel 6 Absatz 1 Buchstabe b zugestellt werden, so wird das Schriftstück auf Verlangen der zentralen Behörde des ersuchten Staates in die Amtssprache oder eine der Amtssprachen dieses Staates übersetzt oder von einer Übersetzung in diese Sprache begleitet.**

I. Ausführungsvorschriften

Zu Art. 7 enthält das Gesetz vom 20.7.1981 (Vorbem. vor Art. 1) folgende Ausführungsvorschriften: 1

„**§ 2.** Eine förmliche Zustellung nach Artikel 6 Abs. 1 Buchstabe b des Übereinkommens ist nur zulässig, wenn das zuzustellende Schriftstück in deutscher Sprache abgefaßt oder in diese Sprache übersetzt ist.

§ 3. [1]Soll nach Artikel 6 Abs. 1 Buchstabe a und Abs. 2 des Übereinkommens ein ausländisches Schriftstück zugestellt werden, das weder in deutscher Sprache abgefaßt noch von einer Übersetzung in die deutsche Sprache begleitet ist, so ersucht die zentrale Behörde die von der Landesregierung bestimmte Stelle, eine einfache Übergabe an den Empfänger zu bewirken. [2]Dabei ist der Empfänger darauf hinzuweisen, daß er die Annahme des Schriftstücks mit der Begründung ablehnen kann, daß er die Sprache, in der es abgefaßt ist, nicht verstehe. [3]Im Falle der Annahmeverweigerung leitet die nach Satz 1 zuständige Behörde das Schriftstück an die zentrale Behörde zurück. [4]Diese veranlaßt die Übersetzung des Schriftstücks in die deutsche Sprache oder fordert die ersuchende Behörde auf, das Schriftstück in die deutsche Sprache zu übersetzen oder eine Übersetzung in diese Sprache beifügen zu lassen."

II. Sprache

In welcher **Sprache** das zuzustellende Schriftstück abgefasst sein darf, hängt ebenfalls davon ab, ob die ersuchende Behörde eine besondere Zustellungsform wünscht (Art. 6 Abs. 1 lit. a). 2

1. Übersetzung

Wird eine besondere Zustellungsform gewünscht, dann kann die zentrale Behörde des ersuchten Staates verlangen, dass die ersuchende Behörde das Schriftstück in die Amtssprache oder in eine der Amtssprachen des ersuchten Staates übersetzt oder übersetzen lässt, wenn es nicht schon von der Übersetzung in eine solche Sprache begleitet ist (Art. 7 Abs. 3). 3

2. Ablehnung durch Empfänger

Wird eine besondere Zustellungsform nicht gewünscht, dann ist die Beifügung einer Übersetzung grundsätzlich nicht erforderlich (Art. 7 Abs. 1). Der Empfänger kann aber die Annahme nach Art. 7 Abs. 2 S. 1 ablehnen. In diesem Fall kann nur wirksam zugestellt werden, wenn das Schriftstück in eine Amtssprache des ersuchten Staates übersetzt oder ihm eine solche Übersetzung beigefügt wird. Die zentrale Behörde kann das Schriftstück entweder selbst übersetzen lassen oder die ersuchende Behörde hierzu auffordern; da die erste Alternative kostspielig und die zweite mühsam und zeitraubend ist, wurde bei der Konsultation vom 1.12.1987 (→ Art. 18 Rn. 2) zwischen den Teilnehmern Übereinstimmung erzielt, dass es zweckmäßig sei, dem Ersuchen grundsätzlich eine Übersetzung beizufügen, wenn es möglich ist. 4

EuAuslVwZUbk Art. 8 Europäisches Übereinkommen

4a   Zum **Zeitpunkt** der Zustellung, wenn der Empfänger die Annahme wegen Fehlens einer Übersetzung zunächst ablehnt, hat der EuGH (NJW 2006, 491) zu dem vergleichbaren Art. 8 EuZVO entschieden, dass es für die Rechte des Absenders (zB Fristwahrung) auf die ursprüngliche Zustellung, für die Rechte des Empfängers aber auf den Zeitpunkt ankommt, in dem er die Übersetzung des Schriftstücks erhalten hat. Die Anwendung dieses Grundsatzes erscheint auch bei der Zustellung in Verwaltungssachen sinnvoll.

III. Fehlen der Übersetzung

5   Die Bundesrepublik Deutschland hat bei Hinterlegung der Ratifikationsurkunde darauf hingewiesen, dass Schriftstücke, die in einer fremden Sprache abgefasst sind und nicht von einer **Übersetzung** in die deutsche Sprache begleitet werden, nicht nach Art. 6 Abs. 1 lit. b förmlich zugestellt werden können (BGBl. 1982 II 1058).

Liegt der zentralen Behörde keine Übersetzung des zuzustellenden Schriftstücks vor, dann ist es im Hinblick auf Art. 7 Abs. 2 S. 1 nicht zulässig, dass sie für die Zustellung die Form des Postzustellungsauftrags nach Maßgabe des § 186 ZPO iVm Anlage 2c AGB POSTDIENST (ABl. BMPT 1991, 1019) wählt. Denn bei einem Postzustellungsauftrag kann der Empfänger die Annahme eines Schriftstücks nicht wegen fehlender Übersetzung ablehnen; vielmehr wird bei Annahmeverweigerung das Schriftstück am Ort der Zustellung zurückgelassen und gilt dann als zugestellt. Deshalb sieht § 3 AusfG vor, dass die zentrale Behörde in einem solchen Fall die von der Landesregierung bestimmte Stelle veranlasst, eine einfache Übergabe an den Empfänger zu bewirken. Dadurch erhält dieser die Möglichkeit, die Annahme des Schriftstücks mit der Begründung abzulehnen, dass er die Sprache nicht verstehe, in der es abgefasst ist, und dadurch die Rechtswirkungen einer Zustellung zu vermeiden.

5a   Die **Schweiz** hat bei Hinterlegung der Ratifikationsurkunde darauf hingewiessen, dass sie bei Ablehnung der Zustellung durch einen Empfänger in der Schweiz wegen Fehlens einer Übersetzung das Zustellungsverfahren nur fortsetzen wird, nachdem die ersuchende Behörde das zuzustellende Schriftstück übersetzt oder ihm eine Übersetzung in eine am Zustellungsort geltende Amtssprache beigefügt hat.

IV. Belgien

6   Im Falle **Belgiens** ist die Besonderheit zu beachten, dass Deutsch zwar eine der Amtssprachen des Staates ist, aber nur von einer Minderheit der Bevölkerung gesprochen wird. Deshalb empfiehlt es sich, das Muster des Ersuchens in Französisch oder Flämisch auszufüllen, wenn der Empfänger einer dieser Sprachgruppen angehört.

Art. 8 Zustellungszeugnis

(1) **¹Die zentrale Behörde des ersuchten Staates oder die Behörde, welche die Zustellung vorgenommen hat, stellt ein Zustellungszeug-**

nis aus, das dem diesem Übereinkommen als Anlage beigefügten Muster entspricht.¹ ²Das Zeugnis stellt die Erledigung des Ersuchens fest; gegebenenfalls sind die Umstände anzuführen, welche die Erledigung verhindert haben.

(2) Das Zeugnis wird von der Behörde, die es ausgestellt hat, der ersuchenden Behörde unmittelbar zugesandt.

(3) Die ersuchende Behörde kann die zentrale Behörde des ersuchten Staates bitten, ein Zeugnis, das nicht von dieser zentralen Behörde ausgestellt worden ist, mit einem Sichtvermerk zu versehen, wenn die Echtheit dieses Zeugnisses angezweifelt wird.

I. Ausführungsvorschrift

Zu Art. 8 enthält das Gesetz vom 20.7.1981 (Vorbem. vor Art. 1) in § 5 folgende **Ausführungsvorschrift:** 1

„Das Zustellungszeugnis (Artikel 8 Abs. 1 des Übereinkommens) erteilt im Falle des § 4 die zentrale Behörde."

II. Postzustellung

Aus Art. 8 Abs. 1 lässt sich entnehmen, dass das Übereinkommen nicht 2 zwingend verlangt, die zentrale Behörde müsse die Zustellung selbst vornehmen. § 5 AusfG ändert für den deutschen Rechtsbereich daran nichts (→ Art. 6 Rn. 2); er regelt nur den Fall, dass die zentrale Behörde das Schriftstück durch die Post mit Postzustellungsurkunde hat zustellen lassen (→ Art. 6 Rn. 1).

Art. 9 Muster des Ersuchens und des Zustellungszeugnisses

(1) ¹Die vorgedruckten Teile des diesem Übereinkommen beigefügten Musters¹ müssen in einer der Amtssprachen des Europarats abgefaßt sein. ²Sie können außerdem in der Amtssprache oder einer der Amtssprachen des Staates der ersuchenden Behörde abgefaßt sein.

(2) Die Eintragungen sind in der Amtssprache oder einer der Amtssprachen des ersuchten Staates oder in einer der Amtssprachen des Europarats vorzunehmen.

I. Amtssprachen

Amtssprachen des Europarates sind Französisch und Englisch (Art. 12,1 1 der Satzung des Europarates).

---

¹ Abgedruckt nach Art. 23.
¹ Abgedruckt nach Art. 23.

II. Sprachverwendung

2 Art. 9 unterscheidet hinsichtlich der **Sprachverwendung** zwischen den vorgedruckten Teilen des Ersuchens und den Eintragungen. Die vorgedruckten Teile müssen in jedem Fall in einer der Amtssprachen des Europarats abgefasst sein; nur daneben ist die Abfassung in der Amtssprache des ersuchenden Staates zulässig. Hinsichtlich der Eintragungen hat die ersuchende Behörde die Wahl, ob sie eine der Amtssprachen des Europarats oder eine dazu nicht gehörende Amtssprache des ersuchten Staates verwendet.

Art. 10 Zustellung durch Konsularbeamte

(1) Jeder Vertragsstaat kann Zustellungen von Schriftstücken an Personen, die sich im Hoheitsgebiet anderer Vertragsstaaten befinden, unmittelbar und ohne Anwendung von Zwang durch seine Konsularbeamten oder, wenn es die Umstände erfordern, durch seine Diplomaten vornehmen lassen.

(2) ¹Jeder Staat kann bei der Unterzeichnung oder bei der Hinterlegung seiner Ratifikations-, Annahme-, Genehmigungs- oder Beitrittsurkunde durch eine an den Generalsekretär des Europarats gerichtete Erklärung einer solchen Zustellung in seinem Hoheitsgebiet widersprechen, wenn ein Schriftstück einem seiner Staatsangehörigen, einem Angehörigen eines dritten Staates oder einem Staatenlosen zugestellt werden soll. ²Jeder andere Vertragsstaat kann sich auf das Fehlen der Gegenseitigkeit berufen.

(3) ¹Die Erklärung nach Absatz 2 wird mit dem Zeitpunkt wirksam, zu dem dieses Übereinkommen für den die Erklärung abgebenden Staat in Kraft tritt. ²Sie kann durch eine an den Generalsekretär des Europarats gerichtete Erklärung zurückgenommen werden. ³Die Zurücknahme wird drei Monate nach Eingang der Erklärung wirksam.

I. Ausführungsvorschrift

1 Zu Art. 10 enthält das Gesetz vom 20.7.1981 (Vorbem. vor Art. 1) in § 6 Satz 1 folgende **Ausführungsvorschrift:**

„Eine Zustellung durch diplomatische oder konsularische Vertreter (Artikel 10 des Übereinkommens) ist nur zulässig, wenn das Schriftstück einem Angehörigen des Absendestaates zuzustellen ist."

II. Unmittelbare Zustellung

2 Die unmittelbare Zustellung durch **Konsularbeamte** oder Diplomaten ist in jedem Fall nur zulässig, wenn der Zustellungsempfänger damit einverstanden ist. Dies schließt insb. die Ersatzzustellung durch Aushändigung an andere Personen aus (BVerwGE 109, 115 (120) = NJW 2000, 683). Eine Mitteilung an den Aufenthaltsstaat ist nicht vorgeschrieben.

III. Staatsangehörigkeit

Im Übrigen ist zu unterscheiden, ob der **Zustellungsempfänger** Angehöriger des absendenden, des Aufenthalts- oder eines dritten Staates oder Staatenloser ist. 3

1. Eigene Staatsangehörige

Gegenüber Angehörigen des absendenden Staates ist die unmittelbare Zustellung nach Art. 10 Abs. 1 stets zulässig. 4

2. Ausschließung

Hinsichtlich aller übrigen Personen kann der Aufenthaltsstaat die unmittelbare Zustellung nach Art. 17 Abs. 1 ausschließen. Die Ausschließung erfolgt durch besondere Erklärung an den Generalsekretär des Europarats. Die Erklärung kann nur zu den in Art. 10 Abs. 2 S. 1 genannten Zeitpunkten abgegeben werden (anders als die Erklärung nach Art. 11 Abs. 2 S. 1). Ist die Erklärung nach Art. 10 Abs. 3 S. 2 zurückgenommen worden, dann kann sie nicht erneuert werden. Zweifelhaft erscheint, ob die Ausschließung sich stets auf alle Personen beziehen muss, die nicht Angehörige des zustellenden Staates sind. Dafür spricht, dass in Art. 10 im Gegensatz zu Art. 11 die Worte „ganz oder teilweise" nicht gebraucht werden. Ein sachlicher Grund, warum die Ausschließung nicht etwa auf Angehörige des Aufenthaltsstaates sollte beschränkt werden dürfen, ist jedoch nicht erkennbar. 5

IV. Gegenseitigkeit

Art. 10 Abs. 2 S. 2 gewährleistet jedem Vertragsstaat das Recht, sich gegenüber einer unmittelbaren Zustellung nach Art. 10 auf das Fehlen der **Gegenseitigkeit** zu berufen. Dies setzt allerdings voraus, dass er von der Zustellungsabsicht Kenntnis erhält (vgl. Anm. 1). 6

V. Widerspruch

Die Bundesrepublik **Deutschland,** Belgien und Österreich haben bei Hinterlegung der Ratifikationsurkunde der Zustellung durch diplomatische oder konsularische Vertreter widersprochen, wenn das Schriftstück einer anderen Person als einem Staatsangehörigen des ersuchenden Staates zuzustellen ist (BGBl. 1982 II 1058 (1059)). 7

Die **Schweiz** hat bei Hinterlegung der Ratifikationsurkunde erklärt, dass sie die Zustellung durch Konsularbeamte und diplomatische Vertreter grundsätzlich erlaubt, an Staatsangehörige der Schweiz oder eines Drittlandes oder Staatenlose jedoch nur dann, wenn dem Schriftstück ein in einer von dem

Empfänger verstandenen Sprache oder einer am Zustellungsort geltenden Amtssprache abgefasstes Schreiben – von dem die Schweiz dem Depositar der Konvention ein Muster übermittle – beigefügt ist, in dem der Empfänger darauf hingewiesen wird, dass er von der in diesem Schreiben bezeichneten Behörde Informationen über seine Rechte und Verpflichtungen in Verbindung mit der Zustellung erhalten kann.

Spanien hat bei Hinterlegung der Ratifikationsurkunde der Zustellung von Schriftstücken durch Konsuln widersprochen, wenn die Empfänger nicht Angehörige des Staates des Konsuls sind.

Art. 11 Zustellung durch die Post

(1) **Jeder Vertragsstaat kann Personen, die sich im Hoheitsgebiet anderer Vertragsstaaten befinden, Schriftstücke unmittelbar durch die Post zustellen lassen.**

(2) [1]**Jeder Vertragsstaat kann bei der Unterzeichnung, bei der Hinterlegung seiner Ratifikations-, Annahme-, Genehmigungs- oder Beitrittsurkunde oder jederzeit binnen fünf Jahren nach dem Zeitpunkt, zu dem dieses Übereinkommen für ihn in Kraft getreten ist, durch eine an den Generalsekretär des Europarats gerichtete Erklärung der Zustellung durch die Post in seinem Hoheitsgebiet wegen der Staatsangehörigkeit des Empfängers oder für bestimmte Arten von Schriftstücken ganz oder teilweise widersprechen.** [2]**Jeder andere Vertragsstaat kann sich auf das Fehlen der Gegenseitigkeit berufen.**

(3) [1]Die Erklärung nach Absatz 2 wird je nach Lage des Falles mit dem Zeitpunkt, zu dem dieses Übereinkommen für den die Erklärung abgebenden Staat in Kraft tritt, oder drei Monate nach ihrem Eingang beim Generalsekretär des Europarats wirksam. [2]Sie kann ganz oder teilweise durch eine an den Generalsekretär des Europarats gerichtete Erklärung zurückgenommen werden. [3]Die Zurücknahme wird drei Monate nach Eingang der Erklärung wirksam.

I. Geltungsbereich des VwZG

1   Die Vorschriften des VwZG über die Zustellung durch die Post gelten nicht für eine durch eine ausländische Post vorgenommene Zustellung (VG Braunschweig, Urt. v. 19.3.2003 – 8 A 272/02; SBS, VwVfG, 6. Aufl., Rn. 112a). Im Ausland ist vielmehr nach § 14 VwZG oder – in Vertragsstaaten des EuZustÜbk – die Bestimmungen des Übereinkommens zu beachten; die nach Art. 11 Abs. 1 EuZustÜbk an sich gegebene Möglichkeit einer Zustellung durch die Post hat die Bundesrepublik freilich durch § 6 S. 2 des Gesetzes vom 20.7.1981 (Vorbem. 3 vor Art. 1) ausdrücklich ausgeschlossen.

II. Inhalt

Die Regelung der Zustellung durch die Post entspricht weitgehend der der unmittelbaren Zustellung nach Art. 10, doch ergeben sich einige Unterschiede. 2

III. Widerspruchsmöglichkeit

Der Aufenthaltsstaat kann der Zustellung auf diesem Wege in unterschiedlichem Umfang widersprechen. Für die Erklärung gilt das Gleiche wie für die Erklärung nach Art. 10 Abs. 2 S. 1 mit der Ausnahme, dass sie hier auch innerhalb von 5 Jahren nach dem Zeitpunkt abgegeben werden kann, in dem das Übereinkommen für den Vertragsstaat nach Art. 17 Abs. 3 in Kraft getreten ist. Deshalb kann die Erklärung auch innerhalb dieses Zeitraums erneuert werden. 3

IV. Staatsangehörigkeit

Der Widerspruch kann sich einmal auf die Staatsangehörigkeit des Zustellungsempfängers beziehen. Die Formulierung ist hier nicht so klar wie in Art. 10; man wird sie so zu verstehen haben, dass der Aufenthaltsstaat die Wahl hat, ob er in die Ausschließung nur Zustellungen an eigene Staatsangehörige oder auch solche an Angehörige bestimmter Drittstaaten oder auch Staatenlose einbezieht. 4

V. Verfahrensarten

In sachlicher Hinsicht kann der Aufenthaltsstaat für bestimmte Verwaltungsverfahren die Zustellung durch die Post ausschließen. 5

VI. Gegenseitigkeit

Hinsichtlich der Gegenseitigkeit gilt das Gleiche wie bei Art. 10 (Art. 11 Abs. 2 S. 2). 6

VII. Widerspruch

Die Bundesrepublik **Deutschland** hat – entsprechend der gesetzlichen Ausführungsvorschrift (→ Rn. 1) – bei Hinterlegung der Ratifikationsurkunde der Zustellung von Schriftstücken durch die Post in ihrem Hoheitsgebiet generell widersprochen (BGBl. 1982 II 1058). Österreich hat die Zustellung direkt durch die Post auf der Grundlage der Gegenseitigkeit zugelassen mit Ausnahme von Schriftstücken, 7

EuAuslVwZUbk Art. 12   Europäisches Übereinkommen

- durch die eine Enteignung ausgesprochen wird,
- die im Zusammenhang mit der Feststellung der Eignung Wehrpflichtiger zum Wehrdienst stehen oder den Empfänger zur militärischen Dienstleistung oder – sofern es sich um einen österreichischen Staatsbürger handelt – die sein im Ausland gelegenes Eigentum dauernd oder vorübergehend zu militärischen Zwecken heranziehen,
- die einen sich auf die Konvention über die Rechtsstellung der Flüchtlinge vom 28.7.1951 gründenden Spruch enthalten,
- die eine Angelegenheit des Waffenwesens oder des Fremdenpolizeiwesens betreffen.

Die **Schweiz** hat bei Hinterlegung der Ratifikationsurkunde erklärt, dass sie die Zustellung durch die Post grundsätzlich erlaubt, an Staatsangehörige der Schweiz oder eines Drittlandes oder Staatenlose jedoch nur dann, wenn dem Schriftstück ein in einer von dem Empfänger verstandenen Sprache oder einer am Zustellungsort geltenden Amtssprache abgefasstes Schreiben – von dem die Schweiz dem Depositar der Konvention ein Muster übermittle – beigefügt ist, in dem der Empfänger darauf hingewiesen wird, dass er von der in diesem Schreiben bezeichneten Behörde Informationen über seine Rechte und Verpflichtungen in Verbindung mit der Zustellung erhalten kann.

Art. 12 Andere Übermittlungswege

(1) **Jedem Vertragsstaat steht es frei, für Ersuchen um Zustellung von Schriftstücken den diplomatischen oder konsularischen Weg zu benutzen.**

(2) **Dieses Übereinkommen schließt nicht aus, daß Vertragsstaaten vereinbaren, zum Zweck der Zustellung andere als die in den vorstehenden Artikeln vorgesehenen Übermittlungswege zuzulassen, insbesondere den unmittelbaren Verkehr zwischen ihren Behörden.**

I. Andere Zustellungsmöglichkeiten

1   Die Regelungen des Übereinkommens nehmen keine Ausschließlichkeit in Anspruch. Sie lassen die Möglichkeit unberührt, um die Zustellung auf diplomatischem oder konsularischem Weg zu ersuchen (Art. 12 Abs. 1). Ein solches Ersuchen kann daher nicht unter Hinweis auf die Möglichkeiten des Übereinkommens abgelehnt werden.

II. Zweiseitige Abkommen

2   Daneben lässt das Übereinkommen Raum für zweiseitige Abmachungen zwischen den Vertragsstaaten. Durch solche Abmachungen können die Möglichkeiten nach dem Übereinkommen allerdings nicht eingeschränkt, sondern lediglich erweitert werden.

III. Andere internationale Übereinkünfte

Neben Art. 12 ist Art. 16 zu beachten, der andere internationale Übereinkünfte und Absprachen betrifft. 3

Art. 13 Kosten

(1) Erfolgt die Zustellung eines ausländischen Schriftstücks nach Artikel 6 Absatz 1 Buchstabe a und Absatz 2, so darf die Zahlung oder Erstattung von Gebühren und Auslagen für die Tätigkeit des ersuchten Staates nicht verlangt werden.

(2) Die ersuchende Behörde hat die Kosten zu zahlen oder zu erstatten, die durch die von ihr nach Artikel 6 Absatz 1 Buchstabe b gewünschte Form der Zustellung entstehen.

I. Kostenfreiheit

Grundsätzlich ist die Zustellung für den ersuchenden Staat kostenfrei (Art. 13 Abs. 1). Eine Ausnahme bildet der Fall des Art. 13 Abs. 2. 1

II. Zahlungspflicht

Wie die Zahlungspflicht des ersuchenden Staates zu realisieren ist, regelt das Übereinkommen nicht. Der Erläuternde Bericht des Europarats geht davon aus, dass die Kosten „auf einer dem Zustellungszeugnis beigefügten Rechnung angegeben" werden (BT-Drs. 9/68, 42). Insbesondere eine Vorauszahlungspflicht besteht nicht. 2

Art. 14 Ablehnung der Erledigung

(1) **Die zentrale Behörde des um Zustellung ersuchten Staates kann es ablehnen, dem Ersuchen stattzugeben,**
a) **wenn sich nach ihrer Ansicht das zuzustellende Schriftstück nicht auf eine Verwaltungssache im Sinne des Artikels 1 bezieht;**
b) **wenn sie die Erledigung für geeignet hält, die Souveränität, die Sicherheit, die öffentliche Ordnung oder andere wesentliche Interessen dieses Staates zu beeinträchtigen;**
c) **wenn der Empfänger unter der von der ersuchenden Behörde angegebenen Anschrift nicht zu erreichen ist und wenn seine Anschrift nicht leicht festgestellt werden kann.**

(2) **Über die Ablehnung unterrichtet die zentrale Behörde des ersuchten Staates unverzüglich die ersuchende Behörde unter Angabe der Gründe.**

I. Ablehnung des Ersuchens

1   Art. 14 regelt die Fälle, in denen das Zustellungsersuchen abgelehnt werden kann. Eine Verpflichtung zur Ablehnung besteht in keinem Fall. Deshalb kann der Empfänger die Entgegennahme des Schriftstücks auch nicht mit der Begründung ablehnen, dem Ersuchen hätte nicht stattgegeben werden dürfen.

II. Entscheidung

2   Die **Entscheidung** über die Ausführung des Ersuchens steht allein der zentralen Behörde zu. Die zuständige Behörde, der die zentrale Behörde das Ersuchen zur Durchführung der Zustellung weiterleitet, ist an diese Entscheidung gebunden und kann ihrerseits die Zustellung nicht ablehnen.

III. Rechtsstellung des Empfängers

3   Der **Empfänger** kann durch die Entscheidung der zentralen Behörde nicht in seinen Rechten beeinträchtigt werden, da die Ablehnungsgründe nicht seinen subjektiven Rechtsbereich betreffen. Das Ablehnungsrecht ist der zentralen Behörde vielmehr lediglich im öffentlichen Interesse eingeräumt.

IV. Ablehnungsgründe

4   **Gründe** für die Ablehnung des Ersuchens:

1. Bereich der Verwaltungssachen

4a   Art. 14 Abs. 1 lit. a gibt der zentralen Behörde die Befugnis, die Auffassung ihres Staates darüber zur Geltung zu bringen, was zum Bereich der Verwaltungssachen gehört. Ihre Auffassung ist nicht rechtlich nachprüfbar („nach ihrer Ansicht"). Diplomatische Versuche, den Empfangsstaat umzustimmen, bleiben dem ersuchenden Staat unbenommen.

Der erläuternde Bericht des Europarats empfiehlt, die Erledigung eines Ersuchens nicht allein deshalb abzulehnen, weil es sich um eine Angelegenheit handelt, die im Hoheitsgebiet des ersuchten Staates einer zivilen Stelle zu unterbreiten wäre; die aus dem Übereinkommen erwachsenden Verpflichtungen sollten nicht von der Bezeichnung der Behörden des ersuchten Staates abhängig gemacht werden (wie dies auch von der 4. Haager Konferenz für Internationales Privatrecht empfohlen wurde); vielmehr sollte der ersuchte Staat in Fällen dieser Art die Zustellung von Schriftstücken nach Maßgabe der bei ihm geltenden einschlägigen Rechtsvorschriften vornehmen (BT-Drs. 9/68, 42). Dem ist zuzustimmen; doch bietet Art. 14 Abs. 1 lit. a dem ersuchten Staat die Möglichkeit, ein solches Entgegenkommen von der Aussicht auf Gegenseitigkeit abhängig zu machen.

2. Ordre public

Art. 14 Abs. 1 lit. b schützt den ordre public des Empfangsstaates. Als 5 Beispiel einer Beeinträchtigung der Souveränität nennt der Erläuternde Bericht des Europarats den Fall, dass die Erledigung des Ersuchens das zwischen den Staaten und ihren Angehörigen bestehende Staatsangehörigkeitsverhältnis stören würde (BT-Drs. 9/68, 42 f.). Der Begriff der wesentlichen Interessen (des ersuchten Staates) schließt auch wirtschaftliche Interessen ein. Was die zentrale Behörde im Einzelfall als geeignet ansieht, zu einer Beeinträchtigung zu führen, steht in ihrer pflichtgemäßen Beurteilung.

3. Unerreichbarkeit des Empfängers

Wenn der Empfänger unter der angegebenen Anschrift nicht zu erreichen 6 ist, müssen zumutbare Nachforschungen angestellt werden. Insbesondere wenn bekannt ist, dass er sich polizeilich an einen anderen Ort abgemeldet hat, muss versucht werden, die Zustellung an diesem Ort durchzuführen. Ist das nicht möglich, zB weil der Empfänger ins Ausland verzogen ist, wird man die zentrale Behörde für verpflichtet ansehen müssen, die Ergebnisse ihrer Nachforschung, soweit sie für die ersuchende Behörde von Interesse sind, dieser mitzuteilen.

V. Unterrichtungspflicht

Die zentrale Behörde ist verpflichtet, die ersuchende Behörde ohne vor- 7 werfbare Verzögerung zu unterrichten. Als Begründung genügt der Hinweis auf einen der in Art. 14 Abs. 1 lit. a–c genannten Gründe. Die zentrale Behörde braucht insbesondere nicht mitzuteilen, was sie zur Ermittlung der Anschrift des Empfängers unternommen hat (→ aber Rn. 6).

Art. 15 Fristen

Wird ein Schriftstück zur Zustellung im Hoheitsgebiet eines anderen Vertragsstaats übermittelt, so muß dem Empfänger, wenn diese Zustellung für ihn eine Frist in Gang setzt, eine von dem ersuchenden Staat festzulegende angemessene Zeit von der Übergabe des Schriftstücks an eingeräumt werden, um je nach Lage des Falles beim Verfahren anwesend zu sein, sich vertreten zu lassen oder die erforderlichen Schritte zu unternehmen.

I. Empfängerinteresse

Diese Regelung wurde zur Wahrung der berechtigten Interessen des 1 Zustellungsempfängers getroffen für den Fall, dass in dem Absendestaat Fristen nicht vom Zeitpunkt des Empfangs, sondern von der Ausstellung des Schriftstücks oder der Aufgabe zur Post an laufen. Sie verpflichtet die Vertragsstaaten nicht, generell ein System einzuführen, das den Fristbeginn an den Empfang des Schriftstücks knüpft (BT-Drs. 9/68, 43). Sie müssen aber zumindest für Zustellungen nach diesem Übereinkommen Sonderregelungen schaffen, die Art. 15 gerecht werden.

II. Angemessenheit

2   Die Beurteilung der Frage, ob eine Frist angemessen ist, steht grundsätzlich der ersuchenden Behörde zu (BT-Drs. 9/68, 43). Die ersuchte Behörde kann die Zustellung nicht mit der Begründung verweigern, dem Art. 15 sei nicht Genüge getan.

III. Innerstaatliche Folgen

3   Innerstaatlich kann der Empfänger sich auf Art. 15 berufen, wenn ihm der Ablauf einer Frist entgegengehalten wird und er keine angemessene Zeit zu ihrer Wahrung hatte. Im deutschen Recht dürfte das kaum vorkommen, da Fristen in aller Regel an Zustellung bzw. Bekanntgabe anknüpfen.

Art. 16 Andere internationale Übereinkünfte oder Absprachen

Dieses Übereinkommen läßt bestehende oder künftige internationale Übereinkünfte oder sonstige Absprachen und Übungen zwischen Vertragsstaaten auf Gebieten unberührt, die Gegenstand des vorliegenden Übereinkommens sind.

I. Abweichende Übereinkünfte

1   Da das Übereinkommen die internationale Zusammenarbeit fördern und nicht beschränken soll, steht es einem engeren Zusammenwirken einzelner Staaten nicht entgegen. Dieses engere Zusammenwirken kann zB in einem unmittelbaren Verkehr zwischen örtlichen Behörden oder in besonderen Sprachvereinbarungen bestehen.

II. Zeitliche Reichweite

2   Art. 16 erfasst sowohl bereits bestehende Zusammenarbeit als auch solche, die sich erst in Zukunft entwickelt.

III. Tatsächliche Übung

3   Die Klausel erfasst auch Übungen, die sich zwischen Verwaltungen einzelner Vertragsstaaten gebildet haben oder in Zukunft bilden, ohne förmlich in internationalen Vereinbarungen festgelegt zu sein oder zu werden, ebenso einseitige Übungen der Amtshilfe (vgl. BT-Drs. 9/68, 43).

Kapitel II. Schlußbestimmungen

Art. 17 Inkrafttreten des Übereinkommens

(1) ¹Dieses Übereinkommen liegt für die Mitgliedstaaten des Europarats zur Unterzeichnung auf. ²Es bedarf der Ratifikation, Annahme oder Genehmigung. ³Die Ratifikations-, Annahme- oder Genehmigungsurkunden werden beim Generalsekretär des Europarats hinterlegt.

(2) **Das Übereinkommen tritt am ersten Tag des Monats in Kraft, der auf einen Zeitabschnitt von drei Monaten nach Hinterlegung der dritten Ratifikations-, Annahme- oder Genehmigungsurkunde folgt.**

(3) **Für jeden Unterzeichnerstaat, der das Übereinkommen später ratifiziert, annimmt oder genehmigt, tritt es am ersten Tag des Monats in Kraft, der auf einen Zeitabschnitt von drei Monaten nach Hinterlegung seiner Ratifikations-, Annahme- oder Genehmigungsurkunde folgt.**

I. Beitritt

Den Mitgliedstaaten des Europarats steht der Beitritt zu dem Übereinkommen frei; Nichtmitgliedstaaten, die beitreten wollen, bedürfen einer Einladung (Art. 19 Abs. 1). 1

II. Form

Ratifikation, Annahme und Genehmigung stehen den Mitgliedstaaten zur Wahl, damit sie die ihrem Verfassungsrecht entsprechende Form wählen können. 2

III. Inkrafttreten

Das Übereinkommen ist zwischen Belgien, Frankreich und Luxemburg am 1.11.1982 in Kraft getreten (BGBl. 1982 II 1057). 3

IV. Erweiterungen des Geltungsbereichs

Die Bundesrepublik ist dem Übereinkommen, nachdem der BT ihm durch Gesetz vom 20.7.1981 (BGBl. II 533) zugestimmt hatte, mit Wirkung vom 1.1.1983 an beigetreten (BGBl. 1982 II 1057). Weiter sind dem Übereinkommen bisher beigetreten: 4
– Österreich mit Wirkung vom 1.3.1983 (BGBl. 1983 II 55),
– Italien mit Wirkung vom 1.2.1985 (BGBl. 1985 II 310),
– Spanien mit Wirkung vom 1.11.1987 (BGBl. 1987 II 801),
– Estland mit Wirkung vom 1.8.2001 (BGBl. 2001 II 1018).

V. Vorbehalte

5   Bei der Hinterlegung können die in Art. 1 Abs. 2 und 3, 10 Abs. 2, 11 Abs. 2, 20 Abs. 1 und 2 vorgesehenen zusätzlichen Erklärungen abgegeben werden. Von dieser Möglichkeit haben Gebrauch gemacht:
- Belgien (Art. 10 Abs. 2);
- Luxemburg (Art. 1 Abs. 2 S. 2);
- die Bundesrepublik Deutschland (Art. 1 Abs. 2 und 3, 7 Abs. 3, 10 Abs. 2 und 11 Abs. 2);
- Österreich (Art. 1 Abs. 2, 10 Abs. 2, 11 Abs. 2);
- Italien (Art. 1 Abs. 2 und 3);
- Spanien (Art. 10 Abs. 2),
- Estland (Art. 1 Abs. 2).

VI. Mitteilungen

6   Die Mitteilung der nach Art. 2 Abs. 1–3 bestimmten Behörden (Art. 2 Abs. 5) kann, muss aber nicht im Zusammenhang mit der Hinterlegung erfolgen.

Art. 18 Revision des Übereinkommens

¹Auf Ersuchen eines Vertragsstaats oder nach Ablauf des dritten Jahres, das auf das Inkrafttreten dieses Übereinkommens folgt, nehmen die Vertragsstaaten mehrseitige Konsultationen auf, bei denen sich jeder andere Mitgliedstaat des Europarats durch einen Beobachter vertreten lassen kann, um die Anwendung des Übereinkommens sowie die Zweckmäßigkeit seiner Revision oder einer Erweiterung einzelner Bestimmungen zu prüfen. ²Diese Konsultationen finden auf einer vom Generalsekretär des Europarats einberufenen Tagung statt.

I. Revision

1   Da das Übereinkommen wichtige Neuerungen im Bereich der gegenseitigen Amtshilfe in Verwaltungssachen einführt, soll es den Vertragsstaaten ermöglicht werden, auf Grund der bei der Anwendung des Übereinkommens gemachten Erfahrungen durch Konsultationen im Rahmen des Europarats eine Bestandsaufnahme zu machen.

II. Multilaterale Konsultation

2   Auf Initiative Österreichs wurde am 1.12.1987 eine multilaterale Konsultation durchgeführt, an der allerdings nur vier Vertragsstaaten teilnahmen. Erörtert wurden hauptsächliche technische Fragen. Vorschläge für eine Revision wurden nicht gemacht.

Art. 19 Beitritt eines Nichtmitgliedstaats des Europarats

(1) Nach Inkrafttreten dieses Übereinkommens kann das Ministerkomitee des Europarats jeden Nichtmitgliedstaat einladen, dem Übereinkommen beizutreten; ein solcher Beschluß bedarf der Zweidrittelmehrheit der abgegebenen Stimmen einschließlich der Stimmen aller Vertragsstaaten.

(2) Der Beitritt erfolgt durch Hinterlegung einer Beitrittsurkunde beim Generalsekretär des Europarats; die Urkunde wird drei Monate nach ihrer Hinterlegung wirksam.

I. Einladung

Nichtmitgliedstaaten können dem Abkommen nur beitreten, wenn sie vom Ministerkomitee dazu ausdrücklich eingeladen worden sind. Der Einladungsbeschluss bedarf einer Zweidrittelmehrheit. Bisher ist ein solcher Beschluss noch nicht gefasst worden. 1

II. Beitritt

Die Hinterlegung der **Beitrittsurkunde** entspricht derjenigen der Ratifikations-, Annahme- oder Genehmigungsurkunde nach Art. 17 Abs. 1 S. 2 bei Mitgliedstaaten des Europarats. Wie diese können auch Nichtmitglieder die in Art. 17 Anm. 5 genannten Erklärungen abgeben. 2

Art. 20 Räumlicher Geltungsbereich des Übereinkommens

(1) Jeder Staat kann bei der Unterzeichnung oder bei der Hinterlegung seiner Ratifikations-, Annahme-, Genehmigungs- oder Beitrittsurkunde einzelne oder mehrere Hoheitsgebiete bezeichnen, auf die dieses Übereinkommen Anwendung findet.

(2) Jeder Staat kann bei der Hinterlegung seiner Ratifikations-, Annahme-, Genehmigungs- oder Beitrittsurkunde oder jederzeit danach durch eine an den Generalsekretär des Europarats gerichtete Erklärung dieses Übereinkommen auf jedes weitere in der Erklärung bezeichnete Hoheitsgebiet erstrecken, dessen internationale Beziehungen er wahrnimmt oder für das er Vereinbarungen treffen kann.

(3) Jede nach Absatz 2 abgegebene Erklärung kann in bezug auf jedes darin genannte Hoheitsgebiet durch eine an den Generalsekretär des Europarats gerichtete Notifikation zurückgenommen werden. Die Zurücknahme wird sechs Monate nach Eingang der Notifikation beim Generalsekretär des Europarats wirksam.

I. Räumlicher Geltungsbereich

1 Grundsätzlich umfasst der räumliche Geltungsbereich des Übereinkommens das gesamte Hoheitsgebiet der Vertragsstaaten. Insbesondere ist das Übereinkommen auch auf Zustellungen an Bord eines Schiffes anzuwenden, die die Flagge eines Vertragsstaates führen (BT-Drs. 9/68, 40).

II. Beschränkung

2 Wenn Art. 20 Abs. 1 den Vertragsstaaten das Recht eröffnet, einzelne Hoheitsgebiete zu bestimmen, auf die das Übereinkommen Anwendung finden soll, so bietet er ihnen damit die Möglichkeit, das Anwendungsgebiet auf einen Teil ihres Hoheitsgebietes zu beschränken. Gibt ein Vertragsstaat keine derartige Erklärung ab, dann bleibt es bei dem Grundsatz, dass das Übereinkommen in seinem gesamten Hoheitsgebiet Anwendung findet. Eine nachträgliche Beschränkung ist nicht zulässig.

III. Erstreckung

3 Art. 20 Abs. 2 eröffnet den Vertragsstaaten das Recht, die Anwendung des Übereinkommens auf fremde Hoheitsgebiete zu erstrecken, zu deren völkerrechtlicher Vertretung er berechtigt ist. Diese Erstreckung bedarf im Gegensatz zu dem Fall des Art. 20 Abs. 1 einer ausdrücklichen Erklärung.

IV. Rücknahme

4 Die Erklärungen nach Art. 20 Abs. 2, nicht diejenigen nach Art. 20 Abs. 1, können nach Art. 20 Abs. 3 zurückgenommen werden. Der Fall, dass ein Staat den räumlichen Geltungsbereich nachträglich auf weitere (eigene) Hoheitsgebiete erstrecken will, ist in Art. 20 nicht vorgesehen; dafür, eine solche nachträgliche Erstreckung nicht zuzulassen, ist allerdings ein sachlicher Grund nicht ersichtlich.

V. Abgegebene Erklärungen

5 Erklärungen nach Art. 20 sind bisher von keinem Vertragsstaat abgegeben worden.

Art. 21 Vorbehalte zu dem Übereinkommen

Vorbehalte zu diesem Übereinkommen sind nicht zulässig.

Art. 22 Kündigung des Übereinkommens

(1) Jeder Vertragsstaat kann dieses Übereinkommen durch eine an den Generalsekretär des Europarats gerichtete Notifikation für sich kündigen.

(2) ¹Die Kündigung wird am ersten Tag des Monats wirksam, der auf einen Zeitabschnitt von sechs Monaten nach Eingang der Notifikation beim Generalsekretär folgt. ²Jedoch findet das Übereinkommen weiterhin auf die vor Ablauf dieser Frist eingegangenen Zustellungsersuchen Anwendung.

I. Kündigung

Art. 22 gewährleistet jedem Vertragsstaat das Recht, sich jederzeit von dem Übereinkommen wieder loszusagen. Die **Kündigung** lässt die Geltung des Übereinkommens zwischen den übrigen Vertragsstaaten unberührt, auch wenn dadurch ihre Zahl unter drei (vgl. Art. 17 Abs. 2) sinken sollte. 1

II. Geltungsende

Durch die Kündigung werden die Rechte und Pflichten aus dem Übereinkommen mit Ablauf des sechsten Kalendermonats nach ihrem Eingang beim Generalsekretär beendet (Art. 22 Abs. 2 S. 1). Art. 22 Abs. 2 S. 2 stellt jedoch sicher, dass vor Ablauf dieser Frist eingegangene Zustellungsersuchen noch nach dem Übereinkommen erledigt werden. 2

Art. 23 Aufgaben des Verwahrers des Übereinkommens

Der Generalsekretär des Europarats notifiziert den Mitgliedstaaten des Rates und jedem Staat, der diesem Übereinkommen beigetreten ist,
a) jede Unterzeichnung;
b) jede Hinterlegung einer Ratifikations-, Annahme-, Genehmigungs- oder Beitrittsurkunde;
c) jeden Zeitpunkt des Inkrafttretens dieses Übereinkommens nach seinem Artikel 17 Absätze 2 und 3;
d) jede nach Artikel 1 Absätze 2, 3 und 4 eingegangene Erklärung;
e) jede nach Artikel 2 Absatz 5 eingegangene Erklärung;
f) jede nach Artikel 10 Absätze 2 und 3 eingegangene Erklärung;
g) jede nach Artikel 11 Absätze 2 und 3 eingegangene Erklärung;
h) jede nach Artikel 20 Absätze 2 und 3 eingegangene Erklärung oder Notifikation;
i) jede nach Artikel 22 Absatz 1 eingegangene Notifikation und den Zeitpunkt, zu dem die Kündigung wirksam wird.

I. Zweck der Notifikation

Art. 23 stellt sicher, dass alle rechtlich relevanten Erklärungen von vorhandenen oder neuen Vertragsstaaten allen anderen Vertragsstaaten zur Kenntnis kommen. Für die **Wirksamkeit** der Erklärungen ist die Notifikation des Generalsekretärs nicht erforderlich. 1

II. Gegenstand der Erklärungen

2   Es betreffen die Erklärungen nach
    - Art. 1 Abs. 2, 3 oder 4: die Erstreckung der Anwendung des Übereinkommens auf Steuer- und Strafsachen, die Ausschließung der Anwendung des Übereinkommens auf bestimmte Verwaltungssachen bzw. die Zurücknahme dieser Erklärungen;
    - Art. 2 Abs. 5: die Mitteilung von Bezeichnung und Anschrift der zentralen Behörde (Art. 2 Abs. 1), anderer Behörden mit denselben Aufgaben (Art. 2 Abs. 2) sowie der Absendebehörde(n) (Art. 2 Abs. 3);
    - Art. 10 Abs. 2, 3: den Widerspruch gegen die Zustellung von Schriftstücken durch Konsularbeamte oder Diplomaten bzw. seine Zurücknahme;
    - Art. 11 Abs. 2, 3: den Widerspruch gegen die Zustellung von Schriftstücken durch die Post bzw. seine Zurücknahme;
    - Art. 20 Abs. 2, 3: die Erstreckung des Geltungsbereichs des Übereinkommens auf weitere Hoheitsgebiete bzw. ihre Zurücknahme;
    - Art. 22 Abs. 1: die Kündigung des Übereinkommens.

Sachverzeichnis

(Die Zahlen verweisen auf die Randnummern)

Abbruch
- baufälliges Haus **VwVG 10** 8

Abgabe einer Erklärung VwVG Vor 6 6
Abgabenforderungen VwVG 1 4
Abgabenordnung, Geltung VwVG 1 20
- Modellcharakter **VwVG 5** 1
- Nebengesetz zur **EUBeitrG Vor 1** 8

Abgesonderte Befriedigung AO 282 2
Abholbestätigung VwZG 5a 3, 4
Abholung
- von Postsendungen **VwZG 4** 10

Abkommen
- multilaterale **VwZG 9** 9
- zweiseitige **VwZG 9** 10

Ablösungsrecht AO 293 3a
Abschiebung VwVG 6 27; **9** 3
Abschleppen
- von Fahrzeugen **VwVG Vor 6** 8; **10** 12

Abschleppkosten
- Tagespauschale für Verwahrung **VwVG 19** 5
- Unverhältnismäßigkeit **VwVG 10** 13

Abschleppmaßnahme
- Halterbenachrichtigung **VwVG 10** 17
- Rechtsstellung des Ersatzunternehmers **VwVG 10** 9
- Wanderbaustelle **VwVG 10** 12

Abschöpfungen EUBeitrG 1 9
Abschrift, beglaubigte VwZG 2 5
Absendebehörde VwZustUeber 2 7
Absonderungsrecht AO 77 4; **322** 7
Abtransport VwVG 10 1
Abwicklungsfrist VwVG 6 3
Adressat VwZG 2 9; **7** 6
- Wahlrecht **VwZG 7** 6, 7

Adresse
- Aktenvermerk **VwZG 4** 11; **10** 17
- der Behörde **VwZG 3** 4
- des Zustellempfängers **VwZG 3** 4

Aktenzeichen VwZG 3 5–8, 49
Akzessorietät
- Duldungsbescheid **VwVG 2** 4

Allgemeine Verwaltungsvorschriften
- zum Verwaltungszustellungsgesetz **VwZG Vor 1** 4

Allgemeinverfügung
- Durchsetzung mit Zwangsmitteln **VwVG Vor 6** 3

- sofortige Vollziehung **VwVG 6** 4

Altenheim
- Zustellung **VwZG 3** 25

Altlasten
- Pflichtiger bei Freigabe von Grundstück aus Insolvenzmasse **VwVG Vor 6** 9

Amtshandlung, Begriff VwVG 19 6
Amtshilfe AO 250 1
- bei Zustellung an Seeleute und Binnenschiffer **VwZG 2** 12
- durch Länderbehörden **VwVG 4** 6
- Gleichordnungsverhältnis **VwVG 8** 3
- Grenzen **EUBeitrG 14**
- Übertragung auf Landesbehörden **EUBeitrG 4** 4
- zwischenstaatliche **EUBeitrG Vor 1** 2

Amtshilfeersuchen AO 250 3
Amtshilfehandlung, Zulässigkeit VwVG 8 3–6
Amtspflichtverletzung VwVG 1 17; **6** 13
- bei fehlender Zwangsmittelandrohung **VwVG 13** 16

Amtssprachen
- des Europarates **VwZustUeber 9** 1

Androhung VwVG 13 1
- Bestimmtheit **VwVG 13** 4, 7
- einheitliche **VwVG 13** 4
- Entbehrlichkeit **VwVG 13** 1
- erneute **VwVG 13** 12
- Ersatzzwangshaft **VwVG 16** 2
- Form **VwVG 13** 8
- Rechtmäßigkeit **VwVG 13** 1
- Rechtsnatur **VwVG 13** 1
- Schriftform **VwVG 13** 8
- Verbindung mit zu erzwingendem Verwaltungsakt **VwVG 13** 10
- Zustellung **VwVG 13** 9

Anfechtungsfristen
- bei der Gläubigeranfechtung **VwVG 2** 4

Anfechtungsgesetz VwVG 2 4
Anfechtungsklage VwVG 18 3
Anfechtungstatbestände VwVG 2 4
Angehörige
- Ersatzzustellung **VwZG 3** 15, 30
- Kostentragungspflicht bei Bestattung **VwVG 10** 12

Angemessenheit
- Zwangsgeld **VwVG 11** 9

Sachverzeichnis

Anhörung
- vor Haftanordnung **VwVG 16** 6

Anlagen in Gewässern
- dingliche Rechtsnachfolge **VwVG Vor 6** 9

Annahmeverweigerung
- unberechtigte **VwZG 3** 27, 28; **4** 14

Anordnung der sofortigen Vollziehung VwVG 6 6

Anordnung der Zustellung
- Rechtsnatur **VwZG 1** 3, 4, 5; **10** 4

Anordnungsbehörde VwVG 3 9, 10; **4** 1, 5, 6

Anscheinstörer
- Kostenpflicht **VwVG 19** 5

Anschlusspfändung AO 307

Anstalt
- Zustellung **VwZG 5** 10

Anstalt, öffentlich-rechtliche VwVG 1 9

Anteilsrechte AO 321 4

Antreffen
- des Zustellungsadressaten **VwZG 3** 14

Anwesenheit an Amtsstelle VwZG 3 12

Anwohnerparkberechtigung
- Zwang gegen Inhaber **VwVG Vor 6** 8

Apostille VwZustUeber 4 2

Arbeitnehmerähnliche Person AO 319 3

Arrest
- dinglicher **AO 324**
- persönlicher **AO 326**; **VwZG 1** 8
- Überleitung von einer Arrestform in die andere **AO 326** 2

Arrestanordnung
- Aufhebung **AO 325**
- Eröffnung des Insolvenzverfahrens **AO 325** 3
- Form **AO 324** 4
- Rechtsbehelf **AO 324** 9
- sofortige Vollziehung **AO 324** 9
- Zuständigkeit **AO 324** 1

Arrestgrund AO 324 2

Arrestverfahren
- Übergang in reguläres Vollstreckungsverfahren **AO 324** 8

Arrestvollziehung AO 324 8

Asylbewerber VwZG 2 2; **3** 25; **7** 12; **8** 8

Asylbewerberunterkunft VwZG 3 25; **8** 8

Asylverfahren
- gemeinsames **VwZG 2** 2

Aufbaudarlehen VwVG 1 2

Aufenthaltsgesetz
- Abschiebung **VwVG 6** 27

- unmittelbarer Zwang **VwVG 9** 1

Aufenthaltsort
- unbekannter **VwZG 10** 3
- des Vollstreckungsschuldners (Ermittlung) **VwVG 5a** 3

Aufforderungen
- des Vollziehungsbeamten **AO 290** 1

Aufgabe zur Post VwZG 4 5

Aufhebung
- von Vollstreckungsmaßnahmen **AO 257** 4; **258** 6

Aufopferung VwVG 1 16

Aufrechnung
- als Erlöschensgrund **AO 257** 1

Aufschiebende Wirkung
- Entfallen **VwVG 6** 9–13

Aufsichtsbehörde, gemeinsame VwVG 8 7

Auftrag an Dritten
- bei Ersatzvornahme **VwVG 10** 9

Aufwandsentschädigung
- Pfändbarkeit **AO 313** 1; **319** 2

Ausfertigung VwZG 2 5

Ausfertigungsvermerk VwZG 2 5

Ausfuhrabgaben
- grenzüberschreitende Vollstreckung **EUBeitrG 1** 7

Ausgleichsforderung VwVG 1 5

Aushändigung
- einer zugeschlagenen Sache **AO 299** 3

Aushang VwZG 10 12, 15
- bei öffentlicher Zustellung **VwZG 10** 15

Aushangstelle
- bei öffentlicher Zustellung **VwZG 10** 12

Auskünfte
- Folterverbot bei Erzwingung **VwVG 9** 2
- im EU-Bereich **EUBeitrG 5** 1
  - Erstattungsfälle **EUBeitrG 6** 1, 2
  - Negativkatalog **EUBeitrG 5** 3, 5
  - Rahmen **EUBeitrG 5** 2

Auskunftsersuchen
- Weigerungsrechte **VwVG 6** 15

Auskunftspflichten
- von Dritten zur Vorbereitung der Vollstreckung **AO 249** 3
- Weigerungsrechte **AO 249** 3

Auslagen VwVG 19 7

Ausland VwZG 9 s.a. Zustellung

Auslegung
- verfassungskonforme **AO 251** 9

Ausschreibung, öffentliche VwVG 10 11

Aussetzung
- der Verwertung **AO 297**

Sachverzeichnis

– der Vollziehung **AO 251** 2
Aussichtslosigkeit
– der Vollstreckung **AO 284** 2
Austauschmittel VwVG 9 4
Auswahl
– Ersatzunternehmer **VwVG 10** 11
– Zwangsmittel **VwVG 9** 3
Auswahlermessen VwVG 6 17; **9** 3
Autowaschanlage
– Geschlossenhalten **VwVG 15** 14
AVV
– zum VwZG **VwZG Vor 1** 4

Bagatellbetrag AO 249 1
Bagatellforderungen EUBeitrG 14 4
Bankkonto
– Pfändungsschutzkonto **AO 309** 7, 8; **319** 2a, 2b
– P-Konto **AO 309** 7, 8; **319** 2a, 2b
– zwecklose Pfändung **AO 281** 3
Bankquittung AO 292 4
Bauaufsichtsbehörde VwVG Vor 6 11
Baugebot
– Durchsetzung **VwVG 9** 3
Baugenehmigung VwVG 6 5
Bauherr VwVG 6 11
Baustelle
– Versiegelung **VwVG 9** 1, 2
Begründung
– Anordnung der sofortigen Vollziehung **VwVG 6** 7
Behältnisse AO 287 4
Behörde VwZG 5 10, 13
– Begriff **VwVG 17** 2
– ersuchende **EUBeitrG 3** 6
– ersuchte **EUBeitrG 3** 6
– Niederlegung bis **VwZG 5** 7
– Zustellung an **VwZG 5** 19
– Zustellungsempfänger **VwZG 5** 10
Behördenleiter EUBeitrG 6 3
Behördenzustellung VwZG 5 1, 27, 33
bei Internet-Versteigerung AO 296 1
Beiträge VwVG 1 4
Beitreibung EUBeitrG Vor 1 2
– Ablehnung **EUBeitrG 14**
– alte Forderungen **EUBeitrG 14** 6–8
– Anwesenheit von Beamten **EUBeitrG 17**; **EUBeitrG 18**
– Kommunikation **EUBeitrG 19**
– Kosten der **EUBeitrG 9** 11; **EUBeitrG 16**
– – Erstattung **EUBeitrG 16** 4
– – Haftung **EUBeitrG 16** 5
– – Kostenverzicht **EUBeitrG 16** 4
– Sprachen **EUBeitrG 20**
– Standardformblätter **EUBeitrG 19**
– Überweisung **EUBeitrG 9** 11

– Unbilligkeit **EUBeitrG 14** 3
– völkerrechtliche Verpflichtungen **EUBeitrG 22**
– Weiterleitung **EUBeitrG 21**
Beitreibungsersuchen
– Änderung **EUBeitrG 11** 1
– angefochtene Forderung **EUBeitrG 13** 6
– ausgehende **EUBeitrG 10** 1
– – Voraussetzungen **EUBeitrG 10** 2–6
– – Auswirkungen **EUBeitrG 11** 5
– – Durchführung **EUBeitrG 9** 3
– eingehende **EUBeitrG 9** 1; **VwZustUeber 11** 4
– Rechtsbehelf **EUBeitrG 11** 3; **13**
– Rücknahme **EUBeitrG 11** 1
– Verjährung **EUBeitrG 15**
Beitreibungshilfe
– ersuchende Behörde **EUBeitrG 3** 6
– ersuchte Behörde **EUBeitrG 3** 6
– Übertragung **EUBeitrG 4** 4
– Zulässigkeit **EUBeitrG 3** 6
Beitreibungsrichtlinie EUBeitrG Vor 1 3; **2** 3
Beitritt
– zum Zwangsversteigerungsverfahren **AO 322** 6
Belehrung VwZG 5 29
Beleihung
– bei Ersatzvornahme **VwVG 10** 9
– mit Hoheitsbefugnissen **VwZG 3** 1
Belgien EÜZV Einf 2; **2** 5; **7** 6; **10** 7; **17** 3, 5
Berechenbarkeit
– des Verwaltungszwangs **VwVG Vor 6** 3
Bereicherungsanspruch
– nach ins Leere gegangener Forderungspfändung **AO 262** 9; **314** 1
Berufsgeheimnis
– bei Forderungspfändung **AO 319** 4
beschäftigte Person
– im Geschäftsraum **VwZG 3** 24
– in der Familie **VwZG 3** 16
Beschlagnahme AO 294 2
beschränkt Geschäftsfähige VwZG 6 1
beschränkte Haftung AO 265 4; **266**
Beschränkung der Vollstreckung
– einstweilige **AO 258** 6
– endgültige **AO 257** 3
Beseitigungsverfügung VwVG 15 9
Besitz, mittelbarer AO 286 2
Besitzdiener AO 286 2
Bestandsschutz
– als Vollstreckungshindernis **VwVG 6** 16a
Bestattung
– Kostentragungspflicht bei Ersatzvornahme **VwVG 10** 12

617

Sachverzeichnis

Bestattungsfälle VwZG 10 6a
Betreuer VwZG 6 2
Betreuung VwZG 6 2
Bevollmächtigter VwZG 7; 9 1, 22–24a
Bezüge, fortlaufende AO 313
Bildergalerie bei Internetversteigerung AO 296 1
Blutprobe
- anwendbares Recht bei unmittelbarem Zwang **VwVG Vor 6** 1

Börsen- oder Marktpreis AO 302 2
Briefkasten
- Ersatzzustellung durch Einlegen **VwZG 3** 29 f., 31

Briefmarken
- Sammlerwert **AO 296** 3

Briefumschlag
- Angaben auf **VwZG 3** 4, 6, 7

Buchprüfer VwZG 5 10
Buchprüfungsgesellschaft VwZG 5 10
Bund
- Vollstreckung gegen **AO 255** 1

Bundesanstalt für Finanzdienstleistungsaufsicht
- Zwangsbefugnisse gegen Kreditinstitute **VwVG 17** 4

Bundesanzeiger VwZG 10 13
Bundesrecht
- Verweisung in Ländergesetzen auf B. **VwVG Vor 1** 3; **VwZG § 1** 4

Bundeswahlleiter
- als Vollstreckungsbehörde **VwVG 4** 2

Bürge VwVG 2 3
Bußgeldbescheid
- Rechtsnatur **VwVG 1** 6
- Verwaltungsakteigenschaft **VwVG 1** 6

CCN-Netzwerk EUBeitrG Vor 1 5
Corona
- Maske **VwVG 10** 8

Datenweitergabe AO 249 3
Dauerpfändung AO 313 4
Deckung
- inkongruente bei Vollstreckung **AO 251** 5
- inkongruente bei Zahlung **AO 292** 3

De-Mail VwZG 5a
De-Mail-Postfach VwZG 5a 2
Dienstfahrzeuge VwVG 12 12
Diensthunde, Einsatz VwVG 12 12
Dienstpferde VwVG 12 12
Dienstverhältnis, einheitliches AO 313 2
Diözesen, röm.-kath. VwVG 1 10
Diplomaten
- Einverständnis des Zustellungsempfängers Voraussetzung der Zustellung durch Diplomaten **VwZustUeber 10** 2

- keine Ersatzzustellung durch Aushändigung an andere Personen **VwZustUeber 10** 2

Dispositionskredit
- Pfändbarkeit **AO 309** 2

Doppelwirkung
- Verwaltungsakt mit **VwVG 6** 5

Dreitagefrist VwZG 4 4–8
Dritte
- beim Verwaltungszwang **VwVG Vor 6** 10

Drittschuldner AO 309 2, 3; **315** 2; **316** 3, 7; **320** 3
Drittschuldnererklärung AO 316
- Erzwingbarkeit **AO 316** 6
- Kosten **AO 316** 7
- Voraussetzung **AO 316** 1
- Zweiwochenfrist **AO 316** 1

Drittwiderspruchsklage AO 262 6
Duales Vollstreckungssystem VwVG 1 1
Dulden, Begriff VwVG Vor 6 2
Duldungsanordnung VwVG Vor 6 11
Duldungsbescheid VwVG 2 4
Duldungspflicht VwVG 2 4
- Begründung **AO 77** 1

Duldungsschuldner VwVG 2 4
- Beispiele **AO 77** 2

Durchführung
- der Vollstreckung **VwVG 5** 1

Durchführungsbeschluss EUBeitrG Vor 1 2
Durchführungsbestimmungen EUBeitrG Vor 1 6
Durchführungsverordnung EUBeitrG Vor 1 2
Durchsuchung AO 287 1, 3
Durchsuchungsanordnung AO 287 1, 2, 5
- beim unmittelbaren Zwang **VwVG 12** 4a
- Zuständigkeit bei Vollstreckungshilfe **AO 250** 5

EDV-mäßige Erstellung
- Mahnung **VwVG 3** 8

EG-Dienstleistungsrichtlinie VwZG Vor 1 2a
EGFL EUBeitrG 1 8
Ehegatten AO 263 2; **VwZG 2** 10; **3** 19, 21; **8** 3
- Angabe des Nettoeinkommens **AO 284** 6
- Gewahrsam **AO 286** 2c

Eidesstattliche Versicherung AO 284 1, 6
- keine Voraussetzung für Insolvenzantrag **AO 251** 7; **284** 1

Sachverzeichnis

Eigenkosten der Behörde
- bei der Ersatzvornahme **VwVG 10** 13

Eigentum **AO 262** 1

Eigentumsvermutung **AO 263** 2

Einfuhrabgaben
- grenzüberschreitende Vollstreckung **EUBeitrG 1** 7

Eingangsbestätigung
- als Empfangsbekenntnis **VwZG 5** 22

Einheitlicher Vollstreckungstitel **EUBeitrG Vor 1** 5

Einkommensteuer
- grenzüberschreitende Vollstreckung **EUBeitrG 1** 6

Einmann-Gesellschaft
- Drittwiderspruchsklage **AO 262** 1

Einschreiben **VwZG 4** 1, 2
- Einwurf- **VwZG 4** 2
- mit Rückschein **VwZG 4** 2
- mit Übergabe **VwZG 4** 2
- Postfach **VwZG 4** 2
- Zustellungsnachweis **VwZG 4** 3

Einstellung
- Vollzug **VwVG 15** 6 ff.

Einstellung der Vollstreckung
- einstweilige **AO 258** 6
- endgültige **AO 257** 3
- gerichtliche **AO 262** 8

Einwendungsausschluss **AO 256** 2

Einwurf-Einschreiben **VwZG 4** 2

Einzäunung
- gefährliches Grundstück **VwVG 10** 8

Einzelrechtsnachfolge **VwVG Vor 6** 9

Einziehungsverfügung **AO 314** 1, 2
- Wirkung **AO 315**

elektronische Form **VwZG 5** 11, 23
- Forderungspfändung **AO 309** 4, 8
- Leistungsbescheid **VwVG 3** 2

elektronische Übermittlung **VwZG 2** 2

elektronische Zustellung **VwZG 5** 11, 14 f., 16
- Nachweis **VwZG 5** 17 ff.
- qualifizierte elektronische Signatur **VwZG 5** 15
- Zugangseröffnung **VwZG 5** 12, 13
- Zustellung im Ausland **VwZG 9** 6

elektronisches Dokument **VwZG 2** 3

ELER **EUBeitrG 1** 8

Empfangsbekenntnis **VwZG 5** 3, 25–27
- Beweiskraft **VwZG 5** 27
- Nachweis **VwZG 5** 26

Empfangsberechtigter **VwZG 7** 3

Empfangsbevollmächtigter **VwZG 7** 4

Empfangsvorkehrungen **VwZG 2** 14

Entschließungsermessen **AO 249** 1; **VwVG 6** 17

Entstrickung **AO 282** 4

Erbbaurecht **AO 322** 1

Erben
- Vollstreckung gegen **AO 265** 1

Erbenhaftung **AO 265** 4

Erbschaftskäufer
- Haftung **VwVG 2** 3

Erbteile **AO 321** 1

Erklärung
- Abgabe **VwVG Vor 6** 6

Erklärungspflicht
- des Drittschuldners **AO 316** 1–7

Erlös **AO 282** 4; **301** 2

Ermächtigungsgrundlage
- für Regelung durch Verwaltungsakt **VwVG 1** 13

Ermessen **AO 249** 1; **VwVG 6** 17

Ermittlungen **EUBeitrG 5** 1

Ermittlungsbefugnis **AO 249** 3

Ersatzempfänger **VwZG 3** 13

Ersatzunternehmer
- Auswahl **VwVG 10** 11
- Ermächtigung zum Inkasso der Ersatzvornahmekosten **VwVG 10** 1
- Rechtsbeziehungen zum Pflichtigen **VwVG 10** 10
- Rechtsbeziehungen zur Vollstreckungsbehörde **VwVG 10** 9
- Zurückbehaltungsrecht **VwVG 10** 16

Ersatzvornahme **VwVG 7** 8; **9** 1, 10
- Androhung **VwVG 13** 6
- Anwendung **VwVG 15** 1
- Festsetzung **VwVG 14** 3
- Inkasso der Kosten **VwVG 10** 10
- Rechtsschutz **VwVG 18** 11
- Untunlichkeit **VwVG 11** 7

Ersatzvornahmekosten
- Vorauszahlung **VwVG 10** 14

Ersatzzustellung **VwZG 3** 13–36; **5** 5–7
- Annahmeverweigerung **VwZG 3** 27–30
- Einlegung in Briefkästen **VwZG 3** 31
- Familienangehörige **VwZG 3** 15
- Gemeinschaftseinrichtungen **VwZG 3** 25
- Geschäftsraum **VwZG 3** 23, 24
- Hauswirt **VwZG 3** 26
- in der Familie beschäftigte Person **VwZG 3** 16
- längere Abwesenheit **VwZG 3** 19
- Nachbarn **VwZG 3** 17, 35
- Niederlegung **VwZG 3** 32–36
- ständige Mitbewohner **VwZG 3** 17
- Vermieter **VwZG 3** 26
- vorübergehende Abwesenheit **VwZG 3** 20
- Wohnung **VwZG 3** 18–22

Sachverzeichnis

Ersatzzwangshaft VwVG 16 1, 2, 4
- Dauer **VwVG 16** 5

Erscheinen
- Pflicht zum **VwVG Vor 6** 6

Erstattungsforderungen VwVG 1 5
Erstpfändung AO 307 2
Ersuchen EUBeitrG 3 7
erwachsen VwZG 3 15
Estland EÜZV Einf 2; **1** 3; **2** 5; **17** 4, 5
EUBeitrG
- Anwendungsbereich **EUBeitrG 1** 1, 4
- anzuwendendes Recht **EUBeitrG 1** 12
- Behörde **EUBeitrG 3** 6
- Ersuchen **EUBeitrG 3** 7
- Gemeinden **EUBeitrG 4** 3
- Verbindungsbüro **EUBeitrG 3** 3, 4, 5
- Zuständigkeit **EUBeitrG 3**; **4**
  - Vollstreckung **EUBeitrG 4** 2

EU-Betreibungsgesetz EUBeitrG Vor 1 7

Euro
- Umrechnungskurse **EUBeitrG 9** 4, 5

Europäische wirtschaftliche Interessenvereinigung
- als Vollstreckungsschuldner **AO 267** 1

Europarat
- Zustellungsübereinkommen
  - andere Übereinkünfte **VwZustUeber Vor 11**; **16**
  - Anwendungsbereich **VwZustUeber 1**
  - Beitritt **VwZustUeber 19**
  - Inkrafttreten **VwZustUeber 17**
  - räumlicher Geltungsbereich **VwZustUeber 20**
  - Revision **VwZustUeber 18**
  - Verwahrer **VwZustUeber 23**
  - Vorbehalte **VwZustUeber 21**

Evangelische Kirche VwVG 1 10
executio ad faciendum, patiendum et omittendum VwVG 1 1
executio ad solvendum VwVG 1 1
Explosivmittel VwVG 12 11
Extraterritoriale Anknüpfung EÜZV Einf 1
Faksimile-Unterschrift VwVG 13 8
Fälligkeit VwVG 3 6
Familie VwZG 3 15
Familienangehörige VwVG Vor 6 9; **VwZG 3** 15
Feiertage, allgemeine (gesetzliche) AO 289 2; **VwZG 5** 8, 9
- Zustellung **VwZG 5** 8, 9

Fesseln VwVG 12 12
Festsetzung
- Zwangsmittel
  - Auswirkung auf Anwendung **VwVG 15** 2

- Ersatzvornahme **VwVG 14** 3
- Frist **VwVG 14** 1, 5
- Rechtsnatur **VwVG 14** 1c
- unmittelbarer Zwang **VwVG 14** 4
- Verschulden **VwVG 14** 6
- Zulässigkeit **VwVG 14** 5
- Zwangsgeld **VwVG 14** 2

Feststellung, einheitliche gesonderte AO 251 5a; **VwZG 7** 11
Feststellungsklage
- gegen vollzogene Vollstreckungsmaßnahmen **AO 256** 4

Festtage
- jüdische **AO 289** 2b

Fiktion
- der Abgabe einer Erklärung **VwVG Vor 6** 6

Finanzämter
- Zuständigkeit **VwVG 4** 3

Finanzdienstleistungsaufsicht
- Bundesamt **VwVG 1** 9

Finanzrechtsweg
- gegen Vollstreckungsmaßnahmen **VwVG 5** 8

Fiskalisches Handeln
- keine Grundlage für die Verwaltungsvollstreckung **VwVG 1** 12

Föderalismus VwVG Vor 1 2
Folgenbeseitigungsanspruch VwVG 15 3
Folterverbot
- „Gefahrenabwendungsfolter" **VwVG 9** 2
- „Rettungsfolter" **VwVG 9** 2
- bei Erzwingung von Auskünften **VwVG 9** 2

Forderungen, öffentlich-rechtliche VwVG 1 2–7
Forderungen, privatrechtliche
- Vollstreckung **VwVG 1** 23, 24

Forderungspfändung AO 309
- Aussetzung **AO 258** 6
- Gleichrang mit Sachpfändung **AO 249** 1
- keine Bagatellgrenze **AO 309** 1

Fortsetzungsfeststellungsklage
- bei Verletzung des Steuergeheimnisses **AO 309** 3; **VwVG 5** 8; **18** 13

Fotodokumentation
- der Ersatzvornahme **VwVG 10** 13

Fotokopie VwZG 2 1, 6; **8** 5
Frankreich EÜZV Einf 2; **2** 5; **17** 3
Frauenhaus VwZG 3 25
Freigabe
- aus der Insolvenzmasse **AO 251** 5, 8

Freihandverkauf AO 302 3; **305** 2; **317** 4
Freiwillige Zahlung
- Verlust des Rügerechts **AO 285** 4

Sachverzeichnis

Friedhofsgebühren VwVG 1 10
Fristen VwZustUeber 15
Fristsetzung bei Androhung VwVG 13 3
Früchte, ungetrennte AO 294; 304

GAP EUBeitrG 1 8
Gebühren EUBeitrG 1 10; VwVG 1 4; 19 7
Gefahr im Verzug AO 287 2; VwVG 12 4a
Gefahr, drohende VwVG 6 23
Gehalt AO 313 1
Geld AO 286 1; 296 3
Geldbuße AO 319 8; EUBeitrG 1 10; VwVG 1 6, 22
Geldforderungen, vollstreckbare EUBeitrG 1 5; VwVG 1 1
Geldstrafen EUBeitrG 1 10; VwVG 1 22
geldwerte Rechte AO 321 1
Geltung des VwVG VwVG 1 8
Gemeinde
– Vollstreckung gegen Gemeinde AO 255 2
Gemeinschaftseinrichtungen VwZG 3 25
gerichtliches Verfahren VwZG Vor 1 8
Gerichtskosten VwVG 1 22
Gerichtsvollzieher VwVG 5 4
Gesamtgut AO 266 1, 2
Gesamtrechtsnachfolge VwVG Vor 6 9
Gesamtrechtsnachfolger VwVG 2 2
Gesamtschuldner VwVG 2 2
– Ermessensfehler bei Auswahl VwVG 2 5
Geschäftsfähigkeit VwZG 6 1, 6
Geschäftsführer AO 77 2; VwZG 6 3
Geschäftsnummer VwZG 3 3, 4, 5, 49
Geschäftsraum
– Durchsuchung AO 287 2, 3
– Zustellung VwZG 3 23, 24
Geschäftstätigkeit AO 77 2
Geschäftsunfähiger
– Zustellungsempfänger VwZG 2 8; 6 1
Gesellschaft des bürgerlichen Rechts
– Gesellschafterhaftung AO 267 3; VwVG 2 3
– Rechtsfähigkeit AO 267 1; VwVG 2 2
– Schuldnern von Grundbesitzabgaben VwVG 2 2
Gesellschafterdarlehen
– kapitalersetzende VwVG 2 4
Gesetzgebungszuständigkeit VwVG Vor 1 2; 1 8
Gesetzlicher Vertreter AO 77 2; VwZG 6 1, 3
Gewährleistung AO 283 2

Gewahrsam AO 286 2; 307 3
Gewahrsamsvermutung AO 263 1
Gewalt, körperliche VwVG 12 2
Gewerbeuntersagungsverfügung VwVG Vor 6 8
Gewinnanteilscheine AO 312 1
Gläubigerbenachteiligung VwVG 2 4
GmbH
– Zustellung VwZG 6 3
Gold- und Silbersachen AO 300 2
Grenzabfertigungsdienst VwVG 7 6
Grenzaufsichtsdienst VwVG 7 6
Griechenland EÜZV Einf 2
Grundeigentum
– dingliche Rechtsnachfolge VwVG Vor 6 9
Grundschuld AO 310 1
Grundsteuer
– grenzüberschreitende Vollstreckung EUBeitrG 1 6
Grundstück, Begriff öffentliche Last AO 77 3; 322 1
– Wirkung gegen Rechtsnachfolger VwVG Vor 6 9
Grundstückseigentümer VwVG 6 1
Grundstücksgleiche Rechte AO 322 1
Grundstücksteil VwVG Vor 6 11
Grundverwaltungsakt
– Bestimmtheit VwVG 6 1b
– Einwand der fehlenden Vollstreckbarkeit AO 256 1
– Rechtswidrigkeit eines bestandskräftigen Grundverwaltungsakts VwVG 18 6
Güterabwägung AO 249 1
Gütergemeinschaft, fortgesetzte AO 266 1, 3

Haftanordnung
– bei eidesstattlicher Versicherung AO 284 7
– bei Zwangshaft VwVG 16 6
Haftanstalt VwZG 3 25
Haftbefehl
– bei eidesstattlicher Versicherung AO 284 7
– bei Zwangshaft VwVG 16 6
Haftungsansprüche VwVG 1 13
Haftungsbescheid
– als Leistungsbescheid VwVG 3 1
– im Insolvenzverfahren AO 251 5
Haftungsbeschränkung AO 265 4; 266
Haftungsschuldner VwVG 2 3
Handelsregister
– gelöschte Gesellschaft AO 284 4
Handlungen
– unvertretbare VwVG 11 6
– vertretbare VwVG 10 5–8; 11 7

621

Sachverzeichnis

Handlungshaftung
- Übergang **VwVG Vor 6** 9

Härte, unbillige AO 258 2, 5

Hauptzollamt
- als Vollstreckungsbehörde **VwVG 4** 3

Hausverbot VwVG 6 1

Heilung VwZG 8
- bei elektronischer Zustellung **VwZG 8** 4, 6
- eines unwirksamen Leistungsbescheids **VwVG 3** 1
- Fotokopie **VwZG 8** 5
- Nachweis des Zugangs **VwZG 8** 4
- rügeloser Rechtsbehelf **VwZG 8** 10
- Umdeutung **VwZG 8** 11

Herausgabeansprüche
- Pfändung **AO 318**

Herausgabepflichten
- Erzwingung **VwVG Vor 6** 6

Hiebwaffen VwVG 12 12

Hilfsmittel der körperlichen Gewalt VwVG 12 12

Hilfspersonen, unselbstständige VwVG 12 2

Hinterlegung AO 320 3

Hintermann
- bei Strohmann-Verhältnis **VwVG Vor 6** 8

Höchstpersönlichkeit
- einer Handlungspflicht **VwVG 10** 8

Hypothek
- Pfändung durch Hypothek gesicherter Forderung **AO 310** 1

Immobiliarvollstreckung, Anträge AO 322 5

Indienstnahme, öffentlich-rechtliche VwVG 10 9

Infektionsschutzgesetz
- unmittelbarer Zwang **VwVG 9** 1

Informationsaustausch EUBeitrG Vor 1 4

Inkongruente Deckung
- bei Vollstreckung **AO 251** 5
- bei Zahlung **AO 292** 3

Insolvenzanfechtung
- von Vollstreckungsmaßnahmen **AO 251** 5
- von Zahlungen **AO 292** 3

Insolvenzantrag AO 251 7; **252** 4

Insolvenzforderungen AO 251 5
- nachrangige **AO 251** 8

Insolvenzplan AO 251 5

Insolvenzstraftat
- Versagung der Restschuldbefreiung **AO 251** 5

Insolvenztabelle AO 251 5

Insolvenzverfahren AO 251 5
- Auswirkung auf Zwangsgeld **VwVG 11** 10
- Einstellung der Vollstreckung im Eröffnungsverfahren **VwVG 6** 17
- Untersagung der Vollstreckung im Eröffnungsverfahren **VwVG 6** 17

Insolvenzverwalter AO 251 5

Internet
- Versteigerung per Internet **AO 296** 1; **298** 4

Internet-Domain
- Pfändung **AO 321** 1

Italien EÜZV Einf 2; **1** 3; **2** 5; **17** 4, 5

Jüdische Festtage AO 289 2b

Jugendschutzgesetz
- unmittelbarer Zwang **VwVG 9** 1

Juristische Person
- des öffentlichen Rechts **VwVG 1** 2, 8–10
- Zustellungsempfänger **VwZG 6** 3

Justizbeitreibungsordnung, Justizbeitreibungsgesetz VwVG 1 22
- Zustellung **VwZG Vor 1** 10

Kapitalertragsteuer
- grenzüberschreitende Vollstreckung **EUBeitrG 1** 6

Kaserne
- Ersatzzustellung **VwZG 3** 25

Kehrseitentheorie VwVG 1 5

Kirche, evangelische VwVG 1 10

Kirchensteuer VwVG 1 10

Konsularbeamte VwZG 9 4; **VwZustUeber 10** 2
- Einverständnis des Zustellungsempfängers Voraussetzung der Zustellung durch Konsularbeamte **VwZustUeber 10** 2
- keine Ersatzzustellung durch Aushändigung an andere Personen **VwZustUeber 10** 2

Kontenabruf VwVG 5b 18 ff.

Kontenstammdatenabfrage (§ 93 Abs. 8 S. 2 AO) VwVG 5b 18

Körperliche Gewalt VwVG 12 2

Körperschaften des öffentlichen Rechts VwVG 1 8–10
- Zustellungsempfänger **VwZG 5** 10

Körperschaftsteuer
- grenzüberschreitende Vollstreckung **EUBeitrG 1** 6

Kostbarkeiten AO 286 1

Kosten EUBeitrG 1 10; **VwZustUeber 13**
- Beitreibung **EUBeitrG 9** 11
- Ersatzvornahme **VwVG 10** 12
- Beitreibung **VwVG 7** 2
- Fälligkeit **VwVG 10** 14
- Festsetzung **VwVG 10** 15; **13**

Sachverzeichnis

- Erstattung bei Vollstreckungshilfe **AO 250** 6
- Verjährung **VwVG 19** 7, 8
- Vollstreckung **VwVG 19** 6
- Widerspruchsverfahren **VwVG 3** 3

Kostenpflichtige
- Auswahl **VwVG 19** 7

Krankenhaus
- Ersatzzustellung **VwZG 3** 25

Kriminalstrafe VwVG 11 1
Kumulationsverbot VwVG 13 4b
Künftige Forderung
- Pfändung **AO 282** 1

Kunstwerke AO 286 1

Land
- Vollstreckung gegen **AO 255** 1

Landesgesetze
- Vollstreckung **VwVG Vor 1** 3
- Zustellung **VwVG Vor 1** 5 ff.

Landschaftsschutzverordnung VwZG 15 9
Lebensgemeinschaft AO 263 2
Lebenspartner
- Gewahrsam **AO 286** 2c
- Zustellung an Familienangehörige **VwZG 3** 15
- Zustellungsempfänger **VwZG 4** 13
- Zustellung, Sonderregelungen der Länder **VwZG 7** 14

Legislation VwZustUeber 4 1
Lehrlingsheim VwZG 3 25
Leistungsbescheid AO 254 2; **VwVG 1** 13; **2** 2, 3; **3** 1
- Befugnis zum Erlass **VwVG 3** 1
- Bestimmtheit **VwVG 3** 4
- Ermächtigung zum Erlass **VwVG 3** 1
- Form **VwVG 3** 2
- Unanfechtbarkeit **VwVG 3** 3
- Verwaltungsakt **VwVG 3** 1
- Widerspruchsbescheid **VwVG 3** 1

Leistungsgebot AO 254 2–6
Leistungsklage VwVG 1 12
- der Verwaltung gegen den Bürger **VwVG 1** 13

Lizenznehmer VwZG 2 11; **3** 1
Lohnsteuer
- grenzüberschreitende Vollstreckung **EUBeitrG 1** 6

Luftfahrzeuge AO 322 1
- Ersatzteile **AO 306** 1, 2

Luxemburg EÜZV Einf 2; 1 3; **2** 5; **17** 3, 5

Mahngebühr
- bei Zahlungserinnerung **VwVG 3** 12
- Rechtsnatur der Festsetzung **VwVG 3** 8; **19** 7

Mahnung
- Bekanntgabefiktion **VwVG 3** 8c
- EDV-mäßige Erstellung **VwVG 3** 8b
- Entbehrlichkeit**VwVG 3** 8f
- Ersetzung durch Zahlungserinnerung nach landesrechtlichen Vorschriften **VwVG 3** 12
- Form **VwVG 3** 8c
- Kosten **VwVG 3** 8i, 12; **VwVG 19** 7
- nach Stundung **VwVG 3** 8e
- Nachweis **VwVG 3** 8b
- Rechtsnatur **VwVG 3** 8d
- Rechtspflicht **VwVG 3** 8
- Rechtswirkung **VwVG 3** 8d
- Schadensersatz wegen Amtspflichtverletzung **VwVG 3** 8h
- Sollvorschrift **VwVG 3** 8g
- ungerechtfertigte **VwVG 3** 8, 8h
- Vollstreckungsvoraussetzung **VwVG 3** 8a
- Zuständigkeit **VwVG 3** 8a

Malta EÜZV Einf 2
Masseunzulänglichkeit AO 251 5
Masseverbindlichkeiten AO 251 5
Metallwert AO 300 2
Minderjähriger VwZG 3 15; **6** 1, 5
minderjähriger Pflichtiger VwVG Vor 6 8
Mindestgebot AO 300 1, 3
Mißbrauchsfälle VwZG 10 6a
Mitbewohner
- Ersatzzustellung **VwZG 3** 15

Miteigentümer VwVG Vor 6 12; **13** 3
Miteigentumsanteile AO 321 4
Mitteilungen
- des Verbindungsbüros **EUBeitrG 5** 6; **7** 6–8; **9** 7; **10** 10; **14** 9; **15** 6; **VwZustUeber 11** 2
- des Vollziehungsbeamten **AO 290** 1

Mitwirkung Dritter VwVG 11 2–4
MOG
- Vollstreckung von Geldforderungen **VwVG 1** 10a

Münzen AO 286 1; **300** 3

Nachbar VwZG 3 17, 35
Nachbesserungsanspruch AO 284 3
Nachlassverbindlichkeiten AO 265 1
Nachtzeit AO 289 1; **VwZG 5** 8, 9
- Zustellung **VwZG 5** 8, 9

Namenspapiere AO 303 1, 2
Nebenrechte
- bei Forderungspfändung **AO 309** 2

Nichtausführbarkeit der Zustellung VwZG 3 31
nichteheliche Lebensgemeinschaft VwZG 3 17
Nichtigerklärung AO 251 3

623

Sachverzeichnis

Nichtstörer
- Inanspruchnahme **VwVG 6** 26

Niederlegung VwZG 3 32–35
- bei der Behörde **VwZG 5** 7
- Mitteilung **VwZG 3** 34, 35

Niederschrift AO 290; 291
- Rechtsnatur **AO 291** 1

Nießbraucher AO 264 2, 3; **VwVG 2** 4

Notar VwZG 5 10

Nutzungsentschädigung
- bei Obdachlosigkeit **AO 319** 8

Nutzungsuntersagung VwVG 9 3; **12** 12

Öffentliche Ausschreibung VwVG 10 11

Öffentliche Last AO 322 7
- Beispiele **AO 77** 3
- dingliche Haftung **AO 77** 4
- nach Bundesrecht **AO 77** 3
- nach Gemeinderecht **AO 77** 3
- nach Landesrecht **AO 77** 3

Öffentliche Zustellung VwZG 10
- Anordnung **VwZG 10** 4
- Aushangstelle **VwZG 10** 12
- Ausland **VwZG 10** 7, 6a
- Benachrichtigung **VwZG 10** 12
- Bundesanzeiger **VwZG 10** 12
- Dauer des Aushangs **VwZG 10** 15
- Gesellschafter **VwZG 10** 6a
- Mängel **VwZG 10** 19
- Subsidiarität **VwZG 10** 1, 2
- unbekannter Aufenthaltsort **VwZG 10** 3
- Verfahren **VwZG 10** 11
- Voraussetzungen **VwZG 10** 3–10
- Wegfall der Voraussetzungen **VwZG 10** 16
- Wirkung **VwZG 10** 18
- zeichnungsberechtigter Bediensteter **VwZG 10** 9

Öffentlich-rechtlicher Vertrag
- Folge der Kündigung **AO 257** 1

Ordnungsgeld AO 319 8; **VwVG 1** 13; **15** 14

Österreich EÜZV Einf 2; **1** 3; **2** 5; **10** 7; **11** 7; **17** 4, 5

Päckchen VwZG 4 1
Paket VwZG 4 1
Papiere, indossable AO 312
Parkkralle AO 286 3
Parteienstreit VwVG 1 12
Partnerschaftsgesellschaft
- als Vollstreckungsschuldner **AO 267** 1

Patentanwalt VwZG 5 10
Person EUBeitrG 2 2
Personalvertretung VwZG 5 20
Personengesellschaften AO 253 2; **267** 1

Personenvereinigungen
- nichtrechtsfähige **AO 267** 1

Pfandanzeige AO 286 3
Pfandrecht AO 282 1–3
- Erlöschen **AO 282** 4

Pfandrechte Dritter AO 293 1, 2
Pfandsache
- Aushändigung an Meistbietenden **AO 299** 3

Pfändung AO 281 1; **286** 1, 3
- Abwendung **AO 292**
- Geldforderungen **AO 309**

Pfändungserklärung AO 307 2
Pfändungsniederschrift
- Rechtsnatur **AO 291** 1

Pfändungspfandrecht AO 282 1; **309** 2
- Erlöschen **AO 282** 4, 5
- Rang **AO 282** 3

Pfändungsschutzkonto AO 309 7, 8; **319** 1, 2–2b

Pfändungsverfügung AO 309 3, 4
Pfandzeichen AO 286 3
Pflichten, privatrechtliche VwVG Vor 6 5

Pflichtiger VwVG Vor 6 7–9
- als Vollstreckungsschuldner **VwVG 2** 1

P-Konto AO 309 7, 8; **319** 1, 2–2b
Platinmetalle AO 300 2
Platzverweis
- Erzwingung **VwVG 12** 8
- Rechtsnatur **VwVG Vor 6** 1a

Polizei
- Tätigkeit bei der Ermittlung von Straftaten **VwVG Vor 6** 1

Polizeihilfe
- bei Ersatzvornahme **VwVG 15** 5

Polizeivollzugsbeamte VwVG 7 6
- Maßnahmen **VwVG 6** 10
- subsidiäre Zuständigkeit **VwVG 7** 1

Portugal EÜZV Einf 2
Post VwZG 2 11; **3** 1; **VwZustUeber** 11
Postabholfach VwZG 4 10
Postagentur VwZG 3 32
Postnachnahmeauftrag
- als Mahnung **VwVG 3** 8

Postquittung AO 292 4
Postspargutbaben AO 312 1
Postzustellungsauftrag VwZG 3 9
Postzustellungsurkunde VwZG 3 1, 8, 37–50
- Beweiskraft **VwZG 3** 47–50

Präklusion AO 256 2
Prioritätsprinzip AO 283 3
Private Lizenznehmer
- Beleihung **VwZG 3** 1
- Beurkundung **VwZG 3** 45

Sachverzeichnis

Privatisierung
- Post **VwZG 3** 1

Privatrechtliche Forderungen
- Benachteiligung von Wettbewerbern **VwVG 1** 23
- Vollstreckung **VwVG 1** 23, 24

Prozessgegner
- verbotene Ersatzzustellung **VwZG 3** 13

Prozessvergleich
- Vollstreckung aus **VwVG 13** 2; **VwVG Vor 1** 2

Prüfungsgebühren VwVG 1 22

qualifizierte elektronische Signatur VwZG 5 15

Quittung AO 292

Rangverhältnis
- von Pfandrechten **AO 282** 3

Ratenzahlung EUBeitrG 9 10

Räumungspflichten VwVG Vor 6 6

Rechte
- geldwerte **AO 321** 1
- unveräußerliche **AO 321** 2

Rechte Dritter AO 262
- Dritte **AO 262** 1
- Veräußerung hinderndes Recht **AO 262** 2, 3, 4

Rechtsanwalt VwZG 3 23; **5** 10, 21 ff.

Rechtsanwaltskammer VwZG 5 10

Rechtsbehelf
- gegen Durchsuchungsanordnung und deren Ablehnung **AO 287** 1

Rechtsbehelfe im EU-Bereich EUBeitrG 13

Rechtsbehelfsbelehrung VwZG 2 7

Rechtsbeistand VwZG 5 10

Rechtsmittelbelehrung VwZG 1 6

Rechtsnachfolger AO 323; **VwVG 1** 13; **Vor 6** 9

Rechtsschutz VwVG 5 5; **18** 2, 8–13

Rechtsvereinheitlichung
- im Verwaltungsvollstreckungsrecht **VwVG Vor 1** 2

Rechtsweg, besonderer VwVG 1 15–18

Registerpfandrecht AO 306 1

Reihenfolge der Inanspruchnahme VwVG 2 5

Reizstoffe VwVG 12 12

Religionsgemeinschaften VwVG 1 10

Restschuldbefreiung AO 251 5

Revisibilität
- Landesrecht **VwVG Vor 1** 2

Rückforderung von Subventionen
- öffentliches Interesse an sofortiger Vollziehung **VwVG 3** 3

Rückschein
- als Zustellungsnachweis **VwZG 4** 3

Rückschlagsperre AO 251 5

Rückzahlungsforderungen EUBeitrG 1 8; **VwVG 1** 5

Ruhegehalt
- als Gehalt bei der Forderungspfändung **AO 313** 1

Ruhestandsbeamter VwZG 2 15, 17

Rundfunkbeitrag VwVG 1 4

Sachen, Begriff AO 285 1

Sachverhaltsermittlung AO 249 3

Säumniszuschläge
- im Beitreibungsverfahren **EUBeitrG 9** 8, 9; **16** 2
- im Insolvenzverfahren **AO 251** 8

Schadensersatz AO 324 10; **VwVG 1** 5, 17

Schätzung
- Unterlassung bei Sachpfändung **AO 295** 2a

Schecks AO 303 1; **312** 1

Schiffe AO 322 1

Schiffshypothek AO 311 1

Schnee VwVG 15 9

Schneefall VwVG 6 27

Schonfrist VwVG 3 7

Schriftstück
- Zustellung **VwZG 2** 2

Schriftstücke in Verwaltungssachen VwZustUeber 1 2

Schuldgrund
- Angabe **AO** 260

Schuldnerverzeichnis AO 284 6; **1a**
- Rechtsschutz gegen die Eintragungsanordnung **AO 284** 5

Schulzwang
- Durchsetzung **VwVG 7** 1; **12** 5

Schusswaffen
- Gebrauch **VwVG 7** 6; **12** 11

Schweiz EÜZV Einf 2; **1** 6a; **2** 5; **7** 5a; **10** 7; **11** 7

Selbstbezichtigung einer Straftat
- Unzulässigkeit von Zwangsmitteln **AO 249** 3

Selbstschuldner VwVG 2 2

Selbstvornahme durch Behörde VwVG 10 1, 2; **12** 2, 8

Sicherheiten
- Verwertung **AO 327** 2, 5

Sicherheitsarrest AO 324; 326
- Arrestanordnung **AO 324** 4; **326** 2
- Arrestgrund **AO 324** 2
- Aufhebung **AO** 325
- Rechtsbehelf **AO 324** 9
- Vollzug **AO 324** 8
- Zuständigkeit **AO 324** 1; **326** 1, 4

625

Sachverzeichnis

Sicherstellung
- von Sachen **VwVG 12** 3

Sicherungshypothek AO 318 4
- im Zwangsverfahren **AO 322** 3
- Rangklasse **AO 322** 3

Sicherungsmaßnahmen im EU-Bereich EUBeitrG 12; 13 9

Soforthilfefonds VwVG 1 2

Sofortige Vollziehung
- Nachholung der Anordnung **VwVG 3** 3

Sofortiger Vollzug VwVG 6 4

Sofortiges Eingreifen
- Notwendigkeit **VwVG 6** 24

Sonderabgaben
- als Vollstreckungsforderung **VwVG 1** 5

Sonntage
- Zustellung **VwZG 5** 8, 9

Sozialversicherung, Beiträge VwVG 1 21

Sozialversicherungsträger VwZG 9 25

Spanien EÜZV Einf 2; **2** 5; **10** 7; **17** 4, 5

Sperren, technische VwVG 12 12

Sportwetten VwVG 6 1c

Sprachen VwZustUeber 7; 9

Sprachenregelung EUBeitrG Vor 1 5

Staatsangehörigkeit VwVG Vor 6 6; **6** 27; **12** 5

Staatsgebiet EÜZV Einf 1

Staatshaftung VwVG 10 9

Stadthalle VwVG 15 14

Standardformblätter EUBeitrG Vor 1 5

Steganlage
- dingliche Rechtsnachfolge **VwVG Vor 6** 9

Steuerberater VwVG 1 18; **VwZG 5** 10

Steuerberatungsgesellschaft VwZG 5 10

Steuerbevollmächtigter VwZG 5 10

Steuererhebung EUBeitrG Vor 1 2

Steuererstattung
- Vollstreckung der Rückforderung **VwVG 1** 5

Steuergeheimnis
- bei der EU-Beitreibung **EUBeitrG 21**
- Verletzung bei Forderungspfändung **AO 260** 1; **VwVG 5** 8; **18** 13

Steuern VwVG 1 4, 20
- grenzüberschreitende Vollstreckung **EUBeitrG 1** 6

Steuerrecht, internationales EUBeitrG Vor 1 1

Steuersachen VwZustUeber 1 4, 5

Stiftung VwVG 1 9
- öffentlichen Rechts **VwZG 5** 10

Stilllegung von Fahrzeugen VwVG 12 6

Strafsachen VwZustUeber 1 3

Straftaten
- Tätigkeit der Polizei **VwVG Vor 6** 1

Streit
- über Voraussetzungen des Verwaltungszwangs **VwVG 6** 18–21

Streitigkeiten
- zwischen Anordnungs- und Vollstreckungsbehörde **VwVG 3** 11

Strohmann VwVG Vor 6 8

Studentenwohnheim VwZG 3 25

Stundung VwVG 3 6, 8
- Nachweis **AO 292** 4

Subordinationsverhältnis
- als Voraussetzung der Verwaltungsvollstreckung **VwVG 1** 12

Taschenpfändung AO 287 4

Teilzahlungen AO 292 5

Telefax VwVG 5 10, 11; **VwZG 2** 7

Testamentsvollstrecker AO 262 1; **VwVG 2** 4

Tierschutz
- Erzwingungspflicht der Behörde **VwVG 6** 17

Titel, verwaltungsgerichtlicher VwVG 5 3, 10

Tollwutverordnung
- unmittelbarer Zwang **VwVG 9** 1

Transformationsnorm VwVG 1 13
- zur Umqualifizierung privatrechtlicher Verpflichtungen in öffentlich-rechtliche **VwVG 1** 15

Übergabe-Einschreiben VwZG 4 2

Übermaßverbot
- beim Zwangsgeld **VwVG 11** 8

Überpfändung AO 281 2
- kein Verbot bei Vollstreckung in unbewegliches Vermögen **AO 322** 6

Übersetzung VwZustUeber 7 5

Ukraine EÜZV Einf 2

Umdeutung VwZG 8 11

Umrechnung in Deutsche Mark EUBeitrG 9 5

Umsatzsteuer EUBeitrG 1 6

Unaufschiebbarkeit VwVG 6 10

Unbilligkeit der Vollstreckung AO 258 2–5

Uneinbringlichkeit
- von Zwangsgeld **VwVG 16** 3

Unmittelbarer Zwang VwVG 9 1; 12
- Anwendung **VwVG 15** 1
- Begriff **VwVG 12** 1
- Betreten von Wohn- und Geschäftsräumen **VwVG 12** 4a
- Durchsuchen von Wohn- und Geschäftsräumen **VwVG 12** 4a

Sachverzeichnis

- Durchsuchungsanordnung **VwVG 12** 4a
- Festsetzung **VwVG 14** 4
- Kostenpflicht **VwVG 12** 13
- Rechtsschutz **VwVG 18** 12

Unmöglichkeit
- nachträgliche als Einstellungsgrund **VwVG 15** 7

Unpfändbarkeit
- von beweglichen Sachen **AO 295**
- von Forderungen **AO 319**

Unterbrechung
- des Vollstreckungsverfahrens **VwVG 6** 17

Unterhaltsansprüche
- Pfändungsprivileg bei Überleitung **AO 319** 2

Unterlassen
- Begriff **VwVG Vor 6** 2
- Unvertretbarkeit **VwVG 11** 6

Unterlassungsklage, vorbeugende VwVG 18 13

Unterlassungsklage, zivilrechtliche VwVG 15 14

Unterlassungspflicht
- konkludent verfügte **VwVG Vor 6** 2

Unternehmensfortführung
- als Haftungsvoraussetzung **VwVG 2** 3

Untunlichkeit
- der Ersatzvornahme **VwVG 11** 7

Unversehrtheit, körperliche
- Eingriffe in die **VwVG 12** 12

Urkunden AO 315 3
Urschrift VwZG 2 5

Ventilwächter AO 286 3
Veräußerungsverbot AO 262 2
Verbandsvertreter VwZG 5 10
Verbindungsbüro EUBeitrG 3
- Bundeszentralamt für Steuern **EUBeitrG 3** 4
- Hauptzollamt Hannover **EUBeitrG 3** 5
- zentrales **EUBeitrG 3** 3

Verbraucherinsolvenzverfahren AO 251 6

Verbrauchsteuern EUBeitrG 1 6
Verdachtstörer
- Kostenpflicht **VwVG 19** 5

Vereinfachte Zustellung VwZG 5 10, 18 ff.; **5a** 2

Vereinsgesetz
- unmittelbarer Zwang **VwVG 9** 1

Verfassung, föderalistische VwVG Vor 1 2

Verfügungsberechtigte AO 77 1
Vergleich, verwaltungsgerichtlicher VwVG Vor 6 4

Verhalten Dritter VwVG Vor 6 10

Verhältnismäßigkeit
- der Mittel **VwVG 9** 3; **12** 8; **13** 7; **16** 1

Verhältnismäßigkeitsgrundsatz AO 258 4; **VwVG 9** 3; **16** 1

Verjährung
- Hemmung **EUBeitrG 15** 3–5
- im EG-Bereich **EUBeitrG 13** 7, 8; **15**
- Unterbrechung **EUBeitrG 15** 3–5

Verkaufswert, gewöhnlicher AO 300 1
Verkehrshindernis
- Beseitigung **VwVG 10** 8

Verkehrsunterricht, Fernbleiben VwVG 11 8

Verkehrszeichen VwVG 6 10; **8** 1
Vermächtnisnehmer AO 266 5
Vermerk
- zustellungsleitender **VwZG 3** 10

Vermieter VwZG 3 26
Vermögensauskunft
- Voraussetzungen **AO 284** 2
- Zweijahres-Schutzfrist **AO 284** 3

Vermögensrechte, andere AO 321
Vermögensverwalter AO 77 1
Vermögensverzeichnis AO 284 1, 6
- Nachbesserung **AO 284** 3

Verschuldenserfordernis VwVG 14 6
Versicherungsprämien EUBeitrG 1 6
Versiegelung VwVG 9 2; **12** 12
- als technische Sperre **VwVG 9** 2

Verständigungsverfahren EUBeitrG 13 7

Versteigerung AO 296 2; **298**; **304**; **305**
- Aussetzung **AO 297** 1
- Bekanntmachung **AO 298** 3
- Einstellung **AO 297** 1; **301**
- Geld **AO 296** 3

Versteigerungsanordnung AO 296 1
Versteigerungsauftrag AO 296 1; **298** 1
Versteigerungsort AO 298 2
Versteigerungstermin AO 298 4
Verstrickung AO 281 1
Vertrag, öffentlich-rechtlicher VwVG 1 2, 7, 14; **Vor 6** 4

Vertragsstrafe VwVG 9 2
Vertreter
- bevollmächtigter **VwZG 7** 5 ff.
- gesetzlicher **VwZG 7**
- mehrerer Beteiligter **VwZG 7** 9

Verwaltungsakt
- als Grundlage des Verwaltungszwangs **VwVG 6** 3; **6** 1
- Aufhebung **VwVG 15** 11
- Befugnis zur Regelung durch **VwVG 1** 12, 13
- Begriff **VwVG 6** 1
- Bestimmtheit **VwVG 6** 1

627

Sachverzeichnis

- Mehrheit von Adressaten **VwZG 2** 9, 10
- mit Doppelwirkung **VwVG 6** 5
- Titelfunktion **VwVG 3** 1
- Unanfechtbarkeit **VwVG 6** 3
- Vollstreckungsfunktion **VwVG 3** 1
- vollstreckungsrechtliche Bedeutung **VwVG 3** 1
- zustimmungsbedürftiger **VwVG 10** 9

Verwaltungsanweisungen EUBeitrG Vor 1 9

Verwaltungsrechtsweg VwVG 5 5

Verwaltungssachen VwZustUeber 1 1

Verwaltungsvollstreckung
- Abgrenzung von Standardmaßnahmen des Sicherheits- und Ordnungsrechts **VwVG Vor 6** 1a

Verwaltungszwang
- Begriff **VwVG Vor 6** 1
- Grundlage **VwVG Vor 6** 2–4
- ohne vorausgehenden Verwaltungsakt **VwVG Vor 6** 22–30
- Zulässigkeit **VwVG Vor 6** 2

Verweisung
- Bundesgesetze **VwZG 1** 3
- dynamische **VwVG 5** 2
- Landesgesetze **VwZG 1** 4
- statistische **VwVG 5** 2

Verweisungstechnik
- Motive **VwVG 5** 2

Verwertung
- bei mehrfacher Pfändung **AO 308**
- besondere **AO 305**
- von Forderungen **AO 317**

Verwertungsbefugnis
- im Insolvenzverfahren **AO 296** 4

Verwirkung AO 257 1; **VwVG 14** 1, 5

Vollmacht VwZG 7 1, 2

Vollstreckungsabwehrklage VwVG 18 13

Vollstreckungsanordnung VwVG 3 1, 9
- Rechtsnatur **VwVG 3** 9
- Streitigkeiten über Ausführung **VwVG 3** 11
- Zuständigkeit **VwVG 3** 10

Vollstreckungsaufschub AO 258 6
- Antragsrecht **AO 258** 8
- durch Gericht **AO 258** 9

Vollstreckungsauftrag AO 260; 285 3, 4; **292** 2; **305** 1

Vollstreckungsbeamter AO 285 2

Vollstreckungsbediensteter AO 285 2

Vollstreckungsbehörde VwVG 4 1
- allgemeine **VwVG 4** 3
- besondere **VwVG 4** 2
- internationale Vollstreckungshilfe
  - Erstattungsfälle **EUBeitrG 6** 2

- Vorsitzender des Verwaltungsgerichts **VwVG 4** 4

Vollstreckungsdienstkraft AO 285 2

Vollstreckungsersuchen AO 250 3

Vollstreckungsforderung
- Fehlen der öffentlich-rechtlichen Natur **VwVG 1** 2; **3 4**

Vollstreckungsgegenklage VwVG 18 13

Vollstreckungsgericht
- Zentrales **AO 284** 9

Vollstreckungsgläubiger AO 252 1

Vollstreckungshandlungen AO 291 1

Vollstreckungshilfe AO 250 3, 4
- Kostenerstattung **AO 250** 6

Vollstreckungspflicht AO 249 1

Vollstreckungsportal AO 284 3

Vollstreckungsschuldner AO 253 1, 2; **VwVG 2** 1
- und Pflichtiger **VwVG 6** 1

Vollstreckungssystem
- duales **VwVG 1** 1

Vollstreckungstitel, einheitlicher EUBeitrG Vor 1 5; **9** 2; **10** 8

Vollziehbarkeit
- Anknüpfungspunkte **VwVG 3** 3
- Voraussetzungen **VwVG 6** 2–13

Vollziehungsbeamter AO 285 2

Vollzug, Einstellung VwVG 15 6–13

Vollzugsbeamte des Bundes VwVG 7 6; **12** 11

Vollzugsbehörden VwVG 7 1–4

Vollzugsbescheid, bestätigender VwVG 6 30

Vollzugshilfe VwVG 8 2–7
- Kosten **VwVG 8** 8

Vollzugspolizei
- Zuständigkeit **VwVG 8** 1

Vorführung VwVG 12 5
- Rechtsnatur **VwVG Vor 6** 1a

Vorhersehbarkeit
- des Verwaltungszwangs **VwVG Vor 6** 3

Vorladung
- Rechtsnatur **VwVG 6** 1a
- zur Abgabe der eidesstattlichen Versicherung **VwVG 5** 9; **18** 13

Vorlegen der Urschrift VwZG 5 34

Vorsitzender des Verwaltungsgerichts
- als Vollstreckungsbehörde **VwVG 4** 4; **5** 4
- Zuständigkeit bei Wohnungswechsel des Vollstreckungsschuldners **VwVG 7** 4

Vorsteher VwVG 7 3; **11**

Vorzugsrechte Dritter AO 293 1, 2

VwZG
- AVV **VwZG Vor 1** 4
- Entstehungsgeschichte **VwZG Vor 1** 1–2b

Sachverzeichnis

- Geltungsbereich **VwZG 1** 1–5
- historische Entwicklung **VwZG Vor 1** 3
- Landesgesetze **VwZG Vor 1** 5 ff.

Waffen VwZG 12 12
Waren, offen ausgelegte AO 287 2
Wasserlieferung, Sperrung VwVG 9 2
Wasserwerfer VwVG 12 12
Wechsel AO 312 1
Wegfahrsperre AO 286 3
Wegnahme VwVG Vor 6 7; **12** 3
Wehrpflichtgesetz
- unmittelbarer Zwang **VwVG 9** 1

Wehrpflichtige VwZG 6 1
- als Zustellungsempfänger **VwZG 6** 1
- Kaserne **VwZG 3** 25

Weigerungsrecht VwVG 6 15
Weisungen
- der Anordnungsbehörde an die Vollstreckungsbehörde **VwVG 4** 15

Werbeanlage
- Gewinn aus illegaler Werbeanlage **VwVG 11** 8

Werkvertrag
- bei Ersatzvornahme **VwVG 10** 9

Wertpapiere AO 286 1; **302** 1
Widerspruch VwVG 18 3
- Einlegung **VwVG 6** 3

Widerspruchsbescheid VwZG 1 7
- als Leistungsbescheid **VwVG 3** 1

Widerspruchsfrist, Ablauf VwVG 6 3
Widerspruchsverfahren VwZG Vor 1 9
- Abschaffung **VwVG 6** 3

Widerstand AO 287 6; **288** 2
Winterdienst VwVG 6 27
Wirtschaftsprüfer VwZG 5 10
Wirtschaftsprüfungsgesellschaften VwZG 5 10
Wochenfrist
- für Vollstreckungsanordnung **VwVG 3** 7

Wohngemeinschaft VwZG 3 17
Wohnsitz VwZG 7 4
Wohnung
- Begriff **VwZG 3** 18
- bei längerer Abwesenheit **VwZG 3** 19
- bei vorübergehender Abwesenheit **VwZG 3** 20

Wohnungseigentum AO 322 1
Wohnungseigentümergemeinschaft
- Mitglieder als Gesamtschuldner **VwVG 2** 2

Zahlungen
- Annahme **AO 292** 2, 5
- inkongruente Deckung **AO 292** 3
- Insolvenzanfechtung **AO 292** 3
- Tilgungsreihenfolge **AO 292** 5

Zahlungsaufforderung VwVG 3 5
Zahlungsfrist EUBeitrG 9 10
Zahlungsverjährung
- Unterbrechung **VwVG 3** 8

Zentrale Behörde VwZustUeber 21
Zentrales Vollstreckungsgericht AO 284 9
Zeugen, Zuziehung AO 288 4, 5
Zinsen EUBeitrG 1 10;
 VwZustUeber 16 2
- und öffentlich-rechtliche Grundstückslast **VwVG 2** 4

Zölle EUBeitrG 1 7
Zollgrenzdienst VwVG 7 6
Zugang
- bei Postabholfach **VwZG 4** 10
- Eröffnung **VwZG 5** 12, 13, 14; **5a** 2

Zugangsvermutung
- als Zustellungsnachweis **VwZG 4** 4–8
- bei Bestreiten des Zugangs **VwZG 4** 9
- Dreitagefrist **VwZG 4** 4–8

Zulassungsgebühren VwVG 1 22
Zurückbehaltungsrecht
- des Ersatzunternehmers **VwVG 10** 16

Zuschlag AO 299 1; **300** 3
Zuständigkeit, örtliche VwVG 8 1
Zustandshaftung
- Übergang **VwVG Vor 6** 9

Zustellung
- an Beamte, Ruhestandsbeamte und Versorgungsempfänger **VwZG 2** 17
- an Behörde **VwZG 5** 13
- an Behörde durch Vorlage der Urschrift **VwZG 5** 34
- an Bürger **VwZG 5** 13
- an mehrere Beteiligte **VwZG 2** 9, 10; **7** 9, 14; **8** 3
 - an Rechtsanwalt **VwZG 5** 13
 - Unternehmen **VwZG 5** 13
- Arten **VwZG 2** 11
- Ausfertigung **VwZG 2** 5
- Auswahl **VwZG 2** 12
- beglaubigte Abschrift **VwZG 2** 5
- Begriff **VwZG 1** 6; **2** 1
- behördlich angeordnete **VwZG 1** 8–10
- bei Vollmacht **VwZG 7**
- besondere Arten **VwZG 2** 15; **9**; **10**
- durch die Behörde **VwZG 5** 1
- elektronische **VwZG 5** 11; **5a**
- elektronische Übermittlung **VwZG 2** 2
- elektronisches Dokument **VwZG 2** 3
- Ersatzzustellung **VwZG 3** 14–36
 - bei Abkommen **VwZG 9** 9, 10
 - durch ausländische Behörde **VwZG 9** 4, 14

629

Sachverzeichnis

- durch Auswärtiges Amt **VwZG 9** 5
- durch die Post **VwZG 9** 3
- durch elektronisches Dokument **VwZG 9** 6
- im Ausland **VwZG 9**
- Nachweis **VwZG 9** 15–20
- ohne Abkommen **VwZG 9** 11–13
- Zeitpunkt **VwZG 9** 15–20
- Zustellungsbevollmächtigter **VwZG 9** 22–24a
- Zustellungszeugnis **VwZG 9** 21
- im Besteuerungsverfahren **VwZG 2** 18
- im gerichtlichen Verfahren **VwZG Vor 1** 8
- im Widerspruchsverfahren **VwZG Vor 1** 9
- Justizbeitreibungsordnung **VwZG Vor 1** 10
- Kopie **VwZG 2** 6
- Landesgesetze **VwZG Vor 1** 5 ff.
- mit Einschreiben **VwZG 4** 1, 2
  - Nachweis **VwZG 4** 4
- öffentliche **VwZG 10**
- Ort **VwZG 3** 12
- Post **VwZG 2** 11
- Rechtsanwalt **VwZG 5** 10, 21
- Schriftstück **VwZG 2** 2
- Telefax **VwZG 2** 7
- Urschrift **VwZG 2** 5
- vereinfachte **VwZG 5** 10, 18 ff.
- Vorbereitung **VwZG 2** 13
- vorgeschriebene **VwZG 1** 8
- Widerspruchsbescheid **VwZG 1** 7
- Wirksamkeit **VwZG 3** 51
  - bei Ersatzzustellung **VwZG 3** 52
- Zu besonderen Zeiten
  - Heilung **VwZG 5** 9
  - Nachtzeit **VwZG 5** 8, 9
  - Sonn- und Feiertage **VwZG 5** 8, 9

Zustellungsarten VwZG 2 11–15
- Auswahl **EUBeitrG 7** 3; **VwZG 2** 12

Zustellungsauftrag VwZG 3 9

Zustellungsbevollmächtigter VwZG 7 4; **9** 22–24a

Zustellungsempfänger VwZG 2 8–10; **4** 13
- Adresse **VwZG 3** 4
- Behörde **VwZG 5** 10, 13, 19

Zustellungsersuchen
- ausgehende **EUBeitrG 8** 1–3
- eingehende **EUBeitrG 7** 1, 3–5

Zustellungsfehler, Heilung VwZG 8

Zustellungsfiktion VwZG 5 28

Zustellungsprivileg VwZG 3 2

Zustellungsurkunde VwZG 3 37–50
- Beweiskraft **VwZG 3** 47

Zustellungsvermerk VwZG 5 4

Zustellungszeugnis VwZG 9 21

Zwangsbefugnis, Begrenzung VwVG 15 2

Zwangsbegriff
- enger **VwVG Vor 6** 1
- weiter **VwVG Vor 6** 1

Zwangsgeld VwVG 1 3; **9** 1; **11**
- Angemessenheit **VwVG 11** 9
- Anwendung **VwVG 15** 1
- Beitreibung **VwVG 7** 2, 7
- einheitliches bei mehreren Anordnungen **VwVG 13** 4
- Erbe **AO 265** 1
- Festsetzung **VwVG 14** 2
- gerichtliche Anordnung **VwVG 13** 5
- Höhe **VwVG 11** 8, 11
- Rang im Insolvenzverfahren **VwVG 11** 10
- Rechtsschutz **VwVG 18** 10
- Vollstreckung **AO 319** 8; **VwVG 1** 6
- Zweck **VwVG 1** 6

Zwangshypothek AO 322 3, 5
- Berücksichtigung im Zwangsversteigerungsverfahren **AO 322** 3
- Rangklasse **AO 322** 3
- Verteilung **AO 322** 3

Zwangsmaßnahmen
- bei der Ermittlung von Straftaten **VwVG Vor 6** 1

Zwangsmittel
- Auswahl **VwVG 9** 3
- Reihenfolge **VwVG 9** 1
- Verschuldensunabhängigkeit **VwVG 14** 6
- Wiederholung **VwVG 13** 11

Zwangsmittelandrohung VwVG 13 2
- Bestimmtheit **VwVG 13** 4, 5
- einheitliche **VwVG 13** 4
- Entbehrlichkeit **VwVG 13** 1
- erneute **VwVG 13** 12
- Form **VwVG 13** 8
- Fristsetzung **VwVG 13** 3
- Numerus Clausus **VwVG 9** 2
- Verbindung mit zu erzwingendem Verwaltungsakt **VwVG 13** 10
- Zuständigkeit **VwVG 13** 15
- Zustellung **VwVG 13** 9

Zwangsmittelanwendung VwVG 15 1

Zwangsmittelfestsetzung VwVG 14 1
- zeitlicher Zusammenhang mit Androhung **VwVG 14** 1

Zwangsräumung VwVG Vor 6 6; **12** 4

Zwangsversteigerung
- Antrag auf Anordnung **AO 322** 6
- Behandlung der Gläubiger **AO 322** 6

Sachverzeichnis

Zwangsverwaltung
- Antrag auf Anordnung **AO 322** 6
- Rechtsbehelf gegen Antrag auf Anordnung **VwVG 5** 9; **18** 13
- Zweck **AO 322** 6

Zweckerreichung
- als Einstellungsgrund **VwVG 15** 8

Zweckfortfall
- als Einstellungsgrund **VwVG 15** 9

Zwecklose Pfändung AO 281 3

Zweckverband
- ohne eigene Vollziehungsbeamte (Hessen) **VwVG 4** 6

Zweckvermögen AO 267 2